교회교의학 III/3

제7권 창조에 관한 교의 — 제3권

칼 바르트 지음 · 윤응진 옮김

대한기독교서회

교회교의학 III/3

2016년 8월 10일 초판 1쇄

지은이 / 칼 바르트
옮긴이 / 윤응진
펴낸이 / 서진한
펴낸곳 / 대한기독교서회
편집책임 / 김인자·기향금·이경훈

등록 / 1967년 8월 26일 제1967-000002호
주소 / 서울시 강남구 테헤란로 103길 14 (삼성동)
전화 / 출판 (02) 553-0873~4 · 영업 (02) 0871~2
팩스 / 출판 (02) 3453-1639 · 영업 (02) 555-7721
e-mail / cls1890@cho.com
　　　　　edit1890@chol.com
http://www.clsk.org
facebook.com/clskbooks

직영서점 / 기독교서회
종로 5가 기독교회관, 전화 (02) 744-6733, 팩스 (02) 745-8064

책번호 2190
ISBN 978-89-511-1848-7　94230
ISBN 978-89-511-0575-3 (전13권)

Die Kirchliche Dogmatik III/3
by Karl Barth
tr. by Yun, Eung Jin
ⓒ of the German original version 1986, 1987 by Theologischer Verlag Zürich
All rights reserved
Korean Translation Copyright
ⓒ 2016 by Yun, Eung Jin
Published by The Christian Literature Society of Korea, Seoul
Printed in Korea

이 책의 한국어판 저작권은
Theologischer Verlag와의 독점 계약으로 대한기독교서회에 있습니다.
저작권법에 의해 보호를 받는 저작물이므로
무단 전재와 무단 복제를 금합니다.

* 책값은 뒤표지에 있습니다.

창조에 관한 교의

❧ 제3권 ❧

서문

앞으로 2년 후에는 『창조론』의 후속편이 출판될 수 있을 것이다. 그리고 그 책에 뒤이어서 더 짧은 기간 안에 마지막 장, 즉 이 맥락에서 발생하는 윤리를 다룬 장이 출판될 것이다. 적어도 내가 지금 이 주제에 대하여 의견을 발표하고 있는 분량과 관련하여, 나는 일종의 기쁨을 지니고, 내가 신앙고백의 첫 번째 조항을 너무 소홀히 다루었다고 사람들이 비난하곤 했던 그 시절을 회고해도 되지 않을까? 그러나 내가 바로 당시의 비판자들을 지금 만족시키리라는 것을 누가 알았겠는가?

이 책이 다루고 있는 세 가지—아버지처럼 보살피는 하나님의 섭리, 왼쪽에 있는 하나님의 나라, 천사들의 봉사—큰 주제들은, 이전에 발표한 책들을 구분하는 것보다는 약간 더 느슨하게 "창조주와 그의 피조물"이라는 제목 아래서 하나로 묶여졌다. 그러나 이전에 출판된 책들에서 사람들이 일부는 경탄하며, 일부는 신뢰하지 않으면서 확인하였던 바로 그 형식적이며 더 엄격한 체계화는 그곳에서도 여하튼 내 "관심사"가 아니었다. 오히려 만일 내가 그와 같은 관심사를 지녔거나 지니고 있다면, 그것은 어떠한 대가를 치르더라도 모든 것을 관통하여 그리스도론의 맥락을 고수하는 것, 즉 최근에 사람들이 "그리스도 일원론"이라는 비꼬는 표제어로 나를 비난하였던 바로 그것이다. 나는 계속되는 이 주제영역들에서도 이 관심사를 고수하려 하였다. 그러므로 나는 나에게 불만스러운 사람들에게 다음과 같이 질문하려 한다: 어느 그리스도교 신학자가, 바로 모든 주제에서 그리고 각 주제에서 처음과 마지막에 "다만 그리스도만을" 숙고하는 것과 다른 어떤 것을 도대체 양심껏 그리고 기쁜 마음으로 추구할 수 있는가? 가톨릭의 몇 친구들이 이 점에서—교회, 교황, 마리아, 성례전 그리고 다른 장애요인들에도 불구하고—아주 주목할 만하게 나와 서로 잘 이해하고 있는 것처럼 보이는 반면에, 저명한 (결코 "자유주의적"이지 않은) 개신교 신학자들의 입에서 혹은 글에서 별로 좋지 못한 그런 말이 나왔다는 사실을 확인하면서, 나는 약간 걱정한다.

많은 사람들이 이 책을 읽을 때—틀림없이 호기심에서—천사들에 대한 장부터 시작할 것이라는 것은 피할 수 없을 것 같다. 그리고 만일 그 경우에 그들의 독서가 적어도 완전하고 신중하게 이루어진다면, 즉 만일, 그곳에서 너무 많이 혹은 너무 적게 언급되었다고 느끼게 될지도 모를 것에 대하여 그들이 너무 성급하게 야유하는 고함을 터뜨리지만 않는다면, 나는 순서를 바꾸어 읽는 것에 대하여 아무런 이의도 제기하지 않을 것이다. 다만, 혹시 하필이면 이 책의 마지막 부분, 즉 악령들에 관한 내용부터 읽기 시작할 사람이 있다면, 나는 그를 진지하지 못한 사람으로 간주할 것이라는 점을 그가 알기 바란다. 천사론의 문제를 전혀 물리칠 수만은 없는 사람은(나는 그렇게 하지 않도록 충고한다!), 다음의 사실을 고려하게 될 것이다: 그 문제는 이미 아주 오랫동안 더 이상 단호하게 그리고 상세하게 다루어지지 않았으므로, 이 영역에는 고대와 근대에 매우 많은 교란시키는 쓰레기가 축적되어 있으며, 따라서 여기에서는 올바른 것에 대하여 올바르게 질문하기조차 어려웠으며 지금도 그러하다. 이 영역에서도, 다른 사람들이 와서 이 주제를―옛 사람들이 빠졌던 막다른 골목길로 되돌아가지 않고, 그리고 여기에서 암시된, 밖으로 나가는 출구를 그야말로 다시 메우지 않고―더 잘 다루게 되기를 바라는 것이 나의 솔직한 희망이다.

어쨌든 섭리론이 이 책의 본래 핵심내용으로 간주되기를 바란다. 섭리론에서 나는 옛 정통주의 교의학의 도식("보존, 협력, 통치"*)에, 내 자신이 예측하였던 것보다 더 신뢰를 갖고 찬성할 수 있다고 주장하였다. 내가 그 도식을 받아들이기 위해 착수하였던 전반적인 교정이 간과되어서는 안 될 것이다. 나는, 그 밖에도 바리새인들과 율법학자들의 누룩이 너무 많은 영향을 끼치게 되지는 않았기를, 그래서 위대한 현실성을 지니고 있는 주제 자체가 또한 그렇게 화제가 되었기를 희망한다.

"무"에 대하여 논하고 있는 단락에서는, 옛 섭리론에서 섭리론의 긍정적인 진술과 직접 관련하여 ("악에 대한 하나님의 섭리론") 다루어지곤 했던 바로 그 문제점을 논하고 있다. 나는 하나님과 악마가 될 수 있는 대로 동시에 언급되지 않기를 원하기 때문에, 이 주제를 (슐라이에르마허, 마르틴 하이데거, 사르트르 등과 대화하는 형식으로) 별도로 다루었다. 죄에 대한 본래의 교의는 물론 후에 출판될 책에서 따로 더 전개해야만 할 것이다. 그 대신에 여기에서는, 천사들에 대한 논문의 결론 부분에서 악령들에 대하여 간단히 그리고 언짢은 기분으로 언급된 것을 이해하기 위하여 빠뜨릴 수 없는 원칙적인 것만을 제시하고 있다. 나는 천사들을 좋아하지만, 악령들과 악령론을 (비신화화의 이유들 때문이 아니라, 객관적으로 사람들이 그것들을 좋아할 까닭이 없기 때문에) 좋아하지는 않으므로, 의도적으로 다만 지금 서술되어 있는 그 정도로만 그것들을 화제로 삼았다. 사실 그 이유에서, 나를 반대하는 사람들은 (지난 번 책의 서문에서 내가 내뱉은 경고에도 불구하고) 이 음울한 맥락에서도 "한 번 더 위기를 모면했다"(제2차 세계대전 중에 미국인 극작가 Thornton Wilder가 발표한 연극, "The Skin of Our

---

* 라틴어 인용문들은 우리말 고딕체로 표식하였다.

Teeth"의 독일어 제목 — 역자 주) — 아마 이제 마지막으로, 그러나 그들은 조심해야 할 것이다! 바로 "무"에 대한 논의에서, 모든 "악령학"에서 주장하는 진지한 문제가 진지하게 다루어지고 있다는 것을 알게 될 것이다!

『교회교의학』이 처음 집필되고 출판되었던 독일에서도 이제 다시 『교회교의학』이 읽혀질 수 있다는 것, 그리고, 나를 감동시키는 여러 서신들을 통해서 듣기로는, 어쨌든 많은 독자들이 또한 주의 깊게 읽고 있다는 것은 나에게 특별한 기쁨이 된다. 나는, 독일의 교회와 신학에서 공식적으로, 광범위하게 그리고 공공연하게 새롭게 권력을 장악하고 널리 인정받게 된 것과는 크게 관련이 없다. 그런 까닭에 나는 또한, 내가 그곳에서 대부분의 사람들에게 — 내가 사실은 누구이며, 무엇에 종사하고 있는지 조회하지도 않고 — 아마 옛날부터 별로 인기 없는 인물이었으며, 이제는 또한 더구나 상당히 전설적인 인물로, 즉 율법과 복음, 동구권과 서방세계, 루터주의와 칼빈주의, 유아세례와 조합교회주의, 비스마르크와 프리드리히 대제에 대한 많은 소문들로 둘러싸여 있는 인물로 되어 있다는 사실에 대해서도 이상하게 생각할 수 없다! 내가 보기에는, 독일 개신교계에는 조만간 정신적 지도자들이 새롭게 분리되고 결집될 수밖에 없을 것 같다. 그러나 그 과정에서 공산주의를 거부하거나 불트만에 대하여 거부하는 것이 주요관심사로 되어서는 안 될 것이다! 그렇다면 이 기회에 아마도 — 그러나 누가 그것을 알 수 있겠는가? — 『교회교의학』도 다시 한 번 특정한 봉사를 수행할 수 있을 것이다. 만일 이 책이 분별 있게 읽혀진다면, 독일에서나 다른 곳에서나 "신-정통주의"를 형성하는 일은 분명히 없을 것이다!

그리고 이제 나는 이 서문을 마무리하기 전에, 참으로 벌써 일곱 권을 읽는 독자들에게 한 번 명확히 다음의 사실에 대하여 주의를 환기시키려 한다: 나 자신과 함께 나의 저작물들도 샬로테 폰 키르쉬바움(Charlotte von Kirschbaum)이 나의 곁에서 남몰래 수행하였던 20여 년의 노동에 감사해야만 한다. 그는 이 저작물들이 계속 출판되도록 헌신하면서 나 자신 못지않게 그의 삶과 그의 능력을 바쳤다. 그의 협력이 없었다면 날마다 앞으로 나갈 수는 없었을 것이며, 아직도 나에게 남아 있을 미래를 어떻게 상상해야 할지 알 수 없을 것이다. 나는, 도움을 얻는다는 것이 무엇을 의미하는지를 알고 있다.

수정작업과 찾아보기를 만드는 작업에는 디이터 쉘롱(Dieter Schellong)이 참여하여 잘 해내었다.

바젤에서, 1950년 성령강림절에

차례

서문 / 5

―창조에 관한 교의―

제11장 창조주와 그의 피조물

§48 섭리론, 그것의 토대와 형태 ··· 13
   1. '하나님의 섭리' 개념 / 13
   2. 그리스도교의 섭리신앙 / 28
   3. 그리스도교의 섭리론 / 57

§49 피조물의 주님인 하나님 아버지 ·· 89
   1. 하나님의 보존하기 / 89
   2. 하나님의 동행하기 / 132
   3. 하나님의 통치하기 / 217
   4. 하나님 아버지의 세계통치 아래에 있는 그리스도인 / 325

§50 하나님과 무(無) ··· 390
   1. 무의 문제 / 390
   2. 무에 대한 오해 / 398
   3. 무에 대한 인식 / 407
   4. 무의 현실성 / 480

§51 하늘나라, 하나님의 사자들과 그들의 적대자들 ·· 507
    1. 천사론의 경계들 / 507
    2. 하늘나라 / 579
    3. 하나님의 사자들과 그들의 적대자들 / 663

찾아보기 ·· 742
    1. 성서 구절 / 742
    2. 인명과 고유명사 / 750
    3. 개념 / 754

제11장

창조주와 그의 피조물

§48
섭리론, 그것의 토대와 형태

섭리론에서는 창조된 존재 자체의 역사를 다룬다. 더 정확히 말해 그 역사도 모든 관점에서 볼 때 그리고 그 역사의 범위 전체에서 볼 때 창조주 하나님이 아버지로서 다스리는 통치 아래에서 진행되고 있다는 것, 그리고 창조주 하나님의 의지는 그의 은혜의 선택 안에서, 따라서 그와 인간 사이에 맺은 계약의 역사 안에서, 따라서 예수 그리스도 안에서 이루어지고 있으며 또한 인식될 수 있다는 것을 다룬다.

1. '하나님의 섭리' 개념

우리는 『창조론』의 제1부에서 창조의 사역 자체에 관하여 논하였고, 제2부에서는 하나님의 피조물인 인간에 관하여 논하였다. 우리는 이제 제3부에서 '창조자'와 '피조물'을 함께 세우며 마주 세운다. 소위 '섭리'(Vorsehung)론(de providentia Dei)이 논의되는 것이다. 중세기의 스콜라 철학은 이것을 하나님의 존재에 관한 교의의 한 부분으로 다루었다. 종교개혁 이후의 교의학은 이것을 '창조'론과 매우 긴밀하게 관련시켰다. 우리는 이 전통을 따르고 있으므로, 우선, 그것을 고수하는 것이 어느 정도로 옳고 의미 있는지 생각해 보기로 한다.

"섭리"라는 어휘는, 그의 피조물과 함께하는 창조주의 탁월한 행위, 즉 하나님이 그와는 다른 이 현실 자체를 그의 고유한 의지에 따라서 시간 안에서 보존하고 통치하는 지혜, 전능함 그리고 자비를 의미한다.

"섭리"라는 말은 설명이 필요하다. 이 말은—이 유래가 사실상 중요할 수 있을 것이다.—창세기 22:14와 8절에서 유래한다. 이 본문에 따르면, 아브라함은 이삭을 희생제물로 바치지 못하도록 저지된 그곳에, 즉 하나님의 길과 인간의 길이 그처럼 기대하지 않은 방식으로 마주친 그곳에, '왜 번제제물이 없느냐'고 묻던 이삭의 질문을 기억하면서 그리고 아브라함이 대답하였던 "엘로힘 이레"(70인역인 Vulgata에 따르면 "하나님이 마련할 것이다"[Deus providebit])를 기억하면서, "야웨 이레"(Jahve jireh, '야웨께서 준비하신다'는 의미—역자 주)라는 이름을 부여했다고 한다. 이 본문을 고려할 때 우리는 분명히 주석적으로도, 마치 섭리라는 말이 단지 "미리 아는 것"(Vorherwissen)을 의미하는 것처럼 주장하는 견해에 대해서 즉각 항의할 권리가 있었다. 그것은 "사건(Ding)들을 단순히 쓸데없이 미리 알며 인식하는 것이 아니라, 모든 사건들을 능동적으로 그리고 효과적으로 주도하는 것이다."(Bucanus, *Instit. theol.* 1605, 14, 2) "본다"(Sehen)는 말은 그 본문에서 실제로 "주시한다"(ersehen)는 것을, 즉 이삭 대신에 제물로 바칠 숫양을 자발적으로 선택하면서 미리 결정하고(Vorherbestimmen), 준비하고, 공급하는 것을 의미한다: 즉 하나님은 아브라함에게 이 희생제물을 "공급한다"(versieht. 적어도 이 관점에서 현대 독일어 단어인 "섭리"(Vorsehung. "'미리' 본다"는 동사의 명사형으로 '예견'이라는 뜻도 있음—역자 주)는 하나님의 앎, 뜻, 활동을 통합하는 것과 관련하여 명확히 보충될 필요가 있다. 고대 독일어에서는 (예를 들면, 『하이델베르크 교리문답서』 제28-29번 질문에서) 섭리(providentia)가 더욱 힘차고 더욱 정확하게 "Fürsehung"('…을 위하여 바라봄'이라는 의미를 지니지만, 현재는 사용되지 않는 어휘임—역자 주)으로 번역되었다: 세계를 '위하여', 인간들을 '위하여', 교회를 '위하여' 하나님은 그것을, 즉 그의 지혜와 그의 결의에 따라, 세상에서 현존하는 피조물들에게 필요하며 좋은 것, 따라서 그것들에게 지정되어 있으며 그것들을 위해 준비된 그것을 바라보고 있다. 그리고 그가 그것들을 위하여 '바라봄'으로써, 그는 그것들을 위하여, 그리고 바로 동시에 또한 그것들에 대한 그 자신이 지닌 뜻을 성취하기 위하여, 그것들에 대한 그의 명예를 위하여 '배려한다.' 작센지방의 신학자 모루스(S. F. N. Morus, 1789)가 "섭리" 대신에 "돌봄"(procuratio)을 화제로 삼을 것을 제안한 것은 과연 정곡을 찌르는 것이었다. 이 경우에 "위하여"(für)라는 말 안에는 다음의 내용이 틀림없이 포함되어 있다: 영원한 존재인 하나님은 또한 근본적으로, 피조물들 자신은 기껏해야 (본문의 13절에 따르면, 아브라함이 숫양을) 후에 비로소 발견할 수 있는 것을, 시간 안에서 실존하고 있는 그의 피조물들보다 "앞서서"(vor) 보고 있다. 단어의 개념이 지니고 있는 이러한 적극적(aktiv)인 의미에 직면하여 우리는, 왜 "섭리" 대신에 간단하게 "예정"(praedestinatio)을 말하기를 원하지 않는지 반문할 수 있을 것이다. 초기 개혁신학에서는 그렇게 하려는 어떤 경향성이 있었다: "두 개의 개념들로 '동일한 것'이 묘사된다."(Abr. Heidanus, *Corp. Theol. chr.* 1686, I, 347) 섭리에서처럼 예정에서 그의 피조물에 대한 하나님의 지배가 논의된다는 것은 옳다. 그러나 예정, 선택, 계약과 그것의 역사와 섭리, 즉 그의 피조물 자체를 보존하고 통치하는 것의 실질적인 구분이 언어적으로도 말소되어서는 안 되었던 것이다. 예정이란 하나님의 보편적인 세계지배의 특수한 경우보다는 그야말로 더 많은 것을 의미한다. 그것은 (Thomas v. Aquin. *S. theol.* I, qu. 23, 1c가 말하는 것처럼) "섭리의 한 부분"이 아니다. 그리고 츠빙글리(Zwingli)의 다음의 명제들은 좋은 명제들이 아니다: "그러나 섭리는 말하자면 예정의 어머니이다. … 예정은 섭리로부터 … 태어나며, 그것 자체가 섭리이다.…"(*De vera et falsa religione*, Sch. u. Sch. III 282 f.) 예정이란 오히려 전제조건이며, 역사 안에서 그것을 집행하는 것이 하나님의 세계통치의 기본을 이루는 중심이며, 그것은 세계통치를 실행하는 토대이며 목표이다. 예정에서는 확실히 또한 하나님의 지배 아래에 있는 피조물이, 그런데 피조물인 인간이, 즉 하나님이 지닌 최초의, 중심적인, 본래의 의도의 대상인 인간이, 창조 안에서 그리고 창조와 함께 하나님에 의하여 수립된 '은혜의 계약'의 동지인 인간이 주요관심사이다. 그에 반하여 섭리에서는 일반적인 피조물 자체가, 즉 하나님에 의하여 창조된, 따라서 그와는 다른 현실 자체에 대한 하나님의 적극적인 관계가 주요관심사이다. 그러므로 여기에서는 "결정하다"라는 개념이 아니라, "보다" 혹은 "돌보다"라는 개념들이 적합하다. 이 두 개념들이 적합한 이유는 그것들이 창조주와 그의 피조물 사이의 거리를 강조하고 있기 때문이며, 피조물의 고유한 현실을 강조하기 때문이다. 다만, 만일, 하나님이 바라보는 것이 문제되고 있으므로, "섭리"(Vorsehung)라는 개념을 고수해야 한다면, 바로 이 단어는 역시 그야말로 적극적이며, 역동적으로 충만한 의미로 이해되는 것 외에 달리 이해되어서는 안 된다. 이 단어는 매우 정화되고 충만한 의미에서 단순하게, "존재하는 것을 향한 하나님의 돌봄"*(Joh. Damasc., *Ekdos.* 2, 29)으로서, 즉 "창조된 만물을 위한" 하나님의 "배려"(Quenstedt, *Theol. did. pol.* 1685, I. 13, sect. I, *th.* 5)로서 정의되었다. 혹은 더욱 상세하게: "하나님의 영원하고 변하지 않는 완전히 자유로운 결의에 따라서 존재하고 있는 그리고 존재하게 될 만물과 개별적인 모든 것들을, 그의 명예를 위해 지극히 지혜롭고 올바르게 관철되는 그가 정한 목표를 향하여, 활동적으로 그리고 일시적으로 보존하고, 조종하고, 인도하는 것"(*Syn. pur. Theol.* Leiden 1624 *Disp.* 11, 3)으로서 정의되었다. 혹은: "하나님이 결정했던 것이 그가 원했던 것처럼 실존하도록 하기 위하여, 그리고 그것을 앞으로도, 그가 결의하였던 것처럼 그렇게 오랫동안 보존하기 위하여, 그리고 그가 확정한 목표들을 위해, 그의 명예를 위해 정돈하기 위하여, 영원한 결의에 따라서, 시간 안에서 생성되어야 하는 것들을 지배하는 하나님의 영원하며 전능한 능력 혹은 의지력"(Abr. Heidanus, I. c. 348)으로서 정의되었다.

우리는 먼저, 이 단어에 의하여 표현되는 주제를 스콜라 철학자들의 모범을 따라서 예정이라는 주제처럼 '신'론의 맥락에서 화제로 삼는 것이 왜 허용될 수 '없는'지에 관하여 해명해야만 한다. 그것에 대하여 말해야 하는 것은 이것이다: '예정'에서 화제가 되는 것은 무엇보다도 먼저 그리고 본래, 하나님의 아들을 그의 신앙 공동체(Gemeinde)와 모든 피조물들의 머리로 영원히 선택한 것이다. 거기에서는 하나님의 결정과 행동이, 영원한 명령(Dekret)이 관심사이다. 이 명령은 결코 창조 행위와 피조물들의 실존을 전제로 하지 않으며, 오히려 그것 자체가 그것들의 전제조건이다. 그리고 거기에는 동시에 영원한 명령이 관심사인데, 그것 없이는 하나님이 하나님이 아닌, 즉 성서의 증언 안에서 그리스도교 교회에 자신을 계시하며 그것 안에서 인식되며 그것으로부터 증언되는 그 하나님일 수 없을 것이다: 즉, 그는 이 영원한 선택을 하는 은혜의 하나님이든가, 그렇지 않으면 그는 이 하나님이, 즉 진정한(wirklich) 하나님이 아니다. '섭리'는 이 명령을 실행하는 데에 필요한 것이다. 이 명령 안에 근거를 두고 있는 한, 그것은 하나님의 영원한 섭리이다. 그러나 그것은 이미 발생한 창조의 사역과 이미 주어진 피조물의 실존을 전제로 하고 있다. 그것은 창조주로서 그의 피조물 자체에 대하여 관계를 맺고 있는 하나님의 앎, 뜻, 그리고 행동이다. 참으로, 하나님의 존재가, 그러므로 그의 은혜의 선택이라는 명령도 다름 아니라 바로 이 관계 안에서 우리에게 계시된 것이기 때문에, 사실 하나님의 존재와 그 존재의 완벽함에 관한 교의를, 또한 예

---

* 헬라어 인용문들은 우리말 변형서체로 표식하였다.

정론을 끊임없이 이 관계에 관련시키지 않고는 전개할 수 없기는 하다. 그렇지만 이 관계를—마치 피조물도 영원히 하나님 안에 있기나 한 것처럼—정말로 하나님의 존재 안으로까지 끌어들이는 것은 안 된다. 예정론의 뿌리는 하나님의 존재에 속하는 것이다. 그러나 그것과 동일한 것을 언급할 수 있을지도 모르는, 섭리론의 상응하는 뿌리는 존재하지 않는다. 우리는 아마도 이미 '발생한' 창조 사역과 이미 '주어진' 피조물의 실존을 전제로 이렇게 말할 수 있을 것이다: 창조주로서 하나님은 '섭리'론 안에서 서술되는 앎, 뜻, 행동 없이는 그의 피조물에 대한 관계에서 스스로가 불성실할 수밖에 없을 것이다. 그렇지만, 설령 창조의 사역이 전혀 발생하지 않았고 어떤 피조물도 없다고 하더라도, 그와 동시에 그의 섭리에 대한 교의 전체가 대상이 없게 된다고 하더라도, 그는 마찬가지로 하나님일 것이다. 그러므로 섭리론이 하나님의 존재에 관한 교의 안에서는 어떤 장소를 차지할 수 없다.

이것이 스콜라 철학자들 중에 우선 가령 페트루스 롬바르두스(Petrus Lombardus)의 서술과 보나벤투라(Bonaventura)의 서술에 반대하여 행하여진 숙고이다. 그들은, 동시에 같은 맥락에서 하나님의 존재와 그의 완벽함에 관하여 그리고 하나님의 섭리에 관하여 말함으로써, 하나님의 존재는 그의 피조물에 대한 관계 안에 있는 앎, 뜻, 행동을 자신에게 결합시키거나 필수적으로 자신 안으로 포함시키는 것은 아니라는 사실을 모호하게 한다. 그들이—그리고 이것은 토마스 아퀴나스(Thomas von Aquino)에게도 적용되는 것이다.—성서의 하나님, 곧 진정한(wirklich) 하나님의 존재의 특징인 은혜의 선택을 다만 보편적인 섭리의 특수한 형태라고 보았을 때, 그들은 더욱더 그것을 모호하게 한다. 그런데 토마스 아퀴나스는 이 모호성을 명백히 다음과 같이 회피하려 하였다: 그는 신론의 맥락에서는 다만, 후에 "좁은 의미에서" 섭리론이라고 명명되었던 것만을, 곧 영원히 하나님 안에 존속하는, "사물들을 그것들의 목표를 향하여 배열하는 계획"에 관한 교의만을 언급하였으며(S. theol. I, qu. 22), 훨씬 후에 다른 곳에서 비로소(qu. 103f.)—여기에서는 이미 직접 창조론과 관련하여—하나님의 상응하는 진정한(wirklich) 앎, 뜻, 행동을, 즉 "일반적인 사물들을 통치하는 것"을 논하게 되었다. 우리는 문제를 이렇게 분류하는 것을 아직도 디캄프(F. Diekamp)의 현대 가톨릭 교의학에서 발견한다. 쉐벤(J. M. Scheeben), 그리고 또 폴레(J. Pohle), 바르트만(B. Bartmann)의 저작들에서는 이런 분류가 암묵적으로 중지되었다. 이런 분류는 실제로 계속되지 않는다. 왜냐하면, 사실상—설령 미래에 비로소 실존하는 것이라고 하더라도—피조물에 대한 창조주 관계에 대한 서술에 이르지 않고는, 그리고 하나님의 존재 안으로 피조물을 포함시키지 않고는, "사물들을 그것들의 목표를 향하여 배열하는" 영원한 "계획"도 서술될 수 없기 때문이다. 토마스도 두 번째 자리에서처럼 첫 번째 자리에서도 그것을 피할 수 없었다. 그 "계획"이 예수 그리스도 안에 있는 하나님의 은혜의 선택과 경쟁하지 않게 될 뿐만 아니라 은혜의 선택과 뿌리가 동일하게 될 경우에만, 바로 은혜의 선택이 섭리론의 뿌리인 그 "계획"으로 이해될 수 있을 경우에만, 그 "계획"도 하나님의 존재 자체에 속할 수 있을 것이다. 사실이 그렇다는 것, 바로 이것이 실제로 그것의 관계에 관하여 언급되어야 하는 것이다. 그러나 바로 그렇기 때문에 섭리론은 하나님의 존재에 관한 교의에서는 은혜의 선택에 관한 교의의 '위'에나 혹은 다만 '옆'에라도 장소를 차지할 수 없다. 섭리론은 창조론처럼 그리고 그것과 함께, 하나님의 내적인 사역이 아니라 외적인 사역을 서술하는 것이다. 그것은 창조론처럼 그리고 그것과 함께 "하나님의 내적 사역"에 관한 교의에, 즉 하나님의 영원한 은혜의 선택에 관한 교의에 의존한다. 내적 사역은 명령으로서 "외부를 향한 사역"임에도 불구하고, 또한 그러하므로, 그것 자체는 하나님의 존재에 속하며, 하나님의 존재와 동일하다.

그러나 우리는 이제 섭리론이 실제로 '창조'론과 긴밀하게 결합되어 있다는 사실을, 그리고 어느 정도로 그런지를 긍정적으로 나타내 보여주어야만 한다.─그것을 위하여 무엇보다도, 두 개념들을 또한 그것들의 '상이성' 안에서 인식하며 그것들에게 이 상이성을 허용하는 것이 타당할 것이다. '창조'의 사역(Werk), 하나님과는 상이한 현실을 세움, 무(das Nichts)로부터 벗어나 그것에 합당한 창조된 존재가 되도록 그 현실을 불러내는 것은 일회적이며 반복되지 않으며 반복될 수 없는, 시간 안에서 그리고 시간과 더불어 시작되었으며 시간 안에서 완료된 행위이다. 피조물이 '존재한다'는 것은, 그 존재가 지닌 모든 시간적인 전개들과 확장들과 관련성들 안에서, 창조세계의 모든 개체들 안에서, 그리고 그 개별적 실존의 모든 역사적 현상들과 변화들 안에서, 바로 이 행위가 이루어졌다는 것을 전제로 하고 있다. 그것은 또한 창조주 하나님의 계속되는 행동을 전제로─그것이 바로 "섭리" 안에서 실행되는 그의 행동이다.─하지만, 계속되는 창조사역들을 전제로 하지는 않는다. '섭리'란 창조와는 달리 그에 의하여 이미 창조된, 그러므로 다시 창조될 필요가 없는 피조물에 대한 그의 관계 안에 있는 하나님의 앎, 뜻, 그리고 행동이다. 섭리는 창조의 사역을 돌보며 확증한다. 만일 하나님이 피조물에 대하여 끊임없이 돌봄과 확증을 통하여 스스로를 입증해 보이기를 기뻐하지 않는다면, 어떤 피조물도 존재할 수 없을 것이다. 그러나 그것은, 그가 끊임없이 새롭게 창조한다는 것을 의미하는 것은 아니다. 창조의 사역은 이미 이루어졌으며, 즉 완전 무결하게 이루어졌고, 따라서 종결되었다는 사실은 여기에서 오히려 전제되어 있는 것이다. 그 유일회적인 행위에 '뒤따라온' 것은, 무엇보다도 먼저 그리고 결정적으로, 그 행위의 의미이며 이유이며 목표인 계약의 역사, 즉 하나님의 은혜의 선택이라는 영원한 명령을 실행하는 것이다. 그것이 확실히 갈라디아서 6:15, 고린도후서 5:17의 표현을 빌리면 "'새로운' 창조"의 사건이라고 불릴 수 있는 사건이다. 그러나 이 "새로운" 창조는 화해를 갈망하는 세계가 하나님과 화해하는 질서에 속하며, 저 옛날의 첫 번째 창조를 반복하는 것이 아니라, 피조물의 완전히 확실한 급진적 변혁, 즉 변화를 통하여 그것을 능가하는 것이다. 이 변화에서 피조물의 실존 자체는 전제되어 있는 것이며, 새롭게 토대가 확립되는 것은 아니다. 그러나 그 유일회적인 행위에 '뒤따라오는' '다른' 것(das 'Andere')은 바로 하나님의 '섭리'가 통치하는 것(Walten)이다. 이 통치는 계약의 역사를, 즉 하나님의 예정을 실행하는 것을—우리는 확실히 그것을 두 번째 역사, 즉 엄격히 창조에 관계된, 엄격히 그것에 의하여 규정된 역사라고 말해도 좋을 것이며, 또 그렇게 말하지 않으면 안 된다.—동반하며, 에워싸며, 지탱한다. 섭리의 필요성은 다음의 사실에 기인한다: 은혜의 계약의 동반자인 피조물은 동반자일 뿐만 아니라 동반자로서 또한 단순히 피조물이며, 창조된 존재(Sein)를 지녀야 할 필요가 있으며, 따라서 그의 창조주가 필요하며, 따라서 창조주는 피조물에 대하여 스스로가 정말 그것의 주님이며 보존하는 자이며 통치자라는 것을 입증해 보이는 것이 필요하다. 계약이 창조의 내적인 이유라면(창 2장), 창조는 또한 계약의 외적인 이유이다.(창 1장) 이 명제들 중에서 두 번째 명제로부터 출발하여, 즉 창세기 1장으로부터 출발하여, 저 두 번째 역사, 즉 계약의 역사를 동반하고 에워싸고 지탱하는 역사의 필요성과 의미, 곧 하나님의 섭리의 필요성과 의미가 명백하게 드러난다. 또한 창조 다음에 이어지는, 계약의 '역사'도 외적 이유가 필요하다. 그것의 외적 이유가 바로 하나님의 섭리가 통치하는 것이다. 그 계약의 역사는 창조를 반복하거나 계속하는 것은 아니지만, 피조물의 존속과 역사 안에서 창조에 상응하는 것이며, 피조물에 대하여 그것의 창조주가 지키기를 원하며 또한 지키고 있는 성실함을 증명하는 것이다. 왜 그렇다는 말인가? 왜냐하면 만물의 영장인 인간이 하나님이 체결한 계약의 동지이며, 하나님의 은혜에 의해서 예수 그리스도 안에서 선택된 자이기 때문이다. 왜냐하면 피조물은 창조주인 하나님이, 그리고 계약의 외적 이유를 확증하는, 창조행위에 상응하는 하나님의 행동이 지속적으로 필요하기 때문이며, 또한 하나님은 이 필요를 충족시키기로 결심하였으며, 그렇게 할 능력이 있으며, 그렇게 할 준비가 되어 있기 때문이다.

한편에는 창조, 그리고 다른 한편에는 계약과 섭리 사이의 관련성 및 상이성에 대한 가장 뜻 깊은 성서적 묘사는 첫 번째 창조설화를 마감하는 '일곱 번째 창조일'에 대한 보도(창 2:1-3. 여기에 대하여 *KD* III/1, 241-258을 참고하라)이다. 그 보도에 따르면, "그러므로"—즉 하나님께서 제7일에 "모든 그의 사역으로부터 휴식을 취했"으므로—"하늘과 땅이 완성되었다." 하나님이 쉬었다는 것은, 그가 그의 창조사역을 계속하지 않았으며, 세계와 인간 창조로 끝을 맺었다는 것을 의미한다. 그는 다른 사역이 아니라 바로 이 사역을 계획하였던 것이고 실제로 완벽하게 실행했으며, 인간을 창조함으로써 사실상 완성시켰고 완료하였다. 성서가 증언하는 창조주 하나님은 끝없는 생산의 연속 안에서 자기 자신을 발전시키는 세계 원리가 아니다. 그의 자유는, 그의 창조활동이 그 자신에 의하여 규정된 '한계'를 지니고 있다는 사실에서 증명되며, 그의 사랑은, 그가 규정되고 제한된 대상인 그의 피조물에 '만족'하며, 오직 이 피조물, 바로 이 피조물에게만 관심을 기울인다는 사실에서 증명된다. 이 점에서 창조의 제7일은 창조사역과 그 창조사역에 뒤따라 전개되는 하나님의 모든 활동 사이에 있는 "단절"(Caesur)을 의미하며, 이 단절은 창조주와 피조물 사이의 관계에 대한 숙고에서 어떤 경우에도 간과되어서는 안 된다. 창조와 섭리는 (특히, 섭리가 피조물을 보존하는 것도 포함한다는 관점에서)

"실제로 하나님의 관점에서는" 동일한 것이 틀림없으며, 따라서 섭리란 다만 "사물들에 대한 계속되는 창조"(Abr. Heidanus, 1. c. 348)임에 틀림없다고 생각하기 쉽다. "왜냐하면 창조와 보존은, 사물들을 실존하게 하며 존재 안에 머물게 하는 하나님의 동일한 의지 혹은 명령을 의미하며, 둘 다 사물들 자체가 존재하게 하려는 동일한 목표를 지니고 있기 때문이다."(F. Burmann, *Syn. Theol.* 1671 I 43, 12) "그것이 실존하도록 하기 위하여, 즉 실존 안에 머물고 작용하도록 하기 위하여, 하나님은 유일하며 매우 단순한 의지를 통하여 모든 것을 행하므로, 하나님의 관점에서는 창조와 섭리는 동일한 행동이기 때문이다."(Joh. Braun, *Doctrina foederum*, 1692, I, 2, 12, 4 H. Heppe, *Dogm. d. ev. ref. Kirche*, Neuaufl. 1935, 204에서 재인용) 그러나 이 견해는, 헤페(H. Heppe)가 주장했던 것처럼 그렇게, 이미 초기 종교개혁 신학의 특징을 나타내는 것은 아니었다. 칼빈은 이런 견해를 알지 못했으며, 이런 견해는 후대 저자들의 글에서도 지배적인 역할을 하기는커녕, 어느 경우에도 두드러진 역할을 하지 않는다. 체계화되고 절대적인 것으로 설정될 경우에, 이 견해는 이 주제에 대한 그리스도교적 인식에 다만 해로울 수밖에 없을 것이다. 그럴 경우에, 우리는 창조를 (섭리를 고려하여) 순수한 ("무로부터의!") '창조'로 이해하지 못하거나, 혹은 섭리를 (창조를 고려하여) 계속되는 순수한 창조행위의 연속으로 이해해야만 할 것이다. 창조와 섭리의 사역들이 하나님의 모든 사역들처럼 그것들이 하나님으로부터 유래한다는 점에서는 동일하다는 것은 확실히 올바르다. 그러나 통일성과 다양성, 통일성과 풍부함은 바로 하나님 안에서는, 즉 "실제로는", 마치 하나님의 영원도 시간을 배제하는 것이 아니라 포함하듯이, 배타적으로 대립하는 것들이 아니다. 그러므로 만일 우리가, 바로 창세기 2:1-3을 통하여 진지하게 요구되고 있는 것처럼, 하나님의 의지 안에 있는 그것들의 통일성을 부인하지 않으면서도, 또한 실제로(wirklich) 상이한 창조와 섭리를 받아들인다면, 우리는 하나님의 존엄성을 훼손하는 것이 아니라, 오히려 그 존엄성을 찬양하는 것이다. 창조에서 우리는 하나님의 의지와 행동에 의하여 창조된 피조물의 실존이 지닌 '토대를 확립하는 것'(Begründung)과 관계하고 있으나, 섭리에서는 그 실존의 '지속을 보장하는 것'과 관계하며, 그 실존의 '역사를 규정하는 것'(Bestimmung)과 관계한다. 한 하나님이 이 두 가지를 원하고 수행한다면, 우리는, 그가 창조와 섭리에서 같은 것을 원하고 수행한다고 말해서는 안 될 것이며, 따라서 섭리를 "계속되는 창조"(continuata creatio)가 아니라, "창조의 연속"(continuatio creationis)으로 이해하여야 마땅하다. 그런데 단절을 요구하고 있는 바로 창세기 2:1-3의 본문은 또한 매우 인상적으로 두 사건 사이의 연속성에 대하여, 즉 실제의 '관련성'에 대하여 주의를 환기시키고 있다. 하나님이 일곱 번째 창조일에, 그에 의하여 천지가 창조된 그 시간에 쉬었다는 것, 즉 일을 마친 후 휴일에 쉬는 한 노동자처럼 그 자신과 함께 그리고 그 자신을 위하여 존재하였다는 것은, 하나님이 자신을—그것이 그의 창조사역의 절정이었으며 동시에 전혀 다르게 그의 활동을 계속한다는 표시이기도 했다.—그의 순수한 신성 안에서 철두철미 세계 및 인간의 '친구가 되기를' 원했다는 것을 의미하며, 그가 바로 그의 초월성 안에서 또한 그의 피조물에 완전히 '내재'하기를 원했다는 것을 의미한다. 하나님은 이 창조역사의 마지막 날과 마지막 행위를 그의 고유한 생명행위(Lebensakt)의 한 요소로 만들었다. 그는 창조주로서 그의 피조물과 함께 공존하기를 원했다. 하나님은 그의 자유와 사랑이라는 온전한 존엄성 안에서 피조물에 '소속'되기를 감행하였다. 그리고 창조역사의 바로 마지막 날, 하나님이 더 이상 새로운 것을 창조하지 않고 쉼으로써 더 위대한 일을 행했던, 즉 하나님이 그의 존엄성 안에서 그의 피조물에 소속되기를 감행하였던 바로 이 마지막 일곱 번째 날은 참으로, 완성된 피조물의 첫날이었으며, 무엇보다도 제6일에 창조된 인간의 생애 첫날이었다. 이렇게 일곱 번째 날과 함께 창조역사 내부에서 계약의 역사, 즉 영원한 선택을 실행하는 역사가 시작된다. 바로 창조역사에 대한 관계 안에서 그리고 그것에 의하여 규정되면서 두 번째 역사, 곧 창조주 하나님이 그에 의하여 창조된 현실 전반 및 그것 자체와 마주보며 공존하는 역사가, 곧 하나님의 '섭리'의 지배가 시작된다.

　　창조와 섭리는 동일하지 않다. 창조에서는 창조주와 피조물의 관계 '확립', 즉 그 관계의 비교될 수 없는 '시작'이 주요관심사이며, 섭리에서는 언제나 다시금 상이하지만 그것들 사이에서는 어쨌든 비교될 수 있는 일련의 순간들 안에서 경과하고 있는 그 관계의 '지속'과 '역사'가 주요관심사이다. 창조에서는 무엇보다도 한편에는 창조주의 존재와 위치와 기능의, 다른 한편에는 피조물의 존재와 위치와 기능의 '상이성'이 밝혀진다. 반면에 섭리에서는 무엇보다도 창조주와 피조물 사이의 상호간의 '관계'가, 즉 한편에서는 창조주가 그의 피조물의 실존에 관심을 기울이는 것이, 다른 한편에서는 피조물이 그것의 창조주의 실존에 참여하는 것이 주요관심사이다. 창조의 행위는 '특정한' 시간에, 즉 '최초의' 시간에 발생하는 반면에, 섭리의 시간은 시간의 종말에 이르기까지 아직 '남아 있는' 시간 전체이다. 창조는 하나님의 자유로운 의지와 결의 '외에는' 어떤 다른 외적 근거를 지니고 있지 '않으며', 하나님의 존재 자체의 안에 있는 은혜의 선택이라는 비밀 외에는 역시 어떤 다른 내적 근거를 지니고 있지 '않은' 반면에, 섭리는 그 근거들을 사실 하나님의 무조건적인 자유와 결단 안에도 그리고 그의 은혜의 선택이라는 비밀 안에도 지니고 있기는 하지만, 그래도 '그것을 넘어서서' 역시 또한 '외적으로' 이미 전제되어 있는 피조물의 존재 안에, 그리고 내적으로는 창조주에 대한 피조물의 필요 안에 그 근거들을 지니고 있다.

　　그러나 우리는, 바로 하나님이 행하는 두 가지 사역들의 '밀접한 연관성'에도 동시에 주목하지 않고는, 이 두 가지 사역의 상이성에 대하여 언급할 수 없다. 이 두 가지 사역을 서로 정말 동일시하려 했던 사람들은 다음과 같은 점에서는 물론 옳다: 즉 두 가지 사역에서는 하나님의 활동 및 그리스도교적 인식의 동일한 영역이 관심사이다. 이 두 가지 사역에서는 (가령 신론 안에서와는 전혀 다르게, 그리고 마찬가지로 가령 화해론 안에서와는 전혀 다르게) '창조주'와 '피조물' 자체 사이의 관계가 관심사이다. 창조에서나 섭리에서나 관심사는 피조물에 대한 창조주의 의지와 말씀의 무조건적인 지배이다. 이 지배는 또 다시 섭리에서나 창조에서나 그것의 마지막 비밀과 토대인 하나님의 은혜로운 선택과 계약 안에서 그것의 의미를 지니고 있다. 이처럼 창조와 섭리는 서로 긴밀하게 결합된다. 만일 우리가 그것들을 동일시할 수 없다면, 우리는 그것들을 분리할 수도 없으며, 한 사건을 다른 사건 없이 생각할 수 없다. 이것은, 한 사건이 실제로 다른 사건 없이는 존재하지 않는다는 사실에서 명백하게 그 이유를 지니고 있다.

피조물을 위하여 바라보고 돌보는 바로 그가 또한 피조물의 '창조주'라는 것, 그 피조물이 그에게는 어떤 낯선 대상이 아니라 그의 작품(Werk)이라는 것, 즉 그것에 대해서 그가 직접적으로 책임을 느끼고 있으며 그것은 무조건적으로 그의 뜻대로 처리될 수 있는, 그의 가장 본래적인 소유물이라는 것을 전제조건으로 하지 않는다면, 하나님의 '섭리'라는 개념은 빈약하고 무기력한 개념이 되고 말 것이다.

"만일 하나님이 세계의 창조주가 아니라면, 우리는 그가 인간의 일들을 염려한다는 것을 믿을 수 없을 것이다."(Calvin, *Instit*. I, 16, 1) 섭리라는 진지한 개념 안에서 말해지고 있는 "염려한다"는 말은 그 어휘에 걸맞은 엄격한 의미에서는 철저한 "염려", 즉 그것의 대상인 인간의 현실, 말하자면 하나님과는 상이한 현실 전반을 모든 점에서 그리고 그것의 전체적인 범위 안에서 포괄하는 "염려"를 의미한다. 이 개념이 믿을 만한 것이 되려면, 피조물을 위해 필요한 것을 마련해주고 돌보아주는 그(섭리의 하나님—역자 주)는, 이 현실의 절대적인 기원이 되는 그(창조주—역자 주)와 동일하지 않으면 안 된다. 그렇다면 이 현실은 그것의 근거를 그것 자체 안에 두도록 허용되지 않으며, 그것은 피조물이어야만 하며, 그것은 다른 존재의 피조물일 수 없으며, 낯선 제3의 원리의 생산물일 수 없으며, 그것은 그것을 "돌보는 자"인 바로 그분의 피조물이어야만 한다. 우리는 아직도, 어떤 권리와 어떤 불가피성 때문에 섭리라는 엄격한 개념을, 즉 진지하고 철저하게 "염려한다"는 말을 고려해야만 하는지에 대해서는 언급하지 않았다. 그러나 만일 그래야 한다면, 벌써 지금, 다음과 같은 칼빈의 주장은 정당하다고 말할 수 있을 것이다: 이미 섭리라는 개념 안에는, 그 개념보다는 하나님의 창조 개념이 앞서 있으며 의미를 부여하면서 동반한다는 뜻이 포함되어 있다. "하나님이 섭리할 것이다"라는 권능(Macht)은 "하나님이 창조했다"라는 권능이다.

그러나 그리스도교 교의학에서는 옛날부터 그리고 당연히 무엇보다도 다음과 같은 반대명제가 강조되었다: 그가 피조물 자체를 원해서 창조한 후에는, 그의 피조물을 제멋대로 방임한다면, 즉시 또한 '섭리' 개념의 의미에서도 그것의 보존자이며 통치자로서 계속하여 피조물에 대하여 그리고 피조물과 더불어 행동하지 않는다면, 혹은 그렇게 피조물에 대하여 그리고 피조물과 더불어 행동하는 것을 때때로 중단할 수 있다면, 그는 틀림없이 '창조주'가 아닐 것이다. 창조주 및 창조하는 것, 창조 및 피조물 등의 신학적 개념은 물론 동시에 다음의 사실을 유의해야만 한다: 창조주 하나님은 제조업자(Macher)와 혼동되어서는 안 되며, 그의 작품(Werk)은 제품(Gemächte)과 혼동되어서는 안 된다. 제조업자는, 비록 그가 아무리 고귀하고 천부적인 재주가 있고 권세를 지니고 있을지라도, 그의 제품을—그것이 완벽하면 완벽할수록 더욱더 쉽게—망각하고 방임할 수 있다. 창조주가 그의 피조물에 대하여 행할 수 없는 것이 바로 이것이다. 그 개념의 성서적-신학적 의미에서 창조주와 피조물 사이에는 관련성이 존재하며,

이 관련성이 창조주가 그의 작품을 방임하는 것을 불가능하게 하며, 창조주의 첫 번째 행동에 뒤따르는 두 번째 행동의 현실과 인식을, 즉 확실히 바로 섭리 개념의 의미에서 그의 행동을 직접적으로 필요하게 만든다. 하나님 자신은 결코 피조물이 아니며, 피조물의 본성(Art)으로부터 절대 아무것도 자신 안에 그리고 자신 곁에 지니고 있지 않으며, 또한 자신 안에서 완벽하게 되기 위하여 어떤 피조물이 필요하지도 않으며, 그와 나란히 그리고 그의 외부에 그와 동일할 수 있을 존재, 즉 자기 자신을 통하여 그리고 자기 자신으로부터 존재할 수 있을 존재, 자기 자신 안에 의미를 지니고 있을 존재, 자기 자신이 목적이 될 수 있을 존재는 결코 존재할 수 없다. 바로 이 하나님이 이제 그럼에도 불구하고, 그의 고유한 존재가 지니는 바로 이러한 엄격한 조건들 아래에서, 자기 자신을 창조주로 세우며, 그리고 자기 자신의 외부에 그리고 자기 자신과 나란히 피조물을, 즉 그와 상이한 현실을 세운다. 그러한 초월성 안에서 그의 피조물을 마주 보고 서 있는 이 하나님이 그의 피조물의 지속 및 역사와 명백히 '관계'를 맺고 있다. 이 관계는 그 어떤 "최고의 존재"에게나, 단순한 데미우르고스(Demiurg: 플라톤이 생각한 조물주, 영지주의자들은 이 조물주를 물질을 제조한 저급한 신으로 여김 — 역자 주)에게는 다만 '우연한' 것, 즉 아마도 고유한 것은 '아닌' 것일 수도 있겠지만, 그러나 창조주 하나님에게는 '필수적인' 것이다. 하나님과 피조물 사이의 관계의 근거가 되는 바로 이 장엄한(majestätisch) 자유가 그 관계를 끊임없이 지속한다는 보증이며, 바로 하나님의 영원이, 그가 그의 피조물을 위하여 늘 다시금, 즉 그가 그것을 원하는 동안은, '시간'도 갖게 될 것이라는 사실에 대한 보증이다. 만일 우리가 다음의 사실을 포함하여 생각한다면, 마무리할 때가 되었다: 이 창조주가 바로 그 하나님, 즉 저 영원한 은혜의 선택이, 곧 성서적-신학적 하나님 개념에 매우 특징적인 "밖으로 향한 내적인 결의"가 그의 존재에 속하는 바로 그 하나님이며, 그 결의의 토대 위에서 그의 피조물과 맺은 창조주의 바로 그 '계약'이 피조물을 창조한 의미이며, 그러므로 그 결의에 따라서 하나님이 '성실'할 것이라는 약속과 함께 피조물이 즉시 현실화되었으며, 실존하게 되었고, 그것의 계속적인 실존을 기대해도 좋다.

"주께서 저에게 삶과 삶의 권리를 주셨으며 주님의 돌보심은 나의 숨결을 지켜주셨나이다."(욥 10:12) 그러므로 칼빈이 섭리론의 진술을 즉시(*Inst.* I, 16, 1) 다음과 같은 확증과 더불어 시작했던 것은 옳았다: 세계의 창조주에 대한 그리스도교적 사고를 창조주에 대한 "세속적" 사고로부터 구별하는 것은, 그리스도교적 사고에는 세계의 기원에서보다 못지않게 세계의 지속에서 하나님이 지닌 "능력"의 현존이 명백했던 반면에, "단 한 번만 그의 사역을 실행했다는, 한순간만 활동한 창조주"라는 관념은 활기 없고 무미건조하다는 사실이다. "만일 우리가 그의 '섭리'에 이르기까지 계속하여 나가지 않는다면, 우리는 아직, 아무리 우리가 그것을 마음으로 이해하고 입술로 고백하는 것처럼 보일지라도, 하나님이 창조주라는 것이 무엇을 의미하는지를, 상응하게 파악하지 못한다. … 그리고 만일 하나님이 그의 작품들을 '돌본다'는 것을 확신하지 않는다면, 세계가 하나님에 의하여 만들어졌다는 것을 아무도 진지하게 믿지 못한다." 그리고 게르하르트(J. Gerhard, *Loci theol*., 1610f., VI, 1)도 이렇게 그의 "섭리론"을 즉시 다음과 같은 경계설정과 더불어 시작한다: "만물의 창조주인 하나님은 그가 창조한 작품을 '떠나지 않으며', 오히려 그의 전능함을 통하여 그는 그것을 오늘에 이르기까지 보존하고 있으며, 그의 지혜로 그는 모든 것을 그의 안에서 조종하고 관리한다." — 그리고 첫 번째 성서말씀으로서 요한복음 5:17을 예증으로 제시한다: "아버지께서 지금까지 일하시니 나도 일한다." 그리고 사도행전 17:24 이하가 덧붙여진다: "세계와 그 안에 있는 모든 것을 창조하신 하나님, 곧 하늘과 땅의 주님이신 그분은…모든 사람에게 생명과 호흡과 모든 것을 주십니다." 그리고 시편 121:2 이하가 덧붙여진다: "내 도움은 하늘과 땅 만드신 주님에게서 온다. 주께서는 네가 헛발을 디디지 않게 지켜 주신다. 너를 지키시느라 졸지도 않으신다! 아니, 이스라엘을 지키시는 분은, 졸지도 않으시고, 주무시지도 않으신다." 또한 히브리서 1:3, "그는 그의 능력 있는 말씀을 통하여 만물을 보존하시는 분이십니다", 그리고 골로새서 1:16 이하, "만물은 그를 통하여 창조되었으며 그는 만물보다 먼저 계시고, 만물은 그의 안에서 존속합니다" 등의 말씀들도 이 주제와 관련하여 많은 사람들에 의하여 인용되었으며, 이 두 구절들은 (요 5:17처럼!) 초기 개신교 신학에서 진술되었던 것보다도 이 주제의 내적 논증을 위하여 더욱 중요한 것들이다!

초기 개신교 신학이 이 주제에 대해 언급하였을 때 서 있던 최전선은 우선 언제나 에피쿠로스(Epikur, 341-270 BC. 고대 그리스 철학자. 원자론을 주장하였으며, 정신적인 쾌락을 추구하였다. — 역자 주)와 그의 학파에 대항하는, 즉 호감을 줄 뿐만 아니라 분명한 당시의 말투로 사람들이 말하곤 했듯이, "에피쿠로스 무리의 돼지들"에 대항하는 최전선이었다. 에피쿠로스학파는 스토아학파와 나란히 당시에 르네상스에 의하여 바로 새롭게 토론되었던 고대 세계관의 한 형태였다. 에피쿠로스학파의 체계 안에는 사실 신들의 실존이 고려되기는 하지만, 그러나 세계를 지배하는 하나님의 "섭리"에 대한 부정과 함께 즉시 그리고 필연적으로 또한 세계 창조도 부정되고 있기 때문에, 신학자들이 언급하기를 원했던 긍정적인 내용은 바로 이 대립관계 안에서 특히 잘 설명될 수 있었다. 세계는, 혹은 오히려 다수의 세계들은 에피쿠로스와 그의 학파에 따르면 영원 전부터 존재하는 원자(Atom)들의 자유로운 운동과 연합운동이다. 그 운동 자체는 그것을 능가하는 창조주도 지배자도 필요하지 않으며, 여기에서 스토아학파에 반대하여 격렬하게 강조되었던 것처럼, 운명이나 숙명의 형태 안에 있는 것도 아니다. 서로 다른 세계들 사이에 있는 공간들 안에는 확실히 신들이 존재한다. 신들은 가장 순수한 원자들로 이루어졌으며, 인간과 비슷한 모습이지만 최고의 탁월함 안에서 형상화되고 행동하므로 숭배 받을 만하다. 그런데 바로 다음의 사실이 그들의 완벽함에 속한다: 신들은 자기 자신들 안에서 그리고 자신들 사이에서 더 없이 행복하며, 모든 업적들에서 벗어나 있으므로, 그 밖의 세계에 대하여, 특히 인간세계에 대하여 전혀 마음을 쓰지 않는다. 다르게 대처하는 것은 신들에게 부합하지 않을 것이다. 수없는 우연한 사건들, 특히 이 신들의 본질에 아주 완전히 모순되는, 세상만사의 해악(害惡)들은, 신들이 실제로 다르게 대처하지 않음을, 즉 신들이 세계와 인간들에게 창조자로서도 통치자로서도 관여하고 있지 않음을 증명하는 것이다. 이 시종일관하여 "자유주의적인" 세계관에서 실제로 다음의 사실이 분명하게 된다: 창조주가 없는 곳에는, 즉 단지 이런 종류의 신들만이 있는 곳에는, 주님도 통치자도 돌보는 자도 없다는 것이다. ─ "뒤집어 말하자면": 참된 창조주, 즉 참으로 바로 또한 그의 "밖으로 향한 내적인 결의"도 존엄한 그의 존재에 속하는 바로 그 하나님 자신은 필연적으로 또한 그의 피조물의 주님이며 통치자이며 돌보는 자이다.

그러나 초기 개신교 논증가들 가운데 가령 '하이다누스'(Abr. Heidanus, l.c. 350 f.)처럼 더 깊이 파고드는 사람들은 여기에서 '아리스토텔레스'의 신학과 우주론에 대해서도 거리를 두는 것이 옳다고 여겼다. 아리스토텔레스에 따르면 세계도 영원하며, 따라서 창조는 문제가 되지 않는다. 그렇다면 그의 신(Gottheit), 즉 스스로는 움직이지 않으며, 비물질적 형태를 지니고 있으며, 어떤 잠재력에 머물러 있지 않는 현실성(Aktualität)이며, 스스로가 (그리고 동시에 최상의 것을!) 사고하는 이성인 최초로 움직이는 것(das erste Bewegende)이란 무엇인가? 이 "최초로 움직이는 것"은, 그것 자체가 발생하고 있는 모든 운동의 원리, 즉 모범적인 원형인 것 말고 또 '달리' 움직이는가? 그것 자체가 선이며 목적이 되는 것, 즉 그것 자체 외에는 어떤 목적도 지니고 있지 않은 바로 그 목적이 되는 것 말고, 즉 (완벽한 존재와 불완전하며 사랑받는 존재들로서 '무조건적으로!') 사랑받는 존재가 사랑을 베푸는 존재에게 미치는 매력에 의하여 모든 것이 그것을 향해 달려가며, 모든 것이 그것에 달려 있으며, 모든 것이 그것을 향해 달려가지 않으면 안 되는 바로 그 목적이 되는 것 말고 또 '달리' 움직이는가? 하이다누스는 질문한다: 그것은, 선장이 그의 배를, 지휘자가 그의 합창단을, 사령관이 그의 부대를 움직이는 것처럼 그렇게 말고 또 '달리' 움직이는가? 만물을 최초로 움직이는 존재는 만물의 운동의 법칙, 즉 그 운동을 영원히 선행하는 것(Prius)을 능가하며 또한 그것과는 '다른 것'인가? 우선 아리스토텔레스의 세계원리가 그리스도교의 섭리론이 다루는 하나님과 비교될 수 있을 또 다른 쟁점은 아마, 세계의 창조주로서 세계에 대하여 '마주 보고' 서 있으므로 세계의 운동에 대해서도 '독자적으로' 마주 대하며 세계를 '밖으로부터' 규정할 수 있을 어느 신의 의지의 자유 및 행동의 자유, 주권, 그리고 무엇보다도 또한 내적인 자기결정권일 것이다. 아리스토텔레스가 말하는, 만물을 움직이는 존재는 만물의 '창조주'이기도 한 것은 아니므로, 아마 그 존재도 당연히 너무나 고귀(vornehm)하므로 (그리스도교의 섭리론의 입장에서는 오히려 이렇게 말해야 할 것이다: 너무나 보잘것없으므로), 그 존재와는 상이한 현실에 대한 관계에서 '다른' 운동을 할 수는 없을 것이다. 아리스토텔레스가 생각하는 우주는 사실, 에피쿠로스가 생각하는 우주와는 달리, 우주의 질서를 유지하는 존재인 어느 신과 같은 어떤 존재를 지니고는 있다. 그러나 이 신은 우주의 창조주가 아니기 때문에, 즉 우주를 '초월하여' 있는 것이 아니라 (결국에는 에피쿠로스의 신들처럼!) 우주 '안에' 있으므로, 실제로는 아리스토텔레스가 생각하는 우주도 신에 의해 버림받은 우주이다. 그러므로 초기 개신교 신학이 여기에서 아리스토텔레스도 단지 반대예증으로만 인용했던 것은 확실히 옳았다. 다만 아쉬운 것은, 그 신학 스스로가 이러한 신과 세계에 대한 이미지가 담고 있는 정신으로부터, 그리고 그 정신에 의하여 제시된 논증들로부터 더욱더 근본적으로, 더 철저히 그리고 더 일반적으로 자유로웠어야 했다는 것이다.

창조와 세계의 창조주가 있다는 것을 인정하기는 하지만, 바로 에피쿠로스학파 철학자들의 방식에 따라서, 다만 다른 논증들로, 창조주는 그 후에도 그가 창조한 세계를 돌본다는 사실을 받아들이려 하지는 않는 세계관을 옹호하는 사람들과의 토론은 더욱 어려웠다. 그것은 바로 18세기 이래 이신론(Deismus: 理神論―혹은 '자연신론'으로 번역하기도 함. 신의 존재를 인정하지만 그의 섭리는 인정하지 않는 학설―역자 주)이라는 이름으로 알려진 세계관이다. 이미 아우구스틴은 이 세계관에 대하여 다음과 같이 논박하였다(*De Gen. ad Lit.* 4, 12): 이 세계관에 따르면 창조주인 하나님은, 마치, 자신이 건축하여 완성시킨 건물이―그가 더 훌륭하게 일을 했으면 했을수록, 그를 더욱더 적게 필요로 하듯이―그를 더 이상 필요로 하지 않으므로, 그 건물을 그대로 내버려두고 더 이상 거기에 발을 들여놓지 않는 어느 건축가처럼 그렇게 행동하였을 것이다. 그러나 그의 견해로는, 하나님은 그러한 건축가를 능가하며, 피조물은 그 건축가에게 무관심하게 된 그런 건물과는 다른 것이다. 이제 이 이미지의 도움으로 우선 다음과 같이 (당장 무의미하지는 않은) 이의가 제기될 수 있었다: 도대체 왜 하나님과 그의 피조물 사이에는 그런 이미지가 그렇게 어울리지 '않는다'는 말인가? 왜 '결코' 아니라는 것인가? 이미 토마스 아퀴나스(*S. theol.* I, qu. 104 art. 1 vid. 2)는 이런 이의제기를 알고 있었다: 하나님이, 실제로 더 이상 그를 필요로 하지 않으며, "그의 창조활동이 종료된 후에는" 스스로를 보존할 수 있으며 움직일 수 있는 그러한 작품을 창조하는 것이, 창조주 하나님과 그의 작품의 완벽함에 속하는 것이 아닐까? 최종적으로 생산되고 태엽이 감겨져서 가동된 '시계장치'(Uhrwerk)는 기계를 좋아하던 18세기에 사람들이 즐겨 생각했던 완벽한 작품이었으므로, 하나님은 이제, 그의 작품이 더 이상 그를 필요로 하지 않는다는 바로 그 이유 때문에 그 작품의 찬양을 받는 위대한 시계제조업자와 비교되는 것을 감수해야만 했다. 그러나 제아무리 가장 정교한 시계장치라 할지라도 주지하는 바와 같이 멈춰 설 수 있다. 그러므로 영리한 두뇌를 지닌 한 사람(D. Fr. Strauß, *Chr. Glaubenslehre*, 1841, 2. Bd., 354f.에 따르면)이 그 이의제기를 이제 또한 다음과 같이 공식화하였다: "창조할 때에 세계에 스스로를 계속하여 보존하고 움직일 능력을 나누어 주었을 경우에만, 하나님은 "영구 운동기관"을 발명한 인간에게 바쳐지게 될 바로 그 찬양을 얻을 수 있을 것이다."

그래도 이 이의제기는 세 가지 이유에서 헛된 것이다.

1. 그것은 다음의 사실을, 즉 창조주 하나님에 대하여 자주적이고, 자기 자신으로부터 출발하며 자기 자신의 힘으로 살아가고, 스스로 움직이는 피조물이란 결코 더 이상 하나님의 피조물이 아니며, 오히려 일종의 '두 번째 신'일 것이라는 사실을 간과하고 있다. 그러므로 그것은 하나님에게 불합리성을, 즉 그가 유일한 하나님이기를 중단할 수 있으며 또 그래야 마땅하다는 그 불합리성을 부당하게 요구하고 있는 것이다.

2. 그것은 다음의 사실을, 즉 피조물의 실존에서 하나님의 도움을 일시적으로만이 아니라 지속적으로 필요로 하며 그 도움을 경험하는 것은 피조물의 '본질'에 속할 뿐만 아니라 바로 피조물의 특수한 '명예'를 의미하는 것이라는 사실을 간과하고 있다.

3. 그것은 다음의 사실을, 즉 피조물의 실존은, 아무리 그것이 가장 완벽한 것이라 할지라도, 목적 자체가 아니라, 그의 창조주에 대한 바로 그 관계 안에 있도록 결정되어 있다는 사실을 간과하고 있다. 창조주의 의미는 그가 계속하여 '피조물에 대해서 그리고 피조물과 더불어 행동하는 것'에 의하여 논증되고 발생된다. 이신론적인 이의제기는 다른 말로 표현하자면, 창조주와 피조물 사이의 관

계를 제작자와 그의 작품 사이의 관계와 혼동하고 있기 때문에 헛된 것이다.—그리고 결정적으로, 성서적 신학적 이해에 따르면 이 관계에서는, 그것의 입장에서는 하나님의 은혜의 선택을 집행하는 것이 그 계약의 외적인 전제조건이 주요관심사라는 사실을 고려하지 않기 때문에 공허한 것이다. 은혜의 선택 자체가, 하나님은 자신의 외부에 있는 존재에 대하여 관여하지 않는다는 주장을 부정하는 것이다. 여기에서 문제되고 있는 하나님은 실제로 건축가나 시계제조업자, 또한 지금까지 아직 논의에 등장하지는 않은, "영구 운동기관"의 발명가와 비교될 수는 없다. 하나님에 대한 찬양의 본질은 실제로, 하나님은 그러한 제조업자인 인간이 행하거나 행할 수 있는 방식과는 전혀 '다르게' 행한다는 사실에, 즉 "그가 창조한 작품을 떠나지 않는다"는 사실에 있다. 그러므로 틀림없이 그의 피조물에 대한 찬양은 성서적 신학적 인식에 따르면, 피조물은, 영원으로부터 존속하며 그 자체 안에서 움직여지는 세계관련성(Weltzusammenhang)과는 전혀 '다르다'는 사실에 있다: 이 그것이 아리스토텔레스의 견해에 따라 최고의 이성에 의하여 완전히 지배되는 세계질서로 이해되든, 혹은 에피쿠로스의 견해에 따라 행복에 사로잡혀 있는 신들에 의하여 편안하게 무시된 세계질서로 이해되든 마찬가지로, 피조물은 그것과 다르다.

그러므로 섭리론의 단순한 의미는 다음의 명제 안에 요약될 수 있다: 창조주 하나님 자신이 창조의 행위 안에서 그의 피조물 자체에게 그것(피조물—역자 주)이 이루는 역사의 주님으로서 자신을 '넘겨주었'(zugestellt)으며, 그 주님으로서 피조물에게 변함없이 '성실'하다. 창조주 하나님은 그의 피조물과 '공존한다.' 그러므로 그의 피조물은 그것의 창조주가 공존한다는 전제 아래에서 그리고 그 전제와 함께 주어진 조건들 아래에서 실존한다. 피조물을 창조할 때 표준이 된 그의 자유의지와 그 피조물에 대하여 증명된 그의 지혜, 자비, 권능이 동일하게 지속됨으로써, 하나님은 피조물과 공존한다. 그가 피조물에 대하여, 피조물이 아직 존재하지 않았을 때에 그리고 피조물이 생성되었을 때에 존재했던 그 하나님과 동일한 존재'이며' 앞으로도 그렇게 '남아 있음'으로써, 이 동일함 안에서 늘 새롭게, 그를 통하여 생명을 얻은 피조물에 대해서 그리고 그 피조물과 더불어 '행동하며', 그의 자유의지, 그의 진리, 자비, 권능에서 비롯되는 늘 새로운 행위들과 계시들 안에서 그의 작품과 소유물에 대한 통치를 주권을 지니고 행사함으로써, 따라서 피조물의 역사가 동시에 그 자신의 영광을 드러내는 역사가 되게 함으로써, 하나님은 피조물과 공존한다. 그는 피조물이—그것을 그것 자체에게, 그것의 고유한 법칙성과 자유에, 그것의 부족함이나 자족함에 넘겨줄 리가 만무하다.—그의 영광에 참여하게 함으로써, 하나님은 피조물과 공존한다: 즉, 피조물이 직접 하나님 앞에서, 그의 직접적인 보호를 받고 그의 직접적인 지도를 받으면서, 그를 섬기도록 허용됨으로써, 그것은 하나님의 영광에 참여하며, 바로 이 사실에서 그것은 또한 그것의 고유한 의미와 목적을 충족시키며, 그것의 고유한 명예를 얻으며, 그것의 고유한 기쁨을 얻으려 실존한다. 그러므로 피조물의 역사에서 설령 무슨 일이 발생할지라도, 그리고 그것이 설령 그것의 고유한 법칙성 및 자유라는 관점 아래에서 어떻게 드러날지라도, 피조물은 그때에 그것의 창조주가 다스리는 통치로부터 빠져나갈 수 없으며 포기될 수 없으며, 앞으로도 그렇게 되지 않을 것이다. 그것에게 발생하는 것, 그것이 행하는 것, 그것에게 들이닥치는 것은 하나님의 통치의 범위 안에서 그리고 토대 위에서만이 아니라, 일종의 감독과 최종적인 처리권 아래에서만이 아니라, 일반적으로 그의 직접적인 면전에서만이 아니라, 오히려 구체적으로, 직접 효과적인 그의 보존의지에 따라, 직접적이며 탁월한 그의 협력 아래에서 그리고 직접적인 그의 감독에 상응하게 전개될 것이다. 그러므로 이 역사 안에서는, 그가 통치하는 지배와는 아무런 관계가 없을 수 있을, 즉 어떤 의미에서든 직접적으로 또한 '그의' 통치 행위가 아닐 수 있을 그런 방향전환들이나 사건들은 기대될 수 없다. 이 주님은 결코, 그리고 어디에도 부재중인 곳이 없으며, 수동적이지 않으며, 무책임하지 않으며, 무기력하지 않다.—그는 늘 어디에서나 현존하며, 활동적이고, 책임을 지며, 전능하게 관여하고 있다: 즉 그는 결코 그리고 어디에도 죽은 신으로서가 아니라, 늘 그리고 어디에서나 살아 있는 하나님으로서, 결코 잠들어 있지 않고 늘 깨어 있으며, 어디에서도 무관심하지 않고 모든 것에 관여하며, 결코 다만 기다리기만 하는 것이 아니라, 모든 관점에서—또한 하나님이 "허락"함으로써 기다리고 있는 것처럼 보이는 곳에서도—주도권을 잡고 있다. 그의 피조물과 더불어 살아가는 하나님의 공존의 본질이 바로 이 사실에 있다. 하나님이 창조행위에서 자신을 피조물에게 넘겨주었다는 그 사실의 파급효과가 바로 이것이다. 행동하면서, 즉 중지하지 않으며 빈틈을 남겨두지 않는 행동 안에서, 하나님은 피조물과 공존한다. 그리고 하나님이 행동의 자유 안에서, 그의 행위를 통해서 피조물보다 완전히 우월하므로, 피조물은, 하나님과는 다른 현실로서 그리고 피조물에게 귀속된 고유한 법칙성과 자유 안에서, 하나님과 공존한다: 즉, 하나님의 뒤를 따르며, 그것의 고유한 실존 안에서 직접적으로 하나님에 의하여 보존되며, 그의 직접적이며 우월한 협력 아래에 있으며, 직접적으로 그에 의하여 통치되는 것이 피조물에게 꼭 필요한 것과 마찬가지로, 피조물의 창조주인 하나님은 피조물 자체보다 우월해야만 하는 것이 꼭 필요하다. 한 번 더 말하자면, 그의 피조물에 대하여 창조주가 지니고 있는, 바로 그 위엄 있는 자유 자체가, 그가 그것 위에 그리고 그것과 더불어 존재하는 그 성실함과 한결같음에 대한 보증이기도 하다.

슈츠(J. J. Schütz)의 시 구절들이 바로 여기에서 포괄적으로 언급된 것을 적절하게 표현하고 있다:

하나님이 지으신 것들을
하나님은 보존하기도 원하신다네;
그것들을 언제나

그의 은혜로 다스리기를 원하신다네.

여기에서는 창조주에 대한 이신론적인 관념, 즉 피조물을 창조한 후에는 피조물에 대하여 관여하지 않고 마주 서 있는 창조주에 대한 관념과 단순히 신이 "예견한다"는 관념이 멀리 사라져 버렸으며, 여기에서는 그 관념이 엄밀히 말하자면 무신론적인 것으로 간주되어 완전히 제거될 수밖에 없었다는 것이 명백하다. "우리는, 하나님이 세계 안에서 발생하고 있는 것을 하늘로부터 한가하게 관찰하고 있는 것을 섭리라고 부르지 않으며, 다만 한순간만 창조주인 것이 아니라 지속적인 통솔자가 되기 위하여, 그가 자신이 창조한 세계를 통치하는 것을 섭리라고 부른다. 그러므로 우리가 하나님에게 돌리는 그 섭리는 '눈들'만이 아니라 '손들'과 관련되어 있다."(Calvin, *De aet. Dei praed*. 1552 CR 8, 347) 츠빙글리(*De providentia* I)는 그것을 다음과 같이 논증하였다: 만일 발생하고 있는 어떤 일이 하나님에게 숨겨져 있어서 그가 그것이 발생하도록 맹목적으로 허용한다면, 최고의 '진리'에 대한 개념은 논쟁의 대상이 될 것이며, 그것은 오히려 하나님 안에 있는 무지몽매함을 가정하는 것이 될 것이다. 만일 그가 사실 그의 피조물에게 어떤 선한 것을 기대하기는 하지만, 그의 의지를 따르도록 주선할 수 없다면, 사물들을 관리하고 도울 수 없다면, 하나님이 지닌 최고의 '권능'이라는 개념은 논쟁의 대상이 될 것이다. 그리고 만일 그가 사실 그것을 할 수 있기는 하지만, 어떤 이유로, 예를 들면 그의 작품에 대한 혐오와 싫증 때문에 그것을 행하기를 원하지 않는다면, 그의 '자비'라는 개념은 논쟁의 대상이 될 것이다. 이 모든 전제조건 아래에서는, 하나님은 하나님이 아닐 것이며, 매우 우려되는 특성들을 지닌 일종의 악마일 것이다. 그런데 하나님은 최고의 선이며, 그는 아버지, 아들, 성령이며, 그 자신이 권능과 자비와 지혜로 충만하며, 이 모든 것이 분리될 수 없는 통일성 안에 있다. 그러므로 그는 악마처럼 행동할 수 없으므로, 그는 주권을 지니고 있으며 살아 있는, 그의 피조물의 주님으로서 행동한다.

2. 그리스도교의 섭리신앙

하나님의 섭리에 대한 '신앙'은, 사실이 우리가 지금 윤곽을 그렸던 것과 같다는 것에 대한 실천적(praktisch) 인식이다. 이 신앙은 이 실상(Sachverhalt: 實狀)과 그것에 대한 '인식' 위에 확립된, '신뢰'의 기쁨이며 '순종'의 흔쾌함이다. 섭리신앙에서는 피조물은 창조주를, 그가 행하는 모든 것에서, 피조물에게 발생하는 모든 것에서, 보존하고 협력하고 통치하면서 피조물에 앞서서, 곁에서, 뒤에서 동행하기 위하여 성실하고 한결같은, 주권을 지닌 살아 있는 주님으로서 피조물에게 스스로를 내어준 분으로 이해한다. 그리고 섭리신앙에서는 피조물은 스스로를, 그것의 창조주와 관계를 맺고 있는 존재로서, 즉 세계 안에 있는 그것의 실존 전체에서, 하나님이 그러한 주권을 지니고 활기차게 도처에서 피조물을 앞서 가고 있으므로 그것은 그의 뒤를 따르기만 하면 되는 방식으로, 보존되며 규정되며 통치되는 존재로서 이해한다. 여기에서 섭리신앙에서는 이 모든 것이 — 하나님의 섭리 자체가 또한 하나님의 한가한 사색이 아니듯이 — 일종의 한가한 사색을 하는 것이 아니라, 다음과 같이 실천적인 것으로 된다: 그러한 인식에 관여하는 피조물은 무슨 일이 있어도 그리고 모든 점에 스스로를 창조주의 인도에 복종하며, 그 인도가 더욱 정당함을 인정하며, 그것에 감사하며 찬양할 수 있다.

이 노선들 위에서 하나님의 섭리에 대한 특수한 신앙 (혹은 이 특별한 형태를 지닌 하나의 그리스도교 신앙)은 주지하는 바와 같이 17세기와 18세기에 그리스도교의 가르침과 교화(Erbauung), 특히 그리스도교 문학이 선호하는 주제로 다루어졌다. 게르하르트(Paul Gerhardt)는 이것에 잊히지 않는 의미심장한 고전적인 표현을 부여할 수 있었다. 그 시대의 "신뢰와 위로의 노래들"은 — 오히려 그 노래들 배후에 있는 것은 이것이다: 당시에 사람들이 얻기 위하여 투쟁하였던 그 신뢰, 그리고 동시에 사람들이 실제로 지녔던 기쁨은 그리스도교 신앙의 요소들이며, 그것들 없이는 그리스도교 신앙이 존재할 수 없다. 우리 자신의 시대에 이르기까지 후대에, 즉 교회가 소위 더욱 명상에 몰두하던 시대들에, 혹은 더욱 확장에 몰두하던 시대들에도, 많은 사람들은 그 신뢰와 기쁨에 의지하는 것을, 그리고 그 신뢰와 기쁨 안에서 다시 아주 소박하게 살아가는 것을 상당히 즐거워했다. 이제 신앙이란 어쨌든 복음의 의미에서 의심할 바 없이 철두철미 이것을 의미한다: 그것은 아주 천진난만하게 그리고 직접적으로 하나님의 섭리에 의지하며, 그 섭리를 기뻐하고, 그 섭리의 지배를 따르는 것이다. 그리고 바로 종교개혁이 예수 그리스도의 인격 및 사역의 자족성(Alleingenugsamkeit, 自足性)을 새롭게 발견함으로써, 그리고 하나님의 은혜에 의지하도록 허락되고 또 오직 하나님의 은혜에만 의지하기를 원하는 죄인은 예수 그리스도 안에서 실제로(wirklich) 그리고 참으로 하나님의 자녀가 된다는 사실을 새롭게 발견함으로써, 종교개혁의 모든 위대한 대표자들 — 루터 못지않게 츠빙글리, 츠빙글리 못지않게 칼빈! — 에게 바로 그리스도교의 섭리신앙의 새로운 탄생과 같은 것도 자명한 것처럼 이끌어내게 하였다는 것은 우연이 아니다. 여기에서 인용될 수 있을 수많은 증언들 가운데 하나인 『하이델베르크 교리문답서』의 26-28번 문항이 이제 상세히 언급되어도 무방할 것이다. 덧붙여 말하자면, 다른 모든 것들은 제쳐놓더라도, 이 문항들 안에는 창조와 섭리 사이의 관련성만이 아니라, 한쪽에는 창조와 섭리, 다른 쪽에는 은혜의 선택과 계약 사이의 관련성도 매우 훌륭하게 중요시되고 있으므로, 이제 그 밖에 또 서론적으로 언급되어야 할 모든 것들에 대해서도 미리 교훈을 줄 수 있다.

26번 문항의 질문: 당신이 "나는 하나님 아버지, 전능하신 분, 하늘과 땅의 창조주를 믿습니다."라고 말할 때, 당신은 무엇을 믿고 있는 것인가?

대답: 하늘과 땅, 그리고 그 안에 있는 만물을 무로부터 창조하셨으며, 또한 그것들을 그분의 영원한 뜻과 섭리를 통하여 아직도 보존하시며 통치하시는, 우리 주 예수 그리스도의 영원한 아버지께서, 그의 아들 그리스도 때문에, 나의 하나님이며 나의 아버지라는 것을 믿습니다. 이 하나님을 신뢰하므로, 나는, 그가 나에게 신체와 영혼의 모든 필요한 것들을 채워주실 것을 의심하지 않으며, 그가 눈물의 골짜기에서 살아가는 나에게 어떤 재앙을 보내 주실지라도, 그것도 나에게 유익하도록 바꾸

어 주실 것을 의심하지 않습니다. 그가 전능하신 하나님으로서 이것을 행할 수 있으며, 그리고 또한 성실한 아버지로서 그렇게 행하기를 원하시기 때문입니다.

27번 문항의 질문: 당신은 하나님의 섭리를 어떻게 이해하는가?

대답: 하나님의 전능하며 현존하는 능력(Kraft)입니다. 그 능력을 통하여 하나님이 만물과 함께 하늘과 땅을 그의 손으로 아직 보존하고 통치하시는 것과 다름없으므로, 나뭇잎과 풀, 비와 가뭄, 풍년과 흉년, 음식과 음료수, 건강과 질병, 부와 가난 등 이 모든 것들은 우연히 주어지는 것이 아니라, 하나님 아버지의 손길에 의하여 우리에게 제공되는 것입니다.

28번 문항의 질문: 우리는 하나님의 창조와 섭리에 대한 인식으로부터 어떤 유익을 얻는가?

대답: 우리는 어떤 재난 가운데에서도 인내를 지녀야 하며, 기쁨이 넘칠 때 감사할 수 있으며, 미래에 대하여 우리의 성실한 하나님 아버지께 대한 바른 확신을 지녀야 마땅합니다. 모든 만물은 하나님의 손 안에 있으므로, 그것들은 하나님의 뜻 없이는 활동하거나 움직일 수도 없으므로, 어떤 피조물도 우리를 하나님의 사랑으로부터 떼어 놓을 수 없을 것입니다.

그런데 바로 이 관점으로부터 몇 가지 엄격한 '경계설정들'이 불가피하게 된다.

1. 그리스도교 섭리신앙은 어휘의 엄격한 의미에서 '신앙'이다. 이것은 우선 다음과 같은 것을 의미한다: 그것은 '하나님의 말씀'을 청취하는 것이며, 인지하는 것이며, 받아들이는 것이다. 다음의 사실이 참되다는 것, 즉 하나님이 통치하며, 그들에게 주어진 시간 안에서 실존하는 피조물들의 역사는 또한 하나님의 영광을 드러내는 역사라는 것—이것 자체가, 창조주의 뜻과 권능 안에 있는 피조물의 기원에 대한 진리와 마찬가지로, 인간에게는 접근하기 어렵고 이해하기 어려우며, 그것을 참된 것으로 간주하기가 힘든 것이다. 창조에서는 섭리에서처럼 새로운 것을 생각해내고, 파악하고, 주장할 것이 별로 없으며, 계획하고 요구할 것이 별로 없으며, 모든 경건한, 불경건한, 이론적인, 실천적인 모험들이 별로 고려되지 않는다. 우리는 창조에서나 섭리에서나, 신앙고백으로서만 가능하며 그렇지 않고는 불가능한 고백의 영역 안에 있다. 창조된 존재의 역사는 모든 관점과 역사의 범위 전체에서 하나님의 지배 아래에서 진행된다는 사실은 신속히 언급되며 겉보기에는 쉽게 이해되는 것 같다. 그러나 우리가 이 "창조된 존재의 역사"의 어떤 작은 부분만을, 그 부분의 구체적인 세분화된 내용들과 상세한 내용들은커녕, 그것의 윤곽들만이라도 유념하기만 한다면, 우리는, 그것들이 빈말들이 아닌지 정직하게 질문해야만 할 것이며, 위에서 언급한 것에 대하여 감짝 놀라지 않을 수 없다. 왜냐하면 그것은 우리가 우리 자신의 경험과 확신으로부터 말할 수 있는 것을 명백히 훨씬 능가하며, 우리가 보는 것과 아는 것 그리고 책임 있게 말할 수 있는 것은, 우리가 이 고백을 통하여 말하는 것에 명백히 훨씬 못 미치기 때문이다. 만일 우리가 이 놀라움에도 불구하고 그리고 그러한 놀라움 안에서, 바로 우리의 신앙을 고백하는 것처럼 반드시 그것을 말'해야만' 하는 것이 아니라면, 아마 그것을 말하지 않는 게 차라리 더

나을 것이다. 그것은 정직한 마음에서 우러나온 것인가? 만일 이 정직성(Aufrichtigkeit)의 핵심이, 우리가 그럼에도 불구하고 그것을 말하도록 하나님의 말씀을 통하여 격려받았다는 사실에 있다면, 그렇다(Ja). 그렇지만 만일 정직성이라는 말이 단지 우리의 고유한 경험들과 확신들을 내세우는 것만을 의미한다면, 아니다(Nein). 그리고 우리가 얼마나, 즉 얼마나 적게, 이 신앙고백으로 말하는 것을 그것에 상응하는 진심에서 우러나는 신뢰와 순종으로 충족시키는지 질문하기만 한다면, 우리는 위에서 언급한 것에 대하여 솔직하게 즉시 한 번 더 깜짝 놀라지 않을 수 없다: 우리가 그 말에 대하여 우리의 삶으로 아직 실제로 책임진 적이 전혀 없었으며, 앞으로도 결코 책임지지 않을 것이기 때문에, 그 고백은 그래도 혹시 흔해 빠진 빈말에 지나지 않으며, 중요하지 않은 것이 아닐까? 만일 우리가 더욱더 진지한 이 놀라움에도 불구하고, 바로 우리의 신앙을 고백하는 것처럼 반드시 그것을 말'해야만' 하는 것이 아니라면, 만일 우리가 다만 우리 자신을 부끄럽게 함으로써만 그것을 말할 수 있다는 것을 알지 못한다면, 확실히 그것을 말하지 않는 게 차라리 더 나을 것이다. 이 주제에서도 그리스도교 신앙은 다음과 같은 곳에서 시작된다: 그것은, 우리 자신의 경험들과 확신들이 지닌 정직성이 이 신앙 자체 때문에 한계를 지니는 곳에서, 이 주제에 상응하는 우리의 신뢰와 순종의 정도가 틀림없이 충분하지 않은 곳에서, 우리가 우리 자신을 의지하는 것에서 온전히 벗어나야만 하는 곳에서 시작된다. 그리스도교 신앙은 다음과 같은 곳에서 시작된다: 그것은, 바로 하나님의 말씀에 실제로 '의지'하도록 허락받기(dürfen) 위하여, 우리가 다만 하나님의 말씀'만'을 의지할 수 있는(können) 곳에서, 그런데 토론의 여지가 없는 확신을 갖고 의지하도록 '허락되는' 곳에서 시작된다. 이 확신이 제공되고 허락되고 자명하게 되기 위해서는, 인간이 자기 자신으로부터 벗어나 하나님을 주목해야 하며, 하나님의 선물과 관련을 맺어야 하며, 성령의 자유로운 사역을 통하여 그의 안에 창조된, 즉 그의 낙담한 마음 안에, 그의 어리석고 변덕스러운 생각들 안에, 죄를 범하기 쉬운 그의 삶 한복판에 창조된 그 가능성을 사용하여야 한다. 이 신앙 안에서는 인간은, 하나님의 섭리에 관하여 그리스도교적으로 언급될 수 있는 것을 말'해야만 한다'(muß). 만일 그것이 이 신앙에 대한 고백이라면, 그것은 "당연히" 견고한 신앙고백이다. 왜냐하면 그것은 "당연히" 객관적인 실상과 관계된, 객관적인 실상의 계시로부터 기인하는 신앙고백이기 때문이다.

여기에서 우리가 그것에 대하여 경계를 설정해야만 하는 바로 그 관념은, 마치 그리스도교 섭리신앙이 하나님, 세계, 인간 그리고 기타 사물들에 대한 일종의 견해, 요청, 가설인 것처럼 여기는, 즉 여러 가지의 인상들과 욕구들에 근거를 두고 있으며, 그 어떤 구조 안에서 관철되며, 우리가 언젠가 그것을 감행하는 것을 결국 확실히 착수할 수 있을 해석의 시도, 해설의 시도, 설명의 시도인 것처럼 여기는 관념—그 신앙이 마치 "경건한 세계관"인 것처럼 여기는, 즉 많은 내용들 자체를 지니고 있으며, 만일 우리 자신이 어떤 방식으로든지 경건하다면, 우리가 또한 확실히 자신의 것으로 말들 수 있을 일종의 "경건한 세계관"인 것처럼 여기는 관념이다. 우리는 이런 방식으로 견해들, 요청들, 가설들을 향해 마음을 열 수 있고, 이런 방식으로 그것들에 동조할 수 있으며, 마찬가지로 경우에 따라서는 또한 다시 그것들을 버릴 수 있다. 섭리신앙의 형태에서도 그리스도교 신앙은 하나님의 말씀에 근거를 두고 있으며 오직 하나님의 말씀에 의해서만 살아갈 수 있다는 사실을 기억하는 것이 중요하다. 오직 이 사실로부터 출발해서만 우리는 다음의 사실을 확인할 수 있으며, 이 사실로부터 출발해서 우리는 물론 또한 다음의 사실을 확인해야만 하기 때문이다: 그 신앙은 구속력 없고 결국에는 확고하지 않은 그러한 세계관이 아니며, 따라서 창조된 존재의 역사에 대한 하나님의 지배는 어떤 "문제"(Problem)가 아니라 바로 객관적인 실상, 즉 우리가 그 밖에 이 역사에 대하여 알고 있다고 여기는 모든 것보다 훨씬 더 확실한 실상이며, 또한 우리 자신에 대하여 알고 있다고 여기는 모든 것보다도 훨씬 더 확실한 실상이다. 그렇다면 우리는 다음의 사실을 이해할 수 있으며 또 이해해야만 한다: 하나님의 지배에 대한 인식은 기껏해야 다만 공리들에 대한 인식들이라는 등급(Klasse)과 비교될 수 있으며, 여기에서도 하나님의 지배에 대한 인식은 공리들에 대한 인식들에 비하여 실제로 하나의 등급 자체를 형성한다. 만일 하나님의 지배에 대한 신앙이, 결국 다만 이러저러하게 느끼고 생각하고 선택하고 판단하는 인간이라는 주체만을 그것 배후에 지니고 있는 일종의 세계관이라면, 그 신앙이란 그리고 그 신앙에 대한 고백이란 늘 동요되는 상태에 머물러 있을 것이다. 그 신앙이 그러한 세계관이 아니기 때문에, 그 신앙의 본질은 오히려 하나님이 인간에게 부여하는 가능성을 실현하는 것이기 때문에, 그 신앙은 하나님 자신으로부터 하나님을 위하여 인간에게 주어진 자유이기 때문에, 그것은 동요될 수 없다. 실상 자체가, 즉 창조된 존재의 역사에 대한 하나님의 지배가 인간에게 주어진 계시인 하나님의 말씀 안에서 선포되었으므로, 더 이상, 다만 가설적으로라도, 그 지배가 혹시 발생하지 '않는' 것으로 여기도록, 이 역사가 혹시 '아무런' 지배도 받지 '않고' 혹은 '다른' 지배 아래에서 진행되는 것으로 여기도록 허용되지 않는다. 하나님의 지배를 믿는 것을 인간이 스스로 선택한 것이 아니라, 그것을 믿도록 그가 선택된 것이다. 그러므로 인간은 하나님의 지배를 믿는 것을 중단할 수 없으며, 이 신앙을 고백하는 것을 중단할 수도 없다. 이런 의미에서 섭리에 관한 명제는 일종의 '신앙의 명제'이다. 우리는, 그것 자체를 모든 세부사항에 이르기까지 이해하고 내세우는 데에 관심을 기울여야만 할 것이다. 우리는 신앙의 차원으로부터 벗어나 혹시 다시금, 다만 해석들과 해설들만이 존재할 수 있고 다만 견해들, 요구들, 그리고 가설들만이 존재할 수 있는 그 차원으로, 즉 그것에 교리적으로 속박되는 것은 우려할 일임에 틀림없을 바로 그 차원으로 내려가 버리려는 유혹으로부터 벗어나지 않으면 안 될 것이다.

우리는 17, 18세기의 신앙심을 불러일으키는 문학작품들과 그리스도교의 찬송가 안에 반영되어 있는 섭리신앙을 찬양하면서 그것에 관하여 언급하였다. 게르하르트의 경우에, 그의 노래인 "당신의 길을 명령하소서"와 '성탄절' 찬송가인 "나의 가슴이 기쁨으로 넘치네" 사이에는 종교개혁적인 '관련성'이 아직 명백하게 드러나 있기 때문에, 그 증언은 아직 믿을 만하다. 그러나 그의 신앙의 경험들과 확신들 자체를 서술하는 '주체인 그리스도인'이 이제 서술의 전면으로 밀치고 나오도록 허용된 그 정도 때문에, 우리는 이미 그에게 깜짝 놀라서 주춤할 필요가 없는가? 만일 이 경향성이 강화된다면, 어떻게 되겠는가? 만일, 섭리도 그리고 바로 섭리야말로 다만 하나님의 살아 계신 말씀으로부터 출발해서만 믿을 수 있다는 것을, 그래도 섭리에 대해서는 하나님이 말을 걸어오는 것에 대한 대답의 형태로만 신앙을 고백할 수 있다는 것을 잊기 시작하였다면, 어떻게 되겠는가? 만일 이 주제를 믿고 고백하는 사람이 역시 자기 자신을, 즉 섭리의 통치 아래 있는 사건들의 진행과정에 대한 그 자신의 관점을 더욱더 중요하게 취급하기 시작했으며, 그 관점이 점점 더 많이 능력을 지니고 있다고 믿기 시작했다면, 어떻게 되겠는가? 만일 믿어야 하고 신앙을 고백해야 하는 것과 비교해서 우리가 보고 있는 것과 알고 있는 것이 부적절하다는 사실에 대한 경악이, 그리고 우리가 믿고 고백하는 현실이 우리의 삶에서 의미해야만 하는 것과 비교해서 실제로 아주 보잘것없는, 우리의 신뢰와 순종이 부적절하다는 사실에 대한 경악이 아주 서서히 점점 더 사라져 버렸다면, 어떻게 되겠는가? 만일 우리가 다음의 사실을, 즉 우리는 결코 우리의 경건한 마음으로부터 나온 것이 아니라 말하자면 밖으로부터 우리에게 강요된 '그럼에도 불구하고!'의 토대 위에서만 하나님의 섭리를 믿을 수 있다는 사실을, 바로 실제로 다만 엄격한 의미에서만 그것을 '믿을' 수 있다는 사실을 더 이상 의식하지 않은 상태로 머물게 된다면, 어떻게 되겠는가? 만일 가령 하나님의 삼위일체성이나 그리스도의 신성 혹은 그리스도의 속죄의 사역보다는 하나님의 섭리를 믿는 것이 점점 더 쉽고 명백하다고 여겨졌다면, 어떻게 되겠는가? 만일, 하나님의 섭리를 믿는 신앙이 하나님의 삼위일체성이나 그리스도의 신성 혹은 그리스도의 속죄의 사역에 대한 신앙과 동일한 것이며, 그렇지 않다면 그야말로 아무것도 아니라는 사실이 더 이상 이해되지 않았다면, 만일 전자에 대한 신앙을 후자에 대한 신앙보다 더 선호되기 시작했으며, 전자는 확실한 것으로 간주되지만, 후자는 불확실한 것으로 간주되기 시작했다면, 어떻게 되겠는가? 만일, 적어도 섭리신앙의 바탕 위에서는 어느 정도 참을 수 있는 모든 이단자들과 그리고 또한 어느 정도 계몽된 모든 이교도들과 만날 수 있다는 것이 특히 좋은 일로 여겨지기 시작하였다면, 어떻게 되겠는가? 만일, 간단히 말하면, 우리가 결국 스스로 이 명백히 보편적인 자연 종교의 토대 위에 서 있다면, 하나님의 섭리에 대한 신앙을 결국 겨우, 결국 단독으로 표준적이며 불가결한 자연 종교의 가장 중요한 성분들 가운데 하나로만 간주했다면, 그리고 그것을 실제로 겨우 이 의미에서만 고수하고, 실행하고, 이해하기를 바랐다면, 어떻게 되겠는가? 이것이 17세기와 18세기에 그리고 그 후에 실제로 발생하였던, 즉 내적으로 관련성을 상실하게 된 '정통주의'로부터 출발하여, 주체인 그리스도인을 만물의 척도로 높이는 '경건주의'를 거쳐, 이제 단순히 그리고 배타적으로 주체인 인간 자신에게만—그의 견해, 요구, 가설들을 진술하도록—발언권을 허락하는 '합리주의'에 이르기까지 발생하였던 거대한 탈선이다. 이 과정에서 섭리신앙이 창백해지고, 형태를 상실하게 되고, 소심해지고, 약화되고, 동요되고, 무기력하게 되어야만 했다는 것은 사실상 놀라운 일이 아니다. '인간'이 이 주제에서 '생각'할 수 있는 것은 어쨌든 색채도 윤곽도 없으며, 힘도 지속성도 능력도 없다. 섭리에 대한 신앙고백은 '다음의 경우에만', 즉 그것이, 피조물에 대한 하나님의 지배는 그의 말씀 자체 안에서 언급되었으며, 인간 자신이 느끼고 생각하고 아는 모든 것에 '반하여', 그리고 또한 그의 신뢰와 순종이 불충분함'에도 불구하고', 그 인간을 사로잡았다는 사실과, 혹은 오히려, 그 자신을 자유롭게 해주었다는 사실과 관계되어 있는 '그 경우에만'—가령 이미 언급한 『하이델베르크 교리문답서』의 명제들에서 널리 알려지게 된 온전한 겸허함 안에서—살아 있고, 즐겁고, 확고부동한 것이다. 그 경우에만, 정말이지 '오직' 그 경우에만! 소위 "세계관"으로서가 아니다! 또한 "그리스도교의" 세계관으로서도 아니다! 그것이 그리스도교의 세계관이라고 자칭하는 경우라도, 세계관이란 견해, 요구, 그리고 가설이다.

리츨(Albr. Ritschl, *Unterricht in d. chr. Rel.*, 1875, §60)에 따르면 이제 물론, "하나님 아버지의 지배에 대한 신앙"은 "축소된 형태의 그리스도교 세계관"이라고 말하는 바로 그것이 그 신앙에 대한 칭찬이라는 것이다. 그는 이 세계관을 다음과 같이 정식화한다: "그 신앙 안에서 우리는 세계에 대한 우리의 현재 상태를 하나님의 사랑에 대한 우리의 인식에 따라서 판단하며, 하나님에 의하여 그의 최종목표인 우리의 구원으로 이끌어지는 그 세계보다 우월한, 하나님의 모든 자녀가 지니고 있는 소중한 지위, 즉 하나님의 사랑으로부터 추론된 그 소중한 지위에 대한 우리의 인식에 따라서 판단한다." 이 명제의 모든 어휘와 어휘결합은, 우리가 여기에서 사실상 일종의 "세계관"과 관계하고 있다는 것을 보여주고 있다. 이 세계관이 리츨 시대에 지식인 세계를 지배한 자연주의적, 역사주의적 실증주의를 고려하여 형성되었다는 것은 명백한 사실이다. 그 때문에 『하이델베르크 교리문답서』의 26번 문항에서 언급된, 하늘과 땅의 창조주인 "우리 주 예수 그리스도의 영원한 아버지", 27번 문항에서 언급된, 하늘과 땅을 보존하고 통치하는 "하나님의 전능하며 현존하는 능력"이라는 표현은 탈락되어야만 한다. 그리고 그 결과 28번 문항의 질문, "하나님의 창조와 섭리에 대한 인식으로부터 우리는 어떤 이익을 얻는가?"에 대한 조용하면서도 강인한 대답이 널리 알려질 수도 없다. 그것과는 달리, 남아 있는 것이라곤 겨우 주체인 그리스도인의 "판단"뿐이다.—엄밀하게 말하자면 그것조차 아니고, 오히려 본래 다만, 주체인 그리스도인은 그의 섭리신앙을 고백함으로써 "세계에 대한" 그의 "현재 상태"에 대한 특정한 판단을 실행한다는 사실을, 그리고 어떻게 그렇게 하는지를 확인하는 것뿐이다. 이 확인에 따르면 이 주체의 자의식은 물론 매우 놀라운 것이므로, 우리가 신앙을 지니고 있는 인간에 대하여 『하이델베르크 교리문답서』의 세 가지 질문들에서 듣고 있는 것은, 그 곁에 있는 실제로 빈약한 예외이다: 즉 그 주체는 하나님의 사랑을 인식하며, 그 사랑으로부터 그 주체의 고유한 "소중한 지위"를 추론해 냄으로써, 그 주체는—리츨이 흔히 말했듯이, "세계"에 대한 "지배"를 소유함으로써—세계보다, 즉 하나님에 의하여 그의 최종목표를 향하여, 즉 바로 주체인 그리스도인 자신의 구원을 향하여 이끌어지고 있는 세계보다 "우월"하다. 여기에서 왜 그렇게 의심스럽게 자의식을 지니고 언급되어야만 하는지는 명백하다: 그리스도교 섭리신앙이 관련을 맺고 있는 객관적 실상이 침묵하게 되었거나 혹은 더 이상 경청되지 않게 된 곳에서는, 리츨의 견해처럼 그것이 "형이상학"으로서 중요하지 않게 되어버린 곳에서는, 명백히 자기 자신에 대한 신앙인의 고백만이 겨우 남아 있게 된다. 그 경우에는, 인간이 하나님의 자녀로서 세계—바로 인간을 위하여 하나님에 의하여 이끌어지는 세계—보다 우월하다는 보증이 충분히 확신 있게 선포될 수 없다. 모든 것은 이제 바로 인간 자신에게 달려 있다. 그러므로 인간은 자기 자신을 아무리 높이 평가해도 만족할 수 없다. 그렇다면 섭리신앙은 이 의심스러운 자기 확신 외에는 어떤 다른 확신을 더 이상 지닐 수 없다. 그러나 이 자기 확신은 일종의 "세계관", 즉 그것 자체가 다만 '이' 확신을 지닐 수밖에 없는 "세계관"이기 때문에, 그것은 확실하지 않다. 왜냐하면, 비록 자기 자신에 대한 신앙인의 고백—그러나 아직은 완전하지 않은—그 자체가 순수하고 내용이 풍부할지라도, 비록 그것이 적어도 주관적으로 정직한 것일지라도, 그래도 그것은 틀림없이 다음과 같은 특성을, 즉 그것이 나타난 것처럼 그렇게 또한 다시 사라질 수 있으며, 발생한 것처럼 그렇게 또한 다시 소멸할 수 있는 특성을 지니고 있기 때문이다.—그러므로 우리는 이 방향으로 탈선하는 것을 피해야만 할 것이다.

2. 그리스도교 섭리신앙은 또한 다음과 같은 점에서도 이 개념의 엄격한 의미에서 신앙이다: 즉, 그것은 (이제 그것의 대상을 고려하여 말한다면) 단순하게 그리고 직접적으로 '하나님 자신'에 대한 신앙이다. 그것은, 그의 피조물의 주님인 하나님에 대한, 즉 세계의 사건들 위에서 그리고 그 사건들 안에서 깨어 있는 분, 의지를 갖고 있는 분, 활동하는 분인 하나님에 대한, 바로 '하나님'에 대한 신앙이다! 인간 자신의 존재를 포함하여 창조된 존재의 역사 전체와 관련하여 이 신앙이 인간을 '하나님'에게 향하도록 지시한다는 것이 이 신앙의 위로이며 추진력이다. 이 신앙으로 살아가는 사람은 그에게 무슨 일이 닥치든 그것이 '하나님'과 관련되어 있음을 알 수 있다. 그러나 그는 또한 그의 개인적인 상황과 역사를 넘어서서, 가까운 혹은 멀리 떨어져 있는 증인으로서, 세상사의 모든 차원들에 참여한 사람으로서 다음의 사실을 숙고하고 기대할 수 있을 것이다: 바로 하나님 '자신'이 그 일에 "관여하고 있을" 뿐만 아니라, 주권을 갖고 통치하며, 그렇다면 어떻든 하나님의 뜻 말고는 어떤 다른 뜻이 이루어질 수 '없다.' 가까운 곳을 쳐다보아도, 먼 곳을 쳐다보아도, 높은 곳을 쳐다보아도, 낮은 곳을 쳐다보아도, 이 시야에 들어오지 않을 수 있는 곳은 없다: 하나님은, 그의 피조물들이 설령 어느 곳에서 어떻게 실존할지라도, '함께' '실존'하며, 하나님이 실존한다는 사실 자체가 그가 피조물들의 실존을 마음대로 처리할 수 있다는 것을 의미한다. '그'가 마음대로 처리할 수 있다는 것—이것이 핵심이다. 하나님의 섭리에 대한 신앙은 바로 이 핵심에 의하여 살아갈 것이며, 언제나 이 핵심에 도달하려 노력할 것이며, 언제나 다시 이 핵심으로 되돌아 올 것이다. 하나님이 마음대로 처분하는 영역에서는 많은 것이 변화할 수 있다: 구원과 파멸, 승리와 패배, 위태롭게 하는 것과 보호하는 것, 삶과 죽음, 천사들과 악령들, 또한 인간의 죄들과 인간의 해방이 이 영역에서 자리를 차지하고 있다. 하나님은 만물 안에 있는 주님이며, 이곳과 저곳에서 매우 다르게 나타나지만 언제나 '그'(Er)이며, 본래 그리고 결국 전적으로 다만 그일 뿐이다. 그러므로 하나님에 대한 이 관계

가 섭리신앙의 의미이며 힘이다. 세상사의 모든 변화들에 직면하여, 이 신앙에 토대를 둔 신뢰와 순종은 돕는 자인 '그', 명령하는 자인 '그', 심판자인 '그', 왕인 '그', '그의' 자비, '그의' 영광, '그의' 성실함, '그의' 전능함을 생각한다. 섭리신앙은 하나님에게, '오직' 그에게만, 즉 만물 안에서 모든 것을 실행하는 그에게, 바로 '오직' 그에게만, 만물 안에 있는 '그'가 주님이라는 오직 그 사실에만 의존한다.

그러므로 그 신앙은 피조물들에게, 그리고 하나님의 처분 권한 내부에 있는 피조물들에게 독특한 상이한 결정들(Bestimmungen)에 의존하는 것이 아니다. 그러므로 개별적으로, 이런 혹은 저런 선하고 사랑스럽고 아름답거나 혹은 어떤 다른 방법으로 빛나는, 피조물 특유의 존재가 그 신앙의 본래의 대상으로 될 수 없을 것이며, 또한 전체적으로도, 우리가 과연 하나님을 말하기는 하지만, 그러나 그렇게 말하면서 피조물과 그것의 삶, 그 삶의 선함, 아름다움, 혹은 그 어떤 다른 탁월함을 의미할 수도 없을 것이다. 하나님은 실로 피조물이 아니며 개별적으로도 전체적으로도 피조물에 대한 어떤 규정이 아니다. 상이하게 규정되는 피조물은 사실 그것의 역사가 또한 그것의 창조주가 지닌 영광을 드러내는 역사이기도 할 경우에, 루터가 매우 적절하게 말했듯이, 하나님의 '가면'이기는 하다. 그러나 그래도 그것은 '다만' 그의 가면일 뿐이며, 결코 어디에서도 그의 얼굴은 아니므로, 인간은 그 가면 자체 안에서 혹은 개별적으로나 전체적으로 그것에 대한 어떤 규정 안에서 하나님과 관계되고 있는 것처럼 여길 수는 없다. 왜냐하면 하나님의 영광을 드러내는 역사는 피조물의 역사 안에서, 그 역사와 함께, 그리고 그 역사 아래에서 발생하므로, 그것은 '은폐된' 역사, 즉 인간이 느낄 수도 볼 수도 의식할 수도 변증법적으로 해명할 수도 없으며, 그야말로 다만 하나님의 말씀을 토대로 믿을 수 있는 역사이기 때문이다. 우리는 지금 하나님의 현현(顯現)들에 대하여 말하고 있는 것이 아니다. 특히 말씀의 화육으로서, 즉 창조주가 피조물로 되는 것으로서 모든 것을 성취한 그 현현에 대하여 말하고 있는 것이 아니다. 하나님의 현현에서는 신앙의 토대를 확립하는 것이, 즉 하나님의 영광이 은폐된 상태를 깨뜨리고 나타나며, 인간이 스스로 직접 그의 하나님과 마주 대하고 있음을 느끼게 되는 것이 주요관심사이다. 행동하는 주체는, 즉 신앙의 근거는 하나님의 현현에서도 하나님 자신이지 그의 피조물의 특유한 현상 그 자체가 아니다. 예수 그리스도라는 인격으로서도 아버지의 영원한 아들이 행동주체이며, 오직 하나님과 일치됨에서만, 이 영광이 명백히 드러났던 바로 그 인간이 행동주체이다. 그러나 여기에서 우리는 세상사 안에서 하나님이 그 밖에도 보편적으로 현존하고 지배한다는 것에 대한 신앙에 관하여 말하고 있다. 이 보편적 현존과 지배에 관해서는 다음과 같이 언급되어야 한다: 그것은 참으로 실제적(wirklich)이며, 세상사 안에서 행해지지만, 세계사건 자체 안에서는 '은폐되어' 있으므로, 인지될 수 없으며 세상사로부터 추론될 수 없다. 세상사 자체가 그것의 계시는 아니며, 바로 하나님의 말씀이, 즉 예수 그리스도가 그것의 계시이다. 이 말씀을 근거로 삼고, 이 말씀에 의하여 이루어진 자유 안에서, 그것을 믿을 수 있다. 그러나 그것은 세계의 시간이 완성되기 전에는 결코 어디에서도 눈에 보일 수 없다. 그러므로 하나님 자신이 예수 그리스도를 통한 계시 안에서 또한 전적으로 홀로 신앙의 '근거'(Grund)이듯이, 섭리신앙의 '대상'은 언제나 오직 '하나님 자신'일 수밖에 없다. 그러므로 어떤 피조물도, 그리고 그것에 대한 변하기 쉬운 그리고 변화된 규정들 가운데 어떤 것도, 섭리신앙의 대상으로서 하나님 자신을 대신할 수 없다. 만일 하나님이 가령 다만, 이런 혹은 저런 영광스러운 피조물이 혹은 영광스럽게 보이는 피조물이 될 수 있을 어떤 것에 불과하다면, 어떻게 이 신앙이 성립할 수 있겠는가? 혹은 만일 하나님이 세상만사에서 다만 선과 아름다움, 빛, 사랑과 생명의 주님에 불과하다면—그렇다면, 명백히 아주 전면적으로, 사람들이 종종 생각하듯이, 아주 완전히 상반되게 규정되고 있는 세상만사에서는? 만일 후자의 경우에 그가 주님이 아니라면, 그는 전자의 경우에 분명히 또한 주님이 아니며, 그렇다면 그렇게 믿는 신앙은 틀림없이 그리스도교 섭리신앙이 아니다. 이 신앙은 어떤 피조물을 믿는 것이 아니며, 피조물의 어떤 변형이나 어떤 측면을 믿는 것이 아니며, 그것은 그의 피조물의 모든 변형들 안에서 그리고 모든 측면들 아래에서 그 피조물의 주님인 창조주를 믿는다.

그러므로—우리는 이제 여기에서 주요관심사인 경계설정의 결정적인 점에 도달하였다.—더구나 세상만사에 대한 인간의 어떤 '개념'(Konzeption)이 섭리신앙의 대상으로서 하나님 자신을 대신할 수 없다. 인간은 그러한 개념들을 만들어낸다. 그렇지 않으면 실제로 방향을 정하고 결단할 수 없을 것이므로, 인간이 그렇게 하는 것은 불가피하다. 인간에게 그 일이 금지되어야 한다는 것은 검토될 수도 없다. 그가 그렇게 하는 것은 오히려 인간으로서 그의 삶의 일부를 이룬다. 틀림없이 모든 인간은 적어도 자기 자신의 삶과 그의 가장 가까운 이웃들의 삶에 대하여 어떤 개념을 지니고 있다: 즉, 그가 그의 통찰, 이해, 판단에 따라서 지금까지 어떻게 살아왔으며, 또 앞으로 어떻게 살아가게 될지, 어떻게 살았어야 했으며 또 어떻게 살지는 말았어야 했는지에 대한, 자신이 혹은 다른 사람이 살아 있는 동안에 이룬 일에 대한 어떤 그림(Bild, 이미지)을 지니고 있다. 창조된 존재에 대한 상이한 규정들에 대한, 즉 선과 악, 옳음과 그름, 행복과 불행 등에 대한 그의 특수한 표상(Vorstellung)이 여기에서 분명히 중요한 역할을 할 것이다. 그렇다면 그러한 그림들은 널리 설득력을 지닐 수 있다. 그것들은 아마도 한 공동체의, 예를 들면 교회의 혹은 특수한 교회 형태의 삶의 과정에 대한 그림들이거나, 혹은 한 민족의 혹은 민족 집단들의 삶의 과정에 대한, 혹은 심지어 인류의 역사 전체의 삶의 과정에 대한 그림일 수 있다. 아마도 도덕적인, 아마도 비도덕적인, 아마도 기술적인, 문화적인, 정치적인 혹은 경제적인 성격을 지닌 그 어떤 척도들이 그 그림들을 형성하는 관련자를 지배할 것이며, 그가 진보 혹은 후퇴를 확인하도록, 형성, 개혁 혹은 개악을 확인하도록 안내할 것이며, 미래에 대한 그의 기대들, 소원들 그리고 우려들과 아주 똑같이 과거에 대한 그의 판단을 결정할 것이다. 그리고 그러한 그림들은—그것들을 형성하는 사람의 편에서는 언제나 같은 전제조건들 아래에서—더욱더 널리 설득력을 지니기를 원할 수 있으며, 동시에 사람에게 잘 알려진 현존 전체를 아마도 일종의 발전사(史)로서, 아마도 더욱 조심스럽게 다만 모든 존재하는 것(das Seiende)의 지속되는 운동에 대한, 그 운동의 법칙들과 우연성들에 대한 분석 및 묘사로서만 포괄하기를 원할 수 있을 것이다: 아마도, 원칙적으로—그것들을 형성하는 사람이 하나님에 대하여 무엇을 생각하는지는 유보하고—그러한 총체적인 그림 안에 또한 어떤 한 장소를 그 자신의 것으로 명명할 수 있을 그 하나님을 포함시키면서, 혹은 그를 반항적으로 또는 비웃으며 제외시키면서. 인간이 스스로 세상만사에 대하여 그러한 크고 작은 개념들을 만들어낸다는 것에 대하여 반대할 이유가 없으며, 오히려 찬성해야 할 부분이 아주 많다. 그 개념들은 중요한 일에서든 아니든 결코 역사에 관한 단순한 그림들로서 이해되기를 원하는 것이 아니라, 역사를 형성하라는, 즉 스스로 역사를 만들라는 요청을 제기하며, 그 어떤 깊이와 넓이에서일지라도 그 요청을 관철시킬 줄 안다. 언제나 다시 그러한 개념들도 존재한다는 것 자체는 분명히 세상만사에 속하며, 따라서 피조물의 존재가 이루어가는 역사에, 어쨌든 인간 존재가 이루어가는 역사에 속한다. 그러나 여기에서 그것에 관하여 언급되어야 하는 것은 이것이다: 섭리신앙의 대상으로서 '하나님'을 대신할 수 있는 그러한 개념은 존재하지 '않으며', '하나님'에 관한 그림으로서 논의될 수 있을 그러한 그림이란 존재하지 '않는다.' 섭리신앙은 그러한 개념들을 배제하지는 않는다. 섭리신앙은 그 개념들에게 불가피한 인간적 삶의 표현들 및 삶의 수단들로서 그것들의 특정한 공간과 그것들이 지닌 어떤 권리를 전적으로 허용할 수 있다. 특정한 사정에 따라서는 섭리신앙은 그것들을 매우 진지하게 받아들일 수 있다. 섭리신앙은 그것의 대상을 때에 따라서는, 잠정적으로 그리고 특정한 적용에서 전적으로 또한 그러한 그림들을 비유로 사용해서도 구체적으로 설명할 수 있다. 그러나 섭리신앙은, 그것들 안에서도—개념의 더욱 엄격한 의미에서—단지 하나님의 가면들과 관계하고 있다는 사실에 대하여, 엄밀하게 말하자면 '그' 가면들과, 즉 그것들을 통하여 흔히 인간이—하나님이 미리 정해놓은 운명(Fügung), 뜻 그리고 허락 없이는 아니지만, 그러나 인간이!—하나님의 나머지 가면들을 관찰하곤 하는, 그리고 그것들 배후로 흔히 인간이 확실히 또한 (그 어떤 "…주의"[-ismus, 主義]의 이름과 구실로!) 하나님과 그의 동료 피조물들을 피하여 숨어버리곤 하는 바로 '그' 가면들과 관계하고 있다는 사실에 대하여 분명히 알게 될 것이다. 섭리신앙은 이 개념들을 포괄하지만, 또한 그것들을 제한한다. 그것은 그것들이 지니고 있는 진리의 내용들을 고려한다. 그것은 또한 그것들이 지니고 있는 고유한 역동성, 즉 역사를 묘사하는 것만이 아니라 형성해 나가는 역동성도 고려한다. 그러나 그것은 자유 안에서 그것들을 마주보고 서 있다. 그것은 그것들 중의 어떤 것에 속박되지 않는다. 왜냐하면 그것은 하나님에 대한 신앙이기 때문에, 즉 모든 역사가, 모든 정신사도, 인간역사에 관한 인간의 개념들의 모든 역사도 완전히 예속되어 있는 바로 그 하나님의 나라와 심판에 대한 신앙이기 때문에, 그것은 그렇게 할 수 없다. 그러므로 그것은 인간들이 생각해낸 하나의 역사체계에 대한 신앙으로 될 수 없다. ─만일 그 체제가, 신앙을 지닌 사람 자신이 스스로 그것에 우선권을 부여하며 아마도 충심으로 갈채를 보내기를 원하는 바로 그것이라고 할지라도, 그렇게 될 수는 없다. 만일 그 사람이 신앙을 지니고 있다면, 그는 그의 고유한 체계도, 즉 그가 지니고 있는 다소간의 특정한 역사관념(Geschichtsbild)을 단지 작업가설로 이해하고 사용하게 될 것이며, 따라서 겸손, 유머 그리고 경우에 따라서는 그것을 변형시키거나 또한 아주 포기할 자유를 지니게 될 것이다. 그는 그것을 도구로 취급할 것이다. 그는 그것을 지금 만들어 냈거나 다른 사람들로부터 넘겨받았으며, 그것이 사용될 수 있는 한, 그는 지금 그것을 사용할 것이다. 그러나 그는 지금 아마 부득이 그것을 또한 변화시켜야 하며, 이제 아마도 그것을 완전히 치워 버려야 하며, 다른 것으로 대체하지 않으면 안 된다고 생각하며, 또한 그렇게 할 수 있는 권한이 있다고 생각할 것이다. 그는 그 도구에 대하여 아마도 많은 "인간적 신뢰"를 표명할 것이지만, 결코 "하나님에게 적합한 신뢰"를 표명하지는 않을 것이다. 그는 아마도 진지하게 그것의 상대적 진리와 우수함(die Güte)에 대하여 확신하게 되겠지만, 그러나 그것을 믿지는 않을 것이다. 그는 그의 체제 안에서 증명된 '그 자신의' 선견지명이 아니라, 바로 '하나님의 자신의' 섭리(Vorsehung)를 믿을 것이다. 우리는 앞으로 이 방향에서 벗어나지 않도록 경계해야만 할 것이다.

중요한 것은 '섭리신앙'을, 그것을 그 어떤 '역사철학'을 이용하여 고백하는 것과 혼동하는 것을 피하는 일이다.

이 중요한 요점을 아주 분명하게 이해하기 위하여, 우리는 먼저 첫 번째 요점으로 되돌아가야만 한다: 즉 섭리신앙은 견해, 가정, 가설이 아니며, 그것은 신앙하는 주체의 세계관이 아니라 그 주체의 자유, 즉 하나님의 말씀으로부터 발생한 그 자유이다. 하나님이 역사의 주님이라는 것을 하나님 자신이 인간에게 말함으로써, 그리고 인간이 그 사실을 하나님 자신으로부터 경청하게 되고 그 사실을 받아들임으로써, 그는 하나님의 섭리를 믿는다. 그러므로 그는 '그 하나님'을 믿는다. 틀림없이 그는 역사책'도', 즉 그 자신의 삶의 역사 그리고 그의 삶이 전개된 더 가까운 혹은 더 먼 역사적 맥락들의 역사를 기록한 책'도' 읽는다. 그는 확실히, 그가 거기에서 읽는 것을 그리고 의미를 파악하고 있다고 여기는 것을 이해한다. 그는 확실히 그것에 대하여 그의 견해를 형성하게 된다. 그는 이 견해를 토대로 확실히 특정한 가정들에 이르도록 독촉 받고 있음을 알게 된다. 그러므로 그는 확실히 특정한 가설들을 갖고 작업한다. 그러므로 그는, 자주적으로든 다른 사람에 의하여 고무되고 교육받았든, 그 어떤 범위 안에서 어느 정도 정확하게 확실히 일종의 역사철학을 만들어 낸다. 왜 그는 그것을 행하지 말아야 한단 말인가? 그는 그 밖에도─그리고 그가 그것도 하지 못하도록 방해할 수 없을 것이다.─

하나님의 섭리가 지배하는 것은 그의 역사철학에 어느 정도 일치'할 수 있을 것'이라는 추측을 감행하게 될 것이다. 그러나 그는 그럼에도 불구하고, 역사책(혹은 그의 특수한 소책자)을 읽어서 하나님의 섭리의 지배를 이제 실제로 알아챌 수 있다고 생각하게 되지는 않을 것이다. 하나님의 섭리의 지배를 알아내는 것이 주요관심사라면, 그는 그에게 지금 이런 혹은 저런 역사관념을 아마도 가장 올바른 것으로 간주하도록 암시하는 내적인 소리가 아니라, 하나님의 말씀에 귀를 기울이게 될 것이다. 하나님의 섭리 안에서 그는 하나의 그림과 관련을 맺을 뿐만 아니라 역사의 '현실'과 관련을 맺으며, 하나님의 섭리에 대한 신앙 안에서 이 현실에 대한 받아들일 수 있으며 있을 법할 뿐만이 아니라 '참된' 인식과 관련을 맺고 있다. 만일 그가 하나님의 섭리를 믿는다면, 그는 자기 자신을 믿지 않으며, 역사책을 읽는 그의 눈을, 그리고 역사책 독서를 겉보기에는 가장 잘 이해하게 하는 내적인 소리를 신뢰하지도 증거로 끌어대지도 않으며, 오직 하나님이 그에게 하나님의 말씀을 듣도록 제공하였던 귀만을 신뢰하며 증거로 끌어댄다. 그는 '그'를, 즉 '하나님'을 믿으며, 바로 그렇게 함으로써 진리의 소리를, 즉 계시를, 그리고 역사의 현실을 믿는다. 그는 하나님의 섭리 자체를 믿는 것이지, 다음의 내용에 대하여 아주 잘 논증된 확증이나 숙고를 믿는 것이 아니다: 즉, 그의 통찰에 따르면 하나님의 섭리가 지금까지 지배하는 것, 그것이 현재 작용하는 절호의 기회(Kairos), 그것이 지닌 미래의 의도, 요컨대 그것의 계획이 무엇일 것인가에 대하여 아주 잘 논증된 확증이나 숙고를 믿는 것이 아니다.

그리고 이제 한 걸음 더 나아가자: '그'를, 즉 '하나님'을 믿음으로써, 인간은 또한 그의 섭리에 대한 신앙의 형태에서도 필수적으로 또한 오직 '그'만을, 오직 '그 자신'만을 믿을 수 있게 될 것이다. 이 대상은 다른 것과 교환될 수 없다. 어떤 역사철학도 섭리신앙의 '근거'일 수 없듯이, 어떤 역사철학도 섭리신앙의 '대상'으로 될 수 없다. 이 신앙은 '하나님'이 만물 위에서 그리고 만물 안에서 통치하시는 주님이라는 '그것'을 믿는 것이지, 역사가 특정한 과정의 진행이라는 것, 특정한 도식의 실행이라는 것, 특정한 프로그램의 전개라는 것을 믿는 것이 아니다. 우리들은 그때그때 아주 진지하게, 모든 일이 혹은 그래도 많은 일이 우리가 이해하고 있다고 여기는 특정한 맥락 안에서 지금까지 이러저러하게 일어났고, 오늘날 이러저러한 위기 안에 있으며, 앞으로 이러저러하게 전개되리라는 것을 있을 법하게 여길 수 있다. 그러나 우리가 아무리 그렇게 확신할지라도, 우리는 그것을 '믿을' 수는 '없다.' 우리는 그것에 의하여 살아갈 수는 없으며, 거기에서부터 위로를 받을 수는 없으며, 거기에서부터 기껏해야 궁극 이전의 지시들(Direktiven)을 받을 수는 있으나, 궁극적이며 본래의 지시들은 받을 수 없으며, 거기로부터 '궁극적인' 결단들이 내려질 수는 '없다.' 레싱(Lessing)처럼, 우리는 어느 때에 혹은 영원 안에서 도달해야 하는 도덕적인 종교적 합리성에 이르도록 역사 안에서 진행되고 있는 "인류에 대한 교육"을 믿을 수는 없다. 또한 헤겔(Hegel)처럼, 역사 안에서 실현되는, 대략 1830년경에 목표에 도달한 절대정신의 자기발전을 믿을 수도 없다. 또한 마르크스(Karl Marx)처럼, 경제적으로 억눌린 자들의 승리와 해방에 이르기까지 경제적 계급들의 상호충돌 안에서 성취되어 가는 역사의 의미를 믿을 수도 없다. 또한 트라이취케(Treitschke)와 그의 추종자들처럼, 이제야말로 정말 독일 민족이 떠오름으로써 가장 중요한 단계에 접어들게 되었다는 민족들의 투쟁도 믿을 수 없다. 또한 슈펭글러(O. Spengler)처럼, 상이한 문화정신(Kulturseele)들의 전개와 대결, 번영과 몰락인 역사를 믿을 수도 없다. 그리고 부르크하르트(J. Burckhardt)처럼, 인간성의 비극적 위기가 증가하는 역사, 즉 세계사의 병리학인 역사를 믿을 수도 없다. 우리는 이 모든 역사철학들로부터 많은 것을 매우 정확하게 이해하고 있다고 여길 수 있으며, 우리는 그 어떤 그런 "관점"(Schau)으로부터 출발하여 또한 실제로도 매우 진지하게 영향 받을 수 있다: 그러나 우리는 그 관점을 '믿을 수 없으며', 또한 아무리 냉정하게 혹은 아무리 열광적으로 인지된 그림들이라도, 그것들의 유효성을 고려할 수 있다고 할지라도, 그것들을 '믿을 수 없다.' 우리는 '그것들의' 관념(Anschauung) 안에서 '하나님'의 관념과 관련을 맺고 있다고 여길 수 없다. 그런 그림들의 주도적인 원칙들을 구약성서와 신약성서의 하나님과 동일시하는 것은 실로 아직 성공한 적이 없다. 그와는 정반대로, 그 그림들을 만들어 낸 사람들과 그것들을 믿는 자들은 일반적으로 지극히 현명하게, 이런 의미의 하나님을 요구하기를 포기하였고, 오히려 그 하나님을 직접 혹은 간접으로 부인하는 것을 선호하였으며, 설령 그것들의 원리들에게 어떤 이름을 붙인다고 해도, 그것들의 다른 성격에 일치하게 다른 이름을 붙였다. 실제로 우리는 이 원리들을 믿을 수 없다. 유감스럽게도 우리는, 성서의 언어로 말한다면, 낯선 우상들인 그것들에게 종교적 숭배와 같은 어떤 것을 바칠 수 있다. 그러나 우리는 그것들이 우리 스스로에게나 다른 사람들에게 실제로 구속력을 지니도록 할 수는 없다. 우리는 그것들을 아마도 "절대화"할 수는 있겠지만, 그래도 그것들은 다만 상대적 절대성들을 얻게 될 뿐이며 그렇게 머문다. 우리는 실제로 그것들을 신뢰할 수 없다. 그것들은 진정으로 성실할 수 없으며, 또한 신뢰할 만하게 이끌 능력도 없다. 그것들은 물론 그것들의 특정한 역동성을 지니고는 있으나, 언제나 부분적으로만, 잠시 동안 (어쩌면 때로는 1000년, 그러나 어쩌면 단지 12년뿐) 그리고 엄밀히 말하자면 언제나 표면적으로만 지배한다. 물론 그것들도 그것들이 지배하는 시대와 장소에서 역시 하나님의 섭리의 '대상들'이다. 그러나 실제로 우리의 시력이 약할 경우에만, 그것들이 하나님의 섭리와 혼동될 수 있다. 우리는 다음과 같이 경고하는 말을 덧붙인다: 여기에서 언급된 모든 것은 성서를 활용하여 설계된 '그리스도교의' (혹은 그리스도교의 것으로 여겨진) 역사관념들에도, 가령 아놀트(Gottfried Arnold)나 벵엘(J. A. Bengel)의 경우에 두드러지게 나타나는 것과 같은 그런 종류의 역사관념들에도 충분하게 적용되어야 한다!

이제 '세 번째' 발걸음을 내딛기로 하자: 하나님의 섭리에 대한 신앙 안에서, 인간은 물론 매우 개방되고 매우 주의 깊고 매우 관여하는 관점에서 '역사'를 바라보게 될 것이다. 어떻게 그렇지 않을 수 있겠는가? 그 역사 안에서 그가 실존하며, 그가 그것 안에서 실존함으로써—도대체 어떻게 그렇지 않겠는가?—그는 통치하는 하나님에 대한 그의 신앙을 삶으로 실천해야만 하며, 실행해야만 하며, 그가 지니고 있는 약간의 신뢰와 순종이 진실임을 확증해야만 한다. 통치하는 하나님의 강력하고 철저한 지배가 그것 위에서 그리고 그것 안에서 행하여지는 그 영역은 다름 아니라 바로, 크고 작은 결과들과 관련성들 안에 있는 창조된 존재의 '역사'이다. 바로 '그것' 안에서 하나님의 영광을 드러내는 역사가 은폐되어 있기는 하지만, 실제로 실현되고 있다. 그러므로 하나님의 섭리에 대한 신앙의 본질은 의심할 여지없이 다음의 사실에 있다: 세상사 안에서 하나님의 지배를 '인식'할 수 있도록, 세상사 안에 은폐되어 있는, 하나님의 영광을 드러내는 역사를 또한 '인식'할 수 있도록, 인간이 자유롭게 된다. 그럼에도 불구하고 신앙이 바라보는 것(Schauen)으로 되지는 않는다. 신앙은 스스로를 부당한 그리고 확실히 기만적인 소위 바라보는 것으로부터 구분할 줄 알게 될 것이다. 그러나 이것은 신앙이 맹목적이라는 것을 의미하는 것은 아니다. 이 관점에서도 '인식'이 아니라면, 즉 상대적이며, 잠정적이며, 겸손하며, 수정이 필요하지만, 그러나 진정한, 감사하는, 그리고 용기 있는 인식이 아니라면, 그것은 신앙이 아닐 것이다. 하나님의 섭리를 믿는 사람은, 단지 "추상적으로" 그리고 보편적으로, 하나님이 만물 위에 있으며 만물은 하나님의 손들 안에 있다는 것을 알 뿐만 아니라, 또한 되풀이해서 이 손들이 행하는 사역의 일부분을 '인식하게' 되며, 창조된 존재의 역사 안에서 아주 특정한 사건들, 관계들, 결합들과 변화들에서도 언제나 하나님의 뜻과 의도들을 '인지하도록' 허용된다. 그는 이 역사 안에서 미리 정해진 운명(Fügung)들과 안내들, 암시들과 표시들, 설정된 한계들과 열려진 가능성들, 위협들과 심판들, 자비로운 보존들과 원조들을 '깨닫는다.' 그는 위대한 것과 사소한 것, 진실과 허구, 약속들과 위험들을 '구별'할 줄을 안다. 그는 또한 어디에서 기다리는 것이 필요하고 어디에서 서두르는 것이 필요한지, 어디에서 말하는 것이 필요하고 어디에서 침묵하는 것이 필요한지, 어디에서 행동하는 것이 필요하고 어디에서 고난 받는 것이 필요한지, 어디에서 투쟁이 필요하고 어디에서 평화가 필요한지도 구별할 줄을 안다. 그는 그때그때 사태를 제대로 '인지하고', 그것을 표준으로 삼는다. 그는 하나님의 섭리와 그렇게 '교제'하고 '소통'하기 위하여 자유롭다.

그러나 어쨌든, 어떤 역사철학도 인간이 그렇게 하도록 자유롭게 하지는 않을 것이다. 아마도 그는 그러한 철학을 소유할 수 있을 것이다. 아마도 그는 그러한 철학을 만들 수 있을 것이다. 우리는 단언한다: 왜 그러한 일이 발생하도록 허용되어서는 왜 안 된다는 말인가? 그러나 그의 역사철학은 아무리 최상의 경우라도 섭리의 지배에 대하여 감사하는 그리고 용기 있는 인식으로 이르도록 그를 자유롭게 할 수 없을 것이다. 정반대로, 만일 그가 가령, 그 철학 안에 그러한 인식에 이르게 하는 열쇠를 소유하고 있다는 망상에 사로잡혀 있다면, 바로 그 철학은 틀림없이 다만 그 인식에 이르지 못하도록 그를 방해할 수밖에 없을 것이다. 그렇다면 그 철학은 다만 그의 혹은 다른 인간들의 이념이며 창작물이라는 것, 그리고 그에게는 바로 그것 자체가 구속력 없이 이용되어야 하는 길잡이로서 유용할 뿐이라는 것, 그러나 그에게 바로, 하나님의 길(Weg)에 대한 인식을 해명할 수는 없다는 것이 중요하게 될 것이다. 만일 그 철학이 그의 시야를 사로잡고 지배한다면, 그것은 그를 바로 하나님에 대하여 눈멀게 할 것이며, 하나님의 섭리와 교제하고 소통하지 못하게 할 것이다.

그것과는 달리 오히려, "주의 '말씀'은 내 발의 등불이요, 내 길의 빛입니다!"(시 119:105) 우리가 역사라고 부르는, 하나님의 가면들의 거대한 운동 한복판에서, 그 어둠 안에서 방향을 설정하려는 우리의 시도들은 꼭 필요하고 정당하고 선하다. 그러나 만일 이 어둠 안에서 '빛'을 받아들이고 간직하는 것이 주요관심사라면─하나님의 섭리에 대한 신앙은 어둠 안에서 그러한 빛을 받아들이고 간직한다.─'하나님의 말씀'이 등장해야만 하며, 그 말씀이, 즉 오직 그 말씀만이 청취되어야 한다. 믿는다는 것은 '하나님 자신'을 신뢰하는 것이며, '하나님이 진실하다는 것'을 믿는 것을 의미한다는 것이 첫 번째 그리고 두 번째 지점에서 언급되었다. 그러나 이 이중의 의미에서 하나님을 믿는다는 것은 구체적으로는, 하나님의 '말씀 자체를' 신뢰하는 것이며 하나님의 '말씀이 진실하다는 것'을 믿는 것을 의미한다. 그런데, 만일 우리가 그 말씀을 듣는다면, 그리고 우리가 그것을 듣기 때문에, 곳곳에서 역사를 비추며, 곳곳에서 그 역사의 흐름 위와 안에서 창조주의 지배를 인식할 수 있게 하며, 하나님의 가면들 자체를 곳곳에서 투시하게 하는 바로 그것이 다름 아니라 그 '빛'이다. 하나님의 섭리를 믿는 사람은 이제 혹시 그래도 편안하게 혹은 그에게 고유한 어떤 기술을 사용하여 역사책을 읽을 것이며, 그 역사책으로부터 섭리의 길들을 알게 되리라는 것은 사실이 아니다. 그러나 이것은 확실히 사실이다: 그가 신뢰하며 진실임을 믿고 있는 그 '하나님의 말씀'이 하나님의 말씀이므로, 그 말씀이 그에게 하나님의 지배의 일부분을 '보게' 한다.—즉 하나님의 세계계획이 아니라, 총체적인 조망이 아니라, 역사의 소위 "의미"가 아니라, "관련성 안에 있는 운명"이 아니라, 확실히 '하나님 자신'을, 즉 어떻게 그가 곳곳에서 일하고 있는지를 보게 하며, 각각 개별적인 경우와 각각 특수한 관점에서 바라보는 것은, 하나님에 대한 인간의 신앙에 또한 '인식'이라는 그 특성을 부여하기에 충분하며, 그 인식 안에서 그는 진정으로 그리고 올바르게 그의 신앙에 따라 '살아가도록' 허락된다. 그러므로 이것은 확실히 사실이다: 만일 인간이 하나님의 말씀을 경청하고 받아들인다면 그리고 그렇게 하는 한, 그는 세상만사를 그것 자체로부터 해석하거나, 혹은 다른 사람들로부터 그에게 주어진 표본들에 따라서, 그의 확증들, 그의 법적 판단들, 가치판단들, 취향에 따른 판단들의 토대 위에서 해석하는 일에만 의존해야만 하는 것이 아니라, 그는 그렇게 하면서도, 그것을 넘어서서 그의 '주님'의 확실한 음성을 듣고 그 음성에 의지하도록 허락된다.

하나님의 섭리에 대한 신앙에서 중요한 것은 역사에 대하여, 우리가 구약성서의 '예언자들'에게서 본보기로서 볼 수 있는 것과 같은 동일한 관계를 지니는 일이다. 그들이 과거의, 당시의 그리고 미래의 역사를 바르게 통찰하고 그것에 일치하게 공개적으로 판단할 줄 안다는 사실이 그들을 예언자들로 만든 것이 아니라, 야웨의 손이 그들을 "붙잡는다"(사 8:11)는 사실이, 그가 그들에게 그들의 동시대인들의 생각들만이 아니라 그들 자신의 생각들에 비해서도 늘 새로운 것, 낯선 것, 예기치 않은 것, 심지어 원하지 않은 것을, 그들에게 부과된 "짐"(합 1:1)을, 그들 안에서 점화되고 타오르는 불(렘 20:9)을, 다른 관점에서는 그래도 또한 그들에게 차고 넘치는 엄청난 큰 기쁨(렘 15:16)을 말씀한다는 사실이 그들을 예언자로 만든다. 발생한 사건들 자체가 그들에게 통찰되었고 투명하게 되었거나 혹은 그렇게 될 수 있었던 것이 아니다. 그러나 바로 이 사실이 중요하다: 그것들이 우연히 발생했거나 혹은, 인간이 헤아릴 수 있거나 헤아려야만 하는, 그것들에 내재하는 법칙에 따라서 발생했던 것이 아니라, 주 하나님이 그것들을 행하였으며, "주 하나님은, 당신의 비밀을 그 종 예언자들에게 미리 알리지 않고서는, 어떤 일도 하지 않으신다."(암 3:7) 바로 그렇게, 즉 역사'로부터' 혹은 그들의 고유한 역사관으로부터 출발해서가 아니라, 역사 '속으로', 그들의 역사관과 관련 '없이' 그리고 그들의 역사관을 '거슬러서', 예언자들에게는 아주 특정한 빛이, 구체적으로 방향이 결정되고 형태를 지닌 인식들의 형태로 주어졌다. 그 인식들은 개별적인 확증들 안에서, 동의들과 거부들, 위협들과 약속들 안에서, 특별한 결단들 안에서, 그러나 또한 다소간의 관련성을 지니고 있으며 다소간에 광범위한 역사관념들 안에서 그들 자신에게 분명해졌을 뿐만 아니라, 또한 그들은 다른 사람에게도 그 인식들을 알려야만 했다. 역사에 대한 이러한 '예언자적' 관계는 원칙적으로 그리고 구조적으로 또한 역사에 대한 '섭리'신앙의 관계이기도 하다. 섭리신앙의 본질은 다음의 사실에 있다: 하나님의 말씀에 의하여 사로잡히고 자유롭게 된 인간은 어두운 세상사 안에서 빛이 없이 존재하는 것이 아니며, 따라서 또한 언제나 빛을 바라보고 있다.

우리는 다시 한 번 다음의 사실을 주목해야 한다: 그것은 그 안에서 만물이 하나님 앞에 드러나는 그 빛이 아니라, 즉 '그' 비밀을, '그' 역사를 드러내고 바라보는 것이 아니라, 하나님의 판단에 따라서, 믿는 사람에게 그의 시간과 장소에서 지녀야 할 필요가 있으며 유익한 그만큼의 빛, 그렇기 때문에 하나님 자신이 그에게 제공하기를 원하는 그만큼의 빛이다.

그러므로 우리는 계속하여 다음의 사실을 주목해야 한다: 하나님의 섭리에 대한 신앙인식에서 주요관심사는 사색이나 이론일 수 없으며, 하나님의 길들을 바라보는 것 자체가 결코 목적 자체로 될 수 없으며, 결코 미학적인 관찰의 주제로 될 수 없다. 오히려 여기에서 언제나 주요관심사가 되는 것은 곳곳에서 인간에게 필요하고 유익한 '실천적' 인식이다. 그것은 인간이 이 관점에서 하나님의 말씀을 통하여 받아들이도록 허락된 것, 즉 삶에 대한 인식이며, 일용할 양식이며, 다만 모으고 먹을 수 있을 뿐이며 저장할 수는 없는 하늘의 만나이다. 그것을 소유함으로써 아무도 자랑하거나 쉴 수 없으며, 만일 그것이 헛되이 주어진 것이 아니라면, 그것으로는 다만 살아갈 수 있을 뿐이다. 그것을 다시 새롭게 지니기 위하여, 우리는 계속 주어지는 그 선물을 향해 손을 뻗어야만 한다.

그러나 우리는 계속하여 다음의 사실을 주목해야 한다: 불변하는 '강령'(Programm)이라는 의미에서 실천적인 그 어떤 원칙이라도 그러한 인식을 지닌 인간의 손에 넘겨지지는 '않는다.' 이 인식이 지닌 바로 그 연속성과 일관성은 하나님에게, 즉 그의 말씀을 통하여 인간에게 그 인식을 제공하기를 원하는 하나님에게 달려 있다. 인간이 그에게 이미 언급된 것을 고정된 규칙들로 만드는 것을 통해서가 아니라, 하나님이 그의 말씀을 통하여 인간에게 말하기를 원하는 것을 더욱 열린 마음으로 주의 깊게 경청함으로써, 그 결과 그 인식이 그에게 발생한다. 그들의 시대의 역사에 대한 구약 예언자들의 관계도 바로 강령에 일치하는 것은 아니었다. 그러므로 활기 있게 새로워지는 신앙인식은 이 주제에서, 바로 그 인식의 대상이 하나님의 성실함과 영속성이므로, 결코 동요될 수 없을 것이며, 언젠가 획득된 통찰들을 완고하게 철저히 고수하는 것, 언젠가 실행된 입장표명들을 단지 철저히 반복하기만 하는 것과는 전혀 다를 수밖에 없을 것이다. 하나님의 섭리를 믿는 사람은 바로, 역사가 필연적으로 반복된다는 것을, 이전에 보았던 장면들을 오늘 필연적으로 다시금 보아야 한다는 것을 기대할 수 없을 것이다. 따라서 그는 역사의 과정에 대하여 아무리 잘 논증된 어떤 표상이라도 그를 구속하는 것이 되도록 허용하지는 않을 것이다. ― 만일 그가, 그는 인간의 자의(恣意)에 의해서가 아니라 하나님의 말씀에 순종하면서 그의 시대의 표상을 습득하였다고 생각할 경우에도, 바로 그 경우에, 아무리 가장 잘 논증된 표상이라고 해도 그렇게 되도록 허용하지는 않을 것이다. 바로 그에게는 ― 여기에서 그의 시대의 문제들(터키전쟁, 농민전쟁, 유대인 문제)에 대한 루터의 상이한 입장표명들은 어쨌든 '형식적으로' 최고의 '모범'을 보여주고 있다. ― 그의 시각과 입장표명의 특정한 "노선"을 완고하게 지킴으로써 그의 특성(그의 "체면")을 유지하는 것, 그가 이전에는 다르게 생각하였고 다르게 말하였다는 것에 대한 비난 때문에 창피만은 당하지 않아야 한다는 것쯤은 문제가 되지 않을 것이다. 하나님의 섭리를 믿는 사람은 바로, 언제나 다시금 무엇을 배워야만 한다는 것을 부끄러워하지 않기 때문에, 그는 오히려, 그렇게 하지 않고 그 대신에 자신의 신중함을 신뢰하려는 사람과 구별된다. 만일 그가 배우고 있는 것이 바로 하나님의 말씀이라면, 그는 틀림없이 다음과 같이 염려할 필요가 없다: 즉, 자기 자신에게 역시 극도로 충실하기를 원하기 때문에 하나님께는 진정으로 충실할 수 없는 사람들이 걸어가는 길들보다 그가 걷는 길이 결국에는 그래도 더 많은 특성과 노선조차 지니지 못하여 내세울 것이 없게 되지 않을까 염려할 필요가 없다.

우리는 계속하여 다음의 사실을 주목해야 한다: 그것은 사실 그릇됨이 없는, 하나님의 말씀과 관련되어 있기는 하지만, 그래도 인간의 인식이며 그것 자체가 그릇됨이 없을 수 없는 인식이라는 사실도 하나님의 섭리에 대한 신앙인식에 속한다. 설령 진지한 신앙인이, 즉 진지하게 하나님의 말씀을 경청하는 사람이, 역사 안에서 하나님이 미리 정해놓은 운명(Fügung)이며 안내로 간주하는 것이라고 해도, 섭리의 암시 및 표시로 간주하는 것이라고 해도, 그 모든 것이 실제로 그런 것은 아니다. 하나님이 그에게 진정으로 그리고 진실로 말했던 것을 그도 또한 오해했을 수도 있다. "교회사의 아버지"인 유세비우스(Euseb von Caesarea)가 콘스탄틴 황제에게서 제2의 모세를 그리고 그의 왕국에서 하나님의 나라의 거의 최종적인 계시와 같은 어떤 것을 본다고 주장했을 때, 그것은 틀림없이 그런 오해였다. 그것의 책임은 하나님의 말씀에 있는 것이 아니라 그에게 있었다는 것을 그 자신이 다음의 사실에서 보여주고 있다: 그는, 이 관점에서 그에게 경고했어야만 할 요한계시록을 사용할 줄을 전혀 몰랐으며, 오히려 그것을 본래의 정경으로부터 제거하기를 원했다. 그러나 반대로 바로 요한계시록에 대한 자신의 이해를 너무나 확신하여 위대한 벵엘(J. A. Bengel)이, 심연으로부터 나온 짐승이 패배하는 날짜가 1836년임을 알 수 있다고 주장했을 때, 이번에도 그것은 그런 오해였다. 어쨌든 벵엘은 그밖에는 실제로 매우 예리한 눈으로 그의 시대와 또한 당시의 미래를 통찰했으므로, 우리는 그를 크게 잘못된 결론에도 불구하고—혹은 오히려, 그가 이러한 크게 잘못된 결론에 이를 수 있었으며, 또한 그런 일을 저질렀다는 사실을 계산에 넣고—하나님의 말씀에 대한 인간적인, 너무나 인간적인 오해가 하나님의 섭리에 대한 신앙인식을 사실 개별적으로는 불투명하게 할 수 있기는 하지만, 전체적으로는 (그리고 그 경우에 그래도 또한 다시 개별적으로는) 신앙인식을 방해할 수 없다는 사실을 보여주는 탁월한 예증으로서 인용할 수 있다. 우리는 다음의 사실을 염두에 두어야만 한다: 만일 하나님의 말씀에 대한 성과 없는 오해들이 있다면, 또한 '결실이 풍부한' 오해들도 있다. 신앙인이 한 가지 관점에서 그것을 잘못 이해할 경우에, 그는 아마 다른 관점에서는 그것을 '더욱더 잘' 이해했을 수 있다. 어떤 경우라도, 하나님의 말씀을 '전혀' 이해하지 않는 것보다는 그것을 오해하는 것이 여전히 더 낫다! 그러므로 우리는 확실히 이렇게 말할 수 있을 것이다: 구약성서의 예언 역사에서 주지하는 바와 같이 또한 몇 가지 명백한 역사적 판단오류와 성취되지 않은 예고들 혹은 예언자들이 선포한 의미에서가 아니라 전혀 다르게 성취된 예언들도 있다는 사실은 "수치스러운 것"이 아닐 뿐만 아니라, 구약성서의 가장 훌륭한 점, 즉 하나님의 계시에 대한 인간의 증언인 성서의 특성에 속한다. 이 문제의 이 측면으로부터 섭리신앙을 위하여 이끌어내어질 수 있는 교훈은 바로 다음의 사실을 확증하는 것일 수밖에 없다: 인간은 하나님에 대하여 그처럼 오류를 범하기 쉬우므로, 섭리신앙은 그것의 어떤 성과에도 머물러 있어서는 안 된다. 그 신앙은 모든 개별적인 통찰들을 취소할 수 있을 정도로 자유로워야만 한다. 그것은 매일 매일 새롭게 배우고 잘못을 바로잡으며 그 점에서는 모욕을 당할 수 있는 준비를 갖추고 있어야만 한다. 간단히 말하자면, 그것은 기꺼이, 인식운동으로서 그것의 주제인 거대한 실제의 운동에, 즉 다음과 같은 피조물과 창조주의 공존에 참여해야만 한다: 그 공존 안에서 창조주는 점점 더 커지며 피조물은 점점 더 작아지고, 창조주는 늘 앞서가고 피조물은 언제나 뒤따라갈 수밖에 없다. 그것이 이 운동에 참여함으로써—오직 그렇게, 그러나 또한 무슨 일이 있어도 그렇게—그것은 신앙이며, 이 신앙에 대하여 인간에게는 이 문제에서 자유가 주어져 있다.

그리고 이제 우리는 끝으로 다음의 사실을 주목해야만 한다: 결국, 섭리신앙에 특유한 인식의 핵심도 그것의 결정적인 내용에서는 '하나님 자신'에 대한 인식일 수밖에 없다는 사실이 변함없이 유효하다. 모든 주님들의 주님, 모든 왕들의 왕의 자격을 지니는 하나님이, 그리고 그의 세계지배가 주요관심사이다. 그러므로 크고 작은 세상사의 진행과 관련되어 있으며, 그에 상응하게 가득 채워지고 형성된 구체적인 인식이 주요관심사이다. 만물에 대한 그의 통치권에 대해서는 알지만 모든 개별적인 사건들에 대해서는 통찰하지 못하는 쓸모없는 지식이 주요관심사가 아니다. 바로 역사의 개별적인 사건 안에서 살아 있는 주님에 대한 살아 있는 인식(Sehen)이 주요관심사이다. 그러나 우리는 다음의 사실을 알았다: '하나님'을 인간에게 필요하고 유익한 존재로 간주하는 것이 바로 그 인식이다. 그러므로 그것은 이론적인 것이 아니라 실천적이며, 강령에 일치하는 것이 아니라 자유로우며, 오류가 없는 것이 아니라 교정이 필요한 인식이다. 그러므로 이 인식에서 무조건적인 것, 즉 불변하는 것의 핵심은 결코 인간이 세상의 진행과정 자체 안에서 깨닫게 되는 어떤 것에 있지 않고, 그가 세상의 진행과정에서 그 진행과정의 주님이며 통치자인 '하나님 자신'에 의하여 깨닫게 되는 것에 있다. 인간에게 말하는 '하나님 자신'이 인간에 의하여 더욱더 잘 인식되도록 하기 위하여, 하나님의 말씀은 피조물의 존재가 이루어가는 역사를 언제나 그 말씀의 빛 안에 세운다. '하나님 자신'이 바로 인간에게 필요하고 유익한 존재이다. '하나님 자신'이 세상에서 발생하는 인간 행동의 목표이며 척도이고, 그 행동을 위하여 인간은 그 빛이 필요하다. '하나님 자신'이 자유로운 분이므로, 그의 앞에서는 우리가 어떤 강령의 뒤로 몸을 숨길 수 없다. '하나님 자신'이 참된 분이므로, 그는 그가 실제로 말한 것에 대하여 인간이 잘못 생각하고 있는 곳에서도 진실하게 말한다. '하나님 자신'이 주님으로서 인식된다는 사실이 섭리신앙과 모든 역사철학들 사이의 결정적인 차이이며, 우리가 이 두 번째 한계설정에서 바로 그 차이에 관하여 언급해야만 했던 것이다.

3. 우리는 세 번째의 그리고 가장 중요한 한계설정에 도달하였다. 그리스도교 섭리신앙은 그것의 본질상 '그리스도교의' 신앙, 곧 '그리스도'에 대한 신앙이다. 섭리신앙이 신뢰하며 그 능력을 믿는 그 하나님의 말씀, 참으로 섭리신앙이 피조물들의 존재가 이루어가는 역사에서 하나님의 지배를 인식할 수 있도록 하는 빛임을 입증해 보여주는 그 하나님의 말씀은 하나님의 유일한 말씀(das eine Wort Gottes), 즉 육체가 된 그리고 예수 그리스도라 불리는 그 말씀이며, 그 말씀과 나란히 어떤 다른 것도 존재하지 않는다. 그리고 다음과 같은 점에서 피조물의 존재가 이루어가는 역사는—은폐되어

있으나 진정으로—하나님의 영광을 드러내는 역사이다: 피조물의 역사는 예수 그리스도의 역사와 나란히, 즉 하나님과 인간 사이에 체결된 은혜의 계약에 토대를 둔 역사와 나란히 진행될 뿐만 아니라, 피조물의 역사는 예수 그리스도의 역사 안에서 의미를 지니며, 이 역사에 의하여 제한되고 결정되며, 이 역사에 봉사하지만, 그러나 어쨌든 이 역사가 반사하는 빛 안에서—그리고 그것의 그늘 안에서도—어떻든 이 역사의 사건과 계시가 발생하는 공간, 영역, 분위기, 매체이다.

그러므로 섭리신앙은, 그것 위에서 그리스도교 교회의 신앙이 어쨌든 "하나님"이라 불릴 수 있을 존재와 어쨌든 "세계"라고 불릴 수 있을 것 사이의 관계에 대한 그 밖의 개념들과 함께 존재할 수 있을 어떤 앞마당이나 공동의 토대와 같은 것이 아니다. 그 신앙의 주제인 세상사에 대한 하나님의 통치는 혹시 다른 내용을 지닐 수도 있을 보편적인 형태가 아니다. 그것은, 예수 그리스도의 아버지의 통치 외에, 즉 은혜의 선택 및 은혜의 계약을 실행하는 하나님의 통치 외에, 그 어떤—자유롭게 선택할 수 있는 모든 "종교" 혹은 세계관의!—다른 신(Gottheit)의 지배를 의미할 수도 있는 어떤 포괄적 개념(Genus)이 아니다. 하나님이 예수 그리스도 안에서 단호히 행하였던 것에 대한 관계에 의하여, 그것은 "독특한" 사건이다.

어쨌든 대부분의 종교적, 세계관적 체계들 안에는 고급의 원리와 하급의 원리, 절대적이며 무한하고 무조건적인 존재와 상대적이며 유한하고 제한된 존재 사이의 '공존'에 관한 그 어떤 표상이—혹은 천상의 존재와 지상의 존재, 정신과 물질, 이성과 자연의 공존에 관한 그리고 이 관계 안에서 발생하는, 두 번째 요소들에 대한 첫 번째의 더 높은 요소들의 '우월성', 즉 '지배'에 관한 표상이 확실히 존재한다. 대부분이라고 말하는 이유는 이것이다: 우리는 그러나 에피쿠로스(Epikur)를 기억하며, 또한 회의론과 불가지론의 옛 형태들과 새로운 형태들을 기억할 수도 있으며, 어쨌든 많은, 엄밀히 말한다면, 아마도 모든 소위 다신론적 종교들 안에는 저 두 원리들의 관계에서 역시, 다른 쪽에 대하여 한 쪽이 원칙적으로 우월한 관계가 아니라, '상반된 가치의 공존'(Ambivalenz) 관계만이 주요관심사가 아닌지 질문하는 것을 남겨두어야만 한다. 무엇이 "더 고급의" 원리이고, 무엇이 "더 저급한" 원리인가? 상대적인 것에 대한 절대적인 것의, 물질에 대한 정신의, 자연에 대한 이성의 우선권에 대해서도 우리는 사실 상이한 견해들을 지녀서는 안 되겠지만, 그래도 주지하는 바와 같이 다양한 견해들을 지닐 수 있다. 그러나 그리스도교 섭리신앙이 관련되어 있는, 창조주와 피조물의 관계는 이 논쟁의 외부에 있는 것이다. 이 관계에서 한 주님이 존재하는지, 이 주님은 누구인지에 대한 질문은, 그것이 제기되기 이전에 이미 그 신앙을 위하여 결정되어 있다. 이미 이 사실이, 섭리신앙은 그 관념들과 같은 계열에 속하지 않는다는 것을 보여주고 있다.

그러나 만일 우리가, 이 관점에서 어떤 명확성이 있는 것처럼 보이는 체제들을 고수한다면, 우선 '범신론'의 모든 변종들은, 그 모든 것들 안에 전제된 다른 원리에 대한 한 원리의 우월성과 통치는 원래부터 중심과 형태를 지니고 있지 않으므로, 비교에서 제외될 수 있을 것이다. 거기에는 확실히 통치가, 더 자세히 말하자면 지배하는, 즉 모든 것을 사로잡고 결정하는 우세한 힘이 존재하며, 그것은 신(Gottheit)의 우세한 힘이라 불릴 것이다. 그러나 거기에서는, 도대체 이 지배하는 신 자체가 누구이며, 그 신에 의하여 지배받는 세계 자체는 무엇인지 구별될 수 없으며, 결정될 수 없다. 거기에는 마주함(Gegenüber)이 없으며, 거기에는 지배하는 요소와 지배받는 요소가 동일하거나 완전히 서로 뒤섞여 있으므로, 어느 한 쪽이나 다른 쪽도 그 자체로서는 형태와 특성을 취할 수도 유지할 수도 없고, 독특한 역사를 지닐 수도 없으며, 더구나 이 두 요소들 사이에서 발생하는 역사가 논의될 수도 없다. 그리스도교 섭리신앙도, 이 두 요소들 가운데 지배하는 요소가 사로잡고 결정하는 우세한 힘을 지니고 다른 요소에 대하여 마주 서 있는 그 관계와 관련되어 있다. 그러나 이 우세한 힘은—하나님의 전능함은—특색 있으며 형상화된 중심을 지니고 있다. 참으로 고유한 삶이 또한 지배받는 요소인 피조물의 특징이며 그 삶이 변함없이 유지되듯이, 중심 안에는 지배하는 요소가 지배받는 요소를 마주 보면서 그것의 고유한 삶을 살고 있으므로, 지배하는 요소가 지배받는 요소에 대하여 진정으로 대립하여 마주 서 있으며, 전자와 후자 사이의 관계가 하나의 역사일 수 있으며 또한 그래야만 한다. 이 관념들의 상이성이 곳곳에서 너무나 깊이 미치고 있으므로, 우리는 신과 세계의 범신론적 일치와 그리스도교 섭리신앙의 대상을 하나의 공통분모 위에 세울 수 없을 것이다.

그러나 그리스도교 섭리신앙과, 다신론의 영역과 범신론의 영역에서 어쩌면 그 신앙과 겨루게 될 수 있을 것 사이의 비교불가능성은 이미 훨씬 더 높은 곳에서 시작된다. 이미 요소들과 원리들 자체가, 즉 그것들의 관계가 여기에서 논의되는 모든 체제들 안에서 주시되고 있는 그것들 자체가 결코, 그리스도교 섭리신앙이 이해하는 창조주와 피조물이 아니다. 그것들은 오히려, 섭리신앙에서 바로 피조물이라고 불리는 것의 내부에 있는 대립관계들이기 때문이다. 절대적인 것, 무한한 것, 무조건적인 것은, 게다가 하늘, 정신, 이성들조차 창조주가 아니며, 섭리신앙에서 주요관심사가 되는 지배하는 하나님이 아니라, 어느 정도 분명한 한계설정 안에 있는 창조세계의 더 높은 한 측면, 즉 그것에 대하여 더 낮은 다른 측면인 상대적인 것, 조건적인 것, 유한한 것, 땅, 물질, 자연이 마주보고 서 있는 바로 그 더 높은 측면이다: 양 측면이 함께—즉 저 더 높은 첫 번째 원리도—섭리신앙의 관점에서 보면 바로 하나님이 아닌 것, 오히려 하나님과 다르며 그에 의하여 지배되는 현실로 간주되는 것을 규정하는 것들이다. 다신론의 체제들 안에서는 두 원리들의 공존에 이르게 된다는 사실, 도대체 이것이 혹은 저것이, 혹은 둘 다 함께 지배하는 존재인지, 아니면 양쪽의 어느 것도 지배하는 존재가 아닌지 토론될 수 있다는 사실은 전혀 놀라운 일이 아니다. 그리고 범신론의 체제 안에서는 그것들이 구분되거나 대비(對比)될 수 없으며, 만남이나 역사에 이를 수 없다는 것도 전혀 놀라운 일이 아니다. 그러므로 그리스도교 섭리신앙은 저 우선권 논쟁 밖에 있으며, 두 원리들의 관계를 만남과 역사로 이해한다. 왜냐하면 그것의 '통치하는' 원리, 즉 '하나님'은 하늘과 땅의 창조주로서 그 대립의 '위쪽에' 있기 때문이며, 섭리신앙의 관점에서는 그 대립은 '지배받는' 원리의 내부에서만 발생하기 때문이다. 문제되고 있는 원리들 자체들을 전혀 다른 시각에서 바라보고 있으므로, 이 신앙은 위에서 다룬 모든 관념들과 비교될 수 없다.

세계 전체를 능가하며 따라서 세계 내부에서 발생하는 그 대립들도 능가하는 창조주와 주님인 하나님 개념이 외관상 완전히 진지하게 취급되고 있는 곳에서도, 그 신앙의 비교가능성은 그럼에도 불구하고 다만 있는 것처럼 보일 뿐이다. 우리는 그리스도교가 시작된 이후의 '유대교'라는 반쪽의 성서 종교에 대하여, 그리고 이 반쪽 성서 종교가 이교화된 형태인 '이슬람교'에 대하여 말하고 있는 것이다. 여기에는 한 분의 세계통치자와 하나의 세계통치가 존재하며, 알려진 신체적(physisch)이며 도덕적인 특성들을 지닌 한 하나님의 의지와 사역이 존재하며 하나님과 그의 피조물 사이에는 하나의 역사가 존재한다. 여기에는, 적어도 유대교에는, 비록 그것의 목표에는 도달하지는 않았을지라도 그 목표에 다만 무한히 접근하려 노력하는 구원사가 보편적 역사의 의미와 핵심으로서 존재한다. 그러나 유대교는 목표에 도달한 구원사에 관해서는 아무것도 알지 못하며 알려고도 하지 않는다는 바로 이 사실이 필연적으로 다음과 같은 결과를 초래한다: 역시, 그 특성들을 갖춘 최고의 존재에 대한 인식을 넘어서, 그리고 그 존재의 전능함에 대한 고백을 넘어서 앞으로 나갈 수 없으며, 유대교의 하나님인 세상의 주님은 모호하고 은폐된 기이한 특성을 간직해야만 하며, 신앙심 있는 유대인은 하나님의 사랑이나 분노, 그의 은혜나 심판의 진상을 결코 규명할 수 없다. 그리고 이 경우에 그가 지닌 이 모호한 특성은 세계 안에서 실행되는 그의 지배로도 옮겨간다. 신앙심 있는 유대인도, 실제로는 늘 오직 골똘히 생각하면서, 염려하면서, 그것을 만족시키려는 극도의 긴장된 노력 안에서 그의 지배를 따라갈 수는 있으나, 주님은 어떠한 일이 있더라도 올바르게 행하며 또 올바르게 행할 것이라는 바로 그 명백한 전제 안에서 어린이처럼 스스로를 그의 지배에 내맡길 수는 없다. 하나님은 이미 완성된 구원사 안에서 이미 올바르게 행하였다는 사실을 알지 못한다면, 우리는 세계 안에서 실행되는 그의 지배에 관하여 이 전제에 도달할 수 없다. 그리고 바로 하나님과 그의 지배에 대한 모호성이 이슬람교에서는 정말 원리로 되었으며 동시에 희화화(戱畵化)되었다. 하나님이 통치한다는 것, 피조물은 완전히 그에게 예속되어 있으며, 따라서 피조물이 누릴 수 있는 최고의 축복을 얻기 위하여 오직 먼지 속에서 그를 숭배할 수밖에 없다는 것, 이것이 여기에서 모든 것, 즉 하여튼 실현되지 않은 유대교의 하나님 사상으로부터 그리고 하나님의 통치에 대한 신앙으로부터 남겨져 있는 모든 것이다. 이슬람교로부터 그리고 마찬가지로 유대교로부터 출발하여 고대에나 근대에나 그처럼 많은 길들이, 즉 역시 다시 범신론으로 되돌아가도록 혹은 아래쪽으로 향하여 다신론으로 내려가도록 인도했던 길들이 존재했으며, 그 길들의 끝에서는 하나님과 세계 사이의 역사에 대한 관념이 역시 다시 사라져 버려야만 했다는 것이 놀라운 일인가?

  그리스도교 섭리신앙은 그것의 내용과 형태를 지니고 있으며, 동시에 다음과 같은 이유에서 외관상 비슷한 다른 관념들과 구별되기도 한다: 섭리신앙의 관점에서는 그것의 대상인, 세계에 대한 하나님의 통치가 그 어떤 하나의 통치가 아니라 '아버지처럼 보살피는' 하나님의 통치이다. 그리고 "아버지처럼 보살피는"이라는 이 말은 이제 "친절한", "다정한", "사랑으로 가득 찬" 것만을 의미하지는 않는다. 그것은 그 모든 것'도' 의미하지만, 바로 "추상적으로"가 아니라, 아주 특정한 이유에서 그러한 것이다. 최고의 세계지배자 혹은 세계원리에 대한 그러한 혹은 비슷한 속성들은 어디에나 존재하지만, 또한 어디에나 다만 어떤 구속력 없이, 우연히 그리고 의심스럽게 존재한다. "아버지처럼 보살피는"이라는 말은 그리스도교 섭리신앙의 언어에서는 우선 모든 그러한 술어들—그리고 견고한 논증을 위한 이 술어들!—은 제쳐 놓고, "우리 주 '예수 그리스도'의 영원한 '아버지'"인 하나님이 지배하고 있다는 것을 의미한다. 만일 그리스도교 섭리신앙이 하나님을 창조된 존재가 이루어가는 역사의 주님으로 인식하고 고백한다면, 그것은 허공을 응시하지 않으며, 모호한 것을 응시하지 않으며, 그 어떤 먼 곳, 높은 곳이나 깊은 곳을 응시하지 않는다. 그것은 이 하나님을 실제로 인식하며, 그런 까닭에 그리고 그와 동시에 그의 지배도 인식한다. 우리는 두 번째 항목에서 다음의 사실을 확인하였다: 섭리신앙은, 그의 '말씀'을 들음으로써, 그를 인식한다. 그리고 바로 그의 말씀은 빈말이 아니며, 소위 이런 저런 특성들을 가져야 마땅한 가장 높은 존재를 지시하는 것에 불과한 것이 아니다. 그의 말씀은 그 자신이다. 그러나 그것은 인간에 의하여 인지될 수 있는 그 자신이다. 즉 그것은 인간의 인격으로서 그의 인격(Person), 육체 안에 있는 그의 말씀, 시간 안에서 마리아의 아들로 탄생하였고 우리를 위하여 죽었다가 부활한, 그의 영원한 '아들'이다. 이 "우리와 함께 하는 하나님" 그리고 "우리를 '위한' 하나님"이 영원 안에 있는 하나님, 곧 아들이다. 그리고 어떤 다른 존재가 아니라, 이 하나님이 역시 "우리 '위'에 있는 하나님", 곧 이 영원한 아들의 영원한 아버지이다. 섭리신앙에서 주요관심사는 "우리 '위'에 있는 하나님", 즉 그의 피조물 위에 있는 그의 높음과 탁월함과 통치 안에 있는 창조주 하나님이다. 그러나 바로 이 사실이 중요하다: 창조주 하나님은 '한' 하나님이다. 바로 아들로서 우리를 '위하여' 있는 하나님이 아버지로서 우리 '위'에 있다. 그는 아들의 아버지로서 또한 '우리의 아버지'이다. 하나님은 그의 아들 안에서 우리를 위하여 존재하기로 선택함으로써, 그는 스스로를 또한 우리의 아버지로, 그리고 우리를 그의 자녀들로 선택하였다. 만일 그가 우리의 창조주로서 우리 위에 있다면, 만일 우리가 그의 피조물로서 그의 아래에 있다면, 우리는 낯선 존재의 손 안에 있는 것이 아니며, 우리는 그에게 낯선 자들이 아니다. 우리는 오히려 그의 아들을 위하여 존재하며, 우리는 (그 아들 안에서 그가, 우리와 동일한 존재로 될 정도로 그토록 우리를 위하여 존재하였던) 그의 아들과 함께 그의 자녀들이며, 따라서 피조물로서 아버지의 손 안에 있다. 이 아버지의 손이 세계를 지배하는 하나님의 권능이다. 그러므로 우리는 이 아버지의 손이 아닌, 우리 위에 있는 어떤 신적인 권능을 인식할 수 없으며, 또한 우리 위에는 그런 신적 권능이 존재하지도 않는다. 왜냐하면 그 권능이 이 아버지의 손이기 때문에, 그리고 그것이 이 아버지의 손이 됨으로써, 그것은 친절하고, 다정하고, 사랑으로 가득 찬 것이다. 스스로 그의 아들 안에서 또한 우리의 아버지가 되기로 선택한 동일한 하나님이 우리의 창조주로서 또한 우리의 위에 존재하는 것은 다름 아니라 바로 은혜의 친절, 다정함, 사랑 안에서이다. 이 은혜의 선택에 상응하는, 즉 그의 아들 안에 있는 그의 영원한 "우리를 '위한'" 존재에 상응하는 방식으로 그렇게, 그는 우리 '위'에 있다. 그는 우리에게 우리의 창조주로서도 낯설지 않으며 무자비하지 않으며 오히려 자비롭다. 한 아버지가 그의 자녀들에게 그러하듯이 그러하다. 그래도 여기에서 우리는 다음의 사실을 숙고해야만 한다: 이 관계의 '진리'가 지닌 핵심은 인간인 아버지와 그의 자녀들 사이에서 발생할 수 있는 것 안에 있는 것이 아니라, '하나님'인 '아버지'와 '아들' 사이에서 영원으로부터 그리고 또한 시간 안에서 발생한 것 안에 있다. 그는 하늘에 있는 우리 아버지, 즉 우리가 바라보고 이해하는 모든 것을 능가하는 방식 안에서 우리 아버지이다. 그러므로 우리는 처음부터, 우리가 아버지처럼 보살피는 혹은 그 밖의 친절, 다정함, 사랑이라고 알고 있는 것으로 여기는 것을 하나님의 속성에 대한 척도나 표준으로 삼지 않도록 경고 받았다. 우리의 주요관심사는 아버지의 영원한 성실함이며, 우리는 언제나 다시 오직 그곳에서만, 즉 그것이 우리에게 명백히 된 그곳에서만, 그 아버지의 성실함을 바라보고 이해하려 시도할 수 있다. "누구든 나를 보는 사람은 아버지를 보고 있는 것이다."(요 14:9) 바로 이 점에서 그리스도교 섭리신앙은 아버지를, 따라서 우리를 위한 하나님을, 따라서 세상 만사의 주님을 보고 있다. 바로 이 점에서 이 신앙에는 창조된 존재의 역사를 지배하는 의지가 은폐되어 있지 않다. 이 신앙은 계약의 역사, 즉 육체가 된 아들인 "우리를 위한 하나님"을 보냄으로써 그의 인격과 사역 안에서 완성된 그 계약의 역사에 주의를 기울이고 있으며, 이 신앙은 그 역사를 관통하여 그리고 그 역사를 뛰어넘어 하나님의 은혜의 선택을 인식하며, 그러므로 이 신앙은, 그 아들을 봄으로써 "우리 위에 있는 하나님"인 아버지를 바라본다. 이 신앙은, 그를 바라봄으로써 하나님의 말씀을 들으며, 그것과 나란히 다른 어떤 것이 존재하지 않은 이 하나님의 말씀을 들음으로써, 세계 안에서 실행되고 있는 하나님의 통치를 조명하는 저 빛을 받아들인다. 그러므로 이 신앙이 받아들이며 또한 그것에 의하여 살아가는 바로 그 빛의 본질은 언제나 다음의 사실에 있다: 이 신앙은 거기에서 어떤 알려지지 않은 주님의 의지만이 아니라, 어떤 질서를 지닌 시종일관하는 노선들만이 아니라, 어떤 과정의 단계들만이 아니라, 바로, 그의 아들을 위하여 우리 아버지가 된 주님을, 즉 은혜의 계약을 실행하는 주님을, 영원한 은혜를 선택한 하나님을 증명하는 것을 인지하도록 허락된다.—바로 이것이, 우선 가장 일반적인 말로 고쳐서 말한다면, '그리스도교의' 섭리신앙이 지닌 특수한 것, 즉 다른 것과 비교될 수 없는 것이다.

이런 이유로 우리는 하나님을 더 이상 하나의 원리와, 즉 다른 모든 원리들에 대한 그것의 탁월성과 통치가 먼저 토론되어야만 할 하나의 원리와 혼동할 수 없다. 그런 토론은 물질에 대하여 정신, 자연에 대하여 이성 등에 대해 적용될 수 있을 것이다. 그러나 그것은, 바로 "우리를 위한 하나님"인 아들이 말하였던 곳에서는, 그리고 그렇게 함으로써, 이 "우리를 '위하여'" 안에서, 우리 '위'에 있는 하나님인 아버지를 계시하였던 곳에서는 적용될 수 없다. 이런 이유로 우리는 하나님을 또한 더 이상,

대립되는 원리와 일치됨으로써 형식이나 형태를 상실하게 되며 역사를 만들어갈 능력이 없게 될 그러한 원리와 혼동할 수 없다. 범신론의 신에게는 그런 일이 일어날 수 있을지도 모르며, 또한 그렇게 될 수밖에 없으나, "예수 그리스도의 아버지"에게는 그런 일이 일어날 수 없다. 왜냐하면 그의 지배는 본질적으로 그와는 상이한 현실, 즉 그가 은혜를 베푸는, 따라서 그와 동일하지 않은 그 피조물의 현실과의 만남이며 역사이기 때문이다. 그러므로 이런 이유로 우리는 하나님을 더구나 한 원리와, 즉 그 자체가 단지 하나님에 의해 창조된 현실의 요소들일 뿐인 그 원리들 가운데 어떤 한 원리와 혼동할 수 없다. 왜냐하면, 만일 하나님이 계약의 하나님, 은혜의 하나님, 은혜의 선택을 실행하는 하나님이라면, 바로 그와 동시에 피조물의 자유와는 다르게 창조주의 자유일 수밖에 없는 자유 안에서 그의 존재가 결정되기 때문이다: 즉 이 하나님은 자유 안에 있으며, 이 자유는 저 원리들 중 어떤 것의 특징이 될 수 없다. 그리고 그리스도교 섭리신앙의 하나님은, 그와 인간들 사이에 맺은 계약이 예수 그리스도 안에서 성취됨으로써 인식될 수 있으므로, 따라서 그의 의지가 모호하거나 은폐된 것이 아니라 투명하며 밝히 드러난 의지이므로, 그는 또한 유대교의 그리고 이슬람교의 하나님과도 다르다는 것이 명백하다.

여기에서 지금부터는 이 모든 불일치들이 해명된 것으로 간주되어야 하며, 이 사실이 의미하는 것은 이것이다: 바로 여기에서 우리는, 여기에서 비그리스도교적인, 즉 그리스도론적으로 논증되지 않은 하나님 개념을 사용하여 작업하는 것을 의무로 간주하지 않을 것이며, 오히려 바로 그렇게 하는 것을 금지할 것이다.

그러나 우리들은 의아한 느낌을 주는 다음의 사실을 기억하지 않으면 안 된다: '초기개신교 신학'은 섭리론의 '그리스도교적' 의미와 특성에 대하여 — 하물며 그것을 주장하기는 고사하고 — 단지 질문하는 것조차도 거의 완전히 '단념'했다. 칼빈(*Instit*. I, 16-18)의 경우만 보더라도 이 방향을 가리키는 단 한마디 말이라도 찾아보는 것은 헛수고이다. 만일 니젤(W. Niesel, *Die Theologie Calvins*, 1938, 66f.)이 확언하는 것, 즉 칼빈은 섭리론을 "철두철미 예수 그리스도 안에 있는 하나님의 계시로부터 출발하여" 이해하고 있다는 것 그리고 칼빈은 섭리론에서 "예수 그리스도 안에서 우리에게 가까이 다가온 삼위일체 하나님의 권능과 자비"를 찬양하고 있다는 것이 사실이라면, 좋았을 것이다. 나는 니젤이 인용한 구절들에서도 이 주장을 조금이라도 정당화할 수 있는 것을 찾아내지 못했다. 유감스럽게도 그러지 못했다! 칼빈이 때때로 이 방향으로 생각하였다는 것은 그의 창세기 주석에 대한 서문이 증명한다. 그곳에서 그는 다음과 같이 설명한다: '그리스도'는 형상(Bild)이며, 이 형상 안에서 하나님은 우리에게 그의 마음만이 아니라, 즉 그의 안에서 우리에게 바쳐진 그의 사랑만이 아니라, 또한 그의 손들과 발들도, 즉 창조의 영역 안에 있는 그의 외적인 사역들도 계시하였다. 그리고 그곳에서 그는 다음과 같이 경고한다: 만일 우리가 엄격하게 그리스도를 고수하지 않는다면, 우리는 하나님의 외적인 사역들에 관하여 다만 가장 터무니없는 환각들에 빠질 수밖에 없을 것이다.(vgl. *KD* III/1, 32f.) 그가 언젠가(*De aet. Dei praed.* 1552 CR. 8, 349) 다음과 같이 썼을 때, 그것은 비슷한 섬광(Lichtblick)이었다: "'교회'는 하나님이 그의 섭리를 실행하는 본래의 작업장이며, 그의 섭리를 보여주는 주요 무대이다." 그러나 만일 이 사상이, 니젤이 앞의 책 69쪽 이하에서 주장하듯이, 칼빈에게 그처럼 중요했다면, 이 사상이 *Instit.* I, 16-18에서 어떻게 작용해야만 했겠는가! 이 사상들은 그 자신에게 지배적인 것으로 되지 않았으며, 다음 시대에도 어떤 영향을 끼치지 못했다. 우리는 사실, 하나님의 '아버지다움'이라는 결정적인 개념을 반복하여 강조하고 있으며 이 개념을 명백하게 그리스도론적으로 해설하고 있는 하이델베르크 교리문답의 제26-28번 문항들을 기억하기는 한다. 그리고 만일 우리가 그곳의 (엡 1:20 이하, 골 1:18, 마 28:18을 참고한) 제50번 문항에서 읽을 수 있는 것, 즉 그리스도는 하늘로 올라갔고, 바로 그곳에서 스스로가 그의 그리스도교 교회의 머리라는 것을 입증하였으며, "그 머리를 통하여 아버지가 모든 것을 통치한다"는 것을 진지하게 취급했다면, 그것은 무엇을 의미할 수 있었겠는가! 그러나 그런 텍스트들은 이미 16세기에 개별적으로 존재하였으며, 내가 보기에는 17세기에도 여전히 아주 개별적으로 남아 있었다. 정통주의적인 루터파 신학자들과 개혁파(칼빈, 츠빙글리 계열 — 역자 주) 신학자들은 오히려, 여기에서 대체로 일치하게, 이 통치의 의미가 무엇인지에 대해서는 입장을 표명하지 않은 채, 세상사 전체에 대한 그리고 모든 개별적인 세상사에 대한 하나님의 통치를 가르친다. 그들은 그 통치를 탁월하고 전적으로 전지전능하며 모든 것을 행하는 실체(Wesen)의 행위로 이해하며, 물론 또한 지혜, 정의, 친절 등과 같은 확실한 도덕적 특질들이 그 실체의 존재(Sein) 및 사역에 독특한 것이라고 이해한다. 이것이 전부이다. 이 정통주의의 일치하는 교리에 따르면, 빈 땅콩 껍질과 같은 바로 이것이 그리스도교적 섭리신앙의 대상이라는 것이다! 모든 세대의 개신교 신학자들에게는 다음과 같은 질문이 전혀 떠오르지 않았던 것 같다: 이 통치가 도대체 가령 예수 그리스도와 무슨 관계가 있으며, 이 통치를 알고 있는 것, 그것을 승인하는 것, 그것에 기꺼이 복종하려 하는 것이 예수 그리스도의 복음에 대한 신앙과 무슨 관계가 있는가? 인간은 도대체 어떻게 이 지배에 대하여 신뢰와 같은 어떤 것을 바치게 되는가? 이상하게도 이 질문이 성서적 체계를 세우려 노력하면서 계약과 그것의 역사를 신학의 기본개념으로 만들려 했던 코케이유스(Johannes Coccejus, 1603-1669)와 그의 제자들에게도 떠오르지 않았다. 사실 개혁파 신학자들과 루터파 신학자들의 글에서, 하나님의 통치하는 행동은 "그의 명예를 위하여" 발생한다는 공식이 발견되기는 하지만, 대체 하나님의 명예와 하나님을 찬양하는 것의 의미가 무엇일까 살펴보면, 가령 칼로프(Abr. Calov, *Syst.* III, 1659, 1142)로부터 거듭 아주 빈껍데기 같은 대답을 듣게 된다: "왜냐하면 모든 것은, 겸손 안에서 그(하나님 — 역자 주)에게 상응하고 그의 뜻에 복종하도록 하기 위하여, 혹은 창조된 목적을 그리고 창조자가 명령한 것을 수행하기 위하여, 창조되었기 때문이다." 그에게 전적으로 복종하는 권력영역 안에서 절대 권력이 절대 의지를 절대적으로 관철하는 것 외에 다른 것이란 무엇을 의미하는가? 이 행동의 의미, 목표, 목적은 동일한 것이다. 다른 말로 하면, 이 행동은 그 자체가 목적이다. 하나님의 "영광"의 핵심은, 그가 그의 피조물에 대하여 그처럼 강력하므로, 그처럼 완전히 자신의 뜻을 관철시킬 수 있다는 사실에 있다. 여기에서는, 통치하는 하나님이 도대체 그의 피조물에게 '무엇을' 기대하는가라는 질문은 아마도 대답되지 않은 채 남아 있을 수 있다! 확실히 많은 사람들이 완벽을 기하기 위하여 다음과 같이 말했다: 하나님, 즉 그의 통치가 화제로 되고 있는 그 하나님은 물론 삼위일체 하나님, 곧 "하나님 아버지, 아들 그리고 성령"이다. 그러나 아무도 이 주체의 통치에 관하여 서술 할 때에, 그 주체에 대한 그리스도교의 정의로부터 그 어떤 결과들을 이끌어 낼 것을 생각하지 않았다. 이미 하나님의 섭리에 대한 '인식'을 논증할 때, 삼위일체 하나님의 방향 안에서 바라보는 것을 아무도 생각하지 않았으며, 가령 투레티니(Fr. Turrettini, *Instit. Theol. el.* 1679, VI, I, 3f.)는 다음과 같이 대처했다: 누구든 섭리를 부정하는 자는 하나님 자신을 부정하는 것이다. 이처럼 섭리는 "신앙과 종교의 우선적인 주제"이다. 자연의 소리와 "민족들의 일치"는 섭리의 현실성을 확증한다. 세네카(Seneca)와 키케로(Cicero)(그리고 투레티니의 견해에 따르면 이미 아리스토텔레스도!)는 섭리를 가르쳤다. 섭리는 전지전능하며 대자대비한 하나님의 본질로부터 발생한다; 그러나 그것은 또한 창조자에게 전적으로 의존하고 있으므로 그의 도움이 필요한 존재인 피조물의 본질로부터, 즉 조종하는 최고의 존재 없이는 생각할 수 없을 만물의 놀라운 조화와 질서로부터, 그처럼 많은 예언들이 존재하며 성취되는 것으로부터, 정치적 질서들의 선행(Wohltat)이 유지되고 갱신된다는 사실로부터, 인간들의 양심 속 깊이에까지 이르는 비범한 선행들과 심판들이 발생하고 있는 것으로부터도 발생한다. 확실히 칼로프(Abr. Calov, *ib.* 1132)는 일련의 비슷한 논증들 중 제8번 논증으로서 또한 다음과 같이 주장한다: 하나님의 섭리는 명백히 "'교회'와 신앙인들에 대한 놀라운 보존으로부터" 발생한다. 그러나 그는 제9번 논증을 태연하게 다음과 같이 계속하고 있다: 그렇게 또한 "양심의 소리로부터", 그리고 제10번 논증은 "영혼의 내적인 증언으로부터." 바로 세계통치와 교회 사이에 역시 매우 특수한 관계가 존속할 수 있다거나, 칼빈이 언젠가 그렇게 원했듯이, 이 주제에서 교회에 당연히 중심적 위치가 주어질 수 있다는 것에 대하여, 칼로프는 분명히 전혀 숙고하지 않았다. 그리고 확실히 그리고 자명하게 이 논증들에서는 "성서의 증언"도 규칙적으로 인용되는데, 보통 시작부분에서 그리고 종종, 여기에 속한 성서 구절들을 모두 인용하는 것은 불가능하다는 설명과 함께 인용된다: "왜냐하면, 하나님의 말씀 안에서는 아무것도 더 빈번하게, 아무것도 더 명확하게 엄하게 가르쳐지지 않으므로, 성서가 지니고 있는 쪽수들처럼 거의 그렇게 많은 것들이 존재하기 때문이다."(Fr. Turrettini, *ib.* I, 5) 혹은 더 강하게: "성서 전체는 다름 아니라 바로 극도로 맑은 거울이며, 그것으로부터, 네가 어디로 돌아설지라도, 섭리에 따라 조종하는 지칠 줄 모르는 눈이 번쩍인다."(D. Hollaz, *Ex. Theol. acroam.* 1707 I 6, 5) 그러나 그것이 실제로 그렇게 일반적으로 또한 하나님의 섭리에 대한 증언이라는 사실이 참으로 무엇을 의미해야 하며, 또 어떻게 성서의 주제와 관계가 있을 것인지에 대해서는 숙고되지 않았다. 오히려 일반적으로 요한복음 5:17, 사도행전 17:24 이하 등을 인용하는 것으로, 그리고 이성이 행하는 증언들 및 "더욱 사려 깊은 이교도들"의 증언들과 실질적으로도 일치하는 특히 감명 깊은 시편들과 욥기의 몇 장들을 언급하는 것으로 만족했으며, 아무도 그 구절들로부터 실질적으로 새로운 것 혹은 심지어 결정적인 것을 이끌어 낼 생각을 하지 못했다. 전체적인 인상은 전적으로 이것이다: 그들은 주저 없이, 이 주제에서 (개별적인 것을 유보하고, 그리고 에피쿠로스학파, 이신론자들과 무신론자들은 예외로 하고!) 대략 모든 사람들과 일치할 것이라고 생각했던 것 같다. 그들은 공공연하게 그리고 확실히 하나의 하나님 개념을 사용하여 작업했으며, 그에 상응하게 또한 하나의 섭리 개념을, 즉 그 개념의 모든 본질적인 특성들이 그리스도교의 것과는 전혀 다르게 채워질 수 있는 개념을 개발하였다는 사실에 직면하여 심사숙고하지 않았다! 바로 하나님과 세계 사이의 관계에 대한 기본적 관점의 문제들에서 그처럼 당연히 "자연의 신학", 바로 "가장 자연적인 신학"의 토대 위에 선다는 것, 그것이 무엇을 초래할 것인가, 동시에 무방비 상태에서 스스로가 어떤 세속주의의 출현을 준비하고 있는 것인가에 대한 염려 없이 그렇게 했다! 가령, 시편 121편에 따르면 잠들지도 졸지도 않는, 이스라엘을 지키는 이와 그렇게 직접적이며 보편적으로 통찰력 있고, 전지전능하며 대자대비한 존재 및 그가 행하는 모든 활동과 진정으로 동일할 것인지—그리고 가령, 산상설교에서 염려의 쓸모없음에 대하여 언급된 것이 그리고 의로운 자들과 불의한 자들에게 비를 내리게 하는 아버지에 대하여 언급된 것이 진정으로, 세네카와 키케로가 약간 다른 말들로 언급할 수도 있었던 것과 동일한 것을 의미할 것인지 물어보려는 시도 없이 그렇게 했다!

섭리신앙과 그리스도 신앙 사이의 관련성은 유감스럽게도 이미 '종교개혁자들'에 의하여 어쨌든 신학적으로 충분히 다루어지지 않았으며 가시화되지 않았다. 그들은 자연신학의 문제점을, 그리고 그리스도 안에 있는 하나님의 자유로운 은혜에 대한 그들의 인식을 원칙적으로 신학 전체에 포괄적으로 적용할 필요성을 보지 못했거나, 기껏해야 가끔 그리고 멀리서 바라보았다. 아무튼, 그들에게서는 거의 예외 없이—비록 그것이 신학적으로 거의 파악될 수 없을지라도—다음의 사실이 어렴풋이 느껴지며 감지된다: 만일 그들이 하나님의 세계통치에 대하여 언급했다면, 그들은 그래도 사실상 구체적으로 그리스도교적으로, 즉 복음으로부터 출발하여 생각하였으며, 유대인들, 터키인들, 이교도들과 그리스도인들의 어느 중립적인 하나님으로부터 출발하여 추상적으로 생각하지 않았다. 그리고 바로 이 점이 역시 게르하르트(P. Gerhardt)의 경우에도 이 주제가 지닌 강하면서도 따뜻한 점이었을 것이다. 그러나 설령 그에게는 하나님의 말씀으로부터 벗어나 주체인 그리스도인의 경험을 향한 방향으로 이탈하는 것이 명명백백할지라도, 동시에 그래도 그는 그가 살던 세기의 정통주의 신학에서 오래전부터 지배적이며 자명하던 추상화에 대하여, 즉 그 안에서 사람들이 섭리신앙의 주제들에서 처음부터 다른 독자적인 궤도 위를 달려갔던 바로 그 추상화에 대하여 역시 어느 정도 거리를 두고 있었다. 그것은 보편적인 유신론이라는 궤도였으며, 그 유신론은—"삼위일체 하나님"이라 명명하는 것, 성서인용구들, 가끔 교회사를 언급하는 것을 제외하고—본래 그리스도교가 지닌 어떤 내용도 지니고 있지 않았으며, 바로 다만 무신론에 대항하여 객관적으로 자신의 경계를 설정하는 것만을 알고 있을 뿐이었다. 반면에 복음으로부터 출발하는 사고는 거리낌 없이 그리스도론 및 다른 교의들의 논증과 전개로, 즉 관례에 따라, 이렇게 논증된 교리들로 제한되었다. 마치 저 "신앙과 종교의 우선적인 주제"에서는 역시 그래야 하는 것처럼!

"계몽된" 정통주의와 비정통적인 "계몽주의", 그리고 신학에서 오늘날까지 "자유주의"라고 불리는 것이 존재하기 훨씬 전에, 개신교의 소위 초기(alt)의 엄격한, 본래의 "정통주의"는 '이' 주제에서 공공연하게 "자유롭게" 생각하였고 그렇게 살았다. "자유주의"의 본질은 다름 아니라 바로 다음의 사실에 있다: 한 최고 존재의 실존과 통치에 관하여 유대인들, 터키인들, 이교도들 그리고 마침내 그리스도인들도 대략 공동으로 행할 수 있는 그 추측들에 과감하게 연결하기 위하여, 신앙을 하나님의 유일한 말씀인 그리스도에 연결시키는 결합이 섭리의 주제들에서만이 아니라, 오히려, 그곳에서 그렇게 할 수 있었으며 또한 그렇게 하도록 허용되었으므로, 근본적으로 '완전히' 해체되었다. 이런 경향성을 실제로 '완전히' 그렇게 유지하는 것이 허용되지 말아야 하는 것은 아닌지, 그리고 그렇게 할 필요가 없는 것은 아닌지에 대한 질문을 가능하게 하고, 또한 그 질문에 대한 대답을 이 관점에서 호기심을 지니고 있는 모든 사람들에게 명확히, 아주 명확히 제시했던 것은 다름이 아니라 전적으로 초기 "정통주의"였다. 삼위일체설, 교회, 성서본문들에 대한 관계들이 실제로 이미 정통주의자들의 경우에는 어쨌든 이 입장에 대해서 어떤 내적인 필연성을 지니고 있지 않았다. 그 내적 필연성 없이도 가능했다! 왜 다른 관점에서도 그리고 마침내 일반적으로, 그것 없이는 가능하지 않다는 말인가? 발생할 수밖에 없었던 모든 것이 이런 이유로 발생하였으며, 경건주의자들의 주관주의는 이런 이유로 필연적인 발전을 저지할 수 없었으며, 오히려 촉진시킬 수밖에 없었다. 이런 이유로 다음과 같은 일도 발생하였다: 성서적-그리스도교적인 특수한 실체가 결여된 혼합주의적인 하나님 신앙 및 섭리신앙은 역시 그 자체가 무력한 주제(Sache)라는 것, 즉 19세기와 20세기의 외적 내적 충격들에 대해서는 말할 것도 없고, 리스본의 지진(1755. 11. 1. 포르투갈의 리스본에서 지진이 발생하여 3만 명이 사망하였다. 프랑스 성직자들은 이 사건을 리스본 시민의 죄에 대한 하나님의 형벌로 해석하여 신정론 논쟁이 발생하였다.—역자 주)에 대하여조차 감당할 능력이 없는 주제라는 것이 입증될 수밖에 없었다. 역사에 대한 그리고 그것에 내재해 있는 악령들에 대한 신앙이 하나님의 섭리에 대한 신앙을 대신할 수 있었던 그때가, "섭리"라는 어휘가 히틀러(Adolf Hitler)의 입에서 즐겨 쓰는 말로 될 수 있었던 그때가 올 수밖에 없었으며, 그리고 그때가 이미 왔다. 그래도 일찍이 이 수문을 열어놓았던 것은 다름이 아니라 바로 초기의 순수한 정통주의였다! 소위 일반적인 통찰력 있는 섭리론에 비해서 에피쿠로스학파, 무신론자들과 마침내 허무주의자들이 은밀히 그리고 공공연히 실제로 여전히 더욱 강력한 존재들이었다.

이 역사적 숙고의 결론이, 초기 개신교 신학이 섭리론 영역에서 연구하고 성취하였던 모든 것을 우리가 가치 없는 것으로 제쳐 놓아도 좋으리라는 것일 수는 없다는 것은 참으로 확실하다. 매우 치명적인 전제조건들로부터 출발해서도 ("인간들의 혼란과 하나님의 섭리를 통하여!") 흥미 있고 교훈적이고 계몽적인 결과들에 도달할 수 있으며, 도처에서 실제로 그런 결과들에 도달하곤 한다는 사실이, 다행히 신학에서도—바로 올바른 그리스도교 섭리신앙이 우리에게, 사실이 그러하다는 것을 고려하도록 허락하며 또한 요구하고 있다.—그렇게 들어맞는다. 초기 개신교 신학자들은, 여기에서 진기한 이중의 궤도 안에서 움직였지만, 진지하게 그리스도인들이기를 원하였다(그리고 아주 확실하게 또한, 그들의 모범을 따라서, 그들보다 훨씬 더 멀리 갔던 사람들 중에서 많은 사람들도 그랬다!)는 사실을, 우리는 더 나은 인식이라는 어떤 높은 의자 위에서 아래를 내려다보며 쉽게 부인해서는 안 될 것이다. 그리고 만일 우리가 그렇게 하지 않는다면, 우리는, 그들의 치명적인 전제조건에도 불구하고 경우에 따라서는 그들에게서도 배울 수 있는 것을 그들에게서도 배우기를 거절하려 들지 않을 것이다. 그러나 물론, 여기에서 '전제'에 대한 그들의 인식보다는 '더 나은' 인식이 필요하다. 하나님의 섭리에 대한 그리스도교의 신앙은 '그리스도교의' 신앙이지 그 어떤 보편적인 신앙이 아니며, 그리스도교 신학이 이 주제에서도 획득해야만 하며 가르쳐야만 하는 것은 '그리스도교의' 인식이어야만 하며, 그 어떤 일반적인 인식이어도 좋은 것이 아니다: 즉 바로, 유대인들, 터키인들, 이교도들과 그리스도인들이 여기에서 대략 공동으로 추측할 수 있는 어떤 것으로부터 얻어낸 어떤 추출물이어도 좋은 것이 아니다. 여기에서 그의 통치가 화제로 되어야만 하는 그 하나님은 예수 그리스도의 아버지이며, 동시에 우리의 아버지이지 어떤 다른 존재가 아니다. 그러므로 이 유일한 분이 어떤 다른 존재와 혼동되어서는 안 된다: 어떤 원리들과, 즉 그것들의 토대 위에서, 예수 그리스도 안에 있는 하나님의 말씀에서 벗어나서, 자유롭게 상상해낸 어떻게든 더 높은 존재와 그 존재에 대하여 어떻게든 대립하고 있으며 종속되어 있는 원리인 세계의 공존을 설명하고 묘사하려 시도되었던 바로 그 원리들과 혼동되어서는 안 된다. 여기에서는 바로 "어떻게든"(Irgendwie)이라는 말이 논의될 수 없다. 만일 섭리론이 "신앙의 우선적인 주제"라면 — 이 점에서는 초기 정통주의가 옳았다. — 그 경우에, 죄, 화해, 신앙 의인, 혹은 세례가 화제가 되는 경우와는 달리, 여기에서는 갑자기 다른 존재론과 인식론이 논의되고 사용될 것 같다고 전혀 예상할 수 없다. 그러므로 물론 이 역사적인 숙고로부터 다음과 같은 사실이 밝혀진다: 초기 개신교 신학이 여기에서 개별적으로 걸어갔던 길들을 바라보면서, 우리는 도처에서 정신을 바짝 차려야만 할 것이다. 즉, 그 신학의 치명적인 전제가 위험한 것으로 증명되는지 아닌지 혹은 위험하지 않은 것으로 증명되는지 아닌지; 그 신학의 제안들을 다른 실마리로부터 출발하여 받아들일 수 있기 때문에, 그것들이 사실상 그래도 필요하므로, 우리가 그 제안들에 응해도 좋을지 아닌지 — 혹은 그 신학이 우리를 잘못된 길로 이끌지 아닌지, 따라서 그것에 귀를 기울이지 말아야 하는지 아닌지에 대하여 정신을 바짝 차리고 검토해야만 할 것이다.

3. 그리스도교의 섭리론

이 서문을 마치기 위해서는 아직, 그리스도교의 신앙에 상응하는, 따라서 단호하게 '그리스도교의' 입장으로부터, 곧 그리스도교의 '주제'(Sache)로부터 출발하여 설계되어야만 하는 그리스도교의 섭리신앙이 지니는 의미를 간략하게 설명할 일이 남아 있다.

하나님이 그에 의하여 창조된 존재의 주님으로서, 그 피조물의 역사를 지배하는 주님으로서 원하는 것이 무엇인지, 즉 그의 통치 행위의 의미와 의도, 목표와 동시에 명예가 무엇인지는 우리에게 '드러나'(offenbar) 있다. 그것이 우리에게 드러난 것은, 우리가 그 역사의 베일을 들어 올려 그것의 비밀을 발견했기 때문이 아니며, 따라서 우리가 우리로부터 출발하여 그것을 인지하거나 추측하거나 혹은 규명했기 때문이 아니라, 하나님 자신이 그의 '말씀' 안에서 우리에게 그것을 드러냈기 때문이다. 즉, 그가 그의 말씀 안에서 '자기 자신을' 드러나게 하였던 그 단순한 방식으로: 자기 자신을 — 바로 이 점이 진지하게 취급되어야 한다! — '삼위일체' 하나님으로서, 즉 아버지로서 우리 위에 있으며, 그러나 또한 우리를 위하여 아들로서 존재하며, 아버지와 아들로서 일치하며, 그 일치 안에서 성령으로서 우리의 삶을 그의 아래에 있으며 또 한편으로는 그를 위하여 있는 삶으로 만드는 그 '삼위일체' 하나님으로서 드러냈기 때문이다. 그는, 자신의 본질이 '자유로운', 주권을 지닌, 전능한 '은혜'임을 드러냈다. 그가 삼위일체 하나님, 즉 그 자신이, 그의 피조물이 존재하기 이전에, 그의 영원한 결의로 자발적으로 우리 인간들에게 관심을 기울였으며, 그리고 바로, 이 결의의 실행이, 곧 그와 우리 사이의 계약이 사건으로 되도록 하기 위하여, 우리를 창조하였던 그 삼위일체 하나님이 확실하듯이, 그렇게 그는 바로 은혜이다. '이것'이 그의 말씀 안에서 드러난, 하나님의 영원한 명예이며, '이것'이 — 마찬가지로 그의 말씀 안에서 드러난 — 창조주로서 그의 명예이며, '이것'이 — 마찬가지로 그의 말씀 안에서 드러난 — 그의 피조물의 역사를 지배하는 주님으로서 그의 명예이다. 하나님은, "모든 사람 안에서 모든 일을"(고전 12:6) 행함으로써, '이것'을 원한다; 그러므로 또한, 그의 자유로운 은혜가 창조세계 안에서 빛나게 되고, 형태를 이루고, 위대해지고, 승리하고, 지배하도록 하기 위하여, 그는 바로 이것을 행한다. 그가 그의 아들 '예수 그리스도' 안에서 그의 뜻과 그의 사역으로 계시하였던 바로 그것을, 예수 그리스도 안에서 그의 영원한 아버지의 뜻으로, 예수 그리스도 안에서 또한 그의 영원한, 생명을 창조하는 성령의 뜻으로 드러나 있는 바로 그것을, 그가 원하고 행한다. 전적으로 '다만' 이것만을 그가 원하고 행한다: 즉, 그가 이것과 병행하여 또한 역시 어떤 다른 일을 은밀하게 꾸밀 것이며, 이러한 그의 명예와, 그의 자유롭고 전능한 은혜와 상이하며 그것들과 무관한 그 어떤 현세집착, 세계계획, 세계목적을 원하고 행할 수 있을 것이라는 의구심이나 은밀한 의심은 있을 수 없다. 그리고 그의 뜻의 탁월성에 상응하게 그리고 그 뜻을 실행하는 그의 전능함에 상응하게, 즉 어떤 위대한 것이든 혹은 사소한 것이든 그가 원하고 행하는 것으로부터 제외될 수 있거나 그의 뜻과 그의 사역을 방해할 능력이 있지 않을까 염려할 이유가 없이, 하나님은 '철두철미' 그것을 원하고 행한다. 만일 섭리신앙이 그리스도교 신앙, 즉 하나님의 말씀인 예수 그리스도에 대한 신앙, 곧 하나님의 자기 계시에 대한 신앙이라면, 그 신앙에는 역사의 주님이 지닌 본질, 뜻, 활동에 대한 어떤 모호함도 존재하지 않으며, 그와 같이 또한 그의 성격과 그의 의도에 대한 애매함은 존재하지 않으며, 그와 같이 또한 다음의 사실에 대한, 즉 그가 이 역사 안에서 그의 명예를 돌보는 법을 잘 알고 있다는 사실에 대한 불확실성도 존재하지 않는다. 이것이 출발점이다. 우리는 이 주제에서 이 출발점으로부터 시작하여야만 하며, 이 주제에서 길을 잃지 않기 위하여, 언제나 다시 이 출발점으로 되돌아가야만 한다.

옛 신학에서, 그처럼 많이 인용된 요한복음 5:17로부터 다음의 사실을 추론할 생각을 하게 되지 않았다는 것은 이상한 일이다: 하나님 아버지의 "일"의 의미와 목표에 대한 질문에서 우리는, 거기에서 아버지의 일과 동일시된 아들의 "일"에 단순히, 직접적으로, 그리고 완전히 의지해도 좋을 것이며 또한 의지해야만 한다. 지속적으로 또한 골로새서 1:17("그분은 만물보다 먼저 계시고, 만물은 그분 안에서 존속합니다")이 인용되었으면서도, 역시 다음의 사실이 학습되지 않았다는 것은 이상한 일이다: 만물이 그것의 실존을 지니고(16절) 있듯이, 그 아들 안에서 또한 그것의 존속(17절), 그것의 생활 질서와 지속적 실존, 그것의 "체계"를 지니고 있다; 그 아들 안에서 우리는 우리의 구원을, 즉 죄들의 용서를 얻었으며(14절), 바로 그가 "보이지 않는 하나님의 형상"이며, "모든 피조물보다 먼저 나신 분"(15절)이다. 크벤슈테트(Quenstedt)는 이 구절에 대하여 아주 올바르게 주석하였다: "세계의 온전한 존속은, 만일 그 존속이 '그리스도의' 보존하는 능력에 의하여 유지되지 않는다면, 해체되고 말 것이다."(*Theol. did. pol.* 1685, I, 13, sect. 1, th. 6) 그러나 그 역시 이 인식으로부터 결론을 이끌어 내지는 않았다. 히브리서 1:3도 더욱 풍부한 결실을 맺도록 기억되지는 않았다는 것은 이상한 일이다: 여기에서 다시 의심할 여지없이 하나님의 아들은 "능력 있는 말씀으로 만물을 보존하시는 분"으로, 그리고 동시에 이어서 "죄를 깨끗하게 하시고서 높은 곳에 계신 존엄하신 분의 오른쪽에 앉으신 분"으로 묘사되고 있다. 바로 이 점이 여기에서 매우 수수께끼 같은 것이다: 신앙고백의 제2항목에서는 신약성서의 폭넓은 토대 위에서 고백되었으며, 그리고 여기에서 다음의 내용이 승인되었다: "그는 전능하신 아버지인 하나님의 오른쪽에 앉아 있다." 이것은 다음과 같은 것을 의미하였으며, 역시 지금도 그것을 의미하고 있다: 바로 그곳에, 즉 거기로부터 하늘과 땅이 지배받고 있는 그곳에, 바로 모든 능력과 권세의 근원과 중심 안에—수동적인 구경꾼으로서가 아니라, 아버지의 지혜, 뜻, 힘의 총괄개념으로서, 그리고 아버지와 함께, 그것 없이는 어떤 피조물도 활기를 띠거나 움직일 수 없는 그 "소생시키는 영"의 원천으로서—바로 그가, 즉 하나님의 아들로서 마리아에게서 태어나고 본디오 빌라도 치하에서 십자가에 처형되고, 죽었다가 부활한 그가 앉아 있다. 우리는 시편 118:15 이하에서 "승리하게 하는", "높이 들려진" 주의 오른손에 대하여 읽지 않았는가? 혹은 시편 139:10에서 바로 주의 오른손이 인간을 붙들어 준다는 것을, 더구나 시편 73:23에서 주가 인간의 오른손을 붙잡아 준다는 것을, 시편 18:36(한글판 18:35—역자 주)에서 주의 오른손이 인간을 붙들어 주며, 시편 44:4(한글판 44:3—역자 주)에서 주의 오른손이 이스라엘 백성을 승리하게 하여 그들의 땅으로 들어가도록 인도하였으며, 시편 48:11(한글판 48:10—역자 주)에서 주의 오른손이 "정의가 가득 찬 손"이라는 것을 읽지 않았는가? 우리는 이렇게 생각할 수 있을 것이다: 신약성서의 증언에 따르면 바로 그곳에, 바로 하나님의 오른편에 앉아 있는 바로 그를 이 통치하는 하나님의 오른손과 동일시하는 것보다 더 명백한 것이 있었겠는가? 하나님의 손들과 발들은 하나님의 마음처럼 그리스도 안에서, 오직 그리스도 안에서만 우리에게 드러나게 된다고 하는 칼빈의 인식이 왜 그 자신과 다른 사람들에게서 관철될 수 없었는가? 그리고 우리가 루터의 가장 잘 알려진 다음의 노래를 읽고 부를 때, 왜 동일한 인식이 활로를 개척하지 않았을까?

    그분이 누구인지 묻는가?
    그분의 이름은 예수 그리스도,
    만군의 주님,
    다른 하나님이 아니라네;
    그분은 싸움에서 승리하시리!

섭리론에서 언급하기를 원했던, 만물을 통치하는 그 주체가 도대체 어떻게, 마치 "그가 누구인지" 알려지지 않은 것처럼, 다시 그렇게 불확실하게, 중립성 안에 방치될 수 있었는가!: 이 중립성 안에서 이 주체는, 마치 신앙고백의 제2항목에서 고백되는 분과는 "다른 하나님"일 수도 있기나 한 것처럼, 매우 여러 가지로 해석되어야만 했다. 혹은 마치, 하나님의 오른손을 통하여 행해지는 세계지배와 병행하여, 역시 왼쪽에 있는 하나님의 지배가 더 고려되어야 하는 것처럼, 그리고 그 왼쪽에 있는 지배에서 본래의 세계지배가, 곧 피조물 위에서 피조물과 함께 행하는 창조주의 통치가 인식될 수 있는 것처럼! 여기에서 적합한 모든 놀라움은 또한 다음의 질문으로 요약될 수 있다: 왜 창세기 22:1-19에서, 즉 "하나님이 예비할 것이다"라는 말이 인용되곤 하는 바로 그 본문에서, 다음의 사실이 인식되지 않았는가?: 거기에서 그처럼 놀랍게 예견하고 준비했던 그 하나님은 그 어떤 최고의 존재가 아니라, 바로 그 사건에서는, 즉 아브라함이 그의 아들을 보호하도록 허락되었던 그 사건에서는 계약의 주님으로서 행동하였던 바로 그 하나님이며, 그 계약을 이행할 때에는 결국 끝내 그 자신의 아들을 보호하기를 원하지 않았던 바로 그 하나님이다. 이 '은혜의 계약'의 역사가 지향하는 목표를 고려하여 아브라함에게 그의 후손인 이삭이 약속되었고 선물로 주어졌으며, 그는 우선 (와야만 할 분에 대한 예고로서) 하나님께 바쳐진 제물로서 구별되고 바쳐져야만 했으나, 그는 죽지 않고—실제로 집행된 자신의 죽음을 통하여 생명을 창조하는—와야 할 분의 조상으로서 살아야 했으므로, 숫양이 대신 제물로 바쳐져야만 했다. 바로 이 구원사의 구체적인 맥락에 하나님이 "예견하는 것"이 필요했다. 이미 이런 이유로, 전제된 주체개념의 자격이 지극히 중요시되어야만 했던 것 아닐까?

　만일 우리가 하나님의 자기계시인 하나님의 말씀을 통하여 우리에게 주어진 출발점과 주체개념을 진지하게 취급한다면, 우리는 하나님의 통치 아래에서 진행되는 역사, 곧 하나님에 의하여 창조된 존재의 역사를 결정적으로 그 역사의 한복판과 실체 안에서 다음과 같이 이해해야만 할 것이다: 그것은 영원 전에 하나님에 의하여 결정되고 실행되는 '은혜의 선택'을 실행하는 것, 즉 하나님과 인간 사이에 맺은 '계약'의 역사이다. 그 역사 안에서 하나님은 인간과 맺는 유대관계의 토대를 확립하고, 자신을 인간의 본성과 실존 안으로 내어줌으로써 그 역사의 완성을 준비하고 실행하며, 이런 이유로 "마지막 때"가 종결될 때에 그것을 밝히 드러낼 것이다. 하나님과 상이한 현실 전체를 창조한 것이 이미 이 계약의 의도로부터 출발하여 그것의 실행을 목표로 발생하였으므로, 피조물의 지속적 존속의 의미, 즉 피조물의 역사의 의미는 이것이다: 이 계약의 지는, 즉 이미 창조에서 시작된 하나님의 계약사역(Bundeswerk)은 진행 중이고 목표에 도달할 것이다. 이 역사의 의미 '곁에' 다른 의미란 존재하지 않는다. 왜냐하면 그 한 분 하나님 '외에' 다른 신은 존재하지 않으며, 그의 뜻 안에는 그가 영원 전에 결정하고 실행하는 은혜의 선택 '외에' 다른 의도가 존재하지 않기 때문이다. 그와는 상이하며 그에 의하여 창조된 현실 안에 있는 모든 것은, 그가 지은 이 피조물의 자유 안에서 발생하는 모든 사건도 무슨 일이 있어도 피조물의 지속적 존속이라는 바로 '이' 의미에 봉사한다. 그 사건은 계약의 역사에 참여함으로써 발생한다. 그것은 이 역사를 위하여 발생한다. 그것은 확실히 하나님 자신의 행동과는 상이한 것이다. 그러나 그것은 하나님의 계약의지 및 계약사역으로부터 벗어나는, 즉 하나님에 대하여 독자적인 어떤 중요성과 품격을 지니지 않는다. 그것은 그것의 목적과 목표를 그것 자체 안에 지니고 있지 않으며, 하나님의 계약사역이 급히 접근하고 있는 그 목적과 목표에서 떨어져서는 그 어디에도 지니고 있지 않다. 그것은 이 한 방향에서 함께 서둘러 갈 수밖에 없다. 그것이 하나님으로부터, 하나님의 은혜의 선택으로부터, 하나님의 창조로부터 유래했으므로, 그것은 또한 그 방향을 향해 갈 수밖에 없으며, 그것이 존재할 수 있도록 허락됨으로써, 이미 그 방향을 향해 가도록, 즉 하나님의 뜻과 사역에, 하나님이 그의 자유롭고 전능한 은혜 안에서 결정했던 것을 실행하는 일에 봉사하고 참여하는 그 방향을 향해 가도록 결정되어 있다.

우리는 참으로 확실히 다음의 사실을 잊거나 제거해서는 안 될 것이다: '계약'의 역사, 즉 피조물들의 사건 전체의 의미인 바로 그 역사는 피조물들의 사건의 총체성 한 가운데에 있는 '특수한' 역사, 별개의 역사이며, 그것을 위하여 선택되고 그 선택의 의미에서 결정되고 이끌어지는 역사이다. 그것은 외관상 훨씬 더 강력하고 더 두드러지며, 외관상 독자적이고 외관상 서로 대립하여 있는 노선들—무엇보다도, 계약의 역사라는 폭이 좁은 노선에 대하여 외관상 완전히 역행하는 것처럼 보이는 다른 노선들이 뒤엉켜 있는 내부에 있는 놀라울 정도로 폭이 좁은 노선이다. 그러므로 총체적인 세계사는, 하나님이 자신의 은혜의 의지를 실행하고 있는 역사라는 것은 다음과 같이 이해되어야만 할 것이다: 그것은 저 '특수한' 역사에 '속한다'; 그리고 세계사의 모든 노선들은 하나님의 유일한 은혜의 의지 외에는 다른 출발점을 지닐 수 없듯이 그렇게 다른 목표점도 지닐 수 없으므로, 그것들 모두는 저 좁은 노선을 향하여 '수렴'되어야만 하며, 결국 '그 좁은 노선'의 방향 안에서 진행되어야만 한다. 바로 이것이 섭리론에서 다루어지는 것이다. 섭리론이 계약의 역사와, 즉 저 좁은 노선 자체와 관련되어 있는 것은 아니다. 오히려 그것은 다음과 같은 점에서만 계약의 역사와 관련되어 있다: 한편으로는 이 계약의 역사도 역시 의심의 여지없이 보편적인 세상사의 많은 '다른' 노선들 가운데 '한' 노선이며, 다른 한편으로는 보편적인 세상사의 많은 '다른' 노선들은 다음의 사실 안에, 즉 하나님은, 그로부터 그 모든 것들이 유래하며 또한 그를 향하여 다가가고 있는 바로 그 하나님은, 바로 저 '하나의' 노선 위에서 특수한 사역을 행하고 있으며, 이 다른 노선들 위에서도 피조물은 그 사역에 봉사해야만 한다는 그 사실 안에 그것들의 현실적 토대(Realgrund)와 또한 인식의 토대를 지니고 있다. 따라서 섭리론은 은혜의 계약에서 비롯된 특수한 역사인 구원의 역사를 '평준화'해서는, 즉 보편적인 세상사에 관한 교의라는 공통분모 위에 올려놓아서는 안 된다. 그렇게 할 경우에는 섭리론은 그것의 출발점을, 그리고 그것이 오직 그 출발점을 향해 바라볼 때만 단단히 붙잡을 수 있는 그것의 주체개념을 시야에서 놓쳐 버리게 될 것이다. 그 경우에 그것은 분명히 곧 더 이상, 말씀 안에서 자신을 계시하였던 하나님의 세계통치에 대하여 언급하지 않게 될 것이다. 이 하나님은 바로 예수 그리스도의 아버지이며, 아브라함과 이삭과 야곱의 하나님, 예언자들과 사도들의 하나님, 즉 세상사의 저 특수한 노선 위에서 그의 특수한 사역을 행하고 있는 바로 그 하나님이다. 섭리론은 오히려, 그 특수한 역사가 모든 다른 사건들을 '능가한다'는 것을 전제로 한다: 섭리론은 오히려 모든 다른 사건을 오직 저 특수한 사건에 대한 관계 안에서만, 즉 전체를 위한 그의 뜻이 효력을 발휘하게 되고 또한 드러나게 되는 바로 그 사역을 그곳에서 추진하고 있는 하나님의 통치 아래에서 발생하는 그러한 사건으로서 이해할 수밖에 없으며, 또한 그렇게 이해하기를 원한다. 바로 이 사실로부터 섭리론의 고유한 주제가 나타난다.

섭리론은 '피조물의 역사' 자체와 관련되어 있다. 인간은, 즉 하나님이 그에게 영원한 은혜를 부여하였으며, 저 특수한 역사라는 특수한 노선 위에 있는 영원한 은혜 안에서 그와 함께 행동하는 바로 그 인간은 역시 그야말로 하나님의 피조물, 더 정확히 말하면 마찬가지로 창조된 '우주'의 한복판에 있는, 곧 하늘 아래에 그리고 땅 위에 있는 그의 피조물이다. 그리고 계약과 은혜와 구원의 역사가 발생함으로써, 아브라함과 그의 후손이 하나님에 의하여 그의 백성이 되도록 부름 받음으로써, 하나님이, 참 하나님이며 참 인간으로서 모든 인간들을 위하여 존재하기 위하여, 그의 아들 안에서 스스로 이 백성 중의 한 인간이 됨으로써, 성령에 의하여 위로받는 신앙공동체(Gemeinde)가 주님의 이름을 선포하고 그의 계시를 돌봄으로써―이 모든 일이 발생함으로써, 또한 그야말로 피조물 자체의 역사가, 즉 시간 안에 있는 인간의 영적-육체적 역사와 인간을 에워싸고 있는 가까운 그리고 먼 우주의 역사가 발생한다: 즉 피조물의 실존 자체가 온전하고 어마어마하게 계속되며, 외관상 전혀 다른 종류의 역사, 그리고 외관상 전혀 다른 내용을 지닌, 즉 일부는 훨씬 더 사소하고 일부는 훨씬 더 웅대한 내용을 지닌 역사, 하나님 외에 존재하는 것이 보여주는 태어나고 사라지고, 성공하고 몰락하는 현존의 헤아릴 수 없는 드라마가 발생한다. 그리고 이스라엘 안에서, 예수 그리스도 안에서, 그의 교회 공동체 안에서 발생한 '특수한' 사건이 바로 이 '보편적인' 사건 안에 깊이 파묻혀 있을 뿐만 아니라, 구별하기 어렵게 뒤섞여 있다: 즉 그곳에서 '특수하게' 발생하는 것 중에 그 어떤 것도 또한 이 '보편적인 것'의 특성을 지니지 않는 것이 없으며, 그 어떤 것도 또한 보편적인 것의 관점 아래에서 볼 때 피조물의 역사의 일부분으로서 인식되고 이해되어서는 안 될 것이 없을 정도로 그렇게 뒤섞여 있다. 아브라함도, 그의 후손도, 예언자와 사도도 우주 안에 있는 인간이고 또한 그 우주의 역사에 참여하는 자이며, 그리고 하나님과 맺은 계약체결을 의식하고 감사하고 의무감을 느끼고 사명을 다하도록 부름 받고 각성한 인간인 그리스도인도 마찬가지로 그러한 존재이다. 바로 그렇기 때문에 그리스도인의 신앙은 '또한' '섭리'에 대한 신앙이어야만 한다. 그것은 하나님에 대한 신앙, 즉 창조주로서도 그리고 보편적인 사건의 주님으로서도, 그가 불러내는 말씀을 통하여 알려질 수 있는 그와 동일한 바로 그 하나님에 대한 신앙이며 — 바꾸어 말하자면, 그의 말씀을 통하여 인간을 불러내었던 그 하나님이 역시 인간의 창조주이기도 하며, 역시 보편적 사건의 주님이기도 하다는 사실에 대한 신앙이어야만 한다. 섭리론은 다음의 사실과, 즉 그리스도교의 신앙은 이로써 설정된, 보편적 사건과 특수한 사건 사이의 관련성에 대한 신앙이라는 사실과 관련되어 있다. 섭리론은, 하나님의 말씀을 통하여 우리에게 양쪽의 내적 관계에 대하여 확답이 주어져 있다는 사실을 해명하며, 어느 정도로 확답이 주어져 있는지를 해명한다.

섭리론은, 계약의 역사와 관련된 것은 아니지만, 그 역사에 '부가된', 피조물 자체의 역사와 관련되어 있으므로, 실제로 그것의 고유한 주제를 갖고 있다. 피조물의 역사가 계약의 역사에 '부가되어' 있는 방식으로 하나님의 통치 아래에서 진행되고 있다는 사실은 실제로 명백하지 않으며, 오히려 의심스럽다. — 그 사실은, 만일 그것이 정말이라면, 특수한 인식과 관련되어 있는 문제(Sache), 즉 하나님의 말씀의 특수한 내용과 관련되어 있는 문제이다. 그것은 아마 다른 것일 수도 있다. 이 두 역사들이 똑같이 하나님으로부터 유래하며 똑같이 하나님의 지배를 받으면서도 서로 관련이 없이, 두 가지 독자적인 계열들로서 나란히 진행되는 것일 수도 있다. 계약은 과연 창조가 아니며, 오히려 다만 창조의 내적인 토대일 뿐이다. 그리고 창조는 과연 계약이 아니며, 오히려 다만 계약의 외적 토대일 뿐이다. 계약은 그것의 외적인 토대로부터 그리고 창조는 그것의 내적인 토대로부터 출발하여 또한 그것들의 역사 안에서도 서로가 관련을 맺고 있으며, 또한 그것들의 역사 안에서도 서로에 대하여 '긍정적인' 관계 안에 있다는 사실은 자명한 것이 아니라 특별히 인식되지 않으면 안 된다.

계약에 대한 인간의 참여가 존재한다는 것, 그리고 인간을 향한 은혜와, 인간에게 부여된 하나님의 구원이 존재한다는 것은 아마 역시 다만 다음과 같은 의미에서만 인간이 피조물이라는 사실과 관련될 수 있을지도 모른다: 하나님이 태초로부터 또한 인간의 존재를 그의 창조주인 자신의 보호와 돌봄 아래에 있는 피조물로 지정하였듯이, 동일한 하나님이 어쨌든 역시 인간 존재가 그러하기를 원한다. 그 경우에도 아마 역시 계약의 동맹자로서, 은혜의 수신자로서, 그의 구원에 참여하는 자로서 그의 실존(Existenz)과 하나님의 피조물로서 그의 존재(Sein) 사이의 긍정적인 관계가 발생할 수는 없을지도 모른다. 그 관계는 아마도 우선 이 두 역사들의 목표에서, 그리고 그 다음에는 다른 새로운 창조의 과정에서 이루어지게 될 것이다. 그렇다면 저 태초로부터 출발하여 이 목표를 향한 과정에서, 하나님의 계약동맹자로서 그의 개별적인 역사의 진행 안에서, 인간은 그래도 다음의 사실에 의지할 수밖에 없을 것이다: 계약의 주님이 역시 그의 창조주이며, 따라서 확실히 어떻게든 피조물인 그의 존재도 다스리는 주님이며 보증인이기를 원한다. 그러나 그는 다음의 사실을 기대해서는 '안' 될 것이다: 즉, 하나님의 계약, 은혜, 구원에 바로 그가 참여한다는 것이 하나님의 '피조물'인 그의 존재를 위해서도 '직접적인' 중요성을 지닐 수 있다거나, 혹은 심지어 지녀야만 한다거나, 혹은 심지어 틀림없이 지니게 될 것이며 언제나 이미 그 중요성을 지녔다고 기대해서는 '안' 될 것이다.

그리고 다른 측면에서, 우리는 이 가능성을 다음과 같이 공식화한다: 그렇게 인간에게 관심을 기울이고 있는 동일한 하나님이 어쨌든 또한, 인간이 그의 피조물이도록, 그리고 그런 피조물로서 그의 보호와 돌봄 아래에서 생애를 살고 그것을 완성하도록 준비하였고 허락했다는 점에서만, 인간이 하나님의 피조물이며 또한 피조물로서 자신의 역사를 갖고 있다는 사실이 아마, 인간이 하나님의 계약, 구원, 은혜에 참여하는 것과 관련될 수 있을지도 모른다. 하나님의 통치 아래에 있는 피조물인 그의 생애가 은혜의 계약을 실행하는 주님인 동일한 하나님의 섭리 아래에 있는 그의 역사와 아마 실질적으로 그리고 참으로 아무런 관계가 없을지도 모른다. 인간의 피조성과 그가 하나님의 계약동맹자로 결정되는 것 사이의 진정하고 참된 관계는 아마 오히려, 다른 새로운 창조의 토대 위에서 비로소 논의될 수 있을지도 모른다. 인간 창조와 이 목표 사이에 있는 도상에서 피조물인 인간은 아마 다만 하나님의 동일성에, 따라서 피조물로서 인간 자신의 고유한 존재가, 하나님과 맺은 계약 안에 있는 그의 역사와 병행한다는 사실에 의지할 수밖에 없을 것이며, 피조물인 그의 역사가 계약의 역사에 대해 지니는 긍정적 중요성에 의존할 수는 없을 것이다.

여기에서 우리는 몹시 중요하고 극도의 파급효과를 지니는 결단에 직면해 있다.

만일, 지금 가정된 것처럼 그리고 유감스럽게도 암시적으로 그리고 또한 명백히 충분히 자주 가르쳐졌던 것처럼, 사실이 그러하다면, 베드로전서 5:6 이하와 같은 구절은, 즉 "여러분은 하나님의 능력의 손 아래로 자기를 낮추십시오. 때가 되면, 하나님께서 여러분을 높이실 것입니다. 여러분의 걱정을 모두 하나님께 맡기십시오. 하나님께서는 여러분을 돌보고 계십니다"라는 구절은 아마 다음과 같이 해석될 수밖에 없을 것이다: "여러분은 박해를 감수해야만 하기 때문에, 하나님의 피조물로서 여러분은 지금, 여러분을 전적으로 능가하며 명백히 매우 부담을 주는 질서와 능력 아래에 있습니다. 그것은 하나님의 질서와 능력, 즉 '역사의 주님'인 창조주의 능력의 손입니다. 여러분이 사실 그리스도인들이기는 하지만, 여러분도 피조물인 여러분의 실존을 그처럼 고통스럽게 지배하고 있는 그 손 아래에 굴종할 수밖에 없으며, 비록 그것이 여러분에게 낯설고 이해되지 않을지라도 그리고 앞으로도 여전히 그러할지라도, 그것은 바로 하나님의 지배이므로, 그 손의 지배를 정당한 것으로 승인할 수밖에 없습니다. 다른 관점에서 — 즉 그분께서 예수 그리스도 안에서 여러분에게 베푸는 구원과 관련하여 — 하나님은 여러분에게 결코 알려지지 않은 분이 아닙니다. 피조물인 여러분의 실존이 지닌 현재의 형태에 관하여, 세계사 안에서 여러분의 현존에 관하여, 이제 여러분은 바로 이 관점에서 무조건적으로, 그분이 행하는 것은 옳다는 것을 신뢰해야만 합니다. 여러분은 다음의 사실을 고려하여 그렇게 하기를 바랍니다: 여러분이 지금 굴종할 수밖에 없는 바로 그분이, 여러분을 선택하게 될 다른 때에 여러분을 높일 수 있으며, 또 높이게 될 것입니다. 그동안에 피조물인 여러분의 실존을 위한 염려는 그분에게 맡기십시오. 여러분은 그렇게 할 수 있습니다. 왜냐하면 여러분은 그분을 다른 관점에서, 즉 은혜의 계약을 맺은 주님으로서, 잘 알고 있기 때문입니다.—그리고 바로, 여러분은 그분을 이 다른 관점에서 잘 알고 있으므로, 비록 여러분이 그분을 이 관점에서, 피조물인 여러분의 실존을, 여러분의 외적인 역사를, 여러분의 삶과 죽음을 지배하시는 분으로서 알지 못할지라도, 그리고 알지 못하기 때문에, 이 관점에서 여러분은 그분에게 맹목적인 신뢰를 드려야만 합니다."

그 경우에 (씨를 뿌리지도 않고, 거두지도 않으나 먹게 되는 새들에 대하여, 그리고 일하지도 않고 길쌈도 않으나 솔로몬보다 더 화려하게 차려 입은 백합꽃들에 대하여 언급하고 있는) 마태복음 6:26 이하와 같은 구절은 이 다른 질서로부터, 즉 피조물이 지닌 존재의 그리고 그것이 이루어가는 역사의 질서로부터 유래하는 이미지로 파악될 것이다. 이 이미지로부터 그리스도인들은 다음의 사실을 추론했어야 했다: 그들 자신이 속해 있는 이 질서 안에도, 음식과 의복을 얻는 것이 중요한 문제일 경우에는, 그들 스스로를 안심하고 맡겨야만 하는 하나님의 통치와 보호와 돌봄이 존재한다.

우리는 다음의 사실을 알고 있다: 두 계열들(Reihen)의 병행이라는 전제조건 아래에서도 분명히 가능한 해석들은 진정으로 나쁘지도 않으며 유익하지 않은 것도 아니다. 그러나 어떻게 우리는 이런 전제조건 아래에서 에베소서 1:11을, 즉 그리스도인들은 상속자로 지정되었는데 이것은 뜻하는 대로 '모든 것을 행하는' 하나님이 미리 결단한 것에 따라서("결의"에 따라서) 미리 결정된 것이라고 씌어 있는 그 말씀을 바르게 해석해 낼 수 있겠는가? 그리고 로마서 8:28, 즉 "그러나 우리는 하나님을 사랑하는 사람들, 곧 하나님께서 미리 결단하신 것에 따라서(χατα προθεσιν) 부르심을 받은 사람들에게는, '모든 것이 협력해서'(συνεωργει) 선을 이룬다는 것을 압니다"라는 구절은 어떻게 해석되어야 하는가? 만일 이것이 유효하다면, 우리가 지금 출발점으로 삼았던 가정은 명백히 문제가 된다. 그렇다면 병행론만이 아니라 두 계열들 사이의 긍정적인 관계도 고려되어야 한다. 그렇다면 선택된 자들에 대한 하나님의 특수한 결단과 만물에 대한 하나님의 통치, 그리고 하나님에 대한 선택된 자들의 사랑과 만물들 가운데 있는 그들의 실존은 분명히 서로 떨어져 있는 것이 아니라, 오히려 서로를 향해 움직인다. 그렇다면 그것들은 실질적으로 병렬관계에 있는(sachlich koordiniert) 것으로 이해되어야 한다. 그러나 선택받은 자들을 상속자들로 미리 결정한 분이 '모든 것'을 행하며, 하나님을 사랑하는 사람들에게는 '모든 것'이 협력하여 선을 이룬다면, 그리스도인들은 피조물인 그들의 역사에서 발생하는 사건에—확실히 신앙 안에서만, 그러나 '객관적으로 논증된' 신앙 안에서만, 즉 맹목적인 신앙 안에서가 아니라 인식하는 신앙 안에서만—참여해도 좋다: 즉 여기에서 사실상의 관계만이 아니라, 실질적이며 긍정적인 내적 관계가 여기저기에 발생한다는 사실에 대한 그 '신앙' 안에서—선택받은 자들은 피조물인 그들의 존재 안에서도 철두철미 그리스도의 나라 안에 있는 것이며 다른 나라 안에 있는 것이 아니라는 사실에 대한 신앙 안에서.

그렇다면 베드로전서 5:6 이하에 대한 조금 전의 해석이 그 말씀의 내용을 충분히 모두 다루고 있는지 아닌지를 진지하게 질문해야 할 것 같다. 만일 하나님의 강한 손이 그리스도인들을 피조물인 그들의 실존과 관련하여 겸허한 마음을 갖게 한다면, 그리고 그들이 이 겸허함을 장래에 높여질 것에 대한 희망 안에서 진정으로 받아들인다면, 이 일은 그래도 확실히 다음과 같은 이유에서 발생한다: 이 강한 손은 다름 아니라 바로 하나님의 오른손이며, 거기에 그리스도가 앉아 있기 때문이며, 따라서 그리스도인들은 그들에게 닥치는 일 안에서, 베드로전서에서 되풀이하여 강조되고 있는 것처럼, 말하자면 밖으로부터, 즉 지상에서 살아가는 그들의 삶을 하나님이 원하는 형태로 만듦으로써 아주 단순하게, 고난 받고 죽은 주 예수 그리스도의 제자직과 그리스도의 공동체로 인도되기 때문이다. 그리고 만일 그들이 지금 그에게 그들의 염려를 맡기고, 동시에 그 염려가 그에게서 무효화되었다는 것을 확신해도 좋으며, 따라서 더 이상 염려할 필요가 없다면, 그리고 만일 그들의 고난 한복판에서 그들이 장래에 높여질 것에 대한 희망을 지니며 살아가도록 허용된다면, 그것은 어쨌든 다음의 사실을 의미한다: 그들이 피조물인 그들의 실존 안에서 자유에, 즉 그리스도 안에서 그들에게 선물로 주어진, 하나님과 맺은 동맹이라는 영광에 참여하도록 허용된다. "사랑하는 여러분, 여러분을 시험하려고 시련의 불길이 여러분 가운데 일어나더라도, 무슨 이상한 일이나 생긴 것처럼 놀라지 마십시오. 오히려 여러분이 그리스도의 고난에 참여하는 것이니, 기뻐하십시오. 그러면 그의 영광이 나타날 때에, 여러분이 기뻐 뛰면서 즐거워하게 될 것입니다."(벧전 4:12-13) 확실히, 인간의 존재를 그리고 인간과 함께하는 하나님의 행동을 인식하고 이해할 수 있는 두 가지 관점들이 남아 있다. 그러나 이 두 가지 관점들은 병존하면서, 역시 확실히 되풀이하여 서로 모순될 수 있는 것이 아니다. 오히려 한 관점이 다른 관점으로부터, 즉 창조사적 관점이 구원사적 관점으로부터 그것의 빛을 받아들인다. 사도의 권고는 역시 참으로 이 전제 아래에서 비로소, 보편적이며 기껏해야 또한 스토아 철학의 의미에서 효과적인 신앙심을 불러일으키는 교훈을 넘어서, 그리스도교의 독특하며 반박할 수 없는 진리 및 필연성을 담은 음색을 획득하지 않겠는가?

그리고 마태복음 6:26 이하에서도 다만, 하나님의 창조질서로부터 이끌어내어 제자들에게 제시된 이미지만이 문제되고 있는지 아닌지도 역시 진정으로 확실치 않다. 다만, 이 질서의 내부에서 비교하는 것만이, 그리고 그 비교로부터 그들이 다음의 사실을, 즉 새들과 백합들처럼 그렇게 그들도 그들의 외적인 생계유지에 대하여 염려할 필요가 없다는 사실을 추론하게 하려는 것이 주요관심사였는가? 그렇지 않다. 그들이 염려할 필요가 없다는 것은 바로, 새들과 백합들을 참고하도록 지시하여 다음과 같이 언급됨으로써 그들에게 분명하게 된다: 만물의 창조주일 뿐만 아니라, 창조주로서 만물을 지배하고 만물의 존속을 위해 책임을 질 뿐만 아니라, 바로 하늘에 있는 아버지로서 그들이 음식과 의복이 필요함을 알고 그들이 염려할 필요가 없도록 보살피는 바로 그 '하늘에 계신 아버지'의 세계 안에서 그들은—새들과 백합들보다 "훨씬 더 가치 있는"!—예수의 제자들로서 살아가고 있다. 그러므로 33절은 다음과 같다: "너희는 먼저 하나님의 나라와 그의 의를 구하여라. 그리하면 이 모든 것을 너희에게 '더하여 주실' 것이다." 그러므로 "이 모든 것"에서, 피조물인 그들의 실존, 그들의 역사, 그들의 필수품들, 그들의 운명의 급격한 변화들(Peripetien)에서, 하나님이 통치하는 이 모든 영역 안에서 하나님의 나라의 역사와 그 나라를 탐구하는 역사에 병행하는 독자적으로 전개되는 역사는 관심사가 되지 않는다. 오히려 그 영역에서 발생하는 것에서는 하나님 나라에서 발생하는 것에

"덧붙여지는 것"이 관심사가 된다. 그리스도교의 섭리론에서 관심사는—우리는 이제 깨닫는다: 우리가 출발점으로 삼았던 가정과 반대로—이것이다: 이 "덧붙여지는 것" 혹은, 로마서 8:28에 따르면, 이 "협력"이 진정으로 행해지고 있으며, 피조물인 존재의 역사는 계약의 역사에 진정으로 '편입된다.'

그러므로 바로—섭리론에서 진술되고 전개되는 것은 틀림없이, 분명하게 드러나지는 않은 것이지만, 그러나 그리스도교의 중심으로부터 볼 때 참되고 명백한 것이다.—두 계열 사이의 '긍정적이고, 실질적이며 내적인' 관계가 존재한다. 하나님의 성실성은, 즉 섭리론이 다루는 최고의 그리고 본래의 주제인 그 성실성은 분열되지 않는다. 그러니까 그것은, 아브라함을 불렀고 그에게 제공된 약속을 성취했으며 드디어 마지막에 약속의 성취에서 드러나게 될 하나님의 성실성이면서—'그리고 그 다음에 또한 역시', 그의 피조물을 방임하지 않으며, 피조물에게 오히려 그의 원조를 제공하고 그것이 펼쳐갈 역사의 방향도 되풀이하여 제공하기를 원하는 그 창조주의 성실성이기도 한 것이 아니다. 오히려 하나님의 성실성은 이것이다: 그가 그의 피조물의 역사의 한가운데에서 아브라함을 부르고, 그의 백성을 통치하고, 그의 아들 안에서 스스로를 희생하고, 드디어 마지막에 이 한 분 안에서 스스로를 전체의 주님으로서 가시화한다는 바로 '그 점에서', 그가 그의 피조물의 역사에 원조와 방향을 제공한다. 그가 그의 통치 아래에 있는 피조물의 사건을 계약과 은혜와 구원의 사건에 '편입시키고, 종속시키고, 봉사하게' 하는 것, 그리고 그가 피조물의 사건을 하나님의 나라의 도래에, 즉 그것 안에서 그와 다른 현실 전체가 그것의 의미와 그것의 역사적 실체를 지니는 바로 그 나라의 도래에 "덧붙이고", 그것이 바로 이 이 사건에 "협력하게" 하는 것이 바로 하나님의 성실성이다.

하나님의 사역과 계시에 대한 신·구약 성서의 증언 전체를 둘러보면서, 우리는 다음과 같이 질문한다: 피조물인 존재 자체에 그리고 그 존재의 역사에 어느 곳에든 그러한 "덧붙임"과 "협력"이라는 의미와는 다른 어떤 의미가 주어져 있는 것은 아닌가? 하늘과 땅에 대하여, 자연현상들과 역사적 사건들에 대하여, 크고 작은 역사적 맥락들에 대하여, 민족들, 제왕들, 왕국들에 대하여, 비와 햇빛에 대하여, 건강과 질병, 부와 빈곤, 기쁨과 슬픔, 삶과 죽음에 대하여, 거기에서는 물론 모든 측면에서 논의되고 있다. 인간이 하나님의 동반자로서 또한 그야말로 우주 안에 있는 인간이라는 것, 그리고 그 사실이 구체적으로 그에게 의미하는 그것이 거기에서는 참으로 끊임없이 가시화되고 있으며 진지하게 다루어지고 있다: 즉 만물을 통치하는 주님인 하나님에 대한 관계 안으로 들어오게 된다. 그러나 역시 실제로 어디에서도, 인간에게 혹은 그에 대한 하나님의 지배에 어떤 독자적인 의미나 역할이 있다고 여겨질 수 있는 것은 아니다. 하나님의 중립적이며 일반적인 세계지배가 성서적 진술의 주제가 될 수 있다거나, 혹은 그 진술로부터 출발하면 그런 지배가 보이게 된다거나 하는 것은 결코 아니다. 우리가 창조세계 자체의 역사 안에서 한 나라와, 즉 그 안에서 하나님이 이 독특한 계획과 법칙에 따라서 활동하고 있는 그 나라와 관계되고 있다는 추측에 도달할 수 있는 것이 결코 아니다. 거기에서는 오히려 만물이, 즉 지속적으로 가시적인 영역의 위대한 것과 사소한 것이 바로, 저 "덧붙임"과 "협력"으로서 인식되고 서술됨'으로써' 진지하게 받아들여지는 것으로 나타난다. 거기에서는 만물이 보편적이며 모호한 하나님만이 아니라, 계약의 역사와 구원의 역사 안에서 '구체적으로' 의지를 지니고 있으며 행동하는 바로 그 하나님을 '섬기는 것'이 허용되며(darf) 또한 '섬겨'야만 한다(muß). 거기에서는 그것이 이 '관계' 안에 있다는 바로 '그 점에서', 만물은 그것의 진지함, 그것의 영예 혹은 그것의 수치도, 그것의 빛 혹은 그것의 어두움도, 그것의 위대함 혹은 그것의 사소함도 지니고 있다. 어떻게 인간은 우주 안에서, 자신의 피조성 안에서 그리고 그들의 역사를 지니고 있는 다른 피조물들의 한가운데에서 올바른 길을 찾을 수 있고 혹은 길을 잃을 수도 있으며, 의로운 자 혹은 불의한 자일 수 있으며, 축복을 받은 자 혹은 저주를 받은 자일 수 있는가? 어떻게 인간은 역시 피조물로서 높여질 수 있고 혹은 낮추어질 수 있으며, 상을 받을 수 있고 혹은 벌을 받을 수 있으며, 위대하게 될 수 있고 혹은 보잘것없게 될 수 있는가? 그것은 '여기' 하늘 아래 땅 위에서, '여기' 자연사와 세계사의 한복판에서, 즉 모든 단계에서 그리고 역사적 사건의 모든 전환점에서 인간을 위해 그 역사들에 필연적으로 따르는 모든 함축된 의미들을 지니고 있는 그 역사들의 한복판에서, 하나님의 '계약'과 은혜와 구원이 발생하고 있으며, 하나님의 '나라'가 오고 있다는 사실을 통하여 가능하게 되고 필요하게 된다. 성서의 관점에 따르면 피조물의 실존 자체에서 발생하는 사건은 바로 이 구원사건의 뒤를 '따르며', 그것에 '상응한다.' 피조물의 실존 자체에서 발생하는 사건은 바로 이 구원사건으로부터 출발하여 그것의 의미와 특성을 받아들인다. 그리고 그것이 이 관계 안에 있으므로, 그것은 인간과 관계가 있으며, 좋든 나쁘든 그의 운명이 된다. 이 구원사건과 관계가 없는, 중립적인 관계 안에 있는 사건, 즉 피조물의 "세속적인" 사건은 성서의 인식 및 사고방식의 맥락 안에서는 발생할 수 없는 표상이다.

그러나 이제 우선 다음의 사실이 강조되어야만 한다: 피조물의 존재가 이루어가는 역사가 은혜의 계약에서 발생하는 역사를 동반하는 것만을 고려하는 것, 즉 피조물의 존재를 편입시키고, 덧붙이고, 협력하게 하는 것이 '하나님의 사역'이다. 따라서 이 동반은 창조와 마찬가지이며, 이미 창조 안에서 그리고 창조와 함께 실행된 계약의 토대설정과 마찬가지이며, 계약의 역사 전체와 마찬가지이다! 만일 피조물이 그것의 계속적인 실존 안에서 하나님의 계약의 의지, 은혜의 의지, 구원의 의지에 봉사하고, 그 의지를 따르고, 그 의지에 상응하도록 허용된다면, 그 경우에 피조물은 그것을 확실히, 하나님에 의하여 창조될 때 주어진 그 독자성과 독특성 안에서, 그것의 특수한 본성에 상응하는 그 자유와 능동성 안에서 행할 것이다. 따라서 그 경우에 지상의 피조물들은 확실히 그들의 고유한 삶을 살아간다. 그 경우에 인간도 인간 본질의 토대인 특수한 정신에 상응하는 자신의 삶을 살아간다. 피조물 전체는 각각 그것의 방식대로 그리고 각각 그것의 자유 안에서 이렇게 편입되어 실존하도록 창조되었다. 그러나 피조물이 실제로 그것을 '행한다'는 사실은, 중요한 일에서든 사소한 일에서든 직접적으로 '하나님 자신의' 사역이다. 왜냐하면 하나님은 전체적으로 보아도 개별적으로 보아도 어떤 자동장치(Automatismus)를, 즉 그것의 진행이 당장 하나님의 뜻과, 따라서 은혜의 계약에서 발생하는 역사와 조화를 이루며 전개될 그런 자동장치를 창조하지 않았기 때문이다. 피조물은 상대적인 자유와 자주성 안에서 하나님을 마주보며 실존하기 시작하였으며 지금도 계속하여 실존하고 있는데, 바로 그 상대적인 자유와 자주성에는 오히려 하나님의 완벽한 '주권'이 상응한다. 이 주권 안에서 피조물의 '하나님'은 피조물의 역사 전체 안에 현존하고 있으며, 피조물을 은혜의 계약에서 발생하는 역사와 결합시키고, 병렬시키며, 이 은혜의 계약과 긍정적으로 관련시킨다. 하나님이 족장들, 모세, 사사들, 왕들 그리고 예언자들과 함께한 행동에서, 그리고 마침내 육체가 된 아들 안에서 '자유롭고', 바로 그의 자유 안에서 '자비로우며' '전능한' 것처럼, 피조물과 그리고 피조물에 대하여, 피조물을 통하여 그리고 피조물 안에서 실행되는 그의 행동에서도, 즉 그가 저 역사를 완전히 동반하는 바로 그 행동에서도 그러하다. 이런 의미에서 피조물을 움직였고 지탱하게 하였던 힘은 '피조물'의 완벽함이 아니다. 피조물이 그것을 행하도록 하는 것은 '하나님'의 완벽함, 더 정확히 말하자면 구체적으로 그의 자유롭고 전능한 '은혜'의 완벽함, 더 구체적으로 말하자면 '예수 그리스도'의 나라가 지닌 완벽함이다. 확실히 피조물 역시 그것에 고유한 완벽함을 지니고 있다. 하나님은 자신이 만든 것을 바라보니, "보라, 그것은 아주 좋았다(gut)"고 기록되어 있다. 그러나 피조물의 좋음(Güte), 즉 완벽함의 본질은 오직 다음의 사실에 있다: 하나님은 그의 자유롭고 전능한 은혜가 지배하도록 하기 위하여, 예수 그리스도의 통치를 실행하기 위하여 '유용하게' 피조물을 창조하였다. 만일 이 지배가, 이 통치가 실제로 발생하지 않는다면, 따라서 만일 피조물을 실제로 '사용'하려는 살아 있는 하나님의 흔쾌함이 없다면, 이 유용성도 역시 쓸모없이 숨겨진 채 머물러 있을 것이다. 왜냐하면 하나님의 손들 외에 다른 손들에서는 피조물이 그것에 지정된 목적을 위하여 사용될 수 없기 때문이다. 이 도구가 좋다는 것이, 즉 완벽하다는 것이 '효력 있게' 그리고 '드러나게' 되기 위해서는, 그것을 만든 장인(Meister)이 필요하다. 이 사실이 피조물을 소위 그것의 불완전성에 대한 모든 불평들과 탄핵들로부터 벗어나게 한다. 그런 불평들과 탄핵들은 다만, 피조물을 실제로 사용하는 것이 그들의 일이 아니기 때문에, 피조물의 완벽함을 마음대로 사용할 수 없으며 개관할 수도 없는 그런 존재들로부터만 유래할 수 있다. 이 사실은 물론 피조물로부터 또한 모든 고유한 명예와 영광도 제거한다. 왜냐하면 피조물의 명예와 영광의 본질은 역시 다음의 사실에, 즉 하나님은 피조물을 자신을 위하여 유용하게 '만들었고', 유용하다는 것을 '발견하였다'는 사실에 있을 수밖에 없기 때문이다.—무엇보다도 다음의 사실에, 즉 하나님이 피조물을 실제로 "그가 사랑하는 아들의 나라"(골 1:13)를 위한 헌신에 '사용하기를' 원하며 또한 '사용하고 있다'는 사실에 있을 수밖에 없기 때문이다. 피조물은 그 자체가 영광스러운 것이 아니라, 다만 살아 있는 하나님의 오른손 안에서 그렇게 될 수 있을 뿐이다. 하나님의 섭리가 지배한다는 것은 바로 이것을 의미한다: 그가 그의 나라에 헌신하도록 피조물을 '사용'하며, 따라서 그가 그것을 그 나라 안에서 이루어지는 그의 사역에 '편입시키고' '덧붙이며', 그가 그것을 그 나라의 역사에 '협력하게' 한다. 여기에서 하나님은 '통치권'을 지니고 행동한다. 그 통치권은 그의 고유한 본질 안에서, 그의 의지의 통일성과 지속성 안에서, 그의 고유한 거룩함과 자비 안에서, 그의 결단의 불변성 안에서 그것의 자명한 한계를 지니고 있다. 그 경우에 그것에 상응하여 확실히 또한 피조물의 본질 안에서도, 그것에 주어진 좋음과 완벽함 안에서도, 하나님을 위한 그것의 사용가능성 안에서도 하나님의 통치권은 한계를 지닌다. 그러나 어디에 그 한계가 있는지는 피조물의 창조주이며 주님인 하나님만이 전적으로 혼자서 알고 있다. 그것이, 따라서 그것 안에 설정된 하나님의 주권의 한계가 우리에게 통찰되는 것은 다만, 그가 피조물을 사용하기를 원하며 실제로 사용하는 것이 모두 다 우리에게 통찰될 경우에만 가능할 것이다. 왜냐하면 그가 그것을 사실상 사용하는 그만큼, 그것의 본질과 좋음과 완벽함도 그만큼 멀리 미치며, 그것에 대한 그의 통치권도 그만큼 멀리 미치기 때문이다. 우리는 그의 지배의 총체성을 알지 못하므로, 우리는 그가 지닌 통치권의 한계를 규정할 수 없다. 그의 통치권은 어쨌든, 우리가 그것에 관하여 알고 있는 것 안에서, 그리고 우리가 피조물에 관하여 알고 있는 것 안에서 그것의 한계를 지닐 수 없다.

하나님이 실행하는 현재의 통치 사역인 섭리의 이런 특성으로부터 이제, 우리는 섭리의 지배 안에서 언제나 '하나님 자신'과 관계한다는 결론이 나온다. 확실히 우리는, 그의 '피조물들'과 관계를 맺고 있는 하나님과, '그것들의' 현재 안에 있는 그의 현재와, '그것들의' 사역들 안에 있는 그의 사역들과, '그것들의' 자유 안에 있는 그의 자유와 관계한다. 따라서 그 점에서 확실히, 우리는 '또한' '피조물들'과, 그것들의 역사, 그것들의 삶의 표현들, 그것들의 실증된 본성과 왜곡된 본성, 그것들의 내재적인 조화와 내재적인 모순들, 그것들의 고유한 수수께끼들과 드러냄들, 존재하는 것의 거대한 드라마와, 그리고 언제나 되풀이하여 앞으로 그리고 위로 밀치고 나가는, 그 드라마의 독자적 의미(Eigensinn)와도 관계한다. 우리는 이미 다음의 사실을 언급하였다: 우리는 계약의 역사가 전개되는 좁은 노선 위에서도 동시에 피조물의 보편적인 역사의 한 부분과 관계한다. 만일 계시가 발생하여 신앙을 일깨우지 않는다면, 만일 하나님 자신이 등장하는 것이 객관적으로 실제로 그리고 주관적으로 정말로 사건으로 발생하지 않는다면, 우리는 확실히 전적으로 다만, 존재하는 것의 거대한 드라마의 한 장면(Akt)과 관계하고 있다고 생각할 수도 있을 것이다. 그러나 '만일', 하나님이 여기에서 창조 세계 한가운데에 등장하고 현존하며 행동하므로, 그가 피조물의 사건 진행과정에서 스스로를 인식시키고 또한 실제로 인식되기 때문에, 참으로 바로 이 좁은 노선 위에서 계시가 발생하여 신앙을 일깨운다면 어떻게 되겠는가? 만일 그렇다면, 바로 그와 동시에 피조물의 사건의 '특수한' 영역만이 아니라 '보편적인' 영역 전체에 대해서도, 그리고 그가 숨겨져 있으며 또 변함없이 그러할 훨씬 더 많고 훨씬 더 넓은 다른 영역들에 대해서도 다음과 같은 결정이 내려진다: 그는 이 사건 전체의 주님이다. 그렇다면 이런 이유로, 저 거대한 드라마 전체가 지니고 있는 바로 그 독자적인 의미라는 인상이 '깨뜨려지고' '문제'로 된다. 그렇다면 이런 이유로, 우리는 그것을 다만 '상대적인' 독자적 의미로 받아들일 수밖에 없을 것이다. 그렇다면 바로 다음의 사실이 최종적으로, 이 특별한 기회에서 일반적으로 그리고 원칙적으로 명백해진다: 우리는 피조물의 사건 안에서 그 사건 자체와 관계하고 있을 뿐만 아니라, 본래 그리고 결정적으로 하나님의 의지에서 비롯된 사건과 관계하고 있다. 하나님의 계시에 의하여 '그곳에서' 일깨워지는 신앙은—그것이 주님인 하나님에 대한 신앙이므로—그러한 계시가 발생하지 않는 '거기'에서도, 우리가 다만 피조물의 사건과 관계하고 있는 것으로 보이는 곳에서도, 자연의 질서들과 우연들, 인간의 임의의 성과들, 영리함이나 어리석음, 선함이나 악함이 현실 전체로 보이는 곳에서도, 필수적으로 하나님의 통치에 대한 신앙으로 된다. '그럼에도 불구하고'(계시가 발생하지 않는 것처럼 보임에도 불구하고—역자 주), 거기에서도 피조물의 모든 사건에 우선하는 분으로서, 그 사건 위에 있는 최고의 존재로서, 실제로 행동하는 분(der eigentlich Handelnde)으로서 자유롭고 자비로우며 강력하게 그 사건에 현재하며 활동하고 있는 바로 그가 하나님 자신이다.

바로 이 '그럼에도 불구하고'가 바로 섭리신앙 및 섭리론의 문제이다. 그것은 언제나 다만 '그럼에도 불구하고!'일 수밖에 없다. 여기에서 인간이 바라보고 있는 것은 단순히, 그 자체가 그리고 그 자체로서는 (피조물은 하나님이 아닌 것이 아주 확실하므로) 하나님의 뜻으로 말미암은 사건과 동일시될 수 없으며, 그의 자유와 은혜와 권능의 사역과 동일시될 수 없는, 피조물에 의해 발생하는 사건의 노선들이 가득 차 있고 뒤엉켜 있는 것뿐이다. 이 사건 '자체'의 특징인 투명성, 혹은 인간의 '특징인' 능력, 즉 그 사건을 자발적으로 통찰할 수 있는 능력은 화제가 될 수 없다. 인간의 눈앞에 보이는 것은 정말로 다만, 그것의 고유한 운동과 전개의 법칙성과 우연성 안에 있는 피조물뿐이다. 만일 그가 하나님의 계시로부터 유래하는 신앙 안에서 시작하지 않는다면, 그는 아마도 이 운동과 전개를 이렇게 혹은 저렇게 추측하고 해석하려 시도할 수 있을 것이다. 그러나 그 경우에 그는 틀림없이, 바로 '하나님'이 그 사건에서 우선하는 분이며, 최고의 존재이며, 실제로 행동하는 분이며, 주님이라는 사실을 고수하는 것 그리고 바로 그 사실을 고백하는 것을 중단할 것이다. 섭리신앙은 '그럼에도 불구하고'라는 표현을 통해서 바로 그 사실을 고수하며 바로 그 사실을 고백한다. 이 신앙은 실제로 그 자체가 '예견'(Vorsehen)의 특성을 지니고 있다. 섭리신앙은 피조물의 보편적인 역사, 즉 그 밖의 역사를 바라보기 '이전에', 언제나 벌써 '먼저' 하나님을, 더 자세히 말하자면 하나님의 특수한 계시에 대한 신앙 안에서, 하나님을 "바라보았다." 그리고 여하튼 이런 이유에서, 이 역사를 바라봄으로써, 그 신앙은 하나님을 다음과 같은 분으로서 "바라본다": 그는 숨겨져 있으나 지극히 실제로, 그 역사 '이전'에, 그것 위에서, 그것 안에서 그것의 주님이다. 따라서 그것은 결코 맹목적인 것이 아니라, 지극히 계몽적인 '그렇기 때문에!'(Darum) 안에서 논증되는 '그럼에도 불구하고!'(Dennoch)이다. 그리고 그것을 감행하도록 허락받았기 때문에 '그럼에도 불구하고'를 감행하는 인간은 현실을 간과하지 않으며, 다른 현실을 꿈꾸지 않으며, 그 현실을 꿰뚫어 보고 있다고 생각하지 않는다. 오히려 그는 바로 다음과 같은 이유에서 그 현실을 있는 그대로 바라본다: 왜냐하면 그는 그의 '그럼에도 불구하고!'를 통하여 현실을 만나기 때문이며, 그는 겉보기에 절대적인 것처럼 보이는, 그것의 독자적 의미를 믿지 않으며, 그렇지만 그것의 모든 전개들이 '하나님'의 통치 아래 있기 때문에 그것에게 주어진 그 의미를 믿기 때문이다. 바로 다음과 같은 사실을 알고 있기 때문에, 그는 냉철하게 세계의 현실에 직면한다: 그는 그 현실의 모든 전개에서 하나님 '자신'과, 즉 하나님이 피조물의 사건을 계약의 역사에, 은혜의 의지와 구원의 의지로부터 유래하는 사건에 편입시키고 덧붙이는 것과, 모든 것이 하나님을 사랑하는 사람들에게 선한 것으로 되도록 "협력"할 수밖에 없게 하는 하나님의 돌봄과—그리고 바로 이 점에서 하나님 '자신'과, 즉 '하나님의' 오른손이 행하는 것과 관계하고 있다.

하나님이 행하는 이 현재의 통치 사역, 즉 피조물의 역사를 은혜의 계약에서 비롯된 역사에 '편입시키는 것'과 "덧붙이는 것"의 구체적인 '의미'에 관한 질문에 대하여, 하나님이 미리 정해놓은 것(Fügung)에 의하여 야기된, 선을 위한 피조물의 "협력", 곧 그가 지닌 은혜의 의지와 구원 의지로부터 유래하는 사건을 위한 그것의 "협력"이 지니는 구체적인 의미에 관한 질문에 대하여 어떤 허락된 대답이 존재하는가? 만일 그 대답이 허락되어야 마땅하다면, 그것은 어느 경우든 매우 신중하게 제공되어야만 한다. 왜냐하면 그 대답은 결코, 피조물이 은혜의 계약에서 유래하는 역사 안에서 하나님과 나란히 주권을 지닌 주체로서 등장할 수 있으며 그렇게 허용될 수 있다고 말해서는 안 되기 때문이다. 하나님과 피조물의 (인간의 인격 안에서 현실화된) 유대관계(Gemeinschaft)는 물론 은혜의 계약이 추구하는 목표이며, (마찬가지로 인간의 인격 안에서) 피조물은 이 계약에서 물론 하나님의 동반자이다. 그러나 피조물은 이 계약의 토대를 놓은 자도, 유지하는 자도, 주님도 아니다. 피조물의 역사는 '하나님'의 행위들과 성취들의 역사이며, 피조물의 행위들과 성취들의 역사가 아니다. 피조물에게 주요관심사는 그것의 능력들과 업적들이 아니라, '하나님'의 은혜이다. 주요관심사는 피조물 스스로가 획득할 수 있을 어떤(ein) 구원이 아니라, '하나님'이 피조물을 위해 준비하고 공급하였던 바로 그 구원(das Heil)이다. 만일 참으로 피조물의 역사를, 즉 만물의 역사를 이 특수한 역사에 편입시키는 것과 "덧붙이는 것"이 존재한다면, 그리고 그것을 토대로 하여 이 역사에 피조물이 "협력"하는 일이 존재한다면, 그 경우에 피조물이 (창조된 세계가 전체로 혹은 개별적으로) 하나님과 나란히 있는, 공동으로 계약의 토대를 놓고 유지하고 통치하는 자로서, 공동으로 은혜를 베푸는 자로서, 공동으로 구원의 원천으로서 활동할 것이라는 것은 고려될 수 '없다.' 그것은, 마치 창조된 세계가 자기 자신을 창조한 공동창조자이었을 것이라고 생각하는 것과 마찬가지로—혹은 그것보다도 더!—고려될 수 없다. 만일 은혜가 자유롭지 않다면, 만일 은혜가, 그것을 제공받는 존재가 그것을 받아들이기 위해 행하는 업적에 의해서도 초래된다면, 그것은 은혜가 아닐 것이다. 그리고 구원의 공급, 획득, 매개에서 구원을 받아야 하는 피조물이 자주적으로 협동할 수 있다면, 그것은 분명 영원한 구원, 진정한 구원이 아닐 것이다. 은혜의 계약에서 주요관심사는 하나님과 세계의 화해, 인간의 구원, 피조물 전체의 탄식을 진정시키는 일, 하나님의 영광을 드러내는 것이다. 은혜의 계약 안에서 발생하는 것은, 철두철미 인간을 '위하여' 발생하는 것이지,—부분적으로라도—인간을 '통하여' 발생하는 것은 아니다. "은혜의 매개자로서 피조물" 혹은 심지어 "공동의 구원자로서 피조물"은 자기모순이다. "은혜"와 "구원"의 주체는 오직 한 분, 하나님 자신일 수밖에 없으며, 그와 나란히 그리고 그와 함께 어떤 다른 존재일 수 없다.

그러나 어떤 다른 것(Etwas Anderes)이 고려'되며', 바로 이 다른 것이 그리스도교 섭리신앙의 주요관심사이다. 우리가 이 다른 것을 엄밀하게 특징지을 수는 없으며 다만, 개별적으로는 모든 것들이 서로 충분하지는 않은 몇 가지 '서술들'을 통하여 암시할 수밖에 없다는 사실은 물론 우연이 아니다. 하나님은 은혜의 계약에 의해 비롯된 역사 안에서 홀로 지배하고 결정하고 초래하는 주체이면서, 그는 역시 '혼자가 아니라', 인간 안에 그리고 이 점에서 또한 우주 안에도 실제로 그의 동맹자가 있다는 것은 의문의 여지가 없다. 그러므로 은혜의 계약에서 비롯된 역사가 일어남으로써, 피조물은 '자신의' 역사의 주체로서 참여하고 있다는 것, 즉 이유 없이 그렇게 하는 것이 아니라, 수동적 관객으로서가 아니라, 단순한 객체로서가 아니라, '의미 있게 관여하면서 참여하고 있다'는 것도 의문의 여지가 없다. 바로 계약이 처음부터 창조 안에 그것의 '외적인 토대'를 갖고 있었듯이, 계약의 '역사'도 그것의 외적인 토대를 끊임없이 피조물의 실존 안에, 피조물의 역사 안에 지니고 있다. 그리고 하나님의 섭리의 지배에서는 바로 '이 계약의 역사의 외적인 토대를 공급하고 보존하는 것'이 주요관심사이다. 우리는 어떻게 방금 세워진 경계 안에서, 즉 허락된 것의 경계 안에서 이 "외적인 토대"를 올바르게—너무 많이도 너무 적게도 말하지 않으면서—진술할 것인가?

만일 우리가 우선 간단히 '기능'에 대하여 질문한다면, 즉 어떤 '기능' 안에서 피조물이 계약의 역사의 이 외적인 토대일 수 있을지 질문한다면, 무엇보다도 먼저 떠오를 것으로 여겨지는 것은 바로 이미 한 번 언급했던 '봉사'(Dienst) 개념이다. 종(Diener)은 틀림없이 그의 주인의 사역에 참여하는데, 의미 있게 관여하면서 참여한다. 주인 자신이, '오직' 그만이 이 사역의 주체이며, 이 사역의 계획, 착수, 실행에 책임이 있다. 만일 그 사역이 선하게 되어야 한다면, 실제로 '그의' 사역이어서는 안 되는 그런 진행과정(Zug)이란 존재하지 않는다. 그러나 바로 그의 이 사역을 위하여, 즉 아무도 그에게서 그 일을 빼앗을 수 없으며 또한 아무도 그 일에서 그를 도울 수 없는 바로 그 사역을 위하여, 그는 항상 '시간과 공간과 기회'를 지니고 있어야만 한다. 그리고 바로, 이것들을—그의 지시와 질서에 따라서—마련하기 위해서는, 그에게는 그의 행위에 매우 친숙하며 그것에 깊이 관여하지만 그래도 삼가하며 모든 실질적인 간섭을 단념하는 완전히 사심 없는 종이 반드시 필요하다. 그의 주님의 사역에 지극히 '관여'하지만, 그래도 엄격히 다만 '밖으로부터'만 관여하는, 참으로 그럼에도 불구하고 그의 특정한 기능 안에서 '의미 있게' 관여하는 그리고 그의 장소와 그의 한계 안에 있는 '반드시 필요한' 이 종은 바로, 자신의 은혜에서 비롯된 결의를 실행하고 있는 하나님의 행위와 관계를 맺고 있는 피조물의 존재 및 활동이다. 그러나 이 비유는 충분하지 않다. 왜냐하면 인간인 어떤 종도 동시에 그의 주인의 피조물이지는 않으며, 종의 유능함과 명예의 본질도 더욱더 다음의 사실에, 즉 그의 주인의 사역에 관여할 때에 어떤 경우든 그의 한계들 내부에서 가능한 한 많이 자신의 주도권을 발전시킨다는 사실에 있어야만 하며, 종은 결국 바로 이 한 주인 외에 또한 다른 주인도 섬길 수 있을 것이며, 결국 완전히 사심 없는 의도를 요구하는 것은 아무리 충실한 종의 노동에서라도 너무나 지나친 것이 될 것이기 때문이다. 은혜의 계약에서 비롯된 역사 안에서 행해지는 하나님의 행동과 관계를 맺고 있는 피조물의 존재의 역사가 담당하는 봉사는, 이 불충분한 비유와는 달리, '순수한' 봉사로서 이해되어야만 할 것이다. 이 경우에는 종이, 그가 다른 주인을 섬길 수 있을 가능성이 배제되듯이, 자신의 명예와 자신의 이익을 노렸을 수 없다.

그러므로 이제 우리는 다른 비유를 감행한다: 피조물의 봉사는 한 '도구'의 봉사이다. 우리는 이미, 하나님이 그것을 "사용한다"고 말하였다. 만일 도구가 특정한 목적을 위하여 사용된다면, 그 도구도 관여하고 있는 것이다. 더 정확히 말하자면 의미 있게 그리고 필수불가결하게 관여하고 있는 것이다. 그 도구가 거기에서 주체일 수 있다는 것은 말도 안 된다. 도구는 그것이 사용되는 목적에 관하여 아무것도 알지 못한다. 그것은 결코 자기 스스로를 사용할 수 없다. 만일 그것이, 목적을 알고 있으며 그 도구의 사용법을 알고 있는 존재의 손 안에 들어가 실제로 사용되지 않는다면, 그것은 아무것도 아니다. 그 경우에 그리고 그렇게, 그것은 물론 그 사용자에게 필수불가결한 것이다. 하나님의 손 안에 있는 피조물과 그것의 역사가 바로 그렇게 필수불가결한 것이다. 이 비유는 첫 번째 비유보다는 더 명확하게 그의 피조물에 대한 하나님의 자유에 관하여 말하고 있다. 그러나 이 비유도 충분하지 않다는 것이 분명하다. 자유, 즉 그것 안에서 하나님이 피조물을 대하고 있는 그 자유는 인간인 어느 장인(Meister)이 그의 도구에 대하여 지니는 자유와는 전혀 다른 것이다. 왜냐하면 그 장인은 그것의 창조주가 아니며, 따라서 그것에 부여된 용도에 대한 그것의 적합성은 언제나 다만 제한된 적합성일 수밖에 없기 때문이다. 이 비유가 충분하지 않은 또 다른 이유는, 피조물은 역시 어느 도구가 지니는 수동성 안에 있는 것이 아니라, 하나님의 손 안에서 바로 그것의 고유한 능동성 안에 있기 때문이다.

하나님이 피조물의 역사를 은혜의 계약에서 비롯된 역사에 편입시키고 덧붙임으로써, 그리고 피조물이 그 역사에 협동하도록 허용됨으로써, 참으로 피조물은 결코 하나님의 행위의 수단에 불과한 것이 아니라, 오히려 하나님의 행위의 '대상'이기도 하다. 하나님은 피조물을 통하여 활동함으로써, 그는 그것에 대하여 그리고 그것을 위하여 활동하며, 그것과 함께 그리고 그것으로부터 그의 뜻에 적합한 것을 만들며, 그것을 그의 은혜로운 의지에 상응하는 형태로 만든다. 예레미야 18:1 이하에 있는 토기장이와 진흙에 관한 유명한 대조에서 발생했던 것처럼, 피조물을 이 관점 아래에서 그의 행위의 '재료'(Material)로 서술하는 것이 권고된다. 이 비유는 일반적으로 하나님의 주권과 피조물의 하찮음을 암시할 수 있다. 물론 이 비유에서도, 피조물을 발견했던 것이 아니라 창조했던 하나님의 그 '특수한' 주권이, 게다가, 하나님의 손 안에서는, 살아 있는 하나님인 그에게 전혀 낯선 소재가 아니라, 그의 살아 있는 소유물인 피조물의 그 '특수한' 하찮음이 밝혀질 수 없다.

그러므로 우리는 이제 또한 피조물의 실존을 창조한 구체적인 '의도'(Absicht)에 관한 질문에 대해서, 또는 은혜의 계약에서 비롯된 역사에 피조물의 실존을 편입시키고 덧붙이며, 그것이 그 역사에서 협력하게 하는 그 '의도'에 관한 질문에 대해서도 엄밀한 개념규정을 통해서가 아니라, 다만 마찬가지로 불충분한 몇 가지 비유들을 통해서 대답할 수밖에 없다. 우리가 그 대답을 봉사로서 서술했을 때 우리는 이미 다음의 사실을 언급했다: 그 대답은 은혜의 계약 안에 있는 하나님의 의지와 행위에 '시간, 공간, 기회'를 공급한다.

여기에서 첫 번째 창조보도를 증거로 끌어대는 것이 확실히 좋을 것이다. 이 보도에서는 이미 창조가 일종의 성전건축으로, 즉 집의 건립으로 묘사되어 있으며, 인간이 그 집의 본래 거주자로 등장하게 된다. 이 보도에서 그래도 이 엿새째 날의 사역과 하나님의 휴식일인 일곱째 날 사이의 독특한 관계에 의하여 우리는 곧 바로 다음의 사실을 암시받는다: 저 건물 전체가 건축된 목표는 다름 아니라 하나님과 함께 하는 인간 혹은 오히려 인간과 함께 하는 하나님, 즉 창조의 한복판에서 이미 계약의 토대를 놓는 이 '관계'이며, 창조 자체와 더불어 바로 시간, 장소, 기회가 창조된 것은 다름 아니라 바로 이 관계의 역사를 위한 것이다. '칼빈'이 우주의 그리고 우주적 사건의 총체성을 아주 기꺼이 "하나님의 영광의" "무대"라고 불렀을 때, 아마 그도 이것을 생각했을 것이다.

역시 자유롭고 자비로운 하나님이 지닌 의지의 '외부'에도 은혜의 계약의, 그리스도의 나라의, 그 나라의 역사의 불가결한 '하나의' '전제조건'이 존재한다. 그 전제조건이란, 하나님은 홀로 존재하지 않으며, 피조물과 '함께' 존재한다는 것, 즉 피조물이 그의 '곁에' 그리고 그의 '외부에' '실존'하며 '지속적으로 존속'한다는 것이다. 하나님이 피조물을 위하여, 그것에 대하여, 그것 안에서 행동할 수 있기 위하여, 그것은 그와는 상이한 그것의 현실 안에서 '현존'해야만 한다. 게다가, 피조물은 '시간', '공간', '기회'를 갖고 있다는 이 사실이, 즉 '실존하기' 위하여 그 모든 것을, 그리고 참으로 또한 그것에 덧붙여서, '하나님'을 위하여 실존하기 위하여 그 모든 것을 갖고 있다는 이 사실이 피조물의 현존의 일부를 이루며, 따라서 피조물과 더불어 행하는 하나님의 행동의 일부를 이룬다. 인간의 영적-육체적 삶에 그리고 또한 은혜 안에서 그 인간들을 향하는 하나님에게 그 모든 것이 '필요하다.' 그 모든 것은 그가 실행하는 은혜의 사역에 편입되고 덧붙여져야만 하며, 그 사역에 협력해야만 한다. 마치 그 모든 것이 이 사역을 단지 조금만이라도 함께 야기할 수 있을 것처럼 그렇게 하는 것이 아니며, 마치 그 모든 것이 이 사역에서 스스로가, 그것 자체가 주체일 수 있기나 한 것처럼 그렇게 하는 것이 아니다. 그 모든 것은 진정으로 다만 이 사역의 "외적인" 토대이며, "내적인" 토대가 아니다: 즉 "제일 원인"으로서도 "제이 원인"으로서도 아니다. 그러나 그 모든 것은 실제로 이 사역의 외적인 토대이다: 즉 그 사역의 "필수적 조건"이다. 하나님의 이 사역은, 즉 하나님의 삼위일체적 삶의 내적인 행위들처럼 "내부를 향한 사역"이 아니라 가장 명백한 방식으로 "외부를 향한 사역"인 이 사역은 외부에 ("하나님 외부에"), 그 사역이 발생할 수 있으며 전개될 수 있는 '무대'가 필요하다. 인간을 포함하는 창조된 우주가, 혹은 창조된 우주의 한복판에 있는 인간이 하나님의 위대한 은혜행위들 및 구원행위들의 무대이다. 이 점을 고려하여 인간은 하나님의 종이며 하나님의 도구이며 하나님의 재료이다. 마찬가지로 다음의 사실이 명백하다: 무대는 그 위에서 진행되는 사역의 주체일 수 없다. 무대는 그 사역을 바로 다만 외적으로만 가능하게 할 수 있을 뿐이다. 피조물 자체의 역사가 그 일을 행한다. 그 역사가 이 목적을 성취하므로, 그것은 필요불가결하다. 그리고 그 역사가 이 목적에 진정으로 쓸모 있다는 것이 섭리론의 의미이며 문제이다. 섭리론은, 은혜의 계약에서 비롯된 역사의 무대가, 즉 하나님의 은혜사역 및 구원사역의 시간, 공간, 기회가 마련되어 있다는 사실을, 즉 한 번뿐만 아니라 언제나 되풀이하여 마련된다는 사실을 언급한다. 섭리론은, 하나님이 그것을 마련한다는 사실을 언급한다. 섭리론은 이 돌봄(Fürsorge)이라는 특수한, 말하자면 보충하는 하나님의 사역을 화제로 삼는다. 이 역사가 하나님에 의하여 설정된 그것의 목표에 도달할 때까지, 은혜의 계약에서 비롯된 역사를 위한 시간, 공간, 기회가 존재할 것이며, 또한 신앙, 인식, 회개, 사랑, 희망을 위한 시간, 공간, 기회도 존재할 것이다. 하늘과 땅의 주님인 하나님의 보존하고 지배하는 통치에 의하여 중요한 일에든 사소한 일에든 언제나 거듭하여 이 모든 것이 준비될 것이다. 하나님이 우주의 역사를 구원사에 편입시키고 덧붙이는 것이 바로 그것이다. 편입시키고 덧붙이는 일은 그리스도교 섭리신앙에서 다음과 같이 서술된다: 우리는 또한 하나님의 피조물로서, 그리고 존재하는 것의 저 위대한 드라마 안으로 휩쓸려 들어가는 기타의 피조물들의 세계 한복판에서, 역시 빈 공간에, 즉 어떤 낯선 공간 안에 있는 것이 아니다. 만일 우리가 우리의 피조성 안에서, 이 피조물의 세계 안에서 타향에 있는 것처럼 느낀다면, 그것은 어쨌든 하나님의 책임이 아니다. 그것은 오히려, 말하자면 우리가 하나님의 계시에 대한 신앙을 보류할 때만, 우리가 그리스도의 나라 안에 있는 시민이라는 사실을 완전히 진지하게 받아들이지는 않을 때만, 언제나 우리의 마음에 떠오를 수 있는 기분이다. 만일 우리가 그 나라의 시민이라는 사실을 진지하게 받아들인다면, 우리의 눈들이 열려서, 피조물인 우리 자신의 실존을 포함하는 창조된 세계는 그 목적을 성취한다는 것을, 즉 "하나님의 영광의 무대"라는 것을 보게 된다. 하나님이 은혜의 계약에서 비롯된 역사 안에서 사역을 행할 시간, 공간, 기회를 갖기 위하여, 세계와 우리 자신이 현존한다. 그 사역은 이미 창조주 하나님이 지닌 의지의 목표였으며, 하나님이, 자신을 예수 그리스도 안으로 투입함으로써, 그 사역을 촉진하는 것을 그의 가장 독자적인 일로 만들었다. 우리는 창조된 우주 안에, 즉 하늘 아래에 있는 땅 위에 있기 때문에, 우리 스스로가 우주적 피조물들이기 때문에, 우리는 '우리 아버지의 집' 안에, 즉 아버지의 의도에 따라서 정돈된 세계 안에 있다. 우리가 이런 의미에서 이미 "우리 집에"(daheim) 있다는 사실이 우리를 도울 수는 없으며, 우리를 구할 수는 없으며, 하나님과 화해시킬 수는 없으며, 우리의 구원과 우리의 미래의 영광은 틀림없이 그 이유로부터 발생하지는 않는다고 해도, 그래도 그 사실이 우리에게 어떻든 상관없는 것일 수도 없으며, 우리는 또한 감사함과 기쁨 없이 그 사실을 받아들일 수도 없다. 만일 그래도 우리에게 ─ 하나님 자신에 의하여 ─ 그리스도의 나라에도 관여하게 할 수 있을 "필수적 조건"이, 즉 시간, 공간, 기회가 제공된다는 바로 그 사실이 하나님의 은혜사역 및 구원사역에 편입되고 덧붙여진다면, 우리는 또한 감사함과 기쁨 없이 그 사실을 받아들일 수도 없다. 우리는 확실히 "무대"와 "아버지의 집"이라는 비유에 대해서도, 그것이 특수한 결함들을 갖고 있다는 사실을 말할 수 있으며 또한 말해야만 한다. 피조물을 통한 하나님의 '활동'에 대하여 종과 도구라는 비유들 안에서, 그리고 하나님의 활동의 '대상'인 피조물에 대하여 활동재료라는 비유를 통하여 명백하게 되는 모든 것들이 이 비유에는 물론 빠져 있다. 하나님의 사역의 목적론을 서술하기 위해서는, ─ 방금 제시된 해석에서 이해된 ─ "무대"라는 비유는 적어도 바른 방향을 가리키고 있는 것 같다.

그러나 편입시킴, 덧붙임, 협력의 구체적인 의미에 대한 질문은 한 걸음 더 나아갈 수 있으며, 그것은 결국 다음과 같다: 하나님의 섭리 아래에서 동반해야만 하는 것에 대한 관계에서 피조물의 사건에 독특한 어떤 '특성'이 인식될 수 있는가?; 그 사건이 하나님의 지배 아래에서 저 병렬관계 안에서 진행된다는 것은, 피조물의 사건을 이해하는 데에 무엇을 의미할 것인가? 우리는 고린도전서 13:12를 고려하여 다음과 같이 대답하려 감행한다: 이 병렬관계 안에 있는 피조물의 사건은 '거울'의 특성을 얻는다. 두 가지 역사 계열들의 구별과 관계는 이 비유에서도 가시화된다. 원형(Urbild), 즉 하나님의 우선적인 활동은 하나님이 지배하는 계약의 역사이다. 거울은 그것을 위하여 기여할 것이 아무것도 없다. 피조물 자체의 역사는 그것에서 어떤 역할도 할 수 없다. 그것에 대하여 거울은 실제로 다만 반사체로서 마주보고 서 있을 수밖에 없다. 거울은 그것을 반복할 수 없으며, 그것의 사건을 추가로 실행할 수 없다. 거울은 다만 그것을 복사할 수밖에 없다. 거울은 그것을 반사할 뿐이다. 그리고 거울은 그것을 반사함으로써, 또한 그것을 전도시키고 왜곡시키기도 한다: 그곳에서 오른쪽이 이곳에서는 왼쪽으로 보이며 또 그곳에서 왼쪽이 이곳에서는 오른쪽으로 보인다. 어쨌든 그것은 상응하는 것, 비슷한 것, '비유'를 보여준다. 피조물은 이 병렬관계 안에서 이유 없이 실존하는 것이 아니며, 이곳에서나 저곳에서나 이유 없이 동일한 주님이 있는 것이 아니다. 창조주로서 하나님의 통치 아래에 있는 피조물의 역사는 과연, 동일한 주님에 의하여 토대가 마련되고 성취된 계약의 역사와는 다른 역사이기는 하다. 그러나 이 이중의 역사는 바로 피조물과 피조물이 서로 비교될 수 있는 것처럼 그렇게 비교될 수 있다.(계약의 역사도 피조물의 공간 안에서 발생하고 있다!) 진정한 하나님이며 진정한 인간이며, 계약사의 토대이며 성취인 예수 그리스도는 과연 피조물의 일반적인 사건 안에서는 재발견되지 않는다. 따라서 일반 사건은 거울 및 비유 이상일 수 없다. 바로 이런 이유로, 비록 그것이 비슷하게 발생할지라도, 여기에서는 모든 것이 다르게 발생한다. 그러나 여기에서는 '유사성들'이 있다. 하늘과 땅, 파악할 수 없는 세계와 파악할 수 있는 세계를 대조시키고 관련시키는 것은 예수 그리스도 안에 있는 하나님과 인간을 대조시키고 관련시키는 것과 과연 같지는 않으나 비슷하다. 결혼생활에서 남자와 여자가 대결하면서도 공동체를 이루는 것은 그리스도와 그의 신앙공동체 사이의 관계와 과연 같지는 않으나 비슷하다. 피조물의 사건 안에도 존재하는 위와 아래, 밝음과 어두움, 아름다움과 추함, 생성과 소멸, 기쁨과 슬픔, 빛과 암흑 등의 대조들은 적어도 본래의 대조, 즉 계약의 역사 안에 있는 은혜와 죄, 구원받음과 파멸됨, 삶과 죽음의 대조와 비슷하다. 세계사 전체에서는 아닐지라도 어쨌든 인간의 세계사 안에는 악과 선, 의와 불의, 정신과 망상(Ungeist) 같은 것이 존재한다. 또한—우리의 시대에는 더구나 아주 각광을 받으며—이스라엘 민족이 존재한다는 사실은 얼마나 진기한 일인가! 그리고 게다가 우상들, 예배들, 희생제물들, 기도들 등과 같은 현상이 거기에—주지하는 바와 같이 거기에 역시 종교사가 발생할 경우에는—결코 없지 않다. 우리는 본래의 것이 아닌 것을 본래의 것과 혼동하지 않도록, 마치 피조물의 역사 자체가 혹시 참된 구원사인 것처럼 오산하지 않도록 주의해야 한다. 피조물의 역사는—물론 그것의 피조성과 아무런 관련이 없는 이유들에 의하여—오히려 유일무이한 파멸의 역사이다. 이 사실은 종교사 안에서 더 한층 명백하게 되고, 세계사에서 "이스라엘"이 의미하는 것에서 더욱더 명백하게 된다. 그러나 이 사실에도 불구하고 피조물의 역사는 완전히 구원의 역사와 비슷하다는 것, 마치 거울의 영상이 원형에 대해서 그런 것처럼, 그렇게 다르면서도 그렇게 비슷하다는 것은, 그럼에도 불구하고 간과되거나 부정되어서는 안 된다. 피조물의 역사는 이유 없이 하나님의 위대한 행위들이 펼쳐지는 무대인 것이 아니며, 이유 없이 아버지의 집이 아니다. 피조물의 역사에서 발생하는 사건은 오히려 그 사건의 근원으로부터 출발하여 그리고 그 사건의 구조 전체에서, 하나님의 이 행위들을 반사하도록 그리고 알기 쉽게 설명하도록, 그 행위들에 대하여 응답하도록 계획된 것이다. 그리고 그렇게 그 사건이 과연 실제로 발생한다.

참으로 하늘들은 하나님의 영광을 '이야기하고', 창공은 하나님의 손들이 행하는 사역을 '선포하며', 낮은 낮에게 그것을 '말하며' 밤은 밤에게 그것을 '알려준다': "언어 없이, 어휘 없이, 들을 수 없는 소리로." 그러나 그 소리의 울림이 온 땅으로 퍼져나가고, 그 말소리는 세계의 끝까지 퍼져나간다.(시 19:1f.) 이제 인간이 하나님에 대하여 인식할 수 있는 것이, 하나님이 그것을 인간들을 위하여 환히 드러내 줌으로써($\epsilon\phi\alpha\nu\epsilon\rho\omega\sigma\epsilon\nu$), 인간들 가운데 '환히' 드러난다($\phi\alpha\nu\epsilon\rho o\nu$). 만일 인간이 하나님이 지은 작품들을 들여다보면, 세계의 창조로부터 출발하여, 이제 그의 보이지 않는 본질, 즉 그의 영원한 능력과 신성이 아주 "잘 '이해' 될 수 있다"($\nu oou\mu\epsilon\nu\alpha\ \chi\alpha\theta o\rho\alpha\tau\alpha\iota$, 롬 1:19f.). 이 거울이 실제로 '들여다보게' 되며, 거울이 보여주는 그 영상이 실제로 인식되며, 그 비유가 실제로 이해되는가? 그것을 위하여 필요한, 보는 눈들이 실제로 현존하는가? 만일 그것이 가능하게 되려면, 우리는 아마 원형을 알고 있어야만 할 것이다. 그러나 원형을 안다는 것은 다음과 같은 것을 의미할 것이다: 우리는 하나님의 계시와 말씀에 대한 신앙 안에서 계약의 역사에 참여하고 있어야만 할 것이며, '그 후에' 그리고 '그런 이유에서' 역시 그리고 참으로 더 한층 피조물의 역사에도 참여하고 있어야만 할 것이다. 만일 우리가 아버지의 자녀라면, 많은, 더욱더 많은 유사한 것들 안에서도 확실히 아버지의 집을 다시 인식하게 될 것이다. 우리는, 마치 '아버지'의 집이, 즉 다만 비유일 수밖에 없는 그것이, '문제의 핵심 자체'라도 되는 것처럼 여기는 혼동에 빠지지 않게 될 것이다. 우리는 도처에서 비유들 자체를 보게 될 것이다. 우리는 도처에서 응답의 메아리들 자체를 듣게 될 것이다. 그렇다면 우리는 피조물의 사건 한복판에서도 바로 단순히 타향에 있는 것처럼 느끼지는 않을 수 있을 것이며 또 그렇게 느끼지는 않게 될 것이다. 우주적 사건에 대한, 즉 자연사 및 세계사에 대한 바로 그 성서적 견해는—모든 이원론과는 대조적으로—열려 있으며 긴장이 풀린 견해, 가장 좋은 의미에서 주의 깊은, 감사하는 견해라는 사실이 그것을 말해주지 않는가? 이 견해의 전제조건이 바로, '피조물의' 사건은 오직 '계약'의 역사 안에만—그런데 그 안에서만 실제로!—그것의 '의미', '본질', '중심'을 지니고 있다는 것이기 때문에, 이 견해는 그런 것일 수 있고 또 그런 것이어야만 한다. 성서는 피조물의 사건을 이 중심을 둘러싸고 있는 주변(Umkreis)으로 이해한다; 그러므로 성서는, 그 사건이 이 중심으로부터 출발하여 '빛' 안으로 옮겨진다(올바로 해석된다.—역자 주)고 여긴다. 이 빛은, 구원사 밖에서 발생하는 것은 사실상 거대한 파멸의 역사라는 사실에 의하여 꺼지지 않는다. 설령 이 빛이 인간의 왜곡된 눈들에는 수없이 사람을 현혹하는 빛(Irrlicht)으로 되어 혼동을 야기한다고 하더라도―설령 (여기에서 기꺼이, 게다가 냉철히 승인되어야 하는 진리를 완전히 오해함으로써!) 아직도 아주 많은 "자연" 신학이 그것을 증거로 끌어대곤 하더라도, 빛은 빛이며 또 빛으로 남을 것이다!

세상사는 크든 작든 구원 사건의 거울이며 비유이다. 우리는 이 서술도 약점들을 지니고 있다는 사실을 확실하게 말할 수 있고 또 말해야만 한다. 왜냐하면 이 서술은 어떤 정적(靜的)인 내용을 지니고 있기 때문이다. 이 서술은, 피조물의 사건이 마치 어떤 대상인 것 같은, 즉 참으로 어쨌든지 역시 다만 ("사변적으로") 관찰될 수 있을 어떤 대상인 것 같은 인상을 불러일으킨다. 그러나 그것은 계약의 역사 못지않게 하나의 '사건'이며, 이 사건도 마찬가지로 인간을 향해 다가오며, 그를 완전히 요구하며, 단순히 관찰하거나 한가하게 느낄 수 있는 여백을 허용하지 않는다. 거울이란 불가피할 경우 그것의 사용을 포기할 수도 있는 다소 무가치한(eitel) 도구이다. 그리고 만일 피조물의 사건이 비유라고 불린다면, 역시 그 사건 안에서도 봉사와 사역과 행동이 발생한다는 사실이 쉽게 잊혀질 수 있을 것이다. 따라서 "사색하는 자"는 모두 즉각 다음과 같이 경고 받아야 한다: 여기에서는 확실히 아무것도 얻지 못할 것이며, 역시 여기에서도 다만 문제의 부분적 관점만이 다루어지고 있으며, 이 부분적 관점 자체는 절대화될 수 없으며, 그것은 하나님의 은혜행동 및 구원행동과 관계되는 피조물의 사건이 지닌 '특성'에 대한 바로 그 질문에 대해서만 특정한 의미를 지닐 수 있다. 그러나 여기에서 이미, 당연히 악명 높은 "존재의 유비"를 간파했을 소심한 자는 이미 제시된 다른 서술들, 즉 피조물의 사건을 거울과 비유로 서술하는 경우에도 물론 "신앙의 유비 혹은 계시의 유비"가 아닌 다른 어떤 것이 주요관심사일 수 없다는 사실이 명백히 된 그 서술들을 기억해야 한다.

이제 '요약'하고 '정확하게' 표현해 보자. 왜냐하면 이 마지막 모험만이 아니라, 하나님이 피조물의 역사를 은혜의 역사에 편입시키는 것과 "덧붙이는 것"의 구체적 의미에 대한, 혹은, 하나님이 미리 정해놓은 운명에 의하여 야기된, 이 일(Sache)에 피조물이 "협력하는 것"의 구체적 의미에 대한 숙고 전체는 정확하게 표현될 필요가 있기 때문이다. 우리는 피조물의 사건이 지닌 '기능'에 관하여 말했고, 그것을 종의 기능 혹은 도구의 기능으로 서술하였다. 우리는 그 사건의 '목적'에 관하여 말했고, 창조세계를 무대라고 부름으로써 그 목적을 서술하였다. 우리는 그것의 '특성'에 대하여 말했고, 그것을 이제 마지막으로 거울과 비유로서 서술하였다. 다음과 같은 조건 아래에서, 이 모든 것이 이 사건의 의미에 관한 질문에 대하여 '허용된' 대답, 즉 계약사의 외적인 토대인 피조물의 사건에 대한 허용된 서술이다: 이 모든 것이 함께 인식되어야 하며, 따라서 이 서술들 중 모든 개별적인 서술은 보충될 필요가 있다는 것이 간파되고 고려되어야 하며, 따라서 그 서술들 중 그 어떤 것도 절대적인 것으로 이해되거나 주장되지 않아야 한다. 각 서술은 다만—각 서술은 다만 불완전하게 보여 주고 있다.—여기에서 서술되어야 하는 것을, 즉 피조물의 사건 안에서 작용하는 하나님의 세계지배를 가리켜 보이고 있다. 그러므로 우리는, 이 서술들 중의 어느 하나에서 서술되는 것 자체를 제시하였고 출현시켰다고 주장해서는 안 될 것이다.

그러나 바로 이 조건, 즉 여기에서 언급된 모든 것이 그것 아래에서만 유효할 수 있는 이 조건은 이제 끝으로 더욱 엄격하게 공식화되어야만 한다. 만일 우리가, 이 모든 것이 피조물의 사건 자체에 관해서가 아니라 바로 다만, 하나님의 주권적이며 현실적인 '섭리'의 지배 아래에서 진행되는 피조물의 사건에 관해서만 언급될 수 있다는 것, 즉 그것에 내재하는 본성들과 확실성(Bestimmtheit)들에 관해서가 아니라, 하나님의 전능한 '자비'의 '능력' 안에 있는 '하나님의 행동'에 의하여 그것에게 배당되고 분배되는 본성들과 확실성들에 관해서 언급될 수 있다는 것만을 의식한다면, 오직 그 경우에만 여기에서 언급된 모든 것이 허용된다. 피조물 '자체'는 '결코' '어디에서도', 은혜의 계약과 예수 그리스도의 나라 안에 있는 은혜의 선택의 토대 위에서 행동하는 하나님에게 종과 도구일 수 있는, 그에게 무대일 수 있는, 즉 하나님의 행위의 공간, 시간, 기회일 수 있는, 바로 동시에 그의 자녀들인 우리에게는 아버지의 집일 수 있는, 그 자체로서 아버지의 행동을 보여주는 거울과 비유일 수 있는 그 권력과 그 능력과 그 권한을 갖고 있지 '않다.' 피조물은 그것을 위하여 어떤 권력을 갖고 있지 '않다.' 대체 피조물이 어디에서 벌써 그런 권력을 갖고 있다는 말인가? 피조물에 대하여 하나님이 은혜의 결의를 했을 때, 피조물은 하나님 곁에 있지 않았다. 피조물은 하나님의 의지를 바로 다만, 이 결의에서 그것의 실존 자체에 대해서도 결정된 한도 내에서만, 인지할 수 있고 집행할 수 있다. 그러나 피조물로서 그것은 그 길들에 대하여, 즉 그것이 실존하기 때문에, 하나님이 그것과 함께 가기를 원하는 그 길들에 대하여 어떤 지식도 갖고 있지 않으며, 하나님이 동시에 그것에게 할당하기를 원하는 그 역할에 대하여 어떤 권능도 갖고 있지 않다. 하나님이 피조물과 함께 그 길들을 가면서, 그가 사용하기를 원하며 또한 사용하는 그것의 기능과 의도와 특성을 피조물이 스스로 채택할 수도, 제공할 수도, 유지할 수도 없다. 그러므로 우리는, 그것 스스로가, 즉 그것 자체가 이 본성들과 확실성들을 '소유'하며 '갖고 있다'고 말할 수 '없다.' 정확히 다만, 그것이 그것들을 '받아들임'으로써만, 그것들이 하나님에 의하여 그것에게 '제공'됨으로써만, 피조물은 그것들을 소유하며 갖고 있다. 따라서 만일 우리가 존재론적 정의를 내린다는 의미에서, 피조물은 하나님의 종과 도구'이며'(ist), 무대'이며', 그의 은혜행동 및 구원행동의 거울과 비유'이다'라고 말하기를 원했다면, 우리는 지나치게 많이 말하는 것이 될 것이다. 여기에서 "이다"라는 모든 표현은 엄밀히 말한다면 다만 하나님의 세계지배라는 계기들

(Momente)과 관련될 수밖에 없다. 그 계기들에서 피조물이 하나님의 주권적이며 현재적인 의지에 의하여 그의 은혜행동 및 구원행동의 종과 도구로, 무대로, 거울과 비유로 '되도록' 허용된다. 그가 그의 계획을 실행하면서 그것을 그의 전능하고 자비로운 '손'에 넣기 때문에, 그리고 그가 그것에게 이 본성들과 확실성들을 '제공'하기 때문에, 피조물이 그 모든 것이다. 하나님이 실행하는, 그것을 편입시키고 "덧붙이는" '사건' 안에서, 그것이 그에 의하여 부름 받고 권한을 위임받고 능력을 부여받아서 선을 위하여 "협력"하는 '사건' 안에서, 피조물이 그 모든 것'이다.' 그것이 그에 의하여 이미 '좋게'(gut), 즉 참 좋게 창조되었다는 것이 의미하는 것은, 이것—정말이지 다만 이것!—이다: 피조물은 하나님에 의하여 바로, 그가 마음껏 활용하도록 '준비'되어 있다. 그는 그의 피조물을 이유 없이, 혹은 다른 어떤 것을 위하여 마련한 것이 아니다. 그런데 그가 '말함'으로써, 그 모든 것이 생기고, 그가 '명령함'으로써, 그 모든 것이 견고하게 제자리를 잡았다(시 33:9): 그 경우에—그리고 그 경우에 불가피하게, 그 경우에 최고의 객관성 안에서, 따라서 인간의 해석이라는 의미에서만이 아니라, 하나님의 독자적인 진리 안에서—그 모든 것이 '갖고' 있어야만 하는 그 형태와 기능과 목적과 특성을 지니고 그렇게 제자리를 잡았다. 만일 우리가 피조물의 사건이 지닌 구체적인 의미에 관한 질문에 대하여 합법적인 대답을 제시하기를 원한다면, 말하고 명령하는 이 하나님을 도외시해서는 안 된다. 동시에 우리는 오히려 지속적으로, 피조물의 사건에 이 구체적인 의미를 '부여하며' 그리고 '거듭하여' 부여하는, 하나님의 살아 있는 손에 대하여 생각해야만 한다. 피조물이 그의 창조 이전에 먼저 있을 수 없었듯이, 그리고 스스로에게 실존과 본질을 제공할 수 없었듯이, 그것은 또한 하나님의 섭리를, 즉 하나님의 살아 있는 손 안에서 그것이 사용되는 것을 앞지를 수 없다. 마치 그것이 이미, 그것이 이렇게 사용될 때 되어야만 하는 그런 존재'인' 것처럼—마치 그것이 이미, 그것이 이렇게 사용될 때 갖고 있어야만 하는 그런 것을 '갖고' 있는 것처럼, 그렇게 앞지를 수 없다. 그것은 하나님을 위해서—더 정확하게 말한다면, 은혜의 계약 안에 있는, 그리스도의 나라 안에 있는 하나님의 행동을 위해서 '준비되어' 있을 수밖에 없고, 그의 전능한 자비를 '기다릴' 수밖에 없으며, 그 후에 그의 지배와 통치의 사건에서, 그것의 기능과 목적과 특성을 '얻으며', 하나님의 종과 도구, 그의 행동의 무대, 그의 영광을 보여주는 거울과 비유로 '된다.' 우리는 다음의 사실을 바르게 이해해야만 한다: 피조물의 위와 안에서 하나님의 섭리가 지배하는 것은 실패하거나 중단되거나 빈틈이 있거나 빈틈을 허용하지 않는다. 그러므로 이 지배에서는 피조물이 그 본성들과 확실성들을 언젠가 한번 혹은 어디에선가 얻지 못할 수 있는 경우는 발생하지 않는다. 하나님의 손은 결코 쉬지 않으며 어디에서도 쉬지 않는다. 그리고 그것은 결코 철회되지 않으며 어디에서도 철회되지 않는다. 그러므로 만물은 언제나 그리고 어디에서나 그 손의 권능(Gewalt) 안에 있으며, 따라서 그 본성들을 받아들이는 중이며 그렇게 되어가는 중이

다: 그의 은혜의 나라에서는 틀림없이 하나님의 성실함이 중단되지 않듯이, 거기에서 틀림없이 다음과 같은 순간, 장소, 상황은 존재할 수 없다: 즉, 그가 그의 피조물을 잃어버리거나 그것에 대하여 냉담하게 될 수 있을, 그가 그의 피조물에 혹은 그 피조물의 한 부분에조차 필요 없게 될, 그가 자신의 성실함을 잊게 될 그런 순간, 장소, 상황은 존재할 수 없다. 그러나 다음의 사실이 변함없이 명백하여야만 한다: 만일 피조물이 실제로 총체적으로 언제나 그리고 어디에서나 그 본성들을 받아들이는 중이며 그렇게 되어가는 중이라면, 따라서 그 기능, 목적, 특성을 '갖도록' 허용된다면, 따라서 종과 도구, 무대, 거울과 비유로 '존재하도록'(sein) 허용된다면, 그것은 오직 하나님의 자유로운 성실함 때문이다. 하나님은 피조물을 사랑해야 하는 의무가 없다. 그리고 그는, 그의 사역에 피조물을 이런 방식으로 편입시키고 덧붙여야 하는, 그리고 그것에게 그의 행위에 협력하도록 허용해야 하는 의무가 없다. 피조물은 여기에서 자신의 어떤 명성을 지니고 있지 않다. 피조물은 여기에서 다만 하나님의 명성에 참여할 수 있을 뿐이며, 또다시 다만 그를 찬양할 수 있을 뿐이다. 만일 하나님이 피조물을 끊임없이 '돌봐주기'를 원하지 않는다면, 그것에게 존엄성과 중요성을 끊임없이 '부여하기'를 원하지 않는다면, 그것이 그의 사역에 끊임없이 '참여하도록' 허용하지 않는다면, 그리고 바로 그렇게 함으로써 그것에게도 귀속되어야 하는 명예를 그것에게 주지 않는다면, 대체 무엇이 피조물을 도와서, 하나님의 창조를 통하여 실존과 본질을 지니게 하며, 따라서 그가 사용하도록 하기 위하여 준비를 갖추게 한다는 말인가? 그것의 창조주의 '활동적이며, 적극적인 호감'(Wohlgefallen)이 없다면, 피조물은 대체 무엇이란 말인가? 피조물은 언제나 다만, 그의 충만함으로부터 은혜 위에 은혜를 받을 수 있을 뿐이다(요 1:16).

바로 이 통찰이 없다면, 하나님의 섭리 아래에서 진행되는 피조물의 사건의 구체적인 의미에 관한, 즉 하나님의 은혜 의지 및 구원 의지에서 발생하는 사건에 그 사건이 참여하는 것의 구체적 의미에 관한 질문에 대하여 정당한 대답이 제공될 수 없다. 우리는, 이 통찰로부터 이끌어 낼 수 있는, 앞으로 논의할 모든 것을 위하여 중요한 몇 가지 결과들을 열거함으로써 결론을 맺으려 한다.

1. 우리는 이 맨 마지막 숙고를 다음과 같은 사실을 확인함으로써 시작하였다: '은혜의 계약'에서 비롯된 역사의 토대를 놓고, 그것을 이끌고 완성하는 일에서 피조물의 자주적인 '협력'과, 이 계약에서 피조물이 경험하는 하나님의 사랑을 공급하고, 획득하고, 전달하는 일에 대한 피조물의 관여는 원래부터 논의될 수 없는 것이다. 우리는 이 사실을 확인하였으나, 그 확인된 내용을 우리의 특수한 맥락에서 논증하지는 않았다. 이제 우리는 특수한 논증을 보충할 수 있다. 그것은 "더 작은 것들로부터 출발하여 더 큰 것으로 향하는" 결론의 형태로 나타난다. 피조물의 독자성이 그것을 하나님의 은혜의 사역에 편입시키고 덧붙이는 것에서조차, 종과 도구로서, 은혜의 나라의 무대, 거울 및

비유로서 그것의 확실성에 관해서조차 고려되지 않는다면, 피조물이 이와 같은 기능, 목적, 특성을 갖고 있는 것은 그것이 지닌 고유한 선함의 덕분이 아니라 오직 하나님의 자유로운 사랑 덕분이라면—죄에 떨어졌으며 죄 때문에 희망 없이 위협받던 피조물의 보존과 화해와 구원이 주요관심사인 곳에서는, 이 사실이 대체 얼마나 더 많이 유효하겠는가! 그것을 하나님의 은혜의 사역에 편입시키고 덧붙이는 거기에서 그것이 어떤 명성과 공로와 요구도 지니고 있지 않다면, 거기에서 하나님이 그것에 대하여 어떤 의무도 지니고 있지 않다면, 거기에서 그것은 그처럼 철두철미 창조주의 활동적이고 적극적인 호감에 의존하고 있다면—여기에서 어떻게 그것이 자신의 능력과 행위로 작용하면서 하나님 곁으로 다가가게 되겠는가? 여기에서 어떻게 그것이 "공동구원자인 피조물"로 될 수 있겠는가?

    2. 피조물의 사건은 계약사의 외적인 토대이다. 우리는 피조물의 사건이 지닌 구체적인 의미에 대한 질문에 대답함으로써, 그것이 어느 정도로 그러한지를 보여주려 시도하였다. 그런데 마지막으로 엄밀하게 규정한 것에 따라서, 다음의 사실이 아무리 엄격하게 강조되어도 지나치지 않다: 피조물의 사건이 하나님의 '섭리' 아래에서 진행될 경우에, 하나님 자신이 끊임없이 그것으로부터 이 의미를 박탈하지 않고 새롭게 부여할 경우에, 그것은 이 외적인 토대이며, 따라서 그것은 계약사의 사건을 위해서도 본질규정적인 의미를 지니고 있다. 그러므로 그것은 참으로 이 의미를 지니기는 하지만, 다만, 그것이 그 의미를 '받아들이도록' 허락되어 있기 때문에, 그 의미를 지니고 있는 것이다. 따라서 만일 우리가 그것의 이런 의미를 '인식'하기를 원한다면, 즉 계약사의 외적 토대라는 특성 안에서 그것을 '인식'하기를 원한다면, 우리는 한순간도 그것을 향한 하나님의 자유로운 성실성을 잊어서는 안 될 것이다. 하나님 '자신'이, 그리고 하나님 '만이' 끊임없이 역시 계약사의 이 외적 토대도 돌보고 있다. 그 자신이 그리고 그만이 피조물의 사건을 그의 종과 도구로, 그의 활동의 무대와 거울과 비유로 '만든다.' 이 사실로부터, 우리는 오직 '하나님'과 하나님의 '자유로운 성실성'에 대한 '신앙' 안에서만 그것을 그런 것들로 인식할 수 있다는 결론이 나온다. 따라서 이 사실로부터 단순하지만 매우 중요한 결과를 초래하는 결론이 나온다: 우리는 이 관점에서도 구경하면서가 아니라 '신앙' 안에서 걸어간다. 어느 한순간도 계약사의 내적인 토대를, 즉 예수 그리스도 안에서 계시된 하나님의 은혜의 선택을 간과하고는 이 인식이 발생할 수 없다. 계약사의 바로 이 내적 토대야말로 역시 피조물의 사건의 내적 토대이다. 그러므로 끊임없이 다만 하나님의 말씀을 경청하는 행위 안에서만, 그의 이해하기 어려운 자비를 경배하는 행위 안에서만, 감사함과 그것에 상응하는, 하나님의 뜻을 행하려는 흔쾌한 태도와 준비를 갖춘 행위 안에서만, 이 인식이 발생할 수 있다. 이 인식은 오직 성령의 빛과 능력 안에서만, 아버지가 아들 쪽으로 끌어들이며 아들이 아버지 쪽으로 끌어들이는 그 인간에 의해서만 완성될 수 있다. 이 인식에 도달할 때, 우리는 성소의 그 어떤

앞마당이 아니라 성소의 중앙에 있다. 예수 그리스도의 나라가 인간에게 명백히 드러남에 따라서, 하나님의 섭리의 지배도, 피조물의 사건의 저 확실성, 기능, 목적, 특성도 명백히 드러난다. 따라서 언제나 안으로부터 밖으로 향하는 인식이, 예수의 십자가와 부활로부터 출발하여 그 밖의 모든 사건으로, 하나님의 은혜로부터 출발하여 그것을 받아들이는 인간들의 세계로 나아가는 인식이 중요하다. 만물을 유지하고, 보존하고, 의미 있게 하며 올바르게 하는 하나님의 섭리의 자유는 언제나 오직 신앙의 자유 안에서만 인식될 수 있다. 신앙의 자유는, 하나님 자신이 그 사역을 행하는 바로 그곳에서, 하나님 자신이 그의 이 사역에서 계시되는 바로 그곳에서 유래한다. 그는 그 사역을 위하여 만물을 창조했던 것이다.

3. 이 길은 이 '한' 방향으로 뻗어나갈 수밖에 없으며, 그 순서는—나중에라도—뒤집어질 수 없다. 우리는 여기에서 우선, 하나님의 은혜 사역과 예수 그리스도의 나라를 원칙적으로 혹은 실제로, 미리 혹은 나중에 도외시하는 모든 '세계관들'이 지니는 불가피한 무기력함에 직면해 있다. 그것들은 그 사역을 도외시하므로, 그것들에게는 들여다보고 내다보고 꿰뚫어보는 것이 결여되어 있으며, "세계관"이라는 자랑스러운 개념을 어쨌든지 정당화할 수 있을 바로 그 모든 것이 결여되어 있다. 우리는 확실히 신앙의 자유 없이도, 또한 하나님의 계시에 대하여 무관심한 인간으로서도 다양한 방식으로 피조물의 사건이 지닌 의미에 대하여 질문할 수 있다. 그러나 그 경우에 우리는 어떤 해석 원칙의 도움으로 대답을 얻게 될 것인가? 그 경우에 우리는, 창조주에 대하여 알지 못하므로, 저 바깥에 있는 세상사에서는 실제로 '피조물'의 사건이, 즉 '상대적인' 사건이, 즉 특정한 '관계' 안에서 발생하며 이 특정한 관계 안에서 확실히 '지배받고 있는' 사건이 주요관심사라는 것조차 알 수 없다. 그 경우에 우리는 그 사건의 측면(Aspekt)들 가운데 그 어느 하나를—그리고 그것이 마치 그 사건의 심오한 불가사의함을 보여주는 유일한 측면인 것처럼 만이라도—절대화하게 될 것이다. 그 경우에 어떻게 우리는, 그것의 절대화된 측면 안에서 소위 발견된, 그 어떤 하나의 '고유한 의미'(Eigensinn)를 그것에게 부여하는 일을 피할 수 있게 될 것인가? 그 경우에 어떻게 우리는 다음과 같은 끝없는 논쟁에서 빠져나올 수 있겠는가?: 외부 세계가 지니는 이 고유한 의미는 오히려 그것의 역사적인 측면 안에서 혹은 오히려 그것의 자연적인 측면 안에서, 오히려 그것의 규칙적인 측면 안에서 혹은 오히려 그것의 우연적인 측면들 중의 하나에서, 오히려 그것의 정신적인 측면 안에서 혹은 오히려 그것의 물질적인 측면 안에서 발견될 수 있는 것은 아닌가?; 혹은 이 모든 측면들의 어떤 결합 안에서 그 의미가 진정으로 발견될 수 있는 것은 아닌가? 만일 우리가 세상사에 더욱더 '이런' 혹은 '저런' 고유한 의미를 부여한다면, 그 경우에 우리는 어떻게 스스로를 정당화하게 될 것인가? 세상사 자체는 어쨌든 명백한 언어로 말하지 않는다. 만일 그럼에도 불구하고 그것에 대하여 이렇게 혹은 저렇게 말한다면, 어떻게 우리는, 그 어떤 고유한 의미, 즉 그것 안에서 이

미 선입견에 사로잡혀서 세상사 자체를 '마주' 대하였던 바로 그 고유한 의미라는 토대 위에서 정당화하는 것과는 다르게, 스스로를 정당화할 수 있으며, 또 앞으로도 정당화할 것인가? 세상사 자체로부터 출발한다면 분명히 다만, 탁월성과 능력과 신뢰성에서 하나님의 세계지배와 전혀 비교될 수 없는 그 어느 세계원리에 이르는 매우 논쟁의 여지가 있는 자의적인 길들만이 존재한다. 중심으로부터 출발한다면, 인간은 하나님의 말씀에 사로잡힌 신앙의 자유 안에서, 하나님의 손이 행하는 언제나 새롭게 생동하는 그 사역을 언제나 새롭게 바라보도록 허용될 것이며, 그 중심에서 그는 그 경우에, 그의 지혜와 책임에, 이런 혹은 저런 가능성에 대한 그 자신의 선택에, "내 생각은 이렇다"라는 그의 고유한 견해에 내맡겨진 채, 철저히 홀로 서 있다. 만일 그것의 핵심이 '세계지배'라는 관념에, 즉 있을 수 있는 관념과 해석을 포함한 세계를 '능가하며', 세상사를 '효과적으로' 진단하고 조정하는 현실이라는 관념에 있지 않다면, "세계관"이란 대체 무엇인가? 바로 세계지배자라는 관념이 논의될 수 없는 곳에서, 대체 어떻게 세계지배라는 관념에 도달할 수 있다는 말인가?

4. 우리는 바로 다음의 사실을 암시하였다: 저 순서는, 즉 안으로부터 밖으로라는 저 시선의 방향은 역시 나중에라도 뒤바꾸어질 수 없다. 그러나 그것이 의미하는 것은 이것이다: 하나님의 세계지배라는 관념은, 따라서 이 지배 아래에 있는 세상사라는 관념은, 따라서 "'그리스도교의' 세계관"은 언제나 오직 안으로부터 밖으로 향하는 신앙운동 자체 안에서만, 언제나 오직 이 신앙인식의 구체적 실행 안에서만 존재할 수 있다. 우리는 다음과 같이 말했다: 그러한 인식에 도달하는 것은 성령의 빛과 능력 안에서이다; 그러한 인식에 도달하는 것은, 하나님의 섭리의 자유가 명백히 드러나는 신앙의 자유 안에서이다. 그러나 두 측면에서 바라본다면, 그것이 의미하는 것은 이것이다: 어쨌든 완성되고 변함없는 그리스도교 세계관의 '체계'에 도달할 수는 '없다.' 우리가 그렇게 부를 수 있을지도 모르는 것은, 언제나 약간의 혹은 많은 개인들에게 선물로 주어진 '관점'(Sicht)일 수밖에 없을 것이다: 그 관점은 하나님의 은혜의 사역에 대한 구체적인 인식에 근거를 두고 있으며, 그리고 피조물의 영역 안에서 행해지는 하나님의 행동에 대한 아주 똑같은 구체적인 인식에서 그 관점이 적합하다는 것을 입증하게 된다. 벌써 다음과 같은 이유만으로도, 이 관점은 확고부동한 의견이나 관념으로 굳어질 수 없으며, 피조물의 영역에서 행해지는 하나님의 행동의 본질이 무엇에 있는 것이며 무엇은 아닌지에 관한 원리적인 진술들로, 그리고 피조물의 사건이 어느 정도 하나님의 종, 도구, 무대, 거울이며 징표인지에 대한 영속적인 주장들로 굳어질 수 없다: 신앙의 자유 안에서만 그 관점이 가능한데, 그 자유는 성령이 제공하는 은혜의 선물로서 인간에게 언제나 새롭게 선물로 주어져야만 하며, 그것이 그에게 새롭게 선물로 주어질 경우에는, 그것은 역시 언제나 새로운 자유로 되기 때문이다. 고정된 그리스도교 세계관, 즉 하나님과 피조물 사이의 관계에 대한 확정된 관념을 수립하는 것은 불가피하게

다음과 같은 것을 의미할 수밖에 없을 것이다: 인간은, 오늘 그에게 통찰된 것을 오늘 받아들임으로써, 내일 새로운 통찰을, 아마도 더 나은 통찰을 받아들이는 것을 거부하고 경직화될 것이다. 그럴 경우에 그는, 아직 오늘은 신앙 있는 인간으로서 생각하고 말한 후에, 내일은 더 이상 동일한 것을 행할 수 없게 될 것이며, 내일은 비그리스도교의 세계관들을 만든 불행한 자들 및 그것들을 옹호하는 자들과 함께 한쪽 발로 서서 동일한 입장을 취하기를 원하게 될 것이다. 도대체 신앙의 자유 외에 무엇이 그를 그들과 구별할 것인가? 만일 그가 바로 그 신앙의 자유를 내일 포기하기라도 한다면, 무엇이 그를 그들과 구별할 것인가? 성령을 통한 계몽과 강화 안에서 받아들여진 바로 그 인식은 결코 자체 안에 폐쇄된 인식으로 되지 않으며, 언제나 앞을 향하여 열려 있는 인식일 것이다. 그러나 여기에서 결정적인 것은 다른 측면, 즉 객관적인 측면이다. 이미 살펴본 대로, 여기에서 인식된 것에서 우리는 피조물의 사건에 내재한 그 어떤 본성들 및 확실성들과 관계하고 있는 것이 아니라, 그 사건에 그것의 기능과 목표와 특성을 언제나 새롭게 '제공'하는 바로 그 하나님의 행동과 관계하고 있다. 신앙의 자유 안에서 인간은, 더욱 전혀 다르게 자유로운, 하나님의 섭리의 길과 운동을 '뒤따라간다.' 하나님이 오늘 행하였고 인간에게 그의 행위로서 보여주었던 바로 그것을 그는 내일 다시 행하겠지만, 그러나 아마도 완전히 새롭고 다르게 행하고, 그 경우에 또한 인간에게 완전히 새롭고 다른 형태로 보여줄 것이다. 우리가 기대할 수 있고 기대해도 좋고 기대해야만 마땅한 하나님의 성실함은, 즉 신앙하는 인간이 내일에 관해서도 기다리게 되는 변함없는 것은, 하나님이 피조물의 사건에 오늘처럼 내일도 그것의 기능, 목적, 특성을 부여할 것이라는 바로 그 '사실'이다. 그러나 하나님이 그것을 '어떻게' 행하게 될 것인가에 대하여, 그는 하나님에게도 그리고 스스로에게도 강요하려 할 수 없을 것이다. 피조물의 사건에 대한, 그리고 그 사건의 위와 안에서 지배하는 하나님의 섭리에 대한 이해로서 그의 세계관은 오히려 언제나 바로, 그의 신앙 및 인식에 바탕을 둔 오늘의 척도에 상응하는, 즉 하나님이 그에게 언제나 열어 보이는 통찰에 상응하는 그런 세계관일 것이다. 그것은 틀림없이 겸손한 통찰이 될 것이다. 그러므로 그것은 아마도 좀처럼 전체적인 것에 관한 것일 수 없을 것이며, 일반적으로 몇 가지 논점들과 문제들에서 어느 정도 분명한 관점인 것으로, 즉 바로 다음의 여정을 위한 몇 가지 실천적인 결단들을 이론적으로 가능하게 하는 것으로 만족하게 될 것이다. 그것의 본질은 아마도, 원리들과 "큰 노선들"을 주장하는 것에 있다기보다는 오히려 약속으로 가득 찬 관점들 중에서 얼마 안 되는 일련의 관점들을 발견한 것에 있게 될 것이다. 그것은 아마도 많은 제한들과 많은 해결되지 않은 부분들을 제시할 것이다. 그것은 그리 쉽게 어떤 형태로, 즉 신앙하는 인간이 조만간 자기 자신과 격렬한 모순들에 빠지게 강요하는 그런 형태로 구체화되지는 않을 것이다. 그것은 그에게 곧바로 프로그램 초안으로, 정당의 기본 원칙으로, 따라서 논쟁대상으로 되기는 힘들 것이며, 오히려 가능한 한 많은 다른 사람들과 상당히 폭넓게 의사를 소통하는 도구일 것이다. 바로 이 한계들 안에서 그것은 그때그때 그 자체가 확실하며, 그때그때 또한 성과가 있기도 할 것이다. 만일 이 주제를 이 '한계들' 안에서 이해한다면, 우리는 확실히 다음과 같이 말할 수 있다: 세상사 안에 있는 하나님의 섭리를 믿기 때문에, 신앙하는 사람은 언제나 또한, 잠정적으로 획득된, 보잘것없으나 그에게는 잠정적으로 구속력 있는 한 가지 "세계관"을 지니고 살아가도록 허용된다. 그 경우에 물론 그가 그 한 가지 세계관을 '믿는 것'은 결코 '아닐' 것이다. 그러나 그는, 주님인 하나님만을 믿기 때문에, 언제나 또한 충분한 빛을 지니고 있을 것이므로, 그에게는 세상사에 대한 그러한 한 가지 관념이―그가 그때그때 필요한 바로 그 한 가지 관념이―결여되어서는 안 된다. 거기로부터 출발하여 계속하여 안내받을 준비가 되어 있으면 있을수록, 그는 더욱더 그의 관념을 반기게 될 것이다. 설령 인간이 이미 오래전부터 피조물의 사건 안에 있는 하나님의 길들을 바라볼 수 있는 열린 눈들을 진지하게 지니고 있다고 잘못 생각하더라도, 그리고 그가 그 눈들을 지니는 몇 가지 입증된 연습을 했다고 해도, 그는 여전히 많은 새로운 것을 바라보아야만 한다.

§49
피조물의 주님인 하나님 아버지

하나님은 피조물의 특수한 현존의 진행과정을 보존하고 동행하고 지배함으로써, 그의 피조물에 대하여 아버지처럼 보살피는 통치를 실행한다. 예수 그리스도 안에 있는 그의 자비가 피조물의 세계에서 드러나게 하고 유효하게 함으로써, 그리고 동시에 그의 아들의 영광이 그 세계에 알려지게 함으로써, 하나님은 이 통치를 행한다.

1. 하나님의 보존하기

우리는 이제, 만일 하나님이 우리가 그의 섭리라고 부르는 것, 즉 그의 피조물에 대한 아버지의 지배라고 부르는 것을 행한다면, 무엇이 발생하는지를 진술해야만 하며 해명해야만 한다.

더 이상의 서문 없이 우리는 다음의 사실을 확인함으로써 시작한다: 그가 피조물을 '보존'함으로써, 즉 그것의 특수한 존재를—그가 창조주로서 그것에게 부여한 존재, 즉 그 자신의 존재와 상이한 그것의 존재 자체를—유지하고, 보호하고, 그것의 실존을 지속시킴으로써, 하나님은 그의 피조물에 대하여 아버지처럼 보살피는 통치를 실행한다. 그는 이 일을—참으로 §48에서 마련된 토대에 따라서, 이 정의는 지체 없이 가장 중요시되어야만 한다.—'아버지의' 지혜와 전능 안에서, 역시 '은혜의 계약'의 주님이기도 한, 피조물의 주님으로서 행한다. 그가 피조물을 보존하는 힘은 그의 '자비'이며, 그것은 그의 아들 예수 그리스도 안에서 피조물 한가운데에, 그리고 스스로가 피조물의 형태로 드러났으며 강력하다. 그가 피조물을 보존하는 의도는 그의 아들의 '영광'을 계시하는 것이며, 그의 아들을 위하여 그는 피조물에게 독특한 존재를 제공하였다. 그러므로 참으로 피조물의 보존 자체를 바로 하나님에 의하여 필요하게 만들고 하나님에 의하여 효과 있게 만드는 것은 바로 이러한 그의 '독특한' 힘과 의도이다. 하나님의 이 '특정한 의지'가 하늘과 땅 위에서 이루어져야만 하며 또 이루어지고 있기 때문에, 예수 그리스도가 하나님의 오른쪽에 있으면서 우리를 변호하고 있기 때문에, 바로 '그렇기 때문에' 피조물이 보존되어야만 하며, '그렇기 때문에' 피조물이 강력히 보존되어야만 한다. 바로 예수 그리스도가 역시 우리의 생존권과 실존필요성도 그리고 피조물의 세계 전체의 실존필요성도 변호하고 있다. 바로 그가 피조물의 세계를 보존하고 계속 실존하게 하는 신성한 토대이다. 왜냐하면 그를 위하여 이 보존이 이루어지고 있기 때문이다: 이 보존은, 하나님이 그의 아들 안에서 피조물에게 부여한 은혜가 발산하는 것, 곧 그 은혜의 전제와 결과이며, 이 보존이 이루어지는 것은 피조물의 세계 안에서 하나님이 그의 아들 안에서 그리고 그 아들을 통하여 영광을 받기 위한 것이다. 그가 현존하기 때문에, 피조물의 세계가 현존하도록 허용되며, 참으로 현존해야만 한다. 이 사실이 피조물의 보존을 하나님의 '의미 있고' '권능 있는' 사역으로 되게 한다. 그 사역의 지혜와 전능함은 다음의 사실에 근거를 두고 있다: 그 보존은 하나님이 사랑하는 아들인 예수 그리스도 안에, 그리고 마찬가지로 하나님 자신 안에 그것의 영원한 토대를 지니고 있다. '하나님 아버지'가 (그의 아들 안에서) '그의 피조물을 위하여' 존재하기 때문에, 그리고 그렇게 존재함으로써, 그 보존이 이루어지고 있다. 그러므로 그리고 이런 의미에서 보존은 '아버지처럼 보살피는' 통치의 사역이며, 바로 그렇게 역시 참되고 순수하고 신뢰할 만하며 진정한 '통치'의 사역이다: 그것은, 지주가 자신의 재산을 보존하기 위하여 이기적으로 빈민구제 사업을 하는 것과는 다른, 그의 거룩한 자비 안에 있는—그리고 임의의 B가 임의의 A에 의하여, 즉 임의의 결과가 임의의 원인에 의하여 "보존"되는 논리적 필연성과는 다른, 그의 거룩한 자유 안에 있는 통치의 사역이다. 하나님의 사랑이 그의 피조물을 보존한다. 그러므로 이 보존은 우연한 것이 아니라 매우 의미 있는 통치행위이며, 밖으로부터 주어진 그 어떤 것들에 의하여 위협받는 것이 아니라 완벽한 통치행위이다. 그것을 규정하고 묘사하기 위해 설령 무엇이 언급되든지, 그것은 다음과 같은 척도에 따라 측정되어야만 할 것이다: 여기에서 중요한 것은 아버지처럼 보살피는 통치의 행위이며, 그러므로 영원한 하나님의 행위이다.

여기에서 적합하게 우리는 바울이 말한 "만물이 그에게서 나왔고"(롬 11:36)라는 구절을 앞에 내세워도 좋을 것이다. 이 구절은 분명히 창조를 회고하는 것만이 아니라, (창조를 회고하면서) 만물의 지속적 존재 전체를 하나님으로부터 출발하여, 그의 강력한 보존의 토대 위에서 바라보고 있다. 그러나 우리는, 바울이 이 구절을 인용했을 비그리스도교의 문헌에서 본래 지니고 있었을 그 의미에서가 아니라, 바울이 이 구절을 저곳에서—즉 지금까지 "이방인들"이었던 사람들에 대한 관계 안에서 '이스라엘'의 실존, 역사, 미래의 비밀에 대한 생각에 잠겨서 사용한 그 의미 안에서, 즉 그것으로써 그가 본래 비그리스도교의 어휘에 말하자면 세례를 베풀었던 바로 그 의미에서 해석하여야 할 것이다. 그에게서 출발하여 만물이 존재를 지니게 된 바로 "그"는, 비슷한 구절인 고린도전서 8:6에 따르면 "아버지인 하나님 한 분"이다. 그리고 마찬가지로 여기에 어울리는, 아테네의 아레오바고(Areopag) 법정에서 행한 유명한 연설(행 17:28)에서도 바울은 비슷하게 말하고 있다: "우리는 하나님 안에서 살고 움직이고 존재하고 있습니다." 이 연설도 역시 분명히 비그리스도교의 표현을 담고 있지만, 이 연설로써 바울(혹은 사도행전 저자)은 아직 예수 그리스도를 모르고 있는 세계에 있는, 인간의 손들이 행하는 봉사가 필요한 모든 신적 존재에 대한 관련성을 가리키면서, 예수 그리스도를 보내고 부활시킴에서 실행된, 모든 존재에 대한 하나님의 완벽한 통치에 대하여, '이' 만물의 보존자에 대한 모든 존재의 종속성에 대하여 언급하려 했던 것이다. "자기의 능력 있는 말씀으로 만물을 '보존'하시는 분"에 대하여 말하고 있는 히브리서 1:3에서, 그 일을 행하는 이는 다름 아니라 바로 하나님의 아들이라는 것은 반론의 여지가 없다. 이사야 40:26에는 하나님에 대하여, 그는 그 수효대로 하늘의 군대를 이끌어 내며 각각 그 이름을 불러 점호한다고 기록되어 있다: "권세가 크고 능력이 강한 그에게는 하나도 빠짐이 없다."―그가 모든 신들과 우상들과 근본적으로 다른, '이스라엘의' 하나님이다. 그리고 역대상 29:11-12에서 다윗이 다음과 같이 찬양하는 것은 마찬가지로 명백히 바로 이 하나님이다: "하늘과 땅에 있는 모든 것이 다 주의 것입니다. 그리고 이 나라도 주의 것입니다. 주께서는 만물의 머리 되신 분으로 높임을 받아 주십시오! 부와 존귀가 주께로부터 나오고, 주께서 만물을 다스리시며, 주의 손에 권세와 능력이 있으시니, 사람이 위대하고 강하게 되는 것도 주의 손에 달렸습니다." 그리고 느헤미야 9:6-7에서는 더 한층 정확히 묘사되고 있다: "주께서는 이 모든 것에게 생명을 주십니다. 하늘의 별들이 주께 경배합니다. 주 하나님께서는, 아브람을 택하시어 바빌로니아의 우르에서 이끌어 내시고, 그의 이름을 아브라함이라고 고쳐서 부르셨습니다." 그러나 우리는 또한 시편 104:27-30에서도 누가 찬양을 받고 있는지 결코 잊어서는 안 될 것이다: "이 모든 피조물이 주님만 바라보며, 때를 따라서 먹이를 주시기를 기다립니다. 주께서 그들에게 먹이를 주시면, 그들은 받아먹고, 주께서 공급하여 주시면 그들은 좋은 것으로 배를 불립니다. 그러나 주께서 얼굴을 숨기시면 그들은 떨면서 두려워하고, 주께서 호흡을 거두어들이시면 그들은 죽어서 본래의 흙으로 돌아갑니다. 주께서 주의 영을 불어넣으시면, 그들은 다시 창조됩니다. 주께서는 땅의 모습을 다시 새롭게 하십니다." 그리고 시편 36:6-7도 이렇게 찬양한다: "주님, 주님은 사람과 짐승을 똑같이 돌보십니다! 오 하나님, 주의 한결같은 사랑이 어찌 그리 값집니까? 사람들이 주의 날개 그늘 아래로 피하여 숨습니다." 그리고 마찬가지로 시편 73:23-24에서 더 한층 정확히 묘사된다: "그러나 나는 늘 주님과 함께 있으므로, 주님께서 내 오른손을 붙잡아 주십니다. 주님의 교훈으로 나를 인도해 주시고, 마침내 나를 주님의 영광에 참여시켜 주실 줄 믿습니다." 이 모든 것들은 명백하게 우선 바로, 창조주에 대한 피조물의 종속성에 대한 그리고 피조물을 위한 창조주의 배려에 대한 보편적인 숙고들이 아니라―그것들이 또한 그 숙고들이며 따라서 그 숙고들이 우리의 맥락에서 분명히 고려되어야만 할지라도―이해할 수 없으며 과분한, 이스라엘 민족의 보존이라는 위대한 구원의 사실에 대한 구체적인 반성들(Reflexe)이다. 이 구원의 사실로부터 출발할 경우에 물론 다음의 사실이, 즉 누가 피조물 자체를, 그들의 경작지 위에 그리고 포도원 안에 있는 이스라엘이라는 피조물을 현존하도록 보존하는지 그리고 어떤 완벽한 자비 안에서 그가 그것을 행하는지 즉시 명백히 드러나며 눈에 보이게 된다. 만일 우리가 구원의 역사에 대한 이 구약성서 및 신약성서 구절들의 구체적인 관계를―그것이 그것들 중 몇 구절에서 가능한 경우에는―간과하려 한다면, 우리는 그 구절들로부터 바로 그것들이 지닌 일반적인 의미와 영향력을 제거하게 될 것이다. 그 구절들은 다만 겉보기에만, 여러 가지의 다른 종교사적 영역에서도 언급될 수 있을 것을 그리고 이미 언급된 것을 언급하고 있다. 그 구절들은 성서의 중심으로부터 그것들의 중요성과 본질을 지니고 있다. 여기에서 인용된 거의 모든 본문들의 경우에, 우리는 그 중심의 명확한 증언을 멀리서 찾을 필요가 없다.

만일 우리가 이 첫 부분에서 피조물에 대한 하나님의 '보존'으로서 하나님의 섭리에 대하여 말한다면, 우리는 옛 교의학의 배열 순서를 따르는 것이다. 우리의 토대설정에 상응하게, 우리는 이 주제에 즉시, 피조물을 보존하는 하나님을 그 어떤 최고의 존재와 구별하고 성서적인 계시의 하나님으로 식별하도록 함으로써, 옛 교의학에서는 그것이 지니고 있지 않던 특정한 요점을 부여했다. 그런데 바로 다음과 같은 위대한 인식과 더불어 시작하는 것이 의미 있는 것이다: 만물이 참으로 그들의 '존속'에 대하여, 즉 만물이 여전히 '현존한다'는 참으로 그 사실에 대하여 감사해야 하며, 또 되풀이해서 감사해야만 하는 그 대상은 바로 "아버지인 하나님 한 분"이다. 하나님이 그의 피조물을 위해 존재한다는 것, 그가 창조주의 존재 안에서 피조물이 지닌 존재의 보증이 되고 보증인이 된다는 것은, 그가 그의 피조물과 더불어 그리고 피조물 위에 있다는 사실의 전제조건이며, 또한 은혜의 계약의 주님으로서 그가 예수 그리스도의 사역과 계시 안에서 피조물을 위해 존재하고자 했던 그 모든 것의 전제조건이기도 하다. 하나님이, 즉 하나님 홀로 피조물의 실존을 그리고 동시에 그것의 본질, 본성, 삶의 표현들을 자유로운 자비로부터 그리고 바로 그렇게 최고의 성실함 안에서 보증하고 있다.—이 인식이 참으로 하나님의 섭리론의 시작에 속하는 것이다.

"보존"(conservatio)이라는 전승된 개념 자체도 올바른 내용을 잘 표현하고 있다: 이 개념은 존재 안에서 보존하는 것, 즉 존재하는 것을 위협적인 몰락으로부터 보호하는 것을 의미한다. 라이덴 학파의 Leidener Synopse(1624 Disp. 11, 12)는 "인내"(permansio) 개념을 사용하고 있으며, 이 개념으로써 분명히 피조물에 대하여 참고 견디는 하나님의 성실함을 의미하고 있다. 풍부한 후기 라틴어이지만 내용상 아주 명백한 "손 안에 붙잡다"(manutenentia)라는 어휘도 가끔 나타나고 있다. 일반적으로 통용되던 어휘인 "보존"(conservatio)에 대하여 하이단(Abr. Heidan, *Corp. Theol. chr.* 1686, 359)은, 그것 안에 포함된 전치사 "함께"(cum, conservatio의 접두사 con은 cum의 뜻을 지니고 있음. 하이단은 이 접두어로 인해, 피조물의 보존을 위하여 하나님과 인간이 함께 협력한다는 오해가 발생할 수 있음을 지적한다.—역자 주)가 협력한다는 상상을, 따라서, 하나님 외에는 어떤 "보존자"(servator, '구원자'로 번역할 수도 있으나, 문맥상 '보존자'로 번역함—역자 주)가 처음에도 마지막에도 고려될 수 없음에도 불구하고, 이중의 "보존자"에 대한 상상을 불러일으킨다는 점에서, 그 어휘는 적절하게 선택된 것이 아니라고 평하였다. 여기에는 아마 다른 질문이 더 적절할 것이다: 우리는 바로 이 con-servatio(문자적으로 "함께-보존"이라는 복합어로 번역됨. 명사 servatio와 부정사 servare은 모두 '보호하다, 보존하다, 구조하다'라는 뜻을 지닌 동사 servo에서 파생됨—역자 주)를, 여기에서 응시되고 있는 servare(con-servatio의 servatio의미—역자 주)에서는, 전혀 다른 본래의 servare("보호하다")에 다만 '부가된' servare("보존하다")가 주요 관심사일 수 있다는 의미에서, 즉 예수 그리스도 안에서 피조물의 구원이라는 내적인 본래의 은혜에 상응해야만 하는, 피조물의 보존이라는 외부로부터 덧붙여지는 은혜가 주요 관심사일 수 있다는 의미에서 이해하고 진지하게 받아들여야만 하지 않았을까? cum에 대한 바로 이 설명을 17세기에는 아무도 생각하지 않았다. 그것을 설명해야만 할 경우에는, 우리는 오직 이 노선 위에서만 설명할 수 있을 것이라는 것은 명백하다.

1. 우리는 우선, 하나님은 그의 피조물을 '보존한다'는 것이 어떤 '의미'에서 이해되어야 하는지에 대하여 숙고하고자 한다. 대답은 우선 간단해 보인다: 하나님은, 피조물이 단지 한 번만, 가령 다만 그의 영원성에 상응하는 한순간(Nu)에만 (그리고 나서는 또다시 소멸되기 위해) 그의 밖에서 그리고 그와 나란히 그것의 현실성을 지니도록 허용되는 것만이 아니라, 시간의 경과 안에서 따라서 언제나 '다시' 그 현실성을 지닐 수 있도록, 따라서 언제나 '다시' 존재할 수 있도록 배려한다. 만일 하나님이 그의 피조물을 보존한다면, 그것은 실제로 그러한 피조물의 한순간은 그의 영원에 상응하지 않는다는 사실에서 명백해진다. 성서의 첫 번째 창조보도에 따르면 이미 피조물의 창조가 '시간'의 동시적인 창조 아래에서, 그리고 이 점에서 시간 안에서 발생하지 않았던가? 그러나 "하나님이 그의 피조물을 보존한다"는 명제는 그가 피조물에게 시간을 제공한다는 것보다 더 많은 것을 의미한다. 피조물을 창조하면서, 하나님은 그것에게 시간을 제공했지만, 그래도 그 후에 그것을 계속하여 보존하지 않을 수 있으며, 그 후에 피조물의 현존과 그리고 아마 또한 그것과 함께 창조된 시간과도 일찍 관계를 끝낼 수도 있다. 그리고 그가 그것을 정말로 보존한다면, 그것은 확실히 또한, 그가 그것에게 아직 더 많은 시간을 제공한다는 것을 의미하지만, 그럼에도 불구하고 확실히 무엇보다도, 그가 그것 자체를 이 시간 안에 있는 그것의 '존재' 안에서 확인한다는 것을 의미한다. 그가 그것을 원했던 것처럼, 그리고 그가 그것이 '생성'되고 '존재'하도록 배려하였던 것처럼, 그렇게 그는 그것이 '다시' 그리고 장래에 존재하기를 원하며 또한 배려한다. 그렇게 그는 그것을 보존한다. 그러나, 피조물을 보존하는 것이 창조주의 의무이듯이, 그리고 창조주에 의하여 보존되는 것이 피조물의 의무이듯이, 그렇게 그는 그것을 보존한다. 그는 그것을 '영원히' 보존한다. 그는 그것을 창조한 것을 무효화시키지 않는다. 그는 그의 피조물에 대하여 성실하다. 그러나 그는 그것을 '제한 없이' 보존하는 것이 '아니라', 피조물 특유의 존재에 상응하는 '한계들' 안에서 보존한다. 그가 그것을 보존한다는 것은 다음과 같은 사실을 배제하지 않고 포함한다: 창조된 개체들만이 아니라 창조된 종류들과 형태들도, 창조된 세계 전체도 제한되어 있다; 만물은 그것의 시간을 갖고 있으나 더 이상 그것의 시간으로서 갖고 있는 것이 아니다. 그것의 시간에 기한을 붙이는 것은, 그것의 존재는, 모든 창조된 존재 자체는 제한된 존재임을 보여준다. 무한히, 어느 곳에나, 언제나 존재할 수 있는 피조물이란 존재하지 않는다. 하나님

이 피조물에게 허락하는 보존은 그것의 '제한된' 존재의 보존이다. 보존은 그것의 전체적인 면에서 피조물의 제한된 공간과 관계되며, 그것의 영원성 면에서 피조물의 기한이 정해진 시간과 관련된다. 우리는 참으로 이렇게 이해해야 한다: 보존은 바로 그렇게 결코 단지 부분적인, 단지 일시적이며 불완전한 것이 아니라, 바로 그렇게 피조물에 대한 전체적이며 최종적이며 '완전한' 보존이다. 무엇이 다음의 사실보다 더 완전할 수 있을 것인가?: 하나님은 그의 피조물에게, 즉 개체들, 형태들과 종류들에게, 피조물의 세계 전체에게, 그것들을 보존함으로써, 각각 그것들에게 속한 것을 제공한다: 각자에게 그것에 속한 것을, 즉 하나님의 지혜와 전능에 의하여 그것에게 주어진 그것의 본질에 따라서 그것의 존재에, 그리고 그와 동시에, 존재하도록 하기 위한 그것의 공간과 시간에 부합'할 수 있는'(kann) 것을 제공하며, 그리고 하나님의 정의와 자비에 따라서 실제로 그것에게 부합해야 '마땅한'(soll) 것을 제공한다. 하나님의 보존은 이렇게, 오직 이렇게만, 성서적 의미에서 하나님의 사역이며, 피조물을 보존하는 것은 성서적 의미에서 하나님의 은혜로운 행위이다.

하나님이 그것에게 은혜를 베푸는 '역사'에 그리고 결국 예수 그리스도의 나라에 참여하기 위하여, 피조물은 과연 되풀이하여 현존해야만 하며, 따라서 보존되어야만 하며, 공간과 시간 안에서 지속되는 존재를 지녀야만 하지만, 잘 이해한다면, 그것은 무제한적 존재가 아니라 제한된 존재이다. 역사는 다만 제한된 존재들의 사이에서만 그리고 제한된 존재들을 위해서만 존재하기 때문이다. 다만 나란히 그리고 잇달아 실존하는 많은 주체들의 다원성의 한가운데에서만, 그리고 다만 그런 다원성을 위해서만 피조물들의 역사가 발생할 수 있다. 제한 없이 실존하는 주체 자체는, 피조물의 모든 사건이 지니고 있는 의미인, 은혜의 계약에서 비롯된 역사로부터 배제될 것이다. 그러므로 만일 보존의 본질이 피조물의 존재를 무한한 존재로 끌어올리는 것에 있다면, 그것은, 피조물의 보존자로서 또한 은혜의 계약 및 그것에서 비롯된 역사의 주님인 하나님의 사역이 결코 아닐 것이며, 그 하나님의 은혜로운 행위가 결코 아닐 것이다. 바로 이 특정한 '제한' 안에서 은혜의 계약의 주님이기도 한 창조주는 그의 피조물을 보존해야만 하며, 마찬가지로 이 특정한 '제한' 안에서 피조물은 그의 창조주에 의하여 보존되어야만 한다. 그리고 아직도 다음과 같은 질문이 제기될 수 있다: 대체 제한된 피조물과 관련된 보존이, 따라서 스스로 제한된 보존이 실제로 참되고 진지하며 완전한 보존일 수 있는가? 이 질문은 다음과 같이 대답될 수 있을 것이다: 그 보존의 완전성은 그것이 발생하는 '관계' 안에서 밝혀진다; 왜냐하면 그것은 존재에 대한 영원하며 거룩한, 그러나 외부의 그리고 추가된 보존으로서, 그 존재가 예수 그리스도의 나라에 참여함으로써 내적인 본래의 보존에 보충적으로 관계되기 때문이다. 예수 그리스도 안에서 그 존재에게—개체들에게, 종류들과 형태들에게, 피조물 전체에게—바로 그것의 공간적, 시간적 한계들 안에서 진정으로 가장 참되고 가장 진지한 보존이, 즉 하나님의 전체적이며 영원한 존재와 유대관계 안에 있는 보존이 결정되었으며 약속되어 있다.

옛 교의학자들은 그들의 "보존론"에서 다음과 같은 어려움을 더 심하게 느끼지는 않았다는 것이 눈에 띈다: 그 어려움은, 하나님이 그의 피조물을 보존하는 것은 더군다나 피조물 전체에 대한 관계 안에서—개별적인 피조물, 피조물의 종류들과 형태들은 말할 것도 없고—명백히 '한계'를 지니고 있다는 점, 즉 이미 지금 다만 여기저기에 존재하고 있는 만물이 언젠가는 사라지고 말 것이라는 점에 있다. 아주 가끔 그리고 부분적으로 이 문제가 사실 언급되기는 했다: "'그의 마음에 드는 동안은', 하나님은 자유로운 의지 안에서 … 피조물들을 보존한다. … 영원히 혹은 그것들이 언제나 존재하도록 그렇게 하는 것이 아니라, '개별적인 것들이 존재하는 동안은', 그는 그것들을 '언제나 존재 안에서' 보존한다."고 크벤슈테트(Quenstedt)는 쓰고 있다.(*Theol. did. pol.* 1685, I, 13, sect. 1, th. 14) 그리고 마스트리히트(P. van Mastricht, *Theor. pract. Theol.*, 1698, III, 10, 8 f.)가 "보존"을 "그의 마음에 드는 동안은, 하나님이 만물을 존속하게 허용하는" 행동으로서, 혹은 부정적으로, "사물이 '특정한 시점까지' 실존하게 하며 '더 이상' 실존해서는 '안' 되게 하는 하나님의 의지"로서 정의했을 때, 그는 아마 세계의 종말이라는 종말론적 문제도 염두에 두었을 것이다. 그러나 우리는, 어느 정도까지 "보존"의 한계가 참으로 아무래도 하나님의 행위의 불완전성을, 즉 그의 피조물에 대하여 창조주가 보여주는 성실함의 한계와 실패를 의미하지는 않을 것인지에 대하여 어떤 안내도 얻지 못한다. 그들이 그것 자체를 충분히 인상 깊게 묘사할 줄 알았던 것, 즉 하나님이 강력하게 만물을 "유지하는 것"은 영원하고 완전한 하나님의 행위인가 혹은 그렇지 않은가? 만일 그렇다면, 그 경우에 그 행위가 어떻게 중지될 수 있는가? 이 문제에도 몰두했던 아퀴나스(Thomas von Aquino, *S. th.* I, qu. 104, art. 4, ad 2)의 안내는 여기에서 약간 궁색하다: 즉, 보존하는 동일한 하나님으로부터 유래하는 "상반되게 작용하는 것"이 존재하며, 그것은 모든 피조물들은 아니지만 (아마 그는 가령 "불멸"의 영혼에 대하여 생각하고 있는 것 같다.) 많은 피조물들이 그것들에게도 제공된 하나님의 보존 능력을 받아들이는 것을 방해하며, 따라서 실제로는 영원히 보존되는 것을 방해한다는 것이다. 우리가 방금 시도했던 것처럼, 하나님에 의하여 보존되는 만물의 존재는 하나님의 은혜의 계약에서 비롯된 역사에 대한 상관관계 안에 있다는 바로 그 전제 아래에서는 다음의 사실이 분명히 드러날 수 있다: 만물은 (개별적으로든 전체적으로든) 그것의 '시간'을 지니고 있으며 언젠가는 사라지게 될 것임에도 불구하고, 그리고 그렇게 될 것이기 때문에, 보존하는 사랑은 그러한 한계를 알지 못하며 따라서 멈추지 '않는다.' 만일 아우크스부르크 신앙고백서(*Conf. Aug.* VII)의 내용, 즉 "마찬가지로, 하나의 거룩한 교회는 '언제나 변함없이 존속할 것'이라고 가르쳐라"라는 내용을 여기에서 숙고한다면, 그 경우에 창조된 존재 자체의 제한성은 긴급한 문제가 아닐 것이다. 그 경우에, "하나님의 아들은 그의 영과 말씀을 통하여 전체 인류로부터 참된 신앙의 통일성 안에 있는 '영원한 삶에 이르는 선택된 공동체'를 '세계의 시작으로부터 종말에 이르기까지 모으고, 보호하고, 보존한다.'"라는 인식 안에 있으며 또한 그 인식을 지니고 있는 『하이델베르크 교리문답서』 제54번 문항에 따라서, 우리는 직접적으로 그리고 자신 있게 다음의 사실도 깨달을 수 있고 확신할

수 있다: "나는 동일한 공동체의 살아 있는 구성원'이며' '그리고 영원히 그렇게 머물 것이다.'" 그 경우에 그리고 이런 이유에서 다음의 사실이 통찰될 수 있다: 개체가 그리고 피조물 전체가 죽고 소멸한다는 것, 결국 단순히 존재했다는 것(Gewesensein)과 하나님이 그것을 영원히 보존하는 것 사이에는 모순이 존재하지 않는다. 모순이 존재하지 않는 까닭은, 각 피조물이 예수 그리스도에 대한 관계 안에서, "세계의 시작으로부터 종말에 이르기까지" 계속되는 그의 공동체 역사에 참여하면서, 각각 그것의 제한된 장소와 그것의 기한이 정해진 시간 안에서, 하나님과 유대관계 안에 있는 영원한 삶에 대하여 완전히 충분한 자신의 몫을 받아들이고 간직하도록 허락되기 때문이다. 그러므로 제한된 보존보다 더 많은 것이 필요한 것은 아니다. 오히려 바로 다만 이 제한된 보존 안에서만 예수 그리스도의 역사와 그의 공동체의 역사에 참여할 수 있으며, 따라서 영원한 삶에도 참여할 수 있다. 옛 교의학은, 그것의 전제조건으로부터 이 노선을 이끌어낼 수 없었으므로, 여기에서 그것에게 닥치는 어려움에 대처할 수 없었으며, 직시할 수조차 없었으므로, 만물의 보존자인 하나님의 성실함과 영속성에 대한 찬양은, 아무리 솔직한 뜻을 지니고 있었다고 해도, 제대로 소리를 낼 수 없었다.

2. 우리는 계속하여 하나님이 피조물을 보존하는 '질서'에 대하여 질문하고, 모든 것을 심사숙고한 후에 다음과 같이 대답해야만 할 것이다: 보존하는 것은 완전히 '하나님의 자유로운 행위'로서 발생하지만, 그것은 피조물 자체가 하나님이 그것의 현존을 보존하는 '수단'이 되는 방식으로 발생한다: 즉 인간의 육체는 그것을 지배하는 영혼을 통하여, 인간의 영혼은 그것을 섬기는 육체를 통하여, 인류 전체와 동식물들의 종류들은 그것들의 자연적인 번식을 통하여, 개별적인 인간은 그를 둘러싸고 있는 인간 환경 및 우주적 환경을 통하여, 그리고 이처럼 창조된 모든 존재는 그것의 환경을 통하여 그리고 그 환경의 특수한 질서에 따라서 보존된다. 하나님 자신이 그의 피조물을 보존한다. 그러나 그는 그것을 이 '관련성'(Zusammenhang) 안에서, 즉 그 안에서 그가 그것을 창조했고 그 안에서 그것이 실존하도록 그가 그것에게 지정한 바로 그 '관련성' 안에서 보존한다. 그러므로 하나님이 피조물을 보존한다는 것은, 엄밀히 말하면, 다음과 같은 것을 의미한다: 그는 그것이 지닌 존재의 이 관련성을 보존하며, 그 존재를 이 관계성 안에서 보존한다. 우리는 여기에서, 한편으로는 창조주로서 그리고 다른 한편으로는 은혜의 계약의 주님으로서 그의 행동에 비하여 그의 섭리 안에 있는 하나님의 행동이 지니고 있는 중요한 형식적 차이에 직면해 있다. '창조'에서 하나님은 직접, 즉 다른 존재의 매개 없이 행동한다. 왜냐하면 다른 모든 것은—순수한 수단으로서도 아니며—창조행위의 협력자로서가 아니라, 창조주로서 그의 행동의 '산물'로서만 논해질 수 있기 때문이다. 그리고 바로 이 점이, 하나님의 창조사역이 그의 '은혜'의 사역과 함께 지니고 있는 공통점이다: 즉 하나님이 아브라함을 부르고, 이스라엘을 선택하고 홍해를 건너도록 인도할 때, 그가 예언자들을 일깨우고, 예수 그리스도가 처녀에게서 태어나고 세계의 구원을 위하여 죽었고 구원의 계시를 위하여 죽은 자들로부터 부활

하게 할 때, 그가 이 사건들의 전체 과정에서 거듭하여 기적을 행할 때, 그가 세례의 물과 성만찬의 빵과 포도주를 거룩하게 할 때, 그가 계속하여 "그의 신앙공동체를 모으고, 보호하고, 보존"할 때, 그리고 그의 성령이 한 인간을 복음을 통하여 부르고, 그의 선물들로 깨우치고, 올바른 신앙 안에서 거룩하게 하며 보존할 때, 그때에 그 모든 것은 피조물의 세계 한복판에서 그것을 창조할 때처럼 그렇게 직접적으로 발생하며, 따라서 피조물은 이 모든 사건 안에서, 그것이 창조에서 완전히 하나님의 행위의 산물인 것과 아주 똑같이, 완전히 하나님의 행위의 '대상'이다. 그러나 만일 피조물 자체의 '보존'이 주요관심사라면, 따라서 피조물의 창조에 뒤따라오며 그것의 구원에 선행하는 것이 주요관심사라면, 물론 그것을 위하여 그의 자유로운 행위도 필요하지만, 그러나 그 경우에 그것을 위하여 명백히 하나님의 '직접적인' 행위가 필요한 것은 '아니다.' 피조물의 창조 이후에 그리고 그것의 구원을 위해 현존하기 위해서는, 피조물은 명백히 다만 그것의 존재의 관련성을 보존하는 것이, 그리고 이 관련성 안에서 그것 자체를 보존하는 것이 필요하다. 이 관련성은 바로, 개체가 전체 안에서, 전체가 개체 안에서 — 만일 하나님이 장래에도 그것을 그렇게 원하고 규정한다면 — 그것의 근거(Halt), 그것의 존속, 그것의 영속성을 지니도록 하기 위하여, 하나님에 의하여 창조된 것이다.

이 내용(Sachverhalt)의 불가피성을 통찰하기 위하여, 다시 우리는 물론, 피조물의 실존이 하나님의 '은혜의 계약' 안에서 얻는 의미에 대하여 생각해야만 할 것이다. 피조물은 그 계약에서 하나님의 행위의 대상일 수밖에 없다는 것은, 피조물에 대하여 언급되어야 하는 모든 것이 아니며, 바로 긍정적인 것도 아니다. 피조물은 전적으로 하나님의 은혜의 대상이며 수신자일 뿐이기 때문에, 그것은 "사실상" 은혜의 수단으로 되지는 않지만 (왜냐하면 은혜는 직접적으로 작용하거나, 그렇지 않으면 전혀 작용하는 것이 아니므로), 그렇지만 은혜의 증인들로, 즉 그것의 정신적 실존의 온전한 겸허 안에서 역시 계약의 역사에서 담당하는 '적극적인' 기능도 떠맡아야만 하며, 파송과 위임 명령을, 즉 그것의 '동료 피조물'을 향한 파송과 위임 명령을 수행하여야만 하는 전령과 선포자로 될 수는 있다: 아브라함은 이삭과 야곱의 아버지가 되며, 따라서 예수 그리스도의 선조가 된다; 이스라엘은 이방인의 빛이 된다; 예언자들은 스스로에게가 아니라 그들의 민족에게 예언자들로 된다; 예수 그리스도는 인간으로서 다른 모든 인간들의 편을 들기 위하여 인간으로 되어야만 했다; 성서의 기적, 그리고 세례와 성만찬은 하나님의 사역과 계시의 징표이다; 그렇다면 신앙공동체는 선교공동체이며, 그렇지 않다면 신앙공동체가 아니고, 그렇다면 그리스도인들은 (말로써 혹은 말없이) 유대인들과 이방인들에 대한 하나님의 심부름꾼들이며, 그렇지 않다면 그리스도인이 아니다. 바로 은혜의 계약 안에서, 즉 창조에서처럼 완전히 우리가 피조물에 대한 하나님의 직접적인 주도권과 행위와 관련되어 있는 그 계약에서는, 즉시 그리고 마찬가지로 완전히 '또한' '피조물과 동료 피조물 사이의 관련성'이 발생하며, 피조물들은 다른 피조물들에 대한 하나님의 봉사를 위하여 구별되며 선발된다. 그것은 순수한 정신적 관련성이며, 그 관련성 안에서 하나님 자신이 직접 행동하며, 피조물은 다른 피조물에 대하여 바로 다만 그의 행위만을 가리켜 보일 수밖에 없으며, 그 행위에 대하여 증언할 수 있으나, 결코 아무것도 영향을 끼칠 수 없으며, 매개할 수도 없다. 그러나 거기에서 눈에 띄게 되는 것이 '또한' 피조물의 관련성이라는 것은 의심의 여지가 없다. 하나님은 항상 피조물의 세계 한가운데에서 발생하는 계약의 역사라는 거대한 복합체 안에서, 즉 이스라엘에서 시작되고 교회 안에서 계속 진행되고 있는 그 복합체 안에서 직접적으로 행동함으로써, 즉 틀림없이 피조물을 통해서는 아니지만, 또한 피조물 없이는 아니며, 피조물에게서 피조물과 함께 행동함으로써, 은혜의 계약도 그러한 피조물의 관련성 안에서 존속하며, 정신적으로 보존되고 갱신된다. 그런데 하나님이 피조물 자체를 현존하도록 보존할 때 행하는 것의 탁월한 원형이며 본보기가 바로, 은혜의 계약 안에 있는 이 피조물의 정신적 관련성이다. 하나님은 피조물의 실존을 동일하게 보존하는 것이 아니라, 그것이 그 계약에서 획득하는 의미에 '상응하게' 보존한다. 그가 창조한 존재의 '관련성'을 보존함으로써, 그리고 그가 창조한 존재하는 모든 것을 이 '관련성' 안에서 보존함으로써, 하나님은 그 일을 행한다. 이 관련성이, 그리고 이 관련성 안에서 피조물 자체가 피조물의 보존을 위한 '수단'이다. 은혜의 계약에서는 피조물은 수단이 아니라 다만 증인과 징표, 말하자면 다만, 홀로 유효하게 행동하는 하나님에 대하여 예식을 돕는 보조자일 뿐이다. 그것에 비하여 여기에서는, 만일—피조물이 은혜의 나라 안에서 되어져야만 하는 것을 고려하여—피조물의 보존이 주요관심사라면, 창조와 구원 사이의 중간에 있는 여기에서는, 피조물은 하나님에게, 그리고 그것 자체가 서로에 대하여 '수단'이다. 왜냐하면 그것의 창조주인 하나님은 그것 자체를 사용하기를 원한다(!)는 사실이 언제나 전제되어 있기 때문이다. 피조물을 실제로 보존하는 것이, 그가 여기에서 직접적으로가 아니라 간접적으로 행동한다는 바로 그 이유 때문에, 하나님의 자유로운 행위가 아닌 것은 아니다. 그러므로 피조물이 피조물을 보존하는 것은 아니며, 모든 피조물의 관련성이 개별적인 피조물에게 영속성을 보증하는 것은 아니며, 그리고 개별적인 피조물이 피조물 전체에 영속성을 보증하는 것은 아니다. 그리고 하나님이 행하기를 원하는 것을 가령 피조물이 다만 대리적으로라도 스스로의 능력으로 행할 수 있을 것이라는 것은 말도 안 된다. 여기에서도 하나님 홀로 그의 자유로운 뜻에 따라서 모든 것을 행한다. 그러나 그 관련성을 보존함으로써, 그렇게 피조물을 통하여 피조물을 보존함으로써, 그는 그 일을 행한다. 만일 보존에서 그가 행하는 것과 은혜의 계약 안에서 그가 행하는 것 사이의 상관관계를 인식한다면, 우리는 피조물을 혹은 그것의 관련성을 피조물을 보존하는 원리로 간주하는 오류를 피할 수 있을 것이다. 은혜의 계약에서 그가 행한 사역을 인식한다면, 우리는 여기에서, 즉 존재의 관련성 안에서, 그가 간접적으로 행하는 것은, 저 정신적인 관련성 안에서 그가 직접적으로 행하는 것 못지않게, 그 자신의 자유로운 결정이라는 사실에 대하여 열린 마음으로 각성한 상태로 머물게 될 것이다. 그 경우에 여기에서도, 즉 존재의 관련성 안에서도, 우리는 그 자신 외에 어떤 다른 존재가 일하고 있는 것은 아니라는 것을 인식하게 될 것이다.—그 경우에 우리는 틀림없이 언제나 다시, 다만 그의 수단에 불과한 이 존재의 관련성을 그 수단을 '사용하는' 하나님 자신과 '구별'할 것이라는 사실에 대해서는 말할 것도 없다.

이로써 우리는 토마스 아퀴나스(Thomas von Aquino, *S. th.* I. qu. 104, art. 2)가 "하나님은 '직접적으로 모든' 피조물을 보존하는가?"라는 질문에 대하여 대답한 것에 어느 정도 동조하였다. 그의 대답은 다음과 같다: 그렇지 않다, 그가 피조물 전체를 직접적으로 보존하는 것은 아니다! 오히려: "하나님은 존재하는 '약간의' 사물들을 '다른 원인들을 매개시킴으로써' 보존한다." 여기에서 그가 방어해야 하는 결정적인 반론은 다음과 같다: 하나님은 그래도 "직접적으로 만물의 창조주"이며, 따라서 마찬가지로 "직접적으로" 역시 피조물의 "보존자"이어야만 한다. 그가 이 반론에 대하여 제시하는 대답은 다음과 같다: "하나님은 모든 것을 직접 창조하였다: 그러나 바로 만물을 창조할 때에, 그는 사물들 안에 '질서'를 세웠으므로, '어떤 것들은 다른 것들에게 의존하여야 마땅하며', 그로부터 기인하는 일차적인 보존을 전제로 하여, 그 다른 것들을 통하여 '이차적으로' 그것들의 존재가 '보존되어야 마땅하다.'"(ad 1) 우리는, 토마스가 "질서에 따른 보존"을 창조된 현실의 전체가 아니라 한 부분에만 응용하려 했으며, 다른 부분은 분명히 "직접적인 보존"의 대상으로 남겨 두고 있음을 보고 있다. 그가 여기에서 언급하기를 원치 않았던 부분에서, 그가, 우리의 견해에 상응하게, 하나님의 구원하는 은혜의 특수한 활동과 관련 있는 바로 그 모든 것들을 생각하였다는 것이, 그가 언급한 맥락에서는 식별되지는 않지만, 그렇다고 해서 배제된 것도 아니었다. 설령 마스트리히트(Petrus van Mastricht)(L.c)가 여기에서 다른 것을 생각하기를 원했다고 해도, 즉 그 밖의 창조세계와는 다르게 하나님이 직접적으로 보존하는 대상들로서 "어떤 비물질적인 것들"(하늘들, "최초의 물질", 원소들)을 지명하기를 원했다고 해도, 그것은 어쨌든 시대적 제약을 받은 자연철학의 자의적인 해석이었다.

정반대로 "간접적인 보존" 개념의 "불합리함"을 다음과 같은 방식으로 논증한 사람은 바로 립시우스(R. A. Lipsius, *Lehrb. d. ev. prot. Dogm.*², 1879, §394f.)였다: 그는 '하나님'의 보존하는 활동을 사물들 안에서 지배하고 있는 '법칙성'과 '동일시'하기를 원했고, 그 반대로, 우리에게 그것의 총체성이 아직은 통찰되지 않는다는 그 법칙성을 하나님의 보존하는 의지를 나타내는 끊임없는 표현으로 간주하기를 원했다. 그것은 19세기의 자유주의 신학이 그 시대정신에—립시우스의 경우에는 아마도 그의 예나 대학교 동료인 헤켈(Ernst Haeckel)에게—바쳐야만 한다고 여겼던 전체 제물들 가운데 전형적인 하나의 제물이었다. 그는 여기에서는 두 가지 명백한 잘못을 저질렀다: 1. 모든 피조물들의 존재의 관련성(토마스가 "질서"라고 불렀던 것, 즉 그것에 의하여 한 존재가 다른 존재에게 의존하고 있는 그것)은, 만일 그것이 모든 존재와 사건의 규칙적인 결합이라는 관점 아래에서만 이해된다면, 일방적인 것이고, 따라서 잘못 이해된 것이다: 왜냐하면 그 관련성은, 이 점에서 훨씬 더 지혜로웠던 옛 신학이 더욱 보편적으로 주장하였던 것처럼, 우연이라는 측면, 즉 그 아래에서 사물들이 또한 그것들의 자유라는 특성 안에서도 인식될 수 있는 그 측면도 지니고 있기 때문이다. 2. 하나님의 보존을 피조물의 존재의 관련성과 동일시하는 것은, 설령 그 관련성이 더욱 포괄적으로 이해된다고 할지라도, 하나님에 대한 생각과 창조에 대한 생각을 쉽게 포기하는 것을 의미할 것이다. 만일 존재의 관련성이 하나님이 보존하는 것과 동일시된다면, 그 경우에, 그것이 그것 자체의 토대를 확립한 것이 '아니며', 또한 그것 자체에 의하여 보존되는 것도 '아니며', 오히려 그것 자체 '위'에 자유로운 '설립자이며 주님이며 보존자'인 한 존재가 있다는 사실이 완전히 부정된다. 그리고 그 경우에, 만일 종교적 해석이 마음대로 할 수 있는 일이란, 그 해석 없이 단순히 세계 자체를 통해서 세계의 토대를 확립하고 보존하는 것으로 이해되어야만 하는 동일한 것(Sache)을 기껏해야 또한 하나님이 보존하는 행위로도 해석하는 것이라면, 그것은 궁색한 방책이다. 역시 무엇'보다도' 더욱 냉정하게 구분하면서 "그에게서부터"라는 표현을 "만물" 앞에 그리고 위에 있는 통치의 표시로 생각하기 위하여, 우리는 하나님에 의하여 창조된 존재의 관련성의, 즉—그 경우에 물론 규칙적인 과정으로서만이 아니라 또한 자유로운 운동으로서 평가되어야 할—저 "질서"의 의미와 힘을 실제로 간과하고 부정할 필요가 없으며, 지속적으로 발생하는, 피조물에 의한 피조물의 상대적이고 내재적인 보존도 실제로 간과하고 부정할 필요도 없다. 아우구스틴(Augustin)은 여기에서 다음의 사실을 명확하게 인식하였다: "다만 세계 자체만이 하나님에 의해 창조되었으며, 그 밖의 것은 그 후부터 그가 정돈하고 명령한 대로 세계 자체에 의하여 행하여지며, 하나님 자신은 아무것도 일하지 않는다고 생각하는 사람들이 있다. 그들에 반대하여 다음과 같은 주님의 말씀이 제시된다: 나의 아버지는 오늘날까지 일하신다(요 5:17). … 그러므로 우리도 그렇게 믿어야 마땅하며, 혹은, 만일 할 수 있다면, 심지어 이렇게 이해하여야 한다: 오늘날까지 하나님이 일하고 있으므로, 만일 그에 의하여 창조된 것들로부터 그의 활동이 제거된다면, 그것들은 멸망할 것이다." 그도 역시, 하나님이 만물에, 즉 천사들, 별들, 바람들, 바다들, 동물세계, 인간역사에 각각 그들의 유형을, 곧 그것의 토대 위에서 그들이 각각 그들의 독특한 고유한 운동을 하는(*De Gen. ad lit.* 5, 20) 그 유형을 부여하였다는 것을 인식하지 못한 것이 아님에도 불구하고, 그리고 그것을 인식하지 못한 것이 아니므로, 또한 피조물에 대한 하나님의 관계에 대한 그의 관념이 다음과 같았음에도 불구하고, 그리고 다음과 같았기 때문에, 그는 그렇게 말하는 것이다: "하나님은 하늘과 땅을, 자연과 함께, 그의 능력의 현존으로 가득 채운다. 그러므로 그는 그가 창조한 모든 것을 조종할 수 있으며, 그러므로 그는 그것이 또한 고유한 운동들을 실행하고 관철하게 허용한다." 그리고 (역시 예나 사람인) 게르하르트(J. Gerhard)는 다음과 같이 논증한다: 스스로 움직이는 것 "그리고 그럼에도 불구하고 우리는 하나님 안에서 움직이는 것"(행 17:28)보다 인간에게 더 자연스러운 것은 없다. 태양이 매일 떠오르는 것보다 더 자연스러운 것은 없지만, 그것이 떠오르게 하는 것은 하나님이다.(마 5:45) 그러므로 마태복음 4:4("사람이 빵으로만 살 것이 아니다…")은 다음과 같이 이해되어야 한다: 빵도 하나님의 말씀 없이, 즉 그것을 창조하였고 그것의 영양분을 보존하고 있는 그 말씀 없이, 그것이 인간을 실제로 먹여 살릴 수 있다는 의미에서 독자적인 영양분을 지니는 것이 아니라, 오히려 그것에 고유한 힘을 실행하기 위해서는, 하나님의 창조적이며 보존하는 말씀의 지속적인 작용(influxus)이 필요하다; 마찬가지로 약초 자체,

그것으로 만든 약 자체, 또한 약을 처방하는 의사 자체가 아니라, 오직 그것들 안에 현존하는 하나님의 손길만이 인간을 치료할 수 있다.(Loci 1610, VI, 6)

간략히 말하면, 피조물의 '보존'은 '간접성' 안에서도, 즉 그 안에서 그것이 확실히 실현되는 그 간접성 안에서도, 여기에서 매개하며 활동하는 피조물 전체를 자유롭게 '처리하며', 그것에 의하여 제한되지 않고 오히려 정반대로 그것을 '제한하는' 하나님의 행위로 이해되어야만 한다. 옛 신학은 실제로 이것을 고수하였다. 그리고 옛 신학이 이 맥락에서 하나님의 "말씀"과 "손"에 대하여 언급하고 요한복음 5:17을 인용했을 때, 그것은 본래 바야흐로 이 결정적인 인식에 확실성을 부여하려 하였다. 만일 그것이 후에 현존하고 작용했다면, 그 확실성은 립시우스가 걸어갔던 방향에서 이탈을 불가능하게 했을 것이다. 피조물의 실존이 지닌 의미가 동료 피조물을 위한 하나님의 은혜를 증언하는 증인으로서 그들이 지닌 직무에서 밝혀지는 바로 그 '예수 그리스도'의 나라 안에 있는 하나님 '아버지의' 주권에 주목한다면, 피조물을 창조주 하나님과 혼동하는 일, 피조물의 보존 능력과 하나님의 보존 능력을 혼동하는 일이 명백히 근본적으로 배제된다. 만일 그 주권을 주목하는 것을 중단한다면, 만일 피조물의 '존재'의 관련성과 '정신적' 관련성 사이의 상관관계를 간과하게 된다면, 그 경우에, 옛 신학이 일치하여 단호하게 행하였던 것처럼, 과연 그 혼동이 사실상 중단될 수 있기는 하지만, 그러나 근본적으로 '배제'될 수는 '없다.' 그 경우에, 창조주가 보존하는 것과 피조물이 보존하는 것 사이의 동일화를 금지하는 것은 강제력을, 즉 "더 큰 것으로부터 출발하여 더 작은 것으로 향하는" 결론을 맺을 강제력을 갖고 있지 않다. 이것이 "정통주의의" 입장이 지닌 약점이며, 우리는 사실상 입증된 확고함에 대하여 경의를 표함에도 불구하고 여기에서도 그 약점에 대하여 언급해야만 한다.

3. 하나님의 보존 '방식'(Modus)은 '이해하기 어렵다'고 말했던 것은 당연하다. 그러나 그 방식이 이해하기 어려운 이유는, 우리가 하나님의 보존을 다만 하나님의 '자유로운 자비'의 행위로서만 이해할 수 있기 때문이다. 하나님은 피조물에 대하여 그것을 보존하고, 존속시키고, 그것의 존속에 시간을 부여할 의무가 전혀 없다. 하나님은 또한 피조물에 대하여 그것을 창조해야 할 의무도 전혀 없었다. 그리고 하나님이 그것을 창조하였으므로, 그는 그것을 또한 그 순간에만 존재하게 하고 더 이상 존재하지 않게 할 수 있었다. 그의 완전한 의지는—그 경우에도 그것은 선한 것으로 이해될 수 있을 것이다.—피조물에 대하여 역시 그런 방식으로도 성취될 수 있었다. 그 경우에도 바로 그의 자비는 이해되기 어려울 것이다. 하나님은 다른 것을 원했다는 것, 그는 그의 피조물을 그때까지 '보존'하기를 원하였으며 분명히 '계속해서' 보존하려 원한다는 것은, 그의 자유로운 사랑이 넘쳐흐르는 것이며, 따라서 또한 그에 대한 이해를 매우 어렵게 하는 것이기도 하다. 그러나 이 넘쳐흐르는 것이 실제로 '발생'하였으므로, 우리는 피조물을 보존하는 일이 그의 만족과—그에게는 변덕이 존재하지 않으므로—그의 거룩한 본질에 상응한다는 것을 고려하지 않으면 안 된다. 하나님은 이렇게 존재하며, 이런 방식으로 자비로우며, 그의 자비는 바로 다음과 같은 점에서 이해되기 어렵다: 그

가 그의 피조물을 역시 보존하기도 원하며, 그의 의지를 피조물과 함께 그 피조물의 '존속'과 '지속성' 안에서 실현하기를 원한다. 그러므로 하나님의 이 사역에 직면해서는 놀라움과 경탄, 감사와 찬양이 적합하다. 하나님이 피조물을 창조함으로써 이미 결정하고 실행한 바로 그 선택은 일시적인 것이 아니며, 하물며 우연한 것은 더욱 아니다. 그 선택은 하나님의 '영원한 선택'이었으며, 그것 자체가 피조물의 영원한 보존이라는 그의 사역 안에서 '진실임이 입증'되고 있다. 그리고 그의 영원한 선택을 아무리 경탄해도 충분하지 않게 '확증'하는 바로 이것이 참으로 역시 그의 보존방식이다. 하나님은, 피조물에 대하여 그것을 영원히 선택하였고 그의 영원한 선택의 토대 위에서 그것을 이미 창조했던 바로 그 하나님이기를 중단하지 않으며 오히려 계속한다.

우리는 이렇게 말할 수는 '없다': 그는 그것을 '창조하기'를 '계속한다.' 그것은 그 일이 필요하지 않다. 그것은 이미 창조되었으며, 더 정확히 말하자면 훌륭하게 창조되었다. 만일 그가 그것을, 이미 언급했던 것처럼, 매 순간 새롭게 창조한다면, 그 사실은 그의 첫 번째 창조의 불완전성만이 아니라 또한 다음의 사실을 전제로 하는 것이 될 것이다: 말하자면 완전히 새롭게 다시 소생하기 위하여, 그렇게 삶과 죽음과 삶, 존재와 비존재와 존재의 지속적인 변천 안에서 지속적으로 실존하기 위하여, 피조물은 그때마다 연이어 소멸되어야만 할 것이다.

이 관념은 매력을 지닐 수 있다. 왜냐하면 이 관념을 통해서 우리는 모든 시대들과 나라들의 신비주의의 근본원리만이 아니라,—누가 알겠는가?—괴테가 "하나와 모든 것"(Eins und Alles, 1821)이라는 제목의 시에서 다음과 같이 표현했던 관념에도 연결된다고 여길 것이기 때문이다.

창조된 것을 다시 창조하는 일,
그것이 스스로 경직되게 무장하지 않도록,
영원하며 살아 있는 행동이 활동한다네.
과거에 존재하지 않았던 것이 이제는 생성되려 하네.
밝은 태양들로, 아름다운 대지들로;
결코 머물 수 없네.
움직여야 하네, 창조하면서 행동해야만 하네,
먼저 형태를 취하고 나서는 변화되어야 하네;
오직 잠시 정지해 있는 듯 보일 뿐.
영원한 것은 만물 안에서 끊임없이 움직이네;
모든 것이 허무 속으로 무너져 내려야만 하기 때문이라네,
존재를 지속시키기 원한다면.

"유언"(Vermächtnis, 1828)이라는 제목의 시에서 괴테 스스로가 물론, 참으로 그의 노년에 얻은 지혜의 절정에서, 이 교훈에 상대적인 것—그러나 매우 상대적인 것!—을 "그럼에도 불구하고" 나란히 세웠다.

어떤 존재도 허무로 무너져 내릴 수 없으리!
영원한 것은 만물 안에서 끊임없이 움직이네,
존재에서 행복을 보존하라!
존재는 영원하네: 왜냐하면 법들이
살아 있는 보물들을 지켜주기 때문이라네,
그 보물들로 우주는 장식되네.

왜냐하면 우리는 사실에 대하여 착각을 해서는 안 될 것이기 때문이다: 이로써 그는—두 시들의 분석에서 나타나게 되는 것처럼—지금까지 말한 것과 다른 것을 말하고 있는 것이 아니라, 다만 그의 전체적 개념 내부에서 분명히 가능했던 동일한 것을 '다르게' 언급한 것이다. 그가 여기에서 다만 첫 번째 행에서, 첫 번째 시의 상응하는 행과는 대조적으로, "어떤 존재도 허무로 무너져 내릴 수 없으리!"라고 말했을 때, 즉 어쨌든 그리스도교적으로도 이해될 수 있을 하나의 명제를 말했을 때, 그것은 틀림없이 그가 의도적으로 말한 것이 아니었다. 이 두 시들에서 그가 하필이면 19세기 후반에 "발견된", 에너지 보존법칙을 시적으로 미리 예견하였다는 주장(Ed. v. d. Hellen, *Jub.-Ausg.* 2, 352)은 물론 마찬가지로 틀림없이, 괴테가 말하는 진정으로 보존하는 것과 보존되는 것이 무엇이었는지를 간과하는 것일 것이다.

하나님의 보존을 창조행위들의 연속으로 해석하는 것, 따라서 피조물의 존재와 비존재의 교체를 고수하고 있는 신적인 존재에 대한 표상은 다음과 같은 이유에서 올바른 내용을 적중시킬 수 없다. 왜냐하면, 그리스도교의 섭리론에서는 이 관점에서 모든 것이 '연속성' 안에 있는 피조물의 '정체성'에 좌우되는데, 그 표상 안에는 바로 그 내용이 비록 폐기되지는 않더라도 어둠에 감싸이게 되어, 다음의 사실이 식별될 수 없는 상태로 머물기 때문이다: 피조물의 동일성 외에 실제로 또한 그것의 연속성도 주요관심사이며 그리고 사실은 그래도 바로 그것의 비연속성이 주요관심사인 것은 아닌 것일까?

괴테의 경우 무엇이 "변천 안에 있는 '영속성'"으로서 문제가 되는지를, 그 자신이 모든 현상들의 변화와 덧없음을 다룬 더 오래된 작품(1800년경)에서 같은 제목 아래 다음과 같이 묘사하였다.

시작과 종말을
하나로 수렴되게 하라!

사물들보다 더 빨리
그대 흘러 지나가라!
감사하라, 뮤즈들(Muse: 문예, 학술의 아홉 여신 — 역자 주)의 친절함이
불멸의 것을 약속하네:
그대의 가슴속에 담겨 있는 내용을
그리고 그대의 정신 속에 담겨 있는 형식을.

그리고 (괴테 자신의 주석에 따르면, 그 인물의 불가피하며 제한되고 변하지 않는 개성을 의미하는) "다이몬"(Dämon: 그리스 신화에서 신과 인간 사이에 있는 초자연적 존재 — 역자 주)이라는 제목으로 1817년에 발표한 시의 "원어들"(Urworten)에서도 비슷하게 노래한다.

그대를 세상에 제공하였던 그날처럼,
태양은 별들에게 인사하기 위하여 멈춰 섰고,
그대는 곧, 끊임없이 성장하리라
그대가 걷기 시작했을 때 따랐던 그 법칙에 따라서.
그렇게 그대는 존재해야만 하며, 그대 자신을 벗어나 도망칠 수 없으리라,
이미 시빌라(Sibylle: 고대 그리스, 로마 시대의 여자예언자)들과 예언자들이 말했던 것처럼;
그리고 어떤 시간도 어떤 힘도 파괴하지 못하리
생기 있게 성장하는, 이미 각인된 형태를.

그리고 할러(Albrecht von Haller)가 자연의 "핵심"과 "껍질"을 구별한 것에 반대하는 유명한 항의에서 다음과 같이 노래한다.

자연은 핵심도
껍질도 지니고 있지 않다,
모든 것이 단 '한' 번에 자연이다.
무엇보다도 그대 자신을 검토해보라,
그대가 핵심인지 껍질인지!

괴테의 시, "최후통첩"(Ultimatum)의 결어도 함께 들어보자.

자연의 핵심이 아니던가,
마음 안에 있는 인간들이?

이것과 실질적으로 전적으로 조화를 이루는 것이 바로 1828년에 발표된, 다만 외관상 반대명제의 형식을 갖춘 시, "유언"(Vermächtnis)에 있는 결정적인 단락이다.

> 풍부함과 축복을 알맞게 누려라;
> 이성은 어디에나 현존하느니,
>
> 삶이 삶을 향유하는 곳 어디에나.
> 그러면 과거는 변함없고,
> 미래의 삶은 미리 생동하리니—
> 그 순간이 영원이구나.

그뢰투이젠(Bernhard Groethuysen, *Evang. Theologie*, 1948, 256을 참고하라)은 괴테의 관념을 매우 훌륭하고 적절하게 다음과 같이 표현하였다: 인간은, 진정으로 존재하기 위해서는, 자기 자신을 초월하기를 원해서는 안 된다. 과연 어디로? "언제나 나는 나 자신을 다시 발견하게 될 것이다. 나는 나로서 존재하게 될 것이다. 오직 이 삶만이, 즉 괴테의 삶만이 존재한다. 외부에는 아무것도 없으며, 모든 것이 그것 안에 있다. 그러므로 어디에서나 너는 너 자신을 만난다. 너는 너 자신을 피하지 못하며, 너의 삶을 피하지 못한다." 어제 존재했던 그가 오늘은 더 이상 존재하지 않는다는 것은 말도 안 된다! "나는, 어제 존재하였던 나이며, 그리고 내일 존재하게 될 나이다. 뒤돌아보면서 나는 나 자신을 보며, 과거에 나였던 그와 이야기한다. 그와 나, 그리고 과거에 나였던 헤아릴 수 없이 많은 다른 존재들은 하나의 동일한 삶 안에서 하나로 되지 않았던가? 어린 시절의 삶이 있었고, 노년기의 삶이 있었다. 두 삶은 서로 손을 내민다. 노인은 그의 어린 모습(das Kind)을 파괴하지 않았다. 보라, 저기에 그의 어린 모습이 뛰놀고 있다." 중간의 모습(Währendes)은 존재하지 않고 다만 변화만이 존재한다는 것은 끔찍한 것일까? 완전히 그 반대이다: "만일 내가 지금의 나의 모습으로 머문다면, 나는 어떻게 나 자신일 수 있을 것인가? 만일 나의 외부에 그리고 나의 내부에 아무것도 변하지 않는다면, 대체 나는 살아 있는 것인가? 변화가 없는 삶이란 대체 무엇이란 말인가?" 그렇지만 이 경우에 아마 불변하는 '이것'과 신비주의의 가르침에 따르면 현상들이 사라져도 하나님과 하나가 되어 시간을 초월하여 영속하는 영혼의 토대(Seelengrund)가 어쩐지 같다고 생각될 것이다. 그리고 이 관념이 결국에는 저 순간(Nu)에 관한 관념으로, 즉 하나님에 의하여 창조된 세계는, 만일 그가 그렇게 원했다면, 다만 바로 그 순간에만 존재했을 것이며 더 이상 존재하지 않았을 것이라는 바로 그 순간에 관한 관념으로 될 수 없을지 아닌지 누가 말할 수 있겠는가? 만일 하나님이 피조물을 겨우 꿈꾸기만 했다면 혹은—하나님과 매우 비슷한 한 피조물이 그의 동료 피조물들을 겨우 꿈꾸기만 한다면—괴테가 말하는 의미에서는 물론: 하나님과 비슷한 이 피조물을 위하여 가장 영광스럽고, 가장 교훈적이고, 가장 풍요한 방식으로 꿈꾼다면, 어떻게 되겠는가? 우리가 "계속된 창조"를 받아들일 때 빠져드는 이웃관계(Nachbarschaft)는 추천할 일이 아니다. 이 유혹에 넘어가서는 안 될 것이다. 토마지우스(G. Thomasius,

Christi Person und Werk I, 1886, 146)가 일찍이 이 개념의 사용에 반대하여 매우 산발적으로 제기하였던 다음과 같은 이의제기에 오히려 정당성이 부여되어야 한다: 그 개념은 창세기 2:2, 히브리서 4:4에 의하여 표현된 한계를 폐기하며, 철저히 추구할 경우에, 피조물의 관련성 및 그것의 실존과정 전체라는 현실성을 단순한 허구로 변경시킬 위험이 있다. 그리고 많은 다른 사람들과 함께 매우 활기차게 그 개념을 옹호하였던 코케이유스(J. Coccejus, *S. theol*. 1662, 28, 12f.) 같은 사람이 그것을 깨닫지 못했다는 것은 놀라운 일이다.

이 관념과 거리를 둠으로써, 우리는 하나님의 피조물 보존 양식을 단순하게 다음과 같은 방향으로 이해한다: 하나님은 창조 이전에 피조물에 대하여 행한 영원한 선택에서 피조물에게 그것의 본질, 그것의 관련성, 그것의 실존을 주려고 생각하였으며, 역시 그것을 창조한 후에도 그 선택에 '성실하게 머물기를' 원했으며, 성실하게 '머물렀'고, 어떤 경우에도 성실하게 '머물기를' 원한다. 그는 피조물에 대하여 이러한 그의 선택과 그 선택에 토대를 둔 그의 창조행위를 '인정하기'를 멈추지 않는다. 그는, 스스로를 창조된 우주에게, 혹은 자기 자신을 그 우주에게 '넘겨준' 것을, 스스로를 그것과 공존하게 하며 그리고 이 점에서, 제7일에 그가 휴식한 것에 대한 이야기에 서술된 것처럼, 자기 자신을 (즉 이 관계 안에서) 우주적으로 그리고 인간적으로 만들었던 것을, 후회하지 '않는다.' 그는 그의 피조물에 '소속'되게 된 것을 후회하지 '않는다.' 그가 이것을 후회하지 않는다는 사실이, 그가 피조물에 대하여, 그것을 창조할 때 그것의 하나님으로 되었고 또 그렇게 존재했던 바로 그 하나님으로 존재하기를 원하며 또 그렇게 머물기를 원한다는 사실이, 피조물을 보존하고 있는 그의 넘쳐흐르는 '자비'(Güte)이다. 우리는 다음의 사실을 반복하여 말해야만 한다: 그 자비는 그의 '자유로운' 자비, 즉 빚지지 않은 그의 자비이다. 그것의 근거는 전적으로 오직 '은혜'의 선택 안에서만, 즉 피조물을 선택하고 그것을 창조한 원인이 되는 그 '은혜'의 선택에서만 우리에게 명백히 드러난다. 그런데 어떻게 그것이 특별히 거기에서, 즉 예수 그리스도 안에서, 더구나 이해할 수 없게 명백히 우리에게 드러나지 않을 수 있겠는가? 그러므로 바로 하나님의 '존엄'이 이러한 그의 자비 안에서 활동하고 있다. 이 사실이 그의 보존을 강력한 것으로 만든다. 이 사실이, 우리를 보존하기를 원하는 그는 전능한 하나님으로서 그가 원하는 것을 '할 수 있다'는 것을 보증한다. 그러나 분명치 않은 전능, 자의적인 전능은 존재하지 않으며, 이러한 그의 자비 외에 다른 존엄은 존재하지 않는다. 이 사실이 그의 보존을 신뢰할 수 있게 하며, 우리를 홀로 보존할 수 있는 그가 성실한 아버지로서 우리를 진정으로 보존하기를 '원한다'는 것을 보증한다. 만일 우리가 피조물을 보존하는 것을 하나님의 행위, 피조물에게 뜻밖에 발생하는 하나님의 사역, 피조물에게 주어지는 하나님의 작용이라고 부른다면, 우리는, 그 말의 의미가 단순하게 다음과 같다는 사실에 대하여 명백하게 이해해야만 한다: 하나님은 피조물에 대하여 '이 하나님'으로—

그의 은혜의 토대 위에서 그것을 그것의 특수한 존재 및 현존으로 선택하는 그 하나님으로—'존재하기를 계속한다.' 그가 이 하나님으로 존재함(Gottsein)에 의하여 피조물이 보존된다. 그가 이 하나님으로 존재함 안에서 그 행위가, 즉 그의 보존 사역이 발생한다.

아우구스틴(Augustin)은 이 보존의 "확고한 운동"에 대하여 대담하지만 정확하게 언급하였다.(*De Gen. ad lit.* 5, 20) 안셀름(Anselm v. Canterbury, *Monol.* 13)은 보존을 "보호하는 현존"으로 서술하였다. 그리고 토마스(Thomas v. Aquino)는 다음과 같이 발전시켰다: "하나님이 사물을 보존하는 것은 새로운 활동을 통해서가 아니라, 그가 그 존재를 제공하는 그 활동을 계속함으로써 발생한다; 그렇지만 이 활동은 움직임이 없으며 시간을 초월하는 것이다"(*S. theol.* I, qu. 104, ad 4).

하나님 자신 안에 있는 토대, 즉 살아 있으며 신뢰할 수 있는 이 토대 안에서는 피조물이 지속되고 존속하도록 허용된다는 사실이 분명하며, 앞으로도 계속하여 분명할 것이다. 하나님 자신 안에 있는 살아 있으며 신뢰할 수 있는 이 토대 없이는, 하나님이 계속하여 그의 선택을 '고수하는' 그 지속성 없이는, 자유롭지만 실제로 넘쳐흐르는 그의 자비 없이는, 그리고 마지막으로, 그의 자비의 토대인 은혜의 선택 없이는, 피조물은 존속할 수 없을 것이며, 존속하지 않을 것이다. 그러나 하나님 자신 안에 있는 살아 있으며 신뢰할 수 있는 이 토대가 '존속하며', 따라서 또한 '피조물'도 '존속하며', 그러므로 피조물은 하나님 때문에 존속하지 '않을' 수 없으며, 멸망할 수 없다.

토마스(Thomas von Aquino, *S. th*. I, qu. 104, art. 3-4)는 문제의 이 측면에 대하여 다음과 같이 숙고하였다: "하나님이 어떤 것을 무(Nichts)로 되돌릴 '수 있는가?'"라는 질문은 당연하다." "그렇게 제기된 질문은 '긍정적으로 대답'될 수 있다: 하나님은 그렇게 '할 수 있을 것이다.' 피조물을 보존하는 것은 피조물을 창조하는 것과 마찬가지로 하나님의 자유로운 만족과 관련된 문제(Sache)이다. 만일 세계가 실존하는 것이, 즉 세계창조가 하나님에게 본질적으로 필요한 경우에만 (그러나 그것이 그렇게 필요한 것은 아니지만), 그 질문이 부정적으로 대답될 수 있을 것이다. 역시 우리는 다음과 같은 의미에서, 즉 마치 하나님이 자비를 위하여 혹은 자비에 의하여 어느 정도까지 마지못해 그의 피조물을 보존하거나 하는 것처럼, 하나님의 자비를 증거로 끌어대서도 안 된다. 왜냐하면, 만일 하나님의 자비가 당연히 만물의 토대라면, 그래도 마치 하나님이 피조물의 세계가 필요하거나 한 것처럼 "자연에 의해 제한된 필연성으로부터"가 아니라, "자유로운 의사결정을 통하여" 자비가 그 토대로 되기 때문이다. 그러므로 하나님의 자비는 피조물의 세계로부터 또한 다시 철회될 수 있을 것이며, 그 까닭에 자비 자체가 손상되지는 않을 것이다. 만일 다음과 같이 질문한다면, 물론 문제는 전혀 다르다: "어떤 것이 무로 되돌려지는가?" 이렇게 제기된 질문은 마찬가지로 틀림없이 '부정적으로 대답'되어야만 한다. 하나님은 존재하는 모든 것을 보존하지 않을 수도 있음에도 불구하고, 그는 실제로 그 모든 것을

'보존한다.' 토마스가 단적으로(simpliciter) 다음과 같이 설명할 때, 우리는 괴테가 어쩌면 "어떤 존재도 허무로 무너져 내릴 수 없으리"라는 구절로 말하려 했을 수 있는 것을(그러나 분명히 그것을 말했던 것은 아니다!) 듣고 있다: "결코 아무것도 무로 되돌려지지 않을 것이다." 그리고 만일 상이한 다른 논증들에 뒤이어서 다음과 같은 그의 마지막 논거를 읽는다면, 우리는 경청해야 한다: "'어떤 것을 무로 되돌리는 것은 은혜를 입증하는 것에 속하지 않는다.' 왜냐하면 하나님의 능력과 자비는 오히려, 사물들의 존재를 보존하는 것을 통해서 증명되기 때문이다." 그래도 이 말은 분명히 다음과 같이 말하고 있는 것 같다: 하나님 자신의 부인될 수 없는 자유는, 즉 그의 피조물을 보존하지 않고 다시 멸망시킬 수 있는 자유는, 하나님이 그의 '은혜'의 자유로서 사실상 확증한 '그' 자유의 계시와 일치될 수 없을 것이다. 여기에서 실제로 증명된 그의 능력과 자비는 오히려, 그가 사물들의 존재를 보존한다는 사실에서 더 잘 입증된다. 이 영역에서 단 한 번, 토마스는 이 관점을 언급하고, 즉시 그것을 역시 이처럼 눈에 띄게 사용한다. 그가 여기에서 이 주제에 대하여 그처럼 확신을 지니고 있는 것은, 아마 이 논거와 관련이 있을 것이다. 그는 이 주제에 대하여 어쨌든, 훗날의 부르만(Fr. Burmann, *Syn. Theol.*, 1678, 1, 43, 17)보다 더 확신을 지니고 있었다. 그는 오직, '아마도' 어느 한 존재자의 "멸절"은 결코 있을 수 없을 것이라고—그렇지 않다면 하나님은 피조물을 헛되이 창조했을 것이기 때문이라는 논거를 통해서—주장하였다. 부르만은 참으로 이 사실을 알 수 없었다.

만일 우리가 하나님 자신 안에 있는 이 살아 있으며 신뢰할 수 있는 토대를 염두에 두지 않는다면, 다음의 명제, 즉 하나님의 피조물 보존은 절대적으로 그리고 영원히 유효하다는 것, 그러므로 어떤 존재자도 파멸될 수 없다는 것은, 전혀 언급될 수 없거나 다만 막연한 추측의 형태로만 언급될 수 있을 것이다. '하나님'이—즉, 그의 피조물을 선택한 것에 대하여 실제로 책임을 지며, 그의 자비가, 그것이 실제로 그의 은혜의 선택 안에 근거를 지니고 있으므로, 실제로 차고 넘치는 바로 '그' 하나님이, 바로 '이' 하나님이 "어떤 존재도 무로 몰락하지 않"도록 틀림없이 돌보고 있다. 만일 이 명제가 논증되어야만 한다면, 이 명제는 '이' 하나님에게 관계되어야만 하며, 따라서 이 하나님의 '사역'과 '계시'의 토대 위에서 논증되어야만 한다. 다른 하나님 혹은 어떤 다른 최고의 존재와 관계된다면, 이 명제는 아마 확신 있게 주장될 수 없을 것이다. 즉, 확실한 것이 되기 위하여, 이 명제는 다음과 같은 기본명제로부터 이끌어 내어진 결론으로 제시된 명제이어야만 한다: 하나님이 그의 피조물을 그의 아들을 위하여 영원으로부터 선택하였고, 그의 아들 안에서 영원히 사랑하므로, 그의 아들을 위하여 쇠퇴하도록, 즉 멸망하도록 허용하지 않는다. 그것은 아들 안에 있는 아버지에 대한 인식 안에서 논증된 명제이어야만 한다. 오직 그렇게 이 명제는 꼭 필요하며 이론의 여지가 없는 것이다. 그러나 그렇게 이 명제는 또한 꼭 필요하고 이론의 여지가 없는 것'이다.' 하나님이 행한 창조의 뜻이 은혜의 계약이었다면, 그 경우에, 하나님이 그의 피조물에게 확고한 존속을 부여하는 것은 그처럼 꼭 필요하다. 그 경우에 우리는 더 계속하여 다음과 같이 말할 수 있을 것이다: 그 경우에 피조물은 하나님 쪽에서 볼 때 존속하지 '않을' 수가 없다. 피조물로부터 이 존속을 박탈할 수도 있는 하나님의 자유에 대한 불가피한 기억은 그 경우에 말할 나위 없이 필수불가결하게 다음의 사실을 해명하게 된다: 그의 은혜의 선택은 '은혜'의 선택이며, 그의 은혜의 계약은 '은혜'의 계약이며, 이 점에서 보면 그의 입장에서는 피조물의 어떤 권리나 요구는 결코 논증될 수 없으며, 이 점에서 보면 오히려 배제된다.—그리고 더구나, 하나님이 그의 신적 본질에 의하여 어떤 내적인 압력을 받고 있으므로 그의 피조물을 보존해야만 할 것이라는 모든 상상이 배제된다. 그러나 이 기억은, 만일 그것이 온전히 진지하게 받아들여진다면, 다음과 같은 인식을 약화시키거나 문제화하는 것이 아니라 오히려 결정적으로 심화시키는 것을 의미할 수밖에 없을 것이다: 피조물의 전능한 하나님이며 신뢰할 수 있는 아버지가 그의 영원한 존재를 통하여 그것의 편을 든다는 사실에 의하여, 하나님의 피조물은 그것의 고유한 존재가 지닌 전체적인 시간적 기한 안에서 실제로 영원히 안전하게 보호되며, 유지되며, 보존되고 '있다.' 여기에서도 이 주제(Sache)에 대하여 완전히 확신을 갖기 위하여, 우리는 하나님 자신 안에 있는 이 인식의 살아 있으며 신뢰할 수 있는 토대만은, "은혜를 입증하는 것"만은, '예수 그리스도'만은 시야에서 사라지게 해서는 안 된다. 이 존재론적 토대 없이는 물론 모든 것이 전혀 다를 수도 있을 것이다. 그리고 이 인식론적 논증 없이는 여기에서 역시 전혀 다른 것이 말해질 수도 있을 것이다.—혹은 이미 우리가 언급했던 것이 어쨌든 확실하게 말해질 수 없었을 것이며, 충분한 근거를 갖고 말해질 수 없을 것이다.

우리가 여기에서 시작할 때 언급했던 명제도, 즉 하나님의 보존 양식은 '이해하기 어려운' 것이라는 명제도 부르만(Fr. Burmann, h.c. I, 43, 13)으로부터 유래한다. 그러나 그는 이 명제를 다시 매우 무기력하게 논증하고 있다: "왜냐하면 무한한 존재의 행동들은 유한한 자연에 의하여 완전하게 이해될 수는 없기 때문이다." 이것은 그리스도교의 논증이 아니며, 따라서 또한 여기에 제시될 수 있는 정확한 논증도 아니다: "무한한 존재자"로서가 아니라, 그의 '은혜' 안에서 하나님은 이해하기 어렵다.— 그리고 그는 "유한한 자연"에게가 아니라, '그의 은혜를 숭배하는' 인간에게 그러하다: 그러므로 그리고 그런 까닭에 또한, 인간을 보존하며 피조물의 세계 전체를 보존한다는 사실도 이해하기 어려운 것이다. 인간에게 그리고 피조물의 세계에 그 은혜와 함께 뜻밖에, 자유로운 하나님의 자유로운 사랑(Zuwendung)이라는 기대하지 않은 것, 공로 없이 얻은 것, 분에 넘치는 것이 주어진다. 인간에게 그리고 피조물의 세계에 그것과 함께 뜻밖에, 바로 다만 아버지의 자비로 인식될 수 있는 것, 그러나 바로 그것 자체가 이해될 수 없는 것, 즉 어떤 더 높은 근거로부터 파생될 수 없으며, 사실(Faktum)로서 감사하게 받아들여질 수밖에 없는 것이 주어진다.

4. 우리는 이제 게다가 또 아직 다음의 사실에 대하여, 즉 '피조물' 편에서는 하나님

에 의한 보존이, 따라서 그의 자유로운 자비의 사역이 '필요하다'는 사실에 대하여 명확히 해명해야만 한다. 피조물 창조는 하나님의 자유로운 결의에 기인하였으며, 그것은 하나님의 자유로운 행위였다. 피조물은 하나님처럼 영원으로부터 존재한 것이 아니라, 이전에는 존재하지 않았다. 하나님은 피조물에게 그것이 생성되고 존재하도록 해야 할 의무를 지니고 있지 않았다. 그가 "무(無)로부터", 즉 그가 원하지 않는 것으로부터, 그가 원하는 것인 그것을 구별함으로써, 그가 이 구별을 토대로 그것에게 존재를 부여함으로써, 그것을 창조하였다. 그것이 '존재한다'(ist)는 것은 하나님이 행한 이 '구별' 덕택이다. 그것이 끊임없이 존재하도록 허용된다는 사실도 다름 아니라 그 구별 덕택이다. 하나님은, 이 구별을 '견지함'으로써, 피조물을 보존한다. 주요관심사는 그것을 보존하는 것이다. ─ 우리는 이제 보존 개념의 발전에 더욱 깊이 전념해야만 하며, 다음과 같이 말해야만 한다: 주요관심사는 무(無: das Nichtige)에 의한 정복으로부터 피조물을 '보호'하는 것이다. 그러나 무는, 하나님이 창조주로서 선택하지 않았고 원하지 않았던 것이며, 그가 창조주로서 간과하였던 것이며, 창세기 1:2의 서술에 따르면 그가, 그것에게 존재와 실존을 부여하지 않고, '혼돈'으로 뒤에 남겨두었던 것이다: 무는, 다만 하나님의 결정에 의하여 그것에게 할당된 이 '부정성'(Negativität) 안에서만, 다만 창조됨으로부터 그것이 '제외'되는 것에서만, 이렇게 말해도 좋다면: 다만 하나님의 '왼쪽' 편에서만 실제로 존재하는 바로 그것이며, 그렇게, 그러나 여기에서 물론 그것의 매우 독특한 방식으로 실제로 존재하며, 중요하며(relevant), 더구나 활동적인 바로 그것이다. 이로써 우리는, 이 장의 다음 절에서 더욱 특별히 주시하여야만 할 문제복합체에 대하여 언급하고 있다. 여기에서 문제되고 있는 것은, 바로 다음과 같이 표현함으로써만 적합하게 서술될 수 있는 그 현실이다: 우리는 그 현실을 가능성이라고, 즉 하나님이 그의 영원한 결의에서 '배척'하였으며, 따라서 '결코' 원하지 '않았으며', '결코' 원하지 '않으며', '결코' 원하지 '않을' 가능성이라고, 바로 다만 하나님의 강력한 '거부'(Nein) 아래에서만 현실성을 지닐 수 있으며 현실성일 수 있으며, 그러나 여기에서 그리고 그렇게 의심할 여지없이 현실성을 '지니고' 있으며 현실성'인' 가능성이라고 부른다. 여기에 "거짓의 아비"인 악마가 자리 잡고 있으며, 여기에 악령들의 세계가, 여기에 죄가, 여기에 악이, 여기에 죽음이, 즉 자연적 한계로서 죽음이 아니라 원수로서, 즉 생명 파괴자로서 영원한 죽음이 자리 잡고 있다. 하나님의 창조행위 없이는 확실히 이 영역이 결코 이 부정적인 현실성을 지닐 수 없었을 것이며 부정적 현실성일 수도 없었을 것이므로, '하나님'은 이 영역에 대해서도 '강력한' 권력을 행사한다. 또한 이 부정적 현실성에 대한 영원으로부터의 심판도 하나님으로부터 이미 말해졌고 실행되었다. 그러나 피조물 자체는 그 현실성에 대한 그런 권력(Macht)을 지니고 있지 '않으며', 그것에 대한 심판도 선언할 수 없으며 실행할 수 없다. 피조물 자체가 오히려 그 현실성에 의하여 '위협'을 받고 있으며, 그 현실성에 어느 정도 인접해 있는, 즉 그것의 문 앞에서 숨어서 기다리고 있는 혼돈에 의하여 위협을 받고 있다. 피조물이 '스스로' 혼돈과 구별되었던 것은 '아니'다. 피조물은 이 구별을 스스로 견지할 수도 없다. 따라서 피조물은 이 혼돈으로부터 '스스로'를 보호할 수 '없다.' 피조물은 또한 결코 그 일을 할 수 없을 '것임에 틀림없다.' 피조물은 결코 자기 자신에 의하여 살아가도록 정해진 것이 아니라, 하나님의 은혜에 의하여 살아가도록, 즉 하나님의 은혜에 의하여 모든 그의 원수들과 피조물의 원수들에 대하여 승리하도록 정해져 있다. 피조물은—우리는 아직 피조물 자체에 대하여 말하고 있다.—이 원수들에게 예속될, 이 원수들에 의하여 삼켜지고 스스로가 혼돈의 요소로 되어버릴 극도의, 불가피한 '위험'에 처해 있다. 피조물은 하나님이 아니다. 피조물은 하나님과는 다른 현실성이다: 즉 하나님이 선택하고 원하고 정해 놓은 '긍정적인' 현실성이지만, 하나님과 '다른', 즉 하나님의 주권, 하나님의 선택, 그리고 결정의 자유에 관여하지 '않는' 현실성이다. 만일 하나님이 그것을 구원하고 지키지 않는다면, 그것 자체는 혼돈에 의하여 정복되고, 절대적인 무에 예속될지도 모르며 또 그렇게 될 수밖에 없을 것이다.

  피조물에게는, 창세기 1:3-9에 '분리'로서 서술된 그것으로, 즉 암흑으로부터 빛을, 아래에 있는 물로부터 위에 있는 물을, 바다로부터 마른 땅을, 간략히 말한다면, 혼돈의 요소들로부터 질서 있는 세계(Kosmos)를 구분하고 안전하게 보호하는 것으로서 서술된 그것으로 '끝맺음'(Bewenden)하는 것이 필요하다. 이 분리로 '끝맺음'함으로써, 하나님은 그의 피조물을 '보존한다.' 우리는 바로 이 구절을 아주 확실히, 우리가 여기에서 몰두하고 있는 교의학적 주제에 대한 성서의 "전형적 증빙구절"이라 부를 수 있을 것이다. 그러나 창세기 6-8장의 노아 홍수설화, 또한 출애굽기 7-11장의 이집트에 대한 재앙설화와 아주 상당수의 다른 성서 맥락들은 다음의 사실을 보여준다: 만일 피조물이 거기에서 그것을 위협하는 위험으로부터 실제로 변함없이 보호된다면, 그것은 자명한 것이 아니다. 만일 하나님이 그의 얼굴을 피조물로부터 다른 곳으로 돌린다면, 피조물은 오히려 저항하지도 못한 채 그 위험에 내맡겨지게 될 것이다. 어떤 경우에라도 피조물은, 하나님은 그런 일을 행하지 않는다는 사실에 의존하고 있다.

  옛 신학은 의심할 여지없이 전력을 다하여 이 사실을 말하고자 하였다. 예를 들면, 아우구스틴(Augustin, *De Genes. ad lit.* 4, 12)이 사도행전 17:28의 "우리는 그의 안에서 존재하고 있다"라는 발언을 다음과 같이 해설하는 것을 적절하다고 여겼던 것은 당연하다: 우리는, 마치 우리가 그의 존재에 관여하거나 하는 것처럼, 마치 우리도 (요 5:26에 의거하여) 우리의 생명을 우리 자신으로부터 지니고 있거나 한 것처럼, 그렇게 "그의 안에" "있는" 것이 아니라, "우리는 그와 다른 방식으로 존재하므로, 우리는 다만, 그가 그 일을 행한다는 그 이유로 그의 안에 있으며, 그가 모든 것을 보존하는 것은 바로 이러한 그의 사역을 통해서이다." 그리고 토마스(Thomas von Aquino, l. c. art. 1, c)는 아우구스틴(Augustin, l. c. 8, 12)에 의하여 인간의 의인(義認)과 성화에 적용된 관념(Bild)을 보편화하면서 다음과 같이 훌륭하게 상세히 설명하였다: 피조물 전체가 그것의 보존과 관련하여 하나님에 대해 지니고 있는 관계는 마치 대기권이 그것을 비추어주고 있는 태양에 대해 지니고 있는 관계와 같다. 태양은 그것이 지닌 본질의 힘으로 빛난다: 즉 대기권이 태양의 본성에 참여함으로써가 아니라, 그렇지만 태양이 빛을 비추는 것에 참여함으로써, 대기권도 밝게 된다. 태양이 빛을 비추는 것을 중지한다면, 대기권도 즉시 어둡게 된다. 이처럼 하나님 홀로 "그의 본질을 통하여 존재하는" 것이며, 피조물은 다만 "관여함으로써 존재하는" 것일 뿐이다. 그처럼 피조물은, 하나님이 그것에게 존속을 부여함으로써만, 존속할 수 있다. 그리고 17세기의 개신교 신학자들도 이에 상응하게 말한다: 만일 피조물이 단 한순간만이라도 스스로를 보존할 수 있다면, 그것은, 피조물이 하나님처럼 "자기 자신으로부터" 존재하며, 하나님처럼 영원하며, 제2의 하나님이라는 것을 의미할 것이다. 피조물은 그렇게 될 수 없으므로, 정반대로 다음과 같이 말해야 할 것이다: 피조물은 한순간이라도 하나님 없이 존속할 수 없으며, 하나님의 보존이 없다면, 마치 기둥들이 뽑힌 건물은 붕괴될 수밖에 없듯이, 오히려 무(無)로 추락할 것임에 틀림없을 것이다. 그러므로 피조물은 존속하기 위하여 하나님의 강한 손이 필요하다.(Fr. Burmann, l. c. 43, 8-10, 14) "모든 피조물들은, 그것들이 무로부터 유래하며 그토록 무에 관여하고 있기 때문에, … 매 순간에 외부의 힘이 필요한 존재들로서 실존한다."(H. Heidegger, *Corp. Theol.* 1700, zit. nach Heppe², 208) 그리고 이 "외부의 힘"은 하나님의 힘일 수밖에 없다: "더군다나 한 사물을 보존하기 위해서는, 그것을 창조하기 위해서 그랬듯이, 정말 아주 큰 힘이 꼭 필요하다."(Abr. Heidan, *Corp. Theol. chr.*, 1686, I, 361)

이 모든 것은 올바르게 인식되었고 논리정연하게 연결되어 있다. 그러나 우리는 이 논증이 어쩐지 빈약하다는 인상에서 완전히 벗어날 수 있는가? 그리고 그것은, 무엇이 피조물의 존재를 '위협'하고 있는지를, 즉 무엇으로부터 피조물은 다만 하나님에 의하여 '보호'될 수 있는지를 표현해야 하는 바로 그 개념, 곧 "본질"(essentia)과 "존재"(esse)에 대립하는 "무"(nihil) 개념이 여기에서는 신학적으로가 아니라 형이상학적으로만 이해되고 진지하게 받아들여지고 있다는 사실과 관계있는 것이 아닐까? 바로 개념규정상, 단지 상대적인 존재는 절대적인 존재에 대한 관계없이는 존속할 수 없다.—그리고 참으로 또한 (하나님의 자유를 유보함에도 불구하고) 개념규정상, 절대적인 존재가 상대적인 존재에게 그의 존속을 보장하게 될 것이다. 이어서 특히 다음과 같은 질문이 제기될지도 모른다: 여기에서 실제로 창세기 1장에서처럼 '하나님'의 보호가 논의되고 있는가? 그러나 먼저 다음과 같은 질문이 제기되어야만 한다: 여기에서 실제로, 창세기 1장에 따라서 '무엇으로부터' '하나님'이 그의 피조물을 보호하는지에 대하여 논의되고 있는가? 피조물은 참으로 바로 다만 "관여함으로써 존재하는 자"이며, 따라서 또한 "무에 관여하며", 따라서 피조물은, 그것 자체의 "본질"과 "존재"가 덕을 입고 있는, "그의 본질을 통하여 존재하는 자"가 "유지하는 것"이 필요하다는 사실이 전적인 곤경인가? 우리는 아우구스틴에게도, 토마스에게도, 우리의 옛 정통주의자들에게도 부당한 일을 행하기를 원치 않는다: 그들의 설명들 안에는 이 쟁점에서, 설령 그들이 "무"에서 존재자의 존재에 대하여 형식적인 대립관계에 있는 비존재(das Nichtsein) 외에 다른 어떤 것을 적어도 직감적으로 더 응시하지는 않았다고 하더라도, 그들에 의하여 계산상 거의 극복된 이 문제에 아마 그래도 완전히 적절하지는 않을 어떤 흥분(Erregung)이 진동하고 있다. 그러나 그들은, 여기에서 논의되어야 할 다른 것, 객관적인 것을 의식으로 끌어올리지 않았다. 그리고 그들은 어쨌든 그것에 대해서 입장을 표명하지 않았다.

내가 알고 있는 모든 옛 신학자들 가운데에서 다만 한 사람, 즉 안셀름(Anselm v. Canterbury)만이 하나님의 보존하는 행위 혹은 오히려 보존하는 존재를 "보존하는 것, 유지하는 것, 통지하는 것" 혹은 "존재를 불어넣는 것" 등으로만 표현하지 않고, 적어도 가끔 (*Monol.* 13 & 65, *De casu diab.* 1) "보호하다"라는 단순한 어휘로 표현하였으며, 따라서 '구원'(Errettung)으로서 서술하였으며, 동시에 '신학적으로' 진지하게 받아들여져야 하는, 피조물에 대한 보호에 대하여 언급하였다. 바로 안셀름이 참으로 (*De casu diab.* 1) (옛 신학 전체와 마찬가지로, 그에 따르면 본래 천사였던) 악마의 타락을, 어떤 피조물에게도 빚을 지지 않은 하나님의 "보호"가 중단된 것과 연관시켜 생각하였다.

왜 피조물의 존재가 무에 의하여 '위태로운' 것인가?: 즉 스스로가 무에 떨어지지 않기 위해서는, 그 자신이 파멸하지 않기 위해서는, 피조물은 하나님의 보존, 보호, 더구나 '구원'이 필요할 정도로 그렇게 위태로운가? 여기에서 확실히 비존재(das Nicht-Sein)'도' 피조물을 위협하고 있음에도 불구하고, 또 그렇게 위협함으로써, 여기에서 그것을 위협하고 있는 것은 존재에 대립해 있는 비존재보다도 명백히 더욱 심각한 것이다. 그러나 바로 비존재를 위험한 것으로 만드는 것은, 즉 그것으로부터 오직 하나님만이 창조된 존재를 보호할 수 있는, 창조된 존재를 능가하는 원수이면서 위협적인 파괴자로 만드는 것은, 그래도 명백히 비존재로서 그것이 지닌 본성이 아니라, 이 사실이다: 그것은 창조주 하나님이 선택하지 않은 것, 원하지 않은 것, 오히려 배척한 것이며 배제한 것이다. 즉, '하나님'이, 그의 피조물에 대하여 긍정(Ja)함으로써, 그것에 대하여 '거부'(Nein)했던 것이다. 그것은 다름 아니라, 성서적 관념과 언어에서 '혼돈'이라고 불린 바로 그것이다.

여기에서는 옛 그리스도교 신학에 표준적이었던 철학에는 상응하는 관념이 없었으므로 전혀 나타나지 않았던 개념이 문제되고 있다. 철학에 상응하는 견해가 없었던 이유는, 철학에는 우선 그리고 무엇보다도 여기에서 발생하는 보호와 구원에 대한 관념도 알려지지 않았으며, 알려지지 않았음에 틀림없기 때문이다. 만일 틀림없이 사용 불가능하지 않았던 철학의 "무" 개념을 옛 그리스도교 신학이, 신학에게 표준을 제공하던 철학의 언어에서 그 개념에 주어진 단지 형식적인 의미에서 넘겨받지 않고, 그 관념으로부터 출발하여 가득 채웠다면, 신학은 여기에서 더욱 의미심장하고 진지한 진술들을 향하여, 즉 틀림없이 신학이 상당히 마음속에 지니고 있었으나 그래도 역시 실제로 그것을 향해 돌진하지 않았던 그 진술들을 향하여 돌진했어야만 했다.

'하나님'이 영원으로부터 '거부'했던 것, 하나님이 원하지 않았던 것 — '그것'은 존재하지 않는 것(was nicht ist), 오직 공허한(nichtig) 것, 무(das Nichts)일 수밖에 없는 것이다. 그러나 하나님에 의하여 특징지어진 바로 이 공허한 것, 하나님으로부터 도피하는 이 그늘은 참으로 성서 안에서 처음부터 끝까지 그것의 전체적 특색이 '측정될 수 있는' 현실성을 지니고 있다. 하나님은 이 무를 그의 피조물의 적수로서, 즉 피조물을 유혹하고 파멸시키고자 하며 또한 그렇게 할 수 있는 적수로서 '알고 있다.' 하나님은, 이 무의 통치 아래에 있는 피조물은 파멸할 수밖에 없음을 '알고 있다.' 그것은—말하자면, 하나님이 그것에게 존재를 제공하였던 그 우주의 한계에—항상 등장해 있다. 그것은 거기에서 이 우주에 문제를 제기한다. 그것은 거기에서 심지어 우주에 대한 공격에 종사하고 있다. 만일 하나님이 단 한순간만이라도 그의 피조물로부터 다른 곳으로 그의 얼굴을 돌린다면, 이 공격은 즉시 시작된다: 그것도 치명적인 힘을 지닌 공격이 시작된다. 혼돈은 하나님에 대한 관계에서는 단연 하위의 요소이지만, 피조물에 대한 관계에서는 단연 우월한 요소이다.

피조물과 마주치는 무가 지닌 이 강력한 '위험', 이 월등한 위협은 이미 다음의 사실에서, 즉 무가 피조물에 대하여 너무나 절대적으로 상반되며, 너무나 완전히 낯선 것이라는 사실에서, 무가 너무나 완전히 다만 피조물의 본질 및 실존을 '부정'하기만 한다는 사실에서 피조물에게 알려져 있다. 그것이 피조물의 한계에 서 있다는 바로 그 사실이, 그것 자체가 피조물의 한계이지만 역시 그것 자체는 피조물이 아니라는 바로 그 사실이, 피조물에게 매우 섬뜩한 기분이 들게 한다. 그리고 바로 이 사실 때문에 그것은 심지어 '하나님'과 적어도 '비슷한' 것처럼, 어쩌면 동일한 것처럼, 어쩌면 제2의 하나님인 것처럼 보인다. 그와 동시에 그것은 참으로 물론 아무것도 아니다(nichts). 그러나 또 한편으로는 그것의 섬뜩함, 그리고 더구나 하나님과 유사한 그것의 겉모습은 진지한 근거가 없는 것이 아니다. 피조물에 대하여 바로 그것의 절대적인 대립과 생소함에서, 바로 그것의 비(非) 피조성에서, 그것이 피조물을 제한하고 말하자면 그것의 이웃이 되는 바로 그 허무성에서, 그것은 그것이 지닌 자유의지(Willkür)에 의해서가 아니라, 하나님과 피조물을 능가하는, 어쩌면 하나님과 피조물을 바보 취급하는 우연에 의해서가 아니라, 하나님 없이 그런 것이 아니라, 마찬가지로 '하나님에 의해서' 그의 방식대로 등장해 있는 것이다. 하나님 없이는—이 경우에는, 하나님의 분노, 배척, 심판 없이는—아무도 등장할 수 없었을 것이며, 중요하거나 강력한 것일 수 없었을 것이다. 그러나 바로 하나님의 '분노'를 통하여 그것이 등장하게 되'었'으며, 중요하고 강력한 것'이다.'—즉 피조물에 대하여 중요하고 강력한 것으로 되어 있다. 하나님이 창조에서 그의 현명하고 전능한 '긍정'(Ja)을 선언하면서, 그는 또한—그의 분노, 배척, 심판인—현명하고 전능한 '부정'(Nein)도 선언했으며, 그는 그의 피조물의 긍정적인 현실성을, 그가 선택하지도 원하지도 따라서 창조하지도 않았던 것에 반하여 경계를 설정하였다. 그리고 바로 그렇게 함으로써, 그는 그에 의하여 거부된 것에게 '비존재'(Unwesen)의 존재를 , '비실존자'의 실존을 배당하였다. 하나님이 빛을 창조했고, 보기에 좋았으며, 그것과 어둠을 나누었고, 그것을 낮이라 불렀다.—그러나 또한 어둠을 밤이라 불렀다.(창 1:3-5) 하나님이 창조하고 좋다고 여기고 분리하고 이름 붙이는 능력 안에서―즉 '소극적인 능력' 안에서―피조물과 함께 역시, 그 모든 것에서 피조물과 구분되는 것도 등장하게, 즉 위협적인 폭력―하나님에 의하여 긍정된 것을 부정하는 폭력―을 지니고 등장하게 되었다: 즉 실존하지 않는 비존재, 피조물이 아닌 것, 피조물에 대하여 아주 완전히 대립하여 있으며 낯선 것, 공허한 것, 무질서가 등장하게 되었다. 그것은 하나님에 대한 적대자가 아니라, 하나님의 분노에 의하여 발생되자마자 내쫓긴, 그의 사역의 그늘이다. 그러나 그것은 '피조물'에 대하여 대립하여 있는 것이며, 그것과 피조물 자체는 동등하지 않다. 그것은 하나님에게는 문제가 되지 않는다. 그러나 그것은 하나님의 '피조물'에게 제기된 근본적인 문제이다. 그것은 하나님에 대하여 어떤 권력도 지니고 있지 않다. 그러나 그것은 하나님의 '피조물'에 대하여 압도적인 권력을 지니고 있다. 바로, 하나님에 의하여 부정된 것으로서 그것은 하나님의 피조물을 부정하는 경향성과 또한 부정하는 힘을, 즉 소용돌이의 끌어당기는 힘―괄호 내부에 있는 모든 플러스(Plus)가 구조의 가망이 없이 그것에게 귀속되어야만 하는, 괄호 앞에 있는 단 하나의 마이너스(Minus)의 힘을 생각하라.―을 지니고 있으며, 그 소용돌이의 혼란 속에서 피조물 자체는 가라앉고 사라져버릴 수밖에 없을 것이다. 진정한 '이의'를 자발적으로 제기하기 위해서는, 피조물은 자발적으로 효과적인 '저항'을 행할 수 있어야만 할 것이며, 피조물의 존재를 제공하며 동시에 피조물이 암흑이라는 이웃에 대해 거리를 두게 하는, 창조하고 좋다고 여기고 분리하고 이름 붙이는 하나님의 행위를 스스로 반복할 수 있어야만 할 것이며, 따라서 거리를 두는 것과 피조물의 존재 자체를 유지할 수 있어야만 할 것이다. 그러나 피조물은 하나님이 '아니'다. 그러므로 그것은 그런 일을 할 수 있는 상태에 있지 '않'다. 그런데 저 부정된 것이면서 동시에 부정하는 것이 그 자신으로서는 '무한한 것'으로서 피조물에 대립하여 있다. 하나님은 단 한 가지만을 선택했고 원했다: 그러므로 하나님이 선택하지 않았으며 원하지 않았던 것, 즉 공허한 것은, 하나님에 의하여 간과되었으며 정당한 이유로써 현실화되지 않았던 가능성들의 무한한 충만함(Fülle)이다: 그것은 심연, 즉 하나님이 창조한 그 한 가지가, 만일 그것을 창조한 하나님이 그것을 유지하고 보존하지 않는다면, 깊이 가라앉고 말 심연이며, 그것을 큰 파도로 삼켜버릴 거대한 바다이다. 만일 그것이 기대되지 않는다면, 즉 만일 하나님이 유지하고 보존하는 일이 발생하지 않는다면, 하나님의 거룩한 뜻은, 그와는 다른 현실성에 대하여 강력한 긍정을 선언하고, 즉시 더욱 강력한 부정을 통하여 긍정을 철회하는 것, 그가 빛이 되도록 했던 것처럼 다시 빛이 소멸되게 하는 것이었을 것이다. 그 경우에는 창조 전체가 그의 분노 안에서도 결국 은혜로운 의지의 사역으로서가 아니라, 그의 은혜 안에서도 결국에는 '분노하는' 의지의 사역으로서 이해되어야 할 것이다. 그 진노하는 의지 안에서는, 그는 하나님이 아닌 현실, 즉 피조물의 현실이라는 생각을 마음에 품고 실행하지만, 즉시 취소하고, 그가 영원으로부터 그렇게 존재하였던 것처럼—왜냐하면 공허한 것은 그에 대하여 독자성을 지니지 않으므로—그의 내적인 삶 안에서 홀로 실재하는 자로서, 유일한 존재로서 남을 것이며, 그 경우에 틀림없이 마찬가지로 영광스럽게 변함없이 모습을 드러내고 있을 것이다. 이 표상에 적어도 매우 비슷한 하나님에 대한 이미지들이 있으며, 그리스도교의 영역에도 이미 그런 하나님에 대한 이미지들이 있었다. 그러나 피조물은 다음의 사실에 의하여 살며, 절대적으로 이 사실들이 필요하다: 이 표상은 사실상 틀린 것이며, 하나님의 거룩한 의지는 이 분노하는 의지가 '아니'었고, 지금도 '아니'며, 앞으로도 '아닐' 것이다.—그는 피조물의 현실에 대한 그의 긍정을, 그 긍정의 바로 옆에 그의 부정이 동반함에도 불구하고 그리고 그렇기 때문에, 그의 긍정으로 '되게' 하고 그렇게 '머물게' 하며, 따라서 그에 의하여 부정된 것에게, 그에 의하여 긍정된 것을 부정하는 것으로서 그것이 지닌 목표에 도달할 능력을 결코 제공하지 않는다. 바로 이것이, 우리가 하나님에 의한 피조물의 보존에 대한 피조물의 필요를 옛 신학에서 이해된 것과는 다르게 이해해야만 하는 그 한 방향이다. 형이상학의 시야 및 언어에 매어 있던 옛 신학이 그것을 보여줄 수 있었던 것보다도 무는 '더 위험한' 요인이며, 따라서 무에 의한 피조물의 위험가능성은 더욱 크며, 따라서 하나님의 원조와 보존에 대한 피조물의 필요는 더욱 절박하다.

그런데 여기에서, 옛 신학이 강하게도 약하게도 주장한 것이 아니라 유감스럽게도 전혀 주장하지 않았던 전혀 다른 관점이 더 주장되어야 한다.—우리는 먼저 다음의 사실을 확인하는 것으로부터 출발해야만 한다: 저 측량하기 어려운 거대한 위험가능성에도 불구하고 그리고 그 위험가능성 안에서도 하나님은 그의 피조물을 보존하신다는 보증은 역시 결코 자명한 것이 아니며, 결정적이고 믿을 만한 것이 되기 위해서는 진지한 논증이 필요하다. '왜' 하나님의 분노의 창조(Zornesschöpfung)에 대한 표상이 '그릇된 것'이란 말인가? 그 표상에 역시 다음과 같은 형식이 제공될 수도 있을 것이다: 하나님은 그의 피조물을 과연 처음에는 그것을 창조 후에도 보존하고자 원했으며, 참으로 역시 충분히 오랫동안 그렇게 하기는 하였다. 그런데 그는 우리에 대하여 넌더리가 났다. 이제 그는 그가 지금까지 지녔던 인내에 대하여 그의 분노를 풀어 놓는다. 이제 그는 피조물을 창조하였던 것을 후회한다. 그러므로 이제 그는 피조물을, 그것이 그의 인내를 비웃으며 몇 번이고 되풀이하여 지향하던 그 혼돈에 넘겨준다. 그러므로 이제 "멸절"이 피조물을 위협하며, 그 경우에 하나님은 그 멸절에서 벗어나서 다시 유일한 존재로 되며 그 자신 안에서 영광스럽게 될 것이다. 더 진지하게 숙고할 경우, 다음과 같은 질문이 지나간 많은 시대들과 상황들에서 분명히 이미 제기되어야만 했으며, 그것은 오늘날 실제로, 멀리서 탐색된 질문이 아닐 것이다: 도대체 왜 그렇지 '않'아야 한다는 말인가?

여기에 다만 하나의 정당한 대답이 있다: 그것이 그렇지 않은 이유는, 예수 그리스도 안에 있는 하나님의 사역과 계시에 의하면 그것은, 즉 무와 인접하여 있으며 혼돈과 대결하고 있는 그의 피조물을 그것 자체에게 넘겨버리고, 사정에 따라서 (아마 그것의 더 훌륭하거나 더 사소한 선행을 고려하여) 그 대립을 초월하여 있는 그의 탁월함이라는 안전한 높은 곳으로부터 그의 도움을 베풀거나 혹은 베풀지 않는 것, 그것을 그 곤궁에서 보존하거나 혹은 보존하지 않는 것은 결코 하나님의 뜻이 아니었기 때문이다. 오히려 영원으로부터―즉 예수 그리스도 안에서 유효하게 되고 명백해진 것처럼, 그의 은혜의 영원한 결의에서―그의 자비로운 의지는 바로 이것이었다: 그의 피조물이 무에 대항하는 일(Sache)을 결코 최고의 세계통치자가 있는 안전한 먼 곳으로부터가 아니라, 지극히 가까운 곳에서 지극히 직접적으로 자신의 고유한 일로 만드는 것, 즉 스스로를 피조물로 만드는 것이 그의 의지였다. 그는 스스로를 그 대립 안에 세웠으며, 그의 피조물에 대항하는 무의 적개심 전체, 문제 전체, 권력 전체를 그 자신의 어깨에 짊어졌고, 견디었고 멀리 치워 버렸다. 그는 죄, 악마, 죽음, 지옥의 습격 전체를, 혼돈의 파멸시키는 폭력 전체를 스스로 체험하였고, 견디었으며, 바로 그렇게 함으로써 그것들을 파괴하였고, 무의 무기들을 무효화시켰으며, 바로 그렇게 함으로써 그것으로부터 그의 피조물에 대한 그것의 권리주장과 피조물에 대한 그것의 우월성을 박탈하였다. 그는 바로 자기 스스로를 부정하도록 허용함으로써 부정을 무효화하였으며, 바로 그렇게 함으로써 그리고 그렇게 그의 '분노'의 사역을, 그러나 또한 그의 '은혜'의 사역도 완성하였으며, 바로 그렇게 함으로써 그의 '거부'를, 그러나 또한 그의 '긍정'을 최종적으로 선언하였으며, 따라서 바로 그렇게 함으로써 그의 피조물에게 자유를 주었다. 이것이 하나님의 영원한 의지이며, 시간 안에서는 그리스도 안에서 단호히 성취되었고 행하여진 의지이다. 우리는 이런 이유로 피조물의 "보존"(conservatio) 문제를 '결정적인' 문제로서 간주해야만 한다. 이 문제는 그 어떤 은폐된, 아마도 이렇게 혹은 아마도 또한 저렇게도 완성될 수 있는 하나님의 의지의 불분명함 안에 있는 것이 아니라, 이미 발생하였고 계시된 이 하나님의 의지의 빛 안에, 이 '완성된' "보호"(servatio)의 빛 안에 있다. 이 빛 안에서는 하나님의 분노의 창조라는 그 표상은, 아무리 진지한 형식 안에서 그것이 제시된다고 할지라도, 다만 한줄기의 연기로 사라질 수밖에 없다. 이 하나님의 의지로부터 출발하지 않고서는 저 질문, 즉 "그래도 그렇지 않을 수 있지 않을까?"라는 질문이 확실히 물리쳐질 수 없을 것이다. 그러나 이 하나님의 의지로부터 출발한다면, 그 질문은 단호하게 물리쳐진다. 하나님은 그의 피조물을 '보존한다.'

이 하나님의 의지로부터 출발하면, 우리는 "왜 그리고 무엇을 위하여" 그가 그렇게 하는지를 이해할 수 있다. 예수 그리스도 안에 있는 강렬한 하나님의 자비가 피조물에 대하여 강한 힘을 지니므로, 그리고 그의 사랑하는 아들의 영광이 피조물에게서 알려지게 하기 위하여, 피조물이 존재하기 때문에, 그렇기 때문에 하나님은 그의 피조물을 보존한다. 그의 피조물을 위한 하나님의 개입이 피조물의 실존의 원천이고 중심이며 목표이기 때문에, 그는 그 일을 행한다. 피조물에게는 무나 혼돈과, 그것에서 유래하는 피조물에 대한 거부와 씨름하는 것이 아니라, 피조물을 위한 하나님의 은혜로운 개입과 씨름하도록 약속되어 있으며 그 과제가 부과되어 있으므로, 하나님은 그 일을 행한다. 이 구원사건에 참여하는 것이 피조물의 사명이므로, 하나님은 그 일을 행한다. 왜냐하면 그것을 위하여 피조물은 현존하도록 허용되어야만 하며, 존속하고 지속되어야만 하기 때문이다. 그것을 위하여 피조물은 하나님에 의하여 보존되어야만 한다. 하나님은, 그가 피조물의 세계 안에서 계시되고 활동하기를 원하며, 그가 피조물의 세계에서 다음의 사실에 대하여 찬양받고 영광받기를 원한다: 하나님이 피조물을 해방시키며, 그가 무로부터 참으로 또한 피조물에 대한 그 권력을 박탈하며, 자유가—바로 하나님의 자유가, 즉 그 안에서 하나님 자신이 그 대립을 초월하여 있는 그 자유가—또한 피조물을 위하여 준비되어 있다. 하나님은 이 피조물의 세계 안에서 하나의 역사를 원한다: 피조물의 세계에 이미 귀속된—만일 피조물을 위해서가 아니라면, 대체 누구를 위해서 자유가 확보되었다는 말인가?—자유에 대한 참여가 피조물의 세계에 의하여 증언되고 선포되고 이해되고 감동받게 되는 그런 역사를 원한다: 하나님은, 무에 대한 그의 거부에, 그가 이미 영원으로부터 그것에 선언하였던 '판결'에, 그가 이미 영원으로부터 혼돈에 대한 그의 결의 안에서 실행하였던 그 '심판'에,—그리고 무엇보다도 긍정적으로—그의 고유한, 자체 안에 토대를 지니며 스스로가 갱신되므로 전혀 위협받지 않는, '영원한' '삶'에 피조물의 세계가 참여하기를 원한다. 하나님은 이런 의도에서 이 역사를 원하기 때문에, 그는 그의 피조물의 창조를 원했으며, 또 그렇기 때문에 역시 그것의 보존을 원하고 있다. "보호"(servatio) 때문에 "창조"(creatio)가 있으며, 그 때문에 또한 "보존"(conservatio)이 있다. 이 역사가 발생할 수 있도록 하기 위하여, 피조물은 공간과 지속성과 영속성을 지녀야만 한다. 하나님이 이 역사를 원하기 때문에 피조물에게 그것을 마련하여 선물하며, 그렇기 때문에 그는 그의 피조물을 '보존한다.' 우리는 여기에서 거리낌 없이 '필수적인' 결론에 대하여 말해도 좋을 것이며, 따라서 이곳에서는 하나님의 자유라는 유보를 철회해도 좋을 것이다. 예수 그리스도 안에서 우리의 구원을, 따라서 우리의 해방을 달성하기 위하여 그의 자유를 사용하는 그 하나님이, 바로 그 때문에—동일한 자유 안에서 그리고 우리의 해방을 위하여—또한 우리의 보존을 원했고 성취한다. 만일 그가 원했다면 그는 또한 다르게 행했을 수도 있을 것이라는 유보는 이런 이유로 무의미하게 될 뿐만 아니라 우려스런 것으로 된다. 그 유보는 다음과 같은 사실을 의미할 수 있을 것이기 때문이다: 이런 제한을 붙이는 자는 그의 생각을 이미 다시 다른 신으로, 즉 예수 그리스도 안에서 행한 것에서 그의 마음 전체와 그의 신성한 자비 전체를 계시하였던 그 하나님과는 다른 신으로 향했던 것이다!

그런데 바로 이런 이유로 또한, 하나님에 의하여 그것이 보존되어야 하는 피조물의 '필요'에 관한 질문에 대해서도 신학적으로 진지한 대답이 제시되어야 한다. 이 필요는 옛 신학이 승인하려 했던 것보다 더 긴급할 뿐만 아니라 또한 더 깊이 있는 근거를 지니고 있다. 왜냐하면 그 필요의 핵심은 우선 첫째로 무에 대한 피조물의 무력함에만 있는 것이 아니며, 결코 그런 것이 아니기 때문에, 그것은 역시 우선 첫째로 피조물의 약함, 결핍, 불완전성으로서만 이해되고 서술되어서는 안 되며, 결코 그래서는 안 된다. 그것은 다름 아니라, 하나님의 은혜의 계약에 피조물이 참여하도록 결정되어 있다는 사실 안에 근거를 지니고 있다. 피조물은 하나님의 구원행위와 해방행위에 '관여'해야 하므로, 따라서 그것은 '현존'하도록, 즉 피조물이 스스로를 지키고 보존할 수 없는 측량할 수 없는 위험 안에서 피조물로서 현존하도록 허용된다. 그렇게 현존할 수 없는 것과는 달리, 그렇게 현존하는 것, 즉 이 필요 안에서 현존하는 것은 이 결정을 고려할 때 실제로 제한과 굴욕만이 아니다. 만일 피조물이 하나님의 은혜를 통해서 그리고 하나님의 은혜로 살아가도록 결정되어 있다면, 만일 피조물이 그의 이 결정을 이행함으로써 이르게 되는 것이 바로, 피조물의 명예와 존엄성과 영광을 전개하고 드러내는 것이라면—그렇다면 그래도 도달하게 되는 이것은, 피조물에게 결정된 이것은 이미 그것의 현존 안에, 즉 그것의 현존이 지닌 바로 그 곤궁 안에, 그 필요 안에 반영되어 있다. 피조물이 "보호"(servatio)를 '경험'해야 된다는 사실은 이미 다음의 사실에서 예고되었다: 그것은, 아주 전적으로 하나님의 원조와 행위에 의존하여, 그것의 현존에 대한 "보존"(conservatio)이 아주 완전히 '필요하다.' 피조물이 바로 이미 여기에서, 이미 그것의 현존과 관련하여 하나님의 '은혜'에 의존하고 있다는 이 사실과는 다른 것이란 대체 무엇을 의미하는가? 바로 피조물의 필요 자체가 약속을 포함하고 있다: 즉 미래에 전개되고 드러나게 될 그것의 명예와 존엄성과 영광의 약속, 은혜로 살아가는 삶의 약속, 무에 대항하는 피조물의 일을 하나님이 자신의 일로 만들었으며 이미 승리한 그 구원사건의 약속을 포함하고 있다. 그러나 만일 그렇다면, 그 경우에, 하나님의 보존이 완전히 '필요'한 상태에서 피조물이 홀로 현존할 수 있는 것처럼 그렇게 현존하는 것은 바로 약함만이 아니라 또한 강함을, 결핍만이 아니라 또한 부유함을, 불완전성만이 아니라 또한 완전성을, 곤경과 수치만이 아니라 또한 최고의 명성을 의미한다. 그 경우에, 그렇게 현존하는 것은 그렇게 하지 않으면 안 되는 것(ein Müssen)일 뿐만 아니라, 그렇게 '해도 좋은 것'(ein Dürfen)이다.

그리고 사실이 그렇다는 궁극적이고 결정적인 이유가 비로소 언급되어야 한다: 우리가 하나님의 보존을 그렇게 완전히 필요로 하도록 허락된다. 왜냐하면 이 필요 안에 있는 바로 그 현존이, 하나님의 은혜의 계약에 우리가 참여하는 것에 상응하는 피조물의 현존이기 때문이다. 그러나 바로 은혜의 계약이 성취될 때 역시 그리고 먼저 우리의 창조주인 하나님 '자신'이 이 필요 안으로 들어갔다. 외부로부터가 아니라, 바로 안전한 먼 곳으로부터가 아니라, 내부로부터 그는 우리를 구원하였다: 그 '자신'이 우리의 자리로, 즉 우리의 존재를 압도적으로 거부하는 것에 대한 우리의 대립관계 안으로—또한 이 거부에 직면하여 사실상 우리가 지니고 있는 열등함과 무기력함의 한복판 안으로 들어왔다. 그렇게 바로 그곳에서 은혜의 계약은 그것의 목표에 도달하였으며, 무와 혼돈에 맞서는 우리의 일(Sache)이 예수 그리스도 안에서 다루어졌고 승리로 이끌어졌다. 그렇게 바로 실제로 '그의 피조물을 위하여' 행동할 수 있기 위하여 그리고 실제로 행동하기 위하여, 높은 곳에서만이 아니라 우리가 있는 낮은 곳에서, 즉 피조물이 그 안에서 현존하고 있는 바로 그 측량할 수 없는 위험가능성의 한복판에서, 하나님 자신이 투쟁하고 고난 받고 승리하였다는 사실은, 먼저 그리고 무엇보다도 하나님의 승리의 위대함이며, 하나님 자신의 명예와 존엄성과 영광이다. 은혜의 사역은, 즉 그것에 관여하는 것이 참으로 우리의 현존이 지니는 의미인 바로 그 사역은, 창조주 '자신'이, 그의 아들 안에서 피조물이 됨으로써, 피조물의 존재가 지니는 측량하기 어려운 위험가능성에 스스로 완전히 노출되는 것을, 스스로가 거부되게 하는 것을, 자유로운 은혜, 공로 없이 얻는 은혜, 분에 넘치는 은혜가 완전히 필요하게 되는 것을 애석하게 여기지 않음으로써 행하여졌다. 그렇게 그는 피조물을 위하여 피조물 자신이 성취할 수 없는 것, 즉 창조하고 좋다고 여기고 분리하고 이름 붙이기를 되풀이하는 것을 성취하였으며, 그렇게 피조물을 위하여 혼돈 세력에 저항하여, 영원히 거부된 것에 의해서 피조물이 거부되는 것에 저항하여, 그가 피조물에게는 불가능한 자기주장과 거리두기를 성취하였다. 참으로 피조물이 이 위험가능성 안에서, 따라서 이 필요 안에서 실존한다면, 그것은, 예수 그리스도 안에서 하나님 자신이 실존했고 승리했던 바로 그곳에서 실존하고 있는 것이다. 이 관점에서도 우리는 피조물의 상황을 진지하게 받아들여야만 한다. 그 상황은 임의나 우연에 기인하는 것이 아니며, 불쾌한 운명으로서 받아들이고 견디어 내야만 하는 것이 아니다. 그것은, 그 안에서 하나님 자신이 피조물과 맺은 그의 계약을 유지했고, 실행했고, 성취했던, 그리고 하나님이 스스로를 무에 대결시켜서 무를 섬멸함으로써 창조주로서 그의 명예를 증명했던 바로 그 상황이다. 피조물은 창조주가 아니므로, 창조주가 할 수 있는 것을 행할 수는 없다. 그러나 피조물의 상황은 예수 그리스도 안에서 또한 창조주의 상황이기도 하며, 이 사실은, 그것이 거룩하게 된 상황이며, 축복받은 상황이며, 약속으로 가득 찬 상황이라는 것을 의미한다. 우리가 무기력한 바로 여기에서, 그는 우리를 위하여 강력했다. 우리가 패배한 바로 여기에서, 이미 우리의 구원이 발생했다. 그러므로 우리의 이 상황을 부끄러워하며, 이 상황에 대하여 탄식하며, 하나님이 우리를 다른 상황이 아니라 이 상황에 두었다고 아마 심지어 그를 비난할 모든 이유가 사라진다. 그는 우리의 이 상황을 자신의 것으로 만듦으로써, 그는 이 상황을 고귀하게 하였으며, 약속으로 만들었고, 창조주로서 그의 긍정과 거부를 정당화하였다. 그러므로 피조물의 필요 안에 그것의 미래에 지닐 명예와 존엄성과 영광이 반영되어 있다는 것은 공허한 주장이 아니다. 피조물이 지닌 필요가 의미하는 것은, 피조물 자체가, 하나님 자신이 예수 그리스도 안에서 피조물을 구원하기 위하여 들어섰던 바로 그곳에 있다는 것이다. 바로 이 장소가 하나님이 현존하는 광채를 지니고 있다. 그러므로 피조물이 그것이 지닌 필요를 혹시 인정할 수 없으리라는 것, 그것이 지닌 측량할 수 없는 위험가능성과 그것의 고유한 무기력함과 그것이 하나님에 의한 보존에 의존하고 있다는 사실을 혹시 무시할 수 있으리라는 것, 은밀히 혹시 스스로를 자신의 고유한 보존자로서 간주할 수 있으리라는 것은 결코 어떤 경우에도 논의될 수 없다. 그것은 이 요구를 개념규정상 제기할 수도 관철할 수도 없다는 그 이유 때문에 그것이 그런 신념으로부터 멀리 떨어져 있게 될지는 매우 의심스럽다. 그러나 그것은 다음의 사실을 통하여 철저히 그런 신념으로부터 멀리 떨어져 있다: 그것이 이 요구를 제기할 수 있을 바로 그 자리에서, 그것의 진정한 보존자가 몸소 행동하였고, 그것의 구원을 완성하였고, 동시에 또한 그것의 보존을 보장했으며, 동시에 이 요구를, 즉 피조물의 잠재적 혹은 명시적인 거인주의(Titanismus, 인간이 스스로를 신처럼 여기고 행세하는 경향성 — 역자 주) 전체를 진압하지 않고 오히려 쓸데없는 것으로 만들어 버렸다. 만일 피조물이 구원받았다면, 그렇다면 그것은 또한 보존될 것이며, 그렇다면 또한 그것이 스스로를 보존하고자 하는 그 불안과 교만은 근거가 없는 것으로 된다. 그것이 스스로를 보존해야만 한다고 제멋대로 생각하려던 그것의 불안과 교만이 자라날 수 있을 바로 그곳에서, 참으로 그것이 구원받았다면, 참으로 또한 그것의 보존도 바로 그곳으로부터 보장되어 있다. 참으로 그것은 바로 그것의 완전한 '필요' 안에서 구원받았으며, 그것의 보존이 보장되었다. 만일 그렇다면, 그 경우에 피조물에게는 그것의 완전한 필요를 '고백할' 용기와 겸손이 결여될 수 없다. 그 경우에 피조물은, 바로 그 필요 안에서 그것의 '보존'이 보장된다는 바로 그 사실과 함께, 그것이 지닌 필요에 대한 '증명'을 받아들인 것이다. 그러므로 바로 이것이, 이 쟁점에서 옛 신학의 진술들이 심화되고 확대되어야만 하는 다른 방향이다.

"보호하는 것"(servare)과 "보존하는 것"(conservare) 사이의 관계, 즉 예수 그리스도 안에 있는 구원하는 은혜와 하나님 아버지가 피조물의 존재를 자비롭게 보존하는 것 사이의 관계는 신약성서의 — 대체적으로 바울의 — 구절들, 즉 "보존하다, 보호하다, 지키다, 확고하게 하다, 강하게 하다"(τηρεῖν, φρουρεῖν, φυλάσσειν, βεβαιοῦν, στηρίζειν) 등의 동사들이 그리스도인들에 대한 하나님의 혹은 그리스도의 특수한 행동을 묘사하기 위하여 사용되는 구절들에서 가장 잘 설명되어 있다. 덧붙여 말하자면, 이 다섯 개의 "보존적인" 개념들 중에서 어쨌든 "지키다, 강하게 하다"라는 동사가, 그리고 무엇보다도 "보존하다"라는 동사가 '그리스도인들'의 상응하는 행동을 표현하는 것들로서도, 즉 그리스도인들에 대한 경고들의 맥락 안에서 사용되고 있다는 사실로부터, 우리의 주제에 대한 흥미 있는 조명이 발생한다. 우리는, 하나님이 피조물 자체라는 수단을 통하여 피조물을 보존한다는 것에 관하여 들었던 것을 기억한다. 그러나 이 개념들을 '하나님'의 행동에 적용하는 것이 더 특색 있는 것처럼 보인다; "보호하다, 확고하게 하다"라는 동사는 신약성서에서 오직 하나님의 행동만을 서술하고 있다. 그리스도인들은 그러한 보존하고 보호하고 지켜주고 확고하게 하고 강하게 하는 것이 '필요하다.' 그들에게 그러한 일이 '이미 뜻밖에 일어났다'는 것을 보여주는 구절들이 있다. 요한복음 17:12는 다음과 같다: "나는 아버지의 이름으로 그들을 보존하였으며(ἐτήρουν) 그들을 지켰습니다(ἐφύλαξα). 그러므로 그들 가운데서는 한 사람도 멸망하지 않았습니다." 그리스도인들은 베드로전서 1:5에서 믿음으로 인해 보호받는 존재들(φρουρούμενοι)로서 표현되고 있으며, 유다서 1장에서는 서신의 독자들이 "지키심을 받은 부름 받은 자들"로서 표현되고 있다. 또한 요한 1서 5:18에서도 다음과 같이 현재시제로 서술되고 있다: "하나님에게서 나신 분이 그 사람을 지켜 주시므로(τηρεῖ), 악마가 그를 해하지 못합니다." 일반적으로, 이 하나님의 행동이 그들에게 '약속'되거나 혹은 그들을 위하여 간청된다. 요한복음 17:12에 직접 인접한 구절들에 다음과 같이 기록되어 있다: "거룩하신 아버지, 아버지의 이름으로 그들을 지켜주소서(τήρησον)!"(요 17:11) 그리고: "나는…아버지께서 그들을 악한 자에게서 보존하시기를(τηρήσῃς) 빕니다."(요 17:15) 그리고 예수 자신의 입을 빌린 요한계시록 3:10의 말씀도 약속의 형태를 지니고 있다: "시험을 받을 때에 너를 "보존하리라"(τηρήσω)." 예수 그리스도의 죽음에서 발생한 구원은 사건으로서 그 말씀을 듣는 자들의 '뒤에' 놓여 있으나, 그것의 최종적이며 보편적인 계시에서는 그들의 '앞에' 놓여 있다. 바로 이 '사건'으로부터 출발하여 그들에게 보존이, 즉 이 기원에 '상응하는' 보존이 약속된 것이다. 바울은 그들에게, 하나님의 평화가 그들의 마음과 생각을 예수 그리스도 안에서 지켜줄 것(φρουρήσει)이라고 확신시킨다.(빌 4:7) 그는 그들이 거룩함 안에서 흠잡을 데가 없도록 그들의 마음을 굳세게(τὸ στηρίξαι) 해주기를 빈다.(살전 3:13) 그는, 그들이 그리스도를 맞아들였던 것처럼, 그들이 참으로 또한 그의 안에서 변화하기를, 즉 그의 안에 뿌리를 박고, 세워지고, 믿음 안에서 확고하게(βεβαιούμενοι)되기를 원한다.(골 2:7) 그는 그리스도가 마지막까지 그들을 확고하게 할 것(βεβαιώσει)을 알고 있다.(고전 1:8) 그는 그들을 강하게 하고 악한 자로부터 지켜줄(στηρίξει καὶ φυλάξει) 신실한 분으로서 그리스도를 찬양한다.(살후 3:3) 그러나 그는 정반대로 또한 하나님을 그리스도에 근거를 두고 그 자신과 그들을 굳건하게 하는 분(βεβαιῶν)이라 부른다.(고후 1:21) "평화의 하나님께서 여러분을 완전히 거룩하게 해주시고,…여러분의 영과 혼과 몸을 흠이 없고(ὁλόκληρον) 완전하게 지켜주시기를(τηρηθείη) 빕니다. 여러분을 부르신 분은 신실하시니, 이 일을 또한 이루실 것입니다."(살전 5:23f.) 이 구절들의 얼마나 많은 곳에서 이 보존이 바로 명확하게, 아직 그리스도인들의 앞에 놓여 있는 마지막 계시, 즉 그리스도의 재림 때 그들이 구원받는다는 마지막 계시와 관계되어 있는지 눈에 띈다. 이것은 다음의 사실을 보여주고 있다: 우리는, 이미 시작된 마지막 때에 더욱 긴급하게 된 질문, 즉 인간의 실존의, 여기에서는 그리스도인의 실존의 '존속'과 '지속'에 관한 질문에 대한 대답과 관계하고 있다. 이미 특수하게 '그리스도인의' 실존이, 즉 하나님의 이름으로, 그리스도 곁에서, 신앙 안에서, 시험에 저항하여, 악한 자에게 저항하여, 그리스도인들을 보존하는 것이 주요관심사이다. 디모데후서 1:12에는 다음과 같이 명백하게 기록되어 있다: 바울은, 그리스도가 "그에게 맡겨진 것을 그날까지 지켜줄(τὴν παραθήκην μου φυλάξαι) 능력이 있음"을 확신했다. 그러나 바로 그리스도인의 실존은 신약성서의 관념에 따르면 인간의 실존을, 즉 피조물의 실존을 포함하고 있다. 하나님이 대홍수에서(벧후 2:5) 노아와 그의 가족 일곱 사람을 지켰다면(ἐφύλαξεν), 그 사실은 "정의의 설교자"로서 노아의 직무에만 관계된 것이 아니라, 바로 동시에 또한 이 직무의 담당자로서 그가 지닌 피조물의 실존 안에 있는 그 자신에게도 관계된다. 이 구절들에 따르면 그리스도인들의 마음들, 그들의 정신, 그들의 영혼, 그들의 몸, 그들 자신이 '그리스도' 곁에서, '신앙' 안에서, 악한 자에게 저항하여 (살전 5:23에 따르면 "흠이 없이!") 보존됨으로써, 그들에게 아직 주어진 시간 안에서 그리고 그 시간의 목표와 마지막에 이르기까지 또한 그들의 '마음들'… 등이 그리고 그들 '자신'이 보존된다: 그들에게 맡겨진 것 안에서 그리고 그것과 더불어 또한 그들의 현존이, 그들의 정신적 삶 안에서 그리고 그것과 더불어, 그 삶의 기원으로부터 출발하여 그리고 그 삶의 사명을 향하여, 또한 그들의 삶 자체가 보존된다. 그들이 그리스도를 위하여 그리고 신앙 안에서 살고 있다는 것, 즉 바울이 말한 맡겨진 것(παραθήκη)은 말하자면 이물질로서 그들에게 들러붙어 있는 것이 아니다. 그리고 그들이 시간과 우주 안에서 현존하고 있다는 사실이, 그의 입장에서는 또한, 그들이 그리스도 안에 있으며 신앙 안에 서 있다는 더 높고 결정적인 사실을 도외시할 수 없다. 이 본문들에서 여러 번 언급되고 있는 시험과 악마는 과연 그들의 그리스도교적 실존만이 아니라, (고후 12:7에 기록되어 있는, 바울의 몸에 있는 가시에 대한 서술을 기억하라) 그리스도교적 실존 안에서 그리고 그 실존과 더불어 그들의 실존 그 자체를 공격하고 의문시한다. 만일 참으로 그들의 '그리스도교적' 실존이 보존된다면, 그 보존 안에서 그리고 그 보존과 함께 역시 그들의 실존 '그 자체'의 보존도 실현된다. 우리는 이 포괄적인 내용을 가령 다음의 말씀 안에서 깨닫는다: "우리 주 예수 그리스도와 우리의 아버지이신 하나님께서 … '모든' 선한 일과 말에 여러분을 강하게(στηρίξαι) 해주시기를 빕니다!"(살후 2:17) 하나님이 보존하고 보호하고 지켜주고 확고하게 하고 강하게 하는 것에 따라서 그들이 '그리스도교적으로' 실존하도록 허용되는 한, 그리고 그렇게 허용됨으로써, 그들 '자체'가 보존되고 보호되고 지켜지고 확고하게 되고 강하게 된다. 우리는 한번 이 관점 아래에서 정신적이며 자연적인, 영적이며 신체적인 실존문제들에 대하여 신약성서에 나타난 인간의 온전한 자유, 걱정 없음, 근심 없음을 연구해 보아야만 할 것이다. 그 자유는 아마도 (왜냐하면 저 제유법[Synekdoche, 提喩法. 부분 또는 특수한 것으로써 전체 또는 일반적인 것을 나타내거나 반대로 전체 또는 일반적인 것으로써 부분 또는 특수한 것을 나타내는 수사법 ― 역자 주]을, 즉 그리스도교적인 것 안에 피조적인 것을 포함시키는 것을, "보호하는 것"과 "보존하는 것" 사이의 관계를 고려하지 않으려 했거나 혹은 충분히 고려하지 않으려 했기 때문에!) 그것이 종종 묘사되었던 것처럼 그렇게 세상이나 삶과 동떨어진 것은 아니었을 것이다. "보존하는 것"의 문제가 역시, 이 본문들에서 밝혀지는 것처럼, "보호하는 것"에 기초를 둔 그리스도교적 실존에 관해서도 그렇게 격렬하게 제기될 수 있었다는 사실이 이미 다음의 사실에 주의를 환기시키고 있음에 틀림없을 것이다: 신약성서는 역시 그리스도인 자체를, 그의 새로운 탄생과 관계없이, 시간과 우주 안에서 실존하고 있는 존재로서, 따라서 하나님의 보존이 필요하며, 또한 그 보존을 확신하고 있는 존재로서 간주하였다. 그래서 우리는 이 사실을 통하여 반대로 다음의 사실에 대하여, 즉 어떤 근거 있는 의미 안에서, 어떤 관계 안에서, 시간과 우주 안에서 실존하는 피조물 전체에 대한 하나님의 보존이 논의될 수 있는지에 대하여 가르침을 받게 된다: 즉 그리스도인들이 그것을 알고 있으며, 그 점에서 그리스도교적 실존의 토대를 형성하는, 하나님의 그 "보호"로 하나님의 "보존"을 '소급하여 관련시킴'으로써 논의될 수 있다.

그리고 이제 더욱더 일반적으로, '구약성서'에서 이스라엘 및 이스라엘인의 확고한 신뢰, 보호, 반석, 성채, 피난처인 야웨에 대하여 기록된 모든 것은, 당연히 더 한층 "보호"(servatio)와 "보존"(conservatio) 사이의 상호적인 이 관계의 의미 안에서 이해되어야만 한다는 사실이 덧붙여 언급되어야만 한다. 좋을 때나 나쁠 때나 '삶에 합당하게' 구약성서에서는, '선택'에, '계약'에, 구체적 경험들을 지니고 있는 계약의 '역사'에, 궁극적으로 그리고 결정적으로는 계약의 주님으로서 행동하고 있는 '야웨' 자신에 근거를 두고 있지 않을, 민족과 인간을 위한 위로나 정신적 지주란 없다. 그러나 구약성서에서는 또한 계약의 설립자이며 보존자인 야웨가, 이 계약의 역사 안에서 행해지는 그의 행동의 성실함이, 또한—바로 (신약성서의 언어로는) 정신적 실재로서—그 계약 자체가 일관된 '토대'이며, 이 토대 위에서 그리고 이 토대로부터 이스라엘과 이스라엘인이 피조물로서 그들의 실존 안에서 '살고 있으며', 그 때문에 그들이 시간과 우주 안에서 '현존'하도록 허용된다. 그리고 그 모든 것들은 '존재' 안에서 그들을 '보존'하는 토대이며, 그 존재의 의미는 그 경우에 역으로 다시 계약의 주님인 야웨가 실행하는 은혜의 사역 및 심판의 사역 안에서 밝혀지며, 그 의미는 오직 이 '소급하여 관련시킴'으로써만 그의 은혜로운 행위로서 받아들여지고 이해되고 가치가 인정되고 진정으로 칭찬받고 찬양받을 수 있다.

요약한다면, 하나님이 그의 피조물을 보존함으로써, 피조물은 끊임없이 '현존하도록 허용된다.' 인간은 인간으로서, 개인들은 개인들로서, 자연적인 그리고 역사적인 인간 집단들이, 인류가 하늘 아래 지상에, 파악할 수 있는 그리고 파악할 수 없는 전체 우주와의 관련성 안에 있는 피조물인 인간의 시간적 공간적 전체성의 총괄개념으로서 끊임없이 현존하도록 허용된다.—마지막으로, 이 우주 자체에 있는, 우리에게 알려진 그리고 알려지지 않은 존재들이 인간에 대한 그것들의 관계 안에서 그리고 우리에게 비밀로 싸여 있는 그것들의 자주성 안에서, 인간과 마주보며 그것들의 '길'과 '생애'를 지니도록 허용된다. 그것들은 창조주 하나님의 말씀에 의하여 다만 실제로 '생성되었'던 것만이 아니다. 이미 하나님의 창조적 말씀이 예수 그리스도를 의미하였으므로, 따라서 계약, 은혜, 자비, 호의를 의미했으므로, 그것들은 '앞으로도 계속' 존속하도록 허용된다. 하나님이 그의 이 말씀을 성취하기를 원했기 때문에, 그리고 그가 그의 아들 안에서 스스로 피조물이 되었고 그의 피조물을 위하여 그리고 피조물의 구원을 위하여 스스로를 희생하였으며 그것의 구원을 자기 자신을 통하여 완성함으로써, 이미 그의 말씀을 성취하였기 때문에, 그것들은 '앞으로도 계속' 존재하도록 허용된다. 피조물은 그를 통하여 구원받았기 때문에, 그리고 그것이 그를 통한 이 구원을 스스로 경험하게 되도록 하기 위하여, 그는 그것을 지키고, 보존한다. 하나님의 말씀은 참되고 현실적(wirklich)이기 때문에, 그의 은혜는 피조물의 실존에 대한 임의적인 첨가물이 아니라, 그 실존의 확정된 토대, 즉 그 실존의 절대적으로 유효한 조건이기 때문에, 피조물은 끊임없이 존재하도록 허용된다.

피조물이 하나님의 보존에 의하여 끊임없이 존재하도록 허용된다는 것은, 그것이 개별적으로나 전체적으로나 한계들이 없는 존재라는 것을 의미하지는 않는다. 그것은 피조물로서 '그것의 한계들 안에서 존재하도록' 허용된다. 그것은 공간 안에서 그것의 장소를 지니며, 시간 안에서 그것의 기한을 지닌다. 그것은 이곳에서 시작하고, 저곳에서 끝내도록 허용된다. 그것은 오도록, 머물도록, 그리고 다시 가도록 허용된다. 그것은 이 땅을 파악하도록 허용되나, 하늘을 파악하도록 허용되지는 않는다. 그것은 이곳에서 자유롭게 존재하도록 허용되지만, 저곳에서는 속박되어 존재하도록 허용되며, 이곳에서는 열려 있도록 허용되지만, 저곳에서는 닫혀 있도록 허용된다. 그것은 이것을 이해하도록 허용되지만, 저것을 이해하도록 허용되지 않으며, 이것을 할 수 있도록 허용되지만, 저것을 할 수 있도록 허용되지 않으며, 이것을 실행하도록 허용되지만, 저것을 실행하도록 허용되지는 않는다. 그것이 그렇게, 이 한계들 안에서 존재하도록 허용된다는 것은 불완전성이 아니며, 사악한 필연성이 아니며, 어두운 운명이 아니다. 만일 우리가 모든 피조물들의 모든 가능성들과 개인의 가능성들을 전체의 가능성들과 비교하고 함께 바라볼 수 있다면, 우리들은 확실히, 이 한계들이 얼마나 절묘하게 '폭넓게' 끼워 넣어져 있는지 놀라게 될 것이다. 그러나 또한, 인류의 한계들이, 피조물 전체의 한계들이 존재한다는 것은, 한계들이 개별적으로는 역시 분명히—인간의 삶이 짧다는 것은 그래도 다만 그것에 대한 하나의 강력한 예증일 뿐이다.—매우 좁은 한계들이라는 것은, 참으로 저주가 아니라 축복이다. 피조물은 원둘레(Peripherie)가 없는 원의 불행한 중심으로서 실존해서는 안 되며, 그것은 오히려 실제의 원 안에서, 그 원의 주변에서 실존하도록 허용된다. 그것은 도처에 존재해서는 안 되며, 특정한 곳에 존재하도록 허용된다. 그것은 언제나 존재해서는 안 되며, 그것의 시간 안에서 존재하도록 허용된다. 그것이 모든 것을 파악하고, 이해하고, 할 수 있고, 실행할 필요는 없다. 그것은 '그것의 것'을 경험하고 성취하며, 그것이 할 수 있는 것을 행하며, 그리고 그것으로 족할 자유를 지니고 있다. 바로 이 자유 안에서 그것은 하나님에 의하여 보존되고 있다. 바로 이 자유 안에서 그것은 직접 하나님으로부터 그리고 하나님을 향하여 존재한다. 바로 이 자유 안에서 그것은 그것의 사명을 성취할, 즉 하나님의 은혜를 통하여 하나님의 은혜로 살아갈 준비가 되어 있다. 그것이 지금 여기에서 존재한다는 바로 그 사실이, 그것이 이러저러하게 존재하며 다른 방식으로 존재하지 않는다는 바로 그 사실이, 그것의 '기회'이다: 그것은—진정으로 하나님의 유일무이함에 상응하여 그리고 진정으로 예수 그리스도 안에서 발생했던 해방의 사역의 유일회성에 상응하여—다시 오지 않는 바로 한 번의 기회이다. 그러나 그것은 진정으로 '그것의' 기회이며, 그것에게 '주어져 있는' 기회이며, 확실히 그 자체로 '풍부하고' '약속으로 충만한' 기회이다. 바로, 이 기회가 그것에게 주어지기 때문에, 그것은 하나님에 의하여 하나님 나라를 위하여 보존된다. 바로, 그것이 이 기회를 지니고 있기 때문에, 그것은 하나님의 자비의 대상이다. 그리고 바로, 그것이 지닌 이 기회를 '적절하게'(recht) 받아들임으로써, 바로, 이 기회를 적절하게 활용함으로써, 피조물은 창조주를 찬양한다. "내가 '살아 있는' 동안, 나는 주님을 노래할 것이다. 내가 '존재'하는 한, 악기를 잡고 나의 하나님을 노래하리라."(시 104:33, 146:2) 왜 이 한계들 안에서 안 된다는 말인가? 왜 바로 그렇게 '적절하게' 되지 않는다는 말인가? 만일 피조물이 하나님을 제멋대로 찬양한다면, 만일 그것이 그것의 한계들을 승인하기를 원하지 않거나 혹은 적절하게 받아들이기를 원하지 않고, 일반적으로 떠돌아다니기를 원하거나 혹은 구체적으로, 참으로 정말 그것의 기회가 아닌 어떤 다른 기회를 잡기를 원한다면, 그 경우에 피조물은 언제나 불완전성에, 모호한 운명에 마주치게 된다. 그것이 찾을 것이 없는 그곳에서는, 그것은 역시 아무것도 발견할 수 없을 것이며, 그 경우에 그곳에서는 물론 역시 더 이상, 하나님에 의하여 보존된다는 것을 알 수 없을 것이다. 모든 피조물들 가운데 오직 인간만이, 하나님을 통하여 그를 보존하는 것이 그의 한계들 안에서 보존하는 것이라는 사실에 대하여 그렇게 반항하는 불가능한 가능성을 지니고 있는 것처럼 보인다. 그러나 모든 피조물들처럼 그는 실제로 바로 '그렇게' 보존되며 바로 그렇게 '잘' 보존되며, 그의 '구원'을 위하여 보존된다는 사실에 대하여, 그 역시 아무것도 변경할 수 없다.

피조물이 하나님의 보존에 의하여 끊임없이 존재하도록 허용된다는 사실은, 그것이 그것의 한계들 안에서 그것 '자체가' '실제로'(wirklich) 존재하도록 허용된다는 것을 의미한다. '실제로', 따라서 하늘의 혹은 지옥의 권력에 의하여 만들어진 단순한 '허상'이 아니다! 그것 '자체가' 실제로, 따라서 하나님의 본질이 단순히 발산되는 것이 아니며, 더군다나 무가 단순히 발산되는 것이 아니다! 하나님은 그의 피조물을 그의 고유한 현실성과 '상이한' 그것의 현실성 안에서 보존한다: 그것은 하나님의 현실성에 대하여 상대적이며, 그의 현실성에 의존하지만, 이 상대성과 의존성 안에서 그의 현실성에 대하여 자주적이며, 그것의 현존은 오직 하나님 덕분이라는 바로 그 이유 때문에, 그 자신이 현존하는 현실성이다. 즉, 그것은, 하나님이 그것과 친교를 맺을 수 있으며 또한 그것이 하나님과 친교를 맺을 수 있는 그런 주체이다. 그렇게 그것은 하나님의 은혜의 계약 안에서 실존하기 위한 그것의 사명에 상응한다. 그것이 혼돈으로부터 유래한 것이 아니라, 그것의 창조주인 하나님에 의하여 혼돈에 대립하여 세워져 있는 것처럼, 그렇게 그것의 보존자인 하나님의 의지에 따라서 그리고 하나님의 구원하는 행위의 토대 위에서 그것은 혼돈에 의하여 삼켜질 수도 없으며, 그 자신이 파멸될 수 없고, 그렇게 되지 말아야 마땅하고, 그렇게 되도록 허용되지 않는다. 그리고 그것이 또한 '하나님의' 고유한 본질로부터 생겨난 것이 아니라 하나님에 의하여 자유롭게 창조된 것처럼, 그렇게 그것은 또한 하나님 안으로 돌아갈 수 없으며, 그렇게 그것은 또한 하나님에 대한 그것의 자주성을 결코 포기하거나 상실할 수 없으며, 또한 그렇게 하지 말아야 마땅하다. 하나님이 언젠가 모든 것 안에 있는 모든 것(Alles im All)이 될 것(고전 15:28)이라는 말씀은 참으로, 만물이 언젠가는 더 이상 존재하지 않으며 하나님은 다시금 홀로 존재하게 될 것이라는 것을 의미하는 것이 아니라, 하나님이 그의 길의 마지막 계시에서 그의 피조물과 함께 모든 것 안에서—피조물이 하나님과 상이하게 실제로 존재하는 것을 중단하는 일 없이—그의 목표에 도달한 것이 피조물 자체에게 드러나게 될 것을 의미하는 것이다. 범신론은 어떤 형태에서든지 하나님만이 아니라 또한 피조물에 대해서도 폭력을 가하고 부당한 일을 하는 견해이다. 피조물은 그의 한계 안에서 그것 '자체가' '실제로' 존재하도록 허용된다. 이것은 하나님이 보존하는 덕분이다. 우리는, 보존이 '간접적으로', 즉 하나님이 피조물에게, 그것이 실존하고 있는 관련성 안에서 스스로를 보존하게 하는 방식으로 발생한다는 사실을 살펴보았다. 잠언 8:31(한글 번역으로는 8:30—역자 주) 이하의—날마다 오직 환희뿐이었으며, 그의 앞에서 뛰놀았으며, 지구 위에서 뛰놀았고 인간들에게서 즐거움을 지녔던, 하나님의 지혜에 관한—아름다운 말씀은 그것이 전적으로 신화적인 언어로 씌었지만 다른 많은 말들보다, 즉 외관상 더 진지하게 하나님이 홀로 활동한다는 방향으로 언급되었으나, 실제로는 피조물에 대하여 수치스럽게, 따라서 역시 창조주에 대해서도 수치스럽게 언급되었던 많은 말들보다 더 참되다. 피조물은 한 번 존재할 뿐만 아니라 그것 자체로서 다시 존재하도록, 따라서 그것의 한계들 안에서 그것의 고유한 길과 생애를 지니도록 허용된다는 바로 이 사실이, 하나님은 피조물에게 이것을 부여하는 것을 싫어하지 않으며 또한 피조물에게서 이것을 제거하지 않는다는 바로 이 사실이, 과연 언제나 먼저 창조주가, 그러나 그 다음에는 언제나 피조물도 그것의 활동을 할 수 있게 되는 "경기"(Spiel)가 존재한다는 바로 이 사실이, 하나님의 보존이 지닌 아름답고 자유로운 비밀이다. 별들의 영역이라는 피조물의 세계만이 아니라, 그 세계들 한가운데 있는, 인간의 거대한 집인 작은 별만이 아니라, 그렇게 또한 우리의 주변에 있는 그리고 우리의 아래 깊은 곳에 있는 작은 것도, 그리고 가장 작은 것도 그것들의 고유한 길을 걸어가도록 허용된다. 그리고 그렇게 또한 인간도 일하러 나와서 해가 저물도록 일한다.(시 104:23) 그 경우에 다음의 것들도 분명히 그 일에 속한다: 그는 그의 감각과 사고력을 사용하도록 허용되며, $2 \times 2 = 4$가 되도록 할 수 있으며, 또한 시를 짓고, 생각하고 음악을 연주할 수 있으며, 또한 먹고 마시고, 기뻐하고 때로는 슬퍼할 수도 있으며, 사랑하고 때로는 미워할 수도 있으며, 젊을 수 있고 또 나이들 수도 있도록 허용된다.—고유한 경험과 활동 안에 있는 이 모든 것은 바로 그렇게, 즉 반쪽 인간으로서가 아니라 온전한 인간으로서, 머리를 높이 들고, 자유로운 마음과 선한 양심을 지니고 다음과 같이 입증하기 위한 것이다: "주님, 주께서 '손수' 만드신 것이, 어찌 이리도 위대하며 많은 지요!"(시 104:24) 오직 거짓된 신들만이 인간을 시샘한다. 그의 무조건적인 주님인 참된 하나님은 인간에게, 하나님이 그를 창조한 목적에 합당한 바로 그것이 되도록 '허락한다.' 하나님은 너무나 품위가 있으므로, 그의 그것을 역시 다시 나쁘게 생각하거나 그가 그것이 되는 것을 방해할 수 없다. 오히려 하나님의 지혜는 인간들에게서 정말 '즐거움'을 지녔다고 쓰여 있지 않았던가?! 이것은 과감한 명제이며, 확실히 정확한 토론과 깊은 명상이 필요한 명제이다! 그러나 하나님은 인간에게ㅡ그리고 인간에게만이 아니라 그의 모든 피조물들에게 언제나 그것들에게 적합한 방식으로, 바로 그것들의 '자주적인 현실성'과 함께 또한 '고유하게 활동할' 자유도 주었다는 것, 그리고 하나님은 바로, 이 선물의 수여자로서 그것들의 '보존자'라는 것은 틀림없다.

피조물이 하나님의 보존에 의하여 끊임없이 존재하도록 허용된다는 것은 결국, 피조물이ㅡ그것의 한계들 안에서 자신이 실제로 그리고 활동하면서ㅡ'영원히' 하나님 앞에서 존재하며 머무르도록 허용된다는 것을 의미한다. 우리는 '피조물의 한계들 안에서'라는 말이 무엇을 의미하는지를 살펴보았다. 그것은 피조물의 특수한 장소에 그것을 제한하는 것만을 의미하지 않는다. 그것은 또한 그것의 가능성들과 능력들, 그것의 발달과 활동의 제한을 의미한다. 그리고 그것은 무엇보다도 또한 그것이 지닌 실존 자체의 제한도 의미한다. 셀 수 없이 많은 피조물들이 언젠가 존재했지만, 이제는 존재했던 것에 지나지 않으며, 지금 존재하며 아직 존재할 셀 수 없이 많은 피조물들이 언젠가는 존재했던 것에 지나지 않게 될 것이다. 그리고 언젠가는 피조물의 세계 전체가 존재했던 것에 지나지 않게 될 것이다. 구원사의 마지막 막(Akt, 幕)에서, 즉 전체 피조물의 토대이며 구원자이며 머리로서 예수 그리스도가 계시될 때, 피조물의 역사도 그것의 목표와 종말에 도달하게 될 것이다. 그때에 그것은 더 이상 계속될 필요가 없게 될 것이며, 그때에 그것은 그것의 의미를 충족시켰을 것이다. 이 역사의 진행 과정에서 끊임없이 사건으로 되었던 것은, 그때에 전체적으로 보아 모든 개별적 사건들의 요약으로서 발생하게 될 것이며 최종적인 것(definitiv)으로, 즉 이후에는 그것이 더 이상 현존하지 않게 될, 피조물의 시간적 종말로 될 것이다. 그때에 그것의 삶은 끝나게 될 것이며, 그때에 그것의 운동들과 발달들은 완성될 것이며, 그때에 그것의 소리들은 사라지게 될 것이며, 그때에 그것의 색깔들은 빛을 잃게 될 것이며, 그때에 그것의 생각들은 끝나게 될 것이며, 그것의 말들이 사라지고, 그것의 행위들이 종결될 것이며, 그때에 다른 피조물들에 대한 그것의 접촉들과 관계들이, 피조물들 상호 간의 상호작용들이 완결될 것이며, 그때에 그것에게 주어졌던 가능성들은 남김없이 실현되었을 것이다. 그리고 모든 것 안에서 그것은, 그것의 토대이며 구원자이며 머리인 예수 그리스도가 존재했던 것과 행했던 것에 어떻게든 관여하고 있었을 것이다. 그 경우에 더 계속되는 시간적 현존이 더 이상 필요하지 않을 것이다. 그리고 그것 자체가 더 이상 현존하지 않을 것이므로, 그것의 현존 형태인 시간도 더 이상 존재하지 않을 것이다. 그러나 하나님에 의한 그것의 보존은 이로써 끝나지 '않는다.' 보존은 바로, 그것의 한계들 안에서 그것을 보존하는 것이다: 즉 그것의 제한된 장소에서, 그것의 제한된 가능성들 안에서, 그리고 참으로 또한 그것의 제한된 시간적 기간 안에서 그것의 존재를 보존하는 것이다. 그것이 확실히 하나님의 사역이며 태도이며, 하나님이 지닌 본질의 "변함없는 운동"이듯이, 하나님의 성실함은 확실히 영원한 성실함이듯이, 그렇게 확실히 보존은 영원한 보존이다. 보존이 피조물의 현존과 더불어 시작되었던 것도 아니듯이, 그리고 피조물의 한계들에 의하여 제한되는 것이 결코 아니었듯이, 그것은 피조물의 현존이 끝나는 것과 함께 끝나는 것이 아니다. 오히려 그것은 이미 피조물의 창조 이전에 하나님의 영원한 결의에서 피조물에게 제공되었고 보장되었듯이, 피조물이 그것의 특정한 길과 생애를 완성한 후에도, 즉 피조물이 더 이상 현존하게 되지 않을 경우에도, 그렇게 보존은 변함없이 피조물에게 제공되고 보장된다. 보존은 피조물을 말하자면 그것의 한계들 안에서 그리고 그 한계들과 함께, 즉 또한 그것의 시간적 기한의 한계들 안에서 그리고 그 한계들과 함께 에워싼다. 바로 그렇게 하나님은 그의 피조물을 원했고 창조했으며, 그것의 다른 모든 한계들 안에서와 마찬가지로 시간 안에서 보존하였다. 바로 이—시간적으로만은 아니지만, 역시 시간적으로—제한된 피조물을 하나님은, 그가 그의 아들 안에서 스스로 피조물이 되었고, 그의 이 아들 안에서 스스로가 피조물의 토대이며 구원자이며 머리로 되었던 그 방식으로 사랑했으며, 그 방식으로 파멸로부터 지켰다. 하나님은, 스쳐 지나가는 작은 티끌이 지닌 아주 좁고, 아주 보잘것없고, 아주 하찮은 공간 안에서 그의 은혜의 계약이 역사를 갖도록 함으로써, 바로 그것을 돌본다. 그리고 스쳐 지나가는 바로 이 작은 티끌에게 하나님은 이 역사의 공간으로서 시간적 기한을 제공하였다. 그것의 제한들 가운데 어떤 것도 그것의 섬멸을 의미하지 않는다. 왜냐하면 하나님은 그것을 바로 그것이 지닌 이 제한들 안에서 보존하기 때문이다. 어떻게 피조물의 시간적 기한이라는 제한이 그것의 섬멸을 의미할 수 있을 것인가: 마치 하나님이 그것을 이 제한 안에서도 보존할 수 없거나 원하지 않기나 한 것처럼? 하나님 자신이 피조물이 되어 스스로가 이 제한 안으로 들어왔으므로, 마치 하나님이 피조물에게 하나님 자신을 통한 영원한 보존을 보장할 수 없기나 한 듯이?

　영원한 보존이란 역시 피조물의 실존이 계속된다는 것을 의미하지는 않는다. 피조물이 자신의 길과 생애를 지녔고 그것들을 완성한 후에, 피조물이 바로 그 길과 생애에서 자신의 의미를 성취하였고 예수 그리스도의 계시 안에서 자신의 목표에 도달하였을 그 후에, 더구나 덮개가, 즉 그것 아래에서 피조물이 자신의 시간적 기한 안에서 실제로 존재하였고 활동하였던 바로 그 덮개마저 철거된 후에, 피조물이 그것의 실존의 덮개가 벗겨질 때 마주칠 수밖에 없는 심판의 불이 그것의 실존에 이미 선고되었을 그 후에, 피조물은 대체 어디를 향하여 그리고 무엇 때문에 계속되어야 할 것인가? 하나님이 피조물에게 그것에게 지정된 바로 그 한계들 안에서 이미 모든 것을, 즉 그의 아들 안에서 그 자신을, 제공한 후에, 그리고 피조물의 종말에 그것이 이 선물의 수신자로서 명백히 드러났을 그 후에, 무엇 때문에 피조물은 그 이상의 시간, 그 이상의 기한, 그 이상의 현실성과 그 이상의 활동이 필요할 것인가?

하나님이 지은 피조물의 영원한 보존이란 '소극적으로는', 그것의 섬멸은 하나님의 창조 안에 있는 그것의 시작으로부터도, 예수 그리스도의 계시 안에 있는 그것의 종말로부터도, 따라서 바로 그것의 시간적 한계들로부터 배제되어 있다는 것을 의미한다. 하나님은 피조물에게 그것의 시간과 기한을 헛되이 제공하지 않았으며, 그것의 시간과 기한 안에서 헛되이 그것의 현실성과 활동할 기회를 제공하지 않았다. 그는 스쳐 지나가는 바로 그 작은 티끌인 그 피조물에게 그것들을 제공했다. 그러나 그는 피조물에게 그것들을 겉치레로 제공하지 않았고, 실제로(tatsächlich) 제공했다. 그리고 그는 허구(Schein)가 아니었던 것을, 그것이 비록 언젠가는 사라져버릴지라도, 허구로 변하도록 허용하지 않을 것이다. 그것이 나중에 단순한 허구로 될 수 있으리라는 것은, 무가 결국 하나님의 피조물에 대하여 승리하게 될 것임을 의미할 것이며, 하나님이, 무에게 그러한 권력을 줌으로써, 자신의 사역을 결국 취소하게 되고, 자신의 긍정(Ja)을 결국 취소하게 되어, 경기장에 유일한 존재로서 남게 될 것이라는 것을 의미할 것이다. 그런데 하나님은 그의 피조물에 대한 그의 사랑에 비싼 값을 치렀으므로, 혹은 예수 그리스도 안에서 그것에게 큰 경의를 표했으므로, 혹은 그것에게 스스로를 진지하게, 무조건적으로 결합시켰으므로, 그가 그 일을 나중에 그래도 다시 후회할 리가 없으며, 그가 정말 나중에 그래도 다시 유일한 존재로, 즉 그의 피조물 없이 존재하기로 원할 리가 없다. 참으로 그는, 그가 스스로 피조물이 되어 그의 피조물을 위하여 행하였던 그것으로써, 무가 그의 피조물에 대하여 아직 갖고 있던 그 권력을 정확히 깨뜨렸고 섬멸했으며 그것의 위협을 정확히 제거하였다. 그렇다면 그의 피조물을 나중에 그래도 다시 허구로 만들 수 있을 힘(Gewalt)은 어디에서 유래한다는 말인가? 그것은 오직 하나님 자신의 힘일 수밖에 없을 것이다. 그러나 바로 하나님은—예수 그리스도 안에서 행동하였고 스스로를 계시하였던 그 하나님은—그의 힘을 그 일을 위해 사용할 수 없으며 또한 그렇게 사용하지 않을 것이다.

하나님이 피조물을 영원히 보존하는 것은 '적극적으로는'—이제는 어떤 다른 것이 남아 있지 않다.—피조물이 영원히 하나님 앞에서 존재하며 지속되도록 허용된다는 것을 의미한다. 하나님은 과거에 있었고 현재에 있으며 미래에 있을 존재이다. 그에게는 미래가 과거이기도 하며, 그 둘 다 현재이기도 하다. 그에게는 그를 통해 생성되었고 존재했고 보존되었던 모든 것 가운데서 아무것도 숨겨지지 않았으며, 아무것도 접근하기 어렵지 않았다. 그는 어떤 것도 잃어버리지 않았으며, 그에게는 어떤 것도 헛되이 되지 않았다. 모든 것이 그의 앞에 있었으며, 그에게는 모든 것이 현재의 것이었다: 모든 것이 그것의 시간 안에서 그리고 일반적으로 그것의 한계들 안에서 있었으나, 모든 것이 '그'의 앞에 있었으며, 모든 것이 '그'에게 현재의 것이었다. 그리고 그렇게, 그것의 한계들 안에서 지금 있는 모든 것은—이전에 있었던 모든 것과 함께—그의 앞에 있으며 그에게 현재의 것이다. 그리고 그렇게, 그것의 한계들 안에서 아직 앞으로 있을 모든 것은—이전에 있었던 모든 것 그리고 지금 있는 모든 것과 함께—그의 앞에 있을 것이며, 그에게 현재의 것으로 있을 것이다. 그리고 만일 이미 있었으며 지금 있으며 앞으로 있을 모든 것 전체가—시간적으로 말해서—언젠가 이미 있었던 것으로 된다면, 그때에 그것은 그것의 시간적 기한 전체에서 그의 앞에 그리고 그에게 현재의 것으로 될 것이며, 그리고 바로 그렇게 '영원히 보존'될 것이다: 그것의 위대함과 비천함이 '간파'될 것이며, 그의 눈으로 볼 때에, 그러나 역시 분명히, 하나님이 그것에게도 제공했던 '사랑'에 그것이 관여한 것에서, 그것의 의와 불의, 가치와 무가치에 따라서 '심판'받을 것이다. 그 경우에도 그는 어떤 것도 잃어버리지 않을 것이며, 그에게는 어떤 것도 헛되이 되지 않을 것이다: 창조세계의 위대한 드라마(Spiel)의 어느 한 국면도, 인생의 어느 한순간도, 어떤 숙고된 사상도, 어떤 언급된 말도, 관련성과 효력 면에서 아무리 은밀하고 사소한 어떤 행동도 혹은 어떤 태만도, 어떤 슬픔이나 어떤 기쁨도, 우리의 정직한 태도들 중의 어떤 것이나 거짓말들 중의 어떤 것도, 하늘의 사건에 담긴 어떤 비밀도, 또한 지상의 사건에서 너무나도 잘 알려진 사실들 가운데 어떤 것도, 햇빛도, 언젠가 울려나왔던 어떤 소리도, 언젠가 (아마 아무도 바라보지 못한 바다 깊은 곳의 어둠 속에서) 빛을 발했던 어떤 색채도, 그 어떤 지질학적 태고에 살았던 하루살이의 날갯짓도 잃어버리게 되지 않을 것이며 헛되이 되지 않을 것이다. 하나님 앞에서는 모든 것이 완전한 현실성 안에서, 그것이 활동하는 시간의 전체적 흐름 안에서, 그것의 힘이나 약함 안에서, 위엄이나 가련함 안에서 현존할 것이다: 그것이 과거에 있었던 것처럼, 혹은 지금 있는 것처럼, 혹은 앞으로 있을 것처럼, 바로 그렇게 현존할 것이다. 하나님은 모든 것 가운데 어떤 것도 포기하지 않을 것이며, 오히려 그가 그 일을 언제나 행했으며, 지금도 행하고 있으며, 앞으로도 역시 행할 것처럼 그렇게, 모든 것을 그의 손 안에 간직하고 있을 것이다. 그는 그의 영원성 안에서 홀로 있는 것이 아니라, 그의 이 피조물과 함께 있을 것이다; 그는 그의 고유한 영원한 삶에 피조물이 참여하도록 허용할 것이다. 그리고 바로 그렇게, 즉 그것의 제한 안에서, 또한 그것의 제한된 시간적 기한 안에서, 피조물은 앞으로도 '있을' 것이다. 그것이 역시 그것의 종말 이후에도, 즉 이미 있었던 것에 지나지 않게 될 존재로서도, '그의 앞에', 즉 그에게 '현재적으로' 있게 될 텐데, 어떻게 그것이 존재하지 않을 수 있겠는가? 그것이 아주 불안해도 지금 이미 하나님의 평온 안에서 안전하게 되었고 평온하도록 허용되는 것처럼, 바로 그렇게 그것은 영속적으로 있을 것이며, 시간 안에 있는 그것의 존재가 지닌 큰 불안에서 그것은 하나님의 평온에 의하여 에워싸이게 될 것이며, 그때에 하나님 안에서 피조물 자체가 역시 평온하게 될 것이다. 이것이 피조물에 대한 영원한 보존이다. 그것은 피조물이 시간 안에서 보존되는 것 곁에 혹은 배후에 있는 두 번째 보존이 아니다. 그것은 현세적인 보존의 비밀이며, 이 비밀은 이미 지금 완전한 진리 안에 나타나 있고 효력을 발휘하고 있으나, 언젠가 또한 완전히 명확하게 드러나게 될 것이다. 시편 136편은 다음과 같은 말을 26회 반복하고 있다: 왜냐하면 그의 자비가 영원히 계속되기 때문이다!

2. 하나님의 동행하기

하나님이 그의 피조물을 보존한다는 명제는 그래도 그가 아버지로서 행하는 통치의 첫 번째 측면만을 서술하는 것이다. 우리는 이제 두 번째 측면을 다음의 명제로 서술한다: 하나님은 피조물과 '동행한다.' 우리가 이 개념을 통하여 표현하는 것은, 피조물이 행하는 자유로운 독자적 활동에 대한 관계 안에 있는 하나님의 통치이다. 이미 하나님의 피조물 보존은 우리가 다음의 사실을 고려하지 않고는 완벽하게 서술될 수 없었다: 피조물이 현실성으로서 보존된다는 사실은, 피조물이 그것의 '활동' 안에서 보존된다는 사실을 포함한다. 하나님이 피조물에게 기한을 제공하기 때문에, 그것이 '지속되며', 변화들과 운동들의 연속 안에서 '존재'하는데, 그것 자체가, 즉 바로 그것이 그것의 종류와 가능성들에 따라서 그렇게 '존재할 수 있다.' 피조물의 존재는 그것의 '행위'(Akt)이다. 하나님이 창조하고 보존하는 "활동"의 대상인 피조물이 그것의 입장에서는 고유한 "활동"에 종사하고 있다: 즉, 하나님에 의하여 그것에게 부여되고 보존된 특정한 능력 안에서, 그것의 현실성이 하나님의 현실성과 상이한 것처럼 그렇게 확실히, 하나님의 활동과는 상이한 특정한 고유의 '활동'(Tätigkeit)에 종사하고 있다.

그러나 다름 아니라 하나님의 '보존' 안에 토대를 둔, 피조물의 활동이 지닌 바로 이 '자주성'에서 역시 그의 섭리 안에 있는, 즉 그의 피조물에 대하여 아버지의 통치를 실행하고 있는 하나님의 활동도 새롭게 조명된다. 보존 개념만으로는 이 통치를 서술하기에 충분하지 않은 것은 명백하다. 하나님은 피조물을 창조했을 뿐만 아니라 그것의 주님이라는 사실은 물론 또한 그리고 우선 다음의 사실을 의미한다: 하나님은 피조물을 그것의 현실성 안에서 끊임없이 보존하며, 따라서 피조물에게 그것의 고유한 활동을 위하여, 행위 안에서 존재하도록 하기 위하여, 그것의 자주적인 활동을 위하여 공간과 기회를 제공한다. 만일 하나님이 그것에게 바로 그것들을 제공하는 것을 싫어한다면, 바로 그것들을 혹시 제공하지 않는다면, 혹은 다만 외관상 제공한다면, 대체 그가 어떻게 피조물을 보존하겠는가? 그러나 다른 한편으로는, 만일 하나님이 피조물에게 그것들을, 마치 아버지가 그의 아들에게 이자가 붙는 재산을 마음대로 관리하고 사용하도록 맡길 수 있듯이 그렇게 제공한다면, 즉 하나님이 피조물로 하여금 그것의 자주적 활동 안에서 그것의 갈 길을 가도록 허용한다면, 즉 방임한다면, 하나님은 피조물의 주님으로서 행동하는 것이 아닐 것이다. 하나님 아버지의 섭리는, 그가 그의 피조물을 보존하고 그것의 자주적 활동의 길을 가도록 하는 것보다 더 많은 것을 포함한다. 물론 그는 그것을 행한다. 옛 교의학이 말했던 것처럼, 그것은 하나님의 섭리의 "첫 번째 행위"이다. 우리는 그 행위를 한순간이라도 시야에서 놓쳐 버려서는 안 될 것이다; 우리는 결코, 이 첫 번째 것을 문제로 삼거나 지워 버리거나 혹은 심지어 폐지할 진술들을 하도록 허용되지 않을 것이다. 그러나 그것은 그래도 단지 첫 번째 것일 뿐이다. 우리는 이제 두 번째 것을 다음의 명제로써 서술한다: '하나님은' 그의 피조물과 '동행한다.'

그것에 관하여 나는 다음과 같은 코케이우스의 간결한 표현을 사용한다: "하나님 안에 있는 의지의 눈짓이 … 피조물의 활동을 '동반한다.'"(J. Coccejus, S. theol. 1662, 28, 25) 이 개념은 매우 일반적이어서 매우 위험하다. 이 개념은, 무기력하게 혹은 또한 무관심하게 혹은 역시 실제로 수동적으로 혹은 역시 다만 부분적인 관심과 강력함으로 다른 존재와 나란히 걸어가는 어떤 한 존재에 대한 상상을 불러일으킬 수 있다. 그러나 "동행한다"는 술어를 그렇게 잘못 해석하는 것을 확실히 중단하기 위해서는, 우리는 다만 주어인 하나님을, 즉 "하나님 안에 있는 의지의 눈짓"을 잊지 않고 고려하기만 하면 된다. 코케이우스도 참으로 이 방향 안에서 곧 바로 스스로를 지혜롭게 보호하였다. 만일 주어와 술어가 동시에 진지하게 받아들여진다면, 술어가 주어로부터 출발하여 이해된다면, 그러나 주어가 바로 이 술어의 의미 안에서 설명된다면, "하나님이 동행한다."라는 바로 매우 일반적인 명제는, 지금 하나님의 섭리의 두 번째 측면으로서 서술되어야만 하는 바로 그것을, 여기에서 매우 중요한 세 가지 요점들로 적어도 잠정적으로 정확하게 잘 표현할 수 있는 장점을 지니고 있다.

'하나님이' 그의 피조물과 '동행한다': 그러므로 (1) 말하자면 피조물이 움직이도록 한 후에, 그것을 그것의 고유한 활동에 넘겨주기 위해서 그가 피조물을 보존하는 것은 확실히 아니다. 이미 그것의 실존 및 활동의 매 순간에 그를 필요로 하는 피조물을 매 순간 보존함으로써, 그는 그것을 방임하지 않으며, 오히려 그것과 함께 동행한다. 그러나 참으로 바로 단순히 피조물의 보존자로서만이 아니라, 참으로 거룩하고 자비로운 살아 있는 하나님으로서 '그'의 활동 전체에서, 즉 피조물을 보존하는 것에서 고갈되지 않는 그 활동에서, 그의 신적 본질의 전적인 풍부함 안에서, 참으로 그것, 즉 '고유한' 활동을 하고 있는 피조물에 대한 그의 결의와 의지의 전적인 확고부동함 안에서 그는 그렇게 행한다. 그러므로 피조물의 활동은 하나님과의 공존 안에서, 하나님의 현재 안에서, 즉 하나님의 "활동중인 현재" 안에서 발생하며, 따라서 하나님의 고유한 활동에 의하여 동반되고 에워싸여진다. 이 주제를 모든 형식적 고찰로부터 벗어나 곧 바로 강조하여 보자: 피조물이 행하는 행위의 전체 진행 과정에는 하나님 '아버지의' 지혜 및 전능의 행위가 함께 동행한다. 은혜의 계약에서 비롯된 역사는 '역시' 피조물이 행하는 행위의 처음부터 마지막에 이르기까지 진행되고 있다. 첫 번째 피조물이 하나님의 보존에 의하여 활동 안에서 존재하게 되었을 때, 하나님은 벌써 피조물에 대한 그의 은혜를 입증하는 중이었으며, 그의 자비가 예수 그리스도 안에서 효력을 발휘하게 되며 피조물에게서 능력을 발휘하게 되고 그의 사랑하는 아들의 영광이 피조물에게서 널리 알려지게 하는 중이었다. 동시에 이 일이 발생하지 않고서는, 하나님이 피조물에 대한 이 통치행위의 도상에 있지 않고서는, 언제 그리고 어디에서 피조물이 지극히 작은 것이라도 활동하거나 행할 수 있겠는가? 그의 은혜로운 의지에서 비롯된 사건을 고려하여 하나님은 피조물을 보존한다. 그러나 이제 바로 더 많은 것이 언급되어야 한다: 만일 피조물이 하나님의 보존을 토대로 작용하고 활동한다면, 하나님의 이 은혜로운 의지는 피조물의 직접적인 근처와 주변 환경에서, 피조물 자신이 지속성을 지니며 활동하고 있는 존재관련성 한가운데에서 실행된다. 그것이 피조물에게 무엇을 의미하든지 혹은 의미하지 않든지, 피조물은 분명히 홀로 도상에 있는 것이 아니라, 그것이 걸어갈 때에 하나님이, 즉 주님인 하나님이 동행하며, 이 특정한 아버지의 모습으로 하나님의 지혜와 전능함이 동행하며, 아버지의 이 의지에 의하여 특성화된 신념과 의도가 동행하며, 피조물의 고유한 활동은 이 동반자의 활동이 지배하는 표시 안에 있다. 하나님은 하나님이므로, 아무리 피조물이 그에게 저항할지라도, 그는 피조물이 멀리할 수 없고 피할 수 없는 동반자이다.

'하나님'은 그의 피조물과 '동행한다.' 이것이 의미하는 것은, (2) 하나님은 피조물의 자주적 현실성을, 또한 자주적 활동 자체를 긍정하고, 승인하고, 시인하며, 존중한다는 것이다. 하나님은 피조물에 대하여 폭군으로서 행동하지 않는다. 그가 창조주로서 홀로 있기를 원하지 않았듯이, 그가 피조물의 보존자로서 그 사실을 끊임없이 확증하듯이, 그는 홀로 활동하기를 원하지 않는다: 그는 홀로 남기를 원하지 않는다. 그의 곁에는 그의 피조물을 위한 공간이 있다. 그리고 그의 활동 곁에는 그의 피조물의 활동을 위한 공간이 있다. 우리는 감히 위험한 명제를 제시한다. 우리는 감히 이 명제를 제시하지 않으면 안 된다: 하나님은 피조물과 함께 활동한다. 이 명제가 의미하는 것은, 하나님 자신이 활동할 때에, 그는 그의 피조물에게도 활동하도록 허락한다는 것이다. 그가 그의 자유 안에서 활동할 때에, 피조물도 역시 그것의 자유 안에서 활동하도록 허용된다. 하나님은, 피조물에게 그것을 허락하는 것을 용납할 수 있다. 그것은 분명히 그의 피조물이다. 그리고 피조물이 활동하고 있는 그 자유도 분명히 하나님이 그것에게 제공하였다. 그리고 피조물이 그것의 자유를 사용할 때 그것의 주님으로서 하나님이 그것과 동행하므로, 하나님의 자유가 방해받지 않을 뿐만 아니라 승리하게 되도록 배려되어 있다. "동행한다"는 개념은 하나님에 의하여 피조물에게 제공되고 허락된 이 자유를 포함하고 있으므로 특별히 적합하다. 또한 하나님도 홀로 도상에 있지 않다. 그러나 여기에서도 실질적인 고찰이 결정적인 것이어야만 한다: 피조물과 동행하는 주님은 은혜의 계약을 실행하는 주님이다. 만일 하나님이 홀로 혹은 다만 비자주적인 대리인들이나 도구들을 통하여 활동하기를 원하였다면, 하나님은 계약의 토대를 세울 필요가 없었을 것이며, 창조 안에서 그의 뜻을 관철시킨 사건은 계약의 역사라는 형태를 지닐 필요가 없었다. 그리고 만일 은혜를 실행하는 것이 자주적인 주체인 은혜를 입은 자를 제거하거나 억압하는 것이라면, '그' 은혜는 은혜가 '아닐' 것이다. 바로 은혜로운 하나님은 그의 피조물에 '대해서' 행동할 뿐만 아니라, ―이것은 상세히 설명되어야 하지만― 그의 피조물과 '함께' 행동한다. 바로 그의 통치는 폭력적인 통치가 아니다. 만일 하나님의 통치가 폭력적인 것이라면, 그것이 다음의 사실에서, 즉 하나님이 그의 아들 안에서 스스로가 피조물로 되었으며, 그렇게, 곧 인간의 순종 및 인간의 고난이라는 아들의 자유로운 행위에서, 그의 피조물을 해방시켰다는 그 사실에서, 그것의 목표에 도달했을 것인가? 만일 자주적인 피조물의 행위가 하나님에 대하여 역시 다만 허구일 수밖에 없다면, 은혜의 계약을 실행하는 주님은 창조주 하나님이 아닐 것이며, 참된 하나님, 곧 살아 있는 하나님이 아닐 것이다. 전제군주의 권력 안에서가 아니라, 바로 '아버지의' 주권 안에서, 살아 있는 하나님 자신이 모든 것을 실행하면서, 역시 모든 것을 그의 피조물 없이 실행하는 것이 아니라 피조물과 함께 실행하면서, 그의 살아 있는 피조물과 '함께' 동행한다.

'하나님'이 그의 피조물과 '동행한다.' 이 명제가 의미하는 것은 물론 (3) 하나님은 주님으로서 피조물 곁에서 동행한다는 것이다. 하나님은 그 어떤 한 동반자가 아니며, 그가 그의 피조물과 함께 도상에 있으며 그것과 함께 활동한다는 것은 농담이 아니다. 하나님은 피조물의 창조주이며 보존자이다. 피조물이 하나님과 나란히 존재하며 활동한다는 것은 피조물 스스로의 힘으로 가능한 것이 아니라, 그것은 매 순간 하나님의 사역이며 하나님의 선물이다. 피조물은 꼭두각시로서, 단순한 도구로서, 생명 없는(tot) 물질로서 하나님에게 속하는 것이 아니라, 그리고 그런 것으로서 하나님의 통치 아래에 서 있는 것이 아니라 ― 바로 살아 있는 하나님에게 어울리는 지배는 분명히 그런 것이 아니다! ― 오히려 바로 자주성 안에서, 즉 그것 안에서 그가 피조물을 창조했던 그 자주성 안에서, 피조물에게 가능하게 되고 허락된 바로 그 고유한 활동 안에서 하나님의 통치 아래에 있으며, 바로 그렇게 하나님은 실제로, 바로 그렇게 그에게 상응하며 그에게 어울리는 방식으로, 그의 피조물을 통치한다. 하나님은 자유의 세계 위에서 그리고 그것 안에서 통치한다. 그리고 바로 오직 하나님만이 창조주로서 그의 피조물을 통치할 수 있는 것처럼, 바로 그렇게 그는 진정으로 그리고 무조건적으로 통치하며, 바로 그렇게 절대적으로 통치한다. 바로 그렇게, 하나님의 의지가 하늘에서와 같이 땅에서 이루어지도록 배려된다: 즉 피조물의 행동으로서 어떤 특정한 의미에서 또한 하나님의 고유한 행동이 아닐 수 있을 것은 아무것도 발생하지 않도록 그리고 발생할 수 없도록 배려된다. 거기에서는 어떤 강요도 피조물에 대하여 실행되지 않으며, 어떤 필연성도 피조물에게 작용하지 않는다. 또한 피조물의 "종속성"에 대해서 본래—그 표현이 종종 아무리 불가피할지라도—언급되지 않는 것이 더 나을 것이며, 혹은 거의 언급되지 말아야 할 것이다. 왜냐하면 그 어휘는 거의 필연적으로 기계적인 관련성에 관한 상상을 불러일으킬 수밖에 없기 때문이다. 그러나 자유로운 하나님은 언제나 자유로운 피조물보다 한 걸음 앞서며, 자유로운 피조물은 언제나, 스스로가 걸어가면서, 공동의 길 위에서 자유로운 하나님의 뒤를 따를 수밖에 없고 그렇게 할 수밖에 없을 것이며, 그것은 언제나, 그것의 길을 가면서, 실제로는 어떤 특정한 의미에서 하나님의 길 위에 있게 될 것이다. 이 결정적인 세 번째 논점을 이해하기 위해서는, 어떤 방식으로 하나님이 바로 예수 그리스도 안에서, 바로 은혜의 계약 안에서 권능을 지니고 있는지, 즉 실제로 진정으로 그리고 월등하게 권능을 지니고 있는지에 대하여 생각하지 않으면 안 된다. 여기에서 무엇이 발생하는가? 여기에서 우리는 하나님과 그의 피조물 사이의 교제로부터 무엇을 경험하는가? 주지하는 바와 같이 그것은 다음과 같다: 하나님은 피조물을 사랑하며, 하나님은, 피조물이 홀로 있고 홀로 활동하는 것을 진정으로 인정하고 승인하며, 진정으로 피조물을 멸절시키지 않고 오히려 더 한층 빛나게 한다. 하나님은 피조물을 사랑하되—그리고 이미 사랑한다는 사실이 피조물에 대한 그의 위엄을 확증하는 것이다.—자유롭게, 즉 피조물의 업적이나 공로에 대한 아무런 질문 없이 사랑한다. 그리고 그는 피조물을 사랑하되—여기에서 그의 존엄은 절정에 도달한다.—그가 피조물에게 자기 자신을 선물하는 방식으로 사랑한다. 그는 피조물과 연대함으로써 그것을 사랑한다. 도대체 피조물은, 하나님이 그것에게 제공하지 않은 어떤 것을 갖고 있는가? 그로부터 유래하지 않은 것이란 대체 무엇이란 말인가? 피조물은, 그와 함께 행하지 않는 어떤 것을, 하나님의 파악할 수 없는 자비를 찬양하고 하나님의 은혜가 현존하는 것을 찬양하는 것보다 더 나은 것일 수 있을 어떤 것을 행할 수 있으며, 또 행하게 될 것인가? 어떻게 더 완벽한 하나님의 통치가 존재할 수 있을까? 어떻게 그 통치가 더 엄격하고 더 배타적일 수 있을까? 비록 여기에서는 강제와 불가피성, 하나님에 대한 피조물의 단순한 의존성이 화제가 될 수 없을지라도, 그리고 그런 것들이 화제가 될 수 없기 때문에! 비록 하나님과 인간 사이에서 발생하는 것이 그래도 완전한 자유 안에서, 즉 '정신'(Geist)의 자유 안에서 이루어짐에도 불구하고, 그리고 그렇게 이루어지기 때문에. 하나님이 창조주로서 자신의 마음을 여는 그곳에서, 그리고 자신의 뜻과 계획을, 동시에 자기 자신을, 그러나 또한 그에 대한 실제의 관계 안에 있는 피조물을 드러내 보여주는 그곳에서, 피조물에 대한 하나님의 교제로부터 우리들이 경험하는 것은 바로 이것이다: 하나님은 바로 그의 성령을 통하여, 즉 쓰러뜨리지 않고 오히려 일으켜 세우며, 속박하지 않고 오히려 해방하며, 죽이지 않고 오히려 소생시키는 성령을 통하여, 진정으로 그리고 올바르게 주님, 왕, 명령하는 자이며, 바로 그렇게 그의 피조물의 유일한 통치자이다. 만일 우리가 그것들이 여기에서—그것들의 최고의 권리와 최고의 능력 안에서—활동 중이라는 사실을, 즉 여기에서 창조주인 '아버지의' 통치와 여기에서 피조물인 '자녀의' 순종이, 그리고 여기에서, 그 둘이 함께 사건이 되게 하는 '성령'이 활동 중이라는 사실을 인식하지 않는다면, 공동의 길 위에서 창조주가 앞장서서 가고 피조물이 뒤를 따른다는 것이 파악되지 않은 채 머물며, 하나님의 통치와 피조물의 순종은 언제나 다시 문제제기 될 수 있을 것이며 또한 그렇게 될 수밖에 없을 것이다. 하나님은 그의 피조물과 그처럼 강력하게 동행한다는 사실이, 그리고 하나님이 그것과 함께 걸으며 그것이 하나님과 함께 걷도록 허용된 그 길 위에서 발생하는 피조물의 모든 활동의 결과는 오직 하나님의 활동을 확증할 수 있을 뿐이라는 사실이, 바로 그 사실이 여기에서 그것의 본래의 모습 안에서 현실적(wirklich)이며, 그 사실이 여기에서부터 출발하여, 즉 그것이 율법으로서가 아니라 복음으로서 인식될 수 있는 바로 여기에서부터 출발하여, 하나님이 그의 피조물과 함께 하는 모든 공존(Zusammensein) 법칙으로서, 하나님의 섭리의 행동 법칙으로서 이해될 수 있으며, 또한 그렇게 이해되어야만 한다!

옛 교의학은 하나님의 동행을 표현하기 위하여 "협력" 개념을 만들어냈다.

만일 우리가 우선 옛 교의학이 흔히 인용하곤 했던 성서구절들에 주목한다면, 우리는, 그것이 여기에서 하나님의 섭리 개념 안에 있는 동인(Moment)으로서 특히 주목한 것이 무엇인지를 가장 잘 인식할 수 있다. 여기에서 우리가 상기해야 하는 것은 무엇보다도 로마서 11:36의 명제에 있는 두 번째 성구인 "만물이 그로 말미암아 있고"이다. 마스트리히트(P. van Mastricht, *Theor. Pract. Theol.* 1968, III, 10, 1)가 "말미암아"(διά)를 하나님을 "도구적 원인"으로서가 아니라, 그의 섭리의 사역 안에서 발생하는 아버지와 아들과 성령의 "행위의 실행" 안에서 표현된 것으로 이해하려 했을 때, 그는 분명히 이 구절을 결정적인 것에서 옳게 주석 하였다. 계속하여 다음의 성서구절들이 인용되었: 사도행전 17:27, "하나님은 우리 각 사람에게서 멀리 떨어져 계시지 않습니다"; 하나님이 "모든 사람 안에서 모든 일을 이루시는 분"으로 표현된 고린도전서 12:6, 하나님이 "여러분 안에서 활동하셔서, 여러분으로 하여금 하나님을 기쁘게 해드릴 것을 염원하게 하시고 실천하게 하시는 분"이라고 명확히 일컬어지고 있는 빌립보서 2:13, 아버지의 뜻이 아니면 참새 한 마리라도 땅에 떨어지지 않는다고 제자들에게 말씀된 마태복음 10:29, 시편 127:1, "주께서 집을 세우지 아니하시면, 집을 세우는 사람의 수고가 헛되며, 주께서 성을 지키지 아니하시면 파수꾼의 깨어 있음이 헛된 일이다"; 특히 이사야 26:12의 감명 깊은 말씀, "'우리'가 성취한 모든 일은 모두 '주'께서 우리에게 하여 주신 것입니다"; 예레미야 10:23, "주님, 사람이 자기의 길을 결정할 수 없다는 것을, 순례자가 마음대로 발길을 정할 수 없다는 것을 제가 알았습니다"(독일어 원문에서 옮김—역자 주); 창세기 45:8에서 요셉이 한 말, "그러므로 실제로 나를 이리로 보낸 것은, 형님들이 아니라, 하나님이십니다. '그'가 나를 바로의 아버지가 되게 하시고, 바로의 온 집안의 주인이 되게 하셨습니다"; 잠언 16:33, "제비는 사람이 뽑지만, 결정은 주께서 하신다"; 잠언

21:1, "왕의 마음은 흐르는 물줄기 같아서 주님의 손 안에 있다. 주께서 원하시는 대로 왕을 이끄신다"(이 구절에 대하여 하이단은 다음과 같이 주석하였다: "왕의 마음보다 더 자주적인 것이 무엇이겠는가? 그러나 그것은 바로 흐르는 물줄기와 똑같이 하나님의 손 안에 있다." Abr. Heidan, *Corp. Theol.* 1686, I, 363); 사무엘상 10:26, "하나님께서 마음을 감동시키신 용감한 사람들이 그를 따라갔다."(독일어 원문에서 옮김―역자 주)(이 구절에 대하여 또 하이단은 다음과 같이 주석하였다: "어떻게 그는 그들이 그렇게 하도록 하였을까? 그는 가령 그들의 몸을 사슬로 묶었는가? 그는 내적으로 행동하였으며, 마음들을 사로잡았으며, 마음들을 움직였고, 그는 그들을 그들의 의지의 결단들을 통하여 인도하였는데, 그 자신이 그 결단들 안에서 작용하였던 것이다."); 잠언 16:1, "인간은 스스로 숙고할 수 있기는 하지만, 그에게 올바른 말을 하게 하는 것은 주님이시다"(독일어 원문에서 옮김―역자 주); 잠언 16:9, "사람이 마음으로 자기의 앞길을 계획하지만, 그 발걸음을 인도하시는 분은 주님이시다"; 잠언 19:21, "사람의 마음에 많은 계획이 있어도, 성취되는 것은 오직 주님의 뜻뿐이다." 그리고 총괄적으로 욥기의 결말에 있는 탁월한 신정론(神正論: Theodizee)이 인용되었다: 38장에는 전체 자연사건이, 39장에는 특히 산에 사는 염소, 들나귀, 들소, 타조, 말, 매, 독수리 등의 놀라운 삶이―그러나 또 한 번 두드러지게 그리고 신화적으로 화려하게 묘사되고 있는 40장과 41장에는, 인간에게 아주 은폐되어 있지만 그래도 매우 현실적으로 하나님의 정의가 지배하는 것에 대한 직접적인 증인들로서 하마와 악어의 삶이 등장하고 있다.

이 모든 성서 구절들을 통하여 직면하게 되는 문제는 이미 허구적인 것이 아니었으며, 바로 그렇기 때문에 우리는 이 절(節)에서 또한 이 문제를 다루려 했던 것이다. 그리고 이 구절들의 여러 곳에서 하나님과 피조물이 걸어가는 공동의 "길"에 관하여, 그리고 그 길 위에서 하나님과 피조물 사이의 관계에 관하여 명확히 논의되고 있다는 것은, "동행" 개념을 선택함으로써 우리는 어쨌든 일반적으로 올바른 단서를 잡고 있다는 사실을 입증해주는 것인지도 모른다. 만일 우리가 피조물의 주님인 '하나님의 행동'을 그 '행동'에 대한, 즉 그것 안에는―그 행동이 하나님의 행동에 의하여 동반되고 구분되지만 역시 지배받음으로써―또한 '피조물'도 포함되는 바로 그 '행동'에 대한 살아 있는 '관계'로서 이해한다면, 그것은 틀림없이 성서적 관점에 상응한다. 옛 교의학의 협력론에서 주요관심사였던 것은, 그리고 이제 또한 우리에게 주요관심사는, 이 '관계'를, 성서에서 밝혀지는 것처럼 그리고 그것이 하여튼 가능한 한, 그렇게 그것의 독자성 안에 명확히 세우는 것이며, 여기에 스며들 수 있을 모든 낯선 상상들, 즉 길을 잘못 안내하는 상상들에 대하여 경계를 명확히 하는 것이다. 본래 움직이지 않고 휴식하고 있는 하나님과 본래 움직여지는 피조물의 세계 사이의 대립도 생각될 수 있을 것이다. 또한 살아 있으며 행동하고 작용하는 하나님과 그를 통하여 외부로부터, 즉 고유한 능동적 활동 없이 수동적으로 움직여지는 피조물의 세계 사이의 대립도 생각될 수 있을 것이다. 다른 한편으로, 영원히 움직이는 "영구운동 기관"(perpetuum mobile)을 발명하고 제조하여 움직이게 하는 데서 머무는 하나님의 행동도 생각될 수도 있을 것이다. 이 경우에 하나님의 행동도 피조물의 행동의 한계에서 그것의 한계를 지닐 것이며, 하나님의 행동이란 다름 아니라 단지 피조물의 행동을 가능하게 하는 것이며, 그 후에는 자유롭게 하며 그것의 고유한 진행과정에 내맡기는 것으로 이해될 것이다. 그리고 마지막으로, 하나님의 행동과 피조물의 행동의 일치가, 즉 하나님-세계(Gottwelt)라는 구별되지 않는 실존이 생각될 수 있을 것이다. 이 경우에 그 세계의 모든 요소들과 운동들은, 개념들이 지속적으로 애매모호하므로, 신적인 것으로 해석될 수 있고 마찬가지로 또한 신적이지 않은 것으로 해석될 수도 있을 것이다. 옛 신학자들이 저 성서 구절들로부터 어쨌든 다음의 사실을 이끌어냈다면, 그들은 참으로 옳았다: 하나님의 사역과 계시에 대한 신구약성서의 증언으로부터 출발하는 그리스도교적 인식에 따르면, 생각될 수 있는 이 모든 것들은 '탈락'되어야만 한다. 이로써 제기되는 문제, 즉 성서의 증언에 '상응하는' 하나님의 행동과 피조물의 행동의 병존과 대립이라는 문제를 제대로 해결하기 위하여, 그들은 "협력"론을 만들어 냈다.

무엇보다도 립시우스(R. A. Lipsius, 앞의 책, 397f.)의 저술에서 그리고 니취(Nitzsch-Stephan)의 *Lehrb. der ev. Dogmatik* (1912, 421)에서 드러난 신학사적인 '전설'을 바르게 교정하기에 적합한 곳이 바로 여기이다. 이 전설에 따르면, 개혁파 신학자들(칼빈과 츠빙글리 계열의 신학자들—역자 주)이 하나님의 단독 활동(Alleinwirksamkeit)에 대하여 가르쳤으며, 피조물을 단지 하나님의 도구로서 간주하였고, 따라서 하나님과 피조물 사이의 협력이라는 모든 상상에 대해서는 근본적으로 전혀 고려하지 않았으며, 다만 몇 명의 젊은 신학자들만이 사소하게 그 상상을 적용시켰던 반면에, "협력"론은 '루터의' 교의학의 특징이었다는 것이다. 그런데 아직 게르하르트(J. Gerhard)는 『섭리론』이라는 제목 아래에서 다만 "보존론"과 "통치론"에 대해서만 논하였던 반면에, 우선적으로 다루어지는 "섭리"에 대한 문제와 세 번째 부분에서 다루어져야 하는 "통치"에 대한 문제 사이에 있는 이 "협력"에 대한 독자적인 문제는 루터파 학자들 중에서도 크벤슈테트, 홀란츠, 바이어(Quenstedt, Hollaz, Baier)에게서 비로소 나타난다. 진기하게도 칼로프(Abr. Calov)조차 형식상 (게르하르트처럼—역자 주) 그렇게 처리하였으며, 그 다음에 두 가지의 논쟁적인 문제들을 상세히 다루면서 비로소 "협력"에 대해서도 언급하기에 이르렀다. 그리고 다른 한편으로는, 이 주제에서 스콜라 철학, 특히 토마스(Thomas von Aquino)가 제기한 문제와 공식화된 표현들도 채택하였던 것은 결코 루터파 신학자들만이 아니었다. 따라서 개혁파 신학자들 가운데 몇 명의 젊은 신학자들만이 비로소 이 주제에서 루터파의 교의 방식(Lehrweise)에 동조하였다는 주장은 결코 사실이 아니었다. 오히려 이미 볼렙(J. Wolleb, *Comp. chr. Theol.* 1626, I, 6, can. 5)의 글에 토마스의 유명한 명언을 문자 그대로 상기시키는 결정적인 명제가 나타난다: "하나님의 섭리는 두 번째 원인들을 폐기하지 않으며, 오히려 그것들이 효력을 발생하게 한다." 그리고 또한 "하나님의 능력이 앞서가며, 동행하며, 도와주는 것"(can. 9)에 대해서도 명확히 언급되고 있다. 그리고 이미 Leidener Synopse (1624, *Disp.* 11, 11)에는 인간의 의지행위들에 대해서만이 아니라 또한 '모든' 피조물들이 사실상 우발적으로 활동하는 것에 대해서도 다음과 같이 명확히 언급된다: 하나님의 섭리의 "작용"은 자주성 안에 있는 그것들을 파괴하지 않을 뿐만 아니라 오히려 그것들의 토대를 확립한다: "그것은 자연을 파괴하지 않고, 오히려 완성하며, 그것은 자연을 폐기하지 않고, 오히려 보호한다." 그리고 다시 여기에서(11, 13) 우리는 "협력"에 대한 매우 명확하고 포괄적인 정의를 볼 수 있다: 하나님은 다음과 같이 그의 피조물과 함께 협력한다: "그는 그의 행동을 통하여 직접적으로 피조물의 행동에 대하여 영향력을 행사하므로, 우리는, '하나의' 사역 혹은 활동이 여기에서부터 출발하여 실현된다는 점에서, 동일한 행동이 첫 번째 원인과 두 번째 원인으로부터 시작된다고 말할 수 있다." 그리고 모든 후기 개혁파 신학자들이 이 주제에 더 한층, 실제로 그들의 루터파 동료 신학자들 못지않은, 지대한 관심과 다방면의 주도면밀함을 보였다. 잘 알려진 이 전설은 아마도 슈바이처(Alexander Schweizer)의 『개신교 교회의 신앙론』(*Glaubenslehre der ev. -ref. Kirche*)으로 소급될 것이다. 19세기에 일반적으로 사람들은 이 책에서 초기 개혁 신학에 대하여 알 수 있게 될 것이라고 너무 확신하였다. 왜냐하면 거기(1. Bd., 1844, 320)에는 물론 다음과 같은 구절이 쓰여 있기 때문이다: "개혁신학의 입장은 하나님 곁에나 밖에서 혹은 그와는 무관하게 활동하는 어떤 힘들을 결코 승인하지 않는다"; 따라서 "앞서가며, 동행하며, 도와주는 것"은 본래 있을 수 없다는 것이다. 이것은 참으로 슈바이처가 츠빙글리의 몇 가지 극단적인 진술들을 근거로 삼고 제시한 명제였다. 그러나 그는 실제로 이 명제를 하나의 개혁신학적 입장으로서 주장한 것은 아니었으며, 하물며 '대표적인'(den) 입장으로서 주장한 것은 더욱 아니었다. 그 명제는 오히려 단순히 그 자신이 세운 근대적 학문 체계의 한 요소일 뿐이다. 즉 그것은, 하나님의 피조물 보존을 부정하는 것으로서 우리가 실제로 거부할 수밖에 없는 것이다. 왜냐하면: 과연 하나님 앞에서 보존되며 따라서 실존하기는 하지만 고유한 활동하는 힘이 없이 실존하는 피조물이란 대체 무엇이란 말인가? 우리는, 그것이 일찍이 개혁신학의 표준적인 명제였다는 풍문을 결코 믿지 말아야 했다.

다만 다음의 사실만이 이 풍문의 "진리의 핵심"으로 남아 있다: '루터파 신학자들'은 협력론의 개발에서, 우리가 방금 전에 서론 부분에서 '두 번째' 부분에서 말했던 것, 즉 피조물의 활동의 상대적인 '자주성'에 대단한 관심을 지녔으며, 그것에 대하여 그들은 하나님의 "협력" 개념을 결정적으로 오히려 "도움"의 방향에서 해석하였다; 반면에 '개혁파 신학자들'의 관심은, 우리가 방금 전에 '세 번째' 부분에서 말했던 것, 즉 피조물의 활동에 대한 하나님의 활동의 절대적인 '우월성'(Überordnung)에 놓여 있었으며, 이 관심 안에서 그들은 하나님의 "협력"을 결정적으로 오히려 "앞서감"의 방향 안에서 해석하였다. 본래 공동으로 인용된 성서 구절들이 바로 이 강조점을 지니고 있다는 점에서, 즉 "하나님의 더 큰 영광"을 화제로 삼고 있다는 점에서, 개혁파 신학자들은 그들의 강조점 설정에서 결정적으로 유리했다. 우리는 앞으로 이 사실을 기억해야만 할 것이다. 그러나 개혁파 신학자들이 여기에서 성서에 더욱 근접하여 강조하기를 원했던 바로 그것도 다만 다음의 경우에만, 즉 루터파 신학자들에게 그처럼 확고하게 중요했던 "피조물의 더 작은 영광"이 그들의 입장에서, 어떻게 그것이 사실 저 성서 구절들 안에서—욥기 38-41장을 한 번만 더 기억하라—함축성 있게 유효하게 되고 있는지, 분명하게 숙고될 경우에만 바르게 들릴 수 있다. 그러므로 주요관심사는 배타적인 대립일 수 없으며, 또한 우리가 여기에서 양자택일을 강요받고 있는 것으로 여길 수도 없다.

여기에서, 루터파와 개혁파 양측이 의견을 진술했던 그 격렬함 혹은 또한 무분별함의 정도에 따라 서로 겹치기도 하고 어긋나게 될 수 있었으며, 이 점에서 종파적-신학적 대립에 이를 수도 있었다는 것은 명백하며, 사실상 대립에 이르렀다는 것은 충분히 납득될 수 있다. 그러나 다음의 사실을 확인하는 것이 더 중요하다: 어쨌든 이쪽에 '그리고' 저쪽에 문제가 인식되었으며 그 문제 해결을 위한 노력이 기울여졌다. 그들이 그 일을 실행하는 데에 어느 정도 성공했든 그렇지 않든, 그 어려운 대립을 일치시키는 것을 더 잘 나타내 보일 수 있었든 그렇지 않든—우리는 '루터파 신학자들'이 그들의 방식으로 개혁파 신학자들 못지않게 하나님의 절대적인 존엄과 주권을 주장하려 시도했다는 사실을 부인할 수 없으며, 또한 '개혁파 신학자들'은 그들의 방식으로 루터파 신학자들 못지않게 틀림없이 피조물의 활동의 자주성을 나타내 보이기를 원했다는 사실을 부인할 수 없을 것이다. 루터파와 개혁파 사이의 차이들에서는 언제나 그러하듯이, 여기에서 문제되고 있는 것은 학파간의 대립들이다. 때때로 그 대립들은, 우리가 그것들을 오늘날 단지 시대에 뒤진 것으로서 무시할 수 있는 그런 성질의 것이다. 그러나 때때로, 그리고 여기에도 그렇게, 그 대립들은 오늘날에도 결단하도록 촉구하는 그런 성질의 것이다. 여기에서 우리에게 결국 "피조물의 영광"보다 "하나님의 영광"이 더 중요한 것인지 혹은 그 반대인지의 여부는 아무래도 좋은 것이 아니다. 그러나 여기에서 문제되고 있는 것은, 동일한 인식 안에 있는 미묘한 차이(Nuance)이며, 견딜 수 없는 모순이 아니다. 그리고 또한 여기에서도 문제되고 있는 것은 학파 간의 대립이다.

옛 개신교 신학의 '양쪽' 진영들에서 행하여졌던 것에 대하여 여기에서 물론 하나의 원칙적인 '질문'이 제기되고 대답되어야만 한다.

투레티니(Fr. Turrettini, *Instit. Theol.* 1679, VI, 5, 1)는, 우리가 몰두하고 있는 이 교의에 대한 진술을 다음과 같은 깊은 탄식으로써 시작하였다: "하나님이 동행하는 것에 대한 질문은, 신학에서 마주치는 가장 어려운 것이다." 하나님이 그의 피조물과 "협력하고 있다"는 것에 대하여, 그리고 어느 정도 그러한지에 대하여, 스스로에게 그리고 다른 사람들에게 관념적으로 해명하는 것은 실제로 쉬운 일이 아니다. 우리는 방금 여기에서 개신교 자체의 내부에, 모순되지 않으나 어쨌든 상이한 두 가지 관심사가 어떻게 관철되었는지를 살펴보았다. 그러나 그 반면에 루터파와 개혁파는 한편으로는 공동으로 '로마 가톨릭 신학자들'에 대하여 거리를 두어야만 했다. 서투른 운동은 어느 것이든 그렇지만, 특히 루터파의 관심사를 발전시킬 때에 은혜론 안에 신인협력설(Synergismus)이 다시 침투하는 형태로 가장 심각한 결과들을 초래할 수 있었다. 여기에서 고려되어야 할 것은, 당시의 로마 가톨릭 신학 안에서도 두 가지 노선들이 있었다는 사실이다: 토마스 아퀴나스를 추종하는 '토마스학파의 신학자들'은 로마 가톨릭의 사고방식 내부에서 그들의 방식으로 역시, 개신교도들 중에서 개혁파 신학자들의 마음을 사로잡았던 "하나님의 더 큰 영광"을 주장하고자 하였으므로, 그들은 개혁파 신학자들에 의하여 흔쾌히 "진리의 증인들"이라고 불리었다.—반면에 '예수회 신학자들'(Jesuiten)에게는 루터파 신학자들의 경우처럼 "피조물의 더 작은 영광"이 관심의 중심에 서 있었다. 그러나 다른 한편으로는, 루터파와 개혁파는 또한 '좌측'을 향한, 즉 부분적으로는 르네상스에 의하여 그리고 부분적으로는 막 대두되는 정확한 자연과학에 의하여 결정된 근대적 세계관이 지니는 '일원론'과 '결정론'에 저항하는 공동의 전선을 지니고 있었다. 그리고 이 세계관 배후에는 게다가 확실히, 당시의 그리스도교 세계에 실제로 정치적으로도 매우 주목을 끌던 '이슬람교'의 일원론 및 숙명론이 상대적인 극한값(Grenzwert)으로서 역시 더욱더 위협적인 것으로 보일 수도 있었을 것이다. 만일 루터파가 로마 가톨릭 쪽으로 기울어질 위험이 있었다면, 의심할 여지없이 또한 개혁파가 다른 쪽으로 기울어질 위험도 있었다. 그러나 이미 살펴본 것처럼, 루터파와 개혁파는 모든 세분화에도 불구하고 공동의 주제를 지니고 있었으므로, 실제는 그들 모두 좌측'과' 우측으로 기울지 않도록 경계해야만 했다.

이 어려움에 직면하여 그들은 이 대목에서 모두—바로 루터파와 마찬가지로 개혁파도!—16세기에서 17세기로 넘어가는 전환기에 때마침 다시 새롭게 발견되고 유효하게 되었던 '그' 철학과 '그' 신학, 즉 아리스토텔레스의 철학과 토마스 아퀴나스의 신학을 형식적으로 차용했다. 이 차용의 핵심은 두 파트너인 하나님과 피조물을 '묘사'하기 위하여 특정한 '전문용어'를 넘겨받아 도입하는 것이었으며, 하나님이 활동하는 것과 피조물이 활동하는 것은 "협력"론에서, 함께 작용하는 것으로서 이해되고 그렇게 표현되어야 했다. 주요관심사는 '인과'(因果) 개념을 넘겨받고 도입하는 것이었다. 왜냐하면 다름 아니라 바로 이 개념의 변증법을 전개하면서 참으로 좌측과 우측을 향한 경계 설정이 완성되었으며, 참으로 또한, 이 대목에서 문제되고 있는 개신교 내부의 차이도 중재되었기 때문이다. 그리고 이 대목의 교의에서만이 아니라 이것과 관련 있는 모든 교의들에서 개신교 교의학의 이미지(Bild)에 지배적인 것으로 되었던 것이 다름 아니라 바로 이 개념이다.

우리는 문제를 구체적으로 설명하기 위하여, 하이데거(H. Heidegger, zit. nach Heppe², 200)가 "협력"론을 요약하고 있는 간결한 공식적 표현을 미리 말한다: "동행하는 것 혹은 협력하는 것이 하나님이 활동하는 것이며, 그 활동을 통하여 그는 '두 번째 원인들'과, 즉 존재 안에서처럼 활동 안에서도 직접적으로 그에게 의존하고 있는 것들과 함께 작용하는데, 그는 그것들이 활동하게 자극하거나 움직이며 그것들과 함께 '첫 번째 원인'에 합당하며 두 번째 원인들의 본성에 적합한 방식으로 행동한다."

우리는 우선, "원인"(causa) 개념을 도입하는 것이 주제 자체로부터 출발하여 볼 때에도 권고되고 추천될 수 있었으며 또한 그랬어야만 했다는 사실을 부인할 수 없다. 이미 16세기에, 가령 츠빙글리와 칼빈의 섭리론에서, 그리고 루터의 "노예의지론"(*De servo arbitrio*)에서도 토의되었던 것은 다름 아니라 실제로 '그 개념'이 지닌 문제성이다.

하나님이 '활동하는 것'과 피조물이 '활동하는 것' 사이의 관계가 주요관심사여야 했다. 그러나 활동한다(Wirken)는 것은 "야기하는 것"(causare)을 의미한다. 활동한다는 것은 특정한 작용(Wirkung)이라는 목표 및 결과를 지니고 있는 운동이나 행동을 의미한다. 그러므로 활동한다는 것은 '야기한다'(bewirken)는 것을 의미한다. 그러한 "야기하는 것"의 주체는 "원인"이며, 독일어로는 Ursache(원인)이다. 원인은 어떤 것, 즉 그것 없이는 다른 것이, 즉 두 번째 것(Sache)이 정말 작용하지 않을 것이며, 현존하지 않을 것이며, 그렇게 존재하지 않을 그 어떤 것이다. "원인"은 어떤 것, 즉 그것을 통하여 다른 것이 직접 설정되거나(gesetzt) 혹은 야기되는(bedingt) (아마도 또한 다만 함께 야기되는), 즉 그 어떤 척도 안에서 그리고 그 어떤 의미 안에서 새롭게 규정되고, 따라서 변화되는 그 어떤 것이다. 만일 우리가 참으로 하나님이 활동하는 것과 그의 피조물의 활동하는 것에 관하여, 즉 하나님과 피조물이 "야기하는 것"에 관하여 말한다면, 우리는 하나님과 피조물을, 그것을 원하든지 원하지 않든지 그리고 그것을 의식하든지 의식하지 않든지, 이미 둘 다 "원인"이라고 부르고 또 그렇게 이해한 것이 된다. 즉시 참으로 물론 이 개념의 변증법이 전개되기 시작해야만 한다.—그리고 바로 그것을 위하여 우리의 옛 신학자들은 아리스토텔레스와 토마스에게서 자극과 안내를 발견했다. 하나님은 전혀 다르게 "원인"인 것이 명백하며, 또한 피조물은 전혀 다르게 "원인"이다.

"원인"으로서 '하나님'이 지니는 특성의 본질은 우선 그리고 무엇보다도 다음의 사실에 있다: 하나님은 모든 "원인들"의 근원으로서, 모든 인과관계의 연속들의 토대이며 시작으로서, 스스로 어떤 "원인"도 그의 앞이나 위에 지니고 있지 않으며, 오히려 그가 그의 고유한 "원인", 즉 "원인 자체"이다. 그리고 그 특성의 본질은 다른 한편으로는 바로 다음의 사실에 있다: 그와는 상이한 모든 것이 그를 통하여, 즉 그의 작용을 통하여 존재하므로, 그는 그의 밖에서 활동하고 있는 모든 "원인들"과 그것들이 "야기하는 것"을, 그가 야기하는 것을 통하여 함께 야기하였을 뿐만 아니라 전적으로 야기하였으며, 야기하였을 뿐만 아니라, 그 모든 것을 창조하였으므로, 맨 처음에 설정하였다. 모든 다른 "원인들"은 오직 그를 '그'(die) "원인"으로서, 모든 다른 "야기하는 것"은 오직 '그가' "야기하는 것"을 최초의 그리고 본래의 "야기하는 것"으로서 확증할 수밖에 없고 증언할 수밖에 없다. 그는 "순수하게 야기하는 원인"으로서 "모든 원인의 원인"이다. 이런 의미에서 그는 옛 신학에서 "제1' 원인", 즉 하나님 자신이 그것의 유일한 대표자인 첫 등급의 "원인"—혹은 "'으뜸가는' 원인", 즉 지배하는 "원인", 더 자세히 말하자면, 모든 다른 "원인들"과 그것들이 "야기하는 것들"을 지배하는 원인으로 불린다.

그런데 그의 '피조물'도 "원인"이다. 그러나 그것이 지닌 특징 자체의 본질은 우선 다음의 사실에 있다: "원인"으로서 그것은 완전히 하나님에 의하여 설정되었으며, 하나님 없이는 결코 존재할 수 없을 것이고 또한 결코 "원인"일 수 없을 것이며, 따라서 그것이 "야기하는 것"은 다만 하나님이 "야기하는 것"에 참여하는 것일 수밖에 없다. 그것이 야기하는 것은 다음의 사실에 의하여, 즉 그것의 본질은 언제나 다만 야기하는 것에 혹은 함께 야기하는 것에 있을 수밖에 없으며, 결코 설정하는 것에 있을 수 없다는 사실에 의하여, 하나님이 야기하는 것과 실질적으로 구별된다. 그리고 다른 한편으로는 그것의 특징은 다음의 사실에 있다: 그것은 다른 것을 야기할 뿐만 아니라, 그것 입장에서는 하나님의 다른 작용들에 의하여, 즉 다른 "원인들"에 의하여 야기되거나 함께 야기된다. 그것은 하나님 아래에서 활동할 뿐만 아니라, 또한 피조물의 일련의 인과관계, 즉 그것의 내부에서 그것 자체가 또한 다른 피조물들에 의하여 영향을 받는 것인 바로 그 일련의 인과관계의 관련성 안에서 활동한다. 그것은 이러한 이중의 의미에서 "야기하는 원인"으로서 또한 "야기된 원인"이다. 그리고 이런 의미에서 그것은 "'제2' 원인", 즉 전적으로 하나님과 상이한, 하늘과 땅의 현실성 전체가 그것에 소속되는 둘째 등급의 "원인"으로, 혹은 많은 다른 "원인"들 가운데 있는 하나의 "원인", 즉 "원인" 개념이 지닌 능력에 다만 제한되게 관계하고 있는 "원인"인 "'특수한' 원인"으로 불린다.

이것이 옛 개신교 교의학에서 하나님의 섭리의 지배 안에 있는 "하나님의 협력"이 이해되었던 개념적 토대였다. "제1 원인" 혹은 "으뜸가는 원인"으로서 하나님은 "제2 원인들" 혹은 "특수한 원인들"이 활동할 때에 함께 작용한다; 그것들이 "야기하는 것" 안에서 그리고 그것과 함께 '그가' "야기하는 것"이 발생하므로, 그것들의 작용들은 언제나 또한 '그의' 작용들이다.—그리고 두 등급들이 지닌 품격의 차이를 고려한다면, '그의' 작용들이 우선적이며 결정적인 것이다. 만일 우리가 그 문제를, 즉 창조주가 피조물과 동행하는 문제, 따라서 하나님의 활동이 피조물의 활동과 동행하는 문제라고 불리었던 그 문제를, 성서로부터 출발하여 진정한 문제로 인정한다면, 그 경우에 우리는 이 전문용어를 도입하는 것에서 당장은 그리고 그 자체에서는 어떤 오류를 인식할 수 없을 것이다. 모든 전문용어가 오류들이 발생할 수 있는 원천이다. 성서의 어휘로부터 인용된 전문용어들조차도 이 확언으로부터 절대적으로 제외될 수는 없다. 인과관계 개념은 성서로부터 유래하지 않는다. 그러나 이 사실이 아직은 이 개념을 신학적 언어에 도입한 것이 오류였다고까지 판결을 내리지는 않는다. 그 개념은 성서의 메시지를 발전시키고 적용하기 위하여 신학에서 언급되어야 하는 것을 표현할 때에 쓸모 있을 수도 있다. 그것은 17세기의 신학자들이 휘말려 들었던 논쟁에서 특히 유용한 도구일 수 있었다. 그리고 만일 하나님이 활동하는 것과 피조물이 활동하는 것에 대하여 근본적으로 하나님과 피조물의 상호관계 안에서 논의되어야만 한다면, 어떻게 이 개념이나 비슷한 개념을 사용하는 것을 피할 수 있는지가 객관적으로—그러나 그것은 객관적으로 제시될 수 없다.—먼저 제시되어야 했을 것이다. 만일 우리가 '하나님이' 활동하는 것에 대하여 말한다면, 우리는 불가피하게 상위의 의미에서 "야기하는 것"을 말하지 않는가? 야기하는 것만이 아니라 오히려 참으로 설정하는 것인 바로 저 최초의 활동에 대하여 말하지 않는가? 그리고, 만일 우리가 하나님의 '피조물'이 활동하는 것에 대하여 말한다면, 우리는 마찬가지로 불가피하게 다시금 "야기하는 것"을, 그러나 이제는 하위의 의미에서 말하지 않는가? 우리는 바로 저 파생된 "종속적" 활동에 대하여, 즉 하나님에 의해서 설정되고 야기되며, 또한 다른 것에 의해서도, 또한 마찬가지로 야기된 활동에 의해서도 야기되고 또 함께 야기되는 활동에 대하여 말하지 않는가? 여기에서 오류들에 도달'할 수 있다'는 사실은 논쟁의 여지가 없다. 왜냐하면 이 전문용어도 그것이 또한 잘못된 신학적 구상들 및 주장들의 도구로 되지 않을 수 있을 만큼 그렇게 명백한 것은 아니기 때문이다. 그러나 여기에서 오류들에 '이른다'는 것은 그 용어를 어떻게 사용하느냐에 달려 있다. 즉, 그것은 다음의 사실 여부에 달려 있다: 만일 그 용어가 신학 안으로 도입된다면, 그것을 사용하는 원동력(Dynamik)과 목적론이 완전히 성서적 메시지를 이해하고 해석하는 데에 봉사해야만 한다는 사실에 의하여 결정되고 그렇게 머무는지,—혹은 그것을 사용할 때에 성서적 메시지에 낯선 원동력과 해석이 영향을 미쳐서, 그것들의 압력 아래에서 성서적 메시지에 낯설거나 아마 심지어 대립되는, 따라서 틀린 신학적 구상들 및 주장들에 이르게 되는지의 여부에 달려 있다. 따라서 여기에서 오류들에 이를 '수밖에 없다'(muß)는 사실은, 이 전문용어가 사용된다는 그 사실만으로는 아직 결정되어 있지 않다.

그런데 옛 개신교 신학에서 인과관계 개념을 도입했기 때문에 그러한 확실한(positiv) '오류들'에 이르렀을 것이라는 것은 역사적 실상(Sachverhalt)이 '아니다.' 옛 루터파 신학자들과 개혁파 신학자들의 구상들 및 주장들을 모두 검토해 보면, 물론 양측에서 저 금지된 극한값들(Grenzwerte)을 향한 위험한 운동들과 마주치게 된다. 왜냐하면 루터파 신학자들이 종종 진기하게도 로마가톨릭 방식으로, 즉 예수회 수도사들처럼 말하는 것을 듣는다고 여겨지며, 종종 개혁파 신학자들이 진기하게도 스토아학파처럼 혹은 역시 근대의 일원론자들처럼 혹은 역시 약간 터키 방식으로 말하는 것을 듣는다고 여겨지기 때문이다. 그러나 그 경우에 그때마다 양측에서, 그들이 인과관계 개념을 사용하였다는 것이 문제가 아니라, 그들이 인과관계 개념을 사용하고 있다는 것은 완전히 별도로 하고, 교의의 내용이 지닌 방향을 그 주제의 성서적 메시지에 맞추는 일에서 그들이 모든 것을 확실하게 그리고 언제나 동일하게 확실하게 보여주지는 않는다는 것이 문제이다. 그러나 우리는—이런 흔들림은 별도로

하고 — 그들이 제시한 교의가 전체적으로는 형식적으로 질서정연하며, 형식적으로는 심지어 오늘날까지도 쓸모 있고 모범적이라는 사실을 인정해야만 한다. 아리스토텔레스와 토마스의 이론으로 행한 실험은 실제로는, 우리가 염려하는 관찰자로서 우선 예상할 수 있는 것처럼 그렇게 나쁘게 진행되지는 않았다. 그리고 우리는 다음의 사실도 인정해야만 한다: 여기에서 그것에 관하여 논의되었을 뿐만 아니라, 사람들이 그 사실을 알아차리지 못한 채 스스로 그것을 무대에 올렸던 그 진기한 "협력" 문제가 해명되기에까지 이르렀는데, 만일 이 (성서와 아리스토텔레스의!) "협력"이 없었다면 아마 이 부분에서 해명에 이를 수 없었을 것이다. 트뢸치(E. Troeltsch, *Glaubenslehre* 1925, 254)가 이 주제에서 옛 신학의 노력들을 어떤 논증도 없이 "모두 무가치한 것"이라고 무시하려 감행했던 것은 모든 다른 것은 별도로 하고, 야만적인 일이다.

그러나 여기에서 어쨌든 두 가지가 확인되어야만 한다. "협력"에 대한 정통파의 서술은 당시에 새롭게 도입된 전문용어 안에서, 그리고 그 용어에도 불구하고, 그리고 바로, 그 용어를 사용하여 '형식상' 질서정연하다. 우리는 '실질적인 내용'에 대해서는 같은 말을 할 수 '없다.' 창조와 은혜의 계약 사이의 관계를 무시하는 것, 추상화, 즉 섭리론 전체에서 피조물에 대한 그리고 피조물과 더불어 행하는 하나님의 일반적인 지배에 관해서만이 아니라, 말하자면 중립적이며 특색 없는 일반적인 최고 존재인 하나님의 지배에 관하여, 그리고 그것에 상응하게 또한 중립적이고 특색 없는 피조물에 관하여 논의하고자 원했던 그 추상화, 구원사로부터 세계사를 분리시키는 것 — 이 모든 것은 여기에서 영향을 미쳤는데, 논의되는 "제1 원인"이 "야기하는 것"만이 아니라 또한 "제2 원인"이 "야기하는 것"이 어떤 특수한 그리스도교적 내용도 지니지 않는 그런 방식으로 영향을 미쳤다. 하나님과 피조물 사이의 협력은, 그 경우에 그것이 서술되었던 것처럼, 확실히 '형태'(Gestalt)를 지녔으며, 옛 신학자들은 이 형태의 윤곽들을 아주 옳게, 아주 훌륭하게, 아주 교훈적으로 명시하였다. 그러나 이 협력에는 '내용'이 결여되어 있는데, 그 내용을 명확히 제시하지 않는다면 아무리 옳게 훌륭하게 교훈적으로 명시된 형태라도 아마 전혀 다른 내용을 담은 형태로 될 것이다. 즉, 결여된 것은 바로 '그리스도교적' 내용이다. 이 그리스도교적 내용을 명확한 제시하지 않는다면, 그처럼 잘 숙고된 완전한 개념을 사용하는 것이 역시 다시, 성서의 메시지를 해석하는 원동력 및 목적론과 관계없는 원동력 및 목적론의 압력에 굴복할 수 있었다. — 이로써 우리는 이미, 여기에서 덧붙여 말해져야 하는, 두 번째로 확인되어야 하는 것에 직면해 있다. 옛 정통주의에서, 인과관계 개념에 의하여 규정된 형태를 띤 "협력"론에는 역시 또한, 그것이 이 형태를 지니고 있기 때문에 그 형태와 함께 초래될 수 있을 해악에 대한 명확한 '경계설정들'이 결여되어 있다. 그 교의가 여기에서 격퇴하려 몰두했던 적들도, 즉 한편에는 신인협력설(Synergismus)과 다른 한편에는 일원론(Monismus)도, 즉 가톨릭 교황과 이슬람교도인 터키인도, 역시 그 형태를 이용할 수 있었기 때문이다. 그 형태를 사용하는 것만으로는 그들은 격퇴되지 않았다. 개신교 신학자들이 토마스에게 손을 뻗치는 것이 보였을 때, 로마에서는 개가를 올릴 수 있었을 것이며, 최상의 것을 희망할 수 있었을 것이고, 당시에 은밀히 혹은 공개적으로 범신론(Alleinheitslehre)이 추구되기 시작했던 다른 수많은 곳에서도 그랬을 것이다. "제1 원인"과 "제2 원인"의 대립시키고 일치시키는 것은, 한 쪽이나 다른 쪽을 중요시함으로써, 성서의 메시지와 전혀 관계없으며 오히려 그 메시지에 모순되는 그런 체제들의 대립을 일치시키는 것으로도 해석될 수 있었다. 옛 개신교 신학에서 이런 횡포(Unfug)는 발생하지 않았다. 그러나 옛 개신교 신학은, 후에 이러한 횡포가 개신교 신학의 이름으로 발생할 수 없도록 안전하게 보호되지는 않았다. 그리고 그 횡포가 후에 실제로 발생했으므로, 우리는 그것이 제때에 저지되지 않았다는 사실을 유감으로 생각한다.

우리는 질문한다: 이 교의에서 '인과관계 개념'을 사용하는 것이 어떤 조건들 아래에서 '정당한' 것으로 일컬어질 수 있는가?

우리는 몇 가지 '선결 조건들'을 언급함으로써 시작하기로 한다. 이 선결 조건들에서는, 이것들 모두를 성취하는 것은 마지막에 언급될 유일한 결정적 조건의 성취에 의존하고 있다는 사실이 드러나게 될 것이다.

1. "원인" 개념은, 만일 그것이 여기에서 정당하게 사용되어야 한다면, "기계적으로 활동하는" 원인 개념과 동일시되어서는 '안' 된다. 만일 라틴어의 "원인"(causa) 혹은 독일어의 원인(Ursache)이라는 어휘에서 즉시 근대 자연과학 혹은 오히려 자연철학에서 이 어휘를 사용하는 것을 생각하는 것, 즉 인과성, 인과관계, 인과율, 인과의 필연성 등에 대한 자연과학 및 자연철학의 수다를 생각하는 것이 불가피하다면, 이 개념은 어쨌든 하나님에게, 또한 하나님의 피조물에게 사용될 수 없을 것이며, 따라서 거부될 수밖에 없을 것이라는 것이 명백해질 것이다. 리츨(Albr. Ritschl)은 이 개념을 그렇게 이해하였고, 그 결과 그는 즉시 "협력"에 관한 교의 전체를, 마치 그것이 '이' 인과관계 개념과 함께 존폐가 달려 있기나 하는 것처럼, 포기하였다: 하나님에 관한 사상은 자연에 관한 과학적인 해명 방식에 맡겨질 수 없다는 것이다; 만일 하나님이 "원인 개념으로, 관찰에 의하여 이해되는 자연적 원인들과 동일시"된다면, 그것은 하나님에게 어긋나는 행동을 하는 것이 될 것이다.(*Unterr. i. d. chr. Rel.* 1875, §15) 우리는 참으로 확실히, 토마스나 옛 정통주의 신학자들에게, 그들이 이러한 동일시의 과오를 저질렀다고 비난할 수는 없을 것이다. 그들이 주장한 "제1 원인"은 실제로 "관찰에 의하여 이해되는 자연의 원인"과 쉽게 혼동될 수는 없을 것이다. 그러나 그들은 또한 "제2 원인"도 결코 이러한 근대의 강박관념이 지닌 편협성 안에서 설명하지도 않았다. 그들의 피조물 개념 안에는 피조물에게 고유하며 법칙에 알맞은, 사건의 경과 안에 있는 "자연의 질서 "외에, 또한 자연 안에는 있는 우연성과 인간의 의지가 지닌 자유가, 또한 기적과 기도를 들어주는 것이, 피조물의 역사의 중심인 계약사와 교회사도 굳게 자리 잡고 있었다: 그것은 오직, "기계적으로 활동하는" 원인들이라는 개념과 정말 일치되지 않았던, "원인들" 및 "야기하는 것"에 관한 관념들뿐이었다. 만일 하나님이 활동하는 것이 '그리고' 피조물이 활동하는 것이, 그것이 바로 그것 상호간의 관계 안에 필연성이라는 요인도 포함하고 있다는 전제에서, 물론 "기계적인" 성분도 지니고 있다면, 그래도―이 대목에서 개신교 측에서는 이미 츠빙글리와 칼빈에 의하여 그리고 17세기에도 가끔 애매하게 언급되었다.―바로 이 '필연성'이라는 요인은 '기계적인 것'이라는 낯선 개념을 통해서는 해명될 수 '없으며', 이 관계를 표현하는 바로 이 "기계론"(Mechanik)은, 통상적으로 "기계론"이 의미할지도 모르는 것에 비하여, 그것이 지닌 '특징' 안에서 인식되고 이해되어야만 한다. 그러므로 이 쟁점에서 필요한 예방 조처의 핵심이 다음의 사실에 있기만 하면 된다: 우리는 자유를, 즉 옛 신학이 하나님 개념만이 아니라 피조물의 개념에서도 실제로 지

니고 있었고 실행하였던 바로 그 자유를 근본적으로 파악하고 효력을 발휘하게 해야 한다. 물론 이렇게 하기 위해서는, 옛 신학자들의 글에서는 발견될 수 없었던 특별한 토대가 필요하게 될 것이다.

2. 만일 "원인" 개념이 여기에서 정당하게 사용되려면, 독일어 번역인 "Ur-Sache(ur는 '근원적인'이라는 의미를 지니는 접두어, Sache는 '일, 사물' 등을 의미하는 명사이므로, Ursache는 '근원적인 사물'이라는 의미를 포함하고 있다.—역자 주)"로부터, 마치 하나님과 그의 피조물의 경우에 두 가지 "사물들"(Sachen)이 주요관심사이거나 하는 것처럼 생각하는 상상이 결코 끼어들지 않도록 주의해야만 한다. 하나의 일, 하나의 사물, 하나의 객체는, 인간에게는 적어도 부분적으로 조망될 수 있으며 마음대로 처리될 수 있는 어떤 것이다. 만일 어떤 것이 나에게 하나의 사물(Sache)이라면, 그것이 의미하는 것은 이것이다: 나는 그것을, 설령 아마 매우 결함이 있더라도, 응시하고 확인하고 분석하고 정의할 수 있다고, 간단히 말하면 "인식"할 수 있다고 여기며, 어느 정도 그것과 교제하는 법을 알고 있다. 그러나 하나님도 피조물도 이런 의미에서 "원인"은 아니다. 그런데 우리는 물론 토마스나 우리의 선배 신학자들에게 다음과 같은 질문을 제기할 경우에, 즉 그들이 하나님과 피조물을 상위의 "원인" 및 하위의 "원인"으로 정의하였을 때, 그들에게 하나님과 피조물은 정말 "사물들"과 같은 어떤 것으로 되어 버리기를 바랐던 것은 아닌지 질문할 경우에, 그리 기쁘지는 않을 것이다. 우리는 여기에서 모든 신학의 치명적인 위험에 직면하고 있다. 모든 신학은 하나님과 피조물에 '관한' 일종의 명상이다. 신학이 그들에 '관하여' 명상하고 논함으로써, 하나님과 피조물은 매 순간 사물들로 되어 버릴 위험이 있으며, 사상가이며 연설가인 인간은 하나님과 피조물의 실존과 본질과 현존과 활동이 지니고 있는 이해할 수 없는 비밀을 잊고, 마치 그들이 그리고 그들의 상호관계가 그의 '아래' 어느 곳에 있거나 한 것처럼, 그들에 대하여 명백하게 숙고할 수 있으며 논할 수 있다고 여길 위험이 매 순간 도사리고 있다. 아리스토텔레스가 주장한 인과관계 개념의 변증법을 하나님이 활동하는 것과 그의 피조물이 활동하는 것에 적용하는 것이 과연 충분히, 하나님과 피조물에 '대하여' 생각하고 말하는 것과 같은 것을 의미했는가? 존재 개념처럼 인과관계 개념은 아주 유혹적인 것이어서 이 관점에서 오류를 범하게 할 수 있다. 만일 인과관계 개념이 사용된다면, 이 유혹이 어떤 경우에도 물리쳐져야만 한다. 신학에서 객관성(Sachlichkeit)의 본질은 진기하게도 무엇보다도 바로, 매 순간 새롭게 다음의 사실에 주의를 기울이는 것에 있다: 하나님도 피조물도 "사물"이 '아니며', 하나님과 피조물은 그들에 대하여 숙고하고 논의하기를 원하는 사람에게, 즉 신학자에게 오히려—만일 그가 당장 헛수고하기를 원하지 않는다면—언제나 다시 그들 스스로에 의하여 계시되어야만 하며 또 계시되어 있어야만 한다. 아무리 순수하고 엄격한 정통주의라고 해도, 만일 그것이 이렇게 주의를 기울이는 일을 포기한다면, 그것은 즉시 죽어버린 정통주의로 된다. 여기에서도 일어나서는 안 되는 것이 바로 이것이다. 그러나 이렇게 주의를 기울이는 일을 바로 여기에서 일깨우고 깨어 있게 하기 위해서는, 다시 특별한 근거가 필요하다. 우리의 선배 신학자들이 이 특수한 근거를 과연 잘 알고는 있었으나, 여기에서 그것을 사용하지 않았으므로, 그들이 충분히 주의를 기울였는지에 대하여 우리가 의심할 수 있다는 사실은 놀랄 만한 일이 아니다.

3. "원인" 개념이 여기에서 정당하게 사용되어야 한다면, 다음의 사실에 대하여 동의가 있어야만

한다: 그것은 어떤 상위개념, 즉 그것 '아래에서' 여기에는 하나님이 저기에는 피조물이 나란히 세워지게 될 그런 상위개념이 아니며, 또한 어떤 공통분모, 즉 그것 '위에서' 여기에는 하나님이 저기에는 피조물이 나란히 세워지게 될 그런 공통분모도 아니다. "원인"은 어떤 속(genus, 屬. 생물의 분류계통학 개념의 하나로서 종[種] 개념보다 상위개념―역자 주), 즉 그것에 속한 종류들로서 하나님의 "원인"과 피조물의 "원인"이 명명될 수 있을 그런 속이 아니다. 만일 우리가 하나님의 존재와 피조물의 존재에 대하여 논한다면, 우리는 "존재"라는 속(屬)의 두 종류들과 관계하고 있는 것이 아니며, 만일 우리가 예수 그리스도의 신적인 본성과 인간적인 본성에 대하여 논한다면, "본성"이라는 속(屬)의 두 종류와 관계하고 있는 것이 아닌 것과 같다. 오히려 다음의 사실에 대한 동의가 있어야만 한다: "원인"이라는 어휘는 이곳에서 그리고 저곳에서, 즉 하나님에게 적용할 때와 피조물에게 적용할 때에, 이 개념으로 양측이 활동하는 것이 아니라 활동하는 '주체들'이 표현되는 한, 동일한 것을 의미하는 것이 아닐 뿐만 아니라 유사한 것을 의미하는 것도 아니며, 오히려 언제나 다른 존재에 대하여 대립하여 있는 어떤 '비교 불가능한 것'을 의미한다.

다시 말하자면, "야기하는 것", 즉 하나님이 '활동하는 것'과 피조물이 활동하는 것 사이에는 과연 일치하는 것이 없기는 하지만 확실히 '유사성'이 있으며, 따라서 상응, 비교 가능성, '유비'(Analogie)가 있다는 것은 확실히 사실이다. 두 대상들 사이에 동시에 일치와 불일치가 있을 때, 즉 커다란 불일치에 의하여 문제시되는 확실한 일치, 혹은 반대로 어쨌든, 역시 존재하는 확실한 일치에 의하여 상대화되고 약화되는 확실한 불일치가 있을 때, 우리는 신학에서 유사성 곧 유비에 대하여 말해도 좋으며 또한 말해야만 한다. 피조물이 활동하는 것에 대하여 '하나님'이 활동하는 것이 크게 불일치하는 것의 본질은 다음의 사실에 있다: 창조주의 활동인 하나님의 활동은 피조물을 보존하고 통치하는 것에서도 순수하고 절대적으로 '설정한다'(Setzen)는 특성을 지니고 있는데, 이 특성은 결코 피조물이 행하는 활동의 특징일 수 없다. 어쨌든, 피조물에 대한 하나님의 활동도 '야기한다'는 특성, 즉 이미 실존하고 있는 것을 규정하고 변화시키는 특성을 지니고 있다. 참으로 다른 것을 그렇게 '야기하는 것'이 '피조물'이 행하는 활동의 특색을 나타내는 특징이므로, 하나님의 활동과 피조물의 활동 사이에는 역시 확실한 일치가 존재한다. 이 불일치'와' 일치, 일치'와' 불일치를 고려하면서, 우리는 하나님의 활동과 피조물의 활동 사이의 '유사성'과 비교 가능성에 관하여, 따라서 유비에 관하여, 즉 다른 곳에서 "관계의 유비"에 관하여 언급될 수 있는 것처럼, "활동의 유비"에 관하여 언급해도 좋으며 또한 언급해야만 한다.

그런데 "원인" 개념을 통하여 하나님과 피조물 양측의 활동이 아니라, 양측에서 활동하는 '주체'가 표현되어 있다. 그리고 바로 이 두 주체들 자체의 사이에는 일치가 존재하지 않으며, 또한 유사성만 존재하는 것도 아니라, '완전한 불일치'가 존재한다. 즉, 이 두 주체들이 "원인"들이라는 사실로부터, 하나님과 피조물이 이 상위개념인 "원인" 아래에 속한다거나, 그들이 서로가 이 공통분모 위에 서 있다거나, 그들이 "원인"의 서로 다른 종류로서 이 속(屬)에 속한다는 결론들이 이끌어 내어져서는 안 된다. 그들은 오히려 비교할 수 없는 것이다.

하나님과 피조물이 둘 다 "원인"이라고 해서 그 둘을 비교하려 하는 것은 횡포가 될 것이다. 창조주도 피조물도 '존재한다'(ist)는 사실, 따라서 '존재'를 지니고 있다는 사실로부터 출발하여, 그들의 존재는 과연 동일하지 않지만 어떤 점에서는 역시 동일하며, 따라서 비슷하다는 것, 따라서 창조주와 피조물 사이에는 "존재의 유비"가 존재하며, 이 점에서 하나님과 그의 피조물을 포함하는 "존재"라는 상위개념, 공통분모, "속"(屬)이 존재한다는 것을 추론하는 것도 횡포이다. 그리고 만일 우리가, 예수 그리스도는 하나님의 '본성'과 인간의 '본성'을 지니고 있다는 사실로부터 출발하여, 이 두 본성들이 과연 동일하지 않지만 어떤 점에서는 역시 동일하며, 따라서 비슷하다는 것, 따라서 하나님과 인간 사이에는 "본성의 유비"가 존재하며, 이 점에서 하나님과 인간 둘 다 포함하는 "본성"이라는 상위개념, 공통분모, "속"(屬)이 존재한다는 것을 추론하려 한다면, 그것은 더 한층 횡포를 저지르는 것이 될 것이다. 바로 그러한 횡포는 여기에서도 금지되어야만 한다. 바로 이러한 추론은 여기에서도 잘못된 것으로 인식되어야만 하며, 따라서 배제되어야만 한다.

하나님이라는 '주체'와 피조물이라는 '주체'는 동일하지도 비슷하지도 않으며, '같지 않다.' 그들이 같지 않은 이유는, 주체로서 그들의 '근거', 즉 그들의 기본 요건이 바로 '상반'되기 때문이며, 따라서 양측은 절대적으로, 즉 아무런 유사성도 없이 '같지 않기' 때문이다. 피조물인 "원인"과는 달리 '하나님'인 "원인"은 절대적으로 자기 자신 안에 근거를 둔, 자기 스스로를 설정하고 야기하며, 자기 스스로에 대하여 원인이 되게 하는 "원인"이다. 그것은 아버지, 아들, 그리고 성령으로서 하나님의 삼위일체적인 삶 안에서, 즉 그것 안에서 하나님이 영원으로부터 그리고 영원 안에서 자기 스스로를 하나님으로서 근거를 밝힌 바로 그 삼위일체적인 삶 안에서 — 이것이 그리스도교의 하나님 인식이며, 이 인식 안에서 여기에서 결정적인 말이 언급되어야 한다. — 자기 스스로에 대하여 원인이 되게 한다. 하나님은 '그렇게' 주체이며, '그렇게' "원인"이다. 그리고 바로 그렇기 때문에 아무것도, 즉 그것 안에서 피조물인 주체가 그와 동일할 수 있을 아무것도 존재하지 않는다. 왜냐하면 피조물인 "원인"은, 아주 똑같이 절대적으로 밖으로부터 근거가 확립된, 즉 결코 자기 자신 안에서 그리고 자기 자신을 통하여 근거가 확립되지 않는 "원인"이기 때문이다. 그것이 "원인"이며, 따라서 "야기"할 능력이 있다는 바로 그 사실에 대하여, 피조물인 원인은 그것 자체의 덕이 아니라, 그것을 창조했고 그것의 창조주로서 언제나 그것을 설정하고 야기하는 하나님 덕을 입고 있다. — 그리고 그것은 그 사실에 대하여 동시에 그것의 고유한 질서에서 비롯된 "원인들"의 덕을 입고 있는데, 그것들이 발생시키고 함께 발생시키는 그 "야기하는 것" 없이는 그것 또한 존재하지 않을 것이다. 피조물은 '그렇게' 주체이며, '그렇게' "원인"이다. 자신의 통일성과 삼위일체성 안에서 다른 존재의 아주 사소한 원조도 없이 자기 스스로를 설정하고 야기하는 창조주와 피조물 사이에서 어디에 어떤 동일한 것이 있을 수 있겠는가?

두 "야기하는 원인들"의 완전한 불일치를 엄격하게 강조하는 것, "원인들의 유비" 관념을 철저히 거부하는 것이 하나님의 동행론에 불가결한 이유는, 그렇지 않고는 지금 논의되어야 하는 양측이 "야기하는 것"에서 '이' 두 주체들에 대하여, 즉 '하나님'과 '그의 피조물'에 대하여 논의되는 것이 보장되어 있지 않으며, 변함없이 보장되지 않기 때문이다. 다른 본질을 지닌 어떤 두 가지 크기의 사물들은 공동의 상위개념 아래에 세워질 수 있고, 공통분모 위에 세워질 수 있으며, 동일한 "속"(屬)의 두 종류들로서 나란히 세워질 수 있으며, 서로 비교될 수 있겠지만, 하나님과 그의 피조물은 그렇게 될 수 '없다.' 만일 그렇게 될 수 있다면, 여기에서 주요관심사가 되어야 하는 양측이 행하는 활동의 관계도 결코 이 두 주체들의 활동일 수 없'을 것이다.'

이 관점으로부터 출발하여, 옛 개신교 교의학에 의하여 제시된 "협력"론에 다음과 같은 질문이 제기되어야 한다: 그것이 두 "원인들"을 "제1의" 혹은 "으뜸가는 원인"으로서 그리고 "제2의" 혹은 "특수한 원인"으로서 특성화한 것은 두 가지 "야기하는 원인들"의 완전한 불일치를 제대로 처리하려 했던 것인가? 어느 정도 그렇게 했는가? 이 특성화들이 발견되었던 아리스토텔레스의 철학적 체계 및 토마스의 신학 안에는 그것들의 완전한 불일치가 보장되어 있지 '않았다'는 사실이 명백하기 때문이다. 오히려 명백한 것은 이것이다: 존재의 유비도 존재한다고 주장되던 곳에서 이루어졌던 그 특성화들이 결코 하나님과 피조물의 완전한 불일치를 의미했던 것은 '아니'었으며, 그 특성화들 배후에는 오히려 "원인들의 유비" 관념이 서 있었고, 그 경우에 이 관념을 통하여 두 주체의 완전한 불일치는 부정되었다. 그러나 이것은, 두 주체가 한 상위개념 아래에 속하며, 하나의 "속"(屬)에 속하며, 하나의 공통분모 위에 세워지게 되어야만 한다는 것을 의미하였다. 그러나 그 경우에 이로써 또한 다음의 사실도 결정되었다: 실제는 '하나님'과 '그의 피조물'에 관하여, 그리고 '그들의' 협력에 관하여 논의되지 '않'았다. 만일 그 전문용어를 도입하고 넘겨받을 때 우리의 옛 신학자들이 바로 이 관점에서 그 용어를 즉시 해명하였더라면, 우리는 더 마음 편할 것이라는 사실은 부인될 수 없다. 그들이 "제1의" 혹은 "으뜸가는", "제2의" 혹은 "특수한"이라는 술어들을, 그것들이 사용되었던 출처들에서 원래 지니고 있던 바람직하지 않은 의미들을 고려하여, 완전히 포기하고, 그리스도론에서도 단순히 "하나님의 본성"과 "인간의 본성"에 관하여 논의한 것처럼, 단순히 "하나님이라는" 혹은 "창조주라는 원인"에 대하여 그리고 "하나님이 아닌" 혹은 "창조된 원인"에 관하여 논의하는 그런 방식으로, 그 해명이 행해질 수 있었을 것이다. 형식적 서술 대신에 이러한 실질적(material) 서술을 통해서 두 주체들의 불일치가 표명되고, 하나님으로서 그리고 그의 피조물로서 그들이 지닌 독특성이 보장될 수 있었을 것이다. 그러나 그 해명은 또한 다음과 같은 방식으로, 즉 그들이 사실 그 술어들을 받아들였기는 하지만 즉시, 그것들이 사용되던 출처들과는 상반되게 그것들을 급진적으로 해석하는 방식으로, 즉 "제1의" 혹은 "으뜸가는"이라는 술어를 삼위일체론을 명확하게 끌어들임으로써 "하나님의" 혹은 "창조주의"라는 의미에서, 그러나 "제2의" 혹은 "특수한"이라는 술어를 바로 그렇게 명확하게 "하나님이 아닌" 혹은 "창조된"이라는 의미로 해석하는 방식으로 행해질 수 있었을 것이다. 우리의 옛 신학자들은 이 해명을 그 어떤 방식으로도 실행하지 않았으므로, 그들은 그 전문용어를 넘겨받음으로써 또한 다음과 같은 불확실성도 넘겨받았던 것이 아닌가라는 질문은 대답되지 않은 채 남아 있다: 그 두 "원인들"은 도대체 본래 누구를 그리고 무엇을 의미하는가? — 그들은 여기에서 정말 '하나님'과 그의 피조물에 관하여 언급하려 했던 것일까? 우리는 이 해명을 피하려 해서는 안 될 것이다. 이 조건 없이는, 즉 논의되고 있는 두 "원인들"의 완전한 '불일치'에 대한 명백한 동의 없이는, 이 맥락에서 인과관계 개념을 사용하는 것이 정당하다고 말해져서는 안 될 것이다. 그러나 우리는 다시 한 번 다음의 사실을 덧붙여 말해야만 한다: 이 쟁점에서 바로 이 투명성을 불가피한 것으로 간주하기 위해서는, 물론, 여기에서 우리의 옛 신학자들에게는 떠오르지 않았던 특수한 근거가 필요하다.

4. 만일 지금까지 언급한 것들 가운데 가장 중요한 것인 세 번째 조건이 '충족'된다면, 네 번째 조건도 충족될 것이다. 그러므로 네 번째 조건은 간략하게 다른 말로 옮겨 쓰기만 하면 된다: 이 대목에서 인과관계 개념을 도입하는 것은, 신학이 여기에서 '철학적으로' 되기를 원하거나 일종의 '세계상(像)' 같은 것을 구상하기를 원하는 의도로 행하여져서는 안 될 것이며, 또한 그런 결과를 초래해서도 안 될 것이다. 만일 다음의 사실이 명백하다면, 즉 (1) "원인" 개념이 하나님에 대한 사용에서도 피조물에 대한 사용에서도 미리 주어져 있는 일체의 기계론적인 원천적 부담으로부터 벗어나 있어야 하며, 그 개념이 (2) 하나님과 피조물을 두 가지 사물들로, 즉 잘 알려지고 마음대로 처리할 수 있는 두 가지의 어떤 것들로 여기도록 유혹해서는 안 될 것이며, 그 개념은 마지막으로 (3) 무엇보다도, 하나님과 피조물의 비교 불가능성이 그것에 의하여 이의 제기되게 해석되어서는 안 된다는 사실이 명백하다면, 그 경우에 여기에서 주장되어야 하는 신학적 명제의 자주성이, 외관상 가까이 있는 것처럼 보이는 철학적 개념에 대하여 적어도 소극적으로(negativ) '보장'될 수 있을 것이다. 우리의 옛 신학에는 이 소극적 안전장치가 없다. 우리는 옛 신학이 여기에서도 성실하게 증거로서 인용하였던 성서구절들이 문제를 구상하는 것에서조차 결코 효력을 발휘하지 않는다는 사실에서 그것을 알아챈다. 증거로 인용된 성서구절들은 본래의 논의 배후의 어딘가에서 머물러 있으며, 다음의 사실을 이해한다는 것은 거의 기괴한 인상을 준다: 증거로 인용된 성서구절에 의하면 나중에 "으뜸가는 원인"으로서 토론에 부쳐지는 그 존재가 욥과 바울의 하나님이라는 것이며, 그리고 (베헤못〈Behemoth: 욥기 40:15에 나오는 하마와 같은 거대한 짐승―역자 주〉과 레비아탄〈Leviathan: 욥기 3:8에 나오는 거대한 바다 괴물―역자 주〉에 대한 관념들에 관해서는 전혀 말할 필요도 없고!) 그의 길을 감으로써 실제로는 하나님의 길을 가는 인간에 관한 모든 구약성서의 그리고 신약성서의 관념들이 참으로 이와 같이 점차로 "특수한 원인" 개념 아래로 포함되어 그 관념들의 본래 형태가 완전히 사라져 버릴 수 있다. "그로 말미암아"(롬 11:36)에서 삼위일체 하나님의, 즉 성서적으로 증언된 계시의 하나님의 "활동"을 인식하려 했던 마스트리히트(P. v. Mastricht)의 주석처럼 그렇게 흥미 있는 주석이 실제로는 그의 견해로만 머물렀고 동의하는 사람이 없었다. 그러나 여기에서 신학적 사고가 철학적 사고로 벗어나지 않도록 하는 안전장치가 정말 다음과 같은 이유 때문에 필요하다: 만일 신학이 이렇게 벗어나는 잘못을 저지른다면, 신학은 그것의 고유한 명제를 경솔하게 그것에게는 낯선 문제성의 모순들과 불확실성들 안으로 끌고 들어가는 것이기 때문에, 그 경우에 신학은 "하나님"과 "피조물"이라는 표제어 아래에서 실제는 두 가지의 전혀 다른 것들에 대하여 논할 위험을 무릅쓰는 것이기 때문에, 그것이 낯선 과제로 부담을 받는 동안, 신학의 고유한 과제는 소홀히 취급될 수밖에 없기 때문에, 안전장치가 필요하다. 여기에서 발생해서는 안 되는 것들이 바로 이 모든 것들이다.

5. 그러나 이 측면에 대한 안전장치, 즉 지금까지 언급된 소극적인 안전장치들 전체는, 여기에서 성취되어야 하는 '적극적인' 조건이 이제 그것들의 맞은편에 세워짐으로써 비로소 필수적인 것으로 인식될 수 있으며 또한 견고하게 된다. "협력"론은, 하나님의 섭리론 전체와 마찬가지로, 신앙고백의 첫째 조항과 둘째 조항 사이의 명백한 관계 안에서 전개되어야만 한다. 또한 인과관계 개념도, 만일 그것이 여기에서 정당하게 사용되어야 한다면, 그것은 피조물의 활동에 대한 관계 안에 있는, '예수

그리스도의 아버지'의 활동을 서술하는 것에 의하여 채워지고 해석되어야만 한다. 그러므로 그 경우에 "협력"론의 요점은 다음의 내용을 담고 있어야만 한다: 하나님, 즉 바로 한 분인 유일하고 참된 하나님, 곧 그의 영원한 은혜의 선택 안에서 세계를 그처럼 사랑했으므로, 세계의 창조 안에서 그리고 세계의 창조와 함께 체결된 은혜의 계약을 성취할 때에 그의 피조물의 구원자가 되기 위하여 스스로 피조물이 되고자 원했고 또 그렇게 되었던 하나님 ― 바로 이 하나님은 또한 그 밖에서도, 곧 이 계약의 역사와 그것의 성취의 역사 밖에서도, 그의 피조물을 돌봐 준다; 하나님은 또한 그의 피조물 자체를 일반적으로 다음과 같은 방식으로 돌봐준다: 그가 피조물과 함께 협력하며, 피조물의 전체적인 존재 및 활동을 선행하고 동행하고 뒤따르기 때문에, 그의 피조물의 모든 활동은 먼저, 동시에 그리고 나중에 또한 그의 활동이며, 따라서 예수 그리스도 안에서 승리하고 명백히 드러난 그의 뜻이 이루어지도록 기여한다.

여기에서 "제2 원인들"의 장엄한 동반자로서 논의되는 "제1 원인"은 누구이며 무엇인가? 그것은 확실히 '아직은', 그리스도 안에서 스스로 육체가 된, 따라서 "제2 원인"과 동일하게 되어 그것의 영원한 구원행위를 수행하고 있는 그 하나님이 '아니다.' 그러나 그의 은혜의 선택을 실행하고 있으며 그의 은혜의 계약을 성취하기 위하여 이처럼 이해하기 어려운 높은 선(Gut)을 원하며, 또한 그것을 행하고 있는 것은 역시 '이미' 동일한 하나님이며, 거기에서 바로 저 영원한 구원을 성취하는 것은 역시 '이미' "자비로운 아버지이며 온갖 위로를 주는 하나님"(고후 1:3)이다. 거기에서 실행되고 드러난 바로 그 뜻을 이루는 목적과 의도에서 그리고 그 뜻을 이루는 진행 과정에서, 그는 이미 그의 피조물의 창조주였으며, 언제나 어디에서나 그는 피조물의 보존자이며, 그는 그것의 고유한 활동과 함께 협력하고 있다. 그는 "제1 원인"으로서 "제2 원인들"을 선행하고 동행하고 뒤따르기 때문에, 그가 "야기하는 것"의 본질은 다음의 사실에, 오직 다음의 사실에만 있다: 그는 그것들이 활동하는 것을 그가 지닌 은혜의 의지인 고유한 의지를 이루는 진행 과정 안으로 '편입시키며', 그것들의 작용들을 특수한 작용들에, 즉 그것들의 결과가 은혜의 계약에서 비롯된 역사를 형성하는 바로 '그' 특수한 작용들에 '부속시킨다.' 그가 만물 안에서 그리고 만물의 특수한 활동 안에서 최초로 그리고 마지막으로 '그것'을 행한다는 바로 그 이유에서, 그가 "야기하는 것"은 매우 전능하고 강력하며, 그것은, 그것 위에 더 높은 것이 존재하지 않는 실제의, 본래의 "야기하는 것"이다; 그렇기 때문에, 여기에서 "야기하는" 그가 "모든 원인의 원인", "원인 자체", "으뜸가는 원인"이며, 그것에 대한 관계 안에서 다른 모든 것들은 다만 "특수한 원인"일 수 있을 뿐이다. 그는, 그의 은혜의 권세에 의하여 특수화되고 자격이 획득되었다는 의미에서 "원인"이며, 그렇게 그리고 그러므로 "제1 원인"이다.

그 경우에, 여기에서 ― 주권을 소유한 "제1 원인"이 동행하는 것으로서 ― 논의되는 "제2 원인"은 누구이며 무엇인가? 그것은 확실히 '아직은', 예수 그리스도 안에서 창조주와 일치하도록 받아들여진 새로운 피조물이 '아니며', 확실히 '아직은', 예수 그리스도의 백성 및 공동체로서 이 한 사람에 대하여 인식하고 그를 믿고 그를 따르면서 그에 의하여 이루어진 영원한 구원에 지금 이미 참여하고 있는 그 피조물은 '아니다.' 그러나 그것은 역시 '이미', 말하자면 예수 그리스도 안에 있는 새로운 피조물에 인접하여 있으며, 새로운 피조물과 함께 살아가는 그들의 실존을 통하여 약속 아래 세워지고 거룩하게 된 그 피조물이며, 역시 '이미', 하나님의 자비의 대상이면서 수신자로 결정된 그 피조물이다. 그것은, 그것의 실존 자체, "원인"으로서 그것의 실존에 대하여—그리고 활동할 수 있는 그것의 공간에 대하여 바로 창조자이며 보존자인 하나님, 즉 영원으로부터 유래하는 그의 의지가 그의 은혜를 선택하는 것이었으며, 그의 의지가 예수 그리스도 안에서 이루어졌던 구원 안에서 이미 실행되었던 바로 그 하나님의 덕을 입지 않았을 그런 피조물이 아니다. 그것은 "제2 원인"으로서 '이' "제1 원인"에 의하여 동행되므로, '이것'이 그것을 선행하고 또 뒤따르므로, 그것 자체가 "야기하는 것"은, 제1 원인에 의하여 그것에 지정된 결정과 한계 아래에서 발생할 수밖에 없으며, 그것의 고유한 작용들은 하나님의 작용들에, 곧 그것의 결과가 은혜의 계약에서 비롯된 역사를 형성하는 '그' 하나님의 작용들'에' 부속될 때에만 뿌리를 내릴 수 있으며, 따라서 그 활동들 자체는 다만 하나님이 간접적으로 행하는 은혜의 활동들일 수밖에 없다. 만물은 그것들의 특수한 활동을 통하여 은혜의 활동에 봉사해야만 하므로, 자주성 안에서 행해지는 만물의 활동은 종속적 활동이며, "특수한 원인들"의 활동은 "으뜸가는 원인"의 지도 아래 세워지며, 만물들은 진정한 "제2 원인들"로서 이해될 수 있다: 그것들은 그 어떤 더 높은 권세에 대한 관계에서가 아니라, 하나님의 '은혜'의 권세와 '그 은혜'의 전능한 활동에 대한 관계에서 "제2의" 원인들이다.

이것이 '적극적인' 조건이며, 바로 이 조건 아래에서 인과관계 개념을 "협력"론에 도입하는 것은 신학적으로 가능하며 논쟁의 여지가 없는 것이라고 말할 수 있다. 이 조건이 충족될 경우에, 옛 신학자들에 의하여 증거로 인용된 성서구절들은, 그것에 달라붙어 있는 우연성이라는 겉모습을 상실한다. 그 경우에, 이 주제를 진정한 신학적 문제로 만드는 성서적 중심부가 밝히 보이게 된다. 이 성서적 중심부의 견지에서 해석된 인과관계 개념은 틀림없이, 그것을 방어하는 것에 관하여 이전에 언급되었던 바로 그 위협들에 노출되지 않을 것이다. 그런데 그렇게 해석된 인과관계 개념의 견지에서 보면, 이 방어 자체가 의미 있고, 불가피하며, 강력한 것으로 된다.

그 경우에 "원인" 개념은 (1) 양쪽에서 하나의 내용을 지니고 있는데, 그 내용에 의하여 그 개념은 확실히 자연의 사건도 포함하며, 그 사건 안에서 또한 그것의 진행 과정 안에 있는 법칙성도 포함하지만, 그 내용에 의하여 그 개념은 또한 어느 쪽에서도 '기계적인', 즉 강제적으로 작용하고 또 작용받는 자연적 원인이라는 좁은 개념과 혼동될 수 없다. 예수 그리스도의 아버지가 폭군과 무슨 관계가 있을 수 있겠는가? 하늘에서 그리고 땅 위에서 그가 지닌 은혜의 의지를 성취할 필요성이, 그가 행하는 은혜의 활동이 그의 피조물이 행하는 활동을 선행하며 나란히 동행하며 뒤따르는 그 정확성이 강제와 무슨 관계가 있을 수 있겠는가? 그리고 그 지배의 결정 아래 있으며 또한 그 지배가 설정한 한계 안에 있는 피조물의 활동이 강제적인 진행과정과 무슨 관계가 있을 수 있겠는가?

그 경우에 "원인" 개념은 (2) 하나의 내용을 지니는데, 그 내용에 의하여 그 개념은 확실히 이쪽에서도 저쪽에서도 하나의 "사물(Sache)"과 혼동될 수 없다. 만일 "제1 원인"이 하나님의 자비이며 "제2 원인"이 자비의 대상 및 수신자라면, 후자나 전자나 모두, 그것에 대하여 사고하고 그것을 화제로 삼는 사람에 의하여 마음대로 처리되지 않도록 그리고 변함없이 그러하도록 배려되어 있다. 여기에서 도대체 무엇이 "인식"되어야 한다는 말인가? 여기에서 우리는 이쪽과 저쪽에서 은혜의 비밀 앞에 서 있다. '이' "제1 원인"은 오직 숭배할 때에만, '이' "제2 원인"은 오직 감사할 때에만 인식될 수 있으며, 그렇지 않고는 전혀 인식될 수 없다는 것이 명백하다. 사상가나 연설가는 '그것들'을 언젠가 자신의 아래에 지닐 수 없을 것이며, '그것들'을 언제나 다만 그의 위에 둘 수밖에 없을 것이다; 왜냐하면, 생기 없는(tot) 정통주의에서 사상가나 연설가가 그의 아래에 지닐 수 있던 것은, "당연히" 이 "제1 원인"도, 이 "제2 원인"도 아닐 것이기 때문이다.

그 경우에 "원인" 개념은 (3) 하나의 내용을 지니는데, 그 내용에 의하여, 이쪽과 저쪽에서 그 개념이 표현하는 것은 어떤 '비교 가능성'도 기피하며, 또 그렇게 머물러야만 한다. 만일 우리가 하나님과 인간이 공존하는 원형(Urbild)을, 즉 은혜의 계약 안에서 거룩한 하나님과 죄를 범하기 쉬운 인간이 공존하는 것을 상상한다면, 만일 우리가, 예수 그리스도 안에서 대립이 일치로 되었던 그 대립 관계에 대하여 생각한다면, 우리는 바로, 모든 다른 종류의 대조들과 비교들에서 손을 떼게 된다; 하나님과 그의 피조물을 하나로 통합할 수 있을 어떤 상위개념, 공통분모, 속(屬), 종합을 추구하는 사악한 욕망은, 이 두 주체들 사이의 유비들을 즐기는 것은 그 경우에 결코 발생할 수 없다. 이 두 주체들이 공존한다는 사실, 심지어 함께 협력한다는 사실은, 이해될 수 없는 것이, 즉 기대되지 않은 것이며 공로 없이 얻는 것이 사건으로 되는 '만남'(Begegnung)이라는 은혜의 비밀로 이해될 수밖에 없다.

그 경우에 인과관계 개념은 (4) 자명하게, 다음과 같은 내용은 지니고 있지 않다: 즉 그것에 의하여 그 개념이 그리스도교 신앙고백 및 신학적 인식의 명제를 표현하는 기본 요소에서 철학적 세계상(世界像)을 표현하는 기본 요소로 변할 수 있을 그러한 내용은 지니고 있지 않다. 왜냐하면 다음의 사실이 명백하기 때문이다: "으뜸가는 원인"과 "특수한 원인"은 각각 그것 자체만이 아니라 그것들 양측이 "야기하는 것"의 "협력" 안에서도, 만일 두 주체들이 그렇게 서로 다르면서도 그렇게 통합되어 있다면, 다만 계시를 통해서만 그리고 다만 신앙 안에서만 인식될 수 있다.

옛 교의학의 "협력"론이 그렇게 독특하게 인과관계 개념을 사용한 것이 재가 받을 수 있는 것은 바로 이 다섯 가지 조건들 아래에서이다. 앞의 네 가지 조건들을 충족시키는 것은 다섯 번째 조건을 충족시키는 것에 달려 있다. 옛 교의학에서는 유감스럽게도 바로 이 다섯 번째 조건에 관하여 어디에서도 논의되지 않았다. 옛 교의학이 앞의 네 가지 조건들에 관해서도 안전을 보장하지 않았다는 것은 전혀 놀라운 일이 아니다. 옛 교의학이 아리스토텔레스와 토마스의 논리로 행한 실험이 예상할 수 있었던 것처럼 그렇게 나쁘게 진행되지는 않았다는 사실은, 과연 신학의 역사도 "인간들의 혼란과 하나님의 섭리를 통하여 다스려진다."는 것을 증명하기는 하며, 따라서 그 사실 자체가, 여기에서 주요관심사인 명제에 대한 확실한 본보기이기는 하다. 그러나 그것은 우리에게, 인과관계 개념에 대한 바로 '그' 해석을, 즉 당시에 고심하여 만들어진 이 명제의 형태 자체만은 논란의 여지가 없게 할 수 있는 그 해석을 추가로 실행해야 하는 과제를 면제해 줄 수는 없었다.

우리는 이제 질문과 그것에 대한 대답에 대한 실질적인(sachlich) 의견 개진으로 방향을 바꾸자. 우선 방법적인 주의사항은 이것이다: 우리는 여기에서도 '하나님'이 활동하는 것과, 오직 그가 활동하는 것과 관계하고 있다. 그것은 또한 피조물의 활동과 협력하는 것으로 이해될 수 있다는 것을 전제로, 그의 활동이 주요관심사이지만, 그러나 바로 '그의' 활동이 주요관심사이다: 즉 '그가 어떻게 그의 (그것의 입장에서 활동하고 있는) 피조물과 동행하는지가 주요관심사이다. 그러므로 우리는 여기에서 피조물 자체에 대한 어떤 명제들을 주시할 것이 아니라 오직, 그의 피조물에 대한 관계 안에 있는 창조주인 하나님에 대한 명제들만을 주시해야만 한다.

만일 하나님이 활동한다면, 그 경우에 그의 활동은 그의 피조물에 대한 관계에서 '우세한' 활동이며, 그의 피조물의 권세를 전적으로 능가하는 활동이다. 하나님의 활동이, 전체적으로든 개별적으로든 무조건적으로, 피조물의 활동에 동행하며 그것과 함께 협력하는 것은 다름 아니라 주권 안에서이다. 그러나 하나님이 행하는 활동의 주권이 지닌 본질은, 하나님의 활동은 그가 지닌 '영원한 사랑'의 활동이라는 사실에 있다. 그러므로 만일 우리가 형식적으로, 그의 피조물이 지닌 사랑에 비하여 훨씬 더 큰 그 어떤 능력을 하나님의 활동에 할당한다면, 우리는 그것을 잘못 서술하는 것이 될 것이다. 우리는 피조물이 지닌 능력들의 상호관계를 양적으로 측정하고 이해하지만, 피조물의 능력에 대한 하나님의 능력의 관계는 그렇게 할 수 없다. 심지어 우리가 피조물의 능력에 대한 하나님의 능력의 관계를 유한한 어떤 것(Eins)에 대한 '무한한 것'의 관계로 간주할 경우마저도, 우리는 그것을 잘못 서술하는 것이 될 것이다. 땅 위에 있는 하늘의 우세함조차 그렇게 서술될 수는 없을 것이다. 우리는 어쨌든 역시 그 서술로는 바로 내재적인 대립에조차, 즉 하나님과 피조물의 대립 그리고 그들의 관계의 대립에조차 아직 다다르지 못할 것이다. 하나님은 영원한 사랑이기 때문에, 하나님의 능력은 피조물의 능력보다 월등하며, 따라서 하나님의 활동은 그의 피조물의 활동에 비하여 월등하다. 하나님이 '맨 먼저' 사랑한다. 피조물은 하나님으로부터 사랑을 받을 수밖에 없으며, 그 후에 기껏해야 추가로 마찬가지로 하나님을 사랑할 수 있을 뿐이다. 하나님은 '본질적으로' 사랑한다: 즉 아버지로서, 아들로서 그리고 성령으로서 그는 자기 자신 안에서 그리고 자기 자신으로부터 스스로가 사랑이며, 이 사랑이 넘치도록 그는 그의 피조물을 사랑한다. 그런데 피조물은 그 일을 받아들이고, 감수하고, 그것에 응답하려 시도할 수밖에 없다. 하나님은 '영원히' 사랑한다; 그는 또한 시간의 창조주로서 사랑한다. 그러나 피조물은 그를 기껏해야 그에게 주어진 시간 안에서 사랑할 수밖에 없으며, 또한 그럴 것이다. 이 모든 것은 하나님과 그의 피조물 사이의 관계 안에 있는 '거리'를 의미한다.—그러나 거리만이 아니라, 피조물에 대한 하나님의 바로 그 탁월함을 의미하며, 그의 피조물이 지닌 전적으로 더 사소한 권세에 대하여 그가 지닌 전적으로 더 높은 권세의 관계를 의미한다. 그러므로 이런 우세함 안에서 하나님이 피조물과 동행하고 그것과 협력하는데, 그 우세함은, 동행과 협력에서 작용하고 있는 능력의 '질'적인 차이에 기인한다. 동행과 협력에서 작용하고 있는 권세의 이 질적인 차이에는, 하나님의 활동과 피조물의 활동이 지닌 서열과 품격의 등급은 '뒤바뀔 수 없는 것'이라는 결과가 필연적으로 뒤따른다. 만일 역시 더 큰 활동은 더 작은 활동이, 무한한 것은 하나가 그 반대의 경우 못지않게 필요하다면, 더 큰 활동과 더 작은 활동 사이에 혹은 무한한 것과 하나(Eins) 사이에 서열이 어느 정도로까지 뒤바뀔 수조차 없는지는 간파될 수 없다. 그러나 하나님은 피조물이 전혀 필요하지 않으나, 피조물은 하나님이 완전히 필요하기 때문에, 하나님의 영원한 사랑과 그 사랑의 대상인 피조물 사이의 서열은 뒤바뀔 수 없다.

이와 같이 만일 우리가 예수 그리스도의 아버지, 곧 "제1 원인"으로서 존재하며 피조물과 동행하는 그 아버지를 생각한다면, 우리가 아무리 높이 바라보아도 그 '높이'는 결코 충분할 수 없을 것이다. 자연 현상의 위력이, 혹은 역사적 권세의 위력도, 혹은 어떤 이념의 위력도 깊은 감동을 주는 어떤 숭고한 것을 지닐 수 있을 것이며, 그것들과 관련하여 우리가 자연적 필연성이라고 이해하는 것도 역시 그럴 수 있을 것이며, 아주 많은 언어들과 빛깔들로 숙명, 운명, 필연(Ananke), 천명(Fatum), 업(業, Kismet)으로서 서술되었던 것도 그럴 수 있을 것이다. 그러나 만일 우리가 그러한 경험들, 관념들, 개념들의 높이에서 하나님의 높이를 탐지한다고 여긴다면, 우리는 너무 낮게 바라보는 것이다. 이 모든 높은 것들과 그것들에게 소위 아주 완전히 종속되어 있는 다른 것들의 관계에는 비가역성이 없다. 우리는 그것들을 상위(上位)에 두는 것을 의심할 수 있다. 그것들의 존엄성에 대하여 우리는 어떤 방법으로든 그리고 어느 정도든 반항하고 저항할 수 있다. 그것들의 탁월성을 우리는 적어도, 단지 상대적인 탁월성으로서 해석할 수 있다. 그것들의 탁월성은 반드시 질적인 차이 안에 근거를 두고 있지는 않다. 다만 하나님만이 그와는 상이한 현실성 전체와 비교해서 실제로, 결정적으로, 절대적으로 우세하다. 다만 하나님만이 명백하게 "제1 원인"이다. 즉, 그는 영원한 사랑이며, 따라서 그가 활동하는 것은 영원히 사랑하는 것이므로, 그러하다. 바로 그렇기 때문에 그것은, 동일한 것이 언급될 수 없는 다른 모든 활동보다 더 강하다. 바로 그렇기 때문에 그 자신이, 그가 함께 협력하는 모든 존재들에 비하여 '거룩한' 것이다. 바로 그렇기 때문에 모든 존재들이, 즉 그가 그들의 길과 활동에 동행하는 그 모든 존재들이 그를 '두려워' 해야 한다. 그는 모든 주님들의 주님이며, 모든 왕들의 왕이다; 바로 그가 어느 누구도 접근할 수 없는 빛 안에 거주하며, 그들과 함께 걷고, 그들과 함께 협력한다. 피조물들이, 그들이 지닌 피조물의 본질에 알맞게 그들의 입장에서 활동하면서, 누구를 '더' 두려워해야만 하는가에 대하여, 우리는 의심을 품을 수 있는가?: 그들이 걷는 길의 왼쪽에 있는 무의 심연, 즉 그들을 언제든 삼켜 버리고 그들의 활동 전체를 공허한 것으로 만들어 버릴 수 있을 그 심연의 깊이를 두려워해야 하는가?—혹은 그들의 오른쪽에 있는 하나님의 높이를, 즉 그들을 실제로 보존하는 그 하나님의, 그의 보존 없이는 그들이 당장 사라져 버릴 수 있으며 그들 자신이 행한 활동의 공허함이 곧 확증될 수 있을 그 하나님의 높이를 두려워해야 하는가? 바로 하나님은 '사랑'이므로, 그리고 그 사랑 없이는 어떤 피조물도 존속할 수 없을 것이므로, '실제로' 두려워해야 할 것은 '오직' 하나님뿐이다.

우리는 하나님의 활동이 이런 우세함 안에서 피조물의 활동과 동행한다는 사실을 어디에서 들어 알고 있는지를 숨기지 않았다. 우리는 그 우세함을 그의 영원한 사랑의 우세함으로서 이해하였다. 그러므로 우리는 그 우세함을 하나님에 관한 어떤 인간적 관념으로부터 이끌어 내지 않았다. 우리는 오히려 하나님이 행하는 모든 활동의 중심에 있는 지성소 안으로 들어갔으며, 우리는 하나님이 예수 그리스도 안에서 스스로를 계시하였던 그 '은혜'의 말씀을 경청하였다. 우리는 그의 이 '말씀'에 따르면 하나님이 누구이며 무엇을 하는지 그리고 이 '말씀'에 따르면 그가 어떻게 활동하는지를 알았으며 기록하였다. 우리는 '거기에서' 높이를, 곧 그 높은 곳으로부터 아래로 향하여 그가 활동하는 그 높이를, '거기에서' 그의 활동과 다른 모든 존재의 활동 사이의 순위가 뒤바뀔 수 없음을, '거기에서' 다른 모든 권세들과 구별되는 그의 권세의 질적인 차이를, '거기에서' 다른 모든 권세들에 비하여 그의 권세의 우월성을 보았다. 우리는 '거기에서' 영원한 사랑인 그를 보았고, 지금도 보고 있다. 그리고 우리는 '거기에서'부터 받아들이는 것을 결정적이고 최종적인 '확신' 안에서 간직하고 있다. 바로 그렇기 때문에 우리가, 인간의 견해를 다룰 수 있듯이, 그리고 심지어 가장 진지한 인간적 구상들을 다루어야만 하듯이, 그런 방식으로 하나님의 활동이 지니는 우세함이라는 관념 및 개념을 다루는 것은 가능하지 않다. 왜냐하면 우리는 이 관념과 개념을 논쟁의 여지가 있는 것으로서 다룰 수 없기 때문이다. 우리의 이해, 우리의 해명, 우리의 공식화는 물론 논쟁의 여지가 있으며 앞으로도 그러할 것이다. 여기에서 이 주제 자체가 몇 번이고 되풀이하여 더 나은 공식화들을 요구할 것이다. 그러나 이 주제가 그것들을 요구하면서, 그것은 그것 자체가 문제시될 수 있을 영역의 밖에, 위에 있다. 이 주제가 '우리에게' 질문한다. 이 주제에 대한 우리의 관계의 본질은, 우리가 '그것에게' 해명한다는 사실에 있을 수밖에 없다.

만일 활동하고 있는 다른 모든 권세들에 비하여 하나님의 활동이 지니는 권세가 우세한 까닭이, 그리고 그 권세에 대한 인식은 토론될 수 없는 까닭이 그 권세가 영원한 사랑이기 때문이라면, 우리는 다른 모든 활동들과 비교해서 하나님의 활동을 무엇보다도 '자유로운' 활동으로서 이해해야만 할 것이다. 자유롭다는 말이 의미하는 것은 우선, 그 행동은 하나님이 자기 자신에게도 피조물에게도 어떤 의무를 지니고 있는 행동이 아니라는 것이다. 하나님은 그의 피조물 없이 활동하기를 원하지 않으며, 오히려 피조물과 함께 활동하기를 원한다. 그리고 이와 같이 하나님은 이것을 준수하며 참으로 이것을 행한다. 그는 이것을 내적 필요성에서 행한다. 그렇기 때문에, 피조물이 실존함으로써, 하나님은 '그의' 활동이 우세한 가운데 피조물과 '공존한다'는 사실은, 역시 그의 피조물이 행하는 활동의 확고한 등급을 의미한다. 왜냐하면 하나님은 피조물을 그것의 현실성 안에서 보존하기를 원하기 때문에, 그리고 그것의 현실성은 변화이기 때문에, 그는 그것의 변화 안에서 그것과 '동행한다.' 피조물의 세계에서는 어떤 자연법칙보다도, 어떤 수학적 공리(公理)보다도 다음의 법칙이 더 확실히 유효하다: 하나님은 피조물의 세계에서 발생하는 사건에 '현존'하며 그 사건 안에서 '작용하고' 있다. 그러나 하나님이 그것을 그렇게 준수하며 행하는 그 필요성은 그의 사랑에서 비롯된 필요성이다. 그러나 사랑은 '자유로운' 것이며, 그렇지 않으면 그것은 사랑이 아니다. 그러므로 하나님은, 그의 피조물의 동행자가 됨으로써, 자신을 '선물로 준다.' 그렇게 하면서, 그는 그 자신의 포로가 아니며, 그의 피조물의 포로도 아니며, 그렇게 되지도 않는다. 그 일에서도 그는 그의 마음 내키는 대로 행동한다. 그의 사랑은 그의 피조물을 창조하고 보존하는 것에서, 그리고 참으로 또한 그것과 동행하는 것에서 넘쳐흐른다는 그 사실을, 바로 사랑할 자유 안에서 그 사랑이 보여주고 있다. 그리고 바로 이 사랑할 '자유' 안에서만, 사랑이 하나님에게 꼭 필요하다.

하이데거(H. Heidegger)의 경우에, 그리스도교의 기원과 특성을 지니는 인식이 ─물론 그런 것으로 알려지지는 않았지만─ 하나님에게 그러한 자유가 어울릴 수 없을 아리스토텔레스의 개념성이 지니는 한계를 어떻게 깨뜨리고 있는지 바라보는 것은 유쾌한 일이다: "밖을 향하여 독자적으로 그리고 자유롭게 활동하는 것은 첫 번째 원인에게 어울리는 것이다. 그러므로 동행하는 것은, 하나님이 실행할 수 있거나 혹은 실행하지 않을 수 있을, 하나님의 자유로운 활동이다." 하나님은 그 자신의 영원한 명령에 의하여 (그리고 오직 그렇게만) 이 "작용"을 실제로 실행할 의무를 지녔으며, 그가 피조물과 협력하는 것을 "견고하고 확고한 법"으로 만들었다.(zit. nach Heppe², 210) 스스로 피조물에 대한 이 관계 안으로 들어옴으로써, 그는 피조물의 주님이며 앞으로도 역시 주님일 것이다.

그런데 바로 그렇기 때문에, 하나님의 현존과 협력은 역시 결코 피조물의 사건에 대한 술어나 설명(Exponent)으로서 이해될 수도 없다. '하나님이 이 사건에 내재'한다는 명제는 다음과 같은 의미에서 참되다: 하나님은 피조물에 대하여 그의 자유를 달리 사용하는 것이 아니라, 실제로 다음과 같은 방식으로, 즉 피조물에게 스스로를 동행자로 선물하며, 그가 우세한─즉, 그의 사랑이 우세한─가운데 그의 입장에서 모든 피조물의 활동에서 협력하는 방식으로 사용한다. 하나님이 그 자신의 결의에 대하여 그리고 바로 그렇게 그의 피조물에 대하여 지속적으로 성실한 바로 그 지속성에 관하여 언급할 경우에는, 이 명제는 참되다. 그러나 이 명제는 오직 이렇게 아주 특정한 의미에서만 유효할 수 있다는 바로 이 이유 때문에, '피조물의 사건이 하나님 안에' 내재한다는 다른 명제는 '틀린' 것이다. 그러므로 만일 우리가 "자연 안에 있는 하나님" 혹은 "역사 안에 있는 하나님"에 대하여 말한다면, 이것은, 하나님이 그것 안에서 활동한다는 사실이 어느 정도 자연이나 역사의 일부를 이룬다거나, 어느 정도 그것이 지닌 특성들 중의 하나라는 것을 의미할 수 없다. 그것은 하나님이 그 일을 행하도록 요구할 수 없다. 그리고 그것의 입장에서 그것은 하나님과 함께 활동할 능력이 없다. 하나님이 그것에 대하여 주도권을 지니고 있기 때문에, 그가 스스로 그것과 함께 활동하며, 동시에 그것에게 역시 그것의 입장에서도—그것의 모든 능력을 넘어서서—그와 함께 활동할 기회를 제공하기 때문에, 그것이 실제로 그렇게 행하는 것이 발생할 수 있을 뿐이다. 그 경우에 자연의 사건과 역사의 사건은 하나님의 은혜에 의하여 그와 그러한 협력을 행할 권리와 자격을 부여받은 것이다. 그것들의 활동 자체는 그것들의 고유한 활동, 그것들의 한계들에 제한되어 있으며 이 한계들을 벗어나지 못하는 활동이다. 그리고 만일 하나님이 그의 활동을 통하여 스스로를 그것들에게 '넘겨준다면', 그 일에 의해서도 자연이 하나님으로 되지 않으며, 역사가 하나님으로 되는 것도 아니다! 그리고 가령 자연과 역사 안에서 발생하는 것이 정말 완전히 하나님의 '고유한' 사역이라고 하더라도, 그래도 그것은 자연과 역사 자체가 아니며, 오히려 그 사건을 자신의 사역으로 소개하고 명백히 드러나게 하는 존재는 이 사건과 동행하는 하나님이며, 이 사건 안에서 협력하는 하나님 자신이다. 이런 이유에서, 피조물의 활동 안에 있는 바로 '하나님'의 활동은, 그리고 피조물이 명백히 드러나게 될 때 드러나는 바로 '하나님'의 계시는 결코 피조물의 것이 아니라, 언제나 다만 하나님 자신의 것으로 간주되어야 한다. 그 경우에 활동하는 것은 협력하는 그의 '사랑'이며, 그 경우에 말하는 것은 함께 말하는 그의 말씀이다: 그것의 입장에서 협력하고 함께 말하는 피조물은 그가 활동하고 말하는 것에 대해서 권세를 지닐 수 없다. 그 경우에 피조물이 하나님의 활동 안에서 활동하는 것이 아니라, 하나님이 그것의 활동에서, 그것의 활동과 더불어, 그것의 활동 안에서 활동한다. 피조물은 다만 하나님의 사랑을 받을 수밖에 없으며 기껏해야 그의 사랑에 응답할 수밖에 없는 반면에, 다만 하나님만이 영원한 사랑이며 앞으로도 그러할 것이다. 그의 자유가 침해되어서는 안 된다. 피조물의 모든 권세에 대하여 하나님이 '우세'하다는 인식, 하나님의 능력과 피조물의 능력 사이의 '질적' 차이에 대한 인식, 즉 하나님의 활동과 피조물의 활동 사이의 서열이 '역전불가능'하다는 인식—이 모든 것이 여기에서 엄격하게 효력을 발생해야만 하며 앞으로도 그래야만 한다.

따라서 세계 자체를 역시 신적인 것으로, 자연 자체를 "신적 자연"(Gottnatur)으로, 역사 자체를 하나님의 역사로, 인간 자체를 신적 인간(Gottmensch)으로 간주할 세계관은 결코 "협력"론 위에, 즉 모든 피조물의 사건에 동행하는 존재인 하나님에 대한 인식 위에 세워질 수 '없다.' 그런 세계관은 일종의 마술적인 세계관일 수밖에 없을 것이며, 그것이 말하는 신이나 신성은 악령들의 다양성이나 혹은 또한 유일한 대(大) 악령일 수밖에 없을 것이다. 우리는 여기에서, 예로부터 우선 하나님의 섭리에 대한 인식을 위협하곤 했던, 그 다음에 그것으로부터 출발하여 그리스도교의 인식 전체를 위협하곤 했던 그 모든 강력한 오류들이 침투할 수 있던 그 지점에 직면해 있다: 즉, 우리는 어떤 특수한 맥락에서는 피조물의 활동이 지닌 위력에 대한 인상을, 곧 그것의 한계 안에서는 확실히 정당한 인상을 받고 있다. 그것은 개별적인 현상들 안에 있는 혹은 큰 맥락 안에 있는 자연의 활동일 수 있으며, 어떤 특수한 흥분 상태 안에서 결집되고 움직여지는 인간들의 활동 혹은 개별적 인간과 그의 행위들과 업적들의 활동일 수 있으며, 그것의 형태들 가운데 어떤 한 형태를 지닌 인간 정신의 활동일 수도 있다. 우리는 이러한 인상에 의하여 아주 압도되고 아주 매혹되어서, 우리가 바로 이것보다 더 높고 더 중요하고 더 진지하고 더 강력한 것을 이제까지 인지한 적이 없었던 것으로 여기게 되며, 결코 더 이상 숙고할 수 없게 된다: "그것을 넘어서 더 큰 것은 생각될 수 없다!" 우리는 바로 이 "야기하는 것"의 기원을 비길 데 없는 "원인"에서, 인격적이든 혹은 비인격적이든 비교할 수 없는 종류의 최초의 주체이면서 최후의 주체에서 찾아야만 한다고 생각한다. 우리는 알파와 오메가를 만났다고 생각한다. 우리는 그것의 계시에 관여하였으며, 그것의 지배 아래로 들어갔으며, 스스로를 그것의 위로와 그것의 지시에 맡겼다. 이것이 ─ 이렇게 우리는 아주 일관성 있게 결론을 이끌어 낸다. ─ 모든 사건 안에 있는 권세이다; 이것은, 존재하고 발생하는 모든 것의 앞과 뒤에, 위에 그리고 그 모든 것과 함께 있다; 따라서 인간은 바로 그것에 의하여 그리고 그것을 위하여 살아야만 하며, 바로 그것을 사랑해야만 하고 찬양해야만 한다: 즉 이 피조물의 사건이 지니고 있는 그 우수함, 아마도 그 유용성도, 아마 그 아름다움도, 아마 또한 단순히 그 크기, 그 힘, 그 규모, 그 효능이 바로 그것이다. 그리고 동시에 그 경우에 이것은, 즉 떨리는 손가락이 가리키며 눈이 사로잡힌 듯 주목하며 온통 귀를 기울이며 온 마음을 다 기울이는 바로 이것은 이미, 인간을 사로잡은, 그리고 그것에 인간이 자신을 내맡긴 악령이나 대악령이다. "사람들은 하나님의 진리를 거짓으로 바꾸고, 창조주 대신에 피조물을 숭배하고 섬겼습니다."(롬 1:25) 피조물의 모든 권세에 대하여 하나님이 우세하다는 인식이 논쟁의 여지가 없도록 확실히 보증되지 않은 곳에서 발생할 수 있는 것이 바로 이것이다. 하나님의 섭리론은, 그 어떤 강력한 피조물인 "원인"이 암묵적으로 혹은 명시적으로 하나님의 존엄성과 기능으로 높여질 경우에, 이 특수한 징후를 특수하게 극단화하여 개발된, '우주'의 신성에 관한 교리로 바뀐다. 더 좁은 의미에서 종교적인 특수한 속죄론 및 구원론은, 즉 그것 안에서 그 경우에 예수 그리스도가 이런 혹은 저런 이해와 해석 안에서 그의 자리를 차지하고 있을지라도, 그러한 세속화된 섭리론과 병행하여 좀 더 멀리 그리고 얼마 동안 그것들의 자리를 차지할지도 모른다는 것은 불가능한 것이 아니다. 쉴러, 괴테, 피히테, 셸링, 헤겔이 활동한 19세기 전반부는 결코 즉시 그리고 배타적으로 비(非) 교회적이며 비그리스도교적 시대로 변화되었던 것은 아니다. 그리고 이와 같이 사람들은 국가사회주의의 신전 건축이 시작될 때에도 (즉 나치 독일이 시작될 때에도 ─ 역자 주) 역시 여전히 전적으로, 적어도 그 신전의 앞뜰에 그리스도교적, 즉 "독일적 그리스도교적" 예배당을 위하여, 그리고 이 예배당 안에는 성서를 위하여, 예수, 바울, 루터를 위하여 여전히 공간이 있을 것이며 그것을 사용할 수 있으리라고 생각했다. 그러나 그 경우에 이러한 병존은 흔히 결코 오래 지속될 수 없었고, 결단이 촉구되곤 했다. 왜냐하면 우리가 어쨌든 실제로 두 주인을 섬길 수는 없기 때문이다. 그리스도교의 예배당이 완전히 사라지지 않는다면, 그것은 그것의 편에서 볼 때, 우리가 본래의 세계지배자로서 인식했다고 생각하는 그 하나님에 대한 예배공간이 '되든가', '혹은' 우리가 다음의 사실을 인식함으로써, 오히려 더 적절하게 표현하자면, 다음의 사실에 대한 인식을 다시 기억해 냄으로써, 그곳에 저항의 중심지가 생성된다: 예수 그리스도는, 전혀 다른 세계통치자가, 아마 이념적, 미학적, 기술적, 정치적 특성을 지닌 세계통치자가 역시 여전히 곁에 자리 잡을 수 있을 그러한 구세주의 자리로 추방당하도록 허용하지 않으며, 오히려 바로 세계통치자의 자리도 예수 그리스도에 의하여 점령되었고, 그의 곁에는 '아무에게도' 공간이 제공되지 '않는다.' 참으로, 그러한 오류들 그리고 그러한 오류들에 의하여 권세를 차지한 악령들은, 이러한 그리스도교적 결단을 제외하더라도 — 따라서, 그리스도인들이 그것들에 대하여 저항하는가 혹은 저항하지 않는가의 문제를 제외하더라도 — 언제나 그것들의 시간을 지니게 마련이고, 그것들의 시간이 경과한 후에는 그것들의 세계통치는 다시 끝나고 만다. 우리는 오늘날 각성된 슬라브인들의 신전 건축(러시아 혁명을 통한 공산사회 건설 — 역자 주)을 경험하고 있다. 그것의 겉모습은 급진적 마르크스주의이다. 여기에서 사람들은 잠시 그리스도교의 예배당을 포기하려는 것 같다. 만일 그것을 고수한다면, 그것은 복음을 명예롭게 하는 것이 될 것이다. 분명한 것은, 이 오류도 그것의 시간을 지니게 될 것이며, 마치 그것이 왔듯이, 언젠가는 그것도 사라져 버리고 말 것이다. 다만, 지금까지의 모든 경험들에 따른다면 유감스럽게도 히드라(Hydra: 그리스 신화에 따르면, 헤라클레스가 죽인 머리 아홉의 거대한 뱀 — 역자 주)의 머리들은 몇 번이고 되풀이하여 자라나며, 이런 종류의 모든 옛 오류가 (일반적으로 심지어 매우 빨리) 아마도 상반되는, 그러나 그것보다 못하지 않은 힘을 가진 오류에 의해서 교체되곤 한다는 것이 문제이긴 하다: 예를 들면 19세기 전반부에 발생하였던 정신의 신격화가 19세기 후반에서는 물질의 신격화에 의해서, 그리고 이 둘이 다 같이 20세기의 전반부에 인간 실존의 진기한 절대화에 의해서 교체되었다. 엄격하고 포괄적이고 원칙적인 안전보장은 여기에서 물론 다만 '그리스도교적' 결단 안에서만 성취될 수 있을 것이다. 하나님의 활동의 우세함이 처음부터 확정되어 있지 않다면, 피조물의 권세들은 너무나 강력하게 활동하여, 그것들이 그러한 인상들을 언제나 다시금 야기하며, 그러한 오류들이 몇 번이고 되풀이하여 만들어질 수 있을 것이다. 하나님의 우세함은 다만, 다른 모든 권세들에 대하여 그 우세함의 관계가 뒤바뀔 수 없다는 것이 확정되는 곳에서만 처음부터 확정되며, 그 관계의 비가역성 자체는 다만, 다른 모든 권세들에 대하여 하나님의 우세함이 지니는 질적인 차이가 확정되는 경우에만 확정되며, 이 질적인 차이는 그것의 입장에서 다만, 그 우세함은 영원한 사랑의 권세라는 사실이 확정될 경우에만 확정된다. 그러나 이 모든 것은 다만, 예수 그리스도 안에 있는 하나님의 활동 및 계시에 대한 인식 안에서만 확정된 것으로서 인식된다. — 그 인식으로부터 출발하여 무조건적인(kategorisch) 결단들이, 즉 이 대목에서 가능하며 상상할 수 있는 모든 오류(Quidproquo)들의 방향에 맞서서 철저하고 포괄적이고 근본적이고 최종적인 안전보장들에 도달할 수 있는 그러한 결단들이 내려질 수 있으며, 또 내려져야만 하도록, 그렇게 인식된다.

여기에서 하나님의 자유에 대하여 언급되어야 하는 첫 번째 내용은, 하나님의 활동은 오직 그의 '고유한 만족'을 토대로 해서만 그의 피조물에게 주어지는 것이라는 사실이다: "협력"은, 즉 피조물의 활동과 관련 있는 하나님의 활동은 주권적 행위이며, 이 행위의 명예는 하나님의 명예이며 앞으로도 그럴 것이다. 이 명예를 피조물에게 양도하거나 하나님과 그의 피조물 사이에 이 명예를 나누는 것마저도 논의될 수 없다.

그러나 이제 우리는 계속해서 이렇게 말해야만 한다: 이 주권적 행위에서 집행되는 것은 바로 절대적으로 하나님의 '고유한 의지'이다. 하나님의 의지는 피조물에게 주어져 있고 결정되어 있는 어떤 것에 의해서도 제한되지 않으며, 피조물의 고유한 활동에 의하여 야기되지 않고 오히려 반대로 피조물의 고유한 활동을 철두철미 야기한다. "협력" 개념도 뒤집어질 수 없다. 주요관심사는 하나님이 그의 '피조물'과 함께 "협력한다"는 것이지, 피조물이 '하나님'과 "협력한다"는 것, 즉 피조물이 그것의 활동을 통하여 하나님의 활동에 그 어떤 조건들을 부과한다는 것이 '아니'다. 그 반대로, 그것은 하나님이 협력하는 것이므로, 그리고 그가 협력하는 것이 우세하므로, 하나님이 피조물과 "협력한다"는 말이 의미하는 것은 이것이다: 그의 활동이 그의 피조물의 활동을 철저히 결정하며, 하나님이 피조물의 활동과 협력하므로, 즉 하나님의 활동이 피조물의 활동을 앞서고 동행하고 뒤따르므로, 피조물의 활동에서는 하나님의 의지 외에 다른 어떤 것이 이루어질 수 없다.

하나님의 섭리론을 '성서적으로-그리스도교적으로' 해명하는 것이, 즉 그의 피조물 전체에 대하여 그리고 그 피조물 전체와 함께 행하는 하나님의 지배를 은혜의 계약 안에 있는 그의 지배의 빛 안에서, 예수 그리스도 안에 있는 그의 사역과 그의 계시의 빛 안에서 파악하는 것이 얼마나 '필요한' 것인지 이제 바로 여기에서 아주 분명하게 된다.

방금 피조물에 대하여 하나님의 의지와 활동이 지니는 주권에 대하여 일반적으로 언급되었던 것에 직면하여, 그 명제들을 성서의 중심으로부터 출발하여 파악하고 이해할 가능성이 '없다'고 상상해 보자. "하나님"이라는 어휘로 무조건적이며 저항할 수 없는 최고의 권세를 지닌 최고의 존재를 묘사하는 총괄개념이 아주 형식적으로 묘사될 것이며, "하나님의 뜻"이라는 어휘로 이 최고의 존재가 지닌 마찬가지로 무조건적이며 저항할 수 없는 의도가 다시 아주 형식적으로 묘사될 것이며, "하나님의 활동"이라는 어휘로 그것의 피조물이 행하는 활동에 대하여, 그 활동에서, 그 활동 안에서 이 의도를 또다시 무조건적이며 저항할 수 없게 실행하는 것이 묘사될 것이다. 그 경우에 우리가 어떤 곤경에 처하게 될 것인지는 명백하다. 그 경우에 우리는, 그의 피조물에 대하여, 피조물과 함께, 피조물 안에서 이루어지는 하나님의 지배를 그래도 확실히, 주권적인 자의적 지배로서, 곧 그 자의적인 손아귀들 안에서 피조물은 다만 외관상 스스로 활동할 뿐이며, 피조물의 입장에서는 실제는 단지 움직여질 뿐인, 즉 철저히 불분명한 의도 안에서 움직여질 뿐인 그러한 자의적 지배로서 이해하는 것 외에는 달리 이해할 수 없을 것이다. 그 경우에 하나님에 대한 신앙을 요구하는 것의 본질은, 인간이 무조건적인 최고의 존재 자체가 지닌 무조건적인 의지의 무조건적인 활동을 시인해야만 한다는 것, 따라서 기꺼이 승인해야만 한다는 것, 따라서 그것에 기꺼이 복종해야만 한다는 것에 있을 것이다. 이 경우에 그가 여기에서 무엇을 "좋다"고 시인해야만 할 것인지, 여기에서 그의 편에서 "기꺼이 하는 태도"가 도대체 어느 정도로 문제가 될 수 있을 것인지는 인간에게 철저히 은폐될 수밖에 없을 것이다. 그러한 상태에 처한 인간이 어떤 태도를 취하게 될 것인가?

그는 아마도 그에게 부과된 지배가 좋은 것인지 혹은 좋지 않은 것인지에 대한 일체의 숙고를 포기하고, 또한 그 자신이 기꺼이 행하는 것인지 혹은 마지못해 행하는 것인지에 대해서도 일체의 숙고를 포기하고, 단순히 우세한 것 앞에서 '복종'하기로, 탐구할 수 없는 것 앞에서 '체념'하기로 결심할 것이다. 그러나 그 경우에, 그는 하나님에게 어느 정도로 순종하는가? 즉, 그 경우에 이것이 어느 정도로 하나님의 의지에 대한 인식 안에 있는 신앙이며 그 의지에 종속되어 있는 신앙인가? 그 경우에 그는, 스토아 철학자가 우세한 운명에 대하여, 회교도가 그의 알라신이 지닌 탐지할 수 없는 의지에 대하여 역시 행하도록 학습된 것과는 다른 어떤 것을 행하는가? 그들의 의식적인 맹목성 안에서 내려진 이 결단이 어떻게 '그리스도교적' 신앙의 순종에서 내려진 결단이란 말인가?

그러나 그가 그에게 부과된 통치에 대하여 오히려 '탄식, 항의, 거절'의 자세를 취하게 되지 않을지 누가 알겠는가? 그는 그 통치를 아마도 전제정치라고 부를지도 모르며, 매우 주권적으로 지배하는 하나님을 아마도 폭군이라고 부를지도 모른다. 그리고 그 경우에 그는 이 모순 속에서 아마도 절망할지도 모르며, 혹은 그는 자신이 일체의 책임성으로부터 면제된 것으로 간주하고 경솔한 태도를 취하는 것을 당연한 것으로 간주하는 결론을 이끌어낼지도 모른다. 그리고 그 경우에 그는 아마 하나님에게 그의 절망과 경솔함에 대하여 유죄의 선고를 내릴 것이다. 그는 하나님의 우세하고 무조건적이며 저항할 수 없는 처분을 부정하려 감행하지 않으면서도, 그것을 공개적으로 혹은 은밀히 증오하고 경멸할 것이다. 아마도 오래가지 않아서, 그는 만물을 통치하는 세력에 하나님이라는 이름을 사용하지 않게 될 것이며, 피할 수 없는 모든 사건의 창시자인 하나님을 부정할 것이며, 그 대신에 운명에 관하여, 자연 그리고 그와 같은 것에 관하여 말하게 될 것이며, 그 경우에 이 칭호 아래에서 아마 결국 기진맥진하여 이 세력과 단독강화(講和: Sonderfriede)를 체결할 것이며, 따라서 첫 번째 길로 돌아가게 될 것이다. 두 번째로 가능한 이 입장도 그리스도교에서 말하는 신앙의 순종과 아무런 관계가 있을 수 없다는 것은 명백하다.

그러나 하나님의 의지와 활동에 대하여 단순히 형식적인 방식으로 교육받은 사람이 이 두 가지 가능성들 사이에서 이리저리 동요하는 것을 본다면, 도대체 우리는 놀랄 수 있는가? 만일 우리가, 그 사람이 단지 형식적인 이런 가르침의 전제 아래에서 전능한 하나님을 믿어야 한다고 기대한다면, 그것은 정말 너무 많이 요구되는 것이 아닌가? 그는 이 가르침에 의하여 거의 강제적으로 이 두 가지 형태들 중 한 형태의 불신앙으로 내어 몰리고 있는 것은 아닌가? 그러나 그에게는 아직 세 번째 가능성이 남아 있다: 그는 또한 단순히, 하나님의 의지를 실행하는 주권이, 하나님의 활동이 지니는 무조건성 및 저항 불가능성이 우리가 이제 가정했던 것과 같이 그러하다는 사실을 '부정'할 수도 있을 것이다. 설마 그래도 "협력" 개념은 결코 어느 정도 '뒤바꿀 수' 없는 것일까? 설마 그래도 피조물의 고유한 활동이 하나님의 활동을 야기하고 결정하는 것과 같은 어떤 것이, 그리고 이 점에서 그의 활동을 제한하는 일이 없을까? 그래도, 하나님은 피조물의 고유한 활동을 영원으로부터 과연 '알고' 있기는 하므로, 그 활동도 적어도 이런 의미에서 하나님의 영역 안에 있겠지만, 그러나 하나님이 지닌 이 지식은 역시 정말 전능한 활동은 아닐 것이며, 그래도 피조물의 고유한 활동에는 역시 적당한 활동의 여지가 허락되었을 것이며, 따라서 하나님의 활동은 피조물이 지닌 이러한 고유한 활동을 '고려'하여, 즉 그것에 '적응'하여 실행될 것이 아닐까? 우리는 분명히 이렇게 "뒤로 후퇴하는 길"을 걸어갈 수도 있다. 우리는 수없이 변형된 이 길 위로 걸어 다녔다. 그리고 만일 인간이 가령 체념하기를 원하지 않을 뿐만 아니라, 또한 탄식과 항의로 옮겨가기를 원하지도 않는다면, 또한 절망에도 경솔함에도 빠지도록 허용하기를 원하지 않는다면, 그런 곤경 안에서는 실제로 그 길이 아주 절박하게 권고된다는 사실을, 우리는 확실히 인정해야만 한다. 그 길로 걸어갈 경우에는, "하나님은 만물 안에 있는 모든 것"이라는 말에 의하여 발생된 견디기 어려운 긴장이 사라져 버린다. 그 경우에 하나님을 믿으라는 요구가 가능해진다. 왜냐하면 그 요구는 실제로는 이중의 초대로, 즉 피조물에 의하여 제한된 하나님의 의지와 활동을 믿으라는 초대와 또한 그의 창조주를 제한하는 피조물의 의지와 활동을 믿으라는 초대로 나뉘기 때문이다. 이 요구는 분명히 견딜 수 있다. 여기에는 도대체 믿을만한 무엇이 남아 있는가? 부득이하다면 이 관계는 실제로 신앙 없이도 숙고될 수 있다! 그러나 그러한 가상의 것이, 즉 그것의 고유한 의지는 역시 피조물의 모든 활동 안에서 주권적으로 집행될 수 없으며, 그것의 영원한 지식은 또한 그의 의지와 활동이 아니며, 오히려 단지 무기력한 혹은 실제로 관여하지 않는 구경꾼의 지식에 불과하며, 그것의 활동이 그의 피조물의 활동에 의하여 협력을 받을 수 있으며 결정될 수 있는 그 최고의 존재가 '하나님'이란 말인가? 그리고 그러한 가상의 것이, 즉 그것의 창조주에게 협력할 수 있으며, 그의 활동을 야기하고 영향을 끼칠 수 있으며, 그것의 고유한 활동에 적응하도록 강요할 수 있는 그것이 진정으로 하나님의 '피조물'이란 말인가? 이 전제 조건 아래에서 실행된, 하나님의 의지에 대한 굴복이 그리스도교가 말하는 신앙의 순종인가? 그것은 도대체 굴복인가? 순종인가? 그것이 도대체 원래부터 신앙과 무슨 관계가 있는가? 혹은 그것은 불신앙의 또 다른 형태가 아닐까? 그리고 그것이 모든 진지한 요구를 제거한다는 바로 그 이유 때문에, 그것은 아마도 불신앙의 모든 형태들 가운데 '최악의' 형태가 아닐까? 그러나 우리는 정당한 방식으로 바로 이 사실을 시인해야만 한다: 만일 먼저 언급한 두 가지 가능성들이 그것들이 지닌 너무나 공공연한 무신성(Gottlosigkeit) 때문에 탈락되어야만 했다면, 이 세 번째의 '은밀한' 무신성을 향하여 손을 뻗는 것 외에 무엇이 남아 있는가? 즉 하나님에 대하여, 하나님의 의지에 대하여, 하나님의 활동에 대하여 형식적 안내와는 다른 어떤 것이 제공되지 않는다면, 언제나 그럴 것이다!

우리는 여기에서, 역사적으로 볼 때, 섭리에 관한, 특히 하나님의 "협력"에 관한 독특한 '개혁파' 교의의 '비극'이라고 부를 수 있을 것에 직면하여 있다.

이 교의는 하나님과 그의 피조물 사이의 관계에 유일하게 진정으로 상응하는 다음의 명제를 대담하게 시도하였고 끝까지 논리적으로 숙고하였다는 큰 장점을 지니고 있다: 피조물의 모든 활동과 사건 안에서 집행된 것은 절대적으로 하나님의 고유한 의지이다. 이 교의는 "하나님의 협력"을 진정으로 뒤바꿀 수 없는 것으로서 이해하였다. 그것은 피조물의 의지와 활동에 의하여 하나님의 의지와 활동이 협력을 받는다는 것을 고려하지 않았다. 그것은 하나님의 의지와 활동을 무조건적이며 제한되지 않으며 저항할 수 없는 것으로 이해하였다. 그것은 이 고백과 결합된 요구를 승인하였으며 유효하게 하였다. 이와 같이 우리는 칼빈(*Instit.* I, 16-18)의 글에서, 비록 형식상 츠빙글리의 『섭리론』(*De Providentia*)에서처럼 그렇게 완전히 도전적인 것은 아니지만, 마찬가지로 시종일관된 내용을 읽으며, 16-17세기의 개혁파 정통주의에서 칼빈의 경우와 마찬가지로 시종일관된 내용을 읽는다. 그래도 그들은 그들이 인용한 스콜라 철학의 개념들과 용어들도 다만, 바로 이 주제를 그것의 모든 논리적 결과들에 이르기까지 추구하기 위해서만 사용하였다. 우리는, 바로 이 구상이 『하이델베르크 교리문답서』의 제26-28번 문항의 배후에 서 있다는 것을, 따라서 이 구상을 인정하지 않는다면 이 교리문답서는 본문에 충실하게 해명될 수 없으리라는 것을 분명히 하지 않으면 안 된다.

여기에서, 마치 『하이델베르크 교리문답서』에서 이루어졌던 것처럼, 이 주제의 그리스도교적 의미가 밝혀지게 된다면 좋을텐데! 혹은 근본적으로 부각되었다면 더욱 좋을텐데! 그러나 바로 이 일은 츠빙글리에게도 칼빈에게도 후기의 개혁파 신학자들에게도 발생하지 않았다. 그들이 저 명제를 감행했고 끝까지 숙고하였다는 사실만은, 그 명제가 오늘날에 이르기까지 그 외의 신학사 안에서 약화되고 희석되는 것을 감수해야만 했다는 그 모든 사실과는 달리, 칭찬받을 수 있다. 그러나 그들은 그 명제를—바로 이것을 우리는 아마도 그들의 비극적 과오라고 부를 수 있을 것이며 또한 그렇게 불러야만 한다.—그들의 적대자들과 마찬가지로 하나님에 대한, 그리고 그의 의지와 활동에 대한 단순히 형식적 개념들을 전제로 제시하려 감행했다. 그들은 물론, 그것이 지혜롭고 정의롭고 거룩하고 선한 의지이며 활동이라는 사실을 주장했고 확언하였다. 그러나 그들은, 어느 정도까지 이 특성들이 그것에 어울리는 것인지, 따라서 모든 것 안에서 모든 것을 행하는 하나님을 믿도록 허용되며 또 믿어야 마땅하다는 것을 인간에게 요구하는 것이 어느 정도까지 의미 있고 정당한 것인지, 그의 의지와 활동에 굴복하는 것이 어느 정도까지, 필수적으로 요청되는 '그리스도교적 신앙'의 순종인지에 대하여 결코 설명하고 말할 수 없었다. 그들이 모든 피조물의 사건에서 집행되는 하나님의 결의에 관하여 논했을 때, 그들은 그래도 실제로 어둠을 가리켜 보였다. 왜냐하면 그들은, 하나님과 피조물 사이의 일반적인 관계만이 주요관심사가 되어야 했던 곳에서는, 이 결의의 내용이 무엇인지를 고려할 수 없었으며, 또한 고려하기를 원하지도 않았기 때문이다. 그들은 다만 높은 곳만을, 즉 피조물에 의한 모든 제한을 배제하는 하나님의 우세함만을 가리켰으나, 그 우세함의 특성을 묘사할 수는 없었다.

이로써 그들은 스토아 철학의 혹은 또한 이슬람교의 체념이라는 의미에서 그리스도교적 믿음의 순종을 해석할 가능성을 정말 적어도 효과적으로 배제할 수 없었다. 이로써 그들은 또한 토기장이에 대한 토기의 불평(롬 9:20f.)에, 하나님의 전제정치에 대항하는 반란에, 그리고 동시에 또한 이 반란의 결과로 발생할 수밖에 없는 자포자기나 경솔함에 양분을 공급하는 것을 적어도 효과적으로 차단하지 않았다. 그리고 이로써 그들은 무엇보다도, 사람들이 역시 저 두 가지 가능성들에 놀라서 뒤로 물러서는 곳에서는 어디에서나, "뒤로 후퇴하는 길"을 걷도록—즉 종교개혁이 어쨌든 은혜론과 신앙의인론(義認論)에서 압도적으로 승리하여 능가했으며, 개혁파 신학자들도 이 대목에서 극복하기를 원했던, 그 중세 후기의 신인협력설(Synergismus; 의롭다는 인정을 받기 위해서는 하나님의 은혜와 인간의 공로가 함께 협력해야 한다는 교리—역자 주)로 되돌아가도록—노골적으로 선동했다. 로마 가톨릭 측에서 시도한 반종교개혁의 선전은, 피조물의 모든 고유한 활동을 헛된 것으로 만들어 버리는, 칼빈주의의 하나님이라는 멀리서 바라볼 때 정말 불합리한 이미지에서 심술궂은 기쁨을 느꼈을 것이 '틀림없다': 거기에서 그들은, 종교개혁자들이 우선 은혜론과 신앙의인론의 영역에서 범한 오류의 나쁜 일반적 결과를 보았던 것이다! 거기에서 다음과 같은 해답을, 즉 하나님의 단독지배가 피조물의 활동 안에서 그것의 고유한 제한성을 발견하므로 그것의 경계를 지켜야만 한다는 해답을 제시하라는 명확한 요구가—이미 트리엔트 공의회(1545-1563. 종교개혁에 자극을 받아 가톨릭의 내부개혁을 시도한 공의회—역자 주)에 참석한 성직자들은 이 요구를 명료하게 들었다고 여겼다.—이제는 모든 면에서 전적으로—후기 스코투스(John Duns Scotus. 13세기 스코틀랜드 철학자로서 토마스주의에 대립하여 이성보다 의지를 강조함—역자 주)주의자들에게서 발생했던 것보다 더 조심스럽게, 펠라기우스(Pelagius)에 대하여 저항한 아우구스틴의 투쟁을 알맞게 고려하면서, 그리고 새로운 인본주의적 관심사도 영리하게 이용하면서, 그러나 내용에서는 더욱더 의식적이고 더 단호하고 더 완강하게—공공연하게 제기되었다. 그리고 이와 같이—루터가 죽은 후에 벌써 "노예의지론"을 버리고 벌써 후기 멜랑히톤의 중재신학(Vermittlungstheologie)을 광적으로 확신하던—루터파는 훨씬 철저한 개혁파의 신론과 섭리론에 매우 못마땅해 할 '수밖에 없었다.' 이 불쾌감 때문에 루터파 옹호자들 중 상당수는 심지어, 정식으로 상세한 증거들을 들이대며 칼빈주의자들에게 이슬람교로 변절되었다고 죄를 뒤집어씌우는 데까지 이르렀으며, 그들 루터파는 "하나님의 협력"에 대하여 그렇게 가르치고 있는 제네바보다는 오히려 로마와 유대관계가 있다고 선언하는 데까지 이르렀다. 그리고 그와 같이 칼빈주의 자체 안에서도 곧바로, 인본주의로부터 영감을 받은, 신인협력설을 지지하는 많은 반작용들이 발생할 '수밖에 없었다.' 이 반작용이 17세기 말에 프랑스의 소뮈르(Saumur) 학파에서 그리고 후에 "계몽된 정통주의"에서 매우 조잡한 경건주의적-합리주의적 반(半) 펠라기안주의가 나타나게, 즉 보편적으로 유행하게 할 때까지는, 이것들 가운데 가장 유명한 것은 (네덜란드 도르트레히트[Dordrecht]에서 개최된 종교회의에서 힘겹게 그리고 아주 인위적으로 진압된) 아르미니우스(Jakobus Arminius, 1560-1609, 인간의 자유의지를 인정한 네덜란드 신학자―역자 주)와 그의 친구들이 전개한 운동뿐이었다.

우리는 초기개혁파의 기본적 견해로부터 그처럼 다양한 완전한 이탈이 발생한 것에 대하여 한탄할 수 있으나, 다음의 사실을 간과할 수 없다: 그 기본적 견해가 신앙을 부당하게 요구한다는 것을 의미했다는 점에서, 즉 그것이 요구되고 있는 것처럼 그렇게 정당하게 실현될 수는 결코 없는 것을 요구한다는 것을 의미했다는 점에서, 그 이탈은 초기개혁파의 기본적 견해 자체에 의하여 야기되었던 것이다. 이 기본적 견해는 확실히 '바른' 것이긴 했으나, 그것에는 처음부터 그것을 또한 '믿을 만하게' 할, 그리고 그것을 철학한다(Philosophumen)는 의심스러운 행동으로부터 구별할 근거 제시가 '없었다.' 물론 신인협력설의 구조들도 단순한 철학하기로부터 확실하게 구별될 수 없었으며, 그 구조들은 로마 가톨릭의 신학자들, 루터파 신학자들, 아르미니우스 추종자들, 그리고 후기개혁파의 근대 신학자들에 의하여 초기개혁파의 기본적 견해에 대립하여 제시되었다. 여하튼 만일 그들이 동일한 병상에 누워 있었다면, 여하튼 그들도 그 공허한 개념들로 작업하였던 것이며, 결코 성서의 중심으로부터 출발하여 작업했던 것은 아니다. 그러나 바로 이 점이 중요하다: 개혁파 선조들은 그 자체로는 옳은 기본적 견해를 갖고 있었음에도 불구하고 다음의 사실에서 반대자들보다 결코 뛰어나지 않았으며, 그 반면에 반대자들이 개혁교회 시조들에 비하여 다음의 사실에서 앞서 있었다: 훨씬 더 불분명한 전능한 신을 선포하는 다소 불분명한 개혁파 선포자들보다는 반대자들이 그들의 진술들을 통하여 인간의 건전한 이성과 실천적 경건에 대한 확실한 요청들을 어쨌든 더 잘 고려하고 있는 것처럼 보였다. 개혁파는 역시 종교개혁이 내세운 본래의 중심인식인 은혜론과 신앙의인론을 이 다른 영역에 적용하고 결실을 맺도록 할 수 없었으므로, 그들은 그렇게 불분명하게 보일 수밖에 없었으며, 아주 놀랍게도, 아마 역시 그렇게 처신할 수밖에 없었을 것이다. 적용되지 않았으며 결실을 맺지 못한 바로 그 종교개혁의 은혜론과 신앙의인론은, 17세기 내내 아주 열심히 방어되었음에도 불구하고, 소문나지 않게 스스로가 사장(死藏)된 자본으로 되어 버렸다는 것, 그리고 18세기 초에 대규모로 재고 조사가 이루어졌을 때, 남아 있는 것이라곤 겨우 이미 오래 전에 무가치하게 되어 버린 휴지들뿐이었으므로, 그것들로는 다음 시대에 아무도 더 이상 어떤 것을 구입할 수 없었다는 사실이 드러날 수밖에 없었다는 것은 확실히 결코 우연이 아니다.

그리고 그때에, 바로 개혁교회에 전혀 예기치 않게 다시 한 번, 그의 위대함이 아마 츠빙글리와 칼빈에 미칠 위대한 신학자인 슐라이에르마허(E. D. F. Schleiermacher)가 나타났다는 사실은 작은 위로이기도 했다. 슐라이에르마허는 외관상, 바로 유감스럽게도 단지 외관상, 모든 신인협력설에 대하여 다시 한 번 하나님의 단독지배 및 그의 피조물의 전적인 의존성에 관한 저 위대한 기본적 견해의 명예를 회복시켰다. 왜냐하면 그가 제시하였던 것은 종교개혁의 은혜론 및 신앙의인론에 의하여 영향을 받지 않았기 때문인데, 그는 그 중심인식을 결코 이해하지 않았던 것이다. 반면에 츠빙글리, 칼빈, 그리고 그들의 후계자들은 그것들을 이해하기는 했으나, 마찬가지로 그들의 섭리론에 적용하지 않았다. 슐라이에르마허가 제시했던 것은 오히려 명백하게, 정신과 자연 사이의 변증법 위에 세워진 철학적 범신론(Alleinheitslehre)이었다. 그 이론의 틀 안에서는 과연 종교의 가능성 자체가 그 이론의 특정한 위치, 심지어 중심적인 위치를 차지했으며, 그 이론으로부터 출발하여 그는 또한 역사상의 종교들을 그리고 그것들 가운데 무엇보다도 나사렛 예수에 의하여 시작된 종교를 매우 진지하게 평가할 줄 알았으며, 그 이론을 사용하여 그는 또한 개신교 교회의 자기이해를 개혁파의 형태로 아주 정교하게 화제로 삼을 줄도 알았다. 그러나 그가 "하나님의 협력"이라는 개혁교회의 기본적 견해를, 즉 그에게는 무한자에 대한 유한자의, 전체에 대한 개인의 전적인 의존성을 표현하는 것으로서 공감되었음에 틀림없는 그 견해를, 옛 개혁파 신학자들이 성취하였던 것보다 더 잘 그리고 더 깊게 근거를 제시하였으며, 따라서 더 믿을 만하게 만들었다고 말할 수는 없다. 우리는 그 반대로 이렇게 말해야만 할 것이다: 그가 그 기본적 견해를 주장했던 방식 때문에, 그것에는, 처음부터 그것을 에워싸고 있던 모든 혐의들에 뒤이어 또한 스피노자주의라는 혐의가, 더 일반적으로 표현하자면, 범신론적-자연주의적 일원론이라는 혐의가 추가로 덧붙여졌으며, 따라서 그는 바르게 생각하는 사람들이 보기에는 그 견해를 오히려 더욱더 그리고 더 한층 그늘 속으로 밀어 넣었다. 이 점에서도 개혁파 신학은 결국, 그것이 이미 16세기에 섭리론의 토대들에 대한 진지한 '그리스도교적' 숙고를 이행하지 않음으로써 씨를 뿌렸던 것을 수확했던 것이다.

만일 우리가 "하나님의 협력"을, 즉 하나님이 피조물의 활동에 동행하는 것을, 하나님의 뜻이 그의 피조물이 행하는 활동 안에서 무조건적으로 그리고 저항할 수 없게 집행되도록 하는 그 주권적 행위로서 그리스도교적으로 '이해'하기를 원한다면, 우리는 그 어떤 빈 개념들로부터가 아니라 그리스도교적으로 '채워진' 개념들로부터 출발해야만 한다.

따라서 이제 "하나님"이라는 어휘는, 아버지, 아들, 성령으로서 영원한 사랑이며, 그 자신 안에 생명을 지니고 있는 그 하나님을 의미해야만 하며—그리고 그 경우에 '그 자신'이 또한 자기 자신을 통하여 존재하는 자이며 그의 피조물 위에 높은 곳에 있는 전능한 자이며 "모든 원인의 원인"인 하나님을 의미해야만 한다.

따라서 이제 "하나님의 의지"라는 어휘는, 아버지처럼 보살피는 그의 호의, 예수 그리스도 안에 있는 그의 은혜의 결의, 자비를, 곧 그 안에서 그가 영원으로부터, 그의 피조물을 구원하고 그것에게 그의 공동체 안에 있는 영원한 삶을 선물하기 시작했던 그 자비를 의미해야만 하며—그 경우에 그의 의지 '자체가' 또한 왕과 같은 주님의 의지(Herrenwille)를, 즉 그의 피조물의 실존과 활동을 무조건적으로 그리고 저항하기 어렵게 마음대로 처리할 수 있는 주님의 의지를 의미해야만 한다.

따라서 이제는 "하나님의 활동"(Wirken Gottes)이라는 어휘는, 그의 은혜의 결의에 토대를 둔 계약의 역사, 즉 그의 아들을 희생시킴으로써 성취하며 신앙과 순종을 일깨우는 성령의 사역 안에서 확증되는 그 계약의 역사 안에서 행하는 그의 행동을 의미해야만 하며—그 경우에 그의 활동 '자체'가 또한, 그의 피조물의 영역 전체에서 피조물의 모든 활동 위에 그리고 안에, 그 활동 앞에, 그 활동과 함께 그리고 그 활동의 뒤에 있는 그의 권세 있는 활동이며, 그리고 그의 활동에 의하여 피조물의 활동이 완전히 그의 처분에 내맡겨지며, 그에게 완전히 복종하는 그런 활동을 의미해야만 한다.—여기에서 바로 근본적으로 '생각하는 법이 바뀌어야'(umgedacht)만 하며, 여기에서 원인, 활동, 작용이라는 불쾌한 일반적인 표상은 우선 지체 없이 '철회'되어야만 하며, 그리고 난 후에 비로소, 하나님이 누구인지, 그가 무엇을 원하는지 그리고 그는 어떻게 활동하는지를 아는 것에 대한 지식 안에서, 그 표상이 다시 '수용'되어야만 하며, 그러나 이제는 엄밀히 말하자면 단순히 하나님 없는 인과관계에 관한 사고로 후퇴하지 않고, 이제 '새롭게' 효력이 발휘되고 응용되어야만 한다.

만일 우리가 이 사실을 거부하지 않는다면, 우리가 손안에 있는 그 공허한 개념들 때문에 여기에서 불가피하게 빠져들 수밖에 없는 그 곤경을 피할 수 있을 것이다: 그 경우에 또한, 우리가 그 곤경에서 불가피하게 직면하게 되는 세 가지 그릇된 해결책들 가운데에서 하나를 택해야 하는 아주 불쾌한 선택도 피할 수 있을 것이다. 하나님의 주권적이며 전능한 지배가 이 의미와 특징을 지니고 있다면, 그리고 우리가 사실은 그것에만 상응하는 이 관점에서 그 지배를 바라본다면, 그것은 결코 애매모호한 것으로도 자의적인 것으로도 표현될 수 없으며, 그 경우에 그의 통치 아래에서 발생하는 피조물의 활동도 더 이상 단순히 움직여지는 것으로 이해될 수 없다. 삼위일체 하나님이 통치하는 사랑은 빛이지 어둠이 아니다. 그리고 그 사랑이 지배하는 것은 피조물과 물론 압도적으로, 그리고 그 사랑의 외적 형태는 물론 상세히 탐구하기는 어렵게 마주치면서도, 그래도 그것은, 본질적으로 그리고 이 하나님의 통치로 인식되면서, 빛으로 머무르며, 결코 어둠으로 되지 않는다. 또한 하나님 아버지의 호의에 의한 세계지배는, 만일 그것이 그런 것으로 인식된다면, 자의적 횡포와 명백히 더 이상 아무런 관계가 있을 수 없다. 그리고 그의 행동 자체가 은혜의 행동이므로, 그의 전능함은 피조물의 고유한 자유로운 활동을 폐기한다는 주장도 사라지게 된다. 그 경우에 우리는 오히려 하나님이 행하는 행동의 위엄, 무조건성, 저항불가능성이라는 특성을 하나님이 은혜를 베푸는 피조물이 지닌 특징과 존엄성과 고유한 활동을 확증하고 언제나 새롭게 확립하는 것으로 이해하여야만 할 것이다. 하나님에 관한, 그리고 하나님의 의지와 활동에 관한 '공허한' 개념들만이 저 왜곡된 관념들이 발생하게 하는 반면에, 그런 관념들은 그리스도교적으로 '채워진' 개념들에 의해서는 오히려 정확히 배제된다. 만일 우리가 그리스도교적으로 채워진 개념들을 진지하게 취급한다면, 하나님에 대한 그리고 그의 지배에 대한 '신앙'을 요구하는 것도 뜻 깊은 일이 될 것이다. 보이지 않고 이해되지 않는, 모든 것을 지배하는 하나님이 누구이며 무엇을 하는 존재인지, 그는 무엇을 원하며 무엇을 행하는지를, 우리는 그 경우에 그의 말씀을 통하여 들을 수 있으며, 피조물 특유의 사건 형태를 헤아릴 수 없음에도 불구하고, 그것을 명심할 수 있다. 그리고 우리는 그의 말씀을 믿을 수 있으므로, 따라서 성령의 활동에 대한 증인이 될 수 있으므로, 우리는 틀림없이 또한 다음의 사실에 대하여, 즉 참으로 하나님의 무조건적인 우세함에 직면하여 도대체 신앙을 위한 인간의 흔쾌한 태도와 같은 어떤 것이 존재할 수 있는지에 대하여 토론하려는 욕구를 상실하게 될 것이다. 그 경우에 우리는, 저 곤경으로부터 출발할 때 빠질 수밖에 없는 그 모든 세 가지 그릇된 길들을 향한 방향에서 아니다, 아니다 그리고 한 번 더 아니다라고 말할 수 있는 자유가 있다. '아니다': 신앙의 결단 안에서 우리는 불가피한 것에 대한 무감각한 복종으로부터, 그것이 참으로 슬프게 실행되든 혹은 즐겁게 (숙명론적인 것이므로, 틀림없이 언제나 숙명적으로!) 실행되든, 아득히 멀리 벗어나게 될 것이다; 왜냐하면 바로 결단하는 순간에 인간은 틀림없이 눈먼 자가 아니며, 보는 자이기 때문이다. 역시 '아니다': 우리는 그 경우에 하나님의 전능한 지배에 대한 반항 안에는 한순간도 머물 수 없으며, 그 경우에 틀림없이 자포자기에 빠질 수 없을 것이며, 또한 경솔함에 빠질 수도 없을 것이다. 만일 하나님 아버지의 호의가 만물을 지배하는 권세라면, 저 못난 항복이 어떤 의미를 지닐 수 있을 것이며, 자포자기나 경솔함이라는 무기력한 반항은 어떤 의미를 지닐 수 있을 것인가? 역시 한 번 더 '아니다': 그 경우에 인간은 결코 저 "뒤로 후퇴하는 길"을 걷지 않을 것이며, 그 경우 그에게는 다음과 같은 것이, 즉 "모든 것 안에 있는 모든 것인 하나님"으로부터 단순히 "많은 것 안에 있는 많은 것인 신"을 만들어 내는 것이, 하나님의 주권과 전능함을 제한된 것으로 간주하며, 그의 활동을 외부로부터 야기된 것으로, 즉 그의 피조물의 활동에 의하여 협력을 받으며 함께 야기된 것으로, 따라서 하나님의 "협력"을 뒤바꿀 수 있는 것으로 간주하는 것이 결코 머리에 떠오르지 않을 것이다. 예수 그리스도 안에 있는 하나님의 은혜의 결의와 그의 계약의 역사 안에 있는 은혜의 행동을 신뢰하는 사람에게는 역시, 피조물을 하나님에 대하여 일종의 대립하는 적수(Gegenkontrahent)로 출현시키기를 원하는 것이 결코 마음에 떠오를 수 없으며, 그는 역시 다음과 같은 피조물의 자유 외에는 다른 자유를 알고 있지 않다: 피조물의 자유는 바로, 하나님의 무조건적이며 저항할 수 없는 자유 및 우세함 안에 근거를 두고 있으며, 따라서 이 하나님의 자유 및 우세함과 진정으로 경쟁할 수 없으며, 오히려 언제나 새롭게 그것을 확증하고 이해하고 찬양하기를 원할 수밖에 없다. 만일 우리가 하나님의 통치가 지니고 있는 이 '의미'와 '특성'을 무조건 진지하게 취급한다면, 그 경우에 우리는 그 통치를 '인정'하는 것 자체도 무조건 진지하게 취급할 수 있다.

하나님의 활동은 그의 피조물의 활동보다 '앞서서' 간다. 즉, "그것은 앞서서 뛰어간다." 우리는, 옛 개혁파 신학이 옳다고 시인하며 뒤따르고 있으므로, 이 명제를 선두에 세워야만 한다.

우리의 주요관심사는 '자비로운' 하나님의 활동이다. 다름 아니라 바로 예수 그리스도의 아버지의 전능한 의지와 활동이, 즉 그의 영원한 사랑이, 다른 모든 의지와 활동보다 앞장서서 가고 있다. 예수 그리스도 안에 있는 그의 은혜의 결의가 이미 만물의 창조보다, 따라서 피조물의 존재보다, 그리고 동시에 또한 피조물의 활동보다 선행하므로, 하나님은 그의 고유한 의지와 활동으로 다른 모든 의지와 활동보다 선행한다. 따라서 그는, 영원이ㅡ그러나 그 어떤 영원성이 아니라, 그가 지닌 사랑의 영원성이, 아버지이며 아들이며 성령으로서 그의 영원한 존재가ㅡ모든 시간보다 그리고 시간 안에 있는 모든 존재보다 선행하듯이 그렇게 피조물의 존재와 활동보다 선행한다. 피조물이 활동하는 곳에서는 언제나 그리고 어디에서나, 하나님은 다음과 같은 존재로 현존한다: 그는 '이미' 피조물을 사랑했으며, '이미' 그것을 구원하여 영광스럽게 하기 위하여 착수하였으며, 이런 의미와 이런 의도에서, 아직 피조물이 활동을 시작하기 이전에, 아직 그것의 활동을 위한 조건들과 전제조건들과 선(先) 전제조건들이 주어지기 이전에, '이미' 활동했다. "내 아버지께서 이제까지 일하시니, 나도 일한다."(요 5:17) 그는 이미 모든 피조물의 활동을 위한 조건들, 전제조건들, 선전제조건들을 만들어 내었다. 그는 그것들을 그의 피조물에게 제공했다. 피조물의 활동보다 완전히 앞선 것은 하나님이 행하는 활동의 효과였다: 즉 예수 그리스도 안에서, 은혜의 계약에서 비롯된 역사 안에서 강력하며 인식될 수 있는 것과 같은 그런 의미와 의도 안에서 행해지는 그의 친절한 활동이 지니는 효과, 즉 그의 구원 의지에 의하여 결정되고 지배받는, 그의 활동이 지니는 효과였다. 그는 이미 앞서서 바로 그의 피조물을 구원하여 영광스럽게 하는 것을 목표로 삼았다. 바로 이제 이런 혹은 저런 피조물의 활동을 야기하는 원인들인 전체적인 효과들은 이미 그가 지닌 자비(Erbarmen)의 사역들이었다. 그는 이미 공간 전체에서, 즉 그곳으로부터 이런 혹은 저런 피조물이 이제 바로 이런 혹은 저런 활동을 하기 위하여 유래하는 바로 그 공간에서 주권을 지닌, 즉 어떤 항의나 저항에 의해서도 제한되지 않는, 그러나 바로 이런 특정한 의미에서 주권을 지닌, 그의 피조물의 주님이었다. 바로 그 공간으로부터 하나님은 참으로 피조물과 동행하며, 바로 거기로부터 그는 피조물의 활동을 지배한다.

"하나님은…두 번째 원인이…행동하도록 '미리 결정'함으로써, 시간에 따라서가 아니라 등급과 존엄과 탁월함에 따라서 그렇게 피조물의 행위보다 '앞서 감으로써', 하나님이 동행하는 것은 '앞질러 가는' 것이다."(H. Heidegger, zit. nach Heppe², 210) 우리는 "등급과 존엄과 탁월함"을 하나님 아버지의 자비의 권세로 이해함으로써, 이 공식화를 일반적으로 받아들인다. 그래도, 어느 정도까지 "하나님의 협력"이 과연 "제2 원인"의 "행동"보다 '또한 시간적으로' 선행하지 않는다는 것인지 간파할 수 없다: 틀림없이 시간적으로만은 아니지만, "제2 원인"의 활동을 위하여 표준적인 피조물의 조건들 자체가 시간적으로도 그리고 그것의 시간성 안에서도 영원한 하나님의 활동의 효과들인 경우에는, 바로 시간적으로도 그것이 선행하기 때문이다. 따라서 하이데거의 명제는 이렇게 정정되어야 할 것이다: "은혜의 영원과 시간, 등급, 즉 존엄과 탁월함에 따라서 앞서간다." 이 정정이 중요한 이유는, 역시 그것으로부터 다음의 사실이, 즉 미리 결정하는 하나님의 활동은 결코 칸트적인 것으로, 곧 경험적인 사건과는 대조적인 이성의 선험적 인식(Vernunft-Apriori)이라는 의미로 해석되어서는 안 된다는 사실이 밝혀지기 때문이다. 하나님의 활동과 피조물의 활동 사이의 대립과 관련성은 칸트식 해석에서는 세계에 내재적인 것으로 이해될 것이다. 우리는 하나님의 활동에 대한 우리의 이해에 의하여 이 혼동으로부터 보호받는다: 예수 그리스도의 아버지가 행하는 선행하는 활동을 이성의 선험적 인식으로 해석하라는 것은 받아들일 수 없는 부당한 요구일 것이다. 그러나 또한, 영원히 선행하는 바로 그 하나님의 활동은 시간 안에서 이루어지는 활동을 배제하지 않고 포함한다는 이유에서도, 그런 요구는 불가능한 것이다.

우리의 주요관심사는 자비로운 하나님의 선행하는 지식만이 아니라 선행하는 '활동'이다. 그러므로 우리의 주요관심사는 다음과 같은 것이 아니다: 즉, 하나님은 그의 피조물의 특정한 활동을 과연 만물에 대한 그의 영원한 인식에 의하여 예견하기는 하지만, 그 활동이 실제로 발생하기를 기다리며, 그의 피조물이 이런 혹은 저런 활동 가능성을 선택하도록 방임하며, 그 후에 그것을 현실화하는 장면에서 비로소 그 자신의 전능한 활동이라는 불가결한 원조를 피조물에게 부여하는 것이 아니다.

옛 루터파 신학자들은 이 대목에서 그들의 역량을 시험했다. 그들의 역량에 대하여 우리는 확실히 이렇게 말해도 좋을 것이다: 그것들은 동일한 방식으로 우려되고 쓸모없는 것이었다. 그들에 의하면 "하나님의 협력"은 어느 정도 피조물의 행동과 함께 비로소 시작된다는 것이다. "그는 앞질러 가지 않으며, 오히려, 행동 자체가 야기되었을 때, 다음의 일들이 발생한다: 그가 동행하며, 함께 행동하며, 함께 협력한다." 피조물이 이런 혹은 저런 운동을 선택하는 것은 피조물의 고유한 작용이지 하나님의 작용이 아니라는 것이다. 피조물이 여기에서 하나님으로부터 얻는 것은 다만, 피조물에 의하여 선택된 활동을 실행하기 위한 "행동능력"뿐이라는 것이다.(Abr. Calov, *Syst. Theol.*, 1655f., III, art. 6, 2, qu. 1) "앞질러 가는 협력"에 관한 칼빈주의적 관념에, 즉 피조물의 활동이 예정되어 있다는 관념에 저항함으로써, 그들은 숙명론을, 특히 "하나님은 또한 악의 창시자"라는 두려운 결과를 피하기를 원했다. 그들은 다음과 같은 대가를 치르면서 그렇게 했다: 그들은 하나님을 그의 피조물에 대한 이상한 수동적 구경꾼이며 조력자로 만들었으며, 바로 결정적인 곳에서, 즉 피조물의 활동 자체가 바로 결단인 그곳에서, 하나님의 활동을 배제하였다. 그것은 바로 피조물의 자유에 참으로 치명적 결과를 초래하는 세속화였으며, 이 세속화는 그들이 이 영역을 초월한 하나님의 활동에 양도하기를 원했던 모든 명예를 통하여 다시 보상받을 수 없었다. 그리고 그들은 사실 "예정"을 부정하기는 했으나 "예견"을 주장함으로써, 사실 의도(Wollen)는 피조물에게만 돌리기를 원하기는 했으나 그래도 성취는 하나님에게 돌리기를 원함으로써, 그들은 숙명론을, 또한 "하나님은 악의 창시자"라는 관념을 피할 수 없었다. 우려되는 위험들로부터 불충분한 것들을 통하여 피하는 것은 다른 곳에서와 마찬가지로 신학에서는 권할 만한 것이 못 되는 대책이다.

하나님의 예지는 그의 전능함의 한 요소이므로, 그의 모든 선행하는 의지 및 활동과 확실히 개념적으로 구분될 수는 있으나, 내용상 분리될 수는 없다. 하나님은 역시, 그가 알고 있는 바로 그것을 원하며, 그는 역시, 그가 원하는 바로 그것을 행한다. 이와 같이 그는 알고 있을 뿐만 아니라, 이와 같이 실제로, 더 정확히 말하면 영원한 하나님으로서 언제나 모든 것 안에서 '모든 것'을 '행한다.' 만일 우리가, 예수 그리스도의 아버지가 아는 것, 원하는 것, 활동하는 것이 우리의 주요관심사라는 사실에 대하여 분명히 안다면, 그 경우에 이것은 필요한 명제이며, 논쟁의 여지가 없는 명제이고, 위험한 명제가 아니며, 하물며 억제되어야 하는 명제라는 것은 당치도 않다. 그러므로 하나님의 활동도 두 가지 별개의 활동으로, 즉 말하자면 피조물의 결단의 자유에 대해서는 정지하고 휴식하는 그런 활동과, 피조물이 결단에 도달했을 경우에 피조물에게 그 결단을 실제로 실행시킬 물리적인 가능성만을 부여하는 그런 활동으로 분리될 수 없다는 것이 확실하다. 오히려 한 하나님이 두 가지 활동을, 즉 '원하는 것'과 성취하는 것, '결단하는 것'과 그것을 실행하는 것을 행한다. 마찬가지로 우리가 다만, 누구의 활동이 그리고 무슨 종류의 활동이 우리의 주요관심사인지에 대하여 분명히 알고 있기만 하다면, 이 명제도 두려워할 필요가 없다. 그 경우에 하나님은 또한 "악의 창시자"로도 이해될 수 있다는, 혹은 아마 심지어 그렇게 이해되어야만 한다는 우려되는 결론은, 그리스도교의 섭리론에서는, 그것의 결정적인 내용을, 즉 "바로 하나님이 지배하고 왕권을 지니고 있다."는 내용을 절반만 승인함으로써, 즉 그 경우에 사실은 결코 승인하지 않음으로써 제거되기 보다는 실제로 역시 전혀 다르게 제거될 수 있다.

우리가 "하나님의 협력"을 피조물의 활동에 대한 하나님의 앞선 결정("예정")으로 이해함으로써, 다음의 사실도 결정된다: 하나님의 활동은 '그 밖의' 모든 규정과, 즉 피조물의 활동이 '그 밖에는' 그것에 굴복할지도 모르는 모든 '결정'과 '구별'되어야만 하며, '앞선' 결정이라는 그것의 전체적인 특징상 하나님의 활동은 이런 종류의 그 밖의 모든 결정보다 앞에 그리고 위에 배열되어야만 한다. 의심의 여지없이 우리는 모든 개별적인 피조물의 활동을 다른 개별적인 피조물의 활동과, 그리고 결국 피조물의 모든 활동 전체와 영향을 받고 영향을 미치는 '관련성들' 안에서 바라볼 수 있으며 또한 그래야만 한다. 어떤 피조물도, 그것이 모든 피조물들의 총체적 활동에 의하여 에워싸여 있으며, 지탱되며, 야기되는— 한마디로 '동반'되고 있는 것과 다르게 활동하지는 않는 듯하다. 그리고 또한 이 총체적 활동도 어느 경우든 그 피조물보다 '선행'하는 방식으로 그것과 동행하는 것처럼 보인다. 이 점에서 이 총체적 활동과 하나님의 활동 사이의 유사성이 있는 것처럼 보인다. 다음과 같은 추측은, 그것을 완전히 직관할 수 없으며 파악할 수 없기 때문에, 경외심과 전율을 일으킨다: 내가 지금 작은 손가락을 움직임으로써, 나는 이 순간까지 발생하였던 모든 그리고 각각의 활동들에 의하여 결정되어 있는 것인지도 모르며, 지금까지 존재했던 모든 그리고 각각의 피조물들 가운데서 아마 어떤 피조물도, 그것들의 모든 운동들 가운데서 아마 어떤 단 하나의 운동도 내 손가락 운동을 준비하기 위해서 없어서는 안 되었을 것 같다. 그러나 이 나의 손가락 운동을 동반하며 우선 그것을 선행하는, 피조물의 총체적 활동은, 즉 나의 활동을 결정하는 이것은, 그것이 아무리 엄격하게 발생한다고 할지라도, 어쨌든 하나님이 '미리' 결정한 것은 '아니'다. 왕권을 행사하는 것은 하늘과 땅의 피조물 전체도 아니다. 왜냐하면 진정으로 왕권을 행사하는 존재는 피조물들보다 '앞'에 있기 때문이다. 피조물의 활동은, 그것이 아무리 포괄적이라 할지라도, 하나님의 활동이 아닐 것이다. 그리고 피조물의 결정하는 권한은 철두철미 하나님의 결정권을 위해, 즉 하나님의 예정을 위해 '헌신'하고 있으므로, 피조물의 활동은 역시 하나님의 활동이 아니다. 인간의 본성은 예수 그리스도 안에 있는 하나님의 본성과 결합해도 하나님의 본성으로 되지 않듯이, 피조물의 활동도, 하나님이 그의 고유한 활동을 피조물의 활동과 결합시키는 것에 의해서 하나님의 활동으로 변하지는 않는다. 따라서 하늘과 땅에 있는 모든 피조물의 활동도 개별적인 피조물의 활동을 실제로 그리고 진정으로 앞선 것(Vorher)이 아니다. 오히려 하나님과 그의 활동이 실제로 그리고 진정으로 앞서는 것에 비하여, 그의 피조물의 '개별적 그리고 총체적' 활동은 '하나의' 차원에서, 즉 '하위의' 차원에서 발생한다. 이 하위의 차원에서 피조물들 상호간의 관계는 뒤바뀔 수도 있다. 피조물의 총체적 활동과 마찬가지로 피조물의 '개별적' 활동도 하나님의 '앞선' 결정에 동일하게 헌신하고 있다. 우리는 '개별적 활동'을 '인과관계'의 연쇄의 마지막 연결고리로서, 따라서 이 순간까지 피조물의 총체적 활동에 의하여 '미리 야기된 것'으로 생각할 수 있을 것이다. 그러나 우리는 정반대로 피조물의 '총체적' 활동도, 만일 그것을 일종의 '목적을 지닌' 연쇄(Finalreihe)로 간주한다면, 이 마지막 연결고리에 의하여 '미리 야기된 것'으로서, 즉 개별적인 활동에 의하여, 곧 그것에서 전체가 그것의 목표와 목적에 도달해야만 하는 그 개별적 활동에 의하여 결정된 것으로 생각할 수 있다. 만일 지금까지 발생한 모든 것이 다만, 바로 지금 나의 이 손가락 운동에서 정점에 이르기 위하여 발생해야 했다면, 어떻겠는가? 그리고 그것은 역시 고무적인 생각이 아닐까? 그러나 피조물의 활동에 대한 하나님의 활동의 관계는, 피조물의 개별적 활동과 피조물의 총체적 활동 사이의 관계가 결국 뒤바뀌어질 수 있는 것과 같은 그런 방식으로 뒤바뀌어질 수 '없'다. 그리고 바로 이 사실에 의해서, 피조물의 개별적인 활동에 대한 피조물의 총체적 활동의 우세함이 아무리 크게 생각될지라도, 아무리 그것의 우세함이 실제로 크다고 할지라도, 하나님의 활동은 피조물의 총체적 활동과 '구별'된다.

따라서 피조물의 개별적 활동이 실제로 '역시' '피조물에 의한 결정' 아래에서, 즉 피조물에 의한 선행하는 모든 사건의 총체성이라는 전제조건 아래에서 발생한다면, 개별적 활동을 결정하는 총체적 활동은 어쨌든 독자적인 활동관련성이 아니라, 그것의 입장에서는 하나님의 활동에 의하여 '동반되고, 실제보다 높이 보이게 되고, 지배받는', 즉 절대적이 아니라 '상대적인' 활동관련성이다. 이 관련성은 그 자체에 의하여 존속하지 않으며, 오히려 그것을 결합시키고 함께 묶는 것도 바로 하나님의 활동이다. 그것은 또한 그 자체가 닫혀 있지 않고 열려 있다. 즉, 그것은 그것의 창조와 토대확립으로부터 만이 아니라, 그것의 전체적인 역사 안에서 모든 곳에서 하나님의 활동에 대하여 열려 있다. 하나님의 활동에 의하여 사실 그것이 파괴되거나 폐기되지는 않지만, 그것에는 몇 번이고 되풀이하여 새로운 형태가, 곧 그것이 하나님의 호의에 상응하여 얻어야 하며 또 지녀야만 하는 새로운 형태가 제공된다. 따라서 이 활동관련성은 개별적인 피조물의 사건에 대하여 고유하고 절대적인 권세를 지니는 것이 아니라, 언제나 다만 제한되고 자격을 부여받은 권세를, 즉 그것보다도 선행하는 하나님의 활동이 우세하기 때문에 그것에게 제공된 그 권세를 지닐 뿐이다. 그러므로 그것에는 또한 고유한 지혜가 내재해 있지 않으며, 따라서 우주적 이성이나 세계영혼(Weltseele), 곧 그것의 원리들이나 착상들로부터 피조물의 활동이 그것의 사명을 받아들여야 할 그런 우주의 이성이나 세계영혼은 존재하지 않으며, 이 활동관련성은 언제나 다만, 그것보다 선행하는 하나님의 활동이 그것에게 하나님의 지혜 및 이성의 증인이 되도록 한다는 의미에서만 그리고 그렇게 되는 그 정도로만 지혜롭고 이성적이다. ─ 개별적인 피조물의 활동보다 선행하는 이 활동관련성에 관하여 두 가지 표상들이 있는데, 그것들을 고려하면서 우리는 여기에서 더 상세히 설명하여야 한다.

우리는 이 활동관련성을 '물질적으로', 우주 안에 있는 모든 움직이는 '힘'의 총합으로 생각할 수 있으며, 이 경우에 이 총체적 힘은 관계되어 있는 형이상학자의 입장에 따라서 무한한 것으로서 혹은 유한한 것으로서, 즉 무진장한 것으로서 혹은 언젠가는 그리고 어디에선가는 고갈될 것으로서 간주될 것이며, 이 경우에 이 힘의 특성에 대한 질문도 여러 가지로 대답될 것이다. 이 표상이 성서 안에서, 그러므로 신학 안에서도 어쨌든 긍정적인 의미를 지니지 않으므로, 우리는 여기에서 그것 자체에 대하여 그리고 그것이 실행되는 아주 상세한 부분에 대하여 어떤 책임도 떠맡을 필요가 없다. 모든 개별적인 피조물의 활동보다 '앞서서', 그러므로 그 활동 '안'에서 피조물인 존재 일반의 그리고 그 존재 전체의 영향력이 활동하며, 개별적인 피조물의 활동은 이 총체적인 힘에 관여하는 것으로 이해되어야 한다고 가정해 보자. 만일 우리가 그렇다고 가정한다면, 그래도 모든 피조물의 활동을 '앞서는' 결정인 하나님의 활동은 결코 이 총체적인 힘의 활동과 동일시될 수 없다. 그러한 힘에 대한 표상은, 하나님이 피조물의 세계에 제공하였으며 그의 선물로서 피조물의 세계에 내재하는 생명을 묘사하기 위한 포괄적인 개념으로서 쓸모 있는 것일지도 모른다. 그러나 숙고해야 하는 것은 이것이다: 이 총체적인 힘도 하나님의 선물이며 변함없이 그러할 것이다. 그것은 수여자가 아니다. 그것의 활동 자체는 하나님의 활동이 아니다; 하나님이 그것과 함께 활동하기를 원하는 곳에서, 그리고 그가 그것과 함께 활동하기를 원하는 방식으로, 그가 그것을 활동하게 만들기 때문에, 그것이 단독으로 활동하는 것이다. 개별적인 피조물이 하나님의 능력에 참여하며, 하나님의 활동이 그것의 활동을 지배하면서 앞서 가는 것은, 그것이 그것의 활동에서 이 총체적 힘에 참여하기 때문이 아니다. 오히려 정반대로, 개별적인 피조물의 활동이 하나님의 능력에 참여하기 때문에, 하나님의 활동이 그것의 활동을 지배하면서 앞서 가기 때문에, 즉 이 피조물과 협력하기 때문에, 하나님은 그것에게도 각각 피조물의 세계의 총체적인 힘에 참여할 몫을 제공한다. 왜냐하면 하나님의 활동은 다음과 같은 일에서도 결코 지치지 않기 때문이다: 하나님은 피조물의 세계 자체를 위하여 이 총체적인 힘을 보존하며, 피조물의 세계가 소유하고 있는 이 힘을 몇 번이고 되풀이하여 확증하며, 피조물의 세계가 이 힘을 행사하는 것이 몇 번이고 되풀이하여 가능하게 만든다. 하나님은 물론 그 일도 행한다. 그러나 이것은, 말하자면 그가 그 후에는 뒤로 물러나고, 이 총체적 힘의 고유한 활동이 참으로 대리적으로 하나님의 활동을 대신하고, 따라서 하나님은 개별적인 피조물의 활동을 다만 '간접적으로' 지배하면서 앞서 간다는 것을 의미하지 않는다. 하나님은 물론 그 일도 행한다. 그러나 그는 또한 '직접적으로' 그것을 지배하고 결정한다. 저 총체적인 힘은 실제로 하나님의 활동에 의하여 보존되고 확증되며, 그 힘의 활동은 그에 의하여 가능해진다. 그러나 이 사실이 그 힘을 자주적인 주체로, 즉 그 자체가 하나님의 활동과 개별적인 피조물의 활동 사이에로 끼어들어갈 수 있는 그런 주체로 만들지는 않는다. 오히려 그 힘은 그것 자체가 수단으로서 하나님의 손 안에서 순종한다. 그 힘은 개별적으로도, 즉 개별적인 피조물의 활동에 대한 관계에서도 정확히, 바로 그 개별적인 활동을 하나님이 '앞서' 결정한 것에 상응하게, 그렇게 활동한다.

그러므로 그 어떤 특별한 사건의 원인을 궁극적으로, 실제로, 진지하게 그러한 우주의 총체적인 힘에서 찾는 것은 결코 필요하지 않을 것이며, 허락되지 않을 것이다. 이 총체적인 힘이 하나님과 이론적으로 구별될 경우에도, 즉 그것이 말하자면 단지 하나님의 대리자로 이해될 경우에도, 즉 저 특수한 사건을 간접적으로 그리고 우회적으로 역시 아직도 하나님의 활동자체와 관련시킬 가능성이 남아 있을 경우에도, 그 사건의 원인을 총체적인 힘에서 찾는 것은 이교(異敎)임을 의미한다. 주지하는 바와 같이, 실제로 숭상하고 숭배하며 섬기는 신들보다 더욱 뛰어난 상위의 신이나 최고신을 남겨 두지 않는 이교는 없다. 그러나 명백한 것은 이것이다: 관심을 끄는 관계, 즉 궁극적으로, 실제로, 진지하게 중요한 관계는 그래도 하나님에 대한 저 이론적인 관계가 아니라, 저 하나님의 대리자에 대한 실제적인 관계임에 틀림없다. 그 경우에는—비록 그 관념의 가능성이 남아 있다고 할지라도—하나님에 대한 관념이 아니라, 만물 안에 있는 창조적인 생명력(élan vital)에 대한 관념이, 즉 호흡을 하고 있는 우주에 대한 관념, 관련성 안에 있는 자연의 생명 혹은 역사의 생명에 대한 관념이, 아마 다음과 같은 구체적인 관념도, 즉 별들의 세계에서 발생하는 사건이 우리들의 활동공간들 안에서 발생하는 사건에 영향을 끼친다는 관념이나, 현실적이든 공상적이든 영이나 영들의 힘에 대한 관념이나, 어떤 물리적, 심리적, 사회적 구조들에 대한 관념과 같은 구체적인 관념도 관찰자인 인간의 이미지와 환상과 양심과 마음을, 그리고 결국은 결단들과 결단기피들을 지배한다. 그 경우에, 어떻게 하나님이 "옛 주님"으로 되지 않을 수 있겠는가?: 즉 본래의 실제적 숙고가 그래도 전적으로, 어떤 경우에도 그와 개별적인 사건 사이에서 작용하는 힘의 원리들에 대한 관념에 의하여, 요구되기 때문에 그를 때때로 기꺼이 바라보기는 하지만, 보통은 결코 숙고할 필요가 없는 그런 옛 주님으로 되지 않을 수 있겠는가? 이것이 불합리한 것이며 이교적인 이유는, 우주의 총체적인 힘의 활동도, 우리가 이 힘을 그리고 이 힘의 활동을 어떻게 생각하든 간에, 어떤 경우에도 오직 하나님의 '앞선' 결정 아래에서, 그의 뜻에 따라서 자유롭게 되고 방향이 정해지고 형성되고 목표를 지향하는 것이며, 따라서 결코 하나님의 대리자가 지니는 고유한 전권(全權) 안에서 행해지는 것이 아니기 때문이다. 개별적인 사건을 관찰하며 그 사건에 관여하는 인간은 바로 다만 간접적으로 그리고 우회적으로 피조물이 지니고 있는 그러한 '총체적인 힘'의 활동과 관계되지만, 그러나 직접적으로 그리고 곧 바로, 따라서 실제적으로 그리고 흥미를 갖고 결코 '그 힘에 관한' 관념이 '아니라' '하나님 자신'에 관한 관념과 관계되므로, 바로 '그'에 관한 관념이 인간의 환상, 양심, 마음을, 그리고 결국은 그의 결단들을 실제로 요구한다! 그러므로 그것들은 언제나 바로 추가적으로만 그리고 하나님에 관한 관념의 지배 아래에서만 저 다른 관념에 의해서도 요구될 수 있다!

하이데거(H. Heidegger)는 여기에서 실상(Sachverhalt)을 다음과 같이 바로 정확하게 표현하였다: "저 하나님의 협력은 직접적으로 행해진다: 그가 두 번째 원인을 사용하지 않고 혼자서 활동할 것이 아니라, 하나님의 행동과 작용 사이에 하나님보다 더 작용할, '피조물의 어떤 효력도 끼어들지 않기' 때문이다. 왜냐하면 하나님은 피조물에게 행동할 수 있는 능력과 힘만을 부여하고 보존하는 것이 아니라, 그래서 그러는 사이에 피조물은 곧바로 그리고 직접적으로 행동을 수행하거나 작용을 야기하게 될 것이지만, 하나님은 다만 그가 피조물에게 제공하였고 보존하고 있는 그 힘을 수단으로 행동을 수행하거나 작용을 야기하게 될 것이 아니라,—오히려 피조물은 종속되어 있기 때문에, 그는 '피조물의 모든 활동과 작용에 직접적으로' 접촉하기 때문이다." "그로 말미암아 만물이"(롬 11:36)라는 말이 의미하는 것은 이것이다: "모든 것이 직접적으로 그리고 곧바로, 그의, 즉 제1 원인의 능력으로 말미암아 창조되었다."(zit. nach Heppe², 210)

그러나 우리는, 개별적인 피조물의 사건보다 앞서 가는 피조물의 작용 관련성을 또한 '형식적으로' '규범들'의 총괄개념으로, 즉 인간의 경험적 판단과 사고능력에 따르면 피조물의 모든 사건이 그것들에게 예속되어 있는 바로 그 규범들의 총괄개념으로 이해할 수 있다. 신학은 또한 이 표상과 그것의 상세한 부분에 대하여 어떤 책임을 질 수 없다. 그러나 우리는 가설적으로—비록 그리스도인이라 할지라도 실제로 이렇게 하기를 중지하지 않을 것이다.—소위 "깰 수 없는", 즉 소위 "빈틈이 없는", 즉 인간의 경험에 따르면 모든 사건 안에서 예외 없이 규칙적으로 드러나는 그 물리학적 법칙들이 존재하며 그 법칙들에 상응하게 형성된 사고의 법칙들이 존재한다는 것을 고려해 보자: 즉 더 높은 논리로 어쩌면 수학적 방식으로 객관적인 존재법칙들 및 운동법칙들의 체계로, 곧 그것 안에서 아마도 도덕적 자연법칙들과 같은 것이 역사적 사건의 규범으로서 자리를 차지할 수 있을 그런 체계로 요약하는 사고의 법칙들이 존재한다는 것을 고려해 보자. 성서적 사고에서는 이 표상이 저 총체적인 힘에 대한 표상과 마찬가지로 아무런 역할도 하지 않는다. 그러나 가설적으로 그것이 고려되지도 말아야 한다는 말인가? 사람들은, 이런 혹은 저런 규범, 그리고 아마도 또한 그러한 모든 규범들의 총괄개념도 유효하다고 말한다. 따라서 모든 개별적인 피조물의 사건에서는, 그것이 그러한 규범의 틀 안에서, 즉 법칙에 따라서 미리 결정된 진행과정으로서 전개되리라는 것이 전제될 수 있으며 기대될 수 있다는 것이다.

그러면 그렇다고 해두자.

영원하고 엄격한
위대한 법칙들에 따라서
우리 모두
우리 현존의
순환들을 완성해야만 하네.
(괴테, 1783)

만일 진상이 그렇다는 것을 받아들인다고 해도, 그러한 '법칙들'의 실제적인 유효성과 효력은 피조물의 사건을 앞서 결정하는 '하나님의' 활동과 '동일시'될 수 '없'다. 우리는 이것을 다음과 같은 방식으로 명백히 설명할 수 있다:

우리는 우선 그러한 동일시를 고려하여 참으로 최적의 전제와 함께 시작한다: 우리에게는 피조물이 발생시키는 모든 사건의 이런 혹은 저런 법칙만이 아니라 '법칙 자체'—즉 피조물 '전체의' 작용 관련성을 포괄하며 이 작용 관련성 내부에서 '각각의' 개별적인 사건을 파악하는 법칙이 정말 모든 의혹과 모든 예외를 완전히 배제하는 절대적인 확실성과 함께 알려져 있다는 것이다. 즉, 그것은 하나님이 그의 말씀에 의하여 우리에게 알려져 있듯이 그렇게 확실히 알려져 있으며, 만일 우리가 이 하나의 법칙은 참으로 역시 이런 혹은 저런 개별적인 피조물의 활동보다 '앞선' 결정을 의미한다고 주장한다면, 우리가 무엇을 말하고 있는지를 우리가 알고 있는 것과 같이 그렇게 명확히 알려져 있다는 것이다. 이 경우에 무엇이 '앞서 결정된 것'이라고 불릴 수 있을 것인가? 그래도 모든 개별적인 피조물의 활동은, 그것이 실제로 발생한다는 것을 전제로 한다면, 무슨 일이 있어도 이 법칙에 의하여 제시된 '규범'과 '질서'의 틀 안에서 진행되어야만 한다는 사실만은 명백하다. 이 최상의 경우에서도, 이 사건이 도대체 실제로 '발생'할 것'인지 아닌지', '언제' 그리고 '어디에서' 발생할 것인지는 '앞서 결정되어 있지 않'을 것이다. 효과적인 법칙은 '유효한' 법칙이다.—즉 특정한 사건의 형태와 질서에 관하여 유효한 법칙이며, 다만 그것일 뿐이다. 어떤 법칙도, 실제로 절대적으로 유효하며 이런 의미에서 절대적으로 효과적인 어떤 법칙도 그것 자체는, 피조물의 가장 미미한 사건조차도 실제로 '발생하게' 야기할 수 없다. 역시 피조물의 모든 사건을 포괄하고 파악하는 법칙도 그 일을 야기할 수 없다. 또한 그 법칙의 존재도 우리에게, 만일 우리가 스스로를 그것에 관련시킬 수 있다면, 다만 실제로 발생하는 사건의 '형태'와 '질서'에 대하여 미리 이루어진 결정만을 알릴 수 있을 것이다. 이 최상의 경우에도 어떤 다른 곳에서부터, 저 사건이 실제로—'만일' 그렇다면, '그 경우에' 이 법칙 안에서 예견된 형태와 질서 안에서!—'발생'하도록 배려되어야만 할 것이다. 따라서 최상의 경우에도 그러한 법칙의 개념은 다음의 사실을, 즉 그것에 적합하게 형성되었고 또한 형성되어야 하는, 정돈되었거나 혹은 정돈되어야 하는 작용 관련성이 다른 방법으로 영향받았으며 따라서 실제로 존재한다는 사실을 전제로 한다. '하나님의' 활동은 바로 역시 피조물의 활동 '자체', 즉 '그것 자체'를 대상으로 삼는 반면에, 그러한 법칙의 효력은 어쨌든 다만 피조물이 행하는 활동의 '형태'와 '질서'에 관해서만 '앞서' 결정하는 것이다. 따라서 이 법칙은 참으로 이 최상의 전제 아래에서도 하나님의 활동과 혼동될 수 없다.

그러나 '법칙' 개념이 표현할 수 있는 것과 '하나님의' 활동 사이의 비동일성은, 만일 우리가 방금 논의를 시작하였던 그 전제를 실제의 실상에 약간 접근시킨다면, 즉 적어도 약간 더 겸손하게 다음과 같이 가정한다면 더욱 첨예화된다: 즉 바로 피조물의 '모든' 사건을 지배하는 '그' 법칙 자체가 아니라, 피조물의 사건이 발생하는 특정한 영역들에 표준적인 '어떤' 법칙들이, 모든 의혹과 예외를 배제하는 확실성 안에서 그리고 다음과 같은 명확성 안에서, 곧 이런 혹은 저런 개별적인 피조물을 앞서 결정한 것의 본질은 이 특정한 법칙들의 효력에 있다고 주장하는 것을 책임질 수 있을 그러한 명확성 안에서, 우리에게 알려져 있다고 가정한다면 더욱 첨예화된다. 만일 우리가 '어떤' 법칙들을, 즉 '몇 가지' 그런 법칙들을 고려한다면—그렇게 할 경우에 진리를 더 정확히 알게 될 것이 명백하다.— 그 경우에 그것이 의미하는 것은 이것이다: 그 법칙들과 함께 주어진 예정, 즉 특정한 한 사건의 형태와 질서에 대한 예정도 피조물의 사건이 발생하는 그 '영역들'에, 곧 이 특별한 법칙들이 '표준'이 되는 바로 그 영역들에 '제한'

되며, 반면에 그 영역들을 둘러싸고 열려 있는 넓은 공간에서는 그 법칙들이 표준이 되지 않으며, 그곳에서는 그 법칙들이 거기에서 발생하는 사건의 형태와 질서에 관해서조차 예정하는 것으로서 논의될 수 없다. 따라서 하나님의 활동 개념은 또한 다음의 사실을 통해서도 그러한 법칙 개념과 구별된다: 하나님의 활동 영역은 물론 그렇게 제한되지 '않으며', 하나님의 활동 개념은 피조물의 특정한 활동 관련성들만이 아니라 피조물의 모든 그리고 각각의 활동 관련성들을, 그리고 유일한 관련성으로서 피조물의 활동을 포괄하고 파악한다. 여기에서 물론 더욱 겸손한 이 법칙 개념에서도 다른 비동일성이 감소되지 않고 존속한다: 그것의 영역에서는 아직 매우 유효하고 그 점에서 아직 매우 효력 있는 어떤 법칙도 그 영역 안에서 전제된 사건의 형태와 질서 이상의 것이 아니며, 이 사건 자체를 예정할 수 없다.

그런데 우리는 저 최상의 전제뿐만 아니라 더욱 겸손한 법칙 개념도 하나님의 활동과 비교하거나 혹은 심지어 동일시하기 위하여 실제로 여전히 너무 유리하게 공식화하였다. 우리는, 피조물이 일으키는 사건의 그러한 포괄적인 법칙이 혹은 역시 이런 또는 저런 특수한 법칙이 모든 의혹과 예외를 배제하는 절대적인 확실성과 함께 그리고 다음과 같은 명확성 안에서, 곧 이 포괄적인 법칙 혹은 그것의 영역 안에 있는 이 특수한 법칙을, 적어도 특수한 사건의 형식적 예정이라고 부르는 것을 책임질 수 있을 그러한 명확성 안에서 우리에게 '알려질' 수 있다는 것을 고려하였다. 그러나 만일 우리가 진지하게 그 사실을 고려한다면, 우리는 실제로 너무 무리하는 것이 될 것이다. 우리가 피조물이 일으키는 사건의 법칙 혹은 법칙들이라고 알고 있는 것은 인식론적 특성을 지니는 명제들이며, 그 명제들의 존재론적 내용을 위하여 우리는 어떤 담보물을, 즉 하나님의 활동과 동일한 모양을 그것들에게 할당할 수 있을 단계로 그것들을 끌어올릴 권리를 줄 바로 그런 담보물을 갖고 있지 않다. 최선의 경우에 그것들은, 성실하게 검증된 풍부한 경험들을 토대로 하여 그리고 우리의 사고가 지닌 가능성들을 성실하게 실현하면서 불가피한 것으로서 끈질기게 우리의 마음에 떠오른 명제들이다. 우리 자신이 그것들의 창시자들이며, 우리 자신이 그것들의 보증인들이다. 그것들을 "엄격한" 법칙들로, "위대한" 법칙들로 만드는 것은, 그것들을 만들어내고 보증하는 우리 인간이 지닌 인식의 정확성, 완전성, 논리적 철저성이며, 인식론적 명확성 및 확실성에 관한 최고의 척도, 곧 그것을 그것들에게 할당하는 것이 허락되고 제공된 것으로서 간주되는 바로 그 최고의 척도, 즉 신뢰성을 기준으로 그것들에게 배당되는 최고의 척도이다. 이런 의미에서 그것들이 "엄격"하며 "위대"하다면, 그것들을 실제로 유효한 것으로 그리고 그 점에서 모든 사건 안에서 효력 있는 것으로 간주하지 않을 이유는 없다. 그러나 또 한편으로는, 그것들을 참으로 바로 "영원한" 것인 양 내세울, 즉 그것들을 하나님의 법 혹은 법들과 비교하거나 심지어 동일시할 이유도 '없'다. 마치 그것들이 그것들의 영역에서 발생하는 모든 현실적인 사건에서 적어도 '형태'와 '질서'를 예정하기나 한 것처럼, 여기에서만 논의될 수 있는 역시 '제한된' 의미에서만 그렇게 행할 이유도 '없'다. 바로 어떤 법칙도, 하나님이 그의 말씀을 통하여 우리에게 알려진 바로 그 확실성 안에서 우리에게 알려지지 않았으며, 우리가 역시 다만 그것의 특정한 영역을 고려해서, 그것을 역시 다만, 바로 그 영역에서 실제로 발생하고 있는 사건을 형식적으로 예정하는 것인 양 내세울 책임을 질 수 있을 그런 명확성 안에서 알려지지도 않았다. 인식론적 확실성과 명확성이라는 최고의 척도도 우리에게 알려진, 즉 우리에 의하여 고안되고 보증된 법칙들에게 '존재론적' 법칙들이라는 특성을, 즉 그것들 안에서 '하나님의 법들'이, 따라서 적어도 '형식적' 관점에서 참으로 피조물의 사건을 '실제로' 예정한 것이 인식될 수 있을 '그' 특성을 제공하지 않는다.

 오히려 우리에게 알려진 법칙들은 명백히, 피조물의 사건에 관하여 우리가 지닌 경험의 테두리 안에서 그리고 우리의 사고 가능성들과 사고 필요성들의 테두리 안에서 다음의 사실을 확정하고 승인하려는 '시도들'이다: 그러한 존재론적 법칙들이 '있으며', 피조물이 일으키는 모든 사건의 예정된 형태와 질서가 '있다.' 우리에게 알려진 법칙들은 잘 논증된 '가설들'이다. 이 가설들을 토대로 우리는 계속되는 경험에 그리고 우리의 경험에 대한 계속되는 숙고에 어느 정도 준비를 하고, 즉 계속되는 신뢰할 만한 인식을 갖추고, 접근하게 될 것이다. 왜냐하면 이 가설들을 토대로 우리는, 우리에게 새롭게 발생할 피조물의 계속되는 모든 사건도 어떠한 경우에도 이런 혹은 저런 형태와 질서 안에서 진행될 것이라는 특정한 기대를 갖게 될 것이기 때문이다. 우리는 우리에게 알려진 법칙들의 효력에 대하여, 바로 다음의 사실들을 의식하게 될 것이라는 이유만으로도, '겸손하게' 생각하게 될 것이다: 그 법칙들은 결코 이 사건 자체를 불러일으키거나 야기할 수 없으며, 그것들은 오히려 그것들의 유효성이라는 전제 아래에서도, 이 사건이 전혀 다른 활동을 토대로 실제로 발생하고 있다는 사실에 의존하고 있다. 그러나 우리는 역시, 우리에게 알려진 법칙들의 내용과 공식화된 표현을 개정하기 위하여 그것들을 열어두는 것을 거부하지 않을 것이다. 바로, '실제의' 새로운 사건과 우리의 만남으로부터, 즉 그 사건과 이미 알려진 법칙들의 대결로부터, 결과적으로 그 개정이 필수적인 것으로 밝혀질 수 있을 것이다. 바로, 그것들이 우리에게 실제의 형태와 질서, 즉 실제의 사건 자체에 객관적으로 내재하는 독특한 형태와 질서의 방향을 보여주는 화살표로 될 것이기 때문에, 그것들은 우리에게 결코 절대적인 교의들로 되지는 않을 것이며, 그것들은 우리의 환상 안에서 바로 존재적 법칙들의 특성을, 즉 어떤 한 사건의 '형태'와 '질서'만이라도 '미리' 결정하는 것들이라는 특성을 결코 획득할 수 없을 것이다. 피조물의 실존의 작용 관련성이 그것의 형태와 질서와 관련하여 굴복하고 있는 법칙들을 고려하므로, 적어도 이 법칙들 가운데 몇 가지를 인식한다고, 즉 진술하고 정의내릴 수 있다고 생각하므로, 우리는 다음과 같이 승인하고 선언한다.—창조자의 입장에서가 아니라, 스스로 피조물의 입장으로부터 출발하여: 모든 개별적인 사건이 야기되는 작용 관련성 안에는 불가피한 '형태'와 '질서'가 '있다.' 거기에는 우연이 아니라 '지속성'이, 자의(恣意)가 아니라 '성실'이 지배하고 있다. 거기에는 모든 사건이—그러한 사건이 일어날 경우에는—특정한 '규칙'의 틀 안에서 일어난다.

그러나 우리가 우리에게 알려진 법칙들 가운데 단 하나라도, 생각할 수 있는 가장 큰 명확성과 확실성을 지니고 그것을 인식했다고 할지라도, 이 작용 관련성 안에서 '직접' 지배하고 있는 '그' 형태와 질서와, '그' 지속성 및 성실과, 그리고 '거기에서' 모든 사건이 따라야만 하는 '그' 규칙과 동일시하는 것을 더욱 세심하게 주의를 기울여 중단하면 할수록, 우리는 이것을 더욱더 진지하게 승인할 것이며, 더욱더 믿을 만하게 선언할 것이다. 다만 그 동일시하는 것을 중단함으로써만, 우리는, 우리에 의하여 인식되고, 진술되고, 공식화된 법칙들로 우리는 '실제의' 법칙을 암시한다는 사실을 증명한다: 즉 우리의 경험과 사고 안에서만이 아니라 실제의 사건 '자체' 안에서 객관적으로 발생하며, 그 경우에 또한 실제 사건의 형태를 만들고 질서를 세울 뿐만 아니라 동시에 직접 그 사건을 야기하고 불러내는 바로 '그' 형태를 만들고 질서를 세우는 것을 암시한다는 사실을 증명한다. 매우 진기한 것은 이것이다: 우리가, 우리에게 알려진 법칙들이 피조물의 실제 사건을 본래 예정한 것과 다소 관계 있다는 견해를 덜 가질수록, 그 법칙들은 실제로 그것과 더 관계 '있으며', 그것들은 그것들에게 어울리는 명확성과 확실성 안에서, 즉 인식론적 명확성과 확실성 안에서 더욱더 분명하게 다음의 내용을 증언한다: 그곳에서 법칙들이 '유효하며', 그곳에서 (작용 관련성 안에서, 즉 그것 안에서 모든 개별적인 활동이 그것의 장소를 지니며, 그것을 통해서 그 활동이 야기된 그 관련성 안에서) '유일한' 법칙이—이제 괴테의 표현이 정당성을 획득할지도 모른다.—즉 '영원한' 법칙이 '지배하고 있다.' 이 법칙은 바로 형태와 질서를 규정하는 하나의 법칙일 뿐만 아니라 또한 그것 자체가 역시 법칙 자체, 즉 실존과 삶과 활동 자체를 세우는 규정, 즉 '하나님'의 예정이기 때문에, 어떤 사건도 그것을 회피할 수 없으며, 그것에 따라서 우리는 우리의 현존의 모든 순환들(Kreise)을 완성하지 않으면 안 되는(müssen), 아니, 완성하도록 허락되는(dürfen) 것이다.

이 하나님의 예정은 우리의 모든 법칙 개념들이 굴복하는 그 제한들에 굴복하지 않는다. 그것은 형태와 질서에만 관련되지 않는다. 그것은 또한 특정한 영역에만 관련되지도 않는다. 그것은 또한 인식론적 특성만을 지니지도 않는다. 우리의 제한된 법칙 개념들은, 자유롭고 바르게 이해되고 사용된다면, 우리에게 하나님의 예정을 증언하는 증인들이 될 수 있다. 그것들이 자유롭고 바르게 이해되지 않고 또 그렇게 사용되지 않을 경우에도 확실히, 그것들은 의도하지 않게 하나님의 예정을 증언한다. 그러나 마치 우리의 법칙 개념들을 토대로 피조물이 일으키는 사건의 형태와 질서를 고려하여 우리가 기대해야 한다고 여기는 것이 다만 그 사건에 대한 하나님의 예정이거나 한 것처럼, 하나님의 예정은 우리의 '법칙 개념들'로부터 출발하여 해석될 수 있으리라는 것은 말도 안 된다. 우리가 하나님의 예정을, 즉 그가 활동하는 것, 그가 형태를 만드는 것, 그가 질서를 세우는 것을, 우리가 피조물이 일으키는 사건의 형식과 질서와 규칙으로서 인식하고 진술하고 정의를 내릴 수 있는 그것에 '제한되는' 것으로 생각해도 좋으리라는 것은 논의될 수 없다.

그러므로 우리에게 알려진 법칙의 이름으로도 자주적으로 통치하는 어떤 '주체'가 하나님과 피조물의 개별적 사건 사이로 끼어들어서는 안 되며, 법칙의 개념도, 마치 그 개념에서 우리가, 실제로 지배하고 있는 하나님의 대리인이나 대리통치자와 관계하고 있기나 한 듯이, 그렇게 실체화되어서는 안 된다. 여기에서도 우리는 간접적으로만 하나님 앞에, 그러나 직접적으로는 여러 가지의 유효한 자연법칙들, 정신법칙들, 삶의 법칙들에 앞에 마주 서 있는 것이 아니다. 오히려 여기에서도 바로 정반대로, 즉 우리는 '직접적으로' '하나님'과, 그리고 이 '법칙들'과는, 그것들이 우리에게 알려진 만큼, '간접적으로'만 관계하고 있는 것이다. 하나님 스스로가 모든 사건의 '유일한' 법칙('das' Gesetz)이다. 우리가 법칙으로서 인식하는 것은, 우리가 이 '유일한' 법칙을, 즉 하나님을 기억하게 할 수밖에 없다. 그는 피조물의 모든 활동을 그의 의지와 그의 사역을 통하여 예정하면서, 또한 그것의 형태를 만들고 질서를 세운다. 이렇게 그가 형태를 만들고 질서를 세우는 것은 물론 빈틈없고 깨뜨릴 수 없으며, 최고의 지속성과 연속성을 표현하는 총괄개념이다. 그러나 그가 바로 형태를 만들고 질서를 세우는 것은 우리에게 알려진 법칙들과 동일하지 않으며, 오히려 그의 고유한 기쁨에서 비롯된 자유로운 관리 및 지배와 동일하다. 여기에서 그가 피조물의 사건을 지배하는 실제의 법칙, 즉 존재론적 법칙을 깨뜨린다거나 심지어 폐지한다는 것은 물론 배제된다: 그런 일이 발생한다면 그것은, 그가 그의 의지와 활동에서 자기 자신과 일치하지 않는다는 것을 의미할 것이다. 그렇지만 우리는, 경우에 따라서는 그가 '우리에게' 알려진 법칙들, 즉 피조물의 사건을 지배하는 존재론적 법칙들에 대한 우리들의 '이해'를 고려하지 않고 무시하는 것을 인정하지 않으면 안 될 것이다. 그 경우에도 그는 무질서의 하나님으로서가 아니라, '그의' 질서를 세우는 하나님으로서 행동하며, 그는, 우리 인간의 질서 개념들에—우리가 그것들을 에워싸고 있다고 여기는 인식론적 확실성과 명확성이 아무리 클지라도—결코 속박되지 않는다는 점에서도, 피조물의 사건보다 앞서서 간다. 그가 피조물의 사건보다 앞서 가기 때문에 우리에게 알려진 질서 개념들의 범위와 관점에서 그의 행위를 나중에 이해하는 것이 불가능하다는 것은, 물론 결코 그럴 리 없음에 틀림없다. 그러므로 우리는 그의 예정하는 활동을 언제나 다만 "초자연적이며 반(反)자연적인" 활동으로 이해할 수밖에 없다는 것은, 전적으로 그럴 리는 없음에 '틀림없다'(muß). 그러나 전적으로 '역시 그래도' '된다'(darf). 만일 우리의 질서 개념들이 그가 형태를 만들고 질서를 세우는 것을 이해하기에는 참으로 정말 불충분한 것으로 증명된다면, 흥분할 이유가 없다. 만일 특히, 은혜의 계약에서 비롯된 역사를 증언할 때 ― 그리고 우리가 이 역사의 중심에 접근하면 할수록, 그곳에서 더욱더 ― '기적들'에 관해서도 논의된다면, 따라서 만일 순수하게 역사적인 고찰이, 즉 우리의 질서 개념 위에 세워진 고찰이 그곳에서 불가능한 것으로 증명된다면, 놀랄 이유가 없다. 구약성서에서 하나님의 아들의 도래가 확실하게 예고되면 될수록, 신약성서에서 그의 계시가 직접적으로 증언되면 될수록, 선입견 없는 독자에게는 다음의 사실이 더욱더 자연스러운 것으로 보인다: 거기에서는, 다만 "초자연적이며 반자연적인" 활동으로만 이해될 수 있는 사건들, 즉 우리들의 질서 개념들이 참으로 정말 그것에는 미치지 못하는, 하나님이 형태를 만들고 질서를 세우는 것으로서만 이해될 수 있는 사건들이 논의되어야만 한다. 또한 모든 시대의 마지막에 하나님의 아들이 드러나는 최종적인 계시도 그런 사건이 될 것이다. 그러나 모든 시대의 시작인 하늘과 땅의 창조가 이미 그런 사건이었다. 우리는 다만 다음의 사실을 분명히 이해해야 한다: 바로 그런 사건들 안에서는 "놀라운" 예외가 아니라, 하나님의 활동 규칙이, 즉 하나님의 자유롭고 선한 의지 자체가, 즉 우리의 법칙 개념들에서 '생각되었던 것'인 바로 그 법칙이 밝혀진다. 여기에서 그래도 우리는, 우리의 모든 법칙 개념들로는 그 법칙을 그야말로 다만 '생각'할 수 있을 뿐이라는 사실에 대하여 명백히 이해하고 있어야만 한다.

　　요약하면, 피조물의 사건을 하나님이 예정하는 것은 언제나 어디에서나, 그 예정과 병행하여 그리고 그 예정 밖에서 고려될 수 있을 모든 예정들과 모든 결정들의 '앞'에서 그리고 '위쪽에서' 발생한다. 그것은 피조물들의 자기결정에 의하여 야기되지 않으며, 제한되지 않는다. 그것은 역시, 우주의 활동하는 총체적 힘 및 효력 있는 법칙들이라는 표상들로부터 결과적으로 나타나는 것으로 여겨지는, 피조물의 사건을 결정하는 예정들에 의하여 배제되거나 대체되지 않는다. 그것은 이 모든 예정들을 '포괄한다.' 그것은 그것들을 폐지하지는 않으나, 그것들을 '상대화한다.' 그것만이 진정한 예정, 곧 선(先) 결정(Prädetermination)이다. 그것만이 '직접적으로' 작용한다. 그러므로 그것은 '무조건적'이며, '저항할 수 없는' 것이다.

　　다음과 같은 우리의 출발점을 주목할 경우에, 이 명제는 '의미 있는' 것이다: 우리는 '자비로운' 하나님의 활동에 관하여 ― 즉 피조물 자체의 고유한 명예와 구원을 위하여 영원한 사랑 안에서 그의 피조물에게 관심을 기울였던 바로 그 하나님의 활동에 관하여 논의하고 있다. 이 하나님의 예정하는 활동은 "그 자체로는" 그의 피조물에 대한 폭력행사나 품위박탈, 혹은 무력화(無力化)가 아니다. 다만 전능과 최고의 원인에 지나지 않을 어떤 신의 활동으로부터는 아마 그런 일이 추측될 수도 있을 것이다. '이' 하나님에게서는 바로 그 반대의 것이 추측될 수 있을 뿐만 아니라, 확실하게 기대되고 고백될 수 있다. 예수 그리스도 안에서 스스로가 피조물로 되었던 하나님, 오직 스스로가 완전히 그의 피조물에 봉사하기 위하여 그의 피조물이 온전히 그에게 봉사하게 하는 하나님—이 하나님은 그의 위대함을 그의 피조물을 억압하는 것에서 찾지 않는다. 그의 통치는 무조건적이며 저항할 수 없는 것이므로, 그는 피조물의 부자유와 무기력함에서 승리감을 느끼지 않는다. 그는, 모든 것 안에서 모든 것을 행하면서, 홀로 활동하지 않는다. 바로 그의 나라에는 제2의 통치자, 대리인, 대리통치자가 없으며, 가장 작은 것도 가장 큰 것도 직접 하나님으로부터 존재하며, 가장 큰 것도 가장 작은 것도 그것의 방식으로 공간을 지니며, 모든 것이 정당한 권리를 보장받도록 허용되며, 모든 것이 또한 그것의 자유 안에서 실존하도록 허용된다. 어떻게 바로 다음의 사실보다 더 잘 그것의 자유를 배려할 수 있겠는가!: 모든 것에 대한 하나님의—바로 '이' 하나님의!—자유는 무조건적이고 저항할 수 없는 자유이며, 하나님이 그의 은혜 안에서 그것에게 제공하기를 원하는 유일하고 진정한 자유와는 다른 모든 자유는 물론 피조물로부터 근본적으로 박탈된다. 우리가 살고 움직이고 존재하는 것은—결코 그의 곁 어떤 곳에서가 아니라—바로 '그'의 안에서이다: 즉 우리의 자기 결정을 토대로 해서가 아니며, 우리를 지배하고 있는 그 어떤 힘의 영역이나 그 어떤 규범체계의 결정을 토대로 해서가 아니다. 예수 그리스도의 아버지인 홀로 자유로운 하나님이, 그 이름에 걸맞은 모든 자유의 창조주이며 토대이다. 피조물이 바로 이 하나님에 대하여 완전히 혹은 부분적으로만이라도 "비종속적"일 수 있다는 사실에, 혹은 피조물이 그에게 의지하는 대신에 어떤 힘의 영역이나 규범체계에 의지해야 한다는 사실에 자유의 본질이 있다면, 그것은 우스운 자유, 모호한 자유, 그것의 이름에 전혀 걸맞지 않은 자유일 것이다!

그러나 명백한 것은 이것이다: 우리가 이 출발점을 흔들림 없이 주목할 경우에, 하나님의 통치가 지니는 무조건성과 저항 불가능성에 대한 인식이 의미 있게 될 뿐만 아니라, 또한 '필요하게' 된다. "제1 원인" 개념이 그리스도교의 내용으로 채워져 있지 않는 한, "제1 원인"과 "제2 원인"의 독자성 사이의 관계, 그리고 그것과 우주의 힘 혹은 우주의 법칙이라는 매개 개념들 사이의 관계에 대하여 우리는, 관계되는 신학적 형이상학자의 경향과 역량에 따라서 이렇게 혹은 저렇게 생각할 수 있다. 그 경우에 선결정은 더 엄격하게 혹은 더 느슨하게, 더 직접적으로 혹은 더 간접적으로, 즉 칼빈주의 방식으로 혹은 가톨릭 방식으로 혹은 루터파 방식으로 혹은 아르미니우스 방식으로 이해될 수 있다. 그 경우에 어떤 결단에 이를 수 없다. 그러나 만일 우리가 다름 아니라 '예수 그리스도의 아버지'인 하나님이 만물을 지배하는 주님이라는 사실을 알고 숙고한다면, 만일 우리가 '그의' 위엄, '그의' 전능함, '그의' 성실함과 영속성을 염두에 둔다면, 물론 특정한 노선 위에서 결단에 이를 수 있다. 이 하나님은 한순간도 그리고 어떤 점에서도 그의 피조물에서 손을 떼지 '않으며' 피조물을 포기하지 '않는다.' 이 하나님은 자기 자신을 희롱하도록 허용하지 않으며, 그를 조롱하도록 허용하지 않는다. 이 하나님은 그의 피조물에 대한 그의 관계를 그 '자신의' 손에 넣었으므로, 대리인이나 대리통치자가 필요 없다. 이 하나님은 그의 성령을 통하여 언제나 그리고 어디에서나 그의 피조물에게 '직접적으로' 현존한다. 이 하나님은 피조물에 대하여, 가톨릭의, 루터파의, 아르미니우스파의 교의에서 피조물을 위하여 준비된 그 깨어진(gebrocken) 관계 안에 서 있을 수 없다. '이' 하나님의 활동은, '칼빈주의의' 교의에 서술된 것처럼 그렇게 주권을 지닌 활동이다. '이' 하나님의 활동은 엄격한 의미에서 예정하는 활동이다. 주요 관심사는 '이' 하나님의 예정하는 활동이라는 사실이 초기 칼빈주의의 교의에서 명료하게 되기만 했더라면 좋을 텐데! 이 명료함이 회복되지 않고는, 확실히 우리는 감히 이 교의에 우선권을 제공할 용기가 없을 것이다. 우리가 이 명료함을 회복한 후에는, 물론 우리는 이 교의에 무조건적으로 우선권을 제공할 수 있을 것이다.

우리는 이제 여기에서 필요한 두 번째 명제로, 즉 옛 교의학에서 교의 전체에 그 이름을 붙였던 그 특징적인 매개명제(Mittelsatz)로 눈을 돌리자: 하나님의 활동은 그의 피조물의 활동과 '동행한다': "그것은 함께 뛰어간다."(concurrit)

이 "함께 뛰어간다"는 표현과, 우리가 지금까지 논의한 "앞서서 뛰어간다"는 표현 사이의 차이는 물론 내용상의 차이가 아니라 개념상의 차이이다. 우리는, 과거에 존재했고 지금 존재하며 앞으로도 존재할 그 하나님, 현실적인 모든 사건보다 언제나 동시에 앞서고 동행하며 뒤따르는 그 하나님의 활동을 화제로 삼고 있다. 그러나 바로 이렇게 풍부한 하나님의 활동은 역시 피조물의 활동에 대한 관계를 고려하여 전개되는 것임에 틀림없다. 그러므로 우리의 주요관심사는 하나님의 예정하는 활동 곁에 이제 하나님의 다른 제2의 활동을 나란히 세우는 것이 아니다. 그것은 유일하며 분리될 수 없는 활동이다. 우리가 그것의 특성을 예정이라는 관점 아래에서 확증한 것은 완전한 효력을 지니고 있으며, 그것이 다만 다른 형태로 다시 인식되고 한 번 더 언급될 수 있을 뿐이다. 그러나 바로 예정하는 하나님의 활동 자체가 역시 피조물의 활동과 '동행'하는 특성도 지니고 있다.—이제는 "동행"이라는 말이 가장 생생하고 가장 가까운 의미에서 이해되고 있다: 하나님의 활동은 피조물의 활동 곁에서도 함께 하고 있다. 피조물이 시간 안에서 활동하는 동안에, 그 활동과 "동시에" 또한 영원한 하나님이 활동하고 있으며, 그의 활동이 완전한 주권과 우세함을 지니고 있다. "하나님의 동행"은 또한 "동시적인 동행"이다.

그것에 덧붙여 언급되어야 하는 첫 번째 말은, 우리가 지금까지 언급한 내용으로부터 출발할 때 이것이어야만 한다: 하나님은 피조물의 활동을 '야기한다.' 즉, '그가' 피조물의 사건 자체의 살아 있는 토대이며, '그가' 역시 그 사건의 형태와 질서의 살아 있는 토대이다. 그 사건이 발생한다는 사실과 그 사건이 발생하는 방식(wie)은 '그'로부터 유래하며, '그'에 의하여 그렇게 결정된 것이며, '그'에 의하여 지금 바로 그렇게 발생된 것이다. '그' 하나님의 예정이 바로 지금 효력을 발휘하는 것이다. 그가 피조물을 잃어버릴 수 없으며, 또한 피조물이 그로부터 도망칠 수도 없다. 왜냐하면 바로 주권적이며 전능한 하나님이, 즉 과거에 존재했으며 지금도 존재하는 그 하나님이 역시 바로 지금도, 이런 혹은 저런 사건이 발생하는 시점에도, 그런 하나님으로서 살아 있기 때문이다: 즉 그것 위에서 떠돌아다니는 이념으로서가 아니라, 한가한 구경꾼으로서가 아니라, 행동하는 하나님으로서, 그의 의지에 충실하며 그의 의지를 실행하는 주님으로서 살아 있기 때문이다. 피조물이 그것 안에 그 어떤 동반자를 지니는 것이 아니라, '하나님'이 그것과 '함께' 존재한다. 우리는 이 "임마누엘"을, 즉 그것의 의미와 요점(Spitze)이 물론 은혜의 계약에서 비롯된 역사 안에서 비로소 밝혀지는 이 임마누엘을, 하나님의 섭리가 보편적으로 지배하는 것을 이해하기 위해서라도 아무리 진지하게 받아들여도 충분한 것이 아니다: "하나님이 우리와 함께"—역시 참으로 피조물인 우리 자신과 함께—있다는 사실이 의미하는 것은 이것이다: 그가 주권을 지닌 전능한 주님으로서 함께 하며, 그의 활동이 우리의 고유한 활동을 그것의 가장 은밀한 깊이들에 이르기까지, 그것의 가장 직접적인 근원들에 이르기까지 결정하며, 우리가 활동하는 동안에, 언제나 무슨 일이 있어도 우리는 그의 결단 아래에서 활동한다. 그가 우리와 함께한다는 것은, 그가 예정하면서 우리보다 앞서서 있었듯이, 그는 통치하면서 우리 '위에' 있다는 것을 뜻한다. 구원하고 은혜를 베풀 결의, 즉 그것이 없었다면 하늘과 땅이 존재하지 않았을 그 결의, 즉 그것의 실행을 위하여 그가 하늘과 땅을 창조하였던 그 결의를 집행하면서, 하나님은 멈추지 않으며 쉬지도 않고, 휴식을 취하지도 않으며, 빈틈을 열어 두지도 않는 것이 확실하듯이, 그렇게 이 모든 것이 확실하다! 그러므로 만물과 모든 사건이 그의 이 최종 목적에 헌신해야만 하듯이, 그렇게 이 모든 것이 확실하다!

이 첫 번째 통찰에서 얻는 결론의 핵심은, 우리는 하나님의 활동과 그의 피조물이 행하는 활동을 '동일한 단 하나의'(eine einzige) 행위로 이해해야만 한다는 것이다. 우리는 이미 "동행" 개념의 한계에 대하여 주의를 환기시켰다. 만일 주님인 하나님이 그의 피조물과 동행한다면, 그것은 과연—단 한 번의 예외가 있지만—창조주 자신이 피조물로 된다는 것을 의미하지는 않으며, 하물며 정반대의 경우를 의미하는 것은 당치도 않기는 하다.(저 하나의, 즉 단 한 번의 예외가 발생한 경우에도 우리는, 피조물이 창조주로 되었다고 말할 수 없듯이) 그러나 만일 주님인 하나님이 그의 피조물과 동행한다면, 그것이 의미하는 것은 물론 이것이다: 그는 그의 피조물의 활동에 현존하므로—즉 그렇게 주권적으로 그리고 전능하게 현존하므로—바로 피조물의 활동의 '안'에서, 그 활동과 '함께', 그 활동 '위에서' 그의 고유한 활동이 일어난다. 그 자신이 모세와 다윗이 행하는 것을 행한다. 그의 예언자가 말할 때, 그 자신이, 곧 야웨가 시온으로부터 호통을 친다. 앗시리아인들이 사마리아를 점령하고 바빌로니아인들이 예루살렘을 점령할 때, 하나님 자신이 심판한다. 바울이 그의 교회들에게 서신을 쓸 때에, 하나님 자신이 그의 교회들에게 말한다. 그리고 여기에서 구약성서와 신약성서의 증언에 따르면 구원사와 일반적인 세계사 사이에는 전혀 차이가 없다: 하늘과 땅, 태양과 비, 번개와 천둥이 행하는 것을 그 자신이 행한다. 그러므로 하나님의 지배에서 우리는 무엇보다도 먼저 피조물의 사건과 관계하며 그 다음에—그것 위나 그것 뒤의 어느 곳에서, 그러나 그것과는 다른, 은폐된 의미내용과 관계하는 것처럼—또한 역시, 하나님 자신에 의하여 집행된 사건과 관계해야 하는 것이 아니다. 따라서 두 평행선이라는 수학적 관념은 "하나님의 동행"을 묘사하기에는 적합하지 '않'을 것이다. 오히려 하나님이 행동함으로써, 피조물의 사건들이 발생한다. 그가 피조물의 무대에 등장함으로써—그리고 그는 이 무대에 등장하는 것을 중지하지 않으며, 바람에 흔들리는 각각의 이파리들의 각각의 움직임에서도 그는 그렇게 한다.—피조물의 크고 작은 모든 사건 안에서 직접 '그의' 뜻이 이루어지며, '그의' 결단들이 내려지고 실행된다. 만일 그가 이 살아 있는 하나님이 아니라면, 만일 그가 현존하지 않거나 활동하지 않거나 다만 부분적으로 활동하거나 혹은 다만 제한적으로 활동하는 단 하나의 사각(死角) 지점(toter Punkt)만이라도 존재한다면, 그는 하나님이 아닐 것이다. 땅은 그의 것이며 그 안에 있는 모든 것이(게다가 모든 하늘들도) 그의 것이라는 사실은, 언제까지나 직접적으로 실현된다.

이미 토마스(Thomas von Aquino)가 바로 이런 의미에서 그리고 이사야 26:12를 인용하면서 "협력"에 관한 명제를 주장하였다. "하나님이 사물들 안에서 활동한다는 것은, 그럼에도 불구하고 사물들 자체가 그것들의 고유한 효력을 지니고 있다는 식으로 이해되어야 한다."(*S. theol.* I, qu. 105, art. 5c) 그는 덧붙여 스스로 다음과 같은 질문들을 제기하였고 스스로 대답하였다: 여기에 쓸모없는 중복된 내용이 제시되어 있는 것은 아닌가? 하나님의 활동만으로 충분하지 않을까? 따라서 피조물의 활동은 불필요한 것 아닐까?(vid. 1) 이 질문들에 대한 대답은 다음과 같다: "제1 작용자"의 활동으로서 하나님의 활동은 사실상 완전히 충분하다; 그러나 그것이 "제2 작용자"자체의 활동을 불필요한 것으로 만들지는 않는다.(ad 1) 그리고 게다가 이런 질문도 제기되었다: 도대체 두 활동 주체들에 의하여 행하여지는 활동이 동시에 동일한 활동일 수 있는가?(vid. 2) 그것에 대한 대답은 이렇다: 만일 이 두 활동 주체들이 동일한 질서에 속해 있다면, 그것은 물론 불가능할 것이다; 그러나 만일 하나는 "제1 작용자"이고 다른 하나는 "제2 작용자"라면, 그것은 불가능하지 않다.(ad 2) 두 대답의 적절성은 명백하게 다음의 사실에 달려 있다: "제1 작용자"와 "제2 작용자"사이의 차이는, 두 주체들이 서로 '비교될 수 없으며', 각기 다른, 즉 전혀 다른 질서에 속하며, 역시 상위질서와 하위질서라는 필요한 '관계' 안에서 마주 서 있는 그런 차이이다. 그 경우에, 오직 그 경우에만 상위질서의 활동은 하위질서의 활동과 동행할 수 있으며, 상위질서의 활동과 나란히 하위질서의 활동을 위한 공간과 권리가 존재한다. 이 관계 안에서 서로에 대하여 마주 보고 있는, 따라서 그들 사이에 이미 서술한 "협력"이 가능한 두

2. 하나님의 동행하기　189

주체들이 존재하는가? 토마스는 "제1 작용자"와 "제2 작용자"를, 마치 이 두 주체들이 존재하거나 하는 것처럼, 그렇게 정의하였다. 그러나 여기에서 정의하는 것으로 충분한가? 안전한 방법은 틀림없이, 하나님의 말씀에 의하여 계시된 창조주와 피조물의 관계를, 즉 은혜로운 창조주와 그의 은혜를 받아들이는 피조물 사이의 관계를 참조하도록 지시하는 것이었을 것이다. 여기에서는 두 가지가, 즉 비교 불가능성 '과' 관계가 명확하며, 그리고 여기에서는 "협력"이, 즉 하나님과 피조물의 동시적인 활동이 가능할 뿐만 아니라, 꼭 필요하다. 토마스는 이 방법을 선택하지 않았으며, 그것이 그의 논증이 궁극적인 불확실성을 피하지 못했던 이유이다.

　하나님의 행동과 피조물의 행동의 동일성에 대하여, 크벤슈테트(A. Quenstedt, *Theol. did. pol.*, 1685, I, 13, sect. 2, qu. 3, ekth. 13)는 맨 먼저 논쟁의 여지가 없이 다음과 같이 언급하였다: "참으로 하나님의 영향력은 하나의 행동이며 피조물의 활동은 다른 행동인 것이 아니라, 오히려 그것은 단 하나의 분리될 수 없는 행동, 즉 양쪽을 바라보며, 양쪽에, 즉 총체적 원인인 하나님과 부분적 원인인 피조물에 좌우되는 행동이다." 그가 계속하여 다음과 같이 언급할 때에, 우리는 역시 기쁘게 경청한다: 이 하나의 행동은 필기하는 행동, 즉 일부는 손에 의하여 그리고 일부는 펜에 의하여 실행되는 것이 아니라, 역시 완전히 손에 의하여 그리고 완전히 펜에 의하여 실행되는 필기하는 활동과 같다. 만일 우리가 그 비유에 그리고 모든 비유에 달라붙어 있는 몇 가지 약점들을 무시한다면, 바로 그 비유는 그래도 참으로 다음과 같은 설명을 가능하게 한다: 필기하는 행동에서 손 전체가 이끌며 펜은 온전히 이끌어지듯이, 피조물의 활동과 일치하는 하나님의 활동이 그렇게 통치하고, 그렇게 지배하며, 피조물 쪽에서는 그렇게 순응하는 것이 논의될 수밖에 없다. 그런데 이렇게 말하는 것은 루터파인 크벤슈테트의 의도가 아니었으며, 오히려 진기하게도 그는 그 비유를 다음과 같이 해석한다: "'이렇게 하나님의 동행은' '인과관계에 고유한 우위 때문에' 피조물의 행동에 대하여 '우위를 소유하고 있는 것은 아니다.' 왜냐하면 그것은 사실상 동일한 행동이기 때문이다. '하나님이 그리고 아주 똑같이 제2 원인이 그 작용 전체를 야기'하는데, 이것은 하나님의 외적인 행동을 통하여 발생하며, 그 행동은 가장 깊은 내면에서는 피조물의 행동 안에 포함되어 있으며, 더구나 피조물의 행동과 동일한 행동이다." 그러므로 손과 펜의 비유에서 그의 관심을 불러일으키는 것은 다만 일치일 뿐이며, 이 두 활동 주체들의 행동의 일치 안에서 그래도 눈에 띄는 상이성이 결코 아니다: 즉 뒤바꿀 수 없는 독자적인 특징을 지니고 손과 펜이 함께 동일한 것을 행한다는 것이 아니라, 다만 손과 펜이 협력한다는 그 사실만이 그의 관심을 불러일으키고 있다. 여기에 위험한 경향성이 위협하고 있다. "하나님의 동행"과 피조물의 활동이 단 하나의 행동으로 이해되어야 한다는 명제에 대한 '정당한' 관심의 본질은 다음의 사실을 강조하는 것에 있을 수밖에 없을 것이다: 하나님은 아주 강력하게 통치하면서 피조물의 사건과 동행하므로, 피조물의 사건 자체는 단순히 그리고 직접적으로 그의 의지를 집행하기 위한 것으로 되며, 따라서 하나님의 활동과 동일하게 된다. 바로 이것이, 손과 펜이라는 비유를 무리 없이 설명하는 형태로 표명되어야만 했던 내용이다. 그러나 크벤슈테트의 관심은—우리는 실제로, 그가 어떤 신학적 정당성을 갖고 그렇게 하는지를 알지 못한다.—(손과 펜하고는 전혀 다른!) 하나님과 피조물이 소위 '동일한' 방식으로, 즉 하나님 쪽에서는 "인과관계의 우위" 없이, 관여하고 있는 그 "동일한 행동" 자체로 향하고 있다. 그리고 그 행동은 결국, 하나님의 "외적인" 행동이 은밀하게 피조물의 행동 안으로 "포함되며", 통합된다는 식으로 서술된다. 여기에서 직접적으로 '위협하고 있는' 것은 바로 '방향 바꾸기'이다: 즉 하나님이 피조물과 "동행"하는 것을 피조물이 하나님과 "동행"하는 것과 똑같이 이해할 가능성이다. 그러나 만일 우리가 하나님과 세계에 대한 터무니없는 사색에 빠지기를 원하지 않는다면, 바로 이런 방향 바꾸기는 금지되어 있어야만 하며, 이 협력에서, 즉 이 하나의 행동에서 '누가' '주님'이고, 누가 주님이 '아닌지'가 언제나 명백해야만 한다. 바로 '하나님'이 피조물의 활동을 야기하였으며, 그 활동과 함께 그리고 그 활동 안에서 그 자신이 지금 강력하게 통치하면서 활동하고 있다. 또한, 그가 지금 피조물의 활동과 함께 그리고 그 활동 안에서 활동함으로써, '그'가 '그것'의 활동을 결정한다. 뒤바뀌어진 것을 말하는 것은, 비록 아무리 그 활동의 일치를 강하게 강조한다고 할지라도, 명백히 신성모독일 것이다. 바로 그렇기 때문에 여기에서 "인과관계의 우위"는 결코 부정되어서는 '안 된다.' 우리는 오히려 이 행동의 일치를 엄밀하게 말하면 (예수 그리스도 안에서 두 본성들이 일치하는 것처럼 바로 그렇게) 언제나 다만 '하나님의' 주체적 행동을 고려해서만 주장할 것이며, 오직 '그'로부터만 인식하고 이해할 것이다. 그러므로 우리가 그 일치로부터, 하나님의 활동과 일치하여 발생하고 있으며 하나님의 활동을 포함하고 있는 피조물의 활동에 관한 어떤 추상적인 명제들도 이끌어내어서는 안 될 것이다. 그것으로부터 우리는 자연과 역사의 일반적인 사건 안에 있는 은밀한 하나님의 활동에 관한 추상적 표상을 추론해서는 안 될 것이다. 그렇지 않으면 우리는 갑자기 ― 이것이 "동행"에 대한 루터파의 이해가 지닌 위험한 경향성이었으며, 이 경향성은 하여튼 루터파의 그리스도론과 성만찬론의 견지에서 위협하고 있었다. ― 헤겔의 변증법 한복판에, 즉 그 안에서는 위와 아래, "이전"과 "이후", 하나님과 피조물 사이의 모든 형태의 방향들을 바꾸는 것이 가능하게 되는 그 변증법의 한복판에 있게 된다. 우리는 저 행동의 일치를 고려하여 언제나 다만 '하나님'에게 명예를 돌리기를 원할 수 있으나, 피조물에게도 '동일한' 방식으로 명예를 돌리기를 원할 수는 '없다'. 크벤슈테트의 진술에서 정말 부정되고 있는 것이 바로 이것이며, 루터파의 신학도 저 방향 바꾸기에 대하여 안전장치를 제공하지 않았던 하나님 개념으로 작업하였으므로, 그것이 긴급히 걱정스럽게 만든 것이 바로 이것이다.

그러나 이제, 이 주제에서 하나님의 '활동'에 대하여, 즉 피조물의 활동에 그가 주권과 전능함과 우월함을 행사하는 것에 대하여, 피조물의 사건에서 그의 의지를 집행하는 것에 대하여 언급할 때, 우리가 본래 마음에 그리고 있는 것에 관하여 해명해야 할 때가 되었다. 어떻게 그는 피조물의 활동을 야기하는가? 어떻게 그는 그것을 지배하는가? 그가 그것을 마음대로 지배하고, 그것을 마음대로 처리하므로, 우리는 피조물의 활동에 관해서 다음과 같이 말할 수 있다는 것이 어떻게 발생하는가?: 피조물의 활동 자체가 완전히 그의 의지를 집행하는 것이며, 따라서 그의, 즉 하나님의 고유한 활동이다.

코케이유스(J. Coccejus, *S. Theol.* 1662, 28, 22)가 여기에서 덧붙여서 상기시키고 경고한 다음의 내용은 경청되어야 한다: 하나님과 피조물 사이의 관계가 '어떻게'(Wie?) 유지되는가에 대한 문제는 창조가 '어떻게' 이루어졌는가에 대한 문제와 마찬가지로 우리의 지식으로는 알 수 없다. 단지 하나님만이 그것을 안다. 왜냐하면 단지 그만이 그의 고유한 힘과 그의 고유한 풍부한 자원들을 알고 있기 때문이라는 것이다. 욥기 28:20 이하가 여기에서 숙고되어야 한다는 것이다: "그렇다면 지혜는 어디에서 오며, 슬기가 있는 곳은 어디인가? 모든 생물의 눈에 숨겨져 있고, 공중의 새에게도 감추어져 있다. 멸망의 구덩이와 죽음도 지혜를 두고 이르기를 '지혜라는 것이 있다는 말은 다만 소문으로만 들었을 뿐이다'하고 말한다. 그러나 하나님은, 지혜가 있는 곳에 이르는 길을 아신다. 그분만이 지혜가 있는 곳을 아신다." 전도서 3:11을 인용하여 "하나님은 모든 것이 제때에 알맞게 일어나도록 만드셨다."(본문에는 요한복음으로 잘못 표기되어 있음—역자 주)라고 말하는 것 외에 다른 어떤 것을 말할 수 있겠는가? 그리고 시편 139:1 이하와 함께 다음의 사실에 만족하는 것 외에 다른 어떤 것을 말할 수 있겠는가?: 그는 우리의 모든 생각들과 길들을 알고 있지만, 여기에서 우리는 역시 바로 다음의 사실을, 즉 우리는 하나님의 이 행위와 인식에 대하여 어떤 관념을 갖고 있지 '않으며', 그것을 표현하기 위하여 어떤 개념들을 갖고 있지 '않다'는 사실을 고백해야만 한다. 그러나 코케이우스 자신이 계속하여 말한다: 우리는 이 주제에서 '명백'하고 분명한 모든 것을 하나님의 명예를 위하여 '말할' 의무가 있다.

하나님의 명예를 위하여, 여기에서 명백하고 분명한 것으로서 어쨌든 다음의 사실이 표명되어야 한다: 그의 피조물의 활동과 협력하는 하나님의 활동에서 주요관심사는 '비교할 수 없는' 두 주체들, 즉 어떤 공동의 상위개념 아래도 속하지 않는 두 주체들 사이의 '대면'(對面, Gegenüber)과 '만남'이라는 은혜의 비밀이다. 그러므로 이 하나님의 활동 안에서 발생하고 있는 것은, 피조물의 입장에서 본다면, 언제나 이해되지 않는 것이며, 기대되지 않은 것이며, 업적에 의하여 획득되지 않은 것이다. 다음과 같은 점에서 하나님이라는 '주체'는 피조물이라는 '주체'와 동일한 것이 아닐 뿐만 아니라, 하나님의 '활동'도 피조물의 '활동'과 전혀 동일한 것이 아니다: 하나님의 활동은 물론 피조물의 활동처럼 이미 존재하는 것을 야기하고 결정하는 것이면서, 그것은 동시에 순수하고 자유롭고 절대적으로 새롭게 세우는 것(Setzen)이다: 즉 하나님의 활동은 피조물의 활동을 그렇게, 곧 어떤 피조물의 활동도 다른 피조물의 활동을 그렇게 야기하고 결정할 수 없을 그런 방식으로, 야기하고 결정한다. 그러므로 하나님의 활동은 더 높고 더 탁월한 방식(Art)에서만이 아니라, 또한 다른 '질서'의 범위 안에서 피조물의 활동으로서 실행된다. 그리고 하나님의 활동과 피조물의 활동 사이에 그럼에도 불구하고 하나의 관계가, 즉 긍정적이고 친밀하고 직접적인 관계가 존재하므로, 바로 하나님의 활동이 피조물의 활동 안에서, 그 활동과 함께, 그 활동 위에서 실행되며, 피조물의 활동 자체가 하나님의 의지를 집행하는 것으로 된다는 것, 이것이 고귀한 '은혜의 진리'이며, 또한 여기에서 숙고되어야만 하는 '은혜의 비밀'이기도 하다.

만일 그것이 숙고된다면, 하나님의 활동에 관한 다음과 같은 모든 표상들, 즉 피조물의 활동에 대한 관계에서 하나님의 활동에는 다만 하위의 능력(Potenz)에 대비되는 상위의 능력만이 할당되는 결과만을 초래할 그런 표상들은 탈락되어야만 한다. 하나님은 '더 강한' 혹은 가장 강한 권세를 통하여 바로 더 사소한 권세를 지닌 존재들에게 작용을 미치므로, 그것들은 그것들의 활동에서 그의 권세의 압력에 대하여 다만 양보하고 굴복할 수밖에 없으며, 따라서 그의 권세에 순응해야만 하는 그런 것만은 아니다. 더 강한 피조물들이 다른, 더 약한 피조물들에게 그렇게 작용한다. 그러나 피조물에 대한 하나님의 작용은 다만 비교적으로 더 강한 활동 혹은 또한 최상급으로 가장 강한 활동만이 아니다.

역시 다음과 같은 모든 표상들도 폐지되어야만 한다: 즉 피조물의 활동에 대한 하나님의 활동의 관계는 다만 잠재적인 활동에 대한 '실제의'(aktuell) 활동의 관계로, 즉 엔진과 이어져 있는 동력장치, 곧 그 자체가 사실 움직일 수는 있기는 하지만, 실제로는 엔진의 활동을 통해서 움직이도록 유발되는 경우에만 움직이는, 그러한 동력장치의 활동에 대한 엔진의 활동으로 비유하는 그런 표상들도 폐지되어야만 한다. 활동하는 피조물들은, 아직 활동하지 않고 있으나 활동할 능력을 지니고 있는 다른 피조물들에게 그렇게 작용한다. 그의 피조물에 대한 하나님의 작용은 이러한 고유한 활동을 자극하는 이러한 활동만이 아니다.

그리고 결국 다음과 같은 모든 표상들도 폐지되어야만 한다: 즉 하나님의 활동이 첫 번째의 활동이며 '일반적인' 활동으로서, 피조물들이 서로 활동하도록 유발시키며 그리고 그렇게 그것들의 활동 전체를 야기하면서, 그의 피조물들이 활동하게 한다는 표상들, 가령 마치 기관차가 그것과 직접 연결되어 있는 차량을 움직이고, 이어서 그 차량을 매개로 다른 차량들이 움직이고, 그렇게 기차 전체가 움직이는 것과 같은 방식으로, 그의 피조물들이 활동하게 한다는 표상들도 폐지되어야만 한다. 피조물들은 그렇게 상호간에 작용할 수 있다. 그러나 그의 피조물에 대한 하나님의 작용은 다만, 한 대열의 맨 앞에서 그리고 이 첫 번째 자리에서부터 출발하여 또한 전체를 그리고 그 대열 안에서, 그 대열과 함께 모든 개별적인 것을 움직이는 그런 활동만이 아니다.

이 토론에 인과관계 개념을 도입하는 것에 대한 논쟁에서 하나님이 "야기하는 것"에 대한 모든, 각각의 기계론적 해석에 대하여 저항하는 것이 얼마나 필요하였는지 여기에서 명백해진다. 저 모든 관념들의 표상방식들에서는 하나님의 활동이 명백히 기계론적 활동으로 생각되고 있다. 그러나 이로써 우리는 피조물의 내부 영역에 머물러 있다. 그 경우에 우리는 과연 파악하기는 하지만, 우리가 파악하는 것은 결코 하나님의 활동이 아니다. 그의 활동의 특색은 결코 피조물의 영역 내부에 그것과 동등한 것을 지니고 있지 않기 때문이다.

만일 우리가 하나님의 활동을 피조물과 그것의 활동에 하나님의 본질이 지니고 있는 질과 양을 전달하는 것으로서, 즉 가령, 하나님의 사랑, 하나님의 권세, 하나님의 생명을 피조물의 본질 안으로 부어넣는 것과 비슷한 것으로서 알아듣기 쉽게 말하기를 원한다면, 그 경우에 우리는 물론 이제 반대의 오류에 빠지게 될 것이다. 하나님은 그의 피조물이 행하는 활동 안에서, 그 활동과 함께, 그 활동 위에서 활동하며, 피조물은 그의 지배 아래에서 활동하는 그 질서의 상이성이 지양된 것으로 생각되어서는 안 된다. 그가 아주 깊이 그의 피조물에게로 몸을 숙일 때에도, 피조물이 그에게 아주 가까이 들어 올려질 때에도, 그 질서의 상이성은 유효하며, 유효하게 남아 있다. 그가 이 일을 행한다는 것, 그리고 피조물에게 이 일이 일어난다는 것, 그것이 그의 '은혜'가 지닌 비밀이다. 그러나 그가 그 일을 행할 때 그는 '홀로' 하나님이며, 하나님의 본질을 지니며 보존한다는 사실, 그리고 동시에 피조물의 본질도 바뀌지 않으며 변경되지 않는다는 사실이 그의 은혜가 지닌 '비밀'에 속한다. 그는, 그의 무조건적이며 저항할 수 없는 통치에 의하여, 피조물로부터 그것에 속한 어떤 것도 빼앗지 않으면서, 그는 피조물에게 어떤 것도 덧붙이지 않으며, 오히려 피조물을 피조물로서 그것의 본질 안에서 본래의 모습대로 살아가도록 승인한다. 또한 하나님의 행위와 피조물의 사건이 일치할 때에도, 어떤 혼합들이나 양도(讓渡)들에 의해서, 즉 하나님의 어떤 영향들이나 유출들에 의해서 모호하게 되거나 지양되지 않는 진정한 '대면'(對面)이 유효하다. '상이한' 방식과 '상이한' 질서를 지닌 두 본질의 진정한 '만남'이, 그리고 그렇게 진정한 공존이 유효하다.

우리의 옛 신학자들은 이 방향을 향해서도 명확히 스스로를 보호하였다: "동행"은 "피조물들에게로 넘어가는 하나님의 능력"이 아니다.(B. Pictet, zit. nach Heppe² 209) 그러나 그들은 모두, 이 방향에서 참으로 결코 방황들의 빌미를 주지 않기 위하여, 이 관점에서 불확실한 표현인 "영향"이라는 어휘를 너무나 기꺼이 그리고 너무나 자주 사용하였다.—이 관점에서, 18세기에 유행하기 시작하였으며 그것 자체가 매우 공감이 가는 '힘이라는 용어'(Kraftsprache)에 대하여 주의해야 한다: 그 용어로 특히, 벵엘(J. A. Bengel)로부터 유래하는, 무엇보다도 외팅어(Fr. Chr. Oetinger), 후에는 벡(J. T. Beck)(그리고 브레멘의 신학자 멘켄[G. Menken]도 여기에서 언급될 수 있을 것이다.)에 의하여 형성된 남부 독일의 신학이 피조물의 활동 안에 있는 하나님의 활동이 지닌 실재성, 실체성(Substanzialität), 역동성에 관하여 논하였다. 거기로부터 출발하여 영지주의적인 혹은 영지주의화 되는, 모든 시대의 유출설과 유입설들에 걱정스럽게 가까이 다가갈 수 있었으며, 거기로부터 출발하여 또한 은혜의 매개에 대한 로마 가톨릭의 표상에 대한 걱정되는 유사성들에 이를 수도 있었다. 이 신학에는 실제로, 그들이 거짓으로 둘러댔듯이, 성서가 활용되었을 뿐만이 아니라, 또한 성서와 연결된 모든 관련성으로부터 멀리 떨어진, 1750-1850년 사이에 한 세기 전체의 특징을 나타내던 신지학적(神智學的: theosophisch. '신지학'이라는 어휘는 헬라어에서 '신'과 '지혜'를 의미하는 단어들을 합성한 것이며, 신을 직접적인 체험으로 알 수 있다는 신비주의의 토대 위에서 신비로운 체험을 통하여 신의 심오한 본질을 추구하는 철학사상 및 종교사상을 통틀어 일컫는 말이다.—역자 주) 시대사조의 문헌들도 활용되었다. 그리고 반면에 전혀 다른 이유에서 역시 헤르더(J. G. Herder), 바아더(Franz Baader), 그리고 결국 셸링(Schelling)도 전적으로, 창조주와 피조물 사이의 차이와 관련하여 모든 거리낌들을 파괴하는, 비슷한 힘이라는 용어를 언급하지 않았던가? 여기에서 그들은, 바로 '강하게' 말하기 위해서, '너무' 강하게 말하기를 원하지 말았어야 했다. 피조물의 활동 안에, 그 활동과 함께, 그 활동 위에 있는 하나님의 활동이 지닌 바로 그 실재성, 실체성, 역동성은, 그들이 피조물의 한계를 폐지하고, 그 자체가 창조주의 것일 수밖에 없는 바로 그 특성들과 능력들을 피조물에게 할당함으로써 약화되어서는 안 되는 것이다. (너무나 쉽게 또한 다시 저급한 자연주의로 변할 수 있는) 고급의 자연주의는, 저 하나님의 활동이 지닌 비밀을, 그리고 그 비밀과 함께 또한, 피조물에게 선물로 주어진 참여, 즉 하나님의 활동에 대한 참여를 실제로 제대로 다룰 수 있는 수단이 아니다.

양 측면에 대하여 안전조치가 취해졌다면, 여기에서 긍정적으로 언급될 수 있는 것을 아직 잠시 보류하고, 아직 세 번째 측면에 대하여 경계를 정하면서 다음의 사실을 확인하자: 하나님의 활동은 하나님의 본질에 상응하게 과연 유일하며 그 자체로는 일치하는 활동, 따라서 통일적인 활동이기는 하지만, 그러나 역시 '다양한' 활동이다. 따라서 그것은 획일적인 활동이 아니며, 단조로운 활동이 아니며, 차이가 없는(indifferent) 활동이 아니다. 다음의 주장은 맞는 말이 아니다: 그의 활동의 다양한 형태는 바로 피조물의 세계의 다양성 덕분이며, 그 활동 자체는 형태가 없고 색깔이 없으며, 특정한 특색이나 내용이 없는 형식적인 권력 행위일 것이라는 주장, 즉 그것은 아마도 비가 내린 뒤에 비로소 무지개의 모든 색깔들 안에서 빛나는 햇빛과 같으며, 아마도 그것이 닿는 대상들에 따라서 여기서는 어떤 것을 녹여버리고, 저곳에서는 어떤 것을 건조시키며, 다른 곳에서는 어떤 것을 불태우는 동일한 발열체의 열기와 같으며, 아마도 100개의 문을 열 수 있는 어떤 만능열쇠와 같을 것이라는 주장은 맞는 말이 아니다. 하나님의 활동은 과연 모든 것 안에 있는 하나의 활동이기는 하지만, 결코 무한히 반복하면서 영원히 순환하는 바로 그 하나의 활동만이 아니며, 현상들이 빠르게 사라져감에도 불구하고 언제나 변함없는 극점(極點, Pol)만도 아니다. 그것은 추가로 풍부해지는 활동만이 아니라, 오히려 무엇보다도 먼저 그 '자체' 안에서 그리고 그 '자체'로부터 풍부한 활동이다. "하나님의 동행"은 다만 "제2 원인들"처럼 그렇게 다양한 것만이 아니라, 그것들보다 '앞서서' 그리고 원래부터 그것들보다 훨씬 '더 다양한' 것이다. 하나님이 동행하는 것은 만물의 창조주가 활동하는 것이며, 창조주는 만물 모두를 알고 있을 뿐만이 아니라, 그가 그것들을 위해 준비했던 것들인 그것들 모두의 작용가능성들도 알고 있으며, 그리고 마음대로, 그것들에게 새로운 활동 가능성들을, 즉 그것들 자체에게 그리고 그것들을 관찰하는 자들에게 지금까지 완전히 은폐되어 있던 새로운 활동 가능성들을 제공할 수 있다. 그 동행은 바로 다음의 이유 때문에, 그의 피조물들에 대하여 완벽한 권세를 지닌 하나님의 활동이다: 그 권세는 또한 '구별된' 것이며, 그 권세는 특수성 안에 있는 그리고 '특수한' 장소에 있는 각 피조물을 발견할 줄 알고 그것을 또한 '새롭게' 규정할 줄 알며, 그 권세는 통치하면서 각 피조물에게 '그것의 몫'을, 즉 하나님 '자신'에 의하여 그것에게 규정된 그 몫을 나누어주기 때문이다. 하나님은 속 좁은 소인배(Pedant)가 아니다. 그러므로 하나님은, 한 학급 전체에 공통으로 동일한 교훈을 전달하는 교사처럼 활동하지 않으며, 한 부대 전체를 공통으로 동일한 방향으로 움직이게 만드는 장교처럼 활동하지 않으며, 한 부서 전체를 그의 작은 머리 안에서 좌우간 가망 없게 굳어진 동일한 관점 및 원칙에 따라서 관리하는 "관료"처럼 활동하지 않는다. 오히려 하나님은, 만일 우리가 잠시 그렇게 표현해도 좋다면, 그의 권위나 그의 계획의 통일성에 대한 위험 없이 지극히 인격적으로 통치할 수 있는 진정한, 즉 위대한 귀족처럼 활동한다. 그리고 이와 같이 틀림없이 그 작은 사건들(Ereignisse)도, 즉 그것들 안에서 그가 그의 피조물들과 협력하며, 그의 활동과 피조물들의 활동이 유일하게 벌어진 하나의 사건(Geschehen)으로 되는 바로 그 사건들도, 하나의 규칙 아래에 있는 여러 "경우들"(Fälle)이 아니라, 오직 그 자체가 중요하며 또한 그 자체가 관찰되어야 하는 개별적인 작은 사건들이다: 그것들은 그를 통하여, 즉 특히 그의 특수한 활동이 전적으로 풍부한 가운데에도 역시 동일한 존재이며 역시 동일한 것을 원하는 그를 통하여, 하나의 전체로 결합된, 그리고 저 객관적인 형태를 띠고 확장되면서 결합된 개별적인 작은 사건들이다.

우리는 이 대목에서 다만, 하나님의 본질이 지닌 '단순성'이라는 잘못된 표상에 의해서 헷갈리게 되어서는 안 된다. 이 단순성은 어쨌든 상대적인 것과는 대조적인 절대적인 것의 단순성으로서, 혹은 특수한 것과는 대조적인 보편적인 것의 단순성으로서, 혹은 숫자 1의 곱셈 및 나눗셈과는 대조적인 숫자 1자체의 단순성으로서, 혹은 직관(Anschauung)과는 대조적인 개념(Begriff)의 단순성으로서 설명될 수 없다. 그것은 삼위일체 안에서 영원히 '풍부한' 하나님의 단순성이다: "'영원히 풍부한' 하나님이 우리의 삶에 언제나 즐거운 마음과 고귀한 평화를 주시기를 원합니다." 그것은 분할 가능성과 분리 가능성, 모든 내적인 불성실과 불안정성, 자기 자신에 대한 모든 모순과는 대조되는 단순성이다. 그러나 그것은, 자기 자신 안에서 아버지, 아들, 성령으로서 '사랑'이며, 따라서 자기 자신 안에서 단순히 실존할 뿐만 아니라 '공존'하며, 자기 자신 안에서 여러 '차원들'을 지닌 공간을 지니고 있으며, 자기 자신 안에서 '생명'을 지니고 있는(요 5:26) 하나님의 단순성이다. 그것은, 그의 본질상 결코 어디에도 존재하지 않는 것이 아니라 오히려 '도처에' 존재하며, 결코 존재한 적이 없는 것이 아니라 오히려 '언제나' 존재하며, 따라서 창조된 모든 공간들 앞과 위와 뒤에 '편재'하며, 그리고 모든 시간의 앞과 위와 뒤에 '영원히' 존재하는, 즉 멀리 그리고 동시에 가까이, 어제와 오늘 그리고 동시에 내일 존재하는 하나님의 단순성이다. 스스로가 가난하지 않고 오히려 풍부한 바로 이 하나님이 그의 피조물과 함께 협력하고 있다. 하나님이 그 일을 획일적으로, 단조롭게, 차이가 없이 행하지 않는 이유는, 그가 자기 자신 안에서도 그렇지 않기 때문이며, 만일 그가 그렇게 행한다면, 그는 그의 고유한 본질에 손해를 입히게 될 것이기 때문이며, 그는 하나님이 아닐 것이기 때문이다.

　　이 사실로부터 우리는 그가 행하는 활동의 '무조건성'과 '저항 불가능성'을 이해한다. 이 무조건성과 저항 불가능성을 제한하는, 즉 부정하는 모든 신학명제(Theologumenon: 본래의 신앙론에 속하지 않는 신학적 명제―역자 주)들의 전제에서는 하나님과 대면한 피조물에게 고유한 경기(Spiel)가 할당되는데, 그 전제는 언제나 하나님의 단순성에 관한 저 그릇된 표상들 가운데 하나인데, 그것은 가난한 하나님이라는, 그 자신이 획일적이고 단조롭고 차이가 없는 하나님이라는, 실제로 살아 있지 않으며 편재하지 않으며 영원하지 않은 하나님이라는 우상이다. 그 경우에는 하나님의 전능한 활동은 상응하게 중성적인 활동으로 생각될 수밖에 없다: 즉 피조물들과 그것들의 활동이 지닌 다양성 안에서 그것에게 낯선 것과, 즉 그것의 한계들과 마주치는 그런 것으로, 그리고 그것 스스로가 다양하게 됨으로써, 피조물들과 그것들의 활동을 표준으로 삼고 순응해야만 하는, 즉 그것이 그것들을 결정하고 야기하면서 또한 그것들에 의하여 스스로가 결정되고 야기되는, 따라서 결코 순수한 전능한 활동일 수는 없는 그런 것으로 생각될 수밖에 없다. 모든 신인(神人) 협력 체계들의 하나님은 바로 절대적인 것이며 보편적인 것이며 숫자 1이며 개념이다. 이런 "하나님의" 활동과 그의 "피조물의" 활동 (즉 상대적인 것의, 특수한 것의, 증가된 혹은 나누어진 숫자들의, 직관의 활동)은 상호 간에 관계가 있는 것으로 이해되어야만 한다는 것은 명백하다. 이런 "하나님"과 그의 "피조물" 사이에서는 실제로 다만 상호관계만이 가능하며, 신인협력설만이 가능하다. 그러나 이런 "하나님"은 하나님이 아니다. 그와 그의 "피조물" 사이에는 오히려 모든 방향 바꾸기가 가능하며, 그 방향 바꾸기는 언제나 변증법적인 인간 정신에 의하여 옛날부터 실행되었다. 우리가 그를 "하나님"으로 생각하는 동안에, 우리는 사실은 여전히 피조물의 영역 안에서 생각하는 것이며, 따라서 하나님의 활동에 대해서도 원칙적으로 그릇된 표상들을 얻을 수밖에 없다는 사실은 충분히 증명되었다. 그 반면에 스스로가 영원히 풍부한 하나님은 그의 단순성의 포로가 아니라, 스스로가 구별된 단순성을 지니고 있는 한 존재로서, 그에 의하여 창조된 세계와 완전히 구별된 특성(Differenziertheit)으로서 존재한다. 그는 이 창조된 세계 안에서 어떤 제한에 부딪칠 수 없다: 즉 그가 적응하도록 하고 추가로 또한 차별화하도록, 즉 그의 피조물의 활동을 표준으로 삼고 순응하도록, 피조물의 활동에 의하여 스스로가 결정되고 야기되도록 만들, 그리고 그렇게 만들어야만 할 어떤 제한에 부딪칠 수 없다. 그가 그의 피조물이 지닌 상이한 가능성들에 대하여 전적으로 주권을 소유하고 있는 이유는, 피조물이 그것이 지닌 가능성들을 이용하기 이전에, 피조물이 존재하기 이전에, 그것이 이런 혹은 저런 가능성을 이용할 자유를 지니기 이전에, 그의 고유한 가능성들 가운데 어느 하나도 오래 전에 그 피조물들의 가능성들 가운데 어떤 것보다도 앞서지 않은 것이 없기 때문이다. 피조물은 언제나 그리고 어느 곳에서나 다만 하나님의 자유가 지배하는 영역 안에서만 그것의 가능성을 이용할 수 있다. 그리고 이와 같이 하나님은 정말로 무조건적으로 그리고 저항이 불가능하게 지배한다.

이제 우리는, 하나님의 활동이 '어떻게' 행하여지는가?라는 질문에 관하여 '긍정적인' 대답을 제시하는 것으로 넘어갈 수 있다.

그러한 대답이 충족시켜야만 하는 '조건들'은 물론, 이제 앞서 언급된 것에 따르면, 극복할 수 없을 정도로 어렵게 생각될 것이 틀림없다. 이 질문에 대한 긍정적인 대답은 하나님과 그의 피조물 사이의 관계를 피조물과 피조물 사이의 관계들의 방식으로 서술해서는 안 되며, 따라서 어떤 기계론적인 표상을 포함해서는 안 된다. 그러나 그 대답은 또한 순수한 만남인 하나님과 피조물 사이의 관계의 특성에 이의를 제기해서는 안 되며, 따라서 하나님의 본질이 유출되거나 유입된다는 표상을 이용하여 만들어져서는 안 된다. 그 대답은 하나님의 본질이 지닌 풍부함, 즉 하나님의 활동이 지닌 다양성을 간과해서는 안 되며, 어떤 원칙적인 대답을 하려해서는 안 된다. 그것은 맨 먼저 그리고 마지막으로 하나님의 본질과 활동에 대한 이해 불가능성도 제대로 고려해야만 하며, 따라서 단호하게 다만 하나님의 비밀만을 화제로 삼아야 할 것이다. 그러나 그 대답의 핵심이 결코 "우리는 그것을 알지 못한다."라는 말에 있어서는 안 될 것이다: '어떻게?'라는 이 질문은 이미, 하나님의 활동이 세계 안에서 끊임없이 사건으로 되고 있으며, 인식과 고백을 요구하기 때문에, 목전에 닥쳐 있지 않은가? 여기에서 우리가 직면하고 있는 진퇴양난(das Gedränge)은 피할 수 없는 것처럼 보이며, 만일 우리가, 일반적인 신(神) 관념과 세계관의 틀 안에서 다음의 사실에 대하여, 즉 여기에서 도대체 어떤 대답이 주어질 수 '있는지 아닌지' 그리고 여기에서 '어떤' 대답이 제공될 수 있는지에 대하여, 숙고하는 것에 의존할 경우에도, 그 어려움은 여전히 피할 수 없을 것이며, 또 변함없이 그러할 것이다. 그 경우에 우리는 아마도 다음과 같은 선택에, 즉 그 어떤 그릇된 이유들을 내세우며 그리고 틀림없이 양심의 가책을 느끼면서, 우리가 지금 배제했던 그 표상들 가운데 어느 하나로 되돌아가든가, 혹은 여기에서 긍정적인 대답은 결코 가능하지 않다는 것을 고백하여야 하는 선택에 직면하게 될 것이다. 그리고 우리가 어떤 일반적인 신 관념과 세계관의 가능성들을 검토하더라도, 모든 것은 다음의 사실을, 즉 그것들 가운데 최상의 것의 핵심은 바로, 문제 전체를 단순히 존재하지 않는 것으로 통고하거나, 물리치거나, 무시하는 것이라고 변호한다. 그러나 여기서 즉시 하여튼 다시 다음과 같은 질문이 제기될 것이 틀림없다: 그것으로 끝날 수 있는가? 따라서 여기서 저 배제된 표상들로 되돌아갈 위험이 하여튼 다시 가까이 다가올 것이 틀림없다.

만일 내가 바르게 이해하고 있다면, 틀림없이 초기 개신교 신학에서 '어떻게?'에 관한 질문은 코케이유스와 그의 제자들에 의해서 비로소 명확히 제기되었으며, 적어도 암시적으로 대답되었다. 즉, 신학적 방법에도 '성서적' 근거가 필요하다는 사실에 관하여 다시 납득되기 시작했던 바로 그 당시에, 그 질문이 제기되고 대답되었다. 이전에, 그리고 이 필요성이 인식되지 않았던 곳에서는 그 후에도 역시 여전히 오랫동안, 신학자들은, 하나님이 "야기하는 것, 활동하는 것, 초래하는 것" 등에 관하여 말할 경우에, 마치 그들이 무엇에 관하여 말하고 있는지를 알고 있기나 한 것처럼, 그리고 그 경우에, 그들이 이 질문에 대하여 대답하지 않은 채 방치한 것이 도대체 무엇을 의미하는지를 알고 있기나 한 것처럼 행동하였다. 그 결과 그들은 다음과 같은 유혹에 대하여 더욱 무방비 상태에 있었다: 즉 이 주제에서 부수적으로 그리고 통제되지 않은 상태에서, 때로는 바로 역시 저 쓸모없는 관념들 가운데 어떤 것을 사용하려는 유혹, 때로는 바로 역시 기계론적으로 때로는 유출론적으로, 때로는 바로 역시 하나님의 본질이 지닌 풍부함을 완전히 망각한 상태에서, 그리고 그럼에도 불구하고 때로는 바로 역시 하나님의 비밀을 지속적으로 훼손시키면서, 하나님의 활동을 화제로 삼을 유혹에 대하여 무방비 상태에 있었다. 이것은 사방팔방으로 불쾌한 결과들을 초래할 수밖에 없었으며, 또한 실제로 초래하였다.

대답되지 않은 채 방치된 바로 그러한 질문들은, 즉 문제를 그렇게 물리치는 것들은 신학에서 언제나 걱정스러운 어떤 것을 지니고 있다. 왜냐하면 그것들은 사실상 어쨌든 그 어떤 불가피한 대답들과 제휴하곤 하기 때문이다. 그 경우에 그 대답들은, 그것들이 부수적으로 그리고 통제되지 않은 상태에서 제공된다는 바로 그 이유 때문에, 너무나 쉽게 분명히 틀린 것일 수 있다. 그러나 바로 그러한 상황들 안에서, 즉 은밀하게 방치된 질문들을 통해서, 즉 은밀하게 문제를 물리침으로써 겨우 스스로를 돕는 법을 알고 있는 그 상황들 안에서, 그들은 신학 안에서 쉽게 생각하고 말할 수 있다. 그리고 이 쟁점에서 초기 개신교 신학에 크게 발생하였던 것이 바로 이것이다.

왜냐하면 '일반적인 신 관념과 세계관'의 틀 안에서는, 그것이 어떤 형태를 지녔든 간에, 여기에서 '모든 것'을 좌우하는 바로 '그' 요인(Faktor)은, 즉 그의 피조물 안에서 그리고 그것과 함께 실제로 '발생하는', 실제로 끊임없이 '사건'으로 되는 하나님의 활동, 그것 자체가 인식과 고백을 요구하는 하나님의 활동은 '알려지지 않은' 요인이기 때문이다. 왜냐하면 이 요인을 알기 위해서는 자연과 역사 안에서 발생하는 일반적인 사건의 목격자나 청취한 증언자가 되는 것은 충분하지 않으며, 그 사건을 관찰하면서 그 어떤 이유로, 그것을 하나님의 활동으로ㅡ최고의 권세, 지혜, 그리고 몇 가지 다른 최상의 특성들이 부여된 최고의 존재의 활동으로ㅡ이해하고 그렇게 부르기로 결심했다는 것은 충분하지 않기 때문이다. 만일 우리가 그와 동시에 그 사건을 인간이 생각하기 쉬운, 즉 실제로 너무 심각한 수고 없이도 알기 쉬운 최고의 개념으로 이해했다고 하더라도, 우리가 그와 동시에 그것을 하나님의 활동으로서 인식하고 고백하였다고 하는 것은 역시 말도 안 된다. 다음과 같은 경우에 비로소 그렇게 말할 수 있을 것이다: 즉, 피조물의 세계 전체보다 우월하며, 피조물의 세계의 활동을 예정하며, 따라서 그 활동과 합류해서도 주권을 갖고 그것을 결정하며, 그 자신이 인간의 어떤 개념들로도 이해되기 쉽지 않은 창조주이며 주님인 진정한(wirklich) 하나님이 자기 자신을 소개하였다면, 그리고 이 점에서, 이 점에 입각하여 그가 인간에 의하여 인식되고 고백된다면, 그렇게 말할 수 있을 것이다. 일반적인 신 관념과 세계관의 틀 안에서는 이 진정한 하나님이, 그리고 그의 활동이 결코 시야에 들어올 수 없다. 만일 그렇지 않다면(진정한 하나님이 시야에 들어온다면—역자 주), 그것은 결코 일반적인 신 관념과 세계관이라고 주장할 수 없을 것이다. 만일 그렇지 않다면, 그 관념은 그것의 시각과 청각을 우선 보편적인 우주적 사건에 기울이고 난 후에, 그것의 특수한 가정들이 그것을 허락할 경우에, 거기에서 보고 들은 것을 저 최고의 개념 아래에서 이해해서는 결코 안 될 것이다. 그 경우에 그 관념은 우선 저 진정한 하나님과 그의 활동을—바로 특수한 우주적 사건 안에 있는 그것을—알아보았어야 했다. 그 경우에 그 관념은 하나님과 그의 활동에 대한 지각으로부터 출발하여 일반적인 우주적 사건을 되돌아보고, 그 사건도 하나님의 활동과 그 사건이 일치한다는 관점에서 이해하여야 했다. 그 관념은, 스스로를 포기하지 않고는, 일반적인 신 관념과 세계관이라고 주장해야한다는 요구를 철회하지 않고는, 그것을 행하지 않으며 행할 수도 없으므로, 실제로 발생하는 하나님의 활동이 그 관념에는 알려진 요인일 수 없으며, 알려지지 않은 요인일 수밖에 없다. 그 관념은—그것이 그것의 특수한 방식에 따라서 그렇게 할 수 있는 경우에는 언제나—그 개념의 창작물(Begriffsgebilde)이 진정한 '하나님'이며, 따라서 우주적 사건이, 즉 그것에 비추어 그 개념의 창작물이 고안되었던 바로 그 사건이 '그의' 활동이라는 것을 고려하며, 전제로 하며, 즉 그렇게 추측하기로 결심했으며, 그렇게 주장한다. 그러나 그 관념은 대체 어디서 그것을 알게 되었겠는가? 그 관념은 대체 어디에서 그리고 어떻게 그것을 인식하게 되었으며 또 그것을 고백할 수 있겠는가? 그리고 그 관념이 진지하고 적절한 대답을 할 수 있기는커녕, 어떻게 그 관념에, 이 활동이 '어떻게 행해지는가?'라는 그 '문제'만이라도 진지하게 제기될 수 있겠는가? 그 관념은 아마 이론적으로는, 여기에 제안된 모든 불완전한 대답이 불완전하다는 것을 통찰할 수는 없을지라도, 그래도 적어도 눈치 챌 수 있으며, 따라서 그 대답들을 포기할 지혜를 지니고는 있을 것이다. 그러나 그 경우에 그 관념에는, 문제를 거부하는 것 외에 그리고 동시에, 하나님의 활동에 관하여 말할 때에, 무엇에 관하여 말하는지 알지 못한다고 자백하는 것 외에 또 무엇이 남아 있는가? 그러나 만일 그 관념이 참으로—그것이 무엇을 하고 있는지를 알지 못한 채—그 어떤 이유로 '어쨌든' 그렇게 행하기를 원한다면, 그 관념은 부득이 '어쨌든' 현명하지 못한 것으로 될 수밖에 없게 되지 않을까? 그 경우에, 그 관념이 실제로, 부수적으로 그리고 통제되지 않은 채 역시 다시 저 불완전한 대답들 가운데 이것 혹은 저것에 의지하게 되는 것을, 그리고 역시 적어도 이런 혹은 저런 불쾌한 표절을 하게 되는 것을 피할 수 있게 될까?

'그리스도교 신학'은 바로 다음과 같은 점에서 일반적인 신 관념과 세계관과 구별될 수 있으며 구별되어야만 한다: 그리스도교 신학에는 여기에서 모든 것이 의존하고 있는 요인이, 즉 실제로 끊임없이 사건으로 되는 하나님의 활동이 알려지지 않은 요인이 아니라 오히려 '알려진' 요인이며, 그 요인은 '그것이 어떻게 행해지는가?'라는 질문에 관해서도 인식과 고백을 요구할 정도로 그렇게 잘 알려져 있다. 만일 그리스도교 신학이 그것의 주제에 머물러 있다면, 그리고 그리스도교 신학이 그것들의 생성에 대한 책임을 떠맡을 수 없는 그 아포리아(Aporie, 적절한 해결의 방도를 찾을 수 없는 문제—역자 주)들을 곰곰이 생각하거나 그것들에 대하여 말참견하지 않는다면, 그 경우에 역시 그리스도교 신학에서는 바로, 우주적 사건 자체에 대한 일체의 명상보다도 '선행'하는, 진정한 하나님의 활동을 보고 듣는 것이 주요관심사일 것이다: 그리스도교 신학은 하나님과 관련되어 있는데, 이 하나님은 모든 우주적 사건을 앞서서 결정하며, 다만 그것을 더 한층 주권적으로 결정하기 위해서만 그것과 제휴하며, 인간의 어떤 개념들로도 이해되기 쉽지 않지만, 스스로를 소개하였으므로, 바로 이 점에서 그리고 이 점에 입각하여 인식되고 고백되어야 한다. 그리스도교 신학은 그것의 이름이 말해주듯이 '예수 그리스도'와 관련되어 있으며, 그를 향해 인도하며 또한 그로부터 유래하는 '은혜의 계약'의 역사와 관련되어 있으며, 따라서 '여기에서' 작용하면서 명백하게 드러나는 하나님의 전능한 활동, 즉 우주적 사건 전체를 지배하는 그 활동과 관련되어 있다. 그러므로 그리스도교 신학은, 우선 피조물과 그것의 활동을 일반적으로 관찰하고, 그 후에 최고의 존재라는 개념을 생각해 내고, 그 후에 이 최고의 존재에 하나님이라는 이름을 붙이고, 그 후에 피조물의 일반적인 활동 안에 그리고 그 위에 하나님의 활동이 존재할 것이라고 추론하지 않았다. 오히려 그리스도교 신학은 우선 하나님의 활동을 특수한 우주적 활동 안에서, 즉 그것 안에서 하나님이 자기 자신을 인식하도록 요구하였던 그 활동 안에서 인식하였으며, 그 후에, 여기에서 그렇게 활동하고 있는 바로 그 존재가 "최고의 존재"라는 사실을 파악하였으며, 그 후에 그리고 그 사실로부터 출발하여, 바로 이 하나님이 또한 그의 모든 피조물들의 활동 안에서도 그리고 그 활동 위에서도 일하고 있다는 사실을 인식하였다. 그리스도교 신학은 추측에 의존하지 않고 인식에 의존하며, 따라서 그것은 하나님의 활동에 대한 주장이 아니라 고백이다. 그것은 하나님의 활동을 알고 있다. 그리고 바로 그와 동시에 그것에는 참으로 역시, '하나님의 활동이 어떻게 행하여지는가?'라는 문제가 명확히 제기되어 있으므로, 그것은 그 질문에 대하여 문제가 존재하지 않는 것으로 통고하거나 문제를 물리치는 것으로써 반응할 수 없다. 그것에는 그 문제가 명확히 제기되어 있으므로, 그것이 저 불완전한 대답들의 불완전성을 눈치 챌 수 있을 뿐만 아니라, 그것을 통찰해야만 한다. 그것에는 그 문제가 명확히 제기되어 있으므로, 이 불완전한 대답들은 통틀어 단호하게 배제되며, 비밀리에 그래도 다시 논의될 수 없다. 왜냐하면 '하나님의 활동이 어떻게 행하여지는가?'라는 문제는, 그것이 하나님의 활동 자체에 의하여 발생한 사건 안에 제공된 '대답'과 대면하게 됨으로써 그것에게 제기되었기 때문이다. 신학이 질문하는 것은 이 대답에, 바로 이 대답에만 관련'될 수 있으며'(kann)—다음과 같은 질문도 그 대답에 관련 '되어야만 한다'(muß): 어떻게, 그리고 어떤 명칭으로 우리 인간들은 우리의 사고와 언어 안에서 그 '방식'(Art)을, 즉 그것 안에서 우리가 하나님이 '실제로' 활동하는 것을 보고 듣는 그 방식을 '제대로' 다룰 수 있는가?

그리고 이제 긍정적인 대답이 간단하게 제공될 수 있으며, 또 그렇게 되어야만 한다: 그는 모든 피조물에게 '성령'의 능력과 지혜와 자비를 지니고 있는 그의 '말씀'을 말함으로써, 활동한다. 혹은 거꾸로 말한다면, 그의 '말씀'의 영인 '성령'이 모든 피조물을 움직이는 능력이며 지혜와 자비가 됨으로써, 그가 활동한다. 이와 같이 그의 활동은 '아버지의' 활동이다.

우리가 하나님의 계시를 통하여 하나님을 믿도록, 그리고 하나님에 대한 믿음 안에서 그의 활동도 인식하도록 요청받으며 또한 그렇게 할 권능을 위임받은 그곳에서, 즉 은혜의 계약 안에서, 곧 예수 그리스도 안에서 그리고 예수 그리스도를 통하여 그가 활동하고 있다는 사실 안에서, 우리에게 미리 주어져 있는 것이 바로 이 대답이다. 이와 같이 하나님은, 피조물이 일으키는 모든 사건의 중심과 의미와 목표를 형성하는 이 특수한 사건 안에서 행동한다: 즉 객관적으로는 그의 말씀을 통하여 그로부터 출발하여, 주관적으로는 그의 성령을 통하여 인간을 향하여 행동한다. 중요한 일에서든 사소한 일에서든 도대체 무엇이, 하나님에 의하여 객관적으로만이 아니라 주관적으로도 똑바로 세워지고 정돈된 관계, 곧 말씀 선포(Spruch)와 상응하는 반응(Entsprechung), 말하는 것과 경청하는 것, 명령하는 것과 순종하는 것 사이의 관계, 곧 그 안에서 하나님 자신이 양측에서 — 한편에서는 말씀으로서 그리고 다른 한편에서는 영으로서 — 활동하고 있는 존재인 바로 그 관계 밖에서 발생한다는 말인가? 어디에서 하나님이 그가 선택한 인간들에게 그리고 그들을 통하여 다른 인간들에게 그의 권세를 증명하든지, 즉 활동하든지, 그곳에서는 그는 바로 다음과 같이 행동한다: 그곳에서는 하나님의 '말씀'이, 그의 '영'의 권세 안에서 인간들에 의하여 청취되도록, 그 인간들에게 선포되며, 그곳에서는 그 인간들에게, 그의 강력한 '말씀'을 청취하도록, 그의 '영'이 제공된다.

우리가 직면한 질문은 간단하게 이것이다: 우리는 그의 피조물 안에서, 피조물과 함께, 피조물 위에서 행하여지는 하나님의 보편적 활동도 피조물이 일으키는 모든 사건의 저 중심과 의미와 목표로부터 이해해야만 하는가?; 혹은, 하나님의 보편적인 활동에 관해서는 갑자기 다른 개념을 얻기 위해 노력하거나, 우리는 이 하나님이 활동하는 양식(Modus)에 관해서 아무것도 알 수 없다고 주장하는 것이 우리에게 요구되거나 허락되는가? 이 질문에 대해서 마찬가지로 다음과 같이 간단하게 대답할 수 있다: 위의 양자택일에서 우리는 오직 첫 번째 입장만을 선택할 자유를 지니고 있으며, 두 번째 것은 우리에게 요구될 수 없으며 허용될 수도 없다. 그 이유는, 만일 우리가 언젠가 그리고 어디에서인가 하나님 자신에 의하여 그 자신에 대하여 교육을 받았다면, 우리가 다른 때 그리고 다른 곳에서는 정말 역시 그 교육으로부터 다시 벗어나는 것은 불가능하며, 따라서 그가 우리 자신에게 제공하였던 그 대답 외에 다른 대답들을 찾거나 그 대답을 포괄적이며 최종적인 것으로서 승인하지 않는 것은 불가능하기 때문이다. 왜냐하면 예수 그리스도 안에서 그의 말씀과 그의 영을 통하여 작용하는 하나님은 스스로를 다음과 같은 존재로 계시하기 때문이다: 그의 곁에는 다른 어떤 존재가 존재하거나 활동하지 않으며, 그 자신도 결코 그리고 어디에서도 다른 방식으로 존재하거나 활동하지 않으며, 오히려 어디에서나 그리고 언제나, 그가 저기에서 우리에게 계시된 것처럼, 그렇게 활동하며, 그가 은혜의 계약에서 비롯된 역사 안에서나 예수 그리스도 안에서와 같이 직접적으로 우리와 만나지는 않고 숨겨져 있는 거기에서도 그렇게 활동한다. 우리는 그가 숨겨져 있는 여기에서 그를 믿고, 여기에서 그를 인식함으로써, 우리는 '어디에서나' 대신에 여기에서, '언제나' 대신에 한 번, 그를 그의 '모든' 피조물들 안에서, 그것들과 함께, 그것들 위에서 그의 말씀과 그의 영을 통하여 작용하는 존재로 믿고 인식한다. 이것이 언제나 어디에서나 진실이라는(wahr) 그 사실이 우리에게, 그의 활동 전체를 '아버지의' 활동으로 이해하도록 허락하고 또 그렇게 하도록 요구한다. 만일 그것이 진실이 아니라면, 혹은 만일 우리가 철저히 다른 것을 인정하기를 원한다면, 하나님 "아버지의 섭리"에 관하여 말하는 것이 진리의 실체가 없는 감상적(感傷的)인 말은 아닌지 스스로 질문해야만 할 것이다. 세계의 주님이 우리의 아버지라는 사실은, 이 세계에서도 그가 활동하는 것은 그의 말씀과 영이 활동하는 것이라는 그 사실에 달려 있다.

만일 내가 바르게 이해하고 있다면, "동행"을 묘사하기 위하여 "명령"이라는 개념을 도입한 것은 코케이유스 학파의 공헌이다. 부르만은 다음과 같이 주장하였다: "하나님의 행동은 여기에서 의심 없이, 창조와 보존에서처럼, 하나님의 의지가 영원하고 유일무이하게 그리고 지극히 단순하게 명령하는 것으로서 파악되어야 한다."(Fr. Burmann, *Syn. Theol.*, 1678, I, 43, 25) 실제로, 은혜의 계약 안에 있는 하나님의 특수한 행동을 제외하고라도, 이미 창세기 1장의 명확한 본문을 토대로, 하나님은 그의 '말씀'을 통하여 하늘과 땅을 창조하였다는 것에 대한 동의가 있었다. 왜 도대체 그의 피조물 안에서, 그것과 함께, 그것 위에서 행하는 그의 활동에 관하여 갑자기 다른 것이 언급되어야 하거나 혹은 정말 아무것도 언급될 수 없는가? 여기에서 성서의 언어, 특히 구약성서의 언어에 관하여 생각해 보아야만 했다. 성서의 언어에 따른다면 이 '어떻게'의 본질은, 즉 하나님이 그의 피조물을 관리하고 지배하는 "기술"의 본질은 무엇에 있는가? 바로 구약성서에서는 피조물이―무엇보다도 개별적인 인간들이, 그리고 그들의 사건들을 포함하고 있는 세계사도, 그리고 결국 자연 사건도―어떤 범위에서 하나님이 논하고 말하고 부르고 요구하고 명령하는 것에 의하여 움직이게 되는지 눈에 띄지 않는가? 하나님의 말씀과 피조물의 사건은 거기에서 분리될 수 없는 관련성을 형성하고 있는 것처럼 보인다. 발생하고 있는 것의 원인은 '하나님의 말씀'으로 거슬러 올라간다. 그러므로 "주 하나님은, 당신의 비밀을 그 종 예언자들에게 미리 알리지 않고서는, 어떤 일도 하지 않으신다."(암 3:7) 그리고 정반대로: "내가 말하는 것은 무엇이든지 그대로 '이루어지고'…내가 말한 것을 그대로 이루겠다. 나 주 하나님의 말이다."(겔 12:25, 참고—37:14) "나 주가, 높은 나무는 낮추고 낮은 나무는 높였으며, 푸른 나무는 시들게 하고 마른 나무는 무성하게 하였다. 나 주가 '말하였으며', 내가 그대로 '이루었다'."(겔 17:24) 그는 그의 아들, 이스라엘 민족을 이집트에서 '불러냈다'.(호 11:1) 그는 예루살렘을 포위하기 위하여 또한 북쪽에 있는 모든 나라들도 '불러들인다.'(렘 1:15) 그리고 다시: 그는 예루살렘에게 '말한다': 여기에 사람이 살 것이다! 그리고 유다의 성읍들에게 말한다: 이 성읍들이 재건될 것이다! 그리고는 깊은 물에게 말한다: 말라 버려라!(사 44:26f.) 그는 고레스(Cyrus), 곧 독수리를 북쪽에서 '불러낸다.'(사 46:11;48:15) 그는 고레스를 그의 목자로 '임명한다.'(사 44:28) 그러나 그는 또한 시므이(Simei)가 다윗을 저주하도록 시키기도 하였다.(삼하 16:10) 그는 세대들을 차례로 '부른다.'(사 41:4) 인간이 죽음에 이르게 되면, 그는 말한다: "다시 돌아가라, 인간들아!"(시 90:3) 그가 '말을 하며', 그 경우에 그것은 모든 민족에게는 멸망 혹은 재건을 의미한다.(렘 18:7f.) 그는 전쟁을 '일으켜서'(루터는 "칼을 불러내어"[ruft das Schwert]로 번역함—역자 주) 지상의 모든 주민들을 친다.(렘 25:29) 그러나 그는 또한 하늘과 땅을 행동하도록 '부른다.'(시 50:1-6) 그는 하늘의 군대를 그 수대로 불러내며, 그 모든 것의 이름을 '부른다.'(사 40:26) 그는 또한 눈과 비에게(욥 37:6), 파리들에게(시 105:31), 그리고 예언자를 삼킨 거대한 물고기에게(욘 2:11) '명령한다.' 그는 곡식을 '부른다.'(겔 36:29, 루터 번역판을 따름—역자 주) 그는 '그의 말씀을 보내'므로 얼음이 녹는다.(시 147:18) 그리고 만일 풀이 마르고 꽃이 시들면, 그것이 발생하는 이유는, '그의 입김'이 그 위에 불기 때문이다.(사 40:7) 이와 같이 하나님은 그의 '말씀'을 통하여 활동한다. 우리는, 코케이유스 학파의 신학자들이 명백히 이 사실을 인식하였으나 이 명제를 겨우 암시하였고, 더 강하게 내세우지는 않았다는 사실을 한탄할 수밖에 없다.

이 활동이 아버지의 활동이라는 것, 일반적으로 '하나님의' 활동이라는 것은 다음의 사실에 달려 있다: 그것은 '말씀' 안에 있으므로 '영'을 통한 활동이며, '영' 안에 있으므로 '말씀'을 통한 활동이다. 만일 우리가 이 사실을 인식하고 말한다면, 그 경우에, 다만 그 경우에만, 우리는 그리스도교의 하나님 사상, 즉 삼위일체적인 하나님 사상의 한복판에 서 있으며, 바로 동시에 굳건한 토대 위에 서 있다. 만일 선량한 양심을 지니기를 원한다면, 우리는 저 최고의 존재의 활동에 관해서는, 침묵을 지키는 모든 우상들의 활동에 관해서처럼, 침묵할 수밖에 없을 것이다. 왜냐하면 우리는 그것에 대하여 실제로 아무것도 알 수 없기 때문이다. 그러나 한 분인 진정한 하나님의 활동을 말씀과 영이라고 부름으로써, 우리는 그것을 '정당하게' 다루게 될 것이다. 그 이유는, 우리는 그렇게 함으로써 겨우 한 번이라도 하나님의 거룩한 이름을 발음하기 때문이며, 우리는 그렇게 함으로써, 그 자신에 의하여 그렇게 하도록 초대받고 권한을 부여받아서, 그 자신에 관하여, 그의 활동하는 인격에 관하여 말하기 때문이다. 역시 그의 활동이 지닌 '비밀'을 존중하도록 배려되는 것도, 그것이 말씀과 영으로서 이해되는 경우이다: 어떻게 하나님이 은혜의 계약 안에서 그의 말씀과 그의 영을 통하여 인간을 불러내고 깨우치고 의롭다고 인정하며 거룩하게 하는가에 대해서는, 다만 하나님을 탐구할 수 없다는 전제 안에서만 우리에게 알려질 수 있으며, 우리가 그것을 하나님의 말씀과 영의 활동으로서 이해할 때에, 우리는 바로 탐구할 수 없다는 전제 안에서 하나님의 활동 전체를 믿고 인식한다. 그러나 그 경우에, 하나님의 활동이 지니는 영원성과 편재와 전능함에 관하여 언급하는 것이 역시 '의미'를 획득한다: 이 주체의 술어들로서 이 개념들은, 저 최고의 존재를 나타내는 술어들인 그것들의 불가피한 특성일 수밖에 없는 그 공허와 냉정함을 상실하고, 생명과 광채를 획득한다: 하나님의 '말씀'은 전능하며, 그의 거룩한 '영'은 영원하고 편재(遍在)한다. 그리고 하나님의 활동에 마땅히 돌아가야 할 이 '명예'도 우리는, 그 활동이 무조건적인 활동이며 저항할 수 없는 활동이라는 조건 아래에서, 주저 없이 그리고 흔쾌히 하나님의 활동에 돌릴 수 있으며 또 그렇게 할 것이다. 신인협력설로 도피하는 것은 이 경우에 쓸데없는 것이다. 왜냐하면, 만일 그의 우월성이 말씀과 영의 우월성이라면, 그것은 다음과 같은 우월성이기 때문이다: 그것을 통하여 '피조물'의 자주성, 자유, 책임성, 고유한 존재, 삶, 활동에, 그리고 피조물의 고유한 행위가 지니는 순수성에 어떤 손실도 발생하지 않으며, 그것을 통하여 오히려 그 모든 것이 확증되고, 정말로 근거가 확립된다. 그의 말씀과 그의 영을 통하여 통치하는 하나님은 역시, 이러한 방식의 통치자로서 그 스스로가 피조물과 마주 서 있는 실재하는 대상(Gegenüber)으로 머무는 것과 마찬가지로, 그에 의하여 지배받는 피조물을 그와 마주 서 있는 실재하는 대상으로서 승인한다. 그는 그의 피조물을 진지하게 받아들이며, 그가 피조물에 대하여 이러한 방식의 통치자로서 스스로를 비교할 수 없는 방식으로 확증함으로써 스스로를 존경받게 하며 또한 지속적으로 존경받는 것과 똑같이, 피조물을 존중한다.

그리고 바로 이 점에서 보면, 우리는 이제 "동시적인 동행"에 관한, 즉 하나님의 활동이 피조물의 활동을 강력하게 지배하면서 동행하는 것에 관한 우리의 숙고 전체를 다음과 같이 확인함으로써 끝마칠 수 있다: 바로 이 하나님의 통치 아래에서는 '피조물'의 권리와 명예, 존엄과 자유도 결코 억압되거나 소멸되지 않으며, 오히려 그것들의 효력을 발휘하게 되며, 분명하게 드러난다.

신학사적으로 볼 때에 우리는 여기에서 '루터파의' (혹은 로마 가톨릭 신학에서는 '예수회의') 섭리론이 지닌 관심사와 관계하고 있다. 그러나 이 관심사를 제대로 다루기 위해서는, 루터파 신학자들이 (예수회 수도사들에 의하여 자극을 받아) 여기에서 실행하였던 그 운동, 즉 하나님의 "예정"을 단순한 "예견"으로 사라지게 하는 그 운동을 실행하는 것은 필요하지 않다.

"동시적인 동행"도 피조물의 활동에 대한 하나님의 예정을 전제로, 즉 피조물의 활동에 대한 하나님의 활동의 무조건적이고 저항불가능한 통치를 전제로 실행된다는 사실은, 실제는 하나님 홀로 작용하고 있다는 것을 의미하는 것이 '아니다.' 모든 "창조된 능력"을 차단시키고 하나님 '홀로' '모든 것'을 행한다는 견해는, 이미 토마스(Thomas von Aquino, *S. theol.* I, qu. 105, art. 5c)에 의하여 다음의 훌륭한 논증으로 거부되었다: 그 견해는, 창조주가 피조물에게 어떤 "행동할 능력"도 제공하지 않았다는 것을 의미할 것이며, 그 경우에 이 사실은 창조주로서 그가 지닌 "행동하는 존재의 능력"을 다시 문제시할 수밖에 없을 것이다. 따라서 루터파 신학자들은 원래 확실히 정당하게 다음의 사실을 중시하였다: 피조물의 활동과 "동행"하고 있는 하나님의 활동은 피조물의 활동을 폐지하는 것을 의미하거나 혹은 그 활동의 다양한 특색을 폐지하는 것조차 의미할 수 없다. 크벤슈테트는 다음과 같이 설명하였다(Quenstedt, *Theol. did. pol.*, 1685, I, 13, sect. 2, ekth. 12): "왜냐하면 하나님은 행동하는 존재들의 본성들이나 행동의 방식과 질서를 변경하지 않으며, 오히려 그는 자연스러운 행동 주체들이 자연스럽게, 자유로운 행동 주체들이 자유롭게 행동하도록 허용하기 때문이다." 그가 스페인의 예수회 신학자(크벤슈테트가 찬양하면서 강조하는 것처럼 "여섯 교황들의 설교가"인) 톨레트(Franz Tolet)의 저작으로부터 인용하면서 다음과 같이 계속하여 서술할 때, 우리는 물론 다소 불신감을 지니면서 계속 읽게 된다: "그의 지극히 온유한, 만물의 질서에 따라서 행동함으로써, 하나님은 제2 원인들과 동행하면서 그것들의 본성에 적합하게, 자유로운 것들과는 자유롭게, 꼭 필요한 것들과는 꼭 필요하게, 약한 것들과는 약하게, 강한 것들과는 강하게 협력한다." 그리고 크벤슈테트가 그의 입장에서 다음과 같이 설명할 때에, 불신이 입증된다: "하나님은 제2 원인들과 동행하면서 그것들이 지니고 있는 그때그때의 욕구와 필요에 적합하게, 즉 '언제, 얼마나 자주 그리고 어떻게' 해당되는 원인이 각각 그것의 본성이 지니고 있는 성질에 따라서 이 동행을 '요구'하는지에 적합하게, 협력한다. … 활동하는 사물들의 본성들에 '그가 적응하며', 그가 각 사물의 이해력과 욕구에 적합하게 개별적인 사물들에게로 내려옴으로써, 그들과 함께 … 그가 동행하면서 협력한다." 우리는 이렇게 질문해도 좋을 것이다: "노예의지론"의 저자는 그러한 루터파에 대하여 대체 뭐라고 말했어야 할까? 그리고 우리는 실질적으로 다음과 같이 질문할 수 있을 것이다: 만일 피조물의 활동 위에, 그 활동과 함께, 그 활동 안에 있는 창조주의 통치의 본질이 실제로 다만, 피조물의 특수한 욕구들과 필요들을 (말하자면 주문을 받아서!) 받아들이고 그것들을 제대로 취급하는 것에 있다면, 피조물의 명예와 권리는 대체 어떻게 될 것인가?

개신교의 입장이라기보다는 정말 오히려 예수회의 입장을 반영하는 이러한 극단화를 피하면서, 역시 초기 개혁파 신학자들은 일치하여, 이미 볼렙(J. Wolleb)에 의하여 공식화된 다음과 같은 명제의 토대 위에 서 있었다: "하나님의 섭리는 제2 원인들을 폐지하지 않으며, 오히려 그것들의 효력이 생기게 한다." Leidener Synopse의 정의도 다음과 같았다: "각 피조물이 지닌 본성의 방식에 따라서 그는 그것이 활동하도록 움직이며, 그의 동행하는 활동이 피조물들에게 배분되게 한다." 칼빈주의자들은 각 피조물의 활동이 지닌 특색에도, 자연사건의 우연성에도, 인간의 의지가 지닌 자유에도 이의를 제기하지 않았으며, 특히 인간의 행동이 지닌 자발성을 결코, 종종 그들이 비난받듯이 그렇게, 부정하지는 않았다. 아직 칼빈(*Instit.* I, 16, 2)은 적어도, 무의식적인 피조물이 지닌 기능을 때때로, 단지 사용된 도구들의 기능으로 서술했다면, 후계자들은 이 생각을 다음과 같이 명확히 더 정확하게 표현하였으며 바로잡았다: 우리는 "제2 원인들은 완전히 그 자체가 하나님의 순수한 '도구들'이며, 마치 하나님이, 최초로 활동한 존재에 의해서 움직여지는 경우 외에는 달리 활동하지 않는 도구들을 수공업자가 다루는 것처럼 제2 원인들을 다루며, 이와 같이 그것들은 역시 능동적이지 않고 수동적인 태도를 취한다. … '제2 원인들은 본래의 의미에서 그리고 그들에게 삽입된 능력으로 활동한다."라고 생각해서는 '안 된다.' 하나님은 '주관적'으로가 아니라 '실제로' 그것들 안에서 그것들과 함께 "제1 원인"으로서 그리고 그것들의 고유한 영향력을 다스리는 주님으로서 행동하고 있으며, 마치 그가 그것들에게 활동할 능력을 헛되이 제공했던 것처럼, 그것들의 고유한 활동을 간과하지 않고, 즉 '배제'하지 않고 '포함'하면서 행동한다는 것이다.(H. Heidegger, zit. nach Heppe², 210) 그러므로 루터파 신학자들과 개혁파 신학자들 사이의 논쟁에서 주요관심사는, 피조물의 활동이 지닌 독자성과 특징이 하나님의 활동에 대한 구별과 관계 안에서 주장되는가 아닌가의 '여부'(ob)가 아니라 그것들이 주장되는 '방법'이었다. 여기에서 개혁파 신학자들을 루터파 신학자들로부터 분리시켰던 것은 바로 이것이었다: 개혁파 신학자들은 "각 피조물이 지닌 자유와 자유로운 모든 행동들을 야기한 본래의 그리고 가장 내적인 제1 원인인, 창조되지 않은 최고의 자유에 참여하는 것에서 유래하지 않는", 어떤 "피조물 안에 있는 의지의 자유"에 관해서도 알고 싶지 않았다.(Leidener Synopse, 1624, *Disp.* 11, 10) 그들은 이것이 예수회가 만들어낸 저 "지극히 온유한, 만물의 질서"라는 표현에 의하여 문제시되는 것을 보기를 원하지 않았던 경우에는, 그들은 이 주제에서 루터파 신학자들에 대하여 역시 물론 정당하게 '반대'하기는 하였다. 그러나 다음의 사실을 확인하는 것이 더 중요하다: 그들은 하나님의 단독 활동이라는 관념을 단호히 거부하는 것에서, 그리고 적극적으로, 피조물의 활동이 지닌 자유를 유효하게 하려는 관심사에서 루터파 신학자들과 '일치'하였다. 여기에서, 만일 그렇지 않았다면, 필연적인 결과일 수밖에 없었을 윤리적 무관심주의와 정적(靜寂)주의(그리스도교의 완전한 덕은 도덕적 행위를 통해서가 아니라 자신을 완전히 하나님에게 맡기는 영혼의 정적상태에서 이루어진다는 17세기 가톨릭 이단설 — 역자 주)가 실제로 초기 칼빈주의의 역사적 형태의 특징을 나타내는 것은 아니었다. 우리는 거꾸로 다음과 같이 질문해도 좋을 것이다: 도대체 어떻게 저 진기한 "성향"이, 즉 하나님을 엄밀히 말해 결코 주님이 아니라 다만, 피조물의 활동을 지탱하며 돕는 전능한 존재에 불과한 것으로 여기는 그 성향이, 역사적으로 작용하였는가? 보편적 세계사건의 고유한 법칙성이라는 루터파의 특징적 관념 안에서, 그것에 상응하게 세속적 윤리로 치우치던 경향성에서, 즉 그것의 적용에서 창조주 하나님은 결코 더 이상 명령하는 존재로서가 아니라, 결국 겨우 그의 온화한 축복을 통해서만 협력할 수 있는 것으로 간주되던 그 윤리로 치우치던 경향성에서 그런 성향이 작용하지 않았던가? 확실한 것은 이것이다: "동시적인 동행"에 대한 예정론적 해석은 칼빈주의에게 명백히 다만 더욱더, 일반적으로 피조물의 사건을 그리고 특별히 인간의 자발성과 활동성을 — 물론 하나님의 계명에 대한 직접적인 책임성 안에서 — 아주 진지하게 받아들이도록 동기를 부여했다.

무조건적이며 저항할 수 없는, 하나님의 통치는 특색과 다양성을 지니고 있는 피조물의 활동에 대한 위협이나 억압을 의미하지 않을 뿐만 아니라, 오히려 바로, 그 활동이 지닌 자유의 토대를 확립하는 것을 의미한다.

"하나님의 섭리가 지닌 효력이 피조물의 의지가 지닌 자유를 파괴하는 것은 결코 아니며, 오히려 후자는 전자 없이는 결코 존속할 수 없다."(Leid. Syn., 1624, *Disp.* 11, 11)

이 명제를 인식하고 이해하기 위한 '근본조건'은 지적인 것이 아니라 '정신적인'(geistlich) 것이다: 즉, 불안복합체(Angstkomplex)를 깨뜨리고 제거하는 것, 곧 마치 하나님이 피조물에게 낯선 자, 반대자, 어쩌면 적대자인 것처럼 여기는, 마치 피조물이 하나님에 대하여 경계가 정해지고 안전하게 된 공간을 더욱더 많이 그것의 고유한 것으로 명명할 수 있을수록 피조물의 자유와 권리, 명예와 존엄이 더욱더 좋은 상태에 있고, 그 공간이 더욱더 좁아질수록 그것들은 더욱더 나쁜 상태에 있으며, 그 공간이 가령 완전히 빼앗길 경우에는 그것들은 매우 나쁜 상태에 있을 것처럼 여기는, 따라서 마치 하나님의 부당하고 위험한 요구에 대하여 피조물의 요구를 보호하는 것이 정당한 관심사일 수 있으며 또 그래야만 하는 것처럼 여기는 그런 불안 복합체를 깨뜨리고 제거하는 것이 근본조건이다. 옛 개념으로 표현하면, "제2 원인"은, 만일 그 어떤 은신처에서는 그것들이 "제1 원인"의 역할을 할 권한이 없다면, 마음이 편할 수 없으며 기분이 좋을 수 없다. 잠시, 이 불안복합체는 근본적으로 아무것도 아니라고 상상해보자: 즉, 하나님은 아버지이며 (그 어떤 아버지 콤플렉스의 "아버지"가 아니라, 예수 그리스도의 아버지이며, 따라서 우리가 사랑하는 아버지이며!), 따라서 피조물은 더욱 완벽하게 하나님의 지배 아래 서 있으면 있을수록 더욱더 행복할 것이며, 여기에서 유보들과 제한들이 더욱 효력을 지닐 수 있으면 있을수록 더욱더 불행할 것이라고 상상해보자. 따라서 바로, 피조물에 대한 하나님의 요구가 완전히 그리고 무조건적으로 옳다고 인정될 경우에만—사실은 다만 그 경우에만—피조물의 권리가 가장 근본적으로 인식되고 승인될 것이며, 따라서 "제2 원인"의 경우에는, 완전히 "제2 원인"일 수 있도록 허용되는 것만이 유익한 것이라고 상상해보자.—만일 그렇다면, 얼마나 간단하게 질문이 제기될 수 있을 것이며, 또한 얼마나 간단하게 이미 대답될 수 있을 것인가! 다음과 같은 사실은 인간의 완고함과 회개불가능성에 대한 진기한 증언이 아닌가!: 심지어 그리스도교가, 그리고 그리스도교 안에서 심지어 전문가들이, 즉 신학자들이라는 특이한 부류가, 그들 가운데 가톨릭 신학자들만이 아니라 심지어 개신교 신학자들이 저 불안복합체로부터 별로 자유롭지 않은 것처럼 보이며, 그리고 그들은 여기에서 몇 번이고 되풀이하여 어려움들을 인식하고 있다고 여겼으며, 상응하는 어려움들을 만들어내야만 한다고 여겼다. 만일 그럼에도 불구하고 하나님을 모든 것 안에서 모든 것을 행하는 분으로 승인하라는 단순한 요구에 직면하여 역시 다음과 같은 근심이 우리를 사로잡는다면, 즉 마치 아마 하나님에 관해서는 너무 많이 언급되고 피조물에 관해서는 너무 적게 언급되거나 한 것처럼, 마치 피조물의 활동이 지니는 고유성과 자주성이, 특히 인간의 자유와 책임성이 손상될 수 있거나 한 것처럼 여기는 근심이 우리를 사로잡는다면 — 그렇다면, 그리스도와 그의 부활에 대하여, 은혜에 대하여, 우리가 새로운 피조물로 거듭나는 영광에 대하여, 하나님의 말씀이 지닌 위엄에 대하여, 하나님이 설립한 기관인 교회에 대하여, 성례전들의 사역적(使役的, causativ) 혹은 인식적 능력에 대하여 우리가 생각하고 말하는 모든 것이 도대체 무슨 소용이 있다는 말인가! 마치 그러한 요구로부터 벗어나 조잡한 혹은 정교한 신인협력설이라는 더 안전한 지붕 아래로 도피하는 것이 역시 추천한 만한 것인 것처럼! 입술로만 신앙고백을 하는 우리는 대체 얼마나 슬픈 존재인가! 그런데, 우리가 그런 존재인 것은, 정말로 이유가 있다: 즉, 교회 속 매우 깊은 곳까지, 그리스도교적 양심과 그리스도교의 신학적 사고 속 매우 깊은 곳까지, 하나님에 대한 '두려움'(Furcht)이 실제로, 우리가 하나님을 사랑할 수 있는 그 사랑보다 몇 번이고 되풀이하여 훨씬 더 강하다. 이 현상은 다음과 같은 사실을 충격적으로 명료하게 보여주고 있다: 신학과 그리스도교 설교는, 만일 그것이 그것의 자리에서 또한 죄에 대하여, 악령들에 대하여, 일반적으로 무질서에 대해서 말해야만 할 경우에, 그 주제를 너무 먼 곳에서 그리고 너무 깊은 곳에서 찾지 않고, 그 죄의 가장 고유한 태도(Gehaben) 안에서, 즉 바로, 그것과 전체 그리스도교의 특징을 나타내는, '하나님에 대한' 그리고 '피조물을 위한' '불안'(Angst) 안에서 찾는 편이 용이할 것이다. 그 불안 안에서 우리는, 우리가 입술로 고백하는 바로 그 동일한 진리에 대하여 몇 번이고 되풀이하여 바리케이드로 자신을 보호하며, 그 경우에 진리를 — 여기에서 진정한 "악순환"이 문제되고 있다. — 실제로 또한 겨우 바리케이드 너머로 바라보고 인지할 수밖에 없으며 겨우 입술로만, 따라서 무기력하게 고백할 수밖에 없다. 만일 우리가 그리스도인으로서 인식하고 고백하도록 허용되었던 것을 통하여, 하나님을 두려워하기 보다는 '오히려' '사랑'하도록 자유롭게 되지 않는다면, 우리가 하나님을 사랑하기보다는 오히려 '두려워'해야만 할 것이라는 것은 명백하다. 바로 이것이 인간의 죄가 지닌 형태, 즉 엄밀히 말하자면 유일하게 중요하고 관심을 끄는 그 형태이다. 그리고 바로 이것이 또한, 왜 피조물의 활동이 지닌 자유를 하나님의 무조건적이며 저항불가능한 통치를 통하여 토대를 확립하는 것이 우리에게 그처럼 명확하지 않은가에 대한 유일한 이유이다. 우리는 어떻게 이 이유를 신학적 논거들로써 논쟁함으로써 제거하고자 할 수 있겠는가? 하나님에 대하여, 그러므로 자기 자신을 위하여 불안을 지니고 있는 자는, 어쨌든 불안을 '지니고 있다.' 그리고 하나님 앞에서 불안을 지니는 것이 우리 모두의 본성인 경우에는, 우리 모두의 안에 있는 이 본성은 다만 금식과 기도를 통해서만 물러갈 수 있다. 따라서 우리는 다만, 이 본성이 실제로 '물러가는' '때'에 그리고 그런 '경우'에, 또한 다음의 '신학적' 논거들이 유효하다는 사실을 확인할 수밖에 없다.

하나님은, 즉 '진정으로' '하나님'이면서 통치하고 있는 그 하나님은, 바로 '이 하나님이다': 그는 아브라함과 모세에게 자신을 계시하였으며, 그의 예언자들에게 말씀하였고 또한 그 예언자들을 통하여 말씀하였으며, 스스로 이스라엘 민족의 하나님으로 그리고 이스라엘 민족사의 주님으로 되었으며, 예수 그리스도 안에서 스스로 인간으로 되었고 인간들의 신앙공동체의 머리가 되었으며, 만물 안에서 주권을 지니고, 즉 무조건적이며 저항할 수 없게 행동하였으며, 그러나 또한 자비롭고 인내하면서 행동하였으며, 만물 중에서 그의 피조물인 인간을 동반자로서 전적으로 '진지하게 받아들였'으며, 인간과 인간적으로 교제하였다. 행하고 방치하며, 생각하고 행동하며, 위대하고 보잘것없으며, 본성을 지니고 있고 그 본성의 한계 안에 있는 그 인간이 하나님의 활동의 대상이고 목표였으며 지금도 그러하므로, 바로 그는 '인간'으로서 역시 하나님의 수단이고 도구이고 기관(Organ)이었고, 지금도 그러하며, 하나님의 계약과 하나님의 명예와 하나님의 구원을 드러내는 역사는 역시 인간의 역사―즉 인간의 고난(Passion)사(史)만이 아니라 또한 생각할 수 있는 모든 형태들을 지니고 있는 인간 '행동'의 역사이기도 하다. 예언자들 혹은 사도들의 삶에서, 어디에서 하나님의 자유가 중지되고 피조물의 자유가 시작되는지, 누가 그 경계선을 표시할 수 있겠는가? 그들 자신의 고백에 따르면 그들 편에서 결코 원하지도 환영하지도 않았으나 그들에 대한 하나님의 행위를 완전히 감수해야만 했던, 하나님의 마음에 드는 이 사람들의 인간성보다 더 자유롭고, 더 자주적이며 더 고집 센 인간성이 존재하는가? 그들은―그들의 모범인 예수 그리스도는 제쳐놓고라도―다름 아니라 바로 그것을 감수함으로써, 그들이 완전히 하나님의 지배 아래 들어가도록 만든 그 해방으로부터만 해명될 수 있는 방식으로 활동하도록 촉진되었던 것 아닌가? 그리고 바로 이 하나님이 세계 전체를 지배하고 있으며, 모든 사건 안에서 무조건적으로 그리고 저항할 수 없게 지배하고 있다. 하나님은 인간을 결코 돌이나 통나무로서가 아니라 바로 인간으로서, 즉 인식할 수 있고 의지를 지닐 수 있는 존재로서, 즉 '자유로운' 존재로서 취급함으로써, 즉 언제나 책임을 환기시킴으로써, 곧 언제나 인간을 실제로 책임을 지게 함으로써, 인간에게 무슨 일이 일어나든지, 중요하든 사소하든 모든 일에서 바로 그 하나님이 행동하고 있다. 하나님은, 그가 창조한 것을, 그가 그것에게 부여했던 본성과 한계에 따라서―물론 오직 그에게만 알려진 그 본성과 한계에 따라서―활동하게 함으로써, 바로 그가 그 밖의 모든 사건 안에서도 행동하고 있다. 바로, 그가, 즉 이 하나님이, 창조주로서 통치함으로써, 모든 것은 바로 '그것의' 방식에 따라서, '그것의' 장소에서 그리고 '그것의' 시대에 존재하고 살아가고 활동하며, '그것의' 공간을 채우며, 그것의 주변 환경에 '그것의' 영향을 미치며, '그것'이 현존하는 영역들을 완성하도록 허락된다. 그가 만물 안에서 주인(Meister)이라는 사실은, 만물이 각자 바로 다름 아니라 그것의 '고유한' 현실 안에서 스스로를 발전시키도록 허락된다는 사실을 결코 변경시키지 않는다. 반대로, 하나님의 통치와 돌봄의 본질은, 각자가 그렇게 하도록 '허락되며' 또한 그렇게 '할 수 있다'는 바로 그 사실에 있다. 그리고 각자가 실제로 그렇게 행하는 곳에서는 언제나 어디에서나, 바로 그것은 하나님의 통치와 돌봄 덕분임에 틀림없다. 만일 그것이 각자에게 원래부터 그리고 마지막까지 하나님의 통치와 돌봄을 통하여 제공되지 않는다면, 언제나 어디에서나 각자는 바로 그것을 행할 수 없을 것이다. 하나님의 통치와 돌봄은, 결코 각자의 자유를 위협하는 것이 아니라, 각자가 그것의 장소와 시간에서 그것의 현실존재(Dasein. 실존주의의 인간이해로서 흔히 '현존'으로 번역되며, 시간과 공간 안에서 실존하며 변화 가능한 현실적 존재를 의미함—역자 주)와 본질존재(Sosein. 실존주의에 대립되는 본질주의의 인간이해로서 현실의 영향을 받지 않는 불변하는 본질적 존재를 의미함—역자 주) 안에서 그것이 지닌 최고의 자발성을 행동으로 나타낼 수 있도록 허락하는, 즉 각자를 지금의 모습으로 만들었으며 또한 그것 자체도 활동하도록 허용하는 주님을 찬양할 수 있도록 허락하는 바로 그 근거이다.

 이 주제에서 화제가 되고 있는 하나님이 누구인지 확실하다면, 두 번째로 다음의 사실이 언급되어야 한다: 피조물의 활동에 대하여 하나님의 활동이 (그가 피조물을 그의 것으로 만듦으로써, 그리고 그가 피조물의 주님이 됨으로써) 그의 고유한 활동으로 남아 있듯이, 그렇게 또한 그의 활동에 대하여 피조물의 활동이 그것의 '고유한' 활동으로 남아 있도록 배려되어 있다. 만일 우리가, 하나님의 통치하는 의지에서 주요관심사는 피조물의 활동을 하나님의 활동 안으로 흡수하고 동화시키는 것과 비슷한 것, 즉 하나님의 활동을 위하여 피조물의 활동을 분해하고 소멸시키는 것이라고 잘못 생각한다면, 우리는 틀림없이 하나님의 '은혜'를 이중으로 오해하는 것이 될 것이다. 그때에 우리는 다음의 사실을 망각하게 될 것이다: 하나님의 활동은 그의 '자유로운' 그리고 자유롭게 머무는 은혜의 활동이며, 높은 곳으로부터 깊은 곳으로 향하는 활동, 곧 겸손이며, 그 겸손에서 하나님은 비길 데 없고 앞으로도 그러할 것이며, 그 겸손에서 그는 홀로 하나님 됨을 중지하지 않으며, 따라서 그 겸손에서는 그의 활동에 대하여 피조물의 활동이 지니는 상이성과 독자성과 특성을 폐지하는 것도 결코 화제가 될 수 없다. 그리고 그때에 우리는 다음의 사실을 망각하게 될 것이다: 하나님의 활동은 그의 '은혜'가 활동하는 것이며, 따라서 그 활동 안에서 그는 피조물을 파괴하거나 폐지하는 것이 아니라, 오히려 그것을 긍정하는 것, 그것을 구원하고 영광스럽게 하는 것을 목적으로 삼고 있다. 진정한 하나님을 바라봄으로써 우리는 그의 활동에 관한 모든 유출설들과 유입설들을, 그리고 모든 범신론과 일원론(Monismus)을 거절하게 되므로, 그 하나님을 바라봄으로써 우리는 실제로 또한 다음의 염려로부터, 즉 피조물의 본성과 활동과 자유와 책임성이 너무 적게 남거나 혹은 결국에는 전혀 아무것도 남지 않을지도 모른다는 염려로부터 벗어나게 된다. 아무것도 남지 않는 것이 아니라, 또한 적게 남는 것이 아니라, 오히려 '모든 것'(Alles)이 여기에 남아 있게 된다! 그런데 여기에서, 남아 있게 된다는 것은 대체 무엇을 의미하는가? 마치 여기에서 역시 훼손(Angriff)과 같은 어떤 것이, 즉 그것에 대하여 피조물이 다소간에 다음과 같이 위로받아야만 할, 즉 그것이 그래도 역시 중요한 것(etwas)이며 또한 그럴 수 있다는, 그것에게는 그래도 아직 이것이 혹은 저것이 남아 있다는 위로를 받아야만 할 공격과 같은 어떤 것이 발생하기나 하는 것처럼 이해해야 하는가? 바로 하나님과 그의 활동 사이에 — 높은 곳에 있는 하나님이 또한 깊은 곳의 위와 안에서도 주님이라는 사실에 의해서 극복되는, 그러나 그만이 홀로 그것을 극복하므로, 여전히 '존속하는'! — '거리'가 존속하므로, 여하튼 다음의 사실이 분명하다: 하나님과 상이한 존재, 즉 깊은 곳에 있는 존재인 피조물은 그것이 소유한 것을 빼앗기지 않았을 뿐만 아니라, 오히려 그것을 모든 형태로 할당받고 제공받았다. 하나님이 그의 무조건적이며 저항할 수 없는 행동을 통하여, 즉 그의 은혜가 행동하는 것을 통하여 스스로 존경받으면서, 그는 또한 그가 은혜를 베푸는 대상인 그의 피조물을 '존중한다.' 피조물은 바로 자기 자신을 위하여 바로 이것보다, 즉 하나님이 행하는 은혜의 행동에 의하여 완전히 지배되는 것보다 더 나은 것을 요구할 수 없다. 만일 이 행동이 끝나거나 중지하기만이라도 한다면, 만일 하나님이 그의 피조물에게 그가 베푸는 은혜의 대상이 아닌 다른 존재일 수 있는 여지를 열어둔다면, '그 경우에' 그것의 자유, 그것의 권리, 그것의 명예와 그것의 존엄성을 염려할 계기가 존속하게 될 것이다. 그리고 하나님의 행동이 지닌 주권을 삭감하려는 자는, 그의 전능함을 제한하는 것이 필요하다고 간주하는 자는, 누구나 그가 무엇을 하고 있는지를 주의 깊게 바라보아야 한다: 그 방향으로 향하고 있는 생각과 말을 통하여, 그는 바로 피조물 자체에 닥칠 수 있을 가장 큰 재앙을 주장하고 있는 것이다.

이제 셋째로 그리고 마지막으로, 우리가 하나님의 활동양식에 대하여 이미 언급했던 이 모든 것이 숙고되어야 한다. 나는 결정적인 것을 다시 한 번 강조한다: 그것은 영원히 '풍부한' 하나님의 활동이며, 그것은 그의 '말씀'과 그의 '영'을 통한 그의 활동이다. 이로써 우리는 다만, 동일한 실상(Sachverhalt)의 두 측면들을 묘사하고 있다: 하나님의 영원한 풍부함은 아버지, 아들, 성령으로서 그의 삼위일체적 삶의 풍부함이다. 그리고 바로 그렇기 때문에 말씀과 영을 통한 그의 활동은 그의 영원한 풍부한 삶을 실증하는 것이다. 두 측면에서 볼 때 우리는 우리의 주제에서 동일한 결과에 도달한다: 하나님이 그의 말씀과 그의 영을 통하여 활동한다면, 그의 전능한 활동을 통하여 그의 피조물의 활동을 폭력으로 억압하거나 없애버리는 것은 결코 우려될 필요가 없다. 반대로 그 경우에는, 바로 하나님의 전능한 활동이 피조물의 활동 자체를 자유롭게 '허용'하지 않을 수 없을 뿐만 아니라, 끊임없이 자유롭게 '만들지' 않을 수 없다. 말씀이, 그리고 영이 무조건적으로 그리고 저항할 수 없게 활동하는 곳에서는, 여하튼 그 결과로서 포로상태가 아니라 '자유'가 발생한다. — 만일 우리가, 말씀과 영의 활동을 통하여 발생하는 바로 그 '포로상태'야말로 진정한 자유라고 말하기를 원하지 않는다면, 우리는 어떻게 '말씀'의 전능함 앞에서, '영'의 전능함 앞에서 염려할 수 있겠는가? 우리는 어떻게 그 전능함을 제한할 궁리를 할 수 있겠는가? 어떤 종류의 자유 개념이 우리를 부추겨서, 여기에서 위협하고 있는 포로상태에 대하여 피조물을 안전하게 보호하기를 원하게 할 수 있겠는가? 그리고 만일 하나님이, 자기 자신 안에서 영원히 풍부한 하나님으로서 활동한다면, 다음과 같이 두려워할 필요가 없다: 피조물의 활동이 지닌 다양성이 그의 활동을 통하여 차별 없게 될지도 모른다고, 말하자면 강압적으로 평준화될지도 모른다고, 그리고 우리는 "지극히 온유한 질서"라는 지혜로, 우리의 소우주 안에 있는 모든 것이 다만 각자의 위치에 머물고 각자의 특성을 보유하도록 하기 위해서 전력을 다해야만 할 것이라고 두려워할 필요가 없다. 마치 바로 하나님의 전능한 활동 자체 안에, 피조물들에게 주어졌으며 또한 아직도 주어져야 하는 혹은 아직 그것들에게 계시되어야 하는 풍부한 모든 가능성들이 포함되어 있지 않기나 한 듯이, 두려워할 필요가 없다! 바로 피조물들의 다양성과 그것들의 활동이 지닌 다양성이 끊임없이 하나님의 활동을 통하여, 즉 그것의 풍부함에 비교한다면 우리 우주의 풍부함 전체란 빈약하기만 한 바로 그 활동을 통하여 보증되지 않기나 한 듯이, 두려워할 필요가 없다! 틀림없이 우리는 하나님의 말씀과 영에 대하여, 따라서 참된 삼위일체 하나님에 대하여 전혀 제대로 알고 있지 않으므로—혹은 그에 대하여 알고 있는 거의 모든 것을 다시 잊었으므로—여기에서 그를 두려워하고 피조물을 걱정하는 것 아닌가?

이것들이 여기에서 주장되어야 하는 신학적 '논증들'(Argumente)이다. 그러나 나는 반복하여 말한다: 여기에서 우리는, 모든 신학적 논증들이 비로소 '강력하게' 되는 그 지점에, 즉 하나님에 대한 불안복합체라는 특성(Art)이, 곧 그리스도교의 커다란 나쁜 습관(Unart)이 '물러가고' 있는 그 지점에 직면해 있다. 이 주제에서 결론적으로 아주 단호하게 '개혁파' 교회와 신학의 옛 가르침에 동조함으로써, 우리는 감히 이러한 그릇된 특성이 마침내 실제로 또 한 번 "개혁"될 수 있을 뿐만 아니라 물러갈 수 있다고 기대하였다. 그것을 기대하는 것은 모험이다. 그러나 어떻게 우리가 이 주제에서 이러한 모험 없이 의미 있는 어떤 것을 말할 수 있겠는가?

우리는 이 절(節)의 전체 내용을 세 번째 명제로써 마무리한다: 하나님의 활동은 그의 피조물의 활동을 '뒤따라간다': "그가 돕기 위해 뛰어간다"(즉 "작용을 고려하여"). 이 명제에 대하여 언급되어야 하는 것은 실질적으로, 다음 절에서 피조물의 존재를 하나님이 지도하는 것("통치론")에 관하여 전개되어야 할 내용과 거의 겹치므로, 여기에서는 아주 간단히 말해도 좋을 것이다.

우선, 이 세 번째 구별도 다만 개념적인 전개에만 도움이 되어야 한다는 사실이 다시 확인되어야 한다: 하나님이 행하는 하나의 활동은 피조물의 활동과 비교하여 또한 이 차원을 지니고 있으며, 또한 피조물의 활동이 지닌 영향력에까지 앞을 향하여 영향을 미친다는 것을 보여주어야 한다. 그것의 고유한 길을 걸어가는 피조물과 동행하는 하나님에 관한 관념 전체는, 그가 주님으로서 피조물보다 앞서 가며, 주님으로서 그의 곁에서 동행한다는 사실뿐만 아니라, 그것을 넘어서서 또한 그가 피조물을―거듭 주님으로서―뒤따라간다는 사실도 포함한다. 우리는 저 앞섬과 마찬가지로 이 뒤따름을 하나님의 시간적인 행동과 똑같이 그의 영원한 존재에 관련시켜야만 한다. 그는 영원히 존재하며, 영원한 하나님으로서 시간 안에서 행동하므로, 그는 그것이 지닌 시간의 한계들 안에서 발생하는 피조물의 활동보다 '먼저'뿐만이 아니라, 그것과 '동시'에도, 그리고 그것의 종결 '이후'에도, 곧 그것에게 할당된 시간이 끝난 이후에도 존재하고, 행동한다. 피조물이 그것의 활동에 아직 착수하지 않았을 때에, 하나님은 '이미' 도상에 있었고 활동 중이었듯이, 그것의 활동이 실행될 때에 그가 그것과 함께하고 협력하듯이 그렇게, 피조물이 이러한 그것의 활동으로 그것의 목표에 도달한 이후에도 '아직도', 그는 역시 그것을 추월하며, 그것의 활동에 대한 관계 안에서 활동한다.

모든 활동의 목표는 '영향'(Wirkung), 즉 해당하는 활동에서 의도된 혹은 어쨌든 그 활동을 통하여 만들어지고 유도되고 야기된 '변화', 곧 활동하는 주체 자체의 변화이며 동시에 어느 정도로 역시 그를 에워싼 주변 환경의 '변화'이다. 만일 우리가 오직 피조물의 활동과 관계를 맺고 있다면, 이제 다음의 것이 언급될 수 있을 것이다: 피조물인 주체가―틀림없이 훨씬 이전에 자신이 행한 활동의 후속적 영향을 받으며, 그리고 틀림없이 또한 그것의 고유한 활동보다 앞선 활동의, 즉 다른 주체들인 피조물들이 행한 많은 활동의 후속적 영향을 받으며―이것 혹은 저것을 행한 이후에는, 즉 그것의 활동에 의하여 만들어진 변화가 실행된 이후에는, 하나의 사실(Tatsache)이 만들어진다. 이 사실은 과연 동일한 주체나 다른 주체들의 계속적인 활동을 통해서 더욱더 변화될 수 있기는 하지만, 우선, 그 활동이 해당되는 주체인 피조물의 의지와 능력에 상응했듯이, 어쨌든 그 활동이 그 주체가 사실상 실행한 것에 상응했듯이, 정확히 그렇게 사실이며, 정확히 그렇게 만들어졌으며, 따라서 영향으로서 존재하고 있다. 그 주체가 행하였던 그것을, 그 주체가 이미 행'하였'으며, 발생된 그것이 이미 발생되어 '있다': 즉 해당되는 주체의 입장에서 본다면, 그 주체가 그것의 의식적 혹은 무의식적 의도들과 가능성들에 따라서, 그리고 그것이 실제로 성취한 것의 정도에 따라서 지녔던 바로 그 방식으로, 바로 그 범위에서, 그 의미에서, 그 파급효과에서 그러하다. "내가 글로 썼던 것, 바로 그것을 내가 썼다." 어떤 삶을 꾸려나가는가 하는 점은 그 사람 하기에 달려 있다(인과응보를 의미하는 독일 속담―역자 주). "사람은 무엇을 심든지, 심은 대로 거두어야만 한다." 되어버린 것(Was wurde), 바로 그것이 사실로 존재한다(ist): '누구에 의하여' 혹은 '무엇에 의하여' 그것이 그렇게 되어버렸는지에 상응하여, 그리고 어떻게 그것이 그렇게 되어버렸는지에 상응하여 존재한다. 어떤 변화가 계속하여 발생하더라도, 이미 이루어진 변화 자체는 취소될 수 없고 변경될 수 없다. 이미 내려진 결정은 하나의 상황을 만들어 냈으며, 그 상황의 사실성, 그것의 특성, 그것의 한계들은 더 이상 흔들릴 수 없다. 해당되는 주체인 피조물의 활동으로 인해 결과적으로 발생했음에 틀림없는 것 같은, 정확히 그러한 영향이 현존한다.

바로 이것이, 만일 다만 피조물의 활동과 관계할 경우에, 즉 무엇보다도 먼저 그리고 참으로 역시 마지막으로, 피조물의 활동에 동행하는 '하나님'의 활동과 관계하지 않을 경우에, 우리가 피조물의 활동 목표에 대하여, 따라서 그 활동이 종결된 후에 사물의 상태에 대하여 가져야만 할 이미지(Bild)이다. 그런데, 하나님이 피조물의 창조주와 주님으로서 피조물의 활동에 '동행하고 있다'는 사실이 의미하는 것은 또한 이것이다: 피조물의 활동이 끼치는 '영향들'도, 즉 그것의 활동을 통하여 발생한 '변화들'도 '그의' 처분에 맡겨져 있으며, '그의' 통치 아래에 있다. 그는 뒤로 물러서지 않는다. 피조물의 활동이 그것의 목표와 종말에 도달했을 때, 따라서 그 활동으로부터 발생했어야만 했으며 발생할 수 있었고 실제로 발생했던 대로 그 활동의 영향이 나타날 때, 그는 잠들지 않는다. 비록 피조물이 그것의 팔을 축 늘어뜨릴지라도, 그의 팔은 여전히 쭉 펴져 있다. 그는 또한 피조물의 활동이 끼치는 영향도 다스리는 주님으로서 행동한다는 점에서, 그는 그의 피조물을 능가하며, 그의 활동은 피조물의 활동을 또한 뒤따라간다. 그러므로 시간상 일시적인 행위인 피조물이 행한 활동의 종말은 그것의 시작과 마찬가지로 이러하다: 피조물의 활동은 하나님과 함께 시작할 수밖에 없듯이, 마찬가지로 그것은 또한 하나님과 함께 끝날 수밖에 없다. 그리고 피조물의 활동의 시작과 끝에서 "하나님과 함께"라는 말이 의미하는 것은, 하나님의 전능한 활동을 위하여 헌신한다는 것이다.

그러므로 피조물의 활동이 발생하고 있는 앞을 향한 그리고 뒤를 향한 맥락은 결코 그것과 동등한 것들에 대하여, 즉 그것보다 앞서 있었던 것 그리고 그것보다 뒤에 있게 될 것, 그것들의 영향 아래에 그것 자체가 활동하고 있으며 그것의 편에서는 그것들에게 계속하여 영향을 끼치는 그것들에 대하여, 그것이 관련되어 있는 그 맥락만이 아니다. 그것은 물론 이 맥락 안에도 있으나, 그것도 다만 하나님과 함께만 그러하다. 왜냐하면, 만일 그것을 선행하는 다른 피조물들의 활동이, 그리고 그 활동의 영향들이 그것들의 활동을, 지금 여기에서 이 특정한 피조물의 이 특정한 활동에 이를 수 있도록 기여하게 했다면, 그것은 다름 아니라 바로 하나님의 전능한 활동이었기 때문이다. 그리고 만일 그것 자체로부터 발생한 특정한 영향이 선행하는 피조물들의 활동을 다른 피조물들의 후속 활동이 실현되도록 하기 위하여 기여하게 할 예정이라면, 그것 또한 다름 아니라 바로 하나님의 전능한 활동일 것이다. 개별적인 피조물의 활동은 처음부터—왜냐하면 그것을 선행하는 다른 피조물들의 활동에 대해서도 동일한 것이 유효하기 때문이다.—하나님의 지배 아래에 있다. 그러나 우리는 이제 다른 것을 중요시한다: 그 개별적인 피조물의 활동 자체로부터 발생한 영향도 동일한 지배 아래에 있다. 그 개별적인 활동은, 그것이 시작했던 것과는 다른 방식으로 끝날 수 없다; 그것은 근원(Ursprung) 외에, 즉 그것이 그것의 의지, 능력, 실행에 대하여 감사해야만 했던 바로 그 근원 외에, 어떤 다른 곳에서도 그것의 목표에 도달할 수 없다.

이것이 의미하는 것은 다음과 같다: 이런 혹은 저런 피조물에 의하여 발생한 영향, 즉 그것에 의하여 초래된, 그것의 고유한 상태의 변화와 그것의 주변 환경인 피조물들의 상태들의 변화는 결코 그것에게 속한 것이 아니다. 나의 영향은, 내가 그것을 만들어낸 이후에는, 더 이상 나의 것이 아니다. 물론 내가 그 영향을 만들어냈으며, 물론 이미 이루어진 그것은 취소할 수 없다. 내가 그것을 역시 하나님 없이 만들어냈던 것이 아니라, 하나님과 함께, 그의 "앞서감"과 "동행"이라는 통치 아래에서 만들어냈다는 것도 마찬가지로 확실하다. 그러나 바로, 그것이 하나님의 통치 아래에서 이루어졌기 때문에, 피조물에 의하여 발생한 영향의 방식과 범위와 의미와 파급효과를 결정하고 마음대로 처리해야만 하는 것은 그 피조물이 아니다: 설령 그 영향이 아무리 필연적으로 그 피조물의 가장 고유한 본질과 활동에서 유래하였다고 할지라도. 그러나 그 영향의 특성을 결정하고 마음대로 처리해야 하는 것은 역시, 그 영향을 그것들의 입장에서 받아들이는 다른 피조물들도 아니다.—설령 그것들이 그 영향을 아무리 깊이 감수해야만 할지라도, 그리고 그것들이 아무리 강력히 그것을 자신들의 것으로 장악해야 할지라도.

내가 지금 발음하는 그 말(das Wort)은 확실히 완전히 나의 말이며, 내가 그것을 발음함으로써, 나는 그것을 이미 발음'했으며'(habe), 나는, 취소될 수 없는 이 특정한 사실(Tatsache)을 만들어 내었다. 그러나 나는 급히 내 말의 뒤를 쫓을 수 없으며, 그것이 내가 한 말로서 내가 의미했던 것처럼 그렇게 받아들여지고 이해되고 계속하여 전해지도록 배려할 수 없다. 오히려 그것은 내가 말한 말로 남면서도, 그것은, 이미 언급되었으므로, 나의 간섭에 종속되지 않는 그것의 '고유한' 역사를 획득한다. 나는, 내가 만들어낸 이 사실에 대하여 이제는 더 이상 어떤 권한을 지니고 있지 않다. 그리고 만일 반대로 다른 사람이 나의 이 말을 청취했다면, 그는 확실히 그 말을 청취'하였다.' 그러나 이 말에 내용과 의미를 제공하는 것, 그리고 그것이 그와 관계가 있으며, 그를 계몽하고, 그를 설득하는 말로 되게 하는 그 힘을 제공하는 것은 역시 그의 권한이 아니다. 내가 그 말을 뒤쫓을 수 없듯이, 그는 그 말을 급히 맞이하러 나갈 수 없다. 오히려 그것이 그에 의하여 청취된 말이므로, 그것은 역시 그에게 종속되지 않는 '고유한' 역사를 갖고 있다. 그것은 과연 그에게도 사실이기는 하지만, 그 사실에 대해서는 그 역시 어떤 권한도 갖고 있지 않다.

한 피조물에 의하여 발생한 그 영향이 지니는, 곧 그것의 주체인 피조물과는 '무관'한, 게다가 또 그것과 동등한 다른 모든 주체들인 피조물들과도 '무관'한 그 영향이 지니는 이러한 '고유한' 역사는, 즉 피조물의 영역 안에서 사건으로 되어버린 모든 변화가 지니는 이 자유는 하나님의 자유이며 그의 지배의 자유이다. 내가 나의 말을 발음하기 이전에, 그가 그 말을 결정하였다. 내가 그것을 발음할 때, 그가 결정하고 있다. 내가 그 말을 이미 내뱉은 후에, 그것이 무엇인지 그리고 무엇을 의미하는지에 대하여 그가 결정할 것이다. 그 말이 이제 발생된 영향으로서 나타날 경우에는, 그는 내 말을 결정한다: 그것은 그의 영향이며, 그의 영향은 역시 의심의 여지없이 완전히 나의 영향이며, 완전히 나의 주변 환경인 피조물들에게, 즉 나의 청취자들에게 사실로 되어버린 영향이다. 그는 이 사실의 방식과 범위, 의미와 파급효과를, 즉 피조물인 나에 의해서 말해졌으며 나의 동료 피조물들에 의하여 청취된 그 말의 내용과 의미와 힘을 결정한다. 바로 이것이, 하나님이 피조물의 활동에 배분되도록 하는 원조(Sukkurs)이며 지원이며 도움이다: 그는 그의 의지에 의한 결정을 통하여 이미 그 피조물의 활동보다 헛되이 앞서 갔던 것이 아니며, 그는 주님과 통치자로서 그것과 헛되이 동행했던 것이 아니며, 그는 이제 역시, 피조물의 활동이 더 이상 다다를 수 없는 곳까지, 즉 피조물에게 숨겨진, 그것이 이룬 활동의 성과 안으로 그리고 그 성과를 넘어서까지 그것을 뒤따라간다. 그가, 피조물이 남긴 이 영향을 돌본다. 이 영향이 나타났고 그 피조물의 시야에서는 사라졌으므로, 그것은 피조물이 남긴 영향으로서 하나님의 손 안에 있으며, 완전히 그의 심판 아래에 있으며, 완전히 그의 처분에 맡겨진 재료(Material)이며, 완전히 그의 더 넓은 목적들의 맥락 안으로 편입되며, 바로 그렇게 됨으로써 아마 폐기될 것이다.

바로 이 긍정적인 것이 여기에서 강조되어야 한다. 영향을 끼치는 모든 것은 활동하는 주체인 피조물 덕분에 그 주체 자신을 위하여 그리고 그 주체와 동등한 다른 동료 피조물들을 위하여 존재할 수 있고, 또 언제나 실제로 존재하고 있는 것이며, 다만 그럴 수밖에 없다는 것은, 세상사에 대한 궁극 이전의(vorletzt) 관점일 뿐이다. 따라서 활동하는 주체인 피조물은 그것의 고유한 영향들에 대하여, 그것들이 이런 것 혹은 저런 것이며, 어쨌든 이러저러한 특성을 지니고 있으며, 어쨌든 이러저러하게 이미 이루어진 것이며 나타난 것이라는 것을 확인하고는 체념할 수밖에 없다는 것은 다만 궁극 이전의 관점일 뿐이다. 그것의 활동은 그것의 고유한 계획과 결의보다 더 높은 근원으로부터 나왔듯이, 그 활동은 그것의 고유한 본성과 그 본성에서 나온 욕구들의 지배와 결정보다 더 높은 지배와 결정 아래에서 행해졌듯이, 그렇게 또한 그 활동의 영향도 그것의 고유한 손, 즉 이제 그 활동의 목표와 끝에서 실제로 다만 아래로 축 늘어뜨릴 수밖에 없는 그 손들보다 더 높은 손들 안에 있다. 참으로 실제로 이루어졌고 나타나게 된 바로 그것은, '하나님'에 의해서 결정되고 마음대로 처리되기 때문이다. 그리고 바로, '하나님'이 그것을 행한다는 사실을 고려할 때에만, 피조물의 영향들에 대한 생각에 체념이 아니라 다만 신뢰와 확신과 희망만이 자리를 잡을 수 있다. 왜냐하면, 하나님이 그것을 행한다는 것은, 다음의 사실을 의미하기 때문이다: 모든 피조물에 의하여 발생한 영향에 대하여, 그것이 어떤 것이든, 개념의 궁극적인 최고의 의미에서 의미 있고 선하고 올바른 사용이 존재하며, 그 영향들 가운데 '어떤' 것도 '상실되지 않으며', 따라서 또한 피조물의 '어떤' 활동도 '헛되이' 존재했던 것이 '아니'다. 다름 아니라 바로, 하나님의 모든 피조물들이 행한 활동의 영향들이, 즉 하나님이 의도하고 초래하고 평가하고 정돈하는 그 영향들이 서로가, 즉 뒤와 앞으로 향한 그것들의 관련성 안에서 그의 지배, 곧 그의 세계통치를 표현한다. 피조물의 모든 개입에 대하여 아주 명백히 독자적으로, 그 영향들 각각에게는 매우 특이한 것처럼 보이는 그 확정적인 특성을 지니고, 이 모든 영향들이 하나님의 세계통치에 헌신한다. 그것들의 '진정한' 독자성과 완결성은, 여하튼 활동하는 주체들과 그 주체들의 주변 환경에 대한 관계 안에서가 아니라, '하나님의' 의지를 집행하는 계획과 진행과정에서 그것들의 특징으로 된 것이다. 그 영향들이 역시 이 질서에 속하므로—그것들을 발생시켰던 그 활동이 이미 이 질서에 속했는데, 어떻게 그렇지 않을 수 있겠는가?—우리가 그것들 안에서 존경하고 사랑하고 찬양하여야만 하는 것은 오히려 '하나님의 자유'이다. 그 하나님의 자유가 사랑받고 찬양받아야 한다는 것은, 다음의 사실에서 밝혀진다: 이 점에서도 주님이며 주인(Meister)인 자유로운 하나님은 우리에게 알려지지 않은 하나님이 아니라, 예수 그리스도 안에 있는 우리의 아버지—즉 그의 모든 피조물들의 영원한 아버지이다.

3. 하나님의 통치하기

우리는 하나님의 섭리론 전체를 위하여 결정적인 세 번째 관점인, 그의 피조물에 대한 하나님 아버지의 통치라는 관점에 도달하였다. 그가 그의 자비의 위엄 안에서 끊임없이 피조물을 존재하도록 보존하며, 끊임없이 그의 현존을 통하여 동행한다는 것, 바로 이것이 그가 통치한다는 '사실' 자체이다. 그러나 바로 이 사실은 설명이 필요하다. 만물에 대한 권세는 맹목적인 권세가 아니다. 그는 통치하기 위하여 통치하는 것이 아니다. 그는 '아버지'로서 통치한다. 그가 통치한다는 것은 그의 의식적이며 특정한 의지가 통치하는 것을 의미한다. 그것은 의미와 목적, 의도와 계획을 지니고 있다. 그는 그의 피조물을 보존하고 그것과 동행함으로써, 그의 피조물과 함께 어떤 계획을 지니고 있다. 그가 보존하고 동행하는 것 자체가 그와 상이한 현실 전체의 존재와 활동을 인도하고, 관리하고, 통치하고, 적극적으로 결정하는 것이다. 그는 그 현실을 그것의 역사 안에서 이루어야만 하는 목표(Telos)를 향하여, 즉 그것이 그의 뜻과 결의에 따라서 그것의 창조를 토대로 시간 안에서 진행되는 역사의 흐름 안에서 마땅히 행해야만 하며 그 자체가 그것으로 되어져야만 하는 그 목표를 향하여 정돈한다. 그가 그 현실의 목표를 세웠으며, 통치자로서 그것을 그 목표로 인도한다.

옛 신학은 섭리론의 틀 안에서 이 세 번째 숙고를 "통치론"이라는 표제 아래에서 다루었으며, 이 개념을 정의할 때에 모든 창조된 존재들, 그것들의 모든 힘들, 그것들의 모든 기획들(Unternehmungen)

과 실행들, 그것들의 실존 전체와 개별적인 실존들을 포괄하는 "(목표들을 향하여 그리고 목표를 향하여) 정돈하는 것, 관리하는 것, 조종하는 것, 인도하는 것"에 관하여 언급하였다.

여기에서 주요관심사는 구약성서에서 야웨가 '왕'이라고 불리는 곳에서 표현되고 있는 그 인식을 발전시키는 것이었으며, 이제 우리의 관심사도 바로 그것이다. 그는 후기에 기록된 구약성서에서는 "온 땅의 왕"(시 47:8), 또한 모든 민족들의 왕(렘 10:7, 시 47:9, 계 15:3 참조)이며, "하늘의 왕"(단 4:34)이다. 그는 온 세계를 통치하는 왕(시 47:3), 또한 모든 신들의 왕(시 95:3)이며—따라서 신약성서에서는 "위대한 왕"(마 5:35), "복되시며 오직 한 분이신 "통치자"이시요, 만왕의 왕이시요, 만주의 주"(딤전 6:15), "영원한 시간(Äonen)의 왕"(딤전 1:17)이다. 그러나 야웨를 왕으로 바라보는 관념 자체는 이러한 우주적 형태보다 더 오래된 것이다. 이러한 관념이 소위 왕정시대에 비로소 발생했던 것일까? 만일 그렇다면 사무엘상 8:7, 10:19, 12:19에서 인간을 이스라엘의 왕으로 임명하는 것이 왜 그토록 날카롭게, 하나님에게 범하는, 하나님이 그야말로 다만 인내하는 부당한 일이라고 일컬어질 수 있었을까? 우리는 어쨌든 벌써 '갈대바다의 노래' 끝 구절인 출애굽기 15:18에서 다음의 구절들을 읽는다: "주님은 영원무궁토록 왕이시다!" 발람(Bileam)의 두 번째 노래인 민수기 23:21에는 이렇게 기록되어 있다: "주께서는 야곱에게서 아무런 죄도 찾지 못하셨다. 주께서는 이스라엘에게서 어떤 잘못도 발견하지 못하셨다. 그들의 주 하나님이 그들과 함께 계신다. 주를 왕으로 떠받드는 소리가 그들에게서 들린다." 모세의 축복인 신명기 33:4 이하에는 이렇게 기록되어 있다: "그의 재산은 야곱의 공동체이며 그는 여수룬(Jeschurun)에서 왕이 되었다."(원서에 인용된 취리히역 독일어 성서에 따름—역자 주) 이처럼 더 오래된 형태의 관념에 담긴 뜻은 이것이다: 야웨 외에 다른 어떤 존재가 아니라, 유일무이한 완전한 사랑과 권세와 돕기를 좋아하는 마음을 지닌 야웨만이 '이스라엘'의 왕이며, 그는 최상의 경우에 인간인 왕을 통해서 대표될 수 있겠으나, 그 경우에도 위험이 없을 수 없다. 이사야 43:15에서 야웨가 스스로를 "너희의 거룩한 자요, 이스라엘의 창조자요 너희 왕"이라고 부를 때에, 우리는 이 옛 관념이 후대의 우주적 관념에서도 결코 사라지지 않았음을 본다. 시온에서 위대한 바로 이 '이스라엘'의 하나님이 만백성 위에 우뚝 솟아 있다.(시 99:2) 그리고 바로 온 세계의 심판자로서 야웨는 "'시온'산과 '예루살렘'에서" 왕으로 될 것이다.(사 24:23) 이사야의 소명 환상(사 6:5)에 나오는 말씀은 이미 그 관념 전체의 가장 오래된 예증이라고 불리어졌다. 그 말씀은 "만군의 주이신 왕"이라는 독특한 하나님 이름을 포함하고 있으며, 이 이름은 예레미야 46:18, 48:15, 51:57, 스가랴 14:16에서 수용되고 있다. 이 이름은 아마, 그 관념이 후기에 우주적으로 확대되기에 이르렀던 그 길을 암시하는 것 같다. "만군의 주"인 그가 어떻게 만물을 지배하는 왕이 아니겠는가? 분명히 후대의 보편주의(Universalismus)는 그 관념이 확대된 것이었다. 그 관념은, 아직 명확히 완성되지 않았을 때에도, 어쨌든 실질적으로 확대될 수 있었고 또 확대가 필요하였다. 구약성서의 하나님 개념이 지닌 역사적 성격에 상응하게, 역동적 특성을 지닌 관념이 문제되고 있다는 사실은, 게다가 또, 그 관념이 말하자면 다음과 같이 두 극(極) 사이를 움직이고 있다는 사실에서도 증명된다: 그 중 한 극에서는 야웨의 즉위가 비로소 발생할 것으로 혹은 역시 비로소 실행중인 것으로 혹은 바로 비로소 이루어진 것으로 생각되고 있으며, 반면에 다른 극에서는 왕으로서 그의 통치가 벌써 옛날부터 존속하고 있으며 완전히 영향을 미치고 있는 것처럼 보인다.—우리에게 "하나님이 지배하는 것"에 대하여 해명하도록 요구하고 있으며 안내하고 있는 것은, 다름 아니라 바로 이러한 하나님의 왕권(Königtum)에 관한 구약성서의 관념이다.

그러나 바로 이 구약성서의 관념은 이제 신약성서에서 더욱더 근본적인 형태, 즉 우리의 맥락에서 더구나 도외시될 수 없는 그 형태를 취하였다. 왜냐하면 우리는 신약성서에서 하나님의 왕권에 대한 관념이 다른 관념과, 즉 물론 이미 구약성서 안에서도 발견되지만, 그곳에서는 하나님의 왕권에 대한 관념과 나란히 독자적이며 균형 잡히지 않은 상태로 병행되고 있는 다른 관념과 완전히 결합된 것을 발견하기 때문이다. 그것은 시간의 종말에 인간의 모습으로 올 것으로 기대된 구세주로서 왕(Erlöserkönig)인 인자, 즉 다윗의 가문에서 태어나는 메시아에 관한 관념이다: 메시아도 말하자면 우선 이스라엘을 위한 특수한 중요성에서 세계사적이며 우주적인 중요성에 이르는 도상에 있는 형태를 지니고 있다. 신약성서에서 문제해결에 이르게 된 것은 바로 "나라"(본래는 '왕국'을 의미함—역자 주) 개념(참조: K. L. Schmidt, βασιλεια, G. Kittel I 579f.) 아래에서이다. 왜냐하면 여기에서 바로 "(하늘의, 하나님의, 아버지의, 그리스도의) 나라" 개념으로 동시에 다음과 같이 두 가지 내용이 표현되고 있기 때문이다: 모든 인간과 인간의 모든 질서들에 대하여, 즉 전체적인 세계의 존속과 진행과정에 대하여 전적으로 우월하며, 전적으로 위로부터, 전적으로 기적적으로 뚫고 들어오며, 스스로를 계시하는 그 존엄과 권능, 즉 하나님의 존재와 본질과 행동의 위엄 있는 현실성—'그리고' 지금 출현한 인자이며 다윗의 자손, 메시아이며 구세주(Weltheiland), (오리게네스가 말한) "인격 안에 있는 왕권"인 (마르시온이 말한) "그리스도 자신"이라는 구체적으로 유일한 현실성. 그러나 이미 이루어진 말씀의 성육신과 출현(Epiphanie)을 고려하여 구체화된, 신약성서의 하나님 개념도 더 한층 역사적으로 역동적이다. 그러므로 우리는 여기에서도 하나님의 왕권에 관한 구약성서의 관념 안에 있는 긴장과 마주치게 된다: 그 "나라"는 현존하면서도 아직은 현존하는 것이 아니며, 이미 명백히 드러나면서도 아직은 감추어져 있으며, 현재적이면서도 언제나 미래적이며, "가까이 왔"으며, 즉 "너희 가운데" 있지만 비로소 기대될 수 있으며, 따라서 역시 아직 그리고 참으로 더 한층 간청의 대상이다: "나라가 임하게 하소서!"—우리 앞에 놓여 있는 과제를 다룰 때에, 우리는 신약성서에 가득 찬 하나님의 왕권에 대한 이 관념을 유의해야만 할 것이다.

옛 신학은 성서에 충실하려 했음에도 불구하고 이곳에서도 구약성서와 신약성서의 하나님 개념으로부터 너무나 멀리 벗어났으며, 그 결과 바로 여기에서 신학적 설명들이 특히 눈에 띄게 생기 없는 것으로 되어버리는 대가를 치러야만 했다. "통치" 개념의 그리스도교적 의미에서 지배하는 하나님은 어떻든 그 어떤 최고 "통치자", 즉 우연히 권세를 잡은 그리고 그의 권세 때문에 존경받아야 할 "총독" 같은 지배자가 아니다. 오히려 그는 "왕"이며, 그가 통치한다는 것은 "나라"를 의미한다. 이와 같이 그의 위치와 그의 기능, 그의 권세와 그의 요구들, 그의 처분들과 조처들은 주권을 소유하고 있을 뿐만 아니라, 그것들의 주권 안에서 합법적이며, 그의 인격 안에만이 아니라 그의 인격으로부터 분리될 수 없는 직무 안에 토대를 두고 있으며, 그의 의지를 통해서만이 아니라 바로 왕인 그의 의지가 지닌 내용에 의하여 결정되어 있다. 그는 그가 선택하고 불러낸 그 민족의 왕이며, 이 민족을 위하여, 그가 선택하고 창조한 그 우주의 왕이다. 그는 스스로를 이 민족과 이 우주에게 넘겨주었으며, 결국에는 궁극적으로 심지어 그것들과 동등하게 되었으며, 그것들과 연대하였다. 그는 '의도'를 갖고 이 관계 안으로 들어왔으며, 바로 이러한 그의 고유한 의도 안에서—옛 신학자들의 표현을 빌리면, 이 "결의"를 토대로—그가 통치하고 있다. 바로 그 의도가 그의 주권을 합법적인 것으로 만들며, 그 자신에게 직무를 담당하는 주권적인 인격으로서 특징을 부여하며, 매우 특정한 그의 의지 내용을 형성한다. 왜냐하면 그 의도 자체가 어떤 우연한 의도가 아니라, 그의 마음이 지닌 의도, 즉 하나님으로서, 곧 아버지와 아들과 성령으로서 그의 본질에 정확히 일치하는 의도이며, 따라서 모든 합법성과 존엄과 객관성의 원천이기 때문이다. 그 의도 안에서 그가 최고의 권력을 지니고 있으며 그 권력을 행사하고 있다. 그리고 그가 권력을 지니고 그것을 행사하는 곳에서는 어디에서나—그가 권력을 지니지도 행사하지도 않는 곳이란 존재하지 않는다.— 그 의도가 그의 권력이 지닌 의미이다. 그것은 바로 '왕의' 권력이다. 바로 어느 왕이 통치하듯이, 그러나 참된 왕으로서 그만이 통치하며 또한 통치할 수 있듯이, 그렇게 하나님은 관리할 뿐만 아니라, 그렇게 그는 '통치한다.' 그리고 그가 예수 그리스도 안에서, 즉 하나님이며 인간인 "인격 안에 있는 왕권" 안에서 스스로 역사 안에서, 즉 시간 안에서, 어제로부터 내일로 향하는 운동 안에서 역사를 통치하기 때문에, 그리고 그렇게 통치함으로써, 구약성서와 신약성서에서 아주 주목할 만하게 증언되어 있듯이, 사실은 이러하다: 그의 나라, 그의 통치는 언제나 이미 완전히 기정 사실, 즉 그것으로부터 우리가 유래할 수 있으며, 우리에게 명백히 드러날 수 있는 사실이지만, 또한 완전히 우리 앞에 임박한 사건, 즉 우리가 비로소 그것을 향해 다가가고 있으며, 그것 자체가 아직은 우리에게 은폐되어 있는 그러한 사건이다.

바로 이것이, 우리가 우리의 입장에서 왕인 하나님과 그의 나라에 대한 성서의 관념으로부터 우선 일반적으로 배워야만 하는 것이다.

"하나님이 통치한다"라는 간단하면서도 동시에 내용이 풍부하고 또한 심각한 이 명제는 무엇보다도 다음과 같은 뜻으로 이해되어야만 한다: '그가 홀로 통치한다.' 그가 홀로 창조주로서, 이 통치에 필요한 권리와 권세와 자유와 지혜를 지니고 있다. 문제가 되고 있는 것은, 그와는 상이하지만 그를 통하여 세워진—그를 통하여 세워졌지만 그와는 상이한 현실을 통치하는 것, 즉 그의 피조물을 통치하는 것, 곧 소유물 개념이 지닌 최고의 의미에서 그의 소유물을 통치하는 것이다. 이 통치 자체가 그의 사역일 수밖에 없다. 하나님 외에는 아무도 그의 피조물을 통치할 합법적 권리를 지니고 있지 않다. 피조물은 하나님 외에는 아무에게도, 그에게 복종해야만 하는 것처럼 그렇게 복종할 의무가 없다. 그 말고는 아무도, 진정한 주권을 지니고 피조물에게 명령할 수 있는 것처럼 그렇게 그것을 능가하지 않는다. 그 외에는 아무도, 피조물을 의미 있게 통치할 능력이 있는 것처럼 그렇게 그것을 통찰하고 이해하고 알지 못한다. 여기에서 다른 모든 것의 통치는 낯선 통치일 것이며, 주제넘은 것이며, 권능이 없으며, 무기력하며, 서투른 사역일 것이다. 그런 통치에 대해서는 공공연한 혹은 은밀한 반발이 언제나 가능할 것이며, 당연히 그리고 아마 대체로 효과적일 것이며, 엄밀히 말하자면 확실히 언제나 정당하고 필요할 것이다. 그리고 그 통치가 관철되는 곳은 어디든 간에, 그것은 결국 무정부주의와 파멸로 끝날 수밖에 없을 것이다. 이 사역에서 다른 아무도, 즉 어떤 다른 신도 하나님 자신을 대신할 수 없다: 왜냐하면 그는 한분(Einer)이며 아무도 그와 비교될 수 없기 때문이다.—만일 누군가 그의 곁에 있을 수 있다면, 그가 누구이고 무엇을 하는 존재이든 간에, 그는 창조주가 아니므로, 그는 바로 이 사역을 행할 자격이 없을 것이며, 그것을 행할 능력도 없을 것이며, 그 일에 적합하지도 않을 것이다. 그리고 이와 같이 다른 피조물도 하나님을 대신할 수 없다. 왜냐하면 동료 피조물에 대해서 이 직무와 이 기능에 들어가는 것은, 아무리 그것이 모든 피조물 중에서 가장 높은 피조물이라고 할지라도, 어떤 피조물의 일(Sache)일 수 없기 때문이다. 그리고 이와 같이, 창조된 현실 자체인 우주도 하나님을 대신할 수 없다. 왜냐하면 그것이 통치되는 것을 필요로 하지 않는다면, 혹은 그것이 이 필요를 스스로 충족시킬 수 있다면, 그것은 창조된 현실이 아닐 것이기 때문이다. 이 통치의 주체인 하나님 자신은 대체될 수 없으며 교환될 수 없다. 아마 그의 통치 내부에서 그리고 그 통치 아래에서 제한되게 그리고 일시적으로 통치하는, 하늘의 그리고 지상의 권세들과 요소(Faktor)들과 직무들이 존재할 것이다. 그러나 자주적인 권세들, 그에게 종속되지 않은 권세들, 어떻든 그에 의하여 임명되지 않거나 허락되지 않은 그리고 그를 통하여 통제되지 않는 그런 종류의 권세들은 존재하지 않는다. 그의 통치와 동시에 병행하는 어떤 통치나 그의 통치에 반대하는 어떤 대립 통치는 존재하지 않는다. 홀로 통치할 수 있으며, 그렇게 해도 좋으며, 그렇게 하기를 원하는 바로 그가 역시 홀로 통치한다.

우리는 이제 로마서 11:36에서 드러난 세 번째 표현법을 받아들인다: "만물이 그를 위하여 있다." "그에게서 나왔"으므로, "그로 말미암아 있"으므로, 그가 홀로 만물을 보존하고 만물과 동행하는 주님이므로, "그를 위하여 있다." 그러나 "그를 위하여"라는 말이 의미하는 것은 "'그의' 목표를 향하여"(P. van Mastricht)라는 뜻이다. 만물이 그것의 역사 안에서 지향하고 있는 목표는 오직, 하나님에 의하여 그에게 확정되고 지정된 목표이다. 확실히 이 역사의 진행 과정에서 추구되고 도달되는 부수적이며 일시적인 목표들이 존재한다. 그러나 최후에 그리고 궁극적으로 하나님의 목표와 나란히 그리고 그 목표 외에 역시 더 추구되고 도달되어야 할 자주적인, 확정적인 '병행하는' 목표들은 존재하지 않는다. 그러한 병행하는 목표들은 다만 어느 곳엔가 그리고 언젠가 한 번 세워지고 굳어진 '대립' 통치의 목표들일 수밖에 없다. 그러나 하나님의 나라는 유일하게 현실적인(wirklich) 나라이다. 그러한 모든 대립 통치는, 그것의 고유한 반대 목표들을 지향하기 위하여, 이 유일한 현실에 저항하는 반항, 즉 아마도 매우 주목할 만하지만 실제로는 원래부터 무기력할 것이 뻔한 반항의 형태로 활동의 여지를 획득할 수밖에 없을 것이다. 이 현실에 저항하는 반항 자체는 무기력할 것이, 실패할 것이 뻔'하다.' 따라서 그러한 반항 안에서 추구되는 어떤 목표도 하나님의 통치가 추구하는 목표에 병행하는 자주적이며 결정적이며 절대적인 목표로 될 수 없다. "그를 위하여"와 병행하는 "그들을 위하여" 혹은 "어떤 것을 위하여"라는 목표는 존재하지 않는다. 그러므로 하나님의 통치를 제한하고 문제 삼을 수 있을 실제의 병행 통치나 대립 통치는 사실 존재하지 않는다. 우리는 무질서의 문제, 즉 죄, 악, 해악, 악마, 악령들의 문제를 하나님의 섭리에 대한 그것들의 관계 안에서 특별히 고찰해야만 할 것이다. 여기에서 물론 자주적인 병행 통치나 대립통치와 같은 어떤 것이 하나님의 유일한 통치를 제한하고 문제 삼는 사역을 하고 있는 것'처럼 보인다.' 그러나 바로 그런 견해에 대하여 여기에서 벌써 미리 '아니다'라고 말해야만 한다. 창조된 우주(All)와 특수한 관계에 있는, 그리고 우주에 대한 창조주 하나님의 통치와 관계하고 있는 매우 특수한 이 영역에 대해서 설령 무엇이 언급되게 될지라도, 하나님의 통치가 여기에서 말하자면 일종의 경쟁자와 마주친다는 것은 결코 사실이 '아니다.' 여기에서 논의되는 요소가 아무리 진지하게 받아들여진다고 할지라도—어쨌든, 그것에게 제2의 창조주 및 세계통치자의 품격을 인정하는 것은 '안 된다.' 그것에게 강력한 '허구'(Schein)라는 독특한 존재(Sein)보다 더 많은 것을 승인한다고 해도, 우리가 그것을 실제로 진지하게 받아들이는 것은 '아닐' 것이다. 그러나 우리는 여기에서 우선 다음의 사실을 확인할 수밖에 없다: 이 요소의 강력한 실존과 작용도, 하나님이 '홀로' 통치한다는 사실에서 아무것도 변경하지 못한다. 또한 분명히 그것은, 하나님에 의하여 결정된 궁극적 목표들 외에 또한, 그가 창조한 우주의 다른 궁극적 목표들이 더 존재한다거나, 존재할 수 있을 것이라는 것을 의미하지 않는다. 우리가 그것에 대하여 취소할 수 없는 이 '앞선 결정'(Vorentscheidung)으로부터, 즉 완전히 의식적으로 실행되어야만 하는 '앞선 판단'(Vorurteil)으로부터 출발할 경우에만, 우리는 후에 타당한 방식으로 이 적대적인 허구에 관심을 기울일 수 있을 것이다. 전체 무질서 자체에 대하여 이러한 앞선 판단을 할 능력이 없는 사람은 실제로 이미 그것에 예속된 것이며, 이것은 그가 하나님의 섭리를 이 항목에서 제한해야만, 즉 부인해야만 한다는 사실에서 분명히 드러나게 될 것이다. 그러나 비록 단 하나의 항목에서라도—그리고 가령 바로 이처럼 결정적인 항목에서—부정된다면, 그것은 하나님의 섭리가 아니다. 다만, 동시에 저 특정한 그리고 의식적인 앞선 판단, 즉 하나님 '홀로' 통치한다는 내용을 지닌 그 앞선 판단으로부터 출발할 경우에만, 우리는 하나님의 섭리를 고백할 수 있고 주장할 수 있으며, 그 경우에 모든 암흑의 세력들을 지니고 있는 무질서도 끝날 수밖에 없다.

첫 눈에 약간 형식적인 정의로 보일 수 있을 "하나님 홀로"라는 바로 이 명제가 이제 즉시, 그가 통치한다는 개념이 지닌 첫 번째 일반적인 '실질적' 내용물을 우리의 손에 넘겨준다. 하나님 홀로 통치한다는 사실은, 엄격히 이해한다면 다음의 사실을 포함하고 있다: 그 '자신이 홀로', 그가 피조물에게 정해 주었으며 그것을 향하여 피조물을 인도하고 있는 바로 그 '목표'이다. 그로부터 출발하고 그에 의하여 동반되는 피조물은 다시 그를 향하여 가도록 허용된다. 피조물은 그렇게 허용된다: 즉 피조물은 바로 그렇게 하는 것에서 그것의 고유한 위대함과 존엄과 희망을 지닌다. 하나님을 향한(zu Gott hin) 피조물의 이 운동이 그것의 역사가 지닌 의미이다. 우리는 이 역사의 목표에 관하여, 따라서 또한 하나님의 통치가 지닌 목표와 의도와 목적과 계획에 관하여 바로 다음의 말보다 근본적으로 더 크고 더 풍부하고 더 아름다운 어떤 것을 말할 수 없다: 하나님 자신이 이 목표이다. 왜냐하면 하나님이 모든 것을 '그의' 목표를 향하여 인도하는 그 독점(獨占)은 바로 다음의 사실에서 그것의 정당화와 그것의 영광을 지니고 있기 때문이다: 그의 목표는 다름 아니라 바로 '그 자신', 즉 그의 피조물에서 그의 지혜와 자비(Güte)를 확증하고 전개하고 표현하고 명백히 드러내는 그 자신, 그러나 이 모든 것에서 '그 자신'이다. 왜냐하면 설령 무엇이 겉보기에는 그 자신과 나란히 그리고 그 자신 외에 이 목표라고 불릴 수 있더라도, 그가 그의 피조물을 위하여 준비하였던, 즉 그의 통치의 목표로 삼았던 모든 은혜로운 행위(Wohltat)는 다만, 그의 소유물에 대하여 그가 지닌 태도인 사랑의 형태로 자기를 표현한 것의 결과일 뿐이기 때문이다. 그가 그의 피조물을 위하여 계획했던, 즉 그가 피조물의 역사를 통치하는 목표로 삼았던 모든 은혜로운 행위들 중의 은혜로운 행위는 바로 '그 자신'이다. 따라서 하나님이 우주에 대한 통치를 실제로 자기 자신의 몫으로 하며, 다른 누구와도 그 통치를 공유하기를 원하지 않으며, 또한 공유할 수도 없는 것은, 그 어떤 경쟁자들에 대한 질투 때문이 아니라—아무런 경쟁자도 갖고 있지 않은 하나님이 어떻게 질투할 수 있겠는가?—그의 피조물 자체를 위해 사랑하는 열심 때문이다. 어떤 다른 존재는, 즉 세계통치자로서 그의 명예가 동시에, 그리고 그 명예 자체가 역시 다음과 같은 것을 의미하는 다른 존재는 없을 것이다: 그가 바로 그 자신을 통하여 역시, 세계사에 의미를 부여할 수 있는, 진정하고 유일한 최고의 은혜로운 행위이다. '하나님'의 명예는 또한 그의 '피조물'의 구원이며 영광이다. 그러므로 그리고 이와 같이 그는 올바르고(recht) 위대한 왕이며, 그의 나라는 무한하고 무조건적인 나라이다.

"통치"에 대한 코케이우스(J. Coccejus, S. theol. 1662, 28, 38)의 정의가 이 관점에서 가장 총명한 정의라고 불릴 수 있을 것이다. 왜냐하면 그는 하나님의 사역이 지니고 있는 목표, 즉 하나님 자신과 상이한 목표에 대한 진술을 포기하고, 그 목표를 단순히 "그가 그의 사역 안에 있는 '그의 지혜'를 시위한, 즉 혹은 자비와 관대함을, 혹은 심판을, 혹은 통치와 권세를 증명한 그 하나님의 행동"으로 설명하기 때문이다. 칼로프나 크벤슈테트 같은 다른 사람들은 여기에서—실질적으로 물론 역시 정당하게—한편으로는 하나님의 명예에 대하여, 다른 한편으로는 인간들의 구원에 대하여 언급하였다: 크벤슈테트는 그 외에 "이 우주에 유익하게"라는 말을 첨가하였다. 바로 기본정의에서 하나님의 통치의지의 목표로서 바로 다음의 내용만을 언급한 것은 훨씬 더 훌륭한 것이었다: 하나님은 그의 '지혜'를 시위하기를, 즉 그의 고유한, 곧 유일하고 영원한 본래의 삶의 의미를, 즉 자기 자신을 말씀으로 표명하고 계시하기를 원한다.—그리고 "사역 안에서", 즉 그의 창조의 사역들 안에서 그렇게 하므로, 그 사역들은 말하자면 이 말씀의 자음들과 모음들을 형성하며, 이러한 그의 자기시위에서 그에게 봉사하도록 허락된다. 오직 이 의도에서만, 즉 오직 그의 자기시위에 도달하기 위해서만, 그는 그의 피조물을 통치한다. 바로 이와 같이 그는 '왕과 같이' 행동하며, 그 자신을 명예롭게 한다. 그러나 또한 그의 피조물 전체를 최상의 것으로 만들기 위하여, 인간을 구원하기 위하여, 그는 '아버지처럼' 행동한다. 그가 그의 지혜를, 즉 자기 자신을 시위한다는 것은, 모든 은혜로운 행위를 포함하고 있다.

이 사실로부터 우리는 이제, 역사에 대한 하나님의 통치가 지니는 절대적인 '주권'(Hoheit)이라고 부를 수 있을 것을 더욱 폭넓게 이해한다. 하나님 홀로 통치하며 자기 자신이 목표이므로, 그 목표를 향하여 그가 피조물의 역사를 인도하므로, 그는 그 역사의 진행 과정에서 지배하는 명백한 '필연성'뿐만 아니라, 바로 그곳에 마찬가지로 현실적이고 명백한 '우연성'보다, 연속성보다 그리고 불연속성보다 더 높은 곳에 우뚝 서 있으며, 세상사의 다양한 규칙성뿐만 아니라 다양한 자유들보다, 즉 우리에게 은폐되거나 혹은 다만 어렴풋이 느껴지는 필연성뿐만 아니라 마찬가지로, 우리에게 알려진 필연성보다, 우리에게 은폐되거나 혹은 다만 어렴풋이 느껴지는 우연성뿐만 아니라 마찬가지로, 우리에게 알려진 우연성보다 더 높은 곳에 우뚝 서 있다. 그 통치가 우리에게 언제나 다만 다음과 같은 이중의 관점에서만, 즉 대립되는 관점에서만 자신의 정체를 드러내거나 추측하게 한다는 사실은 세상사에 대한 그의 통치의 일부를 이룬다: 모든 보편성은, 보편적인 것에 순응하기를 원하지 않으며 보편적인 것으로 해체되는 것을 감수하지 않는 개별적인 것에 의하여 문제시되지만, 또한 모든 개별적인 것은 바로 그것의 개별성을 논란의 여지가 있는 것으로 만들려는 거대한 보편성들에 의하여 문제시된다. 사실이 이러하다는 것이 하나님의 세계 통치의 일부를 이루는 것이며, 이것이 우리가 그 통치를 믿을 수는 있으나 바라볼 수는 없는 가장 중요한 이유들 중의 하나이다. 우리가 보고 있는 것은 언제나, '병존'과 '대립' 안에 있는 필연성'과' 우연성, 연속성'과' 비연속성, 규칙'과' 자유이다. 바로 그렇기 때문에, 우리 자신을 그의 보좌에 앉히거나 세계통치자인 체하는 모든 시도는 말할 것도 없고, 하나님은 그의 통치를 우리가 지닌 이성의 눈으로 검토하려는 모든 시도마저도 비웃는다. 조잡한 유형이든 정교한 유형이든 인간의 모든 제국주의들이 지닌 어리석은 행동에 대하여 하나님의 비웃음 소리가 울려 퍼지며, 이 웃음소리 때문에 그것들은 몇 번이고 되풀이하여 파멸한다. 우리는, 우리가 지금 보지 못하는 것을 언젠가 보게 될 것이다: 즉 어떻게 하나님이 진정한 왕과 세계통치자로서 이 대립을 넘어서, 만물에 대하여, 즉 각 존재에 대하여 주님이었는지, 모든 일반적인 것과 모든 특수한 것의 유일한 주님이었는지를 보게 될 것이다. 그러나 우리는 이 대립을 넘어서 존재하지 않는다. 다만 하나님만이 이 대립을 넘어서 존재하며, 언제나 그러했고, 앞으로도 언제나 그러할 것이다. 하나님은 이 대립을 지배하며, 그것이 필요하며, 그것을 이용한다. 우리는 아마 과감하게 다음과 같은 그림을 그려도 좋을 것이다: 바로 '일반적인 것'과 '특수한 것'(혹은 이 대립을 달리 어떻게 고쳐서 표현하든 간에)은 두 가지 기본음향들과 같은 것들이며, 이것들을 사용하여 하나님은 그의 지혜를 시위하고, 그의 말씀을, 곧 그 자신을 그의 창조의 사역들 안에서 표명하기를 원한다. 그는 이 대립 '위'에서만 아니라, 또한 그것 '안'에서 그리고 그것을 '통하여' 지배한다. 왜냐하면 이 대립 '안'에서 그리고 그것을 '통하여', 즉 보편적인 것과 특수한 것의, 필연성과 자유의 교체 안에서 그리고 관계 안에서, 그것들의 모순 안에서 그리고 공존 안에서, 그리고 그 모든 것을 통하여, 무시간적으로 단순히 현존하는 것과는 달리, 시간 안에 있는 피조물의 역사에 이르게 되기 때문이다. 이 대립 '위'에 견고하게 세워져 있는 하나님의 고유한 장소로부터, 곧 그의 보좌로부터 시작된 하나님의 통치도 이 대립 '안'에서 그리고 그것을 '통하여' 발생한다.

따라서 하나님은 스스로가, 세상만사 안에서 유효하게 되며 시위되는 '필연성들' 가운데 하나가 아니다. 그는 그 필연성들의 요약이나 총괄개념도 아니다. 따라서 그가 통치한다는 것은 결코, 자연사건이 소위 자연법이라는 척도에 따라서 전개되는 것으로 보이는 그 일관성과 동일한 것이 아니다. 비록 그의 통치가 의심의 여지없이 역시 그 일관성 안에서 그리고 그 일관성을 통하여 발생할지라도, 그러하다. 그러나 그것은 또한 결코, 우리가 도덕적으로 특정한 법칙들에 의하여 그리고 아마 그 모든 법칙들을 요약하거나 혹은 적어도 도식화하는 도덕률에 의하여 요구받고 있다고 여기는 그 일관성과 동일한 것도 아니다. 비록 그것이 물론 이 형태도 지니고 있다고 할지라도, 그러하다. 그리고 다른 한편으로, 이와 같이 그것은 세계사적인, 가령 정치적이며 경제적인 전개들과 관련성들의 일관성과 동일한 것도 아니다. 비록 분명히 그러한 것이 존재하며, 하나님의 통치는 분명히 역시 그것들 안에서 그리고 그것들을 통하여 발생할지라도, 그러하다. 따라서 세상사 안에 있는 필연성에 대한 분명한 인식 때문에, 하나님이 이 필연성에 사로잡혀 있는 것으로서, 말하자면 필연성의 포로로서 설명되고 취급되어서는 결코 안 된다. 하나님은 역시 그 필연성 안에서 그리고 그 필연성을 통해서 통치하면서도, 그는 그래도 역시 그 필연성을 뚫고 그의 고유한 길을 걸어가며, 역시 우연성 안에서도, 비연속성들 안에서도, 특히 세상사의 모든 자유 안에서도 그는 아버지이며 왕이다. 그가 걷는 이 길은 미리 헤아려질 수 없으며, 예견될 수 없다. 하나님은 영리한 사람들에게도 몇 번이고 되풀이하여 뜻밖의 일들을 마련할 것이며, 하나님은 또한 새로운 것을 행하고 계시한다. 하나님은 기적도 행한다.

그러나 다른 한편으로, 그가 가령 다만 세상사의 '비상한 것' 안에서만, 예외들 안에서만, 기대되지 않은 절정들이나 혹은 최악의 상태들에서만 발견될 수 있을 것이라는 것도 사실이 아니다. 그의 통치는 결코, 다만 우연한 것, 개별적인 것, 유일회적인 것, 즉 비연속적인 것으로서 설명될 수밖에 없는 일련의 사건들과 동일한 것이 아니다. 자연사건의 기묘함들, 개인들의 신체와 심리에 대한 탐구 불가능성들, 도덕적 태도와 행동의 한계 상황들, 크고 작은 역사적 관련성들에서 모든 기대와 예견에 몇 번이고 되풀이하여 모순되는 자유는 물론 역시 그의 통치하는 사역들이다. 그러므로 우리의 세계상(像)이 무엇이든 간에, 우리는 확실히, 그가 순수한 본래의 기적도 행하는 것을 동의해야만 할 것이다. 그러나 피조물의 역사는 또한 이 측면을 지니며 하나님의 통치는 의심의 여지없이 또한 이 특성을 지니고 있다는 것을 분명히 인식함으로써, 그의 지배를 합리화하며 시민사회에 동화시키고 익숙하게 길들이는 모든 시도들을 명백히 거부함으로써, 또한 이 방향으로도 우리는 그가 어떤 권력의 지배를 받고 있는 것으로 간주해서는 안 될 것이다: 즉, 마치 그가 다만 예외들, 돌발 사건들, 개개의 특수한 경우들의 하나님에 불과하기나 한 것처럼, 그리고 마치 그가 하필이면 마법적인 세계상의 하나님, 즉 모든 비합리주의와 초현실주의의, 모든 천재적 행동과 자유분방한 생활의 원형과 이상이기나 한 것처럼 간주해서는 안 될 것이다. 그렇지 않다. 하나님은 자유 못지않게 역시 법을 존중하며, 방랑하는 집시 못지않게 역시 정착한 시민을 사랑한다. 만일 우리가 그것을 아마 전혀 다른 방식으로 원한다면, 그것은 다만 일종의 거꾸로 뒤바뀜이며, 새로운 형태의 종교적 속물근성에 불과할 것이다. 알다시피, 영들(Geister) 때문에 그를 평화의 하나님이 아니라 무질서의 하나님으로 간주하는 자들은 진정한 예언자들이 아닐 것이다.(고전 14:32 이하) 그는 실제로 또한 예언자들에 의하여 대행되는 그의 활동 형태에서도 평화의 하나님이지 무질서의 하나님이 아니다. 그러므로 이와 같이 필연성들과 보편성들과 규칙들을 지니고 있는 '상식'의 승리들은 또한 몇 번이고 되풀이하여 그가 지닌 지혜의 시위, 즉 그의 자기시위의 일부를 이룬다. 놀랍고 그의 성령에 아주 특별하게 소중한 계시, 즉 2×2는 5가 아니라 4라는 사실도 역시 그것의 일부를 이룬다. 최고의 법(Recht)도, 따라서 건전한 상식을 의무에 따라 필수적으로 사용하는 것도 그것의 일부를 이룬다. 요약하면, 만일 하나님이 확실히 자유 안에서 그리고 자유를 통하여 통치한다면, 그래도 그는 탁월하게 또한 그것을 뚫고 걸어가며, 그래도 그는 마찬가지로 피조물의 사건이 지닌 필연성들 안에서도, 연속성들 안에서도, 안정된 상태에서도 통치하고 있다. '그의' 역동성은 우리가—안정된 상태에 대한 반대로—알고 있다고 여기는 것과 동일시될 수 없으며, 혼동될 수 없다.

만일 우리가, 그의 통치의 주요관심사가 무엇인지 이해하기를 원한다면—그리고 만일 우리가, 그가 홀로 통치하며 그 자신이 홀로 또한 그의 통치가 지닌 의미이며 목표라는 사실을 파악했다면—모든 것은 다음의 사실에 좌우되게 될 것이다: 우리는 세상사가 지니고 있는 이 두 가지 측면에 대한 그의 주권에서 조금도 깎아내릴 수 없다. 왜냐하면 여기에서 우측이나 좌측으로 벗어나는 것은 모두 불가피하게, 아버지이며 왕인 진정한 하나님과는 전혀 관계없으며 오히려 우상인 "하나님" 숭배를 초래할 것이기 때문이다.

우리는 옛 개신교 교의학이 이 대목에서 그 문제를 보았으며 이 주제에서 암초(Skylla=Szylla. '스킬라'는 그리스 신화에 나오는 머리가 여섯 개 달린 여자 괴물의 이름. 시칠리아 섬 메시나 해협에 있는 암초를 의인화한 것 ― 역자 주)와 소용돌이(Charybdis. '카리브디스'는 그리스 신화에 나오는 여자 괴물의 이름. 메시나 해협의 Skylla 맞은편에 있는 위험한 소용돌이를 의인화한 것. 영웅 오디세우스가 이 해협을 건널 때 암초와 소용돌이 사이에서 진퇴양난의 상황에 처하였다. ― 역자 주) 사이의 가운데 길을 뚫고 바르게 걸어가려 시도했다는 점을 찬양해야만 한다. "통치"론에서 옛 교의학이 논쟁을 벌였던 적대자들은 한편으로는 르네상스에 의하여 동시에 다시 활성화된 고대의 '스토아'(Stoa) 체제였고, 다른 한편으로는 '에피쿠로스의 향락주의'(Epikuräismus)였다: 옛 교의학은 스토아학파의 '운명'론에 저항하여, 그리고 에피쿠로스학파의 '우연'론에 저항하여 싸웠다. 루터파가 더욱 상세하고 엄격하게 운명론과, 반면에 개혁파가 우선적으로 우연론과 스스로를 구별하였고 거리를 두었다는 사실은, 루터파와 개혁파의 다양한 이해관계 및 관심사와 관계가 있다. '양쪽'의 전선에서 그래도 원칙적으로 '양쪽'이 단호하게 싸웠다. 원근법적 단축법(die perspektivische Verkürzung, 세로로 누워 있는 인체를 그림으로 묘사할 때 원근법적 효과를 나타내기 위하여 인체의 실제 길이보다 짧게 보이게 그리는 미술 기법. 여기에서는 눈앞에 보이는 것만 확대하여 강조함으로써 전체를 바라보지 못하는 인식적 오류를 지적하기 위하여 이 개념이 사용되고 있음 ― 역자 주)들 안에서 루터파 신학자들과 개혁파 신학자들은 서로를 대립해 있는 것으로 보았으며, 그것을 토대로 하여 무엇보다도 루터파 신학자들은 개혁파 신학자들을 일종의 스토아파로서, 때때로 개혁파 신학자들도 루터파 신학자들을 일종의 에피쿠로스파로서 비난하고 탄핵하고자 시도했다. 그러므로 그 원근법적 단축법들에 대한 연구에 몰두하는 것은 쓸모 있는 일이 아닐 것이다.

그러나 바로 옛 '칼빈주의자들'이 어떻게 그들의 이른바 취약한, 그리고 때때로 참으로 역시 실제로 취약한 방향을 향하여, 즉 '운명'에 대한 믿음인 '숙명'(Fatum)론에 대항하여, 스스로를 지켜냈는지를 우선 현재화하는 것은 교훈이 될 것이다. 여전히 오늘날도 첫 눈에 보기에도, 이 학파는 "숙명" 개념을 "즉석에서" 무조건 거절하기를 원하지 않았다는 주장은 의심스럽게 보일 수 있을 것이다. 그들은 여기에서 정당하게 '아우구스틴'을 증인으로 끌어댈 수 있었다. 그는 실제로 다음과 같이 상세히 진술하였다(*De civ. Dei* V 1, 8, 9): 그릇된 상상들을 부추기지 않기 위해, 그는 하나님의 의지와 권세에 의하여 통치되는, 즉 그것 안에서 모든 것이 발생하는, "원인들의 연결과 연속"을 표현하기 위하여 과연 "숙명"이라는 단어를 차라리 입에 담기를 원하지 않기는 하지만, 그래도 또한 아무에게도 노골적으로 그렇게 하지 못하도록 방해하고 싶지는 않다고 했다. "숙명"(fatum)이라는 어휘는 "말하다"(fari)에서 유래하며, 본래는 단순히 발언(Ausspruch)을 의미한다는 것이다. 여기에서 시편 62:2 이하가 숙고되어야 한다는 것이다: "하나님께서 한 번 말씀하셨다." … 그리고 이 "한 번 말씀하셨다"라는 표현이 "숙명"개념의 정당한 의미이며, 이것이 의미하는 것은 다음과 같은 것이라고 한다: "무엇이 존재하게 될지 그리고 그 자신이 무엇을 행하게 될지 모든 것을 그가 변경 불가능하게 알고 있는 것과 마찬가지로, 변하지 않게, 즉 변경 불가능하게 그가 말씀하였다." 이 교부의 이러한 견해를 토대로 그리고 그가 말한 의미에서, 옛 개혁파 신학자들 가운데 상당수가 안심하고, 루터파 신학자들이 수상히 여김에도 불구하고, "그리스도교의 숙명"에 대하여 말해도 좋다고 여겼다. 부르만(Fr. Burmann, *Syn. Theol.* 1671 I 44, 29)은 그것을 "사물들과 원인들이 하나님의 결의에 종속되어 있는 질서와 연속"이라고 정의하였다. 그러나 그는 그것을 명확히 "수학적 숙명"에 대하여, 곧 점성술에 의한 운명의 예정에 대하여, 그리고 "자연적인 혹은 물리적인 숙명"에 대하여, 곧 지상의 자연적 인과관계들의 강제에 대하여, 그리고 끝으로 바로 "스토아 학파의 숙명"에 대하여, 곧 전적으로 홀로 통치하고 있는 필연성을 통하여 피조물과 하나님 자신이 지닌 모든 우연성과 자유를 폐지하는 것에 대하여 대립시킨다. 하이데거(H. Heidegger)는 다음의 다섯 항목에서 하나님의 세계 통치라는 그리스도교의 개념과 어떠한 경우에도 배척되어야 하는, "숙명" 개념의 의미 사이에 특히 명백하고 일목요연한 경계설정을 실행하였다(cit. nach Heppe² 206f.): 1. 배척되어야 할 의미를 담고 있는 운명 개념은 사물들에, 즉 원인들과 결과들의 연속 안에 내재해 있는 반면에, 그 자체가 영원하고 자유로운 결의인 하나님의 통치의 장소는 '하나님 자신 안에' 있다. 2. 하나님의 세계 통치는 "'완전한 자유 안에서' 활동하는" 하나님의 행위이며, 따라서 사물들이나 그것들의 질서에 속박되어 있지 않고 오히려 거꾸로 그것들이 '하나님의 통치'를 따른다. 그때에 그 통치 자체는 또한 "자연 없이 혹은 자연 위에 혹은 자연에 거슬러" 그것들을 마음대로 처리할 수 있게 무조건적으로 자유롭다. 반면에 저 운명에 관한 사상은 하나님을 "운명의 여신들(Parzen: 로마신화에서 Klotho, Lachesis, Atropos의 세 여신—역자 주)의 감옥"에 유폐시키며, 그가 "원인들의 질서" 밖에서 행동하는 것을 금지시키려 한다. 3. 하나님의 통치에 대한 신앙은 세상사의 '영원한'(신적인) '필연성'과 '일시적인'(세계내적인) '필연성'을 구분하지만, 반면에 운명에 대한 신앙은 그것들을 혼동한다. 4. 하나님의 세계통치의 틀 안에는 그리고 그것에 대한 인식의 빛 안에는 일반적으로 '우연성'뿐만 아니라 특히 인간의 '의지의 자유'도 존재한다. 반면에 저 운명과 그것에 대한 신앙은 우연성과 의지의 자유를 기계적인 것으로 만들어 없애버리는 것을 의미한다. 5. 하나님의 세계 통치는 '죄'의 영역 위에도 미치지만, 하나님이 죄를 야기하는 장본인으로 되는 것은 아니다. 반면에 "숙명"의 통치가 의미하는 것은, 죄도 하나님에 의하여 설정된 필연성들 가운데 하나라는 것이다.— 우리는 다음의 사실을 인정해야만 할 것이다: 스토아 철학에 대한 칼빈주의의 이 경계설정은, 그것이 가능했던 만큼은, 남김없이 명확하게 다 논의되었으며, 반대쪽에서 정당한 이의를 제기할 어떤 동기도 제공하지 않았다.

그리고 정반대로, '루터파 신학자들'이 다른 쪽을 향하여, 즉 에피쿠로스 학파의 우연론에 대하여 어떻게 입장을 표명했는지를 경청하는 것도 마찬가지로 교훈이 될 것이다. 그들 자신이 칼빈주의자들을 스토아학파의 숙명론 한가운데에서 찾으려 했던 것처럼, 마찬가지로 정당하게 사람들은 약간의 악의를 갖고, 하나님의 "동행"에 대한 루터파 신학자들의 독특한 관념 때문에, 그들을 그 우연론 한가운데에서 찾을 수 있었다. 사실은, 개혁파 신학자들이 이 대목에서 바로 하나님의 섭리에 대한 그들의 이해로부터 출발하여 자연적인 우연성과 인간의 자유를 고수하였던 것과 마찬가지로, 루터파 신학자들은 이 대목에서 모든 사건이 하나님의 섭리에 의하여 철저히 결정된다는 것을 단호하게 주장하였다. 예를 들면 칼로프(A. Calov, *Syst.* III, 1659, 6, 1, qu. 1)는 "세계는 우연이나 행운에 의하여 통치되는가? 혹은 실제로 하나님의 섭리에 의하여 통치되는가?"라는 질문에 대하여 다음과 같이 대답하였다: "'행운'과 '우연'에 대하여 우리는 언제나 다만 '우리를 고려하여' 그리고 '제2 원인들'을 고려하여 말할 수는 있지만, '하나님을 고려하여' 말할 수는 없으며, 따라서 다만 상대적으로 말할 수는 있으나 절대적으로는 말할 수 없다. 따라서 우연을, 혹은 까닭 없이, 맹목적이며 방황하며 변덕스러우며 수시로 변하는 것으로서, 품위 없는 자들의 후원자로서 묘사되는 것이 아닌 행운의 여신(Fortuna. 그리스 신화에 나오는 여신 — 역자 주)을 섭리의 자리에 앉히는 것은 안 된다. 에피쿠로스 학파의 철학자들은 다음과 같이 말한다: 만일 신들이 세계통치에 관계해야만 한다면, 그것은 틀림없이 신들의 행복을 방해하는 것이며, 그들을 괴롭히는 것이다. 그러나 하나님에게는 (칼로프는 여기에서 암모니우스[Ammonius], 플로틴[Plotin] — 그리고 아우구스틴의 신플라톤주의 철학이 지닌 에피쿠로스적 입장에 반대하여 말하고 있다!) 세계통치의 사역이 방해나 짐이나 피로를 의미하지 않는다. 하나님이 활동하든지 혹은 활동하지 않든지, 그의 본질은 동일하게 언제나 자기 자신이다. "그는 쉬면서 일하는 법을 알고, 일하면서 쉬는 법을 안다."(Augustin, *De civ. Dei*, XII, 17) 에피쿠로스학파의 철학자들은 다음과 같이 말한다: 온갖 불법을 지니고 있는 세계 전체를 통치한다는 것은 하나님을 어느 정도 더럽힐 것이다. 그러나 태양은 자신을 더럽히지 않으면서도 또한 더러운 것을 비추지 않는가? 하물며 그 일이 하나님에게 일어날 수 없겠는가! 그들은 세상만사의 명백한 불완전성들과 비정상적 상태들을 지적한다. 그것에 대하여 우리는 다시 아우구스틴의 말(*De Gen. ad lit. imperf.* 7)을 인용하여 다음과 같이 말해야 한다: 마치 노래나 음악에는 쉼이 있고, 그림에는 그림자가 있듯이, 마찬가지로 세계 전체의 완벽한 아름다움에는 또한 그것에 대조되는 것들도 한 부분을 이룬다. 만일 우리가, "무질서하고 거친 것"으로 간주되는 것이 사실은, "하나님의 섭리를 바라본다면", 얼마나 "관계에 적합하며 잘 정돈된 것"인지를 깨닫지 못한다면, 그것은 아주 자주 다만 우리의 제한성 탓이 아닌가? 그리고 하나님의 진리와 자비와 권세의 본질은 — 이 루터파 신학자는 여기에서 우려된 칼빈주의식 이단에 현저하게 접근해 있다! — 또한, 그는 악을 통해서도 선을 만들어낼 수 있다는 사실에 있는 것이 아닌가? 우연론을 주장하기 위하여, 세상 돌아가는 형편을 보면 종종 선한 사람들이 어렵게 지내며, 종종 악한 자들이 잘 지낸다는 사실이 언급된다. 그러나 성서에 따르면, 악한 자들은 하나님의 인내심에 의하여 회개에 이르도록 부름 받게 되든가 혹은 예레미야 12:3에 따르면 살찐 짐승들처럼 "도살할 날"을 위하여 보호되는 반면에, 그가 선한 사람들에게 나쁜 경험들을 통하여 그들의 죄를 인식하도록, 그를 신뢰하도록, 기도하도록 촉구할 때에, 그리고 그들의 신앙을 시험할 때에, 하나님은 선한 사람들에게 바로 선한 것을 행하고 있다. 마지막 이의제기는 이것이다: 도대체 악과 죄의 실존은 하나님의 세계통치와 통합될 수 있는가? 그것은 그래도 우연의 실존과 같은 것을 암시하고 있지 않은가? 이 질문에 대한 칼로프의 대답은 이것이다: "사고능력이 있는 피조물의" 자유를 위하여 하나님은 죄를 절대적으로 불가능하게 만들기를 원하지 않으므로, 그의 세계 통치는 또한 "허락"의 형태도 지닐 수 있다. 여기에서 역시 이번에도 다음의 사실이 숙고되어야 한다: 요셉 설화가 보여주는 것처럼, 하나님은 죄도 인간에게 구원의 결과를 가져오게 할 수 있다. — 우리는 이 루터파 신학자에게도 다음의 사실을 인정해야만 할 것이다: 그는, 그에게 위험한 전선에서 그의 가능성들의 한계들 안에서 무장한 채 그의 입장을 옹호하였다.

우리는 지금 '양'쪽의 입장을 '강한' 측면에서 경청하지는 '않'았다. 개혁파 신학자들은, 우연론에 저항하여 경계를 설정해야 했을 때, 물론 더 강했으며, 루터파 신학자들은 운명론에 저항하여 경계를 설정해야 했을 때, 더 강했다. 그러나 바로, 우리가 그들의 비교적 '약한' 측면에서 '양'쪽의 입장을 경청한다면, 우리의 맥락에서 무엇이 주요 쟁점인지를 깨달을 수 있을 것이다: 즉 양쪽은 여기에서 주요관심사가 무엇이었는지를 알고 있었다.—즉 모든 세계 내부의 필연성'과' 우연성, 보편성'과' 특수성, 따라서 운명'과' 우연에 대한 하나님의 주권이 주요관심사라는 것을 알고 있었다. 그리고 양쪽은 여기에서 어떤 경우라도 피해야만 하는 것이 무엇인지를 알고 있었다: 즉 그의 세계통치를 이 세계의 원리들 가운데 어느 하나와 동일화함으로써 그의 통치를 웃음거리로 만드는 것을 피해야만 한다는 것을 알고 있었다.

물론 여기에 제시된 양쪽의 논증들이 완전히 만족스러울 수는 없을 것이다: 거기에서 대부분의 것이 혹은 아마 모든 것이 그 자체로는 아주 올바르게 언급되지는 않았기 때문이 아니라, 아마도, 양편에서는, 그 모든 것이 도대체 어떤 근거에서, 따라서 어떤 비중을 갖고 언급되었는지 올바르게 통찰되지 않았기 때문일 것이다. 이 모든 증명들의 증명이, 즉 그 위에서 이쪽 아래로 논증되고 있는 그 높은 곳이 어느 경우든 명백히 드러나지 않으므로, 피상적인 것이라는 그 어떤 인상이, 그 어떤 불확실성이 남아 있다: 증명되어야 하는 것이 정말 증명되고 있는 것일까? 그러나 여기에서 실제로 제기되고 있는 문제가 우리의 선배 신학자들에 의하여 통찰되었으며 다루어지기 시작했다는 것, 이것이 사실이며, 바로 이것이 여기에서 지적되어야 했던 것이다.

지금까지 우리는 다음의 사실을 확인하였다: 하나님 '홀로' 통치하며, 하나님 '자신'이 그가 통치하는 것의 목표이며, 하나님은 자유와 필연성이라는 세상의 대립관계들 안에 그리고 그것들 위에 있는 높은 곳에서 통치한다. 이제 우리가 관심을 기울여야만 하는 것은, 하나님의 통치라는 개념 자체이다. 이제 해명된 전제들 아래에서 우리는 일반적으로 다음의 명제로부터 출발해도 좋을 것이다: 하나님은 피조물의 사건을 '정돈'함으로써 그것을 통치한다. 통치란 질서를 의미하며, 여기에서 이 개념은 한 사물의 확정된 구조와 그 사물의 특성들과 상태들이라는 수동적인 의미가 아니라, 한 사건을 특정한 계획이라는 척도에 따라서 시간 안에서 연속적으로, 언제나 새로운 상황들과 발전단계들을 관통하여 결정하고 형성하고 조종하는 지속적 행동이라는 적극적 의미를 갖고 있다. 하나님의 통치는 그 자신과는 상이한 현실 전체의 시간적 역사 위에서 그리고 그 역사와 함께 행해지는 하나님의 행동이다: 그 행동을 통하여 하나님은 그 현실의 진행방향을 마음대로 처리하며, 그 현실 안에서 그의 의지를 주장하고 관철시키며, 그 현실을 그것에 상응하게 시종일관 그리고 완전히 조종한다. 따라서 그의 행동은 이런 적극적인 의미에서 그의 질서이며, 그것은 시간 안에서 발생하는 세상사를 그가 영원히 정돈하는 것이다.

따라서 이 맥락에서 옛 교의학자들, 특히 개혁파 교의학자들이 즐겨 사용했던 하나님의 영원한 "결의"(propositum)라는 개념은 일방적으로 다음과 같이 하나의 계획이라는 의미에서 이해되어서는 안 된다: 즉, 세계의 창조보다, 따라서 시간 안에서 발생하는 세상사 전체보다 선행하는, 하나님 안에 확정된 계획이라는 의미에서, 그 경우에 이 세상사 자체 안에서는 다만 그것을 추가적으로 이행할 뿐인 그러한 계획이라는 의미에서 이해되어서는 안 된다. 그렇게 일방적으로 이해되어서는 안 되는 이유는, 확실히 다음과 같이 말할 수 있기 때문이다: 이 역사 안에 있는 시간의 흐름 안에서 '되어지는' 모든 것은 하나님에 의하여 영원으로부터 이미 질서 있게 정돈되고, 결정되고, 규정되어 '있다.' 마스트리히트(P. v. Mastricht, *Theor.-pract. Theol.* 1699, III, 10, 12)가 어떤 피조물도 회피할 수 없는, 이미 세워진 "올바른, 고정되고 해체할 수 없는 질서"에 관하여 언급할 때, 그는 과연 옳았다. 그러나 그것이, 하나님은, 행동하면서, 완전히 그 자신은 아니며, 따라서 완전히 살아 있는 것은 아닐 것이라는 것을 의미하지 않으며, 그가 그의 행동 안에서 혹시 원하고, 결정하고, 계획하기를, 따라서 언제나 다시금 새롭게 질서를 정돈하기를 중단하리라는 것을 의미하지 않는다. 오히려, 하나님은 그것을 실제로 '실행'하며, 그의 결의는 그의 권세를 통하여 끊임없이 사건으로 된다는 바로 그 사실에서, 그의 계획이 '존재'하고 '존속'하며(besteht), 그가 본래 하나님으로 존재하며 존속한다. 시간 안에서 행해지는 바로 그 행동은 그의 의지와 동일하므로, 그의 의지는 시간 안에서 행해지는 그의 행동 배후 어딘가에 머물러 있는 것이 아니라, 바로 그 행동 자체 안에서 실제로 인식되고 숭배되어야 하며, 또한 그의 행동도 결코 단지 추후의 실행일 수 없으며, 결코 단지 그런 것으로 이해될 수 없다. '그가' 그것이 생성되도록 허용하므로, 이미 영원히 '존재하는'(ist) 그 질서가, 시간 안에서 그가 정돈하는 바로 그 행동 안에서 '생성된다'(wird). 그리고 바로, 그가 원하고 관철시키는 질서에서는 영원한 "결의"가 주요관심사이기 때문에, 이것은 또한 몇 번이고 되풀이하여 스스로를 현실화하는 "결의"의 특성과 능력을 지니므로, 하나님은 결코 그가 지닌 고유한 결심(Vorsatz)의 포로로 생각되어서는 안 되며, 그의 고유한 결심을 실행한다는 바로 그 이유 때문에, 그는 전적으로 자유로운 주님으로서 등장하며, 또한 그렇게 인식되어야만 한다. 따라서 벤델린(M. F. Wendelin, *Chr. Theol.* 1634, I, 6, 11)에 의하여 제시된 정의는 "통치"에 대하여 이렇게 해명하고 있다: 그것은 "'정돈', 즉 그렇게 함으로써 하나님이, 특정한 선한 목표들을 확정하고, 그 목표들에 도달하기 위하여 수단들을 투입하고, 그 투입된 것들을 통치함으로써, … 모든 것을 하나의 '질서' 안으로 정리하는 바로 그 '정돈'"이다.—이것이 해명이 되는 이유는, 그 정의가 "질서" 개념을 사용하여 과연 전제된 하나님의 결의와 계획 자체를 알맞게 정말 가시화하기는 했지만, 그 개념을 즉시 그리고 완전히 "정돈" 개념에, 즉 살아 있는 하나님이 "확정하고 투입하고 통치한다."는 개념에 흡수되게 하며, 바로 그렇게 명예롭게 하기 때문이다. 만일 우리가 시간 안에서 전개되는 역사를 공허하게 하기를 원하지 않는다면, 살아 있는 하나님 자신을 시간 안에서 전개되는 역사로부터 밀어내기를 원하지 않는다면, 그의 현실적이며(aktuell) 주권적인, 즉 자유로운 통치를 실제로는 부정하기를 원하지 않는다면, 그리고 그 경우에 그래도 역시 저 영원한 "결의"로부터 하나의 죽은 우상을 만들어 내기를 원하지 않는다면, 우리는 그것을 다른 방식으로 다룰 수 없다. 우리는 여기에서, 우리가 이전에 하나님의 "'앞서'감"과 "'함께' 감"이 일치한다고 알게 되었던 것과 정확히 병행하는 것과 관계하고 있다.

하나님이 세상사를 정돈한다는 것은, 우선 일반적으로 다음의 사실을 포함한다: 그는 피조물의 '활동'을 '지배한다'(beherrscht). 이것은, 그가 피조물의 활동 자체를 폐지하고 그의 고유한 활동으로 그것을 대신한다는 것을 의미하지 않는다. 그렇게 대신하는 것은 피조물이 행하는 활동의 질서가 아니라 그것을 폐지하고 제거하는 것일 것이다. 그렇게 하는 것은 그것의 창조를 취소하거나 혹은 무시하는 결과가 될 것이다. 하나님은 피조물을 창조했고 보존하면서, 그는 그것에게 '고유한' 활동을 할 여지를 제공한다. 그리고 그것에게 고유한 바로 이 활동이 하나님이 정돈하는 대상이다. 그가 피조물의 활동을 지배한다는 것은, 바로, 피조물 자체가 활동하는 동안에도, 그가 피조물의 주님이라는 의미이다. 그는 피조물의 고유하고 자주적인 활동 자체를 지배한다. 그는 피조물을 그의 목적들을 위하여 이용한다. 그러나 그렇게 함으로써 그는 피조물을 모욕하지 않으며, 그는 그 자신과는 상이한 현실성인 그것의 특성과 존엄성을 손상하지 않는다. 실은 그 반대이다: '그'에 의하여 세워진 것으로서, '그'를 통하여 존재하는 것으로서, 그것은 그 자신과는 상이한, 고유하고 자주적인 현실성이며, '그'에 의하여 보존되는 것으로서 그것은 고유한 활동을 위한 여지를 지니고 있다. 그는 다만 그것에 대한 '그의' 관계와 '그'에 대한 그것의 관계에 대하여 진실임을 확증한다는 바로 그 사실에서, 그것의 특성과 존엄성이, 그의 피조물이라는 그것의 가장 고유한 본질이 유효하게 된다. 그가 그것에 대하여 창조주로서 그의 지배를 '표명'하며, 그가 그것의 활동을 그의 '고유한' 행동 수단으로 만들며, 따라서 그것 자체가 '그의' 사역에 참여하도록 허용하는데, 바로 이렇게 하는 것보다 더 높이 그가 그것을 존중할 수 없을 것이며, 더 진지하게 그것을 돌봐줄 수 없을 것이다. 그의 자비는 이처럼 깊이 미치며, 그가 그것에게 주려고 생각했고 또 제공하는 그 영광은 이처럼 크다. 그러므로 우리는 다음의 사실을 원한이나 탄식 없이 받아들이고 승인해도 좋으며, 또 그렇게 해야만 한다: 하나님은 피조물의 활동을 지배한다. 동시에 피조물의 고유하고 자유로운 활동이 존재하며, 변함 없이 그러할 것이다. 각각 그것의 본성에 따라서, 그리고 그것의 동료 피조물이 지닌 실존의 관련성 안에서 그것이 차지하는 장소에 따라서, 피조물은 역시 법칙과 필연성 아래에서도 활동한다는 사실은 별개의 주제이다. 피조물은 어느 경우든 역시 자유롭고, 우발적이며, 자주적으로 활동한다. 그러나 피조물의 활동이 '필연적인' 것일 경우와 똑같이 그것이 '자유로운' 것일 경우에도, 하나님은 그들의 활동을 지배한다. 하나님은 바로 저 '높은 곳'으로부터 그것을 지배한다. 그러므로 그의 주권과 피조물의 자유 사이에는 어떤 모순도 존재하지 않는다. 정반대로, 이와 같이 그것이 행하는 활동의 자유는 다음의 사실을 배제하지 않으며, 오히려 포함한다: 그것은 '하나님'에 의하여 지배받는 활동이다. '그'는 피조물을 법칙과 필연성을 통하여 제한했듯이, 마찬가지로 또한 자유롭게 창조하였다. 그는, 피조물을 보존하면서, 그것에게 그것의 자유를 사용할 '여지'를 제공하였다. 이와 같이 그는, 시간을 통하여 그것과 동행하면서, 그것이 이제야말로 그것의 '자유'를 사용하도록 허락하는 주님이기도 하다. 그것은 그 자유를 사용하며, 따라서 그것은 매 순간에 그리고 모든 운동들에서 그것을 위한 그의 특별한 '허락'을 토대로 활동한다. 피조물은 그것에게 주어진 이 허락의 범위와 궤도들 안에서 끊임없이 활동한다. 거기에서는 그것에 대하여 행하여지는 그 어떤 강제는 화제가 되지 않는다.―그러나 물론 역시 하나님의 허락이 없는 어떤 활동도 화제가 되지 않는다. 이 허락 안에서 어쨌든 피조물의 자유는 하나님의 자유와 만나며, 이 허락 안에서 피조물의 자유는 하나님의 자유로부터 유래하며, 그러므로 이 허락 안에서 피조물의 자유는 그것의 자연스럽고 당연한 한계를 지니고 있다: 즉, 덧붙여 말하자면 역시 그 자유가 지니고 있는 피조물 특유의 제한이 법칙과 필연성에 의하여 그것의 한계를 지니는 바로 그곳에서. 이 한계를 지니지 않는 자유란 바로 피조물의 자유가 아니라, 어느 제2의 하나님이 지닌 자유일 것이다. 그런 자유 자체를 요구하는 것은 피조물에게는 죄와 죽음이 될 것이다. 이와 같이 우리는 피조물의 활동을, 하나님에 의하여 몇 번이고 거듭하여 그것에게 제공되어져야 하는 그 허락에 의하여 '제한되며', 이 허락들의 결과에 의하여 '규정되고' '조종되며', 따라서 그에 의하여 '지배받는' 활동으로 이해하여야만 한다. 만일 피조물이 죄를 범하기를 원하지 않는다면, 그리고 죄를 범하지 않을 경우에는―만일 그것이 죄를 범할 때에라도, 그것의 본성을 확증하기를 중단하지 않는 한―피조물은 오로지 하나님이 원하는 것만을, 즉 그가, 그것에게 계속하여 그 허락을 제공함으로써, 그것이 그것의 고유한 자유 안에서 행하도록 허용하는 것만을 행한다.

만일 우리가, 피조물의 모든 활동은 특정한 '작용들'을 목표로 삼고 있다는 것을 숙고한다면, 사실이 그러하며 다른 것일 수 없다는 것은 더욱더 명백해진다. 작용들을 '목표로 삼는다'는 것 자체가 자유로운―그것의 자유 안에서 물론 그 자체가 이미 하나님에 의하여 조종되는―피조물의 노력과 의도의 문제이다. 이 노력과 의도 안에서 피조물이 '활동한다.' 그러나 참으로 활동 자체가 또한 이미 무엇을 야기하는 것은 아니며, 노력과 의도 자체가 또한 이미 도달하고 달성한 것은 아니다. 왜냐하면 '도달한' 목적, 곧 '달성한' 목표 자체, 그것의 활동이 겨냥하고 있는 그 작용이 '발생하는 것'은 그것의 의도와 노력과 활동을 초월하여(jenseits) 자리 잡고 있기 때문이다. 그 작용은 발생할 수 있으며, 그 활동을 명예롭게 할 수 있으나, 알다시피 발생하지 않을 수도 있고, 설령 그것이 발생한다고 하더라도, 알다시피 피조물의 노력과 의도에, 따라서 활동에 상응해야만 하는 것과는 전혀 다른 형태와 파급효과를 지닐 수 있다. 피조물이 행한 활동의 작용이 발생'하는지 않는지', '어떻게' 그것이 발생하는지의 문제는 그 활동에 비하여―우리가 그 활동을 그것이 지닌 필연성의 관점에서 관찰하든 혹은 그것이 지넌 자유의 관점에서 관찰하든―몇 번이고 반복하여 '새로운 것'이다. 그리고 만일 참으로 운명도 우연도 아니라 하나님이 피조물의 사건을 지배한다면, 우리는 간단하게 이렇게 말해야만 한다: 바로 결정적인 요인(Moment)은, 즉 피조물의 활동이 지닌 바로 그 의미, 바로 그 활동의 작용, 목표, 그리고 그 활동이 끝날 때 도달할 목적은 전적으로 '하나님의' 섭리(Fügung)이며 선물이다. 그것이 다만 피조물에 대한 그의 보존을 토대로 발생할 수 있는 것처럼, 그것이 하나님이 피조물에게 제공한 허락들을 통하여 계속적으로 형성되고 조종되는 것처럼, 마찬가지로 하나님이 이것을 결정한다: 즉 어디에서 그리고 어떻게 그것이 실제로 그것의 이 '결말'에 도달하게 될 것인지를, 여기에서 이른바 어떤 "결과가 나오게" 될 것인지를 결정한다. 이 결말이, 즉 이 작용이 피조물의 활동에 대략 혹은 완전히 '상응'할 때에도, 마찬가지로 이 작용이 그 활동과 비교할 때에, 무효화됨으로써 혹은 전혀 기대하지 않은 형태와 파급효과에 의하여, "뜻밖의 일"을 초래할 때에도, 이것은 같은 방식으로 유효하다. 새로운 것, 즉 하나님으로부터 유래하는 새로운 것이 어떤 경우든 피조물이 행한 활동의 결과이다. 이것은 확실히 다음의 사실에서 아무것도 변경하지 않는다: 그것은 틀림없이 '그 피조물의 활동'의 결과이며, 따라서 활동과 작용 사이에는, 즉 활동하는 피조물의 자유와 피조물이 실제로 도달한 목표들 사이에는 언제나 '관련성'이 존재할 것이다. 피조물 자체는 언제나 그것이 행한 활동의 종점에서, 그 활동이 시작될 때에 존재했던 것과 같은 '동일한 존재'일 것이며, 따라서 그것의 '고유한' 작용에 직면하게 될 것이다. 그것은 그것이 뿌린 것을 거둘 것이며, 그것이 말하고 행한 것을 책임져야만 할 것이다. 그러나 바로 이 점이 중요하다: 이제 도대체 그것이 무엇인지, 피조물이 씨 뿌린 것의 수확물로서 거기에서 무엇이 나타나며, 피조물의 노력과 의도의 목표로서, 그것이 행한 활동과 행위의 결과로서 무엇이 사건(Ereignis)으로 되는지―그것이 무가치한 것(Nichts)일지 혹은 가치 있는 것(Etwas)일지, 의도하고 노력한 것일지 혹은 어떤 다른 것일지, 선한 것일지 혹은 악한 것일지, 구원일지 혹은 재앙일지―그런 것에 관해서는 '피조물'이 판단을 내려야 하는 것이 아니며, 그런 것에 관해서는 '하나님'이 결정하고, 판결하고 심판한다. '그'는 피조물에게―전체적으로만이 아니라 개별적으로도―그것의 '목표들', 즉 그것이 실제로 '도달'하게 될 목표들을 설정한다. 그것은 결국 최종적으로 어쨌든 언제나 '그의' 결의를 현실화한다.

따라서 세상사에 대한 하나님의 질서는 우선, 피조물의 활동이 실행될 때만이 아니라 그것의 결과들에서도 그 활동을 지배하는 것이다. 이미 이 지배가 '도처에서' 발생하므로, 따라서 피조물의 '모든' 활동과 그 활동의 모든 작용들을 포괄하고 또 그것들과 관계되므로, 이 지배는 실제로, 발생하고 있는 세상사 전체를 '정돈하는 것'이다. 세상사에 대한 지배자로서 운명은 이 질서를 보장할 수 '없을' 것이며 또 보장하지 '않을' 것이고, 우연은 더 한층 그럴 수 없을 것이다. 하여튼 운명과 우연이 권세들일 경우에는, 그것들은 맹목적이고 무의미하며, 단지 지배하기만 하는 권세들이다. 그리고 만약 모든 정돈하는 행위가 의심의 여지없이 지배하는 것이라면, 그래도 지배하는 것 자체는 아직 결코 정돈하는 것이라고 할 수는 없다. '하나님'도 지배한다. 그러나 '그'는 지배하면서, '정돈한다.' 우리는 지금 이 사실로부터 중요한 것을 인지하였다: 참으로, 그는 피조물의 '모든' 활동과 그 활동의 '모든' 작용들을 결정하는 '유일한 존재'(der Eine)이므로, 다음의 사실이 결정적인 것이다: 세상사를 구성하는 개별적인 행동들은 어떠한 경우에도 '병렬관계에 있는'(koordiniert) (바로, 그가 시종일관하여 결정하기 때문에 병렬관계에 있는) 행동들이다.

그러나 하나님의 통치를 세상사의 질서로 이해하는 것은 여기에서 더욱 깊이 파고 들어가야 한다. 하나님은 피조물의 활동과 그 활동의 작용들을 결정함으로써, 그는 그것들을 모두 '공동의 목표'를 향하게, 즉 '자기 자신'을 향하게 한다. 그런데 이것은 거듭 다음의 사실을, 즉 그가 개별적인 피조물들이, 개체들과 그것들의 자연적이며 역사적인 집단들과 관련성들이 각기 그것들의 특수성 안에서 그것들의 '특수한' 목표들을 지향하며 실존하지 못하도록 방해한다는 사실을 의미하지 않는다. 이것은 또한, 그것들의 활동과 그것들의 작용들이 지닌 특수성이, 즉 전체로서 세계사를 구성하는 사건들의 무한한 다양성이 나중에 그것들 모두를 포괄하는 통합계획을 위하여 그래도 다시 '평준화'되거나 말소될 것이라는 것을 의미하지 않는다. 세계사를 통치하는 바로 그는 또한, 모든 피조물들과 피조물의 관련성들에 그것들의 '특수성'을 제공했던 그 창조주이기도 하다. 그리고 그는, 그것들을 보존하면서, 그것들에게 그것들의 각기 '특수한' 활동을 위하여 공간을 제공한다. 그리고 그가 그의 허락들을 통하여 조종하는 것은 다름 아니라 바로 그것들에게 각기 '특수한' 이 활동이다. 그리고 이와 같이, 그가 그것들에게 '목표들'로서 지정하고 또 그것들이 도달하도록 허용하는 것은 역시 각각의 아주 '특수한' 작용들이다. 그리고 그 자신이 피조물들의 주님으로서 충분히 넘치도록 부유하므로, 특수성을 지니고 있는 그 어떤 단 하나의 존재에게도 그의 지배를 통하여 폭력을 가할 필요가 없으며—그는 너무나 자유로우므로, 바로 특수성을 지니고 있는 모든 개별적인 것을 충족시킬 수 있으며, 바로 특수성을 지니고 있는 그것을 기꺼이 긍정할 수 있다.—그리고 역시 모든 존재들을 '하나의' 목표로 인도하며, 모든 개별적인 목표들을 이 '하나의 목표'에 편입시킨다. 그의 통합계획은 완전히 실행되면서 존속하며 존재하므로, 그 계획이 '역시' 포괄하지 않을 존재, 그것의 장소와 그것의 방식으로 이 계획에 '역시' 봉사할 필요가 없을 존재란 없다. 그러나 바로 이것이 중요하다: 그것의 장소와 그것의 방식으로! 따라서 그의 통합계획은 개별적인 것들과 개별적 집단들을 획일화, 균일화, 대중화하는 것과는 바로 아무런 관계도 없다. 그 반대로, 하나님의 "결의"와 "결의하는 것"은 바로 '개체들'과 그것들의 '개별적인 것'(Individuelles) 자체와 관계되며 오직 '개별적인' 목표들 안에서 현실화된다. 바로, 그가 그것들을 저 공동의 목표에, 즉 그 자신에게 봉사하게 함으로써, 하나님은 이 목표들을 확증하며, 그는 그것들 각각에게 그것의 고유한 광채와 그것의 잃어버릴 수 없는 존엄과 그것의 특정한 가치를 제공한다. 이렇게 하면서 그는 피조물에게서 아무것도 빼앗지 않는다. 바로 이렇게 하면서 그는 피조물에게 오히려 모든 것을 제공한다. 그가 그것의 자유로운 활동을 조종하고, 그것에게 그것의 개별적인 목표들을 계속하여 지정하면서도, 그가 그것에게서 아무것도 빼앗지 않고 오히려 모든 것을 제공하였듯이. 이 공동의 목표가 없다면, 이 하나의 목표에 그것들의 개별적인 목표들이 편입되지 않는다면, 하나님 자신을 향하여 정돈되지 않는다면, 피조물들은 대체 무엇일까? 그것들의 활동과 그것들의 작용들이 개별화된다면 피조물들은 모두 대체 무엇일까? 하나님은 피조물들을, 무의미하게 자기 자신만을 위해 존재하는 불행으로부터, 즉 상호간의 대립과 싸움으로부터 보호한다: 그것들은 어떤 것에 의해서도 그 불행으로부터 스스로를 지킬 수 없을 것이며, 운명이나 우연의 통치에 의해서는 분명히 결코 그 불행으로부터 보호될 수 없을 것이다. 그는 세상사 전체를, 그리고 동시에 또한 모든 개별적인 사건들을, 그리고 그렇게 그 사건들의 주체들인 개별적인 피조물들을 무질서로 추락하지 않도록 보호한다. 만일 그가 그것들이, 즉 그것들의 활동과 작용들이 개별적으로 분산되게 방임했다면, 만일 그가, 바로 그가 그것들에게 제공하고 지정했던 '많은' 목표들을 지니고 있는 그것들의 방향을 동시에 '하나의' 목표로 향하여 정돈하지 않는다면, 그 경우에 그것들은 분명히 즉시 무질서에 예속될 것이다. 이렇게 보호함으로써, 그는 다음의 질문에 대하여 대답한다: 도대체 '무엇 때문에' 그는 피조물의 모든 활동과 그 활동의 작용들을 지배하기를 원하는가?; 이 지배는 실제로 '어느 정도까지' 정돈하는 것인가? 대답은 이것이다: 하나님은, 그가 만물 '안'에서, 만물과 '함께', 만물을 '통하여', 그리고 만물을 '위하여' '한 가지'를 원하고 사실상 '한 가지'를 성취하므로, 그는 '그것을 위하여' 모든 것 안에서 지배하고 있다: 그 한 가지란, 창조주로서 그의 영광을 얻고 바로 그 영광 안에서 피조물을 의롭다고 인정하고 구출하고 구원하는 것—그리고 궁극적으로는 다시 '또한' 그의 피조물도 영광을 얻게 하는 것이다. 왜냐하면 '피조물'의 영광은 다름 아니라, 바로, 피조물이 그것의 가장 고유한 실존을 현실화하면서, 그것의 창조주의 영광을 위한 수단으로서 '그를' 섬기는 것이기 때문이다. 각 피조물의 특수한 목표를 저 공동의 목표에 '편입시킴'으로써, 그것의 활동과 작용들이라는 특수성을 지니고 있는 그것을 그의 계획을 실행하는 데에 '들어오게' 허용함으로써, 그는 그것이 '섬기게' 한다.

 그리고 여기에서 이제 더욱 폭넓은 숙고가 계속되어야만 한다: 하나님이 개별적인 모든 것을 공동의 목표인 자기 자신을 향하게 한다는 것은, 그가 그것을 개별적으로 분산되지 않도록, 다른 개체들과 싸우지 않도록, 즉 전체를 무질서로 추락하지 않도록 보호한다는 것을 의미할 수 있을 뿐만 아니라, '적극적으로' 다음의 사실을 의미해야만

한다: 그렇게 함으로써 관철되는 질서는 모든 피조물들을 하나님에게 종속시키는 것으로서 동시에 그것들을 '자체 안에서 동등하게 정돈하는 것', 즉 개별적인 피조물들과 피조물 집단들 '상호간에' 의미 있는 '관계'를 만들어 내는 것이다. 만일 그것들이 그것들의 활동과 작용들에서 '하나님'에 대하여 개별화되어 있지 않으며 제멋대로 굴도록 방임되어 있지 않는다면, 마찬가지로 그것들은 '그것들 사이'의 관계 안에서도 그럴 수 없다. 여기에서도 다음의 사실이 거듭 강조되어야 한다: 비록 아무리 하찮은 피조물이라 할지라도, 어떤 피조물의 개별적 의미와 개별적 권리도, 그것에게 이렇게 동등하게 정돈하는 일이 일어남으로써, 훼손될 수 없다. 하나님이 그것을 다른 피조물들과 함께 바라보고 동등하게 정돈한다는 것은, 다음의 사실을 의미하지 않는다: 즉 그것이 지닌 의미와 권리의 본질이 다만, 비자주적인 원자로서 실존하는 것, 즉 그 어떤 집단 안에 있는, 궁극적으로 그리고 맨 위에는 세상사 전체라는 집단 안에 있는 단순한 기계부품과 직무 담당자로서 실존하는 것에만 있다는 것을 의미하지 않는다. 하나님의 통치와 돌봄과 명령권은 직접적으로 각 '개별적인' 피조물 자체에 관련되어 있다. 그러나 만일 우리가, 각 개별적인 피조물에 대한 바로 이 하나님의 직접성이 각 피조물에게 실제로 무엇을 의미하는 것인지 묻는다면, 다음과 같이 대답될 수 있다: 그것이 의미하는 것은, 그 피조물이 그것의 활동과 작용들을 통하여 그것의 '동료' 피조물들에 대하여—그것이 그것들과 함께 '하나의' 목표를 지니고 있다는 사실에 상응하게—능동적이며 수동적인, 그리고 이 두 가지 의미에서 '긍정적인 관계', 즉 '주고받는' 관계 안으로 세워진다는 것이다. 그 피조물은 하나님에 대해서만이 아니라 또한 그것의 주변 환경에 대해서도 마주보고 서 있으며, 또한 피조물의 사건 전체의 한복판에서도 고립되어 있지 않으며, 자기 자신만을 의지하지 않으며, 자기 자신에게만 의존하지 않으며, 자기 자신만이 책임지지 않는다. 오히려 바로, '하나님'이 직접 '그것'을 돌봐주고, 그것의 주님으로서 직접 '그것'을 대하고, 바로 '그것'을 이용함으로써, 그는 그것을 '그 밖의', 즉 '전체의' 피조물의 역사 안으로 편입시키는 일도 실행하며, 그는 그것에게 이 전체 안에서 그것의 장소와 위치를 할당하며, 그는 그것에게 좌로부터 그리고 우로부터, 가까이에서 그리고 멀리서, 높은 곳에서 그리고 깊은 곳에서, 기댈 곳(Halt)과 원조와 빛을 제공하며—그리고 그는 그것에게 그의 입장에서 특정한 기능들을, 즉 그것이 '그'를 섬겨야만 하며, 그러나 다시 말하자면 이제 다른 한편으로는 또한 다른 '피조물들'을 섬겨야만 하며, 그것의 입장에서 그것들에게 기댈 곳과 원조와 빛을 전달해야만 하는 그 기능들을 맡긴다. 이와 같이 피조물은 그것의 동료 피조물로부터 그리고 동료 피조물을 향하여 실존하도록 허용된다. 그것이 '역시 그렇게' 실존하도록 허용된다는 것은, 하나님의 명예와 그것의 구원에 속한다. 바로 동시에 또한 이렇게 '동등하게 정돈하는 것'이 피조물에게 경험되지 않고는, 그것을 '하나님에게 종속시킴'으로써 가능하게 되는, 특수성 안에 있는 그것의 실존을 의롭다고 인정하고 구출하는 것이 그것에게 경험

될 수 없을 것이다. 바로 동시에 또한 하나님에게 종속시키는 것에 대하여 저항하지 않고는, 즉 바로 그것의 특수한 의미와 권리, 그것의 활동과 작용들의 고유한 존엄성을 상실하지 않고는, 피조물은 이 동등하게 정돈하는 것에 대하여 저항할 수 없을 것이다. 그러나 어떤 피조물도 '하나님에게 종속시키는 것'을 진정으로 그리고 완전히 저항할 수 없듯이, 마찬가지로 그것을 동료 피조물과 '동등하게 정돈하는 것'에 대하여 저항할 수 없다. 개별적인 피조물 안에서 무슨 일이 발생하든, 그것은 어떤 경우에든 역시 이 '수평적' 관계 안에서, 즉 역시 다른 피조물로부터 출발하여 또한 다른 피조물을 향하여 발생한다. 그리고 피조물을 동등하게 정돈하는 바로 이 일도 하나님의 통치 사역이다. 그것은 당연한 일이며, 저절로 성취되지 않는다. 개별적인 피조물의 활동이 작용들을 발생시키는 것처럼, 그것은 몇 번이고 거듭하여 사건(Ereignis)으로 되어야만 한다. 운명이나 우연은 결코, 그 사건이 발생하도록 보장하지 않을 것이다. 하나님이 그것을 보장한다. 그가, 그의 피조물들이 모두 '함께' 그리고 바로 그렇게 또한 각각 '개별적으로' 그를 '올바르게' 찬양할 수 있도록 배려한다. 그는 저 "사물들과 행동들의 결합"을 위하여 배려하며, 바로 그렇게 언제나 그가 창조한 피조물의 '개체'를 위하여 그리고 언제나 '전체'를 위하여, 그리고 그 개체와 전체 안에서 언제나 그 자신의 '명예'를 위하여 배려한다. 그리고 그는 세상사를 바로 그렇게 '통치하며', 그렇게 '정돈한다.'

우리는 하나님의 세계통치론이 지닌 본래의 중심과 본질에 관심을 기울이기 이전에, 이 교리의 역사로부터 끈질기게 떠오르는 '경계 설정'과 '해명'을 실행해야만 한다.

우리는 방금, 피조물의 모든 사건을 하나님이 피조물에게 설정한 한 목표에, 즉 바로 하나님 자신에 '종속시키는 것'에 관하여 언급하였으며, 그리고 그 일을 통하여 야기된, 그 사건의 개별적인 요인들과 행위들을 상호간에 '동등하게 정돈하는 것'에 관하여 언급하였다. 이 두 개념들을 통하여 피조물의 사건 전체에 대한 결정적인 '상대화'가 표현된 것이 분명하다. 하나님이 그 사건에 그것의 목표와 목표들을 제공하므로, 다음의 사실이 결정적인 것이다: 이 모든 사건의 의미는 그 사건 자체를 '초월하여' 존재한다. 그 사건은 그것 자체 안에서 순환하지 않으며, 밖으로부터 그것에게 설정되고 제공된 사명(Bestimmung)을 향하여 급히 달려 나가며, 아무리 서두를지라도 그 사건은 언제나 그 사명의 성취를 기대할 수밖에 없다. 피조물의 모든 사건은 말의 가장 본래적인 의미에서 '잠정적인' 사건, 즉 다만 "1차 예선"(豫選, Vorlauf)으로만 파악되는 사건이다. 그것이 왜, 무엇 때문에 진행되고 있는지를 결정할 수 있는 것은 피조물이 아니라, 피조물을 통치하고 있는 하나님이다. 그의 행동이 세계의 본래적이며 최종적인 "진행과정"을 결정한다. 이것이 말하자면 피조물의 사건에 대한 '수직적' 상대화이다. 그리고 하나님은 이 사건과 저 사건을, 피조물인 이 주체와 저 주체의 활동과 작용들을 '서로' 관련시키므로, 그것들 각자에게 그것의 장소와 시간과 기능을 모든 '다른' 것들과 연결된 관련성 안에서 할당하므로, 모든 개별적인 사건의 의미는 다만 다른 모든 것들과 연결된 이러한 관련성을 고려해서만 언급될 수 있다는 것이 결정적인 것이다. 모든 개별적인 사건은 말하자면 한 문맥 안에 있는 어휘나 문장과 같다. 이 문맥 안에서 그것은 없어서는 안 되는 것이다. 그러나 오직 이 문맥 안에서만 그것은 실제로, 그것이 뜻하는 것을 말한다; 이 문맥 안에서, 오직 이 문맥 안에서만 그것이 바르게 읽혀지고 이해될 수 있다. 그리고 이것이 말하자면 피조물의 모든 사건에 대한 '수평적' 상대화이다.

그러나 여기에서 참으로 정확하게 인식할 필요가 있다. 피조물의 사건에 대한 이러한 이중의 상대화는 '하나님'의 통치에 대한 그것의 관계와 관련되는 것이다. '그'가 모든 사건에 그것의 목표와 목표들을 설정하므로, 따라서 모든 피조물들을 '그 자신에게' 종속시키므로, 그리고 그가 모든 피조물들의 모든 목표들을, 따라서 모든 활동들과 모든 작용들을 '그것들 사이에서' 동등하게 정돈하여 하나의 전체를 향하게 하므로, 피조물의 모든 사건과 모든 피조물들은 저 낮음으로, 저 종속됨으로, 저 상대성으로 추방되며, 그것들 자체는 무가치한 것(nichts)이며, 그것들 자체로부터 출발해서는 아무것도 의미할 수 없으며 아무것도 행할 수 없을 것이라는 사실이 결정적인 것이다. '그'는 창조된 모든 존재와 그것이 행하는 행위의 피안(Jenseits)이며, 이 피안으로부터만 피조물의 실존에 빛과 생명과 능력이 주어질 수 있다. '그'와 비교하여 피조물은 낮고 종속적이고 상대적이다. 그러나 바로 '그'와 비교하여 낮음과 종속성과 상대성 안에 존재한다는 것은, 역시 피조물을 격하시키고 평가절하하고 부끄럽게 하는 것을 의미하는 것이 아니다. 그것이 그 앞에서 낮아질 수 있다는 것은, 오히려 동시에 그것을 '높이는 것'을 의미한다. 피조물은 하나님 없이는 하찮은 것이므로, 바로 그를 통하여 그것은 '가장 중요한 것'(Alles)으로 된다: 즉 그것의 창조주이며 주님으로서 그가 바로 그것에게 주기로 결정하였고, 주려고 생각했고, 제공했던 가장 중요한 것, 그 자신이 계속하여 그것을 위해 존재하기를 원하며, 그것과 함께 그리고 그것을 통하여 수행하기를 원하는 그 가장 중요한 것으로 된다. 왜냐하면 바로 이 사실이 실제로 가장 중요한 것, 즉 이제야말로 정말 피조물에게 최상의 빛과 생명과 능력을 의미하는 것이기 때문이며, 이 사실에서 이제야말로 정말 피조물이 그것의 고유한 가치와 고유한 존엄성을 지니도록 허용되기 때문이다. 만일 우리가 하나님의 세계통치를 바르게 이해하기를 원한다면, 우리는, 마치 통치하는 하나님이, 모든 것 안에서 그의 의지가, 오직 그의 의지만이 이루어지게 하므로, 억압자인 것처럼 여기는, 즉 그의 피조물에게 그와 마주하여 정말로 '존재'하도록, 즉 바로 그것의 '고유한' 가치와 '고유한' 존엄성을 지니도록 허락하기를 싫어하는 억압자인 것처럼 여기는 생각을 아주 단호히 멀리해야만 하며, 그러한 불안과 불신을 엄격히 물리쳐야만 한다. '하나님과 비교하여 낮게 존재하는 것, 이것이 피조물의 영광이다.' 왜냐하면 그에 대하여 바로 상대적인 피조물은 그것의 활동을 통하여 그리고 그것의 작용들 안에서 그의 절대성에 참여하기 때문이다. 그것의 활동 전체를 통하여 그리고 그것의 작용들 전체 안에서 그를 섬길 수밖에 없다는 것, 그의 손 안에서 그리고 그의 권세 아래에서 다만 수단일 뿐이며 도구일 뿐이라는 것, 즉 도공(陶工)의 진흙에 불과하다는 것, 이것이 피조물이 지닌 본래의 그리고 직접적인 고귀한 품격이다. 이 필요성 때문에 피조물은 고귀하며, 이 빈곤 안에서 부유하며, 이 겸손을 토대로 자부심을 지니도록 허용된다. 만일 피조물이 하나님에 대한 이 상대성 안에서가 아니라 다른 방법으로 실존해야만 한다면, 그것은 피조물의 비참함과 수치, 파멸과 죽음일 것이다. '그'에게 종속되는 것에, 따라서 또한 '그'를 통하여 그것에게 결정된, 그것의 동료 피조물과 동등하게 정돈되는 것에, 그것의 온전하고 완벽한 구원의 본질이 있다. 만일 우리가 하나님의 세계통치의 중심과 본질에 명확히 주의를 기울이게 된다면, 사실이 그러하다는 것이, 그리고 무엇 때문에 사실이 그러한 것인지가 더욱 생생하게 될 것이다.

그러나 피조물의 모든 사건이 지닌 상대성의 긍정적 의미가, 우리가 다음의 사실을 주의하지 않음으로써 모호하게 되어서는 안 된다: 바로 하나님에 대한 관계에서, 즉 '다만 하나님'에 대한 관계에서'만' 이 상대성이 발생한다. 다름 아니라 바로 이 상대성의 제2의 형태인 '수평적' 형태에 대한 '오해'로부터, 곧 하나님의 세계통치 안에서 발생하는, 피조물의 모든 사건을 '동등하게 정돈하는 것'에 대한 오해로부터 이 위험이 닥칠 수 있다. 왜냐하면 이 동등하게 정돈하는 것이라는 '하나님의' 사역이, 자체 안에서 순환하는 '세계'의 관련성이라는 매우 인간적인 이념과 혼동될 수 있을 것이기 때문이다. '전체'라는 추상적 표상이, 즉 하나님에 의하여 조립된 우주라는 표상이 모든 개별적인 것들을 하나의 전체를 향하여 동등하게 정돈하는 왕이며 아버지인 하나님을 대신하며, 따라서 이 우주에 대한 개별적 피조물의 종속성이라는 표상이 개별적인 피조물과 그것의 활동이 하나님에 대하여 종속되는 것을 대신한다. 따라서 하나님에 대한 직접적인 관계 안에 있는 피조물의 첫 번째 종속성인 수직적 종속성은 말하자면 두 번째 종속성인 수평적 종속성 안에서 소멸되어 사라질 수 있을 것이다. 그것을 하나님에게 종속시키는 것이 그것을 동료 피조물과 동등하게 정돈하기 위하여 망각될 수 있을 것이다. 문제의 핵심은, 이런 일은 발생하지 않을 것이라는 점이다: 즉, 이 수평적 종속성은 오히려 다만 저 첫 번째 종속성과 연결된 관련성 안에서만, 그리고 그 종속성의 결과로서 이해되어야 하며, 동등하게 정돈하는 것은 다만 저 종속시키는 것에 토대를 두고 있는 두 번째 요소로 이해되어야 할 것이다.

만일 그 오해가 효력을 발휘한다면, 그 경우에는 행동하는 개별적 피조물은 분명히 다만 전체의 한 부분 혹은 기관(Organ) 혹은 기능에 불과할 것이며, 집단의 실존 및 역사 안에 있는 보충하는 요소, 즉 통과지점에 불과할 것이다. 그 경우에 개별적 피조물은 다만 거기로부터만, 즉 그 역사의 혹은 그 과정의 진행 안에서만, 그 진행의 진보를 위한 기여로서만 그것의 권리와 명예와 사명을 지닌다. 그 경우에는 그것의 활동과 작용들은 다만, 그것을 능가하는 피조물의 사건 안에 있는 단계들에 불과하다. 그 경우에는 그것의 위치에서 이 사건에 봉사하는 것이 그것의 과제이며, 그것의 장소에서, 그것의 시간에, 그것의 방식으로 이 사건에 봉사하도록 허용된 것이 그것의 특별한 명예이며, 그 전체의 한 부분과 기능으로 되는 것이 그것의 사명이다. 그리고 이제 우리가 우리의 방금 다룬 명제에 실제로 아주 똑같이 좋게 다음과 같은 형식을 부여할 수 있을지 숙고해보자: "우주 비하여 낮아지는 것, 그것이 피조물의 영광이다."라고 말할 수 있는가? 즉, 피조물의 종속성이 다만 그 피조물을 다른 피조물들과 동등하게 정돈하는 것에만, 곧 전체의 관련성 안에 있는 그것의 존재에만 관련될 경우에도, 그것의 종속성이 지닌 긍정적 의미가 유지될 수 있을까? 그렇지만 그것은 분명히 다만 다음의 경우에만 맞는 말이다: 즉 그 전체 자체가 '하나님'일 경우에만, 그 전체의 삶과 진보가 '하나님'의 삶과 행동일 경우에만, 즉 그 전체가 피조물들보다 상위에 있으므로, 행동하는 개별적인 피조물들에게 동시에 그것들의 고유한 명예와 자유가 주어지고 보장될 경우에만, 맞는 말이다. 그러나 참으로, 창조된 우주라는 어떤 표상도, 하나님에 의하여 정돈된 우주라는 표상도 하나님 자신의 위치를 대신할 수 없다. 만일 우리가 그러한 표상을 형성할 수 있다고 가정하더라도, 그런 표상은 우리를 결코 피조물의 창조주이며 주님인, 왕이며 아버지인 하나님 인식으로 인도하지 못할 것이다. 이 우주와 비교하여 낮다는 것은 그 어떤 피조물의 존재에게도, 우주보다 전적으로 '더 적게' 존재한다는 것을 의미할 수밖에 없다. 이 우주에 종속된다는 것, 따라서 이 우주와 비교하여 낮게 그리고 종속적이며 상대적으로 존재한다는 것은 개별적인 피조물에게, 즉 그것의 활동과 작용들에게 참으로 물론 격하시키고 평가절하고 부끄럽게 하는 것을 의미할 수밖에 없을 것이다. 우주에 의하여 통치를 받는다는 것, 그것에 굴복한다는 것, 다만 그것으로부터, 그리고 피조물의 장소와 시간과 방식에서 그것의 목적과 목표들을 위해 봉사하면서 현존하고 활동하도록 허용된다는 것, 그것은 참으로 물론 개별적인 피조물을 억압하는 것일 것이다. 왜 그런가? 왜냐하면 우주 자체가 역시 다만 피조물—피조물의 그리고 그것의 활동의 총괄개념이고 총계이며, 따라서 막강한 피조물—에 불과하며, 그것 자체는, 그것 자체를, 즉 그것의 개별적인 요소들이나 부분들을 통치할 권리를 주장할 수 없으며, 그것 자체를, 따라서 개별적인 피조물들을 결정하고, 그것들에게 구원을 가져오고, 그것들에게 가치와 명예를 제공할 권리를 주장할 수 없기 때문이다. 피조물의 존재 및 사건 전체도, 그것에게 그 모든 일이 일어나게 하는 것이 '필요'하다. 피조물의 존재 전체도 결코, 그것 자체에게, 따라서 그것의 개별적 요소들과 그 요소들의 운동들에게 그 모든 것을 마련해 줄 수 없다. 피조물의 존재가 지닌 더욱 포괄적이고 깊이 이해된 어떤 현존 과정과 인생 과정도 그 자체 안에 그리고 그 자체로부터 그렇게 할 능력을 지닐 수 없을 것이다. 그 과정이 아마 대단할 수도 있겠지만, 그것을 지배하는 권력은 다만 그 과정의 진행, 즉 그 과정의 진보를 구성하는 개별적인 요소들과 단계들을 희생하고 실행될 수밖에 없을 것이다. 그 과정의 관련성 안에서 바라본다면, 모든 개별적인 것은 실제로 다만 보잘것없을 뿐이고 위대할 수 없으며, 다만 결핍되어 있을 뿐이고 고귀할 수 없으며, 다만 가난할 뿐이고 부유할 수 없을 것이다. 그 과정은, 그것 자체가 갖고 있지 않은 것을, 그것 자체가 완전히 필요한 그것을, 개별적인 것들에게 제공할 능력이 없을 것이다. 따라서 그런 혼동은 중단되어야만 한다.

이 관점에서 그릇된 진로 설정은 '슐라이에르마허'(Schleiermacher)에게서 비로소 발견되는 것이 아니라, 거의 눈에 띄지 않지만 그래도 명백히 위협적으로, 이미 옛 개신교 신학 곳곳에서 발견된다. 예를 들면, *Syn. pur. Theol.* (Leiden 1624, *Disp.* 11, 18f.)에 다음과 같이 기록되어 있다: 각각의 개별적인 사물이 "그것에게 꼭 맞는 특수한 목표로 유도된다."는 것이 하나님의 섭리에 속하는 것이 아니라, 다만 그것이 "절대적으로" 볼 때 "그 사역에 전체적으로 상응하는" 목표에 도달한다는 이 사실만이 하나님의 섭리에 속한다. 누군가 그의 집에서 장작을 태움으로써, 바로 장작의 존재가 지닌 특별한 목적에 상응하는 것을 행하는 것은 아니지만, 그러나 확실히 그의 집 전체에는 유익한 것을 행하는 것처럼. 하나님의 세계통치는 일반적으로, 가장이 그의 집을 관리하고 왕이 그의 나라를 관리하는 그런 "섭리"와 비교될 수 있다는 것이다. 여기에서 알다시피 또한 "공공 복지"가 "개인의 복지"보다 더 중요하므로, 그는 개인의 편익(便益: Konvenienz)보다 공동체의 편익에 더 유의해야만 한다는 것이다. 그러므로 하나님의 "통치" 대상들 사이에는 "'그것들 자체를 위하여' 하나님이 돌보는" 그런 것들과 "'다른 것을 위하여' 그가 돌보는" 다른 것들 사이에 구별이 존재한다는 것이다: 바로 집안에서도 우리가 우리 자신을 위하여 걱정하는 것(예를 들면 집안의 아이들과 가족의 소유물!)이 있고, 가령 도구나 그릇과 같은 다른 것, 즉 다만 "그것들을 이용하기 위하여" 중요할 수 있는 다른 것이 있는 것과 같다는 것이다. 이와 같이 우주 안에도, "본질에 적합하게" 그것의 완벽함에 속하므로 몰락해서는 안 되는 것이 있는 반면에, 다른 것, 즉 소멸할 수 있고, 또 소멸해야만 하고, 따라서 다만 몰락할 수 없는 것을 고려해서 존속해야 하는 동안만 존속하는 다른 것이 있다는 것이다. 이것은 온화해 보이는 잔인성이 매우 분명하고 매우 위험한 논증이다! 바로 이 논증의 잔인성이 역시 이 논증의 온화함보다 훨씬 더 눈에 띄기 때문에, 매우 위험하다! 그리고 그 이유는 이것이다: 모든 것을 자기 자신에게 굴복시키고 바로 그렇게 함으로써 모든 것을 동등하게 정돈하는 하나님의 자유로운 통치 의지와, 개별적인 피조물들과 그것들의 실존 사이에 갑자기 기묘하게 독자적으로, 모든 것을 포괄하는 제3의 요소가, 즉 집 혹은 국가 조직이, "사역 전체", "우주", "공동체"가 등장하며, 그것의 이해관계 안에서 그리고 그것에 비교하여 개별적인 것은 다만 수단으로 된다. 그것의 관점에서 바라본다면 한쪽은 "그것 자체를 위하여", 다른 한쪽은 다만 "다른 것을 위하여" 현존하고 활동하도록 허용되며, 한쪽은 영원하지만, 다른 한쪽은 덧없는 것이다. 그렇게 생각된 하나님의 세계통치는 개별적인 피조물을 혹은 개별적 피조물들의 큰 부분 전체를 단순히 명백히 깎아내리는 결과를 초래할 수밖에 없다는 것은 명백한 사실이다. 이 문제는 실천적으로 매우 중요하다. 왜냐하면 여기에서 시작되는 노선의 끝은, 서유럽의 형태든 동유럽의 형태든 오늘날 우리에게 매우 많은 근심을 안겨주는 국가적 전체주의와 경제적 전체주의의 윤리 영역과 연결되기 때문이다. 여기에 도착하기를 원하지 않는 사람은 저 출발점에서 올라타서는 안 된다. 하나님의 통치에 관한 저 관념에서 작용하는 것은, 실제로 권력과 가치에 관한 세계 내부의 위계질서에서 비롯된 동기와 법칙과 논리적 일관성이다. 그것 자체가 부분으로 나누어진 하나의 전체가 그것에 속한 모든 개별적 존재들보다 더 크고 더 중요하며, 그 전체의 삶이 이 개별적인 것들의 삶보다 더 크고 더 중요하므로, 이 개별적인 것들 자체 중에서 전체를 위해 더 중요하고 더 필요한 것들과 전체를 위해서 덜 중요하고 덜 필요한 것들 사이의 구별이 계속하여 발생한다. 그것이 전체에 유익하므로, 그리고 그것이 전체에 유익한 한, 참으로 한쪽의 존재들은 상승할 수 있고 또 그렇게 하도록 허용되며, 세력과 명예를 얻을 수 있고 또 그렇게 하도록 허용되며, 그것들의 특수한 목표들에 도달할 수 있고 또 그렇게 하도록 허용된다. 반면에 다른 쪽의 존재들은 깊은 곳으로 가라앉을 수밖에 없으며, 그것들이 존재하는 시간에 과연 마찬가지로 전체에 봉사하도록 허락되기는 하지만, 그것들이 그것들의 의무를 다한 후에는, 굴뚝 청소부처럼 역시 떠나서 사라져 버릴 수 있는 것이다. 그렇다면 수많은 개별적 존재들은 분명히 이 두 번째 경우에 해당된다. 즉, 그렇다면 수많은 개별적 존재들은 다만 바로, 전체의 그리고 몇 안 되는 우대받는 자들의 삶과 진보를 위하여 봉사하면서 결국 궁극적으로는 희생되기 위하여 실존한다. 전체를 위하여 저 높은 곳에 있는 자들, 즉 전체의 명예를 위하여 그 전체의 우두머리들, 책임자들, 대표자들로서 존속하도록 허용된 자들에게는 좋을 것이다! 그렇다, 그들에게는 좋을 것이다! 그러나 너무나 원시적인 이런 세계질서와 사회질서는 역시 하나님의 세계통치와 혼동되어서는 안 될 것이다.

왜냐하면, 이 왕의 나라가 '질서'를 의미하며, 따라서 '정의'의 나라라는 것은 다음의 사실을 포함하고 있기 때문이다: 그의 의지와 계획은, 즉 그의 모든 피조물들의 모든 활동과 모든 작용들을 그가 동등하게 정돈하는 것은 이 피조물들 중 어떤 것의 감정도 상하게 하지 않으며, 거기에서는 피조물들 중 어떤 것도 단지 사용되고 난후에는 포기되고 짓밟히지 않는다. 하나님이 통치한다는 것의 본질은 먼저 그리고 무엇보다도, 그가 피조물들 모두를 그 자신에게 종속시키는 것에 있다면, 그것이 의미하는 것은, 그것들 상호간의 관계들을 해치지 않고, 그가 피조물들 각자에게 직접적이며 즉각적인 만남과 관계 안에서 행동한다는 것이다. 거기에는 피조물들 가운데 어떤 것도 그가 통치하는 것에 의하여 낮추어지지 '않을' 것이 없지만, 또한 피조물들 가운데 어떤 것도, '그'가 그것들 모두를 낮춤으로써, 또한 '높여'지지 않을 것도 없다. 거기에는 그것들 가운데 어떤 것도 그의 통치를 통하여 다른 모든 것들과 함께 동등하게 정돈되어 그것들과 함께 하나의 전체로 결합되지 않게 될 것이 없으나, 또한 그것들 가운데 어떤 것도 이 관련성 안에서 다만 고난을 짊어지게만 되고, 바로 그를 통하여, '하나님'이 그 관련성을 만들어내므로, 또한 위로받고 기쁘게 되지 않을 것이 없다. 왜냐하면 그것은 '하나님'의 통치에 의하여 발생하고 보존되고 존속하는 전체를 저 세계공동체의 세속적인 계급제도와 구별하기 때문이다: 그것은 바로 각 개체의 자유와 권리로 이루어진 전체이다. 바로 '그' 전체 안에서는 각 개체가 그것의 완전하고 고유한 명예를 지니고 있다. 다른 한편으로, 바로 '그' 전체는 다음의 사실에서 그것의 명예를 지니고 있다: 그것이 포함하고 그것 안에서 정돈되는 아무도 그리고 아무것도 단지 전체만을 위하여, 사실상은 단지 다른 것, 즉 그것에게 낯선 것만을 위하여 현존하지 않으며, 아무도 그리고 어떤 것도 단지, 결국에는 희생되기 위해 봉사해야만 하는 것이 아니다. 바로 '그' 전체 안에서는 각 개체가 바로, '공동의' 목표에 봉사하면서도, 또한 그것의 '고유하고 특수한' 목표를 향하여 접근하며 그것의 목표를 확신하도록 허용된다. 따라서 '이' 전체 안에서는 아무것도, 그것의 장소와 시간과 기능에서, 그 어떤 진보를 집행하기 위한, 즉 그 어떤 "공공 복지"를 유도하기 위한 견인차, 건축 재료, 혹은 총알받이에 불과한 것이 아니며—그 경우에 실제로는, 우대받는 다른 피조물들의, 즉 이 전체 안에서 지배하는 계급의 목적을 위한 수단에 불과한 것이 아니다. 오히려 하나님 아래에서 그리고 하나님의 의지와 계획에 따라서 각자가 그것의 존재와 활동에서 다른 모든 것들과 동등하게 정돈되어 있으므로(그리고 이 종속시키는 것과 동등하게 정돈하는 것 없이는 물론 아무것도 존재할 수 없을 것이므로!), 각자는 또한 '그것 자체'가 의미와 유효성, 가치와 존엄성을 지니며, 뜻밖에 각자에게는 바로 '그것'에게 좋은 것이, 참으로 바로 '그것'에게 최상의 것이 일어나며, 그것은 그것의 특수한 목표에 도달하며 또한 그렇게, 개별적인 모든 존재가 지닌 공동의 목표에 도달한다. 하나님은 그것들 '각자'를 사랑하고 통치함으로써, 그것들 '모두'를, 즉 함께 전체를 이루며 상호간에 결합되어 있는 그것들 모두를 사랑하고 통치한다. 그러나 그 때문에 그는 그것들의 특수성과 개별성 안에서는 더 적게 사랑하고 통치하는 것이 아니라, 바로 그렇게 극도로 사랑하고 통치한다.

우리는 확실히 이렇게 말해야만 한다: 옛 '루터파 신학자들'이 이 대목에서 옛 칼빈주의 신학자들보다 적어도 상대적으로 '더 훌륭한' 통찰력을 지니고 있었으며, '더 교묘하게' 처리하였다. 그들은, 하나님의 통치 아래에서 활동하고 있는 개별적 존재를 "도구" 개념으로 (혹은 토마스[Thomas v.

Aquin]의 말을 인용하여 더 일반적으로 말하자면 : "수단" 개념으로) 이해하는 일에서, 옛 칼빈주의 신학자들보다는 덜 열심이었다. 직접 그리고 곧 바로 하나님 '자신'이 이 "도구" 혹은 "수단"들을 그의 손 안에 지니고 있다는 것이 명백하였으며 그렇게 명백하게 남아 있는 한, 이 사실을 통하여 그것들에게 그것들의 고유한 명예가 변함없이 보호될 뿐만 아니라 언제나 새롭게 인정되고 제공되도록 보증되는 한, 이 개념들은 사용될 수 있었으며, 지금도 사용될 수 있다. 그러나 하나님의 지배에 대한 그것들의 직접적인 관계가 불명료하게 되자마자, 하나님과 창조된 개별적 존재들 사이에 세계 전체(Weltganze) 라는 관념이 끼어들자마자, 따라서 창조된 개별적 존재가 이 제3의 요소에, 곧 세계 전체에 봉사하는 단순한 도구와 수단으로만 이해될 수 있었고 또 그렇게 이해되어야만 했을 때, 이 개념들은 위험한 것으로 될 수밖에 없었다. *Syn. pur. Theol.*에서 이 대목에 관하여 언급되었던 것은, 이 점에서 적어도 불명료성으로 이끄는 것이라고 불려야만 한다.

그러므로 정반대로, 옛 루터파 신학자들이 (가령 칼로프와 크벤슈테트: Calov, *Syst.* III, 1659 6, I qu. 2; Quenstedt, *Theol. did. pol.* 1685 I 13 sect. 2 qu. I), 하나님의 세계통치는 모든 것과 각자에게, 즉 "모든 개별적인 것에게 그리고 아무리 하찮은 것에도" 미친다는 명제를 특별히 강조하면서 옹호하였을 때, 그것은 업적이 되는 것이었다. 그들은 여기에서 다시 데모크리투스(Demokrit), 에피쿠로스(Epikur), 또한 아리스토텔레스와, 특히 교부 히에로니무스(Hieronymus)의 저작과 씨름하고 있었다. 즉 그들은, 세계 안에는 분명히, 하나님이 그것들도 보살펴 줄 것이라고 우리가 가정할 수 없을 정도로 너무나 작고 너무나 하찮으며 너무나 중요하지 않은, 즉 무가치한 사물들과 사건들이 존재한다는 견해와 씨름하고 있었다. "총사령관은 하찮은 일들에 신경을 쓰지 않는다." 하나님이 설마 어느 해에 독일 작센 주에서 싹트고 있는 풀에 있는 모세관의 성장도 보살펴준다는 말인가? 혹은 어느 걸인의 옷자락에 붙어 있는 실도 보살펴준다는 말인가? 정당하게 대답한다면, 그렇다, 그는 그렇게 한다.―다음과 같은 아우구스틴의 말(S. 6 *in Matth.*)을 참조하도록 지시된다 : "보라, 하나님은 하찮은 것들을 경시하지 않는다. 왜냐하면, 만일 그가 그것들을 경시했다면, 그는 그것들을 창조하지 않았을 것이기 때문이다." 그리고 물론, 가령 다음과 같은 내용들이 언급되고 있는 모든 성서구절들을 참조하도록 지시된다: 하나님은 실제로 들에서 자라고 있는 풀도 옷을 입히며(마 6:30), 까마귀 새끼에게도 먹을 것을 주며(시 147:9), 참새 한 마리라도 그의 뜻이 아니면 땅에 떨어지도록 허락하지 않으며(마 10:29), 우리의 머리카락들도 세며(마 10:30), 우리의 뼈마디 하나하나도 모두 보호하며(시 34:21), 또한 우리가 앉거나 서는 것도 안다.(시 139:2) 여기에서 물론 고린도전서 9:9의 말씀이 어려움을 초래하였다: 이 구절에서 바울은 신명기 25:4("타작 일을 하는 소에게 망을 씌우지 말아라!")을 해석하면서 "하나님께서 소를 걱정하신 것입니까? 그렇지 않으면, 우리 모두를 위하여 말씀하신 것입니까?"라고 묻고 있다. 그러나 시편 36:7("오 주님, 당신은 인간들과 짐승들을 도우십니다!")에서 정당하게, 하나님은 실제로 소도 걱정하고 있음이 인식되었으며, 바울의 말은 다시 정당하게, 신약에 증언된 사건과 그 사건의 질서에 대한 예언인 구약 전체의 맥락으로부터 설명되었으며, 그 말은, 하나님은 '다른' 염려, 말하자면 전형적인 염려를 갖고 이스라엘의 황소를 돌보지만, 그러나 또 '다른' 본래의 염려를 갖고 복음선포자들을 돌본다는 식으로 해석되었다. 고린도전서 9장의 문맥에서 사도에게 주요관심사는 (부차적으로) 복음 선포자들에게 꼭 필요한 생계 문제를 해결하는 것이었다. 하나님 앞에서 "큰 것"과 "작은 것"이란 무엇을 의미하는가?—저 이의제기에 대해 결국 이렇게 되물어졌다. 작은 것과 큰 것, 우리가 경멸하는 것과 우리에게 중요하고 훌륭하게 보이는 것, 이 모두가 하나님의 사역과 소유이며, 따라서 그의 지혜에 의한 통치에 걸맞은 것들이며, 그의 목적을 실현하기 위한 그 어떤 봉사에 걸맞은 것들이다.

이 점에서는 옛 개혁파 신학자들도 다른 견해를 지닐 수 없었으며, 또한 다른 견해를 지니지도 않았다는 것은 분명하다. 그러나 만일 저 성서 말씀들과 이 인식을 진지하게 취급한다면, 우리는 결코, 여기에서 틀림없이 어떤 개혁파 신학자들이 가까이 접근하고 있는 것처럼 보이는 그 방향에서는 생각할 수 없었으며, 또한 지금도 그렇게 생각할 수 없다. 왜냐하면 우리는 그런 이유에서 아무리 작고 하찮은 것이라 할지라도 상위에 있는 전체의 목적을 위한, 그리고 어떻게든 더 나은 지위를 차지하고 있는 다른 피조물들의 목적들을 위한 단순한 수단으로서 이해할 수도 없었으며, 지금도 그렇게 이해할 수 없기 때문이다. 우리는 이 관점으로부터 출발하여 그것에게, 전체의 관련성 안에 있는 그것의 존재를 손상시키지 않고, 바로 이 관련성으로부터 출발하여 또한 하나님에 대한 그것의 고유한 직접성과 동시에 또한 그것이 지닌 고유한 유효성과 존엄을 승인해야만 한다. 우리가 마태복음 18:10에 따라서 "이 작은 사람들 가운데서 하나라도 업신여기지 않도록" 해야만 한다는 것은, 이런 이유로 하나의 기본명제로 되며, 그것은 복음 안에서 그것이 지니고 있는 직접적인 의미를 넘어서서 무조건적으로 그리고 철저히 피조물 전체에까지 적용되어야만 한다. 이 결론과 그것으로부터 발생하는, 반대 견해에 대한 거부는 참으로 물론 옛 루터파 신학자들에게도 필요했던 만큼 가시화되지는 않았으므로, 사실상 저 질문에 대한 그들의 대답도 과연 이 관점에서 계속 숙고하게 하는 유용한 자극을 제공하기는 했지만, 여기에서 위협하고 있는 그 오류에 대한 본래의 안전장치를 제공하지는 못하였다.

그러나 이제, 우리는, 지금까지 얻으려고 노력했던 하나님의 통치에 대한 '형식적' 숙고를 과연 포기하거나 그것을 벗어나지는 않지만, 지금 언급되었던 모든 것의 실질적인 '내용'에 관심을 기울임으로써, 그 숙고를 '가득 채울' 시간이다. 지금까지 언급되었던 것이 그렇게 채우도록 요구하고 있다. 하나님이 왕과 아버지로서 피조물의 모든 사건을 통치한다는 사실은 도대체 무엇을 '의미하며', 도대체 그 사실에 의하여 무슨 일이 '발생'하는가? 만일 우리가, 그가 모든 것을 지배하는 그 주님이라고 고백한다면, 즉 그만이, 그 자신이, 모든 세계내부의 대립들을 초월하여 주권을 지니고 있는 그가, 바로 그가 만물을 그 자신에게 종속시키고 바로 그렇게 함으로써 만물을 동등하게 정돈하는 존재라고, 전체에 대해서와 마찬가지로 개별적인 것에 대해서도 동일한 직접적인 관계 안에서 그렇게 존재하고 행동하는 존재라고 고백한다면, 그것은 무슨 뜻인가? 우리는 어떻게 그러한 세계통치의 현실성과 통일성과 배타성과 총체성을 고백하게 되며, 하나님을 그러한 세계통치자로 고백하게 되는가? 우리가 지금 경청했던 것처럼 사실이 그러하다는 것을 확인하기 위해서는, 우리는 어디로 방향을 바꾸어야만 하는가? 그리고 마지막으로: 이 인식을 실행한다는 것은 우리에게 무엇을 의미하는가? 그리스도교 신앙공동체가 그것의 고유한 구성원들과 다른 모든 사람들에게, 그 공동체가 전하는 메시지 안에서 그리고 그 메시지와 함께, 그 공동체에 의해서 선포되는 진리의 불가결한 요소로서 또한 다음과 같이 말해야만 할 경우에, 그리스도교 신앙공동체는 그들에게 뭐라고 말하고 있는가?: 하나님은 바로, '이와 같이' 모든 피조물 위에서 그리고 모든 피조물과 함께 통치자답게 행동하는 존재로서 아버지이며, '이와 같이' 전능한 존재이며, '이와 같이' 하늘과 땅의 창조주이다. 그리스도교 신앙공동체는 그것을 근거 없이 고백하는 것이 아니라, 근거를 갖고 고백한다. 그것의 근거(Begründung)에 대한 바로 그 지식 안에 있지 않다면, 아무도 그것을 인식할 수 없으며 그것을 고백할 수 없다. 그리고 그것은 교의학 안에서도 근거 없이 언급될 수 없으므로, 그것은 여기에서도 근거를 갖고 언급되어야만 한다. 이제 우리는, 지금까지 언급되었던 모든 것을 어쨌든 우선, 그것은 물론 그것의 '충분한 이유'(Grund)를 '갖고 있다'는 관점에서 언급하였다. 이 충분한 이유에 대한 관점이 지금까지 언급되었던 것에서, 전체적으로나 개별적으로나, 우리를 이끌었으며, 특정한 방향에서 앞으로 나가도록 몰아댔으며, 최후까지 분발하도록 격려하였다. 그 관점이 우리에게, 하나님이 통치한다는 관념을 전반적으로 이해할 수 있게 하였고, 어지간한 질서와 일관성 안에서 숙고할 수 있게 하였으며, 우리가 어떤 관념으로부터 출발하여 그것을 말할 수 있는 한, 명백히 표현할 수 있게 하였다. 그러나 이 관념에서 아직도 아쉬운 점은, 우리가 기대하였던 그 충분한 이유가 명확히 기억되지는 않았다는 것이다. 따라서 그 관념에는 아직도, 그것을 단순한 사상과, 아마 공허한 사상과 구별하는, 바로 그 현실에 대한 명확한 관계가 결여되어 있다. 어떤 질서나 일관성도 그 관념을 공허한 관념과 구별할 수 없을 것이다. 그것의 '이유'에 대한, 즉 그것 안에서 응시된 '현실'에 대한 그것의 관계가 명확히 보이게 됨으로써, 그 관념은 공허한 관념과 구별된다. 신앙공동체는 아버지에 대한, 전능한 존재에 대한, 하늘과 땅의 창조주에 대한 신앙고백을, 신앙공동체의 개별적인 구성원은 이 하나님에 대한 그의 인식과 고백을, 끝으로 교의학도 하나님에 대한 사고를 이 '관계' 안에 세움으로써, 이 사고와 인식과 신앙고백은 '의미'로 가득 채워진 활동으로 된다.

하나님의 섭리론 전체에서처럼, 이미 창조론과 인간론에서 그랬던 것처럼, 덧붙여 말하자면 이미 신론과 그의 은혜의 선택론에서 그랬던 것처럼, 여기에서 '옛' 정통주의 신학의 '약점'은, 그것이 이 관계를 완전히, 혹은 거의 완전히 소홀히 할 수 있다고 여겼다는 사실이다. 정통주의 신학은, 마치 우리가 어떤 '이념'(Idee)에 관하여 생각하고 말하는 것처럼, 그렇게 하나님의 통치에 관하여 생각하고 말하였다. 이런 혹은 저런 철학들과 다름에도 불구하고, 그 신학은 이 관념을 완성할 때에, 어떤 '철학적' 관념이라도 완성될 수 있는 그러한 방식에 너무나 근접해 있었다. 아무리 성서를 참조했음에도 불구하고, 정통주의 신학은 주제에 대하여 실제로는 전적으로 형식적인 '추상적' 숙고에 그치고 말았다. 그 신학은, 그것이 동시에 그리스도교 신학으로서 '어디를 향해' 바라보아야만 했는지를 밝히지 않았으며, 그것은 확실히 실제로도 자주 그곳을 향해서가 아니라 다른 곳을 향해서 바라보았다. 그 신학이 그것의 처리 방식에서 다소간에 명백히 직면하였던 모든 불확실성들과 이탈들, 모든 위험들의 원인은 여기에 있다. ㅡ그리고 여기에 무엇보다도, 우리가 바로 처음에 언급했던, 그것의 사고가 지닌 일종의 창백함의 원인이 있다. 성서에서 왕이라 불리는 존재는 확실히 왕이라 불리지만, 그는 왕으로서 등장하지는 않는다. 바로 그가 그에 대한 교의학적 사고도 지배해야만 한다는 사실은 어쨌든 가시화되지 않는다. 그는 때때로 실제로도 그 사고를 지배하지 '않는' 것처럼 보이며, 오히려 여기에서 지배하는 것은, 그리고 그 경우에 또한 세계를 지배하는 권한을 지닌 당사자(Instanz)로 사칭되는 것은 대체로, 모든 다른 존재들에 대하여 최고의 권력을 부여받고 효력을 발휘하는 "최고의 존재"라는 개념인 것처럼 보인다. 그리고 그 경우에 이른바 '하나님의' 통치에 관하여 언급되는 것의 신빙성은 '이 존재의' 실존에 달려 있는 것처럼 보인다. 그것에 대하여 언급되어야 하는 것은 이것이다: (1) 이 "최고의 존재"의 실존은 매우 의심스러우며, 따라서 그것의 실존에 근거를 두고 있는 하나님의 통치론이 지니는 신빙성도 단지 매우 제한된 것일 수밖에 없다; (2) 그리스도교의 가르침에 따라 "하나님"이라 불리는 그는 저 "최고의 존재"와 결코 동일하지 않으므로, 그렇게 논증되는 하나님의 통치론은 어느 경우든 그리스도교의 가르침일 수 없다. 만일 우리 자신이 여기에서 이 이중의 문제점이라는 그늘 안에 있다면, 지금이야말로 바로 이 그늘로부터 벗어나기에 더할 수 없이 좋은 때일 것이다.

우리가 지금까지 만물에 대한 그의 통치에 관하여 언급하였던 바로 그 아버지, 그 전능한 존재, 하늘과 땅의 그 창조주는 바로 '이스라엘의 왕'이다. 유일한 개념 안에서, 즉 여기에서 표준적인 성서적 개념 안에서 요약한다면, 바로 이 사실이 지금까지 언급된 모든 것의 충분한 이유이다. 우리는 지금 그 이유를 밝히 드러내야만 하고, 언급된 모든 것을 지금 그것과 관련시켜야만 한다. '이스라엘의 왕은 세계의 왕이다.' 그의 뜻은 피조물의 모든 사건에 대한 그 통치 안에서 이루어진다. 바로 '그'가 그 사건 위에 있는 주님인 바로 그 유일한 존재(der Eine)이다. '그'는 세계내부의 모든 대립들을 초월하여 높은 곳에 있다. 만물을 자신에게 종속시키며 그것들을 동등하게 정돈하는 존재가 바로 '그'이다. 이 주제에서 모든 것이, 우리가 우회적으로 표현하였던 것처럼, 실제로 그러한지 확인하기 위해서, 우리는 '그'를 바라본다. 그리고 이 주제를 인식한다는 것은, 우리가 '그'를 인식한다는 것을 의미한다. ㅡ그를 인식하기 위하여 필요한 모든 것들을 전제로 하며, 그 모든 것들을 포함하며, 그 모든 것들의 결과들을 갖고서. 우리의 주요관심사는 '그', 곧 이스라엘의 왕이라는 사실이, 우리가 지금까지 하나님의 통치에 관하여 생각했고 말했던 것을, "최고의 존재"가 지닌 권세와 효력이라는 공허한 관념과, 혹은 불확실한 그리고 어느 경우든 비그리스도교적인 관념과 구별한다. 우리의 주요관심사가 이스라엘의 왕이므로, 이미 지금까지 우리는 견고한 토대 위에 있었으며, 안전한 안내를 받고 있었다. 바로 이 '이스라엘의 왕'이 모든 것을 통치하는 하나님이다.

우리는, 지금까지 형식적으로 숙고한 것을 이제 매우 단순하게 가득 채우는 이 정의를, 우선 다음과 같이 말할 경우에만, 이번에도 가장 단순하게 그리고 동시에 가장 포괄적으로 설명한다: 이스라엘의 왕이, 즉 만물을 통치하는 하나님이 주체이며, 그의 말과 행동이 구약성서와 신약성서가 담고 있는 증언의 기원이며 동시에 대상과 내용이다. 다르게 표현한다면, 바로 이 이스라엘의 왕이, 구약성서와 신약성서의 증언에 따르면 "나는 존재한다."(Ich bin. 바르트는 출 3:14의 히브리어 "에흐예 아쉐르 에흐예"에 대한 취리히 번역을 인용하고 있다. 루터는 "나는 존재할 것이다."라는 미래형으로 번역하였다. 이 구절은 '야웨' 하나님의 신비한 이름과 관련되어 있으며, 이것은 역사의 주님인 '살아 계신 하나님'의 자기 계시로 해석되고 있다. ─역자 주)라고 말했으며, 그리고 그가 그렇게 말했으므로, 창조된 우주 한복판에서, 인간의 역사 한복판에서, 볼 수 있는 눈들과 들을 수 있는 귀들을 지닌 자들을 위하여 위대한 행동들을 통하여 그 말씀을 현실화하였다. "이스라엘의 왕"이라는 구체적인 이름은, 선언되고 실증된 "나는 존재한다."라는 말씀, 즉 우리가 세계를 통치하는 주체와 관계하고 있는 그 말씀의 구약성서적 형태와 신약성서적 형태를 동시에 충족시킨다.

이렇게 정의를 내리고 그것을 설명함으로써 하나님의 세계통치라는 '관념'이 어떻게, 우리가 그 관념에 대하여 어떤 태도를 취하든 간에, 어쨌든 단순한 관념이기를 멈추고 하나의 '현실'과 관련되는지 주목하라. 형식인 관념은 이제 어쨌든 구체적인 내용을 획득한다. 창백한 관념은 이제 어쨌든 색채를 획득한다. 왜냐하면, 하나님의 세계통치라는 관념에서 주체인 "하나님"이 이러한 구체적인 이름을 지니고 있다는 사실이 통찰될 경우에, 그 일이 일어나기 때문이다. 만일 우리가 이 관념을 이해하고 긍정한다면, 우리는 이 이름에 따라서 당장 인간 역사의 특정한 시대들을 기억해내야만 하며, 심지어 특정한 장소들을 기억해내야만 한다: 가나안 땅, 이집트, 시나이 광야, 또 다시 가나안, 요단강 이쪽과 저쪽의 땅, 예루살렘과 사마리아, 유다와 갈릴리의 도시들과 마을들, 그리고 그것을 넘어서서 시리아, 소아시아, 그리스의 몇 곳들, 그리고 마침내 로마도 기억해야 할 것이다. 그 경우에 우리는 아주 특정한 역사들과 또한 일련의 역사들을, 즉 구약성서와 신약성서의 증언에 따르면 그 시대들과 그 장소들에서 언제나 선언되고 실증된 "나는 존재한다."라는 말씀과 관련하여 일어났다는 그 역사들을 기억해내야만 할 것이다. 그리고 그 경우에, 이 사건을 증언하고 있는 구체적인 성서말씀도, 즉 구약과 신약의 본문들도 기억해내는 것은 정말 불가피한 것이다. 그리고 만일 우리가 가령 하나님의 세계통치라는 관념을 이해하고 긍정할 입장에 있지 '않다면', 그것은 역시 다음과 같이 아주 구체적인 것을 의미한다: 그것은, 우리가 그 시대들과 그 장소들에서 발생한 사건에 대하여, 그 현실에 대하여, 그리고 다른 한편으로는 구체적인 성서의 말씀에 대하여 부정적인 관계에 있다는 것을 의미한다. 그러므로 그 경우에 하나님의 세계통치에 대한 신앙과 불신앙은, 즉 우리가 그 통치를 인식하는가 혹은 오인하는가의 문제는, 더 이상 이 '관념'을 올바르게 실행하는가, 혹은 그릇되게 실행하는가의 문제가 아니라, 이 관념이 관련되어 있는 그 '현실'에 대하여, 따라서 구약성서와 신약성서의 아주 똑같이 특정한 증언에 따르면 특정한 시대들에 그리고 특정한 장소들에서 발생하였던 것과 같은 바로 그 특정한 '사건'에 대하여 올바른 관계에 있는가 혹은 그릇된 관계에 있는가의 문제이다. 왜냐하면 이 사건 안에서 "나는 존재한다."라고 선언하고 또 실증하는 바로 그 주체인 이스라엘의 왕이 세계를 통치하는 하나님이기 때문이다.

토마스(Thomas v. Aquin, *S. theol.* I, qu. 103, art. 2)는 다음과 같이 가정하고, 그것을 그의 방식으로 증명하려 시도하였다: 세계를 통치하는 주체, 즉 유일한 최고의 목표이며 목적인 자기 자신을 향하도록 지도하는 주체는 "세계 밖에 있는 어떤 것", 즉 "우주 전체에 대하여 외부에 있는" 하나의 "선" 혹은 "원리"임에 틀림없을 것이다. 우리는 이 가정을 시인할 수 있으며 또 그래야만 한다: 만일 세계를 통치하는 주체가 세계와 다르지 않다면, 그리고 그러한 주체로서 인식될 수 없고 실제로 그렇게 인식되지 않는다면, 어떻게 그것이 세계를 통치하는 주체, 자기 자신을 모든 세상사의 목표로 설정하는 주체일 수 있으며, 어떻게 그러한 주체로서 인식될 수 있으며, 또 그렇게 인식되겠는가? 그러나 이 정당한 가정이, 토마스가 그의 증명에서 전제로 삼고 있고 사용하고 있는 그 하나님 개념을 통하여 실현될 수 있을지는 매우 의심스럽다. 이 하나님 개념은 —자기 자신에 의해서, 즉 다른 모든 존재에 종속되지 않으며 그 점에서 다른 존재를 능가하는, 완벽한 존재자라는 개념은— 아마, 세계로부터 출발하여 세계를 초월함을 보여주려는 시도일 것이다. 그러나 이 초세계적(überweltlich) 존재자가 지닌 바로 그 '현실' 자체는 이런 시도에 의해서는 결코 도달될 수 없다. 오히려 이 개념에서 현실로 제시되는 것은, 과연 자기 자신을 '초월'하기를 원하는 세계이기는 하지만, 바로 그럼에도 불구하고 여전히 그 '세계' 자체이며, 그 자체가 세계통치자일 수 있을, 그리고 그 통치자로 인식될 수 있으며 또 그렇게 인식될 바로 그 "외부에 있는 원리"는 결코 아니다: 이 하나님 개념은, 저 첫 가정을 가득 채우기에 충분하지 않은 또 다른 가정이다. 이 하나님 개념은 하나님의 '실존' '증명'을 요구하고 있다. 세계와 다른 존재가, 즉 세계의 통치자가 될 자격이 있는 존재가 인식될 수 있어야 하며 또한 인식되어야 한다면, 세계가 그러한 개념 안에서 스스로를 초월하기를 원한다는 것보다는 더 많은 일이 발생하고 가시화되어야만 할 것이다. 그 경우에, 이 존재가 세계와 그 세계의 자기이해가 지닌 한계를 '그의' 편에서 초월하고, 바로 그렇게 함으로써 '자기 자신을 증명'하는 일이 발생해야만 할 것이다. 만일 그 존재(Wesen)가 그의 고유한 주도권을 갖고, 그의 고유한 사역을 통하여, 그의 고유한 계시를 통하여 세계에 대하여 그가 지닌 초세계적 존재(Sein)의 '현실'을 '실증'하고, 세계에 '인식될 수 있게' 한다면, 따라서 세계 한복판에서 스스로를 '증명'한다면, 그 경우에, 정말 오직 그 경우에만, 그러한 존재의 세계통치라는 관념은 실체를, 즉 토마스에 의하여 가정된 능력을 지니게 될 것이다. 이 초세계적 존재는 자유로운 은혜로 스스로를 세계 안에서 세계에 '현재화'하였어야 했을 것이다. 바로 이 일이 실제로 발생했다는 것이 성서적 증언의 기원이며 주제이고 내용이다. 물론 이 증언은 우리에게 소위 자연적인 하나님 증명들을, 즉 그것들을 통해서 토마스가 이 결정적인 대목에서 위로받고 힘을 얻었던 그 증명들을 참고하도록 지시하지는 않는다. 그러나 그것은 매우 세계 내적인, 매우 시간과 장소에 관련된 저 "나는 존재한다."를 은혜의 사역과 은혜의 계시로 증언한다. 이 은혜의 계시 안에서 바로, 그 자체가 세계통치자'일 수 있는'(kann) 그 "외부에 있는 원리" 자체가 스스로를 세계 안에 있는, 즉 시간과 장소에 관련된 것으로서, 그리고 바로 그렇게 함으로써 세계 외부에 있는 '현실'인 저 하나님 개념과는 구별되는 것으로서 증명'하였다.'

바로 그렇기 때문에 하나님의 세계통치에 관한 성서의 증언은 '이스라엘의 왕'과 관계되어 있다. 성서의 증언은, 모든 철학으로부터 극도로 이의가 제기될 수 있는 소박한 표현으로 증언을 하고 있는데, 성서의 증언이 지니는 장점의 본질은 바로 이 소박한 표현에 있다. 성서의 증언은, 초세계적 존재자로서 세계를 통치할 수 있는 그러한 존재자가 도대체 실제로 있는가라는 질문에 대하여 당혹해하지 않는다. 이 증언은 첫 번째 가정을 충족시키기 위하여 두 번째 가정이 필요하지 않다. 이 증언은 두 번째 가정을 충족시키기 위하여, 그리고 그 경우에 두 번째 가정의 도움으로 첫 번째 가정을 충족시키기 위하여, 어떤 자연적인 하나님 증명을 사용할 필요도 없다. 이 증언은 이미 첫 번째 가정을 충족시키는 것으로부터 유래한다. 이 증언은 세계 외부에 있는 세계통치자인 하나님이 세계 안에서 행한 자기증명에 근거를 두고 있다. 교의학적 사고와 언급은 성서의 증언이 지닌 이 소박한 표현과 장점을 배워 익혀야만 한다. 만일 그것이 그리스도교의 사고와 언급이기를 원한다면, 교의학적 사고와 언급은 아무튼 이 주제에서 다른 선택의 여지가 없다. 따라서 만일 세계통치자가 주요관심사라면, 즉 "외부에 있는 원리"로서 세계를 지배할 능력이 있는 존재가 주요관심사라면, 교의학적 사고와 언급도 '이스라엘의 왕'과 관계되어야만 한다.

선언되고 실증된 "나는 존재한다."라는 구약성서의 형태에서 이스라엘의 왕은 '주님', 곧 야곱의 열두 지파와 '계약'을 체결하였으며, 동시에 이 계약을 통하여 그들을 '하나의' 민족으로 그리고 '그의' 민족으로 만들었던 그 '주님'이다. "나는 너희를 이집트 땅, 종살이하던 집에서 이끌어 낸 주 너희의 하나님이다."(Ich bin-der Herr, dein Gott…. 출 20:2) 이 사건 안에서 그는 그의 민족이 엮어가는 역사의 창시자이며, 이후에 계속되는 모든 사건 안에서 그 역사를 이끄는 지도자이며 그 역사를 완성하는 존재이다. 그를 섬기도록 하기 위하여 그의 민족을 다른 민족들로부터 구별하고 다른 민족들 가운데에서 보호하는 방식으로, 그는 그렇게 행한다. 그렇게 하기 위하여, 그는 그의 민족에게 계명과 약속과 경고인 그의 말씀을 제공한다. 그의 민족으로부터 그가 경험한 것은, 처음부터 그리고 이 역사의 모든 단계들 내내 오해, 다른 민족들의 신들과 혼동하고 뒤바꿈, 배은망덕함, 불순종, 불성실, 배반이다. 이스라엘을 선택한 그는, 언제나 또 다시 이스라엘에 의하여 배척받은 자로, 즉 멸시받고 거부되는 왕으로 되는 것을 감수하지 않으면 안 되며, 또 그것을 감수한다. 그러나 바로 그렇게 함으로써 이스라엘은 또한 자기 자신을 포기하고, 스스로 그의 왕이 지니는 정당한 분노의 영역 안으로 들어간다. 그리고 이와 같이 이스라엘의 역사는 이 왕이 예고한 필연적인 심판들이라는 유일무이한 결과로서 진행된다. 그러나 그는 변함없이 역시 그렇게 이스라엘의 왕으로 머문다. 이스라엘의 불성실은 왕의 심판을 자초하지만, 그 불성실이 그의 성실함에서 아무것도 변경할 수 없다. 그가 이스라엘에게 진노하고 심판할 때에도, 그는 이스라엘에게 성실하며 자비롭고, 그가 이스라엘을 선택하였고 불러내었음을 확증한다. 그는 이 민족을 구별하고 보호하며, 거룩하게 하고 축복하기를 중지하지 않는다. 그의 말씀도 중단되지 않는다. 그의 예언자들은 몇 번이고 되풀이하여 출현해 말씀을 전한다. 그리고 언제나—죄와 과오에서 민족 전체와 연대 책임이 있는—남은 자들이 있다. 그들은 왕이 통치한다는 사실을 깨닫고 있으며, 그가 이미 어떻게 통치하였는지를 기억하고 있으며, 그들은 그가 앞으로도 그렇게 행할 것임을 확신하고 있으며, 그의 말씀을 주목하며, 민족의 재앙에서 왕의 심판을 인식하며, 그의 이 심판을 겸손하게 정당한 것으로 간주하며, 또한 그의 심판 안에서 그의 은혜를 인식하며, 따라서 그의 심판 외에도 그리고 그 심판과 나란히 역시 그의 은혜로운 행위가 계속되고 있는 것을 인식하며, 따라서 외로움 가운데서도 역시 환호할 수 있으며, 민족 전체를 대신하여 왕을 찬양할 수도 있으며, 온전히 그에게 희망을 두고, 바로 그렇게 살아 있는 희망을 지닌다. 구약성서의 증언에 따르면, 왕인 하나님의 통치는 그 자체로는 명료하지만 그래도 역시 매우 이해하기 어려운 역사이다: 즉 그 자체로는 완전하지만 그래도 완료되지 않은 것이 명백한 역사, 그 자체로는 가장 현실적으로 그리고 외견상 직접성을 능가할 수 없게 하나님이 현존하는 역사, 그리고 역시, 그 역사가 아직 그것을 향하여 달려가고 있는 그 미래를 유일하게 기대하는, 여기에서는 암시적으로 저기에서는 명시적으로 눈에 띄게 기대하는 역사이다.

그리고 이스라엘의 왕은 저 선언되고 실증된 "나는 존재한다."의 신약성서적 형태 안에서 동일한 '계약'의 동일한 '주님'이다.—그런데 주님은 구약성서의 형태 안에 있는 이 계약의 역사를 지배했던 불명료함을 밝게 하며, 그 역사의 비완결성을 제거하고, 그 역사의 기대를 충족시킨다: 이제 그는 그가 체결하고 성실하게 유지하였으나 이스라엘이 몇 번이고 되풀이하여 깨뜨린 그 계약을 자발적으로, 이스라엘이 존재하였고 실행하였던 것에 대한 철저한 단절 안에서, 자유로운 은혜 안에서 그것의 목표로 이끈다. "나는 길이요 진리요 생명이다."(Ich bin-der Herr, dein Gott…. 요 14:6) 이제 이 왕 자신이, 즉 갈릴리의 나사렛으로부터, 구약성서가 말하는 어둠이 최후에 가장 짙었던 곳, 배반과 또한 하나님의 심판이 가장 명료했던 그곳으로부터 등장한다. 그러므로 이렇게 언급된다: "나사렛에서 무슨 선한 것이 나올 수 있겠소?"(요 1:46) "갈릴리에서 그리스도가 나올 수 있을까?"(요 7:41) "성경을 살펴보시오. 그러면 당신은 갈릴리에서 예언자가 나오지 못하리라는 것을 알게 될 것이오."(요 7:52) 실제로 그곳에서 나오는 것은 그래도 참으로 선한 것, 바로 '그' 선한 것이며, 그래도 한 예언자, 즉 다른 예언자들이 예비하였던 바로 '그' 예언자이며, 그래도 베들레헴에서 태어난 자이며, 그래도 다윗의 자손이고 그의 왕권을 물려받을 상속자이다. 왜냐하면 마침내 그리고 궁극적으로 이스라엘 사람이, 즉 이스라엘의 역사 전체가 목표로 삼았던 바로 그것을 행하는 사람이, 즉 왕에게, 곧 계약의 주님에게 성실을 성실로써 보답하는 바로 그 이스라엘 사람이 나온다. 따라서 역시, 설령 늦기는 하지만 그리고 이 한 인물 안에서 발생한 것이기는 하지만, 그는 이스라엘의 의로운 존재이며 올바른 업적이 아닌가? 그렇다. 심판받을 때 실제로 이 한 사람 안에서 이스라엘이 의롭게 인정되는 한, 그렇다. 그러나 이스라엘은 바로 이 한 사람, 그것의 중심으로부터 유래하는 충실한 사람을, 즉 마지막 참된 예언자를, 다른 모든 예언자들을 배척하였던 것보다도 훨씬 더 의식적으로 그리고 노골적으로 배척할 것이다. 이스라엘은, 옛날부터 그들의 왕 자신을 배척하고 멸시하고 거부하였던 그 입장에 지금도 너무나도 충실할 것이다. "나사렛 예수, 유대인들의 왕"(요 19:19)은 이방인들의 비웃음이 될 것이다. 이스라엘은 바로 이 한 사람을, 즉 그의 안에서 이스라엘이 의롭다고 인정받는 바로 그 한 사람을, 그 비웃음에 넘겨주게 될 것이다. 따라서 이스라엘은 이 한 사람에 대해 저항하는 바로 그들의 태도를 통하여 다음의 사실을 증명하게 될 것이다: 이스라엘이 의롭다고 인정받는 것은 결코 그들의 업적이 아니며, 그것은 왕의 자비이며, 그것은 그들의 죄악들을 용서하는 것이고, 저 '남은 자'의 '기도'를 들어줌으로써 그 '갈망'을 충족시키는 것이며, 마침내 그리고 궁극적으로 그래도 밝혀지는 이스라엘의 고유한 정의를 승인하는 것은 아니다. 아니다, 이 충실하고 의로운 한 사람의 인격 안에서, 이 이스라엘 사람의 인격 안에서—이것이 신약성서의 증언이 지닌 새로운 점이다.—왕인 야훼 자신이, 그의 민족을 돌봐주기 위하여, 이스라엘을 선택하고 불러낸 것을 그 자신의 인격 안에서 확증하기 위하여, 왕으로서 그의 명예를 스스로 유효하게 하기 위하여, 그의 민족 한복판에 그의 민족을 위하여 등장하였다. 그렇기 때문에, "랍비여, 당신은 하나님의 아들이며, 이스라엘의 왕이십니다."(요 1:49) 그는 왕이며, 이스라엘에 대한 그의 성실은 바로 다음의 사실에서, 즉 그 자신이 이 이스라엘 사람 안에서 육체가 되었다는 사실에서 개가를 올렸다. 그는 왕이다: 그 왕은, 그의 민족이 그의 성실에 빚진 보답을 이 이스라엘 사람의 인격 안에서 스스로 수행하였으며, 그의 아들인 이 사람의 십자가 죽음에서 그의 민족을 심판했으나, 바로 그렇게 함으로써 그의 율법을 스스로 충족시켰고, 이 민족을 의롭다 인정하였다. 신약성서의 증언에 따르면, 그가 이스라엘의 왕이며, 그를 통하여 이스라엘이 의롭다고 인정받는 것이 왕인 하나님의 통치이다. 그리고 이제 신약성서의 신앙공동체를 설립한 것이 함께 이 증언의 주제와 내용의 일부를 이루는데, 그 신앙공동체는 이 이스라엘의 왕이 세운 신앙공동체이다: 그것은 이 이스라엘 사람이라는 모순 없이 투명하고 완결되고 확정적으로 나타난 새로운 형태 안에서 왕의 영광을 인식하였으며, 이 사람 안에서 그들의 구원과 세계전체의 구원을 인식하였던 사람들의 무리들이다. 그것은, 그가 그를 믿도록 하기 위하여 그의 말씀과 그의 영을 통하여 유대인들과 이방인들로부터 불러냈던 신앙공동체이며, 그들의 약함 안에서 그의 은혜로 만족할 수 있으며, 그들 자신의 삶 안에서 그리고 말을 사용하든지 사용하지 않든지 그들의 증언을 통하여 바로 그의 은혜를 찬양할 수 있게 된 신앙공동체이다. 이 신약성서의 신앙공동체는 새로운 이스라엘이다: 그 신앙공동체 안으로 모여든 사람들은, 이 한 사람 안에서 바로 '이스라엘'에게 뜻밖에 일어난 의롭다 인정받음에 의하여 살아가기 때문에, 그들은 '이스라엘'이며—비록 그들 자신이 유대인들이라 할지라도, 유대인으로서 그들의 혈통과 할례를 토대로 해서가 아니라, 유대인들의 '왕' '자신'이 그의 민족을 위해서 개입해 들어왔으며 그들을 불러냈다는 사실을 토대로 그렇게 하도록 허용되기 때문에, 그리고 그가, 그의 '민족'을 위해 개입하면서, '세계' 전체를 위하여 개입하였기 때문에, 그들은 '새로운' 이스라엘이다. 그러므로 이제는 유대인들로 구성된 신앙공동체만이 아니라 또한 이방인들로 구성된 신앙공동체도 이 왕의 백성이며 소유이다: 보편적(katholisch) 교회, 전세계의(ökumenisch) 교회, 우주적 교회, 즉 우주의 빛나는 빛이 되도록 결정된 신앙공동체는, 세계가 여전히 알지 못하고 있는 것을 알기 때문에, 왕의 마지막 계시를 그리고 동시에 그가 걷는 모든 길들의 목표를 바라보며 그것을 향해 나아간다.

바로 이것이, 구약성서와 신약성서의 증언에 따르면 세계사 한복판 안에서 선언되고 실증된 "나는 존재한다."라는 말이 의미하는 것이다. 그것의 두 가지 형태들 상호간의 관계에 대해서, 우리는 여기에서 여전히 다음과 같이 말할 수 있다: '구약' 성서 안에서는 주로, 강력하게 선포된 '말'(Spruch)이 주요관심사이다. 왕은 그의 선택, 그의 의지, 그의 사랑, 그의 계명을 선언하고 선포한다. 그는 물론 그 모든 것을 일반적으로 그의 민족의 역사 안에서 실행되는 그의 행동을 통하여 확증한다. 그러나 그에 대한 그의 민족의 특징적인 관계는 그래도 단호하게 "들어라 이스라엘!"에 의하여 확정된 것처럼 보이며, 따라서 이스라엘의 한가운데 있는, 왕의 특별한 종들은 왕인 그의 '부름'과 '말씀'을 전달하는 자들인 '예언자들'이다. 그것에 반하여 '신약'성서에서는 주로, 강력하게 실행된 '행동'이 주요관심사이다: 왕 자신이 등장했으며, 그의 민족을 위하여 자신을 희생시켰으며, 바로 그렇게 함으로써 스스로를 승리자로서 증명하였다. 바로 그가 그것을 행하면서, 그는 물론 역시 말하고 가르치고 명령한다. 그러나 그의 영광을 '보는 것'이 여기에서는 그에 대한 그의 민족의 관계를 단호하게 확정하는 것처럼 보이며, 따라서 그의 특수한 종들은 이제, 그가 나타났다는 소식을 전하며, 무엇이 이미 발생하였고 또 발생하고 있으며 앞으로도 발생할 것인지에 대한 소식을 전하는 '사도들'이다. 이와 같이 우리는, 구약성서와 신약성서 안에서, 그리고 구약성서에서 신약성서에 이르기까지, 말하자면 하나의 길 위에 서 있는 이스라엘의 왕을 바라보고 있으며, 이와 같이 그는 말하자면 그 자신이 구약에서 신약에 이르는 하나의 '역사'를 지니고 있으며, 그 역사에서 그는 역시 분명하게 동일한 존재이므로, 그의 말씀과 그의 행동은 구약성서에서나 신약성서에서나 서로 긴밀하게 결합되어 있다. 구약성서와 신약성서에서 그의 우세함이 그를 왕으로 특징짓는데, 그 우세함은 언제나 그가 지닌 '자유로운 은혜'의 우세함이다. 구약성서는 바로, 그것을 아주 어둡고 완결되지 않은 것으로 만들며, 다만 기대를 증언하는 것으로 만듦으로써, 즉 왕의 성실과 그 민족의 불성실 사이의 대조를 충격적으로 지적함으로써, 그 우세함이 얼마나 '자유로운' 것인지를 보여주고 있다. 신약성서는, 구약성서와는 달리 그것을 아주 밝게 다만 성취를 증언하는 것으로 만듦으로써, 즉 왕의 성실 자체에 의하여 성취된 그의 민족이 지닌 불성실 극복을 위로하며 지적함으로써, 그 우세함이 얼마나 '은혜'인지를 보여주고 있다. 그러나 구약성서에서나 신약성서에서나, 그것이 '말씀'이며 '행동'이듯이, 그것은 '자유로운' 것이며 '은혜'이다. 그리고 그것은 구약성서에서나 신약성서에서나 '우세한' 것이며, '왕과 같은' 것이다. 구약성서와 신약성서에 따르면, "나는 존재한다."라는 선언은 하나의 '통치행위'이다.

그러나 "하나의 통치행위"라는 표현은, 성서의 증인들 전체가 인지했던 것 그리고 예언자들로서든 사도들로서든—그리고 어떤 의미에서는 둘 다—증언하기를 원했던 것의 특징을 표현하기에는 너무나 약하게, 너무나 임시적으로, 너무나 상대적으로 언급된 것이다. 왕의 말씀이며 왕의 행동으로서, 그들이 증언하는 자유로운 은혜의 우세함이 갑자기 시작되는 것으로서 "나는 존재한다."라는 저 위대한 선언은 그들에게 '하나의' 통치행위가 아니다: 즉 그것과 나란히, 그것에 종속되지 않는 혹은 심지어 그것에 대하여 우월한, 또한 아직도 '다른' 주체들의 통치행위들이 존재할 수 있을 그러한 '하나의' 통치행위가 아니며, 혹은 그것과 나란히 동일한 주체의 입장에서 또한 아직도 전혀 '다른', 아마도 대립되는 종류의 통치행위들이 확인될 수 있거나 기대될 수 있을 그러한 '하나의' 통치행위가 아니다. 아니다, 자유로운 은혜라는 아주 특정한 특성을 지니고 있는, 이 증인들이 들었고 보았던 통치행위 안에서는, 그들의 방식으로 역시 통치하고 있는 모든 다른 주체들과 그들의 권세와 그들의 통치가 전적으로 그에게 '종속'되어 있는 '그' 주체의 '그' 통치가 발생한다. 그 통치는 또한 '이' 주체가 행하는 그 밖의 '모든' 통치의 특징을 보여주는 것이다. 따라서 이 세계 안에서 실제로 발생하는 모든 통치는 오직 '이' 주체의 통치일 수밖에 없으며, 따라서 그에게 특유한 '하나의' 방식과 의도를 지니고 있는 통치일 수밖에 없다. 구약성서와 신약성서의 증인들은 온전히, 그의 말씀과 그의 행동 안에서 그들을 만나는 이스라엘의 왕을 듣고 봄으로써 요구를 받았다는 사실은 두말할 필요 없이 명백하다. 그러나 우리는 그것을 넘어서서 다음의 사실을 인식해야만 한다: '다른' 왕들은, 아무튼 그들이 존재할지라도, 증인들에게는 이

한 왕의 가능한 경쟁자들로서 논의되지 '않'으며, 그 보좌는 그 아래에 서 있는 증인들에게는 전적으로 유일무이한 방식으로 '숭고한' 것이다. ─그리고 다른 한편으로는, 그들은 이 왕 자신의 '다른' 특성이 분명히 드러날 수 있을지도 모른다는 것을, 이 보좌로부터 출발하는 다른 종류의 통치행위들이 있을지도 모른다는 것을 결코 고려하지 않는다. 그는, 그들과 만나면서, 그의 통치를 통해서 그들을 다음과 같은 이유로 총체적으로 요구한다: 왜냐하면 그는 그렇게 할 수 있는 입장에 있는 '유일한 존재'이며, 그리고 그가, 그들을 만나면서, 그들에게 스스로를 어떠한 경우에도 그리고 무슨 일이 있어도 존재할 그리고 그렇게 '변함없을' 존재로서 인식하게 하기 때문이다. 구약성서와 신약성서에서 증언된 이스라엘의 왕은 다른 왕들과 비교하여 전적으로 '우월'하며 그 자신이 전적으로 '신뢰할 수 있는' 왕이다. 따라서 그의 왕권이 지닌 바로 이 '특수한 것'이, 즉 구약성서와 신약성서에서 저 특수한 사건의 의미로서 증언된 그 자유로운 은혜가 지닌 바로 이 우세함이 성서의 증인들에게는 의심할 여지없이 모든 것의 배후와 위에도, 즉 '일반적인' 세상사의 배후와 위에도 서 있다. '다른 어떤 존재'도 이스라엘의 왕이 행하는 것처럼 그렇게 실제로 통치하지 '않으며', 이스라엘의 왕 자신은 또한 저 특수한 역사 안에서와는 다른 곳에서도 '다르게', 즉 그가 바로 거기에서 행하였던 것과는 다른 방식과 의도 안에서 행하지 '않는다.'

바로 이것이 참으로, 하나님의 "통치"에 관한 그리스도교 교의의 내용과 핵심을 형성해야만 하는 인식이다. 이로써 우리는 새롭게 기본통찰에 직면하여 있다: 이 기본통찰 없이는 하나님의 섭리에 관한 그리스도교 교의는, 하나의 세계관에 대한 가르침과는 다르게, 결코 가능하지 않을 것이며, 이 기본통찰에 비추어 우리는 이미 세상사 안에서, 세상사와 함께, 세상사 위에서 보존하고 동행하는 하나님의 뜻과 행동을 숙고하였다. 그 어떤 자연적인 혹은 정신적인 세계원리가 지배하고 관철시키는 것과는 다르게, 하나님의 통치는 다음과 같은 특징을 지니고 있다: 그것은 구약성서와 신약성서 안에서 증언된 '특수한' 사건 안에, 즉 이스라엘의 왕이 선언하고 실증한 "나는 존재한다."라는 말 안에, 그에 의하여 세워지고 실행되며, 약속되고 성취된 '자유로운 은혜의 계약' 안에, 전체를 조직하며 전체를 특징짓는 '중심'(Mitte)을 지니고 있다. '세계'를 통치하는 권세는 '이' 왕이 '그곳'에서 활동하며 '그곳'에서 계시하는 권세이다. 이 권세의 곁에는 동일하게 높은 곳에 '어떤' 다른 권세가 존재하지 '않으며', 이 권세는 또한 그의 권세로서 '어느 곳에서도' 그리고 '결코', 바로 이 권세 외에 어떤 다른 권세가 '아니다.' 그러므로 우리는 왕의 통치를 이해하기 위하여 우선 다음과 같은 이중의 규칙들을 주목해야만 한다:

우리는 (1) 성서 안에 증언된 '특수한' 사건으로부터 출발하여, 즉 이스라엘 안에서 그리고 예수 그리스도의 신앙공동체 안에서 세워지고 실행된 '은혜의 계약' 안에 있는 하나님의 행동으로부터 출발하여 즉시 '밖'을 향하여, 즉 '일반적인' 세상사로 시선을 돌려야 한다. 왜냐하면 저 특수한 사건은 그것 자체를 위해서가 아니라 피조물의 사건 전체가 지닌 내적 토대로서 발생하기 때문이다. 그 특수한 사건은 피조물의 사건 전체를 의미로 채우고 보호하고 구원하고 영광스럽게 하는 것으로서, 그리고 그렇게 하는 것을 계시하는 것을 목표로 발생한다: 그것은 하늘과 땅이, 그리고 하늘 아래 땅 위에 있는 인간이 전체적으로 하나님의 뜻에 따라서 되어져야만 하는 것을 선취하는 것이다. 저 특수한 사건은 '최종' 목적이 아니라 일반적인 것의 원형이고 본보기이며, 그것은 목적 '자체'가 아니라 하나님의 창조 전체 안에서 그리고 그것에 대하여 봉사하는 것이다. 이미 구약성서에서는 바로 이스라엘의 왕이 또한 '민족들'과 '세상' 전체의 은밀한 왕이듯이, 그리고 신약성서에서는 그 자신이 그의 민족을 위하여 개입함으로써, 그가 즉시 유대인'과' 이방인으로 구성된 신앙공동체의 주님으로서, "'세계'의 빛"으로서 활동하게 되고 드러나게 되듯이. 그러므로 예수 그리스도를 목표로 하며, 그 자신 안에서 그리고 그로부터 출발하여 발생한 특수한 계약사와 구원사를 사적(私的)인 일로 해석하는 것(Privatisierung)은 어떠한 것도 금지된다. 즉 왜냐하면 그렇게 한다면 다음의 사실이 부인될 것이기 때문이다: 만일 우리가 그 사건에 대한 성서의 증언을 고수하려 한다면, 우리는 그 사건 안에서 비길 데 없는 '그' 통치행위와 관계해야만 하는데, 그 통치행위 자체는 그것의 특수한 실행을 넘어서서 또한 '그 밖의' 모든 사건을 포괄하고 결정하며, 그 통치행위는 바로 그것이 특수한 것이므로 '원둘레'(Umkreis)의 중심, 즉 하늘에서 그리고 땅 위에서 발생하고 있는 피조물의 '일반적인' 사건의 중심이다. 성서의 증언자들이 확실히 깨닫고 아주 분명하게 찬양한, 그 은혜의 '위엄'과 '주권'을, 즉 이스라엘의 왕이 선언한 "나는 존재한다."라는 말을 완전히 오인하지 않고는, 최악의 경우 그것을 모른다고 하지 않고는, 우리는 이 사실을 부인할 수 없을 것이며, 따라서 성서 안에 서술된 사건을, 거기에서 말하고 활동하는 자유로운 은혜의 우세함을 추상적으로 숙고하기를 원할 수는 없을 것이다.

그리고 우리는 (2) 자연과 역사에서 발생하는, 가까운 곳과 먼 곳에서, 높은 곳과 낮은 곳에서 발생하는 '일반적인 세상사'로부터 출발하여 몇 번이고 되풀이하여, 성서 안에서 증언된 '특수한' 사건을 향하여, 즉 첫 번째 약속에서 마지막 성취에까지 이르는 은혜의 계약에서 비롯된 역사를 향하여 시선을 돌려야 한다. 이 일반적인 세상사는 정말 그것 자체를 위하여 발생하는 것이 아니며, 정말 저 특수한 사건에 대하여 스스로가 멈추거나 움직이는 고유한 특성을 지닌 어떤 전체가 아니다. 진정한 의미에서 "세속사"라고 불리어질 수 있는 것은 존재하지 않는다. 개념화하면서 우리가 창조된 현실 자체의 역사라고 부르려 시도하였던 그 역사는 구체적으로 언제나 다만 바로 저 '특수한' 사건을 실행하기 위한 외적 토대 설정으로서만 발생한다. 바로 이 '특수한' 사건 안에서 일반적인 세상사가 의미를 지니게 된다. '전자'가 발생함으로써, 역시 후자도 보존되고 구원받으며, 후자도 은밀히 이미 영광으로 충만하며, 그것의 영광이 드러날 때를 향하여 다가간다. '전자' 안에서, 또한 후자에 대한 하나님의 뜻과 계획이 무엇인지 이미 나타났다. 따라서 또한 후자는 궁극적 목적이 아니며, 목적 자체가 아니다. 오히려 그것도 저 특수한 사건을 복사하고 복제하는 것으로서 이용되게 된다. 바로 구약성서에서 민족들은 다만, '이스라엘'에 대한 하나님의 뜻을 실행하기 위한 도구들로서, '예루살렘' 안에서 선포되고 그들에게도 주기로 결정된 그 구원을 기대하면서 등장하듯이, 거기에서는 대지와 그 안에 있는 것은 모든 것이 다만, '시온'으로부터 오는 주님의 것이므로 중요하듯이, 그리고 신약성서에서는 신앙공동체 안으로 들어온 이방인들(롬 11:17 이하)은 어떤 고유한 명예를 지니는 것이 아니라 다만 '이스라엘'이라는 뿌리에 의하여 지탱되는 접붙여진 가지들일 뿐이듯이(그 반대가 아니라!), 그리고 거기에서 (롬 8:19) 모든 피조물들의 갈망은 '하나님의 아들들'이 나타나기를 기다리는 것이듯이! 따라서 같은 이유에서, 계약사에 대한 사적인 해석이 금지되는 것과 마찬가지로 계약사와 마주서 있는 '세계'사를 사적(私的)인 일로 해석하는 것은 어떠한 것도 금지된다. 사적인 일로 해석할 경우에, 우리는 경쟁하는 다른 왕들을 혹은 이스라엘 왕의 내적 변덕스러움을 고려하게 될 것이다. 그 경우에 우리는 다른 한편으로는, 이제는 다른 면에서, 즉 예수 그리스도를 목표로 하며 그의 안에서 그리고 그로부터 출발하여 이루어지는 계약사와 구원사에서 — 물론 최고의 특수성 안에서, 그러나 그렇다고 해서 모든 피조물의 사건으로부터 멀리 떨어져서가 아니라, 오히려 그 사건의 한복판에서 — 발생하였으며 아직 발생하고 있으며 앞으로 발생할 것이 지닌 공공성이라는 특성과 공공성의 요구를 부인하게 될 것이다. 우리는 틀림없이, 모든 피조물의 사건에서, 설령 그것이 성서의 저 "나는 존재한다."라는 선언으로부터 외관상 아무리 멀리 떨어져 있는 것처럼 보일지라도, 그래도 다만 저 '중심'을 에워싸고 있는 원둘레와 관계하고 있을 뿐이라는 사실을 인식하지 못하게 될 것이다. 그 경우에 우리는, 그 중심으로부터 출발하여 원둘레도 통치하는 자유로운 은혜의 우세함으로부터 그 원둘레를 폭력적으로 박탈하게 될 것이다. 다른 한편으로는 우리는 그 경우에 바로, 예언자와 사도가 전한 메시지의 가장 중심적인 내용을 배반하게 될 것이다. 그 경우에 우리는, 마치 이스라엘의 왕이 선언하지 '않'았고 실증하지 '않'았던 것처럼, 마치 거기에서 '그' 통치행위가 아니라 다만 '하나의' 통치행위만이 발생했던 것처럼, 그렇게 행동하게 될 것이다. 바로 이것이, 이 측면으로부터 출발할 때에도 허용되어서는 안 되는 것이다.

이런 이유로 우리는, "통치"에 관한 옛 신학적 교리에 몇 번이고 되풀이하여 나타나는 두 가지 개념 구별들에 대하여 입장을 표명할 수 있게 되었다. 그것은 한편으로는 "'일반적' 섭리"와 "'특수한' 섭리" 사이를 구별하는 것이며, 다른 한편으로는 "'정규적' 섭리"와 "'비정규적' 섭리" 사이를 구별하는 것이다. "일반적 섭리"는 전체 '세계 체계' 자체에 대한 하나님의 통치를, "특수한 섭리"는 '교회'에 대한 통치, 경건한 사람들에 대한 통치, 그리고 확실히 또한 일반적으로 인간들에 대한 통치를 의미했다. 그리고 "정규적 섭리"는 우리에게 인식될 수 있는 규칙들, 즉 자연적 그리고 역사적 세상사의 '규칙들'의 테두리 안에서 진행되는 하나님의 통치를, 반면에 "비정규적 섭리"는 '기적을 일으키는 행위들'의 형태도 지닐 수 있는 하나님의 통치를 의미했다.

이 두 가지 구별들은 상이한 관점에서, 우리가 방금 말한 두 가지 영역들을 의미할 수 있을지도 모르겠다: 즉 한편으로는 계약사와 구원사에서 행해지는 하나님의 행동을, 다른 한편으로는 일반적인 세상사를 의미할 수 있을지도 모르겠다. 그러나 우리는, 여기에서 개념들이 제시된 '순서'에서 이미, 여기에는 몇 가지가 올바르지 않다는 사실을 알아차리게 된다. 만일 하나님이 행하는 세계통치의 주체에 관하여 성서가 보여주는 올바른 발자국을 따라 걸어갔다면, 순서가 뒤바뀌었어야만 했을 것이다: 즉 "특수한 섭리" 혹은 "비정규적 섭리"로부터, 곧 구원사로부터 출발하여, "일반적 섭리" 혹은 "정규적 섭리"를 향하여, 곧 일반적인 세상사를 향하여 시선을 돌렸어야 했으며, 그리고 난 후에 비로소 경우에 따라서는 그 일반적인 세상사로부터 출발하여 구원사를 되돌아보아도 좋았을 것이다. 인식될 수 있는 법칙들 아래에 있는 일반적인 것이 소위 규범으로 취급되었지만, 특수한 것은(바로 이 특수한 것은!) 이 규범을 개별적으로 적용한 것으로 (혹은 두 번째 관점에서는, 개별적으로 위반한 것으로) 취급되었다는 것은, 실제로 다만, 틀림없이 성서의 하나님이 아니라 저 불확실한 "최고의 존재"와 같은 어떤 것이 전체의 주체로서 생각되었다는 전제 아래에서만 설명될 수 있다. 그것과 관련하여 언급되어야 하는 것은, 두 영역을 그렇게 당장 "섭리"라는 공동의 개념 아래에, 즉 하나의 공통분모 위에 세우는 것은 문제들을 모호하게 하는 '균등화'를 의미한다는 점이다. 우리는 "섭리" 개념을 확실히 더 넓은 의미에서도 사용할 수 있으며, 그 다음에 저 특수한 영역에 대한 하나님의 통치에 관하여, 구원사에 대한 그의 지배에 관하여, 그것도 하나님이 섭리하는 하나의 행위라고 말할 있다. 그러나 그것은 어쨌든, 일반적이며 규칙적인 세계통치에서 단지 규범에 상응하는 특수한 경우 혹은 그 규범에 모순되는 특별한 사례에 불과한 것 이상(mehr)의 어떤 다른 것이다. 저 특수한 것과 이 일반적인 것 사이의 전체적인 관계, 곧 성서를 지배하는 구체적인 관계는 이것이다: 전자에서는 중심이, 후자에서는 원둘레가, 전자에서는 지배하는 원천이, 후자에서는 섬기는 복제(Nachbildung)가, 전자에서는 일반적인 것을 위한 표준이 되는 특수한 것이, 후자에서는 특수한 것의 법칙 아래 있는 일반적인 것이 중요하다. 이 관계에 대한 인식은 매우 본질적인 인식인데, 두 영역을 "섭리"라는 상위개념 아래에서 대등하게 함으로써 이 인식이 완전히 모호하게 된다. 그러나 그 경우에 다음과 같은 일이 더 덧붙여진다: 저 특수한 영역에서는 다만 바로 '교회'와 경건한 사람들만을, 경우에 따라서는 인간들 전체만을 생각하기를 원했으므로—그리고 다른 관점에서는, 다만 바로 '기적'만을 생각하기를 원했으므로, 사람들은 결정적인 것은, 즉 성서가 증언하는 '계약사'와 '구원사'는 결코 추구하지 않았던 것이 명백하다. 물론 하나님의 기적행위들도 그 역사가 지닌 최고의 특수성을 보여주는 대표적 현상들로서 그 역사에 속하며, 그 역사로부터 출발하여 그리고 그 역사와 관련하여 교회사와 각 그리스도인의 개별적인 삶이, 그리고 교회와 전세계의 그리스도교에 대한 관계 안에서 모든 인간들의 삶이 일반적인 세상사 안에서 물론 중심적인 의미를 획득한다. 그러나 저 중심을, 저 첫 번째인 특수한 영역을 구성하며, 그리고 난 후에 또한 두 번째인 일반적인 영역을 위하여 그것이 지닌 중요성의 토대를 확립하는 것은, 교회나 그리스도교가 아니고, 인류 자체가 아니고, 또한 기적 자체가 아니고, 성서의 기적이나 그 어떤 다른 기적이 아니라, 예수 그리스도를 향하며 그의 안에서 그리고 그로부터 출발하여 행하여지는 하나님의 행동, 즉 성서가 증언하는 대상인 이스라엘 왕의 행동이다. 그러므로 전승된 저 구별들에 덧붙여져야 할 제한들이 실로 많이 있다. 그 제한들을 실행함으로써 우리는, 그 구별들이 옛 신학 안으로 도입될 때 지니고 있던 그 의미로부터 상당히 멀리 벗어나게 될 것이다. 그러나 만일 이 제한들을 덧붙이기를 원하지 않는다면, 저 구별들을 모두 포기하는 것이 더 나을 것이다.

그러므로 우리는 이제 다음의 사실을 확인한다: '이스라엘'의 왕이 세계의 왕이며, "통치"의 주체이다. 그러므로 하나님이 통치한다는 말이 의미하는 것은, 구약성서와 신약성서의 증언에 따르면, 약속과 성취에서, 저 '계약'을 세우고 실행하는 것에서, 저 왕 자신이 그 길을 걸어갔으므로, 그의 말씀과 행동에서, 세계의 한복판에서 갑자기 출현했던 그 '자유로운 은혜'의 우세함이 통치한다는 것이다. 하나님은 이런 존재이다: "그는 다른 하나님이 아니라, 예수 그리스도, 곧 만군(萬軍)의 주님(der Herr Zebaoth)이라 불리며, 그는 그 싸움터를 보유해야만 한다." 이것이 가장 명백하게 표현된, 하나님의 세계통치에 대한 그리스도교 신앙이다. 그러므로 이 주제에 관한 그리스도교 사상은 어떤 공허한 사상이 아니며, 여러 가지 방법으로 채워질 수 있는 어떤 사상이 아니다. 여기에서 우리는 공허한 하나의 형식(Form)을, 즉 모든 사건을 보편적으로 포괄하는 질서와 목적론이라는 이념을 생각하는 것이 아니다. 여기에서 우리는 이 깊은 곳이나 저 높은 곳을 바라보고 있는 것이 아니다. 여기에서 우리는 다름 아니라 구약성서와 신약성서를 들여다보며, 이 "문서"가 하나님이라 부르는 그를, 성서가 증언하는 서로 관련되어 있는 그 사건을, 성서 안에 문서로 증명되어 있는 자유로운 은혜의 우세함이 갑자기 나타난 것을, 그것이 나타날 때 행동하고 있는 주체를, 납득할 수 없으나 명백한 그의 선택을, 그에 의하여 증명되고 입증된 성실함을—그리고 오직, 그 사건의 중심에 있는 십자가에 달린 예수 그리스도만을 바라보고 있다: 홀로 십자가에 달린 것이 아니라, 그의 좌우에 매달린 두 강도들과 함께 십자가에 달린 그를(마 27:38)—유대인 출신과 이방인 출신의 그 강도들 모두와 연대하였으며, 그들 모두의 위에서 그리고 그들을 위하여 왕이 된 그를 바라보고 있다. '여기'에서부터 출발하여, '이' 의미에서, '여기'에서 작용하고 있으며 명백히 드러나는 목적 안에서 세계가, 즉 하늘과 땅이, 그리고 하늘에 있는 것과 땅 위에 있는 것이 통치된다. 이것이 하나님의 세계통치에 관한 그리스도교 신앙이다. 성서 안에 증언된 구원사는 그 자체로서 인식되고 이해될 수 없다: 그것은 '세상'사 전체와 관련되어 있다. 구원사는 세상사의 중심이며 열쇠이다. 그러나 세상사도 그 자체로서 인식되고 이해될 수 없다. 그것은 구원사와 관련되어 있다. 그것은 저 중심을 둘러싸고 있는 원둘레이며, 저 열쇠가 맞으므로 그 열쇠가 필요한 자물쇠이다. 이 관련성 때문에 우리는 하나님의 보편적인 왕권에 관한 사상을 전개하는 것을 중지해야만 했고, 옛 이스라엘과 새 이스라엘 안에 있는 그의 왕권에 대하여 언급하기에 이르렀으며, 이스라엘 안에 있는 그의 왕권으로부터 출발하여 참으로 다시 하나님의 보편적인 왕권을 바라볼 수 있으며 또한 바르게 이해할 수 있게 되었다. 하나님의 세계통치에 관한 교의가 이스라엘 안에 있는 그의 왕권으로부터 출발하여 핵심적인 내용을 지니고 있지 않다면, 그리고 그렇게 형성되지 않는다면, 그것은 길을 잃고 헤매거나 공허한 탁상공론에 머물 가능성이 있으며, 또한 그렇게 될 수밖에 없을 것이다.

'왜' 하나님 '홀로' 통치하는가? 다른 모든 존재의 통치가 타율적 지배(Fremdherrschaft)일 수밖에 없으며 혼란을 초래할 수밖에 없는 반면에, 왜 그가 홀로 통치할 수 있는 권리와 권세와 지혜를 지니는가? 왜 이 통치의 주체인 그는 이처럼 다른 존재에 의해 대체될 수 없으며, 이처럼 교체될 수 없는가? 왜 여기에는 병행하는 통치나 저항하는 통치가 존재할 수 없는가? 우리는 이제 이렇게 대답한다: 바로 다만 그만이 그의 자유 안에서 은혜로우며 그의 은혜 안에서 자유로우며—바로 다만 그만이 선택할 수 있고, 스스로를 희생시킴으로써, 그의 선택을 확증할 수 있으며—바로 다만 그만이 어떤 불성실에 의해서도 지칠 수 없으며 싸움터에서 물러날 수 없는 성실한 존재이기 때문이다. 다만 그만이 자비의 원천이며, 영원한 아들의 영원한 아버지이며, 이렇게 다만 그만이 성령의 근원이며, 바로 이렇게 다만 그만이 진정으로 권세를 지닌 존재이며, 이렇게 다만 그만이 우세한 말씀을 말할 그리고 우세한 행동을 할 능력이 있다. 이 점에서 아무도 그와 동등하지 않으며, 이 점에서 그는 모든 신들과 권세들과 권력들보다 높다. 이 점에서 그리고 이렇게, 바로 이스라엘의 왕인 그가 하나님이다. 그러므로 바로 이스라엘의 왕인 그가 유일한 세계지배자이며, 그러한 존재로서 인식될 수 있다.

'왜' 그리고 어떤 의미에서 하나님은 스스로를 피조물이 야기하는 모든 사건의 '목표'로 만들고 설정하는가? 왜 그의 명예를 위하여 헌신하는 것이 모든 선한 행위들 가운데 가장 중요한 선한 행위이며, 피조물의 영광인가? 도대체 왜 만물과 모든 사건을 그 자신을 향하여 안내하고 이끄는 것이 하나님이 지닌 극도의 이기심에서 비롯된 행동으로 이해되지 않는가? 우리는 이제 이렇게 대답한다: 아들의 아버지이며 아버지의 아들인 바로 그 자신이 사랑이며, 그의 아들 안에서 창조주, 화해자, 구원자로서 다른 존재에 대하여 사랑으로, 즉 그의 사랑이 필요하며 다만 그의 사랑으로만 살아갈 수 있으며—그리고 참으로 바로 그의 사랑으로 살아가도록 허용되며 또 그렇게 살아가야 마땅한, 그의 피조물에 대하여 사랑으로 되었기 때문에, 그것은 이기심에서 비롯된 행동이 아닌 것이다. 영원히 사랑하는 자인 이러한 그의 존재 안에서 그는 그의 명예를 지니고 있다. 그리고 그의 사랑이 사건으로 된다는 점에서 그의 명예는 위대하게 된다. 그리고 그가 그의 피조물을 방임하지 않으며, 다른 목표들로 이끌지 않으며, '유일한'

목표인 그 자신에게로 이끌며, 스스로가 피조물의 목표와 축복이기를 원한다는 점에서, 그 사랑은 사건으로 된다. 그리고 바로 이스라엘의 왕인 그가 사랑이라는 점에서, 그는 하나님이다. 바로 이스라엘의 왕인 그가, 스스로를 주장하면서 그리고 승리하고 개가를 올리면서, 스스로를 희생하며, 위대하고 급진적인 은혜로운 행위자(Wohltäter)로서 그렇게 작용하며 계시되는 그 존재이며, 그런 존재로서 인식될 수 있게 된다.

'왜' 필연성과 우연성, 규칙과 자유 사이의 세계 내적 대립들을 초월하는 '주권'이 그의 것인가? 왜 그는 이 대립들을 '초월하여', 그러나 언제나 또한 이 대립들 안에서 그리고 이 대립들을 통하여 통치하는가? 왜 하나님은 운명이 아니며 우연이 아닌가? 그러나 왜 그는 둘 다, 즉 만물을 엄격하게 정돈하는 존재이면서 동시에 만물 안에서 자유롭게 처리하는 존재인가? 우리는 이제 이렇게 대답한다: 그는 그 자신 안에서 동시에 유효한 법이며, 최고의 일치(Einheit)와 가장 풍부한 구체적인 생명을 위하여 존재하기 때문에, 그리고 그는 이렇게 오직 그에게만 고유한 탁월한 바로 이—자기 자신에 의하여 결정되고 자기 자신 안에서 자유로운—현실성 안에서 그의 피조물에게 관심을 기울이고, 그 피조물과 함께 말하고 행동하기를 (즉 마침내 그리고 궁극적으로 스스로가 피조물로서 다른 피조물들과 함께 말하고 행동하기를) 원했으며, 또 실제로 말하고 행동했으므로, 그는 이 대립들을 '초월하여' 있으며, 그의 고유한 전혀 다른 방식으로 또한 그 대립들 '안에' 있다. 그의 자비가 지닌 전능함 안에서 그리고 그의 전능함이 지닌 자비 안에서 그는 그 대립들 위에 그리고 안에 있다. 그리고 바로 이스라엘의 왕으로서 그는 바로 다음과 같이 태도를 취하고 또 스스로를 입증한다: 그는 동시에 일치와 생명이며, 전능하고 자비로우며, 이해하기 어렵고 비교하기 어려우며 진정으로 납득할 수 없으나 역시 명백하게, 이 두 가지가 하나로 되게 한다.—이 대립들이 피조물 안에서 그리고 피조물의 사고에서는 분열을 의미할 수밖에 없으나, 대립하는 두 가지가 하나로 되게 함으로써 그는, 분열을 통찰하고 극복하면서, 변함없이 그것을 능가하며, 대립들이 동일한 방식으로 그를 섬기게 한다. 바로 이 이스라엘의 왕이 말하는 것과 행동하는 것을 주목한다면, 우리는 이 주제에서 잘못 생각하거나 그릇된 방향으로 가게 되지 않을 것이다.

그런데 '왜' 하나님은 피조물의 사건을 '정돈'하는가? 왜 그는 영원으로부터, 그러나 바로 그렇기 때문에 역시 모든 순간에도, 스스로가 계획하는 존재이면서 동시에 계획인가? 왜 "질서를 세우는 존재"이면서 동시에 "질서"인가? 우리는 이제 이렇게 대답한다: 그의 은혜가 지닌 우세함 안에서, 그의 명예를 위한 그의 열심 안에서, 따라서 그의 피조물에 대한 그의 사랑 안에서, 세계내적인 대립들 안과 위에 있는 그의 주권 안에서 그는 하나의 '길'을 걸어갔다; 그는 그의 영원한 의지를 시간적인 '역사' 안에서 실행하였다; 그는 약속에서 성취로, 말씀에서 행동으로, 은혜에서 심판으로 그리고 납득할 수 없게 더 큰 새로운 은혜로 옮겨갔으나, 그 모든 것 안에서 언제나 변함없이 동일한 존재였다. 지극히 '자유'롭게 말하고 행동하는 그가 역시 엄격하게 그의 고유한 결심을 실행하는 데에 종사하고 있으며, 그의 고유한 '결심'을 실행하고 있는 그가 역시 그의 결의들에 대하여 가장 자유로운 '주님'이며, 변함없이 그러하다. 이와 같이 하나님이 — 더 자세히 말하자면, 이스라엘의 왕이 정돈하는 것을 보여준 것처럼 그렇게, 언제나 영원한 필연성에 따라서, 그러나 또한 언제나 매우 깜짝 놀라게 하며, 언제나 아주 새로우며, 언제나 전혀 예상할 수 없는 전제조건들을 토대로, 그리고 언제나 전혀 기대하지 않았던 결과들 초래하면서 — 정돈하지만, 그러나 바로 이와 같이 실제로 정돈하면서, 이와 같이 한 걸음씩 계획하면서, 그리고 바로 이와 같이 아주 명백하게, 그의 계획으로서 결코 더 엄격하게 결정되고 확립될 수 없었던 바로 그 계획으로부터 이미 유래하면서, 그렇게 하는 것이다. 우리는 이것을 이해하는가? 우리는 어쨌든 다음의 사실 자체를 인식하고 이해할 수밖에 없다: 이스라엘의 왕 자신이 그의 말과 행동을 계획하는 존재이며 계획이고, 그의 말과 행동의 질서를 세우는 존재이며 질서이다. 그가 그런 존재라는 사실을 우리는 한순간도 의심할 수 없으며, 만일 그가 세계를 통치하는 하나님이라면, 그가 통치하는 것은 질서 있게 정돈하는 것이라는 사실도 의심할 수 없다.

하나님의 통치와 그의 피조물들이 행하는 작용들 사이의 '관계'는 어떻게 되는 것인가? 우선, 그가 그것들 모두를 그의 목표로 인도하며, 그의 고유한 사역에 '종속'시키고 역시, 그의 활동에 대하여 고유한 독특성을 지니고 있는 그것들을 억압하지 않을 뿐만 아니라, 오히려 '유효'하게 하고 '명예'롭게 한다는 것이 사실인가? 우리는 이미 그 사실을 주장하였으며, 할 수 있는 한, 그것을 설명하였다. 그러나 도대체 어디에서부터 출발하여 우리는 그것을 주장하고 설명할 수 있었던가? 여기에 견디기 어려운 모순이 남아 있는 것이 아닌가? 하나님의 자유와 우리의 자유 사이의, 하나님의 자유와 피조물의 자유 사이의 관계에 관한 질문이, 즉 아주 오래되어 곧 벌써 지루하지만 그래도 명백히 몇 번이고 되풀이하여 제기되는 그 긴급한 질문이 역시 몇 번이고 되풀이하여 떠오르지 않는가? 여기에서 "하나님"이 누구를 의미하는지 혹은 무엇을 의미하는지에 관하여 불명료한 표상들이 지배하는 한, 혹은 이 질문이 그리스도교의 입장에서가 아니라 다르게 대답되는 한, 이 질문은 아주 지루한 것임에도 불구하고 분명히 몇 번이고 되풀이하여 떠올라 긴급하게 될 수밖에 없을 것이다. 그러나 하나님이 그의 자유로운 은혜가 지닌 우세함 안에서 일하고 있는 그곳에서, 이스라엘의 왕이 그의 말씀과 행동으로 그의 민족에 대하여 그리고 그의 민족을 통하여 전 세계에 대하여 일하고 있는 그곳에서, 우리는 실제로 그 둘이 하나의 관계 안에 있는 것을, 즉 결코 그 어떤 "긴장 안에서 유지되는 일치" 안에 있는 것이 아니라, 그 자체가 평온하고 명확하고 긍정적인 그런 관계 안에 있는 것을 바라본다. 하나님은 명백히 이 대립 안에서 모든 것을 원하고, 결정하고, 행하기 때문에, 피조물들의 모든 활동과 작용들은 철두철미 그리고 철저히 그를 향하여 방향을 정해야만 하며, 그의 계획들과 의도들에 복종해야만 하며, 그의 결의들을 실행해야만 한다: 이스라엘 자신과 민족들, 선한 인간들과 악한 인간들, 뜨거운 태양과 파도치는 바다, 하늘의 별들과 들판의 메뚜기에 이르기까지. 어떤 피조물이, 하나님의 뜻이 지정했던 것과 다르게 그리고 다른 어떤 것을 행했던가? 그러나 참으로 또한 바로 다음과 같은 일도 발생한다: 그의 모든 피조물들이 행하는 모든 활동은 철두철미 각각 그것의 고유한 의미와 그것의 고유한 사명을 지니고 있으며, 이스라엘 자신과 다른 모든 민족들은 각기 그들의 특징적인 역사를 체험하며, 인간들은 ─ 순종하는 인간들이든 순종하지 않는 인간들이든 ─ 그들의 마음이 명백히 그들에게 암시하는 대로 생각하고 말하고 행동하며, 광야는 건조하고 밤은 어두우며, 바다는 파도치고 꿀은 달고 빵은 양분을 주고 포도주는 인간의 마음을 기쁘게 하며 ─ 따라서 각자가 그 나름의 방식대로 존재하고 있으며 또 작용한다. 우리는, 결국에는 '기적'도 과연, 직접 하나님에 의하여 야기된 것이기 때문에, 기대되지도 설명되지도 않는 피조물의 활동과 작용들의 관련성들이기는 하지만, 결코 그 관련성들을 제거하는 것을 의미하지는 않는다는 사실을 주목하여야 한다. 이스라엘의 왕이 주체가 되는 특수한 사건에서는 물론 하나님이 한결같이 우세한 힘을 지닌 존재이다. 그러나 우리는, 어떻게 인간들도 ─ 그리고 인간들만이 아니라 ─ 그를 마주 보면서 피조물로서 그들의 독자성과 독자적인 작용 안에서, 그들의 고유한 존재와 행동을 갖고 등장하는지를 간과할 수 없다. 즉 결코 장기판의 말들로서가 아니라, 하물며 이미 게임에서 밀려난 장기판의 말들로서는 더욱 아니라, 모두가 ─ 모세와 바울에서 가룟 유다에 이르기까지, 그리고 레바논의 삼(杉)나무에서 벽에서 자라는 박하에 이르기까지 ─ 어떻게 그것들의 특징적인 고유한 존재 안에서 그리고 그것들의 상응하는 독자적 작용을 갖고 등장하는지를 간과할 수 없다. 바르게 이해한다면, 사실은 이러하다: 모든 것은 바로 인간들에게 그리고 그 경우에 또한 다른 피조물들에게 달려 있으며, 바로 그들의 고유한 사역과 그들의 고유한 작용들에 달려 있다; 바로 그것들이 전능한 하나님이 그의 전능한 활동에서 지니고 있는 주요관심사이다. 구원사란 그런 것이다. 그것은 여기에서 문제되고 있는 기술적인(technisch) 문제에 대하여 어떤 해결책도 우리에게 제공하지 않는다. 만일 우리가 이 문제의 해결책을 얻으려고 성서를 읽는다면, 성서도 침묵을 지킬 것이다. 그러나 성서는 우리를 훨씬 더 위대하며 훨씬 더 좋은 것에 직면하게 한다. 즉 이 문제가 존속함에도 불구하고 그 자체가 명백하고 긍정적인, 창조주와 그의 피조물들 사이의 관계, 창조주의 자유와 피조물들의 자유 사이의 관계라는 사실(Faktum)에 직면하게 한다. 만일 우리가 이 실제의 관계를, 즉 이스라엘의 왕의 통치를 주시한다면, 우리는 다음의 사실이 실제로 참되다는 것을 알게 된다: 하나님의 세계통치란, 모든 것이 완전히 하나님의 지배 아래에 있어야만 하며 또 실제로 그 지배 아래 있으며, 또한 바로 그와 같이 완전히 모든 것은 자유 안에서 역시 효력을 발휘하게 되며 명예롭게 된다는 것이다.

그러나 도대체 다음의 내용도 참된 것인가?: 하나님의 통치는, 모든 것을 하나의 목표에 종속시킴으로써, 개별적인 피조물들이나 피조물 집단들의 활동과 작용들을 하나의 전체로 '동등하게 정돈하는 것'을 의미하며, 따라서 역시 수평적인 관계와 질서를 복구하는 것을 의미하며, 하나님의 통치는 역시 또한 그런 이유에서 피조물을, 즉 실존하고 있는 바로 그 개별적인 피조물 자체를 억압하거나 마법으로 소멸시키게 될 수 없으며, 진정으로 또한 그런 이유에서 오직 피조물을 '높이고' '영광스럽게' 할 수밖에 없다. 우리는 그것도 주장했고, 그렇게 설명하려 시도하였다. 그러나 만일에 여기에서 우리가 "하나님"이라는 말로 누구를 혹은 무엇을 이해할 것인가라는 질문이 명백하게 대답되지 않거나 그리스도교의 대답이 제공되지 않는다면, 이 내용과 저 내용이 조화를 이룰 것인지의 여부에 대한 염려가 아마도 몇 번이고 되풀이하여 발생할 수 있을 것이며, 또 틀림없이 그러할 것이다. 그러나 성서가 증언하는 계약사와 구원사에서 우리는, 하나님이 피조물의 존재와 활동을 동등하게 정돈한 전체와 관계하고 있으며, 그 전체에 대해서는 확실히 그런 염려가 발생할 수 없다. 구약성서의 야웨가 동맹을 맺은 이스라엘 민족과 예수 그리스도를 머리로 하는 (이 왕에 대한 관계 안에 있으며 그 왕에 의해 통치되는), 신약성서의 신앙공동체는 개인들을 우연히 모아놓은 것이 아니라, 각각 하나의 전체라는 것, 바르게 이해한다면 심지어 유일한 전체라는 것, 곧 그의 앞에서 연대적으로 의무와 책임을 지니고 있으며 전체적으로 그에게 죄를 짓고 있으나 또한 전체적으로 그에 의하여 의롭게 되며 거룩하게 되는 유일한 전체라는 것은, 과연 이론적으로 그리고 실천적으로 종종 잘못 인식되기는 하지만, 그 사실은 주석적으로 전혀 의심의 여지가 없다. 구약성서에는 그 민족을 선택하고 불러낸 것이 (12지파, 각 지파의 개별적인 가정들, 그리고 그것들의 구성원들이 모든 세대에 걸쳐 마치 단 한 사람처럼 서로 관련되면서!), 신약성서에는, 마치 많은 사람들이 있는 것이 아니라 단 한 사람만이 있는 것처럼, 신앙공동체를 다시 포괄하는, 평화의 끈인 한 주님의 한 성령이 동일한 작용과 의미를 지니고 있다: 자유로운 은혜의 우세함이 이 역사 안에서 하나의 역사적인 우주, 활기 있으나 완결된 단일체(Einheit), 한 몸을 창조한다. 그러나 사람들은 이 관념을 빈틈없이 끝까지 구성하지 않는다! 이 "몸"은 결코, 그것 안에서는 전체가 모든 것이며 개인은 아무것도 아닌 것으로 취급될 그러한 "집단"이 아니다. 어떻게 거기에서 바로 그 전체가 좋든 나쁘든 다만 각각 특징적인 개인들 안에서만 형태를 지니고 있는지, 어떻게 거기에서 바로 각각 개인들이 하나님 앞에서 또한 전체가 되는지 인식하지 않는다면, 우리는 이 "몸"을 오해하고 말 것이다. 그 민족이 공동의 죄와 고난 안에 있으며 공동으로 주어진 약속 아래 있다는 것이 제2 이사야 말고 어디에서 더 강하게 드러날 수 있으며, 어디에서 그렇게 눈에 띄는 방식으로 바로 그 민족 자체가 말씀들을, 즉 언제든지 그리고 확실히 부당하지 않게 개별적이며 개인적인 인간의 영혼을 돌보는 가장 강력한 말씀들로 여겨지고 받아들여지고 전승되었던 그 말씀들을 듣고 있는가? 바울처럼 그렇게 그리스도의 신앙공동체를 철저히 단일체인 몸으로서 이해하고 그 공동체에 말을 걸었던 사람이 누구며, 바로 이 바울 외에 누가, 그 몸이 역시 다시 온전히 그의 고유한 사도적인, 그러나 바로 역시 개별적인 인격 안에서 표현된다는 것을 인식하였던가? 이스라엘의 왕이 통치하는 가운데 진행되는 계약사와 구원사는, 즉 성서는 우리에게 틀림없이 또한 이 점에서도 기술적인(technisch) 어려운 문제에 대한 해결책을 제공하지 않으며, 개인과 공동체가 도대체 어떻게 함께 존속할 수 있는지를 명백하게 해줄 어떤 공식을 제공하지 않는다. 그러나 그것은 여기에서도 우리에게 그것보다 더 많은 것을 제공한다. 즉 다음의 사실을 주시하게 한다: 개인과 공동체는 함께 '존재한다.'—그렇게 함께 존재하므로, 개인에 대해서 공동체를 혹은 공동체에 대해서 개인을 보호하려는, 즉 자유에 대하여 정의를 혹은 정의에 대하여 자유를 지키려는 욕구는 실제로 발생할 수 없다. 만일 우리가 성서 안에 증언된 이 사실을 고수한다면, 그리고, 이 사실 안에서 참된 한 하나님이 일하고 있는 것을 인식하므로, 그 사실로부터 출발하여 생각한다면, 그 경우에 우리는, 하나님의 세계통치란 실제로 다음과 같은 것임을 인식한다: 모든 것이 동등하게 정돈되며, 바로 그렇게 됨으로써 각 개인이 정당하게 취급되며, 또 바로 그렇게 됨으로써 모든 것이 동등하게 정돈된다.

이와 같이 하나님의 세계통치 관념에 대한 성서적-그리스도교적 내용으로부터 모든 면에서 전적으로 그 관념의 '구체화'와 '현실화'와 '실증'이 나타난다. 만일 우리가 그 관념을 이 내용 안에서 생각해도 좋다면, 우리는 하나님 개념이라는 속이 빈 테두리를 바라보는 것이 아니라, 하나의 형태를, 하나의 얼굴을, 하나의 역사를 바라보고 있는 것이다; 말하자면 우리는 하나의 특정한 길을 함께 걸어가도록 요구받고 있다. 따라서 그 경우에 우리는 어떤 공허한 관념이 아니라, 현실적인 것(ein Wirkliches)을 생각한다. 그리고 그 경우에 우리는 이 관념을 생각할 때 더 이상 자유롭게 거기로 저기로 방황할 수 없으며, 동요하는 견해들의 영역으로부터 벗어나며, 모든 점에서, 우리가 명백히 하였던 그 특정한 결단들에 이르게 된다.

그러나 아직 이것이 모든 것은 아니다. 왜냐하면 하나님의 세계통치 관념은, 이 성서적-그리스도교적 내용을 전제로 할 경우에만 비로소 '실제적인' 관념으로, 고유한 현존을 그리고 그 경우에 또한 보편적 현존의 진행을 밝혀주는 관념으로, 방향을 제시하는 관념으로, 중요한 관념으로 되기 때문이다. 만일 실제로 이스라엘의 왕이, 즉 은혜의 계약을 맺은 주님이 세계통치의 주체라면, 만일 예수 그리스도 안에 있는 하나님이 세계통치의 주체라면, 하나님의 세계통치가 관련되어야 할 세상사 개념도 더 이상, 아무리 세분화되더라도 결국에는 윤곽도 방향도 없이 요동치는 사물들과 사건들의 덩어리를 묘사하지 않는다. 그 경우에 세상사는 더 이상, 끝이 없고 색깔이 없고 형태가 없으며 어느 곳에서나 그 자체가 동일하며, 그 자체로부터 흘러나와 그 자체에게로 되돌아가는 바다의 끊임없이 밀려오는 파도들이 아니다. 그 경우에 그것은 더 이상, 원칙적으로 동등한 위치를 차지하며 동일한 종류인 단자(單子: Monade)들로 이루어진, 엄밀히 말하자면 흥미 없고 지루한 우주가 아니다: 즉 그 관념으로는 다만, 우주 전체가 그리고 그것 아래에서 동등한 위치를 차지하며 동일한 종류인 모든 단자들이 참으로 바로 원(原)단자인 하나님에 의하여 조종된다는, 엄밀히 말하자면 거듭 흥미 없고 지루한 그런 진리가 덧붙여지는 그런 우주가 아니다.

우리는 다음의 사실을 주목해야 한다: 만일 하나님 자신이 얼굴과 형태와 역사를 지니고 있지 않다면, 만일 우리가 하나님의 이름에서 한 원단자의 원초적 존재(Ursein)와 원초적 활동이라는 개념의 속이 빈 테두리를 응시할 수밖에 없다면, 그가 세계를 통치한다는 진리는 엄밀히 말하자면 아무 소용없으며 불필요한 일종의 사치스러운 진리이다. 우리가 세상사를 그 자체로는 어떻게든 일관성 있게 정돈된 것으로 상상하는지 혹은 그렇지 않은지, 혹은 그것의 통일성과 질서에 "하나님의 통치"라는 이름을 부여하는지 혹은 그렇지 않은지의 여부는, 하나님 개념의 내용이 비어 있을 경우에는, 언어의 장중한 표현에서 그리고 확실히 역시 말하는 자의 감정에서도 어떤 차이를 드러낼 수 있을지도 모르나, 그 경우에 이 주제(Sache)에서 이 통일성과 질서가 지니는 실제적인 의미를 혹은 오히려 그것들의 무의미를 전혀 변경하지 않는다. 왜냐하면 그 경우에 통일성과 질서는 실제로 무의미할 것이며, 그것에 대한 인식은 과연 아마 옳기는 하겠지만, 그럼에도 불구하고 아직은 전혀 중요하지 않을 것이기 때문이다. 하나의 관념이 옳다고 해도, 그것은 아직 중요한 것이 아니다. 세상사 전체를 균일하게 포괄하는 통일성과 질서는 어떤 경우든—그것이 세계에 내재하는 질서든, 혹은 하나님의 질서든—다만 하나의 이론적인 이념(Idee)일 수밖에 없을 것이다. 실제적인 의미, 즉 그 이념을 생각하는 인간의 실존을 결정하는 의미는 어떤 다른 곳으로부터 비로소 그 이념에 주어져야만 할 것이다. 그 의미는 아마도, 인간이 이 초월적인 혹은 내재적인 세계의 통일성과 세계의 질서에 대하여 그의 입장에서 그리고 그의 책임 아래서 실제적으로 의견을 표명함으로써, 인간 자신에 의해서 비로소 그 이념에 덧붙여져야만 할 것이다. 그 이념은 비로소 그에 의하여, 그리고 그가 그것에 중요성을 부여할 수 있는 정도에 따라서 중요하게 될 것이다.

그러나 만일 이스라엘의 왕이 하나님이며, 따라서 세상사의 왕이라면, 그 경우에 하나님의 세계통치라는 관념은 세계 자체에 내재한 통일성 및 질서와 명백히 구별될 뿐만 아니라, 그 관념은 그 자체로서, 즉 '하나님의' 세계통치라는 독특한 관념으로서 즉시 이론적인 의미만이 아니라 '실제적인' 의미를 지닌다. 그 경우에 이 관념은 옳을 뿐만 아니라, 또한 그 자체가 '중요한' 것이다. 그것은, 우리가 그것을 다만 생각할 수만 있고, 그리고 난 후에야 비로소 그것에게 그 어떤 실제적인 의미를 부여해야만 하는 그런 관념이 아니다. 그 관념은 그 자체가 실제적으로 중요하다. 그 관념은 인간의 '실존'을 결정한다. 그것은, 우리가 그것에 의하여 즉시 살 수 있는 관념이며, 그리고, 만일 우리가 진정으로 그것을 생각한다면, 심지어 그것에 의하여 살지 않으면 안 되는 바로 그런 관념이다. 왜냐하면 이스라엘의 왕이 다스리는 통치 아래에서 진행되는 세상사는, 어쩌면 그것 자체가 조종하는, 어쩌면 한 하나님에 의하여 조종되고 일관성 있게 정돈되지만 윤곽이 없고 방향이 없는, 사건들의 덩어리가 정말 아니기 때문이다. 이스라엘의 왕이 통치한다면, 그것은 물론 또한, 모든 사건과 각 사건이 일관성 있는 질서 안에서, 동일한 방식으로 그의 조종 아래에서 발생한다는 사실도 의미한다. 그러나 그 경우에 그것은 그것보다 더욱 '더 많은 것'을, 즉 이것을 의미한다: 그 사건은 특정하게 '형식을 갖추고' '형성된' 사건이며, 그것의 포괄적인 통일성과 질서 안에는 하나의 방향이, 즉 몇 번이고 되풀이하여 첫 번째의 것과 마지막의 것이 존재하며, 높이들과 깊이들이, 전면들과 배경들이 존재한다. 그 경우에 이것이 의미하는 것은, 이 통일성과 질서가 일종의 특정한 '구상'(Disposition)과 '경륜'(Ökonomie, 큰 포부를 가지고 어떤 일을 조직적으로 계획함—역자 주)을 포함하고 있다는 것이다. 이 구상과 경륜을 토대로, 그 왕이 모든 것을 통치하므로, 역시 모든 것이 동시에 위와 아래일 수 없으며, 동시에 크면서 작을 수 없으며, 동시에 이전이면서 이후일 수 없다.―그것들을 토대로 이 사건 안에는 오히려 지속적으로 '구별하는 것'이, 즉 두드러지게 하는 것과 그것에 상응하게 물러나는 것이, 빛나는 것과 또한 어둡게 되는 것이, 상위(上位)에 두는 것들과 또한 하위에 두는 것들이 발생한다.―그것들을 토대로 이 사건은 이제, 요동치는 '역사'라는 바로 그 특성을 얻는다. 이것은 다음의 사실에서 아무것도 변경하지 않는다: 이 왕의 나라 안에서는 실제로 모든 개별적인 것 자체가 신중하게 고려되며, 어떤 개별적인 것도 상실되거나 단지 다른 것을 위해서 현존하거나 활동하지 않는다. 형태를 갖추게 하는 바로 이 구상과 경륜을 토대로 오히려 바로 특수성을 지닌 모든 개별적인 것은 하나님 자신에 대한 직접성 안에서 존재하고 활동한다. 그러나 모든 사건과 각 사건에게 그것의 장소, 시간, 기능을 제공하는 이 형태 구성에 입각하여, 모든 개별적인 것은 바로 그것의 특수한 가치와 특수한 존엄성을 받아들인다. 그러므로 그 왕에 의하여 통치되는 우주의 이미지, 그를 통하여 세상사에 주어진 통일성과 질서의 이미지는 결코 '바다'의 이미지가 '아니며', 하나의 원천과 줄기와 어귀를 지니고 있는 '강물'의 이미지이다.―그것은 결코 '공'의 이미지, 즉 그것의 표면에서 그리고 그것의 내부에서 원칙적으로 각 점은 다른 점과 교환될 수 있으며, 각 점은, 그것이 사실상 다른 점이 아니라 그 점이라는 것을 제외한다면, 그것의 위치에서 다른 위치에 있는 다른 점과 동일한 기능을 지니고 있는 그런 공의 이미지가 '아니'다. 속이 비어 있는 테두리(Rahmen)라는 상응하는 하나님 개념을 사용하든 않든, 그런 이미지는 바로 저 매우 흥미 없는, 즉 지루한 세계상(像)일 것이다. 그 경우에 바로 그 세계상에는 인간의 그 어떤 실존적 결단들을 통해서야 비로소 그 어떤 형태와 중요성이, 그 어떤 생명이―다만 그것이 어떤 종류의 생명인지는 묻지 않기로 하자.―덧붙여질 수 있을 것이며, 그 경우에 또한 이론적으로도 그렇게 해석이 덧붙여질 수 있을 것이다. 오히려 저 왕에 의하여 통치되는 우주의 이미지는 의심의 여지없이 ―성장하는 식물 혹은 다른 유기적 생명체가 지니고 있는― '자연의 구조'라는 이미지이다: 자연의 구조에서는 정돈된 전체적 조건 안에 있는 뿌리, 줄기, 가지들, 잎들, 꽃들, 열매들이 그것들 사이에서 역시 각기 그것들의 장소와 기능을 지니고 있으므로 서로 구분되며, 각기 장소와 기능을 지니고 있는 어떤 것도 다른 것들에 흡수되거나 다른 것들에 의하여 대체될 수 없다. '혹은' 그 우주의 이미지는―가령 건축물 같은― 인간이 만든 '예술작품'이라는 이미지이다: 예술작품에서는 모든 것이 어울려야만 하는 전체에 대한 계획, 의미, 목적이 역시 바로, 개별적인 부분들이 지닌 독자적인 의미 안에서, 즉 이번에도 폐기될 수 없는 상이성 안에서 작용하고 가시화된다.

바울이 고린도전서 12:14-26에서 신앙공동체와 성령의 상이한 선물들을 부여받은 개별적인 구성원들 사이의 관계를 묘사하였던 그 유명한 비유는 즉시 역시 ―속이 비어 있는 테두리인 하나님 개념이 아니라― 살아 있는 하나님인 이스라엘의 왕이 통치하는 우주를 묘사하는 데에도 표준이 된다. 그러므로 우리는 이곳에서 바울 자신이 그 내용 전체를 말하도록 허용해야만 한다: "몸도 '한' 지체가 아니라 여러 지체로 되어 있습니다. 만일 발이 말하기를 '나는 손이 아니니, 몸에 속한 것이 아니다.' 한다고 해서 발이 몸에 속하지 않은 것이 아닙니다. 또 귀가 말하기를 '나는 눈이 아니니, 몸에 속한 것이 아니다.' 한다고 해서 귀가 몸에 속하지 않은 것이 아닙니다. 온몸이 다 눈이라면, 어떻게 듣겠습니까? 또 온몸이 다 귀라면, 냄새는 어떻게 맡겠습니까? 그런데 실은 하나님께서는, 원하시는 대로, 우리 몸에다가 각각 다른 여러 지체를 두셨습니다(ἔθετο τὰ μέλη). 전체가 '한' 지체로 되어 있다고 하면, 몸은 어디에 있습니까? 그런데 실은 지체는 '여럿'이지만, 몸은 '하나'입니다. 그러므로 눈이 손에게 말하기를 '너는 쓸 데가 없다.' 할 수가 없고, 머리가 발에게 말하기를 '너는 내게 쓸 데가 없다.' 할 수가 없습니다. 그뿐만 아니라, 사람이 몸 가운데서 더 약하다고 여기는 지체가 오히려 더 요긴합니다. 그리고 몸 가운데서 덜 귀하다고 생각하는 지체들을 더욱 귀한 것으로 입히고, 볼품없는 지체들을 더욱더 아름답게 꾸며 줍니다. 그러나 아름다운 지체들에게는 그럴 필요가 없습니다. 하나님께서는 몸을 골고루 짜 맞추셔서(συνεχέρασεν) 부족한 지체에게 더 큰 존귀함을 주셨습니다. 그래서 몸에 분열이 생기지 않게 하시고, 지체들이 서로 같이 걱정하게 하셨습니다. '한' 지체가 고통을 당하면, 모든 지체가 같이 고통을 당합니다. '한' 지체가 영광을 받으면, 모든 지체가 함께 기뻐합니다."

그러나 만일 바다나 공의 이미지가 아니라 '이' 비유가 하나님이 통치하는 우주를 이해하는 데에, 그가 조종하는 일반적인 세상사를 이해하는 데에 표준이 된다면, 그것이 의미하는 것은 이것이다: 인간은, 동시에 즉시 어떤 것이 '그 자신에게' 언급되지 않고는, 이 관념을 전혀 생각할 수 없다. 그는 우주를 통치하는 이스라엘의 하나님이라는 이미지 앞에서 오래 머물 수 없다: 즉 (그것이 하나님의 권세이든 혹은 어떤 다른 권세이든) 불특정한 권세(Obrigkeit)에 의하여 조종되는 우주라는 이미지에 대하여 관찰하기만 하면서 오래 머물 수 있고, 그 후에 그것의 통일성과 질서를 실제적으로 스스로 발견하고 또 그것들이 효력을 발생하게 해야만 하는 것처럼, 그렇게 오래 머물 수는 없다. 만일 그가 이 구체적인 내용을 지니고 있는 하나님의 세계통치 관념을 생각한다면, 그는 당장 자기 자신이 그 경륜과 계획 안으로 포함되고 있다고 느낀다. 그 경우에 그는 즉시 그 왕과, 그 역사의 주님과, 그의 의지와, 그의 자유로운 은혜가 지닌 우세함과 관계를 갖게 되고 또 관계한다. 그 경우에 그는 즉시, 세계에서 발생하는 모든 사건에, 그리고 또한 그가 고유하게 살아가고 실존하고 행동하는 것에 결정적으로 영향을 주는 바로 '그' 행위인 이 구체적인 통치행위에 대하여 구체적인 관계 안에 있다. 그 경우에 그는, 그의 모든 고유한 입장표명들과 해석들보다 앞서서, 질문 받고 초대 받고 부름 받고 있다는 것을 안다. 그리고 그 경우에 그는 다음의 사실을 알고 있다: 그가 앞으로 존재하게 될 것과 행하게 될 것을 통해서, 어떤 경우든, 긍정적으로든 부정적으로든, 그것에 대하여 대답하게 될 것이며, 그의 주님이기도 한 세계의 주님 앞에서, (좋게든지 나쁘게든지) '책임지게' 될 것이다. 그 경우에 그는, 공 안에 있는 원칙적으로 동일한 종류의 그리고 교환 가능한 중립적인 어느 한 점에 있는 것이 아니다. 오히려 그 경우에 그는, 세계를 통치하는 존재가 형성하는 경륜과 계획에 따라서, 그의 특정한 시간에, 특정한 장소에서, 특정한—멀든 가깝든, 높든 낮든, 앞쪽에 있든 뒤쪽에 있든, 그릇되게 인지되든 옳게 인지되든, 그러나 어느 경우든 구별되는, 어느 경우든 특별히 바로 그에게 지정된—기능 안에서, 세계 전체를 그리고 역시 세계의 개별적인 것을 통치하는 주님이 바로 '그'를 통해서 그리고 '그'에게 원하는 것에 대한 '특정한 관계' 안에서 존재한다. 그 경우에 그에게는, 하나님과 함께 혹은 하나님 없이 존속하며 진행 중인, 모든 사건의 일반적인 통일성과 질서라는 흥미 없고 지루한 표상이 사라진다. 그 경우에 그에게는, 하나님의 세계통치라는 관념 자체가 단순히 이론적이며 사변적인 관념일 뿐만 아니라, '실제적인'("실존적인") 관념이다. 그 경우에 그는 통치하는 창조주와 그에 의하여 통치되는 피조물의 세계 사이의 관계를, 그 자신을 생각하지 않고는, 즉 그 자신을 경륜과 계획 내부에 있는 특정한 '요소들'의 상황 안에서, 곧 이 관계의 역사 안에서 생각하지 않고는, 결코 생각할 수 없다. 그 경우에 그는, 그 관념을 생각하면서, 이미 그의 영역에서 그 관념을 실증하기 시작하였으며 또한 실증하는 일을 계속하도록 투입되었다는 것을 느낀다. 그 관념을 생각하면서, 그는 이미 다음의 사실에서 더 이상 아무것도 변경시킬 수 없다: 세계의 주님인 이스라엘의 왕은 역시 그의 주님이기도 하며, 따라서 역시 그를 사랑하고 요구한다. 하나님의 말씀을 경청하고 하나님의 사역에 의하여 사로잡히지 않고는, 이스라엘과 교회를 선택하고 불러낸 것을 '그'를 선택하고 불러낸 것으로 경청하지 않고는, 이스라엘의 불성실을 그 '자신'이 범한 불성실로, 하나님의 성실을 과분하게 역시 그에게도 향한 성실로, 예수 그리스도를 역시 '그'를 위해서도 왔고 계시되었고 죽었다가 부활한 구세주로, 자유로운 은혜를 현실로, 즉 역시 '그'도 그것을 위해 헌신하도록 세워져 있으며, 역시 '그'도 그것을 영광스럽게 하기 위하여 살아가도록 허락된 그 현실로 경청하지 않고는, 그는 그 관념을 생각할 수 없다: 바로 그가 지금 여기에서 그렇게 부름 받았고, 감사할 수 있도록 허락받았으며, 그 자신이 죄인이다. 따라서 하나님의 세계통치는, 그가 성서적-그리스도교적 내용을 지닌 그 관념을 생각하는 것과 동시에, 필수적으로 또한 그의 '고유한' 삶 안에서 발생하는 사건으로 되며, 그는 역시 그 사건을 그러한 사건으로 인식하고 긍정해야만 한다. 이 관념을 생각하는 동안에, 그 '자신'이, 통치하는 창조주에 의하여 지배받는 피조물이며, 즉 스스로를 그러한 존재로 인식하고 그렇게 태도를 취하도록 허용되는 피조물이다. 만일 이스라엘의 왕이 실제로 그에게 세계의 주님이라면, 즉 그가 이 관념 안에서 관계하고 있는 그 주체라면, 그것이 의미하는 것은 다름 아니라 바로 이것이다: 그에게 이 관념은 구체적이고 현실적이며 그것의 모든 부분이 참될 뿐만 아니라, 또한 이러한 직접적인 '실제적' 의미를 획득한다.

우리는 하나님의 세계통치를 이스라엘의 왕이 지배하는 통치로 이해하였으므로, 그것을 참으로 여러 번 '형성하는 경륜과 계획'이라고 불렀다. 그렇게 함으로써 말하려 했던 것은, 세상사 전체에는 통치하는 주체에 의하여 그것의 '목표'가 설정되어 있으며, 따라서 그것은 하나의 통일된 '방향'과 '노선'을 획득한다는 것만이 아니라, 또한 이것이다: 이 주체는 그 세상사에 하나의 '관련성'을, 즉 개별적인 사건들 상호간의 관계를, 그 사건들의 연속이 지니는 '의미'와 다음과 같은 방식의 '의미'를 제공한다: 그 사건들은 서로 상호간에 부르고 야기하며, 제한하고 교차되며, 그것들은 잇달아 그리고 나란히 발생하며, 그것들은 모두가 그것들끼리 서로 관계되어 있다. 그리고 바로 이 관련성을 통하여 왕은 세상사에 형식과 형태와 특성을 제공한다. 바로 그렇기 때문에, 하나님의 통치를 받고 있는 세상사는 형태 없고 무질서하게 움직이는 어떤 덩어리가 아니라, 하나의 유기체 혹은 건축물에 비유될 수 있다.
이런 세상사의 관련성이 '어떤 것'인지는 성서 안에 증언된 '계약'사와 '구원'사 안에 명시되어 있다. 여기에서 이 관련성은, 여기에서 발생하는 하나님의 특수하고 거룩한 행동의 형태로, 즉 하나님이 행한 자유로운 은혜의 선택에 토대를 두고 있는, 하나님에 의한 세계창조로 시작되며, 이스라엘의 역사에서 예고되고 예수 그리스도 안에서 이루어졌던 하나님과 세계의 화해 안에서 계속되고 있다. 그리고 그것은, 이 사건을 선포하는 중간시대가 끝나게 될 때, 창조주 하나님의 의지와 화해 행위가 일반적으로 계시되는 것이 핵심내용인 완성 혹은 속죄 안에서, 그것의 목표에 도달하게 될 것이다. 여기에 실제로 경륜과 계획이 있으며, 여기에서 피조물의 사건은 하나님의 통치를 통하여 방향과 노선을, 의미 있는 연속과 관계를, 그런 까닭에 형식과 형태와 특성을 획득한다. 이 경륜이 요약되어 있는 곳이 다름 아니라 바로 예수 그리스도라는 이름이며,

그 이름은 여기에서 중심을 이루고 있지만, 바로 그런 까닭에 이미 시작과 끝에 있으며, 그 경륜을 가시화한다. 마찬가지로 경륜의 핵심은 또한 실제로 바로 그 이름에 있다. 그러나 참으로 우리는 다시 이 특수한 역사의, 이 거룩한 역사의 시작과 중심과 마지막에서 다음의 사실을 인식한다: 바로 그 경륜에서 주요관심사는 '세계'이다. 하나님이 은혜 안에서 창조하였고, 그의 아들 안에서 사랑하였고, 자기 자신과 화해시켰으며, 마지막에 궁극적으로 그의 아들 안에서 완성할 것은 다름 아니라 바로 이 세계이다. 그리고 한 특수한 백성의 실존, 한 거룩한 신앙공동체의 실존은 이 특수한 역사의, 이 거룩한 역사의 잠정적인 성과이다. 그래도 그 신앙공동체의 실존은 목적 자체가 아니며, 그 신앙공동체는 '세계'를 향한 왕의 말씀과 '세계'를 위한 그의 행동을 바로 그 '세계'에 증언하고 선포해야만 한다. 그러나 이 사실이 의미하는 것은, 그 관련성, 즉 형성하는 경륜과 계획은 과연 예수 그리스도가 중심인 계약사와 구원사 안에서 '계시'되기는 하지만, 그것은 역시 일반적인 세상사 안에서도 '은밀하게' '유효'하며 '작용'한다는 것이다. 그 경륜과 계획이 일반적인 세상사 안에서는 아직 은폐되어 있으나, 계약사와 구원사 안에서는 이미 계시되어 있다는 그 사실만이 이 두 영역을 구별한다. 왜냐하면 저 특수한 거룩한 역사는 바로 다음의 사실을 의미하기 때문이다: 바로 일반적인 세상사는 창조주인 하나님의 은혜에 의하여 시작되며, 예수 그리스도 안에서 나타나고 그의 죽음과 부활에서 확증된 그의 사랑에 의하여 결정적으로 변화되었고 확정되었으며, 미래에 있을 예수 그리스도의 계시 안에서 이루어질 그것 자체의 완성을 향하여, 바로 그렇게 시간의 종말을 향하여 달려가고 있다. 저 특수하고 거룩한 역사로부터 바라볼 때, 역시 일반적인 세상사도 일정한 형태가 없이 그리고 정해진 방향이 없이 흘러넘치는 사건들의 집합으로 이해될 수 없으며, 오히려 그것도 '형태를 갖춘 것'으로, 즉 '특수한 역사'에서 계시된 바로 그 의미에서 형태를 갖춘 것으로 이해되어야만 하며, '일반적인 세상사'의 통일성 및 질서는 '특수한 역사'에서 명백히 관철된 그 통일성 및 질서와 동일한 것으로서, '일반적인 세상사'의 주님은 '특수한 역사'에서 주님이라 불린 이스라엘의 왕과 동일한 것으로 이해되어야만 한다.

그런데 물론, 이 통치와 경륜이 역시 일반적 세상사 자체 안에서도 '직접적으로' 가시화되며 증명될 수 있다는 것은 사실이 아니다. 이스라엘의 왕이 통치하고 그의 계획과 의지와 행적들이 이루어지고 계시되는 그 계약과 구원의 역사는 '특수한' 역사, '거룩한' 역사, 그것의 영역 밖에서는 계속되거나 반복되지 않는 역사이며, 앞으로도 그럴 것이다. '그 역사'가, 그리고 '그 역사만이' 우리에게 이렇게 '말한다': 이스라엘의 왕이 또한 일반적인 세계사의 왕이므로, 역시 일반적인 세계사도, 바로 일반적인 세계사가 이 통치 아래 있으며, 이 관련성을 지니고 있다. 우리는, '그 역사에서' 이 사실을 '들음'으로써, 언제나 점차, 실제로 '사실이 그러하다'는 것을 확인하게 될 것이다. 우리는 실제로 그 사실을 발견한다기보다는 오히려 '확인'하게 될 것이다. 우리는—언제나 그 역사에서 배우고, 거기에서 계시된 것을 인식함으로써—일반적인 세상사에도 이 관련성이 '현존한다는 것'을, 저 방향과 노선의 '실존'을 즉시 확신하게 될 것이다. 그 역사로부터 출발하여 생각하면, 우리는 즉시 다음의 사실을 고려하게 될 것이다: 여기에도 실제로 형식과 형태와 특성이 '있으며', 여기에도 모든 것과 모든 개별적인 것이 심사숙고되어 '있으며', 거기에서, 즉 예수 그리스도 안에서, 작용하고 계시된 것과 동일한 바로 그 형성하는 경륜과 계획에 의하여 일치와 질서 안에, 즉 동일한 의미 안에 '있다.' 따라서 우리는 즉시 '다른 어떤 존재가 아닌' 바로 그를 역시 일반적인 세상사도 통치하는 주님으로 간주하게 될 것이며, 그 세상사의 관계들과 운동들 배후와 그 안에서, 그 세상사의 사건들이 연속되는 배후와 그 연속 안에서 '다른 어떤 존재가 아닌' 바로 그를, 결정하면서 일하고 있는 존재로 간주하게 될 것이다. 우리는 즉시 아주 확실하게 '다음의 사실'을, '다만' 다음의 사실만을 고려하게 될 것이다: 특수하고 거룩한 역사의 흔적이 전혀 없는 이곳에서도 실제는 모든 것이 그리고 각각의 것이 하나님의 은혜로운 창조에서 시작되어, 예수 그리스도 안에서 완성된 화해를 거쳐, 마지막 계시를 향하여 달려가고 있다. 처음부터, 즉 성서에 대한 인식과 그것 안에 증언된 계시에 대한 인식으로부터 출발하여 확인된 바로 이 내용은 어떤 일반적인 확인으로 머물 수는 없을 것이다.—어떻게 그렇지 않을 수 있겠는가? 우리는 이 전제를 오히려 구체적으로 매우 대담하게 세상사 안에 있는 이런 혹은 저런 관계들과 변화들에 적용시키려 감행할 것이며, 그 경우에 물론 또한 언제나 구체적으로 이 세상사 안에서 확증되는 것을 발견하게 될 것이다. 그러한 인식의 낙차(Gefälle), 즉 인식의 '힘'은 어쨌든 저 특수하고 거룩한 역사 안에서 성취되는 '계시'의 힘, 즉 우리가 그 계시로부터 출발하여 세상사를 인식할 수 있고 그 계시로부터 출발하여 세상사에 맞설 수 있게 하는 그 '전제'의 힘으로 될 것이다. 그리고 이 인식이 지닌 '확실성'의 정도는, 어느 정도로 우리가 실제로 이 계시로부터 출발하며 그것에 의하여 계몽되고 이끌어지고 있는지에 의하여 확정될 것이다. 저 확증이 지닌 바로 그 자유로운 자명성, 그리고 그의 피조물을 은혜에서 출발하여 은혜에 이르게 하는 존재의 단독 통치를 일반적인 세상사에서도 고려하려는 모험이 지니고 있는 바로 그 용기와 흔쾌함과 확실성은 다만 그 계시로부터만 올 수 있다. 그리고 깜짝 놀라며 혹은 또한 아주 평온하게 통찰하고 간파하는 형태로, 저 관련성의 특정한 흔적들을 발견하는 형태로, 우리가 언제나 일반적인 세상사 한복판에서 이 모험에 대한 대답으로서 받아들일 수 있는 바로 그 위로와 도움과 격려와 지시(Weisung)—바로 그 모든 것은 오직 다음과 같은 점에서만 진실을 지닐 수 있다: 우리는 이 관련성을 창조한 이스라엘의 왕을 이미 다른 곳에서부터 출발하여, 즉 저 특수한 거룩한 역사 안에서 나타난, 그의 고유하고 직접적인 바로 그 계시로부터 출발하여 '잘 알고 있다.' 그를 그 계시로부터 출발하여 잘 알지 '못하는' 사람이 어떻게 그를 일반적인 세상사 안에서 '다시' 인식할 수 있겠는가?

왜냐하면, 그가 역시 '여기에서'도 이 관련성을 창조하는 '방법'은 우리에게 계시되어 있지 않고 '은폐'되어 있기 때문이다. 오직 거기에서부터만, 즉 저 '특수한' 사건의 빛 안에서만 그는 '여기에서' 우리에게 계시될 수 있다. 성서의 역사에서 나타난 구원 사건은 예수 그리스도를 목표로 삼고 있으며 또한 그에게서부터 유래한다. 일반적인 사건의 경륜 및 계획도 하나님의 세계통치에 의하여 창조된 것이므로, 성서적 구원사건의 경륜 및 계획과 일치한다. 그렇다고 해서 우리가 일반적인 사건의 경륜 및 계획을 세상사 '자체'로부터, 마치 그 세상사가 두 번째 성서이거나 한 것처럼, '직접' 추론할 수 있을 것이라고 여기는 것은 옳지 '않다.' 우리가 언젠가 다루기 쉬운 '체계'(System)라는 형식으로 혹은 어쨌든 하나님의 세계통치 체계를 일반적으로 통찰할 수 있게 하는 어떤 '좌표'(Lineament)들의 형식으로 저 경륜과 계획을 우리의 눈앞에 두게 될 것으로 여기는 것은 옳지 '않다.' 이제 여기에서 문제되고 있는 것은 바로 하나님과 그가 통치하는 지배가 '숨겨져 있다는 것'이다. 우리는 과연 우리에게 이미 주어진 그의 계시로부터 출발하여 확실히 이 숨겨진 상태가 제거되기를 기다릴 수는 있으나, 우리가 그것을 제거할 수 있는 것이 아니라, 역시 기다리지 '않으면 안 된다.' 계약사와 구원사 자체도 아직 완성된 것이 아니며, 그것들이 종결될 때에 비로소 우리는, 하나님이 창조주로서 그리고 예수 그리스도 안에서 이루어진 화해 안에서 이미 모든 피조물들을 위하여 행하였던 것의 '계시'에서, 즉 바로 저 관련성의 계시에서, 전체 피조물을 위한 하나님의 은혜와 사랑의 영향력을 '보게' 될 것이다. 우리는 지금은 아직 그것을 볼 수 없다. 저 계약사와 구원사 안에서 발생하였고 계시되었던 것으로부터 출발하여, 우리는 지금, 이스라엘의 왕이 만물의 주님이라는 '사실'에 대하여, 예수 그리스도가 만물의 주님이라는 '사실'에 대하여 계몽되고 있으며 교육받고 있다. 그러나 모든 다른 피조물들과 함께 우리는, '어떻게' 그가 그러한지에 대해서는, 즉 '어느 정도로' 저 경륜과 계획이 일반적인 세상사 안에서 관철되고 가시화되는지에 대해서는 아직 계몽되지 않았고 교육받지 않았다. 하나님의 계획은, 즉 모든 사건의 저 관련성은, 우리가 주님인 그에게 의지하려 감행할 때에도, 아직 우리에게 '숨겨져' 있다. 언제나 우리에게 선물로 주어진 통찰들과 간파함들에서도 그것들은 어느 경우든, 우리가 가령 거기로부터 출발하여, 즉 우리의 모험들로부터 혹은 우리에게 선물로 주어진 지각(知覺)들로부터 출발하여, 하나님의 세계통치라는 관념을 숙고할 수 있을 정도로 '그렇게' 우리에게 명백히 드러난 것은 '아니'다. 그것을 이해하기 위해서는 우리는 역시 몇 번이고 되풀이하여 '유일하고' 진정한 성서와 그것의 내용에, 즉 '유일하고' 특수하고 거룩한 역사에 의존한다. 우리는 물론 역시 그것으로 '만족'해야만 하며, 또 그럴 수 있다. 왜냐하면, 모든 사건을 지배하는 한 주님을 알게 되기 위하여, 그에 의하여 통치되는 우주의 비밀인 그의 자유로운 은혜를 명백히 하기 위하여, 엄밀히 말하자면 세속사는, 즉 저 경륜에서 벗어나거나 그것에 거역하는 역사는 존재할 수 없다는 사실을 확실히 하기 위하여, 한 주님, 즉 이 주님이 통치하고 있다는 것을 인식하면서, 그 내용을 확인하는 모험을 몇 번이고 되풀이하여 감행하는 용기와 기쁨과 확실성을 제공받기 위하여, 우리가 살아가기 위하여 필요한 위로와 도움과 격려와 지시를 전달받기 위하여, 즉 열린 '눈들'을 얻기 위하여, 어느 경우든 이 통치의 확실한 '흔적들'을 언제나 인지하기 위하여―그것을 위해서는 '유일한' 계약사와 구원사에 대한 증언을 담고 있는 '유일한' 성서가 실제로 완전히 충분하므로, 그것은 세상사 자체 안에 있는 관련성에 관한 그 어떤 체계를 혹은 그 어떤 체계적인 좌표들을 발견함으로써 보충될 필요가 없을 것이기 때문이다. 오히려 여전히 사정은 이러했다: 그러한 소위 발견들 때문에, 우리와 무관하게 이미 발견되어 '있는' 그것을 바르고 진지하게 사용하는 것이 지체되고 방해받고 저지되었을 뿐이며, 심지어 그것이 전혀 이해되지 못하게 되었다. 지금 여기에서 우리가, 하나님의 세계통치가 지금 여기에서 우리에게 계시되어 있는 바로 그 형태에―즉 그것의 성서적 형태에―만족하는 것이 역시 확실히 바로, 하나님의 세계통치에 대한 올바른 인식에 속한다. 그것의 다른 형태, 즉 직접적이므로 완성된 형태를 지니고 있는 그 통치는 지금 여기에서는 아직 우리에게 '숨겨져' 있다는 사실을 인정하는 것이 하나님의 세계통치에 대한 올바른 인식에 속한다.

그런데 만일 우리가, 하나님의 세계통치가, 즉 세상사를 형성하는 경륜과 계획이 잠정적으로 '숨겨져 있다'는 이 명제 자체를 특정한 방향에서 '해명'하지 않는다면, 우리가 역시 이 주제를 완전히 다룬 것은 아닐 것이다. 이 세상사 자체 안에서 발생하는 하나님의 세계통치에 관한 두 번째 계시와 성서는 존재하지 않는다. 사실 하나의 계시와 성서로도 충분하기에, 우리는 그 하나로 만족해야만 한다. 그러나 바로 이 하나의 계시와 성서를 주목하면서도 역시 다음의 사실이 부정될 수는 없다: 즉 보편적인 세상사 자체 한복판에는 '특정하고 불변하는 요소들'이 존재한다. 이 요소들은 과연 역시, 더 정확히 말해 완전히 이 세상사에 속하며, 따라서 그것들 자체는 결코 계속되는 계시를 표현하는 것이 아니며, 또한 저 한 계시의 계속들이나 반복들을 표현하는 것이 아니며, 따라서, 세상사의 요소들 가운데 어떤 다른 요소로부터 그렇게 할 수 없는 것과 마찬가지로, 그것들의 실존으로부터도 하나님의 통치 방법 자체가 추론될 수 없지만, 그것들은 역시 이 점에서 '특수한' 특성과 '특수한' 기능을 지니고 있다. 왜냐하면 그것들은 그것들의 특수한 본성에 따라서 계약사 및 구원사와, 즉 하나님의 세계통치를 드러내 보여주는 저 하나의 계시와 특수하게 '관련'되어 있다. 우리는 그것들에 대하여 다음과 같이 말할 수 있으며, 또 말해야만 한다: 그것들의 실존, 그것들의 활동 그리고 그것들로부터 유래하는 작용들은 그 밖의 세상사의 관련성 안에서는 불변하는 '수수께끼'와 같은 어떤 것이므로, 그것들은 결국에는 다만, 우리가 그것들을 저 '유일무이한' 장소(Ort)로부터 출발하여 바라볼 수 있을 경우에만, 해명될 수 있다. 그것들은 말하자면, 세상사는 저 유일무이한 장소에 의하여 '제한'되어 있다는 사실을 돋보이게 한다. 이 점에서는 그것들이 다음의 사실에 대한 표시들이며 증인들이다: 일반적인 세상사도 실제로 그곳으로부터, 즉 저 유일무이한 장소인 그곳에서 "하나님"이라 불리는 그 존재에 의하여 통치되고 있다. 물론, 이 실상(Sachverhalt)의 표시들이며 증인들인 그것들의 특성이 '간과'될 수 있다는 것도 이 요소들의 본성에 속한다. 만일 우리가 그것들을 그 장소로부터 출발하여 바라보지 않는다면, 표시들이며 증인들인 그것들도 틀림없이 간과될 것이며, 또 그럴 것임에 틀림없다. 그 경우에 우리는 그것들도 다만, 다른 모든 것들과 같은 세속적 요소들로 간주할 것이다. 세상사 안에는 아직도 더 많은 수수께끼들이 존재한다. 그처럼 많은 다른 것들과 마찬가지로 역시 무시되고 있는 이 수수께끼들도 왜 존재하지 않겠는가? 따라서, 그것들이 결국에는 오직 그 장소로부터 출발해서만 해명될 수 있다는 그 점에는 어떤 '일반적인 강제'가 존재하지 않는다: 즉 일반적인 세상사를 그 장소에 의하여 제한된 것으로서 인식하고, 그곳에서 "하나님"이라 불리는 존재, 즉 이스라엘의 왕을 세계통치자로서 인식하게 하는 어떤 강제가 존재하지 않는다. 그러므로 이 하나님의 세계통치에 대하여 간접적으로라도 체계적인 어떤 제시가, 따라서 체계적인 호교론과 역사철학과 생의 철학에 대하여 다만 비판적인 재료조차 이 특수한 요소들의 실존 안에는 확실히 존재하지 않는다. 그러나 물론, 우리가 그것들을 어쨌든 이 하나님의 세계통치를 보여주는 표시들과 증인들로서 '간주'할 수도 있다는 사실은 역시 이 요소들의 본성에 속한다. 왜냐하면 그것들은 실제로—그것들이 다른 관점 안에 있는 장점에 관여하지 않으며, 그것들의 피조성 안에서, 그것들의 활동을 통하여, 그것들의 작용들에서 다른 피조물들보다 더 하나님에게 호의적이지 않지만—바로 역시 모든 피조물의 사건의 저 중심에, 즉 이 전체의 한복판에서 일어나고 있는 계약사와 구원사에 다른 것들보다 '더 가까이' 서 있기 때문이다. 그것들이 이 중심사건에 대하여 특수하게 가까우며 유사하다(이것은 이 중심사건 자체로부터 출발하지 않고는 가능하지 않다는 것이 확실하다)는 것이 '인식'됨으로써, 다음의 사실이 통찰된다: 저 중심 밖에서, 즉 일반적인 세상사 한복판에서 그것들은 과연, 그 세상사도 '어디에서부터' 그리고 '누구에 의하여' 통치되고 있는지를 증명하지는 않지만, 그 사실을 '증언하고 확증하고 시위한다.' 역시 그것들은, '어떻게' 이 통치자가 통치하는지 말하지 않으며, 오히려 그와 그의 행위가 지금 여기에서는 숨겨져 있는 것임을 확증한다. 그의 경륜과 계획에 대한 문제에서, 역시 그것들은 뒤로는 이 주제에서 현실적인 모든 인식의 '유일한' 원천을, 앞으로는 우리에게 약속된 그 인식의 종결을 참조하도록 지시한다. 그러나 그것들은 표시들과 증언들로서 다음의 '사실'을 확증한다: 다름 아니라 바로, 성서 안에서 증언된 계약사와 구원사의 주님인 이스라엘의 왕이 통치하고 있다. 그리고 그것들은 그 사실을, 그것이 인간의 각 경험에서—궁극적으로 확실한 것은 아니지만, 그래도 궁극 이전의 확실성을 갖고—통찰되고 간파될 수도 있다는 전제로,

그것이 '가끔' 세계사의 다른 각 요소를 통해서도 확증될 수 있는 것처럼, 그렇게 확증하지는 않는다. 오히려 그것들은 세상사의 '불변하는' 요소들로서, 그런 종류의 일관되고 객관적인 역사적 관련성들로서 그것들의 특성 안에서 그 사실을 확증한다. 역시 그것들에게도 다음의 사실이 적용된다: 오직 '보는' 눈을 지닌 사람만이 그것들을 본다; 오직 '듣는' 귀를 지니고 있는 사람만이 그것들을 듣는다. 그러나 그것들은 언제나 그리고 어디에서든 '보여'지고 '들릴' 수 '있다.' 그것들은 하나님이 숨겨져 있는 것을, 그 숨겨짐이 계약사와 구원사 자체 안에서 깨뜨려진 것처럼 그렇게 깨뜨릴 수 없다. 다시 한 번 더 말하자면, 그것들은 계시들이 아니다. 그러나 세상사 한복판에서, 즉 하나님이 숨겨져 있는 거기에서 그것들은 다음의 사실을 지속적으로 변함없이 객관적으로 '상기'시키고 있다: 그 숨겨짐을 깨뜨리는 것은 '그곳'에서 발생하였고, 역시 '그곳'으로부터 출발하여 몇 번이고 되풀이하여 발생할 것이며, 바로 '그곳'에서 세상사 전체의 경륜과 계획이 인식될 수 있게 될 것이다. 만일 우리가 이 특수한 요소들을 정식으로 언급하지 않는다면, 우리는 이 문제를 제대로 처리하는 것이 아닐 것이다. 나는 그것들 가운데에서 가장 중요한 것들을 열거하고, 각각의 요소들에 가장 필요한 암시적인 설명을 덧붙일 것이다:

1. 성서의 역사 ─ 우리는 성서의 기원에 대하여, 그리고 그 후에 전개된 역사의 흐름에서 그것이 전승되고 해석되고 작용한 것에 대하여 생각한다. 우리는 확실히 다음과 같이, 즉 그 성서의 역사가 그 모든 것 안에서, 성서의 내용이 담고 있는 것을, 곧 저 특수하고 거룩한 역사의 사건을, 따라서 세상사의 주님인 이스라엘의 왕을 필연적으로, 일반적으로, 직접적으로, 그리고 필수적으로 분명하게 가시화하고 있다고 말할 수는 없을 것이다. 그 모든 것은 의심의 여지없이 역시 인류의 종교적 발전에서 특수한 단계에 발생한 사건들(Ereignisse)의 연속으로서, 그 경우에 사정에 따라서는 논평가의 입장에 따라 역시 특수한 미신들과 환상들의 연속으로서 파악되고 설명될 수도 있다. ─ 아마 역시 인류의 가장 심오하고 가장 진지한 경험들과 인식들의 연속으로서 파악되고 설명될 수도 있을 것이며, 따라서 어쨌든 아직은, 저 성서가 화제로 삼고 있는 존재의 세계통치를 알리는 시위들의 연속으로서 파악되고 설명될 수는 없을 것이다. 그러므로 우리는, 성서의 역사는 어떤 경우든 역시 세계통치를 알리는 시위들과는 '달리' 인식될 수도 있다는 사실을 말할 수밖에 없다. 우리는 물론 바로 그것을 말할 수 있다. 성서의 내용에 따르면 인간이 있어야만 할 그곳에서도, 우리는 우리의 입장을 지닐 '수 있다': 우리는 성서의 증언을, 즉 성서가 증언하는 하나님의 말씀과 행동에 관한 구약성서와 신약성서의 메시지를 역시 청취하고 받아들일 '수 있다.' 이 증언과 만남으로써, 우리는 이 하나님 자신을, 은혜가 넘치고 요구가 많은 그의 실존을 만나고 그의 실존에 대하여 의무를 지니며, 그의 실존을 통하여 해방되고 또한 사로잡힐 '수도 있다.'

따라서 우리는 그 결과 그러한 인간, 즉 그의 삶 안에서 바로, 저 하나님의 통치가—결코 그의 특수한 영역 안에 있는 '한' 하나님의 통치에 불과한 것이 아니라, 결코 특수한 종교적 표상의 권세에 불과한 것이 아니라—세계에 대한 통치로서 증명되었던 그 일이 이루어진 그러한 인간일 '수 있다.' 분명한 것은, 우리가 성서의 역사를 이러한 전제 아래에서 또한 다른 방식으로 인식할 '수 있다'는 것이며, 심지어, 그 역사는 이런 전제 아래에서 실제로 전혀 다른 방식으로 인식되어야'만 했다'는 사실이 이해될 수 있다.

이미 성서의 '기원'이 그렇다. 만일 우리가 성서의 증언을 받아들인다면, 그 경우에 우리는 포괄적으로 역시, 성서의 저자들은 그들의 인간적 역사적 제한과 관계없이 객관적으로 의롭고 성실하고 진정한 증인들이라는 사실을 받아들인다. 그 경우에 우리는 그들의 선하고 경건한 견해나 그들의 종교사적 역할과 중요성을 승인할 뿐만이 아니라, 다음의 사실을 승인하는 것이다: 하나님의 말씀과 행동을 통하여 역시 그 의로운 증인들이 출현하도록 불러내는 것이 하나님의 마음에, 즉 그들의 증언의 능력을 통하여 우리가 주님인 그에게 의무를 지니고 있는 바로 그 이스라엘의 왕의 마음에 들었다는 사실을 승인하는 것이다. 그 경우에 우리는 이미, 세상사 한복판에 있는 이 성서 역사의 시초에 있는 이 사실에서—이 사실 자체가 일반적인 세상사의 한 요인이므로—역시 이 일반적인 혹은 특수하게 종교적인 사건의 한 요인을 바라보고 있을 뿐만 아니라, 유일하고 참된 하나님인 이 하나님의, 즉 모든 세상사의 주님인 이 하나님의 통치 흔적을 바라보고 있다.

그리고 우리는 참으로 이 역사의 계속도, 즉 구약성서와 신약성서라는 '정경'의 생성과 완성과 전승도 그렇게 이해하게 될 것이다: 틀림없이 그것은 인간 역사의 전개들과 혼란들로부터 벗어난 역사로서가 아니라, 틀림없이 그 역사의 어리석음들과 오류들과 변덕스러움들 자체를 피한 역사로서가 아니라, 역시 그 역사의 진행과 결과에서 우연적인 것이 아니라 필연적인 역사, 왜곡된 것이 아니라 올바른 역사로서—그것의 필연성과 정당성(Recht)이 몇 번이고 되풀이하여 새롭게 인식되고 이해되고 시험되고 실증되어야만 하며 동시에 상이한 시대에는 틀림없이 또한 매우 상이하게 인식되고 평가될 수도 있는 역사로서, 그러나 그것의 의미가 어떤 가능한 시각과 평가에서도 고수되고 주장되는 역사, 물론 몇 번이고 되풀이하여 그것에 질문들이 제기될 수 있기는 하지만, 무엇보다도 또한 언제나 그것의 입장에서, 그 질문들보다 더욱더 중요한 질문들을 제기하는 그 역사로서 이해하게 될 것이다. 그 경우에 그것은 바로 다시 흔적으로—피조물의 사건이 남긴 흔적으로만이 아니라, 그의 말씀과 행동이 정경으로 부각된 성서의 주요관심사인 바로 그가 그 사건을 다스리는 계획과 의지의 흔적으로 인식되게 될 것이다.

그 경우에 우리는 계속하여 역시, 이미 정경의 역사 및 본문의 역사와 함께 시작되며 필수적으로 언제나 다시 이 역사들로 되돌아가는 성서 '해석'의 역사도 그렇게 인식할 수 있게 될 것이며 또 그렇게 인식해야만 하게 될 것이다. 그때에 다시 우리는 일반적인 세상사의 외부가 아니라 내부에 있다. 다시 거기에는 다음의 요소들이 아주 강력하게 그리고 모든 면에서 전적으로 작용하고 있다: 민족들의 언어들과 특성들, 정치, 경제, 철학, 일반적인 세계인식, 예술에 대한 이해, 상이한 시대의 신앙과 이단 신앙과 미신, 개별적인 성서독자와 성서해석자의 개별적인 재능들. 다시 그 모든 것이 다음과 같이 냉정하게 평가되어야 한다: 그 모든 것은 어떻게 도움이 되었고 혹은 방해가 되었는가?; 거기에서 어떻게 구약성서와 신약성서에 아주 독특한 경의들이 표해졌는가?; 거기에서 그것들은 무엇을 감수해야만 했는가?; 거기에서 그것들로부터 무엇이 충실하게 이끌어 내어졌으며, 거기에서 무엇이 제멋대로 그것들 안으로 넣어졌는가?; 어떻게 거기에서 그것들이 때로는 새롭게 발견되었고, 때로는 새롭게 잊혀졌으며, 때로는 존경받았고, 때로는 경멸되었는가?; 어떻게 그것들은 그 모든 것 안에서 지속적으로 이해되거나 오해되었는가? 우리는 이 역사를 낙관적으로 생각하여야 마땅한가? 비관적으로 생각하여야 마땅한가? 만일 우리가, 거기에서 그것들의 역사가 우리의 주요관심사인 바로 그 본문들을 그것들의 내용을 위하여 저 본래의 자유와 결속감 안에서 마주 바라본다면, 한 가지는 분명하다: 그 경우에 우리는 그것들을 어느 경우든 언제나 또한 그것들의 자기해석의 역사로서 간주할 것이며, 그 경우에 따라서 우리는 예언자들과 사도들을 결코 후대의 독자들의 관찰, 연구, 설명을 위한 단순한 객체로서 간주하지 않을 것이며, 오히려 그 모든 것을 관통하여 참으로 또한 그들의 입장에서 아직 살아 있고 행동하고 말하는 '주체'로서 간주할 것이다. 그 주체들은 옛날에 말했을 뿐만 아니라, 계속하여 말하기를 결코 중지하지 않았으며, 오히려 언제나 각 문화 단계에 있는 각 민족을 그리고 역시 각 개인을 마주보고 몇 번이고 되풀이하여 완전히 새롭게 발언한다: 즉 그 주체들 자신이 '그들에게' 말해야만 하는 그것은, 이 기회에 역시 그들에게 '대하여' 생각되고 언급될지도 모르는 그것보다도 언제나 훨씬 더 흥미 있고 절박한 그런 방식으로 발언한다. 성서에 대한 모든 주석들과 그 밖의 해석들이 그들의 소리에 대한 좋은 혹은 그릇된 메아리 외에 다른 어떤 것을 제공할 수 있겠는가? 만일 우리가 다만 스스로 성서에 대한 직접적인 관계에 있다면, 우리는 성서 해석의 역사도 결국 그리고 결정적으로 역시, 외부로부터 그것에 뜻밖에 주어진 것의 빛 안에서 인식하지 않고, 오히려 반대로 그것에게 주어진 것들의 역사를 성서의 고유한 활동의 빛 안에서, 즉 몇 번이고 되풀이하여 갱신되며 그 때문에 역시 몇 번이고 되풀이하여 깜짝 놀라게 하는 활동의 빛 안에서, 일반적인 사건 한복판에서 이루어지는 성서의 '자기'시위 및 '자기'해명의 역사로서 인식하게 될 것이다. 바로 이 일반적인 사건에 성서가 속해 있으며, 이 일반적인 사건의 한복판에서 성서는 역시, 그것이 증언하는 하나님의 말씀과 행위에 대한 그것의 유사성 덕분에, 삶의 중심을, 즉 근원 자체를 형성한다. 성서가 종교개혁 시대에 기꺼이 "영도자"와 "교사"로, "여왕"으로 표현되고 찬양되었을 때, 그것은 결코 단순한 허튼소리가 아니었다. 성서는 사실상 모든 시대에—그런 것으로 인식되는지 혹은 부인되는지의 여부는 중요치 않다.—언제나 또한 성서의 역사를 이끌어 가는 '주체', 즉 정말로 인도하고 가르치는 왕과 같은 주체였다: 실제로, 아주 다양하게, 아주 모순되게, 모든 시대에 아주 기이하게 성서해석에 종사했던 그 인간들 아래가 아니라 위에 있는 주체였다. 그리고 바로 그렇기 때문에 성서의 역사는 이 관점에서도—볼 수 있는 눈을 지니고 있는 자는 보라!—세계를 통치하는 하나님의, 즉 성서가 선포하는 그 하나님의 흔적이다. 성서의 역사는, 숨겨져 있으나 완전히 감추어지지는 않게, 왕인 하나님의 통치에 참여하고 있다.

그리고 우리는 결국 성서의 '영향'사도 그렇게 인식해야만 할 것이다. 이것으로 우리는 벌써 이 특수한 역사적 요소들 가운데 두 번째 요소에 대하여 미리 언급하는 것인데, 이 요소에 대해서는 바로 뒤에서 논하게 될 것이다. 그 증언은 무엇으로 바뀌었는가? 그 증언은 아직도 무엇으로 바뀌고 있는가? 세계의 한가운데에서 그 증언이 선언되었고 전승되었으며, 몇 번이고 되풀이하여 해석되었는데, 그 증언은 그 세계 안에서 무엇을 달성하고 있는가? 우리는 이 관점에서도 철저히, 세상사를 구성하는 일련의 다른 모든 요인들과 그것들의 영향들 안에서 그리고 그것들과의 관련성 안에서 그것을 인식할 수 있고, 또 그래야만 한다. 나는, 소위 그리스도교적인 서양은 성서적 그리스도교로부터 그리고 그리스-로마의 고대문화로부터 발생한 혼합물이라고 주장하는 잘 알려진 이론을 예로 든다. 그러나 거기에는 성서의 영향 외에도 영향을 끼친 얼마나 많은 근동지방의 그리고 서양의, 정신적인 그리고 지극히 물질적인 다른 원인들이 역시 더 열거되어야만 할 것인가! 우리는 틀림없이—만일 우리가 이미 그렇게 하지 않았다면—성서적 증언들의 역사적 영향을 많은 다른 영향들과 나란히 있는 하나의 영향으로 인식하는 데에 익숙해져야만 할 것이다. 그리고 우리는 여기에서 거듭 다음의 사실에 대하여 아무리 냉정하게 이해해도 충분할 수 없을 것이다: 여기에서 문제되고 있는 것은—바로 소위 그리스도교적인 서양을 생각해 보라!—매우 희석되고, 여러 차례 매우 위조되고, 더구나 모든 시대에 그것의 능력이 매우 제한되어 있으며 위협받고 있는 역사적 영향이다. 세계사적 관점에서 우리는, 이 영향이 언젠가는 아주 많은 다른 영향들처럼 사라져버리고 고갈될지도 모른다는 생각을 철저히 검토할 수 있다. 그러나 여기에서 영향이란, 즉 세상사 안에서 성서가 끼치는 영향이란 무엇을 의미하는가? 만일 우리가 그것을, 뜻밖에 우리 자신의 고유한 실존에 일어나는 중요한 사건이라고 알고 있는 그 영향으로부터 출발하여 인식한다면, 우리는 그것이 우리의 고유한 가능성들로부터 출발해서는 결코 해명할 수 없는 놀라운 선택과 부름이라는 것을 알게 된다. 그 경우에 우리는 놀랍게도 스스로가 이스라엘의 왕이 통치하는 민족으로, 교회로, 신앙공동체로 포함되고 있다는 것을 알게 된다. 따라서 그 경우에 우리는 바로, 이 신앙공동체의 매우 색다른 실존 안에서 그리고 세계 안에서 신앙공동체가 지닌 사명 안에서 성서의 증언이 지닌 '그' 영향을 인식한다. 그 경우에 우리는 이 영향에 직면하여 다음의 사실에 대하여 놀라게 된다: 처음에는, 우리가 그 영향으로부터 제외되지 않았다는 사실에 대하여, 우리가 그 영향을 우리의 고유한 삶 안에서 알아차리도록 허용된다는 사실에 대하여, 그리고 다음에는, 우리가 여기에서 역시 혼자가 아니라, 항상 옛날과 현재의, 먼 곳과 가까운 곳에 있는 아주 많은 다른 사람들과 공공연하게 함께하도록 허용된다는 사실에 대하여 놀라게 된다. 그 경우에 우리는 온전히, 이 영향을 진지하게 받아들이는 일에 그리고 감사하며 그 영향에 옳게 부응하는 일에 몰두하며, 또 그렇게 하도록 요구받는다. 그 경우에 우리는 실제로 "세계사적 숙고들"을 위한 시간과 여유가 없다. 그 경우에 우리는 그 밖의 세상사의 한복판에서 그리고 그 세상사에 대하여 특권과 사명을 지닌다. 그 경우에 우리는 아마, 세상사를 고려할 때 마음에 끈질기게 떠오르는 사실에 대하여, 즉 성서적 증언의 영향들이 희박해지고 왜곡되고 위협받고 있다는 사실에 대해서 놀랄 수 없을 것이다. 그 경우에 우리는 그 사실에 대하여 분노하지 않으며, 절망하지 않는다. 그 경우에 우리는, 하나님의 백성에 속한 구성원으로서 우리의 고유한 실존 안에서 개인적으로 그리고 이 공동체 안에서 그 영향들이 희박해지고 왜곡되고 위협받고 있다는 그 사실로부터 출발하여, 그 점을 아주 잘 알고 있다. 그 경우에 우리는 의심하지 않을 것이며, 오히려 우리 자신과 하나님의 백성 전체를 부끄러워하고 회개하고 기도하며 일할 것이다. 그러나 그 경우에 우리는 역시, 만일 이 진기하고 고귀한 것(Sache)이 참으로 혹시 세상사 한복판에서 승리의 환성에 넘치는 것, 견실하고 순수하며 명백한 성과들을 지니고 있는 것, 인기 있는 것이라면, 그것은 훨씬 더 이상할 것이라는 사실에 대해서도 이해할 것이다. 그 경우에 우리는, 성서의 증언이 지닌 모든 영향 자체가 거듭 '증언', 즉 매우 부적합한 피조물들의 증언일 수밖에 없다는 사실을 알고 있다. 그 경우에 우리는, 우리의 사명을 그리고 그것을 실행하는 것을 놓치고, 우리가, 그리고 교회가 여기에서 수행하고 있는 것이 무엇인지, 혹은 수행할 수 있을 것이 무엇인지 엿보려고 곁눈질하는 것을 멈춘다. 그러나 그 경우에 우리는 역시 다음과 같은 '그' 영향을 잘못 평가할 수도 없다: 즉 이 증언을 통하여 새로운 증인들이 소집되게 된다는 사실에서, 즉 새롭게 신앙을 고백하는 공동체들을 불러 모으는 것에서, 성서의 증언이—그것에서 발생한 것이 아주 불명료하고 무기력함에도 불구하고—실제로 '지니고 있으며', '언제나' 지녔고, 그리고 '언제나' 지니게 될 '그' 영향을 잘못 평가할 수도 없다. 그 경우에, 이 소집과 이 모임들이 어느 시대나 어느 지역에서나 발생했고 아직도 발생하고 있다는 사실을, 우리는 다른 영향들이라는 거대한 바다 한복판에서 알아채게 될 것이다. 그리고 그 경우에 우리는 이 영향을 더 이상, 그것을 다른 영향들과 비교해서 낙관적으로 혹은 비관적으로 숙고하고 평가하기 위하여, 다른 많은 영향들 가운데 있는 하나로 분류하지 않을 것이다. 이 영향 안에서, 즉 예언자와 사도의 증언이 지닌, 어느 시대나 어느 지역에서나 소집하고 모으는 능력 안에서 우리는 오히려 다시, 이 증언에서 주요관심사가 되고 있는 그의 흔적들을, 즉 명백히 그곳에서만 아니라 도처에서 언제나 왕으로서 등장하는 그의 흔적들을 인식하게 될 것이다.

2. 교회의 역사 ─ 우리는 세상사의 한복판에서 이 두 번째 표시와 증언을 방금 불가피하게 미리 언급해야만 했다. 교회는 그 자체가 하나의 결과, 즉 "사도들과 예언자들의 토대 위에서 세워진" 성서가 만들어낸 '그' 결과이며, 이 점에서 교회는 성서의 역사에 속한다. 그러나 교회는, 그것의 역사 안에서 첫 증인들 집단 밖에 있는 다른 사람들에게서 그리고 다른 사람들에 의하여 성서의 전승과 해석과 영향들이 발생할 경우에는, 명백하게 역시 그것의 '고유한' 역사를 갖고 있다. 이제 이들 첫 증인들을 따라서 그리고 그들을 통해서, 소집되어 모인 '다른 사람들'이 등장한다. 우리는 첫 증인들이 그들의 메시지를 통하여 지시한 '마지막 때'에, 즉 예수 그리스도 안에서 이미 이루어진 하나님과 세계의 화해의 궁극적이고 최종적이며 '보편적인 계시'가 그리스도의 '재림' 안에서 나타나기를 '기대'하는 시간 안에 서 있다. 이 마지막 때가 '교회'의 시간이다. 교회는 거룩한 자들의 공동체, 즉 성서 안에 증언된 이스라엘 왕의 자기계시를 통하여 개인적으로 부름 받았고 그와 동시에 세계로부터 불러내어졌으며, 신앙공동체로 불러 모아졌고, 하나님의 나라에 대한 신앙을 지니도록 그리고 그 나라를 선포하도록 요구받고 있는 그 사람들의 공동체이다. 교회의 역사는 그 밖의 세계사 한복판에 있는 이 공동체의 역사이다. 역시 교회도 일반적인 세상사에서 하나님의 세계통치를 위하여 '중요한' 특수한 요소들에 속한다.

이 대목에서 우리는, 특히 바로 그리스도교 교회를 보존하고 통치하고 보호하는 데에서 나타난다는 "특수 섭리"에 관한 옛 신학의 가르침을 다루고 있다. 예를 들면 하이델베르크 교리문답 제51, 54문항이 신앙공동체에 대한 하나님의 특별한 "보호와 보존"을 언급하고 있으며, 특히 인상 깊은 제123문항에서는 다음과 같이 주기도의 두 번째 간구가 해석되고 있다: "당신이 모든 것 안에서 모든 것이 되는 당신의 나라가 완전히 임할 때까지, 당신의 교회를 보존하시며 부흥하게 하시고, 악마의 사역들과 당신에게 저항하는 모든 폭력과 당신의 거룩한 말씀을 거역하여 조작된 모든 악한 권고들을 훼방하소서." 그리고 부르만의 저작(Fr. Burmann, *Syn. Theol.* 1671)에 있는 다음의 구절(I, 44, 88)은, 17세기 네덜란드에서는 이 특수한 영역에서 하나님의 섭리가 지배하는 것이 어떤 형태로 인지된다고 여겨졌으며 찬양되었는지를 보여줄 것이다: "역시 교회는 오늘날까지 그것이 겪은 운명을 부끄러워할 필요가 없다. 여하튼 그것은 지금까지 복음의 빛에 의해서 계몽되고 있지 않은가. 바빌론의 포로로부터 해방되어, 그것은 경건한 왕들과 시장들의 지배를 받으며 자유롭게 숨 쉬도록 허용된다. 갈등들로 시험을 받았으나, 그것은 붕괴되지 않았고, 오히려 그 갈등들이 진리를 오직 더욱더 밝게 드러냈다. 우리 시대보다 더 훌륭하게 복음이 모든 오류들을 극복하고 승리를 거두었던 적이 없다. 박해의 열기가 꺾였으며, 교회의 많은 적들이 하나님의 은혜에 의하여 회개하게 되었다. 그리고 거의 모든 곳에서 하나님은 국가의 질서도 보존하며, 전쟁이 끝난 후에는 역시 몇 번이고 되풀이하여 평화가 깃들도록 배려한다. 게다가 그는 경제적 질서도 축복하며, 거룩하게 된 후손들을 합법적으로 번식시키고 교육하는 질서도 그렇게 도처에 보장되어 있다. 그러므로 고급학교와 초급학교가 존재하며, 그 학교들 안에서는 하나님의 마음에 들고 인류에게는 유용한 학문이 가르쳐지고 있다. 그리고 오늘날도 하나님은 우리의 아들들 가운데서 예언자들을, 우리의 제자들 가운데서 나실인('나실'인은 주께 자기를 봉헌하기로 서약하고 '구별'된 사람을 가리키며, 민수기 6장에 나실인에 관한 규정이 기록되어 있다.—역자 주)들을 일으켜 세운다. 그러므로 우리는, 교회가 여러 곳에서 곤궁에 처해 한숨짓고 있음에도 불구하고, 그처럼 많은 자비로운 행위들에 대하여 하나님께 감사해야 할 충분한 이유를 지니고 있다." 결론적으로 동일한 것을 말하기 위해서는, 우리는 이 주제를 좀 더 깊이 파고들어야만 할 것이다.

우리는 교회가 실존하는 이유가 되는 그 진기한 '요구'를 기억하며, 우리는 교회의 '저항'할 수 있는 능력과 '갱신'할 수 있는 능력을 기억한다. 교회가 역사 안에서 실존함으로써 그것 자체를 거룩한 사람들의 공동체로서 드러낼 수 있으며, 그와 동시에 그것이 믿고 선포하는 하나님의 통치를 세상사 안에서 혹시 직접적으로 드러낼 수 있고, 일반적으로 분명하게 증명할 수 있을 것이라는 주장은 거듭 확실히 사실이 아니다. 교회의 시간인 마지막 때는 과연 그 자체로서 정말 이스라엘 왕의 현존과 통치를 위한 본보기이기는 하다. 그렇지만 그가 보좌에 앉아 있다는 사실은 계시이며, 그 계시의 독특한 형태로 시간이 '시작'되었으며, 시간은 그 계시의 보편적인 형태를 향하여 접근하고 있다. 그러나 마지막 때도 아직 '세계'의 시간, 즉 사라지고는 있지만 아직도 막강한 '옛' 시간(Äon)이며, 아직 모든 것을 성취하지는 않은 하나님의 영광의 시간, 즉 세상사의 '위에' 있으나, 또한 그것의 '배후에' '숨겨진' 그의 통치 시간이며, 바라보는 시간이 아니라 믿음의 시간이다. 교회도 이 시간에 속해 있으며, 이 시간의 조건들 아래에 있다. 그것은 성서적 계시의 계속이거나 반복이 아니다. 그것은 일반적인 세상사의 질서와 무질서, 진행, 정체들, 역행들을 위반하는 것이 아니다. 그것은 어디에서도 명백히 그 세상사와 대조를 이루는 것이 아니다. 그러므로 우리는 그것도—그리고 더군다나 그것을—많은 다른 현상들 가운데에 있는 동일한 종류의 현상으로 인식할 수 있다. 그것에 대하여 교회사는 성서의 역사보다 더 많은 빌미를 준다. 그것은 또한 교회사의 가장 위대한 시대들에도, 가장 순수한 형태들에도, 가장 희망찬 운동들과 발전들과 결과들에도 적용된다. 그것이 전체적인 면에서 "오류와 폭력의 혼합물"이라는 주장은, 약간 개괄적인 판단일지도 모른다. 그러나 우리는 이러한 판단에 대해서 그리고 비슷한 판단들에 대해서 원칙적으로 항변할 수 없다.—만일 우리가 이 역사를 전혀 다른 시각에서 바라볼 수 있는 것이 아니라면. "세속역사로서 교회사"(Fr. Overbeck)는 어느 경우든 매우 당연한, 그리고 그것의 철저한 "정직함" 때문에 매혹적인 강령이다. 그것에 대해서 우리는 이렇게 말할 수밖에 없다: 그런데 교회사를 그것이 일반적인 세상사와 '동일'하다는 관점에서 고찰하는 것을 '유일하게' 가능한 것으로 간주하는 부득이한 이유는 물론 '역시' 존재하지 않는다. 교회사는 성서의 역사처럼 역시 다음의 전제 아래에서만 인식될 수 있다: 고찰하고 평가하는 사람 자신이 교회의 외부가 아니라 '내부'에 있으며, 그는 참으로 바로 '그 자신'이, 이스라엘 왕의 지배를 성서의 증언을 토대로 믿고 선포하도록 허용되며 또 그렇게 해야만 하는 부름 받은 자들, 불러내어진 자들, 불러 모아진 자들, 요구받고 있는 자들 가운데 한 사람이며, 따라서 해방된 자들이면서 동시에 의무를 지고 있는 자들 가운데 한 사람이다. 그런 이유에서 그는, 교회사에서는 무엇이 주요관심사인지를 그리고 처음부터 무엇이 주요관심사이었는지를 알고 있을지도 모른다. 그는, 이 영역에서 인간이 옛날부터 누구와 그리고 무엇과 대면하였는지를 그리고 언제나 새로워지고 있는 역사적 정세들 안에서 다른 방식으로 그리고 거듭 다른 방식으로 대면하게 되었는지를 알고 있을지도 모른다. 그 자신이, 옛날부터 교회사의 사건들과 관계들, 운동들과 정체들 안에서 위험에 처해 있던 주제의 위대함에 대하여, 즉 거기에서 세대에서 세대로 새롭게 현실화되기를 원했던 하나님의 말씀과 하나님의 행동에 대하여 기뻐하고 깜짝 놀랄지도 모른다. 그는 어쨌든 이 역사의 결정적인 위대한 인물들과 연대하고 있다는 것을 알기 때문에, 그는 그들을 외부로부터만 아니라 내부로부터 적어도 좀 더 알고 있을지도 모른다. 그러므로 고찰하고 평가하는 사람은 실제로 다음과 같은 상황 안에 있을지도 모른다: 즉 이 신앙을 지니며 그것을 선포하는 신앙공동체의 역사적 영역을 '역시' 많은 다른 영역들 가운데 있는 '하나의' 영역으로만이 아니라, 역시 모든 다른 역사적 영역들의 문제점에 그것이 연루되는 것에서만이 아니라, '그것 자체'를, 즉 어느 경우에도 '특수한' 그리고 진기하게 '두드러진' 영역으로 인식해야만 하며 그것이 두드러진 상태에서 참으로 물론 하나님이 행하는 세계통치, 즉 그것 아래에 그의 고유한 실존이 세워져 있다는 것을 그가 알고 있으며, 따라서 그 자신이 그것에 대한 증인인 바로 그 동일한 하나님의 동일한 세계통치를 보여주는 흔적을 인식해야만 하는 상황 안에 있을지도 모른다. 언제나 '역시' 가능한 이 시각에서 바라본다면, 그것도 세속사라고 주장하는 것보다는 이 교회사에 대하여 좀 더 '많은' 것이 언급되어야 할 것이다.

우선 주목할 만한 '요구'가 관건이며, 교회는, 언제나 그것이 진정한 교회인 곳에서는, 세속사건의 한복판에 있는 교회사의 의미에 관련하여 이 요구를 의식하고 있어야만 한다. 만일 우리 자신이 저 해방된 자들이면서 의무를 지니고 있는 자들 가운데 한 사람이라면, 우리는 '마지막 때'인 우리 시대의 특성을 알고 있다. 그 경우에 우리는 예수 그리스도의 부활에 관한 복음을 수신하는 자이며 전달하는 자로서 그의 재림을 기다리고 있다. 그 경우에 우리는 이 두 가지 중요한 사건들 사이에 있는 시간을 무한한 시간이 아니라, '제한된' 시간으로서, 공허한 시간, 즉 이렇게 혹은 저렇게 채워질 수 있는 시간이 아니라, 아주 특정한 내용을 채우도록 결정된 시간, 즉 아주 특정한 '의미'에 관여하는 시간으로서 이해할 수밖에 없다. 그리고 그 경우에 우리는 다음의 사실을 안다: 그 내용의 핵심은 바로 복음에 대한 신앙에 그리고 전 세계에서 그 복음을 선포하는 것에, 따라서 바로 '교회'의 사역과 선물과 과제인 바로 그것에 있다. 그 경우에 우리는 다음의 사실을 안다: 모든 그 밖의 사건은, 설령 그것이 아무리 위대하고 중요하더라도, 아무리 찬란하거나 혹은 아무리 무시무시하더라도, 시간이 지닌 이 의미에 부가되며 종속되어 있다. 그 경우에 우리는, 어떤 일이 있어도 발생하지 않으면 안 되는, 오로지 진정으로 절박하고 필수적인 것이 무엇인지를 알고 있다. 그 경우에 우리는 확실히, 소위 이 시대(Ära)에 발생하는 그 밖의 사건 한복판에서 교회사가 아주 보잘것없다는 것을 인식한다. 그러나 그 경우에 우리는 역시, 교회가 어느 시대든지 바로 그것의 역사가 지닌 중요성을 드러내기 위하여 제기하였던 그 권리 요구(Anspruch)를 이해한다. 그 경우에 우리는 그 권리 요구를 부끄러워하지 않으며, 그것을 부정하지도 않는다. 그 경우에 심지어 우리 자신이 이론적으로 그리고 무엇보다도 실제로 다음과 같이 고백해야만 한다: 이미 교회사는 그 밖의 모든 역사에 대하여 우선권을 지니고 있으며, 아주 초라하고 어리석고 혼란스러운 그 밖의 모든 사건 한복판에서 바로 교회의 사건이 중심적인 사건, 즉 결정적인 사건이며, 그것에 대하여 그 밖의 모든 사건은 단지 배경이나 반주음악과 같은 어떤 것에 지나지 않다. 우리는, 적용하는 것은 언제나 다만 정신과 능력을 증명함으로써만 입증될 수 있다는 사실을 알고 있으므로, 이 인식을 구체적으로 적용할 때는 언제나 신중할 것이다. 그러나 우리는, 아직 우리에게 주어진 우리의 시간은 실제로 '교회'의 시간이라는 인식을 포기할 수 없을 것이다. 그리고 바로 그 시간이 완성될 때 우리는 하나님이 행하는, 즉 그의 이름으로 교회가 매우 보잘것없고 매우 문제점이 많은 직무를 행하고 있지만, 그래도 최고의 존재인 바로 그 하나님이 행하는 세계통치와 관련되어 있는 흔적인 교회사에 직면한다.

 그 다음에 주요관심사가 되는 것은, 교회사의 진행과정에서 교회가 몇 번이고 되풀이하여 증명한 외적인, 그리고 무엇보다도 내적인 '저항' 능력이다. 교회가 시간 안에 있으며, 일반적인 사건에 연루되어 있다는 사실, 즉 그 자체가 일반적인 사건의 한 요소라는 사실은 다음과 같은 결과를 초래하였다: 교회는 그것이 보여준 모든 삶의 표현들 안에서, 교회사의 각 단계와 각 형태에서 그 사건의 다른 모든 요소들이 지니고 있는 압도적으로 강렬하고 강력한 '생소함', 즉 '모순성'과 대결했어야만 했다. 언제나 교회는 세계 한복판에서, 세계가 믿지 않는 것 그리고 믿을 수도 없었던 것을 믿었어야만 했다. 언제나 교회는, 세계가 받아들이기를 원하지 않았던 것 그리고 받아들일 수도 없었던 것을 세계에 선포했어야만 했다. 스스로가 교회에 참여하도록 부름 받은 사람, 즉 스스로가 자유로운 자들이며 동시에 의무를 지고 있는 자들에 속한 사람만이, 이것이 실제로 교회의 상황이라는 것을 누구보다도 더 잘 알고 있다. 그는, 구약성서에서 이스라엘과 야웨 사이의 관계에서 아주 극적으로 증언되고 있는 것과 같은 세계와 그것의 주님 사이의 압도적인 대립을 가장 가까운 곳으로부터, 즉 그 '자신'이 지니고 있는 진정으로 이스라엘인과 같은 마음과 생각과 의욕과 삶으로부터 잘 알고 있다. 그러나 그는 역시 거듭 가장 가까운 곳으로부터, 이미 이 전체적인 반란에 대하여, 즉 세상사의 전체적인 생소함과 모순성에 대립하고 있는 우세한 저항을 알고 있다. 그는 이스라엘 왕의 전능한 성실함을 알고 있다. 그리고 그는 이제 자명하게 역시 '교회' 안에서도 바로 이 성실함의 놀라운 사역이 활동 중임을 인식한다. 그는 그곳 어디에서도 결코 정복하기 어려운 인물들, 오류 없는 이념들, 과실이 없는 법정들과 제도들을 보고 있는 것이 아니다. 그는 거기에서 오히려 매우 확실하게, 생소하고 모순되는 요소들이 돌진해 오는 모든 폭력을 보며, 그 요소들에 대하여 교회 안에서, 다른 곳에서 보다도 바로 이 영역에서 모든 시대에 더 뚜렷이 드러나는, 모든 인간적인 소심함과 굴종과 어찌할 바 모르는 태도와 무기력함을 본다. 그는, 어떻게 거기에서 사람들이 지속적으로 그 위험들을 때로는, 제때에 두려워해야만 할 곳에서는 그것들을 인식하지 않았으며, 때로는, 그것들을 주저하지 않고 무시하여야 할 곳에서는 그것들을 두려워했는지를 본다. 그는, 어떻게 거기에서 현명하고 경건한 사람들이라도, 외관상 교회의 가장 생기 있고 건강한 부분들이라도 모두 점차 혹은 갑자기 허물어졌으며 수치가 되었는지를 본다. 그는, 어떻게 거기에서 역시 밝게 빛나는 빛들도 시간이 흐름에 따라서 흐려지고 갑자기 소멸하였는지를 본다. 그리고 그는 역시, 신앙공동체와 그 구성원들이 겪은 겉보기에 완전히 부당하고 설명하기 어려운 어처구니없는 수많은 고난들을 보며, 부당하지만 승리하는 수많은 박해, 난폭한 혹은 교묘한 억압을 보며, 수많은 희생자들과 대량학살들을 본다. 그러나 그가 이 교회의 구성원으로서 역시 그 자신도 외적, 내적으로 위태롭다는 것을 너무나도 잘 이해하는 정도로 그렇게 확실히, 그는 이 사실들을 '보고' '이해한다.' 그는 너무 놀라지는 않을 것이며, 너무 크게 한탄하지는 않을 것이다. 왜냐하면 그는 또 한편으로는, 어떻게 교회가 그 모든 것을 겪으면서 몇 번이고 되풀이하여 '저항'했는지, 어떻게 교회가 몇 번이고 되풀이하여 그 불안들로부터 벗어나게 되었으며, 그 시험들에서 완전히 굴복하지 않도록 결국 보호되었는지, 어떻게 교회의 상처들이 갑자기 혹은 또한 적당한 시간이 흐른 후 치유되었는지, 어떻게 교회의 바빌론 포로 상태들이 끝났는지, 어떻게 교회의 적들과 억압자들이 어느 날 사라져 버렸는지, 어떻게 교회가 죽음으로부터 몇 번이고 되풀이하여 삶으로 부활하게 되었는지를 보고 있기 때문이다. 그는 교회사 안에서 끈질긴 어떤 것 그리고 뜻을 굽히지 않는 어떤 것을, 일종의 연속성을 본다. 틀림없이 그는 그것을, 교회사에 참여하고 있는 사람들의 통찰력들과 능력들, 경건성과 흔쾌한 태도로부터 추론하는 것이 아니며, 다수 그리스도인들의 우수함으로부터 추론하는 것도 아니며, 그리스도교의 특수한 인물들이 지닌 우수함으로부터 추론하는 것도 아니며, 그리스도교 교의들과 제도들 혹은 그리스도교 제의의 우수함으로부터 추론하는 것도 아니다. 그러나 그는, 이 모든 것의 문제점을 잘 알면서도, 역시 이 모든 것 안에 있는 저 끈질긴 어떤 것 그리고 뜻을 굽히지 않는 어떤 것을 부인할 수 없다. 그러므로 그는 그 모든 것에 대하여, 즉 교회의 삶에 대하여, 하나님의 민족이 지닌 신앙에 대하여, 그리고 개별적인 지도자들과 교사들에 의하여 그에게 선물로 제공된 것에 대하여, 그리스도교 교의들과 제도들과 제의가 변함없이 빛을 비추는 힘을 지니고 있음에 대하여 역시 감사하지 않을 수 없으며, 오히려 엄밀히 말하자면 필요한 비판에도 불구하고 원칙적으로 그것들에 대하여 '긍정적으로' 생각하게 될 것이다. 그것들은 약하고 유혹에 빠질 가능성이 있기는 하지만 그래도 저항의 도구들, 뜻을 굽히지 않는 것의 징표들일 수 있었으며 아직도 그럴 수 있다는 사실을 알고 있기 때문이다. 마치 사람들이, 자신의 공로 없이 그리고 자신의 공로에 반(反)하여, 자신의 무능력에 비추어 이해할 수 없게 그리고 역시 자신의 생각들과 결심들을 지니고 해방되었으나 의무를 지니고 있는 교회의 구성원으로서, 그 자신의 마음에서는 신앙을 지니고 있는 자로서 실제로 역시 저항하도록 허용되듯이. 거기에서 뜻을 굽히지 않고 있는 것, 거기에서 저항하는 것은 '전적으로' 하나님의 부름이 지니고 있는 능력이며, 혹은 더욱 부각되는 것은 '전적으로' 예언자들과 사도들의 살아 있는 말씀이 지니고 있는 능력이다. 그밖에는 어디에서나 우리들은 역시 이 주제에서도 의문을 제기할 수 있으며 또 그래야만 한다. 그러나 하나님의 부름이, 즉 살아 있는 성서말씀이 실제로 교회 안에서 뜻을 굽히지 않으며 저항하며 관철한다. 하나님의 부름은 교회의 능력, 즉 저항능력이다. 교회는 역사의 흐름에서 그것의 모든 공공연한 외적, 내적 곤궁 안에서 그리고 그 모든 곤궁에도 불구하고 몇 번이고 되풀이하여 바로 그 저항능력을 증명했다. 그 저항능력은 교회의 본질에 머무는 능력이며, 모든 패배들과 퇴행적 변화들과 망설임들에도 불구하고 그래도 아직 그리고 그래도 다시 믿으며, 선포의 과제를 그래도 다시 받아들이는 능력이다. 여기에서 분명하게 인식하려면, 우리는 반드시 하나님에 의한 이 '그럼에도 불구하고'(Dennoch)를 인식해야만 한다. 그런데 만일 우리가 하나님에 의한 이 '그럼에도 불구하고'를 인식한다면, 우리는 교회사 안에서 자유로운 은혜가 지닌 우세함의 흔적을 인식한다: 즉 그 은혜는 세상사 한복판에서도 우세하다는 것을 인식한다. 따라서 우리는, 만물의 주님인 이스라엘의 왕을, 즉 예수 그리스도를 인식한다.

그 다음에 주요관심사가 되는 것은, 교회사의 흐름에서 교회가 더 적지 않게 증명했던, '갱신'능력이다. 교회는 종종 세상사의 다른 요소들과 비교하여 — 마술적인 시대의 혹은 이미 사라진 다른 시대의 기묘한 잔재로 — 이미 태고의 것으로 보이든가, 혹은 어쨌든 끊임없이 낡아지고 있는 것처럼 보인다. 사실 교부들이 자랑하였듯이, 바르게 이해한다면 교회의 실존은 이미 낙원에서 시작되었으므로, 교회는 사실 오래된 것이

'사실이며', 그 사실에 대하여 부끄러워할 필요조차 없다. 그러나 중요한 것은 이것이다: 명예롭게 혹은 부끄럽게 오래된 것이라고 불리는 바로 이 교회는, 다름 아니라 그 자체가 놀라운 방식으로 '새롭게' 존재하는 능력, 즉 그 밖의 세상사의 어떤 새로운 사건들보다도 더 새롭게 존재하는 능력을 지니고 있으며, 몇 번이고 되풀이하여 그 능력을 증명했다. 다시 우리는 물론 이 교회의 새로워짐에 대하여 가장 가까운 곳으로부터, 즉 우리 '자신의' 삶 안에서 발생하는 사건으로서 잘 알고 있어야만 할 것이다. 그런데 만일 일단, 한 사람이 하나님의 말씀과 만남으로써 교회의 구성원으로 '살아가기' 시작했다는 것이 사실이라면, 그는, 실제로 매일 아침 새로운 자비를 조금 알게 될 것이며, 어떻게 "속사람은 나날이 새로워지는가"에 대하여 조금 알게 될 것이며, 바로 동시에 또한 교회가 새로워진다는 비밀에 대해서도 조금 알게 될 것이다. 관여된 인간적 요인들을 여기에서도 고려하여야만 함에도 불구하고, 즉 주의 깊게 그리고 고맙게 고려하여야 함에도 불구하고, 그리고 그것들을 고려하면서도, 우리는 역시 교회의 갱신도 그 인간적 요인들로부터 추론할 수 없다. 그런데, 마치 인간을 바라볼 경우에 역시 개별적인 그리스도인의 삶이 보여주는 전체적인 모습 자체가 불가피하게 그가 늙어가는 모습일 수밖에 없듯이, 만일 우리가 단지 인간적 요인들만을 바라본다면, 전체적인 모습은 어쨌든 교회의 이미 확증된 늙어버린 모습 혹은 어쨌든 끊임없이 늙어가는 모습일 수밖에 없을 것이다. 그런데 우리는 교회 안에서 역시 하나님의 말씀이 행하는 사역도 바라볼 수 있다; 우리는, 교회가 '그의' 명예가 머무는 장소라는 사실을 기억할 수 있다. 예를 들면 우리는, 예언자들과 사도들이 어느 시대나 교회의 한가운데에서 새 것을 말하는 살아 있는 주체들이었다는 사실을 기억할 수 있다. 그 경우에 우리는, 어떻게 교회가 실제로 뜻을 굽히지 않고 저항할 뿐만 아니라, 나날이 '새롭게' 변화되고 있는지를 인식한다. 그 경우에 우리는, 교회사가 과거로 돌아가는 복고(復古)들의 역사일 뿐만 아니라 또한 '개혁들'의 역사라는 사실을 인식한다. 그 경우에 우리는, 교회가 "언제나 영속적인" 교회일 뿐만 아니라 또한 "언제나 새로워지는" 교회라는 것을 알게 된다. 그 경우에 우리는 다음의 사실에 대하여 주의하게 될 것이다: 바로 교회가 "머무는 것"도, 그 머무는 것이 능력을 지니고 있을 경우에는, 언제나 "새로워지는 것"이며, 교회가 승리를 거둔 "머물음"의 본질은 바로 교회가 "새로워지는 것"에 있다. 그 경우에 우리는 아마도 진지하게 이렇게 질문할 것이다: 우리는 교회의 훼손과정들도, 즉 인간의 오류와 악한 의지에 의하여 야기된 교회의 변질들과 파괴들도 이 맥락 안에서 인식해야만 하는가?: 즉 지배적인 것으로 되어버린 편파성들에 대하여 저항하는 불가피한 반작용들로서, 혹은 새롭고 더 나은 성실성을 일깨우는 유익한 기상 신호들로서 인식해야만 하는가? 교부들이 이런 의미에서 이단들과 교회에 분열을 일으키는 자들의 실존에서도 긍정적인 의미를 찾았을 때, 아마 그들이 옳았을 것이다. 만일 우리 자신이 매일 이루어지는 갱신에 관여하고 있는 교회 구성원이기만 하다면, 우리는 틀림없이, 교회사 안에서 지배하고 있는, 조정하고 교정할 뿐만 아니라 바로 그렇게 함으로써 또한 새롭게 하는 '경륜'에 대하여 놀라게 될 것이다. 이 경륜에 따라서 몇 번이고 되풀이하여, 가령 세속화된 그리스도교에는 정력적이고 종말론적으로 방향이 정해진 그리스도교의 반격이 뒤따르곤 하도록 배려되어 있는 것처럼 보인다: 즉 편협하고 세계와 동떨어진 그리스도교에는 자유롭고 세계에 대하여 열려 있는 그리스도교의 반격이, 구식의 그리스도교에는 "현대적인" 그리스도교의 반격이, 학문화된 그리스도교에는 실천적 그리스도교의 반격이, 너무나 유치한 그리스도교에는 정신적인 그리스도교의 반격이, 게으른 그리스도교에는 활동적인 그리스도교의 반격이, 바쁜 그리스도교에는 명상적인 그리스도교의 반격이, 성직자의 그리스도교에는 평신도의 그리스도교의 반격이, 너무나 대중적인 그리스도교에는 건전하게 권위 있는 그리스도교의 반격이 뒤따르곤 하도록 배려되어 있는 것처럼 보인다. 바로 이것들이 교회의 계속되고 있는 갱신들이며, 이 갱신들을 실행하는 것은 그때마다 모든 경우에 역시 새로운 오류와 이탈 없이 진행되지는 않았다. 그러나 그럼에도 불구하고 그것들은 교회의 토대로부터 바라볼 때 꼭 필요한 갱신들로서 인식되어야 한다. 그 갱신들 안에서 교회 전체가 갑자기 다시 젊어졌으며, 따라서 전체적으로 볼 때, 그 갱신들 안에서는 하나의 이끄는 손이 인식될 수 있다: 즉 어떤 단계에서도 교회의 죽음을 원하는 것이 아니라, 각 단계에서 그것의 삶을 원하는, 교회를 인도하는 섭리가 인식될 수 있다. 만일 우리가 이 사실을 인식하는 데에 실패하지 않는다면, 교회 안에 있는 하나님의 세계지배의 흔적, 즉 그 경우에 역시 하나님의 세계지배 자체의 흔적이기도 한 그 흔적을 인식하는 데에도 분명히 실패하지 않을 것이다.

3. 유대인들의 역사 — 아마 우리는, 여기에서 우리가, 여기에서 언급되어야만 하는 현상들 가운데 가장 눈에 띄며 가장 자극적인 현상 앞에 서 있다고 말할 수 있을 것이다. 프리드리히 대왕의 주치의가 그의 왕에 대하여 실제로 그렇게 했다는 것처럼, 우리는 여기에서 하마터면 하나님의—성서가 증언하는 하나님의—세계통치에 대한 '암시'에 관해서만이 아니라, 그것에 대한 '증명'에 관하여 말하려는 시험에 들게 될 것이다. 우리는 그렇게 하지 않을 것이다. 세계는 통치하는 왕을 지니고 있으며, 나사렛 예수가 그 왕이라는 사실을 논의의 결과로서 강제적으로 증명하지 않고도, 우리는 유대인들의 역사를 성서의 역사나 교회사처럼 생생하게 그려낼 수 있다. 예수가 그 왕이라는 사실(Sache)은 오직 그 사실의 자기증명을 통해서만 증명될 수 있다. 그러나 바로 이 사실과 그것의 자기증명에 대한 암시로서 유대인들의 역사는 역시 아주 독특한 '설득력'을 지니고 있다. 이 역사를 간과하는 것보다는 성서의 역사나 교회사를 가르침을 받지 않고 간과하는 것이 '더 쉬운' 일이다. 그리고 저 성서의 역사나 교회사에서 보다도 이 역사에서는, 신학적 관점과 설명을 포기하는 고찰로 만족하는 것이 '더 어렵다.'

여기에서도 우리는 그것을 포기할 수 있다. 왜냐하면 우리는 저 다른 곳에서와 마찬가지로 여기에서 어떤 것을 '발견'하지는 못하기 때문이다. 그러나 우리는 여기에서 물론 비범한 방식으로 '생각'하게 된다.

기원전 722년, 사마리아가 함락됨으로써, 그리고 성서의 역사와 세계사에서 북쪽의 10지파가 자취를 감추게 됨으로써, 실제로 '유대인들'이, 즉 남쪽의 두 지파가 '이스라엘'로 되었으며, '이스라엘'은 실제로 이 '유대인들'로 구성된 민족으로 되었다. 그 이후로는 그들의 하나님과 더불어 이루는 그들의 특수한 잠정적인 역사, 혹은 오히려 그들과 더불어 이루는 하나님의 특수한 잠정적 역사가 구약성서의 내용이다. 여기에서 문제되고 있는 것은 '잠정적인' 역사이다. 심각하게 위협받고 있는 한 민족의 비참한 역사가 문제되고 있는 것이다. 그러나 그 민족은 어쨌든 여전히 그 민족이며, 그것 자체가 그것의 역사를 지니고 있다. 그 민족에 대한 심판은 아직도 최종적으로 실행되지 않았다. 기원전 586년 바빌로니아인들에 의하여 파괴된 성전도 기원전 520년에 스룹바벨(Serubbabel)의 지도 아래에서 재건되었다. 민족은 추방되었으나 역시 다시 귀환하여 그 땅에서 그들의 삶을 새롭게 시작하였다. 168년 안티오쿠스 에피파네스(Antiochus Epiphanes. 기원전 2세기에 이스라엘을 지배한 헬레니즘 제국인 셀류커스 왕국의 왕. 그의 이름인 '에피파네스'는 '신의 출현'을 의미하는데, 그는 자신이 지상에 나타난 제우스라고 주장하며 스스로를 신격화하고 숭배하도록 강요하였다. 야웨 하나님을 제우스와 동일시하고 예루살렘 성전에 제우스 숭배를 위한 제의를 도입하게 하였다.—역자 주)에 의한 두 번째 성전모독에는 165년 성전의 두 번째 재건(마카베오 혁명에 의해 유대교의 성전제의가 회복된 것을 가리킴—역자 주)이 뒤따른다. 일반적인 계산들에 따르면 구약성서의 마지막 부분들이 이 시기로부터 유래한다. 기원전 1세기에 정경은 오늘날 우리에게 제시된 분량으로 확정되고 완성된다. 그리고 성전은 세 번째로 파괴되고—예전보다 소위 더 찬란하게—재건된다. 그러므로 그 성전을 예수가 보았으며, 그러므로 본래 이미 더 이상 발전이라고 볼 수 없던 이 발전의 마지막에 스스로가 유대인 예수가 그의 민족과 만났던 것이다: 즉 여전히 이스라엘이지만 이제는 이스라엘의 '대표자'에 지나지 않는, 그것에게 미치는 하나님의 선택과 그것과 체결한 하나님의 계약을 아직도 의식하고 있는, 그래도 엄밀하게 말하자면 이제는 그것의 '문서' 기록을 의식하고 있는 데에 지나지 않는 그 민족과 만났던 것이다. 기원전 722년 이전과 이후에 도대체 무슨 일이 발생했던 것인가? 그리고 도대체 무슨 일이 계속하여 발생해야 했던가? 이 유대인들은 누구였으며, 무엇이 되어야 했던가? 그들의 주변 세계에서도 사람들은 이미 당시에 때때로 이런 문제들에 대하여 골몰했던 것 같다. (이하의 내용에 관해서 다음을 참고하라: Kurt Emmerich, *Die Juden*, 1939.)

실제 유대인들의 역사는, 예수의 죽음 이후 매우 의미심장한—마지막 유예기간과 같은, 즉 방향전환을 위한 마지막 기회와 같은—대략 40년의 시간이 흘러간 이후에, 기원후 70년 티투스(Titus)에 의한 '예루살렘 및 성전의 파괴'와 함께 시작된다. 그것은 결국 마지막 파괴였다. 신약성서의 증언에 의하면 다음의 사실에 대하여 의심의 여지

가 없다: 이스라엘의 옛 모습이 최종적으로 몰락한 것은 예수의 죽음이라는 구원사건의 부정적 측면, 말하자면 광범위하게 일반적인 세계사 안으로 깃든 그 사건의 그림자였다. 어떻게 그것이 서로 관련이 있는지는 별개의 문제이다. 확실한 것은 이것이다: 이 두 사건이 발생한 이후에, '한편으로는' 다른 민족들을 제외하고 하나님과 이 한 민족과 사이에 발생한 역사인 계약의 역사는 더 이상 계속되지 않게 되었으나, '다른 한편으로는' 이제는 더 이상 잠정적인 것이 아니라 모든 징후들에 따르면 최종적인 특성을 보이는 특수한 '유대인들'의 역사가 세계사 한복판에 존재한다. 결정은 내려졌다. 지금부터 유대인들은, 그들이 70년 당시에 결정되어 버린 그 모습으로 존재할 것이다. 그럼 그들은 무슨 모습으로 존재할 것인가? 이제 거의 1900년 동안 그들은 무엇을 하는 존재들이었는가? 오늘날 그들은 무엇인가? 바로 이것이 우리가 여기에서 직면하고 있는 문제이다.

우리는 가장 간단하고 가장 인상 깊은 사실로부터 시작한다. 결정이 내려졌다는 것은 어쨌든, 그들이 저 10지파들처럼 사라져 버렸다는 것을 의미했던 것이 '아니며', 확실히 당시에 그들의 적들이 의도했던 것처럼, 그들이 멸망했다는 것을 의미했던 것이 '아니다.' 그들은 로마제국보다, 즉 그 권세가 그들을 압도했던 바로 그 제국보다 그리고 그 밖에도 더 몇몇의 다른 제국들보다 분명히 더 오래 살아남았다. 그들은 여전히 현존하고 있다. 이것은 이미 그 자체가 극도로 놀라운 사실이다. 우리는, 여기에서 문제되고 있는 이 민족이 얼마나 작은지를 염두에 두어야 한다. 우리는, 이 민족의 지속적 생존을 위해 상황들이 전체적으로 얼마나 불리했는지를 염두에 두어야 한다. 우리는, 이전에 이 민족의 이웃들이면서 괴롭히던 작은 부족들은 언급하지 않더라도, 고대에 이 민족에 대하여 우세하게 대립하던 민족들, 즉 이전에 존재하던 아시리아인들, 바빌로니아인들, 페르시아인들, 시리아인들이 어떻게 되었는지를 염두에 두어야 한다. 그 모든 민족들의 이름은 이미 오래 전에 사라지고 말았다! 그 민족들이 살던 장소들은 이제 더 이상 (과거에 존재했던 그 민족들로서) 그들을 알지 못한다. 그러나 유대인들은 온갖 흩어버림, 온갖 박해, 그리고 무엇보다도 온갖 동화, 다른 민족들과의 온갖 결합과 혼합을 무릅쓰고 언제나 '아직도', 언제나 '다시' 현존하였다. 그리고 그들은 '얼마나' 활동적이며 '얼마나' 눈에 띄었던가! 그들은 좀처럼 사랑받지 못했으며, 좀처럼 외부로부터, 다른 인간들로부터 지원받지 못했으며 혹은 보호조차 받지 못했으며, 오히려 반대로, 보통 애매모호한 이유로 혐오의 대상이 되었으며, 자주 정신적이며 물리적인 권세의 모든 수단에 의하여 제지받고 노골적으로 박해받고 억압받았으며, 자주 대부분이 멸절되었으며, 참으로 그럼에도 불구하고 언제나 그리고 도처에 남아 있고 새롭게 앞으로 돌진하며, 그야말로 행동을 통하여 그들의 계속되는 실존을 증명하고 있으며, 마지못해 몇 번이고 되풀이하여 존경을 받는 역사적인 '특수' 요소, 즉 다른 역사적 요소들 가운데에서 자신들의 의견을 주장하고 그들의 방식대로 관철시키는 '누룩'이다! 진정으로 다만 아직도 부족했던 것은, 바로 우리가 우리의 시대에 체험하였던 그것이었다: 즉 유대인들이 (하여튼 많은 유대인들이) 이제 또 다시 '팔레스타인'에서 살고 있다는 사실이다: 그것도 하필이면, 그 밖의 세계와 그 세계가 지닌 문화의 전체적인 존속을 위협하는 동·서 양진영 사이의 화염이 불붙고 있는 순간에 새로운 "이스라엘 국가"를 요구하면서 그리고 실제로 새로운 국가를 창설하고 관철하면서 살고 있다. 이 국가는 매우 짧은 시간 안에 이미 지극히 주목할 만한 문화적 외교적 성과들을, 그리고 모든 예상을 뒤엎고 군사적인 성과들을 보여주었다. 이 국가는 열광적이고 헌신적인 청년기를 거쳐 온 것처럼 보이는데, 우리는 분명히 모든 국가들에 대하여 이렇게 말할 수는 없다. 우리는 이스라엘 국가의 실존을 어떤 측면으로부터 출발해서도 더 이상 부정하거나 경시할 수 없다. 그리고 그 국가를 이끌어가는 사람들이 이목을 끄는 방식으로 바로, 이미 예레미야의 시대에 그리고 거듭 유다스 마카베우스(Judas Makkabäus)의 시대에 살던 유대인들의 특징을 이루었던, 그리고 이미 티투스(Titus)에 저항하여 예루살렘을 방어하던 사람들, 바-코흐바(Bar-Kochba) 그리고 그와 비슷한, 오래된 유대역사의 과거에 살던 인물들의 특징을 이루었던 그 특성들을 보여주기 때문이다. 거기에 그들이, 즉 이스라엘의 이 주목할 만한 대표적인 남은 자들이 다시 '존재하며', 거기에 그들이 '아직도' 존재한다. 유대인들은 더 이상 유대인들로서 현존하지 말아야 한다거나, 혹은 어쨌든 더 이상 눈에 띄어서는 안 된다는 요구가 있어서는 안 되는 것이었으며, 틀림없이 그것은 예수의 죽음에 매우 상응하게 옛 이스라엘이 멸망한 70년이 의미했던 것이 아니었다. 그들은 언제나 유대인들이었다. 여전히 오늘날도, 즉 그들의 역사에서 가장 끔찍해 보이는, 외적인 범위에 따라 판단한다면 모든 이전의 재앙들을 무색하게 만드는 것처럼 보이는 큰 재앙 직후인 오늘날도, 그들은 정말 유대인들이다. 그들이, 즉 구약성서의 역사에 대한 순수한 실제의 증인들이 현존하고 있다: 그들은 순수하게 실제로 그 민족의, 즉 예수도 그 민족에 속했으며, 그 민족 없이는 신약성서도, 그리스도교 교회도 존재할 수 없었을 바로 그 민족의 구성원들이다. 교회도 구약성서 없이는 살아갈 수 없으며, 그 구약성서가 결국에는 '그들의' 책들의 책, 즉 본래 '그들의' 거룩한 정경이므로, 아우구스틴(Augustin)은 그들을 "교회의 사서(司書)들"(Bibliothekare der Kirche)이라고 명명하였는데, 바로 그들이 현존하고 있다. 그러나 진정으로 골동품상들로서가 아니라, 그 책들에 따르면 계약 안에서, 즉 그것의 성취 위에 교회가 세워져 있는 바로 그 계약 안에서, 하나님과 마주 서 있는 존재였던 '인간'이 몇 번이고 되풀이하여 새로워지는 자기실현을 보여주는 구체적 예증으로서, 그들이 현존하고 있다. 구약성서 안에서 그리고 신약성서의 대부분 안에서 하나님 앞에 서있는 '인간'이 언급될 경우에는 언제나, 그것은 바로 이 '유대'인(der 'jüdische' Mensch)을 의미했다. 그리고 자기 자신을 성서적 의미에서 하나님 앞에 서 있는 인간과 동일화시키기를 원하는 사람은 누구든지, 좋든 싫든, 자신을 이 '유대'인과 동일화하지 않을 수 없다. 그리고 참으로, 그리스도교 교회 내부에서만이 아니라 외부에서도, 그리고 외부에서만이 아니라 내부에서도, 역시 이 '유대인' 자신이 간과할 수 없게 여전히 등장하며, 세계사 자체 안에서 우리의 이목을 끌고 있다. 이 유대인의 '대표'가 현존하므로, 아마 역시 이스라엘의 잃어버린 10지파들도, 즉 '전체 이스라엘'이 남모르게 여전히 현존하는 것은 아닐까? 이제 아주 놀랍게 성서와 교회의 언어로부터, "가나안의 언어"로부터 갑자기 다시 신문으로 옮겨진 저 새로운 국가의 '이름'은 아마 부당한 것이 아니라, 오히려 하나의 실상을 표현한 것이 아닐까?

그러나 바로 이 점이 중요하다: 우리는 "유대인들"에 대하여 말하지만, 엄밀히 말하자면, 그것은 도대체 누구를 그리고 무엇을 뜻하는 것인지를 결코 확실하게 언급할 수는 없다. 설령 우리가 이 의심스런 개념을 허용하기를 원한다고 할지라도, 그들이 별개의 한 '인종'을 형성한다는 사실은 결코 증명될 수 없을 것이다. 왜냐하면, 만일 유대인들이 한 종족에 속한다면, 그들은 셈족에, 즉 옛날에 그들의 적들도 그 종족의 일부를 이루었으며, 바로 오늘날 그들이 가장 증오하는 적들인 아랍인들도 그 종족의 일부를 이루고 있는 바로 그 셈족에 속하기 때문이다. 생물학의 입장에서 말하면, 셈족 내부에서 특별히 유대적인 특성이 무엇인지를 제시하는 바로 그 일은 아직 아무도 할 수 없었다. 오히려, 옛날부터 특수한 '유대인의' 신체가 지닌 특색들로 간주되었던 바로 그것은 '일반적인' 셈족의 특징들이거나, 혹은 셈족의 특징들조차 아니라, 우리가 전혀 '다른' 혈통을 지닌 지중해 연안의 민족들에게서도 마찬가지로 명백히 그리고 혼동할 만큼 유사하게 만날 수 있으며, 심지어 소위 아리안 민족들의 영역 한복판에서 만날 수 있는 그러한 특색들이다. "유대인의 혈통"이라는 개념은 순수한 상상의 산물이다.

그런데 유대인을 유대인으로 특징짓는 '언어'도 존재하지 않는다. 왜냐하면, 만일 히브리어가 제의언어로서 혹은 오히려 신학적인 학자들의 언어로서 모세 종교를 고수하는 유대교의 일부에서 보존되었다고 하더라도, 그리고 히브리어의 어떤 변종들이 어떤 특수하게 제한된 유대인의 삶의 영역들 안에서 역시 일상적 언어로서 보존되었다고 하더라도, 만일 지금 시온주의와 관련하여 그리고 팔레스타인에 그것을 현실화하는 것과 관련하여 히브리어 신문들이 존재하며 히브리어 문학의 싹이 존재한다고 하더라도, 그것이 결코, 압도적인 대다수의 '그' 유대인들이 모든 시대에 정말로 히브리어로 사고하거나 말하였다는 것을 의미하거나, 혹은 그들이 오늘날도 그렇게 하고 있다는 것을 의미하는 것은 아니다. 오늘의 이스라엘 국가에서 다시 인정받게 된, 혹은 오히려 인위적으로 명예가 회복된 히브리어도 명백히 아주 많은 상이한 모국어들을 사용하는 사람들 사이의 의사소통을 위해 도입된 에스페란토(Esperanto: 국제적 의사소통을 위해 고안된 보조어 —역자 주)의 특성을 지니고 있으며, 따라서 실제로, 유대인들 자신은 고유한 모국어를 지니고 있지 않다는 사실을 확인해주는 특성을 지니고 있다.

그밖에 우리는 유대인들에게 특유한 어떤 '문화'에 대해서도 말할 수 없다. 어느 시대나 유대인들이 행하였던 것은 이것이다: 그들은 탁월한 방식으로 그리고 언제나 그들의 독특한 방식으로 '다른' 민족들의 문화를 건설하는 일에, 더욱더 확실하게 말하자면, 그 문화를 기획하고 세련되게 하는 일에 (그리고 때때로 그 경우에 알다시피, 결코 그들의 잘못에 의해서가 아니라 다른 이유들 때문에 예정된 붕괴에도) 관여하였다. 그들은 어떤 경우에도 지금까지, 우리가 가령 독특한 독일의, 프랑스의, 이탈리아의, 영국의 문화 창조들에 관하여 말할 수 있는 것과 같은 의미에서, '유대인의' 독특한 문화 창조를 만들어내지 '않았다.' 그들은 결코 어느 곳에서도, 가령 현대의 미국인들이 그렇게 하는 것처럼, 혹은 예로부터 우리 스위스인들이 그렇게 하는 것처럼, 일반적인 문화에 특수하게 유대인의 것으로 확인할 수 있는 어떤 '얼굴'을 제공하지 않았다. 그런 일이 오늘의 팔레스타인에서 발생할 것인지의 여부는 기다려 보아야만 알 수 있을 것이다. 지금까지는 그런 일이 그곳에서도 발생하지 않았다.

그런데 유대교는 알다시피 역시 결코 더 이상 공통의 '종교'에 의하여 유대교로서 특색을 나타내지 않는다. 유대교의 회당이 존재한다. 그러나 그 회당은 결코 더 이상 유대교 자체가 아니며, 그것을 대표하지 않는다. 그 회당의 삶에 참여하는 것이 어떤 유대인 집단들의 특징을 이루는 한, 그 회당 자체가 정말로 그것의 정통적인, 즉 포로 후기의 옛 유대교를 어쨌든 계승하는 방향 안에 있어야 하는지, 혹은 동화되던 시대에 이방인들(Gojim)의 근대 철학을 다소간에 의식적으로 받아들임으로써 발생했던, 율법에 대한 수많은 자유주의적 재해석들 가운데 어느 하나에 의존해야 하는지를 누가 결정할 수 있을 것인가? 유대인으로서 또한 범신론자나 무신론자나 회의론자일 수 있으며, 마침내 훌륭하거나 나쁜 그리스도인일 수 있지만, 그럼에도 불구하고 그는 유대인일 수 있으며 또 유대인으로 머물 수 있다는 것은 말할 나위도 없다. "이스라엘 국가"의 권력자들과 국민들은 틀림없이 유대인의 고대문화를 존중하도록 장려하고 있음에도 불구하고 충분한 근거를 가지고, 그것이 모세의 종교이든 다른 종교이든, 종교를 그들의 시작을 위해 본질규정적인 것으로 간주해야 한다고 생각하는 것 같지는 않다.

결국 우리 자신이 여기에서 사용하고 있는 유대인들의 '역사' 개념도 매우 문제 있는 개념이다. 70년 이래 발생하였던 것들은 매우 상이하며 서로 관련성이 없는, 유대인들'에 관한'(von) 역사들이다: 즉 폴란드에 체류하는 유대인들의 역사, 스페인에 체류하는 유대인들의 역사, 포르투갈에 체류하는 유대인들의 역사, 독일에 체류하는 유대인들의 역사, 게다가 물론 유대인들의 회당들의 그리고 그 회당들이 채택한 상이한 방향들의 특수한 역사, 그리고 그 회당들에서 이루어진 성서해석의, 예배의, 경건성의 역사, 게다가 수많은 유대인 집단들과 개인들의 역사들, 게다가 근대 시온주의의 역사처럼 유대인들이 행한 운동들과 노력들의 역사이다. 서로 관련되어 있으며, 공동체적이며 공동체를 형성하는 유대인들'의' 역사(Geschichte 'der' Juden)는 발생하지 않았다.

유대인들 '에 관한' 역사들에 많은 공통점이 있었지만, 그래도 이 공통점이 어느 곳에서도 그리고 결코, 한 '민족'의 역사를 형성하는 것으로, 즉 과거에서 미래로 향한 공동의 발걸음으로 이어지지는 않았다. 지금 팔레스타인에서 진행 중인 활동도 우선 모든 유대인들 가운데 비교적 적은 '일부분'의 활동이다. 압도적인 다수인 다른 유대인들이 그 일에 참여하기를 '원할' 것인지의 여부는 아직 전혀 대답될 수 없는 문제이다. 그리고 만일 그들이 그렇게 하기를 원한다면, 그곳의 공간적, 기후적, 경제적 상황과 관련하여 그들의 숫자를 고려할 때, 그들이 과연 그렇게 '할 수 있을지'조차 또 한 번 의심스럽다.

그러나 유대인들의 신체, 언어, 문화, 종교, 역사의 공통성에는 독특한 사정이 있기 때문에, 도대체 유대인들이 하나의 '민족'인가라는 외견상 옆길로 빠지는 듯한 질문이 정말로 부당한 것은 아니며, 어쨌든 불가능한 것은 아니다. 만일 우리가 유대 민족을 화제로 삼기를 원한다면, 저 표준들 가운데 그 어떤 표준에 관해서도 명료함이 존속하여야 할 것이다. 그러나 이 명료함은 결코 어느 곳에도 존속하지 않는다. 실제로 그리고 인식할 수 있게, 유대인들이 현존한다. 그러므로 이 사실을 고려할 때, 그들이 하나의 민족이라는 것을 논박하는 것이 단순하지 않다는 것은 확실하다. 그러나 우리는 다음의 사실을 알아야만 한다: 우리는 이 경우에 엄격히 말하자면, 우리가 그것으로써 무엇을 말하고 있는지를 모르고 있다. 이 민족의 역사가 지니고 있는 특성, 즉 70년에 확정된 특성의 본질은 바로 다음의 사실에 있는 것 같다: 이 민족은 과연 이제 정말 계속 실존하기는 하지만, 보통 알려진 민족 개념의 의미에서는 민족이기를 중단하였으며, 또한 그 이후 다시 그러한 민족으로 되지도 않았으며, 이제야말로 정말 그렇게 ― 즉 일반적으로 알려진 민족 개념에서 볼 때는, 바로 '민족이 아닌 민족'(Nicht-Volk)으로서 ― 전례 없는 방식으로 계속 실존해야만 하며, 엄밀히 말하자면 역사 없는 역사, 즉 모든 민족들 가운데에 있는 나그네의 역사, 낯선 자의 역사, 알려지지 않은 자의 역사, 특수한 경우의 역사를 지녀야만 한다. 그렇지만 "영원한 유대인"은 아마 이 민족의 전설적인 근원현상(Urphänomen)일 것이다.

우리는 무엇을 들었던가? 세계사 안에 있는 유대인들의 수수께끼 같은 '실존'에 대하여 그리고 더욱더 수수께끼 같은 '본질'에 관하여 들었다. 그들의 역사가 지닌 섭리의 중요성이 눈에 띌 수밖에 없다고 한다. 그러나 우리는 다음과 같이 주장하였으며 여전히 그것을 고수한다: 그 중요성이 눈에 띌 '수밖에 없는'(muß) 것은 결코 아니다; 그 중요성은 역시 간과되고 부인될 '수 있다'(kann). 우리가 방금 들었던 것에 비추어 볼 때, 중요성이 간과될 가능성은 진기하게 여겨질지도 모른다. 그러나 이 가능성은 그야말로 사실이다: 역사적 사실들은, 그것들이 개별적으로는 매우 다르게 인식되고 평가되지 않고도, 여기에서도 상이한 언어로 말할 수 있다. 의심의 여지없이 모든 사람의 눈이 유대인 문제 전체를, 우리가 그것을 바라보았던 것처럼 그렇게 예리하게 바라보고 있는 것은 '아니'다. 우리가 무엇보다도 먼저 언급했던 사실, 즉 유대인들이 계속 실존하고 있다는 사실이 벌써, 우리가 그것을 서술한 것처럼, 그렇게 놀라운 것으로 느껴질 필요가 없다. 그리고 그렇다면, 유대인들은 도대체 누구이며 무엇인가라는 질문도 분명히 '보다 덜' 엄격하게 제기될 수 있으며, 그렇다면 우리가 그 질문에 부여한 중요성을 지니지 '않을' 수 있다. 우리는 바로 곤혹스러움(Ratlosigkeit) 안에 있는데, 이 곤혹스러움은 반박될 수는 없다고 하더라도 은폐될 수는 있다.—덧붙여 말하자면 아마 역시, 우리가 언급했던 논점들 가운데 이런 혹은 저런 논점들에 대한 잡다한 이의들을 이용해서도 은폐될 수는 있다. 유대인들은 본래 다만 민족이 아닌 민족으로 이해되어야 하는 한 민족이라는 우리의 역설적인 결론은 어쨌든 공격을 받을 수 있다. 그것은 역시 공격을 받고 '있다.'—참으로, 그러한 모순론의 존재를 '선험적으로' 공감하지 않는, 원칙상 상대주의적 역사관을 추종하는 자들 측으로부터 만이 아니라, 더욱더 역시 이 주제에서 정열적으로 관여하고 있는 자들 측으로부터도, 즉 결국 다른 민족들, 곧 실재하는 민족들 한가운데에서 한 민족의 진기한 그림자로서만 실존하여야만 한다는 사실에 대하여 틀림없이 항의할 유대인들 자신으로부터도 공격을 받고 있다. 그리고 마찬가지로, 만일 우리의 견해가 옳다면, 그러한 그림자에 대하여 저항하거나 옹호하는 투쟁을 하고 있다는 것을 자백해야만 하지만 틀림없이 그것을 자백하기를 꺼리게 될 반유대주의자들과 친유대주의자들 측으로부터도 공격을 받고 있다. 그러므로 여기에서 개발된, 유대인들의 역사를 바라보는 견해에 상반되게 매우 상이한 측면들로부터 이런 식으로 의견이 일치될 수 있다: 이 역사는 '그처럼' 수수께끼 같은 것이 아니며, 이 민족은 역시 '그처럼' 그림자 같은 것이 아니라, 그 민족의 방식으로 모든 다른 민족들과 마찬가지로 일반 세계사의 정상적인 현상들에 속하며, 따라서 그 민족을 다른 민족들로부터 구분하는 어떤 특수한 섭리적인 중요성이 그 민족에게 돌려질 수 없다. 그와 동시에 어느 쪽에서도, 언급된 역사적 사실들을 제한하며 약화시키는 잡다한 해석들을 발견하는 것 때문에 당혹감을 느끼지 않을 것이다.

우리는 이 가능성을 여기에서도 당장 인정하는 것이 좋을 것이다. 만일 우리가 이 가능성을 사용하지 '않'는다면, 즉 만일 우리가 원칙적인 상대주의적 역사주의에 비하여, 마찬가지로 유대인들 자신에 비하여, 마찬가지로 반유대주의자들과 친유대주의자들에 비하여, 우리는 유대인들의 역사라는 그 현상에서 "유일무이한"(sui generis) 한 현상과 관계하고 있는 것이라는 주장을 고수한다면—유대인들은 실제로 세계사 한복판에서 전혀 다른 방식으로, 결국 다만 부정적으로만 서술될 수 있는 방식으로, 하나의 민족이며, 그러한 민족으로서 그들의 역사를 지니고 있다는 주장을 고수하기를 원한다면, 우리는 다음의 사실을 인정하지 않으면 안 된다: 그와 동시에 우리는 한 장소로부터 출발하여, 즉 그곳에 들어가고 그곳에 머물러 있는 것이 틀림없이 모든 사람에게 가능한 것이 아닌 그 장소로부터 출발하여 보고 판단하는 것이며, 하물며 그 주제를 바로 이 장소로부터 출발하여 바라보는 것이 일반적인 필연성이라고 불릴 수는 없을 것이다. 왜냐하면 역시 여기에서도 그리고 바로 여기에서 주요관심사는 다름 아니라, 알고 있는지 혹은 알고 있지 않은지의 문제이며, 분리될 수 없이 자체 안에서 서로 관련되어 있는 구약성서와 신약성서의 메시지이며, 따라서 이스라엘의 '왕'인 예수 그리스도 안에서 그것의 목표에 도달되고 성취된, 이스라엘 민족에 대한 하나님의 '선택'과 '부름'이며, 이 민족의 불성실에 직면하여 이 한 사람 안에서 최종적으로 확인되고 증명된 하나님의 성실함이며, 이 민족에게 주어진 자유로운 은혜의 우세함, 즉 이 한 사람 안에서 모습을 드러내고 실행된 그 우세함이며, 그의 죽음이라는 구원사건 그리고 이 민족과 모든 민족들에 대한 그 사건의 영향력 — 따라서 바로 그 사건, 즉 그것의 그늘 안에서 유대인들의 역사가 70년에 시작되었던 그 사건이기 때문이다. 이 모든 것을 알고 있는 사람에게는, 다른 민족들 한복판에 있는 이 민족의 역사, 이 민족의 실존과 본질이 일종의 기적으로 그리고 일종의 수수께끼로 '되며', 그는 이 민족을 다른 민족들처럼 그리고 다른 민족들 가운데에서 이해'할 수' 없다. 그는, 그럼에도 불구하고 그 민족을 다른 민족들과 같은 한 민족으로 이해할 할 만한 이유들로, 즉 그가 어떤 경우에도 지닐 수 있을 그 이유들로 만족'할 수' 없다. 그는 오히려 이 민족의 매우 현실적인 현존에 대하여, 그리고 이 민족이 바로 그렇게, 즉 바로 '민족이 아닌' 민족으로서 그리고 본래 역사 '없이' 현존하고 있다는 사실에 대해서도 '깜짝 놀란다.' 그리고 바로 그는 그 경우에 이 특수한 역사 안에서도 하나님의 세계통치가 남긴 흔적을 '인식하며', 성서가 하나님이라 부르는 그를, 즉 구약성서에서는 야웨로 불리며 신약성서에서는 이스라엘의 그리스도인 나사렛 예수로 불리는 그를 세계통치자로서 '인식한다.' 그 반면에, 성서의 메시지를 알고 있지 '않은' 사람은, 아마 알기조차도 원하지 않는 사람은 이 모든 관점을 거절하는 것 외에 결코 다른 어떤 일반적인 가능성을 지니고 있지 않다. 그와 동시에 다음과 같은 질문, 즉 그가 유대인들의 역사를 역사적 상대주의의 방식에 따라서, 혹은 유대인들 자신의 의기양양한 자기이해에 따라서, 혹은 유대인들의 적들이나 친구들의 이해에 따라서, 정상적인 민족의 정상적인 역사로서 이해하기를 원하는지, 즉 일반적인 세상사 안으로 편입시키기를 원하는지의 여부에 대한 질문은 대답될 수 없을지도 모른다. 유대인 문제에 대한 그의 실제적인 입장표명을 위하여 그는 각각 여기에서부터 혹은 저기에서부터 출발하여 결론들을 이끌어 낼 것이다. 그러나 그는 역시 각각 여기에서부터 혹은 저기에서부터 출발하여, 우리는 유대인들의 역사 안에서 그리스도교의 의미에서 하나님의 섭리가 남긴 특수한 실행(Veranstaltung) 및 흔적과 관계하고 있다는 사실을 부정할 것이다. 유대인들의 역사를 설명하기 어려운 것으로서, 저 커다란 의문 부호로서 간주하고 표현함으로써, 우리는 '두 번째' 가능성이 아니라 '첫 번째' 가능성을 사용하였다는 점을 솔직하게 인정한다. 우리는 다음과 같이 주장한다: 그들의 역사는 물론 설명될 수 있기는 하지만, 그 역사는 이렇듯 설명이 불가능하다는 바로 그 전제 안에서만, 세계사 안에 강력하게 세워진 의문 부호로서만 설명될 수 있다. 그러나 우리가 그렇게 주장하는 것은, 우리가 그들의 역사를 성서의 메시지로부터 출발하여 바라볼 수 있기 때문이며, 또한 그렇게 할 수 있을 경우에 가능한 일이다. 우리 자신이 이 메시지를 알고 있을 때에만, 즉 우리가 다른 곳으로부터가 아니라 이 메시지로부터 출발하여 생각하지 않을 수 없도록 이 메시지에 의무를 지고 있다는 것을 알고 있을 때에만, 우리는 유대인들의 역사를, 우리가 그것을 서술하였던 것처럼 그렇게 인식할 수 있으며 또한 그렇게 될 것이다. 이 역사 자체는 바로, 그것이 거기에서부터 인식됨으로써, 우리가 서술했던 것처럼 불가피하게 아포리아(Aporie: 적절한 해결이 어려운 것—역자 주)의, 즉 수수께끼의 형식과 형태를 획득한다: 즉 거기에서부터 '불가피하게'—그러나 우리는 다음의 사실을 인정한다: 오직 '거기에서부터'만 불가피하게 바로 이 형태를 획득한다.

유대인들이, 즉 이스라엘의 남은 자들(Rest-Israel)이 70년에 세계사에서 사라졌던 것이 아니라,—다른 민족들 가운데에서 그들이, 즉 그들이 살아가던 고대 주변 환경의 크고 작은 모든 민족들 가운데에서 바로 그들이 이루는 사라지고 있는 소수로서—이해하기 어렵게 그러나 전례 없이 활동적이며 눈에 띄게 '계속 존재'하였으며, 오늘날 옛날보다 더 활기 있게 계속 존재하고 있다는 것은, 즉 그들은 당시에 확실히 본격적으로 세계사 안으로 옮겨갔다는 것은, 성서의 메시지로부터 출발하여 바라볼 때, 다음의 사실에서 그것의 명백한 이유를 지니고 있다: 바로 이 민족을 '선택'하고 바로 이 민족과 동맹을 맺은 하나님의 결의는 영원한 결의, 즉 '흔들리지 않는' 결의이다. 이 민족은 불성실한 민족이었다는 사실이, 즉 옛날부터 '다른' 민족들처럼 하나의 민족이기를 원했으며 왕과 역사를 지니기를 원했던 민족이었다는 사실이, 이 민족의 하나님이 지닌 성실함에서 아무것도 변경시킬 수 없었으며, 오늘에 이르기까지 그것에서 아무것도 변경시킬 수 없다. 준비하고 있는 심판들도 그리고 마침내 저 결정적인 심판조차도, 즉 그 민족에게 여전히 허락되던 실존을, 즉 다른 민족들과 동일하거나 혹은 유사한 그 민족의 실존을 70년에 끝장냈던 그 심판조차도 그것에서 아무것도 변경시키지 않았다. 그리고 하나님 자신이 그 민족을 대신함으로써, 즉 골고다의 심판을 대신 받음으로써, 그가 그의 가치 없는 동반자인 그 민족에게 바로 그의 '은혜'를 최종적으로 입증하였던 바로 '그' 심판이 어떻게 하나님의 성실함에서 어떤 것을 변경시켰겠는가? 거기에서 그의 민족을 위하여 그리고 모든 인간들을 위하여 죽은 바로 이 한 사람 안에서, 하나님은 역시 그의 이 민족에게—이 민족을 외면하는 것은 당치도 않으며, 이 민족을 포기하는 것은 당치도 않고—관심을 기울였을 뿐만 아니라 이 민족과 연대하였다. 그가 바로 이스라엘을 전 세계의 모든 민족들을 위하여 빛과 구원의 운반자로 삼기로 결정하였으며 또 그렇게 만들었다는 것은, 역시 바로, 이스라엘의 남은 자들인 유대인들 가운데 남은 자인 이 한 사람의 죽음 안에서—결정적으로 남은 자들 '전체'를 위하여, 즉 이스라엘 '전체'를 위하여—현실로 되었으며, 이 한 사람의 부활에서 또한 명백히 드러났다. 이 성실하고 자비로운 왕의 불성실한 이스라엘, 즉 순종하지 않는 이스라엘 — 역시 불성실하며 순종하지 않는 이스라엘의 남은 자들 — 이라는 것이 무엇을 의미하는지는 물론 이 '심판들' 안에서, 즉 이스라엘의 옛 역사 전체를 관통하고 있던, 그리고 70년에 발생한 사건에서 마침내 완성되었던 그 심판들 안에서 영향을 미치며 가시화된다. 이스라엘이, 그 후에는 유대인들이 스스로를 덫이 되게 하였던 바로 그것, 즉 그들이 다른 민족들과 동일하거나 여하튼 비슷하다는 것이 이 심판들 안에서 그리고 결국 저 마지막 심판에서 점점 더 그리고 마침내 완전히 '사라진다.' 예언서의 말씀에 따르면 "내 민족이 아니기를"(Nicht-mein-Volk) 원했던 자들은 이제 바로 "민족이 아닌 민족"(Nicht-Volk)으로 된다. 그들은 이제 다만 아직도 그리고 마침내 '하나님의' 민족, 즉 다만 아직도 그의 선택과 은혜와 인내 때문에 민족일 수 있을 뿐이다. 구원이 '오고 있기' 때문에, 즉 유대인들로부터 오고 있기 때문에, 예루살렘이 무너지고 성전이 무너진다: 이 역시 그 구원사건을 지나치고서도 그들의 불성실 안에 스스로 너무나 성실하게 머물러 있는 그 유대인들의 예루살렘과 성전이 무너진다. 그러나 이 영광스러운 것이 무너짐으로써, 그들에 대한 선택과 바로 그들과 체결한 계약이 무너지지는 않는다. 그 선택과 계약이 역시 바로 저 구원사건을 통하여 '그리고' 이 재앙이 된 사건을 통하여 확증되었을 때, 어떻게 그것들이 무너질 수 있겠는가? 선택과 계약이 — 예수 그리스도 안에서 폐기된 것이 아니라, 완성된 것이다! — '존속'하므로, '유대인'들도 세계사 안에서 존속한다. 이것이 그들이 계속 실존하는 '비밀'이다. 이 비밀은 여하튼 구약성서와 신약성서의 메시지에 비추어 볼 때 결코 그 어떤 역사적 수수께끼가 아니며 그 어떤 우연한 기적이 아니라, 계시된 '하나님의' 비밀, 즉 하나님은 성실하고 은혜롭다는 비밀이며, 그의 의지와 결의는 변함없다는 비밀이다. 그들과 세계는, 그들이 여전히 현존한다는 사실에 대하여 그들의 종족에, 언어나 문화에, 그리고 최후로 그들의 모세 종교에 감사해야 하는 것이 아니라, 하나님의 성실함과 은혜에 감사해야만 한다: 바로 그들은 광야에서 불평하고 황금 송아지를 일으켜 세웠던 자들의 후손들이며, 그들의 예언자들의 말을 경청하지 않았으며 나중에야 예언자들의 무덤을 꾸몄던 자들이며, 마침내 결국 그들에게 나타난 메시아도 배척하였으며 이방인들에게 내어주었던 자들이다; 그러나 역시 바로 그들에게도 하나님은 영원한 성실함을 맹세하고 지켰으며, 그는 그들에게 그의 증언들과 그의 원조를 결코 거절하지 않았다; 하나님 자신이 그들 가운데 한 사람이 되어 이스라엘인으로서, 즉 유대인으로서 그들이 깨뜨린 계약을 지켰으며 동시에 저 약속을 입증함으로써, 그가 바로 그들의 역사를 완성시켰다; 바로 그들로부터 세계의 구원자인 이 이스라엘 사람, 즉 이 유대인이 출현하였다. 그들이 '이 사람들'로 존재함으로써, 그리고 '이 사람들'이므로, 유대인들은 여전히 세계사 한복판에서 그들의 특수한 역사와 함께 현존하고 있다: 즉 그들은, (일반적인 의미에서 — 역자 주) 민족이 '아닌' 하나의 민족이며, 바로 그렇게, 하나님의 민족인 유일한

'그' 민족이며, 그들이 지니고 있는 역사는 (일반적인 의미에서―역자 주) 역사가 '아니'며, 바로 그렇게, 바로 그 역사의 세계사적 문제성 안에서 유일한 '그' 진정한 인간의 역사, 즉 하나님과 함께 하는 인간의 역사이다. 유대인들이 '이 사람들'로 존재함으로써, 오늘날에 이르기까지 그들에게 다음의 말씀이 적용된다: "너희를 공격하는 자는 나의 눈동자를 공격하는 것이다."(슥 2:8) 그렇지만 아무도 하나님의 눈동자를 공격할 수 없다. 그러므로 우리는 역시 유대인들을 과연 경멸하고 증오하며, 억압하고 박해하거나 혹은 동화시킬 수 있기는 하지만, 실제로 공격할 수는 없으며, 제거할 수 없으며, 박멸할 수 없다. 하나님은 '하나님'인 것처럼 그렇게 확실히, 성서의 메시지에 의하면 하나님이 원하고 말하고 행하였던 것은 일시적인 기분이나 농담이 아니라 영원한 진심이었으며, 모든 시대에 모든 피조물이 관련된 사건의 '주제'였던 것처럼 그렇게 확실히, 그들은 계속하여 실존'해야만 하는'(muß) 유일한 민족이다. 유대인들의 역사는 세계사의 이 주제를 구체적으로 표현한 것이다. 그러므로 그 실존증명들은 설명될 수 있는 명백한 것일 뿐만 아니라, 바로 불가피한 것이다. 그들이 몇 번이고 되풀이하여 증명했던 것은 바로 그 실존증명들이며, 그 실존증명 능력은 명백히 여러 시대들이 흐름에 따라 감소한 것이 아니라 오히려 뚜렷이 증가하였으며, 그들은 오늘날 구약성서에서 증언된 상황들과 매우 유사한 상황에서 다시 그 실존증명들을 행하고 있다. 그리고 역사가들, 유대인들 자신, 그리고 그들의 적들과 친구들은, 그 실존증명을 다른 곳으로부터 출발하여 설명하려는 것이 마침내 결국 역시 무의미한 것이 아닌지의 여부를 방관할지도 모른다. 그러나 만일 우리가 여기에서부터 출발하여 그것들의 불가피성 안에서 그것들을 인식하고 설명한다면, 우리는 어쨌든 확실히 다음의 사실을 인식한다: 여기에서 우리의 주요관심사는 세상사 전체에 대한 하나님의 통치의 흔적이다.―이 흔적에서 역시, 거기에서 활동하고 있는 통치자인 하나님은 누구인지 즉시 인식될 수 있다.

 그러나 여기에서부터, 즉 성서적 메시지로부터 출발하여, 우리는 또한 다른 것을, 즉 세계사 안에 있는 유대인들의 수수께끼 같은 '본질'도, 바로 불가사의한 그 본질도 이해한다. 유대인은 누구이며 무엇인가? 우리는 이제 다음과 같이 대답한다: 저 '선택된' 민족으로부터 유래하는 인간, 즉 그 민족에 대한 선택이 오늘날까지도 유효하며 존속하므로, 어떠한 경우에도 그 선택에 관여하고 있는 인간이다. 그러나 이제 우리는 다음과 같이 덧붙여야만 한다: 그는, 처음부터 그들에 대한 선택에 '어울리지 않는 것'(unwürdig)으로 증명되었던 바로 그 민족으로부터 유래하는 인간이다. 이 민족은 옛날부터 그들의 왕에 의하여 선택되기보다는 오히려 그들의 왕을 스스로 선택했다는 망상을 지녔으며, 그들을 선택한 것을 몇 번이고 되풀이하여 그들 스스로가 선택한 것을 위하여 그들에게 베풀어진 호의로 이해하였으며, 그 때문에 스스로 쉽게 그리고 기꺼이 다른 왕들도 선택할 수 있었으며, 엄밀히 말하자면 언제나 하나님보다는 차라리 다른 왕을 선호하였으며, 그 때문에, 하나님이 그들의 한복판에 나타나 그의 은혜를 입증하였지만 역시 그가 지배하기를 요구한다는 것도 최종적으로 확증하였을 때, 그를 더한층 배척하였다. 따라서 '선택'받았으나 그들에 대한 선택에 '충실하지 못한' 민족으로부터 유래하는 인간, 이것이 바로 유대인이다. 그들에 대한 선택을 위하여 이 민족과 그 유대인 자신이 살아 있고 존속하지만, 그러나 이 민족은 그들의 불성실을 위하여 살아 있고 존속하며, 유대인들은, 그들이 실제로 그것을 행하듯이, 그렇게 실존하며, 그들은 "민족이 아닌 민족"이며, 그러한 존재로서 70년 이래 세계사를 관통하고 있다. 그들은 바로 '까닭 없이' 선택된 민족, 즉 모든 민족들을 위하여 빛과 구원의 운반자로 결정된 민족이 '아니며', 까닭 없이 이스라엘의 거룩한 남은 자들이 아니며, 까닭 없이 민족으로서 하나님의 종인 인간들이 아니며, 까닭 없이, 그들의 죄와 세계 전체의 죄를 짊어지고 골고다에서 죽은 나사렛 출신의 유대인 예수의 민족이 아니며, 까닭 없이 바로 이 한 사람을 통하여 대표되는 것이 아니다. 하나님의 선택과 부르심에 비추어 볼 때 '인류'는 무엇인지, 어떻게 '인간'은 하나님의 자유로운 은혜의 대상으로서 서있는지, '그'는 이 은혜에 대하여 어떻게 관계하는지, '그'는 거기에서 무엇으로서 평가되는지—계약사 및 구원사의 그리고 그 역사 완성의 이 모든 그림자(Schatten)를 바로 '유대인들'이 구체화하였으며, 명백히 드러내고 있다. 우리는 다음의 사실을 이해해야 한다: 유대인들에 대한 선택에도 불구하고가 아니라, 그 선택 때문에, 그 선택의 토대 위에서 그러하다. 선택받은 민족이 된다는 것은 무엇인가 대가를 치러야 하므로, 유대인들은 그 대가를 치르고 있는 것이다. 그렇다면, 평소에는 인간을 위대하고 영광스럽게 만들 수 있을 모든 것이, 그에게 고유한 종교, 언어, 문화 혹은 신체가 지닌 모든 명성이 그야말로 사라져 버려야만 한다. 그렇다면, 그는 하나님의 은혜에 의하여 현존하도록 허락받으므로, 그에게는 실제로 그의 '고유한 어떤 것'도 남아 있지 '않다': 즉 그것을 통하여 그가 스스로를 정당화하고, 그것으로 그가 자신을 치장할 수 있으며, 그것으로 그가 세계사 안에서 신분을 증명하고 가야 할 길을 알게 될 고유한 어떤 것도 남아 있지 않다. 그렇다면 그는 어디서나 현존할 수밖에 없으며, 간과될 수 없고 추방될 수 없고 멸절될 수 없지만—왜냐하면 하나님의 은혜가 그를 유지하며 보존하기 때문이다.—그러나 세계사 자체 안에서 중요한 그 광채 없이, 어디서나 소수자이며, 어디서나 손님이고 낯선 자이며, 언제나 여기에도 저기에도 집이 없고, 도시도 성전도 없는 자일 수밖에 없다. 그에게 하나님의 은혜와 함께 과연 바로 하나님의 심판도 작용하고 계시되어야만 한다면, 그가 어떻게 그런 것들을 지닐 수 있겠는가? 아브라함도 그 땅에서 낯선 자였고, 모세도 그의 백성 가운데에서 낯선 자였으며, 예언자들도 마찬가지로 낯선 자들이었고, 여우들도 굴이 있고 새들도 집이 있건만, 인자(人子)는 그의 머리를 둘 곳이 없었다. 하나님이 선택한 사람들은 그들의 실존을 통하여 세계에 하나님의 빛과 구원을 선포해야만 하지만, 그들에게서 또한 모든 육체에 대한 심판도 작용하며 가시화된다. 그들은 세계 안에서 언제나 낯선 자들일 수밖에 없을 것이며, 어디에서도 고향을 지닐 수 없을 것이다. 유대인들은 역시 이런 의미에서도 하나님이 선택한 사람들이다.

그런데 그들은 알다시피 단순히 낯선 자들이 아니라, 그들이 낯설기 때문에 옛날부터 또한 사람들이 쳐다보기를 '싫어하는' 대상들이었으며, 인기 없는 자들이었고, 경멸과 증오의 대상들이었다. 왜 하필이면 그들인가? 도대체—오직 그리고 바로 '이' "셈족"에만 저항하는—"반셈족주의"란 무엇이란 말인가? 중세기에 그리고 어느 때보다도 더 지독하게 우리 시대에 발생했던 것처럼, 그렇게 유대인이 아닌 사람은 거의 모두가 어떤 형태로든 내부에 지니고 있는 것 같으며, 그 후에 갑자기 전체 군중들을 움직이게 할 수 있으며, 그렇게 소름끼치게 폭발할 수 있으며, 그 후에 다시 억제되고 망각될 수 있을지도 모르지만, 마치 옛날의 페스트처럼, 그 언젠가 다시 분명히 나타나는 이 진기한 질병은 대체 무엇이란 말인가? 우리가 유대인들에게 반감을 갖는 이유는 무엇인가? 우리가 그들을 비방하곤 하는, 호감이 가지 않는 몇 가지 특성들은 이 질문에 대하여 여하튼 결코 아무것도 설명할 수 없다. 모든 민족들이 그 어떤 것이든 호감이 가지 않는 특성들을 지니고 있다. 유대인들의 호감이 가지 않는 특성들은 용서될 수 없는 것이 명백한 반면에, 왜 그들은 과연 서로 그것들을 나쁘게 받아들일 수 있기는 하지만, 그래도 역시 다시 용서할 수 있는가? 왜 모든 다른 사람들은 '이' 민족의 특성들에 대하여, 마치 그것들이 '특수한' 것인 것처럼, 반응하는가? 마치 유대인의 본질이 지닌 불가사의함이 이 대목에서 말하자면 역시 다른 민족들에게도 영향을 주기나 한 것처럼, 이제 역시 그들에게도 완전히 불가사의한 태도가 강요되고 있는 것이 아닐까? 그들의 특성들 때문에 객관적으로 유대인들을 참고 견디기가 더 곤란하고 힘들다는 것, 고유한 특성들을 지닌 다른 민족들보다 유대인들은 더 격렬한 혐오감을 자초한다는 것은 망상에 불과하다. 그러므로 우리는 반셈족주의를 정말 '질병'으로 이해할 수밖에 없다. 그런데 우리는, 인류가 이 질병에 실제로 '걸려 있다'는 사실을 부인할 수 없으며, 역시 확실히 다음의 사실을 확인하지 않으면 안 된다: 우리는, 여기에서 참으로 즉시 떠오르는 일체의 이성적이고 도덕적인 논증들로는 그 질병을 제거할 수 '없'다. 유대인들이—바로 낯선 자들로서, 다른 민족들 가운데에 있는, 민족 아닌 민족으로서—오늘날까지도 '하나님의 선택받은 자들'일 경우에, 즉 그들의 인간성이 어쨌든, 그것 자체가 다른 인간들의 인간성과는 다른 것이 아니라, 즉 더 낫거나 더 못한 것이 아니라, 다른 인간들의 인간성보다는 다른 빛, 즉 더 특수하고 더 밝은 빛 안에 서 있는 바로 그 '하나님의 선택받은 자들'일 경우에, 오직 그 경우에만, 그 반셈족주의는 (즉, 그것 자체가 무의미한 것으로서 의미 있게) 설명될 수 있다. 우리는 유대인들에게서 어떤 다른 존재들을 인식하고 있는가? 무엇이 유대인들에 대하여 우리를 그처럼 자극하는가? 무엇이 거기에서 그처럼 특별히 우리를 경악하게 하는가? 무엇이 거기에서 때때로 우리를 유혹하여 가장 부끄럽게 하는 사건들을, 즉 가장 저주받아야 할 사건들을 돌발시키게 할 수 있는가? 만일 이 주제가 실제로 '신학적으로' 해명되어야 하고, 그렇게 함으로써 또한 철저히 제거되어야 한다면, 그것에 대하여 두 가지 사실이 언급되어야 할 것이다.

    우리가 그들 안에서, 그들이 살아가는 방식에서 '우리가 살아가는 고유한 방식'을 눈앞에 바라보고 있으며, 너무나도 잘 재인식한다는 사실이—우리가 그 사실을 의식하는가 혹은 의식하지 않는가의 문제는 핵심에서 벗어난다: 우리가 그 사실을 의식하든지 혹은 의식하지 않든지 유대인들에 대하여 우리를 불쾌하게 하는 것은 이것 한 가지이다.—우리를 '불쾌하게' 한다. 유대인 자체는 다른 모든 사람들과 다르지 않으며, 더 나쁘지 않다. 그러나 유대인 안에서, 우리 '모두'가 누구이며 무엇인지, 즉 얼마나 나쁜지 밝혀지며, 그 사실이 다른 모든 인간들에게 거울에 비치듯이 눈앞에 드러나게 된다. 유대인은 이 점에서도 그가 하나님의 선택을 받은 자라는 사실에 대하여 대가를 치른다. 모든 인간들에게 향한 하나님의 자비가 그에게서 계시되었으며, '이' 민족에게서 계시되었다. 하나님의 말씀과 하나님의 행동 안에서 세계 전체를 위한 구원이 모습을 드러냈는데, 그 말씀과 행동이 '이' 민족의 역사 안에서 사건으로 되었다. 하나님 자신이 '이' 민족에서 태어난 한 사람 안에서 우리의 육체와 같은 육체로 되었다. 그러므로 이제 바로, 인간은 무엇을 하는 존재인지, 즉 하나님과 관계를 맺고 있는 각 인간은 하나님의 심판대 앞에서 무엇을 하는 존재인지 '이' 민족에게서 명백해졌다: 그것은 '죄를 범하기 쉬운' 인간—하나님의 은혜에 대하여 항의하고 저항하며, 오직 하나님의 자비에 의해서만 살아가는 것을 하찮은 것으로 여기는 인간—하나님 외에 다른 왕을 갖기를 원하는 인간—하나님에 의하여 선택되기를 원하지 않고 그의 하나님을 스스로 선택하기를 원하며, 따라서 은밀히 스스로가 그 자신의 하나님이기를 원하는 인간—그 자신의 업적에 의하여 스스로를 지키고 돕고 구원하기를 원하며, 그 모든 것 안에서 자신의 명예를 소유하기를 원하는 인간이다. 그것이 단지 '유대인'뿐인가? 결코 그렇지 않다! '모든' 인간이, 인간 '자체'가 바로 그런 존재이다. 그런데 바로, 각 인간은 무엇인지, 즉 하나님 앞에 서 있으며 그의 자비의 대상인 인간 자체가 무엇인지—바로 그것이 선택된 인간인 유대인 안에서, 그밖에는 밝혀지지 '않는' 그런 방식으로 밝혀졌다. 과연 이스라엘의 옛 이웃들과 적대자들 안에서는, 과연 아멜렉인들, 블레셋인들, 모압인들 등, 그리고 그 후에는 이집트인들, 아시리아인들, 바빌로니아인들, 그 후에는 그리스인들과 로마인들 안에서는 그것이 얼마나 아주 그럴싸하게 숨겨져 있었으며, 은폐되어 있었던가! 오늘날까지도 영국인들과 프랑스인들, 독일인들, 그리고 무엇보다도 스위스인들 안에 그것이 얼마나 아주 그럴싸하게 숨겨져 있으며, 은폐되어 있는가! 얼마나 차분하게—때에 따라서 서로에 대하여 분노하고 증오함에도 불구하고—우리들은, 유대인과는 다른 우리 모두가 지니고 있는 장점들과 결함들을 서로 상쇄할 수 있으며, 어떻게 우리는 일시적인 불화가 끝난 후에는 언제나 서로 상호간에 역시 다시 이해하고 인정하고 승인할 수 있으며, 심지어 흥미롭고 사랑할만하다고 여기게 될 수 있는가! 왜 그럴 수 있는가? 왜냐하면 인간의 '악'이—즉 하나님에 대한 그의 관계에서, 따라서 역시 동료인간에 대한 그의 관계에서 본래의 악이—다른 모든 민족들의 특성과 나쁜 습관에서는 별로 드러나지는 '않'기 때문이다. 그 악이 의심의 여지없이 그들 안에도 있음에도 불구하고, 그리고 그들 안에도 있기 때문에! 그러나 누가 그것을 알겠는가? 저 근본적인 반역, 즉 인간이 그의 창조주에게 반항하고 자기 자신의 고유한 본성에 거슬러 언제나 사실상 저지르고 있는 그 근본적인 반역을 누가 알기라도 하겠는가? 거기에서 누가 이 근본적인 반역을 은폐할 수 없겠는가? 그리고 누가 그 다른 사람들에게 있는 이 은폐를 실제로 꿰뚫어 볼 수 있으며, 그들이 지니고 있는 본래의 모습을 완전히 통찰할 수 있는가?: 그들이 은혜를 거부하는 적대자들이며, 그들 자신이 역시 서로 상호간에 다만 적대자들일 수밖에 없으며, 인간은 역시 인류에 대해서도 적대자라는 것을 통찰할 수 있는가? 무엇보다도 먼저 우리는, 일반적으로 다음의 것들이 존재한다는 사실을 알아야만 했다: 즉 하나님의 은혜에 저항하는 적대적 태도가, 따라서 인간들에 대한 적대적 태도가, 따라서 죄가 존재한다는 사실을 알아야만 했다. 그것을 알기 위해서는, 인간은 먼저 자기 자신을 알아야만 했다. 그러나 민족들과 그 민족들에 속한 인간들은 스스로를 '알지'도 못한다; 그들은 죄가 무엇인지를 '알지'도 못한다. 그들은 서로 싸울 수 있지만, 역시 화합할 수도 있으며, 서로 전쟁을 할 수 있지만, 역시 다시 평화협정을 맺을 수도 있다. 그들 사이에는 실제의 적대적 태도가 존재할 수 없다: 저 '반셈족주의에 비교할 수 있을' '어떤 것도' 존재할 수 '없'으며, 그들 모두가 바로 유대인에 대하여 표명하는 저 극복하기 어려운 본래의 혐오와 같은 어떤 것도 존재할 수 없다. 왜 하필이면 유대인에 대해서인가? 왜냐하면 유대인 안에서는 그들 모두의 안에 감추어져 있는 것이 감추어져 있지 '않으며', 그들 모두의 안에 은폐되어 있는 것이 은폐되어 있지 '않기' 때문이다. 그 은폐가 제거된 인간이 바로 유대인이다. 유대인은, 엄밀히 말하자면 인간 각자가 무엇인지를 보여주는 존재로서 우리 모두의 눈앞에 서 있다. 우리 모두가 언제나 저지르고 있는 그 근본적인 반역, 불신앙, 불순종이 유대인에게서 드러났다. 이런 의미에서 유대인은 모든 인간들 가운데 가장 인간적인 존재다. 그런 까닭에 그는 우리를 즐겁게 하지 않는다. 그런 까닭에 우리는 그를 우리의 눈앞에서 사라지게 하고 싶다. 그런 까닭에 우리는 우리의 한가운데에 있는 이 낯선 요소를 기꺼이 제거하기를 원한다. 유대인이 우리에게 너무나도 잘 알려졌다는 바로 그 사실 때문에, 우리는 그가 낯설다는 것을 불쾌하게 느낀다. 그런 까닭에 우리는 유대인들에 대하여 그처럼 험상궂은 눈으로 바라본다. 그런 까닭에 우리는 그들을 언제나 그들의 실제 모습보다 더욱더 나쁘게 만들어버리는 것이다. 그런 까닭에 우리는 유대 종족이라는 어처구니없는 이론을 고안하고는 생각해낼 수 있는 모든 불쾌한 특성들을 이 유대 종족에게 부여한다. 그런 까닭에 우리는 모든 가능한 범죄들을 유대인들 자신에게 전가한다. 그렇지만 전체적인 흥분이 유대인을 향하지는 않는다. ─그러나 다만, 그가 우리에게 '거울'이기 때문에, 즉 그 안에서 우리가 동시에 우리 '자신'을 인식해야만 하는 거울이기 때문에, 모든 민족들이 자신들도 하나님의 심판대 앞에 서 있다는 것을 인식해야만 하는 거울이기 때문에, 그리고 그런 거울일 경우에만, 그것이 바로 유대인을 향한다. 용서받을 수 없는 유대인의 죄는 바로 '이것'이다. '그런 까닭에' 우리는 이 낯선 자에게 여전히 경멸과 증오의 짐을 지워야만 한다고 여긴다. 유대인들은 이 거울이기 때문에, 명백히 그런 까닭에 그들은 '현존'해야만 한다. 그리고 그들이 '여전히' 그리고 언제나 '다시' 현존한다는 사실은, 어떤 정교한 반셈족주의나 난폭한 반셈족주의도 결코 변경할 수 없는 하나님의 섭리를 실행하는 것이다. 그들은 하나님의 선택된 민족이기 때문에, 그들은 모든 사람들의 눈앞에 그렇게 서 있어야만 한다. 그리고 그들에 대한 선택이 모든 민족들에 대한, 즉 인류 전체에 대한 선택의 원형이기 때문에, 이 거울은 제거될 '가능성'이 없으며, 앞으로 제거되지도 않'을 것이다.' 그런 까닭에 모든 인간들은 언제나 다시 이 거울을 들여다보고, 그들 자신이 어떻게 서 있는지를 인식해'야만 하며', 그들의 모든 위장(僞裝)들은 역시 다만 위장들일 뿐이며, 실제로는 그들도 하나님에 대한 적대자들로서 간파되었다는 말을 들어'야만 한다'(müssen). 인간들에게, 민족들에게 이 실상을 '실제로' 폭로하기 위해서는, 유대인들의 실존보다 더 많은 것이 필요하다는 것은 명백하다. 유대인들의 실존을 통하여 그들에게 제공되어 있는 표시와 증언을 그들이 읽을 수 있고 이해할 수 있게 하기 위해서는, 즉 그들도 하나님에 대한 적대자들이며 하나님은 그들의 공로에 따라서가 아니라 그의 은혜가 지닌 우세함 안에서 그들에게 관심을 기울였다는 사실을 그들이 실제로 확인하기 위해서는, 복음과 함께 신앙이 필요하며, 예수 그리스도의 신앙공동체로 그들을 불러 모으는 것이 필요하다. 만일 그렇지 않으면, 유대인들의 실존을 통하여 인간들에게 초래된 것은 다만 숨 막히는 불쾌감, 어리석은 짜증뿐이라는 것은 당연하다. 그러나 이 불쾌함과 짜증의 객관적인 의미, 여기에서 인간에게 주어져 있는 표시와 증언의 객관적인 진리는, 그들이 그 표시와 증언을 그런 것으로서 인식하고 이해하는가의 여부에 달려 있지 않다. 그것이 그들에게 이런 의미에서 그리고 이런 진리 안에서 제공되었다는 사실은 그대로 남는다. 그리고 비유대인들 자신이, 이 지점(Stelle)에서 몇 번이고 되풀이하여 그처럼 화를 내고 짜증내고 당혹스러워하고 모욕을 느끼므로, 그처럼 결코 평온해질 수 없으므로, 그것이 그들에게 바로 그렇게 제공되었다는 사실을 증명한다. 그들은, 이 지점에서 그들에게 가장 불쾌한 것이 언급되었다는 사실을 명백히 잘 알고 있다. 그들은 이 지점이 존재한다는 것을 부인할 수 없다: 즉, 그들이 아직 그것을 결코 경청하지 않았음에도 불구하고, 이 가장 불쾌한 것을 경청하게 될지도 모른다는 위험을 부정할 수 없다. 마치 범죄자가 그가 범죄를 저지른 장소로 되돌아오듯이, 그들은 몇 번이고 되풀이하여 이 지점으로 되돌아와야만 한다. 아주 완강하게 바로 반셈족주의자들이 됨으로써, 그들이 무엇을 원하고 무엇을 행하는지를 알지 못함에도 불구하고, 그리고 알지 못하기 때문에, 그들은 그들의 반셈족주의를 통하여 자기 자신을 배신한다. 그들은, 하나님의 세계통치가 남긴 이 흔적에 직면하여 사람들이 행할 수 있는 것 가운데 가장 잘못된 것을 행한다. 그러나 그들은 실제로는, 그들이 이 흔적과 마주쳤으며, 그것을 회피할 수 없다는 사실을 너무나도 명백히 하고 있다. 이것이 여기에서 신학적으로 언급되어야 할 첫 번째 내용이다.

두 번째로 언급되어야 할 내용은 이것이다: 우리를 불쾌하게 하는 것은—그리고 거듭, 우리에게 그것이 의식되는지 않는지의 여부는 핵심에서 벗어나는 것이다.—유대인들이 실존한다는 사실에서 그리고 민족이 아닌 민족이지만 참으로 바로 그 자체로서 하나의 민족이라는 그들의 진기한 본질에서 우리는 완전히 긍정적으로 하나님의 '선택하는 은혜'라는 사실에, 즉 인간 실존의 유일하며 강력한 토대인 그의 자비라는 사실에 직면해 있다는 점이다. 그와 동시에 우리는, 우리가 이 사실을 실제로 좋아하지도 않는다는 것을 확인한다. 다음의 사실이 우리를 짜증나게 하고 불쾌하게 한다: 유대인은, 그의 역사적 상황이 아주 불리한 중에도 그리고 그렇게 불리했음에도 불구하고, 즉 보통 한 민족을 민족으로서 가능하게 만드는 모든 것에 의해서 결코 돋보이지 못하였으며, 저 특성들을, 즉 다른 민족들을 서로 구별하며 그들의 고유한 특징을 형성하며 그들에게 고향에서 거주할 권리를 제공하고 세계사에서 권리를 요구하게 하는 바로 그 특성들을 지니지 못했으므로 결코 보호받지 못했음에도 불구하고, 그가 1900년 전부터 존재하고 있듯이, 그렇게 의심의 여지없이 '현존하고 있'으며, 따라서 명백히 현존'할 수 있다.' 다른 민족들과 역시 어떤 유사성을 지녔던 고대역사에서 이미, 유대민족은 얼마나 기묘하게 이리저리 떠밀려 다니는 민족이었던가!: 팔레스타인을 향하여, 그곳을 벗어나 이집트로, 광야로, 다시 팔레스타인 안으로, 다시 그곳을 떠나 메소포타미아로 향했고, 다시 팔레스타인으로 귀환했으며, 마침내 민족들 가운데로 뿔뿔이 흩어지기까지. 그리고 그 이후 이 민족이 그들의 상이한 집단들과 모든 개별적인 구성원들 안에서 지녔던 그 실존, 즉 모든 내적, 외적 개연성(蓋然性)에 저항한 그 실존은 대체 어떤 것이었던가! 그러나 언제나 이 민족은 실존하였으며, 언제나 다른 사람들의 시선을 끌었다. 유대인들이 실제로 실존하였던 것처럼 그렇게 우리가 실존'할 수' 있는가? 그런데 그들은 그렇게 '했으며', 이 점에서도 그들은 분명히 우리에게 거울, 즉 그들이 그렇게 할 수 있도록 분명히 '능력을 부여'한 토대가 되었던 하나님의 은혜와 인내에서 비롯된 선택을 보여주는 거울이다. 결국 다른 토대 '없이'—바로 이 점이 다른 사람들인 우리들을 이 측면에서 그처럼 불쾌하게 하고 격분시키는 것이다. 유대인들은 그들의 현존을 고집함으로써 모든 규칙들로부터 벗어난다; 그들은 그렇게 함으로써 아주 노골적으로 우리를 능가한다. 다른 존재들인 우리는 규정대로 실존하며, 우리는 안전한 장소와 길을 지니고 있다는 사실에 대하여 만족하며, 자랑스러워한다. 그럼에도 불구하고 우리는 확실히 매우 명백하게, 우리는 동일한 불리한 상황에서는 결코 동일한 고집을 내세우지 '않을' 것이라는 사실을 감지한다. 우리는 많은 예증들을 눈앞에 그려 본다: 옛날에 프러시아로 이주했던 프랑스인들은 어떻게 한 세기 만에 프러시아인으로 되었으며, 일부는 골수 프러시아인들로 되고 말았는지, 어떻게 스위스인이 미국에서 순식간에 미국인으로 변하곤 하는지 등을 그려본다. 유대인도 물론 독일인, 스위스인, 미국인이 될 수 있기는 하지만, 그와 동시에 그는, 그 자신의 의식 안에서도 그리고 다른 사람들에 대해서도, 유대인이기를 중단하지 않는다. 이 점에서 유대인들은 우리 모두가 할 수 '없는' 것을 '할 수' 있다. 그리고 바로 이 사실이 우리를 불쾌하게 한다. 그리고 '왜' 그들은 그렇게 할 수 있는지를 알아내기가 매우 어렵기 때문에, 우리는 더욱더 불쾌하다. 그들 스스로가 그처럼 진기하게 상대적으로, 그처럼 뿌리박지 못하고, 그처럼 안전이 보장되지 못하게 실존함으로써, 그리고 그들이 참으로 바로 그처럼 전례 없이 '고집스럽게' 그렇게 실존함으로써, 그들은 우리에게 그야말로 고통스럽게 우리들 자신의 실존이 지닌 상대성을 상기시킨다. 하나님의 선택이라는 관점에서 볼 때, 이 두 현상들(그들의 실존이 지닌 상대성과 고집스러움—역자 주)은 이해하기 어려운 것이 아니다. 만일 그들은 선택된 민족, 즉 오직 하나님의 은혜와 인내에 의하여 지속적으로 실존하는 민족'이다'라고 전제한다면, 그들이 그 밖의 어떤 뿌리와 안전보장 '없이' 그처럼, 세계사적으로 볼 때는 그처럼 불가사의하게 실존해야만 한다는 사실이 확실히 이해될 수 있다. 그런데 그 경우에 역시 다음의 사실도 이해될 수 있다: 그들은 저 '고집'으로 그렇게 실존할 수 있으며, 그들은 분명히, 다른 민족들에 대해서는 그렇게 언급될 수 없는 그런 방식으로 '보존되고' 있다. 완전히 자유롭고 과분한 하나님의 자비에서, 여기에서 하나님이 자신을 위하여 간직하기를 원하는 그 명예에서, 첫 번째 현상이 해명되며, 그의 은혜가 지닌 전능함과 능력에서 두 번째 현상이 해명된다. 그러나 만일 그들을 선택한 것이 참으로 결코 목적 자체와 최종목적이 아니라면, 어떻게 되는가? 만일 그들이 참으로 역시 선택받은 민족으로서 다른 민족들 한복판에서 모든 민족들에 대한, 즉 온 인류에 대한 선택을 보여주는 거울이라면, 어떻게 되는가? 그 경우에 우리는 이 한 민족에 대해서 대체 어떤 종류의 불쾌감을 그토록 가까이에서 느껴야만 한다는 말인가! 그리고 만일 그 경우에 이 한 민족 안에서 다음의 사실이 확실히 알려진다면: 즉, 만일 하나님의 선택이 유효하다면, 그것은 인간의 실존이 지닌 비밀, 곧 토대이며, 그 토대로부터 모든 민족들과 모든 인간들이 살아가는 것이라는 사실이 확실히 알려진다면—그 경우에 우리들의 안전장치들, 즉 그 민족과는 다른 존재들인 우리가 우리의 고유한 것이라고 알고 있다고 여기며 찬양할 수 있을 것이라고 여기는 그 모든 것들은 어떻게 되는가? 우리의 안전장치들이 지닌 장점들은 혹시 가치가 더 지속되는 것인가? 어쩌면 우리 모두는, 우리가 알고 있으며 인정하기를 원하는 것보다도 훨씬 더 위태롭게 실존하고 있는 것은 아닐까? 어쩌면 이 점에서도 다른 곳에서는 은폐되어 있는 다음의 사실이 유대인의 실존에서 단지 명백히 드러난 것은 아닐까?: 바로, 하나님 곁에서만 진정으로 고향에 있으며 보호받기 때문에, 세계사 안에서는 아무도, 즉 어떤 민족이나 어떤 인간도, 그의 고향을 지니고 있지 않으며, 아무도 최종적으로 보호받으며 집에 있는 것이 아니며, 결국 모두가 그렇게 이리저리 떠밀려 다니는 존재이며, 그렇게 영원히 낯선 자들이다. 유대인들의 역사는 그들과는 다른 존재들인 우리에게는, 즉 "행복한 소유자들"에게는, 그와 같은 것을 말하는 것 같다. 그리고 우리가 그것을 경청하기를 좋아하지는 않는다는 것, 그리고 우리에게 그렇게 말하는 사람들을 좋아하지는 않는다는 것은 조금도 놀라운 일이 아니다. 우리는 분명히 이런 이유에서도, 즉 이 선택된 민족과 그들의 운명이 그들과는 다른 존재인 우리들 모두의 마음에 불어넣을 수 있을 커다란 염려 때문에, 반셈족주의자로 될 수 있다: 즉 이 거울이 우리의 눈앞에서 제거되기를 원하는 절박한 소원을 지닐 수 있다. 그리고 만일 우리가 이제 다른 현상을, 즉 민족이 아닌 민족이라는 바로 그 특성을 지니고도 유대인의 정체성을 지키려는 저 엄청난 고집을 더 포함해서 생각한다면? 만일 이제 다음의 사실도 역시 우리의 눈에 띈다면?: ─그들과는 다른 존재인 우리가 어쨌든 신뢰할 수 있으리라고 생각하는 모든 것들을 약탈당한─유대인들은, 우리가 참으로 실제로 정말 그렇게 할 능력이 없는 것으로 증명된 바로 그 일을, 즉 수세기에 걸쳐 여전히 뿔뿔이 흩어지고 이주하도록 강요당하면서도, 여전히 끊임없이 떠돌아다니면서도 그들 자신으로 머무는 그 일을 할 능력이 있다. 만일 유대인들이 이제 바로 진정한 국가적 정체성과 독립이라는 사실적 증거를, 즉 그것을 성취하기 위해서 다른 민족들이 그처럼 많은 수고를 기울이지만 결국 다만 불완전하게 그리고 부분적으로만 성취하는 바로 그것을 성취한다면? '이' 민족의 역사 안에서는, 그들은 어떤 충분한 수단도 없이, 즉 모든 예상에 반하여 말하자면 손쉽게 국가를 세웠다는 사실을 바라보아야만 한다면, 우리 자신이 고유한 국적을 얻기 위하여 더욱 투쟁적으로 노력하면 할수록, 불쾌감이 더욱더 커질 것은 명백하다. 모든 시대에 하필이면 유대인들에 대하여, 즉 이 무력한 '민족 아닌 민족'에 대하여 바로 모든 민족주의를 그처럼 끔찍하게 화나게 하였던 것은 바로 그 노골적인 '질투'가 아니고 무엇이겠는가? 유대민족에 대한 선택이라는 거울은 우리에게 무엇을 보여주고 있는가? 왜 우리는, 유대민족이 선택받은 민족이라는 사실을 그처럼 듣기 싫어하는가? 왜 우리는 그리스도교를 샅샅이 뒤져서, 유대민족이 더 이상 선택받은 민족이 아니라는 언제나 새로운 증거들을 찾고 있는가? 아주 단순하게 말하자면, 만일 이 민족에 대한 선택이 정확하다면, 바로 이 민족 아닌 민족이 하나님의 백성이며, 따라서 그들이 세계사에서 전적으로 무력하지만 바로 '그'(das) 진정한 민족이며, 비길 데 없는 '그' 국가라면─그렇다면 나머지 우리들은 무엇이 되며, 그 밖의 모든 민족주의는 얼마나 맹목적인 죄악인가? 이 민족의 실존을 통하여, '선택된 자'는 '다른 자'라는 것을, 즉 독일인이 아니고 프랑스인이 아니고 스위스인이 아니고 이 '유대인'이라는 것을 경청해야 한다! 우리가 선택받기 위해서는, 좋든 싫든 우리 자신이 유대인이어야만 하든가 그렇지 않다면 이 유대인에 속해야만 한다는 것을 경청해야 한다! 도대체 누가 이 사실을 경청하기를 원하거나, 혹은 심지어 스스로 말하기를 원하겠는가? 그러나 이미 사실이 그렇다. 그러므로 반셈족주의자의 맹목적인 증오가 여기 이 문제에서, 눈에 띄게 이 죄를 저지르지는 않는 사람의 온화한 인도주의보다 아마도 다음의 사실을 더 잘 통찰하게 하는 것 같다: 우리는 유대인들의 실존에서 특수한 선택인, 즉 그 선택의 특수성에서 우리들 자신을 우선 완전히 '무시하는' 하나님의 선택인 그 하나님의 선택이라는 반석과 마주친다. 하나님의 선택 ― 유대인들의 역사는 우리에게 이 사실을 말하고 있다. ― 은 '다른 존재'에 대한 선택이다. 그리고 우리에 대한 선택은 오직 이 '다른 존재' 안에서 그리고 그 '다른 존재'와 함께 이루어지는 선택일 수밖에 없을 것이다. 만일 하나님의 은혜와 자비와 인내가 역시 우리와도 관련되어야 마땅하다면, 만일 우리도 살아남고 고집하고 보존되어야 마땅하다면, 그 경우에 우리는 이 '다른 존재'를 피할 수 없으며, 그 경우에 하나님의 온전한 자비는 다만, 그것이 먼저 이 '다른 존재'에게 관련되고 오직 그 다른 존재 안에서 그리고 그를 통하여 역시 '우리'에게도 관련됨으로써만, 우리에게 관련될 수 있다. 이 다른 존재란 누구인가? '유대인'인가? 우리는 그렇다고 생각하고, '유대인'이 경쟁자, 즉 우리를 그늘에 세우는 그리고 우리는 그에게 그러한 우선권을 승인하기를 원하지 않는 바로 그 경쟁자라고 혐의를 두고 증오하고 그와 싸운다. 그것이 실제는 '그' 유대인임에도 불구하고, 즉 유대인의 실존이 버림받은 상태에서 그리고 동시에 그 실존을 고집하면서 우리를 바라보고 있는 한 존재인 예수 그리스도임에도 불구하고, '그' 다른 존재는 이제야말로 정말 '우리를 위하여' 존재하며, 바로 온 인류의 새로운 머리인 선택된 한 존재임에도 불구하고. 확실히 그는 오직, 그가 먼저 복음 안에서, 믿음 안에서, 그의 신앙공동체 안에서 우리와 만났을 경우에만, 거기에서 실제로 우리를 똑바로 쳐다본다. 유대인들의 역사 안에서 우리와 마주치며, 유대인 문제 전체에서 우리를 그처럼 불안하게 하는 것은, 확실히 다만 간접적으로 그의 얼굴이다. 이 표시와 증언을 그 어떤 어리석은 의미에서 오해하지 않고, 그것을 인식하고 이해하기 위해서는, 분명히 그 자신, 그의 말씀, 그의 영이 필요하다. 그러나 그 표시와 증언은 우리 앞에 있으며 ―우리가 유대인들에 대한 우리의 불쾌감을 바르게 이해하기만 하면, 그것을 당장 깨닫게 될 것이다.― 그 표시는 선택에 대하여, 하나님의 은혜에 대하여 말하고 있으며, 스스로가 유대인이었으며, 그가 아닌 '다른 존재' 안에는 결코 구원이 없으나, 그의 안에는 '모든' 민족들의 '모든' 인간들을 위한 구원의 충만함이 있는 바로 그 한 존재에 대하여 말한다. 유대인들의 역사에 담긴 표시와 증언은 열린 눈들과 귀들을 기다린다. 그러나 그것은 세계사 한복판에 세워져 있다: 그것은 이 '한 존재'의 왕국에 대한 증언이며, 그와 동시에 세계사 '전체'의 주님인 그에 대한 증언이다.

4. 인간의 삶에 대한 경계설정 — 우리는 이제 겉보기에 전혀 허용되지 않는 비약을 시도한다. 성서의 역사, 교회의 역사, 유대인들의 역사—그리고 이제 갑자기, 인간의 삶에 대한 경계설정을 말하는 것은 서로 어떤 관계가 있으며, 어떻게 일렬로 세워질 수 있는가? 한편에는 아주 특정한 내용과 관련된 어쨌든 매우 구체적인 세 가지 역사적 맥락들이 있으며, 셋 모두 그것들의 특징에 따라 계약 및 은혜의 역사와 명확히 식별할 수 있는 관계가 있다. 반면에 다른 한편에는 인간의 삶에 대한 아주 일반적인 형식적 규정이 있다. 이 규정에 대하여 우리는 당장 이렇게 덧붙여 말할 수 있을 것이다: 그것은 모든 삶 전체에 대한 규정이다. 왜냐하면 삶이란 제한된 삶으로서 살게 되는 것이기 때문이다. 바로 그 점에서 우리는 어느 정도까지 그 삶을, 세상사는 하나님에 의하여, 즉 이스라엘의 왕인 성서의 하나님에 의하여 통치되는 사건이라는 사실에 대한 계속되는 표시 및 증언과 관련시켜야만 하는가? 우리는 여기에서 중심으로부터, 즉 우리가 여기에서 그것으로부터 출발하여 그리고 그것을 향하여 생각해야만 하는 바로 그 중심으로부터, 완전히 벗어나고 있는 것은 아닌가? 피조물의 사건 자체는, 아마 거룩한 역사로부터 나와서 그것 위에 비출지도 모르는 그 빛이 필요하다. 그 빛에 의하여 그 사건은 우리에게 그것의 입장에서, 우리가 지금까지 언급하였던 그 요소들처럼, 저 거룩한 역사에 대하여, 그리고 그 역사 안에서 행동하는 주체이며 또한 그러한 존재로서 모든 사건 안에서 통치하는 주체이기도 한 바로 그 존재에 대하여 무엇인가를 설명할 수 있을 것이다. 그러나 그 사건 자체는 빛을 지니고 있지 않다. 그런데 우리는 그 거룩한 역사로부터 벗어나 일반적인 피조물의 사건이 발생하는 공간으로, 즉 어느 경우든 도처에서 여러 가지 의미로 해석할 수 있는 거대하고 이해하기 어려운 공간으로 벗어나고 있는 것은 아닌가?

이 당연한 질문에 대한 서론적 진술은 우선 다음과 같다. 사실이 다음과 같다고 가정하기로 하자: 우리는 여기에서도, 즉 실제로 매우 일반적이며, 매우 형식적이며 결코 인간만이 아니라 모든 생명체를 포함하는 미리 정해진 운명에서도, 즉 우리 인간들은 어쨌든 정해진 한계 내부에서 살아야만 한다는 사실에서도, 하나님의—즉 이스라엘의 왕인 성서의 거룩하고 자비로운 하나님의—세계통치에 대한 표시 및 증언과 관계하고 있다. 이렇게 가정하기로 하자: 미리 정해진 운명도 일반적인 세상사의 자격 있는, 의미심장한 요소들의 일부를 이룰 것이며, 저 흔적들, 즉 세계의 주님인 하나님의 흔적들로서 그것에 주의를 기울이는 것이 어떠한 경우에도 유용한 것이 틀림없을 바로 저 흔적들의 일부를 이룰 것이다. 그 경우에 여하튼 바로 이 흔적은 우리가 지금까지 언급했던 것들보다도 어쨌든 '직접적인' 명료성이라는 특유한 '장점'을 지닐 것이다. 성서의 역사, 교회의 역사, 유대인들의 역사가 존재한다는 것은 사실들이며, 우리는 이 사실들에 대하여 끊임없이 특별히 주의를 환기해야만 하며, 그 경우에 스스로가 특별히 주의를 기울이지 않으면 안 된다. 그것들은 과연 객관적인 사실이기는 하다. 설령 우리는 그것들을 이용하여 어떤 증명을 할 수는 없으나, 우리는 그것들 자체의 이름을 거명하고 어느 정도 노출시킬 수 있다. 그러나 그야말로, 우리는 그것들을 참으로 특별히 노출시키고 이름을 거명해야만 한다. 그것들은 수많은 사람들의 시야에 들어오지 않기 때문에, 아마 결코 그들의 시야에 나타나지 않기 때문에, 그것들 자체가 그들에게 사실들로서도 은폐되어 있을 수 있으며, 또 은폐된 상태로 머물 수 있다. 그리고 그것들은 확실히 아무에게도 지속적으로, 자연적으로, 자명하게 눈앞에 있는 것은 아니므로, 그것들이 언제나 그에게 말할 수 있는 것은 아니다. 그러나 만일 시작에서 끝에 이르기까지 정해진 기간이, 즉 출생과 죽음 사이의 기한이 흘러가는 것으로서 제한되고 제약받는 인간의 삶 자체가 저 표시들과 증언들의 일부를 이룬다면, 우리는 여기에서 어쨌든 하나의 사실에 관여하는 것이 될 것이다: 여기에서 주요관심사는 다름 아니라 인간의 고유한 실존이 지닌 기본운명이기 때문에, 이 사실은—그것을 염두에 두든지 혹은 염두에 두지 않든지—어쨌든 당장 지속적으로 각자의, 각 사람의 눈앞에 있다. 그 경우에는, 설령 내가 성서에 대해서, 교회에 대해서, 유대인들에 대해서 말하는 것을 아직 들은 적이 없거나, 혹은 그 모든 것에 대해서 다만 매우 희미한 표상들만을 지니고 있으며 거의 감명을 받지 못한 사람이라고 해도, 설령 그 모든 것이 아마 오랫동안 전혀 내 기억 속에 살아 있지 않았으며, 나에게 전혀 아무것도 말하지 않았다고 해도, 나 자신이 나에게 하나님의 세계통치에 대한 표시와 증언일 것이다. 또한 그 경우에 나 자신이 언제나 내 기억 속에 살아 있을 것이다: 즉 바로 지금 시작과 끝 사이의 어느 곳에 있는, 그리고 시작과 끝으로부터 볼 때 분명히 도상에 있는 나 자신이—언젠가 아직 존재하지 않았으며 그리고 언젠가 더 이상 존재하지 않을 나 자신이—나의 특수한 삶 그리고 그것의 특수한 제한에 의하여 특징지어진 삶을 지니고 있는 나 자신이—이 미리 정해진 운명의 대상인 나 자신이 내 기억 속에 살아 있을 것이다. 이 운명은 역시, 그것이 나에게만이 아니라 또한 모든 다른 사람들에게도, 즉 모든 생명체에 미친다는 사실을 내가 인지한다고 해서, 나에게 덜 뼈아프게 그리고 덜 자극적으로 관계되는 것이 아니며, 실제로 덜 단호하게 그리고 덜 특색 있게 관계하는 것이 아니다. 바로 이 '일반적인 운명'이 참으로 또한 나의 특수한 운명이라는 이 사실은, 나에게 나의 특수한 운명으로서 그 일반적인 운명에 더욱더 관심을 끌게 만들 수밖에 없으며, 결코 무관심하게 만들 수 없다. 이 일반적인 운명의 보편성은, 그것이 나의 특수한 운명으로서 이제 바로 '나에게' 관계되며, 의심의 여지없이 바로 '내' 기억 속에 살아 있다는 사실에서 아무것도 변경하지 않는다.

예를 들면, "모든 인간은 죽어야만 한다. 카이우스(Cajus)는 사람이다. 그러므로 카이우스는 죽을 수밖에 없다."라는 잘 알려진 삼단논법에서, 첫 번째 명제가 마지막 명제를 진정으로 올바르지 않게 만드는 것도 아니고 중요하지 않게 만드는 것도 아니라 오히려, 그 첫 명제가 이 삼단논법 없이도 카이우스 자신을 위하여 지니고 있는 올바름과 중요성을 강조한 것일 수밖에 없다.

만일 참으로 인간의 삶에 대한 경계설정 자체가 세상사의 저 결정적인—하나님의 세계통치에 대한 암시로서 결정적인—요소들 가운데 하나라면, 그 경우에 그것은 실제로 이것을 의미한다: 각각의 인간 자신이 (그가 그것을 염두에 두든지 혹은 염두에 두지 않든지) 이 문제에서 스스로가 표시와 증언이다. 그 경우에 그에게는 '그의 고유한 삶' 자체가—그에게 정말 확실히 너무나 가까이에서 명백히 드러나는 이 사실이, 일반적인 세상사에서 그에게 가장 친밀하게 알려진 이 요소가—이 문제에서 그에게 말할 표시와 증언일 것이다: 설령 그가 성서에 대하여, 교회에 대하여, 유대인들에게 대하여 아직 전혀 듣지 않았다고 해도, 설령 그가 이 사실들의 영향력을 평가할 능력이 없다고 해도, 그리고 역시, 그 사실의 영향력이 바로 실제로 그의 마음에 남아 있지 않을 때에도, 그러할 것이다. 인간은 각자 자기 자신의 일을 생각하고 있다.—끊임없이 그리고 무슨 일이 있어도 자기 자신의 일을 생각하고 있다. 만일 인간의 삶에 대한 경계설정이 이 대열(Reihe)에 속한다는 것이 올바르다면, 하나님의 세계통치에 대한 바로 이 표시와 증언에 독특한 분명한 장점은 이것일 것이다: 우리가 다른 것들에 대해서는 그렇게 언급할 수 없는 그런 방식으로, 그것은 우리의 손이 닿는 곳에 있을 것이다.

이 주제를 이 대목에서 화제로 삼는다는 생각은 결코 나의 착상이 아니며, 나는 우리의 옛 신학자들이 하나님의 섭리론과 관련하여 그 어떤 대목에서든 한결같이 제시하곤 했던 진기한 교의인 "삶의 한계"에 관한 교의에 관련시키려는 것이다: 이 교의가 의미하는 것은, 개별적인 각 인간에게는 그의 내적이며 외적인 모든 상황들과 함께 하나님이 예정한 그의 삶의 시간적인 끝과 목표가 있다는 것이다. 옛 신학자들 가운데 여러 사람들은 (가령 D. Hollaz, *Ex. theol. acroam.* 1707, I 6, qu. 8) 그 교의를 하나님의 섭리를 통하여 정돈된 "들어오는 것, 전진하는 것, 나오는 것"에 관한 교의로, 즉 인간의 실존 일반을 하나님이 제약한다는 일종의 교의로 확장하였다. 그러나 강조점은 그래도 언제나 "나오는 것"에 대한 질문에, 즉 우리 '앞'에 놓여 있는 삶의 한계에 대한 질문에 놓여 있었다. 그것에 대하여 언급된 것에서 우리는, 죽음에 대한 생각이 한편으로는 훨씬 더 친숙했으며, 즉 더 자명했으며, 다른 한편으로는 또한 훨씬 더 절박했으며 더 심각했던 시대, 그리고 이 점에서 다른 시대들보다 분명히 훨씬 더 지혜로웠음이 증명되었던 시대의 숨결을 느낀다. 그들은 가령, 인간의 모든 날들을 보고 있는 하나님의 눈과 그 모든 날들이 기록된 책에 대하여 말하고 있는 시편 139:16을, 혹은 시편 31:16 (한글번역판으로는 31:15—역자 주), 곧 "나의 시간(나의 운명)이 당신의 손 안에 있나이다."를, 혹은 인간에 관하여 "인생이 살아갈 날 수는 미리 정해져 있고, 그 달 수도 주께서는 다 헤아리고 계십니다. 주께서는 사람이 더 이상 넘어갈 수 없는 한계를 정하셨습니다."라고 기록하고 있는 욥기 14:5를 제시하였다. 그들이 여기에서 또한 다음과 같은 구약성서의 다른 모든 구절들을 언급하지 않았다는 사실이 눈에 띈다: (가령 창세기 9:5 이하에서처럼) 명백히, 피는, 즉 하나님의 형상에 따라서 창조된 인간의 생명은 하나님에게 속해 있기 때문에, 인간 살해가 분명히 금지되어 있으며, 그리고 다른 인간의 종말을 원하고 의도하고 지정하는 것은 인간의 일이 아니라 오직 하나님의 일일 수밖에 없기 때문에, 동료인간에 대하여 거룩해야만 한다는 구절들을 언급하지 않았다. 어쨌든 그들은 인간의 삶에 기한이 정해져 있다는 사실에 직면하여 놀라움에 사로잡혀 있었으며, 바로 이 일반적인 운명의 개별적이며 구체적인 적용과 형태에서, 바로 개별적인 인간이 각기 그에게 정해진 시간에 죽는다는 사실에서, 특별히 숙고되어야만 하고 존중되어야만 하는, 하나님의 섭리가 지닌 아주 특수한 지배를 인식하였다. 개혁파 신학자들과 루터파 신학자들 사이의 갈등은 이 대목에서도 눈길을 끌었다. 왜냐하면 개혁파 신학자들은 각 사람에게 지정된 "그의 모든 상황들과 함께 변하지 않으며 고정된 목표"에 대하여 말했으며, 그와 동시에 물론 이렇게 덧붙여 말했기 때문이다: 이 하나님의 명령 안에는 역시, 인간이 그의 자유 안에서 그의 삶을 단축하거나 연장하기 위하여 행하게 될 모든 것이 예견되었으며 미리 결정되었다.(Fr. Burmann, *Syn. Theol.* 1671, I, 44, 8f.) 이러한 주장에 반대하여 루터파 신학자들은 이 대목에서도 다만 하나님의 절대적인 예지(豫知)에 대해서만 귀를 기울이려 했으며, 하나님의 의지와 결의는 그에 의하여 정돈된 자연의 진행과정에 의하여, 그리고 인간의 선하거나 악한, 합리적이거나 불합리한 자유로운 태도에 의하여, 확실히 또한 인간의 기도에 의하여, 즉 이사야 38:1 이하에서 히스기야의 이야기가 보여주듯이, 그것을 통하여 그에게 이미 선포된, 즉 그에게 지정된 "한계"가 연기될 수도 있었던 그러한 기도에 의하여 함께 제약받는 것으로 이해하려 하였다.(D. Hollaz, 앞의 책) 그러나 그들은―이 점이 이 문제에서 주목할 만한 것이다.―다음의 사실에서 일치되었다: 그들은 바로 여기에서, 즉 이 "한계"의 지정에서 하나님의 '섭리'가 지배한다는 것의 특히 중요한 '특징'과 관계하고 있다는 것이다. 우리는, 그들이 당시에 명백히 의도하였던 이 생각의 특수한 내용을 당시에 행해졌던 것보다 훨씬 더 확실하게 평가하려 시도하면서, 이 자극을 받아들인다.

인간의 삶은 하나님에 의하여 기한이 정해져 있다는 사실, 즉 삶은 언젠가 시작했으면, 다시 언젠가는 끝나게 마련이라는 사실은, 신학적 인간학(참고. *KD* III/2, §47)의 한 명제이다. 즉 그 사실은 하나님에 의하여 선하게 창조된 인간의 본성에 속한다. 우리는 여기에서 그 논의로 되돌아가지 않는다. 지금 우리가 관심하는 것은, 피조물의 역사를 지배하는 주님이기도 한 창조주의 뜻에 따라서 이 자연적인 기한설정은 각 사람의 삶 안에서 그의 실제의 시작으로서 그리고 그의 실제의 끝으로서 '사건'으로 된다는 사실이다: '우리는 태어났으며, 우리는 죽게 될 것이다.' 우리는 지금 이 두 사건들의 상이한 의미―가령 태어나는 것이 좋은 것이고 죽는 것이 나쁜 것인지, 혹은 아마도 그 반대가 맞는지?―에 대한 모든 해석들을 제쳐 두기로 한다. 우리는 다만 냉정하게 다음의 사실을 확인하려 한다: 즉 이 두 사건들은 함께 우리의, 즉 인간 각자의 삶이 지닌 '성향'의 특징을, 곧 '경계설정'을 형성한다. 우리의 삶은 중세의 소도시들, 즉 그것들의 간선도로와 그것들의 옆 골목과 뒷골목이 모두 하나의 성문으로부터 시작하여 다른 성문으로 이어져 있었고, 전체가 성벽으로 둘러싸여 있었으며, 성벽은 오른쪽과 왼쪽으로 본래 다만 두 성문 사이를 연결하기만 했으며, 그 성벽 위에는 높이 솟은 탑들이 서 있던 그 소도시들 가운데 어느 하나와 비슷하다. 우리는 우리의 탄생으로부터 출발하여 죽음을 향해 걸어가는 길 위에 있다. 우리는 이 사실과 함께 주어진 제한 안에서 살아간다. 왜냐하면 탄생과 죽음 사이에 있는 우리의 삶으로서 발생하는 것은 다만, 우리 모두에게 저 '기본성향'에 의하여 부과된 주제의 '변형들'일 뿐이기 때문이다: 그것은 공개적으로 혹은 은밀히 행해지는, 외관상 혹은 또한 실제로 결정적인, 그리고 덜 중요하다고 잘못 생각되는, 오히려 우리의 개인적인 특성에 의하여 결정되는, 그리고 오히려 우리의 주변 환경에 의하여 결정되는 '변형들', 즉 오는 것과 가는 것, 위로 올라가기와 아래로 내려가기, 성장하기와 쇠퇴하기, 기초를 세우기와 완성하기일 뿐이기 때문이다. 저 이중의 '경계설정'이 우리의, 즉 인간의 삶이 지닌 기본성향이라는 사실은 무엇을 의미하는가? 우리는 이 문제에 대하여 해명하려고 한다.

그것을 위하여 우리는 무엇보다도 다음의 사실을 확인한다: 마찬가지로 움직이지 않고 서 있는 건물들과 도로들이 있는 도시를 탄생과 죽음 사이에서 일어나는 사건에 비교하는 것은 과연 적절하지 않듯이, 저 지나간 것인 우리의 탄생과 저 미래의 것인 우리의 죽음은 역시 움직이지 않고 서 있는 성탑(城塔)들과 같은 것이 결코 아니다. 한 인간의 삶이 언젠가 시작되고 그러고 나서는 언젠가 다시, 현존하기를 중지한다는 사실은—누가 탄생과 죽음이 발생할 그때만이라도 확실히 알 수 있겠는가?—어떤 경우에도 '사건들'이다. 이 두 사건에서 갑자기 출현하는 것은 전적으로 전망하기 어려운 '새로운 것', 즉 이전에 존재하지 않았던 것이다. 이 새로운 것이 인간의 탄생에서 앞으로도 그에게 계속해서 주어진 현세이든, 혹은 그의 죽음에서 그를 향하여 압도적으로 다가오는 내세이든—어쨌든 두 경우에 문제가 되고 있는 것은 모두 비길 데 없는 변화이다. 이 첫 번째 사건과 마지막 사건에 비하면, 그 사이에 발생할지도 모르는 모든 새로운 것들, 모든 변화들은 무엇인가? 인간의 삶에서 발생하는 다른 모든 사건들은, 이 두 사건들을 척도로 평가할 때, 이 두 사건들 사이에서 발생한다는 사실에 의하여 사건들로서 규정되는 것 아닌가?: 즉 그의 탄생과 관련하여 '다른, 추가의' 생성으로서, 그의 죽음과 관련하여 '다른, 예비적인' 소멸로서, 그리고 아마도 그 모든 사건들이 그것들의 방식으로 동시에 생성 '그리고' 소멸로서, 소멸 '그리고' 생성으로서, 아마도 그 모든 사건들이 동시에 그의 탄생이라는 새로운 것의 '반복들'이며 '그리고' 그의 죽음이라는 새로운 것의 '선취들'로서 규정되는 것 아닌가? 그러나 바로, 탄생과 죽음이 그 사이에 놓여 있는 전체를 규정하고 특징짓기 때문에, 이 두 사건은 어떻든 사건들 자체이다. 즉 그것들은 물론 모든 다른 사건들과 연속되어 있기는 하지만, 이 연속에서 첫 번째 사건과 마지막 사건으로서 역시 유일무이하며, 역시 비길 데 없는 것이다. 무엇이 그것들을 그렇게 만드는가? 다음 사실이 그렇게 만드는 것이 명백하다: 각 개별적인 인간의 현존 안에 있는 탄생과 죽음에서 만물의 시작과 종말에 있는 하나님의 두 가지 위대한 행동들, 즉 창조와 완성이 반영되고 있다. 다음 사실이 그렇게 만드는 것이 명백하다: 개별적인 인간은 참으로 바로 특히 그 두 사건들에서 모든 피조물의 기원과 목표라는 비밀에, 즉 하나님에 의한 그것들의 경계설정에, 그것들이 하나님으로부터 유래하며 그에게로 돌아가는 것에 참여하고 있다. 그리고 모든 다른 피조물들 한복판에 있는 인간은, 이 비밀의 계시를 받아들이도록, 즉 하나님으로부터 유래하며 그에게로 돌아가는 것을 알도록, 그리고 그 지식 안에서 하나님 앞에서 책임을 지도록, 하나님에 의하여 부름 받은 피조물이기 때문에, 그런 까닭에 바로 '인간의' 삶이 지닌 이 성향과 제한은, 즉 바로 '그의' 탄생과 그의 죽음은 사실상 이 개념이 지닌 유일무이하게 두드러진 의미에서 '사건들'이다.

우리는 계속하여 다음의 사실을 확인한다: 이 두 사건들 안에서는, 설령 각각 정반대의 방향에서라고 하더라도, 삶의 자발성과 통치가 서로 예리하게 부딪친다. 즉, 인간이 자기 스스로를 인식과 의도와 행동과 고난의 자유로운 주체로서 체험하고 이해하고 확증하는 그 자발성과, 주권적으로 그를 마음대로 처리하는 '통치'가 서로 부딪친다. 첫 번째 사건이 우선 이 통치의 한 행위이다: 저 자발성이 논의될 수 있기 '전에', 정말로 내가 질문을 받지 않았으며 그것을 위하여 혹은 그것에 관하여 어떤 일을 할 수 없으나, 내가 고유한 삶을 살도록, 즉 나 자신이라는 존재로 되도록 말하자면 해방되는 사건이 나에게 일어난다. 그리고 그 경우에 마지막 사건은 이 통치의 다른 행위이다: 내가 이 자유를 이렇게 혹은 저렇게 사용한 '후에는'—아마, 자살이라는 역설적인 경우에는, 그 자유를 파괴하기 위하여 사용한 후에는—자유는 나에게서 최종적으로 박탈되고, 자발성은 더 이상 논의될 수 없게 된다. 먼저 자발성의 영역 안으로 들어가고, 그리고는 다시 그 영역으로부터 불러내어지는 방식으로, 먼저 스스로 빛을 내는 빛으로서 점화되고, 그리고는 그것 자체가 다시 불이 꺼지는 그러한 방식으로, 그렇게 나 자신이 살고 있으며, 그렇게 바로 나 자신이 마치 피할 수 없는 괄호처럼 앞으로부터 그리고 뒤로부터 에워싸여 있다. 나 자신이 살고 있으나, 나의 탄생과 나의 죽음으로부터 볼 때, 명백한 것은 이것이다: 스스로가 살아 있다는 바로 그 사실을 내가 스스로 받아들이거나 제공하거나 보존할 수 없으며, 바로 그 사실은 나에게 전적으로 결정된 것이며 제공된 것이다. 나 자신이 살아 있으나, 내가 살아 있음으로써, 나는 나 자신에게 속한 것이 아니며, 나에 의해서가 아니라 하나님에 의해서 설정된 한계들 내부에서 스스로가 살아가라고 나에게 명령하는 그 권한을 지닌 존재(Instanz)에게 나 자신이 빚을 지고 있다. 우리가 이 명령을 허락이라 부르기를 원하는지 혹은 계명이라고 부르기를 원하는지의 여부는 중요치 않다: 그것은 확실히 허락으로서 '계명'이고, 계명으로서 '허락'이다. 그리고 우리가 그것을 기쁘게 여기는지 혹은 불쾌하게 여기는지의 여부는 더구나 중요치 않다: 그것에 어떤 의미를 혹은 다른 의미를 부여하는 것은 명백히 우리의 권리가 아니다. 그것은 어느 경우든 '명령'이며, 어느 경우든 우리의 고유한 삶을 포괄하는 통치행위이며, 우리는 역시 우리의 삶의 자발성에 대해서도 그 통치행위에 감사해야만 한다. 하나님의 '명령들'이 존재한다는 사실은, 그리고 어떠한 경우에도 이렇게 혹은 저렇게 결정되었으며 실현되고 있는 하나님의 명령이 무엇'인지'는 인간의 삶 안에서 그 삶의 성향과 제한 덕분에 명백하게 되었다. 인간은 그의 탄생과 죽음에 대하여, 즉 바로 그 자신을 마음대로 처리하는 '통치'에 대하여 알기 때문에, 그는 실제로—설령 그가, 그가 거기에서 '무엇'을 알고 있는지를 알지 못하더라도—하나님의 명령에 대하여 알고 있으며, 그 명령은 그에게도, 즉 바로 그에게 관계가 있으며, 그것으로부터 그도 도망칠 수 없지만, 그러나 그것의 전능함 안에서 그도 안전하게 보호되며, 그 전능함에 의하여 그도 보존된다.

우리는 계속하여 다음의 사실을 확인한다: 인간의 삶에 '일회성'이라는 특성을 부여하는 것은 바로 저 두 사건들이다. 삶을 구성하며 삶을 돋보이게 할 수 있을지도 모르는 다른 모든 사건들에서는 바로 이 특성이 적어도 불확실하다. 다른 인간들도, 다른 생명체도 지니고 있는 삶에 대하여 전혀 균등하지 않게 그리고 이 점에서 가장 고독하게, 인간은 전적으로 자신을 위하여 오직 이 삶만을 지니고 있다. 일반적인 운명들과 질서들에 대한, 혹은 역시 그의 특수한 환경에 둘러싸인 삶을 결정하는 운명들과 질서들에 대한 그 어떤 '참여'를 통하여, 그는 다른 모든 것들을 지닌다. 다른 모든 것들 안에서 그는 역시 그의 '고유한' 실존의 그 어떤 계속들, 반복들 혹은 변형들에 종사하고 있다. 그러므로 다른 모든 것들 안에서 그는 일반적인 혹은 또한 개별적인 '같은 모양'으로 살고 있다. 그러나 그의 고유한 실존 안에서도 오직 각각 '한 번'만 나타나는 것에서, 즉 그의 탄생과 그의 죽음에서, 그는 전적으로 그 자신이며, 전적으로 독특하며 (original), 전적으로 혼자이다. 그 경우에 그의 삶의 다른 사건들도 돋보이게 할지도 모르는 모든 고유한 특징과 독특성은 단지 '상대적'일 뿐이다. 왜냐하면 그것들은, 그가 그의 탄생이라는 전적으로 독특한 사건으로부터 유래하고, 그의 죽음이라는 전적으로 독특한 사건을 향하여 다가가고 있다는 사실에 의하여 제약받고 있기 때문이다. 그리고 바로 이 두 사건들을 그는—'그의' 탄생으로서, '그의' 죽음으로서—밖을 향해서도, 그의 일반적이고 특수한 주변 환경에 대한 관계에서도 전적으로 '스스로를 위하여' 간직하고 있다: 다른 누구도 거기에서 그를 대신하지 않으며, 다른 누구도 거기에서 그를 대신 '할 수' 없을 것이다. 그 사건은 정말이지 단 한 번만 존재한다. 그리고 '이' 두 사건들에 의하여 확정된 '일회성' 안에서 그는 자기 자신을 위해서만이 아니라, 참으로 또한 세상사 전체의 관련성 안에 있는 다른 존재들을 위해서도 실존한다. '이 사건들'이 그의 특수한 장소와 특수한 기능의 특징을 나타내며, 그 기능에서 그는, 잘 알려진 관용구에 반하여, '대체될 수 없으며' 없어서는 안 되며 교환될 수 없다. 그의 기능이 지닌 중요성은 전혀 눈에 띄지 않을지도 모르며, 그가 태어나는 것과 죽는 것, 그리고 그 사이에 놓여 있는 것은 밖에서 볼 때 전혀 주목받지 못할지도 모른다. 그러나 그가 거기에 있다는 사실, 즉 모든 다른 인간들과 모든 다른 피조물들 한가운데에 이전에는 아직 없었고 후에는 결코 더 이상 다시 오지 않을 바로 그 자신이 있다는 사실에 비하면, 한 인간의 탄생과 죽음으로부터 나오는 빛(Schein)이 더 큰 것이든 혹은 더 작은 것이든 그것이 도대체 무엇을 의미하며, 그가 주목을 받는다는 것이 무엇을 의미하겠는가? 그는 다만 '하나의' 인간에 불과한 것이 아니라, 그는 특정한 '이' 인간이다: 그가 다른 존재들을 위하여 그리고 전체의 관련성 안에서 실제로 무엇인지 그리고 무엇이 아닌지에 대하여 도대체 누가 결정할 것인가? 확실한 것은 이것이다: 그의 삶의 시작과 끝에 있는 두 날짜들에 의하여 모든 다른 존재들과 구별되지만, 역시 다른 모든 존재들에게 제공된 그가 단 한 번 참으로 바로 이 인간으로 존재하는 그 일회성 없이는, 그 전체도 전체가 아닐 것이다. '하나님의' 영원한 유일무이함이 언젠가 시작되고 언젠가 끝나는 인간의 삶이 지니는 피조물의 작은 일회성 안에 반영되고 있는데, 이 피조물의 일회성이 그처럼 작은 것인지 아닌지 누가 알겠는가? 하나님의 유일무이함이 바로 이 피조물의 일회성 안에서 전혀 다르게, 즉 그 일회성에서 나오는 빛이, 그 일회성이 받는 주목이 보여주는 것보다 훨씬 더 밝고, 훨씬 더 의미심장하게 반영되지 않을지 어떨지 누가 알겠는가? 확실한 것은, 이 하나님의 유일무이함은 아주 '특수한' 방식으로 그리고 바로 그것의 입장에서는 '일회적인' 방식으로 반영된다는 것이다. 그리고 확실한 것은 이것이다: 그 자신이, 즉 특정한 이 인간이, 그의 탄생과 그의 죽음이라는 일회성 안에서—그가 그것을 깨닫든 깨닫지 못하든, 실제로—그의 삶이 지닌 이 성향과 제한에 의하여 유일한 하나님과 관계되고 있다. 인간의 삶 안에서 존재하고 유효하며, 위대하고 중요하고 필요한 것이기를 원하는 다른 모든 것들은 다만 '그의' 요구와 '그의' 약속을 계속하는 것, 반복하는 것, 혹은 변화시키는 것일 수밖에 없음에도 불구하고, 하나님은, 그가 '홀로' 신뢰받을 만하며, '홀로' 복종을 요구할 수 있으며, '홀로' 끝까지 뜻을 관철한다는 사실에서도, 더 정확히 말하면 무엇보다도 그리고 본래, 스스로를 위하여 존재하며, 홀로 존재하며, 유일무이하게 존재한다.

우리는 계속하여 다음의 사실을 확인한다: 인간의 삶을 어떤 경우든 하나의 '역사'로 만드는 것은 바로 저 두 사건들이다. 그렇지만 우리를 양쪽에서 둘러싸고 있으며 유지하고 있는 그 괄호는 양쪽에서 동일한 성질을 지니고 있는 것이 아니다. 두 사건들에서 우리가 종속되어 있으며, 그리고 두 사건들을 통해 우리의 실존이 지닌 일회성을 결정하는 그 통치행위는 양쪽에서 동일한 것이 아니다. 그 행위는 한쪽에서는 주는 것이지만, 다른 쪽에서는 빼앗는 것이며, 한쪽에서는 안으로 불러들이는 것이지만, 다른 쪽에서는 밖으로 불러내는 것이며, 한쪽에서는 기초를 세우는 것이지만, 다른 쪽에서는 완성하는 것이다. 그리고 이 두 사건들의 순서는 '뒤바뀔 수 없는' 것이다. 한 사건에서 다른 사건에 이르는 길은 오직 이 한 방향 안에서만 걸어갈 수 있다. 인간의 삶은 탄생으로부터 출발하여 틀림없는 '위로 끌어올리는 추진력'을 지니며, 그의 죽음을 향해서는 틀림없는 '아래로 끌어내리는 제동력'을 지니고 있다. 이 두 힘들을 식별할 어떤 다른 가능성도—신체적으로도, 또한 심리적으로도—존재하지 않는다: 그것들의 작용은 오히려 시작부터 끝까지 하나의 유일한 운동을 형성하는 것 같다. 그리고 그 하나의 힘(아마도 저 추진력)을 오직 긍정적인 것으로만, 다른 힘(아마도 저 제동력)을 오직 부정적인 것으로만 평가할 어떤 이유도 존재하지 않는다. 그러나 우리의 삶에서는 언제나 이 '두 가지 서로 다른' 힘들이 함께 작용하고 있다. 그것들에 대한 구별과 평가에 대하여 질문 받지 않고, 우리는 의심의 여지없이 이 두 힘들에 의하여 결정된 운동의 그 어떤 단계에서 살고 있다. 그리고 나 자신이 이 운동 안에서 나의 시작으로부터 출발하여 나의 종착점을 향하고 있으므로, 나의 삶은 나의 역사로, 달리 표현한다면, 나의 드라마로 된다. 이 드라마에서 나는 물론 작가도 감독도 아니지만, 행동하는 주인공인 것이 확실하다. 나는 과연 스스로를 이 운동 안으로 옮겨 놓지는 않았으며, 내가 스스로를 그 운동 안에 있도록 보존하는 것도 아니기는 하다. 그러나 '나 자신이' 이 운동 안에서 '존재한다.' 나의 탄생과 죽음 사이에서, 나에게는 이제, 저 운동 안에서, 즉 저 추진력 안에서 그리고 저 제동력 안에서 나 자신으로 존재할 자유가 제공되었다. 이 자유 안에서 현존하는 것이 사는 것이다. 그리고 이와 같이 나의 삶의 본질은, 내가 저 운동을 통하여 나에게 제공된 가능성들과 씨름하는 것에 있다. 확실히 그 가능성들 '모두'가 저 추진력의 특성을 지닌 어떤 것을 그리고 '모두'가 저 제동력의 특성을 지닌 어떤 것을 그것 자체에 지니게 될 것이다. 나는 확실히 언제나 동시에 오고 있는 자이면서 가고 있는 자일 것이며, 받아들이면서도 결핍되어 있으며, 부름 받으면서도 소환되며, 요구받으면서도 해고되면서, 행하거나 혹은 쉴 것이며, 깨어 있거나 혹은 잠들 것이다. 그러나 나의 시작으로부터 그리고 끝으로부터 확정된 바로 이 대립 안에서 나는 참으로 지속적으로 '선택'하고 '결단'할 것이며, 혹은 이 가능성을, 혹은 저 가능성을 붙잡을 것이고 그것을 이용할 것이며, 혹은 나의 탄생으로부터 출발하여, 혹은 나의 죽음을 향하여 현존할 것이다. 우리는 우리의 삶의 상당한 부분을 아주 단순히 자면서 시간을 보낸다는 사실, 즉 자면서 시간을 보내지 않으면 안 되며, 따라서 언제나 매우 단호하게 역시, 이제 바로 다시 한 번 잠잘 것을 결단하지 않으면 안 된다는 다만 이 사실만으로도, 우리가 엮어가는 삶의 드라마에서는 저 두 번째 가능성을 선택하는 것도 각각 그것을 선택하는 시간과 장소에서는 첫 번째 가능성을 선택하는 것과 '아주 똑같이' 불가피하다는 것이 진정으로 명확히 드러난다. 그러나 이 드라마는 현실적인 드라마로서 그것의 '시간'을 갖고 있다. 끝이 없는 역사란 역사가 아닐 것이다. 우리의 삶을 지배하고 있는 그 통치는 그리고 바로 그 통치가 우리의 삶에 부여한 일회성은 오히려, 우리의 삶이 하나의 실제의 역사, 즉 '시작하는' 그리고 '끝을 맺는' 역사로 머물도록 배려한다. 저 운동 자체와 함께 역시 또한, 내가 그 운동에 의하여 나에게 제공된 가능성들과 씨름하는 일도 언젠가 '시작'되며, 언젠가 '중지'된다. 바로 나의 탄생과 죽음이 그 운동의 특징을 현실적인 역사로 규정하며, 그 역사 안에서 서로 관련이 있는 어떤 것이 발생하고, 그 역사는 또한 전체로서도 특정한 결단이라는 특성을 획득하며 또한 그 특성을 띤다. 지금 문제되는 것은 포괄적인 결단이다: 어떻게 나는 나의 역할을 하는가? 즉, 추진력과 제동력, 받아들이는 것과 결핍되어 있는 것, 활동과 휴식, 깨어 있는 것과 잠자는 것 사이에서 나는 경우에 따라서 어떤 노선 위에서, 어떤 일관성 안에서 혹은 일관성 없게, 어떤 법칙에 따라서 혹은 법칙을 무시하고 선택하는가? 전체로서 나의 삶은 이 지속적인 선택 안에서 어떤 형태를 띠게 될 것인가? 나의 삶이 완성되었을 때, 그것은 어떤 형태로 되어 있을 것인가? 나 자신은 저 씨름 안에서 누구로 그리고 무엇으로 될 것이며, 그리고 그 경우에 이전에는 누구였으며 무엇이었겠는가? 이것이, 바로 저 성향과 제한에 의하여 하나의 전체를 이루는 나의 '삶의 역사'의 각 단계 안에서 제기되는 긴급한 질문이다. 역시 이 관점에서도 나는 나의 삶이 제한되는 것에서 '하나님'과 관계하고 있다. 왜냐하면 내가 형성해가는 삶의 역사에 대한 포괄적인 결단은, 즉 탄생과 죽음 사이에서 저 씨름에 종사하고 있는 나 자신은 도대체 누구이며 무엇인지를 확증하는 것은, 명백히 나의 결단이 아니며, 그것은, 나를 그렇게 제한함으로써 그렇게 나를 능가하며, 그리고 역시 나를 그렇게 제한함으로써 그렇게 일회적으로 그의 앞에서 살아가도록 허용하는 그 존재의 판단 안에 있기 때문이다. 그는 내가 형성해가는 삶의 역사를 지배하는 '주님'이다. 그리고 이와 같이, 나의 탄생과 나의 죽음을 통하여 성립된 나의 삶, 저 추진력으로서 그리고 저 제동력으로서 요동치며 그 두 힘들과 씨름하고 있는 나에게 고유한 삶의 포괄적인 의미에 대한 질문은, 나를 향한 바로 그 '하나님의' 판결을 보여주는 거울이며 예고이다. 나는—내가 그것을 알든지 혹은 알지 못하든지—내가 살아감으로써, 즉 저 씨름에 종사함으로써, 그의 손에, 즉 그의 엄격함과 그의 자비에 맡겨져 있다. 그가 나에게 판결을 내림으로써, 어쨌든 나는 기회가 더 이상 없게 될 것이다. 만일 내가 희망할 수 있다면, 나는 어느 경우든 그에게 희망을 걸 수밖에 없다.

  그리고 우리는 이제 마지막으로 다음의 사실도 확인한다: 거듭 바로 저 두 사건들에 의하여 인간 각자는 스스로가 '일반적인' 세상사의 증인으로 된다. 이 두 사건들에 의하여, 즉 그것들에 의하여 그에게 설정된 한계들 안에서, 그러나 또한 이 한계들 내부에서 그에게 주어진 자유 안에서도, 이 한계들 안에서 그에게 제공된 특수한 가능성들의 토대 위에서, 세상사 전체가, 즉 하늘의 사건과 지상의 사건이 역시 '그'를 위해도 발생한다. 지금 여기에서, 그가 저 이중의 운동과 씨름하는 것으로서 발생하고 있는 그의 역사 안에서, 세상사 '전체'가 역시 '그'와 관계가 있으며, 역시 '그'도 능동적으로 그리고 수동적으로, 활동적으로 그리고 숙고하면서, 움직이면서 그리고 움직여지면서 그 사건에 참여한다. 그가 자기 자신을 알기 때문에, 그는 하늘과 땅을 안다. 그가 스스로를 책임짐으로써, 그는 작지만 극도로 진지하게 더 한층 그에게 지정된 그의 장소에서, 짧지만 극도로 진지하게 더 한층 그에게 허락된 그의 시간 안에서, 피조물 자체를 그리고 피조물 전체를 책임지며, 그는 결코 그 어떤 싸움터 주변에 있는 사소한 등장인물에 불과한 것이 아니라, 피조물 '전체'가 무엇으로 되어야 마땅한지 결정되는 자리, 곧 만물의 중심 안에 있는 바로 그 자리에 서 있는 책임 있는 주인공이다. 왜냐하면: 그가 그의 탄생과 그의 죽음 사이에서 자기 '자신'을 알고 있기 때문이 아니라면, 즉 그의 일회성 안에 있는 자기 자신을, 그리고 바로 그렇게 참으로, 이런 그리고 저런 피조물들과, 많은 피조물들과, 모든 '다른' 피조물들과 맺고 있는 수없이 많은 공공연한 그리고 은밀한 관련들과 관계들, 유사성들과 동일성들, 즉 그것들 안에서 그가 바로 그 자신으로 존재하는 그 관련들도 알고 있기 때문이 아니라면, 어떻게 그가 그 피조물을 알겠는가? 그리고 바로 그와 동시에 또한, 그를 '그것들'과 결합시키는 그것을 알지 않고, 그러므로 또한 그 피조물들을 알지 않고, 어떻게 그는 자기 '자신'을 알 수 있겠는가? 그가 살고 있으므로, 즉 그가 스스로를 체험하고 있으므로, 즉 그가 그의 고유한 삶의 운동의 추진력 및 제동력과 씨름하고 있으므로, 그는 역시 그 피조물들과도 만나며, 그는 역시 그것들도 체험한다. 그의 열린 눈 안에서 혹은 반쯤 감은 눈 안에서, 그의 명확한 생각 안에서 혹은 불명확한 생각 안에서, 그의 단호한 행위들 안에서 혹은 우유부단한 행위들 안에서, 역시 그것들도 그를 위하여 현존하며, 그는 역시 그것들과도 씨름하며, 그는 그에 대한 그것들의 영향을 체험하며, 그 자신이 역시 그것들에게도 영향을 미친다. 그의 삶의 역사 안에서 세계사 전체가 "요약하여", 그러나 지극히 현실적으로 발생한다. 그러므로 그의 삶을 이렇게 제한하는 것은, 그를 밖을 향해 격리하고 고립시키는 것과는 관계가 없고, 오히려 바로 그를 전체를 향해 열어놓는 것, 그의 현존이 하늘 및 땅의 현존과 연대하게 하는 것, 그가 모든 피조물들의 법칙과 약속과 위험과 보존에 참여하게 하는 것, 그가 그들의 삶에 관여하게 하는 것, 그가 그들의 삶이 지닌 특성과 그 삶을 보존하기 위하여 책임을 지게 하는 것을 의미한다. 그러나 만일 그가 저 두 사건들에 의하여 전체 세상사의 증인이 된다면, 그리고 전체 세상사는 만물의 창조주인 주님의 통치에 종속되어 있다면, 그것은 한 번 더 이것을 의미한다: 저 두 사건들에 의하여 역시 그도 그리고 참으로 바로—"지금 여기에서 행동으로 보여라!"—무엇보다도 그가 한 사건에서 다른 사건에 이르는 그의 길을 걸어가는 모든 발걸음에서 이 '주님'과 마주 대하게 된다. 무엇보다도 그는 하늘 및 땅의 현존 밖에 있는 것이 아니며, 또한 그것들의 현존으로부터 도망칠 수 없는 것이 확실하듯이, 그렇게 확실히 그는, 하늘과 땅을 만들었던 존재의 통치로부터 도망칠 수도 없다! 오히려 하나님에 의하여 세워진 그리고 그와는 상이한 현실 전체에 대한 그의 뜻과 결의의 내용은, 바로 그것은 무엇보다도 역시 개별적인 인간을 고려해서도 의도되었고 결의되었다; 바로 하나님의 뜻과 결의는 무엇보다도 역시 개별적인 인간의 삶 안에서도 실현되기를 원하며, 또 실현될 것이다.

요약한다면, 인간의 삶이 제한되어 있다는 바로 이 평범한 사실이 모든 측면에서 볼 때 동일한 큰 의미를 지니고 있다. 이 사실은—그리고 우리 자신이 저 두 사건들에 의하여 제한된 삶을 살고 있으므로, 우리는 우리 스스로에게 증인이다.—더 높은 존재에 대해서만이 아니라 한 하나님에 대하여, 하나님의 본성에 대해서만이 아니라 하나님의 한 행동에 대하여 증언한다: 즉 그가 행하는 새로운 사역 안에서 전능한 주님이며, 그 사역의 방식에서 유일무이하며, 그 사역 안에서 인간의 심판자이며 바로 그 심판자로서 만물에 대한 통치자인 바로 그 하나님에 대하여 증언한다. 우리가 우리의 탄생으로부터 시작하여 우리의 죽음을 향해 걸어감으로써, 우리는 우리 자신에게, 삶과 죽음을 지배하는 이 주님에 대한, 즉 이 하나님의 통치에 대한 표시들이며 증인들이다. 이 하나님은 누구인가? 여기에서도 다음의 사실을 시인하는 것을 잊지 않도록 하자: 우리는 성서의 역사처럼, 교회의 역사처럼, 유대인들의 역사처럼, 또한 의미심장하게 제한되어 있는 우리들의 고유한 삶의 역사를, 즉 "삶의 한계"를 '간과'할 수 있으며, 그것이 제기하는 질문에 대하여 둔감할 수 있으며, 그 경우에 자명하게 역시 그 질문에 대한 대답을 찾기 위한 안목도 지닐 수 없다. 그 경우에 우리는 하나님도 인식하지 못하며, 하나님의 특정한 행동, 즉 그의 신성을 특징짓는 행동도 인식하지 못한다. 그 경우에 우리는 오직, 우리는 태어나고 죽는다는 평범한 사실만을 인식한다. 이와 같이 우리는 우리 자신에게 의심의 여지없이 역시 완전히 헛되이 표시와 증인이 될 수도 있다. 우리가 저 제한된 인생을 살아감으로써 그의 행동을 실제로 묘사하고 증언하는 바로 그 '하나님'을 이미 알고 있을 그때에만, 더구나 확실히 우리는 스스로에게 헛되지 않게 표시와 증인이다. 이와 같이 직접적으로 우리의 눈앞에 있는 이 사실도 간과하지 않기 위해서는, 즉 우리 자신을, 저 인간의 생활사(史)가 지니고 있는 기본적인 운명을, 바로 이 가장 당연한 것을 '실제로' 이해하기 위해서는, 우리는 하나님의 '말씀'을 경청했어야만 한다. 여기에서도 하나님에 대한 인식이 있어야만 한다면, 여기에서도 문제되고 있는 것은 '재'인식이다. 그리고 우리가 그를 다시 인식한다는 것은, 그가 우리에게 그의 말씀 안에서 그 자신을 인식하게 하였다는 사실을 전제로 한다. 만일 우리가 인간의 삶을 제한하는 것을 하나님의 세계통치의 흔적이라고 부른다면, 그 경우에 우리는 다음의 사실을 전제로 하기를 감행하는 것이다: 하나님은 우리에게 그의 말씀 안에서 그 자신을 인식하게 하였으므로, 우리는 그러한 재인식에 도달할 수 있다. 만일 우리가 그 재인식에 도달할 수 있다면, 삶과 죽음을 지배하는 주님인 하나님은 누구인가라는 질문은 아마 대답되지 않은 채 남아 있을 수 없을 것이며, 상이하게 대답될 수 없을 것이다. 그 경우에 명백히 바로, 일반적인 세상사의 한 부분이, 즉 우리의 고유한 생활사와 동일한 그 한 부분이 지속적으로 현존하는 특수한 힘을 갖고 비길 데 없는 사적인 영역에서 그 한 존재에 대하여, 즉 거룩한 역사, 곧 은혜와 계약에서 비롯된 역사의 행동하는 주체이며, 바로 그러한 존재로서 또한 모든 사건을 통치하는 주체인 그 한 존재에 대하여 말하고 있다: 즉 그의 새로운 사역에 대하여, 그의 통치에 대하여, 그의 유일무이성에 대하여, 그의 심판에 대하여, 그의 피조물 전체에 대한 그의 자비에 대하여 말하고 있다. 그 경우에 우리의 삶을 제한하는 것에서 우리는, 이스라엘의 왕이 성실하지 못한 자에게 은혜를 베풀었던 그 성실성, 그의 은혜가 지닌 우세함, 그의 엄격함과 자비를 재인식한다. 그 경우에 우리는 우리의 삶을 앞과 뒤에서 에워싸고 있는 그 괄호 안에서 그의 손을 인식한다: 그 손 안에 우리가 사로잡혀 있으나, 그것은 그의 피조물 전체를 보존하는 손이므로, 그 손 안에서 우리는 또한 보호받으며 자유롭다. 이 하나님의 손은 당연히 간과되어서는 안 된다. 그것은 역시 고맙게 인식될 수도 있다. 저 두 사건들을 통하여 그를 제한하는 바로 그 사실에서 인간에게 선물로 주어진 그 큰 자유가 인식될 수 있고 체험될 수 있다. 이 인식과 경험을 위해서는 다음의 한 가지 사실만으로도 충분하지 않은가?: 우리는 바로 이 제한 안에서 정확히 그곳에서, 즉 하나님의 아들이 구유로부터 십자가에 이르는 좁고 짧은 그 길을 걸어감으로써 과거에 스스로 현존했던 그곳에서 우리 자신도 현존하고 있다. 바로 이 제한 안에서 역시 그가 죽은 자들로부터 부활하였으며, 바로 이 제한된 실존 안에서 그는 또한 영광스럽게 다시 올 것이다. 우리 자신처럼 제한된 바로 그 인간으로서 그는 지금 이미 아버지의 오른쪽에서 통치하고 있다. 우리가 저 제한 안에서 살고 있기 때문에, 우리는 그와 동등하다. 그러므로 이 제한은 우리에게 위대한 자유를 통고한다. 틀림없이 그 제한은 우리에게 이 통고보다 더 많은 것을 의미할 수 없다. 그러나 그것은 우리에게 이 통고를 의미 '할 수' 있으며, 우리가 하나님의 말씀을 경청했을 경우에만, 역시 그것을 의미한다. 바로 그렇기 때문에 우리는 그 제한을, 이스라엘의 왕이며 바로 이스라엘의 왕으로서 우주의 왕인 하나님이 우리에게 가장 가까이에 있는 가시적인 흔적으로서 찬양한다.

그러나 세상사 안에서 발생하는 그 왕에 대한 증언에서 '하나의' 변함없는 요소가 우리가 지금까지 언급했던 모든 것들보다도 더 효력 있는 것이다. 우리는, 참으로 네 번째 요소가 앞서 말한 세 요소들보다 얼마나 두드러져 보이는지를 알아보았다. 아직 지금 막 언급되어야만 하는 것은 더욱 전혀 다른 방식으로 다른 모든 것들보다 두드러져 보인다. 그것은 다른 것들과 같은 대열에 세워지지 않는다. 그것은 다른 모든 것들과 대조될 수밖에 없다. 우리는 여기에서 우선, 지금까지 아직 전혀 다루지 않았던 관념 복합체를, 즉 창조주와 피조물에 대한 그리스도교 교리의 틀 안에서 특별한 장소가 할당되는 관념 복합체 전체를 '예고'하는 형태로만 암시적으로 그렇게 대조시킬 수 있다. 우리는 그것을 (§51에서) 역시 특별히 연구하고 서술해야만 할 것이다. 지금 문제되고 있는 것은 다름 아니라, 성서 안에서 눈에 띄게 자주 '천사들'이라 불리며, 따라서 전통적인 그리스도교 언어에서 일반적으로 그렇게 불리는 존재들의 실존과 기능이다. 여기에서는 우리의 논의의 맥락을 위하여 이 문제가 지니는 중요성을 알리는 것 이상으로 이 문제를 다룰 수 없다. "그것을 말하기 위해서가 아니라, 침묵하지 않기 위해서": 왜냐하면 이 주제에서 — 세상사 안에서 이스라엘의 왕이 행하는 통치의 표시들과 증인들로서―천사들의 실존과 기능은, 바르게 이해한다면, 모든 다른 요소들을 능가할 뿐만 아니라 그것들을 포함하고 있기 때문이다. 천사들은 모든 다른 것들의 배후와 위에 있는 "뛰어난", 즉 "탁월한" 표시들과 증인들이다. 그 반면에, 만일 우리가 여기에서 빈틈을 남겨둔다면, 다른 모든 것들을 열거하는 것은 불완전할 뿐만 아니라 불충분할 것이다. 왜냐하면 모든 다른 것들의 능력은―물론 하나님이 스스로를 증언하는 것은 제외하고―매우 직접적으로 바로 이 표시들과 증인들의 능력에 기인하기 때문이다. 그러므로 이 빈틈을 채우기 위한 잠정적인 '암시'가 없어서는 안 된다.

하나님은 땅만이 아니라 땅과 함께 역시 '하늘'도 창조하였다는 사실을, 즉 우리가 이해할 수 있고 접근할 수 있고 원칙적으로 마음대로 처리할 수 있는 하위의(unter) 우주와 함께 우리가 이해할 수 없고 접근할 수 없고 원칙적으로 마음대로 처리할 수 없는 '상위(ober)의 우주'도 창조하였다는 사실을 우리는 너무 쉽게 잊는다. 우리는, 바로 이 하늘이라는 우주는 다음과 같은 이유에서 "상위의" 우주라는 사실을 너무 쉽게 잊는다: 왜냐하면, 그것도 창조됨으로써, 그것은 창조된 현실 전체의 한 측면을, 즉 하나님을 향하여 있고 이 점에서 하나님에게 더 가까우며, 하나님에게 더욱 친근한 상태에 있는 바로 그 측면을 형성하고 있기 때문이다. 그런 까닭에 우리는 다음의 사실을 너무 쉽게 잊는다: 세상사는 지상의 사건에서, 즉 우리가 자연사(史)와 세계사로 이해하고 있으며, 우리 자신이 지상에 존재하기 때문에, 당장 함께 체험하고 있는 그 지상의 사건에서 소멸하는 것이 아니며, 역시 '하늘의 사건'도 존재한다. 우리는 그 '하늘의 사건'을 절대로 파악할 수 없으며, 그것은 역시 하늘의 사건으로서 그리고 또한 그것도 결정하는 하나님의 통치에 본래 본질적으로 친근하며 지상의 사건에 대해서는 완전히 낯선 상태에서 매우 직접적으로 지상의 사건과 관련되어 있다. 우리는, 땅과 땅 위에 있는 인간이 어쨌든 '하늘' 아래에 있는 것과 마찬가지로, 지상의 사건도 '하늘의 사건'의 강력한 결정 아래에서 발생한다는 사실을 너무 쉽게 잊는다.

어떻게 이 하늘의 사건이 발생하게 되는가? 하나님의 목표는, 그가 선택하고 행동하는 대상은 하늘에 있지 않고 땅 위에 있다. 세계 전체를 창조함으로써 시작되었고 세계사의 중심을 형성하고 있는 계약사와 구원사는 '지상의' 역사이다. 그러므로 하나님의 자비가 커지게 된 그 장소는 다름 아니라 바로 '하위의' 우주인 '우리의' 세계이며, 그것은 그의 영광이 바로 그곳에서 더욱더 커지도록 하기 위한 것이다. 그러므로 그의 아들은 하늘의 피조물로 되지 않고 육체로, 인간으로, 즉 '지상의' 피조물로 된다. 계약사와 구원사에서, 역시 하나님의 세계통치에서 주요관심사는, 하나님의 뜻이 저기 하늘에서, 하늘의 본질에 상응하게, 하여튼 특별한 행사 없이 이루어지듯이, 여기 '땅' 위에서 이루어지는 것이다. 그러므로 하나님은 저곳 하늘에서는 어떤 독자적인 목표들과 목적들을 지니고 있지 않다. 하늘 자체를 위하여 어떤 특별한 하늘의 사건이 필요하지는 않을 것이다. 그러나 상위의 우주인 하늘은 하나님과 '세계'의 관계에서 그의 보좌이며 그의 주거지이기 때문에, 그곳으로부터 '출발하여' 그가 땅 위에서 그 자신의 권리와 명예를 얻으며, 바로 그렇게 함으로써 역시 땅 자체에게 권리와 명예를 알선해주기 때문에, 그러한 하늘의 사건이 발생하게 된다. 바로 인간과 인간 세계를―'아래에' 있는, '우리의' 이 세계를―구원하기 위한 그리고 '그것을' 통치하기 위한 하나님의 침입에 의하여 역시 위의 세계인 하늘―엄밀한 성서적 관념에 의하면, 하늘'들'―도 움직이게 되며, 모든 지상의 것보다 앞서는 하늘의 사건이 발생하게 된다. 우리에게 오기 위하여, 즉 우리가 존재하는 곳으로 오기 위하여, 바로 그곳에서 우리와 말하기 위하여, 우리 가운데에서 그리고 우리와 함께 행동하기 위하여, 왕으로서 그리고 통치자로서 우리의 세계를, 즉 그를 필요로 하는 아래에 있는 우리의 우주를 '돌봐주기' 위하여, 권세 있는 하나님이 일어선다. 그러나 그는 동시에 '하나님'으로 머물기 때문에, 즉 역시 하늘은 변함없이 그의 보좌와 그의 주거지이기 때문에, 하늘은, 즉 상위의 우주 전체는 그것이 전혀 이해할 수 없으나, 또한 그에게 아주 친근한 상태에서 그의 운동을 '따라야'만 하며, 그것에 참여하고 동행해야 하며, 그의 뜻과 말씀과 사역을 이 하위의 우주 안에서 우리와 함께 숭배하고 찬양해야만 하며, 그의 행동을, 즉 위로부터 아래로 향한 그의 강력한 발걸음을 돕고 섬길 수밖에 없다. '하나님'이 있는 그곳에서, 역시 '하늘'도 그의 표시와 증인으로서 그를 위하여 직무를 수행중이다. 바로 그렇기 때문에 우리에게 다가오고 있는 그의 나라는 (적어도 마태복음에서는) '하늘나라'라고도 불린다. 그 나라가 우리에게 오면서, 그것은 하늘을 열어젖힌다. 그것은 하늘도 움직이게 한다. 그것은 하늘의 구조도 변화시키는데, 그것이 우리에게 오면서, 그것은 당연히 하늘을 가져오며, 위에 있는 세계를 아래에 있는 세계의 위로 그리고 그 세계 안으로 옮겨 놓는다. 하나님이 그 나라의 왕이므로, 바로 그 나라에서는 원칙적으로 눈에 보이지 않는 세계인 하늘의 세계가 지니고 있는 세력들도 형태를 띠게 되며, 지상의 세계에 개입하고 그것 안에서 작용하며, 그것의 사건 안에서 현실적인 동인(動因, Faktor)들로 된다. 그 세력들은 그것들의 실존과 기능 안에서 어떤 순간도 그리고 어떤 관점에서도 하나님의 말과 행동으로부터 분리될 수 없으며, 어떤 순간도 그리고 어떤 관점에서도 그의 뜻에 대하여 독자적이지 않으며, 오히려 그것들은 그의 뜻을 집행한다는 그 점에서만 실제로 작용하며 훌륭하다. 그것들은 물론 '하나님'과 확실히 '구별'되어야 한다: 어쨌든 그것들도, 즉 하늘 전체도, 땅처럼 다만 그의 피조물이라면, 그것들도 철두철미 그의 통치를 받고 있기 때문에, 그것들은 어쨌든 동인일 뿐이다. 그러나 그것들은 또한 모든 '지상의' 동인들과 확실히 '구별'되어야 한다: 그것들은 어쨌든 모든 지상의 동인들 한복판에서 바로 하늘의 동인들이며, 하늘의 철저한 이해불가능성을 지니고 있는 동인들이다. 즉 그것들은 하나님에게 가깝고 친근하며, 바로 이 점이 상위의 우주를 하위의 우주와 단호히 구별한다.

이것들이 — 잠정적으로 그리고 조건부로 그렇게 부르자면 — '천사들'이다: '천사'들은 봉사하도록 결정된 하늘의 사자(使者, Bote)들, 혹은 소식을 전달하기 위하여 결정된 하늘에 있는 하나님의 종들이다. 복수형으로 천사'들이라 부르는 것은 다음의 사실에 상응하는 것이다: 하늘은 그것이 지닌 외관상 엄격한 통일성을 하나님의 구체적인 뜻과 행위에 따라 (그 자체 안에서 그리고 세계를 향하여) 요동치는 풍부함으로 발전시킨다. 그렇지만 그들은 하나님을 통하여 그리고 하나님과 함께 움직이게 된 하늘의 세계이며, 또 변함없이 하늘의 세계로 머문다. 참으로 이 사실이, 그들이 피조물에 대한 교리에 속하지 않는 이유이며, 그들이 참으로 성서의 창조 이야기에서도 기억되지 않은 이유이다. 그들은 하늘에 있기 때문만이 아니라, 무엇보다도 그들은 또한 하늘에 있는 존재자들로서 오직 하나님의 침입과 말과 행동에서만 그리고 그 침입과 말과 행동과 함께만 하나님의 특수한 독특한 피조물들이며, 실존과 기능을 얻으며 또 소유하고 있기 때문에, 그들은 인간과 같지 않다. 그들은 본질적으로 하나님의 말씀과 사역에, 창조된 세계 안에서 이루어지는 하나님의 계약행동과 구원행동과 통치에, 예언자이며 제사장이며 왕인 예수 그리스도에 속해 있다. 역시 그들도 피조물들이면서도, 하늘의 존재자들로서 그리고 하나님의 말씀과 사역에 속한 존재들로서 그들은 인간과 모든 다른 피조물들 곁에가 아니라 '위'에 있다.

그리고 바로 이 이중의 특성 안에서 그들은 참으로 또한, 우리의 논의맥락에서 중요한 그것, 즉 이스라엘의 왕이 행하는 세계통치에 대한 '최초의 표시들이며 증인들'이다. 우리는 그들에 대하여 언급되어야만 하는 모든 것들 가운데에서 여기에서는 오직, 구약성서와 신약성서에서 볼 때 당장 명백한 다음의 사실만을 미리 언급한다: 그들의 실존과 기능이 사실 분명히 언제나 그리고 어디에나 전제되어 있기는 하지만, 그들은 다음과 같은 곳에서, 즉 하나님 자신의 말씀과 사역에 대한 선포를 말이나 행위를 통하여 실행해야만 하는 그곳에서, 즉 말하자면 일반적인 세상사에까지 빛나는 그 말씀과 사역의 가장자리(Rand)가 문제되는 바로 그곳에서 '출현'하며, '이름'이 거명된 행동에 돌입한다. 그렇게 그들은 예를 들면 신약성서에서는 대강절 사건과 성탄 사건의 가장자리에서, 40일간의 부활 사건의 가장자리에서, 그리고 약속된 재림사건의 가장자리에서 다시 나타난다. 이 가장자리에서, 혹은 그들 자신이 이 가장자리를 형성하면서, 그들은 파수꾼이며, 그들은 부르고 말하고 노래하며, 만일 준비가 되어 있다면, 나팔도 불어서 모든 잠자는 자들과 졸고 있는 자들을 깨울 것이다. 이 점에서 그들은 바로, 모든 존재의 그리고 모든 존재 위에 있는 주님이며 주인(Meister)인 그의 '표시들이며 증인들'이다. 그들은 위의 세계에 속하며, 그 세계에 속한 존재들로서 그들의 실존과 기능에서 또한 아래의 세계에서, 모든 예언자들과 사도들보다 '앞서서', 교회 전체보다 '앞서서', 유대인들보다 '앞서서', 우리들 자신보다 '앞서서', 그리고 우리 자신에 대한 우리의 증언보다 '앞서서' 맨 먼저 등장했기 때문에, 그들은 '최초의' 증인들이다. 맨 먼저 '이' 표시들과 증인들이 존재하기 때문에, 또 이들이 존재함으로써, 모든 '다른' 표시들과 증인들이 존재한다. 그러므로 세상사 안에 있는 하나님의 모든 불변하는 요소들 가운데 어떤 것도 실제로 이 불변하는 요소와 비교될 수 없으며, 어떤 것도 주님에게 길을 예비하는 하늘의 천사들이 부르는 합창과 비교될 수 없다.

틀림없이 우리는 천사들도 '간과'할 수 있다. 우리는 그들을 부인할 수 있으며, 그들을 쓸데없고 허무맹랑하고 우스꽝스럽게 여길 수 있다. 우리는 이마를 찌푸리며 주먹을 쥐고 이렇게 항변할 수 있다: 하나님이 존재한다는 주장은 어쨌든 봐주고 싶지만, 그러나 역시 천사도 존재한다는 주장은 정도가 지나치며, 부정되어야 하거나 어쨌든 완전히 무시되어야 한다. 그러므로 천사 '없는' 전체적인 세계상들이 존재하며, 그러한 그리스도교의 세계상들, 신학의 세계상들도 존재한다. 우리는, 그것들이 역시 저 다른 불변하는 요소들 가운데 아무것도 인지하지 못하는 바로 그런 세계상들이 아닌지의 여부만이라도 주의해서 바라보아야 한다! 만일 우리는 저 '최초의' 표시들과 증인들에 대하여 아무것도 알지 못한다면, 어떻게 우리가 '이차적인' 표시들과 증인들을 알겠는가? 만일 우리는 천사를 인지할 수 없거나 인지하기를 원하지 않는다면, 대체 어떻게 우리가 성서의 역사와 교회의 역사와 유대인들의 역사와 우리들의 고유한 삶의 역사가 우리에게 말해야만 하는 것을 인지한다는 말인가? 어느 세계상이 살아 있는 하나님을 포함하는지 혹은 않는지의 여부는 이 이차적인 표시들과 증인들을 인지하는 것에 달려 있으므로, 우리는, 천사 없는 세계상, 즉 저 최초의 표시들과 증인들이 없는 세계상이 엄밀히 말하자면 하나님 없는 세계상은 결코 아니기를 바라는 것인지 아닌지를 확실히 주의해서 바라보고 있는가? '하나님'이 있는 '그곳'에는 역시 그의 '천사들'도 있다. 그의 천사들이 있지 '않은' 곳에는 역시 '하나님'도 있지 않다. 그러나 우리의 '세계상들'이 어떻든 간에, 세계 자체와 세상사가 하나님 없이 존재하지 않으며, 그러므로 또한 하나님의 천사들 없이 존재하지 않는다는 사실, 즉 아래에 있는 우리의 우주는 하나님의 말씀과 사역에 의하여 움직이게 된 상위의 우주와 만나고 접촉하지 않고는 존재하지 않다는 사실은 위로가 되며 좋은 것이다. 만일 우리가 그것을 깨닫지 못한다면, 우리에게 바람직스럽지 않은 일이다! 그 경우에 그것은, 우리가 '하나님의' 말씀을 아직도 경청하지 않았으며, '하나님의' 사역을 아직도 깨닫지 못했다는 사실을 보여주는 상당히 확실한 징후이다. 그러나 '하나님의' 말씀과 사역이 우리에 의하여 경청되고 인지되기를 기다리므로, 역시 '하늘의' 세계도 그리고 하나님의 '천사들'도 우리에 의하여 인지되고 숙고되기를 기다린다. 우리가 그것에 대하여 감사하지 않을지라도 그리고 감사하기 이전에, 하나님의 말씀은 참되고 그의 사역은 진행 중인 것이 아주 확실하듯이, 우리가 그것을 깨닫지 못할지라도, 우리가 그들을 기억하지 않을지라도, 그 동안에 천사들은 그들의 직무를 행하고 있다. 하나님의 세계통치에 대한 다른 표시들 및 증인들과 함께 그리고 그것들의 위에 높은 곳에서 역시 이 첫 번째의 그리고 가장 높은 표시들 및 증인들이 객관적으로 그들의 직무를 수행하고 있으며, 또 직무를 기다리고 있다는 사실—바로 이것이, 우리의 논의맥락에서 천사들에 관하여 미리 알고 있어야만 하는 것이다.

4. 하나님 아버지의 세계통치 아래에 있는 그리스도인

피조물의 주님인 하나님 아버지의 행위와 지배라는 위대한 객관적 현실이, 피조물의 역사의 토대와 의미인, 그것에 대한 하나님의 보존과 동행과 통치가 그의 말씀에 따라서 어떻게 생각되어야 하는가에 대한 윤곽이 이제 언급되었다. 그러나 만일 우리가 마지막으로 '피조물인 주체'에 대해서도 명확히 언급하지 않는다면, 우리가 언급한 것은 완벽하지 않을 것이다. 피조물인 주체는 다른 피조물들처럼 하나님이 보존하고 동행하고 통치하는 피조물로서만이 아니라, 말하자면 마음으로부터 출발하여 역시 하나님의 세계통치에 참여한다: 즉 그것에 하나님의 세계통치가 실제로 미칠 뿐만 아니라, 그것이 역시 그 통치를 인식하고 승인하며, 긍정하고 환영하며, 그 통치에 대하여 고맙게 여기며, 따라서 또한 그 통치에 의지하고 그것을 표준으로 삼기를 원한다. 우리는 지금까지 이 주체의 실존을 무언중에 '전제'하였으며, 우리의 모든 명제들과 그것들에 대한 설명은 이 전제 위에서 제시되었다. 마지막으로 우리가 몰두하였던 주제에서, 즉 피조물의 일반적인 사건 안에 있는 하나님의 세계통치에 대한 변함없는 흔적들을 열거하고 서술하면서, 우리는 모든 면에서 전적으로 다음의 사실을 언급해야만 했으므로, 그것이 특별히 분명하였다: 우리는 이 흔적들을 사실 보기는 하지만, 또한 간과할 수 있다. 그 흔적들을 보기 위해서는 아주 특정한 주체가 필요하다. 그렇지만 여기에서는 이 조건이 그래도 다만 특별히 명백해졌을 뿐이다. 실제로 모든 신학적 명제들은 이 조건 아래에 서 있으며, 하나님의 섭리론 전체도 그러하다. 그 주체, 즉 그에게는 우리가 지금 그것들을 이해했던 것처럼 "보존하고 동반하고 통치하는 것"과 같은 개념들이 공허한 개념들이 아니며, 그 모든 것을 알고 있는 바로 그 주체는 도대체 '누구'이며, 무엇이 그의 특수한 '존재'와 '태도'인가? 우리는 이 질문에 대한 올바른 대답을 제시하기를 중단해서는 안 될 것이다: 마지막으로 역시 이 주제 전체에 대한 인식토대를 더 명백히 하기 위해서만이 아니라, 오히려 더욱더, 이 질문에 대한 올바른 대답이 주제 전체를 한 번 더 빛 안으로, 즉 만일 그것이 올바르게 인식되어야만 한다면, 그것에 결여되어서는 안 될 그 빛 안으로 세우는 데에 적합하기 때문이다.

 이 모든 요소들을 지닌 하나님의 섭리론은—어느 경우든, 우리들이 그것을 이제 이해했고 서술했던 그 형태로—'그리스도교 신앙고백'의 불가결한 구성요소이다. 따라서 문제되고 있는 주체는 살아 있는 그리스도교 신앙공동체의 살아 있는 구성원, 즉 '그리스도인'이다. 우리는 여기에서, 이 주체가 어떻게 구성되고, 어느 정도까지 그리스도교 신앙공동체와 그 공동체의 구성원인 그리스도인들이 존재할 수 있으며 또 존재하는지를 설명하려는 어떤 시도도 하지 않을 것이다. 지금 우리의 관심을 끄는 것은 다만 다음과 같은 피조물로서 주체인 그리스도인이다: 그 주체는, 하나님의 섭리를 '알고' 있으므로, 그리고 마음으로부터 우러나는 특수한 방식으로 하나님의 세계통치에 참여하고 있으므로, 하나님의 섭리에 대한 신앙고백에 동의할 수 있다. 그리고 그리스도인은, 그의 입장에서 보면 우리가 이 주제에 관하여 말했던 모든 것이 현실로서 이해될 수 있는 바로 그 장소이다. 우리는 특별한 존재와 태도에 대하여 질문하고 있다: 즉 그것 안에서 "보존하고 동반하고 통치하는 것"이 그리스도인에게 지금 전개되는 하나님의 행동 형태로, 마치 창밖을 내다보고 있는 다른 사람에게 거리에서 발생하고 있는 사건이 명백히 보이듯이, 그렇게 명백하게 드러나고 있는 바로 그 존재와 태도에 대하여 질문하고 있다. 우리는, 하나님의 세계통치가 이렇게 자명하게 명백히 드러나는 것이 어떻게 그리스도교 신앙공동체 안에서 가능하게 되며 또 실현되는가에 대하여 질문한다.

 여기에서 다음의 사실을 간단히 확인하는 것으로 시작하는 것이 확실히 가장 좋을 것이다: 그리스도인도 다만 '피조물인 주체'일 뿐이며, 따라서 모든 다른 사람들 및 피조물들과 연대하여 완전히 '하나님의 세계통치 아래에' 있다. 이 사실이 모든 인간들과 (하찮은 곤충인—역자 주) 모든 파리(Fliege)들에게 의미하는 다음과 같은 단점에 그리스도인도 관여하고 있다: 그는 결코 그 자신의 주님으로서 현존할 수 없다. 그리고 다음과 같은 동일한 장점에 관여하고 있다: 그는 자기 자신, 그를 보존하는 것, 그의 길,

그의 목표에 대하여 전혀 걱정할 필요가 없다. 그는 보존되기 위하여 혹은 보존되는 것에 관하여 어떤 것을 행할 수 없는데도, 역시 그도 하나님에 의하여 보존될 것이며 지금 보존되고 있다. 하나님 안에서 역시 그에게도 강력한 동반자가 있다: 그 동반자는 그의 현존 전체를 포괄하며, 그 동반자의 활동은 그의 활동보다 뛰어나게 앞서며, 그것과 동행하며, 그것을 뒤따른다. 역시 그 스스로도 그 동반자에 의하여 통치될 수밖에 없다. 무엇이 그를 다른 존재들보다 돋보이게 하는가? 그것은 우선 실제로 다름 아니라 바로 이것이다: 그는 바로 다음의 사실을, 즉 그는 다른 존재들과 마찬가지로 피조물인 주체이며, 따라서 이 점에서는 '결코 아무것도' 그를 돋보이게 하지 '않는다'는 사실을 철저히 받아들이고 승인한다. 모든 다른 피조물들 중에서 그리스도인은, 피조물일 뿐만 아니라 피조물이라는 바로 그 사실에 대하여 '그렇다(Ja)고 말하는' 바로 그 피조물이다. 수많은 피조물들이 그렇다는 이 대답을 하도록 질문조차 받지 않는 것 같다. 인간은 그 대답을 하도록 질문 받는다. 그러나 사실상 인간 자신은 그렇다고 대답할 능력도 없고, 기꺼이 그렇게 대답하지도 않는다. 인간 자신은 사실상 원래부터 언제나 자기 자신에 대하여 새로운 그릇된 환상들을 얻는다. 그는 사실상 언제나 단지 피조물이기보다는 그것 이상(mehr)이기를 원한다. 그는 사실상 단순히 하나님의 세계통치 아래에 있는 것을 원하지 않는다. 그리스도인은, 인간이 요구받고 있는 바로 이 그렇다는 대답을 '말한다.' 이 사실이 그리스도인의 탁월함이다. 따라서 그의 탁월함은 실제로 모든 탁월함을 '포기'하는 탁월함이다: 그는, 사실은—아마도 질문 받지 않았음에도 불구하고, 아마도 그들의 잘못된 대답들에도 불구하고—'모든' 피조물들은 무엇인가라는 질문에 대하여 연대적인 '신앙고백'을 실행하고 있다. 그러므로 그리스도인은 매우 단순하게 '진정한' 피조물이다. 그리스도인의 모든 덕과 모든 행동, 모든 기쁨과 모든 품위는 이 단순한 사실로부터 시작되어야만 하며, 마지막에는 역시 언제나 다시 이 단순한 사실로 돌아가야만 한다. 이것을 미리 확인하는 것이 중요하다. 하나님의 세계통치에 대한 그리스도인의 전체적인 특수한 관계와 태도가 지니고 있는 훌륭함은, 그 자신을 위한 명성이 동시에 튀어나오지 '않는다'는 사실에 있다. 그 훌륭함은 오히려 자신의 명성에 대한 모든 요구를 제쳐둠으로써 시작하고 또 그렇게 함으로써 끝을 맺는다. 이 문제에서 그리스도인의 온전한 높이는 몇 번이고 되풀이하여 '진실성'의—그것은 실제로 높이가 아니라, 가장 현실적인 깊이이다!—'깊이'이다. 그 진실성 안에서 그는 다음의 사실에 대하여 책임을 질 수 있으며, 그렇게 하도록 허용되며, 그렇게 하여야만 하며, 그렇게 하기를 원한다: 그는 피조물로서 그 어떤 인간보다 더 뛰어난 존재가 아니며, 그의 발아래에 있는 먼지보다 더 뛰어난 존재가 아니며, 그도 하나님의 세계통치 아래에서 실존할 수밖에 없다. 설령 그가 다른 인간들과 피조물들보다 뛰어날지라도—실제로 그가 그들보다 뛰어난 점은 아주 많다.—그래도 그는 다만 언제나 현존하며 현실적인 다음과 같은 전제 아래에서만 그러하다: '피조물로서' 그는 '결코'

그들보다 뛰어난 것이 '아니'다.

어떻게 모든 인간들 가운데 바로 그리스도인이 이 사실에 대하여 '고백'하는 '진실성'에 이르게 되는가? 그 대답은 간단히 이렇게 말할 수 있다: 그는 다른 사람들이 인식하지 못하는 것을 '인식'한다. 그가 다른 모든 피조물들과 연대하면서 참여하고 있는 '세상만사'는 아마 역시 근거 없고 주인 없고 목표 없이 떠밀려 가는 한바탕의 소동일 수도 있을 것이다. 많은 사람들이 세상만사를 그렇게 인식하고 있다. 그러나 그리스도인은 세상만사 안에서 '세계통치'를 인식한다. 세계통치는 물론 최고의 자연법이 통치하는 것일 수도 있으며, 혹은 운명이 통치하는 것, 혹은 우연이 통치하는 것, 혹은 아마도 악마가 통치하는 것일 수도 있다. 많은 사람들이 그 통치를 그렇게 인식하고 있다. 그리스도인은 그 통치가 '하나님'의 세계통치라는 것을, 즉 그에게 그의 아버지인 바로 그 하나님 '아버지'의 세계통치라는 것을 인식한다. 그는 세상만사를 구성하고 조직하는 중심을 인식하고 있다. 그가 '예수 그리스도'를 바라보고 있다는 바로 그 사실이 그를 그리스도인으로 만든다: 즉 낮아졌으나 또한 그의 인간성이 드높여진 그 하나님의 아들을 바라보고 있으며, 자기 자신을 그와 결합되어 있고 그에게 속해 있는 것으로서 간주하며, 자신의 삶을 그를 통하여 구원받았으나 또한 그의 처분에 맡겨져 있는 것으로서 간주하고 있다는 바로 그 사실이 그를 그리스도인으로 만든다. 예수 그리스도를 바라보면서, 그는 모든 것 위에 그리고 모든 것 안에 있는, 법을 제정하고 실행하고 심판하는 '권력'을 인식하며, 그것을 '하나님'의 권력으로서, '아버지'의 권력으로서 간주하며, 자기 자신을 그 아들에게 결합되어 있고 그 아들에게 속한 존재로서, '이' 권력의 지배 아래에 있는 것으로서 간주한다. 오직 그리스도인만이 세상만사의 '중심'을 인식하며, 하늘 안에 그리고 땅 위에 있는 모든 권력의 소유자인 그 중심 안에서 하나님의 '아들'을 인식하며, 그를 통하여 '아버지'인 하나님을 인식하며, 따라서 그 중심의 주변에서 저 한 아들을 때문에 자기 자신을 그 아버지의 '자녀'로서 간주한다. 그리스도교 신앙공동체는 바로 이것이다: 그것은, '이 사실'을 언급하고 털어놓으며 바로 '이 사실'을 드러내 보여주는 그 '말씀'을 통하여 형성된 모임이며, 바로 이 사실을 바라보기 위하여 눈들이 열려 있는 사람들의 모임이다. 오직 그리스도인만이, 즉 이 신앙공동체의 구성원만이, 즉 이 말씀을 통하여 다른 사람들과 함께 모여든 사람만이 그 사실을 바라볼 수 있는 열린 눈들을 지니고 있다. 그 사실을 바라보지 않고도 이 질서의 능력에 의하여 지탱되며, 평화롭게 보호받고 있기 때문에, 그 사실을 바라볼 수 있는 눈들을 지닐 필요가 없는 피조물들이 있다. 물론 그 사실을 바라볼 수 있는 눈들은 지니고 있기는 하지만, 아직 그 눈들을 열기를 원하지 않으며 또 그 눈들을 열 수 없는 다른 피조물들도 있다. 그러나 그리스도인은 여기에서 '열린' 눈들을 지니고 있으며, 바로 그와 동시에 거리낌 없이 저 진실성을, 즉 그가 피조물이라는 사실을, 따라서 그가 하나님의 세계통치 아래에 있는 존재라는 사실을 무조건적으로, 특별한 요구 없이, 기꺼이 고백하는 저 진실성을 지니고 있다. 그가 저 중심 안에서 바라보고 있는 것, 그리고 그 후에 또한 주변에서 바라보고 있는 것은 참으로 바로, 우리가 깜짝 놀라고 그것에 대하여 반항해야만 하거나 또한 반항할 수밖에 없을 그 어떤 것이 아니다. 통치하는 창조주인 하나님 아버지는 명백히 억압자가 아니며, 그러므로 지배받는 피조물인 그리스도인은 피억압자가 아니다. 여기에서 그에게는, 그가 회피할, 즉 그가 그것으로부터 도망치거나 그것에 저항하여 반란을 일으킬 동기를 지녀야만 할 어떤 것도 없다. 그리스도인으로서 하나님의 통치와 피조물의 종속이 예수 그리스도 안에서 현실화된 것을 인식하도록 허용된 사람에게는, 온전히 그리고 무조건적으로 하나님의 세계통치 아래에 있는 것, 따라서 온전히 그리고 무조건적으로 피조물인 주체로 존재하는 것은, 역경이 아니며, 고난이 아니며, 치욕이거나 또한 수치조차 아니다. 그에게는, 인간이 이 사실에 대하여 항의하려는 모든 투쟁은 쓸데없는 것으로 되며, 인간이 이 진상을 은폐하고 그것으로부터 회피하도록 도움을 주는 모든 그릇된 환상은 불필요한 것으로 된다. 만일 창조주와 피조물 사이의 관계가 그리스도인이 예수 그리스도 안에서 그것을 인식하도록 허용된 것과 같은 그런 것이라면, 그 경우에 역시 이 관계 안에 있는 바로 그 존재는 최고의 자유와 기쁨 안에 있는 진정으로 바람직한 존재이다. 그 경우에 그것에 대하여 고백해야만 한다는 것은 어떤 음울한 율법이 아니라, 호의적인 허락이며 초대이다. 그러므로 그리스도인은 바로 이 관계를, 이 관계 안에 있는 그 자신의 존재를 마지못해서가 아니라 자발적으로, 기분 나쁜 것이 아니라 기쁘게 긍정하고 붙잡을 것이다. 그러므로 저 진실성 때문에 그는 실제로 전혀 아무것도 잃지 않는다. 그가 그 진실성을 미리 마련할 필요가 없다. 그는 그 진실성을 억지로 빼앗을 필요가 없다. 그가 보도록 허용된 바로 그것이 그를 향해 가까이 다가오기 때문에, 그 진실성이 그를 향해 가까이 다가오는 것이다. 그가 진실하다는 바로 그런 이유 때문에 그가 그 어떤 높은 곳으로 날아오르지도 않는다. 바로 그런 이유 때문에, 다른 피조물들과 인간들은 고백할 수 없으며 또 고백하기를 원치 않는 그것에 대하여 그가 그처럼 거리낌 없이 고백한다는 사실로부터, 그는 자기 자신을 위하여 어떤 종류의 요구나 공로도 이끌어내지 않는다. 만일 그가 그 고백을 한다면, 그렇다고 해도 주요관심사는 역시 결코 그의 특수한 정직성이 승리하였다는 것이 아니다. 다른 사람들도 정직하며, 아마도 그보다 더 정직할지도 모른다. 그는, 그가 '보고 있는' 것을 통하여 진실하게 '만들어진' 것이다. 그는 이 사실에서 진실하기 때문에, 그는 허락과 초대를 이용하며, 그는 열려 있는, 그러나 결코 그에 의해서는 열려지지 않는 그 문을 통하여 대연회장 안으로 들어간다. 그는 그곳에서 '기꺼이' 식탁 아래에 앉는다: 완전히 그들처럼 다만 하나님의 피조물로서만 현존하기 위하여, 연대적으로 세리들과 죄인들의 교제 안으로, 동물들과 식물들과 돌들의 교제 안으로 합류한다. 그가 '바라보도록' 허용된다는 사실이, 그리고 그가 '무엇'을 중심과 주변으로서, 창조주와 피조물로서 간주하도록 허용되는지가 그의 탁월한 진실성에 이르는 허락이며, 초대이며, 열린 문이다.

우리는 잠정적으로 다음과 같이 요약하여 말할 수 있다: 그리스도인은, 그가 (물론 다만 그만이) 바라보도록 허용된 것 덕분에, 하나님의 섭리와 세계통치라는 주제들에서 본래의 '전문가'이다. 하나님의 섭리와 세계통치가 모든 다른 피조물들과 인간들에게처럼 그에게 닥쳐오는 동안에, 그 자신은 그들과는 달리, 즉 "마음으로부터" 그 사건에 참여한다. 하나님의 섭리와 세계통치가 그에게도 그야말로 닥쳐오는 동안에, 모든 다른 피조물들 가운데서 그는 그 사건을 '기꺼이 받아들이는' 피조물, 즉 통치하는 창조주 하나님과—만일 우리가 그렇게 말하도록 허용된다면—말하자면 '의견일치'가 되는 피조물이다.

물론 사실상 그리고 실제로 그도 매일 새롭게 세상만사의 수수께끼들에, 피조물의 일반적인 사건의, 즉 그 자신이 엮어가는 생활사도 그것에 속하는 바로 그 사건의 심연들과 평범함들에, 눈부신 빛들에 그리고 암흑들에 직면해 있다. 물론 그도 몇 번이고 되풀이하여 이렇게 질문할 수밖에 없다: 어디에서부터? 그리고 어디로 향하여? 왜? 그리고 무엇을 위하여? 물론 그도 실존의, 즉 창조된 현실성 전체가 엮어가는 역사의 진행과정에서 함께 존재하는 그의 실존의 거대한 과정이 지닌 비밀들, 즉 언제나 새로운 형태로 끈질기게 떠오르는 그 비밀들을 열 수 있는 어떤 만능열쇠를 갖고 있지 않다. 그 반대로, 특히 그는 다음의 사실을 아는 바로 그 존재로 될 것이다: 사람이 발명하여 그의 손에 갖고 있다고 여기는 어떤 만능열쇠들도 헛된 것이다. 모든 다른 피조물 가운데 바로 그가 몇 번이고 되풀이하여 가장 놀라워하는 자로서, 가장 충격을 받은 자로서, 가장 경악한 자로서, 혹은 역시 가장 기뻐하는 자로서 그 사건들을 마주보고 서 있을 것이다.—바로 그는 결코, 그때마다 모든 것을 미리 예견하고 다시 한 번 제대로 비밀을 가슴에 묻어두었던 약삭빠른 사람으로서가 아니라, 오히려 숲 속에 있는 어린이처럼 혹은 성탄전야의 어린이처럼, 사건들에 의하여, 그에게 일어나는 만남들과 체험들에 의하여, 그에게 부과된 염려들과 과제들에 의하여 몇 번이고 되풀이하여 매우 놀라는 사람으로서 그 사건들을 마주보고 서 있을 것이다. 바로 그는, 몇 번이고 되풀이하여 처음부터 다시 시작하지 않을 수 없으며, 그에게 제공되는 가능성들 및 그를 방해하는 불가능성들과 씨름하는 것을 몇 번이고 되풀이하여 완전히 새롭게 시작하지 않을 수 없다. 바로 그에게는 우주 안에서 살아가는 것이, 즉 그의 기쁨과 그의 슬픔, 그의 숙고와 그의 활동이—만일 우리가 역시 이것도 그렇게 말하도록 허용된다면—몇 번이고 되풀이하여 진정으로 '흥미 있는' 관심사로, 더 대담하게 표현한다면, '모험'으로 될 것이며, 그 모험을 실행하기 위해서는 그는 그 자신의 편에서는 결국 그리고 엄밀히 말하자면 아무것도 가지고 올 것이 없다.

그러나 무엇이 문제되고 있는 것인지를 그가 알 수 '없'기 때문이 아니라, 오히려 바로, 그가 그것을 '알기' 때문에 그 모든 비밀이 존재한다. 그가 그 근원과, 즉 그곳으로부터 이 모든 비밀이 유래하며, 그곳으로부터 직접적으로 혹은 간접적으로 모든 것이 그에게도 미치는 그 근원과 '의견일치' 안에 있기 때문에, 즉 피조물이 그의 창조주와, 그러나 그의 경우에는, 자녀가 그의 아버지와 '의견일치' 안에 있기 때문에, 이 모든 비밀이 존재한다. 그는 이제 물론 '그것'에 대하여 수수께끼를 풀듯이 여러 가지로 생각해볼 필요가 없으며, 그는 이제 물론 '그것'과 관련하여 전혀 질문할 필요가 없으며, 결코 어떤 종류의 새로운 대답들과 문제 해결책들을 찾아볼 필요가 없다. 그는 이제 물론 '다음의 사실에 대하여', 즉 '누가' 저 근원이 되는 자리를 차지하고 있는지, 그것은 엄밀히 말하자면 '무엇'을 의미하는지, 무엇이 무슨 일이 있어도 거기에서 기대될 수 있으며 실제로 올 것인지에 대하여 확실하게 배웠다. 그 모든 것이 틀림없이 거기에서 오기 때문에, '어떻게' 그곳에서 결정되는지 그리고 어떤 '형태'로 모든 것이 오게 될 것인지에 대하여, 그는 어린이처럼 기대에 부풀어 호기심을 지니고 있으며, 오고 있는 것에 대하여 언제나 새롭게 열려 있을 것이며, 놀라움을 지닌 채 마주 대할 것이다. 그러나 오고 있는 모든 것이 어떤 형태로 오더라도, 그것을 그는 '거기에서' 오고 있는 것으로 재인식하게 될 것이다. 그러므로 그것의 형태가 그에게 어떻게 낯설게 나타나든, 그 형태를 띤 그것이 그에게 비록 아무리 괴롭게 될지라도, 그것이 그곳으로부터 오고 있기 때문에, 그는 그것을 미리 '승인'하게 될 것이다. 그는, 오고 있는 모든 것의 '긍정적인' — 그것이 유래하는 그 근원으로부터 볼 때 틀림없이 긍정적인! — 의미와 내용의 진가를 아마 당장 인정할 능력은 없어도, 그래도 미리 기꺼이 그렇게 하려 할 것이며, 그렇게 할 준비가 되어 있을 것이다. 유식한 체하면서 불만을 품고 투덜거리면서 그것에 대항하는 대신에, 혹은, 마치 그렇게 할 수 있기나 한 것처럼, 회의적인 구경꾼으로서 인상을 쓰면서 구석에 서 있는 대신에, 그는 — 더 대담하게 표현한다면 — 미리 기꺼이 '협력'할 것이며, 그렇게 할 준비가 되어 있을 것이다. 그는 모든 것이 '직접적으로' 스스로에게 관계되도록, 즉 그의 경험들과 입장표명들의 모든 변증법에서 관계되도록 할 것이며, 결국에는 그리고 엄밀히 말하자면 모든 것이 '긍정적으로' 관계되도록 할 것이다. 그는 결국 그리고 엄밀히 말하자면 언제나 '감사'할 것이며, 이 감사함으로부터 출발하여 계속하여 오고 있는 것을 바라보게 될 것이다. 그는 언제나, 그것은 무엇을 의미하는 것이었는지를 알게 될 것이며, 그리고 언제나 미리, 그것은 무엇을 의미하게 될 것인지를 알게 될 것이다. 그는 바로 언제나, 그의 아버지와 관계하고 있는 자녀로 될 것이다. 이것이 하나님의 세계통치라는 주제에 대한 '그리스도교의 전문지식' (Sachkunde)이다. 이 지식 자체는 결코 오만불손하지 않다. 이 지식은 진실성, 즉 그것 안에서 바로 그리스도인이 (다른 피조물들처럼 하나님의 통치 아래에 있는 피조물로) 스스로를 인식하도록 허용되는 그 진실성이라는 울타리들 안에 머문다. 그 지식은 말하자면 오직 이 진실성의 긍정적인 뒷면일 뿐이다. 하나님의 섭리와 세계통치에 대한 신앙고백은 물론 결코 이 그리스도교의 전문지식을 표현하는 것이 아니며, 이 지식이 만들어 낸 산물이 아니다. 신앙고백은 오히려 하나님의 말씀에 대한 응답이다. 신앙고백은 그것 자체를 언제나 다만 그 말씀의 부름에 대한 반응이라고 생각할 것이며, 인간의, 또한 그리스도교의 업적이나 성과라고 생각하지 않을 것이다. 그러나 하나님의 말씀이 실제로 경청된 바로 그곳에서는, 경청하고 있는 자의 실존에 대한 역사적 규정인 이 그리스도교의 전문지식도 발생한다는 것은 명백하다. 그리고 이 그리스도교의 전문지식이 부족할 사람, 하나님의 보존과 동행과 지배에 대하여 언급될 때, 그것이 그에게 개인적으로 무엇을 의미하는 것인지를 알지 못할 사람, 그에게는 이 주제 전체가 그의 가장 고유한 영역 안에서가 아니라 그 자신으로부터 멀리 떨어진 낯선 그 어떤 높은 곳에서만 현존할, 또한 그 자신의 실존에 대한 역사적 규정의 형태로도 현존하지 않을 그런 인간의 마음과 입술에서는, 하나님의 섭리와 세계통치에 대한 신앙고백은 냉담하고 공허할 수밖에 없을 것이라는 것도 명백하다. 따라서 주체인 그리스도인에 대한 질문은 앞에서 상술한 모든 것과 비교하여 다음과 같이 점검하기 위한 질문과 같은 어떤 것이다: "너는 또한, 네가 읽고 있는 것을 이해하고 있는가?" 너의 생각과 너의 입술 안에 있는 하나님의 섭리론이 사변(思辨)이 아니라, 즉 네가 단지 다소간에 영리한 구경꾼으로서 참여할 수 있을 그런 사변이 아니라, 오히려 네가, 이 교리의 대상에 의하여 스스로 감동받고 사로잡혀서, 너의 편에서 마음으로부터 그것을 붙잡았고 파악했을 정도로 그렇게, 너는 이 주제에 깊이 관여하고 있는가?

왜냐하면 저 그리스도교의 전문지식은 바로 어떠한 단순한 사변과도 아무런 관계가 없기 때문이다. 그것은 그 어떤 통찰이나 학문으로, 즉 보는 눈을 지닌 자인 그리스도인의 마음에 불가사의하게 깊이 심어지거나 혹은 부여되었으며 이제는 그의 소유로 넘어간 그 어떤 통찰이나 학문으로 이해되어서는 안 된다. 만일 그것이 그의 숙련된 '지식'(Kunde)이나 '기술'(Kunst)이 아니라면, 그 전문지식은 아무것도 아니다. 그것은 그에게 물론 '제공된 것'이지만, 초자연적인 특성(Qualität)으로서가 아니라, 하나의 능력(Vermögen)으로서, 즉 그가 결코 마술적으로가 아니라 철저히 자유롭게 '적용'할 때에만 그리고 그 일을 진행할 때에도 철저히 자연스럽게 '적용'할 때에만 현실적인 그런 능력으로서 제공된 것이다. 그리고 그것은 물론 최고의 '인식'이지만, 바로 최고의 인식이기 때문에, 바로 그것은 그의 눈과 그의 이해력만이 아니라, 그의 '인간 전체'를 요구한다. 그것은 한 관계에, 즉 창조주 하나님의 행동과 그가 통치하는 피조물의 사건 전체 사이에서 요동치는 관계에 관련되어 있다. 그러므로 그 전문지식 자체는 일종의 태도, 즉 '역동적인 태도'이며, 그 태도 안에서 그리스도인은, '완전히 요구받아서', 하나님의 행동과 피조물의 사건에 관여한다: 즉 그것은 확실히 숙고하는 것이지만 또한 활동하며, 확실히 인식하는 것이지만 또한 작용하는 태도이다. 즉 그 태도는 두 측면을 모두 포함하고 있으므로, 한 측면은 결코 다른 측면으로부터 분리될 수 없다. 왜냐하면 그리스도인은 이 태도의 한 측면으로부터 지속적으로 다른 측면으로 넘어서려 하며,

넘어가는 도중에 있기 때문이다. 여기에서는 보고 이해하고 아는 것이 전부다. 그러나 우리가 곧 바로 덧붙여야만 하는 것처럼, 동의하고 시인하는 것, 함께 협력하려는 흔쾌함과 준비가 역시 전부이며, 역시 감사함이 전부다. 만일 하나님의 섭리와 세계통치가 맑은 거울 안에서처럼 그리스도인 안에서 반사된다면—만일 그가, '이' "사색"이 사건으로 되다는 점에서 그것에 대한 전문지식을 갖춘 전문가라면, 그 경우에 그것은 명백히 다음의 사실을 의미한다: 하나님으로부터 출발하며 하늘과 땅을 포괄하는 저 '사건'이 피조물인 그가 지닌 실존의 좁은 영역에서, 그의 생각, 게다가 또 그의 의지와 행위, 그의 삶의 좁은 영역에서 복사하듯 '반복'된다. 그 경우에 하나님의 섭리와 세계통치가 그에게 참된 것일 뿐만 아니라, 이 반복에서 '현실적'인 것으로 된다. 그리고 그 섭리와 통치가 그에게 어떻게 현실적인 것인지, 바로 그것이 지금도 역시 드러나게 되고 이해되어야 한다.

하나님의 섭리와 세계통치는, 그가 '믿음'으로써, '순종'함으로써, 그리고 '기도'함으로써, 그에게 현실적인 것이 된다. 이것들이 저 역동적이고 총체적인 그리스도인다운 태도의 '세 가지 형태들'이다. 우리는 그것들을 그리스도인다운 태도에 대한 모든 진술들 안에서 다소간에 뚜렷하게 그리고 완전히 재인식하게 될 것이다. 그리고 우리는 간단하지만 확실한 척도인 다음의 질문들에 의하여 우리 자신의 태도를 검토할 수 있다: 그것은 이 세 가지 형태들 안에서 움직이고 있는가? 그것에는 이 세 가지 형태들 가운데 어떤 것도 결여되어 있지 않은가? 그것은 균형 잡히게 그리고 완전히 이 세 가지 모든 형태들 안에서 움직이도록 강력히 요구하고 있는가? 그 경우에, 정말이지 오직 그 경우에만, 그것이 그리스도인다운 태도이다. 그러므로 만일 그것이 진정으로 그리스도인다운 태도라면, 이 세 가지 형태들 가운데 어떤 것도 소홀히 되어서는 안 되고 방해받아서는 안 되며, 그것들 가운데 어떤 것도 다른 형태들을 대신하거나 자체 안으로 흡수해서는 안 되며, 어떤 것도 다른 형태들을 배제하고 대체하기를 원해서는 안 된다. 어디든 간에 이 세 가지 형태들 가운데 어느 것 하나만이라도 완전히 '결여'되어 있다면, 우리의 태도는 그리스도인다운 태도가 아닐 것이다: 외관상 아마도 흠이 없으며—누가 알겠는가?—아마도 매우 강하게 훈련받은 두 가지 다른 형태들을 지니고 있어도, 그 경우에 그것은 틀림없이 다만 외관상 그리스도인다운 태도일 것이다! 우리는 무엇보다도 먼저 다음의 사실을 주목해야 한다: 믿음에서 순종에서 그리고 기도에서 문제되고 있는 것은 단순한 이론이나 단순한 실천이 아니라, 어디에서나 바로, 한 측면에서 다른 측면으로, 즉 보는 것에서 행하는 것으로, 아는 것에서 활동하는 것으로 옮겨가는 발걸음 혹은 도약이다. 그리스도인이 믿고 순종하고 기도하는 곳에서는, 한 측면이 더 중요한지 혹은 다른 측면이 더 중요한지에 관한 의심과 토론이 극복된다. 그리스도교의 본성이 더욱 관조(觀照)적인 것인지 혹은 더욱 활동적인 것인지에 대한 논쟁 전체, 기다리는 것이 혹은 서두르는 것이, 은혜가 혹은 자유가, 위로가 혹은 경고가 우선권이 있는지에 대한 논쟁 전체, 혹은 우리가 그 대립을 달리 어떻게 표현하든 간에, 그것들에 대한 논쟁 전체가 그곳에서는 쓸데없는 것이다. 그리스도인다운 태도는 바로 그것의 세 가지 형태들 가운데 어떤 것에서도 이러한 추상화된 대비(對比)들을 알지 못한다. 이 대비들은 언제나 하나님의 섭리와 세계통치에 관한 그릇된 사변적 고찰의 잔재들이다. 바로 하나님의 섭리와 세계통치는 그리스도인의 실존 안에서 그것들이 참으로 역동적으로 총체적으로 반사될 때, 그것들이 그 주체의 영역 안에서 반복되는 일이 발생할 때, 이 대비들을 위해서는 어떤 여지도 허용하지 않는다. 진정한 그리스도인다운 태도는 말씀 안에 있는 하나님을 완전히 '인식하는 것'이며, 바로 그렇기 때문에 그리고 그렇게 함으로써 완전히 그 말씀의 척도에 따라 '행동하는 것'이다. 그리고 이 사실은 순종과 기도에 적용되며, 아주 똑같이 믿음에 적용된다. 따라서 우리는 이 세 가지 형태들을 서로 경계를 이루며 서로 보충하는, 그리스도인다운 태도의 세 가지 부분들로 이해하여 다음과 같이 생각해서는 안 될 것이다: 그리스도인은 무엇보다도 먼저 믿어야 하며, 그 후에 역시 또 순종해야만 하며, 마지막으로 역시 또 기도해야만 한다거나, 혹은 그리스도인은 무엇보다도 먼저 믿음에 이르러야 하며, 그 후에 기도해야만 하며, 마지막으로 역시 또 순종해야만 한다거나, 혹은 무엇보다도 먼저 순종해야만 하며, 그 후에 기도해야만 하며, 마침내 어쩌면 믿음에 이르게 될 것이라고 생각해서는 안 될 것이다. 우리는, 이렇게 분리시키는 것들이 어떻게 즉시 그리고 필연적으로, 우리가 율법과 관계를 갖게 하며, 그 경우에 그리스도인다운 태도의 본질이 그 율법의 성취에 있을 수밖에 없게 하는 결과를 초래하는지를 주목해야 하다. 그리스도인다운 태도—하나님의 말씀이 경청되는 곳에서 발생하는 저 그리스도교의 전문지식—는, 우리가 그것을 어떤 순서로 공식화하든 간에, 그러한 율법과는 조금도 관계없다. 그리스도인다운 태도는 언제나 선물하면서 동시에 요구하는 하나님의 말씀을 통하여 자비롭게 각성되고 있는 그리스도인의 존재(Sein)이며, 따라서 율법 아래에 있는 그의 존재가 아니라, 복음의 자유 안에 있는 그의 존재이다. 그러나 복음의 자유 안에서 이해할 때, 저 세 가지 형태들에서 각 형태는 동시에 전체이며, 따라서 그것들의 각 형태는 역시 다른 두 형태들을 자체 안에 포함하고 있다.

우리가 다음과 같은 비교를 감행하여도 상관없을 것이다: 마치 하나님의 삼위일체적인 세 가지 존재방식들이 신성의 부분으로서 서로를 제한하고 보충하는 것이 아니라, 삼중의 정체성 안에서 한 하나님이듯이, 따라서 그 존재방식들의 각 부분은 역시 다른 부분들을 자체 안에 지니고 있으며 스스로가 다른 부분들 안에 있듯이, 그와 같이 그리스도인의 믿음과 순종과 기도는 그리스도인다운 하나의 태도이며, 그것들 각 부분은 역시 다른 부분들이 지니고 있는 특성을 지니고 있다. 따라서 사실은 이러하다: '믿음'은, 만일 그것이 그리스도인다운 태도인 믿음이라면, 역시 순종이며 기도이고, 동일한 전제조건 아래에서 '순종'은 역시 믿음이며 기도이고, 동일한 전제조건 아래에서 '기도'는 역시 믿음이며 순종이다. 그러나 마치 삼위일체 하나님에 대한 인식에서 세 가지 존재방식을 구별하는 것과 마찬가지로, 믿음과 순종과 기도를 구별하는 것이, 즉 그것들을 각각 특수하게 강조하고 바라보는 것이, 각각 그것들을 실천하는 특수한 삶이 불가결한 것뿐이다. 왜냐하면 역시 그리스도인다운 태도의 한 부분과 전체는 어디에서도 추상적으로가 아니라, 오직 이 세 가지 상이한 형태들 안에서만 현실적이며 눈에 보이기 때문이다. 우리가 그것들을 그것들의 본질에 일치하게 이해한다면, 이 형태들 가운데 어느 하나를 다른 것들을 위해 무시하는 방향으로 되돌아가는 것은, 혹은 다른 것들에게 불리하게 어느 하나가 지배하는 전체주의로 되돌아가는 것은 결코 정당화될 수 없을 것이다. 마치 사실 삼위일체론의 역사에서 하나님의 세 가지 존재방식들의 순환(Perichorese)론(삼위일체 하나님이 지닌 세 인격들의 통일성 및 상호간의 침투를 주장하는 이론—역자 주)이 결코, 우리가 결국 마침내 역시 다시 (삼위는 한 하나님의 세 형태에 불과하다고 주장함으로써 삼위를 부정하는—역자 주) 양태론적인 이단으로 되돌아갔다는 것을 의미할 수 없었듯이 말이다.

　이 전제조건과 제한 아래에서, 우리는 이제 하나님의 섭리와 세계통치에 대하여 그리스도인다운 하나의 태도가 지닌 세 가지 형태들을, 즉 여기에서 논해지고 있는 하나의 그리스도교적 전문지식이 지닌 세 가지 형태들을 '잇'달아, 그러나 믿음으로서, 순종으로서, 기도로서 상호간에 가장 친밀한 '관련성' 안에서 상세히 설명할 것이다.

　1. 믿음에 대하여—믿음이란 하나님의 말씀 자체를 받아들이는 것, 즉 깨어 있는 신뢰이다. 그 신뢰 안에서 그리스도인은 그 '말씀'을 '하나님'에 의하여 말해진 것으로서 그리고 바로 '그'에게 말해진 것으로서 인식하고 인정하며, 그것을 언제나 '하나님'에 의하여 말해진 말씀으로서, 그리고 언제나 바로 '그'에게 말해진 말씀으로서 승인한다. 이와 같이 믿음은 그리스도인다운 태도의 원천이다. 그것은 순종과 기도에 대하여 품위와 중요성의 우위를 지니고 있지 않으나, 그렇지만 순서의 우위를 지니고 있다: 즉 불가피하게 시간적인 순서의 우위를 지니고 있지는 않으나, 그렇지만 불가피하게 실질적인 순서의 우위를 지니고 있다. 예수 그리스도에 대한 믿음 안에서 인간은 그리스도인으로 '된다.' 예수 그리스도 안에 있는 하나님이 그의 아버지라는 믿음 안에서, 예수 그리스도 안에 있는 그 자신이 하나님의 자녀라는 믿음 안에서, 그는 하나님의 섭리와 세계통치에 마음으로부터 참여하는 특수한 피조물로 '된다.' 하나님에 의하여 하나님 자신과 땅 위에 있는 그의 민족 사이에 확립된 특수한 관계와 결합이 인간 편에서 그것의 목표에 도달하는 일이 발생하는 것은 바로 믿음 안에서이다. 이와 같이 그리스도인다운 태도를 형성하는 그 밖의 다른 모든 것들은 실제로 믿음 안에 근거를 두고 있으며, 그 모든 것은 실제로 믿음의 형태, 곧 믿음의 작품이다.

　여기에서는 믿음의 기원이나 본성에 대하여 상세히 혹은 심지어 완전히 논할 곳이 아니다.

우리는 여기에서 다만 간략하게 다음의 내용을 거부한다: 우측으로는, 마치 믿음이 인간에게 분배된 '마술적 특질', 즉 그에게 창조와 더불어 주어진 본성을 능가할 어떤 행위를 할 수 있는 능력을 줄 어떤 특질인 것처럼 여기는 생각을 거부하며, 좌측으로는, 마치 믿음이 어떤 행위, 즉 인간이 그가 태어날 때부터 지니고 있는 능력을 사용함으로써 '자발적으로' 만들어낼 수 있을 어떤 행위인 것처럼 여기는 생각을 거부한다. 오히려 믿음은 하나님의 말씀으로부터 유래한다. 그러므로 믿음은 새로운 행위이다: 인간은 자발적으로 그 행위를 하기로 결심할 수 없을 것이며, 그는 역시 자발적으로 그 행위를 할 능력이 없다. 믿음이 사건으로 됨으로써, 그것은 인간의 실존을 '역사적으로', 즉 구원사적으로 결정하는 것으로 된다. 그러나 그것은—저 첫 번째 견해와는 달리—고유한 행위를 행하도록 인간을 일깨우는 것이며, 그 행위 자체는 피조물인 그가 지닌 본성의 범위 안에 있을 뿐만 아니라, 그의 피조성이라는 바로 그 최고의 '자연적인' 결정에 철저히 상응하는 것이다. 마치 하나님의 아들의 성육신이, 즉 믿음의 기원인 이 위대한 원형(Urbild)이 사실 전혀 공로 없이 얻은 해방, 즉 인간의 본성을 해방하는 것을 의미하긴 하지만, 바로 그렇기 때문에 피조물인 인간 본성에 대한 최고의 결정을 회복하는 것을 의미하듯이 말이다.

그리고 우리는 여기에서 다만 다음의 내용을 거부한다: 우측으로는, 마치 믿음의 본질이 그의 이해력과 의지에 외부로부터 부과된 율법에 맹목적으로 '굴복'하는 것에 있는 것처럼 여기는 생각을 거부하며, 좌측으로는, 마치 믿음의 본질이 인간 자신에 의하여 확립되고 획득되고 그리고 나서 그것에 입각하여 선택되고 습득된 '확신', 즉 어떤 객관적인 실상들의 올바름과 중요성에 대한 '확신'에 있는 것처럼 여기는 생각을 거부한다. 물론 두 번째 견해와는 달리, 믿음은, 인간이 그의 고유한 자유의지로부터 벗어나서 그가 따라야만 하는 한 주님을 얻게 되는 사로잡힘이고 의무이며, 위로부터 인간의 삶 안으로 쏟아져 들어오는 전혀 새롭고 낯선 빛이다. 그러나 그것은—첫 번째 견해와는 달리 이 점이 언급되어야 한다.—인간의 삶을, 즉 인간의 이해력과 의지를 밖으로부터 비출 뿐만 아니라, 그것들을 내부로부터 깨우친다. 믿음은 그의 눈들을 닫지 않고, 오히려 그의 눈들을 뜨게 한다. 믿음은 그의 지성을 파괴하지 않고, 그것을 희생하도록 강요하지 않으며, 오히려 믿음은, 그것을 특정한 의미에서, 즉 그것 자체를 위하여, 사로잡음으로써, 그것을 자유롭게 한다. 믿음은 그의 의지를 꺾지 않고, 오히려 그것을 자유롭게 움직이게 한다. 하나님 아들의 성육신이—믿음의 본질도 보여주는 원형이—예수 그리스도의 완전한 순종 안에서, 그리고 동시에 예수 그리스도가 실행한 행동의 완전한 주권 안에서 현실적인 것으로 되며 가시화되는 것처럼 말이다.

믿음의 현실성은 이 대립들을 '초월하여' 있다. 그것은 그 대립들을 '자체' 안에 포함하고 있다. 믿음은 온전히 하나님의 사역이면서 마찬가지로 온전히 인간의 사역이고, 온전한 사로잡힘이면서 온전한 해방이다. 이와 같이 이 전체적인 면에서, 믿음은 하나님의 말씀에 의하여 일깨워짐으로써 발생하고 또 살아 있다.

그리고 바로 이와 같이 그리스도인은 참으로 믿음 안에서 하나님의 섭리와 세계통치에 참여한다. 그의 믿음은 우선 단순하며 직접적이다: 즉 그것은 예수 그리스도와 그의 은혜 사역 및 구원 사역에 대한 참여이다. 예수 그리스도는 하나님의 말씀이며, 그 말씀을 통하여 그리스도인의 믿음이 일깨워진다. 그리스도인은 그에 의하여 살아가며, 그에게 의지한다. 그리스도인의 믿음은 그것의 첫 번째 결정적인 운동에서 다음의 사실에 대한 그의 신뢰, 즉 그 한 존재 안에서 발생하였고 명백하게 된 것에 대한 그의 신뢰이다: 즉, 그 믿음은 그 존재 안에 있는 하나님 나라에 대한 신뢰이며, 그 존재 안에서 성취된 하나님과 인간의 합일에 대한 신뢰이며, 그 존재 안에서 현실화된 하나님과 세계의 화해에 대한 신뢰이며, 그 존재 안에서 선포된 하나님의 아버지됨과 인간의 자녀됨에 대한 신뢰이다. 그리스도인의 믿음은 그 존재에 대한 믿음이며, 성령의 능력 안에 있는 믿음이며, 그 존재에 대한 복종 안에 있는 믿음이다. 그러고 나서 그 믿음 자체는 말하자면 (첫 번째 운동의 결과로 나타나는 두 번째 운동에서) 멀리 성큼성큼 걸어 나가고 광범위하게 영향을 미치며, 다음의 사실에 대한 신뢰로 된다: 예수 그리스도 안에서 발생한 이 사건이 모든 다른 사건보다 상위에 있고, 모든 다른 사건은 그 한 사건에 종속되어 있으며, 모든 다른 사건은 그 한 사건 안에서 그것의 근원과 목표, 그것의 척도와 표준을 지니고 있으며, 바로 그 한 존재인 예수 그리스도에게 하늘과 땅 위에서 모든 권능이 주어져 있다. 바로, 그리스도인이 믿음 안에서 예수 그리스도에게 참여함으로써, 그는 역시 하나님의 섭리와 세계통치에 참여한다. 그를 우선 저 더 좁은 영역, 즉 중심의 영역으로 인도하였던 바로 그 동일한 성령이 그를 그곳으로부터 이끌어내어 그 영역의 주변부를 거쳐서 다시 더 넓은 원을 향하여 밖으로 인도한다. 두 운동들의 차이는 명백하다. 그리스도인은 첫 번째 운동에서는, 그가 믿음으로써, 그에게 주어진 '전제조건'이라는 토대를 밟으며, 그는 두 번째 운동에서는 이 전제조건과 함께 직접 그에게 암시되어 있으나, 어쨌든 우선 결론으로서 암시되어 있는 바로 그 '결론'을 이끌어낸다. 첫 번째 운동에서는 특수한 그리스도 사건에 직면하여, 그의 믿음은 특정한 '대상성'에 관련된 그리고 그것 안에 '근거를 두고 있는' 신뢰이며, 두 번째 운동에서는 피조물의 일반적인 사건에 직면하여, 그 근거로부터 출발하여 그러한 대상성 '없이' '과감히 시도하는' 신뢰이다. 믿음은 첫 번째 운동에서는 빛에 의해서 불붙여진 빛이며, 두 번째 운동에서는 어둠을 비추는 빛이다. 믿음은 첫 번째 운동에서는 보증과 격려와 약속을 받아들이며, 두 번째 운동에서는 그 약속을 다시 한 번 받아들이는 것이 아니라, 그 약속에 의하여 살아가며, 그 약속으로 극복해 나가야만 한다. 믿음은 첫 번째 운동에서는 현재의 확신이라는 특성을 지니며, 두 번째 운동에서는 확실한 희망이라는 특성을 지닌다. 그러나 믿음은 첫 번째 운동에서나 두 번째 운동에서나 동일한 것이다. 첫 번째 운동에서나 두 번째 운동에서나 믿음은 완전히 하나님의 사역이면서 완전히 인간의 사역이고, 인간의 완전한 사로잡힘이면서 완전한 해방이다. 그리고 그 믿음은 결코 두 번째 운동에는 없으면서 오직 첫 번째 운동에만 있을 수 없으며, 첫 번째 운동에는 없으면서 오직 두 번째 운동에만 있을 수 없다. 그것은 바로 동시에 또한 하나님의 섭리와 세계통치에 참여하지 않고는 결코 예수 그리스도에 참여할 수 없으며, 그 반면에 오직 예수 그리스도에 참여함으로써만, 그것은 하나님의 섭리와 세계통치에 참여한다. 믿음은 언제나 첫 번째 운동으로부터 출발하여 두 번째 운동으로 향하는 인간의 발걸음이다: 하나님이 그에게 '계시'되어 있는 곳으로부터 출발하여 하나님이 그에게 '은폐'되어 있는 곳으로 향하는, 즉 그의 '그러므로!'가 있는 여기에서 출발하여 그의 '그럼에도 불구하고!'가 있는 저곳으로 향하는 인간의 발걸음이다.

  우리의 맥락 안에서는 두 번째 운동 안에 있는 믿음이 우리의 관심을 불러일으킨다. 이 두 번째 운동에서 그리스도인은 피조물의 일반적인 사건에 직면하여 있다: 그는 믿음 안에서 예수 그리스도에 참여하고 있으므로, 길을 잃은 것이 아니며, 무기력한 것이 아니며, 무방비상태에 있는 것이 아니지만, 참으로 바로 전적으로 다만 이 참여라는 권세와 무기만을 지니고 그 사건에 직면하여 있다. 그는 다만 하나님의 섭리와 세계통치에 참여하도록 부름 받았으나, 전적으로 다만 예수 그리스도에 참여하는 자로서만 그렇게 할 자격을 얻고 무장하고 있으며, 덧붙여 정말로 세상만사와, 즉 그것 안에서는 그가 그 이상의 계시들과 만나리라고는 기대할 수 없는 그 세상만사와 대면하고 있다. 그가 경청했던 그 '말씀만이' 지금 다음과 같은 것을 성취해야만 한다: 즉 거기에서도 통치하고 있는 하나님의 손길, 거기에서도 실행되고 있는 하나님의 계획, 거기에서도 활동하고 있는 그의 자비와 전능함, 그의 지혜와 호의, 전체적으로 그리고 개별적으로 거기에서도 입증되는 그의 성실함을 감지하게 해야만 한다. '말씀만이' 그리스도인에게 지금, 하나님의 현존과 의도와 도움에 관한 표시들과 증인들을, 즉 실재하지만 그야말로 숨겨져 있어 몇 번이고 되풀이하여 특수한 발견이 필요한 그 표시들과 증인들을 바라볼 수 있는 그 눈들을 열어주어야만 한다. 그가 하나님을 인식하게 하였던 바로 그 '말씀만이' 지금 그가 저 밖에서도 다시 하나님을 인식하도록 봉사해야만 한다. 그 '말씀만이' 지금 그가 다음과 같은 일을 하지 못하도록 금지해야만 한다: 소규모로 혹은 대규모로 독단적인 세계상들, 즉 교만하거나 절망적이거나 회의적인 세계상들을 만들어 내지 못하도록, 하나님 없이 스스로가 휴식하고 움직이는 세계에 관한 비실재적인 환상들에 몰두하거나 사로잡히지 못하도록, 은밀한 혹은 노골적인, 이론적인 혹은 실천적인 이교도로 되지 못하도록 금지해야만 한다. 그 '말씀만이' 지금 그를 말하자면 심연에 떨어지지 않도록 보존해야만 하며, 바다의 파도를 넘어서 그를 인도해야만 한다. 그리고 그 '말씀만이' 그에게 지금 그 모든 것들에 덧붙여서 용기와 인내와 기쁜 마음을 주어야만 한다. 그리고 참으로, 그 말씀을 통하여 그리스도인은 바로 그 '믿음'을 지니도록 일깨워지며, 바로 그 믿음 안에서 그는 그 말씀을 붙잡으며, 그 믿음 안에서 그는 그 말씀이 참되고 유효하게 하며, 그 믿음 안에서 그는 그 말씀에 의지하며, 그 믿음 안에서 그는 모든 것들에 직면하여, 즉 세상만사로부터 그리고 무엇보다도 그 자신의 불안한 마음으로부터 나오는, 그것에 반대하는 반박으로서 언급되곤 하는 모든 것들에 직면하여, 말씀이 옳다고 시인한다. 바로 그렇기 때문에 우리는 확실히 다음과 같이 말할 수 있으며, 또 말해야만 한다: '믿음만이' 지금 그 모든 것을 성취해야만 한다. '오직 믿음' 안에서만 그리스도인은 지금 인지해야만 하며, 따라서 열린 눈을 지녀야만 한다. '오직 믿음' 안에서 그는 지금 그릇된 세계상들을 경멸하고 격퇴해야만 한다. '오직 믿음' 안에서 그는 지금 심연에 떨어지지 않도록 보존되어야만 하며, 파도를 넘어서 걸어가야만 한다. '오직 믿음' 안에서 그는 지금 용기 있고, 인내하며, 기뻐해야만 한다. '오직' 믿음 안에서만: 믿음 안에서가 아니라면, 도대체 어떻게 그가 그 모든 것을 할 수 있는 능력을 지니고 기꺼이 그렇게 하도록 허락될 수 있을 것이며, 그럴 수 있을 것이며, 그래야만 하겠는가?

참으로, 믿음 안에서 그리스도인은 그 모든 것을 '행한다.' 지금 문제되고 있는 것은, 그의 믿음이 큰 것인가 혹은 작은 것인가, 강한 것인가 혹은 약한 것인가, 잘 교육받은 것인가 단순한 것인가의 여부가 아니다. 그것들은 사소한 염려들이다. 지금 문제되고 있는 것은 오직, 그것이 외관상의 믿음이 아니라 진정한 믿음인가, 진정한 믿음으로서 그것은 모든 그리스도인다운 태도의 근원인가의 여부이다. 그리고 그것이 진정한 믿음인지의 여부는, 그것이 예수 그리스도에 대한 참여인가, 즉 그 참여에서 암시된 결론을 이끌어 내는가의 여부에 달려 있다. 다르게 표현한다면, 그것이 진정으로 말씀에 의존하며, 말씀을 먹고 살며, 말씀에 의하여 인도되고 지속적으로 새로워지게 허용하는가의 여부에 달려 있다. 만일 그것이 그것들을 행하지 않는다면, 만일 그것이 그 어떤 의미에서든 자기 자신에 대한 그리스도인의 믿음이라면, 즉 아마도 말씀에 대한 자신의 긍정이 지니는 능력과 진지함을 믿는 내향적인 믿음이라면, 혹은 또한 그리스도교의 진리와 아름다움을 믿는 일반적인 믿음이라면—혹은 그것이 빌려온 믿음, 직접 체험한 것처럼 느끼는 믿음, 즉 우리가 보기에 다른 사람들이 믿음으로 인지했다고 여기는 것을 모방하는 믿음이라면, 그것이 세계를 극복한 승리가 '아닐' 경우에, 우리는 놀랄 필요가 없다. 그러나 그 믿음이 예수 그리스도에 참여하고 그 참여에서 암시된 결론들을 이끌어 냄으로써, 그것이 어느 정도로든 그리고 어느 형태로든 믿음으로서 그것에게 본질적인 것을 행할 경우에는, 우리는 그것이 수행하고 있는 것을 결코 완전하게, 결코 충분히 빛나게 서술할 수는 없지만, 그 믿음은 진정으로 그리고 실제로 그리스도인이 하나님의 섭리와 세계통치에 참여하고 있는 것이다. 바로 그리스도인은—스스로가 피조물로서 하나님 '아래에' 있는 먼지 안에서 존재할 수밖에 없다는 사실을 최초로 알고 있는 바로 이 피조물은—바로 그는 그의 믿음 안에서, 그것은 보잘것없이 작은 조각일지라도 진정으로 믿음이 됨으로써 그리고 진정으로 믿음인 경우에, 하나님과 '함께', 즉 세상사의 파도들과 구름들 아래나 안에가 아니라 그것들 위에 있다: 바로 그는 하나님과 함께, 이 아버지의 자녀로서, 그의 영광의 상속인으로서, 지금 그리고 여기에서 이미 만물의 '자유로운 지배자'(Herr)이다. 그는, 아무것도 보이지 않는 곳에서도 바라본다. 그는, 그릇된 세계상들과 환상들이 아직도 매우 큰 세력을 지니고 있는 그곳에서도 그것들을 비웃는다. 이웃이 그리고 그 자신이 그가 심연으로 떨어지고 있는 것을 보고 있다고 여기는 그때에도, 그는 서 있고 또 걸어간다. 겉모양만이 아니라 육중한 세계현실 전체가, 우리가 그렇게 존재할 수 없을 것이라고 말하는 그곳에서도, 그는 바로 용기 있게, 인내하며, 기쁘게 '존재한다'(ist). 그는 '완강하게 저항한다.' —그리고 종교적으로 과도한 노력에서 비롯된 그 어떤 인위적인 투쟁에서 그렇게 하는 것이 아니라, 그가 믿도록 허용됨으로써, 그 자신이 먼저 스스로에게 저항하게 되기 때문이며, 그렇게 하여 그가 자기 자신에게 그리고 세계 전체에게 굴복하지 않기 때문이다. 그에게는 그의 주님이 있으므로, 그는 완강하게 저항할 수 있고 주님과 함께 지배자일 수 있으며(kann), 그렇게 허용되며(darf), 그래야만 한다(muß). 그의 '그러므로!'(Darum)로부터 즉각 그의 '그럼에도 불구하고'(Dennoch)가 발생하며, 그에게 아직 결여되어 있는 것, 그가 아직 기다리고 있는—애타게, 그러나 근심 없이 기다리고 있는—것은 이제는 다만, 그의 주님이 역시 세상사의 주님이라는 계시이다. 다르게 표현하면, 역시 그의 '그럼에도 불구하고'도 '그러므로'라는 계시이다. 이것이 의미하는 것은—이 관점에서 어느 경우든—그의 믿음으로 말미암아 산다는 것이다. 의인은, 즉 그리스도인은 그의 이러한 믿음으로 말미암아 살 것이다.

　믿음은 완전히 하나님의 사역이고 '그리고' 마찬가지로 인간의 사역이며, 인간을 완전히 사로잡는 것이고 마찬가지로 인간을 완전히 해방시키는 것이라는 사실을 확인하는 것이 왜 중요했는지 이제는 분명해졌을 것이다. 만일 여기에 무엇인가 결여되어 있다면, 믿음은 그것이 수행하는 것을 수행할 수 없을 것이다. 믿음은, 그 모든 것이 됨으로써, 그 일을 수행한다.

　만일 믿음이 인간에 대한 '하나님의 사역'이 아니라면, 그것이 어떻게 인간을, 그것이 인간을 높이는 만큼 그렇게 높일 수 있겠는가? 만일 그렇다면, 그 믿음이 어떻게 예수 그리스도에 대한 인간의 참여를 의미할 수 있으며, 그리고 그러한 참여로서 하나님의 섭리와 세계통치에 대한 인간의 참여를 의미할 수 있겠는가? 그것이 주어진 이후에, 어떻게 피조물이 그러한 것을 붙잡거나 혹은 보존조차 할 수 있겠는가? 어떻게 피조물이 자발적으로 믿을 수 있으며, 그의 믿음으로 살 수 있겠는가? 만일 믿음이, 인간이 자발적으로 감행한 고공비행과 같은 어떤 것이어야 한다면, 그것은 어떤 종류의 이카루스 비행(Ikarusflug: 그리스 신화에 나오는 인물로서 밀랍으로 만든 날개로 미궁을 탈출했으나 너무 높이 날아올라서 태양열에 날개가 녹아 추락사했다.—역자 주)일 것인가? 그러나 하나님이 인간의 믿음을 일깨움으로써 인간에게 헌신하기 때문에, 하나님에게는 불가능한 것이 없다. 하나님에 의하여 일깨워지고 움직여짐으로써, 인간은 믿을 수 있으며, 그는 그렇게 한다. 그러나 다른 한편으로는, 만일 인간이 그에 대한 하나님의 사역인 믿음을 진정으로 발견하고 그것과 관계해야 한다면, 만일 그것이 단지 일종의 실체로서 그의 위에서 떠돌아다니지 말아야 한다면, 믿음은 '인간의 고유한 사역'이어야만 한다. 만일 그리스도인 자신이 믿지 않는다면, 자신이 신뢰하지 않는다면, 자신이 저 첫 번째 운동과 두 번째 운동을 실행하지 않는다면, 자신이 첫 번째 운동에서 두 번째 운동으로 옮기는 저 발걸음에 참여하지 않는다면—만일 그 자신이 그 모든 것에서 말하자면 하나님의 구경꾼에 불과하다면, 그렇다면 어떻게 그 자신에 대하여 다음과 같이 언급될 수 있겠는가?: 그는 계시된 하나님을 그가 숨겨진 상태에서도 재인식할 것이며, 그는 아버지의 자녀로서 아버지의 큰집에서 가야 할 길을 잘 알고 있을 것이며, 그는 하나님과 함께 만물의 지배자일 것이다. 그 경우에 그 자신은 정말 확실히 이 점에서도 어딘가 멀리 떨어져 있으면서, 존재할지도 모르지만 그의 입장에서는 존재하지는 않는 어떤 것에 대하여 기껏해야 아주 그럴싸한 명상을 할지도 모른다. 그러나 참으로 믿음이라는 선물의 본질은 바로 다음의 사실에 있다: 인간 자신이 믿도록 허락되며, 따라서 믿음의 완전한 사역을 실제로 그 자신이 수행하도록 허락되며, 따라서 그의 믿음으로 말미암아 실제로 그 자신이 살아가도록 허락된다.

 그러나 다음과 같은 다른 사실을 확인하는 것이 중요하다는 것도 지금 분명해질 것이다: 믿음의 본질은 다만 인간이 완전히 '사로잡히는 것'에 있어야만 한다. 인간이 믿음으로써, 그는 다만 한 주님을 얻어야만 하며, 그에게 완전히 새롭고 낯선 빛 안에서 실존하기 시작해야만 한다. 그는 단순히 세계와 동일하게 머물러서는 안 되고, 동일하게 존재해서는 안 되며, 예수 그리스도에 참여하기 위하여 그리고 하나님의 섭리와 세계통치에 참여하기 위하여 그는 분리되고 거룩해져야만 한다. 그는, 하나님의 말씀이 그를 마음대로 처리하고 그에게 순종을 요구하는 것을 감수해야만 한다. 만일 말씀이 그렇게 하지 않는다면, 어떻게 그가 그 말씀에 좌우되게 되며, 그 말씀에 의하여 지탱되게 될 수 있겠는가? 그 경우에, 어떻게 말씀이 인간을 하나님의 친구로, 즉 하나님이 지금 아직 은폐되어 있는 곳에서도 그를 다시 알아보는 그의 절친한 친구로 만들 것인가? 그 경우에, 어떻게 말씀이 인간에게 용기와 인내와 기쁨을 줄 수 있겠는가? 만일 그가 가령 결코 한 주님을 '소유'하지 않는다면 혹은 '소유'하기를 원하지 않는다면, 어떻게 그가 그 주님과 함께 만물의 자유로운 지배자로 될 수 있겠는가? 만일 그 자신이 아직 결코 이 빛 안으로 '들어오지' 않았다면, 그가 어떻게 암흑 속에서 빛을 보겠는가? 그의 생명을 잃지 않고는, 그는 결코 생명을 얻을 수 없다. 그러므로 믿음의 본질은 틀림없이 몇 번이고 되풀이하여 다음의 사실에 있어야만 한다: 그리스도인은 자기 자신이 매우 근본적으로 의문시되고 있다는 사실을 인식할 뿐만 아니라, 오히려, 그를 발견했던 그 존재를 위하여 몇 번이고 되풀이하여 자기 자신을 포기해야만 한다. 그러나 그 사실에 본질이 있는 바로 그 믿음은 인간의 완전한 '해방'이기도 하다. 그가 그렇게 완전히 요구되고 있다는 바로 그 사실 때문에, 그는 완전히 두 발로 서게 된다. 그가 피조물로서 존재한다는 것, 그것은 다음의 사실에 의하여 불명예가 아니라 최고의 명예로 된다: 그에게는 믿음 안에서 저 분리와 성화(聖化)가 일어나며, 그는 믿음 안에서 한 주님을 얻고, 저 새롭고 낯선 빛 안으로 들어가게 된다. 그 반면에, 만일 그의 피조성이 바로 그 사실에 의하여 빛나게 되지 않는다면, 만일 그가 믿음 안에서 깨어 있게 되지 않는다면, 즉 매우 정확하게 바라보는 사람, 매우 예리하게 생각하는 사람, 매우 단호하게 소망하는 사람, 매우 양심적이고 정열적으로 행동하는 사람으로 되지 않는다면, 그는 이 주님을 얻지 않았을 것이며, 이 빛 안에 서 있지 않을 것이다. 만일 그것이 완전히 그의 투쟁이 아니라면, 만일 그가 자유로운 사람으로서 이 투쟁을 하기를 원하지 않으며 또 투쟁하지 않는다면, 즉 더도 말고 덜도 말고 바로 그의 인간존재 전체가 등장하여 그 투쟁에 참여하게 되지 않는다면, 어떻게 그의 믿음이 그의 승리일 수 있겠는가? 만일 동시에—왜냐하면 마음은 바로 인간 '전체'이므로—그의 인간존재 전체가 자유롭게 되지 않는다면, 즉 자유롭게 살아가지 않는다면, 어떻게 그가 진심으로 믿을 것이며, 그의 마음에 있는 믿음에 의하여 위로받고 격려 받겠는가? 그러므로 믿음의 본질은 역시 몇 번이고 되풀이하여 인간이 지닌 마음 전체를, 영혼 전체를, 정서 전체를, 모든 능력을 이렇게 투입하는 것이어야만 한다. 그러므로 몇 번이고 되풀이하여, 그리스도인은 이런 의미에서 투입된 존재이다.

마지막에 언급된 것으로부터 이제 이미 당장 다음의 사실이 분명해졌다: 믿음 자체는 역시 '순종'도 그것 안에 포함하고 있다. 그리스도교적 순종의 본질은 이것이다: 순종은 해방을 통한 복종(Unterwerfung)이며, 복종을 통한 해방이다. 일반적으로 모든 순종의 본질이 바로 그렇지 않은가? 그러나 순종은 어디에서나 보통은 도대체, 그것의 형태가 전제정치 아래에 복종하는 것과 무정부 상태로 해방되는 것 사이에서 갈피를 못 잡고 동요한다는 사실 때문에 괴로워하지 않는가? 이 불행한 분열 안에 있지 않으면서도, 그리스도교의 믿음 안에서는 순종이 발생한다. 그리스도교의 믿음 안에 포함되어 있으면, 그것은 양쪽을 향해 비판적이며 진정한 순종이다. 예수 그리스도에 대한 신뢰이며, 그것 안에 포함된, 세상사 안에 있는 하나님 아버지의 섭리에 대한 신뢰인 믿음 안에는 순종 자체가 불가피하게 포함될 뿐만 아니라, 불가피하게 바로 이러한 진정하고 비판적인 형태로 포함되어 있다. 믿음은 '말씀'을 먹으며 살아간다. 그러므로 그리스도인은, 그 말씀을 '경청'함으로써, 그러나 바로 '진정으로' 경청함으로써, 즉 경청하면서 '살아감'으로써, 즉 이 말씀에 '순종'함으로써, 그의 믿음으로 말미암아 살아간다. 그가 말씀을 신뢰한다는 것이 의미하는 것은 이것이다: 그는 스스로를 말씀에 맡기고, 그것의 보호 아래로, 즉 그것의 안내 아래로 들어간다. 만일 그가 그렇게 행하지 않는다면, 그는 말씀을 신뢰하지 않고 있을 것이다. 그 경우에 그는 진정으로 믿고 있는 것이 결코 아닐 것이다. 그 경우에, 만일 그가 하나님의 말씀에 대한 그의 신뢰로 간주하는 그것이 세상사 한복판에 있는 그의 삶 안에서 정당함을 인정받지 못한다면, 만일 그가 성큼성큼 걸어가며 관여하고 있는 믿음의 두 번째 운동에 실패한다면, 만일 그가, 하나님이 그에게 계시되지 않고 은폐된 곳에서 저 '그럼에도 불구하고!'를 말할 수 없다면, 그는 이상하게 생각할 필요가 없을 것이다. 만일 그가 말씀을 진정으로 믿고 있다면, 즉 신뢰하고 있다면, 바로 그렇게 함으로써 그는 그것의 안내 아래로 들어간 것이며, 바로 그렇게 함으로써 그는 이미 순종하게, 즉 바로 진정으로 순종하게 된 것이다.

그런데 같은 방식으로 믿음은 역시 '기도'도 그것 안에 포함하고 있다. 그리스도인의 기도는 감사와 찬양, 자백과 간청 그리고 다시 감사와 찬양을 의미한다.―이 모든 것이 하나님에게 향한 것이며, 덧붙여 말하면 이 모든 것이 완전히 빈손으로 그에게 바쳐지고, 그의 앞에서 상세히 설명되고, 그에게 간곡히 권고되며, 이 모든 것은, 바로 그렇게 함으로써 자기 자신을 철두철미 그의 판단에 맡길 생각으로 그렇게 하는 것이다. 그 때문에 그런 기도는 믿음 안에 포함되어 있으며, 그 때문에 믿음 자체가 기도 없이는 존재할 수 없다. 왜냐하면, 우리가 확인한 것처럼, 믿음은 그리스도인에게 밖으로부터 전달된 소유물이 아니며, 그 자신이 획득한 확신도 아니라, 피조물에게 자연스러운 저 두 운동들 안에서 진행되고 있는 행위이며, 그 행위를 실행하는 것은 결코 자명한 것이 아니라, 오히려 그것을 실행하기 위해서는 하나님의 말씀을 통한 인간의 각성이 필요하기 때문이다. 믿음 안에서, 즉 이 행위를 실행할 때, 하나님은 인간에게, 그리고 인간은 자기 자신에게 몇 번이고 되풀이하여 놀라운 존재일 수밖에 없다. 놀라움에 사로잡힌 채 그는, 그에게 이 행위를 할 수 있도록 자유를 제공하는 하나님의 호의에 직면해 있으며, 놀라움에 사로잡힌 채, 하나님이 그에게 인식하게 하는 것에 직면해 있다: 즉 하나님이 아버지이며 그 자신은 자녀라는 사실에, 그리고 그 아버지의 집에서 아버지에 의하여 그에게 제공되었고 그가 받아들인 자녀의 권리에 직면해 있다. 이 불가피한 '놀라움' 안에서, 그리스도인의 믿음 자체가 역시 기도, 즉 감사의 기도이며 찬양의 기도이다. 그리고 다시 놀라움에 사로잡힌 채 그는, 그가 믿도록 허락되었다는 바로 그 '사실'(daß)과 함께 그리고 그가 믿도록 허락된 바로 그 '내용'(was)과 함께 그의 소유가 된 공로 없이 주어진 선물에 직면해 있다: 그렇게 허락된 것과 공로 없이 주어진 선물을 받아들이는 것에서 그는 자기 자신을 결코 이해할 수 없을 것이다. 더 자유롭게 믿도록 허락될수록 그리고 더 완전히 믿음 안에서 받아들일수록, 그는 오히려 그만큼 더욱더 그 자신의 무능함, 그의 무가치함과 그의 무능력을 의식하게 될 것이다. 이 '놀라움' 안에서 그의 믿음 자체가 기도이다: 즉 인간에게서 그러한 것을 행하였던 그리고 지금도 행하고 있는 위대한 하나님에 대한 참회와 자백과 회개의 기도이다. 그리고 다시 한 번 놀라움에 사로잡혀 그리스도인은 하나님에게 가까이 직면하여 있으며, 그에게 믿음을 촉구한 그 모든 것의 과도한 풍부함에, 그리고 하나님의 선물로서, 그 자신의 배고픔을 달래주고 그의 벗은 몸을 가려주고 그의 잘못들을 고쳐주는 데에 적합한 그 모든 것의 과도한 풍부함에 가까이 직면하여 있다.—놀라움에 사로잡혀 그는 다음의 사실에 직면하여 있다: 다시 믿기 위하여 그리고 믿음 안에서, 즉 예수 그리스도에 참여하면서 그리고 그 경우에 또한 하나님의 섭리와 세계통치에 참여하면서, 다시 살아가도록 허락받기 위해서는, 그의 아버지가 살고 있는 집의 가깝고 낯익은 문 곁에 서 있는 바로 어느 어린이처럼, 그는 그것에 관하여 질문하고 바로 문을 두드리기만 하면 된다. 그리고 다시 한 번 이 '놀라움' 안에서 그리스도인의 믿음 자체는 또한 기도, 즉 청원 및 중보의 기도이다: 이 기도에서 그 믿음은 그에게 그처럼 가까이 있는 하나님에 관하여 그리고 그에게 그처럼 가까이 있는, 하나님의 선함들(Gütern)에 관하여 질문을 감행하며, 그 경우에 그것은 어떠한 경우에도 경청되고 위로 받고 선물을 받으며—그리고 무엇보다도 진정한 믿음일 수 있도록 새롭게 해방되며—즉시 다시 찬양과 감사의 기도로 된다. 믿음의 가장 깊은 토대가 언제나 또한 이 강력한 '놀라움'이 아니라면, 그 놀라움 안에서 인간이 완전히 저절로, 안으로 그리고 밖으로 향하는 저 두 가지 다른 운동들—한 영역에서 다른 영역으로 옮기는 이 발걸음은 그것의 '어디로부터?'와 '어디로 향하여?'에서 아주 전례가 없는 것이다.—안에서 그리고 그 운동들과 함께 또한 위로 향한 순수한 운동인 '기도'의 운동도 실행하지는 않는다면, 그것은 분명히 그리스도인의 믿음은 아닐 것이다. 만일 이 운동이, 즉 그것 안에서 그리스도인이 그처럼 완전히 하나님으로부터 '유래'하도록 허락된 이 운동이 어느 모로 보나 (즉 바로, 기도의 모든 내적인 가능성들 안에서) 저절로 또한 하나님을 '향하여' 인도하지는 않을 것이므로, 믿음에서 비롯된 각 개별적인 행위는 엄밀히 말하자면 언제나 또한 기도의 행위라면, 이 운동 '전체'는 무엇이란 말인가?

'믿음' 자체에 대하여 그리고 순종 및 기도와 관련되어 있는 '믿음'에 대하여 이 정도로 말해두자. 믿음은 그리스도인다운 태도를 구성한다. 이 점에서 믿음은 그리스도인다운 태도의 첫 번째 형태이다. 우리는 이 형태를, 이제 불가피하게 이미 미리 살펴보아야만 했던 두 가지 다른 형태들을 다룰 때 함께 숙고해야만 할 것이다. 그리스도인은 믿으며, 이 사실이 그에게 하나님의 섭리에 관하여 전문지식을 제공한다. 그것 없이는 이 주제에 대한 모든 생각과 언급이 헛될 것이다. 믿음 안에서 그리스도인은 하나님의 섭리를 '알고 있다.'

2. 순종에 대하여—순종은 하나님의 말씀을 '행하는 것'이며, 깨어 있는 책임이다. 이 책임 안에서 그리스도인은 자기 자신에 저항하여, 모든 사람에 저항하여, 세계 전체에 저항하여 그 말씀이 '옳다'고 시인하며, 그 세계 안에서 그리스도인 자신이 '의인'으로 된다. 왜냐하면 인간이 지니는 의로움의 본질은, 그가 하나님의 말씀을 옳다고 시인

하는 자유를 지니고 있으며 그 자유를 사용한다는 사실에 있기 때문이다. 바로 그것을 하나님의 말씀이 '요구하며', 바로 그것을 위하여 말씀은 인간이 '필요하다.' 그리고 다음과 같이 함으로써 인간은 그 말씀을 '경청'하며, 그것을 실제로 경청한다: 그는 그 말씀을 단지 그 어떤 실상에 대한 통지로서 받아들일 뿐만 아니라, 그것을 만족시키기 위하여 그것의 요구에 복종한다. 그리스도인이 그렇게 행함으로써, 그의 행동은 그리스도인다운 태도의 두 번째 형태를 형성하는 순종으로 되며, 그 순종은 그것의 방식으로 마찬가지로 그 태도의 전체를 포괄한다. 그는 믿음으로써 그리스도인으로 '되며', 순종함으로써 그리스도인'이다'(ist). 예수 그리스도 안에서 그의 아버지인 하나님을, 그리고 하나님의 자녀인 자기 자신을 인식한 그가 행하여야만 하는 것을 행함으로써, 그리스도인은 하나님의 섭리와 세계통치의 사역을 외부로부터 관찰할 뿐만 아니라 마음으로부터 그 일에 협력하는 특수한 피조물'이다.' 여기에서 강조되어야 하는 특수한 사실은 이것이다: 하나님의 사역에 대한 그리스도인다운 태도는 그 일에 참가하는 것만이 아니라, 바로 '협력하는 것'이다. 물론 믿음에 대해서 그리고 기도에 대해서 같은 것이 언급될 수 있다. 그러나 그리스도인다운 태도 전체가 지니고 있는 바로 이 특수한 사실이 여기에서 인식되어야 하며 바로, 우리가 지금 그것의 특성을 '순종'이라고 말함으로써 자세히 묘사되어야만 한다.

우리는 또한 그리스도인다운 순종의 문제를, 즉 그리스도인의 사역들, 활동적인 그리스도인의 의로움, 성화 안에 있는 그리스도인의 삶 등의 문제를 여기에서 진술할 수는 없으며, 우선 여기에서도 다만 좌측과 우측을 향해 두 가지 경계설정들을 실행하기로 한다:

한편으로는, 그리스도인다운 순종은 결코 업적이 아니다: 즉 그것으로써 그리스도인이 '공로'와 요구를 획득할 수 있을, 그리고 그것으로써 그가 하나님의 심판과 약속과 도움에 대한 인간의 관계에서 그 어떤 우월한 자리를 얻거나 유지할 수 있을 그런 업적이 아니다. 그리고 다른 한편으로는, 순종은 결코 '마음대로 선택할 수 있는' 업적이 아니며, 피할 수 있는 업적이 아니다: 즉 그가 행할 수 있거나 또한 행하지 않을 수도 있는 그러한 업적이 아니다. 그것은 오히려 (이 두 번째 견해와는 반대로), 그리스도인이 그를 그리스도인으로 만드는 바로 그 사실에 의하여 그것 아래에 세워지는 바로 '그' 책무(Obligatorium)이며, 그리스도교적 실존의 필수적인 '그' 내용이다. 그러나 순종은 (첫 번째 견해와는 반대로), 그것이 완전히 직접적으로 현존하는 의무를 이행한 것에 불과하다는 바로 그 이유 때문에, 결코 어떤 권리 요구와 결합되지 않으며, 그것은 이 의무를 이행하는 자를 위한 어떤 이익이나 어떤 영예가 아니라, 직접적인 '삶의' 표현이며 '삶의' 시위이며, 그것에 대해서는 아무도 그에게 은혜를 입고 있지 않으며, 그 자신은 결코 감사와 보상을 요구하지 않을 것이다.

아버지에 의하여 파송된, 하나님의 아들이 땅 위에서 아버지의 뜻을 행하고 최후까지 그것을 집행할 때에, 그는 그 일로부터 어떤 종류의 이익과 보상과 명성을 얻는가? 그는 아버지의 '아들'이기 때문에, 그의 뜻을 행한다. 그러나 확실한 것은 이것이다: 그는 그 뜻을 '행하며' 참으로, 그 뜻을 결코 행하지 않을 수 있는 어떤 선택권을 갖고 있지 않다. 그는 불가피하게 그 뜻을 행한다. 만일 그가 그 뜻을 행하지 않는다면, 그는 아들이 아닐 것이다. 이것이 그리스도인다운 순종의 위대한 원형이며, 이 원형은 우리에게 그 순종을 이 이중의 정의와 경계설정 안에서 인식하고 이해하도록 촉구한다.

그리고 그리스도인다운 순종은 한편으로는 확실히 결코 어떤 외적인 '율법' 아래에 있지 않으며, 결코 성문화된 혹은 성문화되지 않은 의무규정들을 연습하는 것이 아니며, 하물며 그리스도교의 표준을 유지하는 것이나 혹은 그리스도교의 양식을 표현하는 것과 전혀 관계없다: 왜냐하면 그 순종은 그리스도인의 '유일한' 스승인 성령으로부터 오기 때문이다. 그리고 다른 한편으로는, 그것이 성령으로부터 온다는 바로 그 사실 때문에, 그것은 인간의 모든 자유의지와 기분의 정반대이며, 모든 약탈적인 생각과 주장의 정반대이며, 감상(感傷)과 원한으로부터 나오는 모든 행동의 정반대이다. 왜냐하면 그리스도인의 고유한 정신(Geist)이 언제나 굴복하고 질 수밖에 없는 그 대화 안에서, 성령이 그리스도인을 '통치'하기 때문이다. 성령은 역시 하나님의 '말씀'을 통하여 말하며, 그리스도인을 그 말씀의 계명들과 지시들에 결합시킨다. 그리고 성령은 결국, 사적인 영으로서가 아니라 '신앙공동체'(Gemeinde)의 성령으로서 그리스도인에게 제공되어 있는 영이다: 따라서 성령은 그를 그 신앙공동체의 공동체(Gemeinschaft) 안으로 인도하며, 그의 행동을 그 공동체의 틀 안에서, 즉 그 공동체가 지닌 직무와 과제의 틀 안에서 순종에 이르도록 정돈한다. 만일 이것이 좌측으로 향하여 숙고되어야 한다면, 물론 우측을 행해서 또한 다음의 사실이 숙고되어야 한다: 성령은 그것의 신적인 권위 안에서, 그것에 특유한 이 토대 위에서, 그리고 그것에 자연스러운 이 제한들 안에서 '하나님'의 '자유로운' 영이다. 그 영은, 그것이 원하는 곳에서 바람처럼 움직이며, 역시 신앙공동체 자체도 언제나 새로운 상황들 안으로 인도하고 새로운 과제들에 직면하게 하듯이, 각 사람에게 그의 '특수한' 순종을 요구하며, 각 사람에게 몇 번이고 되풀이하여 '새로운' 순종을 요구한다. 그러므로 그리스도인다운 순종을 언젠가 절대적으로 규정하고 제한할 수 있을 규약들은 실제로 존재할 수 없다.

다시 신적인 원형이 양쪽을 향하여 표준적인 것이어야만 한다: 아버지와 아들로부터 유래하므로, 그 영은 매우 특정한 영, 즉 성령이다. 성령은 어떠한 경우에도 사랑의 영, 평화의 영, 질서의 영이다. 그러나 참으로 바로 '그' 사랑의 영, '그' 평화의 영, '그' 질서의 영은 아버지와 아들의 일치라는 영원한 비밀에 상응하게 피조물의 세계 안에 있는, 그리고 또한 그리스도인의 실존 안에 있는 그것의 길과 그것의 활동에서 언제나 거듭 '비밀'일 것이며, 피조물로부터는, 따라서 그리스도인으로부터는 결코 통찰될 수 없고 정확히 표현될 수 없으며, 오히려 그것의 온전한 존엄 안에서 언제나 자유로운 영으로 그리고 그렇게 성령으로 남아 있을 것이다.

이렇게 논증된 순종 안에서 그리스도인은 하나님의 섭리와 세계통치에 참여한다. 그러나 우리는 또한 이 순종도 우선 직접적인 형태로 인식해야만 한다: 순종의 직접적인 형태는 다름 아니라 그리스도인이 '예수 그리스도'에, 즉 그의 안에서 나타나고 활동하는 '은혜'의 나라에 참여하는 것이다. 그리스도인은 그 나라에서 필요하다. 그가 이 나라 안으로 받아들여짐으로써, 그에게는 의무와 직무가 부과되며, 그는 명령을 받으며, 하나의 길 위에 세워진다. 그가 구출되고 구원받는다는 것은, 예수 그리스도 안에서 그에게 제공된 은혜의 궁극적 의미가 아니며, 그의 그리스도교적 실존이 지니는 궁극적 목적이 아니다. 그가 한 '주님'을 모심으로써, 그리고 그가 '행할' 일을 얻음으로써, 그는 구출되고 구원받는 것이다. 그는 하나님의 영광을 위하여, 그리고 하나님이 생각하는 나라를 실행하는 일에 협력하기 위하여 구출되고 구원받는다. 그러므로 그는 이 주님에게 '의무를 지고' 있으며, 이 주님을 위하여 그 자신의 '두 발'로 일어서게 된다. 그리고 그의 순종은 이 주님에 대한 순종이라는 바로 그 이유 때문에, 그것은 아주 불가피하며 동시에 아주 겸허하며, 아주 의무적이며 동시에 아주 자유롭다. 그것이 성령으로부터 온다는 사실이 의미하는 것은 구체적으로 이것이다: 순종은 신앙공동체의 머리인 예수 그리스도의 통치가 나타나며 반사되고 있는 그 운동들 가운데 하나이다. 그리스도인은 바로, 이 신앙공동체의 구성원이며, 따라서 그의 행동은, 머리인 예수 그리스도가 그의 몸과 그 몸의 구성원들을 부추겨 움직이게 하는 바로 그 운동들 가운데 하나이다. 따라서 그리스도인다운 순종은, 예수 그리스도가 그의 신앙공동체에 제공하는 지시들에 대하여 개별적인 그리스도인이 '구성원으로서 복종'하는 것이다. 그 순종은 '예수를 따르는 것'이다. 그리고 이 말이 의미하는 것은 이것이다: 순종 안에서 그리스도인은 예수의 십자가로부터 유래한다. 그 십자가에서는, 인간은 자기 자신에게 속하지 않으며 어떤 낯선 세력에도 속하지 않고 하나님에게 속하므로, 인간이 무엇으로 되어야 마땅한지 결정되었다.―그리고 세계는 하나님으로부터 사랑을 받고 있으므로, 즉 그것이 완전히 버림받은 상태에 있음에도 불구하고 그에게서 버림받은 것은 아니므로, 세계가 무엇으로 되어야 마땅한지 결정되었다. 각 인간이, 세계 전체가 실제로 그곳으로부터 유래한다. 그러나 모든 것과 모든 인간들이 거기에서 유래하므로, 그곳에서 무슨 일이 일어났는지를 알고 있는 그리스도인은 이루어져야만 하는 것을 '행한다.' 그는 하나님의 말씀이 '옳다'고 시인한다는 것을 우리는 처음에 말하였다. 그것이 의미하는 것은 구체적으로 이것이다: 그는 예수 그리스도 안에서, 즉 그의 죽음에서 내려진 '결정'이 옳다고 시인한다. 그는 그 결정의 토대 위에 서 있다. 이 결정에 따라서 행동이 이루어져야만 하는 것처럼, 그렇게 그는 행동한다. 그것이 그의 순종이다. 그가 신앙공동체의 구성원이므로, 그가 믿도록 허용되므로, 역시 그의 안에도 있으며 역시 그를 통치하는 그 성령이 그를 재촉하여 그렇게 하도록 한다. 바로 이것이 그가 복종하고 있는 개인적인 성화, 훈육, 목표설정의 의미이다. 그리고 그 경우에 바로 이것이 역시, 그가 신앙공동체의 생활과 직무 안으로, 신앙공동체의 내적인 건설과 외적인 선교를 위한 그의 책임 안으로 편입되는 것의 의미이기도 하다.

그러나 이제 역시 이 순종의 이러한 첫 번째 운동으로부터 아주 저절로 이제 이번에도 더 멀리 성큼성큼 걸어 나가며 광범위하게 영향을 미치는 저 '두 번째' 운동이 발생한다. 역시 그리스도인의 '개인적인' 주님이기도 한 바로 '신앙공동체'의 주님은 역시 일반적인 세상사의 주님이기도 하다: 즉, 그리스도인도 가는 데마다 그 세상사에 참여하고 있으며, 수동적으로만이 아니라, 그의 장소와 그의 시간에서 그의 방식으로 확실히 능동적으로 참여하고 있는데, 주님은 그 세상사의 주님이기도 하다. 주님은 저기 신앙공동체에서는 '계시되어' 있으나, 여기 세상사에서는 '은폐되어' 있다. 그러나 그렇다고 해서 그가 여기에서는 저기에서보다 '덜' 주님인 것이 아니다. 그러므로 그리스도인이 그에게 여기에서는 저기에서보다 '덜' 순종할 수 없다. 이처럼 피조물의 일반적인 사건이라는 더 넓은 영역은 결코, 그리스도인이 예수 그리스도에 의하여 덜 요구받게 될 혹은 아마 결코 요구받게 되지 않을 그러한 공간이 아니다. 이처럼 그리스도인은 예수 그리스도의 죽음에서 내려진 결정을 역시 '여기에서'도 존중하고 증언해야만 하며, 역시 '여기에서'도 그의 행동으로 그 결정을 옳다고 시인해야만 한다. 그 결정은 바로 모든 인간들을 위하여, 세계 전체를 위하여 내려진 것이며, 그러므로 또한 그리스도인의 경우에는 모든 차원들을 지니고 있는 그의 실존의 총체성을 위하여 내려진 것이다. 이처럼 이 결정을 통하여 그는 "종교적으로"만이 아니라, 심지어 매우 역시 세속적으로, 영적으로만이 아니라, 역시 육체적으로, 교회적으로만이 아니라, 역시 정치적으로, 사회적으로, 학문적으로, 미학적으로 요구받고 있다. 두 운동들 사이의 '구별'은 여기에서도 명백하다. 우리는 그것들을 여기에서도 구심적인 운동과 원심적인 운동으로서, 혹은 직접적인 운동과 간접적인 운동으로서, 혹은 토대를 세우는 운동과 그 운동으로부터 모험적으로 이끌어 내어진 운동으로서, 혹은 원래의 운동과 복사된(abbildlich) 운동으로서 서술할 수 있을 것이다. 그러나 우리는 여기에서도 무엇보다도, 두 운동들이 '함께' 전체를 이룬다는 사실과 어떻게 '함께' 전체를 이루는지를 인식해만 한다: 즉, 그리스도인다운 순종의 본질은 저기로부터 여기로 향하는 유일한 발걸음에 있으므로, 그리스도인은 이 관점에서도 다만 저기에만도, 다만 여기에만도 있을 수 없다는 사실을 인식해야만 한다. 다음의 사실이 그의 순종에서 비롯된 두 운동들의 '상이성'을 발생시킨다: 그에게는 하나님이, 그리고 예수 그리스도가 피조물의 사건을 통치하는 주님으로서 저기에서는, 즉 그리스도교 신앙공동체 안에서는 그리고 그 공동체의 구성원인 그리스도인의 개인적인 삶 안에서는 '계시되어' 있으나, 여기에서는, 즉 세상사 안에서는 '은폐되어' 있다. '주님'은 저기에서나 여기에서나 동일한 분이며, 그처럼 역시 그리스도인에 대한 그의 '요구'도 동일한 것이라는 바로 이 사실이, 이 두 운동들의 밀접한 연관성을 발생시키며, 모든 이원론을 금지하며, 따라서 무엇보다도 여기에서 문제되고 있는, 그리스도인다운 순종의 두 번째 형태를 이행하지 않거나 소홀히 하는 것을 금지한다.

그리고 우리의 맥락에서 우리의 관심을 끄는 것은 이제야말로 정말 순종의 두 번째 형태이다. 이 두 번째 형태에서 그리스도인은, 그가 그것을 알고 원하든 그렇지 않든, 직접적으로든 간접적으로든, 작은 영역 안에서든 큰 영역 안에서든, 실제로 역시 일반적인 피조물의 사건 및 세상사의 진행과 흐름에도 관여하고 있으며, 참으로 바로, 순종 안에서 역시 이 영역 안에서 발생하는 하나님의 통치에도 참여하도록 부름 받았으며, 따라서 — 이것이 바로 순종의 특수한 문제이다. — '능동적으로' 그것에 참여하도록, 이 영역 안에서도 '하나님'이 행하고 있는 것을 그의 '행동'으로 옳다고 시인하도록 부름 받았다. 분명한 것은 이것이다: '예수 그리스도'에 직접 참여함으로써만, 그를 '뒤따름'으로써만, 그의 '신앙공동체'의 구성원으로서 행하는 순종의 삶 안에서만, 그리스도인은 그렇게 하기 위하여 무장을 갖출 수 있다. 그는 '여기' 신앙공동체에서, 주님의 뜻 아래 종속되는 것에서 저기 세상사에서는 언제나 거듭 무엇이 중요한 것인지 이해하는 법을 배워야만 한다. 저기에서 성령을 잡다한 다른 영들과 적어도 어느 정도 구별할 수 있도록 하기 위해서라도, 그는 '여기에서' 하나님의 말씀 안에서 성령의 삶과 지배를 잘 알게 되어야만 한다. 그는 '여기에서' 성령에 순종하는 데에 익숙해져야만 하며, 그것을 연습해야만 한다. 이 '내적인' 영역 안에서 그가 능동적인 의로움(Gerechtigkeit)을 완전히 연마하고 훈련하고 학습하는 것에서 어떤 결함이라도 있다면, 그것은 즉시 외적인 영역 안에서 의로움을 실행할 수 없게 되는 결과를 초래할 수밖에 없을 것이다. 그리고 여기에서 가장 작은 성실성이라도 그것은 틀림없이 또한 저기에서 백배로 입증될 것이다. 그러나 물론, 여기에서 받아들여진 무장으로써 그리스도인은 저기에서 실제로 살아가고 극복해나가야만 할 것이다. 그는 과연 저기에서도, 즉 일반적인 세상사에서도 갖가지의 다소간에 명확한 질서들과 법칙들과 마주치며, 그의 행동에 끈질기게 달라붙으려는 갖가지의 일반적인 규칙들과 마주치며, 그가 존중할 것을 요구하는 일반적으로 혹은 거의 일반적으로 인정받는 원칙들과 마주치며, 그가 복종하기를 바라는 매우 구체적인 요구들과 마주치기는 한다. 그러나 저기에서는 그가 하나님의 말씀 안에 있는 성령을 더 이상 만나지 '못'할 것이며, 따라서 또한, 완전히 해방된 복종하는 자로서 그리고 완전히 복종하는 해방된 자로서 무조건 따를 수 있으며 또 그렇게 해야만 할 어떤 전적으로 구속력 있는 지시들도, 하나님의 어떤 계명들도 만나지 '못' 할 것이며, 명백한 권위라는 측면에서 예수 그리스도 안에서 이루어지고 계시된 하나님의 뜻과 조금이라도 비교될 수 있을 어떤 것도 만나지 '못' 할 것이다. 이 관점에서는 저기에서 그는 정말 결코 견고한 토대를 발견하지 못할 것이다. 그가 맞아들였던 성령, 그를 통치하고 있는 성령이 지금 '홀로' 다음의 일들을 성취해야만 한다: 즉 그가 거기에서도 통치되고 있음을 느끼도록, 모터와 방향키 없는 배처럼 그 어떤 흐름에 의하여 이리저리 표류하지 않도록, 그가 거기에서도 몇 번이고 되풀이하여 명령들을 경청함으로써, 그가 오히려 거기에서도 순종하게 허용되도록 해야만 한다. 성령만이 '홀로' 그에게 지금 그 상황들을 간파하도록, 그 기회들을 인식하도록, 그 가능성들을 선택하도록, 그리고 그것들을 그 불가능성들과 구별하도록 가르쳐야만 한다. 그가 대결해야만 하는, 세상만사의 그 상황들과 그 기회들과 그 가능성들과 그 불가능성들은 바로 그 자체로서는 어떤 확실한 하나님의 말씀을 포함하고 있거나 말하지 않는다. 그러므로 그것들의 한가운데에서 그는 언제나 다만 잠정적인 확신을 갖고 방향을 정할 수밖에 없다. 여기에서 성령만이 '홀로' 그에게 명령할 수 있으며, 여기에서 그에게 계명들과 금지명령들을 소리쳐 알릴 수 있으며, 그것들에 그가 복종해야만 하며 또한 복종하도록 허용된다. 성령만이 '홀로' 그를 실제로 인도할 수 있다. 성령만이 '홀로' 그에게 선한—그의 행동들 이전과 이후에 선한—양심을 제공할 수 있다. 그의 길에 관하여 성령만이 '홀로', 그가 진정으로 의무를 지니도록 그에게 의무를 지울 수 있으며, 그가 실제로 자유 안에서 그의 길을 걸어갈 수 있도록 그를 자유롭게 할 수 있다. 올바른 결단에 이를 수 있도록 성령만이 '홀로' 그에게 먼저 빛을 그리고 그 다음에 또한 결단능력을 제공할 수 있다. 성령만이 '홀로'—즉, 하나님이 그에게 은폐되어 있는 곳에서도 그와 동행하는 살아 있는 '하나님의 말씀'만이 홀로, 독점적으로, 순수하게 그리고 굴절되지 않게—혹은 그리스도인의 태도 자체에서 바라본다면, '순종'만이 홀로 그렇게 할 수 있다. 그 순종을 그는 예수 그리스도의 학교 안에서 배웠고, 거기에서 가지고 왔으며, 이제 역시 그의 다른 모든 결단들에서도 그 순종에 성실하도록 허락된다. 그가 여기에서도 진정으로 순종하는가의 여부는, 그의 순종이 여기에서도 바로 다음과 같은 '그' 순종인가의 여부에서 평가된다: 어쩌면 평상시에 그와 마주치는 질서들과 규칙들과 원칙들과 요구들과 일치하여, 어쩌면 또한 그것들에 반대하여, 어쩌면 완전히 고립된 상태에서 그것들에 반대하여—그러나 어느 경우든 '다른' 주님들에 대한 순종이 '아니라', 어떤 경우든, 주님만이 여기에서도 홀로 '참으로' 주님이므로, 여기에서도 홀로 순종을 요구하는 '그' 주님에 대한 순종인가의 여부에서 평가된다. 그가 그 순종 안에서 행하는 것은, 세상사 안에 있는 하나님의 섭리와 통치에 대한 관계 안에서 적극적인 정의, 그리스도인의 선한 사역, 성화 안에 있는 그의 삶과 활동이다.

그리스도인은 그 순종을 '수행한다.' 우리가 이 사실을 말할 때, 우리는 그 순종을 과대평가 하지 않는다. 동시에 우리는 당연히 다음의 사실을 고려한다: 그가 행하는 것은 언제나 다소간에—그리고 일반적으로 매우 훨씬 더 적게—그 순종일 뿐이다. 여기에도 계몽된 순종과 계몽되지 않은 순종, 명확하게 혹은 불명확하게 그것의 근원을 지향하는 순종, 용기 있는 순종과 소심한 순종, 더 순수한 순종과 더 혼탁한 순종 사이에 참으로 중대한 차이들이 존재한다. 그러나 이 차이들이 아무리 중대할지라도, 그래도 그것들은, "그것이 진정한 순종인가 혹은 다만 외관상의 순종인가?"라는 질문에 비해서는 부차적인 문제들일 뿐이다. 그리고 이 질문은 다음의 질문에서 명백해진다: 그 밖에 그 순종에 관하여, 그것에 반대하여 혹은 그것에 찬성하여, 무엇이 언급된다고 하더라도, 그것은 어느 경우든 또한 예수 그리스도에 대한 참여이며, 어느 경우든 또한, 진정한 한 주님의 말씀이 지니는 지혜와 권능인 그 성령을 통하여 토대가 확립되었고 감동받고 있는가? 그리스도인의 행위에서도 진정으로 주님인 그 한 주님 외에 여전히 많은 다른 주님들이 지속적으로 함께 통치하고 있다는 사실이 고려될 것이다. 그가 '완전히' 지적인 능력이 결여된 것만은 아니라면, 예수 그리스도의 학교에 '완전히' 낯선 것만은 아니라면 좋으련만! 약간의 정신(Geist)이라도 많은 망상(Ungeist)에 대하여 대항할 수 있으며, 약간의 진정한 순종이라도—그의 순종이 너무 적은 것이라는 큰 부끄러움에 둘러싸여 있을지라도—많은 불순종을 상쇄하고 만회할 수 있다. 만일 순종이 그 어느 정도라도 그리고 그 어느 형태로도 있기만 하다면, 그리스도인의 행위에 대하여 그것이 전체적으로 문제 있고 약하기는 하지만 다음과 같이 말할 수 있다: 그의 결단과 그의 행동으로, 그가 원하고 실행하는 것으로 그는 지금, 하나님의 은폐된 지배 안에 있는, 즉 하나님 자신의 은폐된 지배라는 '확정된' 노선 위에 있는 하나의 '동인'(動因)으로, 즉 '능동적인' 요소로 되며, 또한 실제로 그러한 '동인'이고 요소이다. 이로써 하나님의 통치 아래 깊은 곳에 있는 그의 존재에는, 그의 행위가 지니는 피조물의 특성에는 달라진 것이 없다. 그리고 그리스도인이 순종 안에서 살아갈 경우에는, 그는 결코 하나님의 지배권을 장악하려고 손을 내미는 것을, 혹은 그렇게 손을 내미는 것이 논의될 수 있을 것이라는 망상조차도 용납할 수 없게 될 것이다. 그는 이미 다른 모든 피조물들과 함께 하나님 '아래'에 있는 먼지 안에 있으며 또 그렇게 머물 것이다. 그의 순종이 더욱 진정하면 진정할수록, 그는 더욱 그 사실을 역시 의식하게 될 것이다. 그렇지만, 그의 순종이 매우 보잘것없을지라도 '진정한' 것인 경우에는, 그가 하나님의 통치를 위한 헌신에서, 즉 하나님의 확정된 뜻을 집행할 때에, 특정한 자리에서 그리고 특정한 방식으로 '투입'되고 '사용'되는 일이 발생한다. 하나님 자신이 땅 위에서 언제나 그가 사랑하는 아들의 백성으로서 그의 신앙공동체를 선택하였고 창조하였고 보존하였으며, 그 밖의 세상사 한복판에서 그 신앙공동체를 그의 특수한 소유물 자체로서 소유하고 통치하기를 원한다는 것—그것을 그는 결국 헛되이 행하고 있는 것이 아니며, 따라서 어쨌든 다음의 사실도, 즉 그는 그의 말씀의 성령을 통하여 그 신앙공동체를 형성하는 개별적인 구성원들이 지닌 실존의 토대를 세우며, 세상사 한복판에서 그들의 결단들과 행동들을 결정한다는 사실도 미리 정해진 냉담한 운명(Fügung)이 아니며, 한가한 놀이가 아니다. 오히려 여기에서는, 그 사건의 특수성에 상응하게, 하나님의 특수한 의도가 지배하고 있다. 그의 이 신앙공동체는 바로 하나의 '임무'(Auftrag)를 지니고 있으며, 따라서 바로 이 신앙공동체 안에서는 그 공동체 구성원들을 위한 '임무들'이 있다. 그리고 만일 그리스도인들이 세상사 한복판에서 '순종'하도록 격려 받고, 하나님 말씀의 성령이 명령하고 금지하는 것을 통하여 상황들과 기회들을, 가능성들과 불가능성들을 — 한 쪽을 붙잡고 다른 쪽을 배척하게 하기 위하여 — 인식하고 구별하도록 안내받는다면, 만일 그리스도인들이 이 세계 안에서 적극적으로 정의를 행하도록, 선한 사역을 행하도록 능력을 부여받고 성화된다면, 주요관심사는 바로 이 임무들을 실행하는 것이다. 이 모든 것은 참으로 그들을 즐겁게 하기 위하여 혹은 사적인 이익을 얻기 위하여 발생하는 것이 아니며, 혹은 세상사의 기묘한 결합 안에서 곳곳에 또한 경건한 장식무늬들이 완전히 결여되지는 않도록 하기 위하여 발생하는 것이 아니다. 오히려 세상사 한가운데에서 그리스도인들은 순종의 온전한 불가피성과 겸허함 안에서, 순종의 온전한 속박됨과 자유 안에서, 그들이 순종하는 것이 부족함에도 불구하고, 그들이 스스로를 그리고 그와 동시에 무엇보다도 그들의 주님을 치욕스럽게 함에도 불구하고, 하나님의 '자녀들'로서 동시에 그의 본래 참된 '종들'이며, 고용되고 채용되었을 뿐만 아니라 타고난 '종들'이다. 그들의 사역을 통하여 하나님은 특정한 시간과 특정한 장소에서 그 자신이 행하는 사역의 맥락 안에서 특정한 어떤 것을 실행하기를 원한다: 즉 그의 나라를 증언하기 위한 행동, 이미 이루어진 그의 계시를 기억하게 하기 위한 행동, 아직 도착하지 않고 있으며 우선 오고 있는 계시를 예고하기 위한 행동을 실행하기를 원한다. 세상사의 한복판에서 증언하고 기억하게 하고 예고하는 그러한 피조물의 행동들이 실행됨으로써, 하나님의 확정된 뜻이 이 영역 안에서도 이루어지고 있다. 그리고 그리스도인이 순종함으로써, 그리고 순종하는 한, 그는 이 목적을 위하여 '사용'되며, 그는 여기에서도 하나님의 뜻, 즉 확정된 뜻을 위하여, 그의 섭리와 세계통치를 위하여 헌신하고 있다. 그것을 위하여 결코, 그 자신이 하나님의 뜻을 알아야 할 필요가 없으며, 따라서 그가 하나님의 뜻이 지닌 맥락을, 즉 그 뜻의 복무규정(Pragmatik)을 몇 년이나 몇 세기는커녕 단지 한 주간만이라도 간파해야만 할 필요가 없다. 그가 그 나라에 대한 하나님의 계획에 관한 "큰 노선"에 대해서만이라도 잘 알아야 하며, 그의 행위를 통하여, 말하자면, 하나님의 세계통치에 대한 전략적 계획안에 있는 그의 기능을 자기 자신에게 할당하는 법을 알아야 한다는 것은 그에게 요구되지 않으며, 그가 그렇게 할 필요도 없다. 그는 그 일을 실제로 하나님 자신에게 맡겨도 좋으며, 또 그래야 마땅하다. 그는 순종하기만 하면 된다. 그러나 그가 순종함으로써, 그리고 순종하는 한, 그는 하나님이 구상한 전략의 범위 내에서 그의 기능을 지니고 있으며, 그는 어딘가에서 그의 특정한, 그에게 지정된 종의 직무 혹은 병사의 직무를 행한다. 무엇 때문에 그가 그 직무를 행해야만 하는지, 그 직무에서 그가 무엇을 수행하며, 무엇을 수행하지 않는지, 무엇 때문에 그가 그 직무에서 마침내 사용되었고 또 투입되

없는지를 그는 언젠가, 큰 빛이 모든 것을 비추게 될 때에, 알게 될 것이다. 지금 여기에서 그의 관심을 끄는 것은 오직, 그의 행위가 실제로 헛된 것이 아니며, 그는 오히려 이 직무를 수행하고 있으며, 그는 그 직무를 그럭저럭 괜찮게 실행해야만 한다는 것뿐이다: 언제나 모든 다른 피조물들 가운데에서 매우 하찮은 피조물로서, 언제나 거기에서부터, 즉 신앙공동체의 모든 다른 구성원들도 그곳으로부터 유래하도록 허락된 바로 거기에서부터 유래하며, 언제나 하나님의 말씀 안에 있는 성령에만 의존하지만, 그러나 겸손한 피조물로서 그리고 하나님의 백성을 구성하는 겸손한 구성원으로서 이제 바로 그가 바로 '거기로' 가도록 지시를 받으며, 바로 '여기에서' 그렇게 투입되고 사용되며, 세상사의 바로 이 자리에서 '그의' 특수한 임무를 지니며, 바로 그것을 위해 '그의' 특수한 방식으로 무장이 갖추어져 있다. 그에게 요구되고 있으며 그에게 필요한 것은, 다만 그의 성실함뿐이다. 그가 그것을 어느 정도로든 어느 형태로든 입증함으로써, 그는 하나님의 섭리와 세계통치에 참여—아주 겸손히 영광스럽게 적극적으로 참여—한다.

지금 다시금 뒤돌아보면서 우리는, 우리가 이 숙고를 시작할 때 실행하였던 경계 설정들이 쓸데없는 것이 아니었다는 것을 확인할 수 있다: 그리스도인의 순종은, 그것이 그리스도인에게 아주 꼭 필요한 것이므로, 결코 획득한 것을 의미할 수 없으며, 그리고 그 순종은, 어떤 규약에 예속되어 있지 않으면서, 동시에 가장 엄격한 권위에 복종하고 있다는 것을 확인할 수 있다.

그러므로 그리스도인다운 순종은 스스로 획득한 것이 아니라, '자유로운 성과' (Leistung)이다. 그러므로 그것은 사례와 공로와 보답을 기대할 수 없다. 왜냐하면 그것 자체가 인간에게 주어질 수 있는 최고의, 엄밀히 말하자면 유일한 획득물로부터 유래하기 때문이다: 즉 그리스도인을 본질적으로 규정하는 선택과 불러냄으로부터, 예수 그리스도에 대한 그의 참여로부터, 성령의 선물과 활동으로부터 유래하기 때문이다. 그리스도인은, 그 이상의 획득물을 탐내기 때문이 아니라, 그에게 주어진 이 획득물로부터 '유래'하기 때문에, 복종할 수밖에 없다. 그가 그리스도인으로서 실존하기 때문에, 그 자신이 하나님에게 감사한다; 그러나 그는 그것에 대하여 그의 입장에서 어떤 사례를 기대할 수는 없다. 하나님이 그를 위해 공헌하였으므로, 그가 복종한다: 대체 그 이상의 어떤 공로가 그에게 이익이 되겠는가? 그가 그리스도인일 수 있으며 그리스도인으로서 복종하도록 허락된다는 사실에서 그는 그의 보상을 받고 있다: 그의 업적을 뒤따르는 것이 아니라 선행(先行)하는 이 보상 자체가 지금은 은폐되어 있으며, 언젠가 명백해질 것이다.—이 보상에 이미 관여하고 있는 사람은 그야말로, 그 이상의 보상을 찾아볼 시간이 없다. 왜냐하면 그의 시간은 이미 다음의 사실로 가득 채워졌기 때문이다: 비밀리에 이미 받아들여진 이 보상을 '토대'로 그는 이제 바로 그야말로 '복종'해야만 한다. 내적인 영역 안에서 훈련해야 하고, 외적인 영역 안에서 입증해야 하는 그의 완전한 순종은, 만일 그가 그것을 다른 방식으로 유지할 수 있거나 유지하게 된다면, 분명히 헛될 것이다. 그러나 바로 이것으로 이미, 바로 그의 자유로운 성과는 '꼭 필요한' 성과라는 사실이 언급되었다. 진정한 순종은, 불순종일 수도 있을 그런 선택을 극복했다. 그리스도인다운 순종은, 그것에는 그것의 기원으로부터 볼 때 그런 선택이 차단되어 있다는 점에서 진정한 순종이다. 그 순종의 본질은 원래부터, 하나님이 옳다는 것을 인정하는 것에 있다: 즉 인간을 향한 하나님의 관심이 보여주는 이해하기 어려운 자비에서, 인간에 대한 그의 요구에서, 그가 인간을 그의 말씀 안에 있는 그의 성령을 통하여 규정하고 인도하기를 원하는 그 방식에서 그가 옳다는 것을 인정하는 것에 있다. 이런 이유로 그리스도인은 또한 다른 방식으로도 행동할 수 없다. 순종이 행하여지지 '않으면 안 된다'는 사실을 그가 알고 있기 때문에, 그는 그의 순종을 행한다. 만일 그가 또한 다른 방식으로도 행동할 수 있다면, 즉 순종하지 않는다면 언제나, 그는 "당연히" 그 자신의 기원을, 그 자신의 본질을 부인하는 것이다: 즉 그리스도인 자신이 현존하기 때문에 하나님이 요구하는 그 감사, 하나님이 그를 위하여 세웠던 그 공로, 그가 하나님으로부터 미리 받았던 그 보상을 부인하는 것이다. ―그는 자기 자신이 하나님에게 빚을 지고 있다. '자기 자신이' 빚을 지고 있다는 사실이 그의 순종을 자유로운 성과로 만들며, '빚을 지고 있다'는 사실이 그 순종을 꼭 필요한 성과로 만든다.

그리고 이제 우리의 다른 경계설정은 다음과 같았다: 그리스도인다운 순종은 어떤 규약에 예속되지 않으며, 그것은 하나님의 말씀 안에 있는 성령의 '유일한 권위' 아래에서 발생한다. 왜냐하면 그것은 진정한 순종으로서 오직 한 주님만을 섬기고 있기 때문이며, 그것이 세상만사에서 평소에 만날지도 모르는 모든 질서들과 법칙들, 규칙들, 원리들과 요구들은 그것들에 대한 존중을 순수하고 진정한 순종으로 만들 수 있을 그런 무조건적인 주권과 타당성을 지니고 있지 않기 때문이다. 그것들은 인간을 겨우 역시 겉보기에만 굴복시킬 수 있고, 겉보기에만 해방시킬 수 있을 뿐이다. 그리고 만일 인간이 그것들에게 절대적인 경외와 복종을 바쳐야만 한다고 여긴다면, 그것은 언제나 위험한 오류일 수밖에 없다. 그것들의 주권과 유효성은 실제는 제한된 것이다. 즉 그것들의 주권과 유효성은 진정한 한 주님의 우월성과 비교되며, 그것들의 주권과 유효성을 승인하거나 승인하지 않는 것은 그 주님의 판단에 따른다. 만일 그리스도인이 그것들을 승인한다면, 그는 이 한 주님을 위하여 그렇게 행하는 것이다: 왜냐하면 이 주님이 그에게 그것들을 그것들의 한계들 안에서 승인하도록 명령하기 때문이다. 그러나 역시 다음과 같은 경우도 아주 자주 발생할 수 있으며, 또 발생할 것이다: 동일한 주님에게 순종하면서 그는 그것들에게 그 승인을 부여하지 말아야 하며, 그것들의 질서들과 규정들에 저항해야만 한다. 만일 그가 역시 그 일을 위해서도 열어두지 않는다면, 그는 이 진정한 한 주님에게 순종할 수 없을 것이다. 바로, 그가 양쪽을 향하여 자유로운 상태로 머무름으로써, 그는 '진정한' 권위의 지배 아래에 있다. 바로, 저기에서는 그가 복종할 것인지 혹은 또한 복종하지 않을 것인지 선택할 주권을 지니면서, 여기에서는 그가, 하늘에 있는 아버지의 자녀로서, 동시에 종이며, 즉 완전히 그 아버지의 뜻에 맡겨져 있는 비길 데 없는 노예이며, 전적으로 다만 이제 바로 그에게 지정된 기능을 집행하는 일에 종사하고 있는 집행기관일 뿐이다. 바로 저 자유 안에서 그는 다음과 같이 거듭 질문하는 것을 중단한다: 왜 하필이면 내가 하필이면 그것을 해야만 하는가?; 그것에서 어떤 결과가 발생할 것인가?; 나는 그것으로부터 무엇을 얻게 될 것인가? 그는, 그 자신이 하나님의 뜻을 알기를 원하는 것을, 즉 동시에 주인과 종이 되기를 원하는 것을 중단한다. 만일 그가 그것을 원한다면, 그것은 확실히, 그가 비본래적인 주님들과 그들이 만든 규약들의 지배로부터 결코 벗어나지 않았다는, 즉 아직 자유로운 순종의 영역에 들어가지 않았다는 사실을 보여주는 확실한 표시일 것이다. 여기에서 굴복할 때에만 그는 저기에서 주권을 지닌 인간으로 된다; 그의 변덕들과 자유의지는 그를 바로 그 일에 쓸모없게 만들 수밖에 없을 것이다. 그리고 바로, 그가 저기에서 주권을 지닌 인간이기 때문에, 그는 여기에서 매우 단호하게 굴복하고 가장 엄격한 규율을 지킬 수 있으며 또 그래야만 한다.

우리는 이제 여기에서도 그리스도인다운 태도의 '통일성'에 관하여, 즉 그리스도교의 믿음과 기도에 대한 그리스도인다운 순종의 관계들에 관하여 기억해야만 한다.—우리가 지금 순종으로서 서술하였던 것 안에는 우선 당연히 '믿음'도 포함되어 있다. 우리는 다음의 사실을 인식하였다: 인간에 대한 하나님의 사역인 그리고 인간의 고유한 사역인 믿음은, 그것이 '순종'을 자체 안에 포함하며, 그것 자체의 뿌리가 '순종의 행위'가 됨으로써, 사건으로 그리고 행동으로 되며, 실재하는 인간의 실존으로 된다. 믿음만이 그리스도인 신분의 토대를 확립하는 반면에, 믿음이 사역 없이는, 만일 믿음이 순종 안에서 사건과 행동으로 되지 않는다면, 죽은 것일 것이라는 점은 확실히 진실이다. 그러나 다른 한편으로는 순종의 경우에는, 그것이 '믿음'을 자체 안에 포함하고 있다는 사실에 모든 것이 달려 있다. 그리스도인이 믿음으로써만, 그는 예수 그리스도에, 그리스도의 신앙공동체에, 그리고 그 경우에 또한 세상사 안에 있는 하나님의 섭리와 지배에 참여하며, 그의 삶 전체가 예수의 십자가로부터, 즉 그를 위하여 그리고 세계 전체를 위하여 하나님의 사랑에서 비롯된 결단이 내려졌던 그 십자가로부터 유래한다는 것이 진실이 되며, 따라서 그는 예수를 뒤따르는 길로 들어서서 그 뒤따르는 길에 머물며, 그는 여기에서처럼 저기에서도 하나님의 뜻이 옳다고 인정하도록 부름받게 되고, 또한 그렇게 부름 받았다. 그가 믿도록 허용됨으로써, 그는 순종의 학교 안으로 들어가며, 그 경우에 그는 또한 피조물의 일반적인 사건이 발생하는 영역 안에서도 그 학교에 충실하며 그것의 명성을 높이도록 허용된다. 그 일을 위한 명령과 능력, 그리고 그것을 여기에서 몇 번이고 되풀이하여 감행하는 용기는 믿음의 명령이고 능력이고 용기이며, 그것들 없이는 기획 전체가 하나의 모험, 즉 그가 실패하고 좌절할 수밖에 없는 모험일 것이다. 이 모험에 대한 아주 특수한 신뢰가 필요하다: 즉 예수 그리스도가 진정으로 만물의 주님이며, 그런 까닭에 어디에서나 그의 뜻에 대하여 질문해야만 하며, 그런 까닭에 어디에서나 그의 일을 옹호해야만 한다는 매우 단순한 신뢰가 필요하다. 예수 그리스도가 주님이라는 것, 다른 주님들 가운데 아무도 그와 경쟁할 수 없다는 것, 운명과 우연은 존재하지 않는다는 것, 그와 경쟁할, 그리고 그리스도인에게 그를 향하지 않고 다른 곳을 향하도록, 그의 명령들 외에 다른 명령들을 받아들이도록 허락할 어떤 법칙들과 원리들은 존재하지 않는다는 것, 이 모든 것은 전혀 자명한 것이 아니다. 그렇게 말하기 위해서는 우리는 끊임없이 마음과 입으로만이 아니라 행동으로 '그럼에도 불구하고!'라고 말해야만 하며, 모든 것이 애매모호해 보이고—저 학교로부터 그리스도인이 당연히 가져오게 되는 것은 제외하고—역시 실제로 언제나 불명료하고 불확실하게 남아 있는 영역에서, 몇 번이고 되풀이하여 그것을 향하여 돌진하기를 감행하여야만 하며, 몇 번이고 되풀이하여 도약을 실행하여야만 한다. 여기에서 그리스도인은 은폐된 하나님의 영역 안에 있다. 여기에서 그는, 계시의 유일한 빛이 역시 거기에서도, 즉 그 빛 외에는 다른 빛이 '없는' 거기에서도, 빛나고 입증될 것이라는 신뢰가 필요하다. 그러므로 여기에서 그는 '끝까지 변하지 않는' 신뢰, 몇 번이고 되풀이하여 '새로워지는' 신뢰, 말하자면 매일 아침 '신선한' 신뢰가 필요하다. 왜냐하면 그리스도인이 순종해야 하는 그 상황들은 하여튼 다양하고, 몇 번이고 되풀이하여 변화하고, 새로운 통찰들과 새로운 결심들이 필요하게 하며, 그 통찰들과 결심들을 행할 때에는 몇 번이고 되풀이하여 처음부터 다시 시작하는 것 외에 어떤 다른 곳에서 시작하는 것은 가능하지 않기 때문이다. 그리고 그는 여기에서, 그렇게 시작하기 위하여 스스로 몇 번이고 되풀이하여 깨어 있고 준비하기 위해서는, 무엇보다도 신뢰가 필요하다. 그리스도인이 그때마다 약간의 순종을 실행하더라도, 그것도 실제로는 그것이 지닌 많은 허약함과 우둔함과 또한 악의에 의하여 그리고 많은 치욕에 의하여 에워싸여 있으므로, 그는 아마도 언제나, 이 일에서 자기 자신에게 싫증나게 되고 자기 자신에게 절망하고 그의 임무를 실행하기에는 자기 자신이 전혀 자격이 없으며 적합하지 않다고 간주하고, 따라서 스스로 또한 그 임무를 포기하는 계기를 갖게 될지도 모른다. 만일 그가, 그를 위해서도 하나님의 자비가 존재한다는 확신, 그도 용서받는다는 확신, 바로 그런 까닭에 그는 지쳐서는 안 된다는 확신에 의하여 지탱되지 않는다면, 그는 바로 이 점에서 길을 잃고 말 것이다. 참으로 그가 필요한 것은, 바로 예수 그리스도가 그에게 자기 스스로에게 절망하지 못하도록 금하였다는 사실이다. 그가 필요한 것은 다음과 같은 엄한 명령이다: 그 자신이 심판 아래 서 있는데, 그 심판의 어떤 엄격함도 그가, 하나님의 계획에서 그에게 지정된 기능을 그럭저럭 괜찮게, 명예 안에서든 혹은 수치 안에서든 참으로 정말 성취하는 대신에, 도망치는 것을 허락하지 않는다. 도망치는 것이 허락되지 않는 이유는, 그가 바로 하나님의 심판 아래에 서 있다는 그 사실이 그에게 더욱더 명백해질수록, 은혜롭지만 요구도 지니고 있는 하나님이 그에게 더욱더 가까이 있기 때문이다. 그러나 여기에서 모든 면에서 전적으로 필요한 신뢰는 '믿음'의 신뢰이며, 따라서 그것 없다면 그리스도인의 순종이 존재할 수 없을 것이다. 그러나 그것에 덧붙여 다음과 같이 말해야 한다: 그리스도인의 순종이 관계하고 있는 권위 있는 지휘관이며 지도자는 바로 성령이며, 그 외의 다른 존재가 아니다. 순종은 자유로운 성과이고 꼭 필요한 성과이며, 모든 규약들에 종속되지 않는 성과이며, 바로 그렇게 그것은 철저히 훈련된 성과라는 것은 바로 그 사실에 달려 있다. 그러나 아주 많은 영들(Geister)이 존재한다. 무엇보다도 그리스도인의 고유한 영이 있는데, 우리는 그것이 확실히, 자기 자신을 성령과 혼동하기를 너무나도 원하는 경향성이 있다는 것을 믿어야만 한다. 그것은 그리스도인을 부추겨서 정말 순종과 아무런 관계가 없을 도약들을 하게 할 수 있을 것이며, 그 경우에 그 도약들에서 그는 확실히 하나님의 나라 관념과는 전혀 다른 것들을 실행할 것이며, 그의 주님을 따르는 진정한 종과는 전혀 다른 존재일 것이다. 그러므로 우리는 신중히 몇 번이고 되풀이하여 하나님의 '말씀'의 성령에 관하여 언급하였다. 그것은 다음의 사실을 의미해야만 한다: 성령은 불확실한 영이 아니며, 침묵하는 영이 아니며, 이리저리 몰아대는 불명확한 혹은 또한 활발한 소동, 즉 그것에 대한 해석은 그 경우에 결국 그리스도인의 기발한 착상들과 임의에 맡겨지게 될 그런 소동이 아니다. 성령은 오히려 다음과 같은 점에서 거룩하다: 그것은 우리'로부터' 유래하는 것이 아니라 우리'에게로', 즉 세계의 그 어떤 영역으로부터 유래하는 것이 아니라, '위에서부터' 우리에게로 온다. 성령은 하나님의 말씀이 지닌 지혜이며 권세이다. 그러므로 그리스도인이 그 영의 안내를 따름으로써 하나님의 말씀에 순종한다는 점에서, 그리스도인의 순종은 통제할 수 없게 내몰리는 것과는 다르다. 그러나 그와 동시에 우리는 다시 '믿음' 안에 있는 그리스도인다운 태도 전체의 근원에 직면해 있다. 왜냐하면 우리는 그리스도인의 믿음을 바로, 하나님에 의하여 그리고 바로 그리스도인을 향하여 말해진 말씀인 하나님의 말씀을 인식하고 승인하는 것으로서 정의하였기 때문이다. 다른 모든 말들과는 분명히 구별되는 하나님의 말씀은, 그 자신의 사역과 그 자신의 계시 안에 나타나 있는 예수 그리스도이다. 만일 그리스도인이 순종한다면, 그것은, 그가 이 특정한 말씀에, 그 말씀의 지혜와 권세와 안내에 스스로를 내어맡기는 것을 의미한다. 그는 그의 마음속에 있는 혹은 다른 존재의 마음속에 있는 어떤 소리들과 어떤 암시들을 듣는 것이 아니라, 이 말씀이 말하는 것을 그리고 그 말씀이 바로 그에게 바로 지금 여기에서 말해야만 하는 것을 듣는다. 그러나 이것이 의미하는 것은, 그는 몇 번이고 되풀이하여 그의 믿음으로, 즉 바르게 순종하기 위하여 그 자신이 그 말씀에 속박되었고 그 말씀을 통하여 자유롭게 되었던 그 자리로 되돌아가야만 한다는 것이다. 만일 그가 그렇게 하지 않는다면, 그는 아무리 아주 작은 발걸음에서도 틀림없이 길을 잃을 것이다. 그 경우에는, 그가 명목상 순종한다는 그 "성령"은 틀림없이 애매모호한 존재일 것이며, 그 존재의 안내를 받으면 그는 자기 자신과 다른 사람들에게 해를 끼칠 수밖에 없을 것이며, 그에게 위임된 것을 확실히 소홀히 할 것이다. 그의 순종이 지닌 능력은 언제나 신뢰의 능력일 수밖에 없다: 그 신뢰 안에서 그는 새로이 하나님의 말씀이 제공하는 보호 아래로 들어가고, 그 신뢰 안에서 그는 새로이 그 보호 아래에서 머물기를 원할 것이다. 이 신뢰의 능력 안에서, 따라서 다른 것이 아니라 이 믿음의 능력 안에서 그는 진정한 성령에 의하여 움직여지는 사람으로, 즉 순종하는 사람으로 존재할 것이다.

그리고 이제 '기도'에 대한 순종의 관계가 더 언급되어야 한다. 바로 그리스도인의 순종은 기도를 포함하고 있다는 사실은 우선, 바로 기도는 그리스도인다운 '행위'의 가장 친밀하고 가장 강력한 형태라는 것을 의미한다. 모든 노동은 훨씬 후에야 비로소 나타나며, 다만 그 모든 것이 기도로부터 유래하며 기도 안에서 그것의 본래 형태, 즉 원형을 지니고 있는 정도로만, 그것은 예수의 뒤를 따르는, 즉 하나님의 나라 관념을 위해 헌신하고 이행하는 그리스도인의 노동이며, 적극적인 그리스도교의 정의이며, 하나님의 뜻을 행하는 것이며, 그리스도인에게 지정된 기능을 실행하는 것이다. 만일 그리스도인이 순종 안에서 행동하기를 원한다면, 그는 도대체, 기도할 때에 그가 행하는 것 외에, 즉 하나님에게 찬양과 감사를 말로 표현하고 약함과 죄 안에 있는 자기 자신을 하나님 앞에 털어놓으며, 그를 움직이는 모든 것을 이용하여 유일한 도움인 하나님을 향하여 내뻗고 그에게 내어 맡기며, 더 한층 다시 찬양과 감사를 말로 표현하는 것 외에 어떤 다른 것을 행할 수 있겠는가? 이것이 "간결하게 요약된" 그리스도인의 순종이다. 그 점에서 그리스도인에게 요구되는 그 한 가지 필수적인 것, 즉 그에게 요청되는 유일한 직무가 발생한다. 왜냐하면 그 밖의 모든 것은 이 한 가지 필수적인 것 안에 포함되어 있기 때문이다. 기도는 그리스도인의 기분전환이며 내적인 기력회복이며, "영혼의 호흡"이라는 것 등의 표현은 일정한 한계들 안에서 과연 참된 것이다. 그러나 다음의 사실이 망각되어서는 안 될 것이다: 바로 기도는 또한 그리스도인이 수행하여야 하는 본래의 '사역'이다. 혹시 그리스도인이 수행하여야 하는 이 본래의 사역이 발생하지 않는다면, 그리스도인의 아무리 대단한 분주함이라도 게으름에 불과할 것이다. 그 반면에, 모든 것이 기만적인 것만은 아니라면, 이 세계에서 하나님을 위해 헌신하는 바로 가장 활동적인 노동자들과 사상가들과 투사들이 동시에—그리고 명백히 무엇보다도 먼저 가장 열심히 기도하는 사람들이었으며, 그들은 명백히 그 행동을 시간낭비로 간주하지 않았다. 그것을 넘어서 물론 다음의 사실이 더 언급되어야만 한다: 바로 순종의 문제는 그리스도인을 믿음에 대한 허락과 불가피성 앞으로 옮겨놓듯이 그렇게 또한 다음의 장소로 옮겨놓는다: 만일 그의 의도와 행위가 진정한 것이라면, 만일 그것이 믿음으로부터 유래한 것이라면, 그것은 특수한 의도와 행위로, 즉 기도로 '넘어가야만 하며', 기도에서 '끝나야만 하며', 또 기도에서 '새롭게' 시작되어'야만 하는'

(muß) 바로 그 장소로 옮겨놓는다. 그리스도인은 자발적으로 결코 그렇게 간단하게, 그는 진정한 순종에 이르는 빛과 능력을 지니고 있다고 가정할 수 없다. 그리고 그는 믿음 안에서만 순종할 수 있는데, 그는 그 믿음도, 이제 바로 새롭게 믿기 위해서는 그러고 나서 믿음 안에서 새롭게 순종하기 위해서는, 단지 결심을 하기만 하면 되도록 그렇게 손닿을 만한 곳에 지니고 있는 것이 아니다. 그는 바로 믿음 안에서 직접적으로, 자유롭고 위엄 있는 하나님 자신과 관계하고 있다. 참으로, 기도에서 그는 스스로를 이 하나님 앞에 '세운다': 그는 그의 행동에서 틀림없이 몇 번이고 되풀이하여 그 하나님을 피하려 하지만, 참되고 힘차게 믿기 위해서는, 그리고 나서 또한 확신에 차서 과감하게 순종하도록 허락되기 위해서는, 그는 스스로를 정말 몇 번이고 되풀이하여 그 하나님 앞에 세워야만 한다. 기도에서 그는, 그에게 말을 걸었던 그 아버지에게 스스로 대답을 할 자유를 사용한다. ― 다르게 표현한다면, 그가 아버지의 자비로부터 유래하므로, 그의 편에서 바로 그 아버지에게 다가가는 자유 ― 좀 더 다르게 표현한다면, 그 아버지가 그의 아버지이며 그가 그 아버지의 자녀라는 사실에 대한 커다란 놀라움을 직접적으로, 자연스럽게 표현하는 그 '자유'를 사용한다. 어떤 형태들을 지니고 있든 기도는 대답하는 것이며, 다가가는 것이며, 그리스도인이 그리스도인으로서 존재하도록 허락되는 그 상황의 진실을 직접 표현하는 것이다. 그가 기도함으로써 그는, 믿음이 그리고 그 경우에 믿음 안에서 또한 순종이 몇 번이고 되풀이하여 처음부터 시작하도록 허락되는 바로 그곳에 서 있다. 이 소박한(primitiv) 운동인 기도는 모든 다른 행동의 토대로서 순종 안에 포함되어 있으며, 그것 자체가 비길 데 없는 순종의 행위이며, 그것으로부터 모든 다른 행위들이 발생해야만 한다.

3. 기도에 대하여 ― 우리는 기도를 방금 소박한 운동이라고 불렀다. 실제로, 그리스도인다운 태도의 이 세 번째 형태에서는 먼저 언급한 두 가지 형태들의 단순한 기본 형태가 중요하다. 기도는 믿음에서만이 아니라 또한 순종에서도 으뜸가는 것이다. 믿는다는 것은 엄밀히 말하자면 '기도한다'는 것을 의미하며, 순종한다는 것도 엄밀히 말하자면 '역시' 기도한다는 것을 의미한다. 그럼에도 불구하고 여기에서 실제로 주요 관심사는 그리스도인다운 태도 가운데 확실히 구분되어야만 하는 세 번째 형태이며, 우리는 이제 이 세 번째 형태 자체에 대하여 특별히 숙고해야만 한다. 왜냐하면 우리가 그것이 믿음과 순종 안에 그것들의 기본 형태로 포함된다고 이해하는 것으로써는, 바로 우리의 특별한 맥락에서 기도의 본질이 아직 충분히 다루어진 것이 아니기 때문이다.

우리가 그것을 거기까지 다루었던 것에 따르면, 우리는 그것을 멀리서 보면 서로 나란히 혹은 다른 것에 뒤이어 이어지고 있는 것처럼 보이는 일련의 행위들 ― 찬양과 감사, 자백과 참회, 간청과 대리간청, 다시 찬양과 감사 ― 이라고 서술하였다. 이 관점이 옳지 않은 것은 아니었다. 그러나 그것은 충분한 것이 아니다. 이 관점에서 기도에 결여되어 있는 것은 '중심', 즉 믿음 및 순종과는 다르게 그것을 참으로 바로 '기도'로 만드는 그것이다. 이 관점에서는 기도가 그리스도인다운 태도의 저 두 가지 형태들 안에서 말하자면 소멸될 수 있을 것이다. 그러나 그것은 '고유한' 형태를 지니고 있으며, 또한 '고유한' 형태이며, 바로 그 형태 자체가 다른 두 가지 형태들 안에 포함되어 있는 것과 마찬가지로 그 형태 자체가 다른 두 가지 형태들을 자체 안에 포함하고 있다. 왜냐하면 우리가 잠정적으로 기도라고 서술했던 것과 같은 저 일련의 행위들은 실제로 하나의 '중심'을, 즉 하나의 특정한 행위를 지니고 있기 때문이다: 그 특정한 행위가 '전체'를 구성하며, 그 행위로부터 다른 행위들이 '유래'하며, 그 행위를 '향해서' 다른 행위들이 서둘러 접근하며, 그 행위로부터 또한 다른 행위들이 비로소 그것들의 의미와 능력을 받아들인다.

만일 우리가 그리스도인의 기도에서 발생하는 사건을 혹시 전적으로, 찬양하고 감사하는 것이라는 분모 위에, 혹은 더 포괄적으로 말한다면, '숭배'라는 분모 위에 올려놓게 된다면, 우리는 그 사건을 제대로 다루지 못하게 될 것이다. 그런 이유에서 물론 다음의 사실이 암시될 수 있다: 우리는 기도의 기원을 믿음과 순종의 기초가 되기도 하는 저 커다란 놀라움으로부터, 즉 그리스도인이 하나님의 말씀에 의하여 그것 안으로 옮겨져 있음을 느끼는, 그리고 그것 안에서 그가 그리스도인으로서 실존하도록 허락되는 바로 그 상황에 직면하여 그리스도인이 경험하는 그 놀라움으로부터 찾아내었다. 이 놀라움으로 인해 실제로 매우 단순하게 다음의 결과들이 발생한다: 그 상황을 창조하였으며 주님으로서 그 상황을 결정하고 통치하는 하나님을 숭배하고, 그 상황의 비밀에 대하여 겸허히 경탄하고, 하나님이 그의 말씀 안에서 인간에게 관심을 기울이고 스스로를 계시한다는 '사실'에 직면하여, 그리고 그가 그렇게 행하고 있는 '형태'에 직면하여 하나님을 찬양하고 찬미하고 기리며, 그의 측량할 길 없는 위대함 앞에 고개를 숙이고, 그의 이해하기 힘든 은혜로운 행위에 대하여 감사하며, 그의 영광과 공로 없이 얻은 자비를 찬양한다. 그러나 하나님의 말씀에 의하여 창조된, 그리스도인의 바로 이 상황은, 그리고 그와 같이 그 상황에 의하여 야기된 그의 놀라움도, 그리고 그와 같이 그것의 결과로 발생하는 하나님에 대한 그의 숭배도 아주 특정한 방향과 색깔을, 즉 아주 특정한 출처(Woher)와 목표(Wohin)를 지니고 있으며, 그것들이 우리에게 역시, 여기에서 멈추거나 혹은 기도의 본질을 바로 여기에서 찾는 것을 금한다. 그리스도인의 상황은 추상적으로, 위대한 존재와 작은 존재, 높은 존재와 낮은 존재, 존엄한 존재와 피조물, 거룩한 존재와 거룩하지 않은 존재가 만나는 상황이 아니다. 그 상황도 그러한 것이기는 하지만, 그것은 매우 구체적인 형태로 그러하다. 이 상황에서 그리스도인이 느끼는 놀라움은 한가하게 입을 벌리고 바라볼 수도 있을 그 어떤 경탄과 그 형태에서 구별된다. 그리스도인의 숭배도 멀리 있는 높은 곳을 바라보는 눈길과, 그 어떤 거룩한 것을 존경하는 것과, 즉 단순히 깜짝 놀라거나 단순히 무아지경에 빠지는—그리스도교적이라기보다는 오히려 종교적이고, 종교적이라기보다는 오히려 미학적인—비생산적인 존경일 수도 있는 그 존경과 그 형태에서 구별된다. 만일 우리가 기도를, 말하자면 '분류상' 숭배로서, 찬양하고 감사하는 것으로서 이해하기를 원한다면, '그리스도인의' 숭배가 지니는 바로 그 특수한 내용은 그것의 정당한 권리를 보장받을 수 '없'다. 이 요소가 결여될 수 없다는 것은 아주 확실하다! 심지어 기도가 실제로 여기에서 시작되고 여기에서 끝날 것이라는 것도 아주 확실하다. 그러나 '실제적인'(sachlich) 분류는, 즉 기도의 '실제적인' 본질은 여기로부터 출발해서는 이해될 수 없다.

그러나 만일 우리가 기도를 전적으로 고해 혹은 '참회'라는 공통분모 위에 올려놓기만을 원한다면, 그 경우에도 우리는 그리스도교의 기도를 올바르게 다루지 못하게 될 것이다. 그리스도인이 그의 상황에 직면하여 경험하는 놀라움은 의심의 여지없이 역시 이 측면과 구성요소도 지니고 있다. 그것은 인간이 받게 될 '심판'에 대한 인식과 승인이기도 하다. 그러므로 그리스도교의 기도는 역시 자신의 무기력함과 무능력과 무가치성에 대한 고백일 수밖에 없으며, 인간이 하나님의 면전에서는 자기 자신이 전적으로 타락한 상태에 있다는 것을 발견할 수밖에 없는데, 바로 그 사실에 대한 고백일 수밖에 없으며, 유일한 선물로서, 즉 그가 하나님에게 바쳐야만 하며 하나님 앞에 펼쳐 놓아야만 하는 유일한 제물로서, 그의 완전히 빈손들을 꺼내 보이는 것일 수밖에 없다. 그리스도인이 기도한다는 것은, 완전히 그리고 무조건적으로 그의 모든 비참한 상태 자체를 자백하고 하나님에게 알리는 것을 의미한다. 그리스도인이 기도한다는 것은, 자기 자신에 대한 모든 그릇된 환상들을 포기하고, 그의 모든 곤궁을 솔직히 고백하는 것을 의미한다. 그렇게 하지 않는 사람이라면, 그는 결코 기도하지 않은 것으로 될 것이다. 성전 안에 있던 그 바리새인의 마음은 겉보기에 찬양과 감사로 충만하였으나 바로 그렇게 하지 않았기 때문에, 그는 기도한 것이 아니었다. 어디든 간에 하나님에 대한 숭배가 자기기만이어서는 안 되며 하나님에 대하여 속임수가 되어서는 안 된다면, 이 낮아짐을 통과하는 것은 불가피하다. 그러나 다른 한편으로는, 이제 혹시 이 관점으로부터 출발하여 기도를 이해하기를 원하는 것이 거듭 괜찮은 것은 아닐 것이다. 그리스도인의 상황은, 비록 이 낮아짐이 역시 그의 상황에도 속하기는 하지만, 거듭 추상적으로 인간이 하나님 앞에서 낮아지는 상황이 아니다. 그러므로 비록 인간이 자기 자신에 대하여 경악하는 것이 또한 그의 놀라움 안에 포함됨에도 불구하고 그리고 포함되면서, 역시 그리스도인의 놀라움도 추상적으로 그렇게 자기 자신에 대하여 경악하는 것이 아니다. 그러므로 그리스도인의 기도도 인간이 하나님 앞에서 자신을 이렇게 낮추는 것으로 그칠 수 없다. 이런 종류의 행위는 기도에 결여되어서는 안 되지만, 이 행위에서도 기도는 특수한 특성을, 즉 특정한 방향과 의도를 지니고 있으며, 그 방향과 의도에서 그것은, 역시 단지 비탄에 잠길 수밖에 없을 그 어떤 비탄과 구별되며, 역시 피곤과 자포자기 혹은 회의에서 비롯된 자기비하일 수도 있을 그 어떤 자기비하와 구별된다. 기도의 길(Weg)이 역시 이 좁은 길을 통하여 이어지는 것이 아주 확실하듯이, 그것이 참회를 포함하고 있는 것이 아주 확실하듯이, 그것의 본질을 그곳에서부터 이해하기를 원하는 것이 의미 있는 일이 아니라는 것은 그렇게 확실할 것이다. 성전 안에 있던 세리의 짧은 기도는 물론 참회기도였지만, 그것의 결정적인 내용에서는 참으로 그야말로 역시 참회기도 이상이었고 그것과는 다른 것이었다.

　　기도는 언제나 '간청'(Bitte)이다. 숭배와 참회와 간청이 (기도 전체가 바로 이 간청에서 그것의 중심을 지니지 않고) 똑같이 중요하게, 똑같이 긴급하게, 똑같이 특색 있게, 우리가 그것들을 잠정적으로 주시하였던 방식대로 동일한 서열 안에서, 하나의 대열을, 즉 그것의 끝이 다시 그것의 시작으로 되돌아가게 될 그 대열을 형성하는지 아닌지는 의문이다. 실천적으로는 실제로 그럴지도 모른다. 객관적으로는 그렇지 않다. "기도"라는 어휘 자체가 모든 언어에서 그것에 대하여 반대하고 있는 것 같다: 그 어휘는 어쨌든 바로, 그 사건을 본질적으로 규정하는 것으로서 간청에 대하여 언급하고 있다; 그 어휘는 어쨌든, 그 사건에서 확실히 또한 숭배와 참회도 중요하겠지만, 우선 첫째로 중요한 것은 그것들이 아니며, 우선 첫째로 중요한 것은 하나님을 도움을 청하는 간청, 즉 구하고 두드리는 것이며, 하나님에게 제출된 소원과 열망과 요구라는 것을 가리키고 있다. 그러나 기도의 '현실'도 분명히 다른 요소들을 앞자리에 놓는 것을 반대할 뿐만 아니라, 또한 그것들을 간청과 동일한 자리에 놓는 것도 반대한다. 진정으로 기도하는 사람은 누구나, 하나님에게 어떤 것을 구하기 때문에, 그에게서 어떤 것을 얻기를 원하고 기대하기 때문에, 필요한 어떤 것을, 하나님 외에 다른 존재로부터는 얻기를 희망하지 않으며 틀림없이 바로 하나님으로부터 얻기를 희망하는 그 어떤 것을, 하나님으로부터 얻기를 희망하기 때문에, 하나님에게로 다가가며, 그와 관계하며, 그에게 말한다. 하나님을 숭배하고 그에게 감사하고 찬양하지 않고는, 그 자신의 곤궁을 솔직하게 하나님 앞에 상세히 설명하지 않고는, 그는 그의 간청을 갖고 하나님에게 다가갈 수 없다. 그러나 그가 그것과 함께, 즉 그의 '간청'과 함께, 하나님에게 다가간다는 바로 '그 사실'이 그를 기도하는 자로 만든다. 기도에 관한 모든 다른 이론들이 아무리 아름답고 심오하게 생각되고 또 그렇게 들릴지라도, 그것들은 일종의 부자연스러움에 시달리고 있으며, 그 부자연스러움 안에서 이 단순하고 구체적인 실상을 간과하고 있으며, 바로 단순히 간청하는 자인 진정한 기도하는 자가 어쨌든 존재하지 않는 곳인 높은 곳이나 깊은 곳에서 길을 잃은 것이 아닐까? 그러나 '주기도'의 본문이 간청을 하위에 놓거나 동일한 위치에 놓는 것에 대하여 마침내 결정적으로 반대한다. 주기도는 어쨌든 본질상 단순하고 명백하게 일련의 '간청들', 오직 간청들뿐이다. 이 간청들 안에서 숭배와 참회라는 요소들은 진정으로 인정받게 되며, 이 간청들은 과연 실제로 숭배로 시작하고 숭배로 끝을 맺지만, 그것들 자체는 숭배들도 고백들도 아니라 바로 단순한

'간청들'이다. 만일 우리가 기도의 본질을 이해하기를 원한다면, 주기도를 고수하는 것이 바람직할 것이다. 기도한다는 것은 우선 첫째로―다른 모든 요소들을 지배하고 포함하면서―'간청하는 것'을 의미하기 '때문'에, 바로 우리의 맥락에서는, 즉 하나님의 섭리와 세계통치를 고려하여 그리고 그 섭리와 통치에 대한 그리스도인다운 태도를 고려하여, 아주 특별하게 기도에 대하여 언급하는 것이 필요하다.

다음의 질문을 이제 또한 실질적으로 이해하려 시도해보자: 그리스도인의 상황에서 본래 우선적으로 놀라운 것은 무엇인가? 하나님이 매우 위대하고 거룩하고 부유하다는 그 사실은 어쨌든 놀라운 것이 아니며, 또한 하나님에 비하여 인간은 매우 작고 가치가 없으며 가난하다는 사실도 어쨌든 놀라운 것이 아니다! 이 두 사실이 그리스도인에게 간과할 수 없이 명백하게 그리고 매우 놀랍게 된다는 것은, 역시 본래 우선적으로 놀라운 것, 즉 바로 그 위대하고 거룩하며 부유한 하나님이 그의 말씀을 통하여 작고 가치 없고 가난한 인간에게 아주 가까이 다가온다는 사실을 보충할 뿐이다. 그렇다, 확실한 것은 이것이다: 하나님이 아주 가까이 다가오기 때문에, 인간은 하나님을 인식하면서 그를 숭배할 수밖에 없으며, 자기 자신을 인식하면서 스스로를 내어 맡길 수밖에 없다. 그러나 역시 무엇보다도 확실한 것은 이것이다: 하나님이 아주 가까이 다가오기 때문에―아버지가 자녀에게 다가가듯 가까이 다가오기 때문에, 인간은 이제 하나님에 대하여 자녀가 아버지에게 가까이 있듯이 가까이에 있도록 허락된다. 엄밀히 말하자면 여기에서 놀라운 것은 바로 이 '가까움'이며, 여기에서 높은 곳에서 그리고 깊은 곳에서 '또한' 놀라운 모든 것은 이 사실로부터 비로소 '뒤따라 발생한다.' 이 사실이, 다만 이 사실만이 역시 그리스도인의 상황에서 특수하게 그리스도교적인 것이기도 하다. 이 사실이 역시 '하나님의 말씀'에 담긴 내용이며, 그 말씀을 통하여 그리스도인은 스스로가 그의 특수한 상황 안으로 옮겨져 있음을 느낀다. 이 사실이 역시 예수 그리스도 안에 나타난 하나님의 '계시'의 내용이며, 그 계시를 증언하는 것이 그리스도교 신앙공동체의 임무이고, 그 계시를 인식하고 신앙고백하기 때문에 그리스도인은 그리스도인, 즉 그 신앙공동체의 신앙에 참여하며 세계 안에서 신앙공동체가 담당한 직무에 연대책임이 있는 신앙공동체 구성원이다. '그것을 위하여' 역시 하나님의 아들이 인간으로서 태어났으며, '그것을 위하여' 그가 십자가에서 죽었으며, '그것'이, 즉 아버지와 자녀, 자녀와 아버지 사이로서 하나님과 인간 사이의 이 직접적인 가까움이 그의 부활이 보여준 빛이다. 만일 그리스도인이 기도한다면, 그는 하나님의 아들의 사역과 말씀에 대한 대답으로서 행해져야만 하는 바로 그것을 행하고 있는 것이다. 그 경우에 그는, 예수 그리스도 안에서 창조된 이 놀라운 사실을 통하여 그에게 주어져 있는 자유를 가장 손쉽게 사용하게 된다. 그러나 이 가장 손쉬운 대답의 본질은 결코, 그가 하나님의 영광에 대하여 높이 숙고하고 자신의 비참함에 대하여 깊이 숙고하며 그 숙고에 상응하게 움직이는 것에 있지 않다. 그 대답의 본질은 오히려 다음의 사실에 있

다: 그가 그의 상황 안에서 필요한 것을 하나님이 그에게 주기를 기대하면서, 즉 그것을 그가 하나님으로부터 받을 목적으로, —(그가 이러한 그의 상황 안에서 잘 인식하고 있는 것처럼) 바로 하나님만이 그에게 제공할 수 있는 것을, 그러나 (그가 이러한 그의 상황 안에서 마찬가지로 잘 알고 있는 것처럼) 바로 하나님이 그에게 실제로 제공하기를 원하며 또 제공하게 될 것을 받을 목적으로, 하나님에게 아주 가까이 다가감으로써, 그는 그에게 아주 가까이 다가온 하나님에게 도움을 청한다. 그의 상황에서 그가 지닌 자유는 이것이다: 그는 하나님의 위엄을 아주 잘 인식하고 있으며, 그는 또한 자기 자신을, 즉 그에게 무엇이 부족한지 그리고 그에게 반대하여 무엇이 언급될 수 있는지를 인식하고 있으나, 그는 두 사실들에 대하여 걱정할 필요가 없다. 그는 작은 자이며 가치 없는 자이며 가난한 자인 그가 아주 진지하게 어떤 것을, 많은 것을, 모든 것을 하나님으로부터 얻기를 원함으로써 하나님의 마음을 상하게 할까봐 두려워할 필요가 없다. 그리고 그는 그가 위대한 존재이며 거룩한 존재이며 부유한 존재인 하나님에게 그에게서 얻기를 원하는 바로 그것을 청함으로써, 그 자신이 교만하게 될까봐 두려워할 필요가 없다. 이 이중의 두려움을 쓸데없는 것으로 만드는 바로 그것이 예수 그리스도 안에서 사건으로 되었으며, 하나님의 말씀 안에서 역시 진술되었다. 그리스도인은 간청하도록 '허락된다'(darf). 하나님이 인간의 아버지이며, 인간이 하나님의 자녀라는 비밀이 그에게 명백히 드러났다. 그러므로 그는 정말 '간청한다.' 그러므로 그는, 그의 입장에서 이 사건과 이 계시에 상응하는 바로 그것을 말한다. 그러므로 하나님이 세계에 그리고 더 한층 그에게 '행동'하고 '증명'했던 것처럼, 그렇게 그는 하나님을 돕는 자, 제공하는 자, 구원자로, 모든 재산과 모든 능력과 모든 계몽과 모든 희망의 원천으로 간주한다: 간단히 말하자면, 그 자신에게 부족한 모든 것의 원천으로, 그러나 그에게 그처럼 가까이 다가온 하나님이, 즉 그에게 그처럼 결합되어 있는 하나님이 홀로 간직하지 않고 바로 그에게 주기를 원하는 것이 명백한 그 모든 것의 원천으로 간주한다. 하나님은 그 자신을 탈취하는 것을 허락하지 않는다는 것은 진실이다. 그러나 만일 그가 자신을 내어준다면, 어떻게 되는가? 그렇다면 정말 역시, 그는 자신을 또한 '탈취하게' 허락하기도 한다는 것이 더욱더 진실이다. 그리고 하나님은 아무것도 탈취하게 허락하지 않는다: 즉 그의 것인 모든 것으로부터—모든 것이 그의 것이다.—아무것도 탈취하게 허락하지 않는다는 것도 진실이다. 그러나 만일 그가, 자기 자신을 인간에게 내어줌으로써, 그의 것인 모든 것을 인간에게 주기를 원한다면, 어떻게 되는가? 만일 그렇다면, 그가 그로부터, 그의 손으로부터 '모든 것'을 탈취하게 허락한다는 것이 더욱더 진실이 아닌가? 그리스도인은 탈취하도록 허락된다. 왜냐하면 하나님은 그 자신과 그가 소유한 모든 것을 그에게 제공하기 때문이다. "자기 아들을 아끼지 않으시고, 우리 모두를 위하여 내주신 분이, 어찌 그 아들과 함께 모든 것을 우리에게 선물로 거저 주지 않으시겠습니까?"(롬 8:32) 그러므로 그리스도인의 기도에서 가장 친밀한 것,

즉 확실히 그리스도인다운 태도 전체에서 가장 친밀한 것의 본질은 바로, 그리스도인은 간청하도록 '허락'되며 실제로 '간청한다'는 사실에 있다. 그리스도인이 기도한다면, 그것은 결코 뻔뻔스러운 것이 아니며, 격차를 잊은 것이 아니며, 이쪽과 저쪽, 위와 아래 사이의 대립을 자신의 힘으로 뛰어넘는 것이 아니며, 또한 결코 이기심도 아니다. 오히려 그는 기도함으로써, 그가 하나님의 말씀에 의하여 그 안으로 옮겨진 바로 그 상황에 상응하며 그 상황에 적합한 것, 즉 그 상황에서 그에게 '허락'되었을 뿐만 아니라, '요구'된 것을 행하는 것이다. 왜냐하면 그는 틀림없이 다름 아니라 바로 그것을 행하기 위하여 그 상황 안으로 옮겨졌기 때문이다. 바로 기도함으로써 그가 어떻게 또한 찬양과 감사의, 즉 숭배의 가장 진정한 행위를 실행하는지 그리고 동시에 바로 기도함으로써 또한 회개의 가장 진정한 행위를 실행하는지를 주목하라. 바로 그가 간청하는 자로서 하나님 앞에 나감으로써, 그는 하나님을 높이며 자기 자신을 낮춘다. 바로 그것이 역시 하나님이 그에게 원하는 것이다. 바로 그렇게 하나님은 그를 소유하기를 원한다. 바로 그렇게 함으로써 그는 그에 대한 하나님 자신의 태도에 적합한 행동을 하게 된다. 하나님이 주는 것을 인간이 받기를 원하고 받는 것, 즉 그것을 실제로 받아들이기 위하여, 인간이 간청하고 찾고 문을 두드리는 것이야말로 정말 진정한 '예배'이다. 이 '받아들이는 것'이 그리스도인의 기도이며, 이 기도의 중심적 특성이 '청원기도'이다. 참으로 그에게 제공된 자유 전체가 자의(恣意)적인 자유가 아니듯이, 바로 이 형태의 기도는 그리스도인의 자의로부터 유래하는 것이 아니다. 그 기도는 오히려 그가 하나님으로부터 '받아들인' 것으로부터, 즉 바로 자유와 함께 그에게 제공된 '계명'으로부터 유래한다. 청원기도로서 그것은 그 받아들이는 것을 인간이 실행하는 것이다. 그것은 실제로 그리스도교적 '순종'의 원형이다. 그러나 이 명제는 이제 방향이 전환되어야 한다: 그리스도교적 순종의 원형이 지닌 본질은 바로 다음의 사실에 있다: 하나님이 그에게 무엇을 하는 존재인지 그리고 무엇을 소유하고 있는지를 토대로 하여, 인간이 하나님을 너무나 위대하게 그리고 자기 자신은 너무나 보잘것없는 것으로 간주할 것이므로 이 간청조차 감행할 수 없을 것이 아니라, 오히려 인간이 하나님을 '아주' 은혜롭고 '아주' 강력한 존재로 간주하고 자기 자신을 아주 실제로 하나님에 의하여 받아들여진 것으로 간주하기 때문에, 그는 바로 이것을, 즉 '간청하는 자'로서 하나님에게 다가가는 것을 어떻게든 감행해야만 하는 것이 아니라, 가장 자연스럽고 가장 불가피한 삶의 표현으로서 '행하도록' 허용된다.

그러므로 만일 우리가 기도의 본질을 이해하기를 원한다면, 우리는 이 '간청'을 확실히 이해하려 시도해야만 한다. 그러나 이제 바로, 그것을 확실히 이해하기 위해서는, 우리는 불가피하게 매우 진기한 길, 즉 외관상 우회로처럼 보이는 길을 걸어가지 않으면 안 된다. 왜냐하면 우리는 오직, 먼저 그 간청에 상응하는 '들어줌'(Erhörung)을 확실히 이해하였을 때에만, 이 간청을 확실히 이해할 수 있기 때문이다. 왜냐하면, 비록 아무리 심하게 들릴지라도, 이 들어줌이 간청보다 실질적으로 앞서기 때문이다. 들어줌이 간청의 근거를 마련해 준다. 들어줌이 간청을 실제로 간청으로 만든다: 즉 그리스도인이 드리는 기도의 간청으로 그리고 동시에 그리스도인다운 태도의 세 번째 형태이면서 그 태도 전체를 위해 매우 결정적인 태도 형태로 만든다. 그러므로 우리는 방금 이미 다음과 같이 말했다: 기도는, 그리스도인이 '받아들이는' 것으로부터 유래한다; 기도는 다름 아니라 이 받아들이는 것을 인간이 '실행'하는 것이며, 하나님이 그에게 무엇을 행하는 존재이며 무엇을 행하고 있는지에 직면하여 놀라움에 사로잡혀 있는 사람의 직접적인 삶의 표현—즉, 우선 그와는 대조적인 하나님의 위엄에 직면하여 놀라움에 사로잡혀 있는 것이 아니라, 우선 하나님과는 대조적인 그 자신의 비천함에 직면하여 놀라움에 사로잡혀 있는 것이 아니라, 오히려 우선 하나님이 그를 위하여 존재하며 그를 위하여 행동한다는 사실에 직면하여 놀라움에 사로잡혀 있는 사람의 직접적인 삶의 표현이다. 이 사실로부터 우리는 출발해야만 한다. 거기에서부터 출발하여, 오직 거기에서부터 출발해서만 다음의 사실이 이해된다: 기도는 인간에게 바로 '간청'으로서 허락되었고, 동시에 '간청'으로서 요구되었으며, 따라서 기도는 믿음 및 순종과 함께, 그 둘을 자체 안에 포함하면서, 그리스도인다운 태도 전체를 통합하는 계기(Moment)를 형성한다.

인간이 필요한 모든 것, 즉 그가 그것을 오직 하나님으로부터만 받아들일 수 있으며, 오직 하나님만이 그에게 그것을 줄 수 있는 그런 방식으로 필요한 모든 것을 충족시켜주는 하나의 큰 '선물'이 존재한다. 모든 진정한 간청, 합법적으로 그리고 필수적으로 하나님을 향한 간청에 대한 하나의 큰 '들어줌'이 존재한다. 하나님이 제공하는 이 하나의 큰 선물이며 들어줌이 '예수 그리스도'이다. 그것이 예수 그리스도인 까닭은 하나님이 세계와 인간을 돌봐주고, 바로 그렇게 함으로써 세계와 인간에게 모든 좋은 것을 풍부하게 제공한 그 일이 바로 그의 안에서 이루어졌기 때문이다. 그를 고려하면서, 그를 중재자로서 선택하면서 그리고 그렇게 선택함으로써, 이미 우주와 인간이 창조되었다. 하나님의 아들이며 말씀 자체인 그가 스스로 육체로, 인간으로, 피조물로 됨으로써, 하나님은 스스로 우주와 그리고 우주의 한복판에서 인간과 동맹을 맺었고 우주와 인간에게 의무를 지니고 있었으며 인간과 연대하였으며, 하나님은 인간의 구원을 이미 실행하였고 자신의 영원한 영광을 이미 인간에게 제공하였다. 예수 그리스도 안에서 하나님은 몸소 우주와 인간의 주님과 목자와 돕는 자로, 즉 희망으로 되었다. 예수 그리스도 안에서, 즉 그가 사랑하는 이 아들 안에서, 구원의 말씀이며 평화의 말씀인 그의 이 말씀 안에서, 그는 모든 사건을 지배한다: 즉 그는 그것을 보존하고, 그것과 동행하고, 그것을 통치한다. 예수 그리스도가 현존함으로써, 세계는 이미 도움을 받았으며, 피조물이 그리고 전체 피조물 한가운데에서 인간이 필요로 하는 모든 것이 이미 현존한다. 그가 현존함으로써, 그의 이름이, 즉 모든 것이 그로부터 유래하고 모든 것이 그에게로 다가가는 그의 이름이, 모든 것을 움직이는 그의 이름이, 피조물 없이도 아니며 피조물에 대항해서도 아니라 철저히 피조물을 위해서 존재하며 활동하고 있는 세계의 '구원자'인 하나님의 이름으로서 진술되었고 계시되었고 선포되었다. 그러므로 그는 그 하나의 큰 선물이며 들어줌이고, 그 안에서는 우리가 받아들일 수 있고 간청할 수 있는 모든 것이 결의되었을 뿐만 아니라 우리에게 이미 제공되었고, 이미 우리를 위해 현존하며 존재한다.

그런데 예수 그리스도는 고독한 인물이나 현상이 아니다. 이제 그가 그의 말씀의 영을 통하여 그를 믿도록 그리고 그 믿음을 통하여 그에게 순종하도록 불러내기를 원하는 '그의 백성들'도, 즉 그의 안에서 그리고 그와 함께 선택된 그들도 그의 일부를 이룬다. 이제 영원으로부터 유래한 그는 그의 '몸'의 머리이다. 이제 그는 역사적 형태를 띠고 있는 이 몸을 그의 예언자들과 사도들의 메시지를 통하여 불러내었으며, 이제 그의 이 몸은 '신앙공동체', 즉 그의 신앙공동체이고 그리스도교 신앙공동체이며 그의 백성들이다. 이제 그는 자신을 이 백성들의 주님으로 선물했으며, 자신을 주님으로서 계시하였다. 이제 그는 다음의 목적을 이루기 위하여 존재하는 바로 그 존재라는 것이 그의 백성들에게 증명되었다: 그는, 창조세계의 한복판에 증인의 직책과 증인의 직무가 존재하도록 하기 위하여, 또한 모든 것들 앞에 그리고 모든 것들을 위해 그가 나타나기 '이전'에도 그리고 그가 마지막에 나타날 때'까지' 그의 빛이 이 세계 안에서 빛나도록 하기 위하여, 하나님의 사랑에 대한 기억과 그것에 대한 희망이 구체적인 장소와 구체적인 내용을 지니도록 하기 위하여 존재한다. 그리고 이제 그는 이 목적을 지니고 그의 백성들의 기억 속에 '현존'하고 있다. 그러므로 이제 그의 안에서 하나님의 저 큰 선물과 들어줌이 그의 백성들의 '눈앞에' 제시된다. 그러므로 이제 이 백성들에게는 모든 것들의 시작과 끝이며 모든 사건의 주님인 그의 '이름'이 알려지지 않은 것이 아니다. 그러므로 이제 그의 안에서 그의 백성들은 그들의 한가운데에서 그들과 세계 전체의 창조주이며 보존하는 자이며 통치자를 '구원자'로서 현실적으로 그리고 개인적으로 만나고 바라보며, 그와 교제하면서 살아가며, 그에게 의지하며, 그의 도움을 기대하도록 허락된다. 따라서 이제, 세례를 통하여 그를 위해 다시 태어나고 그에게 모여들고 성만찬에서 그를 통하여 그리고 그를 위하여 양분을 공급받으며, 그의 말씀을 통하여 몇 번이고 되풀이하여 부름 받고 보존되고 계몽되고 인도되는 이 백성들은 그의 안에서 사건이 된, 하나님의 선물과 들어줌을 눈앞에 바라보면서 살아간다. 따라서 이제 그의 백성들은 그들의 주님으로부터 더 얻어야 할 것이 전혀 없다. 주님 안에서 그들은 이미, 하나님이 그의 피조물들에게 주려고 생각하였고 실제로 제공한 모든 은혜들과 숨겨진 모든 영광을 소유하고 있다. 주님 안에서, 즉 하늘 안에서, 모든 하늘들 위에서, 하나님의 보좌에 인접한, 즉 하나님 자신에게 인접한 가까운 곳에서 그들은 그들의 고향과 시민권과 유산을 이미 발견하였다. 그로부터 출발하여 그들은 이미 뒤를 향해 그리고 아래를 향해 바라보고 있다: 지금 아직은 정돈되지 않은 모든 것들, 아직은 해결되지 않은 모든 것들, 아직은 해방되지 않은 모든 것들을 바라보고 있으며, 세상만사에서 지금 아직도 작용하고 있는 모든 교란과 방해와 혼란과 황폐화를 바라보고 있으며, 그가 지배받고 있는 바로 그 아버지의 통치와 결정을 우리에게 지금 아직도 은폐하기를 원하며 또 실제로 은폐하고 있는 모든 암흑을 바라보고 있다. 그들은 주님 안에서 그것들을 지금 이미 은폐 '없이' 바라보고 있다. 그들은 주님 안에서 지금 이미 이 통치의 '온전한' 자비와 지혜와 완벽함에 의하여 살아간다. 그들은 주님 안에서 지금 이미 하나님의 마음을 피부로 느낀다. 만일 신앙공동체가, 그들의 주님인 예수 그리스도를 알고 있으면서도, 이 "지금 이미"에 대해서는 '알지' 못한다면, 피조물로서 그들의 실존이 매우 무기력하고 불완전해도 역시—언제나 그들의 주님을 바라보면서, 언제나 믿음 안에서 그리고 믿음을 통하여, 그 주님에게 순종하면서—실제로 이 "지금 이미" 안에서, 즉 완전한 현재 안에서, 하나님의 선물과 들어줌을 완전히 받아들이면서 '살아' 있지 않다면, 그것은 진정한 그리스도교 신앙공동체가 아닐 것이다. 만일 신앙공동체가 그것에 대해 알지 못한다면, 그리고 그것 안에서 살아 있지 않다면, 만일 신앙공동체가 바로 그것을 증언해서는 안 된다면, 그 신앙공동체가 어떻게 그의 증인이, 즉 그에 의해 점화되어 어둠 속에서 빛나는 빛이 될 수 있으며, 또 어떻게 그의 증인으로, 그 빛으로 되겠는가? 모든 책임은 언제나 오직 그 신앙공동체에게 있을 수밖에 없다.—만일 신앙공동체가 다르게 행한다면, 만일 신앙공동체가 이미 이루어졌고 현존하는, 하나님의 충만한 선물과 들어줌에 대하여 세계에 할 말이 없거나 혹은 확신 없는 어떤 말을 할 수밖에 없다면, 만일 신앙공동체가 이 핵심내용(하나님의 선물과 들어줌—역자 주)을 혹시 스스로도 아주 올바르게 확신하지 않는다면, 그것은 정말로 겸손한 현실주의의, 혹은 현실주의적 겸손의 그 어떤 확언들에 의해서도 은폐되거나 정당화되어서는 안 될 것이다. 살아 있는 그리스도교 신앙공동체는 바로 이 핵심내용을 완전히 그리고 무조건적으로 확신한다. 그런 신앙공동체는 떠듬거리는 목소리가 아닌 큰 목소리로 이 핵심내용을 선포한다.

그리고 이제 우리가 여기에서 관심을 갖고 있는 것은, 예수 그리스도의 몸인 그리스도교 신앙공동체의 구성원, 즉 그의 백성의 구성원인 바로 '그리스도인'의 태도이다. 그러므로 이제, 예수 그리스도를 고려하면서 그리고 그와 관련하여 그리스도교 신앙공동체에 관하여 언급된 모든 것이 바로 그리스도인에게 개인적으로 적용된다. 그는 개인적으로 예수 그리스도의 이름으로 세례를 받았으며, 예수 그리스도에 의지하여 그리고 예수 그리스도와 함께 살아가기 위하여, 성만찬에서 그의 몸과 피를, 즉 예수 그리스도 자신을 받아들이도록 허락된다. 예수 그리스도의 말씀이 스스로에게 개인적으로 실현되도록 하기 위하여, 그는 개인적으로 그 말씀을 듣도록 허락된다. 그는 개인적으로, 세계 안에 있는 신앙공동체의 사명에 대해서도 책임을 지고 있다. 따라서 바로 그를 위하여 예수 그리스도는 주님'이며', 하늘과 땅의 창조주인 하나님의 이름이 '명백히' 알려졌으며, 그 하나님이 구세주로서, 즉 은혜로운 주님이며 목자이며 돕는 자로서, 온전한 희망으로서 '현재에' 활동하고 있다. 따라서 바로 그가, 하나님이 이 세계를 돌봐주었고 그것을 결정적으로 긍정하였고 그것과 동맹을 맺었고 그것에 의무감을 느끼고 연대하였고 그것이 그를 위하여 직무를 수행하게 하였다는 사실을 완전히 알면서, 이 세계에서 살아가도록, 이 세계에서 발생하는 사건에 참여하도록 허락된다. 그리스도인인 바로 그에게는, 즉 예수 그리스도가 지니고 있는 예언자와 제사장과 왕의 직무를 개인적으로 '잘 알고 있는 자'인 바로 그에게는, 예수의 신앙공동체에 소속됨으로써 그 직무에 '참여하는 자'인 바로 그에게는, 세상사는 명백하고 명료하게, 그것 자체에 내맡겨진 사건이 아니라, 선을 위하여 그리고 구원을 위하여 하나님에 의해 보존되고 동반되고 통치되는 사건이며, 호의와 자비 안에서 보존되고 동반되고 통치되는 사건이며, 영원한 영광으로 인도되는 사건이다. 신앙공동체의 주님으로서 또한 그의 주님이기도 한 이 주님 안에서 바로 그는, 역시 그를 위해서도 지금 이미 등장하였고, 지금 이미 그의 눈에 띄고 명료하게 된 하나의 커다란, 하나님의 선물 및 들어줌과 관계하고 있다. 그가 '그 주님'을 소유하도록 허락될 때에, 그가 무엇을 소유하지 '않'을 것이며, 무엇이 그에게 '결여'될 수 있겠는가? 그가 주님과 함께, 즉 주님과 사귀면서 살아가도록 허락될 때에, 그리스도인이면서 인간으로서 살아가는 그의 삶에서 무엇이 그를 교란시키고 방해하고 혼란시킬 수 있겠으며 혹은 심지어 파멸시킬 수 있겠는가? 그가, 그의 욕구들 중에서 어떤 것이 주님 안에서 '이미' 충족된 것은 아니라고 여기겠으며, 그의 고난들 가운데 어떤 것이 주님 안에서 이미 제거된 것은 아니라고 여기겠으며, 어떤 도움이 주님 안에서 이미 준비된 것은 아니라고 여기겠으며, 그가 언제나 필요한 어떤 위로가 주님 안에서 '이미' 말해진 것은 아니라고 여기겠으며, 그가 고대하는 어떤 지시(Weisung)가 주님 안에서 '이미' 제공된 것은 아니라고 여기겠는가? 주님 안에서 역시 그도 '이미' 저 위에, 즉 이미 목표에 도달한 것이며, 역시 그도 다음과 같이 뒤돌아보고 내려다볼 수 있으며 또 그렇게 하도록 허락된다: 모든 비참한 일들을 이미 진정된 비참한 일들로서, 모든 탄식들을 '이미' 정의롭게 처리된 탄식들로서, 모든 질문들을, 그것들이 아무리 그의 관심을 끌고 애태우고 흥분시킬지라도, '이미' 대답이 제공된 질문으로서 뒤돌아보고 내려다볼 수 있으며 또 그렇게 하도록 허락된다. 이것이 너무 많은 것을 주장하는 것이고 너무 고상하게 논하는 것이라고 말하지 말라! 그가 '아직' 그리스도인이 아니거나 더 이상 그리스도인이 '아닌' 경우에만, 즉 그가 은밀히 그리스도의 몸으로부터, 즉 그리스도의 선택되고 부름 받은 신앙공동체로부터 '떨어져 나가'거나 혹은 그리스도의 바로 이 신앙공동체가 그리고 그 경우에 물론 그리스도인 자신도, 그리스도로부터 출발하여 바라보고 이해하는 대신에, 예수 그리스도로부터 '떨어져 나가'는 경우에만, 언제나 오직 그 경우에만 여기에서 언급된 이 모든 공식화된 표현들이 정도가 지나친 것일 수 있으며, 너무 높게 평가하는 것일 수 있다. 만일 그가 참으로 이미 그리스도로부터 떨어져 나가고 있다면, 그는 그것을 적어도 정직성이라고 거짓으로 주장해서는 안 될 것이며, 그 자신의 허약함으로 인식해야만 한다. 그 자신이 그리스도인으로서 의무를 지니고 있는 그 정직성 안에서는, 그는 바로 이러한 분리들을 실행하지 않을 것이며, 그는 오히려 오직 다음과 같은 관점에서만 그 자신에 대하여 기이하게 여기고 깜짝 놀라게 될 것이다: 하나님의 선물과 들어줌이 그에게 얼마나 풍부하게 현존하며 가까이 있는지, 그가 그것들을 얼마나 기꺼이 사용하도록 허락되고 있는지, 그가 그것에 대해 얼마나 감사하는 마음으로 고백해야만 할 것인지를 그는 명백히 몇 번이고 되풀이하여 아직도 분명하게 인식하지 않았다.

그리고 이제 우리는 여기에서 간청의 의미를 이해하기를 원하는데, 그리스도인의 '간청'은 아주 단순하게 받는 것이며 맞아들이는 것이다: 예수 그리스도 안에 있는 이 하나의 커다란, 하나님의 선물과 들어줌이 인간에게 현존하며 가까이 있는 그곳에서 적합한 것이 바로 그 받는 것이며 맞아들이는 것이다. 이 선물과 들어줌에서 중요한 것은, 그의 피조물에 '대한' 하나님의 뜻만이 아니라 피조물과 '함께' 하는 하나님의 뜻이며, '인간'과 맺은 그의 계약이며, 그와는 '상이하며, 자주적인' 존재인 인간을 향한 그의 은혜이며, 하나의 죽은 대상이 아니라 '살아 있는' 대상인 인간과 관계하는 그의 사역이며, 인간이 '경청'하고 그것에 '응답'하도록 허락되는 그의 말씀이며 — 요컨대 '자유', 즉 인간 자신이 그것 안에서 살아가도록 허락되는 바로 그 '자유'이다. 이 자유 안에서 그리스도인은 하나님이 그를 위해 존재하며 행하는 것을, 즉 하나님이 그에게 제공하는 것을 받으며 맞아들인다. 이 자유 안에서 그리스도인은 간청한다. 만일 그가 받지 않으며 맞아들이지 않는다면, 하나님이 주는 저 큰 선물과 들어줌 모두가 그에게 무슨 의미가 있겠는가? 그것들은 그에게, 즉 '받으며 맞아들이는 자'에게 주기로 결정된 것이다. 그러나 어떻게 그가 '이것들'을, 즉 이 '하나님의' 선물과 들어줌을 '간청'하지 않고도 받으며 맞아들일 수 있겠는가? 피조물인 그는, 즉 인간은 간청하는 자로서가 아니고서는 절대로 이 핵심내용에 직면할 수 없다. 이 핵심내용과 인간의 관계에서, 손을 뻗쳐 붙잡고 자신의 것으로 만들고 사용하기 시작하고 그것을 사용하면서 즐거워하는 것은 다름 아니라 바로 끊임없이 '간청하는 것', 끊임없이 새롭게 '간청하는 것'일 수밖에 없다. 언제 이 핵심내용이 인간에게 그의 입장에서 낯설고 새롭고 도달할 수 없는 것이 아닐 수 있겠는가? 그가 그 핵심내용을 간청하는 바로 그 행동이 아니라면, 그는 도대체 그의 입장에서 무엇을 행할 수 있을 것이며, 그는 도대체 어떤 자발적 행동에서 그 핵심내용에 상응할 수 있게 될 것인가? 그가 그것을 간청함으로써, 그가 하나님에게 "저는 그것을 갖고 있지 않으나 하나님은 갖고 계시니, 하나님께서 갖고 계시지만 제가 갖고 있지 않은 그것을 저에게 주십시오."라고 말함으로써, 그는 하나님을 제공하는 존재로서 승인하고 찬양하며, 그는 그가 거기에서 받으며 맞아들이도록 허락된다는 그 하나님의 방식을 찬양한다. 그리고 그것을 간청함으로써, 그는 자기 자신을 하나님의 무기력하고 무가치한 동반자로서, 하나님의 선물을 받으며 맞아들이는 매우 부족한 자로서 인식하고 고백한다. 그것을 간청함으로써, 그는 하나님을 두려워하며 동시에 사랑한다. 그리고 다시, 그것을 간청함으로써, 그는, 이제 바로 '그'가 하나님 앞에 나서도록 허락되며 '혼자서' 나설 수 있는 것처럼 그렇게, 이 하나님 앞에 '나선다.' 그러나 바로, 그가 그렇게 행함으로써, 즉 이미 제공되어 있으며 존재하는 선물과 들어줌에 대하여 그것들에 적합한 관계 안으로, 그러므로 올바르고 성과 있는 관계 안으로 들어감으로써, 그가 그것들을 '받으며 맞아들이도록' 허락되는 일이 발생하며, 따라서 하나님이 구원자로서 그와 함께 자신의 '목표'에 도달하는 일이 발생한다. 그리스도인은 간청한다: 바로 그렇게 함으로써, 명예로운 왕이 들어올 수 있도록 성문들이 활짝 열리게 되며 세계의 문들이 열리게 된다.

이제 또한 이 그리스도인의 '간청 자체'를 이해하기 위해서는, 우리가 맨 먼저 하나님의 선물과 들어줌에 관하여 언급하였던 그 순서로 논의를 전개해 가는 것이 가장 좋을 것이다. 다름 아니라 바로 '예수 그리스도 자신'도 무엇보다도 먼저 그리고 본래 간청하는 인간이다. 복음서에 따르면 '그가' 그의 제자들에게 기도하는 법을 가르쳤다는 것, 즉 그가 그들보다 '앞서서 기도함'으로써, 즉 첫 번째로 기도한 사람으로서 그들과 '함께' 기도하였다는 것은 그리스도인이 드리는 기도의 의미와 특성에 대하여 결정적이고 실제적인 중요성을 지니고 있다. 그가 하나님의 아들로서 그 자신이 선물을 주는 '하나님', 간청을 들어주는 '하나님'이었듯이 그렇게, 그는 사람의 아들로서 또한 그 자신이 간청하는 '인간'이었다. 하나님이 예수 그리스도 안에서 '피조물'의 편을 들었고, 온전한 풍부함 안에 있는 그 자신이 피조물과 동맹을 맺었고, 피조물에게 스스로를 내어주었고, 스스로의 심중을 피조물에게 털어놓았듯이, 그렇게 예수 그리스도 안에서 역시 피조물도 그의 입장에서 '하나님'과 올바르고 성과 있는 관계 안으로 들어갔으며, 그렇게 예수 그리스도는 역시 첫 번째로 그리고 실제로 하나님의 선물을 받고 맞아들인 사람이기도하였다. 그 자신이 진군해 들어오는 명예로운 왕이었듯이, 그렇게 다른 한편으로는 그 자신이 성문들을 활짝 열고 세계의 문들을 열어젖혔던 바로 그 사람이었다. 그는 하나님이라는 이름의, 즉 구원자라는 이름의 '계시'이며, 그는 역시 다음과 같은 인간이기도 하다: 그는 그 이름을 '거룩하게 하며', 그 계시에 상응하게 하나님의 명예와 인간의 수치를 고백하며, 그리고 이 두 가지를 행함으로써, 스스로가 하나님에 의해 선택되고 은혜를 받고 축복을 받고 높여지고 영광스럽게 된 인간임을, 즉 모든 인간들을 위한 '바로 그' 인간임을, 인류 전체를 구출하고 구원하는 담당자임을 보여주고 증명한다. 왜냐하면 인간인 예수 그리스도가 정말로, 그가 우리에게 주기도의 첫 번째 간청에서 '이루어지기를' 간청하도록 분부하였던 바로 그것을 '행하였'기 때문에, 즉 그가 하나님의 계시된 이름을 거룩하게 하였기 때문에, 그는 하나님에 대하여, 하나님은 인간의 자비로운 구원자이므로 인간이 그에 대하여 취해'야만 하는'(muß) 것과 같은 그런 태도를 취하였다. 그는 하나님이 옳다고 시인하였으며, 바로 그렇게 함으로써 자기 스스로는 옳지 않은 것으로 여겼다. 그는 하나님의 '거룩함'을 고백하였으며, 바로 그렇게 함으로써 인간의 '죄과'와 '비참함'을 고백하였다. 그는 자유롭고 기꺼이 행하는 어린이 같은 완전한 순종 안에서 하나님에게 복종하였으며, 바로 그렇게 함으로써 인간이 저지른 죄악의 형벌을 감수하는 것을 그리고 그것 때문에 죽음에 넘겨지는 것을 받아들였다. 예수 그리스도는 간청하였다: 즉 그는 전혀 아무것도 소유하지 않고 있으며 전혀 아무것도 요구하지 않는 자로서, 모든 것을 다만 맞아들여야만 하는, 즉 하나님으로부터 맞아들여야만 하는 자로서 하나님 앞에 서 있다. 그는 하나님이, 그가 그것을 하나님으로부터 맞아들이게 할 수 있다고 믿는다. 그는 다만 하나님만이 그것을 할 수 있다고 믿으며, 하나님이 그것을 할 수 있다고 전적으로 믿으며, 하나님이 모든 것을 할 수 있다고 믿는다. 그렇게 그는 살아가며, 그렇게 그는 그의 생명을 잃고 바로 그렇게 그는 그의 생명을 구원하고 얻는다. 그가 다름 아니라 오직 간청하는 자이기 때문에, 그가 하나님의 거룩함과 인간의 죄과를 그 자신의 인격 안에서 아주 진지하게 취급하기 때문에, 그의 간청은 이미 받아들여졌고, 그의 삶은 하나님의 은혜에 의하여 통치되고 지탱되는 삶이며, 그의 부활에서 그것은 하나님에 의해 구원받고 영광스럽게 된 삶으로서 증명되며, 인간에게 쏟는 하나님의 사랑, 하나님이 인간을 위해 준비한 구원, 인간에게 주기로 결정되고 약속된 영광이 그의 인격 안에서 사건이 되어 현존하며, 인간은 하나님의 온전한 충만함 가운데 있다. 주목하라: 그가 '간청'하기 때문에, 그가 행동할 때나 쉴 때나 인간으로서 철두철미 오직 간청하는 자이기 때문에, 그는 그 모든 것이다. 물론, 그는 하나님의 아들로서 스스로가 철두철미 하나님의 선물이며 들어줌이기 때문에, 그리고 하나님의 선물이며 응답이면서, 그는 사람의 아들로서 철두철미 오직 간청하는 자이다. 그러므로 이 인간의 실존이 유일한 간청으로 됨으로써, 그 실존 안에서 갑자기 나타나 승리에 이르렀던 것은 다름 아니라 바로 하나님의 '고유한' 사랑이며 권세이다. 이 인간 안에서 바로 '하나님'이 승리하였다. 그러나 하나님이 승리하였던 것은, 이 인간이 간청하였으며 바로 그렇게 함으로써 받으며 맞아들였고, 찾았으며 바로 그렇게 함으로써 발견하였고, 두드렸으며 바로 그렇게 함으로써 그에게 문이 열리게 되는 것을 경험하는 일이 발생하였기 때문이다. 그러므로 하나님이 승리하였던 것은 다름 아니라 정말 그 간청 안에서, 즉 이 인간의 고유한 존재와 행동 안에서 이루어졌다. 그리고 그 일이 이 인간의 고유한 존재와 행동 안에서 이루어졌기 때문에, 하나님의 이름이 거룩하게 되었던 것은, 즉 하나님의 선물과 들어줌에 상응하는 것이 인간 쪽에서—즉 객관적으로만이 아니라 참으로 주관적으로도 사건으로 그리고 현실로 되었던 것은 역시 바로 이 '인간'을 통하여 이루어졌다. 그러므로 그가 순수한 간청이라는 좁은 문을 통하여 걸어감으로써, 진정으로 이 '인간'을 통해서 성문들이 활짝 열렸고 세계 안에 있는 문들이 열리게 되었다. 이 '인간'이 기도하였다. 이 '인간'이 하나님에게 말로는 표현할 수 없는 그의 선물을 간청하며 기도했다.

그리고 이제 다시 계속하기로 하자: 그는 그 일에서 고독하지 않다. 그는 그 자신을 위해서 그 일을 행하지 않았다. 그 자신으로서는 그는 하나님의 명예에 대하여 고백할 필요도 없었고, 인간의 죄과에 대하여 고백할 필요도 없었다. 그는 다른 사람들을 위하여, 즉 우선 그의 제자들을 위하여, 즉 그를 믿도록 허락되며, 그에 대한 이 믿음 안에서 그에게 복종하도록 허락된 모든 사람들을 위하여, 자신이 그 일을 행하였다. 왜냐하면 그 자신이 그들을 믿고 복종하도록 불러내었으며 또 그럴 수 있도록 권한을 부여하였으며, 그가 그들을 이렇게 불러내고 권한을 부여하여 세계 안으로 파송하기를 원했기 때문이다. 하나님이 이미 세계창조에서, 그의 아들 자신이 세계의 구원을 위해 인간이 되어야 한다는 바로 그것을 목표로 삼았듯이, 그의 아들이 인간으로 됨으로써, 하나님이 목표로 삼은 것은 바로 '세계'였다. 그러므로 사람의 아들이 드린 간청에서도, 위대한 간청하는 자로서 그리고 그의 간청에서 맞아들이고 있는 인간으로서 그의 실존 안에서도 목표는 '세계'였다. 그러나 바로, 세계가 목표이기 때문에, 그러므로 우선, 하나님의 아들이며 사람의 아들인 그와 함께 간청할 수 있으며 그렇게 하도록 허락되며 그렇게 하기를 원하는 그러한 다른 사람들이 목표이며, 그러므로 우선, 간청하도록 허락되고 간청하는 자들로서 맞아들이도록 허락된 사람들의 모임인 그의 '신앙공동체'가 목표이다. 왜냐하면 그의 신앙공동체는 이것이기 때문이다: 하나님이 이 한 사람 안에서 전체 세계를, 그리고 참으로 우선 바로 그들을 목표로 삼았다는 사실을, 그리고 그의 안에서 그리고 그와 함께 그들도, 즉 그의 말씀에 의해 모인 사람들도 '간청'하도록, 그러고 나서 또한 '받고' '맞아들이도록', 그리고 그렇게 세계에 대하여 그의 '증인들'이 되도록 선택되었다는 사실을 바라볼 수 있는 눈이 열린 사람들의 모임이기 때문이다. 그리스도교 신앙공동체는 다음의 사실을 인식하고 또한 알고 있다: 이 한 사람은 그 자신을 위해서 기도했던 것이 아니라, 진정으로 그들을 위해서, 즉 그들이 그의 증인들이기를 그리고 증인들임을 입증해 보여주기를 기도했다. 그것을 위하여 하나님의 아들이 사람의 아들로 되었으며, 그는 사람의 아들로서 순수한 간청이라는 좁은 문을 통하여 걸어갔으며, 바로 그렇게 함으로써 모든 다른 사람들 대신에 그리고 그들을 위하여 하나님의 선물과 들어줌을 받으며 맞아들이는 위대한 인간으로 되었다. 바로 이 받으며 맞아들이는 것에 이르러야만 한다. 그러나 바로 이 받으며 맞아들이는 것은 모든 인간들의 능력과 허락받은 것과 의욕을 능가한다. 그러므로 바로 이 받으며 맞아들이는 것은 인간들을 '위하여' 행하여져야만 했다. 그러므로 이 받아들임과 맞아들임이 발생한 사람의 아들이 지닌 실존 전체는 '간청'만이 아니라 오히려 간청으로서 '대리간청'(Fürbitte)이었다: 즉 스스로가 간청할 능력이 없으며 간청하도록 허락되지 않으며 간청하기를 원하지 않는, 따라서 또한 자발적으로는 받으며 맞아들일 수도 없는 그 사람들 대신에 행한 간청이었다. 그러나 참으로 이러한 그의 강력한 '대리간청'이 '발생하였다.' 이제 그와 함께 선택되고 그에 의해서 부름 받고 모인 신앙공동체는 그의 말씀의 성령을 통하여, 대리간청이 그의 안에서 실제로 발생하였다는 사실을 인식한다. 그리고 이제 바로 이러한 그의 신앙공동체는 '그'에게 향하도록, '그'의 친교와 공동체 안으로 들어가도록 부름 받았다. 이제 그가 신앙공동체의 중심에 있다. 이제 그는 신앙공동체를 향하여 서 있으며, 따라서 이제 신앙공동체는 그를 향하여 세워졌다. 그러므로 이제 신앙공동체는 다음의 사실을 통하여 본질적으로 규정된다: 신앙공동체는 그의 대리간청을 위대한 대제사장의 대리간청으로 인식하고 인정하고 승인하며, 그 대리간청의 토대 위에 세워져 있으며, 더 이상 어떤 다른 곳에 세워질 수 없다. 그러므로 신앙공동체는 다음의 사실을 받아들인다: 문들은 그들을 위해서도 열려 있으며, 인간이 지닌 저 거대한 무능력과 허락 받지 못하는 것과 원하지 않는 것이 그들에게는 무효로 되며, 할 수 있고 허락 받을 수 있고 원할 수 있는 자유, 즉 그들을 위하여 간청할 수 있는 자유가 조성되었고 존재한다. 이제 사람의 아들은 또한 신앙공동체에게 기도하는 법을, 즉 간청하는 법을 가르쳐준다. 이제 신앙공동체는 그로부터 기꺼이 배운다. 그리고 그가 신앙공동체와 함께 기도하듯이, 신앙공동체는 이제 그와 함께 기도한다. 만일 신앙공동체가 그의 가르침을, 즉 바른 기도에 대한 가르침을 받아들이고 명심하고 실행하는 일을 하지 않았다면, 만일 신앙공동체가 그들의 편에서 그와 함께 기도하지 않는다면, 신앙공동체가 어떻게 그의 대리간청을, 즉 그것에 의해서 그들이 살아가고 있는 그 대리간청을 받아들이겠으며, 어떻게 그 대리간청이 그 신앙공동체를 위해 행해지며, 또한 명백히 드러날 수 있을 것인가? 물론 신앙공동체는 다음의 사실을, 즉 그들은 그의 이 가르침이 — 한 번만이 아니라, 몇 번이고 되풀이하여 — 필요하다는 사실을, 그들은 그 없이는 아무것도 행할 수 없으며, 그가 그들과 함께 기도하지 않는다면, 그들은 결코 기도할 수 없다는 사실을 깨닫게 될 것이며, 그 깨달음 안에 머물 것이다. 그러므로 만일 그들이, 이제 그들도 간청한다는 점에서, 그의 안에서 그들이 선택된 것과 그를 통해서 그들이 부름 받은 것에 충실하도록 허락된다면, 그들은 그것을 결코 그들의 고유한 사역으로서, 결코 인간의 업적으로서 이해하지 않을 것이다. 그들은 언제나 오직 "그의 이름으로" 간청할 것이다. 그들은 그들의 간청을 언제나 그의 성령이 베푸는 선물과 사역으로서 이해할 것이며, 그 간청을 통하여 그를 찬양할 수밖에 없으며, 그들 자신을 명예롭게 하지 않을 것이다. 그러나 바로, 그들이 그에게 의지함으로써, 바로, 그들이 그의 이름으로 간청하기 때문에 그리고 그렇게 함으로써, 즉 그의 대리간청으로부터 모든 것을 기대하며, 그들 자신의 간청 자체로부터는 아무것도 기대하지 않기 때문에 그리고 그렇게 함으로써, 바로, 그들은 그들 자신의 간청에서 그의 성령이 베푸는 선물과 사역을 완전히 신뢰할 것이므로 그리고 그렇게 함으로써, 그들 자신이 — 하나님의 진정한 은혜를 진정으로 인식하는 것보다 더 강한 원동력은 존재하지 않는다.—빈둥거리지는 않을 것이다. 따라서 그들은 그들의 주님이 '홀로' 간청하게 내버려두지 않을 것이며, 그들 자신이 간청함으로써, 그 간청이 그의 간청에 비하여 아무리 불완전하고 왜곡되고 무기력한 것일지라도, 그의 말상대가 되어주고 그의 '곁'에서 돕게 될 것이며, 그가 그들보다 앞서서 기도했던 것처럼 그렇게, 그의 기도를 '따라서' 기도하게 될 것이다. 다름 아니라, 그것이 단순한 따라서 하는 기도이며, 다만 그의 간청에 연결된 것이며, 다만 그에게 전달되는 것이며, 다만 그의 진지함에 의하여, 다만 그의 능력에 의하여 살아 있는 것이며, 다만 그의 안에 현존하는 하나님의 선물과 들어줌에 관련되어 있기 때문에, 그리고 그 점에서, 그것은 그들의 가슴과 입에서 순수하고 참된 간청으로, 즉 이제 바로 그들에게, 곧 그의 안에서 함께 선택된 신앙공동체에 어울리는 그 진정한 간청으로 될 것이다. 그러나 그것이 아주 인간적인 불완전성과 왜곡과 무기력함 안에서 '발생'하면서도, 바로 그렇게 그것은 진정으로 진지함과 능력을 소유하게 될 것이며, 바로 그렇게 그것은 '들어주게 된' 간청으로 될 것이다. 즉 바로 그렇게 그것은 그의 안에 현존하는 하나님의 실제 충만함을 진정으로 받으며 맞아들이는 것이 될 것이다. 바로 그렇게 신앙공동체는 그에게, 즉 '주님'인 그의 삶에 참여하게 될 것이며, 진정으로 '그의' 신앙공동체가 될 것이다. 바로 그 경우에 신앙공동체는 그들에게 긴급히 필요한 한 가지를 다음과 같이 간청하게 될 것이다: 즉 그들이 진정으로 그의 신앙공동체이기를, 헛되이 그에 의해 세워지고 보존되고 통치되지 않기를, 헛되이 세계로부터 구분되고 세계 안으로 파송되지 않기를 간청하게 될 것이다. 그 경우에 신앙공동체는 그의 '사랑'을 간청하게, 즉 그들이 그 사랑을 통하여 전혀 다른 방식으로 그들 사이에 하나가 되기를 간청하게 될 것이며, 그의 '말씀'을 간청하게, 즉 그들이 그것을 전혀 다른 방식으로 경청하고 인식하기를 간청하게 될 것이며, 그의 '증언'을 간청하게, 즉 그 증언이 그들의 삶과 그들의 입술에서도 전혀 다른 방식으로 강력하게 되기를 간청하게 될 것이다. 그러므로 그 경우에 신앙공동체는, 그의 신앙공동체로서, 즉 그에 의하여 점화된 세계의 빛으로서 필요한 바로 그것을 간청하게 될 것이다. 신앙공동체는 확실히, 마치 그들의 실존이 목적 자체이기나 한 듯이, 그들의 실존 자체를 위해 간청하지는 않을 것이다! 그러나 그를 위해 '헌신'하는 그들의 실존을 위하여, 그의 '명령'을 수행하기 위한 그들의 실존을 위하여, 그가 그들을 위하여 그리고 그들과 함께 살아간 그의 실존을 통하여 그처럼 자비롭고 강력함이 증명되고 난 후에, 그와 함께 그리고 그를 위하여 살아가는 그들의 실존을 위하여 간청할 것이다. 신앙공동체는, 그와 함께 그들의 실존을 위하여 간청하는 이 좁은 문을 통하여 걸어가지 않고는, 실존할 수 없다. 역시 신앙공동체도 철두철미 오직 간청함으로써만, 즉 그가 그들을 위하여 기도했던 것을 고려하면서, 이제 또한 그들 편에서 간청함으로써만 살아 있다. 역시 신앙공동체도 오직, 하나님의 명예와 인간의 죄를 인식하면서 그들의 생명을 위험에 내맡기고 그것을 상실함으로써만, 생명을 유지하고 획득하고 구원할 수 있다. 만일 신앙공동체가 그들의 생명을 다른 방식으로 유지할 수 있다면, 그것은 그리스도교 신앙공동체가 아닐 것이다. 만일 그것이 간청하는 교회가 아니라면, 즉 언제나 다시 그들 자신의 실존 자체를 위하여 간청하는 교회라면, 거기에는 결코 교회가 존재하지 않는다. 그러나 바로 중요한 것은, 그들의 주님을 위하여 헌신하는 교회의 실존이다. 그러므로 역시 그들의 간청도 가장 깊은 이유에서 대리간청이다. 그들은, 그들 자신의 실존을 위해 간청하면서, 세계를 위하여, 즉 그것으로부터 그들이 구분되었으나 그래도 그것 안으로 파송된 바로 그 세계를 위하여 간청한다. 그들은 다음의 사실을 알고 있다: 그들 자신이 그것을 간청하고 있으며 또한 간청하면서 받아들이며 맞아들이는 바로 그 하나님의 선물과 들어줌을 통해서만 세계 전체가 도움을 받을 수 있지만, 세계는 바로 그것들을 통해서 실제로 이미 도움을 받았다. 그들은, 세계가 아직도 이 사실을 알지 못하고 있다는 것을 인식하고 있으며, 세계가 이 사실을 알지 못하기 때문에 얼마나 고통을 겪고 있는지를 인식하고 있다. 그 밖에도 그들은, 바로 그들 자신이 세계를 향하여 그것이 아직 알지 못하고 있는 것을 말해야만 한다는 사실을 인식하고 있다. 그리고 이제 그들은, 그들 자신이 간청함으로써, 세계가 아직 행하지 않고 있는 바로 그것을 행한다. 그들은 세계를 위하여 그리고 세계를 대신하여 그렇게 한다. 만일 그들이 그들 자신이 소유하고 있는 능력과 허락과 의욕에 의존하고 있으며, 그들 자신이 그들의 주님이 행한 대리간청에 의하여, 즉 그들이 그들 자신의 간청으로 그것을 반복하여 말하는 것에 지나지 않는 바로 그 대리간청에 의하여 지탱되지 않는다면, 어떻게 그들이 주제님게도 그렇게 할 수 있겠는가? 이제 바로 그렇게 반복하여 말하면서 그들은 실제로 '그의 곁으로' 다가간다. 무엇보다도, 그들이 그에게 제공된 하나님의 '선물'과 '들어줌'에, 즉 그의 안에 머물러 있는 풍부한 신성에 그들 편에서 참여한다는 의미에서 그렇다. 왜냐하면 하나님이, 즉 그가 선택한 자의 간청이 입으로 말해졌으므로 그 간청을 들어주었던—그가 십자가에 달려 죽기까지 하나님에게 순종하면서 자신을 낮추었으므로, 그를 높였던—바로 그 하나님이 또한 그와 함께 선택된 사람들의, 즉 그의 형제들의, 그의 신앙공동체의 간청도 들어주기 때문이다: 즉 그 간청도 입으로 말해지므로, 그 간청이 그의 이름으로, 그를 고려하여 그리고 그만을 신뢰하면서, 그들의 머리인 그에 의해서 그리고 그와 함께 살아가는 사람들인 그의 몸의 구성원들에 의하여 하나님 앞에 바쳐지므로, 그 간청도 들어주기 때문이다. 교회가 예수의 이름으로 간청함으로써—교회가 약간만이라도 바로 그렇게 할 경우에는!—그것은 진정한 교회로서 실존한다. 왜냐하면 교회는, 바로 그렇게 함으로써, 그것의 실존 자체를 위하여 필요한 것을 맞아들이기 때문이다. 그러나 진정한 교회로서 그것의 실존이 지닌 본질은 바로, 우주 안에서 그에 의하여 점화되고 역시 몇 번이고 되풀이하여 그로부터 출발하여 불타며 빛나는 빛으로 존재하는 것에 있다. 그러므로 교회는, 그의 이름으로 간청함으로써, 또한 다음과 같은 의미에서 그를 '돕는다': 교회는, 그에게 제공된 충만한 은혜에 참여함으로써, 또한 그를 위한 '헌신'에도 적극적으로 참여한다. '증인'으로서 헌신하는 것을 넘어서는 것 혹은 그것 외에 다른 어떤 것은 교회의 주요관심사가 될 수 없다. 교회는 주님을 대신할 수 없다. 교회는 그의 자리에 설 수 없다. 신앙공동체의 실존은 말씀의 성육신을 연장(延長)하는 것이 아니다. 그러나 교회는 그의 증인일 수 있으며, 실제로 그러하다. 교회는 그의 이름으로 간청함으로써, 진정한 신앙공동체, 즉 세계 앞에서 그에 대하여 그리고 동시에 하나님 자신에 대하여 신앙을 고백하는 신앙공동체이다. 그 경우에 교회는 바로, 그의 이름으로 간청하는 일을 행함으로써, 그를 증언하고 그에 대하여 신앙을 고백한다: 교회가 바로 간청하면서 모든 것을, 즉 교회가 헌신할 수 있는 능력을 부여하며 실제로 활동하게 하는 모든 것—성령, 그를 통하여 사랑 안에서 일치됨, 인식의 빛, 순종하기 위한 능력—을 얻기 때문만이 아니라, 바로 간청하는 신앙공동체는 세계에 대하여 예수 그리스도에 대한 가장 강한 증언이며 그에 대한 가장 강한 기억이며 그의 재림에 대한 가장 강한 암시라는 단순한 의미에서도 그렇게 간청한다. 간청하는 신앙공동체는 부유하지 않고 가난하며, 자부심이 있지 않고 겸허하며, 의기양양하지 않고 매우 깊은 겸손함 안에서, 그러나 단호하고 기쁨에 넘치는 기대 안에서 그의 주변에 모여들었으며, 그를 그리고 그의 안에서 하나님을 우러러보고 있으며, 모든 것을 '하나님'으로부터, 그러나 하나님으로부터 '모든 것'을 기대한다. 이 신앙공동체는 그들의 실존 자체를 통하여 그에 대하여 말한다. 그리고 오직, 그들이 이러한 그들의 실존 안에서 그에 대하여 말하는 경우에만, 그리고 그렇게 함으로써만, 그들은 또한 그 밖의 것도 행할 수 있으며, 또한 행하게 될 것이다. 바로 이 간청하는 신앙공동체로서—엄밀히 말하자면 아마 실제로 오직 그러한 신앙공동체로서만—그들은 우주 안에 실재하는 "새로운 것"으로서 눈에 띈다: 설령 그렇다고 하더라도, 오직 예수 그리스도 안에 있는 그것의 근원으로부터만 그리고 그와 관련해서만 이해될 수 있는 어떤 것으로서 눈에 띈다. 그리고 바로, 우리는 이 문제를 여기에서 출발하여 바라보기 때문에, 우리는 아직 세 번째 의미에서, 그들은 그들의 간청을 통하여 그들의 주님 '곁으로' 다가간다고 말할 수 있다. 그 경우에 그들은 그의 간청을 반복하여 말하면서, 즉 그와 함께 간청하면서, 또한 그와 함께 '하나님 앞에' 서 있다. 그 경우에 그들은 그가 지닌 예언자의 직무와 사역만이 아니라, 그가 지닌 대제사장의 직무와 사역에도 참여한다. 반면에, 세계를 위해 간청하며 중재하는 그의 일을 그들이 계속하고 보충하거나, 심지어 완성하게 될 것은 아니다. 그에게는 그런 것이 필요하지 않다. 그의 행동은 그 자체가 완벽하며 충분한 것이다. 그러나 반면에, 그들은 그의 간청을 하나님 앞에서도 증언하도록 허락되며, 우주 한복판에서 하나님에게 다음의 사실에 대한 확증이 되도록 허락된다: 그의 이름이 이미 거룩하게 되고, 그의 나라가 이미 왔고, 그의 뜻이 이미 땅 위에서도 이루어지고 있으며, 우주 전체가 이미 움직이기 시작했으며, 그 운동의 마지막 목표는 그 우주의 창조와 존속이 지니는 의미를, 그리고 그것 안에서 발생하는 모든 사건의 의미를 형성한다. 간청하는 신앙공동체는 그렇게 '그들의 주님과 함께' 창조세계 전체를 위하여 하나님 앞에 서 있다. 신앙공동체 안에는 하나님의 모든 선물과 들어줌이 풍부하게 이미 현존할 뿐만 아니라, 그것 안에서는 또한 바로 그 일이, 즉 바로 이 간청이 아직도 무시되거나 거부되는, 혹은 어쨌든 여전히 말해지지 않은 상태로 있는 그 밖의 세계에서는 아직 이루어지지 않고 있는 바로 그 일이, 그들이 간청함으로써 이루어진다. 신앙공동체의 간청은 말하자면 피조물 전체의 간청을 선취하는 것이다. 그것은 피조물들의 단순한 탄식에 소리와 표현을 제공하는 것이다. 아마 이렇게 말할 수 있을 것이다: 설령 세계 전체에, 세계 자체가 알아차리지 않게, 하나님의 자비로운 인내에서 비롯된 일시적인 은혜로운 행위로서 일시적인 하나님의 선물과 들어줌과 관련된 어떤 것이 현존한다면, 그것은 예수 그리스도의 간청을 반복하여 말하는, 그의 신앙공동체의 간청에 대한 응답이다. 신앙공동체가 간청함으로써, 완전히 하나님을 인정하지 않는 세계는 그래도 하나님 없이 존재할 뿐만 아니라, 하나님은 세계 안에서 그의 동반자를 발견하고, 또한 동반자를 지니며, 그와 이 세계 사이의 역사는 계속하여―심판의 역사로서만이 아니라 또한 구원의 역사이며 은혜의 역사로서 계속하여―그것의 마지막 목표를 향하여 나아간다.

그리고 이제 모든 개별적인 '그리스도인' 자신이 이 간청하는 신앙공동체의 구성원이다. 이제 신앙공동체가 간청하는 범위와 맥락 안에서 그도 간청하도록 부름 받았고 능력을 부여받았다. 그러므로 그의 간청은 본질적으로 그리고 필수적으로 이 '맥락'에 속한다: 즉 그것은 예수 그리스도 자신의 간청과 관련되어 있으며, 따라서 그의 신앙공동체가 드리는 간청과 관련되어 있다. 설령 참으로 그가 간청한다고 해도, 그가 어쨌든 반복하여 기도하는 것은 다름 아니라 바로 예수 그리스도의 기도, 즉 '주'기도이다. 그리고 바로 그의 개인적이고 개별적인 간청으로서 그것은 이 주기도의 명백한 지시에 따르면 "우리들의 기도"이다. 이 "우리들"은 신앙공동체의 구성원들이며, 그들 배후에는 함께 기도하지는 않지만 함께 탄식하는 모든 다른 인간들과 피조물들이 있다. 물론 간청하는 주님의 공동체와 제자직에서는 그리고 이 간청하는 "우리들"의 모임과 그룹 안에서는 개별적인 그리스도인들 각자의 개인적이며 개별적인 간청이 매우 중요하다. 지금 모든 것은 '그'에게 달려 있다. 지금 바로 '그'가, 즉 '그의' 특수한 죄와 곤궁을 지니고 있으나 또한 예수 그리스도의 간청에 대해 그가 '특수한' 관련을 맺고 있는 바로 '그'가 신앙공동체에 대하여 책임을 지고 있다. 지금 다음의 사실에 모든 것이 달려 있다: 바로 '그'가 그의 방식으로 가난한 자로서, 겸허한 자로서, 그리고 매우 겸손한 자로서 하나님에게 부르짖으며, 그리고 동시에, 바로 '그'를 위한 그리고 동시에 신앙공동체 전체를 위한 하나님의 선물과 들어줌으로써 이미 준비되어 있는 것을 맞아들인다. 지금 그는 바로 '자기 자신을 위하여' 다음의 것을 간청하도록 허락되며 또한 마땅히 간청해야만 한다: 그를 통하여, 즉 그의 올바른 기도를 통하여, 즉 그것 자체가

4. 하나님 아버지의 세계통치 아래에 있는 그리스도인 379

몇 번이고 되풀이하여 간청되기를 원하는 그 기도를 통하여 하나님의 이름이 거룩하게 되기를—하나님의 나라가, 즉 하나님의 통치가 그의 삶 안에서 건설되기를—하나님의 뜻이 그의 삶에서 이루어지기를, 즉 하나님의 뜻이 그의 자유로운 생각들과 말들과 행위들에서 이루어지기를—그가 피조물로서 그리고 인간으로서 지속적으로 현존하기 위하여 필요한 일용할 양식을 주기를—바로 그를 하나님으로부터 분리시키는 특수한 죄를 용서하기를—그의 특수한 유혹으로부터 지켜주기를—이 모든 것을, 즉 바로 '그'가 소유하고 있지 않은 이 모든 것, 바로 '그'가 스스로 얻을 수 없으며 오직 하나님으로부터만 받아들일 수 있는 이 모든 것을 간청하도록 허락되며, 또한 마땅히 간청해야만 한다. 그는 이 모든 것을 '그 자신'을 위하여 간청하도록 허락되며 또한 간청해야만 마땅하다. 그렇지 않다면 어떻게 그가 진정으로 그것들을 간청하겠는가? 그러나 그는 그것들을 저 순서에 따라서 간청한다. 만일 그가 저 순서를 파괴하면서 간청한다면, 그는 거듭 정말 그것을 간청하는 것이 아닐 것이다. 그는 신앙공동체 전체와 함께 '예수의 이름으로' 간청한다: 즉 그의 대리간청을 토대로, 그리고 예수에게 연결되고 그의 곁으로 다가가면서, 간청한다. 그러므로 그는, 그 자신을 위해 기도하면서, 그보다 앞서서 기도하는 첫 번째의 그리고 본래의 주체를 고려하지 않거나 부인하거나 배제하지 않을 수 있으며, 그는, 그 자신을 위해서 기도하면서도, 예수만을 뒤따르고 그만을 섬기기를 원할 수 있다. 그는—그 자신을 위해 간청하면서 언제나—간청한 이 첫 번째의 그리고 본래의 주체에게, 즉 간청이 발생하면서 이미 들어주는 응답을 받은 바로 그 진정한 간청의 주체에게 항상 우선권을 양보할 것이다. 그리스도인은 바로 그 자신의 간청들을, 그의 지극히 개인적이고 개별적인 간청들을 그의 '주님'을 따라서 기도함으로써, 그것들이 그의 입에서도 거룩한 간청들로 되며, 그 자신의 간청들도 들어주는 간청들로, 즉 그것들이 하나님에게 바쳐짐으로써 하나님의 충만함을 붙잡게 되며 또한 받아들이게 되는 그러한 간청들로 된다. 그리고 바로 그리스도인이 그렇게 기도함으로써, 그의 간청들은—그것들이, 바로 그가 그 자신을 위해 필요한 것과 더욱더 직접적으로 관련되면 될수록, 더욱더!—사적인 간청들로 되기를 중지한다. 바로, 그것들이 "골방" 안에서 기도로 드려짐으로써, 그것들은 오히려 '신앙공동체'의 간청들로 된다. 그러나 그것이 의미하는 것은 이것이다: 그리스도인은 그의 지극히 개인적인 관심사들이라는 바로 그 구체적인 형태로 신앙공동체의 관심사와 문제(Sache)를 하나님 앞으로 가져가게 되며, 거기에서—즉 신앙공동체의 구성원으로서 그의 삶 안에서—하나님이 도와주기를, 의로운 자를 바라보고 구원하기를, 하나님 자신이 영광스럽게 증명되기를 간청한다. 모든 면에서 전적으로 '개인적으로', 즉 영적으로 그리고 육체적으로, 그리고 그의 가까운 그리고 먼 환경의 존재와 형편과 형태를 포함하여 그리고 그 환경에 대한 그의 관계를 포함하여, 그리스도인이 필요한 바로 그것, 합법적으로 기원하도록 허락되고 또한 기원하여야 마땅한 바로 그것은 이것이다: 그의 구체적인 상황에서 한 부분을 차지하고 있는 그가, 그리고 그와 함께 그의 환경이, 예수 그리스도가 그의 제자들에게 지정해 주었던 그 '직무'를, 즉 그것 안에서 제자들이 그들의 삶과 그들의 구원과 그들의 명예를 지니도록 허락되었던 바로 그 '직무'를 행할 능력을 얻게 되고 그것을 위하여 쓸모 있게 되고 그것을 기꺼이 행하게 되기를, 그리고 실제로 그러하기를 기원한다. 그러므로 그리스도인은 그 어떤 특수한 형태 안에서 ─ 그 형태는 전혀 눈에 띄지 않을 수 있고, 매우 피상적일 수 있고, 매우 세속적일 수 있다! ─ 다음과 같이 간청하게 될 것이다: 즉 그가 차지하고 있는 부분에서 그를 둘러싸고 있는 사람들과 함께, 그 직무를 몇 번이고 되풀이하여 가치 있는 것으로 간주하게 되고 그것을 행할 능력을 지니게 되기를, 이 직무에서 깨어 있게 되기를 간청하게 될 것이다. 매우 정당하게 그는 이것이 '필요'하며, 이것을 '기원'하며, 예수의 이름으로 그것을 간청함으로써, 또한 바로 이것을 '맞아들인다.' 이 관점에서부터 출발하여 우리는 다음의 사실을 인식한다: 개별적인 그리스도인의 간청도, 그것이 '주님'의 기도의, 즉 '우리'의 기도('Wir'gebet)의 순서에 따라 행해짐으로써, '중보기도'를 자유롭게 선택할 수 있는 부록으로서 지닐 수 있을 뿐만 아니라, 본질적으로 그리고 필수적으로 포함하고 있다. 만일 그가 예수의 이름으로 기도한다면, 즉 그가 예수를 따라서 기도한다면, 그는 예수 자신처럼 '신앙공동체'를 위하여 기도한다. 만일 그가 예수의 이름으로 기도한다면, 그는 결코, 그가 신앙공동체의 구성원으로서 '신앙공동체를 위하여', 신앙공동체가 그것의 직무를 위해 무장하고 정돈하도록 하기 위하여, 그 직무를 성실하고 즐겁게 수행하도록 하기 위하여, 신앙공동체가 존속하고 일하게 하는 능력인 성령을 간청할 때보다, 더 간절하게 바로 '자기 자신을 위하여' 기도할 수 없다. 물론 그는 또한, 그가 전적으로 단순히 '자기 자신을 위하여' 간청할 때보다, 더 간절하게 '신앙공동체'를 위하여 간청할 수 없다. 그리고 신앙공동체는 그것의 '구성원들' 안에서 살아 있으므로, 이 구성원 각 개인의 간청 자체는 불가피하게 또한 '다른 사람들'을 위한 간청이기도 하다. 그러므로 개별적인 그리스도인 각자의 특수한 간청도 신앙공동체의 간청 범위와 맥락 안에서 행해지는 것이며, 신앙공동체의 간청에서는 모든 사람들이 '모든 사람들'을 위하여 간청하며, 각자는 '각자'를 위하여 간청한다. 왜냐하면 신앙공동체의 직무에서 각 사람은, 동일한 직무에서 각각의 '다른 사람'도 쓰이고 있다는 사실을 알고 있으며, 물론 어떤 다른 사람이라도 하나님의 선물과 들어줌이 없다면 그의 특수한 직무를 수행할 수 없다는 사실을 알고 있기 때문이다. 그러므로 신앙공동체의 직무에서 각자에게 중요한 문제의 핵심은, 각각의 다른 사람도 하나님 자신을 통하여 하나님의 선물과 들어줌에 참여한다는 사실에 있어야만 한다. 그리고 각 사람이 각각의 다른 사람에게 개인적으로 기원할 수 있는 참으로 유일하게 좋은 것은 바로 이것이다: 그에게도 하나님의 선물과 들어줌에 참여하는 것이 거절되지 않고, 오히려 하나님으로부터 전달되기를 기원하는 것, 그것을 토대로 그도 신앙공동체의 직무에서 그의 직분을 다하기를 기원하는 것이다. 바로 그것은 신앙공동체의 각 구성원의 경우에 오직 하나님만이 대답할 수 있는 문제이므로, 그 신앙공동체 안에서 아무도, 그가 그의 시야와 이해의 범위 안에서 역시 다른 사람들을 위해서도 그리고 사실은 모든 다른 사람들을 위하여 기도하지 않고는, 자기 자신을 위하여 기도할 수 없으며, 따라서 신앙공동체를 위하여 기도할 수 없다. 그리고 만일 그가 정말로 다른 사람들을 위해서도 기도한다면, 그는 사실상 저절로 역시 밖에 있는 사람들을 위해서도, 즉 그들 자신이 아직은 혹은 더 이상 기도할 수 없으며 탄식할 수밖에 없는 사람들을 위해서도 기도하게 될 것이다. 그 경우에 그는 사실상 모든 사람들을 위하여, 피조물 전체를 위하여 기도하게 될 것이다.

그것이 바로 그리스도인의 기도이다. 그것은 이 '순서'에 따라 행하는 인간의 간청이다: 그 간청은 '예수 그리스도'의 이름과 직무 안에서, 그의 간청에 뒤이어, 그의 '신앙공동체'가 행하는 간청의 맥락 안에서 행해지는 개별적인 '그리스도인'의 간청으로서, 그 간청 자체는 동일한 예수 그리스도 안에서 그의 신앙공동체와 각 개별적인 그리스도인에게 이미 제공된 하나님의 '선물', 즉 그를 위해 이미 존재하는 '들어줌'에 근거를 두고 있고 관련되어 있다. 바로 이 기도는 인간의 그러한 간청으로서 아주 풍부한 그 선물과 들어줌을 받으며 맞아들이는 것이다. 그리스도인의 기도를 이해하기 위하여 필수불가결한 세 가지 요소들은 다음과 같다: (1) 그것은 일차적으로 그리고 근본적으로 일종의 '간청'이다. (2) 그것은 본래 하나님의 '들어줌'과 관련되어 있다. (3) 그것은 이 '순서'에 따라서 행해진다. 우리는 후에, 우리의 맥락에서 바로 기도에 그것의 특수한 중요성을 부여하는 마지막 요소에 관하여 언급할 것이다. 우선 우리는 간략하게 그리스도인다운 태도의 두 가지 다른 기본 형태들과 기도 사이의 '관계들'에 관하여 숙고하기로 한다.

우선, 그리스도인의 기도는 그리스도교 '신앙'에서 비롯된 기도일 수밖에 없다는 것이 분명하다. 그것은 '하나님'을 마주보고 있는 인간의 간청이다: 바로 이 간청에서 인간은 마주보고 있는 하나님에게 도움을 청하며, 마주보고 있는 하나님에게서 그의 갈망이 성취되기를 기대한다. 허공을 향한 갈망하는 탄식과 울부짖음은, 즉 소위 초월성의, 즉 그것 안에서 인간은 결국 역시 다만, 넘어가도록 허락되지 않고 그렇게 할 능력도 없고 그렇게 하기를 원하지도 않을 그 자신의 한계를 향하여 달려갈 뿐인 바로 그 초월성의 암흑 속으로 향한 갈망하는 탄식과 울부짖음은 지금 논의되었던 그 간청은 아닐 것이다. 하나님은 이 탄식도 귀를 기울이며, 그는 틀림없이 단지 탄식하기만 하는 피조물을 위해서도 들어줌과 선물을 갖고 등장한다는 사실은 별개의 문제이다. 그러나 그리스도인의 기도에서 간청하는 것은 이 탄식하는 것을 넘어서는 것이며, 그것과는 다른 것이다. 그리스도교 신앙에서 비롯된 기도인 그리스도인의 기도에서는 인간은, 간청하면서 하나님에게, 즉 스스로를 인간 자신에게 마주보는 대상으로 세웠으며 제공하였던 바로 그 하나님에게 도움을 청한다는 점에서, 그 자신의 한계를 '넘어선다.' 바로 그렇기 때문에 우리는 그 기도를 단호하게, 하나님의 충만함으로부터 받으며 맞아들이는 것으로 서술해야만 했으며, 우리는 먼저 하나님의 선물과 들어줌에 관하여 말해야만 했으며, 그 후에야 비로소 간청으로서 기도의 특성에 관하여 말해야만 했다. 그리스도인의 기도는 '예수 그리스도'에게 참여하는 것, 즉 근본적으로 '은혜'에, 즉 하나님의 아들인 그의 안에서 우리를 위해 나타났으며 활동 중인 그 은혜에 참여하는 것이며, 그 경우에 비로소 그리고 그 점에서 사람의 아들이 행하는 간청에 참여하는 것이다. 그리스도인의 기도는 예수 그리스도의 '신앙공동체' 안에서 그리고 그 '신앙공동체'와 함께 살아가는 것, 즉 무엇보다도 먼저 그리고 근본적으로, 예수 그리스도가 그의 말씀과 세례와 성만찬 안에서 신앙공동체에 전달하였고 지금도 전달하기를 중단하지 않는 그 '성령'과 '희망'의 충만함으로부터 그리고 그 충만함 안에서 살아가는 것이며, 그런 후에 비로소 그리고 그 점에서, 신앙공동체에 위임된 직무에 협력하는 것이다. 그리스도인의 기도는 그리스도의 몸인 그의 신앙공동체를 형성하는 구성원인 '그리스도인'의 실존을 증명하는 것이다: 즉 무엇보다도 먼저 그리고 근본적으로, 이러한 그의 실존에 대하여 그에게 자유롭게 '선물로 제공된' 증명이며, 하나님의 유일한 아들을 통하여 하나님의 자녀인 그에게 제공된 최고의 '자유'이며, 그런 후에 비로소 그리고 그 점에서, 그가 바로 이 자유 안에서 지니고 있는 그 의무를 수행하는 것이다. 그리스도인은 기도함으로써, 그 자신이 '자비로운' 하나님과 관계를 맺게 되며 또 그 하나님과 관계한다. 기도하도록 허락되기 위해서는, 그는 '하나님'에 의해서 기도하는 자가 되도록 일깨워지고 부름 받았어야만 하며, 하나님을 '믿을' 자유인 '자녀'의 자유를 받으며 맞아들였어야만 하며, 즉 하나님 자신이 그를 자신의 아들과 공동체를 이루도록 옮겨 놓았어야만 하며, 그 아들의 신앙공동체로 모으고 그 신앙공동체의 활발한 구성원으로 만들었어야만 한다. 이 자유 안에서 기도하며, 그 경우에 그는 간청하며, 우리가 서술하였던 것처럼, 하나님의 완전한 현존 안에서, 그러므로 또한, 그가 간청함으로써 받아들여질 것이라는 확고한 확신 안에서, 그는 그렇게 하도록 허락되며 또 그렇게 할 수 있다. 그것을 위해서는 커다란 믿음이 필요한 것이 아니라, 다만 '진정한' 믿음이 필요할 뿐이다. 믿음이 없으면 결코 그리스도인일 수 없듯이, 물론 믿음이 없이는 그리스도인도 기도할 수 없다.

다른 한편으로 그리스도인의 기도는 아주 똑같이 자명하게 그리스도인의 '순종'과 관계되어 있다. 우리는 지금, 그리스도인이 하나님에게 간청한다는 바로 그것은 믿음 안에서 실행되는 순종의 기본행위라는 사실을 되풀이하지 않고, 단순히, 그가 간청하는 것이 그것의 위치를 차지하고 있는 저 '순서'를 염두에 두고, 다음의 사실을 확인한다: 그는, 그 순서에 '복종'하면서, 간청한다. 따라서 그가 간청하는 것은 그의 욕구나 열망에서 비롯된 임의의 행위가 아니다. 그는, 믿음 안에서 그에게 현존하는, 하나님의 선물과 들어줌에 관련—그렇지 않고서야 어떻게 그가 간청하는 것이 즐거울 수 있으며 확신에 차 있을 수 있겠는가?—되어 있다. 따라서 그는 간청함으로써 법칙을, 즉 그 것 안에서 이 충만함이 그에게도 듬뿍 안겨진 그 법칙을 따른다. 따라서 그는—어떻게 그가 또한 거기에까지 이르겠는가?—그 자신의 이름으로 간청하지 않으며, 그의 간청이 지닌 능력이나 의미를 신뢰하면서 간청하지 않으며, '예수의 이름으로' 그리고 그의 간청과 관련하여 간청한다. 따라서 바로, 그가 온전히 개인적으로 스스로를 위하여 기도하면서, 그는 사적인 기도를 하는 것이 아니라, 그의 장소에서 그리고 그의 방식으로, 그가 '신앙공동체'에 참여하면서, 신앙공동체의 기도를, 즉 모든 그리스도인들이 하는 공동의 기도를 한다. 따라서 그는, 스스로를 위하여 기도하면서, 신앙공동체의 직무와 사역을 위해 기도하기 때문에, 모든 다른 그리스도인들과 '함께' 그리고 모든 '다른' 그리스도인들을 '위하여' 기도하며, 바로 그와 동시에 그 경우에 역시 '모든' 다른 인간들을 위해서도 기도한다. 그렇게 그는 순종 안에서 기도한다. 모든 다른 방식의 기도로는 그는 믿음으로부터 벗어나게 될 것이며, 하나님과 진정으로 관련되지는 않을 것이며, 따라서 또한 들어줄 것이라는 확신 안에서 기도할 수 없을 것이며, 그가 기도하는 것은 닫힌 문들과 창문들 때문에 역시 다시 단순히 탄식하는 것으로 될 것이며, 그는 결국 역시 다시 단지 소위 초월성이라는 것과 함께 홀로 있게 될 것이다. 그가 기도하면서도 변함없이 순종하고 있다는 것은, 그가 변함없이 저 순서 안에 머물러 있으며 그렇게 주제를 벗어나지 않고 있다는 것을 의미한다. 그리고 그가 주제를 벗어나지 않고 있기 때문에, 그가 간청하는 것 자체가 몇 번이고 되풀이하여 받으며 맞아들이는 것으로 된다. 순종하지 않으며 간청하는 것은 믿음 없이 간청하는 것과 마찬가지로 그것 자체가 실패로 끝날 수밖에 없으며, 순종하지 않으며 간청하는 것은 믿음 없이 간청하는 것과 마찬가지로 받아들여질 수 없다는 사실은 너무나 자명하다. 그리스도인의 기도가 진정으로 저 순서 안에 머물러 있으며 그렇게 주제를 벗어나지 않고 있는 바로 그 순종은 믿음에서 우러나는 순종, 즉 하나님의 자유로운 자녀들이 실행하는 복음적인 순종일 수밖에 없다는 것은 마찬가지로 분명하다. 그러나 만일 기도가 이 순종 안에서 행해진다면, 그것은 몇 번이고 되풀이하여 활기 없는 사역에서 활기찬 사역으로, 쓸모없는 사역에서 풍부한 열매를 맺는 사역으로 변화될 수밖에 없을 것이다.

우리는 결론에 도달한다: 만일 우리가 기도를 활기 있으며 풍부한 열매를 맺는 사역이라고 부르면서 동시에 역시 단지 예컨대, 믿음의 순종 안에서 기도하는 그리스도인 '자신' 안에서 벌어지는 물론 매우 위대한 어떤 것만을 염두에 둔다면, 그것은 그리스도인의 올바른 기도에 대하여 너무나 적게 언급하는 것이 될 것이다. 결국에는 역시 다만 다음과 같은 결론에 이르는 기도에 관한 이론들이 있다: 우리는 기도를 종교적인 혹은 참으로 바로 그리스도교적인 자기 경건훈련의 최고 형태로서, 즉 그리스도인이 자기 자신과 나누는 활기 있고 풍부한 열매를 맺는 대화로서 이해해야만 한다는 것이다. 우리는 기도를 근본적으로 '간청'으로서, 그리고 전적으로 하나님의 '선물'과 '들어줌'으로부터 출발하여 이해했으며, 저 '순서' 안에서, 즉 예수 그리스도 자신이 첫 번째의 그리고 본래의 간청하는 자인 바로 그 '순서' 안에서 이해하였기 때문에, 우리는 바로 그러한 이론들과 결별해야만 했으며, 처음부터 그리스도인의 기도가 지닌 '객관적인' 영향력을 명백히 드러내기를 원하였다. 하나님 아버지의 세계통치 아래에 있는 그리스도인에 대한 전체적인 숙고에서 주요관심사는, 전체를 해명하기 위하여 다시 한 번, 다음과 같은 피조물인 한 '주체', 즉 바로 그리스도교적인 '인간'이 존재한다는 사실을 밝히는 것이었다: 그는 이 관계를, 즉 그 안에서 그가 다른 모든 피조물들과 함께 실제로 머물고 있는 바로 이 관계를, 역시 '인식'하고 있으며, 하나님의 세계통치라는 큰 사건에 외적으로만이 아니라 '내적으로'도 참여하고 있으며, 하나님의 세계통치에 '동의'하고 있으며, 이 일에 관하여 '전문적인 지식'을 지니고 있다. 그러나 우리는 바로 이러한 그리스도교의 전문 지식을 단순히 인식하는 것과 아는 것으로서 서술할 수는 없었다. 여기에서 문제가 되고 있는 인식한다는 것이 우리에게는 오히려 다음과 같은 특정한 '태도'임이 드러났다: 그것은 그리스도인의 믿음으로, 그리스도인의 순종으로, 그리고 이제 궁극적으로 매우 중요한 것인 그리스도인의 기도로 표현되는 태도이다. 그리고 바로, 그리스도인다운 태도를 기도의 형태 안에서 이해하려 노력함으로써, 우리는 하나님의 세계통치라는 객관적 사건에 대한 단순한 주관적 인식토대라는 이미지를, 요컨대 단순한 주관적 현실이라는 이미지를 훨씬 넘어서게 되었다. 우리는 여기에서도―그리스도인다운 태도를 전체적으로 서술할 때와 마찬가지로―'피조물'의 사건 한복판 안에, 따라서 하나님의 세계통치 '아래'에 있는 깊숙한 곳에 있다는 점은 의심의 여지가 없다. 그러나 다음의 사실도 간과되어서는 안 된다: 그리스도인다운 태도 전체는 바로 이 절정에서, 즉 바로 기도의 형태 안에서, 그것이 의심의 여지없이 저 아래에서 피조물이 이루는 그 밖의 모든 사건 한복판에 있는 피조물의 운동으로서 발생하면서도, 피조물인 주체의 모든 내재성을 넘어서, 또한 그 내재성 내부에 있는 모든 소위 초월성도 넘어서 '위'쪽을 가리키고 있다. 그것은, 이 절정에서 '간청'의 형태를 지님으로써, 즉 오직 하나님의 선물과 들어줌으로부터 출발해서만 이해될 수 있는 간청의 형태, 저 순서 안에서 발생하는 간청의 형태를 지님으로써, 그렇게 한다. 그리고 다음의 사실도 마찬가지로 간과될 수 없다: 피조물의 모든 사건보다 높은, 따라서 또한 기도의 형태 안에 있는 그리스도인다운 태도보다도 높은 저 위에서 일어나는 바로 그 사건은 말하자면 이 태도를 향하여 기울어지며 이것 안으로 들어오며 이것과 결합하기 때문에, '그리스도인다운 태도'는, 그것이 피조물의 운동이며 그리고 여전히 그렇게 머물면서, '하나님의 세계통치에 참여하는 몫을 얻게 되며', 바로 하나님의 세계통치는 저 위에서만이 아니라, 이제 바로 저 아래에서도, 즉 그리스도인의 태도 안에서도 그것의 장소를 지니며 사건으로 된다. 피조물이, 따라서 인간이, 따라서 그리스도인이 그것을 행할 능력을 지니고 있거나 그것을 완성하거나 어떻게든 그 고귀한 일에 참여하는 몫을 얻는 방법을 알고 있기 때문이 아니며, 또한 그렇게 함으로써가 아니다: 즉, 그는 다만 믿을 뿐이며, 순종할 뿐이며, 그의 기도도 다만 간청일 뿐이다! 그리고 하나님의 세계통치가 바로, 철두철미 '그의' 사역이기를 중단하였기 때문이 아니며, 또한 그렇게 함으로써가 아니다. 그러나 확실히, 피조물이, 인간이, 그리스도인이 믿고 순종함으로써, 궁극적으로 매우 중요한 것은 기도함으로써, 즉 간청함으로써, 그가 그 일에 참여하는 몫을 '얻기' 때문이며, 또 그렇게 함으로써 이며, 그에게 하나님으로부터 그 일에 참여하는 몫이 '제공'되기 때문이다: 즉 그의 관점에서 바라본다면 결코 이해할 수 없는 몫, 결코 그의 능력과 의욕과 행동으로부터 이끌어낼 수 없는 몫, 결코 그것들을 통하여 야기되거나 제한되지 않으나 '실제의, 실재하는' 몫이 '제공'되기 때문이다.

하나님의 세계통치에 참여하는 실제의, 실재하는 몫! 하나님은 세계를 그리고 세상사인 세계의 진행과정을 다음과 같은 방식으로 보존하고 동반하고 통치하기를 원하지 않는다: 그가 세계로부터는, 즉 피조물로부터는 감동받지 않고 마음을 움직이지 않고 그 자신과 이야기하게 하지 않으며, 피조물의 말에 '경청'하지 않으며, 그 스스로가, 홀로 모든 것을 결정하기 때문에, 또한 피조물을 통해서도 '결정'되도록 허용하지 않는 그런 방식으로 그렇게 하기를 원하지 않는다. 하나님은 다음과 같은 의미에서, 즉 그는 자신의 결의와 뜻과 행동의 포로라는 의미에서, 그는 만물과 모든 사건의 주님으로서 고독한 존재이어야만 하며 변함없이 그렇게 머물러야만 한다는 그런 의미에서, 자유롭고 변하지 않는 것이 아니다. 그는 삼위일체로서 그의 본질 안에서 그렇지 않으며, 피조물들에 대한 관계 안에서도 그렇지 않다. 그는 '살아 있는' 하나님으로서, 즉 그의 피조물과 '교제'하기를 원하며 피조물과의 이 교제 안에서 또한 피조물에 의해 스스로가 '결정'되도록 허용하기를 원하는 하나님으로서, 자유롭고 변하지 않는다. 바로 그의 주권은 아주 크기 때문에, 그것은 이 가능성도 포함하며, 그리고 이 가능성이 실행될 때 다음의 현실도 포함한다: 피조물은 그의 통치에 적극적으로 '참여'(dabei)하고 협력하도록 허락된다. 하나님의 단독지배와 단독활동을 제한하고 그것에 경쟁하는 '피조물'의 자유는 존재하지 않는다. 그러나 그 자신이 허락할 뿐만 아니라 원하는, 즉 그 자신이 만들어 내는, '하나님의 친구들'이 지니는 자유가 존재한다: 그들에 대하여 하나님은, 단 한순간만이라도 지배권을 양도하지 않고, 그의 입장에서 자기 자신이 또한 그들에 의해서도 결정되도록 허용할 것을 스스로 결정한다. 그의 뜻과 행위가 지니는 영원한 능동성에 대항하는, 그 어떤 의미에서든 자주적으로 저항하는 피조물의 '반'(反)작용은 존재하지 않는다. 그러나 그의 영원한 능동성을 통하여 계획되고 의도되고 요청되며, 가능하게 되고 현실화된, 그리고 그 능동성 안에 포함된 피조물의 '작용', 즉 그의 뜻과 행동의 형태와 실행에 영향을 끼치는 '작용'은 존재한다. 피조물에 대하여 하나님이 굴복한다는 것은 존재하지 않는다. 그러나 하나님이 자기 자신을 왕과 주님으로서 주장하고 관철시킴으로써, 하나님의 납득할 수 없는 은혜를 토대로 하나님이 '들어주는 것'이, 심지어 죄 많은 피조물의 간청을 납득할 수 없게 들어주는 것이 존재한다. 죄 많은 인간에 대한 하나님의 '은혜'는 바로 이것이다: 하나님은 바로 들어주는 하나님으로서 인간을 만나며, 하나님은 그를 종의 겸손만이 아니라, 자녀의 감사하는 마음만이 아니라, 하나님의 친구가 지니는 친밀함과 대담함을 지니도록 부르며, 자신의 보좌 곁으로, 즉 하나님 자신의 곁으로 부르며, 하나님은 자신에게 특정한 기대를 갖고 간청할 것을 그에게 허락할 뿐만 아니라 명령하며, 하나님은 그의 말을 들을 뿐만 아니라, 바로 귀를 기울여 들을 것이며, 따라서 그의 간청은 주관적일 뿐만이 아니라, 객관적인 중요성도, 즉 하나님 자신의 뜻과 행동을 위한 중요성도 지니게 될 것이다. 하여간 하나님의 뜻이 이루어지도록 피조물에 의해서 '말 걸어'지고 '간청'되고 '귀찮게 시달림'으로써, 하여간 그것이 이루어진다. 하나님 자신이 시작하였고 기초를 세운 자신과의 교제가 피조물로부터 출발하여 그렇게 말 걸고 간청하고 귀찮게 졸라대는 형태로 받아들여짐으로써, 하나님의 뜻이 이루어진다; 하나님이 피조물에 참여함으로써, 그러나 바로 동시에 또한, 하나님 자신에게 참여할 몫을, 따라서 하나님의 행동이 지닌 의미와 방향에 참여할 몫을 피조물에게 제공함으로써, 하나님의 뜻이 이루어진다. 그것은 이러한 규칙 아래에서 이루어진다. 바로 그렇게 하나님의 주권적인 뜻으로서, 그러나 바로 하나님의 주권 안에서 '살아 있는' 뜻으로서 그것이 승리한다.

바로 이것이, 우리가 지금 그리스도인다운 태도로서, 그리고 궁극적으로 그리고 가장 중요하게, 그리스도인의 기도에서 간청하는 것으로서 서술하였던 그 사건 안에서 발생하는 것이다. 만일 우리가 그것들을 하나님의 뜻이 이루어질 때—확실히 저 아래에서, 즉 하나님의 세계통치 '아래'에 있는 깊숙한 곳에서, 그러나 '실제로'—발생하는 인간의 '협력'으로서 이해하지 않는다면, 우리는 참으로 그리스도인의 '믿음'과 '순종'을 올바르게 서술할 수 없다. 그리스도인다운 태도의 절정은 '간청'하는 기도에 있으며, 이 절정에서 그리스도인다운 태도가 완전히 그리고 명백히 드러나게 된다. 순종 안에서 그리스도인은 '종'이며, 믿음 안에서 그는 '자녀'이지만, 기도 안에서 그는 자녀이며 종으로서 바로 하나님의 '친구', 즉 하나님에 의해 그의 곁으로 부름 받고 정말로 그의 곁에서 그와 함께 살아가며 그와 함께 지배하며 그와 함께 통치하는, 하나님의 '친구'이다. 그리스도인은 역시 그렇게 그리고 바로 그렇게 저 아래에서, 즉 하나님의 세계통치 '아래'에 있는 깊숙한 곳에서 존재하고 움직인다는 것이 확실하다: 오직 간청하는 자로서만 그는 하나님의 곁으로 부름 받았으며, 오직, 하나님이 그를 향해 아래로 몸을 구부려 그 자신이 그의 곁에 서기 때문에, 그가 역시 오직 간청하는 자로서만 하나님의 곁으로 부름 받는 일이 발생할 수 있으며, 그가 거기에서 존재하며 거기에서 하나님과 함께 살아가고 지배하고 통치하도록 허락되는 일이 발생할 수 있다. 오직, 하나님이 그의 충만한 선물과 들어줌을 지니고 그에게로, 그를 위하여 등장하기 때문에,

그가 하나님에게 간청하도록 허락되며, 그 경우에 바로 간청하는 자로서 하나님의 친구가 되도록 허락되는 일이 발생할 수 있다. 여기에서 하나님의 낮아짐과 은혜가 모든 것이며, 인간의 가능성과 업적, 인간의 요구와 공로, 인간의 자주성과 오만은 전혀 하찮은 것이다. 그러나 바로 은혜는, 인간이 그리스도인으로서 믿고 순종하고 마침내 기도하도록 허락되는 그곳에서 '창조하며' '활동한다.' 그리고 바로 은혜가 거기에서 창조하고 활동하는 것은, 그리스도인이 하나님의 세계통치에 하나님의 친구로서 '적극적으로' 관여하도록 허락되게 하는 것이다: 즉 세계통치의 많은 대상들 가운데서 하나의 대상으로서만이 아니라, 세계통치를 바라보는 구경꾼이면서 잘 알고 있는 전문가로서만이 아니라, '주체'로서, 즉 그의 장소와 그의 한계들 안에서 이 문제(Sache)에서 함께 대화에 참여해야만 하며 역시 공동책임도 있는 '주체'로서 그렇게 하도록 허락되게 하는 것이다.

우리는 그것도 그 순서 안에서 이해할 수밖에 없다는 점은 분명하며, 그 순서에 대한 고려 없이는 그리스도인의 기도에 관하여, 그리고 참으로 그리스도인의 믿음과 순종에 관하여 전혀 합리적인 말이 언급될 수 없게 될 것이다. 왜냐하면 그 순서 밖에서는 그 모든 것이 결코 존재할 수 없기 때문이다. 하나님의 친구로서 그의 곁에 서 있으며, 그의 세계통치에서 함께 대화에 참여하고 함께 활동하는 그리스도인은 최초에 그리고 본래 유일한 사람의 아들인 '예수 그리스도'이다. '그'는 전능한 아버지의 오른쪽에 앉아 있다. '그'는 아버지와 함께 만물을 통치하는 주님이며 왕이다. '그'에게 하늘과 땅 위의 모든 권세가 제공되었다. '그'의 간청은 받아들여지는 피조물의 사역이며, 완전히 충만한 하나님의 현존과 선물을 이미 포함하고 있는 사역이며, 따라서 하나님의 뜻과 행동을 함께 결정하는 사역이다. 따라서 우리가, 그리스도인이라는 피조물 자신이 하나님과 함께 지배하고 통치하는 권력을 지니고 있다는 사실의 원인을 그리스도인이라는 피조물에게, 가령 그의 경건에, 가령 그의 믿음이 지닌 능력에, 가령 그의 순종이 지닌 진지함에, 혹은 또한 그의 기도가 지닌 심오함과 열정에 돌리기를 원하는 것은 당치도 않은 것이다. 그리스도 없이는 그리스도인들과 그리스도교 신앙(Christlichkeit)은 존재하지 않는다. 그러나 '그리스도를 통하여' 그리고 '그리스도와 함께'—그리고 우리는 이 점에 관하여 논하고 있다.—'그리스도인들'과 그리스도교 신앙이 존재한다. '그리스도를 따르는 것(Nachfolge)'이 존재한다. 그에 대한 믿음이 그리고 그의 안에서 하나님 자신에 대한 믿음이 존재하며, 그에 대한 순종이 존재하며, 그렇게 또한 기도도, 즉 그와 함께 그리고 그의 대리간청을 토대로 간청하는 것이 존재한다. 그리고 그렇게 그의 예언자 직무와 대제사장 직무에 대해서만이 아니라, 또한 그가 지닌 '왕의' 직무에 대한 그리스도인의 참여가 존재한다. 만일 '하나님'이 그의 안에서 '우리의' 곁으로 다가왔고 우리의 낮은 곳으로 들어왔다면, '우리'는 그의 안에서 '하나님'의 곁으로 옮겨졌으며, 그를 향하여, 따라서 거기로, 즉 피조물의 사건 전체를 통치하는 문제들에서 결정들이 내려지는 바로 거기로 들어 올려졌다. 그리고 그리스도인의 믿음과 순종과 기도 안에서 사건으로 되는 것은 바로 이것이다: 우리가 거기로 옮겨지고 저곳으로 들어 올려진다. 이것을 부인하거나 혹은 이의를 제기하는 것조차도, 마치 우리가 이 그리스도인의 행동이 지닌 완전한 인간적 속성과 피조물의 속성을 부인하거나 혹은 이의를 제기하는 것처럼, 마찬가지로 치명적일 것이다. 그리스도인 자신이 아니라, '그리스도 안에 있는 그리스도인'이 하나님 곁에 있으며, 저 결정들이 내려지는 곳에서 함께 대화하며 함께 활동한다. 그리스도인 자신이 아니라, 그리스도 안에 있는 그리스도인이 종이고 자녀일 뿐만 아니라, 또한 하나님의 친구이며, 그러한 존재로서 하나님과 함께, 만물을 다스리는 자유로운 주님이다.

    저 순서를 고려하여 덧붙여서 물론 역시 다음의 사실도 언급되어야 한다: 그는 그리스도의 몸에서 구성원으로서, 즉 그리스도의 '신앙공동체'를 이루는 구성원으로서 그렇게 존재한다. 그는 완전히 개인적으로 그렇게 존재한다. 그는 그의 고유한 삶을 이 자유 안에서 살아가도록 허락되며, 그의 고유한 삶을 그 자유와 함께 주어진 책임성 안에서 살아가야만 한다. 그러나 그는 그 자신의 힘으로는 그렇게 할 수 없다. 그는 물론 개인적으로 부름 받기는 했지만, 사적인 존재로서가 아니라, 말하자면 직무를 지닌 존재로서 하나님의 곁으로 부름 받았다. 그곳에서 아주 확신 있게, 들어줄 것이라는 희망을 지니도록 허락되는 것, 그리고 그곳에서 하나님의 뜻을 결정하게 될 것은 물론 개인적인 필요와 요구와 간청이기는 하지만, 사적인 필요와 요구와 간청이 아니다. 하나님의 친구들은 피조물들, 즉 그들에게 하나님이 그의 은혜를 베풀었으며, 바로 동시에 또한 세계 안에서 각각 그들이 수행하여야 할 특정한 사명을 주었던 바로 그 피조물들이다. 하나님의 '일'(Sache)을 위하여, 따라서 — 왜냐하면 이 일에서 주요관심사는 창조세계 전체이므로 — '창조세계' 전체를 위하여, 하나님은 믿도록, 순종하도록, 그리고 그렇게 또한 기도하도록 그들을 불러낸다. 그러므로 하나님은 그의 뜻을 형성할 때에 그리고 그 뜻을 이룰 때에 그리스도인들이, 이 일에서 그들이 맡은 직무 안에서, 함께 대화하고, 함께 활동하도록 허락한다. 그러므로 하나님이 그의 아들이 지닌 왕의 직무에, 따라서 그의 세계통치에 참여하게 하는 것은 격리되어 있는 그 어떤 "나"가 아니라, 그의 백성이 되기 위하여 그리고 그에게 헌신하기 위하여 소집된 사람들인 "우리들"이다. 그 경우에 이 "우리들" 가운데 "나"도 있다! 그러므로 각 개인은, 그가 이 '백성'의 구성원으로서, 이 '헌신'을 위하여 부름 받은 자로서 믿고 순종하며, 따라서 또한 기도하는 바로 그 정도에 따라서, 들어줌을 확신하도록 그리고 들어줌을 경험하도록 허락될 것이다. 그가 그렇게 존재하지 않거나 혹은 이것과는 다른 맥락에서 믿고 순종해야 하며, 결국 기도도 해야 한다고 생각할 경우에는, 그는 자신이 허공을 붙잡아야만 한다는 사실에 대하여 놀랄 필요가 없다. 그러나 그는, 그가 그 모든 것을 참으로 그리스도인으로서, 즉 신앙공동체의 구성원으로서 행함으로써, 그가 즉시 경험하고 있는 바로 그 풍부한 들어줌에 대하여 확실히 놀라도 좋을 것이다.

우리가, 그리스도인은 그 모든 것을 참으로 저 순서 안에서 행한다는 것을 전제로 한다면, 그 경우에 우리는, 비록 단순히 개별적인 '그리스도인' 자신을 생각한다고 할지라도, 그리스도인다운 태도의 객관적 중요성에 대하여 아무리 높게 평가해도 지나칠 수 없으며, 기도의 중요성을 단지 주관적인 것으로 제한하려는 이론들을 아무리 단호하게 물리쳐도 지나칠 수 없다. 그리스도인이 믿고 순종하고 기도하는 곳에서는, 저 전제 아래에서는, 피조물의 운동이 발생할 뿐만 아니라, 그곳에서는 오히려, 비록 피조물의 운동 안에 은폐되어 있긴 하지만, 정말 지극히 현실적으로, 세계를 통치하는 하나님의 손가락이, 손이, 왕홀(王笏, Szepter: 왕권의 상징으로 왕이 오른손에 잡는 지팡이 — 역자 주)이 움직인다. 더구나, 거기에서는 하나님의 마음이 움직이며, 거기에서는 하나님 자신이 그의 온전한 사랑과 지혜와 권세 안에서 살아 있는 존재로서 등장하여 있다. 거기에서 우리는 통치가 발생하는 본거지 한복판에, 세상사 전체의 비밀과 의미 한복판에 있다. 바로 이 주관적인 것은 여기에서 매우 궁극적으로 다만, 순수하게 수줍어하며 어찌할 바를 모르며 간청하는 것이라는 형태만을 지니고 있으며, 저 비어 있지만 하나님을 향해 내밀어진 손들의 형태만을 지니고 있다. — 그 경우에 바로 이 주관적인 것이 가장 객관적인 것을, 즉 이스라엘의 왕으로서, 은혜의 나라를 통치하는 왕으로서 만물을 그의 손안에서 보존하며, 이 세계 안에서 발생하는 모든 사건을 최선의 것으로 유도하는 그의 통치를 은폐하고 포함하고 현실화한다: "우리의 주님인 예수 그리스도를 통하여."

§ 50
하나님과 무(無)

하나님이 마음대로 처분하는 중에도 역시, 창조주의 뜻에 대해서만이 아니라 역시 그가 창조한 피조물의 선한 본성에 대해서도 적대적으로 대립하는 무(無, das Nichtige)에 의해서 세상사가 위협받으며 실제로 타락하는 일도 발생한다. 하나님은, 예수 그리스도 안에서 나타난 강력한 자비를 통하여 무를 심판하였으므로, 다음의 사실을 결정한다: 그가 이미 성취한 반박과 폐기처분이 보편적으로 계시될 때까지, 역시 무가 어디에서 그리고 어떻게, 어느 범위에서 그리고 그의 말씀과 사역에 대한 어떤 섬기는 관계에서 여전히 효력을 발휘하도록 허락되는지를 결정한다.

1. 무의 문제

하나님의 세계통치에 대한 반대와 저항이 존재한다. 세상사 안에는 '지금까지' 서술된 의미에서 하나님의 섭리가 포함되지 않는 한 요소, 따라서 피조물의 사건처럼 그렇게 하나님의 전능한 활동에 의하여 보존되지도 동반되지도 통치되지도 않는 한 요소가—더구나 그 요소들로 구성된 완전한 암흑의 체계가 문제된다.—존재한다: 하나님은 그것에 대해서는 보존하고 동행하고 통치하는 은혜로운 행위를, 즉 아버지로서 통치하는 은혜로운 행위를 베푸는 것을 전적으로 거부하며, 그것은 더구나 그것의 입장에서, 하나님 아버지에 의해 혹은 그 어떤 다른 의미에서 하나님에 의해 보존되고 동반되고 통치되는 것을 전적으로 저항한다. 하나님의 섭리가 통치하는 대상들 가운데 하나의 '낯선 요소'가 존재한다: 하나님의 섭리는 이 요소도 포함하기 때문에, 그것도 섭리를 회피할 수 없기 때문에, 섭리는 어쨌든 그것의 '특수한' 본질에 상응하는 지극히 '특수한' 방식으로, 즉 피조물들과 피조물들의 사건을 통치하는 방식과는 상이한 방식으로 그것을 포함한다. 우리는 이 낯선 요소를 결코 하나님의 섭리가 통치하는 다른 대상들과 함께 동일한 맥락에서 인식할 수 없으며, 동시에 언급할 수 없다. 따라서 이 낯선 요소를 고려하면서, 우리에게 하나님의 섭리론 전체가 한 번 더 새롭게 문제로 되지 않으면 안 된다. 우리는 이 반대와 저항을, 이 고집 센 요소, 이 낯선 요소를 (더욱 상세한 설명을 유보하고) '무'(無, das 'Nichtige')라고 부른다.

지금까지는 우리에게 다만 부차적으로 다음의 사실이 밝혀졌다: 그와 같은 것이 존재하며, 우리는 그것을 고려하여 하나님의 섭리에 관한 우리의 인식과 서술이 심상치 않게 복잡한 것임을 염두에 두어야만 하며, 이 방향에서 하나님의 섭리에 관한 인식과 서술을 확대하고 심화하는 것이 바람직할 수 있을 것이다. 우리는 하나의 예외를 기억한다: 우리가 하나님이 피조물을 '보존'하는 것을 이해해야만 하였을 때, 의식된 낯선 요소의 이름이 이미 명확히 언급되었다. 우리는 그 보존을 피조물을 '보호'하는 것으로, 즉 바로 이 무의 우세한 힘에 의한 정복으로부터 피조물을 보호하는 것으로 이해하였다. 우리는 당시에 다음의 내용을 경청하였다: 하나님이 창조와 함께 실행된, 그의 피조물과 무 사이의 구별을 어떻게 확증하고 유지하는지, 그의 피조물이 무에 의하여 삼켜질 위협을 받고 있으며 이미 삼켜지기 시작한 것을 어떻게 저지하는지 경청하였으며, 그가 그렇게 행하는 이유는, 피조물에 대한 그의 뜻은 그 자신과 교류하면서 살아가도록 피조물을 해방시키는 것이기 때문이며, 그가 피조물에 의하여 해방자로서 인식되고 찬양받기를 원하며, 따라서 피조물의 멸망이 아니라 존속을 원하기 때문이라는 것을 경청하였다. 그는 피조물을 보존한다: 그는 이러한 그의 뜻을 그토록 확실히 실행하였으며, 그는 예수 그리스도 안에서 그토록 확실히 그 자신이 피조물로 되었고, 따라서 그 자신이 무에 대한 저 대립관계 안으로 들어왔으며, 바로 그 대립관계 안에서 승리자가 되었고 변함없이 승리자로 남아 있다. 목표를 달성하기 위하여 단호히 돌진하는 위험으로서, 그렇지만 그 형태로는 현실적(aktuell)이지 않으며, 오히려 하나님의 보호에 의하여 방어되는 위험으로서 무가 당시에 우리와 마주쳤다. 그러나 당시에 우리는 그것의 실존과 본질에 대하여 우선 '임시로' 해명하였다. 우리는 당시에 그것을 바로 다음과 같은 형태로만 주시하였다: 무는 '현존하는' 위험이지만, 하나님이 그의 피조물을 보존함으로써 사실상 '방어되는' 마지막 위험이다. 그러나 아직 그것을 다음과 같은 다른 형태로 주시하지는 않았다: 무는, 피조물을 정복하고 멸절시킬 능력은 없지만, 역시 피조물을 지속적으로 '위협하고 있으며', 또한 사실상 지속적으로 '파멸'하게 만든다. 우리는 아직 다음의 사실에 대하여 주의를 기울이지 않았다: 무는 피조물에 대해서만이 아니라, 그것의 본성과 실존에 대해서만이 아니라, 무엇보다도 '하나님 자신'에 대해서도, 그의 뜻과 계획에 대해서도 '적대적으로' 대립하여 있다. 그리고 결국 우리는 아직 다음의 질문에 대답하지 않았다: 도대체 어떻게 하나님의 뜻과 계획이 이 반대 및 저항과, 하나님의 섭리가 이 낯선 요소의 위협 및 실제의 작용과 함께 존속할 수 있는가?—더 거슬러 올라가서, 어떻게 하나님의 창조와 이 사실이, 즉 이 낯선 요소가 일반적으로 현존하며 활동할 수 있다는 이 사실이 함께 존속할 수 있었는가? 이 모든 질문들 자체가 지금 제기되고 대답될 것이다.

하나님의 섭리론은, 만일 하나님의 통치와 피조물의 사건 자체 사이의 관계만이 그것의 주요관심사라면, 비교적 쉽게 이해되고 서술될 수 있을 것이다. 우리는 지금까지 섭리론을 이러한 기본 형태로 이해하고 서술하였다. 만일 참으로, 하나님에 의해 통치되는 바로 그 피조물의 사건이 사실상 또한 저 '낯선' 요인에 의해, 즉 '무'에 의해 결정되는 것이 아니기만 하다면, 문제될 것이 없을 것이다! 그리고 만일 참으로, 이 피조물의 사건을 함께 결정하는 바로 이 요인을 엄밀하게 고려하는 것이 전적으로 불가피한 것만 아니라면, 만일 하나님의 섭리론이 그것을 향해 제기되고 있는 가장 긴급한 질문을 간과하기를 원한다면, 만일 섭리론이 그 질문에 대하여 제공되지 않으면 안 되는 가장 중요한 대답을 포기하기를 원한다면, 문제될 것이 없을 것이다! 창조주 하나님과 피조물 자체 사이에서, '한편'으로는 왕인 하나님의 통치로서, '다른 한편'으로는 그 통치에 의해 지배되는 피조물의 현존과 삶과 활동으로서 발생하는 것은, 우리가 앞에서 행하였던 것처럼, 오직 수직으로 위에서 아래로 향한 직선들 안에서 어느 정도 통찰되고 개관될 수 있다. "만물이 그에게서 나왔고, 그로 말미암아 있고, 그를 위하여 있습니다. 그에게 영광이 세세에 있기를 빕니다. 아멘."(롬 11:36) 우리는 지금까지 논한 부분에서 이 사상을 발전시켰다. '선한' 창조주인 주님과 그에 의하여 '선하게' 창조된 피조물을 고려하면서, 우리는 이 사상을 실제로 곧은 (혹은 역시 외관상 곧은!) 직선들 안에서 전개할 수 있었다. 저 성서 말씀의 진리로 역시 만족해야만 할 것이다. 그러나 "만물"이—본래 우선 인간이, 그러나 인간을 통하여 그리고 어느 경우든 인간을 위하여 어쨌든 정말로 "만물"이—역시 무에 의해서도 접촉되고, 역시 무에 휩쓸려들게 되기도 하고, 역시 무와 결합되기도 하며, 역시 그것의 특성도 지니고 있고 그것의 특징을 뚜렷하게 나타내고 있으며, 역시 이 낯선 요소의 현존과 작용에도 다소간에, 간접적으로든 직접적으로든, 능동적으로든 수동적으로든, 눈에 띄게 혹은 남몰래 관여하고 있다는 사실을 고려할 때, "그에게서 나왔고, 그로 말미암아 있고, 그를 위하여"라는 말은 무엇을 의미하는가? '이' 관점에서 "그에게서 나왔고, 그로 말미암아 있고, 그를 위하여"라는 말은 무엇을 의미하는가? 하나님의 통치가 무엇을 의미하는가라는 질문이 이 관점에서는 다시 한 번 전혀 새롭고 다르게 제기되지 않는가? 이 질문이 혹시 이 관점에서는 미해결인 채로 남겨지는 한, 그것이 대답된 것으로 간주될 수 있겠는가? 그리고 만일, 피조물은 무에 연루되어 있으며, 우리가 인식하는 피조물의 형태는 어디에서나 언제나 역시 이 무에 의해서도 결정되고 있다는 그 사실도 피조물의 현존과 삶과 활동에 속한다는 것이 역시 이 특수한 관점 아래에서도 언급되지 않는다면, 하나님의 말씀으로부터 출발하여 피조물에 대한 하나님의 통치에 관하여 언급되어야만 하는 바로 가장 훌륭한 내용이 언급되지 않은 상태로 머무는 것이 아닌가?

우리는 다시 한 번, 『하이델베르크 교리문답서』 안에서 하나님의 섭리에 관한 질문에 대하여 표준이 되는 대답을, 그리고 다시 한 번 '파울 게르하르트'(Paul Gerhardt)를, 그리고 특히 초기 개신교 신학의 고전적인 신뢰와 위로의 노래를 기억한다. 그 본문들을 뛰어난 것으로 만드는 것은 명백히 다음의 사실이다: 그 본문들은 하나님의 섭리에 대한 신뢰를 그리고 섭리에 대한 인식이 주는 위로를 파괴하거나 혹은 어쨌든 방해하고 축소할 수 있을 것을, 즉 세상만사에서 죄(Sünde)와 과오(Schuld)와 형벌의 전체적인 복합체를, 재앙과 슬픔과 죽음이라는 현실 전체를, 따라서 바로 무라는 요소를 회피하지 않고 똑바로 쳐다보고 있다. 그것들은, 이 요소가 출현해 있다는 끔찍한 사실을 숨기면서가 아니라 공개적으로 승인하면서 하나님의 통치를 증언하고 있다. 그것들은 명백히 다음과 같은 인식에서 기인한다: 하나님의 통치는 바로 그리고 더구나 이 사실을 고려하면서 솔직하게 탄식하며 "확신에 찬 절망" 안에서, 그리고 확실히 또한 매우 절망한 확신 안에서도, 정말 이 문제에서 바로 그렇게 오직 더욱더 활발하고 의기양양하게 증언되도록 허락될 뿐이며 또한 그렇게 해야만 할 뿐이다. 명백히 이 사실에 직면하여 그 본문들에서는 하나님의 섭리에 대한 질문이 시급한 것이며, 하나님의 섭리에 대한 그것들의 증언은 실질적이고 믿을 만한 것으로 된다. 이 사실에 직면하지 않고는 명백히 저 질문이 전혀 진지할 수 없을 것이며, 그 질문에 대한 대답도 전혀 중요할 수 없을 것이다. 그러므로 사실 모든 종파들의 교의학에서는 언제나 다음의 사실이 명백히 알려져 있었다: 바로 여기에서는 신앙공동체와 세계에 '특수한' 신앙의 해명이 이루어져야만 하며, 바로 여기에서는 하나님의 말씀을 '특수하게' 주목하는 것이 불가피하다.

우리는 여기에서는 물론, 위로부터 아래로 직선들을 긋는 일을, 즉 피조물에 대한 그리고 피조물과 함께 행하는 창조주의 행동에 대한 직접적인 진술 안에서 생각하고 말하는 것을 계속하지는 않는다. 여기에서도 과연, 하나님이 모든 것을 다스리는 주님이라는 단순한 인식을 반복하고 확증하는 것, 즉 그 인식을 특수하게 적용하는 것이 주요관심사이긴 하다. 그러나 여기에서 숙고되어야 하는 것은 다음과 같이 '특수한 것'이다: 창조주와 피조물 사이에, 더 정확히 말하자면, 창조주의 통치 아래에 있는 피조물의 영역 안에 '작용하는 어떤 것'이 등장해 있는데, 그것은 창조주로부터 유래하는 것이 '아니고' 피조물로부터 유래하는 것도 '아니며', 창조주의 행동으로서도 피조물이 실행하는 삶의 행위(Lebensakt)로서도 설명될 수 없으며, 역시 간과되거나 부인될 수 없으며, 그것의 전체적인 특징이 고려되어야만 한다. 하나님이 모든 것을 다스리는 주님이라는 저 단순한 인식은 이 '제3의' 작용하는 것에도 명백히 적용되어야만 한다. 만일 하나님이 모든 것을 다스리는 주님이라는 단순한 인식이 바로 이 제3의 작용하는 것에 적용될 수 없다면, 실제(wirklich) 인간의 실제 상황은 어디에 있을 것이며, 실제 그리스도인이 걸어가는 실제 신뢰의 실제 길은 어디에 있을 것이며, 하나님의 섭리론이 지니는 바로 결정적인 진리와 능력은 어디에 있을 것인가? 그러나 만일 그 인식이 여기에서도 적용되어야 마땅하다면, 우측으로 왜곡되거나 좌측으로 왜곡되는 것을 어떻게 피할 수 있겠는가? '우측'으로 왜곡될 경우에는, 저 인식은 다음과 같이 적용될 것이다: 저 제3의 것인 무를, 마치 그것도 피조물인 것처럼, 하나님의 긍정적인 뜻과 사역으로부터 이끌어내며, 따라서 창조주 자신과 그의 통치에는 무의 무가치성(Nichtigkeit)으로 책임을 지우지만, 피조물에게는, 무의 실존과 현존과 작용에 대하여 책임이 없는 것으로서 간주하고, 그에 상응하게 책임을 면제시켜주게 될 것이다. 그에 반하여 '좌측'으로 왜곡될 경우에는, 저 인식은 다음과 같이 적용될 것이다: 저 제3의 것인 무의 기원을 오직 피조물의 활동력에서 찾아내게 될 것이며, 그것에 비하여 하나님의 통치는 수동적인 허락과 방관에, 효과 없는 예지(豫知)에, 그리고 단순히 추가적인 입장표명에 제한될 것이다. 우측으로 왜곡되는 것의 핵심은 명백히 '하나님'의 통치를 오해한 것에 있을 것이다: 즉 하나님의 통치는 무에 의해 동요되지 않는다는 사실을 오인한 것에 있을 것이다. 그에 반하여 좌측으로 왜곡되는 것의 핵심은 '통치'를 잘못 해석하는 것에 있을 것이다: 즉 모든 영역에 대한, 따라서 또한 이 영역에 대한 하나님의 통치가 지닌 무한한 숭고함과 존엄을 잘못 해석하는 것에 있을 것이다. 그러나 우리는 어떻게 다른 쪽의 왜곡에 빠지지 않으면서 한 쪽의 왜곡을 피할 수 있을까? 만일 우리가 무의 문제를 고려해야만 한다면, 우리는 어떻게 하나님의 '거룩함'과 그의 '전능함'을 동시에 제대로 다룰 수 있는가? 그럼 여기에서 어떻게 저 단순한 인식을 '바르게' 적용하게 될 수 있을까?

우리는, 많은 옛 교의학자들이 이 문제에 접근할 때 토해내던 깊은 한숨을 이해한다. 부르만(Fr. Burmann, *Syn. Theol.* 1671 I 44, 52)은, 여기에서 주요관심사가 되고 있는 것은 "이해하기에 매우 어려운 문제"라고 썼고, 투레티니(Fr. Turrettini, *Instit. Theol. el.* 1679 VI 7,1)는 "지극히 복잡하고 까다로운 문제"라고 탄식했으며, 하이단(Abr. Heidan, *Corp. Theol.* 1686)은 다음과 같이 말했다: "우리에게는 아직 가장 어려운 연구분야가 남아 있다: 즉 설령 세계 안에 악과 죄가 존재한다고 할지라도, 어떻게 하나님의 섭리가 지닌 진리와 확실성이 흔들리지 않고 확립될 수 있는지 연구하는 일이 남아 있다." 그리고 사람들은 바로 방금 전에 암시한 딜레마, 즉 "어느 한 쪽으로 혹은 다른 쪽으로" 빗나가는 딜레마에서 어려움을 인식하였다: 마니교도들, 프리스킬리안주의자들(Priscilliansisten. 프리스킬리안주의는 4세기 후반에 스페인에서 평신도 프리스킬리안에 의해 시작된 금욕주의적이며 열광주의적인 소종파로서 영지주의의 변종이다. 제도화된 교회를 갱신하려 했으나 교회에서 분리되어 소종파 운동으로 끝나고 말았다.—역자 주), 그리고 유사한 옛 이단의 지도자들과 함께 "악의 원인이 하나님 안에 있다."고 말함으로써, 하나님의 '거룩함'을 모욕(그것에 저항하여 칼빈주의자들이 특히 주의 깊게 스스로를 구분해야만 했던 하나의 가능성)하거나, 혹은 고대와 근대의 펠라기안주의자들(인간 본성의 선함과 자유의지를 강조하였으며, 죄란 인간이 약하기 때문이 아니라 자발적으로 저지르는 것으로 이해하였으므로, 인간의 책임성을 강조하고 금욕주의를 실천하였다.—역자 주)과 함께 나쁜 것(das Böse)을 오직 피조물의 탓으로 돌리고 다소간에 하나님의 섭리와 지배로부터 벗어남으로써, 하나님의 '전능함'과 '전능한 작용'을 공개적으로 혹은 은밀히 부인하는 잘못을 저지르는 딜레마, 간략히 말한다면, 전자든 후자든 하나님의 섭리론 전체의 핵심을, 즉 만물의 주님인 하나님 자신에 대한 인식을 훼손하는 딜레마에서 어려움을 인식하였다.

그러나 우리는 여기에서 역시 전혀 다른 의미에서도 빗나갈 수 있다. 하나님의 세계통치에 대하여 반대하고 저항하는 관계 안에서 무가 하나님에 대립되는 신성이라는 특성들을 갖춘 괴물의 형상을 띠는 것은, 명백히 거듭 저 기본인식을 왜곡되게 적용하는 것이 될 것이다. 그 경우에 무에게 두려움과 존경이 바쳐지게 될 것이며, 다음의 사실에 대하여, 즉 죄와 악(Übel)으로서 그것이 모든 권세를 지니고 있어도 그것은 다만 무일 뿐이며, 그것 자체는 예수 그리스도 안에서 '이미 심판되었으며', 따라서 겨우 해를 끼칠 수는 있으나, 더 이상 살해할 수 없으며, 더 이상 섬멸할 수 없다는 사실에 대하여 오히려 '부활절의 기쁨'이 갑자기 출현하는 일은 없게 될 것이다. 그러나 만일 우리가 승리하는 믿음의 인식을 말하자면 '마음대로 처리할 수 있는 원리'로서 취급한다면, 만일 우리가, 무에 대한 승리는 역시 예수 그리스도에 대한 희망 안에서만 또한 우리 자신의 승리일 수도 있다는 사실을 잊는다면, 따라서 만일 우리가 하나님에 대한 '두려움' 안에서와는 달리, 믿음의 '진지성' 안에서와는 달리 실제로 우리 그리스도인에 의해서는 격퇴되지 않은 이 적대자를 생각하고, 그 적대자에 관하여 언급하기를 원한다면, 그것은 역시 왜곡이 아닐까? 우리는 동일한 딜레마를, 이 문제에 대하여 숙고할 때에 걱정스럽게도 다음과 같은 생각이 쉽게 떠오른다는 식으로도, 서술할 수 있다: 하나님에 대한 그것의 권세를 과대평가함으로써, 하나님이 또한 무를 자유롭게 처리하고 그것을 방임하고 그럼에도 불구하고 그것을 최선의 방향으로 유도하는 그 방식에 대하여 너무나 불확실하고 불쾌하고 회의적인 생각을 '하거나', '혹은' 우리에 대한 그것의 권세를 과소평가함으로써, 그것의 한계설정에 대하여 너무나 특정한, 즉 느긋하고 말하자면 교의학적으로 굳어진 생각을 하게 된다. 대체 어떻게 이 두 가지 사고방식을, 즉 값싼 낙관주의를 그리고 마찬가지로, 부당한 비관주의를 피한다는 말인가? 우리에게 필요한 '확신' 안에서, 그러나 우리에게 마찬가지로 필요한 '은혜'를 해치지 않으면서—우리에게 필요한 '은혜' 안에서, 그러나 우리에게 마찬가지로 필요한 '확신'을 해치지 않으면서, 대체 어떻게, 하나님의 통치는 역시 무에도 미치고 있다는 사실에 대하여 생각하고 언급한다는 말인가? 이 요구들 사이의 그 어떤 중립적인 한가운데에서 진리를 찾을 수는 없을 것이다. 왜냐하면 이 요구들은 모두가 동일하게 긴급한 것이기 때문이다. 또한 하나님의 거룩함과 전능함 사이의 대비도 매개의 방법으로는 결코 극복될 수 없을 것이다. 그렇다면 이 문제에 대하여 대체 어떻게 생각하고 논해야 한다는 말인가? 한 번 더 질문한다면, 어떻게 여기에서 하나님의 통치에 관한 저 단순한 인식을 '올바르게' 적용하게 될 수 있겠는가?

어떤 경우에든 우리는, 바로 여기에서 모든 신학적 사고와 논의가 불가피하게 '깨어져 있음'(Gebrochenheit)을 보여주는 비상하게 명백한 증명 때문에 괴로움을 겪고 있다는 사실을 냉정하게 승인할 때에만, 그 질문들에 대하여 대답할 수 있을 것이다. 깨어져 있는 것이 눈에 띄지 않을 신학적 영역이란 존재하지 않는다. 모든 신학이 "나

그네들의 신학"이다: 즉 그것은 완벽함과 완결성을 추구하는 모든 인간적 사고와 논의의 자연스러운 열망을 만족시킬 수 없는 작업이며, 그 작업의 대상을 제시하는 것이 아니라, 그 대상을 암시할 뿐이다.—이 암시가 담고 있는 진리의 내용은 언제나 그 작업 자체의 기술이 아니라, 그 대상의 자기증언에 근거할 수밖에 없다. 그리고 그 작업은 언제나 다만 상이한 측면들로부터 출발하여 한 대상을 향하게 되는 개별적인 생각들과 명제들 안에서 진행될 수밖에 없으나, 하나의 체제를 형성하여 그 대상을 파악할, 말하자면 "체포"할 수는 없다는 점에서, 신학은 '깨어진'(gebrochen) 사고와 논의이다. 이 점은 모든 신학적 진술들에 적용되며, 물론 위에서 아래로 그렇게 반듯하게 그어지는 직선들에도, 즉 그것들 안에서 우리가 이제 하나님의 섭리에 관한 일반론을 선한 창조주와 그의 선한 피조물 사이의 관계를 고려하여 진술하였던 바로 그 직선들에도 적용된다. 그러나 만일 우리가 거기에서 그리고 어떤 다른 곳에서 다음의 사실을 아직 깨닫지 않았다면, 그 사실은 늦어도 여기에서는 우리에게 틀림없이 명백해져야만 하며, 여기에서 틀림없이 승인되어야만 한다: 우리가 인식하는 것은 '불완전한 작업'이며, 바로 신학의 대상에 대해서는 불완전한 작업으로서 존속하고 의미를 지닐 수밖에 없다. 왜 바로 '여기에서'란 말인가?—여기에서 그렇기 때문에, 그 경우에 실제로 어디에서나 그렇다는 말인가? 그 이유는 명백하다: 여기에서 문제되고 있는 것은 무를 인식하는 것인데, 바로 그 무의 실존과 현존과 작용은 또한 객관적으로도 창조주와 피조물 사이의 관계를 '단절'하는 것이다. 그것은 '한계'만이 아니라, 즉 양측으로부터 볼 때에 이 관계의 본성에 속하며 창조주의 선함에 그리고 전적으로 역시 피조물의 선함에 근거를 두고 있는 그 '한계'만이 아니라, 또한 이 관계의 본성에 역행하는 '단절', 즉 창조주의 선함과도 그리고 또한 피조물의 선함과도 일치될 수 없으며, 창조주의 선함으로부터도 그리고 피조물의 선함으로부터도 이끌어내어질 수 없으며, 양측에 대하여 적대행위로서 설명될 수밖에 없는 '단절'이다! 우리는 여기에서 이 단절 자체를 다루게 될 것이 아니라, 하나님과 그것의 관계를 다루게 될 것이며, 하나님의 섭리가 그 단절도 포함할 경우에는, 하나님의 섭리를 다루게 될 것이지만, 그러나 이 맥락에서는 참으로 물론 특수하게 그 단절을 다루게 될 것이다. 인간의 작업인 신학은 이 시대(Äon)의 전제조건들 아래에서 실제로 그리고 어디에서나 오직 이 '단절'의 그늘 안에서만 신학의 대상을 인식하기 때문에, 그리고 신학의 대상은 객관적으로 언제나 그리고 어디에서나 오직 이 '단절'을 넘어서서만 신학에 제공되어 있기 때문에, 신학은 언제나 그리고 어디에서나 역시 이 '단절'을 주시하지 않고는 그것의 대상을 결코 알아볼 수 없을 것이다. '그러므로' 신학적 사고와 논의는 철두철미하게 깨어진 사고와 논의이다. 창조주와 피조물 사이의 관계가 이미 객관적으로 어떤 체계가 아니라 저 적대적인 요소에 의하여 방해받고 있기 때문에, 바로 그렇기 때문에, 이 관계에 집중하여 주관적으로 인식하는 것에서도, 즉 신학에서도 어떤 체제에 도달할 수는 없다. 우리가 특히 하나님의 섭리와, 즉 하나님의 피조물이 사로잡혀 있는 바로 그 무와 관계되어 있는 하나님의 섭리와 관련되어 바로 그곳에서, 어찌 이 사실이 특수한 방식으로 분명하게 되지 않을 수 있겠는가? 만일 어딘가에서 신학 자체가—그것도 피조물의 작업이다.—다음의 사실을 고백해야 한다면, 바로 여기에서 그래야만 한다: 신학도 무에 사로잡혀 있으며, 무로부터 벗어날 수 없으며, 무로부터 벗어나기를 원하는 것조차 허용되지도 않는다. 만일 어딘가에서 신학은 객관적으로 존재하는 것을 주관적으로 재현하는 것이므로 어떤 체제를 강요하거나 그럴싸해 보이게 만들어서는 '안'될 것이라면, 바로 여기에서 그러할 것이다. 신학이 언제나 그리고 어디에서나 행해야만 하는 것에 대한 본보기로, 신학은 바로 여기에서 오직 '깨어진' 생각들과 명제들 안에서만 그것의 대상에 상응하기를 원하도록 허용될 것이다.

마스트리히트(P. van Mastricht, *Theol. pract. theor.* 1699 VI 10, 18)는 이 특수한 문제를 다루면서, 여기에서 통합되어야만 하는 것을 통합하지 못하게 방해하는 것은 바로 "우리의 이해력이 지닌 허약함"이라는 사실을 확인하고는 탄식하지 않을 수 없었다. 그는 무엇보다도, 무의 실존 및 현존과 결합될 경우, 하나님의 거룩함과 전능함을 통합하는 것이 어렵다는 것을 염두에 두고 있다. 그러나 누가 우리에게, 여기에는 통합되어야만 하는 것이 존재한다고 말하겠는가? "우리의 이해력이 지닌 허약함"에 대한 냉정하고 원칙적인 '고백'이, 즉 우리가 확실한 통합들을 실행하고 가시화할 능력이 없다는 것을 인식하는 원인이 되는 그 허약함에 대한 고백이 여기에서 수행되어야 하는 일에, 아마 우리가 그 통합을 실행하도록 허락할지도 모르는 소위 혹은 실제의 어떤 영리함과 기술보다도, '더 알맞은' 것은 아니라고 누가 우리에게 말하겠는가?

참으로 이것은, 우리는 어디에서나 마찬가지로 여기에서도 가장 탁월한 지적인 성실함 안에서, 선한 질서 안에서, 그리고 엄격한 객관성(Sachlichkeit) 안에서 앞으로 나가서는 안 될 것이라는 것을 의미하지 않는다. 그러나 여기에서—여기에서만이 아니지만, 신학적 대상의 '특수한' 측면을 위하여 여기에서 '특히' 긴급하게!—바로 객관성이 의미하는 것은, 우리가 다음과 같이 매우 엄격하게 대립하고 있는 모든 요청들을, 각각 그것의 장소에서 그리고 각각 그것의 방식에서, 단순하게 그리고 약화시키지 않고 승인하고 주목해야만 한다는 것이다: 하나님의 거룩함을 동일한 정도로 존중해야 한다는 요청, 하나님의 전능함을 동일한 정도로 존중해야 한다는 요청, 이 문제에서 아주 즐겁게 생각하고 논의해야 한다는 요청, 같은 문제에서 아주 진지하게 생각하고 논의해야 한다는 요청, 무의 권세를 '하나님'에 대해서는 가능한 한 낮게 평가해야 한다는 요청, 그리고 동일한 권세를 '우리'에 대해서는 역시 가능한 한 높게 평가해야 한다는 요청. 만일 우리가 어디에서나 전적으로 관여하고 있다면, 만일 우리가 각각 그것의 장소와 그것의 방식에서 제시된 저 요청들에 완전한 주의를 기울인다면, 하나의 원리에서 결과로서 발생하는 완벽하며 그 자체가 완결된, 생각들과 명제들의 연속인 하나의 체계는 발생할 수 없으며, 발생하지도 않을 것이다. 그렇다면 바로 단절 자체가 오히려 우리의 '인식'과 '서술' 안에서도 드러나고 반영될 것이다. 그러나 단절만이 아니라, 그것 안에서 그것과 함께 그리고 그것을 넘어서 또한 '역사'가 드러나게 될 것이며, 그 역사 안에서 단절은 역시 하나의 동인(動因, Moment)에 불과하며 ─ 즉 전혀 낯선 동인, 방해하는 동인, 저지하는 동인이지만, 하나님이 주님이므로, 역시 하나의 '동인'에 불과하다. 그것은 창조주가 피조물과 함께 행동하는 역사이며, 그가 그것을 결의했던 것처럼, 그리고 그것이 마침내 결국 성취되기에 이를 것처럼, 그렇게 그의 뜻이 이루어지는 역사이다. 신학의 대상은 바로 이 역사이며, 그 역사의 진행과정에서는 역시 저 단절도 발생한다. 신학은 이 역사에 대한 '보고서'이다. 그러므로 신학은 항목마다 철저히 관여해야만 하며, 각각 그것의 장소와 그것의 방식에서 제시된 저 '모든' 요청들에 완전한 주의를 기울여야만 한다. 바로 그렇기 때문에 신학은, 저 역사 안에서 어쨌든 일어나지 않는 통합들과 매개들을 염두에 두어서는 안 된다. 바로 그렇기 때문에 신학은 하나의 체제로 변질되어서는 안 된다. 그것은 어떤 일이 있더라도 저 역사와 관련되어야만 하며, 따라서 어떤 일이 있더라도 '이야기'이어야만 하며 이야기로 머물러야만 한다. 그것은 완벽성과 완결성 때문에 걱정할 필요는 없으며, 다만 모든 것을 '올바르게' 이야기하는 것을 걱정하기만 하면 된다.─이것이 다음의 질문에 대한 일반적이고 형식적인 대답이다: 참으로 역시, 하나님의 통치에 대하여 반대하고 저항하는 무도 출현하여 있다는 사실을 고려하면서도, 모든 것을 다스리는 하나님의 통치에 관한 단순한 인식이 어떻게 올바르게 적용되어야 할 것인가?

이 반대와 저항 자체의 본질은 무엇인가? 무라는 것은 대체 무엇인가?─우리는 우선 바로 이 질문에 대하여 대답해야만 한다.

2. 무에 대한 오해

여기에서는 무엇보다도, 신학사(史)에서 몹시 중대한 결과를 초래하는 커다란 '혼동' 자체의 특징이 드러나게 되어야만 하며, 그것이 차단되어야만 한다. 밝은 면이 있듯이 '어두운 면'도 있기 마련이며, 피조물의 세계와 피조물의 사건에는 긍정적인 측면이 있듯이 '부정적인 측면'도 있기 마련이다.(참고: KD III/1, §42,3) 성서의 첫 번째 창조 설화는 낮과 밤, 땅과 물을 구별하고 나란히 세움으로써 분명하게 피조물의 현존이 지니는 이중의 특징과 측면을 암시하였다. 그리고 참으로 피조물의 세계는, 그것의 '부정적' 측면을 주시한다면, 말하자면 무와 '이웃하고' 있으며, 무를 '향하여' 있다는 것은 진실이다. 피조물의 세계는 하나님의 창조물로서 밝은 측면만이 아니라, 어두운 측면도 지닌다는 사실을 통해서, 피조물의 세계는 지속적으로, 그것이 무에 의해 위협받고 있다는 사실을 기억하게 된다. 그러나 그것의 어두운 측면이 무와 '동일한' 것이라는 것, 따라서 무는 피조물 본질의 일부를 이루며, 따라서 어쨌든 피조물이 지닌 본질과 완전함의 특징으로서 이해되고 해석될 수 있다는 것은 진실이 '아니다.' 저 어두운 측면도 지니고 있는 것, 오른쪽으로만이 아니라 왼쪽으로도 향하는 것, 그것의 창조주에 어울리기는 하지만 또한 그것의 창조주를 필요로 하는 것, 하찮은 것이 아니라 소중한 것이지만, 하찮은 것의 가장자리에 있는 소중한 것이라는 것, 안전하지만 또한 위태롭다는 것은 물론 피조물의 본질의 일부를 이루며, 실제로 그것의 완벽함이 지니고 있는 특징이다. 이 모든 것은 과연 피조물의 실존에 관한 어두운 면이며 물음이기는 하지만, 창조주 하나님의 뜻에 대한 반대와 저항이 아니라, 그 뜻의 성취와 확증이며, 피조물의 부자연스러움이 아니라 그것의 자연스러운 본성이다. 이 모든 것에서 다음의 사실은 선하며, 심지어 매우 선하다: 하나님이 그의 의도를 예수 그리스도의 낮아짐과 높여짐 안에서 그리고 예수 그리스도 안에서 성취된 그 자신과 세계의 화해 안에서 가시화했던 것처럼, 그토록 확실히 이 모든 것은 하나님의 의도와 모순되는 것이 아니라 상응하며, 그토록 확실히 하나님 자신이 예수 그리스도 안에서 피조물의 현존이 지니고 있는 양 측면의 주체로 되었으며, 그토록 확실히 그가, 예수 그리스도 안에서 그것을 자신의 것으로 삼음으로써, 그것 전체를 긍정하였으며, 그것의 내적인 대립을 그 자신의 인격 안에서 통합하였다. 그것은 피조물이기 때문에 그리고 그렇게 존재함으로써, 따라서 저 내적인 '대립'에 관여하고 있기 때문에 그리고 그렇게 함으로써, '피조물'은 '무가 아니다.' 그 점에서 피조물은 오히려 '완벽'하다. 그 점에서 오히려, 피조물은 예수 그리스도 안에서 그리고 그를 목표로 창조되었다는 것이 증명된다. 그 점에서 그것은, 하나님과 맺은 계약 안에서 그것이 되어야만 마땅한 그것으로 분류되어 있다. 그 점에서 그것은 창조주와 공동체 안에서 살아가기 위하여, 그에 대한 헌신하면서 활동하기 위하여, 믿기 위하여, 순종하기 위하여, 기도하기 위하여 준비가 되어 있으며, 또 그렇게 하기에 적합하다. 그 점에서 그것에게는 그를 찬양할 여지가 제공되어 있다. 이 모든 것은 다음의 사실에 입각하여 있다: 하나님 자신이 바로 그의 선한 뜻에서 비롯된 결정 아래에서 피조물이 됨으로써, 그 자신이 그 모든 것을 그의 결정으로서 계시하였으며 또 그 모든 것을 그의 결정이라고 불렀다. 이 모든 것은, 창조주의 뜻에 그리고 동시에 역시 피조물의 선한 본성에도 적대적으로 대립하는 권세인 무와 전혀 관계가 없으며, 무에 의하여 세상사가 위협받으며 실제로 타락하는 것과는 전혀 관계가 없다. 창조의 어두운 측면이 이 위협과 타락을 상기하게 한다는 것은 진실이다. 그러나 창조 자체가, 그것이 어두운 측면을 지님으로써, 이 위협과 타락에 예속되어 있으며, 따라서 무에 관여하고 있다는 것은 진실이 아니다. 하나님이 창조한 모든 것의 주님이며 머리인 예수 그리스도가 재림할 때 발생할 모든 것의 종말에는 역시 다음의 사실도 드러나게 될 것

이다: 창조된 모든 것은 그것의 밝은 측면에서 볼 때 '그리고' 어두운 측면에서 볼 때, 오른쪽에서 볼 때 '그리고' 왼쪽에서 볼 때, 아주 매우 선하였으며, 극히 훌륭하였다.

창조에 대한 저 '명예훼손'은 매우 오래되고 매우 다양한 형태를 띠고 매우 끈질긴 것이기 때문에, 그것에 대하여 대응하는 것은 어려운 일이다. 그러나 우선 어떻든 이 명예훼손에 대하여 대응해야만 하며, 그것에 대해서는 아무리 예리하고 단호하게 대응해도 결코 충분할 수 없다. 창조 안에는 긍정만이 아니라 부정도 존재한다는 것, 즉 높음만이 아니라 깊음도, 명확한 것들만이 아니라 애매모호한 것들도, 삶을 지원하고 계속하게 하는 것만이 아니라 방해하고 제한하는 것도, 성장만이 아니라 쇠퇴도, 풍부함만이 아니라 빈곤도, 사랑스러운 특성만이 아니라 음울함도, 시작들만이 아니라 종결들도, 가치 있는 것들만이 아니라 무가치한 것들도 존재한다는 것은 진실이다. 그리고 피조물의, 특히 인간의 현존 안에는 밝은 시간들과 날들과 세월들과 나란히 어두운 시간들과 날들과 세월들이 존재한다는 것, 즉 성공과 나란히 많은 실패도, 웃는 것과 나란히 우는 것도, 젊은 것과 나란히 늙어가는 것도, 이익과 나란히 손실도, 태어나게 되는 것과 나란히 그리고 그 후에 역시 갑자기 혹은 서서히, 그러나 어쨌든 확실히 죽어야만 한다는 사실이 존재한다는 것은 진실이다. 그리고 개별적인 피조물들과 인간들이 그 모든 것에서 차지하는 몫들은 매우 불평등하게, 매우 불가사의한 정의에 의하여, 혹은 더 잘 표현한다면, 매우 은폐된 정의에 의해서 나누어지고 있다는 것도 진실이다. 그러나 다음의 사실은 더욱더 진실이다: 바로 선한 창조세계는, 즉 선한 피조물은, 존재하는 모든 것은 이러한 차이와 대립 안에서 존재한다는 그 점에서도, '선'하다. 이 모든 것 안에서, 즉 '역시' 그것의 어두운 면에서도, '역시' 그것의 부정적인 측면에서도, 즉 그것이 무에 인접해 있는 그 측면에서도, 창조세계는—무의 특성을 지니기는 커녕—그것의 창조주이며 주님인 하나님을 '찬양한다.' 만일 그 자신이 창조세계를 전체적으로 에워쌌으며 그의 아들 안에서 그의 것으로 삼았다면, 우리는, 그 사실을 더 잘 알기를 원하는 대신에, 탄식하고 배척하고 겁을 먹는 대신에, 그 사실이 우리에게 당연한 것이 되게 해야만 한다. 우리는 대체 다음의 질문으로부터 무엇을 알게 되는가?: 그의 피조물은 그것의 위대함에서보다는 그것의 하찮음에서, 그것의 발전보다는 그것의 곤경에서, 그것의 환호보다는 그것의 불안 안에서, 직접 하나님을 향해 있는 곳에서보다는 무의 변두리에서, 그를 더욱더 힘 있게 찬양하지 않는가? 우리는 다음의 질문으로부터 무엇을 알게 되는가?: 우리 자신이 사실은 우리의 복된 나날보다는 궂은 나날에 더 솔직하게, 우리의 즐거움에서보다는 근심 안에서 더 힘 있게, 우리의 진보들에서보다는 우리의 후퇴들 안에서 더 솔직하게 그를 찬양하지 않는가? 틀림없이 역시 그 반대일 수도 있다. 그러나 왜 언제나 그 반대이어야만 한다는 말인가? 만일 언제나 그 반대이어야만 하는 것은 아니라면, 만일 심연으로부터도, 밤으로부터도, 불행으로부터도, 아마도 가장 깊은 심연으로부터, 가장 어두운 밤으로부터, 가장 큰 불행으로부터 출발하여 하나님에 대한 찬양이 존재한다면 — 그 경우에 우리는 또한 아주 은폐된 저 정의에도, 즉 그것에 의하여 한편의 사람들과 다른 편의 사람들에게, 우리 자신과 다른 사람들에게 차이들과 대립들이 할당되는 바로 저 정의에도 문제를 제기할 어떤 빌미를 지니고 있는가? 만일 우리가 언젠가 다음의 사실을 인식하도록 허용된다면, 즉 어떻게 밝은 면에서나 어두운 면에서나 창조세계 전체가, 어떻게 또한 그것에서 우리의 몫인 우리 자신의 아주 짧고 하찮을 삶도 하나님의 창조세계로서, 예수 그리스도를 지향했는지를 그리고, 우리가 그것을 알아채지 못했고 알지 못했고 원하지는 않았는데도, 우리 없이 그리고 우리의 생각에 반(反)하여, 또한 우리가, 어떻게 모든 것이 전혀 다를 수 있으며, 또 전혀 다를 수밖에 없는가에 대하여 골치를 앓았던 동안에도, 그 모든 것들이 바로 언제나 그랬듯이, 하나님의 영광을 노래했으며, 따라서 올바르고 완벽하였는지를 인식하도록 허용된다면, 참으로 언젠가 우리의 두 눈이 얼마나 휘둥그레질 것이며, 그렇다면 참으로 그처럼 많은 부적당하고 불필요한 불안과 불만을 지녔던 것에 대하여 우리는 얼마나 부끄러움을 느껴야만 할 것인가! 우리가 그리스도인들이기를 원하며, 확실히 또한 약간은 그러하면서도, 다음의 사실에 대해서는 별로 깨닫지 못하고 있으며, 하물며 실천적으로는 말할 것도 없고 심지어 이론적으로도 — 몇 가지 빛나는 계기들을 제외한다면 — 이 사실을 어떻게 다루어야 할지를 별로 알지 못하고 있다는 것은 얼마나 진기한 일인가!: 하나님의 창조세계는 그것의 '양쪽' 측면들에서, 따라서 역시 그것의 '부정적' 측면에서도 하나님의 '선한' 창조세계이다.

나는 여기에서 한 번 더 모차르트에 대하여 말해야만 하겠다. 왜 그리고 어떤 점에서 우리는 이 사람을 비길 데 없는 인물이라고 말할 수 있는가? 왜 그는 그의 음악을 알아들을 수 있는 사람을 위하여, 그의 머리를 스치고 지나갔던 그리고 그가 종이에 옮겨 놓았던 거의 모든 박자로 음악을, 즉 그것에 대해 "아름다운"이란 표현이 전혀 적합하지 않은 음악을 만들어 내었는가?: 그 음악은 의로운 사람에게 오락이나 즐거움이나 기운을 돋우어주는 것이 아니라, 음식이고 음료수이며, 그가 필요한 위로와 경고로 가득 차 있으며, 결코 그것의 기교에 예속되지 않으며 또한 결코 감상적(感傷的)이지 않지만, 언제나 "감동적"이며, 그것은, 지혜롭고 강하고 뛰어난 음악이기 때문에, 자유롭고 해방하는 음악이다. 그가 교부가 아니었으며, 짐작컨대 결코 특별히 열심 있는 그리스도인도 아니었으며 — 더구나 또 가톨릭 교도였다! — 그리고 그가 특히 작곡하지 않을 때는, 우리의 관념으로는 약간 경박하게 살았던 것처럼 보임에도 불구하고, 왜 우리는, 그가 신학 안에 (특히 창조론에, 그리고 거듭 종말론에) 한 자리를 차지하고 있다고 여길 수 있는가? 우리가 그렇게 여길 수 있는 까닭은, 그가 바로 이 문제에서, 전체적으로 선한 창조세계에 관하여 무엇인가를 알고 있었기 때문이다: 즉 실제 존재했던 교부들과 우리의 종교개혁자들도, 정통주의자들과 자유주의자들도, 자연신학자들도, "하나님의 말씀"으로 강력하게 무장했던 신학자들도, 더구나 실존주의자들도 그렇게 알지 못했거나 혹은 어쨌든 표현하고 관철시킬 줄을 알지 못했으며, 그의 이전이나 이후에 살았던 어떤 다른 위대한 음악가들도 그렇게 알지는 못했던 그 무엇인가를 알고 있었기 때문이다. 그는 이 문제에서 낙관주의자들과 비관주의자들을 훨씬 뛰어 넘는 순수한 마음을 지니고 있었다. 1756년에서 1791년 사이에! 그때는 사람들이 리사본(Lissabon)에서 발생한 지진(1755년 포르투갈의 수도 리사본에서 발생한 지진은 전 유럽인들에게 엄청난 정신적 충격을 가했을 뿐만 아니라 '신정론'에 대한 토론까지 야기시켰다. —역자 주) 때문에 하나님을 원망하던 시대였으므로, 신학자들이 그리고 다른 용기 있는 사람들이 하나님을 변호하기가 매우 힘든 시대였다. 신정론 문제에 관해서 모차르트는, 찬양하고 비난하고 비판하거나 의심하는 모든 이성보다 더 숭고한 하나님의 평화를 지니고 있었다. 그 문제는 논쟁거리가 되지 않고 그의 배후에 자리 잡고 있었다. 왜 그 문제에 대하여 분노할 것인가? 그는 바로, 우리가 언젠가 시간의 종말에 인식하게 될 것을, 즉 관련성 안에 있는 섭리를 들었으며, 그는 들을 귀를 지니고 있는 사람에게 오늘날까지도 바로 그것을 들을 수 있게 한다. 이 종말로부터 바라보는 것처럼 그는 어둠도 포함하는 창조세계의 조화를 들었다: 그러나 이 조화 안에서는 어둠도 암흑은 아니며, 부족함도 역시 잘못은 아니며, 슬픔도 역시 자포자기로 될 수 없으며, 음울한 것도 역시 비극으로 변질되지 않으며, 끝없는 비애는 역시, 그 자체를 절대화해야만 한다고 강요받지 않는다. —그러나 바로 그렇기 때문에 또한 유쾌함도 그것의 한계들이 있고, 빛은 그늘을 뚫고 나타나기 때문에 그처럼 빛나며, 단것은 떫기도 하기 때문에 싫증을 초래하지 않으며, 삶은 죽음을 두려워하지 않지만 그것을 매우 잘 알고 있다. "빛은 그들 위에서 영원히 빛난다": 리사본에서 죽은 사람들에게도. 모차르트는 우리 모두와 마찬가지로 이 빛을 제대로 보지는 못했지만, 그는 이 빛으로 둘러싸여 있는 피조물의 세계 전체가 내는 소리를 '경청하였다.' 그리고 그는 어떤 중간 정도의 중립적인 음색 따위를 들었던 것이 아니라, 부정적인 음색보다는 '긍정적인' 음색을 '더 강하게' 경청하였다는 것도 그에게는 근본적으로 정상이었다. 그는 부정적인 음색을 오직 긍정적인 음색 안에서만 그리고 그것과 함께만 들었다. 그러나 그는 동일하게 분배하지 않으면서도 두 음색을 함께 들었다.(많은 예들 가운데 하나를 든다면, 1788년에 작곡한 교향곡 G단조!) 그는 결코 추상적으로 단 한 가지 음색만을 들은 적이 없다. 그는 '구체적으로' 들었으며, 그러므로 그의 작품들은 '모든 것을 포괄하는' 음악이었으며, 지금도 그러하다. 그리고 그는 피조물의 세계가 내는 소리를 전적으로 원한 없이 편견 없이 들었으므로, 그는 실제로 그의 음악이 아니라 피조물의 세계 자체가 지니고 있는 음악을, 즉 피조물의 세계가 하나님을 향해 부르는 이중의, 그러나 조화를 이루는 찬양을 끄집어내었던 것이다. 그는 실제로 결코 자기 자신을, 즉 그의 생명력도, 그의 고뇌도, 그의 경건성도, 그 어떤 프로그램도 나타내고 제시할 필요가 없었으며, 그렇게 할 뜻도 없었다. 놀랍게도 그는, 자기 자신이 전적으로 무엇인가를 말하지 않고는 못 견디는 혹은 말하고 싶어 못 견디는 몸부림으로부터 자유로웠다. 그는 오히려 단순하게, 말하자면 다음과 같은 기회를 제공하는 일에 협력하였다: 즉 약간의 나무와 금속과 현이, 즉 '악기들'이 —피아노와 바이올린으로부터 호른과 클라리넷을 거쳐 아래로는 오래된 바순에 이르기까지, 그리고 그것들의 한가운데 어딘가에서 특별한 요구 없이, 그렇지만 바로 그렇기 때문에 눈에 띄게 '인간의' 목소리가 —때로는 주도적으로, 때로는 반주하면서, 때로는 조화를 이루면서 모두가 각각 고유한 소리를 내면서, 모두가 창조세계의 소리들로서 단순히 연주하도록, 즉 단순히 연주하는 것이 허락되도록 기회를 제공하였다.

그는 그 악기들 각자가 소리를 내게 하였으며, 인간의 정열들도 오직 소리를 내는 일에 봉사하게 하였으며, 그 반대가 아니라! 그 자신은 오직, 울리는 그 소리를 듣는 귀에 불과하였으며, 다른 귀들에게 그 소리를 전달하는 매개자였다. 그러므로 전문가들의 견해에 따르면 그는, 필생의 사역이 비로소 그것이 추구한 본래의 성취에 가까워지도록 무르익었을 때에 죽었다. 그러나 "요술피리" 이후에, 1791년 10월에 개최된 클라리넷 연주회 이후에 그리고 레퀴엠(Requiem: 진혼미사곡) 이후에, 대체 누가, 그 성취가 '이행되지' 않았다고 말하겠는가? 16세 때의 작품들 안에, 18세 때의 작품들 안에 그가 이룬 성취 전체가 이미 존재하지 않았던가? 아주 어린 모차르트가 작곡한 작품 안에서 이미 그것이 들리지 않는가? 그는 비참하게 일종의 "무명용사"로서 죽었으며, 그가 어디에 묻혔는지 아무도 모른다는 점에서 그는 칼빈과 그리고 성서의 이야기에서는 모세와 공통점을 지니고 있다. 그러나 그것은 무엇을 의미해야만 하는가? 하나의 삶이 이 봉사를 수행하도록 허락되는 곳에서, 즉 인간의 한계와 종말도 포함하는 하나님의 선한 창조세계를 이와 같이—단순하게 그리고 겸허하게 그리고 바로 그렇기 때문에 그렇게 쾌활하게, 믿을만하게, 그리고 인상적으로—화제로 삼도록 허락되었던 곳에서, 과연 무덤이 무슨 의미가 있는가?

위와 같은 해석이 바로 여기에서—우리가 무질서에 관심을 기울이기 이전에!—삽입되어야만 했던 이유는, 우리는 모차르트의 음악에서—우리는 그런 것을 그의 이전이나 이후에 존재했던 어떤 음악가에게서도 역시 발견할 수 있는가?!—다음의 사실에 대한 명확한 증명과, 즉 이론의 여지가 없는 증명과 관계하고 있기 때문이다: 창조세계가 긍정과 부정을 포함하고 있다고 해서, 그것이 하나님을 향하는 측면을 지니고 있지만 또한 무를 향하는 측면도 지니고 있다고 해서, 그것 자체가 무질서에 관여하고 있는 사실을 창조세계의 탓으로 돌리는 것은 창조세계에 대한 '명예훼손'이다. 모차르트는, 이 창조세계는 무를 향한 측면에서도, 따라서 그것의 총체성 안에서 그것의 주님을 찬양하며, 따라서 그것은 완벽한 것이라는 사실을 귀로 들을 수 있게 한다. 우리의 문제에 접근하는 입구에서—이것은 하찮은 것이 아니다.—모차르트는 들을 귀 있는 사람을 위하여 질서를 창조하였다: 즉 그는 그 어떤 학문적인 연역적 논리가 그 일을 할 수 있는 것보다도 더 훌륭하게 그 일을 해냈다. 내가 여기에서 주의를 환기시키려 했던 것은 바로 이것이다.

그러나 이제 저 혼동에 대한 이의가 역시 전혀 다른 측면으로부터, 즉 바로 정반대의 측면으로부터 제기된다. 왜냐하면 이 '혼동' 자체가 '무'의 걸작이며, 바로 '무'의 승리이기 때문이다. 왜냐하면 그 혼동에서 창조세계에 대한 명예훼손에, 즉 그와 닮은 존재를 찾고 있는 창조주에 대한 멍청하고 배은망덕한 행위에 도달하기 때문만이 아니라, 또한 그 행위는 '실제의' 무를 교활하게 '은폐'하는 것을 의미하기 때문이며, 전혀 무의 특성을 지니고 있지 않으며 오히려 완벽한 그 창조세계와 무를 혼동함으로써 실제의 무는 말하자면 일종의 '알리바이'를 얻으며, 그것을 토대로 바로 무의 실체는 알려지지 않은 채로 남게 되며, 더욱더 거리낌 없이 그리고 더욱더 방해받지 않고 그것의 위험하고 파멸적인 본질을 작동시킬 수 있도록 허락되기 때문이다. 우리가 창조주와 피조물을 잘못 고소함으로써, 그리고 피조물을 실제로 위태롭게 하고 곤경에 몰아넣는 무를 우리가 거기에서, 즉 실제는 역시 다만 창조세계의, 즉 현존의 저 부정적 측면 자체만이 문제되고 있는 거기에서 찾으며, 거기에서 장소를 지정하고 보관하며, 거기에서 아마도 그것에 대하여 탄식하고 슬프게 한탄하고 비극적인 것으로 받아들이지만, 그러나 또한 공공연하게 혹은 은밀히 거기에 편입시키고 어떻게든지 다루고 처리하기 위하여 대기시킴으로써, 도대체 무슨 일이 발생하는가? 그렇게 함으로써 발생하는 것은 명백히 이것이다: 우리는 그것을 바로 현존하는 '실제의' 무로서 인식하지 '않'으며 진지하게 받아들이지 '않'고, 오히려 그것을 '이해하며', 그것을 우리의 세계상에 포함시키며, 그것을 우리가 있는 곳에서 승인하고 '용서하며', 우리가 더욱더 철저히 그 길을 걸어가면 갈수록, 결국에는 '정당화하며', 엄밀히 말하자면 그것을 결코 무의 특성을 지니는 요소로서가 아니라, 현존의 일부를 이루며 현존에 본질적으로 '필수적인' 요소로서 간주하며 그렇게 다루는 일이 발생한다. 사실이 그럴 수밖에 없다: 어쨌든 어떤 현실(Realität)도 저 혼동과 일치하지 않는다.—만약 우리가, 우리가 창조세계의 어두운 면에서 무를 찾으며, 또한 무를 창조세계의 어두운 면에서 찾음으로써, 이 점을 잘못 생각하며, 이 사실에 대하여 우리 자신과 다른 사람들을 속인다고 할지라도. 우리가 잘못 생각하고 속는다고 할지라도, 저 어두운 면은 하나님의 선하고 완벽한 창조세계의 일부를 이룬다는 진리는 결코 변경될 수 없으며, 밝은 면 혹은 우리가 그렇게 여기는 측면과 그 어두운 면 사이의 대립은 상대적인 대립이며, 잠정적인 대립이며, 이미 창조세계가 예수 그리스도를 지향하고 있으므로, 매우 엄밀히 말하자면 무해할 뿐만 아니라 심지어 유익한 대립이라는 사실도 결코 변경될 수 없다. 우리의 혼동은 이 확고한 진리에 부딪쳐 산산조각이 난다. 그러나 이 사실이 의미하는 것은 이것이다: 이 방향에서는 무가 결코 제 자리에 있지 않을 것인데, 이 방향에서 우리가 아무리 진지하게, 아무리 엄숙하게, 아무리 비장하게 될지라도, 그리고 우리가 이 방향을 향해서 이론적으로 그리고 실천적으로 마르시온(Marcion)과 쇼펜하우어(Schopenhauer)의 사상을 (그리고 『또 한사람도』[*Auch-Einer*: F. T. Vischer가 1879년에 발표한 대중소설—역자 주]를!) 터득하여 우리의 것으로 만든다고 할지라도—이 방향을 바라보면서는, 우리는 절대로 '실제의' 무와는, 즉 '실제로' 위험하며 파멸시키는 적대자와는 관련되지 않으며, 그 적대자 때문에 괴로움을 겪게 되지 않는다. 그렇게 혼동하면서는, 우리는 절대로, '실제의' 무에 대하여 적합할 진지함에 도달할 수 없게 될 것이다. "실제로" 완전히 위험하지는 않은 것에 대해서는, 우리는 어쨌든 "인식 안에서"라도, 마치 그것이 완전히 위험하기라도 한 것처럼, 그렇게 태도를 취할 수 없다. 우리가 아무리 진지하게 행동할지라도, 그리고 아마도 저 혼동이라는 커다란 거짓말 때문에 진지한 나머지 진정한 극도의 긴장들 안에 있다고 할지라도, 오히려 우리는 그것과 어떻게든 타협하는 법을 배우게 될 것이다. 우리는 그것을 하나의 적대자로서 만나게 될 것이다.

우리는 그 적대자와 싸우지만, 임시방편으로 그것에 또한 항복하고 화합할 수도 있고 심지어 화합해야만 하며, 창조세계 전체와 함께 그리고 결국에는 하나님 자신과 함께 그것과 한 배를 타고 있다. 양심의 가책을 느끼면서, 따라서 마지못해서, 그러나 이 안내를 통해서 잠정적으로 진정되어서 우리는, 모차르트가 양심의 가책 없이 기꺼이 세계의 내적인 대립과 만났듯이, 그렇게 그 대립을 만나게 될 것이다. 그 경우에 우리는 무를—왜냐하면 우리가 무로 간주하고 있는 것은 결코 '실제의' 무와 '동일한'(ist) 것이 아니기 때문에—하나님의 선한 창조세계와—오히려: 그 경우에 우리가 편파적으로 창조세계의 선한 측면으로 간주하는 것과—'함께' 바라보게 될 것이며, 그 경우에 우리는 그것으로부터 그 어떤 의미를, 무는 소위 선한 것에 대하여 다만 변증법적으로 마주 서 있다는 의미를 얻어내는 법을 알게 될 것이다. 그 경우에 우리는, 양측이 더 숭고하게 통합되는 것을 알고 있다고 여기게 될 것이다. 그리고 그 경우에 우리는 그 통합을 고려하여 확실히 무에게도—왜냐하면 우리가 무로 간주하는 것은 결코 실제의 무가 아니기 때문에—어떤 선량함(Güte)을, 즉 선의 어떤 몫을 돌리는 일을 허용할 수 있을 것이다. 간단히 말하자면, 무는 그 경우에 갑자기 결국 무해한 것으로, 심지어 유익한 것으로 되어버렸다. 그 경우에 실제의 죄는 사소한 오류와 실수로, 잠정적인 낙오로 이해될 수 있으며, "이해한다는 것은 용서한다는 것을 의미한다." 그 경우에 실제의 악은 일시적이며 견딜만한 불충분함으로서 감수될 수 있으며, 실제의 죽음은 "하나님 품안에서 잠드는 것"으로 해석될 수 있으며, 실제의 악마는 부정되거나 혹은, 만물이 "회복"(Apokatastasis)될 때 그것에게도 어울리는 축복을 받기 위한 마지막 후보자라고 불리어질 수 있다. 그 경우에 무는 깨끗이 "비신화화되며", 그 경우에 문제되고 있는 것은 그야말로 결코 '실제의' 무가 아니라, 오히려 역시 다만, 물론 오인되었으나 "실제로는" 역시 결코 무의 특성을 지니고 있지 않은, 창조세계의 어두운 면일 뿐이다! 그리고 이제 우리는, 우리가 이 놀라운 혼동에 몰두하는 동안에, 실제의 무, 실제의 죄, 실제의 악, 실제의 죽음, 실제의 악마는 그럼에도 불구하고—어리석은 인간이 그것들을 찾고 있으며 발견했다고 생각하는 곳과는 전혀 다른 곳에서만—나타나서 활동하고 있다는 것이 무엇을 의미하는지를 분명하게 하여야 한다: 즉 그것들은 때로는 간과되고 잊혀지며, 때로는 주목받지 않고 예상되지 않고 감시받지 않으며, 때로는, 우리가 전혀 다른 방향으로, 즉 그릇된 방향으로 바라보고 있는 동안에, 그리고 우리가 거기에서 오직 궁극적인 조화들만을 듣게 되기를 희망하며 오직 궁극적인 종합들만을 완성하려 생각하는 동안에, 그것들의 현실성은 진지하게 받아들여지지 않는다! 이 사실로부터 무슨 일이 발생할 수밖에 없는지 분명하지 않은가? 인간이 저 (적대자가 없는 곳에서 적대자를 찾으며, 적대자가 있는 곳에서는 적대자를 찾지 않는) 혼동 때문에 빠져들지도 모르는, 죄와 무덤에 대한 모든 진지함과 모든 비극과 악마에 대한 모든 공포는 무익할 뿐만 아니라, 그리고 창조주와 피조물에 대한 모독일 뿐만 아니라, 창조주와 피조물에 저항하여 실제의 무에 의하여 벌어지고 있는 일에 직접 협력하는 것을 의미한다는 사실이 분명하지 않은가? 실제의 무가 더욱 깨끗이 "비신화화"되면 될수록, 즉 세계상의 한 요소로 재해석되면 될수록, 그래서 결국 모든 것이 결코 그렇게 위험하지는 않으며, 위험한 것이란 다만, 기껏해야 약간의 경악과 슬픔, 비극과 후회의 빌미를 줄지 모르는 것만을 의미하는 것으로 재해석되면 될수록, 이 혼동은 더욱더 뿌리를 내린다. 그리고 반대로, 창조주와 피조물 사이에 있는 실제의 무가 지닌 낯선 비밀이 더욱더 상상 안에서 해체되도록 허용되면 될수록, 그 무는 더욱더 자유롭고 확실하게 그것의 길을 걸으며 권세를 행사할 수 있으며, 또 그렇게 될 것이다. 우리는 바로, 이 혼동과 함께 발생하는—그와 동시에 발생하는 창조주와 피조물에 대한 모욕을 동반하는!—은폐와 위장(僞裝)에서, 거기에서 우리에게 일어나고 있으며 우리 자신이 함께 작용하는 그 파렴치한 속임수에서, 이미 실제의 무가 가장 명백하게 자신을 드러내고 자신을 시위하는 것과 관계하고 있다는 것이 분명하지 않은가? 그러한 것이 실제로 존재하며 가능하다는 점에서 무가 실존하며 존재한다! 그렇게 무는 우리를 기만하고, 그렇게 우리는 그것에 의해 기만당하며, 그렇게 우리는 우리 자신을 기만한다. 실제의 무는 그렇게 하나님의 선한 창조세계 안으로 침입한다. 그렇게 우리 자신이 무의 특성을 지니게(nichtig) 되며, 또한 무의 특성을 지니고 있다.

왜 저 모든 혼동이 오류인가? 왜 우리는 그 혼동하는 잘못을 저지르지 않도록 허락되는가? 그 혼동은 예수 그리스도 안에서 행해진 하나님의 자기시위에 모순되기 때문에, 우리는 그것을 '창조주와 피조물에 대한 명예훼손'이라고 불렀다. 하나님의 말씀이 육체가 됨으로써, 하나님 자신이 그에 의하여 창조된 세계인 그와는 다른 그 현실을, 즉 긍정과 부정이라는 두 가지 형태들을 지니고 있는 그 현실을, 그가 바로 그렇게 원했던 세계라고 인정했으며, 따라서 그는 이 이중의 형태가 정당함(Recht)을, 즉 창조세계의 선량함을 명백히 드러냈다. 우리는 예수 그리스도를 믿으면서 동시에, 예수 그리스도 안에서 선포된 창조주 및 피조물의 정당함에 대하여 반발할 수는 없다. 우리는 다음의 사실을 간과할 수 없다: 하나님은 예수 그리스도 안에서 그의 작품인 창조세계 전체를 한 번 더 그리고 명확히 자신의 것으로 삼았으며, 긍정적 측면과 부정적인 측면을 지니고 있는 창조세계를 있는 그대로 받아들였으며, 말하자면 그의 가슴에 끌어안았다. 예수 그리스도를 인식하면서 우리는 세계의 부정적 측면에 대해 아주 쉽게 떠오르는 선입견을 철회하고 이렇게 고백해야만 한다: 하나님은 모든 것을—이 어두운 면을 향해서도—심사숙고 하였고 잘 만들었다. 예수 그리스도를 인식하면서 우리는 감히, '여기에서' 무를 찾는 짓을 할 수는 없다.

그러나 이제 이 혼동에서 중요한 문제는 바로 또한 '무자체에 대한 착각'이다. 적대자가 그것이 존재하지 않는 그곳에서 찾아짐으로써, 적대자도 오인되며, 적대자는 그것에 어울리지 않는 상대적인 형태를, 결국 무해한 형태를 띠게 되며, 그 형태에서는 그것이 심각하게 받아들여질 수 없게 된다. 우리는 무를 창조세계의 한 측면으로, 한 국면으로, 한 특정한 형태로 이해함으로써, 우리는 그것을 하나님의 뜻 및 사역과 긍정적으로 관련시키며, 그것의 본질과 실존을 하나님에게, 즉 그의 뜻과 그의 책임으로 떠넘기며, 무가 창조세계를 위협하고 타락시키는 것을 하나님의 의도와 행위로 이해하며, 그와 동시에 피조물의 현존을 구성하는 불가피하고 용납할 수 있는 요소로 이해한다. 그 경우에 우리는 그것을 근본적으로 두려워하고 혐오할 수는 없다. 그 경우에 우리는 그것을 본래의 적대자로서 간주할 수 없으며, 그렇게 다룰 수도 없다. 그 경우에 우리는 엄밀히 말하자면 이미, 무와 평화롭게 지내기로 결정했던 것이다. 그리고 그 경우에 바로 그렇게 함으로써 우리는, 알아채지 못한 채, 무에게 권세와 명예를 제공한다. 그 경우에 우리는 원하지 않으면서도 이미 가장 효과적으로 무를 위해 헌신한다. 어떻게 우리가, 이 방향에서 그것을 오인하는 것보다, 더 효과적으로 무를 위해 헌신할 수 있겠는가? 그러나 왜 저 혼동은 이 측면에서도, 즉 무를 오인하는 것으로서도, 우리가 저질러서는 안 될 오류인가? 우리는 하나님의 창조세계가 지닌 부정적인 측면에 대하여 진지하도록 부름 받았는데, 그 진지함이란, 하나님의 창조세계는 이 측면에서도 선하기 때문에, 역시 '상대적인' 진지함일 수밖에 없으며, 근본적인 공포 및 근본적인 혐오와는 전혀 관련될 수 없고 또한 전혀 관련되도록 허락되지 않는다. 왜 무에 대해서는 더 한층, 그런 상대적인 진지함과는 전혀 '다른' 진지함이 적합한 것인가?

3. 무에 대한 인식

그 질문에 대하여 대답하기 위해서는, 우리는 여기에서도 모든 그리스도교적 인식의 기원으로, 즉—그러나 이제는 다른 의미에서—'예수 그리스도에 대한 인식'으로 되돌아가야만 한다. 그의 안에서 '명백히 드러난' 것은 바로, 이중의 형태를 지니고 있는, 하나님의 창조세계가 선량하다는 것만이 아니라, 또한 창조주 및 피조물과는 전적으로 상이한 '실제의 무'이다: 즉 그것과는 평화가 존재해서는 안 되는 그 '적대자', 그것에 대립하는 긍정적인 것에 대한 보충에 불과한 것만이 아닌 그 '부정적인 것', 어떤 오른쪽에 의해서도 그것과 균형이 이루어지지 않는 그 '왼쪽', 결코 단지 세계 내적인, 따라서 단지 변증법적인 대립만이 아닌 그 '대립'(Gegensatz), 즉 그것은, 우선 그리고 무엇보다도 하나님 자신과 관계하므로, 즉 '그'에 대한 대립이므로, 창조된 세계 전체에 대한 대립이다. 여기에서 문제되고 있는 것은 대립인데, 그것은 피조물의 세계 자체의 내부에서는 결코 일어나지 않는다: 즉 그것에 대하여 피조물의 다른 요소들이 선의 요소들로서 대립하게 될 그런 피조물의 요소로서는 일어나지 않는다. 여기에서 문제되고 있는 대립은 피조물의 세계 내부에서는 오직 그 세계의 '모든' 요소들에 대한, 즉 그것들이 참으로 그 세계의 긍정적 측면을 나타내든 혹은 부정적인 측면을 나타내든 그 '모든' 요소들에 대한 반대와 다툼 안에서 전적으로 낯선 요소로서 등장하여 작용할 수밖에 없다. 여기에서 문제되고 있는 대립은 피조물의 세계 내부에서는 (그리고 그 대립이 물론 그 세계 안에서 등장하여 작용하기 때문에), 즉 (물론 그 대립이 실제로 심지어 매우 관계있는) 피조물로부터 출발해서는, 개관되고 통찰되고 해명되는 것이 '불가능'하며, 그 대립에 모순되는 것이 그것과 함께 인식될 수 없고 조화를 이루게 될 수 없고 화해에 이르게 될 수 없다. 여기에서 문제되고 있는 대립은 물론 피조물의 세계와 관계를 맺고 있기는 하지만, 바로 '전적으로' 부정적인 관계를, 즉 피조물의 세계에 대하여 '다만' 위협적이며, '다만' 파멸시키며, '다만' 치명적인 관계만을, 따라서 결코 종합의 형태로 서술되어서는 안 되는 관계를 맺고 있다. 왜냐하면 이상적인 종합, 관념적인 종합이 관련되어야만 할 현실적인 종합의 본질은, 피조물의 세계가 그 대상에 의하여 이미 부정(Negation)과 위협과 타락에 예속되어 있다는 그 점에 있을 수밖에 없을 것이기 때문이다. 여기에서 문제되고 있는 대립은 오직, 그것이 피조물의 세계에 대한 관계에서 전적인 거부(Nein)로서, 즉 균형을 맞추는 거부로서가 아니라 배타적인 거부로서 이해되는 곳에서만 이해된다. 왜냐하면 그것은 우선 그리고 무엇보다도 하나님 자신에 대하여, 따라서 그 경우에 불가피하게 그리고 억제할 수 없게 하나님의 사역 전체에 대하여, 하나님의 창조세계 전체에 대하여 저항하고 있기 때문이다. '하나님'은 물론 '그것'도 통찰하고 개관하고 통치한다: 섭리론의 맥락 안에 있는 바로 이 인식이, 우리가 이 단락 전체에서 추구하는 것이다. 왜냐하면 하나님은 그것을 지배하기 때문이다. 그는 그것을 극복하며, 이미 그것을 극복하였다. 바로 이 대립을, 그것에 비하여 하나님이 우월한 것에 걸맞게, 결정적으로 격퇴하고, 피조물을 바로 이 대립으로부터 해방시키는 것이, 구원을 위한 하나님의 결의와 그가 예수 그리스도 안에서 행한 구원 행동의 소극적인 내용이며 의미이다. 그러나 우리는 여기에서 아직 그 정도까지 이르지는 못했다. 하나님 '홀로', 즉 영원 전부터 그것을 극복하기 위하여 구원을 결의하였으며, 그것을 극복하기 위한 구원행동을 시간 안에서 이미 집행하였던 바로 그 하나님이, 역시 이 대립도 초월하여 있으며, 그것을 통찰하고 개관하고 통치한다. 그가 전적으로 홀로! 그러나 '우리'에게는 그것은 극복하기 어려운 대립이며, 따라서 또한 통찰할 수 없는 대립이며, 개관할 수 없는 대립이며, 실천적으로도 이론적으로도 억제하고 지배할 수 없는 대립이며, 모든 합법적인 종합을 회피하는 대립이다. 하나님이, 바로 또한 '오직' 하나님만이 그것을 끝내게 되며, 그것을 이미 끝장낸 '상태'이다 (하나님이 영원 전부터 하나님으로서 그의 본질에서 그것보다 우월하다는 사실에 상응하게!): 그러나 제대로 이해한다면, 하나님의 '적대자'인 그것을, 우선 그리고 본래 '그'를 향해 저항하는 그 거부인 그것을, 그 점에서—그에 대한, 즉 그의 뜻과 사역에 대한 대립으로서—'실제의' 무인 바로 그 '무'로서 그것을 끝장냈던 것이다. 바로, 그것이 하나님에 대하여, 그리고 하나님이 그것에 대하여 그렇게 태도를 취하기 때문에, 우리에게는 이 무를 피조물의 세계에, 즉 하나님의 선한 창조세계에 편입시키는 것, 따라서 이 문제를 상대화시키는 것과 마찬가지로 더욱 교묘하게 해롭지 않은 것으로 무시하는 것이 모두 금지되고 배제된다. 바로 그렇기 때문에 피조물의 현존과 실제의 무 사이에서는 어떤 이론적 종합도, 즉 우리가 아마 성취하기를 원할지도 모르는 그 어떤 종합도 실제는 다만 피조물의 현존에 대한 무의 승리에 대한 서술일 수밖에 없을 것이며, 그리고 덧붙여서 하나님을 모독하는 것일 수밖에 없을 것이다. 바로 그렇기 때문에 여기에서는 오직 그러한 모든 종합을 '포기'하는 것만이, 바로 그렇기 때문에 여기에서는 오직 근본적인 '공포'와 근본적인 '혐오'만이 적합할 수밖에 없다. 바로 그렇기 때문에 이 대립, 이 적대자, 이 실제의 무에 직면해서는 전혀 '다른' 진지함이, 즉 우리가 창조의 부정적 측면에 직면해서는 결코 선동할 수 없는 그 진지함이 우리에게 어울린다. 여기에서 문제되고 있는 것은, 우리 자신에게만이 아니라 바로 우선 그리고 무엇보다도 '하나님'에게 혐오스럽게 마주 서 있으며, 그리고 이런 '이유'로 그 경우에 그의 피조물에게 두렵게, 마지막 치명적인 위험으로서 마주 서 있는 바로 그것이다. 만일 우리가 여기에서 온화하고, 평화협정을 맺고, 조용히 할 수 있다면, 우리는 하나님의 적대자를 우리의 친구로서 대우하는 것이 될 것이다. 그리고 바로 그렇게 함으로써 우리는 우리 자신을 위협하는 이 위험으로부터 구원받으려는 우리의 유일한 희망을 포기하는 것이 될 것이다. 하나님을 위하여, 무는 우리에게 쓸모없는 것일 수밖에 없다. 왜냐하면, 우리는 무 안에서 하나님의 적대자와 관계하고 있는데, 역시 우리의 적대자이기도 한 그것에 직면하여 바로 하나님 자신이 우리의 유일한 희망이기 때문이다.

    어디에서 들어서 우리는 이 사실을 알고 있는가? 어디에서 들어서 우리는 다음의 사실을 알고 있는가?: 무가 실존하며, 즉 그 어떤 세계상 안으로 결코 합법적으로 편입시킬 수 없게 우월하게 그리고 비타협적으로 실제로 실존하며, 따라서 우리는, 마치 그것이 세계의 다른 요소들과 나란히 존재하는 한 요소들인 것처럼, 그것을 다루어서는 안 된다. 이 모든 것은 모든 그리스도교적 인식의 근원으로부터, 즉 예수 그리스도를 인식하는 것으로부터 직접적으로 명백히 그리고 확실히 밝혀진다. 우리는 다음의 사실을 생생하게 생각해내야 한다: 단지 이중의 형태를 지니고 있는 하나님의 창조세계가 선량하다는 것을 드러내기 위한 것이라면, 아마 하나님의 말씀이 성육신되는 것은 필요하지 않았을 것이다. 물론 그 사실이 드러난 것도 성육신 덕분이다. 예수 그리스도 안에서 하나님 자신이 피조물로 됨으로써, 그는 그의 창조가 전체적으로 그의 지혜와 자비의 행위였음을 확증하였다: 즉 결함 없는, 정당한 탄핵 없는, 그의 선한 창조였음을 확증하였다. 그러나 동시에 여기에는 더 많은 것이 위험에 처해 있었다. "말씀이 '육체'로 되었다"고 기록되어 있다. 즉 말씀은 피조물로 되었을 뿐만 아니라, 치명적으로 위태롭고 위협받고 있는, 심지어 실제로 파멸에 예속된 피조물로 되었다: 즉 그것의 선량함에 반하여, 그것의 선량함에도 불구하고, 그것에게 부여된 선량함이 내부로부터가 아니라 외부로부터 방해받고 파괴되면서, 그것 자체는 그리고 자발적으로는 감당할 수 없었으며 대처할 줄을 알지 못했던 '시험'을 당하였던 그 피조물로 되었다. 말씀이 피조물로 되었다: 즉 한 '낯선 자'의 지배를 받게 되었으며, 그 낯선 자에 의해 사로잡히고 지배 받음으로써 그 자체에게 낯설게 (그것의 창조주와 그 자체에게 낯설게) 되었으며, 고향으로 돌아가는 길을 자발적으로는 발견할 줄을 알지 못하였으며 그 길을 걸어갈 줄을 알지 못했던 그 피조물로 되었다. 말씀이 피조물로 되었다: 그것이 하나의 결정(Bestimmung) 아래로 들어가게 되었기 때문에, 즉 그것이 지혜와 자비 안에서 창조되었다는 사실에 바로 '상반'되었던 하나의 결정에 "좋든 싫든" 굴복하였기 때문에, 그것은 하나님의 피조물이었으며 그렇게 머물러 있었다는 사실이 도움이 되지 않았으며, 그것이 하나님에 의하여 창조되었다는 어떤 확증도, 그것이 지혜와 자비 안에서 창조되었다는 사실에 대한 어떤 기억도 그것에게 아무런 도움이 될 수 없었던 그 피조물로 되었다. 말씀이 '육체'가 되었다는 것은, 말씀이 '그러한' 피조물로, 즉 '타락한' 피조물로 되었다는 것을 의미한다. 그러나 '하나님의 말씀'이, '하나님의 아들'이, '하나님 자신'이 육체로 되었다는 것은 무엇을 의미하는가? 그것은, 하나님 '자신'이 그의 피조물에 대한 시험에 의하여, 피조물을 지배하는 낯선 것에 의하여, 뜻밖에 그의 피조물에 닥친 다른 결정에 의하여, 그가 체포되어 스스로를 넘겨줌에 의하여 도전받고 있다는 것을 알았다는 것과는 다른 것이다. 그것은, 하나님이 그의 피조물에 대한 시험을 그 '자신의' 일(Sache)에 대한, 따라서 그 '자신'에 대한 시험으로 간주하였기 때문에, 그리고 그가 그의 피조물을 지배하는 낯선 것, 침입자, 찬탈자, 폭군에게서 그의 '가장 고유한' 적대자에 직면하여 있음을 알게 되었기 때문에, 그가 피조물에 대한 이 시험을 마음에 두었다는 것과는 다른 것이다. 확실히 창조주인 그가 선량함을 확증하면서, 따라서 또한 그의 피조물이 선량함을 확증하면서, 그러나 바로 그렇기 때문에 그의 '가장 고유한' 일에서, 그 '자신'에 닥치는 모욕과 권리침해를 방어하면서! 그의 피조물에 대해서가 아니라, 그렇지만 피조물을 유혹하고 타락시키는 것에 대해서 그리고 피조물 자신의 착오와 배반에 대해서, 그리고 그 결과 발생하는 변질에 대해서는 불가피하게 그리고 정당하게 분노하면서, 그 자신의 고유한 권리를 유효하게 하기를 원했으며 바로 그렇게 함으로써 그의 피조물이 지닌 권리를 회복하기를 원했던 심판자로서 하나님이 일하기 시작했으며, 그가 그의 아들 안에서 자신을 희생하였고 자신을 낮추었으며, 그 자신이 그렇게 타락하고 파멸한 피조물인 인간으로, 즉 그 자신이 육체로 되었다. 그리고 하나님 자신이 그의 작품이며 소유물인 피조물의 자리로 완전히 위치를 바꾸어서, '그 피조물과 함께' 저 시험 아래에, 저 낯선 것의 형상 아래에, 피조물에 그처럼 상반되는 결정 아래에 있게 되었으며, 그리고 그 자신이 그 적대자에게 맞서고 그 자신이 그의 피조물과 동등하게 되고 연대함으로써, 그 적대자를 격퇴하였으며, 따라서 바로 그렇게 함으로써, 피조물이 ― 피조물은 바로 이 일에서도 말하자면 다만 제 2의 당사자였고 지금도 그러하다! ― 자발적으로는 행할 능력이 없지만 자신의 해방을 위해서는 필요했던 바로 그 일을 행하였다.

여기 이 사건에서 우리의 관심을 끄는 것은 이것이다: 여기에서 우리가 몰두하고 있는 문제 전체에 대한 결정적인 '인식의 토대'는 틀림없이 이 사건이다. 여기에서 무가 '무엇'인지 밝혀지며, 무가 '실제로' 존재한다는 사실이, 그리고 어떻게 존재하는지가 밝혀진다: 그것은 하나님의 창조세계 전체에 대해서만이 아니라, 창조주 하나님 자신에 대한 대립이다. 그 '자신'에게 도전하여 분노하게 만들었던 것, 그 '자신'을 심판자로서 불러내었던 것, 그 '자신'을 통하여 그것을 극복하기 위해, 그것과의 싸움에 응하도록 그 '자신'을 부추겼던 것, 그것은 명백히 그가 선택하고 원하고 수행한 것이 아니었다. 그것은 하나님이 이전에 긍정했거나 혹은 지금 긍정할 수 있을 리 '없는' 것이며, 창조주로서 그가 매우 좋다고 선언했던 것이 ― 낮도 밤도 ― 전혀 아니며, 그리고 또한 그가 창조한 의도와 목표로서 언젠가 문제가 될 수 있을 어떤 것도 '아니'다. 베들레헴의 마구간에서 그의 아들의 탄생을 그리고 골고다의 십자가에서 그 아들의 죽음을 필요한 것으로 만들었던 것, 그가 이 탄생과 이 죽음을 통하여 격퇴하였고 정복하였고 처치하였던 것, 그것은 우선 그 자신에 대하여 그리고 그 후에 그리고 동시에 실제로 창조세계 전체에 대하여 반대하며 저항한다. 그것은 명백히, 그가 긍정적으로 만들고 발생시킨 것으로 이해될 수 없으며, 그렇게 이해되어서는 안 된다. 그것은 그 어떤 종합으로 편입되어서는 안 된다. 그것에는 우리 쪽에서 삶에 대한 모든 진지함과 세계에 대한 모든 진지함에 비하여 전혀 다른 종류의 진지함, 즉 근본적인 공포와 근본적인 혐오에 대한 진지함이 당연히 주어져야 하며, 그 혐오는, 여기에서 첫 번째 당사자이며 홀로 강력하고 탁월한 존재이며, 그러므로 우리의 온전하고 유일한 희망인 바로 그에 대한 희망 안에 근거를 두고 있다. 무는 무엇인가?: 이제 하나님의 선한 창조세계의 부정적인 측면과, 즉 무가 더욱더 강력하게 되기 위하여 그 배후로 숨기를 원하는 바로 그 부정적 측면과 '혼동되지 않는' 실제의 무는 무엇인가?; 이제 모든 은폐와 위장(偽裝)이, 즉 그것으로써 무가 우리를 기만하고자 했으며 우리 자신이 스스로를 기만하고자 했던 바로 그 은폐와 위장이 '벗겨진' 실제의 무는 무엇인가? 단순하지만 확실한 대답은 이제 다음과 같은 내용일 것이다: 무는 다음과 같은 '그' "현실성"이다: 즉 바로 그것 때문에 (즉 '그것에 대립하여') 하나님 자신이 피조물의 세계 안에서 피조물로 되기를 원했으며, 그가 예수 그리스도 안에서 그것에 대항하여 맞서고 또 굴복함으로써 '극복'하기를 원했던 바로 '그' "현실성"이다. 따라서 그것은 하나님에게 반대하며 저항하는 "현실성"이며, 그렇기 때문에 역으로 하나님의 반대와 저항에 굴복하고 패배하는 "현실성"이며, '이' ― 그를 거부하며 또한 그에 의해 거부되는! ― 이중의 결정에서 그와 '상이한' "현실성"이다. 예수 그리스도를 십자가로 내몰았던 것, 그가 십자가에서 정복한 것, 바로 '그것'이 실제의 무이다. 우리는 예수 그리스도로부터 출발하여, 그의 탄생과 그의 죽음과 그의 부활로부터 출발하여 무를 인식한다. 그런 이유에서 우리는 무를 올바르고 확실하게 인식한다: 즉 그것을 역시 다시 편입시키고 상대화하고 변증법적으로 파악하기를 원하는, 즉 해롭지 않은 것으로 무시하기를 원하는 유혹에 빠지지 않고 그것을 인식한다. 그 사건들로부터 출발하여 우리는 공포와 전율을 느끼며 무를 인식한다: 즉 하나님이, 바로 다만 하나님만이 그것을 능가하는 바로 그 적대자로서 인식한다. 우리는 다음의 사실을 주목해야 한다: 그것에 직면하여 역시 진정하고 유일한 희망의 토대가 확립되고 그 희망이 똑바로 세워진 바로 그곳으로부터 출발하여, 우리는 그것을 그렇게 인식한다. 저 혼동에서는 우리는 그것을 확실히 언제나 오직 어떤 다른 곳으로부터 출발해서만 인식한다.

그 개념은 그 사건들로부터 출발하여 즉시 매우 다양한 방식으로 전개될 수 있다는 것은 명백하다. 그 사건들로부터 출발하여, 실제의 '악'이 무엇인지, 실제의 '죽음'이 무엇인지, 실제의 '악마'가 무엇인지, 실제의 '지옥'이 무엇인지 등이 질문되고 언급될 것이며 또한 그렇게 되어야만 한다.—물론 그것들은 우리의 논의 맥락에서는 다만 간략하게 다루어질 수밖에 없는 질문들일 뿐이다. 그리고 바로 그 사건들로부터 물론 무엇보다도, 무의 모든 형태들 가운데에 가장 중요한—그러나 여기에서는 마찬가지로 주제별로 다루어질 수는 없는—것에 대한 조망이, 즉 인간이 저지르는 실제의 '죄'에 대한, 그것의 뿌리와 그것의 다양한 형식들과 결과들에 대한 조망이 나타난다. 바로 예수 그리스도로부터 출발하여 바라볼 때, 무가 작용하며 가시화되는 바로 그 '구체적인' 형태는 틀림없이 다음과 같은 인간의 '죄'이다: 즉 인간 자신의 행위와 과오, 인간이 하나님의 은혜 및 그 은혜의 계명과 결별을 선언하는 것, 인간이 하나님에 대한 감사함으로부터 그리고 그에게 동시에 제공된 자유와 의무로부터 뛰쳐나오는 것, 그 자신이 그의 주님이며 부양자이며 위로하는 자가 되기를 원하는 불손함, 그에게 합당하지 않은 것을 추구하는 사악한 욕망에 몰두하는 것, 그렇게 함으로써 그가 뒤얽혀 있는 이웃에 대한 관계에서 행하는 거짓말과 증오와 교만, 그렇게 함으로써 그가 자기 자신을 어리석게 만드는 것, 그렇게 함으로써 그에게 운명적으로 정해진 필연성의 토대 위에서 그렇게 함으로써 설정된 노선들을 따라서 살아가는 것이 인간의 '죄'이다. 바로 예수 그리스도로부터 출발하면 정말 다음의 사실을 인식하는 것이 불가피하다: 우리 자신이 바로 죄인으로서 무에 예속되어 있고 무에게 헌신하며, 무의 특성을 지니고 있으며, 무를 만들어내고 우리 주변에 유포시키고 있다.

무에 대한 '인식의 토대'가 실제로 '예수 그리스도 자신'이라는 사실을 포기하는 것은 결코 잘 한 일이 아닐 것이다. 그리스도 대신에 우리의 '고유한' 실존에 대한 우리의 의식을, 무에 대한 우리의 고유한 직접적인 '의식'으로서 우리의 죄의식을, 여기에서 필요한 진리의 본래 출처로서 인간의 죄에 대한 직접적인 인식을, 혹은 추상적인 법칙을 통하여 초래되거나 야기된 인식을 고려하는 것은 잘한 일이 아닐 것이다.

죄를 인식하기 위하여 '형식적으로'(formal) 결정적인 것은 바로 이것이다: 죄는 결국 인간 '자신의' 행위와 과오로서 인식되며, 인간이 죄에 대해 '책임'을 지게 되어 있으므로, 그는 그의 배상책임을 거절할 수 없으며, 그것을 자기 자신으로부터 다른 사람에게 혹은 그를 지배하고 있는 운명에 떠넘길 수 없다; 인간 자신에 대한 죄의 직접적인 절정이 출현하는데, 죄의 절정이란 인간에게, 그 자신이 저 낯선 것인 적대자를 신봉하도록 강요하며, 그가 반역적인 방식으로 그 적대자에게 대문을 활짝 열어주었다는 것을 그 자신이 고백하도록 강요하는 것이다. ─ 무에 대하여 실제로 진지하기만 한 바로 이 인식은 오직, 하나님 자신이, 즉 말씀하고 일하는 하나님 자신이, 따라서 바로 '예수 그리스도'가 그것에 대한 인식의 토대일 경우에만, 실제로 보장되어 있다. 우리는 다음의 사실을 주목해야 한다: 우리가 우리 자신에 대하여 알고 있는 것은 그것 자체가 언제나 우리가 지닌 피조물의 특성과 관련되어 있을 수밖에 없다. 따라서 아무리 솔직하고 진지한 자기의식 자체를 얻었다고 할지라도, 아무리 우리 자신의 실존에서 심오한 경험을 얻었다고 할지라도, 그것은 우리에게 죄를 우리가 지닌 피조물의 특성을 구성하는 한 요소로서 드러낼 수밖에 없다. 우리가 순수한 '자기'이해 안에서 '직접적으로' 지닐 수 있는 죄의식의 핵심은 다음의 사실을 완벽히 발견하는 것에 있을 수밖에 없다: 창조세계에 대한 저 이중의 결정이 우리 자신의 현존을 통해서도 관철되고 있으며, 우리들 자신 안에도 있는 긍정에 대하여 부정이, 우리들 자신 안에도 있는 빛에 대하여 그늘이 대립하여 있다. 그것의 핵심이 이 실상을 '완벽히' 발견하는 것에 있을 수밖에 없는 이유는, 이 죄의식의 핵심이 특히 다음의 사실에 있을 것이기 때문이다: 우리는 바로 우리의 자발성과 능동성이 결함이 있음을, 우리의 '행동'이 그리고 그 점에서, 본래 우리의 실존이라고 불리어야 하는 것이 결함이 있음을 의식하게 된다. 그러나 결함이 있다는 바로 이 사실이 우리가 범하는 실제의 죄는 '아니'다. 우리가 결함이 있음을 인식하면서도, 우리는 여전히 또한 우리 자신에 대한 구경꾼이기도 하며, 우리는 우리가 악한 것을 여전히, 우리에게도 확실히 결여되지 않은 선한 것과 비교할 수 있으며, 우리는 우리를 또한 여전히 다른 사람들과 비교할 수 있으며, 그 경우에 확실히 어떤 방식으로든지 우리에게 유리하게 비교할 수 있으며, 우리는 또한 여전히 피조물의 실존이 지닌 일반적인 대립에 대하여, 그 실존의 본질에 알맞게 내재한 긴장과 독특한 변증법에 대하여 관심을 가질 수 있다. 인간이 자기 자신과 대화한 결과인 죄인식은 틀림없이 바로, 그것이 ─ 긍정과 부정을, 빛과 그늘을 포함하는 ─ 인간의 실존자체를 또한 전체적으로 다음과 같이 고소하는 그러한 방식으로는 '실제의' 무에 대한 인식일 수 없으며, 또한 '실제의' 죄에 대한 인식일 수 없다: 그 실존은 하나님의 은혜 및 그 은혜의 계명과 결별을 선언하면서 그리고 이웃과의 단절하면서, 따라서 자연스럽지 않게, 피조물의 본성을 왜곡하는 것으로서 진행되고 있다. 어떻게 인간이, 자기 자신이 이렇게 고소당한 것을 인식하게 되겠는가? 어떻게 인간이, 자기 자신에 대한 그 고소가 옳다고 시인하지 않으면 안 되게 되겠는가? 우리가 우리의 관점에서 우리 자신에게 말하는 것은 결코 단호하게 행하는 '고소'로 될 수 없으며, 결코 "바로 '네'가 그 사람이다!"라고 말하게 되지 않는다. '내'가 '실제로' 죄인이라는 바로 그 사실, 내가 무를 운반하는 자이며 행하는 자이므로, 바로 내가 무의 현실에 책임이 있다는 바로 그 사실을, 그것이 하나님에 의해서 나에게 말해졌다는 것에 의거해서만, 나는 나에게 말할 수 있으며, 또 말하게 될 것이다. 그러나 그것이 또한 하나님으로부터 나에게 말해질 수 있는 것은 다만 다음과 같이 함으로써만 가능하다: 하나님이 그 자신의 적대자인 실제의 무에 대한, 즉 죄에 대한 그 자신의 대립관계 안에서 자기 자신을 나에게 계시함으로써만,—즉 어떻게 이 적대자가 하나님 자신에게 반대하고 저항하는지를, 그리고 어떻게 하나님 자신이 그 자신의 우월한 반대와 저항으로 그 적대자에 맞서는지를, 어떻게 하나님이 그 적대자를 파멸시키고 격퇴하는지를 내가 인식할 경우에만, 그것이 가능하다. 하나님의 어떤 추상적인 법도 (만일 그런 것이 도대체 존재한다면!) 나에게 그것을 말할 수 없을 것이다. 그의 은혜를 보여주는 율법(Gesetz)만이, 즉 심판자로서 그의 행동을 보여주는 율법만이, 그의 계약을 담은 율법만이 나에게 그것을 말할 수 있으며, 나에게 죄에 대하여, 즉 피조물의 본성이나 결함이 아니라 창조주를 모욕하는 것이며 그것 자체가 피조물의 과오인 그 죄에 대하여—내가 범하는 실제의 죄에 대하여—말할 수 있다: 피조물 자체가 그 죄에 관여하고 있으므로, 그리고 그것 자체에 죄가 활동할 여지가 주어져 있으므로, 그것 자체가 하나님에 대한 모욕을 마음에 담고 있으며 범하는 존재이므로, 피조물은 자신의 죄를 숙고할 수 없고 감정할 수 없고 평가할 수 없고 분류할 수 없다. 말씀 안에서 스스로가 육체가 되었으며, 육체 안에 있는 그 적대자에게 맞섰고, 육체 안에 있는 그 죄를 심판했던(롬 8:3) 바로 그 하나님만이, 즉 오직 예수 그리스도만이 나에게 그것을 말할 수 있다: 오직 그의 안에서만, 즉 그에 대해서만 실제의 무가, '실제의' 죄가, 즉 하나님에게 저항하여 싸우며 하나님에 의해 반박되고 정복되는 그 '죄'가, 그리고 그것이 바로 '인간'의 죄로서 명백히 드러났다. 죄가 아주 명백히 드러났으므로, 나는 죄를 단지 어떤 결함으로서만 이해할 수 없으며, 결코 더 이상 자연스러운 것으로서 이해할 수도 없으며, 오히려 그 죄 안에서 나는 낯선 것인 적대자를, 즉 나 자신이 그것에게 활동의 여지를 제공했던 바로 그 적대자를 재인식해야만 한다. 다른 한편으로는 오직 그의 안에서만 하나님의 말씀이, 육체 안에 있는 죄를 심판하기 위하여, 바로 '육체'로—즉 나의 육체와 같은 육체로 되었으며, 그를 통한 이 심판을 또한 나를 위해도 실행하기 위하여, 하나님의 말씀이 나의 형제로 되었다. 나의 '대리자'인 그를 바라봄으로써만 나는 나 자신을 이 심판에 함께 관계된 인간으로서 인식한다. 그러므로 그의 안에서(in), 즉 그에 대하여(gegenüber) 현실인 그것을 바라봄으로써만, 나는 또한 나 자신에 관해서도 내가 그러한 인간이라는 것을 말할 수 있으며 또한 말해야만 하고, 나 자신을 죄인으로서, 즉 하나님 앞에 있는 실제의 죄인으로서 고백하여야만 한다. 그를 바라봄으로써, 나는 그것을 행'할 수' 있으며, 또 행'하여야만' 한다. 그러나 우리는, 우리의 모든 죄인식들과 죄에 대한 고백들은 실제로 오직 다음과 같은 사실에 의거해서만 참된 것일 수 있으며, 우리 자신이 범한 실제의 죄에, 곧 실제의 무에 관계될 수 있다는 사실에 대하여 분명히 알아야만 한다: 죄와 무는 먼저 그리고 본래 '예수 그리스도' 안에서 인식되었고 그에 의해 고백되었으며, 따라서 우리는 역시 이 점에서도 그를 '뒤따를' 수밖에 없으며, 간접적이며 이차적인 인식과 고백 안에서 그의 인식과 고백에 '연결'될 수밖에 없다. 만일 여기에서 그가 인식과 고백의 토대가 아니라면, 그 경우에 우리의 인식과 고백은 여기에서 문제되고 있는 저 낯선 것인 적대자와 결코 관계되지 않으며, 그 적대자의 본질인 하나님에 대한 모욕, 즉 하나님에 의해 심판받는 그 모욕과 관계되지 않으며, 그 경우에 우리는 또한 이 모욕에 대하여 결코 '우리 자신'에게 책임을 지을 수 없을 것이다. 바로 이것이 다음의 질문에 대한 한 가지 이유, 즉 만일 무의 본질에 대하여 분명히 이해하는 것이 주요관심사라면, 왜 바로 복음의 중심 외에 다른 곳을 지향하는 것은 잘 한 일이 아닐 것인가에 대한 바로 그 '형식적' 이유이다. 두 가지 실질적인(sachlich) 이유들이 여기에 덧붙여진다:

  죄가 오직 일반적으로 하나님으로부터 벗어나는 것으로서, 즉 그의 뜻에 대한 불순종으로서 이해되는 곳에서는, 죄라는 바로 구체적인 형태 안에 있는 무의 현실은 아직도 예리하게 인식되지 않을 것이다. 확실히 무의 현실은 그것이다! 그러나 이 주제(Sache)는 이러한 일반적인 보편성 안에 머물러 있어서는 안 된다. 만일 그렇지 않으면 다음의 사실을 확인함으로써 여기에서 다시 하나의 퇴각로가 열릴 수 있다: 우리는 인간, 곧 피조물이고 신이 아니며, 우리가 하나님으로부터 벗어나는 것은 그리고 그 점에서 우리의 불순종은, 따라서 죄와 무는 엄밀히 말하자면 완전한 존재인 하나님과 비교할 때 우리의 본질에 필연적인, 즉 자연스러운 불완전함으로 환원된다. 그 경우에 우리의 자기비판이 아무리 신랄하다고 할지라도 그것은 언제나 또한 다음과 같은 변명을, 즉 자기정당화를 포함할 수 있을 것이다: 피조물이 그것의 창조주와 실제로 일치하는 것은 본성에 비추어 결코 고려될 수 없으며, 따라서 당연히 우리에게 요구될 수 없기 때문에, 하나님이 순종을 요구하는 것은 문자적으로 최종적인 엄격성을 지녀서는 안 되며, 그 요구를 위반하는 것이 결국 그렇게 완전히 나쁜 것은 아닐 수 있다. 그 경우에 우리는 무의 구체적인 형태인 죄에서도 어쨌든 다시 다만 창조의 어두운 면과 관계할 것이다. 여기에서 우리는, 하나님의 추상적인 율법도―그것이 계시된 것인가 혹은 자연적인 것인가는 여기에서 중요치 않다.―만일 그러한 것이 대체 존재한다면, 결코 실제의 죄를 인식하기 위한 토대일 수 없을 것이라는 사실이 특별히 명백히 되어야만 하는 지점에 직면해 있다. 역시 아주 진지한 자기탐구를 토대로 할 경우와 마찬가지로, 추상적인 율법으로부터 출발해서는 우리의 상황의 진지함이, 즉 우리가 범한 실제의 죄가 우리에게 거의 의식될 수 없을 것이다. 만일 우리가 하나님의 노골적인 요구에 직면한다면, 그 경우에 그 요구가 우리에게 과연 우리가 행한 행동의 불완전성을 의식하게 하기는 하겠지만, 그래도 그것에 의해서 바로 저 퇴각로가 차단되지는 결코 않을 것이다. 만일 우리가 다음의 사실을 인식한다면, 그때에 비로소 저 퇴각로가 차단되게 될 것이다: 하나님의 뜻에 대한 불순종인 죄에서 문제되고 있는 것은 하나님의 '은혜' 및 '그 은혜의' 계명과 결별을 선언하는 것, 즉 자비로운 하나님에 대한 정말로 자연스러운 감사하는 마음으로부터 그리고 동시에 그 경우에 또한, 우리의 이웃에 대한 관계에서 이번에도 자연스러운 (즉 우리의 창조주인 이 자비로운 하나님의 관점에서 볼 때 자연스러운) 질서로부터 인간이 뛰쳐나가는 것이다. '자비로운' 창조주에 대한 관계에서는 인간 자신이 본래 자유로우면서도 의무를 지니고 있을 것이다: 신적인 완전함을 위해서가 아니라, 하늘의 완전함을 위해서조차 아니라, 그렇지만 피조물의, 즉 지상의 완전함을 위해서, 하늘에 있는 아버지의 완전함과 동일하게는 아니지만 그 완전함에 올바르게(gerecht), 즉 그 완전함에 상응하게, 그러할 것이다. 자비로운 창조주에 대한 관계에서 인간은 이 올바름(Gerechtigkeit) 안에서 살 수 있을 것이며, 그렇게 살도록 허락될 것이며, 그렇게 살아야만 할 것이다. 그리고 이제 인간이 범하는 죄의 핵심은, 그가 본성에 비추어 당연히 그에게 고유한 이 가능성, 허락, 필연성과, 따라서 바로 하나님의 은혜 및 그 은혜의 계명과 결별을 선언한다는 사실에 있으며, 이제 이 사실에서 그의 죄는 변명할 수 없는 실제의 죄이다. 그러므로 이제 그는 정말, 그가 다만 인간일 뿐이며 하나님이 아니므로 선천적으로 잘못을 저지를 수 있다고 주장할 수 없다. 이제 그는 정말 그의 죄를 단순한 뒤처짐(Zurückbleiben)으로 해석할 수 없다. 하나님은 그에게 너무 많은 것을 요구하지 않았으며, 그는 하나님이 요구한 것을 이행하기에 무기력하지 않았다. 하나님의 자비는 그에게, 바로 그 자비에 의지하라는 것보다 더 많은 것을 요구하지 않았다. 그리고 그는 선천적으로 자유로웠으며, 그 요구를 이행할 의무를 지니고 있었다. 인간이 거스르는 하나님의 의지는 아주 위엄 있는 하나님의 자비로운 의지이며, 인내하는 의지이며, 선물을 베푸는 의지이다. 그런데 인간이 회피하였던 것은 하나님의 바로 이러한 의지였으며, 그 의지와는 달리 인간은 그 자신의 길들을 걷기를 원했다. 사정이 그러하다는 사실이야말로 하나님과 인간의 죄 사이의 대립을, 하나님과 죄를 짓는 인간 사이의 대립을 심각한 대립으로 만드는 것이며, 죄가 무엇인지를, 그리고 무가 무엇인지를, 즉 죄와 무는 하나님의 '자비'에 대한 우리의 반항이라는 사실(!)을 명백하게 만드는 것이다.

    그러나 바로 이것이 문제다: 어떻게 우리는, 사정이 그러하다고 말하게 되는가? 어디에서 들어서 우리는 '자비로운' 창조주에 대하여 알고 있으며, '그'에 대한 우리의 관계가 우리가 지닌 본래의 자연스러운 상태라는 사실을 알고 있으며, 바로 그 사실로부터 우리가 범한 실제의 죄에 대하여, 즉 실제의 무에 대하여 알고 있는가? 어떻게 우리가 위반하는 계명과 율법이 우리에게 하나님의 '은혜'에서 비롯된 계명과 율법으로 인식되어서, 그것이 우리에게 유죄 판결을 내림으로써, 그 심판에 대하여 우리가 어떤 퇴각로도 지닐 수 없게 되겠는가? 만일 예수 그리스도가 또한 이 죄와 무에 대한 인식의 토대라면, 그 모든 것이 명백하다. 왜냐하면 하나님의 말씀이 육체가 됨으로써 발생하였던 것은, 결코 단순한 요구를, 즉 하나님의 추상적인 율법을 계시한 것이 아니었으며, 그것에 상응하게 인간을 추상적으로 고소하고 유죄판결을 내리는 것이 아니었기 때문이다.—그 경우에 인간은 또한 다시, 하나님은 엄격한 주님이며 그는 다만 허약한 인간일 뿐이라는 핑계로 그 판결로부터 빠져나갈 수 있을 것이다. 오히려 그 성육신의 사건과 함께 발생하였던 것은 이것이다: 하나님 자신이, 무에 예속되었으며 죄를 범하고 있고 죄의 지배 아래에 있는 그 인간을 떠맡았으며, 하나님이 그 인간에 대하여 그의 자비에서 비롯된 의지인 바로 그 창조주의 의지를 실행에 옮겼으며 계시하였다. 말씀이 육체가 됨으로써, 하나님은 그의 피조물에 대한 그의 자비가 그의 끈질긴 태도임을 증명하였으며, 그는 그의 피조물에 대한 바로 그의 고유한 '권리'를 이용하여 역시 그의 '피조물' 자체가 지닌 자연스러운 권리도 보호하였고 다시 회복시켰다. 그는, 그 자신을 모욕했던 바로 그것을, 스스로 피조물이 된 그가 이제 싸우면서 그리고 압도적으로 승리하면서 맞섰던 바로 그것을 또한 그의 피조물을 모욕하는 것으로 취급하였으며 제거하였다. 그가 심판자로서 육체 안에 있는 죄를 떠맡았던 것이 바로 '그'의 일이었으며, 또한 '인간'의 일이었다. 따라서 그의 말씀이 육체로 된 것은 그의 '은혜'를 밝히 보여주는 새롭고 최종적인 계시였으며, 그가 그의 피조물을 창조할 때에 그 피조물에게 맹세하였던 그 '성실함'을 확증하는 것이었다. 바로 성육신 안에서 다음의 사실이 증명되었다: 하나님의 자비는 조건적인 자비가 아니라 '조건 없는' 자비, 즉 죄에 의해서도 무에 의해서도 무효로 되지 '않는' 자비이다. 그러나 바로 이 점이 중요하다: 그 모든 것은 하나님이 '죄'와 대결하면서 그리고 '죄'가 본질적으로 자비로운 하나님과 대결하면서 증명되었다. 그러므로 아무리 논증되고 공식화될지라도 하나님의 추상적인 율법 안에서가 아니라, 바로 여기에서 그리고 또 다시 오직 여기에서만, 즉 예수 그리스도 안에서만 우리는 실제의 '죄'를 드러내는 계시와, 즉 죄의 본질을 하나님의 은혜에 대항하는 적대관계이며 인간에게 자연스러운 감사하는 마음으로부터 이탈하는 것으로 드러내는 계시와 관계하고 있다. 여기에서 발생하고 있는 치유에서 우리는 질병을 알아차린다. 혹시 그밖에 어디에서 그리고 어떻게 이 질병이 인지될 수 있겠는가? 계약의 은혜로서, 즉 하나님에 의해 토대가 확립되고 유지되고 성취된, 인간과 맺은 '계약'으로부터 결과적으로 발생하는 요구로서, 하나님이 '성실'하고 '자비'롭기 때문에 우리에게 제공된 계명으로서, 이러한 구체적인 계명으로서 율법은 죄를 인식하게 하며, "분노를 일으키며", 항변할 여지가 없는 판결로, 즉 그의 불순종은 불완전함이 아니라 과오(Schuld)라는 판결로 인간을 "죽인다." 만일 그것이 자비로운 하나님의 계명이 아니라면, 어떻게 인간이 스스로가 유죄임을 인식할 수 있다는 말인가? 그 경우에, 어떻게 그가 본래 유죄일 수 있다는 말인가? 그 경우에 그가, 그는 다만 인간일 뿐이라고 주장해서는 안 된다는 것이 어떤 정당성을 지닌다는 말인가? 무조건적으로 인간을 위해 존재하는 하나님의 계명, 선천적으로 그의 하나님이며 그의 아버지인 그 자비로운 하나님의 계명에 직면하여, 즉 예수 그리스도 안에서 계시된 하나님의 계명에 직면하여, 그는 그런 주장을 할 권리가 '없다.' 자비로운 하나님의 계명은 그런 주장을 '불가능하게' 만들며, 해명과 변명 혹은 심지어 정당화가 존재하지 '않는' 그의 반대와 저항을 입증한다.―'예수 그리스도'의 계명은 인간에게 실제의 무를, 즉 그가 그것을 섬기고 있으며 행하고 있는 바로 그 무 자체를 폭로하는 계명이다. 우리는 원하는 대로 왜곡하고 방향을 바꿀지도 모른다. 그러나 이 인식토대가 효력을 발휘하지 않는 곳에서는, 이 주제에서도 참된 인식이 발생하지 않을 것이며, 그 어떤 형태의 인식에서든 언제나 저 큰 혼동으로 끝날 것이다.

이 인식의 원천을 유일한 원천으로서 고수해야 할 또 다른 실질적인(sachlich) 근거는 이것이다: 무는 죄 안에서 인간의 고유한 행위와 실행과 과오로 되기 때문에, 우리는 죄를 무의 구체적인 형태라고 불렀다. 그러나 무는 죄 안에서 소진되지 않는다. 다음의 사실도 정말 진실이다: 우리는 무를 죄와 관련하여 때때로 다만 예감할 수 있는 관련성 안에서, 때때로 매우 명료한 관련성 안에서, 때때로 또한 깊이 은폐된 관련성 안에서 역시 '감수'하게 된다. 성서에서는 이미 '죄 자체'가 그 죄의 사건에 대한 인간의 완전한 책임성과 관계없이 언제나 또한 저 '적대자'의 낯선 '권세'에 인간이 굴복하는 것으로 서술된다. 죄를 지으면서 이미, 인간은 유쾌하게 느끼지 않고, 오히려 본의 아니게 그리고 기대에 반(反)하여 고통을 느끼며, 그는 유혹을 받게 되며, 자기 자신을 모욕하는데, 오히려 이렇게 말하는 것이 나을 것이다: 그는, 그 자신이 모욕을 당하는 것을 허락한다. 여기에서 그는 약탈자일 뿐만 아니라, 그 자신이 약탈자들에게 습격을 받은 자이다. 이 사실은 매우 현실적이어서, 이미 죄 자체에 의하여 하나님이 모욕을 받았을 뿐만 아니라, 역시 피조물도, 즉 피조물의 본성도 방해받고 상처입고 파괴되었다. 그리고 죄가 인간의 행동이라는 것이 아무리 확실해도, 죄에는 고통을 감수하는 것이, 즉 '악'과 '죽음'을 감수하는 것이 '동반'하며 '뒤따른다'는 것이 명백하다. 창조세계는 역시 어두운 면도 지니고 있으므로 피조물의 현존 자체와 떼어놓을 수 없게 결합되어 있는 어떤 불쾌한 일들만이 아니라, 전적으로 불법적인 행동인 악을, 죄와 마찬가지로 피조물의 현존에 걸맞지 않으나 그 현존을 위협하고 위태롭게 하는 악을, 즉 피조물에 철저히 이질적이며, 그 피조물을 창조한 의미에 대해서 그리고 그와 동시에 역시 그것의 창조주에 대해서도 철저히 반대작용을 하는 요소를 잠정적으로 경험하는 것인 그 악을 감수하는 것이 동반하며 뒤따른다. 그리고 문제되고 있는 것은 삶을 자연스럽게 제한하는 사건인 죽는 것(Sterben)만이 아니라, 견딜 수 없는 것인, 즉 삶을 말살하는 것인 죽음 자체(Tod)이다: 악을 감수하는 모든 행동은 그 악의 목표인 그 죽음 자체를 향하여, 즉 피조물의 현존을 소멸시키며, 바로 그렇게 함으로써 또 다시 역시 창조주의 체면을 손상시키고 모욕하는, 저 낯선 권세의 결정적인 침입과 승리인 그 죽음 자체를 향하여 돌진한다. 마치 '실제의' 죄가 존재하듯이, '실제의' 악과 '실제의' 죽음이 존재한다. 우리는 전혀 다른 맥락에서 어쨌든, 군대를 거느린 '실제의' 악마와 '실제의' 지옥도 존재한다는 사실을 지적해야만 할 것이다. 여기에서는 실제의 악과 실제의 죽음 자체에 관하여 언급하는 것으로 충분할 수 있다. "실제의"(wirklich)라는 말은 여기에서도, 하나님의 창조세계 전체와 대립관계에 있다는 것을 의미한다. 무는 또한 악과 죽음 자체의 형태도 지니고 있다는 사실은, 죄로서 무의 형태에서는 별로 분명하게 되지 않는 것을 분명하게 해준다: 그것은 도덕적으로 무일 뿐만 아니라, 또한 물리적으로도 무이며, '전체적으로' 무이다. 무는 피조물을 그리고 그것의 본성을 '포괄적으로' 거부하는 것이다. 그리고 그것은 그러한 거부로서 하나의 '권세'(Macht)이다. 그것은 전혀 원하지 않은 것이며 부름 받지 않은 것이지만, 피조물이 그것에 반대하여 내놓기를 원하는 모든 것에 대하여, 마치 바로 악과 죽음 자체가 그러했듯이, 우세하게 맞선다. 거부(Negation)로서 그것은 그것의 고유한 '역동성'을 지니고 있다: 즉 피조물이 도저히 감당할 수 없는, 손상시키고 멸절시키는 역동성을 지니고 있다. 이것들이 무가 지니고 있는 중요한 본질적 특징들이다. 이러한 특징들에 대한 인식들은, 우리가 그것을 또한 '이러한' 형태들, 즉 악과 죽음 자체의 형태들 안에서도 인식할 경우에, '덧붙여'진다. 우리는 악과 죽음 자체를 다음의 사실에서 죄와 구분할 수 있다: 악과 죽음 자체는 우선 그리고 직접적으로는 피조물을 향하여, 그러나 간접적으로 그리고 본래는 피조물의 창조주인 하나님을 향하여 공격하는 반면에, 죄는 거꾸로 우선 그리고 직접적으로 하나님을 향하여, 그러나 그 경우에 바로 그렇게 함으로써 간접적으로 또한 피조물 자체를 향하여 공격한다고 언급될 수 있다. 그러나 모두 다 하나님과 피조물을 향하여 공격한다. 그러므로 그것들 모두는 또한, 그것들이 피조물인 우리에게는 이해될 수 없고 해명될 수 없을 수밖에 없으며 앞으로도 그럴 수밖에 없다는 점에서 공통점을 지닌다. 무는 이 '모든' 형태들 안에서, 이 '모든' 측면들 아래에서 인식되지 않으면 안 된다. 그렇지 않다면 우리는, 여기에서 무엇이 문제되고 있는지 그리고 여기에서 우리가 무엇에 대하여 논하고 있는지 모르게 될 것이다.

그리고 바로 이 '총체성' 안에서, 그것이 악할 뿐만 아니라, 또한 그야말로 막강한 적대자이며 공격자인 바로 그 형태로—피조물이 그것을 또한 그야말로 감수해야만 하는 바로 그 형태로, 무는 또다시 복음의 중심부에서, 즉 '예수 그리스도' 안에서, 오직 여기에서만 인식될 수 있다. 말씀이 육체가 됨으로써, 다름 아니라 하나님 자신이 바로 또한 이 '적대자'이며 '공격자'이기도 한 무에 맞섰다. 하나님은 그 적대자를 격퇴하기 위하여 그렇게 하였다. 바로, 자신이 무에 맞섬으로써 그것을 극복하기 위하여, 그리고 그 '멸절하는 자'를 멸절하기 위하여, 하나님은 그렇게 하였다. 복음서의 보도들 안에 있는 기적 설화들과 예수의 행위들에 관한 설화들은 예수의 메시아성, 신성한 사명, 권위, 권능에 대한 형식적인 확증들일 뿐만 아니라, 그 설화들은 그런 확증들이면서 실질적으로, 죄만이 아니라 바로 또한 악과 죽음 자체, 악마와 지옥을 정복한 자로서, 즉 멸절하는 자를 멸절하는 자로서 그가 지닌 특성에 대한 실증들, 즉 이러한 포괄적인 의미에서 구세주로서 그가 지닌 특성에 대한 실증들이다. 그는 인간들의 '죄들'을 용서할 뿐만 아니라, 인간들이 겪는 '고난들'의 원인도 제거한다. 그는 인간이 겪는 시험의 총체성에 맞선다. 그는 그것의 권세에 대하여 자신의 고유한 권세, 즉 하나님의 우세한 권세를 맞세운다. 그는 모든 면에서 전적으로 승리자임이 증명된다. 그는 완벽한 위로자로서 행동한다. 신약성서의 증언이 바로 '이 점'에 대하여 강조하여 언급하였던 것은 명명백백하다. 만일 우리가 그 어떤 구실로도 바로 그 언급에서 그 점을 제거하려 한다면, 우리는 그 증언을 파괴할 수밖에 없을 것이며, 그것이 증언하는 존재의 음성을 전체적으로 침묵하게 만들 수밖에 없을 것이다. 공격적인 낯선 세력의 형태도 지니고 있는 무의 반대와 저항에 맞서서 그의 입장에서 자신을 내던지기 위하여 왔던 그가, 피조물의 구원을 위하여 그리고 창조주의 명예를 위하여 총체적인 적대적 원리, 즉 도덕적일 뿐만 아니라 물리적인 적대적 원리인 그것을 실제로 격퇴하였던 그가 여기에서 말하고 있다.—그러나 여기에서 그가 말하고 있을 뿐만 아니라, 행동하고 있다. 그는 길이며 진리일 뿐만 아니라, 그는 또한 생명이다: 즉 부활이며 생명이다! 만일 그가 이러한 전체적인 면에서 구세주가 아니라면, 신약성서의 의미에서는 그는 결코 구세주가 아닐 것이다. 그리고 동방교회와는 달리 서구 그리스도교 전체가 옛날부터 신약성서의 이 언급을 받아들일 줄을 거의 몰랐고 그것의 가치를 인정할 줄을 거의 몰랐으며, 이 점은 사실 오늘날까지도 서구 그리스도교에 해로웠다는 사실이 이제는 심각하게 인식되어야 할 것이다. 그런데 특히 개신교는 옛날부터 너무나 도덕주의적이고 영적인 것만을 추구하였으므로, 복음의 이 측면을 바라볼 통찰력을 전혀 지니지 못했다. 우리는 실제로, 바로 이 대목에서 더욱더 부주의하게 되지 않고 훨씬 주의 깊게 되어야 하는 모든 이유를 지니고 있다. 하물며 우리가 스스로, 바로 여기에서 아직도 의식적으로 그리고 인위적으로 바리케이드로 우리를 보호하는 것을, 즉 신약성서의 '전체적인' 구세주를 바라보지 않을 뿐만 아니라 전혀 바라보기를 '원하지' 않는 것을 용납할 수 있다는 것은 당치도 않은 일이다. 그런데 신약성서에 의하면 예수가 저 총체적인 적대자에게 맞섰던 마지막의 그리고 실제의 형태는 바로 십자가 위에서 맞이한 죽음이다. 그리고 그가 그 '적대자'에게 맞섰다는 것은, 그가 죽음 자체를, 즉 '그' 죽음을, 즉 저주받은 자의 죽음을 '감수'했다는 바로 그 사실에서 실현되었다. 신약성서는, 그가 그렇게 한 것은 많은 사람들의 죄들을 용서하기 위한 것이었다고 말한다. 그런데 신약성서는 역시 다음과 같이 말하는데, 이것은 앞의 증언과 분리될 수 없는 것이다: 그의 죽음에서 죽음 자체로부터, 즉 실제의 죽음으로부터, 피조물을 저주하고 멸절시키는 죽음으로부터, 피조물의 창조주를 모욕하는 죽음으로부터, 마지막 적대자인 죽음으로부터 그것의 권세를 박탈하기 위하여, 그가 죽음을 감수한 것이다. 그리고 죽은 자들로부터 그를 부활시킴으로써 하나님은, 예수가 바로 그 일을 행하였다는 사실을 계시한다. 예수의 부활은 계시사건의 총계이다. 부활은, 신약성서의 증언에 따르면 그의 사역 안에서, 즉 그의 인격(Person)이 행한 사역 안에서 이루어졌던 하나님의 행위가 눈에 보이게 된 것이다. 이 증언에 따르면 그것은 그의 죽음을 무에 대항하는—그것의 '전체적인' 범위를 포함하는, 즉 그것의 모든 차원들을 포함하는 바로 그 무에 대항하는, 하나님의 바로 '그' 화해시키며 해방하는 행위로서 계시한다. 우리는 그것을 그렇게 오직 그로부터 출발해서만, 즉 신약성서의 증언에 따르면 예수 그리스도 안에서 완성되고 계시된, 하나님의 행위로부터 출발해서만 말할 수 있기 때문에, 이 관점에서도 '예수 그리스도'에 대한 인식이, 역시 실제의 무에 대한 인식도 포함하고 있는 유일한 인식이다. 여기에서, 그의 안에서, 즉 그를 마주보며, 무가 바로 총체적으로 눈에 보이게 된다: 즉 영혼과 육체를 파멸시켜 지옥으로 떨어뜨릴 수 있는 적대자로서, 악마로서, 또한 피조물과 그의 창조주에 대립하여 실제로 '섬뜩하게' 싸움터에 서 있는 악한 요소, 치명적인 요소, 멸절하는 요소로서, 인간이 충성을 맹세할 수 있으며 헌신할 수 있고 또 실제로 헌신하는 이념으로서만이 아니라, 그에게 닥쳐오고 그를 포로로 붙잡아 다른 길로 끌고 가는 권세로서, 즉 그것에 직면하여 그 자신이 상실된, 즉 완전히 상실된 바로 그 권세로서 눈에 보이게 된다. 하나님의 말씀이 육체가 됨으로써, 이러한 실제의 무에 대하여 예수 그리스도가, 즉 하나님 자신이 맞섰다. 이러한 실제의 무에 대하여 그가 승리자로서 증명되었다. 그리고 그렇게 함으로써 그는 바로 이러한 실제의 무를 명백히 드러냈고 폭로하였다: 즉 그것의 본질, 그것의 위험성, 피조물에 대한 그것의 무기력함, 창조주 자신에 대한 그것의 완전한 무기력함을 폭로하였다. 사실이 그러하므로, 우리는, 바로 예수 그리스도가 또한 무에 대한 인식의 토대라는 주장을 고수할 모든 이유를 지니고 있다.

나는 무에 대한 인식의 토대에 대한 이 질문 전체에서, 우리가 여기에서 연구에 몰두하고 있는 이 어려운 주제에 지금까지 종사했던 학술작품들 가운데서 가장 중요한 특수한 작품과 무언의 논쟁을 하고 있었다. 할레(Halle) 시의 신학자였던 뮐러(Julius Müller)가 1838-1844년에 처음 출판한 유명한 책, 『그리스도교의 죄론』(*Die christliche Lehre von der Sünde*)이 바로 그것이다. 여기에서 문제되고 있는 것은, 19세기 개신교 신학의 역사에서 나타난 현상들, 즉 과연 다만 부분적이기는 하지만 경계가 분명한 반대운동이 개신교 신학의 보편적인 동기들과 경향성들과 대조를 이루고 있는 그 현상들 가운데 하나이다. J. 뮐러는 다음의 사실을 깨달았다고 생각했다: 그의 시대에 잘 알려진 그리스도교의 일원론, 즉 고전적으로 슐라이어마허와 헤겔의 저작에서 표현된 관점인 하나님과 세계, 하나님과 인간, 죄와 속죄를 함께 바라보는 관점은 특정한 지점에서 한계를 지니고 있다. 즉 일원론이 그리스도교적인 것이기를 중지하거나 혹은 일원론적이기를 중지해야 할 한 지점이 존재한다는 것이다. 그 시대에 비슷한 신학적 독자노선을 걷는 다른 사람들은 다른 지점에서 동일한 한계들을 인식하였다: 콜브뤼게(Kohlbrügge)는 그리스도 안에서 의롭게 인정받는 문제에서, 아버지 블룸하르트(Blumhardt)는 그리스도교의 희망 문제에서, 마르부르크의 빌마(Vilmar)는 교회의 직무 문제에서 동일한 한계들을 인식하였다. 뮐러가 이 한계를 인식하였던 특정한 지점, 즉 그가 그리스도교 신학자로서 일원론적으로가 아니라 그것과는 다르게 그리스도교적으로 생각하려 했던 그 특정한 지점은 바로 '죄'의 문제였다. 그가 악에 관한 그리스도교 교의를 다만 "그것이 이해하기 어려운 것임을 이해하는 것"(II, 232)으로 받아들이려 했기 때문에, 즉 다만 하나님의 본질과 인간의 본질에 그리고 하나님과 인간 사이의 상호 관계에 전혀 낯설며 철저히 반대하며 저항하는 요소를, 즉 그것의 현실에 대하여 인간이 오직 스스로에게 책임을 지워야만 하며, 따라서 더 높은 원리로부터 그것을 연역하고 해명하는 것은 단호히 포기되어야만 하는 바로 그 요소를 확인하는 것으로만 받아들이려 하였기 때문에, 그는 이 대목에서 그의 시대를 지배하던 관념들과 사고습관들을 실제로 상당히 어겼다. 뮐러가 그 후에 제2권에서는 "시간 이전의(vorzeitlich) 타락"이라는 특이한 이론에 사로잡혔으며, 그 경우에 시간 안에 있는 인간의 죄의 현실은 시간 이전에 발생한 타락의 결과로서 혹은 어쨌든 부수적 현상으로서 이해되어야 할 것이라는 점에서, 그 자신이 아마도 그의 이 인식에 끝까지 충실하지는 않았을 것이라는 것은 별개의 문제이다. 그러나 우리 자신이 역시 깨닫게 되듯이, 우리가 그것을 은밀히 역시 "사변적으로" 해명하기를 원한다는, 즉 하나의 체계 안으로 편입시키기를 원한다는, 그 점에서 역시 여전히 그것의 특성을 위조하기를 원한다는 그 혐의에 적어도 우리 자신을 내맡기지 않고는, 이 낯설고 오로지 부정적인 현실성 전체에 대하여 의미 있는 마지막 말이나 최초의 말을 하는 것은 어렵고 아마 불가능할 것이다. 그리고 뮐러가 어쨌든 그 문제를 근본적으로 그처럼 예리하게 인식하였고 부각시켰고 그의 시대에 첫 번째로 그리고 유일하게 그처럼 분명하게 제시하였다는 사실을 고려할 때, 우리는 뮐러의 진술이 지니고 있는 그런 문제성을 무시할 수 있다.

앞에서 말한 내용에서 나는 그와 무언의 '논쟁'을 하고 있었는데, 그 '논쟁'은 바로, 이 주제에서 표준적인 '인식의 토대'에 대한 문제와 관련된 것이었다. 뮐러는 하나님과 인간을 분리시키는 저 요소의 현실성 및 본질을 매우 자명하게, 다른 어떤 가능성을 숙고조차하지도 않고 — 말하자면 어떤 도구에 의지하지 않고, 텅 빈 공간 안에서, 소위 당장 보고 알아챌 수 있는 사실성을 분석함으로써 확인하고 찾아낼 수 있다고 생각했다는 점에서, 그는 그의 시대의 사람이었으며, 또 그렇게 머물러 있었고, 더욱이 또한 거의 모든 옛 전통의 궤도들 안에 있었다. 그가 찾아낸 규칙은 이런 것 같다: 우리는 심리학적, 사회학적, 역사적으로 주어진 사실 안에 있는 인간의 실존에 대하여 숙고하므로, 만일 조금만이라도 진지하게 숙고한다면, 우리는 또한, 인간은 죄인이라는 사실과도 마주치게 된다. 뮐러가 그 위대한 서술을 시작하는 바로 다음의 말들은(I, 32) 그에게도 자명한 그 절차의 특징을 나타내고 있다: "인간의 삶에서 나타나는 바로 그 하나의 현상에 직면하여 심사숙고하면서 머물기 위해서는, 그리고 몇 번이고 되풀이하여 그 현상에 탐구하는 눈길을 되돌리기 위해서는, 바로 특별히 심오한 숙고가 아니라, 오직 약간의 도덕적 진지함만이 필요하다. 그 하나의 현상이란 '악'의 현상이다: 즉 조화와 일치의 요구가 가장 독특하게 힘주어 주장되고 있는 영역에서 방해와 불화를 일으키는 요소가 현존한다는 것이다. 인류의 역사가, 즉 전체적으로 그 역사의 발전 과정이 우리의 머릿속을 스쳐 지나간다면, 이 요소는 도처에서 우리와 마주친다. 만일 우리가 인간 공동체의 매우 좁은 관계들을 주시한다면, 그것은 다양한 모습들로 우리에게 그것의 현존을 드러낸다. 만일 우리가 우리들 자신의 내면을 들여다본다면, 우리는 그것의 현존을 스스로에게 숨길 수 없다. 바로 밤의 암흑이 인간이 살아가는 삶의 모든 영역들을 어둡게 하며, 우리는 언제나 새롭게 바로 그 암흑이 삶의 가장 밝고 가장 빛나는 모습들을 삼키는 것을 바라본다." 뮐러가 그의 전이나 후에 살았던 많은 사람들처럼 이 현상을 고도의 도덕적 진지성을 갖고 다루기를 원했다는 사실은 의문의 여지가 없다. 그리고 또한 그에게는, 인간의 현실에 대한 포괄적이며 철저한 통찰이 결여되지 않았으며, 이 현상에 대하여 그밖에 이미 숙고되고 언급되었던 모든 것에 대하여 면밀하게 주의를 기울이는 것도 결여되지 않았다. 그가 그처럼 보람 없는 주제에 바쳤던 이 연구서는 이 점에서 결코 부족한 부분이 없다. 그는 오히려―그리고 이 사실이 오늘날까지도 그의 책을 돋보이게 한다.―더 숙고하면서, 더 당혹해하면서, 더 경악하면서 심리학적이며 사회학적이며 역사적인 인간상(像) 안에 있는 어두운 오점에 직면하였으며, 그는 이 영역에서 더욱 근본적으로 탐색하고 방향을 찾았으며, 그는 이 주제에 대한 상이한 옛 견해들과 새로운 견해들의 변증법과 한계들을 그의 동시대인들만이 아니라 더 오래된 전통의 대표자들 대부분보다도 더 정확하게 인식하고 고려하였다. 그가 열매를 맺게 하기는커녕 고려하기조차 하지 않았던 것처럼 보이는 '한 가지' 질문은 다음과 같은 비판적인 근본적인 질문이다: 대체 우리는 저 어두운 오점을 전반적으로 그렇게 직접적으로, 다른 현상들 가운데에 있는 하나의 현상으로서 인지하고 확인하며, 분석하고 평가할 수 있는가? 혹은 또한 이 현상에 대한 인식도 '신앙'의 문제가 아닐까? 그리고 엄밀한 의미에서는 일종의 '신학적' 문제가 아닐까? 오히려 그는 다음과 같이 가정한다: 우리는 일반적으로, '죄'가 존재한다는 사실을, 즉 그것이 '현존'한다는 사실을 알 수 있다. 그리고 그는, 우리가 양심적이고 포괄적으로 고찰하고 숙고한다면 역시 죄가 '무엇'인지도 당장 알 수 있을 것이라고 생각한다. 이 주제에 대한 외관상 직접적인 접근에서 그는 다음의 사실을 확신할 수 있으며 또 확신한다: 죄는 오직 반항하기만 하는 것이며, 죄 자체는 어느 곳으로부터도, 즉 하나님의 본성으로부터도 그리고 그의 피조물의 본성으로부터도, 하나님과 인간 사이의 자연적 관계로부터도 이끌어 내어질 수 없고 정당화될 수도 없으며, 인간의 악한 행위와 과오로서 이해될 수밖에 없고 또 그렇게 이해되도록 허락된다. 뮐러보다 먼저 이미 '칸트'가―그가 쓴 『순수이성의 경계들 내부에 있는 종교』의 서두에서: 경계들 안에서, 그러나 가장 먼 경계에서, 아마도 이미 그의 철학이 설정한 경계를 넘어서!―이 주제를 다음과 같이 주어진 사실로서 간주할 수 있다고 생각하였다: "선한 원리 곁에 악한 원리가 동거하는 것", 가령 감성이 이성에 대하여, 어리석음이 지혜에 대하여 대립하고 있는 것과는 전혀 다르게 선한 것에 대하여 대립하고 있는 악, 즉 결코 인간의 자연스러운 경향들 자체 안에 토대를 지니고 있는 것이 아니라, "인간의 마음 안에 있는 악의(惡意)" 안에 토대를 지니고 있는 악, 악으로 기우는 "성향", "법에 저촉되는 원칙들을 받아들이는 헤아리기 어려운 이유", 모든 원칙들의 가장 위에 있는 주관적 토대의 타락, 즉 인간 자체의 그리고 인류의 특징을 나타내며, 그것의 방식으로 법에 대한 순종과 마찬가지로 인간이 지닌 자유의 문제이며, 따라서 인간이 그것에 대해 책임이 있는 바로 그 타락 — 즉 "철저한(radikal) 악." 칸트는, 그가 어떻게 이 진기한, 왜곡된 "자유"를 알게 되었는지에 대하여, 아무런 정보도 제공하지 않았다. 그는 확실히 뮐러처럼 그 자유를 하나의 "현상"이라고 부르지는 않았을 것이다. 그러나 그는 명백히 다음의 사실을 고려했다: 우리는 본래의 자유, 즉 선을 위한 자유와 마찬가지로 그 왜곡된 자유를 직접적으로 알아차릴 수 있다. '뮐러'도 그렇게 생각하였다. 이들 두 사람의 주요명제가 눈에 띄게 올바르기 때문에 다음과 같이 추측하게 된다: 아마 그들 두 사람은 다만, 그들이 그때에 사실상 '그리스도교의' 인식 노선 위에서 움직였으며, 사실상 '복음'의 중심에 관심의 방향을 맞추었다는 사실에 관하여 해명하지 못했을 뿐이었는지도 모른다. 그러나 신학자였던 뮐러조차 그 사실을 해명하지 않았기 때문에, 그도 원칙상 그렇게 하지 않았으며, 그 결과 그곳으로부터 제공되는 가능성들을 완전히 활용하지도 않았기 때문에, 그의 연구와 서술은 불가피하게 다음과 같이 몇 가지 아주 특정한 결함들과 약점들을 내보일 수밖에 없었다:

1. 그는 악을 "우리의 본질에 대하여 전혀 낯선 것이며 저항하는 것, 즉 어떤 더 숭고한 견해나 어떤 진보된 인식도 우리를 그것의 현존과 화해시킬 수 없는 것"(I, 34f.)으로서, 즉 그것의 현존을 우리는 오히려 우리의 과오라고 부르고 승인할 수밖에 없는 것으로서 이해하려 했다는 점에서, 물론 그는 그의 시대의 결정적인 흐름과는 달리 공식적으로 '종교개혁' 및 초기 개신교 신학의 토대로 되돌아갔다. 그러나 만일 초기 개신교 신학이 가령 『하이델베르크 교리문답서』의 세 번째 질문, 즉 "어디로부터 당신은 당신의 처지가 비참하다는 것을 인식하게 되었는가?"라는 질문에 대하여 "하나님의 율법으로부터"라고 명백한 대답을 제시할 줄을 알았다면, 뮐러는, 물론 그도 곧 그 법을 참조하도록 지시하면서, 그 법을 역시 다만 임의로 제한되는 '인간의 삶에 대한 이념'으로만 서술할 줄을 알았다. 그것은 '도덕법'(das sittliche Gesetz)으로서, 그것에 대한 숙고는 무디어지지 않은 정서를 지닌 사람에게는 필연적으로 탁월함과 존엄성의 인상을 불러일으키며, 그 경우에 도덕법에 대립하는 악은 인간이 지니고 있는 의지의 사실상의 방향이 왜곡되어 비난받아야 하는 것으로서 가시화된다는 것이다. 그 후에 추가로 그는, 성서 안에서 율법과 죄 그리고 죄의 인식이라고 불리는 것을 "이런 의미에서"(I, 53) 이해하려 한다. 성서에서는 인간에 대하여 탁월하게 '마주' 서 있는 고발인이며 심판자가 화제로 되고 있다는 것, 거기에서는 '하나님'이 (『하이델베르크 교리문답서』네 번째 질문에서는 그리스도가!) 율법 제정자이며, 그의 판결에서 죄가 죄로서 인식될 수 있게 되며, 그의 말씀을 토대로 삼고 인간은 그가 죄인이라는 사실을 '믿어야'만 한다는 것 — 이것이 뮐러의 이론에서는 가시화되지 않는다. 그 결과, 그 자체로는 매우 옳은 그의 주장들은, 즉 죄는 전적으로 거역하는 것이며 죄를 실행하는 것에 대해서는 인간이 책임이 있다는 주장들은 과연 매우 강하고 진지한 주장들이기는 하지만, 바로 그럼에도 불구하고 다만 주장들일 뿐이며 또한 주장들로 남아 있을 뿐이다. 그렇게 이례적인 확인들은 권위 있게 이루어져야만 하며, 그 권위로부터 저 낯선 요소의 현실성에 대한 예사롭지 않은 통지(Mitteilung)가 중요성을 지녀야만 할 것이며 동시에 운반되어야만 할 것인데, 그 주장들은 그 권위를 지니고 있지 않다. 이미 칸트의 경우에서처럼 뮐러의 경우에도 우리는 다음과 같이 어렴풋이 느끼고 추측할 수

밖에 없다: 그들의 명제에는 그들이 전제하였으나 언급하지 않은 논리적 근거가 존재할지도 모르며, 그것이 어쨌든 인간 안에 있는 "도덕법"을 지시하는 것만으로는 제공될 수 없는 그 단호한 확실성을 그들에게 부여했을지 모른다. 마치 가령 괴테에게는 이미 "철저한 악"에 대한 칸트의 주장이 그야말로 불쾌한 주제였듯이, 뮐러의 경우에도, 비록 그가 그 명제들을 진지하게 제시하고 변호하였지만, 그 명제에 대하여 그야말로 불쾌한 느낌을 갖게 될 가능성이 남아 있다.

    2. 거꾸로 말하자면, 뮐러는 다음의 사실에서 초기 개신교 신학의 일반적인 성향에 너무나도 충실히 동조하였다: 그는 죄를 폭로하는 율법을 복음으로부터 출발하여 해석하지 않고, 즉 계약과 은혜의 법으로서 이해하지 않고, 단순한 '추상적인 요구'로 내세웠으며, 그 견해로부터 출발하여 죄를 하나님에 대한 불순종으로, 이기심으로, 속세에 대한 쾌락 등으로, 그리고 마침내 과오로 내세웠다. 그도 다음과 같은 질문에 몰두하지는 않았다: 대체 하나님과 인간은 어느 정도까지 함께 하기에, 그 요구가 의미 있고, 가능하며 필요한 것으로서, 그 요구를 이행하지 않는 것이 불쾌한 것으로, 이치에 어긋나는 것으로 생각되는가? 그러므로 역시 그도, 죄가 본래 이해되지 않는 것, 진정으로 악한 것, 당연히 저주받아야 할 것이라는 것을 제시할 수는 없었다: 즉 죄의 본질은 형식적인 이탈만이 아니라 실질적인 이탈에 있으며, 죄는 어려운 계명이 아니라 쉬운 계명을, 높고 멀리 있는 계명이 아니라 실제로 가까이 있는, 심지어 가장 가까이 있는 계명인 '감사함'의 계명을 위반하는 것이라는 점을 제시할 수 없었다. 명령하는 하나님은 그의 자비 안에서 인간을 도왔고 동맹을 맺었으며, 그 자신을 인간에게 주었고, 바로 그렇게 함으로써, 그의 뜻을 행하도록 인간을 해방하였고 동시에 의무를 부과하였으므로, 감사함은 인간에게 '자연스러운' 것이다. 역시 그도, 하나님의 율법을 인간에게 구속력이 있는 것으로 만들고, 그렇게 함으로써 무의 소산인 죄를 혐오하게 만드는 것은 다름 아니라 바로 하나님의 '자비'라는 사실을 보여줄 수 없었다. 역시 그도, 그와 동시에 당연하다고 생각되는 평계, 즉 하나님은 너무나 위대하고, 그의 요구는 너무나 고상하고 낯설며, 인간은 그 요구를 만족시키기에는 너무나 약하다는 그 평계는 원래 불가능하다는 사실을 보여줄 수 없었다. 역시 그도, 인간이 ― 즉 하나님의 '성실함'에 의해서 ― 죄인으로서도 여전히 그 율법을 지킬 의무를 지고 있다는 사실과 어느 정도까지 그러한지를, 그것이 결코 새로운 위협이 아니라, 오히려 약속을 의미한다는 사실과 어느 정도까지 그러한지를 보여줄 수 없었다. 역시 그도 다음과 같은 율법과 죄 사이의 변증법에 머물러 있다: 만일 그 변증법이 갈라디아서와 로마서의 본래의 이해에 의거한다면, 그것은, 다메섹 앞에서 바울이 겪은 경험의 본질은 '그리스도' 현현에 있는 것이 아니라 하필이면, '바리새인들'이 이해했던 구약성서의 '율법'을 계시한 것에 있다는 사실을 포함해야만 한다는 것이다. 그러나 바울은 그 서신들에서 그가 그 율법으로부터 오히려 해방되었다는 것을 몇 번이고 되풀이하여 확언했다. 역시 그에게도 다음의 사실은 완전히 모호하다: '쓴맛'을 지닌 것으로 잘못 이해된 계명, 즉 성서적 의미에서 '하나님 없는'(gottlos) 것으로 이해된 계명은 인간을 물론 다시 분노하게, 즉 저 고귀한 낯선 하나님에게 저항하여 분노하게 할 수는 있지만, 그 자신의 쓴맛, 즉 그가 계명을 위반한 쓴맛을 그에게 결코 드러내어 보여줄 수는 없는 반면에, 오직 구약성서와 신약성서의 복음과 계명이 지니고 있는 '단맛'만이 인간에게 그가 계명을 위반한 '쓴맛'을 의식하게 만들 힘을 지니고 있다.

3. 또 한편으로는, 뮐러도 너무나 지나치게 신학적 — 즉 저 서구의 신학적 — 전통과 일치하여 다음의 사실을, 즉 인간의 죄에서 문제되는 것은 하나의 '격리된' 현상이 아니라, 다만 무의 근본현상 가운데 물론 가장 돋보이는 하나의 부분적 측면이라는 사실을 깨닫지 못했다. 옛 신학자들 가운데 이미 예외가 있었다. 가령 폴라누스(Polan, *Synt. Theol.* chr. 1609 VI 7)는 "인간에게 닥치는 악"에 관한 특별한 논문을 썼으며, 더구나 "죄와 과오라는 악"을 다루는 것보다 더 앞서서 그것을 다루었다. 뮐러의 경우에도 "인간에게 닥치는 악"이 문제되고 있으나, 악과 죽음의 문제는 바로 다만 죄의 결과인 심판과 형벌로서만 문제가 되고 있다. 엄밀히 말하자면, 그도 다만 "죄와 과오라는 악"만을 알고 있는 것처럼 보인다. 병든 사람들, 정신병자들, 배고픈 사람들, 죽음의 위협을 받고 있는 사람들, 이미 죽은 사람들에게 예수가 행한 행동들에 대한 복음서 설화들은, 그리고 예수 자신의 부활은 이 관점에서는 역시 그에게 아무것도 말해주지 않았던 것처럼 보인다. 역시 그도 다음과 같은 생각에는 전혀 도달하지 못한 것 같다: 또한 — 창조된 우주의 어두운 면 배후에 은폐된 — '물질적으로'(physisch) 악한 것 안에서도 적대자의 형태가, 하나님에 대한 명예훼손이 중요한 문제일 수 있다: 그것은, 죄가 있는 인간이 그러한 범법자로서 명백히 드러나게 될 수밖에 없는 것과 내용상 동일한, 하나님에 대한 명예훼손이 중요한 문제일 수 있다. 그러므로 역시 그에게도 이 적대자의 '권세'를 인식하는 것, 혹은 하나의 '권세'인 이 적대자를 인식하는 것은 타당한 효력을 발휘할 수 없었다. 뮐러가 생존해 있을 때 아버지 블룸하르트가 이 관점에서 발견했던 것은 그에게도 전혀 낯선 것이었다. 이와 같이 그는 그의 논문을 바로 '죄'론에 한정시켰다. 그것은 그럴 수밖에 없었다: '전체적인'(ganz) 구세주, 즉 '완벽한' 위로자가 인식의 원천으로서 출발점에 서 있지 않은 곳에서는, 목표점에서 피조물의 '전체적인' 비참함(Jammer)에 대한 인식에, 그 비참함의 원인인 '완벽한' 부정적인 것에 대한 인식에 도달하게 될 것이라고 기대할 수는 없는 것이다.

우리는 뮐러를 확실히 어쨌든, 언급된 항목들 가운데에서 두 번째 항목과 세 번째 항목에서는 용서받은 것으로 간주해야만 할 것이다. 왜냐하면 여기에서 그의 동시대적인 환경만이 아니라 그에게 표준적이던 바로 그 신학적 전통도, 그가 그의 이론적 실마리에서도 — 예수 그리스도를 도외시하고도 알기 쉬운 주어진 사실로서 죄를 이해하려는 시도에서 — 그 전통의 큰 노선 위에서 움직였던 것보다 더 멀리 앞으로 돌진하지는 않았기 때문이다. 만일 내가 여기에서 이 실마리에 관하여 그리고 마찬가지로 거기에서부터 밝혀진 결과들에 관하여 바로 '그'와 거리를 둔다면, 내가 그렇게 하는 이유는 이것이다: 그의 주장에서 우리는 말하자면 "건조되지 않은 목재"(grünem Holz)와 관계하고 (문제의 핵심에 접근하지 못하고 — 역자 주) 있기 때문이며, 그가 주장하는 주요명제가 내용상 올바르다는 사실을 고려할 때, 그가 그의 실마리에서 그리고 저 세 가지 문제들 모두에서 더 나은 새로운 길들을 택해야 했다는 것이 당연하다고 생각되었을 '수 있기' 때문이며, 그가 도달했던 지점으로부터 우리는 특히 명백하게, 여기에서 더 나은 새로운 길들이 — 우선 그 실마리의 문제에서 그리고 거기에서 출발하여 열거된 세 가지 특수한 문제들에서 — 실제로 택해지지 '않으면 안 된다'는 사실을 인식할 수 있기 때문이다.

우리는, 역사 안에서 효력을 지녔던 가장 중요한 이론들, 즉 우리가 지금까지 제시했던 내용에서 암시적으로 이미 거부하였던 그 이론들 가운데에서 몇 가지를 생생하게 묘사하기로 한다.

우리가 여기에서 무엇보다도 한 번 더 (KD III/1, 446ff.를 참고하라) 기억해야만 하는 위대한 인물은 라이프니츠(Gottfr. Wilh. Leibniz)이다. 그는 그의 『신정론』(Theodizee), 그리고 그것과 유사한 저술들에서 이 주제에 대하여 다음과 같은 견해를 발전시켰다: 우리의 실제 세계, 하나님에 의해 창조되고 통치되는 '세계', 즉 무한히 풍부한 가능성들 가운데에서 그에 의해 선택된 세계로서 모든 세계들 가운데 가장 좋은 세계인 이 세계는—비록 '상대적인' 완벽함이라고 할지라도—'완벽함' 안에서 하나님에게, 즉 자신 안에 모순이 없으며, 최고의 지혜, 권세, 의지의 자유와 자비를 자신 안에서 하나로 만드는 존재인 절대적으로 완벽한 하나님에게 상응한다. 세계가 이런 것이며 이 의미에서 상대적으로 완벽하기 때문에, 그것은 우리를 역시 문제 앞에, 즉 요약하여 표현한다면, 형이상학적인 악이라는 사실 앞에, 부연 설명한다면, 심리적 아픔들이라는 사실 앞에, 도덕적으로 나쁜 것이라는 사실 앞에, 죽음이라는 사실 앞에 세운다. 이 사실 자체 그리고 이 사실들 자체는 부인될 수 없다. 그러나 그것들의 수수께끼는 궁극적인 것이 아니며, 해결하기 어려운 것도 아니며, 이 주제는 오히려 만족할 수 있게 '해명'될 수 있다.

라이프니츠의 해명은 다음과 같다:

다른 모든 악들을 그 자체 안에 통합하며 말하자면 그 자체로부터 내보내는 '형이상학적인' 악은 다름 아니라 바로, 피조물의 불가피한 비신성(非神性, Nichtgöttlichkeit)이다. 하나님에 의해 창조된 세계는 모든 세계들 가운데 가장 좋은 세계라는 사실은 이 불완전성을—그것은 바로 세계이지 하나님이 아니다.—배제하지 않고, 포함한다. 제2의 하나님을 창조하지 않고는, 하나님은 세계에 어쨌든 모든 것을 제공할 수는 없었다. 하나님이 그 자신에게 불가능한 이 일을 행하지 '않'음으로써, 그는 피조물에게도 '잘'했던 것이며, 바로 그렇게 함으로써 피조물에게 '그것'에 어울리는 '완벽함'이 귀속되는 것으로 인정하였다. 그러므로 피조물은 그것의 '비'신성이라는 바로 그 제한들 안에서 완벽한 것이다. 만일 이 비신성이 불완전성을 포함하고 있다면, 비신성의 본질은 오직 피조물을 제한하는 것에 있다: 따라서 비신성은 적극적인 악이 아니며, 본래 그렇게 불리어야 하는 악이 아니라, 오직 피조물에 달라붙어 있는 결핍일 뿐이며, "결여"일 뿐이다. 그리고 그 비신성은 하나님에 의하여 피조물의 완벽함과 같은 부류에 넣어지므로, 그 비신성도 피조물의 완벽함을 감소시키는 것이 아니라 오히려 그 완벽함을 증대시키는 것을 의미할 수밖에 없다. 바로 이 '불가피한' 악, 즉 형이상학적인 악으로부터—그것은 그래도 사실은 그러한 악은 아니다!—결과적으로 이제 또한 고통, 죄, 죽음이라는 '가능한' 그리고 '실제의' 악들이 생기며, 이제 그것들도 그 악을 해명하는 일에 참여한다.

'고통'은 창조된 인간 정신이 느끼는 불쾌함이며, 그 불쾌감은 쾌감과 나란히 정신에 불가피한 것이다. 왜냐하면 정신은 물질적인 몸과 결합되어서만 그것으로 존재하며, 따라서—그것의 완벽함을 확증하면서—그것의 몸이 지니는 긍정적인 그리고 부정적인 느낌들에 관여하고 있기 때문이다. 전체적인 세계계획의 내적인 탁월성에 의거하여 그 계획에 고유한 자비와 유익함이라는 척도에 따라서, 고통이 우리의 삶에 그리고 개별적인 개인들에게 분배된다. 그것은 공정한 처벌이라는 의미를,

혹은 더 일반적으로 말하면, 유익한 교육수단이라는 의미를 지닐 수 있다. 이성과 인내는 그 고통을 원칙적으로 언제나 견디어낼 수 있게 할 것이다. 저 세계계획의 실행이라는 거대한 전체에 주의를 기울인다면, 역시 유쾌하여야 할 이유들이 불쾌하여야 할 이유들에 맞서서, 기뻐해야 할 이유들이 고통을 느껴야 할 이유들에 맞서서 훨씬 더 많고 강하다. 사람들이 훗날 노래했던 것처럼, "기쁨과 함께 고통은 '기분 좋게' 시간을 통과한다." 그리고 고통에 대해서도 마침내 다음과 같이 말할 수 있다: 그것은 어쨌든 다만, 절대적으로 완벽한 '하나님'의 통치 아래에 있는 세속적인 것들의 '총체적' 질서, 즉 그것 자체로서 완벽한—상대적으로 완벽한—그 질서 안에 있는 부분적인, 다만 일시적인 '결여'일 뿐이며, 역시 그런 이유에서 '견딜 수 있는' 것으로서 이해되어야만 한다. 즉, 우리가 상세히 그 고통이 지니고 있는 그 맥락을 이해할 수 있는, 따라서 그것을 견디어낼 수 있다는 것을 인식할 수 있는 입장이 아닐 그때와 그곳에서도, 그렇게 이해되어야만 한다.

그런데 역시 '도덕적인' 악(Übel)도, 즉 '나쁜 것'(dem Bösen)도, '죄'도 결국 사정이 다르지 않다. 하나님은 인간에게 죄인이 될 가능성을 주었으며 또한 그래야만 했다. 왜냐하면 만일 그렇지 않다면 하나님은 인간에게 자기결정권을 주지 않았을 것이며, 정신적인 도덕적 본질을 그리고 따라서 또 한편으로는 인간의 특수한 완벽함을 거부하였을 것이기 때문이다. 피조물에게 본질적인 제한이 또한 의지의 영역에서도 나타나기 때문에, 나쁜 것이 발생한다. 하나님은 물론 그것을 원하지 않는다. 그는 인간이 죄를 짓는 것을 원하지 않는다. 하나님은 인간이 그것을 행하도록 기획하지 않으며, 그에게 그것을 행하도록 강요하지 않는다. 라이프니츠는 이런 의미에서 죄의 불가피성을 가르치지는 '않'았다. 그러나 하나님은, 인간이 죄를 짓는 것을 '허락하며', 그가 그렇게 하는 것은 잘 하는 일이다. 만일 인간이 또한, 죄를 지을 수 있고 실제로 죄를 짓는 그 피조물이 아니라면, 그는, 자유롭고 이성적이며 그의 의무를 이행하며 하나님의 명예를 위해 살아가는 피조물일 수 없을 것이며, 그는, 하나님의 은혜가 만나고 또 편드는 바로 그 사람일 수 없을 것이다. 죄가 피조물이 지닌 본래의 불완전성에 근거를 두고 있기 때문에, 역시 그것도 그 피조물의 상대적인 완벽함과 관련이 없지 않다. 그것은 이 관련성 안에 있을 '수 있다.' 왜냐하면 역시 그것도 단순한 '결여'이기 때문이다: 즉 그것은 "작용하는 원인"이 아니라, 오직 "결여된 원인"에만, 우리의 표상들이 지닌 명료함과 우리의 결단들이 지닌 확실성이 결핍된 것에만 근거를 두고 있기 때문이다. 혹은: 그것은 오직 자연적인 '관성' 안에만 근거를 두고 있으므로, 인간들의 선하고 악한 천성들과 행동들은 다수의 배들과 비교될 수 있다: 즉 동일한 물결(하나님의 활동)에 의해 움직여지지만, 일부는 더 가볍게 짐이 실려 있고 일부는 더 무겁게 짐이 실려 있어, 바로 관성의 힘이 그것들의 운동을 일부는 더 적게 일부는 더 많이 저지하기 때문에, 매우 다른 속도로 하류 쪽으로 움직이고 있는 배들과 비교될 수 있다. 그리고 죄는 피조물의 완벽함과 관련되어 '있다.' 왜냐하면 전체의 조화 안에서 죄도 존재하도록 '허락'되며, 심지어 존재'해야만' 하기 때문이다: 죄가 존재할 가능성이 없다면, 피조물의 선함도 존재하지 않을 것이며, 죄가—틀림없이 용서받을 수 없으며 처벌되어야 하지만—'현실화'됨으로써, 그것은 피조물의 전체적 맥락에서, 그렇지 않으면 이루어지지 않을 것이며 이루어질 수도 없을, 선한 것의 총계를 증대시키는 데에 이용되어야만 한다. 만일 인간이 지금 여기에서 이런저런 죄를 저지르지 '않'는다면, 세계의 관련성 전체는 가장 좋은 것인 실제의 관련성이 아니라 다른 것일 것이다. 그 경우에는 인간의 창조주이며 지배자인 하나님 자신이 다른 존재일 것이며, 그 절대적으로 완벽한 존재일 수는 없을 것이다. 따라서 하나님이 죄를 지을 '가능성'을 만들고 설정하며, 죄의 '현실화'를 허락하는 일이 물론 '불가피하게' 발생한다.

그리고 '죽음'도 결국 사정이 마찬가지이다. 개별적인 영혼들과 그것들의 육체적 유기체들이 영원히, 즉 파괴할 수 없게 실존할 경우에는, 그들의 삶이 시작될 때에는 펼쳐지기만 하며 그 삶이 끝날 때에는 다시 수축하기만 하므로, 후자의 경우는, 즉 죽음은 다시 다만 일시적인 '박탈'(Privation)일 뿐이다: 죽음은 생명을 고통스럽게 수축하는 것, 즉 생명체가 지닌 특히 주목할 만한 특정한 기능을 중단시키는 것이다. 그래도 그 생명체는 영혼과 육체를 지닌 그것 자체로서 이 형태변화를 '견디어내고', 새로운 확장을 향하여, 즉 새로운 삶을 향하여 나아간다. 따라서 죽음에서도 피조물의 존재가 지닌 연속성을 실제로 방해하거나 심지어 중단시키는 일은 발생하지 '않'으므로, 죽음을 고려해서도 창조된 세계의 완벽함에 대한 근거 있는 이의는 제기될 수 없다.

이러한 라이프니츠의 견해는, 그것에 대한 비판자인 뮐러의 견해와 다른 대부분의 신학자들의 견해가 지니고 있지 않은 명백한 '장점'을 지니고 있다는 사실이 미리 언급되어야만 한다. 즉, 그의 견해는 '보편적'이며, 그것은 도덕적 문제에 제한되지 않으며, 더 우월한 곳으로부터 출발하여 죄를 악과 함께 그리고 죽음과 함께 인식하려 시도하고 있으며, 따라서 우리가 여기에서 무의 개념으로 요약하는 것 전체를 이해하려 시도하고 있다. 그의 『신정론』은 이 점에서 서구 그리스도교의 공간 한복판에서 동방교회의 개념을 그것 나름의 방식대로 훌륭하게 회복한 것으로 이해될 수 있을 것이다. 그러나 유감스럽게도 그것이 여기에서 칭찬받을 수 있는 유일한 것이다.

왜냐하면, 만일 우리가 가령, 라이프니츠는 과연 분명히 무를 세계 내적인 대립과, 즉 창조세계의 저 '어두운 면'과 혼동하는 잘못을 저질렀기는 하지만, 그는 어쨌든 그 '어두운 면'을 고려해서는 '적중'했으므로, 그의 가르침은 어쨌든 이 선결문제에 대답하기 위해서 계몽적이며 쓸모 있을 것이라고 생각한다면, 그것은 오류일 것이기 때문이다.(KD III/1, 466 이하를 참고하라.) 비록 우리가 그의 가르침을 다만 이 선결문제에만 적용하기를 원할지라도, 그의 가르침은 다음과 같은 결과가 될 수밖에 없을 것이라는 것은 분명하다: 역시 저 세계 내적인 대립은 '부인'되고 '지양'되며, 즉 창조세계의 어두운 면, 곧 창조세계의 부정적인 측면은 그것의 긍정적인 측면에 의해 흡수되거나 어쨌든 동화되며, 그 부정적인 측면은 창조세계의 밝은 면이 지니고 있는 단순한 가장자리로 된다. 이것은 다시 다음의 사실과 관련되어 있다: 역시 라이프니츠의 사상에는 또한 대립해 있는 것을 확인하기 위한, 즉 이 해석에서 무엇이 "완벽한 것"으로서 명백히 창조세계의 밝은 면임에 틀림없을 것인가를 확인하기 위한 충분한 표준이 존재하지 않는다. 여기에는 명백히 '양'쪽에 대하여 선택하고 결단하고 구별하는 월등한 원칙이 결여되어 있다: 즉 그것으로부터 출발하여 창조세계에 대하여, 단호한 거부(Nein)도 포함하고 또 그 거부를 말로 나타내지만, 그러나 그 거부를 또한 극복하고 그것을 능가하는 그처럼 단호한 긍정(Ja)이 언급될 수 있을 원칙이 결여되어 있다. 왜냐하면 라이프니츠의 하나님 개념은 확실히, 인간의 강력한 '자기신뢰', 즉 후에 헤겔 철학에서 더욱더 전면적으로 표현되었던 바로 그 '자기신뢰'를 명확하게 반영하고 있기 때문이다. 그러나 그의 하나님 개념은 실제로 다만 인간의 자기신뢰일 뿐이다. 그 개념은 창조세계의 주님인 실제의 하나님을 표현하는 것이 아니라, 창조세계의 주님이 되기를 원하는 인간을 표현하고 있다. 그러나 실제로 이 인간은 참으로 저 세계 내부의 대립조차 응시할 능력도 없다. 인간은 이 하나님 개념을, 오히려 그 자신의 자기신뢰를 표현하는 이 총괄개념을 설계하고, 그 개념으로 무장한 채 하나님의 창조세계가 지니고 있는 완벽함과 불완전성에 대하여 숙고하고 판단을 내리는데, 그 인간은 하나님을 그리고 그의 창조를 관찰하는 자이며 구경꾼이며, 관찰자와 구경꾼으로서 그는 또한 자기 자신을 마주보고 서 있다. 그는 부름 받고 서약한, 진리의 증인이 아니다. 그의 견해와 판단에는 우측과 좌측을 향한 명확함이 결여되어 있을 뿐만 아니라, 그래야 할 필요성에 대한 확신도 결여되어 있다. 바로 이것이, 라이프니츠의 신정론이 역시 저 선결문제의 영역에서만이라도 부적당한 도구일 수밖에 없는 이유이다.

그런데 신정론은 사실상, 실제의 나쁜 것, 실제의 악, 실제의 죽음에 대하여, 즉 실제의 무에 대하여 해명을 제공하라는 훨씬 더 큰 요구를 제기한다. 그것은, 한편에는 '하나님' 자신과 그에 의해 창조된 '세계' 전체가 있고, 다른 한편에는 하나님과 세계의 '적대자'가 있는 바로 그 대립을 물론 저 세계 내부에 있는 이중의 측면과 혼동하면서, 대립에 대하여 생각하고 있다. 그리고 이제 다음의 사실이 언급되어야 한다: 라이프니츠는 바로 이 적대자를 과연 명백히 인식하였고 생각하였으며, 그의 방식대로 진지하게 받아들이기는 하였다. 대체 누가 이 사실을 부인할 수 있으며 또 부인하기를 원하겠는가? 이 사실은 다음과 같은 다른 사실과 마찬가지로, 즉 그가 그의 하나님 개념을 구상할 때에 역시 '하나님'을, 그리고 그의 세계 개념을 구상할 때에 역시 하나님의 '창조세계'를 인식하였고 생각하였으며, 그 둘 모두를 그의 능력껏 찬양하려 애썼다는 다른 사실과 마찬가지로 부인할 수 없다! 그렇지만 그리스도교의 인식으로부터 바라볼 때, 우리는 결코, 저 적대자가 라이프니츠의 서술에서 조금이라도 재인식될 수 있다고 말할 수 없다. 이 위대한 인물이 여기에서 성공한 것은 오히려 —우리가 확실히, 정말 환상적인 주도면밀함 안에서 착수된 것이라고 말해도 좋을— 적대자 '길들이기'이다: 이 길들이기에서 늑대들이 이사야 11:6에 예언된 것처럼 양들과 함께 살뿐만 아니라, 늑대들 자체가 단지 어린 양들로 되어버렸다. 피조물이 우선 그것으로부터 속죄 받고 해방되어야만 하는 바로 그 어떤 것 혹은 누군가가 전혀 등장하지 않음으로써, 여기에서는 속죄와 해방에 관한 모든 관념이 있을 곳이 없으며, 하나님과 세계 사이의 평화가 결코 교란되지 않음으로써, 하나님과 세계의 화해에 관한 모든 관념이 있을 곳이 없다. 우리는 그 모든 것을 '결여'라는 결정적인 개념에서 분명히 알 수 있다. 라이프니츠는 이 개념을 '아우구스틴'으로부터 받아들였다: "나쁜 것은 선한 것이 결여되어 있는 것이다." 아우구스틴이 매우 정당하게 이 개념을 사용하여 표현하려 했던 것은, 나쁜 것, 악, 죽음의 순수하고 결정적인 부정적인 특성, 즉 그것들이 지닌 '무가치성'이었으며, 그 자체 안에서 그리고 그 경우에 또한 창조주와 그의 피조물에 대해서도 대립하는 '모순'으로서 그것이 지닌 특성이었다. 아우구스틴의 경우에 결여가 의미하는 것은 "선한 것의 부패 혹은 왜곡", 즉 참으로 존재하는 것의 부재(不在)만이 아니라, 참으로 존재하는 것에 대한 '이의제기'이다. 나쁜 것은, 선한 것을 모욕하고 해치는 방식으로 선한 것과 관련되어 있다. 마치 불이 불타고 있는 물질을 삼켜버리려 위협하며 이미 막 그것을 삼켜버리려 하듯이, 그것은 선한 것을 파괴하고 삼켜버리는 경향을 지니고 있다: "그것은 비존재를 지향한다." 그것이 그렇게 할 힘이 있는지, 참으로 존재하는 것인 선한 것이 실제로 파괴될 수 있는지의 여부는 별개의 문제이다. 아우구스틴이 그 질문을 거부한 것은 옳았다. 그러나 선한 것에 대한 관계에서 '나쁜 것'은 어쨌든 이러한 공격적이며 논쟁적인 특성을 지니고 있다. 이러한 아우구스틴의 결여 개념은, 이제 라이프니츠가 그것을 차용하면서, 단순한 '거부'로 되고 말았다: 즉 피조물은 다만 피조물일 뿐이고 그 자체가 하나님이 아니며, 따라서 하나님의 특성들을 지니고 있지 않다는 사실에 근거하는, 피조물의 불완전성을 의미하는 말로 되어버렸다. 그 경우에 이 '형이상학적인' 불완전성 때문에, 즉 피조물로서 그것이 양도할 수 없는 불완전성 때문에, 피조물은 고난을 받을 수 있고 또한 고난을 받으며, 죄를 지을 수 있고 또한 죄를 지으며, 죽을 수 있고 또한 죽는다. 그러나 바로 이 형이상학적 불완전성은 피조물에게 '본질적인' 것이다. 그 경우에 여기에서는 방해하는 것, 약탈하는 것, 부패하게 하는 것, 즉 아우구스틴이 사용한 말의 의미에서 "결여"가 화제로 될 수 없다. 어쨌든 피조물 자체에게 특유한 것에 직면하여 일체의 비애, 일체의 놀람, 더구나 일체의 자포자기는 쓸데없는 것이다! 그리고 라이프니츠는, 그 거부에서, 즉 피조물 자체가 그것 아래에 세워져 있는 그 거부에서 바로, 피조물의 '완벽함'을 규정하는 결정들 가운데 하나를 인식함으로써, 일단 발을 들여놓은 길 위에서 필연적으로 그리고 일관되게 한 걸음 더 걸어갔다. 그의 견해로는 나쁜 것은, 그것 자체가 다만 '선한 것'의 특수한 형태일 뿐인 그런 방식으로 선한 것 '옆에' 있다: 즉 선한 것에 대립되지 않으며, 그것을 방해하지 않으며, 하물며 심각한 위험을 초래한다는 것은 당치도 않고, 오히려 그것에 바로 불가결한 봉사와 기여를 하며, 그것을 돕기 위하여 불가결한 빈 공간, 즉 선한 것이 풍부하게 더욱더 발전하기 위하여 필요한 바로 그 빈 공간이 되며, 그것이 빛으로서 빛나기 위하여 필요한 그 어둠이 되는 방식으로 관계한다. 그러므로 라이프니츠가 생각한 무는 결코 다음의 의미에서 무의 특성을 지닐 '가능성'이 없다: 무는 '버림받은 것'이므로 몇 번이고 되풀이하여 물리쳐야 할 것이며, '위험'한 것이므로 몇 번이고 되풀이하여 피해야만 하며 도망쳐야만 하는 것이며, '무시무시한 것'이므로 몇 번이고 되풀이하여 고소해야만 하는 것이다. 그것은 결코 '실제의' 무일 '가능성'이 없다. 고통으로서 무는 잠정적이고 부분적인 불쾌감일 뿐이며, 나쁜 것으로서 그것은 지적인 명확함과 도덕적인 결단력이 아직 우리에게 결여된 것일 뿐이며, 죽음으로서 그것은 본질적으로 파괴될 수 없는 존재(Wesen)가 하나의 삶에서 다른 삶으로 옮겨가는 것일 뿐이다. 이 모든 형태들에서 무는, 하나님이 내적인 필연성에 의하여 그것을 허락하였으므로, 우리가 어쨌든 내적인 필연성에 의하여 '감수'해야만 하며 또한 '감수'하도록 허락된 어떤 것(Sache)이다. 그것에 대해서는 다만 제한된 우울함이, 그리고 다만 제한된 대항과 반대작용만이 정당하다. 그러므로 라이프니츠가 생각한 무는 주도적이고 적극적인 '권세'라는 특징도 지닐 수 없다. 라이프니츠에게 그것은 다만 무일 뿐만 아니라, '전혀' 하찮은 것(Nichts) 혹은 다만 그 어떤 것의 부재일 뿐이다: 그것은 하나님의 완벽함의 부재와 그 결과 느껴지는 불쾌감이며, 선하지 않은 것이며, 그리고 죽음의 형태에서는 피조물의 실존을 과연 강력하게 수축하기는 하지만, 그래도 그 실존의 멸절과 소멸에 이르게 할 수는 없는 바로 그 수축이다. 그것은 아무것도 소유하지 않고, 아무것도 행하지 않으며, 그것은 다만 결핍일 뿐이다. 그것은 멸절시키고 소멸시키는, 그리고 연소시키는 에너지를 지니고 있지 않으며, 그런 에너지가 아니다. 무의 위치(Position)는 존재하

지 않는다: 즉 그것으로부터 출발하여 무가 하나님에게 저항하여 갑자기 발생하고 세계 안으로 침입하고 "부정적인 위치들"을 만들어낼 수 있을 그러한 무의 위치는 존재하지 않는다. 그것은 어떤 의도들을 갖고 있지 않으며, 그것은 움직이지 않는다. 그것은 하나님을 모욕할 수 없다. 그것은 아무도 정복하여 포로로 삼을 수 없다. 그것은 아무도 그것의 노예와 희생물로 만들 수 없다. 그것은 전혀 아무 것도 행하지 않는다. 그것은 바로 관성의 힘만을 지니고 있을 뿐이며, 따라서 동일한 강물 위에서 더 무겁게 짐을 실은 한 쪽의 배들은 더 가볍게 짐을 실은 다른 쪽의 배들보다 더 느리게 움직이는 그런 결과를 지니고 있을 뿐이다. 그래도 이 배들은 각기 그것들의 방식으로 모두가 동일한 방향으로 움직이고 있는 것이다. 여기에서, 하나님은 그와 그의 피조물에게 저항하는 모든 세력들을 무기력하게 만들었다는 성서의 메시지를 연상시키는 소리와 같은 어떤 것이 간신히 들릴 수 있을 것이라는 사실이 오인되어서는 안 된다. 그러나 무의 '강력함'이, 따라서 또한 이 적대자에 대항하여 싸우는 하나님의 '투쟁'과 '승리'도 원래부터 전혀 화제가 될 수 없기 때문에, 그 소리들은 얼마나 희미하고, 얼마나 전적으로 애매한가! 신약성서에서는 더 한층, 전혀 자명하지 않으며 귀중하고 값비싼 현실성과 진리라는 특성을 갖고 있는 모든 것이 여기에서는 얼마나 자명하고 값싼 것으로 되어 버렸는가! 그런데 라이프니츠가 이해한 무는 넘겨받은 개념을 무시하고 결코 실제의 결여가 아니라, 다만 창조된 세계에 본질적으로 불가피한 '거부'이며, 그 거부 자체가 바로 그 세계의 완벽함에 속하기 때문에, 그것은 버림받은 것도 물리쳐야 할 것도 아니기 때문에, 그것에게는 주도권과 활동력도, 권세와 작용도 걸맞지 않기 때문에, 그것은 또한 결코 '제거'되고 '폐지'될 수도 '없다.' 창조주가 그것을 끝장냄으로써 피조물이 그것으로부터 해방된다는 의미에서 무(Nichts)를 정복하는 것은 필요하지 않을 뿐만 아니라, 또한 전혀 가능하지 않다. 그것을 폐지한다는 뜻에서 그것을 정복한다는 것은 언제나 다음과 같이 불가능한 것을, 즉 피조물 자신이 하나님으로 되어, 그의 절대적인 완벽함에 참여하게 되며, 바로 그렇게 함으로써 피조물은 그것의 고유한 본질을, 따라서 그것의 완벽함을 빼앗기게 될 그런 불가능한 것을 의미할 것임에 틀림없을 것이다. 이 관점에서 논의될 수 있을 것, 그리고 라이프니츠에 의해 사실 실제로 주시되었던 것은, 피조물의 불완전성을 폐지하는 것에 무한히 접근하는 것일 수밖에 없다. 그는 창조된 정신을 이런 의미에서 "신성(神性)에 접근하는 점근선(漸近線, Asymptote)"이라고 불렀다. 그 경우에 피조물이 지닌 축복의 본질은 확실히 이 접근의 "무한한 전진"에 있을 수밖에 없을 것이다. 왜냐하면 다음의 사실이 분명하기 때문이다: 라이프니츠에 따르면 죽음 저편에서 우리를 기다리고 있을 것과 같은 종류의 다른 삶은 다음과 같은 의미에서, 즉 피조물이 그 삶에서는 예컨대 비(非) 신적 본질이 지닌 형이상학적 불완전성에 더 이상 참여하지 '않'으며, 따라서 예컨대 고난의 싹, 나쁜 것의 싹, 다른 죽음의 싹도 더 이상 그것 자체 안에 지니지 '않'을 것이라는 의미에서 '새로운' 삶은 '아닐' 것이다. 따라서 위로가 되는 진리, 즉 인간이 고수해야만 하는 진리는 그의 경우에는—왜냐하면 인간은 신성에 접근하는 접근선이며, 그 접근 과정은 무한한 과정이기 때문에—영원히 다음과 같은 동일한 진리일 수밖에 없으며, 앞으로도 그러할 것이다: 즉, 바로 불완전성은 인간의 완벽함에 불가결한 것이므로, 인간은 그의 불완전성에 순응해야만 한다는 바로 그 진리일 수밖에 없을 것이다. 이 지점에서 우리는 특히 분명하게 다음의 사실을, 즉 무에 대하여 올바르게 이해하는가 혹은 잘못 이해하

는가의 여부는 사소한 문제가 아니라, 창조주와 피조물 사이의 관계에 대한 '적극적인' 진리를 이해하는 데에도 근본적인 영향을 끼친다는 사실을 인식한다. 라이프니츠와 함께 무를 긍정적인 어떤 것으로 바꾸어 해석하는 사람은—여기에서 라이프니츠는 그의 길을 따르는 더 작은 정신을 소유한 많은 사람들을 대표하는 고전적인 인물이다.—비록 그가 '실제의' 긍정적인 것을 겨우 무에 대한 진기한 상대성 안에서만, 즉 라이프니츠의 위대한 서술에서 무의 특징인 바로 그 상대성 안에서만 인식하고 이해할 수 있을지라도, 별로 놀랄 것은 없다.

우리가 여기에서 극복해야만 하는 것의 두 번째 예증으로서 우리는 슐라이에르마허가 그의 『신앙론』 §§65-85에서 발전시켰던 그 교의를 선택한다.—이것은 그의 저작의 두 번째 주요부분이며, 여기에서 주요관심사는 죄와 은혜에 관한 의식으로서 '대립적으로' 규정된 경건한 자기의식이라고 한다. 여기에서 우리의 관심을 끄는 부분에서 중요한 내용은 "대립의 '첫 번째' 측면", 즉 "'죄'에 대한 의식의 발달"이다. 그 다음에 그것에 맞서서 계속하여 "대립의 다른 측면", 즉 "은혜에 대한 의식의 발달"이 다루어지고 있다.

죄에 대하여 언급되어야 하는 것도 우리의 직접적인 자기의식으로, 즉 "우리의 현존에 관한 진리로서 자기 자신과 모순될 수 없는" 자기의식으로 거슬러 올라가므로, 처음부터 다음의 사실이 가정되어야만 한다: '무엇'이 여기에서 언급될지라도—죄에 대하여 그리고 그것을 뒤따르는 악에 대하여 언급되어야 하는 것은, 하나님에 대한 의식을 향하는 인간에게 고유한 경향과, 그 경향으로부터 결과적으로 발생하는 진술들, 즉 하나님의 영원성과 편재성(遍在)과 전지전능함에 대한 진술들, 그리고 세계와 인간이 지닌 본래의 완벽함에 대한 진술들과 다만 '외관상' 모순될 수 있을 뿐이다. 마치 역시 은혜에 대한 의식에서 바라본다면 죄는 다만, "만일 역시 속죄도 존재해야만 하는 것만 아니었다면, 존재하지 않았을 것"(§65)이듯이, 사실이 그러하다. 그러므로 우리가 여기에서 슐라이에르마허에게서 들어야만 하는 내용에서는 우리는 결정적으로 이 "외관상의 모순"을 '폐지'하는 것과 관계하게 될 것이다.

죄란 무엇인가? 슐라이에르마허는 이렇게 대답한다: 그것은 우리의 '하나님에 대한 의식'을 통하여 우리의 자기의식을 특별히 확실하게 하는 것이다.—이렇게 자기의식을 확실하게 함으로써 우리는 우리의 하나님 의식이 지닌 상대적인 '무력함' 혹은 '소심함'을 의식하며, 다른 말로 표현하면, 감각적인 기능들이 여전히 효과적으로 독자적이기 때문에 "정신"의 결정능력이 억제되고 있다는 것을, 즉 "육체"에 대하여 "정신"이 무능력함을 의식하며, 또 다른 말로 표현하면, 하나님에 대한 의식과 관련하여 우리의 통찰과 의지력이 균등하지 않게 발달하였음을, 즉 우리의 통찰보다 우리의 의지력이 뒤처져 있음을 의식한다. 하나님에 대한 의식 자체가 이런 상태에 대한 의식인 우리의 자기의식을 '불쾌감'으로 규정한다. 하나님에 대한 의식이! 그러므로 당장 이렇게 말해야만 한다: '죄'에 대한 의식은 그리스도인의 영혼 안에서 결코 하나님에 대한 의식 없이는, 결코 또한 '속죄'의 능력에 대한 의식 없이는 존재하지 않는다.(§66) '하나님에 대한 의식'이 우리 안에서 '눈뜸'으로써, 우리는 또한 그것에 대한 '저항'인 죄도 의식하게 된다. 그 저항은 하나님에 대한 의식이 눈뜨기 '이전'에 이미 싹처럼 우리 안에 발생하였으며, 따라서 그 점에서는 그것이 하나님에 대한 의식보다 '앞서서' 우리 안에서 존재하였다. 그러나 하나님에 대한 깨어 있는 의식인 경건의 최고 순간들에도 여전히 죄의식의 흔적이 나타나게 되듯이, 그 반대로 역시, 하나님에 대한 우리의 의식이 눈뜨기 '이전에' 죄를 지은 상태도 죄지은 것에 의해 폐기되지 않는 '본래의 완벽함'을 전제로 하고 있다. 그리고 또 한편으로는 우리가 하나님에 대한 의식을 각성하는 것은 어쨌든 그 의식의 그리스도교적 형태에서는 구원자의 완전한 무죄성과 절대적인 정신적 강력함을 인식하는 것이며, 그것은 인간 자신의 발달 '목표'인, 죄로부터 자유로운 인간의 '완벽함'에 대한 확신을 포함한다. 양쪽으로부터 바라볼 때, 죄는 과연 '방해'로 이해되어야만 하지만, 그것은 그래도 '오직' 인간의 본성을 방해하는 것으로 이해될 수밖에 없다.(§§67–68) 죄는 우리에게 이중의 측면을 보여준다. 왜냐하면 우리는 그것을 우리들 자신 안에 근거를 둔 것으로서, 우리의 고유한 행위로서, 즉 "실제의 죄"로서 경험하는 것과 마찬가지로, 우리보다 앞서간 세대들의 삶의 형태에 우리가 종속되는 것으로서, 즉 "원죄"로서 경험하기 때문이다.(§69)

"원죄"로서 혹은 "근원적인 죄"(Ursünde)로서 그것의 첫 번째 형태에서 죄는, 일반적으로 인간이 "죄에 빠지기 쉬운 성향"(Sündhaftigkeit), 즉 각 개인의 모든 행위보다 선행하는, 따라서 각 개인의 고유한 현존 너머에 근거를 두고 있는, '선한 것을 행할' 수 없는 완벽한 '무능력함'이며, 그 무능력함은 오직 속죄의 영향력에 의해서만 폐기될 수 있다. "선한 것을 행할 수 없는 무능력함"은, 마치 인간이 인간의 본성 없이 탄생하기라도 하는 것처럼, 속죄를 받아들이기에 무능력함을 의미하는 것은 아니다! 그러나 "선한 것을 행할 수 없는 무능력함"이 의미하는 것이 이것이다: 그것은 속죄의 과정이 추구하는 목표인 그 상태에, 즉 하나님에 대한 의식이 완벽하게 승리한 상태에 도달할 수 없는 무능력, 혹은 그 상태에 도달하기 위해 노력조차 할 수 없는 무능력이다.(§70) 이미 이 첫 번째 형태에서 죄는 개별적 인간에 의해 '맞아들여지고' 받아들여지게 될 뿐만 아니라, 또한 '실행된다': 즉 개별적 인간의 죄에 빠지기 쉬운 성향은 그의 '의지' 안에서 계속되며, 따라서 그것은 그의 '과오'이다. 그러나 바로 이 첫 번째 형태 안에서 그것은 또한 "인류의 총체적 범행이며 총체적 과오"이다. 그러므로 그것은 "각자의 행위 안에 있는 '모든 사람'의 행위이며, 모든 사람의 행위 안에 있는 '각자'의 행위이다." 각자가 그의 세대 안에서 그리고 그의 세대와 함께 죄를 범한다. 그리고 "한 세대가 함께 타고난 죄로서 모습을 드러내는 것은, 이전 세대가 지녔던 죄에 빠지기 쉬운 성향에 의해 초래된 것이며, 그것 자체가 다음 세대가 지니게 될 죄에 빠지기 쉬운 성향을 초래한다." 그러므로 이 첫 번째 형태의 죄에 대한 의식은 일종의 "일반적인 느낌"이며, 따라서 일반적인 속죄의 필요성과 결합되어 있다.(§71) 어떻게 이 죄에 빠지기 쉬운 일반적인 성향에 이르게 되었는가라는 질문은 제기될 필요가 없다: 그것은 인류의 선조들 안에서 발생한 인간적 본성의 변화에 의한 것은 결코 아니다. "하나님이 그 정도로 전체 인류의 운명을 단 한순간에, 즉 그 순간이 지닌 그러한 중요성에 대해서도 전혀 알지 못했던 두 명의 미숙한 개인들의 손 안에 놓여 졌던 단 한순간에 종속되게 했다."는 것은 역시 있음직하지 않은 일이다. 성(性)의 "일면성들"이 이미 그들 안에 있었기 때문에, 이미 그들이 "기분들의 변화"에 예속되었기 때문에(§72), 죄에 빠지기 쉬운 성향은 오히려 그들이 지닌 본래의 완벽함과 함께 이미 그 첫 사람들 안에 그리고 그들이 죄를 범하는 행위의 전제로서 존재하였음에 틀림없다.

죄의 두 번째 형태는 바로, 감각적인 욕망 또는 관성과 함께 시작되는 죄를 범하는 행위, 즉 "실제의 죄"이다. 모든 사람들 안에서 이것은 저 죄에 빠지기 쉬운 일반적인 성향으로부터 '유래'한다. 어떤 사람들에게는 첫 번째 형태의 죄가 더 지배적이며, 다른 사람들에게는 두 번째 형태의 죄가 더 지배적이지만, 만일 속죄를 도외시한다면, 어떤 사람도 죄의 그 어떤 형태들로부터도 완전히 안전할 수 없다.(§73) 비록 그 죄들 안에서 억제된, 하나님에 대한 의식이 지닌 힘이 그리고 또한 죄를 범하게 하는 외적인 자극과 기회가 지닌 힘이 더 큰 힘이거나 혹은 더 작은 힘일 수 있기는 하지만, 죄에 빠지기 쉬운 일반적인 성향의 현상들이며 정신에 대한 육체의 일시적 승리 혹은 부분적인 승리인 모든 실제의 죄들은 '동일한' 것이다. 죄의 모든 형태들에서 문제되고 있는 것은, 지배적인 욕망이나 관성과 하나님에 대한 의식이 오염되는 것 사이의 '상호작용'이다. 죄와 죄 사이의 현실적 '불균등'은 다만, 다음과 같은 전제 아래에서 속죄에 대한 인간의 관계가 긍정적 관계 혹은 부정적 관계일 수 있다는 사실에 의해서 발생한다: 첫 번째 경우에는 죄가 기가 꺾인 것이며 그림자 같은 것에 지나지 않으며, 이미 소멸되고 있으며, 더 이상 작용하고 지배하지 않으며, 겨우 가벼운 죄로서 발생하는 반면에, 두 번째 경우에는 죄는 "거듭나지 않은 자들의 죄"로서 성장하고 지배하며, 견고하게 되며 널리 퍼지게 될 것이다. 여기에서 우리는 항상 다음의 사실을 염두에 두어야 한다: 후자의 경우에서는 전자의 경우와 반대로 죄가 결코 완전히 '선한 것'의 그림자 없이, 즉 때로는 더 강하고 때로는 더 약한 그 그림자 없이, 결코 완전히 "내적인 모순이 '없는' 상태를 인정하는 예감" 없이 발생하지는 않을 것이다.(§74)

죄 없이는 참으로 역시, 당연히 '악'으로 간주되어야 할 것도 존재하지 않는다. 본래 완벽한 인간과 본래 마찬가지로 완벽한 세계 사이의 조화를 폐기하는 것은 바로 오직 죄, 즉 하나님에 대한 의식을 억제하는 것이며, 그 죄가, 신체적이며 일시적인 현존을 방해하는 세계의 작용들이 인간에게 악으로 되게 '만든다.' 예를 들면 질병처럼 우리가 "자연스러운" 악으로서 알고 있는 것뿐 아니라, "사회적" 악도, 즉 한 사람이 다른 사람에게 야기하는 삶에 대한 억압도, 만일 죄가 없다면, 일부는 불가피한 불완전성으로서, 일부는 또한 미래에 자연의 힘들을 지배하기 위한 그리고 사회적 질서를 강력하게 형성하기 위한 자극제로 이해될 수 있을 것이다.(§75) 죄의 결과로서 그것들이 악이라는 것이 드러나기 때문에, 그것들은 죄에 대한 간접적이며 직접적인 '형벌들'(§76)이다. 그러나 여기에서 죄뿐만 아니라 악에서도 문제가 되는 것은 인간의 함께 하는 삶이라는 커다란 관련성이므로, 따라서 우리는 결코 어느 개별적인 인간에 의하여 죄로 여겨진 그 악을 직접 바로 그가 범한 죄들의 탓으로 돌려서는 안 될 것이다.(§77) 이 관련성을 고려하면서 "악"을 견디어 내야만 하는 그 경건한 복종은 악의 토대인 죄에 대한 반대작용을, 그리고 동시에 자연과 사회의 영역에서 실천적 행동을 배제하지 않으며, 오히려 불가피하게 포함시킬 것이다.(§78)

우리가 이제 죄가 속죄를 통하여 폐기되는 것의 원인을 확실하게 하나님에 의한 인과관계에서 찾듯이, 그렇게 확실하게 우리는 역시 다음과 같은 특성들도 하나님의 것으로 돌릴 이유를 갖고 있다: 그 특성들 덕분에 '죄'도—추상적으로 그것 자체가 아니라, 그로부터 출발하여 그 죄로부터의 속죄가 존재한다는 전제로—'그에 의하여' 정돈되며, 그가 그것의 '창시자'이다.(§79) 확실한 것은, 하나님은 다른 방식으로 속죄의 창시자이며, '다른' 방식으로는 죄의 창시자라는 사실이다. 그러나 마찬가지로 확실한 것은 이것이다: 우리는 하나님에 대한 의식의 능력을, 즉 '속죄'의 능력을 언제나 다만, 그 능력이 선한 것을 행할 수 없는 우리의 '무능력'과, 즉 언제나 여전히 작용하고 있는 그 '무능력'과 '공존'하는 것에서만 의식하고 있으며, 따라서 우리는, 은혜와 비교하면 아주 보잘것없는 '죄'도 그 은혜 안에 있는 것으로, 즉 하나님에 의해 함께 설정된 것으로 생각함으로써만, 우리는 하나님의 선한 뜻을 이해할 수 있다. '둘 다' 인식되고 언급되어야만 하며, 하나님의 '전능함'에 대한 경건한 '이론적' 관심과 마찬가지로 하나님의 뜻이 지닌 '순수함'에 대한 경건한 '실천적' 관심도 보존되어야만 한다.(§80) 우리는 무엇보다도 다음의 사실들을 주목해야 한다: 죄도 하나님에 대한 의식을 완전히 중지하는 것을 수반하지는 '않으며', 또한 죄를 범하는 본성 안에서도 나쁜 것은 다만 '선한 것' 옆에만 있으며, 어느 한순간도 언젠가 '완전히' 죄에 의하여 가득 채워지지는 않는다. 어째서 은혜를 나누어 주는 것처럼 그렇게 또한 은혜를 '제한하는 것'이, 따라서 '죄'가 하나님의 동일한 의지에 근거를 둘 수 없다는 말인가? 어째서 '뒤처지는 것'이, 그러므로 거듭 '죄'가, 명령하는 의지와는 구별되는, 하나님의 생산하는 의지에 근거를 둘 수 없다는 말인가?(§81, 1) 만일 죄에 대하여 하나님에 의한 인과관계가 존재하지 '않'는다면, 죄는 인간의 '자유' 안에도 근거를 둘 수 없을 것이다. 마치 인간의 과오인 죄가 그가 지닌 의지의 특징을 함께 구성하는 일반적인 죄에 빠지기 쉬운 성향에서 유래하듯이,(§81, 2) '죄'도 바로 자유로운 '자기개발'과 함께, 그러므로 하나님의 명령에 의하여 설정되었다. 전적으로 하나님과 그의 전능함만을 주목한다면, 죄에 대하여 하나님에 의한 인과관계가 존재하지 않으며, 하나님의 경우에는 죄란 결코 존재하지 않는다. 그러나 죄에 대한 '의식'이 우리의 현존에 대한 진리의 일부를 이루는 한, 즉 우리의 경우에는 죄가 실제로 존재하는 한, 그것은 또한—속죄가 필요하게 만드는 것으로서—하나님에 의하여 정돈된다. 그것은 하나님으로부터 유래한다: 그것은 하나님에 의한 인과관계에 근거하는 감각적인 자연적 충동, 즉 그것이 우세할 때 죄가 활동의 여지를 얻는 그 자연적 충동의 형태로만이 아니라, 죄 앞에서 뒤로 물러서는, 다시 하나님에 의한 인과관계에 근거하는, 우리 안에 있는 '하나님에 대한 의식'의 형태로만이 아니라, 이 하나님에 대한 의식이 지니는 무기력함 자체의 형태로만 유래하는 것이 아니다. 그것은 또한 다음과 같은 점에서 하나님으로부터 유래한다: 감각적인 충동에 대하여 무기력한, 하나님에 대한 의식이 어쨌든 하나님의 '명령하는' 의지를 승인하는 것으로서 하나님에 의하여 우리 안에서 '작용'되고 있는 한, 그것은 하나님의 그 '의지'에 대한 의식이므로, 그 의식은 그 무기력함을 '거부'하며, 바로 그렇게 함으로써 그 무기력함이 우리에게 '죄가 되게 한다.' "매번 아직 정신의 지배가 이루어지지 않은 것이 '우리에게 죄로 된다.'"는 것은 하나님의 질서에 근거한다: 그 상태는 허약함의 상태로서 '능가되어야' 하며, 모순의 상태로서 '지양되어야' 하며, 그 상태는 존재하지 말아야 하며, 사라져야만 한다는 것은 하나님의 질서에 근거한다. 이 죄가 단순한 '거부'이기 '때문에', 그것의 원인을 하나님에 의한 인과관계에서 찾아서는 안 된다는 말인가? 죄는 그래도 유한한 자연 전체와 공통점을 지니고 있다: 자연 자체가 존재와 비(非) 존재가 서로 뒤섞여 있는 것이며, 자연은 역시 그것의 비존재 안에서도 하나님의 생산하는 의지에 근거하고 있다. 혹은 죄는 선한 것을 '명령하는' 하나님의 의지에 상응하지 않기 '때문에', 그것은 하나님으로부터 유래한 것이 아니라는 말인가? 그래도 죄는, 의심의 여지없이 하나님이 이미 작용하고 있는 선한 모든 것과, 즉 그것 안에는 언제나 또한 여전히 악한 것이 존재하고 있음에도 불구하고 하나님이 작용하고 있을 그 선한 모든 것과 공통점을 지니고 있다. "다만 만일 죄가 하나님의 명령하는 의지에 대한 전적인 모순이므로, 그것이 그 의지를 우리 안에서 완전히 폐기한다고 가정하면, 죄와 관련하여 하나님의 생산하는 의지는 '전혀' 생각될 수 없을 것이다." 그런데 바로 명령하는 하나님의 의지는 우리 안에서 중단되지 않으며, 바로 그 의지가 하나님에 대한 우리의 의식이 무기력한 것을 우리의 죄로 '만들며', 따라서 바로 그 의지를 통해서 죄가 하나님에 의하여 '제정'된다(§81, 3): 속죄를 위하여. 그 속죄와 비교하여 죄가 이제 또한 '손실'(Schaden)로서 생각될 수도 '없'는데, "왜냐하면 하나님에 대한 의식이 지닌 능력의 다만 점차적이며 불완전한 발전은 인류가 도달한 실존적 단계의 조건들에 속하기 때문이다."(§81, 4)

죄와 관련하여 하나님에 의한 인과관계에 대하여 언급된 것과 동일한 것이, 죄와 악의 관련성에 따라서 '악'에 대해서도 적용된다. 죄가 들어옴으로써 지상의 사물들이 부정적으로 변화되었다는 생각은 물론 "공상적인"(abenteuerlich) 것일 것이다. 그렇지만 경건한 자기의식은 여기에서도 동일하게 필요한 두 명제들을 형성한다: 우리는 악을 우리의 죄의 결과로서 '우리 자신'의 탓으로 돌려야만 하며, 세계도 본래 완벽하게 지어낸 하나님의 탓으로 돌려서는 안 된다. 그리고 우리는 우리에게 선고된 하나님의 결의인, 삶의 악들에 '순응'해야만 한다: 가능한 한, 우리는 그것들을 화해시키는 그리스도의 고난에 함께 속한 것으로서 간주해야만 한다. 그렇게 간주할 때에 그것들은 물론, 우리에게 '악들'이기를 '중단하며', 오히려 정신적인 활동을 촉구하는 요청들과 자극제들로, 즉 기꺼이 받아들여져야만 하는 요청들과 자극제들로 된다. 그러나 죄에 대한 관계 안에서 명백히 악 자체에도 "하나님으로부터 유래한다."는 사실이 적용되어야만 한다. 바로, 죄와 함께 그것이 우리의 자유 안에 근거를 두고 있는 한, 그것은 명백히 동시에 하나님에 의해 지시된 것이다: 하나님에 대한 의식이 우리 안에서 아직 지배적이지 않은 정도에 따라서, 우리가 그 악한 "총체적인 범행"(Gesamttat)을 저지른 범행자들인 정도에 따라서, 우리는 자연적이며 사회적인 불완전성들을 악으로서 파악해'야만 하며', 또한 그 "총체적인 고난"도 함께 느껴야만 한다.(§82)

그리고 이제 우리는, 죄와 악의 창시자인 '하나님'에 대한 우리의 '의식'에 상응하는 '하나님의 특성들'로서, 이 특수한 관점에서 하나님에 의한 인과관계의 양식들로서 하나님의 거룩함과 하나님의 정의를 이해해야만 한다.(§82 보충설명)

'하나님의 거룩함'은 "하나님에 의한 인과관계, 즉 그것에 따라서 속죄가 필요한 상태와 함께 동시에 '양심'(Gewissen, 독일어 어원은 Ge-Wissen으로 '함께 안다'는 의미를 지니고 있다. — 역자 주)이 세워진 그 인과관계이다." 바로 그 양심에 의하여 이미 서술한 방식으로, 우리의 고유한 행위인 특정한 상태가 우리에게 죄로 인식된다. 그 양심은 우리 안에 있는, 하나님의 명령하는 의지가 내는 소리이다. 이와 같이 그 양심은 "하나님에 의한 완전하고 유일한 인과관계이며, 죄는 그 인과관계를 다시 지시한다." 양심은 인간이 지닌 '속죄 필요성'의 일부를 이루며, 따라서 그것은 그리스도가 구원자로서 파송된 인류 전체에게 할당된다. 그러나 그것은 또한 '속죄'의 일부를 이루기도 한다. 왜냐하면 인간들은 그들의 무능력에 대한 의식인 양심을 통해서 속죄를 '위하여' 그리고 속죄'에' 붙잡혀 있기 때문이다. 그 의지가 하나님에 대한 의식과 완전히 통일될 의식 안에서만 양심이 중지될 것이므로, 당연히 그리스도 자신이 그의 개인적인 감정으로서가 아니라 오직 공감(Mitgefühl)으로서만 양심을 지닐 수 있었다. 그러나 하나님의 거룩함에 의하여 야기된 '양심'은, 은혜와 죄에 의하여 대립관계에서 규정된 인간의 의식에 '속한다.' 그리고 총체적인 삶 안에서 나타난다면, 그것은 윤리적인(sittlich) '법'과 동일하다. 그리고 이제 하나님의 거룩함은, 그것이 하나님에 대한 의식이 지닌 은혜로서, 속죄로서, 강력한 능력으로서 인간 안에서 작용하는 한, 양심과 법을 수단으로 하여 인간이 자신의 죄에 대하여 불쾌감을 느끼게 한다. 그러나 하나님의 거룩함이 또한 직접적으로, 죄에 대한 하나님 자신의 불쾌감으로서, 따라서 절대적인 불유쾌함으로서 이해되어야 마땅하다면, 다음의 사실에 대한 인식이 불가피하게 된다: 선에 대립하는 대상, 즉 '하나님'이 불쾌하게 여기는 대상으로서 죄는 결코 현존할 수 없고, 그것은 결코 하나님의 생각일 수 없으며, 따라서, 참으로 유한한 존재가 죄를 자기 자신으로부터 발생시킬 수도 없듯이, 죄의 본질과 관념이란 존재하지 않으므로, 선에 대한 현실적인 대립으로서 죄는 결코 현존하지 않으며, 엄격히 말하자면, 하나님에 의하여 '우리들' 안에서 초래된, 죄에 대한 불쾌감도, 하나님에 대한 의식의 효과적인 능력이 그 의식에 의해서 주어진 이해의 명료함보다 뒤떨어진다는 사실에 대한 우리의 불쾌감일 수밖에 없다.(§83)

그러나 '하나님의 정의'는 하나님에 의한 인과관계, 즉 그것에 따라서 실제의 죄와 악의 관련성이 공동으로 죄에 빠지기 쉬운 성향의 상태에서 정돈되는 그 인과관계이다. 슐라이어마허는 여기에서 하나님의 정의를 다만 하나님이 '보복하는', 즉 '처벌하는' 정의로서만 이해되기를 바란다. 하나님의 정의의 본질은 다음의 사실에 있다: 세계의 조직 전체는, '악'도 그것 안에서 초래되는 한, 인간의 자유에 근거를 두고 있는 죄와 특정한 방식으로 '관계되어' 있으며, 이 관계는 또한 우리의 의식 안에서도 발생하는데, 더 자세히 말하자면—개별적으로가 아니라, 총체적 삶 안에서—모든 죄는 악 안에서 반사되고 있으며, 모든 악은 죄에서 밝혀진다. 이 점에서는 악은 하나님의 처벌하는 정의가 작용하는 것이다. 이 정의는 명예훼손에 대한 보복과는 아무런 관계가 없다. "어쨌든 때때로 하나님의 분노라는 불가사의한 것에 대한 그리고 하나님의 대응보복이 본래 불가피하다는 것에 대한 외관상 명상을 통하여 진술된 것은 명료한 의식으로 되돌려지기가 어렵다." 하나님의 정의에서 비롯된 행위로서 하나님이 악을 제정하는 것은 오히려 하나님에 대한 의식을 미래에 강화시킬 것을 고려하면서 인간을 그야말로 '보호'하는 것이다: "즉 우세한 감각적 성향들이 방해받지 않는 습관에 의하여 그때까지 막강하게 성장하지 않도록 하기 위하여." 그러나 악도 결코 세계가 지닌 본래의 완벽함에 대항하는 실제의 모순으로서 존재할 수는 없다. 따라서 둘 다, 즉 하나님의 '거룩함'과 하나님의 '정의'는 하나님에 대하여 우리가 지니고 있는 의식의 본질적인 요인들이다. 왜냐하면 우리는 하나님에 대한 의식을 어쨌든 다만, 죄와 그것에 대한 처벌 필요성이 속죄에 의하여 지양된 상태로서만, 또한 전적으로 강력하고 지배적인 것으로도 이해할 수 있기 때문이다.(§84)

그 반면에 슐라이어마허는 다음과 같은 견해를 지니고 있다: 하나님의 '자비'라는 개념은 교의학적 언어영역보다는 오히려 설교학적, 시적인 언어영역에 적합하다. 왜냐하면 그 개념은 "낯선 사람의 고난에 의하여 특별히 자극받고 원조(援助)할 마음을 갖게 되는 감정의 상태"에 대하여 말하고 있으므로, 그 개념은 뚜렷이 하나님에게 인간의 감정을 이입하는 것으로서, 하나님을 유쾌한 것과 불쾌한 것 사이의 대립 아래에 세우지 않고는, 결코 하나님에게 적용될 수는 없기 때문이다. 덧붙여 말하자면, 아버지와 자녀들 사이 같은 더욱 친밀한 공동체 안에서는 자비에 대해서는 언급되지도 않으며, 그러므로 속죄에 참여하는 것을 기뻐하도록 허락된 사람들도 자비의 대상일 수 없다는 것이다. 결국 자비는 "동정심을 통해서 분노를 억누르는 것", 따라서 "기꺼이 처벌을 면제하려는 태도"를 의미할 것이다. 그런데, 하나님은 원한을 품거나 분노하지 않는다는 것은 별도로 하고, 논의되고 있는 처벌의 질서는 하나님의 정의와 관련된 문제이다. 자비는, 정의가 중지된 그곳에서 시작되어야만 할 것이므로, 뒤집어서 말하자면, 이것은 "하나님의 특성들 사이에서는 발생할 수 없는 관계"라는 것이다. 요컨대, 이 개념은 죄와 악, 그리고 그것들에 대한 하나님의 존재와 태도를 고찰하기 위해서는 결코 사용될 수 없다는 것이다.(§85)

죄와 악에 관한 슐라이에르마허의 이 교의는 종종 그리고 신랄하게 비판받았다. 이미 오래된 저술가들, 가령 예를 들면 로젠크란츠, 뮐러, 벤더(K. Rosenkranz, J. Müller, W. Bender) 등과 같은 저술가들은 거의 그의 교의 내용 전체를 비판하고 있으며, 브루너(E. Brunner)는 그의 교의 전체를 송두리째 비판하고 있다. 그리고 정말로 그의 교의는, 그것이 전체적으로 실제로 수호될 수 '없'다는 사실과 관련되어 있는 불명료한 것들과 인위적인 것들을 많이 포함하고 있다. 우리는 무의 문제에 대한 슐라이에르마허의 대답에, 라이프니츠의 대답과 마찬가지로, 만족할 수 없다. 그러나 또한 다음의 사실도 진실이다: 우리는 그들의 오류를 지적하는 것으로 만족할 수 없다. 왜냐하면 그의 교의를 진지하게 숙고하는 것은 그것을 폐기시켰을 경우에 예측되는 것보다는 역시 약간 더 '쓸모 있기' 때문이며, 그의 교의를 폐기시키는 경우에는 역시 몇 가지 항목에서 슐라이에르마허를 결정적으로 '부당'하게 취급하였기 때문이며, 그의 교의는 역시 (라이프니츠의 교의처럼) 또한 아주 특정한 긍정적인 '공로'를 지니고 있기 때문이다. 만일 우리가 이 사실을 확인한다면, 우리는 그것을 거부하는 일에 변함없이 동조할 수 있다. 그 경우에만 우리는, 왜 우리가 그렇게 하는지를 더욱더 잘 알게 된다.—나는, 슐라이에르마허가 자주 '부당하게' 평가되었던 몇 가지 항목들을 열거하기 시작하려 한다:

우리는, 그가 '죄'라고 부르는 것은 단지 죄'의식'이므로 전혀 '실재(Realität)가 아니'라고 그를 비난해서는 안 된다. 슐라이에르마허의 기본계획은 어쨌든 그리스도교적으로 경건한 자기의식을 관찰하고 묘사하는 것이었다. 이 기본계획은 위험들을 지니고 있었으며, 슐라이에르마허는 그것들을 피하지 못했다. 그러나 우리는 다음의 사실을 간과해서는 안 된다: 그 기본계획은 슐라이에르마허 자신이 행했던 것과는 전혀 다른 방식으로, 즉 계시의 객관적인 현실성과 가능성을 배제하지 않고 포함시킬 수 있을, 계시의 주관적인 현실성과 가능성의 신학으로서, 즉 인간으로부터 출발하지만 그것 자체가 성령의 신학으로 이해될 수 있을 그러한 신학으로서 받아들여지고 관철될 수 있을지도 모른다. 슐라이에르마허는 그가 구상한 의식(意識)의 신학을 참으로 물론 그렇게 이해하지는 않고, 배타적으로 주관적으로 이해하였다: 즉 철저히, 특정한, 곧 그리스도교적으로 경건한 '감정의 상태들'에 대한 역사적 서술로서 이해하였다. 그런데 그에게는 바로 그 감정의 상태들 자체가 '실재들'이다. 은혜에 대한 '의식'으로서 은혜에 그러한 것과 마찬가지로, 그는 또한 죄'의식'으로서 죄에 역시 그것의 특정한 '실재'가 있다고 여겼다. 그가 의식의 신학이라는 기본계획에 대한 그의 이해의 범위 안에서 할 수 있었던 것처럼 그렇게—따라서 확실히, 만일 그가 죄에 객관적으로 탁월하게 대립해 있는 은혜를 예수 그리스도 안에 있는 하나님의 은혜로 그리고 죄를 이 하나님에 대한 반대로 이해했다면, 발생할 수 있었을 그리고 발생해야만 했을 그러한 방식으로가 아니라! 그러나 우리는 다음의 사실을 부인할 수는 없다: 그는 죄에 바로 다음과 같은 실재가, 즉 그리스도교적 의식 자체를 배타적으로 주관적으로 숙고한 범위 안에서 그가 죄에 그것이 있다고 여길 '수 있었던' 바로 그 실재가 있다고 여겼다. 그가 죄를 실제로 죄'의식'으로 서술했다는 사실에 대해서가 아니라, 다음의 사실에 대해서 이의가 제기되어야 한다: 그는 그리스도교적 자기의식을 (우선 은혜의식으로서 그리고 그 후에는 또한 죄의식으로서) 역시 '그' 대립 안에서, 즉 그것 안에서 은혜와 죄가 인간에 대한 성령의 사역 안에서, 즉 하나님의 객관적인 말씀을 주관화시키는 사역 안에서, 만일 그의 용어를 빌린다면, "그리스도교적 자기의식" 안에서 나타나는 바로 그 대립 안에서 해석할 줄을 몰랐다. 이와 같이 그는 또한 죄라는 '특유한' 실재를 가시화할 수 없었다: 왜냐하면 이와 같이 그는 또한 은혜라는 실재도 가시화할 수 없었기 때문이다. 그러나 우리는, 그가 은혜로 이해할 수 있었던 것과 대립관계에 있는 죄로 이해할 수 있었던 것을 하나의 '실재'로 가시화하였다는 사실을 부인해서는 '안' 될 것이다.

우리는 게다가, 몇 번이고 되풀이하여 발생하는 것처럼, 다음과 같이 비난해서는 안 될 것이다: 즉 그는 죄를 인간의 더 고상한 정신적인 삶에 대립하여 있는 자연적 충동의 총괄개념인 '관능적 욕망', 곧 "소중한(lieb) 관능적 욕망님"(Rosenkranz)과 동일시하였으며, 그는 죄를 악용하여 바울의 개념인 "육체"로 묘사하였고, 따라서 관능적 욕망은 그것 자체가 죄를 범하는 것이 아니라는 사실을 잊었으며, 그 반대로 인간의 자연적인 삶만이 아니라 더 고상한 정신적인 삶도 죄에 관여한다는 사실을 잊었다고 비난해서는 안 될 것이다. 왜냐하면 일단 슐라이에르마허는 '관능적 욕망'이라는 말로 결코 특별히 신체적인 충동만을 의미하는 것이 아니라, 인간의 존재 혹은 의식이 '세계의식'으로서 하나님에 대한 인간의 의식과 '구별'될 경우에는, 이해력과 의지의 능력과 활동을 포함하여 인간의 '전체적인' 존재 혹은 의식을 의미하기 때문이다. 그리고 게다가 그는 이 세계의식을 하나님에 대한 의식에 '대립'해 있는 '죄'라고 부른다.—슐라이에르마허는 하나님에 대한 의식에 대해서는 이 맥락에서 바울의 "정신" 개념을 사용한다: 그가 평상시에는 "정신"이라는 말로 실제로, 여기에서 관능적 욕망인 세계의식의 편에 서게 되는 더 고상한 정신적인 삶을 의미하므로, 의심의 여지없이 약간 혼란을 일으키고 있다. 세계의식이, 하나님에 대한 의식에 의하여 지배받고 사로잡히게 되는 대신에, 하나님에 대한 의식(바울의 말로는 "정신")에 대하여 '독립'하며, 동시에 '대항'하는 한, 그 세계의식은 죄를 범하며, 따라서 바울의 말로는 "육체"라고 불릴 수 있다. 죄는 '강렬한' 관능적 욕망이며, '지배적인' 관능적 욕망이며, 의지력이 통찰보다 뒤떨어짐으로써 자체가 '분열된' 관능적 욕망, 즉 세계의식이다. 그 세계의식은 하나님에 대한 의식의 혹은 정신의 주권과 요구에서 벗어나고 그것들에 저항하며, 그와 동시에 또한 그것 자체가 무질서하게 "육체"로 된다. 죄는 이미 '아우구스틴'에 의해서 바로 그렇게 서술되었다. 그러나 역시 슐라이에르마허의 경우에도 죄는 관능적 욕망, 즉 세계의식 자체와 분명히 동일하지는 '않'다. 이 관점에서 명확한 슐라이에르마허의 진술들에 직면해서만이 아니라, 또한 그의 체계 전체의 기초가 되는, 자연과 정신, 물리학과 윤리학 사이의 변증법을 고려해서도, 사람들이 일찍이 다른 것을 주장할 수 있었다는 사실은 참으로 놀랄 만한 것이다.

그러므로 우리는, 슐라이에르마허의 경우에는 죄의 본질이 오직, 인간은 "아직은 정신이 아니"라는 사실에, 즉 "아직은 정신이 아닌 자연"이라는 사실에 있다고 말할 수도 없다. 슐라이에르마허의 전제조건에 따르면, 자연이 정신으로 된다는 것은 전혀 고려될 수 없다. 그것은, 인간의 세계의식이 오직 하나님에 대한 의식만으로 '형태가 바뀐다'는 것을 의미할 것이기 때문이다. 그런데 인간의 의식에 대하여 슐라이에르마허가 생각하는 이상적인 이미지는 순수한, 하나님에 대한 의식, 즉 순수한 정신적 존재라는 이미지가 아니라, 하나님에 대한 의식에 의하여 지배받고 사로잡히고 채워지고 각인된 세계의식이라는 이미지, 즉 하나님에 대한 의식의 모든 특성들과 특징들을 갖고 있는 세계의식이라는 이미지이다. 그의 경우에 문제가 되는 것은 다만, 인간은 "육체"이기를, 즉 하나님에 대한 의식에 대립하는 그의 세계의식에 종사하기를 중지해야 한다는 것이다. 슐라이에르마허에 따르면, 인간이 '여전히' 이 대립에 종사하고 있다는 바로 그 사실이 그의 죄이다.

계속하여 다음의 비난도, 즉 슐라이에르마허가 죄의 특징을, 특히 원죄로서 그것의 형태에서, 단순한 '상태'라고 묘사하였고, "선을 행할 수 없는 무능력"의 특징을 인간의 자연스러운 운명이라고 묘사하였다는 비난도 올바르지 않다. 그가 죄를 인간 안에 있는 어떤 "본래의 것"으로서, 즉 이미 최초에 있던 한 쌍의 인간들 안에 있던 악한 행위보다 앞서는 어떤 것으로서 묘사했다는 것은 올바른 지적이다. 우리가 이 후자의 적용을 적절한 것으로 간주하기를 원하는가의 여부는 별개의 문제이다. 그러나 우리는 틀림없이 다음의 사실을 간과해서는 안 된다: 그는 바로, 이 모든 현실적인 죄보다 앞서는 "죄에 빠지기 쉬운 성향"도 단지 수동적으로 이해하는 것에 대해서는, 즉 '순수한' 상태로서 죄에 대해서는 결코 아무것도 알기를 원하지 않았으며 (그리고 또 한편으로는, 그의 변증법의 전제조건들에 따르면 결코 아무것도 알 수 없었다!), 이미 이 "원죄" 혹은 "근원적인 죄"를 명확히 '역시' 인간이 지닌 '의지'의 형성물로, 활동으로, 즉 '과오'로 묘사했다. 그것은 "인류의 총체적인 범행이며 총체적인 과오"이긴 하지만, 마찬가지로 실제의 범행과 과오이며, 그것은 "각 사람의 안에 있는 '모든 사람의' 행위(Werk)"이긴 하지만, 마찬가지로 "모든 사람 안에 있는 '각 사람'의 행위"이다.

그와 동시에 다음과 같이 실제로 진기한 고발도, 즉 슐라이에르마허는 '과오'라는 죄의 개념을 통해서, 그가 죄의 개념을 "자발적 행위"라는 심리학적인 개념"으로 대체하고 더구나 개인으로부터 인류 전체로 옮겨놓는 일을 끝냈다는 고발도 쓸 데 없는 것이다. 그가 그처럼 강력하게, 일반적으로 인간이 죄에서 연대하는 것에 대하여 언급하였다는 사실은, 그리고 그가 개인을 이 관점에서도 단지 개인으로서만이 아니라 또한 인간의 계속되는 세대들에서 후계자와 선임자로서 인식하였다는 사실은, 그래도 죄를 과오로서 규정하는 것을 제한하지 않으며, 슐라이에르마허의 의도에 따르면—그 의도에서 그는 그래도 일반적인 그리스도교 전통에 정말 낯설지 않았다.—그 규정을 오히려 강조하고 심화시킨다는 것이다. 그리고 바로, 이 사실에 대하여 어떤 오해도 발생하지 않도록 하기 위하여, 그는 죄를 (§69, 2) 개인의 고유한 삶을 초월해서 논증했을 '뿐만 아니라', 또한 개인의 "자발적 행위"로도 묘사하였다. 그렇게 함으로써 그는 그의 명확한 설명에 따르면, 죄는 각자의 죄로서 그것의 현실에 따라서 또한 "그 자신의 안에 근거를 두고" 있다는 사실을 말하려 했다. 과오로서 죄가—언제나 슐라이에르마허가 제시한 의식신학의 한계들 안에서—'하나님에 대한 개인의 의식에 대립하는' 바로 '자발적 행위'(또한 개인 자신 안에 근거를 둔 활동으로서 각 개인의 자발적 행위!)가 아니라면 대체 무엇이겠는가? 우리는 여기에서 슐라이에르마허의 진술을, 즉 문제가 되고 있는 주제에 대한 서술로서 확실히 남김없이 다 논의한 것은 아니지만 또한 잘못되지도 않은 진술을, 그리고 어쨌든 이 주제에 대한 서술에서 그리고 "과오" 개념에 대한 정의에서 "피할" 수 '없'는 진술을, 단지 "심리학적인" 것으로서, 즉 윤리적 내용이 결여된 것으로서 나쁘게 받아들였던 것은 아닌가? 그렇다면, 그가 '죄에 대한 처벌' 개념을 "회피하기를" 원했다고 그를 비난하는 것도 명백히 부당한 것이다. 악에 관한 그리고 하나님의 정의에 관한 그의 교의 전체가 그 비난에 대하여 논박하고 있다. 우리는 다음과 같이 그를 비난할 수 있다: 그는 악의 개념을 죄의 개념과 너무 밀접하게 연결시켰으며, 그는 악을 일반적으로 오직 죄에 대한 처벌이라는 관점에서만 주시하려 했으며, 그는 악을 특히, 그가 그렇게 하였던 그 방식을 통하여—그의 견해에 따르면, 악의 본질은 일반적으로 오직, 그 자체로는 완벽한 세계에 대한 인간의 오해에, 즉 죄에 의하여 야기된 오해에 있다.—엄밀히 말하자면 악을 부인하였다. 그러나 우리는, 그가 이러한 오해인 악을 진지하게 받아들이지 않았다고 그를 비난할 수 '없으며', 하물며 그가 죄에 대한 처벌 개념을 회피하였다고 비난할 수 없다. 그의 견해에 따르면, 죄의 불가피한 결과는 바로 이 오해에 그 본질이 '있다.' 그의 견해에 따르면, 하나님의 처벌하는 '정의'는 바로 다음의 사실에, 즉 이 오해가 죄를 범하는 인간의 의식 안에서 필연적으로 공간을 획득해야만 한다는 사실에 그 본질이 있다. 이 고발이 관련되어 있는(§71, 4) 그 대목에서 슐라이에르마허가 말했던 것은, 그래도 그의 언어에서는 다름 아니라 바로, 확실히 그리스도교의 진리라고 옹호될 수 있는 다음의 명제였다: 처벌에 대한 공포 자체는 인간 안에서 속죄에 대한 욕구를 일깨울 수도 강화할 수도 없다. 왜냐하면, '하나님에 대한 의식'을 저지하는 방해를 제거하려는 소망은, 즉 '속죄'에서 주요관심사가 되고 있는 것을 얻으려는 소망은, '감각적인' 자기의식의 특정한 상태들을 보호하고 대립되는 상태들을 방지하려는 (즉 악을 제거하려는) 소망과는 다른 것이어서, 죄는 '처벌'받을 만하다는 의식을 통해서만 매개되는, 속죄의 필요성에 대한 느낌은 '순수한' 느낌일 수 없을 것이기 때문이라는 것이다.

그리고 참으로 다음의 사실은 어쨌든 확실히 슐라이에르마허의 기본적인 구상이 지니고 있는 형식적인 독창성만이 아니라, 또한 실질적인 내용을 변호한다: 우리는, 그 구상이 분명히 거부되어야만 하지만, 그것이 지닌 수준 높은 '장점'을 유효하게 하지 않고는, 말하자면 심지어 그것의 고유한 자극들에 응하지 않고는, 따라서 이미 뮐러(J. Müller, I 494)가—물론 다른 견해와 의도로—말했던 것처럼, 바로 슐라이에르마허와 '함께' 그에게 '반대하여' 걸어가지 않고는, 결코 그 '거부'조차 실행할 수 없다. 왜냐하면, 만일 우리가 정확하게 주시한다면 그리고, 우리가 방금 행하였던 것처럼, 사람들이 슐라이에르마허가 부당하게 평가되었던 모든 비난 항목들을 제거한다면, 남아 있는 모든 '숙고들'이 하나의 위대한 관념 복합체라는 것, 즉 진기하게도, 우리들이 우선 그리고 무엇보다도 슐라이에르마허의 긍정적인 업적을 '인정'하고 '경탄'할 수밖에 없는 바로 그 대목에 있는 위대한 관념 복합체라는 것이 드러나기 때문이다. 다른 말로 표현하면, 그가 대단히 강한 바로 그곳에서 그는 놀랍게도 약하며, 그가 가장 설득력 있고 가장 계몽적인 방식으로 옳았던 바로 그곳에서 그는 참담하게도 옳지 않다. 우리는 확실히 이렇게 말하고 싶은 기분이 들 것이다: 그와 논쟁하는 것은, 그리고 거기에서 문제될 수밖에 없는 긍정과 부정의 관계는, 거의 불가피하게, 그 자신이 은혜와 죄의 관계를 묘사하였던 바로 그 변증법에 대립되는 모형 안에서 전개되어야 한다.—물론 다음과 같은 중요한 차이와 함께: 은혜와 죄에 관한 그의 교의에서는 유감스럽게도 도달하지 '않'았으며 또한 도달'할 수'도 없었던, 긍정과 부정 사이를 구별하고 결정하는 데에 도달해야만 한다.

여기에서 틀림없이 우리는, 이 주제에서 슐라이에르마허에게서—매우 진기하게도 바로 그에게서 그리고 오직 그에게서만—'배울' 수 있는 것이 무엇인지를 확인하는 것으로 시작해야 한다. 우리는 그것을 서로 관련되어 있는 두 부분으로 이루어진 한 명제로 압축할 수 있다: 무의 본질과 실존의 핵심은, 그것이 (1) '전능한 은혜 안에 있는 하나님에 의하여 거부된 것'이며, 따라서 (2) '그 은혜에 대한 바로 이 관계 안에서만' 존재한다는 사실에 있다.

우리는 다음과 같은 명제의 첫 부분부터 다루기로 한다: '무는 하나님에 의해 거부된 것이다.' 우리는 동시에 죄에 관한 슐라이에르마허의 교의의 다음과 같은 삽입구를 기억한다: 죄에 대한 의식은 우연히 존재하는 것이 아니며, 그것은 우리의 세계의식이 규정한 것조차 아니며, 하물며 우리가 그것을 우리 자신으로부터 만들어낸다는 것은 당치도 않고, 오히려, '하나님에 대한 의식'이 독특한 방식으로 우리의 자기의식을 규정함으로써, 우리는 그것을 우리 자신에 대한 '불쾌감'으로 '규정'하였다. 우리는 하나님에 대한 의식으로부터 출발하여 우리가 "정신에 대한 육체의 적극적인 저항" 안에 종사하고 있음을 이해하고, 따라서 그리고 그 점에서 우리 자신을 '불쾌하게' 해야만 하기 때문에, 우리는 죄에 대한 의식을 지닌다. 한편으로는 "관능적 욕망", 즉 세계의식과 다른 한편으로는 하나님에 대한 의식 사이에 있는 특정한 관계 안에서 실행되는, 인간의 특정한 존재와 행동이 현존한다. 왜 그리고 어느 정도로 이 관계 안에 있는 이 존재와 행동이, 그리고 그것 안에서 인간 자신이 '죄를 범하고' 있는가? 슐라이에르마허는 이렇게 대답한다: 그 관계가, 그의 관능적 욕망이 우세한 것으로서 그리고 하나님에 대한 그의 의식이 무기력한 것으로서, 허약한 것으로서 혹은 그 의식을 방해하는 것으로서, 그에게 죄로 '만들어'지기 때문에, 그리고 바로 그 점에서 인간은 죄가 있다. 그 관계가 인간에게 죄로 '된다.' 어디로부터 그리고 왜? 슐라이에르마허는 이렇게 대답한다: 다름 아니라 바로, 무기력하고 허약하고 방해받은, 하나님에 대한 의식이—물론 그것의 무기력함 때문이 아니라, 그 무기력함에도 불구하고: 즉 그것의 무기력함 안에서도 하나님에 대한 의식으로서 그것에 고유한 권세 안에서—인간의 존재와 행동을 '거부한다.' 그것은 그것의 무기력함 안에서도 '명령하는 것'이기를, 명령하는, 즉 인간에게 요구하는 하나님의 의지가 지닌 권세를 지니고 행사하기를 중단하지 않는다. 그것은 하나님의 '거룩함'에 대한 의식이다. 어떻게 하나님에 대한 의식이 그렇게 하는가? 슐라이에르마허는 이렇게 대답한다: 거룩한 하나님으로서 그의 전능함 안에서 그가 인간에게 그에 대한 의식의 표지로서 '양심'을 제공하였는데, 그것은 "윤리적인 법"에서 그것의 일반적인 인간적 형태와 상응을 지니고 있다. 하나님에 대한 의식이 또한 양심의 형태를 지니기 때문에—그것이 하나님의 전능함 안에서, 즉 반박할 수 없게 그리고 파괴할 수 없게 또한 양심이기 때문에—바로 그 의식이 인간의 존재와 행동에 대한 거부를 실행하며, 그것이 다음의 사실을, 즉 인간이 지니고 있는 세계의식과 하나님에 대한 의식 사이의 이런 저런 관계가 '죄'라는 사실을, 즉 인간이 선한 것을 행하기에 '무능력'하며 그의 행위가 '선하지 않'다는 사실을 결정한다. 이와 같이 하나님이 그의 존재와 행동을 그의 죄로 "만든다." 이와 같이 그것이 죄로 "된다." 양심은, 혹은 그것 안에서 작용하는 하나님에 의한 인과관계는 "하나님에 의한 '전체적'이며 '유일한' 인과관계, 즉 죄 자체가 소급하여 지시하고 있는 바로 그 인과관계"이며, 그것과 병행하는 다른 어떤 인과관계도 존재하지 '않는다'고 슐라이에르마허는 아주 명확하게 말한다.(§83, 1) 슐라이에르마허의 이 해명이 종종 간과되었으므로, 그 경우에 형식상 확실히 도발적인 그의 명제, 즉 하나님은 또한 죄의 창시자라는 명제는, 그가 그 명제를 명확히 그렇게 이해하기를 원하지는 '않았'던 그런 의미로 나쁘게 받아들여졌다. 하나님이 죄를 '거부'함으로써, 그는 죄의 '창시자'이다. 바로, '그'에 대한 의식이 우리들 자신에 대한, 즉 우리의 존재와 행동에 대한 '불쾌감'을 우리 안에 초래함으로써만, 하나님이 죄의 창시자이다. 이 의미에서 물론 '그'가—그리고 '단지' 그 '만이' 역시 죄의 창시자이다. 우리들 자신은 죄인들이며 죄를 행한다는 사실이 그 명제에 의하여 부정되지는 않는다. 하나님에 대한 우리의 의식으로부터 출발하여 우리에게 닥치는 거부에 의하여 우리는 바로, 우리들 '자신의' 존재가 죄인이라는 것과 우리들 '자신의' 행동이 지닌 유죄성을 의식하게 된다. 그러나 우리의 존재와 행동이 '죄가 있는' 것이며, 우리 자신이 '죄인들'이며, 우리의 관능적 욕망과 하나님에 대한 우리의 의식 사이의 관계가 분열과 모순과 저항이며, 따라서 과오가 있으며 처벌받을 만하다는 사실은, 인간의 본성으로부터 설명될 수도 없고, 우리들 자신이 만들어낸 것이 아니라, 그것은 우리에게 "제정된" 것, 즉 '하나님'에 의하여 저 '거부'의 형태로 제정된 것, 즉 바로 저 '양심'을 세워두었던 그의 '거룩함'이 지닌 전능함 안에서 제정된 것이다. 하나님이 그것을 제정하지 않았다면, 죄도 그것의 본질도, 실존도 지닐 수 없었을 것이다. 그리고 참으로 슐라이에르마허의 견해와 설명에 따르면, 바로 이렇게 제정한 것은, 하나님의 뜻은 인간의 '속죄'이며, 따라서 그것은 '선한' 의지라는 사실을 도외시하고 이해되어서는 안 된다. 무엇 때문에 하나님은 저 거부를 실행하는가? 슐라이에르마허는 이렇게 대답한다: 속죄를 위하여 그리고 속죄에서 인간을 견고히 붙들기 위하여, 그리고 그의 안에 있는 속죄에 대한 욕구를, 즉 그것 없이는 그가 속죄 자체도 의식하게 될 수 없으며 의식한 상태로 머물 수도 없을 바로 그 욕구를 일깨우고 그것을 생생하게 유지하기 위하여. 그러므로 거부는 부가적으로 '구원'을 위하여 제정된 것이다. 그러므로 이 거부를 실행하는 것은 다름 아니라 실제로 하나님의 '전능한 은혜'이다. 그러므로 구원을 위하여 제정된 것에 의하여, 즉 하나님에 대한 우리의 의식으로부터 우리에게, 곧 우리의 존재와 행동에 닥치는 거부, 반박할 수 없으며 파괴할 수 없지만 그것의 의도가 긍정적인, 하나님의 전능한 은혜를 통한 거부에 의하여, 죄는 본질과 실존을 '소유한다.' 죄는—그것 자체로 보면—관능적 욕망과 하나님에 대한 의식 사이에 있는 다음과 같은 관계 안에 있는 우리의 존재와 행동이다: 그 관계는 '하나님에 대한 의식으로부터 출발하여' 볼 경우에, 관능적 욕망이 우세한 것으로 그리고 그에 상응하게 하나님에 대한 의식이 허약한 것으로, 정신에 대립하는 육체의 저항이 승리하는 것으로 이해되어야만 하며, 따라서 그 관계는 우리에게는 우리 자신에 대하여 우리가 불쾌감을 느끼게 하는 대상으로 되어야만 하며, 따라서 우리는 그 관계를 "혐오감" 안에서 의식할 수밖에 없으며, 그 경우에 그 혐오감은 악에 의하여, 즉 형벌인 그 관계에 상응하며 그 관계를 뒤따르는 그 악에 의하여 더욱 강조되고 증대된다. 그리고 우리의 존재와 행동이 실제로 '하나님에 대한 의식으로부터' 볼 때 그렇게 규정되어 있으며, 하나님의 전능한 은혜에 의하여 그렇게 거부되고 있으므로, 우리 '자신'이 실존함으로써, 죄가 '실존한다.'

우리는 이렇게 말해야만 하지 않을까?: 여기까지는 좋다! 슐라이에르마허의 기본적 견해들과 언어와 개념들의 한계들의 ─ 매우 위험한 이 한계들의!─ 내부에서는 물론 그렇다! 그리고 여기에서는 위험만이 도사리고 있었던 것이 아니라, 앞으로 드러나게 되듯이, 여기에서는 엄청난 정도로 실제의 신학적 재앙이 발생하였다. 그러나 슐라이에르마허가 여기에서 죄와 무 전체를 이해하는 데에 약간 기여했다는 사실을 확인하는 것이 공정하고 유용하다. 만일 그렇지 않으면, 우리는─정통주의 신학에서도─그러한 이해에 도달하기 위하여 멀리 헛되이 헤매게 될 것이다. 그리고 죄와 무에 대한 그의 이해를 역시 바로 섭리론의 맥락 안에서 인식하는 것이 그야말로 필수불가결한 것이다: 무 또한 '하나님을 통하여' 존재하기 때문에, 즉 그것이 하나님에 의해서,─우리는 지금 "거부" 개념을 다른 말로 표현하기 위하여 슐라이에르마허가 사용하지 않았던 몇 가지 개념들을 사용한다.─'선택되지 않았고 의도되지 않았으며', 오히려 '무시되고 배척되고 배제되고 심판받은' 것이라는 바로 '그 점에서' 그리고 바로 '그렇게' 하나님을 통하여 존재하기 때문에, '바로 그 이유에서' 무는 헛된(nichtig) 것이며, 그것의 무가치성 안에서 실제로 존재한다. 무에 대하여 더 언급되어야 하는 것은 이것이다: 그것이 그것의 입장에서 하나님에 대한 반대이고 저항이며, 그 경우에 또한 인간과 세계를 방해하고 파괴하는 것이라는 사실은, 어쨌든 다음과 같은 전제 아래에서 언급될 수밖에 없다: 먼저 '하나님'에 의하여 반박되었던 것이 바로 그것이다. 바로 이것이 슐라이에르마허가 120쪽에 이르는 글에서 죄에 대해 언급한 내용의 처음이며 마지막이다. 이것에 덧붙여서 불가피하게 더 언급된 몇 가지 다른 것들은 모두 다 바로 '이' 전제 아래에 있다. 그는 그것을 그에게 지정된 혹은 그가 선택한 한계들 안에서 언급하였다. 그러나 그는 역시 이 한계들 안에서 죄를 또한 가령 라이프니츠가 서술했던 것처럼 그렇게, 즉 단순한 거부로서, 즉 전체의 완벽함에 기여해야만 하는 단순한 불완전함으로서 서술할 수도 있었을 것이다. 왜 그는 그것을 그처럼 단순하게 말할 수 없었을까? 그는 죄를 일반적으로 단지 거부하는 것으로서만이 아니라 '거부된 것'으로서, 즉 '하나님'에 대한 의식으로부터 출발하여 거부된 것으로서 그리고 하나님의 이 거부에 의하여 '실재하는 것'으로서 서술함으로써, 왜 그는 도대체 죄에 어떤 지속성과 어떤 진지성을 부여했을까? 혹은 어쨌든 부여하기를 원했을까? 이것을 다음의 사실과 연관시키고 있다는 것이 명백하지 않은가?: 우리는 여기에서 라이프니츠의 신정론과는 달리 역시 어쨌든 그리스도교 '신앙론'의 토대 위에, 즉 그것 안에서는 '그리스도론'이 중요한 역할을─어느 경우든 숙고 전체에서 한 극(Pol)의 기능을─지녔던 바로 그 '신앙론'의 토대 위에 있으며, 슐라이에르마허는 일관되게 그리스도론에 그 역할을 부여하려 했다. 강박적인 일원론적 사고 때문에 그는 물론, 그가 명백히 그리스도론에 부여하려고 생각했던 보충적인 의미조차도 실제로는 그것에게 제공할 수 없었다. 첫 번째 극, 즉 경건한 개인의 체험은 그의 체계 안에서는 처음부터 저 두 번째 극보다 더 강력한 것이어야만 했다. 그의 교의체계에서 그리스도론은 결국 역시 다만 교차점으로, 즉 주체인 그리스도인의 경험 묘사를 일종의 객관적으로 비춰보는 것으로 된다. 그러므로 그의 그리스도론은 확실히 궁극적으로 쓸모없게 되고 말았다. 예수 그리스도는 어쨌든, 그리스도교의 사고에서 두 번째 극의 역할만을 행하기에는 적합하지 않다. 그리고 만일 우리가 그를 두 번째 극으로 지정하기를 원한다면, 그는, 그가 슐라이에르마허의 체계에서는 실제로 사라져 버렸듯이, 그렇게 사라질 수밖에 없다. 어쨌든 슐라이에르마허는 그의 동시대인들과는 대조적으로 예수 그리스도에게 그리스도교적으로 경건한 의식이 관련된 역사적 거점이라는 그의 독특한 명예를 부여하기를 '원했다.' 그는, 어쨌든 라이프니츠가—하여튼 그의 체계 안에서는—행하지 않던 그런 방식으로 예수 그리스도 연구에 몰두했다. 이제 우리는, 그 사실이 슐라이에르마허의 특징적인 죄론에, 그 자신도 모르게, 영향력을 끼쳤으리라 추측하고 싶다. '그리스도론으로부터 출발하여' 다음의 사실이 명백해'질 수 있었다': 우리는 죄를 무엇보다도 그리고 결정적으로 '하나님'으로부터 출발하여, 더 자세히 말하자면 '하나님의' 강력한 거부의 사역으로서 이해해야만 하며, 즉 창조된 것은 아니지만, 하나님이 그것에 반대함으로써, 세워져 있는 (슐라이에르마허의 표현으로는 "제정된") '실재'로서 이해해야만 한다. 예수 그리스도로부터 출발하여 바라본다면, 죄는 다음과 같이 하나님의 전능한 은혜에 의하여 '배제된 것'으로 인식될 수 있었을 것이다: 즉 그것은, 그 자체로서는 토대가 없으며, 이 대립을 통해서 그리고 이 대립 안에서 그것의 암흑같이 어두운 '토대'를 얻어 잠시 소유하며, 모든 대립성의 토대와 원천과 총괄개념으로서—모든 사악한 반대는 오직 이 대립성 안에서만 실재하며 지속되듯이!—충분히 발휘하도록 허락되며, 그것은 바로 이러한 그것의 단지 대립적인 본질과 존속 안에서, 단지 무로서 처음부터 하나님의 전능한 은혜에 종속되어 있으며, 하나님이 그의 피조물과 함께 그리고 이 적대자와 함께 걸어가는 길의 목표점에서는 불가피하게 하나님의 은혜에 패하여 물러날 수밖에 없다. 슐라이에르마허는 그것을 그렇게 언급하지는 '않'았다. 그는 그의 죄론도 실제로 그리스도론으로부터 출발하여 설계하지는 '않'았다. 우리는 다음의 사실을 확인할 수밖에 없다: 한편으로는, 그는 본래 그리스도론에, 그가 그의 전제들로부터 출발하여 할 수 있었던 것보다도 더 중요한 지위와 중요성을 부여하기를 원하였으며, 그리고 다른 한편으로는, 그의 죄론은 실제로, 본래 그가 그것을 그리스도론으로부터 출발하여 설계했을 경우에만 설명이 될 그런 형태를 획득하였다. 그러니까 그는 우리가 지금 공식화하였던 것과는 다르게 언급했다. 그러나 그는 실제로는 우리가 말했던 '그것'을 언급했다. 그러므로 우리는, 그가 그렇게 함으로써 그의 '한계들' 안에서 현저하게 '옳은 것'을 그리고 '중요한 것'을 언급하였다는 사실을 부인할 수 없을 것이다.

그러나 유감스럽게도 그는—이제 이 첫 번째 항목에서 우리는 그의 주장들에 대한 '비판'으로 방향을 바꾸어야만 한다.—또한 그의 한계들이 지닌 '위험'에도 실제로 굴복했으며, 그리고 위에서 언급한 것을 넘어서서 또 '다른 것'도 언급하였으며, 또는, 위에서 언급한 인식의 정당성과 중요성을 역시 철두철미 의문시하지 않을 수 없었던 아주 분명한 '부정'(Leugnung)을 실행하였다. 왜냐하면 그는 죄를 거부하는 형태로 하나님이 죄를 "제정"한 것을—여기에서 그의 일원론이 그에게는 재앙으로 되었다.—역시 다만 그리고 오로지 주관적인 과정으로서만, 즉 그리스도교적으로 경건한 자기의식 안에서 전개되는 내적인 과정으로서, 그리고 그 점에서는 주관적일 뿐만 아니라, 바로 '배타적인'

주관적 과정으로서만 이해하려 했기 때문이다. 완전하며 활기찬, 따라서 세계의식을 가득 채우며 지배하는, 하나님에 대한 인간의 의식이 구체화된 것 '이상'(mehr)인 '그' 예수 그리스도에 대한 바로 그 기억이 거기에는 없다: 바로 '그' 예수 그리스도, 즉 그의 안에서 하나님이, 인간과 동맹을 체결함으로써, 또한 실제로 인간과 마주 보고 있는 존재이며, 그리고 그의 안에서 하나님 자신이 또한 '죄'에 대하여 거부하고 심판하고 유죄판결을 내리면서, 그러나 바로 그렇게 함으로써 객관적인 '실재'인 죄에 맞서 있는 바로 '그' 예수 그리스도에 대한 기억이 없다. 슐라이에르마허는 다음의 사실조차, 즉 하나님과 인간, 하나님과 피조물 전체 사이의 관계에서 중요한 것은 실제의 만남과 역사라는 사실조차 인정하기를 원하지 않았듯이, 그는, 하나님과 죄 사이의 관계에서 중요한 것은 실제로 전개되고 있는 '만남'과 '역사'라는 사실을 인정하기를 원하지 않았다. 죄에 대한 그의 서술 전체에서는 간과(看過), 배척, 심판 등의 개념들이 나타나지 않는다는 것은 물론 우연이 아니다. 그가 하나님에 의해 거부된 것 그리고 하나님에 대하여 저항하는 것을 묘사하기 위하여 "악"이라는 개념을 참으로 당연히 거의 완전히 피하였다는 것도 우연이 아니다. 그에게는 죄를 거부하는 것, 즉 제정하는 것은 역시, 하나님 자신을 위해서 존속하며 중요한, 따라서 하나님에 의하여 주시되고 다루어지는 현실이 아니라, 다만 하나님에 대한 우리의 '의식' 안에 있는 현실일 뿐이다. 그의 견해로는 하나님 자신은 이 문제에 관여하지 않으며, 냉정하게 이 문제를 초월하여 있다. 그는 다만, '우리'가 죄와 그의 은혜에 대한 의식에 이르도록, 그리고 그 후에 그것과 대조적으로 또한 우리의 죄를 의식하게 되도록 돌볼 뿐이다. 그의 거룩함에 의하여 하나님은 양심을 통해서 우리의 실존이 분열되는 것이 '우리에게' 죄가 되게 한다. 그 자신은 여기에서 어떤 동반자나 적대자를 지니고 있지 않다. 그 자신은 여기에서 시험을 받지 않는다. 그 자신은 여기에서 모욕을 당하지도 고통을 당하지도 않는다. 그 자신은 죄에 대하여 분노하지 않으며, 죄인들에 대하여 자비롭지도 않다. 그 자신은 여기에서 정말로 다만, 그가 처방한 알약을 그 자신이 혹은 심지어 최초로 복용해야만 한다는 생각은 전혀 하지 않는 채 "처방하는" 의사일 뿐이다. '우리'는 사실 매우 진지하게 죄와 관계하기는 하지만, 다만 '우리'만이 죄와 관계하는 것이다. 슐라이에르마허가 여기에서 예수 그리스도에 대하여 다음과 같이 말한 것은 교훈적인 것이다: 하나님에 대한 활기찬 의식의 소유자로서 그는 개인적인 양심이 아니라 오직 공감만을, 즉 죄와 실제로 관계하고 있으므로 양심을 지녀야만 하는 그 사람들과 상응하는 공감만을 지니고 있다. 이 사실로부터, 예수가 지닌 하나님에 대한 활기찬 의식 안에는 하나님의 거룩함을 위해서조차 어떤 공간도 존재하지 않는다는 결론이 나오지 않는가? 그렇다면 우선 하나님 자신 안에서는 어떤가? 물론 또한 그리고 더구나 '악'에 대해서는 동일한 것이 적용된다. 악의 본질은, 죄의 결과로서 '우리'가 저지르는 그리고 '우리'에게 매우 고통스러운 오해에 있다. 이와 같이 하나님의 정의는 과연 그것을 원하기는 한다. 그러나 하나님으로부터 출발하여 바라본다면, 그리고 그에게는 악이란 존재하지 '않'으며, 창조세계 자체 안에는 그의 분노의 사역으로서든 분노의 대상으로서든 어떤 낯선 이물질도 존재하지 않으며, 오히려 악은 역시 다만 우리의 '의식' 안에서만 세계의 완벽함에 대한 반대로서, 방해로서 전개되며, 역시 다만, 우리의 고유한 실존의 분열, 즉 우리의 죄가 되게 하는 그 분열의 불가피한 주관적 결과로서만 전개된다. 거듭 하나님 자신은 그 일에 관여하지 '않'는다. 거듭 거기에서는 "낯선 사람의 고난에 의하여 특별히 자극받고 원조할 마음을 갖게 되는 감정의 상태"인 하나님의 자비 자체가 논의될 수 없다. — 뮐러(J. Müller, I, 488f.)는 여기에서 발생하는 '딜레마'를 바르게 인식하고 서술하였다:

만일 실제로 '하나님'이 우리에게 죄를 이미 서술된 방식으로 "제정"하였다면, 따라서 우리는 죄가 있는 인간으로서 그의 앞에서 우리의 존재와 행동이 과오를 지니고 있으며 처벌받아 마땅하다는 것을 의식하게 되고, 의식하고, 의식한 상태에 머물러야 마땅하다는 것이 '진지하게' 유효하다면, 만일 실제로 '하나님'이 인간들을 로마서 11:32의 말씀에 따라서 "순종하지 않는 상태에 가두었"으며, 진실로 그리고 정당하게 불순종하는 자들로서 고발하고 낙인찍었다면, 그리고 그 사실이 인간들에 의해 '진실'로서 그리고 '정당한 것'으로서 인정되어야만 한다면, 따라서 인간들에게는 그의 은혜로 도피하는 것 외에는 어떤 다른 출구도 남아 있지 '않'다면 — 만일 그렇다면, 어떻게 죄가 맨 먼저 그리고 무엇보다도 하나님 자신에게 하나의 '실재'가 아닐 수 있겠는가? 그는 그 죄를 강력히 거부함으로써 어떤 일을 '행하였'는가? 혹은 그렇지 않은가? '만일' 그가 어떤 일을 행하였다면, 만일 그 행동이 대상이 없는 것이 아니었다면, 그리고 만일 그것이 '우리'에게 중대한 의미를 지녀야 한다면, 만일 그렇다면, 어떻게 그것이 그 자신에게 아무런 의미도 지니지 '않'을 수 있는가? 만일 그렇다면, 어떻게 그의 거룩함과 정의가 하나님의 특성들로서 서술될 수 있는가?: 즉 죄가 하나님 자신에게는 결코 특유하고 본질적인 것이 아닌 반면에, 우리 자신이 우리의 의식 안에서 우리의 존재가 분열되어 있다는 사실 앞에 직면하여 있으며 우리 자신 안에서 분열되어 있는 존재들로서 그에 의해 거부되고 유죄판결을 받고 처벌받고 있다고 여기는 그 사실에 입각하여, 우리가 과연 하나님의 것으로 돌리기는 하는 바로 그 특성들로서 서술될 수 있는가? 만일 그렇다면, 하나님에 대한 우리의 의식에 대립하는 우리의 관능적 욕망의 저항이라고 우리가 알고 있는 그런 것에 의해서는 하나님 자신은 결코 동요되지 않을 것이라는 조건이 대체 어떻게 뿌리를 내릴 수 있겠는가?

뒤집어 말하자면, 만일 하나님 자신은 우리가 포함되어 있는 바로 그 유죄성에 의해서 그리고 우리가 범하는 죄에 의해서 '동요되지 않는다.'는 것이 실제로 사실이라면, 여기에서 정말로 역시 그리고 무엇보다도 먼저 하나님 자신의 적대자가 등장해 있는 것이 아니라면, 그 자신이 이 문제를 떠맡는 것이 '아니'라면, 여기에서 실제로 하나님의 분노도 자비도 존재하지 않는다면, 그의 거룩함의 사역과 정의의 사역이 '우리에게', '우리들'은 속죄가 필요하다는 사실을 의식하도록 하는 일로 제한된다면 — 만일 그렇다면, 어떻게 바로 그 사실이 '실제로' 그리고 '진지하게' 우리의 의식에 도달할 수 있다는 말인가? 도대체 하나님 자신보다 '더 하찮은' 어떤 것이, 즉 도대체 그에 대한 우리의 단순한 의식이 우리에게 그 사실을 명백하고 확실하게 이해하도록 하는 데에 충분할 수 있는가? 즉, 만일 여기에서, 하나님 자신은 역시 다만 이 의식의 창시자로서만 이 문제에 관여하고 있으며, 그 스스로는 관여하지 않는다는 사실이 우리에게 명확히 언급된다면, 그것으로 충분할 수 있는가? 만일 다음의 사실이, 즉 하나님 자신에게는 죄도 악도 실재성을 지니지 않는다는 사실이 우리의 귀에 속삭여진다면, 그것으로 충분할 수 있는가? 만일 그렇다면, 우리의 양심이 제기하는 고발을 진지하게 받아들이기 위해서 우리들이 신뢰할 수 있어야 마땅할 하나님의 '진실성'의 사정은 도대체 어떤가? 그것이 하나님에게는 실재가 '아니'라는 사실을 우리가 알고 있는 바로 그 어떤 것이 어떻게 우리에게 실재일 수 있겠는가? 그와 동시에, 그것은 '결코' 실재가 아니라는 사실이 분명하지 않은가? 만일 어떤 것이 하나님 앞에서 '아무것도 아닌'(nichts) 것이라면, '도대체' 어떻게 참으로 그것이 존재할 수 있는가? 이런 형편에서, 어떻게 우리의 죄가 '과오'로서 그리고 우리에게 닥치는 악이 역시 다만 '형벌'만으로서도 우리에게 진지하게 의식될 수 있겠는가? 이런 형편에서, 우리가 진지하게 은혜를, 속죄를 갈망할 어떤 동기를 지니겠는가? 만일 형편이 그렇다면, 도대체 어떻게 교의학자는 이 주제 전체에 대하여 언급하면서 불가피하고 진지하고 엄격하게 실행되어야만 하는 인식에 대하여 언급하게 되겠는가? 만일 저 전제가 유효하다면, 그 주제는, 그것이 아직 우리에게 문제로 되기 이전에, 허구와 허상으로 해체되지 않았던가? 어떤 대상이 하나님 앞에서 그리고 하나님에게 무일 뿐만 아니라 아무것도 아니며 결코 대상이 아니라는 사실을, 그러나 그는 '우리'가 그것에 몰두하는 것을 소위 옳은 것으로 간주한다는 사실을 우리가 들었다면, 도대체 어떻게 그 대상이 실천적으로 그리고 이론적으로 염려하고, 회개하고, 기도하도록 우리를 몰아세우거나 혹은 주목하기만이라도 하도록 동기를 부여한다는 말인가? 만일 그 자신이 그것에 몰두하지 '않'는다면, 우리 '역시' 그럴 필요가 없다는 것이 분명하다!

이것은 어려운 딜레마인데, 슐라이에르마허 자신이 제시했던 것과 같은 그런 류의 교의는 불가피하게 이 딜레마에 빠져 있다.

만일 그가, 죄와 악은 하나님 자신에게 '아무런' 관계가 '없다'는 것을 진지하게 받아들인다면, 인간은 그것들을 진지하게 받아들이는 일로부터 '면제'되며, 또한 그것들을 고려하여 스스로가 속죄가 필요한 것으로 인식하는 일로부터도 면제된다.

그러나 만일 인간의 속죄필요성을 '진지하게' 받아들인다면, 그가 범한 죄의 유죄성과 처벌필요성을 '진지하게' 받아들인다면, 그에게 그 죄를 꾸짖는 하나님의 거룩함을 '진지하게' 받아들인다면, 그가 범한 죄의 결과로 악이 그에게 닥치게 하는 하나님의 정의를 '진지하게' 받아들인다면, 그 경우에 하나님 자신이 무를 강력히 거부하는 일에 깊이 '관여'하게 되며, 그 경우에 그 거부가 '그의 가장 고유한' 일이며, 그 경우에 그는 우리를 위해서만이 아니라, '그 자신 안에서' 거룩하고 정의로우며, 그러나 그 경우에 그는 '분노'하기도 하며, 그 경우에 그는 또한 '자비로운' 하나님이기도 하다.

이 문제는 중대한 것이다: 만일 우리가 이 '두 번째' 대안의 의미에서 슐라이에르마허를 이해할 수 없다면, 즉 첫 번째 대안을 삭제함으로써 철저히 수정하지 않는다면, 왜 하나님의 '은혜'와 '속죄'도 단순히 의식에서만 발생하는 사실로서, 즉 고양(高揚)되고 해방되는 '느낌'으로서 해석되어서는 안 되는지를 통찰할 수 없을 것이다. 고양되고 해방되는 '느낌'은 과연 우리의 유죄성과 그것의 결과들에 대한 느낌에 맞서서 하나님에 의해 우리에게 전달되는 것이긴 하지만, 그 느낌을 경험할 때 우리는 그럼에도 불구하고 다음과 같은 말을 듣지 않으면 안 될 것이다: 하나님 자신은 그 일에 아무런 관여도 하지 '않'으며, 하나님 자신은 물론 '자비롭지'도 않으며, 우리의 상반되는 느낌들을 초월한 높은 곳 어딘가에 존재하며 앞으로도 그러할 것이라는 말을, 즉 하나님은 과연 그런 느낌들의 창시자이기는 하지만, 그 자신 안에 있는 기본적인 현실은 그것들에 상응하지 않으면서, 그는 그 느낌들을 우리에게 진정으로 불가피한 것으로 만든다는 말을 듣지 않으면 안 될 것이다. 그래도 만일 우리가 슐라이에르마허를 저 '두 번째' 대안의 의미에서 이해할 수 있다면 얼마나 좋겠는가! 그러나 그의 교의를 철저하게 수정한 후에는—즉 첫 번째 대안을 삭제한 후에는—그는 더 이상 슐라이에르마허가 아닐 것이다. 어쨌든 그의 신학의 한계들은 이것들이다: 그는 그리스도교의 경건한 의식이라는 사실들과 내적 운동들을 넘어서 통찰할 수 없었고, 그렇게 하려 하지도 않았으며, 그에게는 예수 그리스도도 다만 이 내적이며 주관적인 사실들과 운동들 가운데서 가장 뛰어난 것이었을 뿐이며, 그에게는 "하나님 자신"은 예수 그리스도를 고려해서도 결코 필수불가결한 개념으로 될 수 없었고, 하물며 결정적인 신학적 개념으로 되는 것은 당치도 않았으며, "하나님 자신"은 언제나, 그에 의하여 야기된 인간의 정서적 운동들을 초월하여 있는 수수께끼 같은 인물일 수밖에 없었으며, 그 인물에 대해서는 엄밀히 말하여 다만 이 사실만이, 즉 그에게는 우리의 이러한 정서적 운동들의 대립들이 낯선 것이라는 사실만이 언급될 수 있었다. 무를 하나님에 의하여 그의 전능한 은혜 안에서 거부된 것으로서 간주하는 슐라이에르마허의 교의도 이 한계들 안에서는, 이 주제에 대한 '성서적' 인식에 따라 평가할 경우에, 결코 지킬 수 있는 '그리스도교의' 인식으로 될 수 없었다. 우리는, 이 한계들 '내부에' 있는 그 교의가 그러한 인식을 위한 주목할 만한 '실마리'를 제공한다는 사실을 확인하는 것으로 만족해야만 한다.

그러나 우리가 이 주제를 역시 다음의 사실에 비추어 더 충분히 검토하는 것이 좋을 것이다: 슐라이에르마허는, 그의 교의를 그것의 한계들 안에서 그렇게 주목할 만하게 만드는 바로 그것을, 역시 다른 형태로도, 즉 "무는 일반적으로 다만 속죄에 대한 그것의 관계 안에서만 실존한다."고 표현하였다. 따라서, '속죄'에 대한 의식이 존재하기 때문에, 덧붙여 말하자면 이 의식은 또한—속죄의식과 함께 우리 앞에 놓여 있는 '목표'에, 그리고 이런 이유로 우리에게 은폐되지 않은 우리의 '근원'에 비교하여—인간이 본래 완벽하였다는 의식을 포함하기 때문에, 죄와 악이 '존재한다.' 하나님에 대한 우리의 의식에 의하여 우리가 우리의 실존적 분열이 미래에 '극복'될 것임을 그리고 동시에 우리의 실존이 본래 통일되었음을 의식하기 때문에, 우리는 이 분열을 의식하게 되며, 그것이 과오라는 것과 처벌받아야 한다는 것을 의식하게 되며, 우리는 저 거부와 마주치게 된다. 따라서 우리에게 닥쳐오는 이 부정은 말하자면 단지, 맨 먼저 무엇보다도 우리에게 닥쳐오는 긍정의 부속물일 뿐이다. 우리의 죄의식은 우리의 은혜의식을 뒤따라가며, 그것은, 우리의 속죄 필요성을 깨닫게 함으로써, 은혜의식에 봉사한다. 따라서 이 거부로 우리에게 실제의 손해가 닥쳐오지는 '않'는다: 그 반대로, 그 거부로 우리는 잠정적으로 그리고 부수적으로 도움을 받는다. '처벌'도 마찬가지이다: 그 처벌은 우리에게 그 자체로는 완벽한 세계에 대한 커다란 오해의 형태로, 즉 악의 형태로 닥쳐오는데, 그것은 실제로는 속죄를 위하여 그리고 속죄 받을 때에 우리를 '보호'하는 것일 뿐이다. 바로, 이 사실을 표현하기 위하여, 슐라이에르마허는 죄를 단호하게 부정적인 표현들로 서술하였다: 죄는 육체가 저항하고 지배하는 상태라기보다는—죄가 또한 그런 것임에도 불구하고 그리고 그런 것이기 때문에—오히려, 더 이상은 혹은 아직은 지배하지 않는 '정신'의 상태, 즉 육체를 육체로서 더 이상은 혹은 아직은 극복하지도 폐지하지도 않는 '정신'의 상태이다. 죄는 우리가 지닌 '하나님에 대한 의식'이 허약한 것이며, 주저하는 것이며, 제한되는 것이며, 후퇴하여 뒤에 머무는 것이다. 그 죄에 대한 의식, 그것에 대한 불쾌감, 우리에게는 죄의 인식을 의미하는 그 "혐오감"은 결정적으로, 하나님에 대한 우리의 의식이 그의식 자체에 대하여 느끼는 불쾌감, 즉 우리의 세계의식에 대하여 하나님에 대한 의식이 약하고 무기력한 것에 대한, 실패하는 것에 대한 불쾌감이다. 하나님에 대한 의식은, 세계의식에 의해 더럽혀지는 대신에, 그것에 침투하여 거룩하게 변화시켜야만 하기 때문이다. 그러므로 엄격히 말하자면, 죄의 본질이나 죄의 관념은 존재하지 않는다. 그것이 다만 하나님에 대한 우리의 의식에 의하여 거부된 것에 불과하듯이, 그것도, 그것이 하나님에 대한 의식의 한계를 형성한다는 점에서만, 그리고 그것의 한계로서 우리에게 의식된다는 점에서만, 또한 거부된 것으로서 현실성을 지닌다.

거듭 우리는 이렇게 말하고 싶다: 여기까지는 좋다! 거듭 우리는, 슐라이에르마허가 여기에서 어떤 옳은 것 그리고 중요한 것을 인식하고 언급하였다는 사실을 쉽게 부정할 수는 없다. 비록 우리가 더 가까이 다가가 바라볼 경우에, 이 주제를 또한 여기에서부터 출발하여 인식하였던 그의 견해를 따를 수는 없다는 사실을 깨닫는다고 할지라도, 여기에서도 그의 신학의 한계들 안에서, 정말이지 여기에서 그렇게 인식하고 언급하였기 때문에, 우리는 경청해야만 하며, 어떤 것을 배울 수 있다. 그는 어쨌든 여기에서도, 더 순수한 교의들을 옹호하는 자들 대부분이 알아차리지 못하여 그들과 교회가 손해를 보았던 바로 그 어떤 것을 인식하였다. 거듭 우리는, 그가 그의 사상을 '그리스도론'으로부터 출발하여 논증할 생각을 하지 않았다는 것을 이상하게 생각한다. 그 경우에 거듭 우리는 물론 즉시 이렇게 말할 수밖에 없다: 그에게는 실제로, 그의 사상을 '그의' 그리스도론으로부터 출발하여 논증할 생각이 떠오를 수 없었으며, 만일 그가 그의 사상을 다른, 더 나은 그리스도론으로부터 출발하여 논증하였다면, 그는 그의 사상에 아마 그가 지금 우리에게 제시하는 형태와는 다른, 덜 미심쩍은 형태를 제공하였을 것이다. 그러나 거듭 우리는 또한 놀라면서 이렇게 말할 수밖에 없다: 더 나은 다른 그리스도론으로부터 출발한다고 할지라도, 다른 형태로 그리고 그 경우에 또한 더 안전한 형태로도 우리는 이 주제에서 은혜와 죄의 관계에 관하여, 즉 슐라이에르마허가 여기에서 그의 방식대로 그것에 도달하였던 그 관계에 관하여, 바로 그 견해에 도달할 수밖에 없을 것이다. 왜냐하면, 만일 우리가 거듭 다음의 사실로부터 출발한다면, 즉 우리는 결코, 무라는 복합체 전체에 대하여, 곧 죄와 악과 죽음에 대하여 '그 어떤' 진지하고 심오한 견해들을 형성할 자유가 없으며, 무의 현존과 본질과 영향력을 그 어떤 빈 공간에서, 즉 그 경우에 그럼에도 불구하고, 결국 그처럼 엄격한 뮐러(J. Müller)마저도 그렇게 하였던 것처럼, 사변적으로 결정할 자유가 없다는 사실로부터 출발한다면, 그리고 만일 우리가, 여기에서도 육체가 된 하나님의 말씀인 예수 그리스도 외에는 다른 인식 근거가 존재하지 않는다는 사실을 고수한다면, 우리는 어쨌든 불가피하게 다음의 사실을 확인할 수밖에 없을 것이기 때문이다: 실제의 무의 '현존'은 그야말로 그 어느 곳에서, 예를 들면 우리의 고유한 내면세계의 그 어떤 심연에서, 혹은 그 어느 개인적인 혹은 일반적인 비참한 상태에 직면하여, 혹은 우리가 덧없음과 죽음에 대하여 알고 있다고 여기는 것에서 우리에게 모습을 드러내지는 않는다. 만일 우리가 그것을 그렇게 찾을 수 있으며 발견할 수 있다고 여긴다면, 우리는 언제나 틀릴 것이다. 하나님 자신이, 우리들과 피조물들을 해방시키기 위하여 인간이 됨으로써, 우리들과 피조물 전체에 대하여 관계를 맺기 시작하였는데, 정말 그 관계 안에서 우리는 무의 현존을 만난다. 우리는 그것을, 하나님이 예수 그리스도 안에서 그것에 맞섰던 바로 그 실재로서 만난다. 무의 현존은 이 관계 안에서, 이 '관련성' 안에서 실재하는 것이며, 따라서 '절대적인' 실재성 안에서 실재하는 것이 '아니'다! 게다가 또 무의 '본질'도 바로 여기에서 우리에게 정체를 드러낸다. 그것은 그 어떤 나쁜 것, 어두운 것, 무시무시한 것이 아니다; 그것에는 우리가 생각해 낸 그 어떤 부정적인 술어들을 갖추고 있는 것 아니라, 아주 특정한 특성을, 즉 하나님의 '은혜'에 대해 대립하는, 말하자면 진정으로 사악한 특성을 갖추고 있다. 그것은, 그것이 원하는 것일 수 없다. 이러한 점에서도 그것은 '절대적'이지 '않'다. 그것은 관계 안에서 실존하는데, 그것은 바로 그 '관계'에 상응하는 '그' 본질을 지니고 있다. 하나님은, 그의 피조물을 홀로 버려두지 않고 스스로가 그의 말씀 안에서 피조물과 연대함으로써, 선하고 친절하고 돕기를 좋아하는 의지를 실행에 옮기며 명백히 드러나게 하는데, 무는 바로 그 의지와 대립하는 것이다. 하나님이 우리와 연대하는 '그때에' 우리들 자신 안에서 그리고 창조 세계 전체 안에서 하나님에게 맞서는 것, '이' 하나님의 뜻에, 즉 '자비로운' 하나님의 뜻에 대하여 낯설고 대항하는 것, 그것이, 오직 그것만이 실제의 무이며, 나쁜 것(das Böse)으로서 그것의 본래의 형태를 지니고 있는 죄와 악과 죽음이다. 그리고 그 경우에 바로 이 관계 안에서 그것이 지닌 '권세'의 범위도, 즉 한계가 우리에게 드러난다. 그 어떤 자유롭게 선택된 정도에 따라서, 즉 우리에게 옳은 것으로 잘못 생각되고 있는 정도에 따라서 그것을 진지하게 받아들이고 두려워하는 것은 허용되지 않는다. 만일 우리가 그것을 저 관계 안에서, 즉 예수 그리스도에 대하여 그것이 대항하고 있는 것에서 인식한다면, 그것은 우리에게 그 어떤 무한하게 강력하고 활동적인 공상의 존재일 수 없으며, 제2의 부정적인 신일 수 없다. 그것은 이 점에서도 '절대적'이지 '않'다. 그것에 대립하여 하나님은 맨 먼저 그리고 마지막에 등장한다. 그것은 대체로 다만 하나님을 통해서만, 즉 하나님이 행하는 거부하고 배척하고 심판하는 능력 안에서만 실존한다. 그것은 다만, '그'에 의해 규정된 공간을 지니고 있을 뿐이다. 그것은 결코 그의 위에 있지 않고, 언제나 다만 그의 '아래'에 있다. 무는 그를 제한하지 않으며, 오히려 '그'가 '무'를 제한한다. 그의 은혜는 죄, 악, 죽음보다 더 큰 권세를 지니고 있다. 그것들은 전체적으로 적대자인데, 이 적대자에 대해서 이렇게 언급될 수 있다: "단 한마디의 말씀이라도 그것을 넘어뜨릴 수 있다." 만일 우리가 그 적대자를 단 한 순간만이라도 이 상대성 안에서 인식하려 하지 않는다면, 우리는 정말, 아무리 높은 도덕적인 진지성에 의해서도, 아무리 진지한 비관주의에 의해서도 용서받지 못할 것이며, 정말 진실을 존중하지 못할 것이며, 오히려 거짓에 빠지고 말 것이며, 바로 그렇게 함으로써 그 적대자의 편이 되고 말 것이다. 슐라이에르마허가 다음과 같이 주장한 것은 참으로 옳다: 계약으로부터와 마찬가지로 창조로부터 출발하여 바라본다면, 적대자의 권세 전체가 절대적인 것이라는 것은 터무니없는 일이며, 그것은 다만, 하나님이 그것 안에서 그리고 그것 위에서 준비했던 그 '승리' 대상일 뿐이다. 참으로 슐라이에르마허는 그 말을 확실히 그렇게 말하지는 않았으며, 또 그렇게 말'할 수도 없었'다. 그러나 그는 그의 언어와 그의 한계들 안에서 바로 그것을 말하지 않았던가? 우리가, 이 생각을 그가 관철한 것에 반대하여 무엇이 언급되어야 하는지를 주장하기 이전에, 우리는 다음의 사실을 참작해 주어야만 하지 않겠는가?: 그는 명백히 정당하게, 죄와 은혜의 관계에 대한 숙고에서 무의미한 이원론에 대하여, 정말 결코 성서적인 것이 아닌 —마치 그것이 그 어떤 빈 공간에서 그것 자체로 인식될 수 있는 것처럼, 마치 그것이 그 빈 공간에서 홀로 존재하는 것처럼 —무에 대한 그리스도교적 절대화에 대하여 이의를 제기하려고 하였으며, 무에 대하여 하나님의 은혜가 지닌 주권을 명백히 드러내려고 하였다. "나쁜 것은 다만 선한 것의 옆에만" 있다는 그의 명제는 다음의 이유들 때문에 그릇된 것인가?: 즉, 그것이 물론 라이프니츠의 구조를 상기시키기 때문에, 그것이 슐라이에르마허의 경우에는 유감스럽게도 실제로 역시 그의 일원론적인 철학의 명제였으며, 따라서 그것이, 그것들의 그리스도교적 의미를 철저히 의문시할 수밖에 없는 다른 명제들에 의해 동반되기 때문에, 바로 그렇기 때문에 그릇된 것인가? 우리는 이 다른 명제들 안에서 그 명제를 따를 수는 없다. 그러나 우리는 다음의 사실을 확인하지 않으면 안 된다: 만일 그리스도교의 인식에서는 그리고 그리스도교의 신앙고백에서는 그 어떤 것이 절대적인 것으로 설정될 수 '없으며', 다만 하나님의 '은혜'와 관련해서만 그리고 그 은혜에 종속되어서만 이해되어야 한다면, 그 나쁜 것이 확실히 그러하다. 그것은 하나님의 창조와 계약에 대하여 철저히 맞서 있지만, '독자적으로' 대립하여 있는 것은 '아니'다. 그것은 '그 자체(an sich)로서 존재하는 것이 아니'며, 그것은 다만 이 대립성 안에 있을 뿐이다. 따라서 그것은 사실상 다만 "선한 것의 옆에"만 있다. 슐라이에르마허의 교의에서 모호해지는 부분은 이 명제 자체가 아니다. 그가 이 명제를 매우 열정적으로 옹호하였다는 사실은 오히려, 그의 교의에 대해 아무리 필요하고도 정당한 어떤 비판에서라도 간과되거나 부정되어서는 안 될 계몽적인 것이다.

    우리가 여기에서도 피해서는 안 되는 '비판'은 물론 모호한 다음의 사실에 관련된다: 슐라이에르마허는 그 자체로서는 옳은 그 명제를, 마치 모래시계처럼 '뒤집어' 놓을 수도 있는 것으로, 즉 "선한 것은 다만 나쁜 것의 옆에만 있다."라고 말할 수도 있는 것으로 여겼을 정도로 그렇게 이해하였다. 그렇게 함으로써 그는, 나쁜 것은 다만 선한 것의 옆에만 있다는 명제가 올바른 그리스도교적 이해 안에서 의미해야만 했던 것에 극도로 대립하여, 참으로 물론 나쁜 것을 심각하게 견고히 하였을 뿐만 아니라, 선한 것을 더욱더 심각하게 해체하는 잘못을 저질렀다. 다시 말해, 우리는 무엇을 듣고 있는가? 하나님에 대한 우리의 의식이 지니고 있는 능력은, 즉 은혜와 구원에 대한 우리의 의식이 지니고 있는 능력은 언제나 다만 우리가 선한 것을 행할 능력이 없다는 사실과 함께, 은혜 앞에서 뒤로 물러서는 우리의 죄와 함께 공존한다는 것이다. 일반적으로 인간의 자기발달이 발생할 수 있기 위해서는, 죄는 어느 정도로 그 자기발달 안에 '함께 설정되어' 있어야'만 한다'는 것이다. 만일 그렇지 않다면, 인간은 자유로운 존재가 아닐 것이며, 따라서 인간이 아닐 것이라는 것이다. 하나님에 의해 작용하게 된 모든 존재자는 역시 존재와 비존재가 서로 뒤섞여 있다는 것이다. 하나님에 의해 작용하게 된 모든 선한 것들 안에도 역시 여전히 나쁜 것이 존재한다는 것이다. "하나님에 대한 의식이 지니고 있는 능력이 다만 점진적으로 그리고 불완전하게 발달하는 것은 인류가 도달해 있는 실존단계의 조건들에 속하는 것"이기 때문에, 따라서 속죄에 대한 죄의 관계에 의하여 죄는 실제의 "손해"일 수 없다는 것이다. 따라서 이 '필연성'을 위하여, 죄가 하나님에 의해 인간에게 설정되고 제정되었다는 것이다. 물론 그렇게 말해서는 안 될 것이다! 은혜에 대하여 죄를 정당하게 상대화한 것이 이 명제들에서는 죄를 은혜와 '같은 부류에 넣는 것'으로 되고 말았다: 즉 죄의 가치를 인정하고 정당화하며, 은혜와 한 쌍을 이루는 동반자로서 논증하는 전혀 불가능한 일이 발생하고 말았다. 이제 은혜의 맞은편에서 죄는 그것에게 주어진 합법적인 장소를 획득하였다. 그것은 이제 하나의 원동력으로서, 즉 은혜에 대립하는 그것의 반작용이 은혜의 작용과 함께 '승인된' 기능으로 되는 그런 원동력으로서 생각된다: 즉 그것의 기능은 그것의 입장에서 또한 그것의 권리도, 게다가 그것의 필요성도 지니며, 그런 기능을 행사하도록 죄는 바로 하나님에 의하여 의도되었고 설정되었다는 것이다. 여기에서 우리는 물론 역시 거듭 라이프니츠의 견해에 머물러 있다. 죄는 이제 긍정적으로 이해되었다. 은혜 자체가 이제 죄 없이는 존재할 수 없다. 나쁜 것은 다만 선한 것의 옆에만 있다는 명제는 이제 이런 식으로 이해되었다: 나쁜 것은 선한 것과 균형을 맞춘다. 여기에서 우리는 저항할 수밖에 없다: 즉 긍정적으로 이해된 죄, 가치를 인정받고 정당화되고 근거가 입증된 죄, 은혜에 필수불가결한 죄, 은혜와 균형을 이루는 죄는 '실제의' 죄가 아니다! 이 죄가 어떻게 그러한 명예회복에 이를 수 있다는 말인가? 어떻게 이 죄에 대하여 언젠가, 그것은 그 어떤 의미에서는 인류의 실존단계에 "속하며" 그것 자체가 하나님에 의하여 의도되고 설정된 것이라고 말할 수 있다는 말인가? 어떻게 이 죄가 인간의 자유 안에, 즉 하나님에 의하여 완벽하게 창조된 인간의 자유 안에 근거를 둘 수 있으며, 따라서 인간에게 없어서는 안 되는 것일 수 있다는 말인가? 우리가 여기에서 저항해야 하는 다른 것은 다음과 같이 더욱더 멀리까지 미친다: 죄의 현존에 의존하는 은혜, 죄에 대립하는 것으로 살아 있는, 따라서 죄에 속박되어 있는 은혜는 '실제의' 은혜가 아니다! 어떻게 그 은혜가 그러한 필연성 아래로 들어갈 수 있으며, 이러한 양도할 수 없는 이웃관계로 균형을 이루려는 욕구에 이르겠으며, 이러한 동료를 필수불가결한 것으로 만들겠는가? 어떻게 하나님의 진정한 은혜에 대하여 언젠가, 그것은 다만, 선한 것을 행할 수 없는 우리의 무능력과 그 무능력에서 유래하는 죄를 범한 행위와 함께만 진실이 될 수 있다고 언급될 수 있었다는 말인가? 죄를 덮어주고 용서하고 제거할 수 없는 것이 명백한 은혜가 대체 무슨 은혜란 말인가? 만일 죄인의 죄가 이미 먼저, 즉 이미 '죄로서 정당화되었'다면, 죄인을 의롭다고 인정한다는 것은 무엇을 의미하는가? 슐라이에르마허의 가르침 가운데 여기에서 명백히 오류의 심연이 나타난다. 여기에서 다음의 사실이 별로 인식되지 않았거나 철저히 망각되었다: 저 관계, 즉 은혜와 죄의 관계 안에서 죄는 물론 다만 상대적인 현존, 다만 상대적인 본질, 다만 상대적인 권세만을 지닐 수 있는데, 그 관계는 '긍정적' 관계가 '아니라', 대항과 '싸움'의 관계 ─ 죄에 대항하는 은혜가 승리하는 싸움의, 은혜에 대항하는 죄가 무기력한 싸움의 관계, 즉 결코 평화의 관계가 아니라 정말 싸움의 관계이다. 여기에서 이 두 동반자의 '종류'와 '본질'이 망각되었으며, 그 때문에 여기에서 다음의 사실이 간과되었다: 그것들 사이에는 매개나 균형이 존재할 수 없으며, 그것들의 관계는 만남과 역사이며, 그 만남과 역사 안에서는, 죄의 현존과 본질과 권세를 위해서는 결코 어떤 근거가 존재하지 않는 반면에, 모든 존엄과 모든 권리와 모든 명예는 은혜의 것이므로, 이 둘을 같은 부류에 넣으려는 시도는 배제되며, 신학은 그 둘의 공존을 처음부터 끝까지 은혜에 유리하고 죄에 불리한 '충돌'로 묘사할 수밖에 없다. 어떻게 슐라이에르마허는 이 사실을 망각할 수 있었을까? 어떻게 그는 저 명제를 뒤집어 놓음으로써, 본래 부당한 것인 그것이 인간의 실존에 "속하는 것"이라는 우호적인 품행증명서를 무에게 발급하는 일을 감행할 수 있었을까? 어떻게 그는 바로 그렇게 함으로써, 그 무에 맞서는 하나님의 일(Sache)을 매우 의심스럽게 왜곡하는 일을 감행할 수 있었을까? 참으로, 그는 그렇게 '할 수 있었을' 뿐만 아니라, 그의 전제들로부터 볼 때, 그는 바로 그렇게 행'할 수밖에 없었다.' 슐라이에르마허는 여기에서도 그의 역사적-심리학적인 방법에 충실하게 은혜와 죄를 다만, 그 둘에 상응하는 그리스도교적으로 경건한 의식의 상태들로 이해하였다는 사실을 주목할 때, 우리는 이 모든 비극을 이해한다. 우리의 의식 안에서 저 대립은 배타적으로 서로 맞서는 것으로서가 아니라, 언제나 다만 위와 아래로 동요하는 병존으로서 존재한다는 것은 더군다나 사실이다. 우리의 의식 안에는, 나쁜 것이 선한 것 옆에 있는 것과 아주 똑같이, 선한 것은 언제나 나쁜 것 옆에 있으며, 우리에게 하나님의 은혜는 우리의 죄에 대하여 결코 전적으로 싸우고 있는 혹은 승리하는 것으로서 현존하지 않고, 은혜에 맞서서 죄가 그것의 너무나 안전한 장소를 지니고 있으며, 사실이 실제로 그러하므로, 우리는 동시에 우리의 죄를 인식해야만 하지 않고는 은혜를 인식할 수 없다. 우리의 의식 안에는 그리고 인류 전체의 의식을 고려한다면 게다가 또한 다음과 같은 숙고도 뿌리를 내리고 그것의 정당성을 지닐지도 모른다: 하나님에 대한 우리의 의식이 지닌 무기력함은 어쨌든 우리의 실존적 조건들에 "속하며", 따라서 불가피하며, 바로 그렇기 때문에 그것은 하나님에 의하여 우리에게 제정된 것이다. 슐라이에르마허의 오류가 지닌 핵심은, 그가 그리스도교적으로 경건한 의식의 역사적-심리학적 현실을 '절대적'인 것으로 가정하였으며, 따라서 그 의식의 한계들 안에서 도달할 수 있는 죄에 대한 이해를 '실제의' 죄에 대한 이해로 간주했다는 데에 있다. 만일 그가 고찰을 위해 선택한 닫힌 영역을 부수어 버릴 자유, 즉 죄가 진정한 은혜에 대한 바로 그것의 상대성 안에서 '실제의' 죄로서 인식될 수 있는 그곳에서 죄를 직관할 수 있는 자유를 지녔더라면, 그는 죄가 하나님에 대한 우리의 의식에 의하여 거부된 것이며 오직 그렇게만 실재하는 것이라는 그 자신의 고유한 정의를 진지하게 취급하였을 것이며, 그렇다면 그는 죄를 그처럼 무해한 것으로 만드는 일을 중단할 수밖에 없었을 것이다. 그 경우에 심지어 그리스도교적으로 경건한 의식 자체가 그에게 죄에 대하여—위로 향하여, 하나님의 말씀을 향한 방향으로 열려진 그리고 그곳으로부터 깨우쳐진—다른 정보를 제공하였을 것이다. 그 경우에 심지어 이 주관적인 공간을 고려하여 죄에 관하여 전혀 다른 충격이 그리고 은혜에 관하여 전혀 다른 기쁨이 언급될 수 있었을 것이다. 그러나 슐라이에르마허가 이해하였던 그리스도교적으로 경건한 의식의 의미는 어쨌든 그 방향을 향하여 열려 있지 않았다. 그가 홀로 그 속을 응시하려 했던 그 닫힌 공간 안에서는 이미, 죄에 대한 하나님의 거부 자체가 하나님 자신의 거부로서, 그리고 은혜에서 비롯된 하나님의 긍정이 하나님 자신의 긍정으로서 밝혀질 수 없었다. 그러므로 그 공간 안에서는 죄의 위험성도, 무의 무가치성도, 그리고 은혜의 영광도 인식될 수 없었으며, 은혜와 죄는 그것들의 실제 모습으로는, 즉 그것들의 만남과 역사 안에서는 인식될 수 없었으며, 그것들은 다만, 모든 이성보다 더 숭고한 하나님의 평화가 아니라 정말로 '거짓' 평화인 그 평화 안에서만 인식될 수 있었다.

바로 이것이, 우리가 마땅히 그리고 당연히 존경해야 함에도 불구하고 그래도 역시 무에 관한 슐라이에르마허의 관념을 단호하게 거부해야만 하는 이유들이다.

우리는, 두 명의 '동시대인들'인 하이데거(Martin Heidegger, 1889년생)와 사르트르(Jean-Paul Sartre, 1905년생)에게 관심을 기울임으로써, 우리의 회고를 마무리하려 한다. 그들이 집필하는 필생의 저작들은 물론 아직은 완성되지 않았으나, 그것들의 특징은 그래도 확실히 뚜렷이 나타나 있으며,

그것들은 독특하게 집중적인 방식으로 바로 우리가 몰두하고 있는 무의 문제에 맞추어져 있다. 나는 이 두 사람을 함께 다루는 것에 대한 이의제기가 있을 수 있다는 사실을 알고 있다.(Max Müller, Existenzphilosophie im geistigen Leben der Gegenwart, 1949를 참고하라.) 이 두 사람은 역시 실제로 다만, 말하자면 서로 등을 맞대고 함께 서 있다. 그러나 그래도 그들은 함께 있다. 그러므로 만일 우리가 이제 아직도 무에 관한 바로 '그' 관념과, 즉—라이프니츠 이후 대략 두 세기 그리고 슐라이에르마허 이후 대략 한 세기가 흐른 후—두 번의 세계대전이 벌어진 시대에, 즉 '우리'의 시대에 특징적인 것으로 되어버린 바로 '그' 관념과 씨름하기를 원한다면, 우리는 그들 두 사람의 견해를 들어봐야만 한다. 소위 불가피하게 끈질기게 달라붙는 관점들과 표준들을 지니고 있는 현대성(Heutigkeit)은 만물의 척도가 아니다. 그러므로 우리 시대의 소위 실존철학은, 그것이 이런 특수한 형태를 띠고 있든, 다른 형태를 띠고 있든, 그것 이후에 다른 어떤 것이 더 이상 올 수 없을, 따라서 우리가 여기에서 그것에 더 크게 혹은 심지어 유일하게 주의를 기울여야만 할 '대표적인'(die) 철학은 확실히 아니다. 다음의 사실을 잊어서는 안 된다: '헤겔'의 시대에 사람들은 더욱더 큰 확신을 갖고 그리고 아마도 역시 또한 더욱더 큰 내적인 정당성을 갖고, 바로 그의 학설이 지니는 확정적인 중요성에 대해 비슷한 환상(Illusion)에 빠져야만 한다고 생각했다. 그리고 가톨릭 영역의 '대표적인' 철학자로서 '아리스토텔레스'의 유효성은 참으로 주목할 만한 것이기도 하지만, 또한 문제 있는 것이기도 하다. 신학에서 어쨌든 우리는, 그때마다 지배적인 철학적 사조(思潮)들과—설령 우리 자신이 그 사조들에 아무리 관여하고 있다고 할지라도—동행하기로 기본방침으로 '확정하고', 그 조류들에 의해 개념을 '규정'하거나 혹은 신빙할 만하게 '교정'만이라도 하게 허용하기보다는, 좀 더 참고 기다려야만 한다. 그러나 우리는 오늘날 신학에서 또한 전형적인 오늘의 철학적 사고방식이 우리에게 말하도록 허용해야 하며, 또한 가능한 한, 그 사고방식이 우리를 계몽하도록 허용하는 것을 결코 반대해서는 안 될 것이며, 오히려 찬성해야 한다. 우리는, 라이프니츠와 슐라이에르마허의 견해를 경청한 것처럼, 이 대목에서 현대 철학자들의 음성을 들으려 한다: 즉 그들에게 물론 특히 중요한 '부분'에서, 그 음성이 우리의 주제를 이해하기 위하여 가르침이나 경고도 될 수 있을 바로 그 '부분'에서, 그들의 음성을 들으려 한다.

이제 우리는 먼저, 마르틴 하이데거가 1929년 프라이부르크(Freiburg in Breisgau) 대학교에서 행한 취임 강연인 "형이상학이란 무엇인가?"에서 방향을 잡을 수 있는 행운을 지니고 있다. 여기에서 그는 더 방대한 그의 저작인『존재와 시간』(Sein und Zeit)(혹은 그 저작의 첫 권이며, 1927년에 출판된 이래 지금까지 유일한 책)을 우리가 여기에서 관심하고 있는 바로 이 주제를 중심으로 요약하였다. 나는 여기에서 하이데거 사상의 발전과정을 서술하지는 않을 것이며, 오히려 그의 진술을 사실상 지배하고 있는 개념을 먼저 언급하는 방식으로 서술함으로써, 어떻게 해서 그 개념이 그의 사상에서 우리가 토론하고 있는 주제에 대하여 결정적인 대답을 할 수 있기까지 발전되었는지 보여주려 한다.

그 지배적인 개념이 바로 '무'(無, das Nichts) 개념이다. 무에 대한 질문을 하이데거는 다음과 같이 제기하였다 (그리고 결국에는 또한 이미 대답하였다.): '학문'은 무를 "공허한 것"(das "Nichtige." 지금까지는 이 개념을 '무'로 번역했으나, 여기에서는 하이데거의 '무'[das Nichts]개념과 구별하기 위해 이렇게 번역함—역자 주)(여기에서만 이것은 그렇게 불린다!)으로서 '거부'하고 '포기'하지만,

3. 무에 대한 인식

바로 그렇게 함으로써 그래도 역시 그것을 또한 '인정'한다.(10) 학문은 '존재하는 것'(das Seiende)인 세계와 관련되어 있으며, 그밖에는 '아무것과도' 관련되어 있지 '않'(nichts)다. '존재하는 것'이 학문의 태도를 결정하며, 그밖에는 '아무것도 아니다'(nichts). 학문이 씨름하고 있는 대상은 '존재하는 것'이며, 그밖에는 '아무것도 아니다'.(9) 학문은 무에 관해서는 아무것도 알기를 원하지 않는다. 우리는 그것에 관하여, 즉 무에 관하여, 아무것도 알기를 원하지 않기 때문에, 우리는 무를 알고 있다.(10) 무는 무엇'인가'(ist. 'ist'에는 '존재한다'는 의미가 담겨 있음—역자 주)라는 질문이 이미 불합리한 것이며, 더구나 그 질문에 대하여 가령 "무는…'이다'(ist)"라고 말하기 시작하려는 모든 대답은 마찬가지로 불합리한 것이다. 무는 바로 "존재하지 '않는' 것"으로서만 인정되며 포기된다.(11) 그것은 존재하는 것 전체에 대한 거부, 즉 전적으로 존재하지 '않는' 것(das schlechthin 'Nicht'-Seiende)이다.(12, 13) 그러나 거부라는 우리의 지적(知的)인 행위(Verstandeshandlung)가, 즉 우리가 "아니다"라고 말하는 것이 무의 근거가 되는 것이 아니며, 이 거부가 존재하기 때문에 무가 존재하는 것이 아니다. 이러한 우리의 거부는 오히려 다만 우리의 지적인 행위를 '뒤따를' 수밖에 없으며, 그 지적인 행위 안에서 우리는 그럼에도 불구하고 무에 대한 사실상의 (거부하는 것의 형태로, 그러나 역시 인정하는 것과 포기하는 것의 형태로도 실현되는) '승인'을 실행할 뿐이다. 무는 우리의 부정(Nicht)과 거부보다 '더 본래의' 것이다. 하이데거는, 이 결정적인 명제가 "정당한" 것으로 간주될 수 있으리라 믿었다.(12) 그는 이 명제를 논증하거나 혹은 결코 증명하지 않았다. 그러나 그때부터 그에게는 실제로 다음의 사실이 결정되어 있었다: '무'는 그 모든 것에도 불구하고 '존재하는 어떤 것'(ein Etwas)과 같은 어떤 것, 즉 고려되어야 하는 어떤 '동인'(Faktor)일 뿐만 아니라, 더구나 '본래의' 한 동인, 즉 우리의 부정보다 그리고 그와 동시에 또한 우리의 긍정보다도 '앞서가는' 동인, 역동적이며 활동적인, 즉 본래의 역동성과 활동성 안에서 작용하는 동인으로 이해될 수 있다. '우리'는 결코 우리 자신의 결정과 의지를 통해 스스로 무 앞으로 나갈 수 있는 것이 '아니라'(24), 존재하는 것이 모두 '불안'이라는 기본적인 정서 안에서 우리로부터 떨어져 나감으로써, 무가 '들이닥친다." 바로 그렇기 때문에 무에 직면해서는 모든 "…이 존재한다"고 말하는 것("Ist"-sagen)이 침묵한다.(17) 따라서 그것은 불안 안에서 '정체를 드러낸다': 존재하는 것으로서가 아니라, 대상으로서가 아니라, 존재하는 것 곁에 분리되어 있는 것이 아니라, 존재하는 것과 '일치하여' '정체를 드러낸다.' 왜냐하면 존재하는 것은 모두 불안 안에서 '쇠약'해지기 때문이다: 그것은 멸절되지는 않지만, 바로, 우리로부터 '떨어져 나가는 것'으로 되기 때문이다.(18) 불안 안에서 우리에게 무는 본질상 거부하는 것이라는 사실이 명백해지며, 여기에서 무는 그럼에도 불구하고 떨어져 나가고 있는 존재하는 것, 몰락하고 있는 존재하는 것을 참조하도록 지시한다. 이것이 이 동인의, 즉 무의 사역이며, 하이데거는 이 사역을 무의 "부정하기"(Nichten)라고 불렀다. 그러나 바로, 무가 부정하고, 거부하고, 그리고 떨어져 나가고 있는 존재하는 것을 참조하도록 지시함으로써, 무는 또한 '존재하는 것' 자체를, 전적으로 다른 것으로서, 무가 없었다면 드러나지 않았을 완전히 낯선 모습으로, 즉 무 자체와는 상이한 모습으로 '드러낸다': 즉 그것은 존재하고 있는 것이며 무가 아니라는 것을 '드러낸다.' 이와 같이 본래 부정하는 무의 본질은 다음의 사실에, 즉 바로 그것이 (인간의) '현존재'(Dasein)를 우선 먼저, '존재하는 것' 자체 앞으로 나오게 하며, 인간을 존재하는 것과 대결하게 한다는 사실에 있다.(19) 오직 본래 무가 "드러나기" 때문에 인간의 현존재는 존재하는 것을 향해 '접근'하고 '관계'할 수 있다. 그리고 본래 무가 드러나지 않고는 또한 현존재의 자기됨(Selbstsein)과 자유도 존재하지 않을 것이다. 따라서 이와 같이 무는—'존재하는 것'의 존재 안에서 '무'가 부정하는 것이 발생하기 때문에—존재 자체의 본질에 '속할' 뿐만 아니라, 이와 같이 '현존재'도 (그것에게는 존재하는 것과 관계하는 것이 본질적인 것이다.) 언제나 참으로, 명백히 드러난 무로부터 유래한다. "현존재란 무의 안쪽으로 붙잡혀 들어간 상태를 의미한다."(20) 우리가 실제로는 '언제나' 그런 것이 '아니라', 다만 매우 드물게 순간적으로만 불안 안에서 살아간다("불안정하게 떠 있다.")는 것이 확실히 진실이다. 이것은 다음의 사실과 관련되어 있다: 우리는 특정한 방식으로 존재하는 것에 완전히 흘려서 '빠져'버림으로써, 존재하는 것 자체가 우리로부터 떨어져나가는 것을 허용하지 않음으로써 그리고 동시에 우리 자신이 현존재의 "공공연한 표면"을 파고 들어가지 않음으로써, 우리에게 무는 그것의 본래성에서 우선 그리고 대부분 "위장되어" 있다. 그러나 비록 애매하기는 하지만 지속적으로 무를 멀리하는 것은 "어떤 한계 안에서 무가 지닌 가장 고유한 의미를 지향"하는 것이다. 무 자체가 우리에게 존재하는 것을 향하게 한다! 그러나 이 사실이 거듭 결코 다음의 사실을 변경하지는 않는다: 무는 그것의 입장에서는, 다만 우리의 일상적인 인식에 의식되지 않을 뿐이지, '끊임없이' 부정하고 있다.(21) 따라서 일반적으로 '헤겔'의 말을 인용하여 이렇게 요약하여 말할 수 있다: "순수한 존재와 순수한 무는 동일한 것이다." 그리고 "무로부터 무가 나온다."라는 고대의 명제는 다음과 같이 정정되어야 한다: "무로부터, 존재하는 모든 것이 존재하는 것으로서 나온다."(26)—우리는 이 관점에서 출발하여 개별적인 것을 이해하려 시도할 것이다.

우선 (인간의) '현존재'란 무엇인가? 우리는, '기본사건'(Grundgeschehen)이 존재하며, 그 기본사건 안에서 '존재하는 것 전체'가 현존재에 '드러나게' 된다는 말을 듣는다. 바로 그 일이 발생하는 기본사건은 우선 포괄적으로 "'기분'(Stimmung)의 상태"라고 불리며(15), 여기에서, 현존재의 바로 이러한 기본사건은 또한 형이상학과 동일하다(28)고 말하고 있는 것을 확인하는 것은 흥미로운 것이다. 여기에서 문제되고 있는 기분, 즉 그것 안에서 존재하는 것 전체가 드러나게 되는 그 기분은 '기쁨'이라는 기분일 수 있다. 하이데거 자신에게는 이 드러냄의 다른 형태인 "본래의 '권태'"가 더 중요한 것 같다: "현존재의 심연들 안에서 침묵하는 안개처럼 이리저리 돌아다니는 깊은 권태는 모든 사물들과 인간들을, 그리고 그들과 함께 한 인간 자신을 진기한 무관심 안으로 몰아넣는다. 이 권태가 존재하는 것 전체를 드러낸다." 그러나 그 기분들이 이와 같이 우리를 존재하는 것 전체 앞으로 인도할 때에, 그것들은 우리에게 역시 아직은 무를 '은폐하고 있다.' 존재하는 것을 드러내는 사건보다 실질적으로 앞서서 그리고 말하자면 더 깊은 심층에서 바로, 현존재에게 우선적으로 참으로 본질규정적인, '무'를 드러내는 일이 발생한다. 그 일은 다시 기분 안에서, 그러나 이제는 바로 '불안'(Angst)이라는 '기본적인' 기분 안에서 일어난다.(17) 바로, 무를 드러내는 일이 불안 안에서 일어나기 때문에, 현존재는 그 자체가 무의 안쪽으로 붙잡혀 들어가며, 현존재는 바로, 존재하는 것을 향해 접근하게 되고 그것과 관계를 맺게 되지만, 현존재는 또한, 언젠가 이미, 존재하는 것 전체를 역시 '넘어서게', 즉 그것을 "초월하게" 된다.(20) "은폐된 불안 때문에 무의 안쪽으로 붙잡혀 들어가 있는 것은 존재하는 것 전체를 넘어서는 것, 즉 초월이다."(25, 26) 자기됨과 자유가 무의 안쪽으로 붙잡혀 들어간 현존재의 특징이다.(20) '현존재'는 논리적으로 거부할 능력이 있을 뿐만 아니라, 훨씬 더 일반적으로 말하자면, '부정하는 태도'에 사로잡혀 있으므로, 그것은 언제나 또한 '반대 행동'의 완고함에, '혐오'의 격렬함에, '실패'의 쓰라린 책임성에, '금지'의 단호함에, '결핍'의 가혹함에 종사하고 있으므로, 그것에는 비록 여러 가지로 모호하지만 지속적으로 무가 현재 드러나고 있으며, 변함없이 드러날 것이다.(22f.) 그러므로 그의 현존재가 문제가 되고 있는 바로 그 인간에 관하여 마침내 다음과 같이 말해야 한다: 은폐된 불안 때문에 그의 현존재가 무의 안쪽으로 붙잡혀 들어간 그 상태가 그를 "무의 자리를 잡아 주는 자"로 만든다.(23f.) 불가피하게 무에 대하여 질문이 제기되며, 바로 이 질문에 의하여 현존재 자체가 '의심스럽게' 되며, 또 그렇게 존재한다.(27)

그러나 무의 활동과 드러냄을 위해서와 마찬가지로 현존재의 기본사건을 위해서 명백히 아주 결정적인, '불안'이라는 "기본적인 기분"은 사정이 어떤가? 우리는, 불안의 배후에는 무 자체가 원동력으로서 서 있다는 말을 듣는다. 비록 다만 드문 순간들이기는 하지만, 무는 우리에게 이 기본적인 기분을 느끼게 한다. 그 기분은 공포(Furcht)와 혼동되어서는 안 된다. 공포는 언제나 이것 혹은 저것에 '대한' 공포이다. 불안은 공포의 이러한 혼란이 아니다. 그와는 반대로 오히려 불안은 독특한 평온에 침투한다. 불안은, 본질적으로 규정할 수 없는 것인 불확실한 것에 대한 불안이다. 불안 안에서는 "어떤 것이 어떤 사람에게 섬뜩한 것이다." 그러나 "어떤 것"이란 무엇을 의미하며, "어떤 사람"이란 무엇을 의미하는가? 불안 안에서 우리는, '무엇에 대하여' 섬뜩한지 말할 수 없다. "대체로 어떤 사람에게 그렇다." 모든 것들이 무관심 안으로 가라앉는다. 그러나 단순히 사라진다는 의미에서 이런 일이 발생하는 것이 아니라, 그것들을 '밀쳐내는' 행위 자체에서 그것들이 '우리 쪽으로' 되돌아온다. 불안 안에 있는 우리를 향해 밀려드는, 존재하는 것 전체를 밀쳐내는 것이 우리를 '압'박한다. 기댈 곳이 남아 있지 않다. 기댈 곳이 "없다"는 사실만이 남아 있을 뿐이며, 이 사실이 ─ 존재하는 것이 우리로부터 떨어져 나가고 있을 '때에' ─ 우리에게 엄습해 온다. 무슨 일이 일어나고 있는가? 불안이 '무'를 드러낸다. 불안 안에서 우리는 "허공에 떠 있다." 더 분명하게 표현하자면, 불안은, 존재하는 것 전체가 우리로부터 떨어져 나가도록 하기 때문에, 우리를 허공에 떠있게 한다. 존재하고 있는 인간들인 우리 자신이 존재하는 것의 한가운데에서 '우리 자신으로부터' 떨어져 나가고 있기 때문이다. 그러므로 그 어떤 것이 엄밀히 말하자면 "너에게" 혹은 "나에게" 섬뜩하게 느껴지는 것이 아니라, 바로 "어떤 사람에게" 그 어떤 것이 그렇게, 즉 그렇게 섬뜩하게 느껴지는 것이다! 이 허공에 떠있어서 뒤흔들릴 때, 아무것에도 의지할 수 없을 때, 거기에 아직도 있는 것은 오직 '순수한 현존재'뿐이다. 불안해서 우리는 말문이 막힌다. 우리가 불안의 섬뜩함 때문에 종종 공허한 정적(靜寂)을 바로 무분별한 잡담으로 깨뜨리려 노력한다는 사실은, 무의 현존을 증명할 뿐이다. 그리고 만일 불안이 그때마다 다시 사라져버렸다면, 어떻게 될까? 그렇다면 우리는 이렇게 말할 것이 틀림없다: 우리가 무서워하고 근심하던 것은 "본래" '아무것도 아니'었다! 실제로는 우리는 이렇게 말'하지 않으면 안 된다': '무' 자체가 그리고 무 자체로서 '거기에 있었다.'(16-17) 불안이 거기에 있었기 때문에, 무슨 일이 우리에게 발생하였는가? 엄밀히 말하자면 불안이 언제나 거기에 있으므로, 무슨 일이 우리에게 발생하는가? 그것이 불안으로서 물론 존재하는 것 전체에 대하여 무기력하더라도, 그것 안에 있는 무는 바로, 존재하는 것 '안에서 그리고' 존재하는 것과 '함께' 스스로를 드러내며, 불안 안에서, 존재하는 것 자체가 떨어져 나가고 있는 전체로 판명된다.(18) 그리고 우리는 우리의 입장에서는 불안 안에서 '뒤로 물러나는 것'에 종사하고 있다. 뒤로 물러나는 것은 물론 도피가 아니라, 정신적으로 마법에 사로잡혀 있는 (gebannt) 평온을 의미한다. 바로 이것이, 즉 '그것 앞에서' 우리가 불안 안에서 뒤로 물러나는 이것이, 혹은 바로 이것이, 즉 '그것을 통해서' 우리가 불안 안에서 평온에 이르도록 마법에 사로잡혀 있는 바로 이것이 '무'(das Nichts)이다. 따라서 불안 안에서 우리가 뒤로 물러나는 것 혹은 평온을 느끼는 것은 무로부터, 즉 무가 부정하는 것으로부터 유래한다.(19) 확실히 참으로, 불안이라는 밝은(hell) 밤에 비로소, 존재하는 것의 본래적인 "드러냄"이 — 그것은 존재하는 것이며 무가 아니라는 사실이 — 되살아난다. 따라서 확실히, 우리는, 존재하는 것을 참조하도록 하는 무의 지시를 뒤따르며 존재하는 것에 흘려서 몰두함으로써, 무를 "위조"할 수 있게 된다.(21) 그러나 이 사실이 다시 결코 다음의 사실을, 즉 불안이 '거기에' 있으며 그것과 함께 부정하는 '무'가 그것의 본래의 모습을 드러내고 있다는 사실을 변경하지 않는다. 불안은 언제나 거기에 있으며, 그것은 다만 이따금 잠든다. 그러나 그것의 호흡은 끊임없이 현존재에 의하여 두려워 떤다: 즉 그것은 '불안에 떠는' 현존재에 의해서는 가장 적게(!), '활동적인' 현존재에 의해서는 경미하게, '내성적인' 현존재에 의해서는 가장 일찍이, 엄밀히 말하자면 '대담한' 현존재에 의해서는 가장 확실하게(!) 두려워 떤다! 그리고 바로 대담한 현존재의 불안은, 즉 바로 가장 현실적인 불안은 진정된 현존재의 기쁨 혹은 심지어 그 현존재의 쾌적한 즐거움에 대한 대항을 허용하지 않는다. 바로 대담한 현존재의 불안은 — 그러한 대립들을 넘어서 — 창조적인 그리움의 '유쾌함' 및 '부드러움'과 은밀한 동맹을 맺고 있다! 그러나 물론: 철저히 불안으로서 그것은 '거기에' 현존재 안에 있으며, 매 순간 그것 자체가 '깨어날' 수 있다. 그것을 깨우기 위해서는 비상한 사건들이 필요하지는 않다. 그것의 지배는 아주 깊이까지 미치므로, 본래 바로, 그것을 야기할 수 있는 사소한 것도 그것에 가장 잘 상응한다. 그것이 다만 드물게 도약하게 되더라도, 그것이 도약할 때 그리고 그것이 도약함으로써, 우리가 허공에 떠 있도록 늘 새롭게 끌어넣기 위하여, 그것은 지속적으로 막 도약하려고 한다.(23)

불안 안에서 발생하는, 무의 드러냄으로부터 출발하여 이제 또한 '존재하는 것' 자체도 이해될 수 있다. 존재하는 것은 먼저 기쁨 혹은 또한 (그리고 명백히 무엇보다도) 권태라는 기분들 안에 있는 그것의 전체성 안에서 우리에게 모습을 드러낸다. 그러나 그렇게는 그것이 존재하는 것으로서 지니고 있는 고유한 특징이, 즉 그것과 무의 상이성이 우리에게 아직은 명백해지지 않는다. 그것이 명백해지기 위해서 바로 '무'가, 즉 무가 부정하는 것이 필요하다: 무의 능력 안에서 존재하는 것이 사실 쇠약해지며 떨어져나가며 몰락하게 되기는 하지만, 그러나 바로 그렇게 '존재하는 것'으로서 명백해진다. 오직, 무가 현존재의 토대 안에서 명백해지기 때문에만 그리고 그렇게 됨으로써만, 존재하는 것이 완전히 낯선 모습으로 우리에게 닥쳐오며, 그것은 우리의 '놀라움'을 이끌어 내며, 그 경우에 그 놀라움으로부터 '왜?'라는 질문, 즉 그것의 토대와 본질에 대한 질문이 발생하므로, 우리는 '질문'하고 '대답'할 수 있으며, 즉 '논증'하고 '설명'할 수 있으며, 따라서 '연구'할 수 있다.(19, 27) 무는, '존재하는 것'이 '인간의 현존재를 위해서' 존재하는 것임을 드러내는 것을 가능하게 하는 것이다. 따라서 무는 학문을 가능하게 하는 것이다. 이와 같이 무는 존재하는 것의 '본질'에 '속한다.' 존재하는 것 자체의 존재 안에서 무의 부정하기가 발생한다.(20) 그러나 바로 이 규정 아래에서 이제 존재하는 것에 대한 (인간이 지닌) '현존재'의 태도만이 존재하는 것이 아니라, 또한 '존재하는 것 자체'에도 특정한, 즉 무의 역동성 및 활동성과 비교하여 이차적이지만 현실적인 '역동성'과 '활동성'이 할당될 수 있으며, 여기에서 학문적으로 질문하고 규정하고 논증하는 것의 객관성 안에서, 현존재가 존재하는 것에서 스스로를 드러내기 위해서, 현존재가 존재하는 것 아래로 '예속'되는 일이 일어난다. 그러므로 학문에서는 인간이라 불리는 존재하는 것, 즉 현존재가 존재하는 것의 전체 안으로 침입하는 일이 실행될 뿐만 아니라, 이 침입 안에서 또한 존재하는 것 자체의 '깨뜨려짐'도 실행되므로, 바로 "깨뜨리는 침입"으로서 학문은 그것의 방식으로, '존재하는 것'을 도와서 우선 첫째로 '그것 자체로' 되게 한다. (8-9) 모든 것은 물론 '무'의 본래적인 드러냄이라는 토대 위에 있으며, 무가 드러나면서 존재하는 것은 떨어져 나가며 몰락하는 것으로 드러나 있지만, 그러나 바로 그렇게 역시 존재하는 것으로서 드러나 있다.

다른 한편으로 이제 '거부'라는 지적인 행위도 불안 안에서 발생하는 무의 드러냄으로부터 출발하여 이해되어야 한다. '그것'이 무로 이어지지는 '않'는다. 왜냐하면 관념에 대한, 즉 존재하는 것의 전체로 가정된 것에 대한 정신적인 거부로서 '그것'은 결코 무 자체가 아니라, 다만 공상적인 무의 형식적 개념만을 밝힐 뿐이다.(14) 무 자체는 그 지적인 행위보다 앞서 갈 수밖에 없다. 우리의 거부는 무의 뒤를 따라갈 수밖에 없다. 이와 같이 지적인 행위는 그것의 의미와 정당성을 획득한다. 그렇다, 우리가 거부하면서 몇 번이고 되풀이하여 '아니다'(Nicht)라고 발음한다는 것 외에 무엇이 더 인상적으로 우리의 현존에서 무를 드러내는 것을 증언하겠는가?: 그 '아니다'라는 말은 그럼에도 불구하고 우리의 거부가 그것 자체로부터 만들어낸 말이 아니며, 그 말을 하기 위해서는 거부할 수 있는 것이 부정을 야기하는 것(Nichthaftes)으로서 우리의 거부보다도 '앞서'가야만 하며, 그 말을 발음하기 위해서는 우리의 거부가, 그 거부를 위해서는 인간의 사고 자체가 '아니다'라는 말을 벌써 '미리' 예상한다. 즉, 아니다라는 말은, 그 말의 '근원', 곧 '무'의 거대한 부정하기(das große Nichten) 그리고 그와 동시에 무 자체가 은폐된 상태에서 벗어나게 될 때만, 그리고 그렇게 됨으로써만, 우리에게 명백하게 될 수 있으며 또한 명백할 수 있다. 이와 같이 '거부'는 '무'의 부정하기로부터 기인하는 '아니다'를 근거로 삼고 있으며, 이와 같이 거부는 그럼에도 불구하고 다만, 무 자체의 부정하기에 근거를 두고 있는, 우리의 현존재의 '부정하는 태도'의 한 방식일 뿐이다. 본질적으로 현존재의 일부분을 이루는 무의 드러남에 대하여, 우리의 현존재를 뒤흔들어 놓는 무의 부정하기에 대하여, 거부라는 지적인 행위가 '홀로' 증인인 것은 아니며, 그것이 또한 '주도적인' 증인인 것도 아니다. 그것보다 더 심원한 것은 바로 다음과 같은, 지적인 행위들과 아무런 관계도 없는 전체적인 일련의 거부들이다: 대항하여 행동하기, 혐오하기, 거절하기, 금지하기, 없이 지내기. 요컨대, 이 지적인 행위에 대한 바로 올바른 이해는 다음의 사실을, 즉 '이해력'(Verstand)의 권세는 무와 존재에 대한 질문의 영역에서 '기가 꺾였으며', 철학에서 논리의 지배가 지닌 운명은 다음과 같이 결정되어 있다는 사실을 알려준다: "논리의 관

념 자체가 더 본래적인 질문의 소용돌이 속에서 해체된다."(21-22)

이제 이러한 전제조건들의 토대 위에서, "형이상학이란 무엇인가?"라는 그의 주제가 되는 질문에 대한 하이데거의 대답을 들어보자. 그는 그의 진술에서 '하나의' 형이상학적 질문을 제기하고 대답하려 하였으며, 그렇게 함으로써 형이상학'에게' 스스로를 소개할 가능성을 제공하려 하였다. 형이상학은, 현존재의 본질 안에서―우리가 우선 "기분의 상태"로서 알게 되었던 그 현존재의 "기본사건" 안에서―발생하고 있는 '초월하여 질문하는 것'(Hinausfragen)이며, 이 점에서 존재하는 것을 '초월하는 것'(Hinausgehen)이다. 형이상학은 '초월성'이다. 무에 대한 질문은 그처럼 초월하여 질문하며 초월하는 것이며, 우리 인간들이 언제나 실제로 이미 그렇게 하고 있다. 따라서 무에 대한 질문은 형이상학적 질문이다.(24) 무에 대한 질문에서 문제되고 있는 것은 존재하는 것의 존재라는 것이 명백하므로, 그것은 그것의 개별적인 질문에서도 형이상학 전체에 손을 뻗치며 그 전체를 포괄하는 형이상학적 질문이다.(24-26) 또한 그것이 우리의 질문하는 현존재를 그 질문 안으로 끌어들이며 우리의 현존재 자체를 의심스럽게 만든다는 점에서, 그것은 진정한 형이상학적 질문이다! 왜냐하면, 만일 현존재가 "처음부터 무의 안쪽으로 붙잡혀 들어가 있지" 않다면, 그것은 학문적 현존으로서 다루어질 수 없기 때문이다. 현존재는, 그것이 무를 포기하지 않을 경우에만, 자신을 있는 그대로 이해할 수 있다. 학문의 소위 냉정함과 우월성이라는 것도, 만일 무를 진지하게 받아들이지 않는다면, 그 모든 것이 우스꽝스러운 것으로 되고 만다. 따라서 학문은 형이상학으로부터만 존재할 수 있다: 즉 '이' 형이상학적 질문에 의하여, 곧 '무'에 대한 질문에 의하여 파악되고 포괄되는 형이상학으로부터만, 이 질문 안에서 또한 학문적 주체도 자체 안으로 포함시키는 형이상학으로부터만 존재할 수 있다.(26-28) 그러나 철학의 과제는, 형이상학을―바로 '이' 형이상학을―가동시키는 것이다. 그러나 철학 자체는 다만, 철학자 자신의 실존을 현존재의 기본가능성들 안으로 투입함으로써만 가동하기 시작한다. 그의 실존을 투입할 때 결정적인 것은 다음과 같다: 1. 존재하는 것 전체를 위해 공간을 제공하기, 2. 무 안으로 스스로 들어가기, 3. '무 자체가 강요하는' 형이상학의 '기본'질문, 즉 "도대체 왜 오히려 무가 아니라, 존재하는 것이 존재하고 있는가(ist)?"라는 질문 안으로 "지속적으로 날아서 되돌아가기 위해서", 허공에 떠 있는 상태에 자신을 맡기기.

이제 우리는 또한 '장-폴 사르트르'(Jean-Paul Sartre)에게서, 그가 『존재와 무』(L'Etre et le Néant, 1943)에서 그리고 그밖에 그가 집필한 대부분의 대중소설에서 밝혔던 메시지와 그의 입장에 대한 그 자신의 주석을 간직할 수 있다. 문제되고 있는 것은 1945년에 출판된 『실존주의는 휴머니즘이다』(L'Existentialisme est un humanisme)인데, 여기에서 그는 그의 반대자들과 논쟁할 뿐만 아니라, 무엇보다도 또한 그 자신의 견해를 더할 나위 없이 명확하게 정확히 표현하였으며, 어떻든 그가 발표한 그 밖의 작품이 지니고 있는 형태, 즉 의도적으로 모든 점에서 자극을 주는 형태를 피하면서도 그에게 중요한 것을 개괄적으로 부각시켰다. 만일 우리가 그의 다른 글들 안에서는―언제나 도전적인 저자의 태도 때문에, 혹은 우리가, 그가 말하고자 하는 것을 경청하기보다는, 그의 태도에 의해 단지 도전만을 받기 때문에!―그것을 깨닫지 못하였다면, 여기에서는 다음의 사실이 우리에게 은폐된 채로 머물 수는 없다: 우리는 사르트르에게서도 그 자체로 처음부터 끝까지 완결된, 그리고 결국 역시 단순한 관념과 관계하고 있으며, 이 관념은 하이데거의 관념과 함께 상이성에도 불구하고 하나의 독특한 전체를 형성하고 있다.

만일 우리가 하이데거로부터 출발하여 사르트르에게 접근한다면, 압도적인 첫 번째 인상은 이것이다: '하이데거'가 (마치 그도, 참으로 바로 '이 주제'를, 다만 이 주제'만을' 바라보도록 마법에 사로잡혀 있는 듯이) 그의 '앞'에 지니고 있는 이 주제를 '사르트르'는 (마치 그는, 참으로 바로 '이 주제'로부터 시작하여, 다만 이 주제로부터'만' 출발하여 바라보고 생각하도록 마법에 사로잡혀 있는 듯이) 바로 그의 '뒤'에 지니고 있다. 두 사람이 관심하고 있는 주제는 무이다. 그러나 이 점이 무에 대한 그들의 상이한 입장이다. 다른 말로 표현하면, 우리는 '하이데거'에게서는 '사르트르'가 지닌 관념의 '전제'와 관계하고 있으며, '사르트르'에게서는 '하이데거'가 지닌 관념의 '결과'와 관계하고 있다. 두 사람의 관심사는 원리와 척도와 명령으로 되어버린 무이지만, 하이데거의 경우에는 거의 오직, 현존재에 대하여 무의 강력함을 제시하는 일에 관심하고 있으며, 사르트르의 경우에는 거의 오직, 저 원리가 사로잡았던 현존재를 제시하는 일에 관심하고 있다. 나는 두 사람의 경우에 대하여 이렇게 말한다: '거의' 오직. 왜냐하면 여기에서 서로 겹치는 부분이 발생하지 않을 수 없기 때문이다: 우리는 '하이데거'의 경우에도, 만일 강력하게 들이닥치며 강요하는 무에 관한 그의 관념으로부터 결론들을 이끌어내야만 한다면, 이 관념에 상응하는, 인간의 현존재에 관한 긍정적인 이미지를 구상해야만 한다면, 그가 어느 방향에서 계속하여 생각하게 될지 그리고 생각해야만 할지를 알고 있다. 그렇다, 우리는 이미 하이데거가 이 방향에서 상응하게 움직이고 있는 것을 보고 있다. 그러나 그가 아주 열정적으로 말하고 있는 곳은 저곳이다: 즉 언제나 도약할 준비가 되어 있으며 아마 매 순간 깨어나고 있는 불안이라는 기본적인 기분 안에서 발생하는, 무를 "드러냄"이 문제되고 있는 곳이며, 따라서, 존재하는 모든 것이 떨어져나가는 것이 문제되고 있으며 그에 상응하게 인간의 현존재가 의심스럽게 되는 것이 문제되고 있는 바로 그곳이다. 그 반대로 '사르트르'도, 만일 그가 출발한 그 지점의 특징을 표현하는 것이, 즉 인간의 현존재가 살아온 모든 삶이 전적으로 쇠약해지는 것의 특징을 표현하는 일이 문제 된다면, 침묵을 지키지 않는다. 역시 무에 대한 인식에서 출발하는 그는 무에 대한 인식에 심지어 하나의 날카로운 요점을 제공하였는데, 그것은 하이데거의 경우에도 무에 대한 인식에서 결여되지 않아야만 했으며, 본래 결코 결여되어서는 안 되었을 것이지만, 실제로는 결여되어 있는 것이다: 왜냐하면 사르트르의 결정적인 전제는, 일종의 아쉬움이 없는 것은 아니지만, 명확히 그리고 단호하게 표명된, 하나님의 실존에 대한 부정이기 때문이다. 그러므로 그는 이미 충분히 참으로 그리고 철저히 불안을, 고독(délaissement) (하이데거가 매우 즐겨 쓰던 표현, 33)을, 절망을 알고 있다. 그는 『집행유예』(Le sursis, 1945)에서 1938년에 — 당시에는 아직 단지 외관상, 따라서 "유예된"— 프랑스인들에게 다가오고 있던 전쟁을 갖가지 색깔들을 지닌 신화적인 괴물로 묘사하였다: "인간은 거대하고 눈에 보이지 않는 괴물과 연대하였다."* 『닫힌 방』(Huis clos, 1944)에서 그가 지옥을 묘사하는 것은 확실히 우리를 기절하게 만들 수 있을 것이다. 왜냐하면 바로, 지옥에 대한 묘사가 결국 인간과 인

---

* 프랑스어 인용문들(463–469쪽)은 우리말 변형서체로 표식하였다.

간 사이의 관계가 지닌 끔찍하게 평범한 장면만을 드러내고 있기 때문이다. 얼마나 많은 사례가 더 열거되어야 하겠는가! 사르트르는 이 점에서 너무 말주변이 좋고 직관적이기 때문에, 우리는 그를 대체로 다음과 같이 오해하였으며, 다음과 같은 논리로 그를 무시할 수 있다고 생각하였다: 즉 그에게는 어쨌든 오직 ― 마치 그가 제2의 에밀 졸라(Emile Zola, 1840-1902)이거나 한 듯이 ― 인간의 삶이 지닌 사악하고 추하고 혐오스러운 측면을 사실주의적으로 폭로하는 것만이 관심사라는 것이다. 여기에서 우리는, 그의 글들 자체에 따르면 그리고 그 글들에 대한 그의 명확한 해설들에 따르면 어떤 회의도 존재할 수 없는 다음과 같은 사실을 완전히 간과하였다: 그의 의도와 그의 열정은 저 인간이 묘사되는 곳에서, 즉 정말로 다만 들이닥치며 강요하는 '무'만을 배후에 지니고 있는 인간, 하나님 없이 살아야만 한다는 것을 알고 있는 인간, 불안과 '고독'과 절망, 전쟁과 지옥, 즉 하이데거가 마치 마법에 사로잡힌 듯이 바라보고 있는 그 모든 것을 알고 있으며, 그 모든 것을 고려하는 인간, 참으로 바로 그렇게 그리고 그런 이유에서 '인간'이며, 인간이기를, 인간으로 되기를, 인간으로 남기를 전적으로 결심한 바로 그 인간이 묘사되고 있는 곳에서 탐색되어야 한다. 사르트르는 그곳으로부터 ― 그도 마치 마법에 사로잡힌 듯이 바로 그곳으로부터 ― 출발하여 앞쪽을 바라보고 있다. 하이데거의 철학은 제1차 세계대전을 회고하면서 발생하였다. 사르트르는 제2차 세계대전 중의 프랑스 저항운동에 참여했던 아주 특정한, 그의 방식으로 훌륭한 유형의 인간이다. 그러나 그는 이미 제2차 세계대전 이전에 저항하는 자(résistant)였다: 그는 그 시대의 근원적인 모순을 보았으며, 모든 눈먼 자들에게 그것을 폭로하기로, 그러나 똑같은 정도로 자기 자신의 의견을 주장하기로, 또한 다른 사람들에게 적에 대한 어떤 협력도 하지 않도록 경고하기로, 그러한 자기주장 안에서 교육하기로 이미 당시에 마찬가지로 굳세게 결심하였던 사람이다. 틀림없이 1945년에도 제2차 세계대전의 결과 그는 이 '실증적인' 의도에서 명명백백하게 강화되고 순화되었다. 무로부터 유래하는 소름끼치는 부정(Nein)이 현존하지만, 바로 그 부정으로부터 놀랍게도 인간의 현존재에 대한 독특하게 무조건적인 '긍정'(Ja)이 발생한다. 바로 이 긍정이 사르트르의 관심사이다. 내가 아는 한, 그는 오늘의 실존주의 철학자들 가운데 '가장 남성적인' 철학자이다. 인간들은 어딘가에서 "허공에 떠 있"거나, 그 유명한 "한계상황들"에서 이리저리 흔들려야만 하는 것이 아니라, 인간들은 바로 이 상황 안에서 어딘가에서 '서있어야' 하며 '걸어가야' 마땅하다는 것이 그의 메시지의 핵심이다.

만일 우리가 '하이데거'의 경우에도 드러난 다음의 맥락들을 주목한다면, 우리는 사르트르를 하이데거로부터 출발하여 이해할 수 있으며, 이 두 사람 사이의 관련성을 이해할 수 있다: 그 맥락들에서 우리는, 우리에게 무를 드러내게 되는 바로 그 실제의 불안은 "독특한 '평온'"을 지니고 있으며, 즉 도피가 아니라 "마법에 사로잡혀 있는 평온"을 지니고 있으며, "창조적인 '그리움'의 유쾌함 및 부드러움과 은밀한 동맹관계"에 있다는 말을 놀라움을 지니고 듣게 되며 ― 혹은 그 맥락들에서는, 바로 '대담한' 사람이 불안의 경험을 가장 확실하게 체험하며, 바로 '내성적인' 사람이 그 경험을 가장 일찍이 체험하며, 실제의 불안은 참으로 "진정된 현존재의 쾌적한 즐거움"에 대하여, 즉 기쁨에 대하여 대항조차 하지 않는다고 씌어져 있다. 우리는 또한 다음의 사실을, 즉 하이데거는 불안과 무에 대한 그의 가르침을 통하여 결국은 형이상학뿐만 아니라 또한 그야말로 학문의 냉정한 목표설정과 자세와 작업의 실증적 토대를 확립하려 했다는 점을 기억할 필요가 있다. 하이데거는 "허무주의자"가 '아니'며, 결코 그랬던 적이 없다. 인간은 "무의 자리를 잡아주는 자"라는 말은, 그래도 역시 그에게는 긍정적인 내용을 담고 있는 진술일 수 있다. 사르트르는 바로 여기에서, 다만 훨씬 더 넓은 전선(Front) 위에서 시작한다: 그러나, 그도 불안과 그것 배후에 서 있는 무를 정확히 응시한 후에는 그것들을 조금도 잊지는 않지만, 그는 그것들이 참으로 몇 번이고 되풀이하여 유보하고 저지하면서 방해하는 것을 허용하지 않는다. ─그러나 그는 참으로 바로 이 대목에서 단호하게 '뒤로 돌아'가며, '주제'에 이르기를, 즉 불안과 무로부터 출발하는 '인간'을 묘사하게 되기를, 바로 이 '인간'의 실존에 대한 실증적인 메시지에 이르기를 원한다. 이 의도는 이미 거듭, 하이데거가 무를 "위장하는 것"이라고 비난하는 것의 노선 안에 있는 것은 아닌가? 어떻든, 하이데거의 경우에 시야를 형성하는, 모든 것과 개별적인 것을 위협하는 질문, 즉 모든 것과 개별적인 것을 특징짓는 모호성은 사르트르에게는 실제로 결론을 지니고 있지 않다. 그의 작품들도 과연 충분히 인상적으로 그리고 고통스럽게 그것에 관하여 언급하고는 있다: 즉 '인간의 수치'(ignominie humaine)에 관하여, 즉 우리가 인간의 삶이라고 부르는 무기력, 잔인성, 저속한 취향, 어리석음, 거짓과 불안에 관하여, 그리고 인간이 소위 가장 고상한 의도들과 노력들 안에서도 길을 잃을 수밖에 없는, 빠져나올 수 없는 막다른 골목들과 미로들에 관하여 언급하고 있다. 그러나 그의 경우에는 그 어떤 대목에서 갑자기 일종의 '그럼에도 불구하고'라는 생각이 머리에 떠오르곤 한다: 즉 몰락을 감수하지만 그래도 몰락으로서 승인하지 않으며, 오히려 그 어떤 운동에서, 인간이 그 전체를 마침내 비웃으면서 간파했고 또한 극복했으며, 인간이 주권을 지니고 그 전체 위에 서 있다는 것을 드러내는 '반항심'이 머리에 떠오르곤 한다. 만일 내가 그를 바르게 이해하고 있다면, 그래도 스스로를 도울 줄 아는 그 몰락한 자가 행하는 바로 그 주권적인 운동이 사르트르가 추구하는 실존주의의 관점이며, 이 운동을 위한 궁극적인 단호함을 요구하는 것이 그의 메시지가 지닌 핵심이다. 사르트르는─약간 개괄적으로 표현한다면─계속 깊은 명상 안에 머물러 있는 독일인 마르틴 하이데거와 대조적으로 전형적인 영원한, 프랑스의 '재치 있는 사람'이다. 바로 그런 까닭에 그리고 그 의미에서 많은 사람에게 아주 놀라운 그의 자기해명은 다음의 내용을 담고 있을 수 있으며, 또한 그럴 수밖에 없다: "실존주의는 휴머니즘이다."

사르트르에게 실존주의는─그리고 그가 '휴머니즘'라는 말로 의미했던 것은 바로 이것이다.─"삶을 가능하게 만드는 가르침"(12)이다. 왜냐하면 그의 실존주의는 '자유'에 관한 가르침이기 때문이다: 그 자유를 인간이─여기에서 의미하는 것은, 이런 혹은 저런 개별적인 인간주체가─"지금 당장에" 절대 어디에서도 발견할 수 없으며, 그렇지만 실행할 수 있고 또한 그래야 마땅하며 그렇게, 즉 행위 안에서, 소유할 수 있고 또한 그래야 마땅하며, 바로 그 자신이 자유일 수 있고 또한 그래야 마땅하다. 따라서 그 자유는 이념이 아니며, 인간이 마음대로 처리하는 가능성이 아니며, 그가 받아들인 선물이 아니며, 그가 유래한 전제조건이 아니며, 그에게 이자가 생기는 일종의 자본, 즉 그가 그것으로 시작할 수 있으며, 그것으로 어떤 것을 시작할 수 있는 자본이 아니다. 그는 어디에서도 그리고 어떤 것으로도 시작할 수 없다. 상응하는 어떤 것이 존재하지 않는다. 그는 무로부터 출발하여 시작할 수밖에 없다. 그의 발아래에 있는 모든 토대가 사라져버렸다. 왜냐하면 하나님이 존재하지 않듯이, 인간의 본성도 존재하지 않으며, 영원한 혹은 역사적으로 주어진 여건들이, 즉 인간이 의지해야 하며, 신뢰하여야 하며, 존중할 의무가 있으며, 그에게 그 어떤 도움이나 보증을 의미할 수 있거나 심지어 구원을 가져올 수 있는 인습들이나 이상들이 존재하지 않기 때문이다. 그는 다른 사람들을 모범으로 삼고 모방할 수 없다. 그에게는 결코 어떤 이정표들도 주어져 있지 않으며, 주어지게 되지도 않는다. 자기 자신 안에서도 그는 절대 그 어떤 것이, 즉 가치, 권위, 능력, 품위 등으로서 논의될 수 있을 그 어떤 것이 아니며, 그러한 그 어떤 것을 소유하고 있지 않으며, 그러한 그 어떤 것을 발견하지 못하므로, 그는 적어도 자기 자신에게 의지할 수 없을 것이다. 그는 결코 아무것도 의지할 수 없다. 그의 배후에 있는 것은 언제나 무이다. 뒤에서부터 출발하여 그가 지닐 수 있는 것이란 지옥 같은 미래 외에는 결코 아무것도 없다. 연극 "닫힌 방"(Huis-Clos)에서 막이 내리기 전에 외쳐진 것처럼, "계속하자!"(Continuons) 유일한 진정한 선례(先例)가, 즉 그것 안에서 삶이 가능하게 되며, 그것으로부터 출발하여 진정한 미래를 내다볼 수 있는 바로 그 선례가 존재하는데, 그 선례는 바로 실존 자체이다: "실존이 본질보다 앞선다"(L'existence précéde l'essence).(17) 이 선례 안에서 살 수 있고 스스로가 이 선례일 수 있는 그 존재가 바로 인간이다. 인간은 우선 쓸모없는 존재일 수 있고, 그 후에 중요한 존재일 수 있다: 즉 그가 그 자신이 그렇게 되기를 원하는 바로 그 존재, 그가 그 자신의 모습으로 인식하는 바로 그 존재, 그가 그 자신을 만들어 가는 목표인 바로 그 존재일 수 있다.(22) 인간이란 무엇인가? 그것은 "미래를 향해서 스스로를 내던지는 존재, 미래에서 스스로를 계획하는 것을 의식하고 있는 존재"이다. 인간이란 무엇인가? 그것은 "거품, 부패 혹은 꽃양배추가 되는 대신에, 주체적으로 살아가는 하나의 초안(草案)이다; 아무것도 이 초안보다 앞서서 존재하지 않으며, 초감각적인 하늘에는 아무것도 존재하지 않는다." 우리는 다음의 사실을 올바르게 이해해야 한다: 인간은 그가 원하는 '어떤 것'이 결코 아니다. 그가 원하는 '어떤 것'(가령 어느 정당에 가입하기, 책을 쓰기, 결혼하기 등)이란 다만, 훨씬 더 본래적인 선택을 표명하는 것일 뿐이다: 인간이란 각각, 그가 '그 자신'이 그렇게 되기를 원하는 바로 그 존재이다.(23f.) — 그 자신이 그의 모든 생각들, 경향들, 열정들, 결단들보다 '앞서' 있으며, 그리고 물론 또한 그의 삶을 복잡하게 만드는 모든 외적인 상태들보다 '앞서' 있으며, 흔히 그의 "운명"이라고 불리는 모든 것보다 '앞서' 있다. 그는 물론 그 자신을 창조하지 않았으며, 그는 "세계 안으로 던져졌다."—그러나 그 자신을 선택하고 원하고 만들도록 던져졌다. "인간은 저주받았다."—그러나 "자유롭도록 저주받았다."(37) 그에게는 조언자가 없다: 있을 수 있는 조언자를 선택하기 위해서만으로도 그는 가장 먼저 자기 자신을 선택했을 수밖에 없으며, 모든 실제의 조언자, 즉 모든 참된 조언자는 그에게 이렇게 말할 수밖에 없을 것이다: "당신은 자유롭다, 선택하라, 즉 '발명'하라!"(47) 주의하라: 인간이 자신보다 '앞서' 지니고 있는 그 '본질'도, 그가 그 '자신'을 선택함으로써, 그가 선택하고 원하고 발명하고 창조할 수 있는 그것, 그리고 그렇게 하게 될 그것일 수밖에 없다. "삶은 선험적으로 어떤 의미를 지니고 있는 것이 아니다. 당신이 삶을 살기 전에는, 삶이란 아무것도 아니다."(87) 인간은, 그가 존재하고 살고 행동하는 것 외에는 아무런 희망도 지니고 있지 않다. 그는 결코 그 어떤 일반적인 "진보"에 관여할 수 없다. 그는 바로 다만 행동할 수밖에 없고, 또 그렇게 해야만 마땅하다. "현실은 오직 행동 안에만 존재한다."(55) 인간이란 무엇인가? 그는 "그의 행동들의 총체"이며, 그는 "그의 삶"(sa vie)이며, 그는 "일련의 행동들"이다.(58)

"가치 있는 것은 완전한 참여이다"(62): 모든 긍정적인 혹은 부정적인 가능성들 안에서, 모든 굴복 혹은 자기관철 안에서, 모든 큰 혹은 작은 결단들 안에서, 선한 것으로 혹은 악한 것으로 일컬어지는 모든 것 안에서, 언제나 그 자신이 이 "완전한 참여"를 실행해야 하는 불가피한 필연성 안에 있다. 발생해야만 하는 것은 바로 그것이다. "그를 둘러싸고 그것들이 떼 지어 모였다. 그것들은, 어떤 신호를 보내지 않고, 아주 작은 암시도 제공하지 않고, 기다렸다. 도움이나 용서 없이, 그는 다만, 되돌아올 가능성 없이 결단하도록 저주받았으며, 자유롭도록 영원히 저주받았다."(『철들 나이』[*L'âge de raison*]에서)

사르트르는, 그의 실존주의는 '자연주의'가 아니라고 항의한다. 그가 관심을 기울이는 것은 인간이 어떻게 존재하는가의 문제가 아니라, 어떻게 인간이, 물론 그가 있는 그대로 존재함으로써, 자신의 삶에서 자유롭게 자기 자신을 선택하는 존재인가의 문제이다. 그의 실존주의는 '유물론'도 아니며, 오히려 인간을 어떤 객체로도 만들지 않는 유일한 가르침이라고 한다: "우리는 정확히, 물질적인 나라와 구별되는 가치들의 총체인 인간적인 나라를 세우기를 원한다."(65) 그의 실존주의는 '비관주의'도 아니며, 인간의 이 자유를 지적하는 것으로서 진정한 휴머니즘적 낙관주의라고 한다. 그리고 그의 실존주의는 무엇보다도 '방종주의'(Libertinismus)가 아니라고 한다. 사르트르는 이 점에서 확실히 가장 많이 오해를 받고 있다. 여기에서 어쨌든 다음의 사실이 아주 정확하게 주목되어야만 한다: 그의 가장 명확한 설명들에 따르면, 그는 자유라는 그의 개념이 철저히 '책임성'으로 이해되기를 원한다. 물론 우리는 스스로에게 이렇게 질문할 수 있다: 그의 견해에 따르면, 인간은 참으로 도대체 '누구' 앞에서 책임을 져야 하는가? 즉, 인간은 각각 자신이 실제로 살았던 삶을 통하여 대답을 해야만 한다고 '누구'로부터 요구받고 있는 것인가? 우리는, 그는 그가 말하는 새로운 인간의 자유가 '윤리적으로' 이해되기를 원한다는 것을 흘려들어서는 안 된다: 새로운 인간은 각각 자신의 엄격하게 주체적인 행위에서 모든 사람들에 대해 책임이 있다.(24) "그는 스스로를 선택함으로써, '모든' 사람들을 선택한다." 그는 그의 각 행위들을 통하여 ― 우리는 여기에서 '칸트'에 대한 유사점을 확인하지 않을 수 없다. ― 그가 생각하기에 마땅히 되어야만 하는 그런 인간의 이미지(즉, "인간은 '마땅히 그래야 한다.'고 우리가 생각하는 것과 같은 인간의 이미지")를 창조한다. "이렇게 혹은 저렇게 존재하기를 선택한다는 것은, 동시에 우리가 선택하는 것의 '가치'를 주장한다는 것을 의미한다." 우리는 나쁜 것을 선택하지 않고 선한 것을 선택한다. 그렇다면 '모든 사람'을 위해 선하지 않은 것이 "선"할 수 있는가? 따라서 우리가 행하는 그때그때의 행동에 우리는 우리 자신만이 아니라 언제나 또한 인류 전체도 "참여하게 한다."(engagieren)(24f.) 우리는 언제나 다음과 같이 스스로에게 질문해야만 한다: 만일 '누구든지' 내가 지금 행하는 것과 마찬가지로 그렇게 행동한다면, 무슨 일이 발생하겠는가? 이 질문에서 우리는 정직성을 위한, 즉 우리가 우리 자신을 선택하고 원하는 그 정직성을 위한 척도를 지니게 된다.(29) 그러므로 사르트르는 결국 '주관주의'라는 비난도 결코 받아들이려 하지 않는다: 왜냐하면 인간은 자기 자신을 오직 '자기 자신' 안에서만 발견하는 것이 아니라, 오히려 '동료인간'을 고려할 때 자기 자신을 발견하며, 그는 자기 자신 안에서도 거듭 '자기 자신'만을 발견하는 것이 아니라, 오히려 자기 자신 안에서 역시 그 '다른 사람'도 발견하기 때문이다. "나에 관한 그 어떤 진리에 도달하기 위해서는, 나는 말하자면 '다른 사람'을 뚫고 나가야만 한다. 다른 사람은 내가 나 자신에 관해서 지니는 인식을 위해서와 마찬가지로 나의 실존을 위해서 없어서는 안 된다.… 나의 가장 깊은 내면세계를 노출시키는 것은 동시에 나에게, '다른 사람'을 나에게 마주 서 있는 하나의 자유로서 노출시키는 것이다. 이와 같이 우리는 동시에, 우리가 '간(間)-주관성'(*l'inter-subjectivité*)이라 부르기를 원하는 하나의 세계를 발견하며, 인간이, 그가 무엇을 하는 존재이며 다른 사람들은 무엇을 하는 존재인지를 결정하는 장소가 바로 이 세계이다."(65f.) 따라서 사르트르가 원하는 것은 단순한 개인적인 자유, 곧 "'자유'를 위한 자유"(la liberté pour la 'liberté')가 아니다. 그가 원하는 자유는 이것이다: 나의 자유는 다른 사람들의 자유와 분리될 수 없으며, 다른 사람들의 자유도 나의 자유와 분리될 수 없다. 오직 이러한 연대적인 자유 안에서만 개인은 "선한 의지"를 행하며, 만일 그렇지 않을 경우에는 "악한 의지"를 행하며, 만일 그렇지 않을 경우에는 그는 "겁쟁이"이거나 혹은 심지어 "비열한 자"이다(83f.)! 소위 "인간의 본성"이 존재하지 않더라도, 그래도 "실존적 '조건들'이라는 인간적 '보편성'"이 존재한다: 즉 현존해야만 하며, 일해야만 하며, 다른 사람들 가운데서 존재해야만 하며, 죽어야만 한다는 인간의 위대한 불변요소들이 존재한다.(67f.) 자유는 이 조건들의 질서 안에 있는 자유이다. 그러나 이 조건들 아래에 있는 인류가 무엇을 하는 것인지, 혹은 무엇을 해야 마땅한 것인지에 관한 바로 그 대답도 미리 주어져 있는 것이 아니라, 언제나 새롭게 (인간의 실존에서는 이것이 주요관심사이다.) 찾아내어지고 만들어지고 세워지지 않으면 안 된다.(70) 인간 각자에게 제시된 과제는 이것이다: "모든 인간은 인간존재의 한 유형을 실현함으로써 자아를 실현한다. … 우리들 각자는 숨 쉬고 먹고 잠자거나 어떤 방식으로든 행동함으로써 '절대적인 것을 행한다.'"(71f.) 간단히 말한다면, "'자유롭게 존재하는 것', 즉 초안(*Entwurf*)으로서 존재하는 것, 즉 스스로의 본질을 선택하는 실존으로서 존재하는 것과 '절대적으로 존재하는 것' 사이에는 어떤 종류의 차이도 존재하지 않는다. 시간적으로 '어떤 장소에 국한된' 절대적인 것, 즉 역사 안에서 어느 장소에 국한된 절대적인 것으로 존재하는 것과 '일반적'으로 이해될 수 있게 존재하는 것 사이에는 어떤 종류의 차이도 존재하지 않는다."(72)

바로 이러한 실존주의를 사르트르는 참으로 명백히 "일관성 있는 '무신론적' 입장으로부터 모든 결론들을 이끌어 내려는 노력"(94)으로 이해되기를 바란다. 실존주의는 18세기와 19세기의 옛 급진주의처럼 특별한 관심을 갖고 하나님의 실존을 부정하는 것을 노리고 있었다는 것은 사실과 다르다! 사르트르는 어떻든 심지어 다음과 같이 말할 수 있다: "하나님이 존재하지 않는다는 것은 매우 부담이 된다."(35) 단지, '인간의' 실존보다 존엄성과 가치와 내용에서 앞설 수 있는 것들이 예외 없이 모두 사라지기 때문에 그리고 그렇게 됨으로써, 하나님의 실존이 지체 없이 사라진다. 만일 하나님의 실존에 대한 증명이 가능하다고 해도, 그 증명도 다음의 사실에서 아무것도 변경하지 못할 것이다: 인간의 실존보다 앞설 수 있는 것, 인간을 저 "자유롭게 하는 저주"로부터 보호할 수 있는 것, 인간에게 자기 자신과 인류를 위한 책임성을 면하게 해줄 수 있을 것은 아무것도 존재하지 않는다. ─ 그리고 인간으로부터 영광스러운 반항 혹은 반항적인 영광을 빼앗을 수 있을 것은 아무것도 존재하지 않는다. 그 반항적인 영광 안에서 인간은, 그에게서 유래하거나 그를 통한 것이 아닌 그 모든 것의 무가치성을 극복하며, 바로, 그 모든 것을 능가하고 그 자신의 지배 아래에 둠으로써, 자기 자신으로부터 그리고 자기 자신을 통하여 새로운 세계를, 그 자신의 세계를, 그 자신의 인간적인 가치들의 세계를 건설하게 된다. "실존이 본질보다 앞선다." 실존하는 것으로서 증명된 하나님도 뒤에 연결될 수밖에 없을 것이며, 실존을 따르는 "본질"의 한 요소로서 논의될 수밖에 없을 것이다. 사르트르는 다음의 사실에서 그의 취향을 드러낸다: 사르트르에게는 하나님은 여기에서도, 가령 다른 "가치들" 가운데 있는 "가치"(valeur)로서, 실제로 논의되'않'는다. 하나님의 실존에 반대하는 증명이 엄밀히 말하자면 다음과 같이 이루어졌다: 하나님은, 그가 적당한 방법으로 그의 장소를 지녀야만 하는 바로 그곳에서, 즉 인간의 실존 '앞'(vor)에서, 전적으로 '쓸데없게' 되었다. 왜냐하면 모든 "앞"이란 몇 번이고 되풀이하여 인간의 실존 자체일 수밖에 없기 때문이다. 하나님의 자리는 이미 '점령'되었다. 세계 안으로 던져졌으며, 세계 안에서 불가피하게 활동하고 있으며, 불가피하게 그의 동료인간들과 함께 존재하고 있으며, 죽을 수밖에 없는, 그러나 그럼에도 불구하고 자유롭고, 자기 스스로를 생각해내고 선택하고 원하며, 책임 있게 살아가는 인간 '자신'이 하나님이다. 만일 사르트르의 실존주의에서는 처음부터 끝까지 '신들의 계보'에 관한 확실히 특별한 연극, 즉 전형적으로 신화적인 연극이 중요하다는 사실이 인식되지 않는다면, 나는, 그의 실존주의가 어떻게 이해되어야 할지 알 수 없을 것이다. 거기에서 만들어지고 탄생하는 존재는 확실히 약간 기묘하고 단명하고 가련한 신이다: 즉 그가 제기하는 것처럼 보이는 요구들, 그가 확신하고 있는 것처럼 보이는 힘들, 그가 행하기를 원하는 역할이 옳다는 것을 받아들이기 위해서는, 우리가 그 신에게 많은 것을 먼저 주어야만 한다. 그럼에도 불구하고 그가 차지하는 위치, 그가 스스로에게 부여하는 중요성은—"실존이 본질보다 앞선다."—명명백백하게 다음의 사실을 드러내고 있다: 우리는 하나의 '신'과—어쨌든 서구인이 그의 신에 대해 상상하곤 하는 것과 같은 존재와—관계하고 있다. 이 존재는 참으로 물론 다만 '인간'일 뿐이다. 그 존재는 그래도, 여기에서 바로 인간이 모든 다른 선험주의들과 함께 또한 하나님의—모든 '다른' 하나님의!—실존도 배제하고 일고의 가치도 없는 것이라고 내버리는 것처럼, 유일신론적 하나님 개념 자체가 지닌 잘 알려진 격정(Pathos)을 다소 지니고 있다. 바로 그렇게 사르트르는 '인간'을 출현시킬 수 있으리라 생각하였다. 그러나 그것이 명백히 의미하는 것은, 그가 인간을 '하나님'으로서, 즉 모든 우상들과 구별되는 '참된' 하나님으로서 출현하여 행동하게 한다는 것이다. 물론 우리는 사르트르에게서, 그가 "인간은 하나님이다."라는 방정식을 혹시 명확히 완성했을 그런 명제를 좀처럼 발견할 수 없을 것이다. 가끔 그는 그 방정식을 다음과 같이 가볍게 언급한다: "만일 내가 하나님 아버지를 제거했다면, 가치들을 고안하기 위해서는 아마도 누군가 현존해야만 한다."(89) 그러나 그는 그것을 단지 가볍게 언급할 뿐이다. 그는 확실히 그래도, 그가 경멸한 옛 프랑스 급진주의자들의 실증주의로부터 너무나 많은 것을 핏속에 지니고 있어서, 이 맥락에서 사변적으로 혹은 변증법적으로라도 되기는 어려운 것 같다. 그는, 저 방정식에서 인간에게 하나님의 왕관을 씌워주기 위해서조차 하나님이 필요하지 않다. 그에게는 인간은 인간으로서, 즉 그 왕관 없이도 충분하다. 그러나 그의 경우에는, 인간으로서 바로 그 인간이 신성(神性)의 기능을 지니고 출현하며, 그의 형태가 기묘함에도 불구하고 어쨌든 서구의 관습적인 하나님 개념이 지닌 다음의 속성들이 부여된다: 그는 자기 자신으로부터 그리고 자기 자신을 통해서 그리고 자기 자신을 위해서 존재하며, 그 자신이 자기 자신의 시작이며 목표이며, 모든 잠재적 가능성들이 없는 절대적인 현실성이며, 그와 같은 존재가 없으며, 전능하며, 그리고 확실히 또한 모든 것을 안다. 만일 내가 바르게 이해하고 있다면, 하나님이 지닌 아주 인기 있는 그 무한성마저도 결여되어 있지

않다: 그 무한성을 우리는 바로 무제한성 안에서, 즉 그것 안에서 사르트르가 말하는 신적인 인간 존재(Mensch-Gott-Wesen)가 자기 자신을 그러한 존재라고 감히 주장하는 바로 그 무제한성 안에서 재인식할지도 모른다. 물론 '성서적인' 하나님 개념의 내용들로부터는 어떤 흔적도 없다. 그러나 저 '관습적인' 하나님 이미지는 거의 완벽하게 묘사되었다. 그러나 바로 하나님의 실존이 부정되고 있으며, 바로 "하나님 없는"(gottlos) '인간'에게, 즉 자기 자신과 다른 최고 존재를 승인하는 것에서 벗어난 '인간'에게 저 관습적인 하나님 이미지가 지닌 특징들이 부여되었다!

참으로 대체 '하나님'이 무엇으로 되었으면 좋았을 것인가라는 동일한 질문을 갖고, 우리는 우선 한 번 더 '하이데거'에게로 돌아가기로 하자. 여기에서는 출발점이 사르트르의 출발점과 아주 동일하지는 않다. 사르트르는 하이데거를 자기 자신과 함께 '무신론적인' 신념을 지닌 실존주의자에 포함시켰다.(17) 우리는, 하이데거 자신이 요즈음, 그의 학설이 무신론적이라는 주장에 대하여 명시적으로 '항의'하였다는 사실을 알지 않으면 안 된다. 그러나 만일 하이데거가 무신론자가 아니라면, 사르트르도 (비록 다른 표현법을 쓰고 있기는 하지만, 동일한 의미에서) 무신론자가 아니다. 하이데거는, "존재하는 것 ― (인간의) 현존재 ― 무"라는 그의 삼각형 밖에서 어떻게 그리고 어디에 하나님을 위해 공간이 존재한다는 것인지 정말로 간파될 수 없다는 의미에서는, 무신론자'일' 수 있을 것이다. 그리고 하나님의 본질과 기능들이 그의 견해에도 결여되어 있지 않으며, 다만 바로 실제로 다른 차원으로 옮겨져 있다는 의미에서는, 그는 또한 무신론자가 '아니'다. 그도 그 방정식을 완성하지 '않'았다. 그러나 만일 우리가, 그의 경우에도 그러한―동일하지는 않지만 상응하는―방정식이 중요하다는 사실을 인식하지 않는다면, 그도 이해될 수 없다. 하이데거의 경우는 신성이 익명(Pseudonym)으로 숨겨져 있는데, 그 익명이 사실상 '무'이다. 사르트르가 무로부터 출발하여 인간을 쳐다보고 있는 반면에, 하이데거는 인간으로부터 출발하여 도대체 어디를 쳐다보고 있는가? 사르트르가 인간에게 시선을 돌리면서 분명히 신앙을 지니고 있는 것과 동일한 의미에서, 그는 도대체 무엇에게 시선을 돌리면서 신앙을 지니고 있는가? 우리는, 다음의 질문이 무에 의해서 강요된, 형이상학의 기본질문이라고 들었다: 도대체 왜 오히려 '무'가 아니라, 존재하는 것이 존재하는가? 우리는 이 '무'의 본래적이며 포괄적인 역동성과 활동성에 관하여 들었다: 어떻게 그것이 실제로 강요하고 들이닥치고 거절하고 부정하는지―어떻게 그것이 우리에 의해서는 결코 발견되지 않지만, 현존재의 기본적인 기분인 불안 안에서 스스로를 드러내는지, 어떻게 우리의 이 현존재 자체가 '무'의 안쪽으로 붙잡혀 들어가 있으며, '무'에 대한 질문을 통해서 본질적으로 규정되는지, 어떻게 '무'에 대하여 열려 있는 것이 본래의 기본도덕이며, '무'를 "위장하는 것"이 현존재가 범하는 본래의 기본적인 죄인지, 그리고 마지막으로, 어떻게 존재하는 것 자체가, '무'가 그것 안에서 그리고 그것과 함께 존재함으로써만, 존재하는지, 즉 어떻게, 그것이 떨어져 나가고 몰락함으로써만, 바로 '무'가 다음의 사실을, 즉 존재하는 것이 존재한다는 것을, 그리고 그것이 무엇을 하며 존재하는지를, 그리고 그것이 어떻게 존재하는지를 참조하도록 지시함으로써만, 그것이 존재하는 것으로서 인간의 현존재에 명백히 드러나게 되는지를 들었다. 바로 '무'가 초월의 출발점과 지향점이며, 인간의 학문이 지닌 뿌리와 내용이라는 것을 우리는 들었다. 우리는 다음의 말을 들었다: "순수한 존재(Sein)와 순수한 무는 '동일한 것'이다"; "무로부터, 존재하는 모든 것이 존재하는 것으로서 나온다." 우리는 이렇게 말해야 하지 않을까?: 사르트르가, 하나님의 자리가 사실상 '인간'에 의해서 점령되고 채워짐으로써, 하나님의 실존이 명시적으로 '부정'되는 것에 대해 무관심한 것처럼, 하이데거는, 하나님의 자리가 역시 그의 경우에도 완전히 그리고 결정적으로 이제는 바로 전능하게 지배하며 움직이는 '무'의 깊이에 의해서 점령되고 채워짐으로써, 하나님의 실존이 여기에서는 명시적으로는 '부정'되지 '않는' 것에 대해 무관심하다. 우리는 이렇게 말해도 될 것이다: 사르트르는 하나님을 부정하지 '않을 수도 있었을 것'이며, 하이데거는 하나님을 '부정할 수도 있었을 것'이다. ─ 그러나 사르트르와 하이데거는 과연 하나님을 살해하지는 않았으나, 그렇지만 하나님을 대신하는 대용물을 제시함으로써 하나님을 해고하였으며, 말하자면 은퇴시켰다는 본질적인 사실은 변경되지 않을 것이다. 하이데거는, 다음과 같이 하나님을 대신하는 '다른' 대용물을 선택하였다는 점에서만, 사르트르와 다르다: "나는 나의 주제를 '무' 위에 세웠다!" 그런데 그의 경우에도 하나님을 대신하는 바로 이 대용물이 실제로 하나님의 지위와 기능을 떠맡았다. 따라서 신화적인 '신들의 계보'가 역시 그의 학설이 지닌 의미이다. 그도 그 계보 자체를 알리는 것에는, 즉 "무가 하나님이다."라는 방정식을 명확히 제시하는 것에는 관심을 갖고 있지 않다. 그에게도 무는 그 자체로서, 즉 그러한 명칭의 왕관 없이도 충분하다. 그러나 하나님 아버지를 해고한 후에는 그도 "가치들을 고안하기 위해서" 어떤 존재가 필요했다. 그 기능을 실행하도록 하기 위해서 그가 발견하였고 유용하게 여겨 투입하였던 그 어떤 존재가 바로 '무'이다: 그 무에 대한 관계에서는 존재하는 것도 떨어져 나가고 몰락할 수밖에 없으며, 그것에 대한 관계에서는 인간도 무의 자리를 잡아주는 자일 뿐이다. ─ 즉 '무'는 모든 사물의 토대와 척도이며, 모든 사물의 진상을 규명하는 것이다. 하이데거의 진술에 따르면 무에게도 관습적인 하나님 이미지의 본질적인 특징들(스스로 존재함, 유일무이함, 전지전능함, 영원함 등) 가운데 어떤 한 가지도 결여되어 있지 않은 것 같다. 물론 그것도 다만 '성서적' 하나님 개념과는 전혀 관계가 없다. 사르트르와 마찬가지로 하이데거도 그의 신화에서 성서적 하나님 개념은 전혀 염두에 두지 않았다. 따라서 아마 우리는 다음과 같이 말할 수 있을 것이다: 성서의 하나님, 즉 실제의 하나님은, 이 두 가지 신화들과 함께 결합되어 있는, "하나님"을 해고 혹은 은퇴시키는 것에 의하여 전혀 타격을 받지 않는다. 하이데거와 사르트르에 의해 대체되었기 때문에 해고된 "하나님" 안에서 교회는, 교회가 하나님이라 부르는 존재를 결코 재인식할 수 없을 것이다. 그러나 물론, 그 두 가지 신화들의 긍정적인 의미 안에서 조차, 그 신화들에 의해 제공된, 하나님을 대신하는 대용물 안에서 조차 그 하나님이 재인식될 수 없다: 이제 '사람'에 대하여, 철두철미 '그'가 최초의 말이고 마지막 말이며, 그는, 만물이 그로부터 유래하고 그를 향하는 바로 그 존재라고 언급되는, 혹은 무에 대하여 그렇게 언급되든 그 하나님이 재인식될 수 없다. 성서의 하나님 개념으로부터 출발하여 바라본다면 실제로, 하이데거와 사르트르의 경우에 우리가 선택해야만 하는 두 가지 창작물들은 그것들에게 할당된 특성과 지위와 기능에서 다만 신화적인 구성물들(Mythologumene)일 '뿐'이다.

그러나 하나님에 관해서가 아니라 '무'에 관해서 정보를 얻기 위해서, 우리는 여기에서 하이데거와 사르트르 연구에 몰두하였다. 바로 '무'에 대하여 ─ 우리는 필요한 유보조건을 붙였다! ─ 하이데거는 '얼굴'을, 사르트르는 '등'을 돌렸던 것처럼 보이며, 그에 상응하게 그들의 상이한 절대화들을 향해 돌진하였으며, 그에 상응하게 하나님을 대신하는 것을 향해 — 각기 그의 대용물을 향해 — 손을 뻗쳤다. 하이데거가 그것을 '향하여', 사르트르가 그것으로부터 '출발하여' 생각하는 바로 그 무는 무엇인가? 전자에게는 명백히 목표이며, 후자에게는 명백히 전제인 바로 그것에 대하여 그들은 무엇을 알고 있는가? 그것은, 우리가 여기에서 하나님에 대한 관계와 대립 안에 있는 그것의 연구에 몰두하고 있는 바로 '그' 무와 동일한가, 혹은 동일하지 않은가? 우리는 여기에서 어떤 배울 것을 '갖고' 있는가? — 만일 그렇다면, 우리는 여기에서 '무엇을' 배워야만 하는가?

우리는, 하이데거와 사르트르가 똑같이 '하나님'에 대하여 무지하다는 사실이 놀랍다는 점을 살펴보았다. 그들이 명시적으로든 암시적으로든 '부인'하려 하며, 어느 경우든 '무시'하려 하며 그리고 사실상 '대체'하는 바로 '그' 하나님조차, 우리가 여기에서 무에 대한 그의 관계와 대립에 대하여 숙고하고 있는 그 하나님이 아니다. 그리고 그들이 우리에게 제공하려 감행하는, 즉 무를 배후에 두고 있는 '인간'의 모습으로든지, 인간을 요구하는 '무 자체'의 모습으로든지 — 둘 다, 방정식을 완성하지는 않았지만 사실상 둘 다 — 제공하려 감행하는, 하나님을 대신하는 '대용물'은 더구나 우리가 숙고하고 있는 그 하나님이 아니다. 그러므로 다음과 같은 추측이 쉽게 떠오른다: 그들 두 사람은 각기 그들의 방식으로 그들의 실존주의적 무에 대한 연구에 몰두하였으나, 역시 우리가 여기에서 '하나님' 앞에 있는 무로서 주시하였던 바로 '그' 무와는 전혀 '다른' 것에 대한 연구에 몰두하였는지도 모른다. 실제로 우리는, '하나님'에 대한 인식의 상태가 이 두 철학자들의 경우와 같은 곳에서는, 결국 또한 '무'에 대한 인식에서도 받아들일 만한 것을 기대할 것이 없을 것이다. 그러나 우리는 여기에서도 다음의 사실을 고려하는 편이 나을 것이다: 이 주제 자체의 강제적인 영향력이 인간의 모든 인식체계들 안에서 어느 정도까지 그리고 때때로 심지어 매우 강력하게 스스로를 관철시킬 수 있으며, 따라서 모든 추측에도 불구하고 여기에서도, 참으로 어쨌든 애써서 주목할 만한 가치가 있게 만드는 어떤 것이 화제로 되었으며 그것이 학습될 수 있을지도 모른다. 우리는 이 주제 자체의 강제적인 영향력을 바로 이미 다음의 사실에서 알아볼 수 있을 것이다: 하이데거뿐만 아니라 사르트르도 — 비록 지독한 무신론적인 맹목성 안에서라도 — 하나님에 관한 문제 자체를 역시 피해서 지나갈 수 없었으며, 그리고 또한, 그들은 하나님을 사실상 대체하고 사실상 부인할 때에 '실제의' 하나님에게 전혀 접근하지 못했으며, '그'를 부인할 수 있는 상태에 전혀 도달하지 못했다. 그들은 도대체 그럼에도 불구하고 이미 이 관점에서, 그들이 바라보기를 원하지 '않'는 것 중 일부를 바라보고 있는 것이 아닐까? 그리고 이제 또한, 하이데거 '앞'에서 그리고 사르트르 '뒤'에서 저 무로서 서 있는 바로 그것을 고려하여 다음과 같이 질문할 수 있다: 그들은 그래도, 그들이 하나님에 대하여 무지하기 때문에 본래 볼 수 '없'을 그 어떤 것, 그리고 참으로 그럼에도 불구하고 그들에게 어쩐지 가장 눈에 띄는 것처럼 여겨지는 그 어떤 것 중 일부를 바라보고 있는 것이 아닐까? 나는 그것을 무의 순수한 '현존'과 '효력'이라고 부르고 싶다. 이것은 내가 두 철학자들에 대하여 다음과 같이 말했던 것에 상응하는 것이다: 그들은 이 주제에 의해서 마치 '마법에 사로잡힌' 것처럼 보인다. — 그들은 마법에 사로잡혀 있으므로, 한 사람은 정말로 오직 이 주제를 '향해서', 다른 사람은 정말로 오직 이 주제로'부터' 사고할 수밖에 없다. 그러므로 그들이 이처럼 사로잡혀 인식하는 모든 것, 그들이 그것에 관하여 말해야만 하는 모든 것은 참으로 무기력하고 왜곡된 것인지도 모른다! 그 두 사람의 경우에, 하나님으로부터 출발하여 그리고 하나님을 향하여 자유롭게 생각할 능력이 없으므로, 그들 모두가 더 한층 이 주제로부터 출발하여 그리고 이 주제를 향하여 생각하도록 사로잡혀 있으며, 의무를 지니고 있으며, 포로가 되어 있다는 사실이 무에 대한 그들의 인식에 매우 치명적인 결과를 초래하는 것임이 증명될지도 모른다! 확실한 것은 이것이다: 우리는 그들의 생각과 언어를 결정하는 '사로잡힘'으로부터, 즉 이 주제로부터 출발하고 또 이 주제를 향하고 있는 바로 그 '사로잡힘'으로부터 간접적으로, 가령 라이프니츠의 가르침으로부터 혹은 슐라이에르마허의 가르침으로부터는 그렇게 추론될 수 없는 어떤 것, 즉 무가 '경기장'에 등장해 있다는 것을 추론 할 수 있다. 그것은 단순히 관념의 산물에 불과한 것이 아니며, 단순히 대화의 주제에 불과한 것이 아니다. 그것은 단순히 우리의 거부들이 만들어낸 작품이 아니며, 그것은 우리가 긍정함으로써 제거될 수 있는 것이 아니다. 그것은 '현존하고 있다.' 우리가 실존하기 때문에, 그것은 압도적으로 우리를 습격한다. ─그리고 우리는, 그것에 의해 공처럼 세계 안으로 던져졌기 때문에, 실존하고 있다. 그것이 이미 우리의 눈으로 보이고 '있기' 때문에, 우리는 그것을 주시해야만 한다. 우리는 그것을 경험하고 있으며, 참으로, 우리가 '그것'을 경험하기 때문에, 우리는 또한 우리 자신과 만물도 경험한다. 하이데거가 깜짝 놀란 것은 이 점에서 사르트르의 반항과 마찬가지로 의미심장하며, 후자는 전자와 마찬가지로 무를 증언하고 있다. 그들 두 사람은 모두 무와 실제의 '만남' 안에서 그리고 그 '만남'으로부터 출발하여 생각하고 있다. 그들은 이 만남을, 따라서 또한 무 자체도 잘못 해석할지도 모른다. 그러나 그들은 이 만남을 잠시도 잊을 수 없다. 그들은 물론 그들이 읽은 것을 이해하지 못하기는 하지만, 그들은 분명히 '이' 텍스트를 읽고 있다. 그들은, 철저하지는 않지만 그래도 매우 현저한 '충격', 즉 두 번의 세계대전이 서구의 사상과 언어에 끼쳤던 바로 그 '충격'으로부터 그리고 그 '충격' 안에서 생각하고 말한다. 그들은 18세기와 19세기, '그 시대의' 낙관주의와 비관주의, '그 시대의' 정적(靜寂)주의(Quietismus)와 행동주의, '그 시대의' 사변(思辨)과 실증주의를 단번에 극복하였다. 비록 "뒤로 되돌아가는 길"이 물론 그들에게 완전히 차단되지는 않았다고 하더라도─만일 그 두 사람이 그들의 노선들을 끝까지 관철시킨다면, 우리가 무엇을 더 체험하게 될지 누가 알겠는가?─그 길은 그럼에도 불구하고 우선 강력하게 차단되어 있다. 그들은 어쨌든 당분간 다음의 사실을 부인할 수 없다: 무가─그것은 실제의 무와 같은 것이었을 수 있을 것이다.─간과할 수 없고 잊을 수 없는 방식으로 그들에게 말을 걸었으며, 어쨌든 그것에 대한 질문이 그들에게는 수많은 '실제의' 문제들로부터 나타났으며, 그 질문이 그들에게는 '실제의'(das) 문제로 되었다. 이 방향에서 우리의 주의를 끌어 올리고 강화시킨 것─바로 이것이, 만일 우리가 그밖에 다른 곳에서 아직도 이것을 배우지 않았다면, 우리가 그들에게서 틀림없이 배울 수 있는 바로 그것이다. 이런 의미에서 이해한다면, 오늘날 아무도─그가 그것을 바로 그들에게서 배웠든 혹은 다른 곳에서 배웠든─"실존주의자"가 되고 실존주의자로서 생각하고 말하지 않고는, 즉 우리 시대에 특별히 절박하게 발생한, 무의 현존과 효력에 대한 '통고'에 직면하고 당혹감을 느끼지 않고는, 생각다운 생각을 할 수 없으며, 말다운 말을 할 수 없다. 하이데거와 사르트르가 이 시대에 받아들였던 그 '충격', 스스로가 그것의 증인이 되었던 바로 그 '충격'을 알지 못하는 사람은, 우리 시대의 사람으로서 생각하고 말하지 못할 것이며, 우리 시대의 다른 사람들에게 실제로 생각을 전달할 가능성을 빼앗기고 말 것이다. 왜냐하면 우리 시대의 인간들인 우리는, 의식하든 의식하지 않든, 어쨌든 이 충격을 받아들였던 사람들이기 때문이다. 우리의 시대에 무와 인간의 만남은, 이 점에서 비상한 '기회'를 의미하는 방식으로 발생하였다. 우리는 아마 더이상 말할 수 없으며, 더 이상 말해서도 안 될 것이다. 왜냐하면 인간은 '언제나' 이 만남 안에서 살았으며, 우리 시대에도 이 만남을 의식하게 되는 비상한 '기회'보다 더 많은 것이 우리에게 제공되어 있지는 않기 때문이다. 오늘날에도, 바로 우리가 "악령들을 똑바로 쳐다보았다."는 허풍(제2차 세계대전 직후에 독일을 찾은 바르트에게 독일의 신학자들은 히틀러 치하에서 자신들이 저지른 범죄에 대해 참회하기 보다는 이렇게 허풍을 떨었다.—역자 주)을 떨 이유는 존재하지 않는다. 왜냐하면, 오늘날 우리에게, 무와 만남에서 무(das Nichts)를 인식할 수도 있는 비상한 기회가 제공되었다는 사실이, 무를 인식하는 것이 실제로 발생하였다는 것을 의미하는 것은 아직 아니기 때문이다. 우리는 그 일이 하이데거와 사르트르의 경우에도 실제로 발생하지는 '않'았다고 가정할 이유들을 갖고 있다. 그러나 우리는, 그들이 그 일을 위한 두드러진 기회를 두드러진 방식으로 인지하였다는 사실을 부정할 수는 없을 것이다. 그리고 그들이 그 시대의 사람들에게 이 위대한 기회에 대한 주의를 환기시켰으며, 그들이 어쨌든 무라는 이 '주제'를 그처럼 절박하게 화제로 삼았다는 사실이 이 문제에서 그들이 남긴 긍정적인 업적이며, 그렇게 함으로써 그들은 사실상, 수많은 옛 문헌들과 최근의—또한 그리스도교의—문헌들에서 성취되지 못한 것을 이루었다.

그러나 우리는 이 주제에 대하여—바로 '이' 주제에 대하여—주의를 환기시키는 실존주의자들의 부름에 대하여 감사하는 마음을 지니게 됨에도 불구하고 그들에게 바로 다음의 사실을 인정할 수 없다: 즉 그들이 무에 대한 그들의 학설을 통하여, 무가 '그리스도교의' 인식에 따라서 '실제의' 무로서 인식되고 화제로 삼게 될 수 있는 바로 그 차원 안으로 들어가기만이라도 했으리라는 것을 인정할 수 없다. 이것은 물론 '하나님'에 대한 그들의 무지와 관계가 있다. 그 무지 때문에 그들은 그 관점을, 즉 그것 아래에서 여기에서 보고 생각하고 말해야 할 바로 그 관점을 결코 받아들일 수 없다. 그들은 우리 시대가 낳은 매우 순수하고 매우 감수성 있고 매우 솔직한 사람들로서 보고 생각하고 말하고 있다: 즉 우리 시대의 인간이 겪는 큰 충격에 깊이 참여하면서, 그러나 그럼에도 불구하고—이 점에서 라이프니츠나 슐라이에르마허와 같은 사람과 역시 다르지 않다.—자유롭게 선택된 인간적인 입장으로부터 출발하여, 즉 그러한 입장을 자기 힘으로 선택하고 취하여야 마땅하며 또한 그렇게 해도 좋다는 불굴의 확신을 갖고, 그리고 그 입장으로부터 출발하여 사물들을 있는 그대로 볼 수 있다는 불굴의 확신을 갖고, 보고 생각하고 말하고 있다. 우리는 '하이데거'의 글에서 다음과 같이 학문에 대한 참으로 아름다운 명제를 읽는다: 학문은, "그것이 주제(Sache) 자체에게 근본적으로 그리고 명확히 그리고 유일하게 첫 번째 말과 마지막 말을 제공한다는 사실에서 그것의 탁월함을 지니고 있다. 존재하는 것이 스스로를 드러내게 되도록, 존재하는 것 자체에 굴복하는 일이 그러한 객관성 안에서 일어난다."(9) 그러나 바로, 학문의 '입장'을 선택하고 채택하는 것과 관련해서는 하이데거의 경우에도 사르트르의 경우에도 그러한 "존재하는 것에 굴복하는 일"이 발생하지 않았다. "주제 자체"는 '그것에 대하여' 첫 번째 말도 마지막 말도 지니고 있지 않았으며, 할 말이 전혀 없었다. 한 가지가, 즉 그들의 구상들 전체가 전제로 삼고 있는 "내가 생각한다."(ego cogito)라는 자족하는 확신이, 사실 그것이 단순히 세계사적인 충격들에 의해서 결코 영향을 받을 수 없으며 깨뜨려질 수도 없듯이, 그들의 경우에도 시대의 충격에 의해서 깨뜨려지기는커녕 영향을 받지도 않았다. 그러한 확신으로부터 출발해서는, 실제의 무는 어쨌든 그것의 현존과 효력에 대하여 아무리 강력한 인상을 받아도 인지될 수 '없'었고 인지될 수도 '없'다. 그러한 확신으로부터 출발해서는, 무는 엄밀히 말하자면, 그 확신으로부터 출발할 경우에 그 밖에도 발생하는 것과 다름없이, 그리고 그리스도교의 인식토대가 효력을 발생할 수 없는 곳에서 틀림없이 몇 번이고 되풀이하여 발생할 수밖에 없는 것과 다름없이 해석될 수 있었고, 지금도 그렇게 해석될 수 있다. 그 실존주의자들을 '만났'던 것, 그리고 그들이 '객관적으로' 보았던 것이 실제의 무였다는 것을 인정하지 않는 것은 아무런 의미가 없다고 하더라도, 그들은 뜬 눈으로 보지 '않'았으므로, 그래도 다음의 사실이 아주 확실하게 확인되어야만 한다: 마치 그들이 부인하거나 부인하지 않은 하나님, 무시하거나 대용물들로 대체하는 하나님은 실제의 하나님이 아니듯이, 그들이 인지하고 서술하고 선포한 것은 실제의 무가 '아니'다.

우리는 우선 '사르트르'의 경우에 그 실상을 생생하게 그려보자. 우리는 말하기를, 그는 이 주제를 그의 '배후'에 지니고 있다고 했다. 그는 아주 확실하게 그것을 악의(Bosheit)와 악으로 인식하였으며, 아주 현실적으로 큰 재앙과 비참한 불행으로 이해하였다. 그는 그 주제의 현실성을 매우 절박한 것으로 느꼈으므로, 그는 지속적으로 그것으로 되돌아가야만 했으며, 그것을 되풀이해서 자기 자신과 동시대 사람들 앞에 널리 알려야만 했다. 그는 매우 집중적으로 그 주제에 몰두하고 있으므로, 마치 인간과 세계를 "나쁘게 만드는" 것만이 그의 관심사인 것처럼 오해를 받을 수 있었다. 그러나 그는 그 주제를 그의 '배후'에 지니고 있다. 사르트르의 세 가지 장점은 다음과 같다: 그는 그 주제를 (1) 그렇게 현실적인(real) 것으로, (2) 그렇게 현재에 발생하고 있는(aktuell) 것으로 인식하고 있으며, 역시 (3) 그의 배후에 그리고 그의 지배 아래에 두고 있다. 여기에서 언뜻 보기에 우리는 다음과 같은 그리스도교의 인식에 대한 아득한 기억과 같은 어떤 것이 번쩍이는 것을 보고 있다고 여길 수 있을 것이다: 나쁜 것이, 즉 악이 완전히 현실성을 지니고 있지만, 그럼에도 불구하고 바로, 배후에, 저 아래에 있으며, 독이 제거되었고 권력이 박탈되었고 극복되었다. 우리는 사르트르가 이 주제를 해결하는 방식에 대하여, 즉 남성적인 단호함에 대하여 경탄한다. 그러나 바로 여기에 또한 그의 견해가 지닌 깊은 문제점이 숨어 있다. '누가' 이 주제를 해결하는가? 그것은 바로 '인간'이다: 즉 좀 갉아먹고 있으며 몰락하고 있는 한가운데에서 반항적으로 자기 자신을 선택하고 고안하고 원하는 바로 그 인간, 세계 안으로 던져졌지만 자기 자신을 미래로, 즉 자신의 미래로 던져 넣는 바로 그 인간, 자신의 삶을 그가 홀로 떠맡고 감당해야 하는 완전한 책임의식 안에서 스스로 살아가려 감행하는 바로 그 인간이다. 우리는 그 인간에게, "잘 했다. 우리도 함께 한다!"라고 외치고 싶다. 그렇지만 어디에선가 우리는 역시 같은 말을 이미 언젠가 듣지 않았던가? 그것은 스토아의 옛 표어가 아닌가?: "비록 땅이 무기력하게 내려앉는다 하더라도, 나는 두려워하지 않고 기꺼이 파멸에 맞서리라." 이 표어에 '반대하여' 할 말은 없고, '찬성하여' 할 말은 많다. 다만 다음과 같은 한 가지가 주목되어야 한다: 우리가 그렇게, 즉 거리낌 없는 약간의 남자다운 용기로 극복할 수 있는 무, 몰락 안에서 승리하는 그것에 맞서서 내가 나를 내세움으로써, 내가 그것의 상대가 될 만한 바로 그 무, 내가 그것에 반항함으로써 그것을 승인하고 반박하는 그 무—이 무는 '실제의' 무가 아니다. 그것은 매우 의미심장한 것, 매우 난폭하고 위협적인 것, 매우 강력하고 공격적인 것일지도 모른다. 그러나 내가 아직도 이 주권을 지니고 그것에 대하여 맞설 수 있는 한, 내가 아직도 그것을 다룰 수 있는 한, 즉 그것을 희롱할 수 있는 한—언제나 새로운 연극들 안에서 실제로 그것을 희롱할 수 있는 한—내가 그것을 '그렇게' 해결할 수 있는 한, 나는, 내가 나의, 그리고 인류의, 그리고 삶의 위험한—치명적으로 위험한—본래의 적대자와 관계하고 있다고 믿어서는 안 될 것이다. 내가 나 자신을 나의 미래에 던져 넣는 동안에, '그렇게'—즉 상황들의 장애 요소를, 인간들의 어리석음과 악의를, 그것의 결과로 몇 번이고 되풀이하여 발생하는 모든 연루됨을, 이 시대의 모든 재난들을 처리하듯이—처리될 수 있는 '그' 적대자를 내가 처리하는 동안에, 이렇게 용과 싸우는 게오르크(Georg. 성자 게오르기우스를 의미함. 영문 표기로는 '성 조지'라 불리며, 그는 사람을 희생제물로 요구하는 용을 죽이고 그 지방에 그리스도교를 전파하였다는 전설이 있음.—역자 주)처럼 아주 용감하고 승리하는 투쟁을 하는 동안에, 만일 치명적으로 위험한 본래의 적대자가 내 뒤에서 태연하게, 나의 온전한 남성다움을 조롱하듯 히죽히죽 웃으면서, 어깨너머로 나를 바라본다면, 내가, 더 사소한, 등골이 오싹하는 느낌(Gruseln)을 '학습'하고 다행스럽게도 배운 것을 '잊어'버림으로써, 그 적대자를 명백히 잊었기 때문에, 그 적대자는 그가 하는 일(Sache)을 다만 더욱더 안전하게 행할 수 있다면, 어떻게 되겠는가? 내가 나 자신을 나의 미래로 던져 넣는 동안에, 만일 그 적대자가 함께 날아가며, 나를 희롱하면서 추월하고, 나보다 앞서서 목표에 도달한다면, 어떻게 되겠는가? 만일 내가 실제의 무 안에서, 내가 나 자신과 인류에 대해 나의 자부심 강한 책임의식으로도—그 책임의식 안에서 나는, 내가 대체 '누구에게' 책임을 져야 하는지, '누가' 대체 나의 심판자인지를 결코 알지 못한다.—결코 깊은 감명을 줄 수 없는 그런 상대자와 관계하고 있다면, 어떻게 되겠는가? 만일 내가 바로 그 실존을, 즉 그것에 대하여 내가, 그것은 모든 존재보다 앞서서 간다고 대담하게 주장하였던 바로 그 실존을 반박하고 폐지하는 일과 관계하고 있다면, 어떻게 되겠는가? 이 적대자, 이 상대자, 나의 '실존'에 대한 그 반박과 폐지, 이 거부(Nein), 즉 그 거부를 극복하기를 원하는 나의 긍정(Ja)도—왜냐하면 그것은 역시 다만 나의 긍정에 불과하기 때문에—그것에 의해서 타격받고 포위당하는 바로 그 거부, 바로 '이것'이 '실제의' 무일 것이다. 사르트르는 그 무에 대하여 전혀 알지 못하고 있다. 그렇지 않으면 그가 저 신화를 고안할 수 없었을 것이다: 그 신화에 따르면 결과적으로 '인간'이 하나님, 즉 무와 상대할 만하며 그것을 능가하는 하나님이다. 이 하나님의 가련함이—오히려, 사르트르는 그를 결코 가련한 하나님으로 간주할 수 없으며, 오히려 용과 싸운다는 목적달성에 도움이 되도록 무장한 매우 당당한 하나님으로 간주할 수 있다는 그 사실이, 그가 응시하는 용이 지닌 상대적 '무해성'을 드러낸다. 용에 대한 싸움에서는 아마도 잠정적인 판결이 내려질 수는 있으나 최종적인 판결이 내려질 수는 없다. 우리는, 사르트르가 그 용을 다루듯이, 그렇게 그것을 다룰 수 있다. 우리는 그것을 완전한 아름다운 문학작품의 대상으로 만들 수 있다. 우리는, 관객들을 언제나 새로운 황홀경에 빠진 등골이 오싹한 느낌과 등골이 오싹하게 하는 황홀경으로 이끌기 위하여, 그것을 무대에 올릴 수 있다. 어떻게 그것을 이길 수 있는지에 대하여 우리는 관객들을 '가르치'거나 혹은 그래도

(입가에 회의적인 미소를 띠고) 가르치려 '시도'할 수 있다. 만일 우리가 그것을 할 수 있는 소질이 있다면—사르트르는 그런 소질이 있다.—우리는 실존주의를 휴머니즘으로서, 자유로운 인간의 주권에 대한 오래된, 그리고 영원히 새로운 메시지로서 크게 유행시킬 수 있을 것이다. 우리는 두 번의 세계대전을 치른 사람들에게 이 실존주의를 통해서 기원후 2000년의 이 진기한 마지막 세기의 후반부를 위하여 약간의 '용기'를 내도록 격려할 수 있을 것이다. 그것은 선한 의도와 선한 행위이다! 아편 주사는 정말 실제로 많은 경우에 선행일 수 있다. 그러나 바로, 우리가 그것을 '할 수 있다'거나 혹은 어쨌든 '시도'할 수 있다는 사실은, 이 주제가 그 모든 것에도 불구하고 처음에 여겨진 것처럼 '그렇게 위험하지는 않다'는 것을 증명한다. 만일 우리가, 우리는 죽음에 이르는 질병과 관계하고 있다는 사실을 인식한다면, 우리는 아편 주사를 사용하지는 않을 것이다. 사르트르가 행한 것은 바로 이것이다. 그렇게 함으로써 그는 바로 다음의 사실을 증명하고 있다: 그에게는 실제의 하나님이 알려지지 않았듯이, 죽음에 이르는 질병이, 즉 실제의 무가 알려지지 않았다.

그리고 이제 다시 한 번 '하이데거'에게로 눈길을 돌리자. 그는 무를—혹은 무일 수 있는 어떤 것, 첫 눈에 무로서 간주되어야 한다고 생각되는 어떤 것을—자신의 '앞'에 지니고 있다는 점에서, 여기에서는 상황이 다르다. 그는 결정적으로 "재치 있는 사람"이 아니다. 그는 이 요소와 관계를 끝내지 않으며, 그는 그것을 희롱하지 않는다. 그는 종교적인 엄숙함을 지니고 그것을 다룬다. 그러므로 그는 사르트르보다 엄청나게 훨씬 더 진지하게 행동한다. 그러므로 우리는, 그가 무에 대하여 느끼는 것처럼 보이는 그 혐오감을 이해하며, 그를 사르트르와 함께 바라보기는커녕 동시에 이름을 언급할 가능성에 대해서조차 그의 친구들이 분노하는 것을 이해한다. 실제로, 우리는 여기에서 다른 풍경 안에 있다. 그러나 만일 우리가 이제 사르트르에게 질문한 것과 같은 질문을 하면서, 즉 무에 대한 안내를 부탁하면서 그에게 접근한다면, 그에게서도 다음의 사실이 확인될 수밖에 없다: 그도 사르트르와 마찬가지로 무를 보지 못했다. 하이데거가 형이상학에 대한 저술에서 그가 다루는 '무'(das Nichts)를 단 한번만 (서론적으로 그리고 본래 그것의 비논리적인 성격을 묘사하기 위해서만) 명확히 '공허한 것'(das Nichtige)이라고 불렀다는 사실은, 그와 같이 언어사용에서 매우 예민한 사람에게는 무의미한 일일 수 없음에도 불구하고, 우리는 그 사실을 무시할 수 있다. 그에게는 무는 정말 결코 공허한 것이 아닌 것'이다.' 그것은 바로 '불안'이라는 기본적인 느낌 안에서 인간에게 스스로를 드러낸다는 주장은 과연 아직 그 방향을 가리키고는 있다. 그러나 이미 그 불안은 바로—여기에서 그는 직접적으로 사르트르와 일맥상통한다.—그것의 가장 본래적인 형태에서는 이미 극복된 불안, 즉 평온, 태연함, 심지어 대담함이다. 그리고 무가 불안 안에서 스스로를 드러내는 '것(was)으로서' 그것, 즉 하이데거가 말하는 무 자체는 정말이지 결코 불안을 자극하는 어떤 것을 지니고 있지 않다. 그렇지 않으면, 하이데거의 신화에서 어떻게 그것이 하나님의 기능들 안으로 들어갈 수 있으며, 그것 자체가 하나님을 대신하는 대용물로 될 수 있겠는가? 그렇지 않으면, 하이데거는 정말 바로 그렇게 함으로써, 악마가 참된 하나님이라고 말하기를 원했을 것이며 또 그렇게 말해야만 했을 것이다. 그러나 그는 결코, 그와 같은 것을 말하고 싶은 생각이 없다. 그에게는 무는 무시무시하고 소름끼치고 칠흑같이 어두운 심연이 아니라, 풍요롭고 유익하고 빛으로 가득 채워지고 빛을 방출하는 심연이다. 그에 의하면, 무

앞에서 우리는 스스로를 닫지는 말아야 하며, 오히려 무에 대하여 스스로를 열어야 한다: 왜냐하면 그러한 개방 없이는 형이상학도, 학문도 가능하지 않기 때문이며, 현존재는 일반적으로 다만, 무의 안쪽으로 붙잡혀 들어간 상태로서만 현존재일 수 있기 때문이다. 철두철미 긍정적인 의미에서 하나님을 대신하며, 하나님의 기능들을 떠맡고 실행할 수 있는 무(das Nichts)가 과연 '실제의' 무(das Nichtige)와 무슨 관계가 있겠는가? 하이데거가 생각한 무는 두 개의 상반된 가치를 동시에 소유하고 있는 '양면가치적인' 개념이다. 하이데거가 이미 1929년에, 무를 존재와 동일시한 헤겔의 견해를 신봉한다고 고백하였을 때, 그 고백은 매우 진지하게 이루어졌다. 우리는 실제로 이미 그 저작물에서 그것을 지배하는 개념인 '무'대신에 완전히, 그것이 진술하는 것의 의미와 내용에서 가장 사소한 부분조차 변경시키지 않고도, '존재' 개념을 끼워 넣을 수 있을 것이다. 그리고 참으로 하이데거 자신이 (1946년에 집필되었고, 1947년에 출판된 『플라톤의 진리론』[*Platons Lehre von der Wahrheit*]의 부록으로 발표된, 사르트르의 프랑스인 추종자에게 보낸 "휴머니즘"에 관한 편지에서) 이러한 방향전환을 실행하였으며, 1929년에 '무'에 대하여 언급되었던 '동일한' 진술들의 주체로서 "'존재'의 진리"를 소개하였다. 이제 "존재가 밝게 하는 것"이 동일하게 강력하게 동일한 영향력을 지니고 "무가 부정하는 것"을 대신하며, 무의 안쪽으로 붙잡혀 들어가 있는 상태인 현존재가 이제 "황홀한" "밖으로-세우기"(ek-sistere, '존재하는 것'을 의미하며, 여기에서 실존을 의미하는 exsistentia가 파생되었다.—역자 주)로, 즉 "존재의 진리 안으로 빠져나오는 것"으로 바뀌었다. 그가 초기에 제시한 가르침의 형태를 성실하게 신뢰하면서 경청한 자들 혹은 또한 신뢰하지 않으면서 경청한 자들에 의하여 이끌어 내어진 모든 '부정적인' 결론들, 즉 휴머니즘, 논리, 가치들, 초월에 관한, 그리고 인류가 간직하고 있는 가장 거룩한 최고의 선들에 관한—심지어 하나님에 관한!—모든 '부정적인' 결론들은, 이제 그처럼 많은 논리적인 현학(衒學)적 태도에 대하여 경멸하는 제스처와 함께, '잘못' 이끌어 내어진 것으로서 밝혀진다.(95f.) 실제로 하나님을 위해서도 (혹은 어쨌든 "하나님과 신들"을 위해서, 85) 이제 존재의 한 차원, 즉 "거룩한 것의 차원"(102)을 위한 것으로서 공간이 마련되며, 존재의 역사 안에서 또한 "거룩한 자들의 날"(85)이 동트는 것도 약속되거나 혹은 가능한 것이라고 밝혀진다. 우리는, "보라, 모든 것이 새로워졌다."고 생각하고 싶지만, 그와 동시에 우리는 하이데거를 두 번째로 그리고 더욱더 오해하게 될 것이다. 왜냐하면, 만일 우리가 1929년의 저술을 분별 있게 읽을 수 있었다면, 그가 이미 당시에 무를 바로 다음과 같이 생각하였다는 사실을 깨달을 수 있기 때문이다: 바로 '무'는 또한 '존재'이며, 그 존재는 그 경우에, 바로 그것이 사실상 하나님의 '기능'을 넘겨받아 실행하는 것이 이미 1929년에 뚜렷하였듯이, 그 어떤 차원에서는 또한 거룩한 것일 수도, 또한 '하나님'일 수도 있다. 그 반대로, 틀림없이 1946년에 제시된 하이데거의 '존재' 개념도 마찬가지로 '양면가치적인' 개념이며, 따라서 또한 1929년에 제시된 '무'도 포함하는 것을 결코 중단하지 않았다: "존재가 밝게 할 때에 치유하는 것과 동시에 나쁜 것이", 즉 무시무시한 것이 "모습을 드러낸다"; 존재 자체가 "논란의 여지가 있는 것"이다. "그것 안에는 부정하는 것(Nichten)의 존재가 유래한 출처가 숨어 있다." 그 부정하는 것으로부터 모든 '아니다'(Nicht)라는 말이 발생하며, 그 경우에 그 말로부터 거듭 모든 진정한 거부(Negation)가 그것의 정당성과 필요성을 받아들인다.(112) 그렇다, 보라, 거기에는 새로운 것이 '없다! 하이데거는 자기 자신에게 철저히 충실하였다. 그는 1946년에 그의 무 개념을 다만 뒤집어 놓았을 뿐이다. 그러나 그는 그것을 이미 1929년에 '뒤집어 놓을 수 있는' 것으로서 펼쳐보였고 실제로 이미 당시에 '뒤집어 놓았'지 않았던가? 그런데 그 모든 것이 아주 독창적인 것은 아니었다: 하이데거 자신이, 그가 이 변증법에서 고대의 철학, 영지주의와 신비주의의 발자취를 따라 움직이고 있다는 사실을 알렸다. 이 변증법의 정당성을 평가하는 것은 우리의 일일 수 없다. 그러나 다음의 사실을 확인하는 것이 불가피하다: 하이데거가 말하는 무는 똑같이 존재라고도 불리어질 수 있으며 어떻게 불리든 간에 사실상 하나님의 기능을 떠맡을 수 있는데, 그의 무(das Nichts)는 그리스도교에서 이해하는 무(das Nichtige) 개념과 결코 동일할 수 없다. 하이데거가 여기에서 인지하였고 서술하였던 것이 무엇이든 (그것에 대한 책임은 그에게 있으며 그리고 그 전통에게, 즉 그가 여기에서 분명히 그것의 길 위에서 걸어갔던 바로 그 전통에게 있다.) 말이다. 한 가지 사실은 분명하다: 그것은 그리스도교적인 의미에서 실제의 무가 아니며, 그것은 이 실제의 무에 비교하여 상대적으로 해가 없는 것이다. 그런데 실제의 무라는 개념은 본래 양면가치적인 개념이 아니다. 만일 하이데거가 그 실제의 무를 상상하였다면, 그는 확실히 정말, 그에 따르면 무를 드러내는 그 불안은 엄밀히 말하자면 불안이 아니라 평온이며 태연함이며 대담함이라는 식으로 서술하기를 단념했을 것이다: 죽음에 이르는 병, 즉 그것 안에서 인간이 그 실제의 무와 대면하는 바로 그 병은 그야말로 다르게 보인다. 그 경우에, 즉 무가 또한 존재라는 것이 그리고 존재가 또한 무라는 것이 증명될 수 있는 그 변증법도 그에게는 사용불가능한 도구라는 것이 증명되었을 것이다: 그 경우에 그는 확실히 무의 상대성과 열등성에 대하여, 그것을 극복하고 권력을 박탈하는 것에 대하여 언급했을 것이며, 또 그래야만 했을 것이며, 그는 확실히 또한, 어떻게 그것이 그것의 본질에도 불구하고 존재를 위한 봉사에 종속될 수 있으며, 어떻게 존재의 처분에 맡겨질 수 있는지도 제시할 수 있었을 것이다. 그러나 그럼에도 불구하고, 그는 그것을 무로서 그대로 두고 승인하였을 것이며, 그 경우에 저 동일화가 결코 그의 마음에 떠오를 수 없었을 것이다. 그리고 그 경우에 그는, 하필이면 무에게 저 왕의 역할을, 즉 존재하는 것과 현존재에 대하여 본질을 규정하는 역할을, 즉 하나님의 기능을 할당하는 것을 더구나 꿈에서조차 생각할 수 없었을 것이다: 바로 그 경우에 그는 정말로, 그가 이 경우에 악마를 모든 존재하는 것의 그리고 모든 현존재의 원리라고 선언하였다는 것을 깨달았어야만 했을 것이다. 하이데거는 어떤 의구심에 의해서도 방해받지 않는 확신을 지니고 그 모든 것에서 정확히 다음의 일을, 즉 만일 그가 실제의 무를 상상했다면 행하기 '불가능'했을 바로 그 일을 '행'하였는데, 바로 그 확신이 역시 확실히 다음의 사실에 대한 명백한 증거이다: 그는 실제로는 그 실제의 무를 상상하지 '않'았다. 따라서 우리의 결론은, 우리가 사르트르의 경우에 다른 방법으로 얻었던 것과 동일한 것이다.

사르트르와 마찬가지로 하이데거의 업적은, 그처럼 우리의 주목을 끄는 방식으로 그 방향으로, 즉 우리가 전혀 다른 상황에서 실제의 무를 실제로 알아차릴 수 있는 바로 그 방향으로 바라보았고 가리켜 보여주었다는 것이다. 그러나 우리는, 하이데거나 사르트르가 이 방향에서 바라보면서 인식하였던 것에 대한 정보들은 지금까지는 공연한 소동에 불과한 것은 아니었다는 점을 받아들일 수 없다.

4. 무의 현실성

이러한 모든 논쟁들을 통하여 배우고 경고를 받으며, 우리는 이제 다음과 같이 '요약'하려고 한다. 실제의 무는 무엇인가(ist)?

1. 이 질문에서 "…이다"(ist)라는 어휘를 사용하는 것에 대하여 의심을 품는 것은 정말로 올바른 것이다. 본래 그리고 진정으로 '존재하는(ist) 것'은 바로 하나님과 그의 피조물일 수밖에 없다. 그러나 무는 하나님이 아니며, 하나님의 피조물도 아니다. 그러므로 그것은 또한, 하나님과 그의 피조물이 존재하는 것처럼 존재할 수도 없다. 따라서 그것은 아무것도 아닌 것(Nichts), 즉 존재하지 않는 것이라는 주장은, 물론 무를 무해한 것으로 만드는 성급한 결론일 것이다. 하나님은 그것을 고려하며, 하나님은 그것에 몰두하고 있으며, 하나님은 그것에 맞서 싸우고 있으며, 하나님은 그것을 참고 있으며, 하나님은 그것을 극복한다. 만일 우리가 하나님의 현실과 계시를 예수 그리스도 안에 있는 그의 현존과 행동에서 인식한다면, 우리는 그를 다음과 같은 하나님으로 인식한다: 하나님은 무를 자신의 앞에 지니고 있으며, 그에게 무는 하나의 문제를 의미하며, 그는 무를 진지하게 받아들이며, 그는 부수적으로만이 아니라 그의 신성이 지닌 전체적인 영광 안에서, 우회적이며 간접적으로만이 아니라 그 자신을 직접 투입하면서 그것에 관심을 기울이며, 그는 다만 될 수 있는 대로 깊이 치욕을 당하면서 그것과 관계를 맺었다. 우리는 이 사실을 고수하기 때문에, 우리는, 무가 하나님처럼 그렇게 존재하지 않으며 또한 그의 피조물처럼 그렇게 존재하지도 않는다는 이유로, 그것을 아무것도 아닌 것으로서, 즉 존재하지 않는 것으로서 간주하고 또 그렇게 다루는 것을 거절한다. 그렇게 하나님 앞에 있으며, 하나님에 의하여 그렇게 진지하게 받아들여지고 있는 그것은 정말 확실히 그 무(das Nichts)이거나 아무것도 아닌 어떤 것(ein Nichts)이 아니며, 존재하지 않는 것이 아니다. 오히려 하나님이 받아들이는 그것에 대한 관계를 고려할 때, 우리는 다음의 사실을 받아 들여야만 한다: 무는 그것의 고유한 방식으로, 즉 제3의 방식으로 실제로 심지어 분명히 "존재한다"(ist). 따라서 그것이 "존재한다"는 이 사실을 부인하거나 약화시키거나 만만하게 보려는 모든 견해들과 가르침들은 그리스도교적으로 용납할 수 없다. 무는 '아무것도 아닌 것'이 아닌 것'이다': 이 명제는 물론, 그것의 내용이 지닌 불합리성을 제외하고라도, 그 자체가 모순일 것이다. 그러나 그것은 '무' '이다.' 그것은 정확히 본질과 실존을 갖고 있으며, 그 본질과 실존은 이 정의 아래에서 그것에 어울릴 수 있으나, 그것에 ─ 바로, 그것 자체가 하나님 앞에 있기 때문에 ─ 어울려야만 하며, 따라서 그것의 본질과 실존은 하나님 자신을 오인하지 않고는 부인되어서는 안 된다.

2. 그러나 무는 단순히 무엇이 '아닌 것'과, 즉 '하나님이 아닌' 것, '피조물이 아닌' 것과 동일한 것조차 아니다. 하나님은 하나님이며 '피조물이 아니'다: 그러나 이 사실로부터 하나님 안에 무가 있다는 결론이 이끌어 내어지지는 않으며, 반대로 이 아니라는 사실(dieses Nicht)이 하나님의 완전함에 속한다. 그리고 피조물은 피조물이지 '하나님이 아니'다: 그러나 이 사실로부터 다시, 피조물 자체가 무의 특성을 지닌(nichtig) 것이라거나 심지어 그것 자체가 무라는 결론이 나오지 않는다. 만일 하나님과 피조물 사이의 관계가 "아니다"(Nicht)라는 사실을 포함한다면, 그러면 이 "아니다"라는 사실은 이 관계의 완벽함에 속하며, 그러면 피조물 자체의 특성을 묘사하는 이 두 번째의 "아니다"라는 사실도 그것의 완벽함에 속한다. 그러므로 만일 우리가 이 "아니다"라는 사실을, 즉 피조물은 하나님이 아니라는 사실을 무로 간주하려 한다면, 그것은 창조주와 그의 사역에 대한 모독일 것이다. 피조물의 세계 내부에 있는 상이성들과 경계들도 수많은 "아니다"라는 사실을 포함하고 있다: 어떤 개별적인 피조물도 전체가 아니며, 어떤 것도 동시에 다른 것이 아니며, 어떤 것도 다른 것과 같지 않다; 각 피조물은 다만 그것의 장소와 시간만을 지니고 있을 뿐이며, 바로 그곳에 다만 그것의 방식과 그것의 본질과 그것의 실존만을 지니고 있을 뿐이다. 이러한—피조물이 하나님과 구별되고, 그것이 자체내부에서 구별되는 것으로서—이중적인 관점에서 피조물의 본성에 속하는 바로 이 "아니다"라는 사실을 통해서, 우리가 창조의 "어두운 측면"이라고 불렀던 것이 성립된다. 이 어두운 면에서 피조물은 무에 '인접'해 있다. 왜냐하면 이 "아니다"라는 것은 하나님의 적극적인 의지와 선택과 작용의 표현이며 동시에 경계이기 때문이다. 피조물이 이 경계를 '넘어갈' 때에 그리고 다른 쪽에서 이 경계를 '침입'할 때에, 물론 무가 피조물의 세계 안에서 현실화되며, 실제로 존재한다. 그러나 이 경계 자체가 무는 아니다. 창조의 어두운 면 자체는 무와 아무런 관계가 없다. 따라서 무를 존재하는 것과 현존재의, 즉 피조물의 본질적으로 불가피한 운명(Bestimmung)으로서, 혹은 심지어 창조주 하나님 자신이 지닌 본래적인 창조적인 존재의 본질적 운명으로서 해석하는 모든 견해들과 가르침들은 그리스도교적으로 용납할 수 없다. 그것들은 다음과 같은 이중적인 이유로 그리스도교적으로 용납할 수 없다: 그것들은 피조물을 혹은 심지어 창조주 자신의 명예를 훼손하고 있기 때문이며, 그것들은 질서에 상응하는 "아니다"라는 사실과 무를 혼동함으로써 무와 관련하여 그것을 해롭지 않은 것으로 무시하는 끔찍한 과오를 저지르기 때문이다.

3. 실제의 무는 그것에게 고유한 제3의 방식으로 '존재하기' 때문에, 즉—하나님처럼도 아니고 피조물처럼도 아니지만, 하나님 자신에 의해 진지하게 받아들여지며—'실제로' 존재하기 때문에, 그것은 하나님과 피조물 사이의 구별 및 경계와 동일시되지 않으며, 또한 피조물의 세계 내부에 있는 구별 및 경계와 동일시되지도 않기 때문에,

그것을 '드러내는 것'과 '인식하는 것'만이라도 피조물이 자기 힘으로 도달할 수 있는, 즉 피조물이 자유롭게 선택하고 처분할 수 있는 통찰력의 문제일 수 없다. 그것은—그것의 본질에 상응하게, 그러므로 피조물과 전혀 다르게!—그것의 고유한 특징을 지니고 '하나님 앞에' 있기 때문에, 즉 하나님의 근심과 행동의 대상이며 그의 적대자이며 그의 승리가 지향하는 소극적(negativ) 목표이기 때문에, 그것은 피조물에 의하여 평가될 수 있는 어떤 본성을 지니고 있지 '않으며', 피조물이 발견할 수 있는 어떤 실존을 지니고 있지 않다. 피조물과 무 사이에는 접근할 수 있는 관계가 존재하지 않는다. 바로 그렇기 때문에 무는 피조물에게 자연스럽게 주어진 인식의 대상일 수조차 없다. 물론 무는 객관적으로 피조물에 대해서도 실제로 존재하기는 하며, 물론 피조물은 객관적으로 그것과 만나면서 실존하기는 한다. 그러나 하나님이, 즉 그것에 대한 비판적인 관계 안에 있는 하나님이 피조물에게 계시됨으로써만, 무가 피조물에게 드러나게 된다. 피조물은 하나님을 인식함으로써만, 즉 무에 대하여 반대하는 그의 존재와 태도에서 하나님을 인식함으로써만, 무를 인식한다. 무는 하나님과 피조물 사이에서 전개되는 역사의 한 요소인데, 그 역사 안에서 하나님은 그의 행위들에서 피조물보다 앞서가며, 그 행위들에서 피조물에게 그의 뜻을 알리며, 바로 그렇게 함으로써 피조물에게 그 자신에 대하여 알린다. 그 일이 발생하기 때문에, 피조물이 하나님의 말씀을 통하여 진리를—하나님의 계획과 태도에 대한 진리를, 그리고 동시에 피조물 자신에 대한 진리를—경청하게 되기 때문에, 실제의 무와 피조물 자신 사이에서 역시 만남이 현실화되고 인식되게 된다. 어떻게 피조물이 과연 이 만남을, 그리고 그 만남에서 자신과 마주치는 것을 자기 힘으로 인식할 수 있겠는가? 피조물은 이 만남을 사실상 '경험'하고 '감수'하게 될 것이지만, 역시 곧 '잘못 해석'할 것이다. 즉, 피조물은 그 만남을, 그것이 몇 번이고 되풀이하여 잘못 해석되었던 것처럼 그렇게, 다음과 같이 잘못 해석할 것이다: 하나님과 그의 사역을 중상모략하면서, 존재 및 자연의 불가피성으로서, 주어진 조건들 가운데 하나로서, 현존재의 특징으로서, 즉 어쩌면 슬퍼해야 하며, 어쩌면 그럼에도 불구하고 역시 정당함을 인정해야 하며, 어쩌면 일종의 완벽함으로서 해석해야 하며, 어쩌면 또한 존재하지 않는 것으로서 단순하게 무시해야 하는 특징으로서, 어쩌면 하나님으로부터 출발하여 최고의 긍정적 의미에서, 어쩌면 심지어, 하나님 자신에게 특이한 것일 수 있을 어떤 운명으로 해석하게 될 것이다. 모든 이러한 견해들과 가르침들은—그것들의 내용은 완전히 제쳐두고—벌써 다음과 같은 이유 때문에 그리스도교적으로 용납할 수 없다: 그것들은, 하나님 자신의 판결 안에서만 알려지는 것, 하나님이 그 판결을 선고한다는 사실에 입각해서만 인식될 수 있는 것에 대한 독단적인 평가들, 그 때문에 무기력한 평가들에 의존하고 있기 때문이다. 반면에 그것의 본성, 즉 악의 있으며 파멸을 초래하는 본성은 확실히 바로 다음의 사실에서 극명하게 표현된다: 그것이 피조물 안에서 실제로 존재하며 작용하고 있는데도, 그 피조물은 자기 힘으로 그리고 자신의 생각으로는 그것의 본질과 실존에 대하여 판단할 수 있다고 여긴다.

4. 무가 실제로 존재하는 바로 그 '존재적인'(ontisch) 맥락은, '선택'에 근거를 두고 있는 '하나님의 행동'이다: 즉 창조주로서, 피조물의 주님으로서, 창조의 목표이며 의미인, 하나님과 인간 사이에 체결된 계약의 왕으로서 '하나님의 행동'이다. 하나님의 행동이 선택에 근거를 두고 있다는 바로 그 이유 때문에, 그리고 그렇게 함으로써, 그것은 언제나 질투가 심한 행동이며, 분노하는 행동이며, 심판하는 행동이다. 하나님은 언제나 또한 '거룩'하다: 즉 그의 존재와 행위는 언제나 또한 단호한 '대립' 안에서, 언제나 또한 현실적인 거부와 방어와 그리고 공격성 안에서 발생한다. '다른 것'으로부터 하나님은 스스로를 분리시키며, 그것에 대하여 자기 자신의 견해를 주장하며, 그의 적극적인 의지를 관철시키는데, 바로 그 '다른 것'이 '무'이다. 선택을 토대로 행동하는, 따라서 언제나 또한 거룩하게 행동하는 하나님에 대한 성서적 관념이 빛을 잃고 사라져버리는 곳에서는, 불가피하게 또한 무에 대한 인식도 빛을 잃고 사라져버릴 것이며, 불가피하게 그 인식은 공허한 것으로 되어버릴 수밖에 없을 것이다. 왜냐하면 무는, 하나님의 행동은 언제나 또한 '거룩한' 행동이라는 전제로, 다름 아니라 그 행동의 대상으로서만 실존하며, 따라서 또한 그 행동의 대상으로서만 인식될 수 있기 때문이다. 우리는 이제 다음과 같은 성서적 관념을 기억한다: 하나님은 선택하며, 바로 그렇게 함으로써 그는 또한, 그가 선택하지 않은 것을 배척한다. 하나님은 원하며, 바로 그렇게 함으로써 또한, 그가 원하지 않는 것에 대해서는 언짢아하며 불쾌하게 여긴다. 하나님은 '그렇다'고 말하며, 바로 그렇게 함으로써 그가 '그렇다'고 말하지 않는 것에 대해서는 '아니다'라고 말한다. 하나님은 자신이 의도하는 것을 행하며, 바로 그렇게 함으로써 그의 의도에 모순되는 것을 단념하고 포기하고 방치한다. 그의 선택과 결정에 근거를 두고 있는, 그의 강력한 행동의 필수불가결한 요소는 언제나 이 '양면성'이다. 그는 오른쪽을 향해서도 '그리고' 왼쪽을 향해서도 주님이다. '오직' 이 사실로부터 출발할 때에만 무도 '존재한다.' 그러나 이 사실로부터 출발할 때에 그것이 '존재한다.' 하나님은 왼쪽을 향해서도 주님이기 때문에, 그는 또한 무의 토대이며 주님이다. 이와 같이 무도 우연히 존재하는 것이 아니다. 그리고 그것은 제2의 하나님이 아니다. 그리고 그것은 자기 자신을 창조하지 않았다. 그것은, 하나님이 그것에게 제공하지 않았을 어떤 권세를 갖고 있지 않다. 그것도 하나님으로부터 유래한다. 그것은 다만 하나님의 '왼쪽'에, 다만 그의 거부(Nein) 아래에 있으며, 다만 그의 질투와 분노와 심판의 대상일 뿐이므로, 그것은 다음과 같이 문제를 지닌 채 "존재한다": 그것은 결코 하나님처럼 존재하지 않으며, 결코 하나님의 피조물처럼 존재하지도 않으며, 다만 바로 그것의 고유한 방식으로, 즉 전적으로 무효로 만드는(nichtig) 방식으로만, 다만 자체 안에 모순을 포함하고 있는 것으로서만, 다만 불가능한 가능성(die unmögliche Möglichkeit)으로서만 "존

재한다." 그러나 역시 그것도 '하나님'의 왼쪽에 있기 때문에, 역시 그것도 이러한 문제점을 지니고 있는 방식으로 "존재한다." 하나님은 그의 왼쪽을 향해서도 이유 없이는 아무것도 행하지 않는다: 하나님은 그쪽을 향해서도 헛일을 행하지 않는다. 하나님이 배척하는 것도, 그의 불쾌감과 혐오감도, 그의 거부도, 그가 단념하고 포기하고 방치하는 것도, 그 자신 안에, 즉 그가 선택한 자유와 지혜에 근거를 두고 있으며, 그의 모든 행동처럼 효력을 지니고 있기 때문에, 강력하게 근거를 지니고 있다. 하나님이 그의 결정에 따라 내쫓고 능가하는 그것도 단순히 아무것도 아닌 것(nichts)이 아니라, 바로 무이며, 그것 자체가 비록 나쁘고 왜곡된 것이기는 하지만, 그것의 고유한 존재를 지니고 있다. 또한 그와 동시에 하나의 현실적인 차원이 열리며, 또한 그와 동시에—하나님이 여기에서는 결코 창조주가 '아니'라는 점에서도—이 "특별하게" 현실적인 것에 실존이 있다고 인정되고 형태가 제공된다. 무는 하나님이 원하지 '않는' 것이다. 그것은, 그것이 하나님이 원하지 '않는' 것이라는 바로 그 사실에 의해서만 살아 있다. 그러나 그것이 바로 그 사실에 의해서 살아 있는 이유는, 하나님이 원하는 것만이 아니라 하나님이 원하지 않는 것(Nichtwollen)도 '강력한' 것이며, 따라서 실제로 그것에 상응하는 것을 지니지 않을 수 없기 때문이다. 하나님이 원하지 않는 것에 실제로 상응하는 것이 무이다.

무에 대한 가장 인상 깊은 첫 번째 성서적 언급은 바로, '혼돈'(Chaos)에 대해 언급하고 있는 창세기 1:2(vgl. *KD* III/1, 111f.)에서 발견된다. 창조주는 아직 그가 창조를 위해 첫 번째 말씀을 말하기 이전에 혼돈을 물리쳤고 거부하였으며, 무시하였고 능가하였으며, 아직 그가 시간의 시작을 설정하기 이전에 그 혼돈을 과거와 망각으로 넘겨버렸다: 그것은, 하나님이 원하지 않았고 창조하지 않았던 현실이며, 역시 그것 자체가 말하자면 하나님의 창조와 그의 피조물의 경계를 형성하는 현실이다. 혼돈은—까닭 없이 오직 신화적 개념들과 관념들로만 묘사된 것이 아니다.—하나님 자신에 대하여 그리고 하나님이 선택하고 원하고 창조한, 하늘과 땅으로 이루어진 세계에 대하여 대립관계에 있는, 그 세계의 순수한 일그러진 모습(Karikatur)에 불과하며, 공포 '자체'이며, 왜곡된 것 '자체'이며, 하나님에 대한 반대 '자체'이며, 그의 피조물에 대한 유혹이며 위험 '자체'이다: 그것은 암흑이며, 물론 빛이 암흑에 뒤이어 발생하며 그것을 극복할 수 있기는 하지만, 그것 자체는 결코 빛으로 될 수 없으며, 언제나 암흑일 수밖에 없다. 우리는, 창세기 1:3 이하에서 어떻게 하나님의 창조행위가 우선 그야말로 '분리하는 것'인지를 주목해야 하며, 즉 빛과 암흑을, 창공 너머에서 위협하고 있는 하늘의 바닷물과 지상의 물을, 육지와 바다를 분리시키는지를 주목해야 하며, 어떻게 이 분리의 결과로서 하나님의 선한 창조세계 내부에 말하자면 혼돈과 이웃하고 있으며 그것과 유사한 측면(Seite)이 발생하게 되었는지를 주목해야 한다. 그러나 혼돈 자체는—밤과는 다르게, 하늘의 바다나 지상의 바다와는 다르게—하나님의 사역과 '상이한 것'일 뿐만 아니라, 하나님의 사역을 통하여 '분리된 것'이며, 도망치고 있는 어두운 부분이며, 퇴각하고 있는 경계(Grenze)이고, 그렇게 머물 것이다. 그렇게, 오직 그렇게만 혼돈이 "존재한다." 그러나 그렇게 역시 그것도 "존재한다"는 것, 즉 그렇게 역시 그것도 하나님이 지닌 통치권의 대상이라는 것은 의심의 여지가 없다. 그렇게 하나님과 함께 그리고 그의 피조물과 함께 역시 그것도 처음부터 출현해 있다. 그렇게 하나님과 그의 피조물 사이의 관계에서 발생하는 역사 안에서 처음부터 역시 그것도 영향을 미치고 있다. 그렇게 과연 그 역사에 대한 성서의 증언에서 처음부터 역시 그것의 실존도 고려되고 있다. 창세기 3장에 묘사된 인간의 죄는 다음의 정의(定義)가 올바르다는 것을 입증한다: 죄는 한마디로 분명히 말해서, 하나님이 원하지 '않았'으며 원하지 '않'으며 원하지 '않을' 그것이다; 그것은 바로 다만 비(非) 실재라는 실재(das Wesen des Unwesens)만을 지니고 있을 뿐이며, 그것은 바로 다만 이러한 비실재로서만 실존할 수 있을 뿐이다. 그러나 바로 인간의 죄가 역시, 무가 실제로 '실존'한다는 것을 입증한다. 무는 다음과 같이 현실적인 동인이다: 하나님의 피조물이—그리고 하나님의 피조물들 가운데 바로 인간이, 즉 그의 안에서 창조 전체의 목표가 드러나는 바로 그 인간이 무와 대결하게 될 뿐만 아니라, 그리고 그것의 희생자로 될 뿐만 아니라, 그 자신이 무를 실행하는 범죄자로 된다. 그리고 바로 다음의 사실이 참으로 하나님과 그의 피조물 사이의 관계에서 발생하는 후속 역사 전체를 특징 짓는다: 인간은 '죄를 범하기 쉬운' 인간, 즉 혼돈에 '기꺼이' 복종하며 '예속된' 인간이다. 이 역사 전체에서 주요관심사는 이로써 시급한 현실적인 문제로 되어버린 위협을 방어하는 것, 그리고 마침내 그것을 근절시키는 것이다. 그리고 언제나 하나님 자신이, 이 위협을 진지하게 받아들인 첫 번째 존재이다: 그는 그 위협에 맞서서 스스로를 내어던지며, 혼돈에 저항하여 싸우고 있으며, 따라서 그 자세를 계속 유지하며, 그가 이미 창조주로서 이 방향으로 행동하였던 그 행위를, 즉 거부하고 배척하였던 바로 그 행위를 계속하여 그것의 목표로 인도한다. 언제나 하나님은—그가 긍정하고 선택하면서, 그의 "고유한 사역"인 은혜의 사역을 행하면서—또한 그의 "낯선 사역" 안에서도 행동한다. 언제나 그는 또한 '거룩'하다. 그리고 그런 까닭에 언제나 그는 또한 그의 피조물이 거룩하기를 원하며, 그것이 그의 싸움에 참여하기를 원하며, 그것이—그것 자체의 일이 문제되고 있으므로—이 투쟁에서 그의 편에 서기를 원한다.

따라서 하나님이 행동하는 것과 관련하여 무가 "존재한다." 하나님이 '그것에 반대하여' 존재하기 때문에, 그리고 그렇게 존재함으로써, 그리고 그렇게 존재하는 한, 그것이 존재한다. 다만 하나님의 이 적대적 태도에 의하여, 다만 그의 질투와 분노와 심판에 의하여, 그것이 존재한다. 그것은, 이 사실과 함께 설정된 그 한계 안에서만 존재한다. 그러나 이 한계 안에서 그것이 존재한다. 따라서 무에 대한 어떤 견해에서 무에게 하나님의 '불쾌감'에 대립하고 있는 실존 외에 다른 실존, 즉 하나님으로부터 독립된 자주적인 실존, 혹은 피조물의 실존처럼 하나님이 원한 실존이 있다고 인정될 경우에는, 그런 견해는 그리스도교적인 것이라고 불리어질 수 없을 것이다. 바로 하나님의 불쾌함만이 그것이 지닌 실존의 토대로서 이해될 수 있다. 그러나 다른 한편으로는, 무에 대한 어떤 견해에서 하나님의 불쾌함에 대립하고 있는 그것의 실존이 '부인'되고, 그것이 단순한 허상으로서 해석될 경우에는, 그런 견해도 그리스도교적인 것으로 받아들여질 수 없을 것이다. 그것에 대한 하나님의 불쾌함이 그토록 확실하게 허상이 아니라 현실이듯이, 하나님의 질투와 분노와 심판이라는 "낯선 사역" 전체가 그토록 확실하게 허상이 아니라 현실이듯이, 저 한계 내부에서 무는 바로 허상이 아니라, 현실이다.

    5. 바로, 이처럼 독특한 무의 존재적 특색(Ontik)에서 결과적으로 그것의 '성격'이 명백해진다: 즉 그것은 '나쁜 것'(das Böse)이라는 결론이 나온다. 하나님이 긍정적으로 원하는 것, 그리고 그가 피조물을 선택하고 창조하고 보존하고 통치하는 "고유한 사역" 안에서, 그가 인간과 맺은 계약의 역사 안에서 분명하게, 긍정적으로 행동하는 것, 그것이 그의 '은혜'이다: 즉 그것은 자신을 낮추는 자유로운 자비이며, 그 자비 안에서 하나님 자신이 그의 피조물을 돌봐주며, 스스로가 피조물과 연대하며, 스스로가 피조물에 현존하며, 스스로가 피조물의 보증인, 조력자, 그리고 왕이 되기를 원하며, 바로 그렇게 함으로써 스스로가 그의 최선을 다하여 행동하기를 원한다. 하나님이 원하지 '않는' 것, 따라서 거부하고 배척하는 것, 따라서 그의 "낯선 사역", 즉 그의 질투와 분노와 심판의 대상일 수밖에 없는 것, 바로 그것이 하나님의 은혜를 회피하고 그 은혜에 저항하는, 따라서 은혜가 결여된 존재이다. 은혜에 낯설고, 은혜를 거부하며, 은혜가 없는 이 존재가 무의 존재이다. 하나님의 '은혜'를 '거부'하는 것이 혼돈이다: 그것은, 하나님이 선택하지 않았고 원하지 않았으며, 따라서 창조할 수 없었고 실제로 창조하지 않았으며, 오히려, 실제의 세계를 창조함으로써, 그것을 무시하였고 능가하였으며, 영원히 지나간 것으로서, 즉 영원히 과거의 것으로서 특징을 부여하고 분리되어버린 그 세계이다. 그리고 바로 그것이, 즉 은혜에 낯설고, 은혜를 거부하며, 은혜 없이 존재하는 것이 그리스도교적 의미에서 '나쁜' 것이다. 바로 이런 의미에서 무는 실제로 '약탈'이다: 즉 하나님의 명예와 권리를 빼앗는 것이며, 동시에 피조물의 구원과 권리를 빼앗는 것이다. 왜냐하면 은혜를 베푸는 것이 하나님의 명예요 권리인데, 바로 이것을 무가 인정하지 않고 '다투기' 때문이다. 하나님의 은혜를 받아들이고 하나님의 은혜를 먹고 살아가는 것, 바로 그것이 또한 피조물의 구원이며 권리인데, 바로 그것을 무가 '방해'하고 '가로막는' 것이다. 어디에서 이런 약탈이 발생하든지, 거기에는 무가 출현한 것이다. 그리고 어디에서 무가 출현하든지, 거기에는 이런 약탈이 일어나며, 거기에는 나쁜 것이 발생한다: 먼저 하나님에 대한 관계에서, 그리고 나서 피조물에 대한 관계에서도 전적으로 적대적인 것(das… Widrige)이 발생한다. 하나님의 은혜는 모든 존재의 토대일 뿐만 아니라 또한 규범이며, 모든 선한 것의 원천일 뿐만 아니라 또한 척도이다. 이러한 척도에 따라 평가하자면, 하나님의 '은혜'를 '거부'하는 것으로서 무 자체가 나쁜 것이며, 왜곡하는 것이며 또한 왜곡된 것이다. 따라서 이러한 성격을 지니고 있는 무는 하나님에게만이 아니라 피조물에게도 중립적이지 않다. 그것은 다른 것, 즉 제3자로서만이 아니라, 오히려 하나님과 피조물에 대하여 '적대자'로서 존속하며, 그

것은 하나님을 '모욕'하고 피조물을 '위협'한다. 그것은 위로부터 볼 때나 아래로부터 볼 때나 '불가능한 것'이며, '견딜 수 없는 것'이다. 바로 이 성격에 따라서, 죄의 형태를 지녔을 뿐만이 아니라 악과 죽음의 형태를 지닌 무는 결코 자연의 과정과 자연 상태로서 설명될 수 '없'으며, 바로 이 성격에 따라서, '결코' 그렇게 설명될 수 없다. 우리가 설명할 수 있는 것은 그 어떤 규범 아래로 들어가는 것이며, 그것은 그 어떤 표준의 내부에서 발생한다. 그러나 무는 전적으로 '비정상적인 것'이며 '표준이 없는 것'이다. 우리가 설명할 수 있는 것은 그 어떤 법칙을 따른다. 그러나 무는 어떤 법칙을 따르지 '않'는다. 그것은 바로 '다만' 빗나가는 것일 뿐이며, '다만' 법을 위반하는 것일 뿐이며, 바로 '다만' 나쁜 것일 뿐이다. 그러므로 그것은 설명될 수 없으며, 그러므로 그것은 바로 다만, 본질적으로 '적대적인 것'이라는 사실이 확인될 수 있을 뿐이다. 그러므로 그것은 죄로서 그것의 형태에서는 다만 '과오'(Schuld)로서, 그리고 악과 죽음으로서 그것의 형태에서는 다만 '형벌'과 '고난'으로서 파악될 수밖에 없으며, 그렇게 파악되기만 하면 된다: 즉, 그것은 결코 자연스러운 사건으로서, 결코 자연스러운 상태로서, 결코 하나의 주제로서, 즉 체계적으로—비록 변증법적 체계 안에서라고 해도!—올바른 길을 찾아갈 수 있을 어떤 주제로서 파악될 수는 없다. 무는 하나님 앞에서 하나님에게 반대하며 그렇게 역시 피조물에 대해서도 피조물에게 반대하는 적대적인 것이므로, 그것은 어떤 체계에도 맞지 않으며, 그것은 변증법적으로도 극복되기는커녕 개관될 수조차 없다. 그것을 극복하는 것은 결코 우리의 목표로 삼을 수 없으며, 바로 다만, 피조물과 함께 엮어 가는 하나님의 역사가 지닌 의미와 목표로서만 주목될 수 있을 뿐이다. 그것은 다만 "하나님의 낯선 사역"을 토대로, 즉 하나님의 거부와 배척을 토대로 '현실성'을 지니듯이, 그것은 다만 "하나님의 고유한 사역"에 비추어, 즉 하나님의 자유로운 은혜가 강력하게 반격하는 것을 고려해서만, 따라서 이 반격에 의해 타격을 받은 '무질서'로서만, 그 타격에 의해 심판받은 '비실재'로서만, 하나님과 그의 피조물의 '적대자'로서만 인식되고 이해될 수밖에 없으며, 그렇게 인식되고 이해되기만 하면 된다. 그와 동시에 우리는 다음의 사실에 대하여 언급하였다: 이러한 무의 성격이 나쁜 것이라는 사실을 공공연히 혹은 은밀히, 직접적으로 혹은 간접적으로 은폐하며, 그것의 현실성을 하나님의 현실성 및 피조물의 현실성과 어떻게든 '함께' 바라보고 '함께' 분류하려 시도하는, 무에 관한 모든 견해들은 비그리스도교적인 것으로서 폐지되어야만 한다. 하나님과 그의 피조물이 인식되는 곳에서는, 그리고 하나님의 자유로운 은혜가 하나님과 피조물 사이에 형성되는 관계의 기본질서로서 인식되는 곳에서는, 무는 이 기본질서에 대한 반대와 저항으로 이해될 수밖에 없으며, 따라서 하나님과 함께 그리고 그의 피조물과 함께 바라보고 같은 부류에 넣어서는 이해될 수 없다.

6. 무와 '대결'하는 것, 그것을 극복하고 제거하고 처리하는 것은 일차적으로 그리

고 본래 '하나님의 고유한' 일이다. 무가 피조물의 구원과 권리에 대한 위협을 의미한다는 것은 물론 사실이다. 그러나 그것은 맨 먼저 그리고 무엇보다도 '창조주 하나님'의 명예와 권리를 반박하는 것을 의미한다. 무는 죄의 형태로는 피조물의 범행과 과오이며, 악과 죽음의 형태로는 피조물의 슬픔와 고난이라는 것도 역시 사실이다. 그러나 그것은 이 모든 형태들에서 맨 먼저 그리고 무엇보다도 하나님의 '고유한' 문제이다. 죄인으로서 무의 뜻을 따르게 되며 무의 희생물이 되는 그 인간도 '하나님의' 피조물이다. 그의 피조물에 대한 '그의' 근심은, 피조물의 범행과 과오에서, 그것의 슬픔과 고난에서 그러한 배반과 추락, 그러한 방해와 파괴가 발생한다는 점에서 실질적인 것으로 된다. 그리고 다른 한편으로, 하나님이 무에 맞서서 싸울 경우에는 언제나 그의 피조물이 그 싸움에 참여하게 한다는 것, 즉 그 싸움에서 하나님은 피조물을 자신의 편으로 불러서 그의 전우로 만든다는 것도 역시 사실이다. 그러나 거기에서 전개되는 싸움은 하나님 '자신의' 싸움이며, 앞으로도 그러할 것이다. 거기에서 문제되고 있는 일은 '그의 것'이며, 모든 권세가 '그의 것'이며, 모든 지혜가 '그의 것'이며, 이 싸움에서 쓸모 있고 효과적인 모든 무기들이 '그의 것'이다. 이 싸움에서 승리를 거두는 것이 피조물에게 제공되는 곳에서도, 그곳에서도 승리를 거두는 것은 오직 '그의 자유로운 은혜'뿐이다. 모든 것은 그의 "고유한 사역"에서 발생하는 사건에 달려 있다. 오직, 이것이, 즉 그의 선택과 은혜의 사역이 발생하기 때문에, 그리고 발생함으로써, 다만 그 사역의 뒷면으로서만 또한 그의 "낯선 사역"이 발생하며, 저 강력한 거부(Nein)가 선포되며, 그 거부를 통해서 무에게 그것의 독특한 형태와 실존이 부여된다. 무는 하나님의 이러한 거부라는 한계 안에서만 그것의 현실성을 지니며, 그 현실성과 함께 나쁜 것으로서, 즉 은혜에 낯선 것, 은혜를 거부하는 것, 은혜가 없는 것으로서 그것의 성격을 지니고 있다. 그러나 그의 이러한 거부라는 이 '한계'는, 따라서 또한 무의 한계는 바로 그의 '긍정'(Ja)이며, 그의 자유로운 은혜에서 비롯된 사역이다. 하나님은 그 사역을 행하기 때문에, 즉 그가 그의 피조물을 돌봐주기 때문에, 그는 무와 대결에 들어가며, 그는 무를, 그것에 어울리게, 분리된 것이며 무시된 것이며 포기된 것이며 영원히 지나간 것으로서 다룬다. 그는 그의 불쾌감을 실행에 옮기는데, 무는 이 불쾌감 아래에서만 실존할 수 있다. 이렇게 함으로써 그의 질투와 분노와 심판은 그것들의 목표에 도달하고, 바로 그와 동시에 그것들의 종말에 이르게 되며, 그 경우에 또한 무도 끝나게, 즉 근절되게 된다. 하나님의 "낯선 사역", 즉 그의 왼손이 행하는 사역을 대상이 없는 것으로, 즉 필요 없는 것으로 만드는 것은 다름 아니라 오직, 하나님의 "고유한 사역", 즉 그의 오른손의 사역이다. 하나님의 자유로운 은혜가 나타나 승리하는 것은 이미 창조 안에서 명백히 드러난 분리를 완성하는 것, 즉 혼돈을 근절하는 것이며, 그 승리가 하나님과 그의 피조물 사이에서 형성되는 그 관계의 역사가 지닌 의미이다. 하나님만이 '홀로'—선택에 근거를 둔 그의 행동이—무를 감당할 능력이 있으며, 역사를 이 승리를 향해 이끌어 간다. 그가, 즉 하나님 '홀로' 그의 명예를 방어할 수 있으며, 피조물의 구원을 보장할 수 있으며, 그의 권리와 피조물의 권리를 똑바로 세움으로써, 모든 이의제기를 피하게 하며, 그 권리에 이의를 제기할 수 있을 적대자 자체가 제거되게 할 수 있다. 하나님 '홀로' 또한, 이 적대자에게 저항하도록, 더 나아가 이 적대자를 이기고 승리자가 되도록, 피조물을 불러내고 권한을 부여하고 무장시킬 수 있다. 예수 그리스도 안에서 이루어진 것, 그러나 바로 예수 그리스도 안에서 오직 '창조주'가 행하는 사역의 권세 안에 있는 피조물의 사역으로서 이루어진 것이 바로 이것이다. 피조물 자체는 무의 상대가 될 수 '없으며', 하물며 피조물 자체가 무를 극복할 수는 없을 것이다.

하나님에 대한 관계 안에 있는 피조물의 역사가 창세기 3장에서 까닭 없이 저 참담한 패배로 시작되는 것은 아니다: 창조주 하나님에 의하여 분리된 혼돈이 인간의 죄라는 가공할 만한 형태로 하나의 동인으로 되고, 그것이 하나의 권력을, 즉 하나님 자신에 대한 관계 안에서는 결코 그것에게 합당하지 않지만, 하나님의 피조물에 대한 관계 안에서는 명백히 합당할 '수 있는' 권력을 획득하고 행세하는 것으로 시작되는 것은 이유가 있다. 피조물은 저 분리를 실행하지 '않'았으며, 그 분리를 실행할 '수 없었'다. 피조물은 하나님, 즉 선과 악에 대한 심판자일 수 없었으며, 또한 그렇게 되지 않아야 마땅했다. 피조물은 오직 하나님의 '은혜'에 의하여, 하나님에 의하여 이미 '실행된' 심판을 토대로 해서만 살아갈 수 있었으며, 또한 마땅히 그래야만 했다. 따라서 그것은, 하나님처럼 그렇게, 혼돈을 제거할 수 '없'었고 그렇게 하지도 '않'아야만 했으며, 그것은, 하나님처럼 그렇게, 혼돈의 상대가 되어 그것을 능가할 수 '없'었고 그렇게 하지도 '않'아야만 했다. 오직 하나님과 맺은 계약 안에서만 피조물도 전적인 자유 안에서 그것에 맞설 수 있었고 그래야만 마땅했다. 그러나 하나님과 맺은 바로 그 계약 안에서, 하나님이 실패하지 않는 바로 그곳에서, 피조물은 또한 '실패'할 수도 있었고, 실제로 또한 실패'하였다.' 그리고 창세기 3장에 따르면 피조물의 이 실패가 하필 다음과 같은 것이었다는 점은 충분히 주목할 만하다: 피조물은 무의 유혹에 넘어감으로써 하나님처럼, 즉 선과 악에 대한 심판자처럼 되기를 원했으며, '자기 자신'이 저 분리를 마음대로 제어하기를 원했으며, 그것은 결코 하나님의 은혜에 의하여, 결코 하나님에 의하여 이미 실행된 심판을 토대로 살아가기를 원하지 '않'았으며, 무로부터 그것을 유일하게 지켜주는, 하나님과 맺은 계약 안에서 계속 머물기를 결코 원하지 '않'았다. 피조물은 바로 다음과 같이 함으로써 악을 행하였다: 오직 하나님만이 행할 수 있으며, 피조물은 하나님과 맺은 계약 안에서만 행할 수 있는 바로 그 선한 것을 피조물 자신이 그리고 스스로를 위하여 행하기를 원함으로써, 악을 행하였다. 피조물은, 은혜에 낯설게, 은혜에 거슬러, 은혜 없이 생각하고 말하고 행동함으로써, 죄를 범하였다. 우리는, 인간은 죄를 범할 '능력이 있었다'(konnte)고 말해서는 결코 안 된다. 인간의 본성 안에, 따라서 하나님의 창조 안에 근거를 두고 있는 능력(Können)이란 존재하지 않으며, 무의 방향 안에서는 하나님이 원하고 명령하고 제정한 자유는 존재하지 않는다. 인간이 죄를 범했을 때에, 그는 할 수 '없'었던('nicht' konnte) 것을 행하였으며, 그는 바로 자유로운 인간으로서가 '아니라' 사로잡힌 자로서 행동했다. 그러나 우리는 다음과 같이 말할 수 있으며 또한 그렇

게 말해야만 한다: 피조물 자체가 무에 대하여, 그것의 속삭임과 그것의 유혹과 그것의 권세에 '내맡겨'지지 않을 정도로 그렇게, 따라서 하나님의 은혜를 통해서가 아니고서도 그것으로부터 보호될 수 있을 정도로 그렇게, 자기 힘으로 그것의 유혹과 권세를 지배할 수 있을 정도로 그렇게, 대결하지 않았으며 지금도 그러하다. 만일 피조물이 자기 힘으로 무를 지배하기를 원한다면, 만일 피조물이 창세기 3장에 서술된 것처럼 혼자의 힘으로 그것과 대화하고 대결하기를 원한다면, 그 경우에 피조물은 바로 그렇게 함으로써 이미 무에게 패배하고 예속된 것이다. 바로 이것이 창세기 3장에 표본적으로 서술된, 무에 대한 피조물의 참담한 패배이다.

그런데 바로 다음의 사실이 하나님의 자유로운 '은혜'가 지닌 결코 이해할 수 없는 본래의 비밀이다: 무의 상대가 되지 않으며, 하물며 그것을 능가할 수 없고, 오히려 그것에 예속된 피조물의 일을 하나님 자신이 그의 '고유한' 일로 만든다. 다음과 같은 잘못된 견해, 즉 하나님 자신이 무를 전적으로 끝장냈으며, 그것은 하나님인 그에게는 무일 뿐만 아니라 아무것도 아닌 것(Nichts)이라는 그 잘못된 견해는 이미 다음과 같이 참된 것을 말하고 있다: 즉 하나님 안에는 바로 다만, 무를 거부하기 위한 가능성만이 있을 뿐이다. 그리고 바로 이 거부를 그는 창조주로서 단호하게 실행하였다. 그는 거기에서 그것을 실제로 분리시켰고 거부하였고 배척하였고 능가하였다. 대체 그것이 하나님에게 아직도 무엇을 행할 수 있다는 말인가? 대체 어떻게 그것이 하나님에게 항변하고 저항할 수 있으며, 하나님을 모욕할 수 있다는 말인가? 그것이 하나님과 무슨 관계가 있을 수 있는가? 그러나 이것은 우리가 끝까지 갈 수 있는 노선이 아니다. 우리는 하나님의 계약, 그의 자비와 성실함을 잊어서는 안 된다. 우리는 다음의 사실을 간과해서는 안 된다: 하나님은 어쨌든 오직 자신만을 위해서 하나님이기를 그리고 그렇게 머물기를 원치 않을 뿐만 아니라, 그의 피조물에 대하여 바로 창조주로서 또한 그것의 동맹자로 되었으며, 그것에 대하여 다음과 같은 관계 안으로, 즉 하나님이, 피조물과 관계있는 것을 직접적으로 그리고 무엇보다도 먼저 하나님 자신과 관계있는 것으로 만들기를 원하는 바로 그 관계 안으로 들어왔다. 그와 그의 피조물 사이에 형성되는 관계의 기본질서인 그의 은혜에서 주요관심사는 어쨌든 이것이다: 무엇이 이 피조물과 관계있으며 피조물에게 닥칠지라도, 그것은 간접적으로가 아니라 직접적으로, 나중에 그리고 부수적으로만이 아니라, 맨 먼저 그리고 무엇보다도 하나님 자신에게 다다르며, 하나님 자신이 그것에 몰두하게 한다. 왜 그런가? 그 이유는 이것, 오직 이것뿐이다: 피조물을 창조하면서, 하나님은 그것에게 성실할 것도 맹세했기 때문이다. 따라서 이제 그가 창조한 피조물의 구원이 무에 의해 위협받는다는 것은 실제로 맨 먼저 그리고 매우 하나님 자신의 위엄을 모욕하는 것이다. 다시 말해서, 무가 정말 모욕할 수는 없는 하나님이 이제, 그의 피조물 대신에, 맨 먼저 실제로 무에 의해서 모욕당하고 굴욕당한 자로 되며, 맨 먼저 실제로 무에 의해서 공격받고 상처받은 자로 되는 것을 감수한다.

그의 피조물은 이 적대자를 제거하게 될 수 '없'으며 실제로 제거할 수 '없'으므로, 하나님은 이제 피조물을 위해서 '역시' 그것을 쉽게 제거하기를 원하지도 않는다. 이제 그는 실제로 자기 자신을 이 싸움에, 즉 그의 싸움일 필요가 없을 이 싸움에 내던진다. 이제 그는, 그가 그의 피조물이 서있는 것을 혹은 오히려 이미 누워있는 것을, 즉 굴복하고 있는 것을 바라보는 그곳으로, 즉 이의제기를 받을 위험 안으로, 무와 대결 안으로, 즉 피조물이 회피할 수 없으며, 사실 곧바로 패배하였던 바로 그 대결 안으로 자기 자신을 내어준다. 이제 그는 지나치게 고귀하지 않으며, 이제 그는, 위협받을 뿐만 아니라 이미 부패한 상황 안으로 자기 자신을 들여놓는 것을 부끄러워하지 않으며, 이의제기에 노출되어 있을 뿐만 아니라 이미 예속되어 있는, 즉 죄를 범한 그 피조물의 동료이며 친구임을, 그리고 그것 자체가 저지른 범죄의 결과로 패배하여 슬퍼하는 그 피조물의 이웃이며 친구임을 밝히고 그렇게 태도를 취하는 것을 부끄러워하지 않는다. 이제 하나님 자신이, 그가 이 무기력하며 불성실한 동반자와 맺은 계약의 역사를 시작한다. 따라서 이제 은혜에 낯설고, 은혜를 거부하고, 은혜 없이 살아가는 그 존재 앞에서, 즉 그의 피조물이 (그가 피조물에게 제공하였던 그 본성에 거슬러, 그리고 그가 피조물에게 지정한 그 자유에 거슬러!) 그것의 손아귀에 들어가 있는 바로 그 존재 앞에서 하나님의 은혜는 멈추지 않는다. 이제 하나님에게는 바로 그 타락하고 파멸한 아담이 너무나 비천해서 그의 형제로 삼을 수 없는 것이 아니다: 즉 아담을 위하여, 아주 놀랍게도, 그의 유효성을 위하여, 그의 명예와 그의 권리를 위해 싸워야만 하는 그런 하나님일 수 없는 것이 아니다. 이제 하나님은 그를 위하여 가난하게 된다. 이제 하나님은 바로 '그 자신의' 명예와 권리를, 즉 무가 하나님에게 그것들을 정말로 인정하지 않을 수 없을 그것들을, 무에 의한 위협에 노출되어 있으며 이미 예속되어 있는 그 '피조물'의 구원 및 권리와 동일시한다. 이제 하나님은, 그에게 어쨌든 전혀 아무런 관계가 없으며 앞으로도 관계가 없을 비참한 불행이 가까이 다가오게 하며, 마음에 와 닿게 한다. 이제 그는, 그에게는 낯선 대립과 충돌을 자신의 것으로 만들고, 그것들을 그의 가장 고유한 것들로서 참고 견딘다. 그가 그렇게 하는 것은, 실제로 바로 그의 '자유로운 은혜' 안에서이다. 왜냐하면 그 자신을 위해서는 그는 아마도 다르게, 즉 다음과 같은 그릇된 견해가 하나님에게 할당하려 한 것처럼 아마도 그렇게, 대처할 수 있을 것이기 때문이다: '아마' 하나님은 무에 대해서 그야말로 자유롭고 순수하게 보존될 '수 있을 것이다' (könnte). 그 경우에, 그는 무를 떠맡을 필요가 없을 것이다. 그가 창조주로서 단호하게 피조물의 삶이 진행되도록 허용한 후에는, 하나님은 아마도 그의 질투와 분노와 심판을 억제할 수 있을 것이다. 그는 아마도 높은 곳에서 고귀하고 평온한, 스스로 안정되고 더 없이 행복한 하나님일 수 있을 것이다. 그러나 하나님은 깊은 곳으로 내려온다. 그는 아주 자비롭기 때문에, 그는 그의 '피조물'을 돌봐주는 일을 중단하기를 원하지 않기 때문에, 그리고 중단하기를 원하지 않음으로써, 그는 무를 떠맡는다. 따라서 그는 무에 대하여 바로 거룩함 안에서, 즉 그가 빛과 어둠을 분리할 때, 그가 창조주로서 그렇게 하였던 바로 그 거룩함 안에서, 계속하여 행동한다. 피조물에 대한 그의 사랑은 끝이 없으며 한계가 없으므로, 그는 계속하여 이 적대자의 적대자로 존재한다. 그는 다름 아니라 바로 다음과 같이 함으로써 자기 자신에게 성실하기를 원한다: 그가 피조물에게도 성실하며, 따라서 피조물의 일을 그 자신의 일로 삼고, 따라서 그 자신에게는 틀림없이 낯선 문제인 무의 문제를 계속하여 그 자신의 문제로 삼는다.

그러므로 다음의 결론에 도달하게 된다: 무와 대결하는 것, 무를 극복하고 제거하고 처리하는 것은 일차적으로 그리고 본래 '하나님 자신의' 일이다. 우리는 첫 눈에는 틀림없이 몇 번이고 되풀이하여 다음과 같이 정반대로 생각하는 것을 옳은 것으로 간주하고 싶어한다: 즉 무를, 피조물 자체가 그것 아래에서 실존해야만 하는 위험, 이의 제기, 위협으로서 간주하며, 피조물 자체를 이 적대자에 대하여 고난 받는 존재, 투사, 영웅, 그리고 아마도 승리자로서 간주하며, 이 적대자와 대결하는 것을 피조물의 운명과 결단의 문제로서, 그것의 비극과 용기의 문제로서, 그것의 무기력과 적어도 상대적인 성과들의 문제로서 간주한다. 그러나 바로 여기에서 문제되고 있는 것은 커다란 기만이며, 커다란 재앙이다. 왜냐하면 그것은 틀림없이 실제의 무가 '아닐' 것이며, 그것은 아마, 결국에는 위험하지 않은, 무의 그림자들 가운데 하나에 지나지 않았을 것이기 때문이다: 그것의 공격은 무엇보다도 먼저 그리고 실제로 '피조물'을 향할 수 있을 것이고 또 그럴 것이 틀림없을 것이며, 그 경우에 그것을 방어하는 것은 역시 무엇보다도 먼저 그리고 실제로 '피조물'의 염려일 수 있을 것이고 또 그럴 것이 틀림없을 것이다. 왜냐하면, 피조물이 이러한 무의 그림자들이 실행하는 공격과 그것에 대한 방어에 몰두하는 동안에, 피조물은 실제의 무가 실행하는 공격을 이미 당했으며, 그것에 대항하는 방어는 이미 실패하고 말았기 때문이다. 바로 그 실제의 무에게 피조물은 언제나 이미 예속되어 있으며, 바로 그 실제의 무에 대하여 피조물은 언제나 이미 패배한 상태로 있다. 왜냐하면 피조물이, 창세기 3장이 보여주듯이, 바로 다음과 같이 함으로써 그렇게 되기 때문이다: 피조물은 무와 대결하는 것을 자신의 고유한 일로 간주하고, 그 대결을 자신의 일로서 관철시키기를 원하며, 피조물 자신이 여기에서 고난 받는 존재, 투사, 영웅 그리고 승리자가 되기를 원하며, 즉 하나님처럼 되기를 원한다. 바로 그렇게 함으로써, 바로 이 결단 자체에서, 그것은 하나님의 은혜를 거부하는 결단이므로, 피조물은 '악'을 선택한다. 왜냐하면 선한 것은—피조물을 위하여 선한 것으로서 고려될 수 있는 하나, 즉 유일한 것은—바로 하나님의 자유로운 은혜이며, 바로 하나님의 자비로운 행동이기 때문이다. 바로 이 자비 안에서 하나님이, 즉 자신을 위해서는 그러한 일을 할 필요가 없을 하나님이 무와 대결하는 것을 처음부터 '그의 고유한' 일로 삼았으며, 무의 공격이 자기 자신과 관계되게 하기를 원했고, 자신이 그것에 대한 방어의 주도권을 잡기를 원했다. 하나님은 무를 잘 알고 있다. 하나님은, 그가 창조주로서 선택하지 않았고 원하지 않았던 그것이 무엇인지를 잘 알고 있다. 그는 혼돈과 그것의 무시무시함을 잘 알고 있다. 그는 그의 피조물에 비하여 우월한 무의 권세를 잘 알고 있다. 그는 그것이 지닌 불가피한 위험성을 잘 알고 있다. 그러나 그는 역시, 피조물을 위태롭게 하는 그것을 지배하는 주님이기도 하다. 그에 비하면 무는 자신의 고유한 권세를 지니고 있지 않다. 그런데 바로 하나님이 그렇게 위협받고 있는 피조물에게 성실하기로 맹세하였다. 참으로 바로 그가, 피조물을 창조하면서, 피조물과 동맹을 맺었으며, 스스로가 피조물과 연대하였다. 참으로 바로 그가 무와 대결하는 부담과 염려를 스스로 떠맡았다. 참으로 바로 그가, 불행한 피조물의 행복한 하나님이기보다는 차라리 그의 피조물과 함께 불행하기를 원한다. 참으로 바로 그가, 곤경에 빠진 그 피조물을 방임하기보다는, 무의 공격이 자기 자신과 관계되게 하고 그것에 대한 방어를 자신의 고유한 근심거리가 되게 함으로써, 차라리 스스로 모욕을 받고 낮아지기를 원한다. 참으로 바로 그가 그의 모든 영광을 이처럼 가장 낮게 자신을 낮추는 사역 안으로 옮겨놓는다. 참으로 바로 그가, 마치 그는 하나님이 아닌 듯이, 마치 그도 허약하고 시험받을 수 있고 위협받고 있는 피조물인 듯이, 무와 그의 피조물 사이의 대립에서 피조물의 진영으로 들어간다. 다만 "마치 …인 듯이"만 그렇게 하는가? 그렇지 않다. 그가 피조물과 맺은 계약에서 비롯된 역사의 결정적인 행위에서—즉 예수 그리스도 안에서—하나님은 실제로 그러한 피조물로 '되고', 그는 그의 피조물의 일을—결코 외관상으로가 아니라, 가장 구체적인 현실성 안에서—자신의 것으로 만들고, 그 자신이 실제로 피조물을 대신한다. 따라서 이와 같이 하나님이 여기에서 관여하고 있다.

그러나 이와 같이 여기에서 실제로 '하나님'이 관여하고 있다: 즉 바로 그의 자유로운 은혜 안에서 정말로 그 자신이 관여하고 있으며, 바로 그가 관여하고 있으므로, 그가 첫 번째의 본래의 인간으로서, 즉 유일하며 독자적인 인간으로서, 그가 실제로 그의 피조물을 대신하여 일하는, 즉 피조물의 모든 곤궁과 모든 과제와 모든 문제를 실제로 피조물로부터 떼어내어 자기 자신이 떠맡는 원조자로서, 그가 피조물의 자리를 완전히 가득 채우고 그것 대신에 완전하게 책임을 지고, 모든 고난을 참고 견디며 모든 것을 성취하는 투사로서 관여하고 있다. 이제 하나님의 자비에서 우러나는 이러한 행동에 비추어 볼 때, 마치 피조물이 스스로를 돕고 구원하도록, 무한한 위험성 안에서 자기 자신의 권리를 주장하고 의지를 관철하기를 원하도록 부름 받고 능력을 부여받은 것처럼 여기는 피조물의 망상과 자만은 불필요하고 어리석을 뿐만 아니라, 바로 그것 자체가 '나쁜' 것으로 된다. 마치 피조물이 이 일에서 무엇보다도 먼저 그리고 실제로 관계된 당사자인 듯이, 마치 그것의 무기력이나 능력이, 그것의 절망이나 좋은 기분이, 그것의 어리석음이나 지혜가, 그것이 느끼는 약간의 "실존적인" 당혹감과 선택의 자유가 문제인 듯이 여기고, 그 문제에 대답하고 그 문제를 해결하는 것에서 무와 결정적인 만남이 발생하며, 그것의 습격을 방어하거나 혹은 심지어 그것을 극복하는 일이 발생한다고 여기는 그 망상과 자만 자체가 이제 이미 '나쁜' 것으로 된다. 이제 하나님의 자비에서 우러나는 이러한 행동에 비추어 볼 때, '좋은' 것, 바로 피조물을 위해 '좋은' 것이라 불릴 수 있는 것은, 실제로 단지 하나님뿐이며, 그에게 대한 신뢰와 그와 맺은 계약을 고수(固守)하는 것뿐이다. 이제 피조물이 선택할 수 있는 것은 바로 다만 '이' 좋은 것뿐이다: 즉 피조물은 하나님의 도움을 받고 있으며, 바로 그렇게 함으로써, 무를 지배하는 것이 사소한 일인 하나님이 무를 적으로 삼고 있듯이 겨우 그렇게, 무를 적으로 삼고 있을 뿐이다.

이와 같이, 즉 피조물에게 유일하게 좋은 것인 이 신뢰에서, 이 고수하는 것에서, '하나님'의 원조를 선택하는 것에서—바로 그렇게만 피조물 '자신'도 무와 대결하는 것에 실제로 '참여'할 수 있으며, 또한 그럴 수 있게 될 것이다. 여기에서 피조물은 구경꾼이 아니라는 것은 틀림없다! 그러나 그렇게만 피조물은 구경꾼이기를 중단하며, 그렇게만 피조물은, 무의 그림자에 불과한 것과 만남에서 발생하는 가상의 고난과 가상의 투쟁으로부터 벗어난다. 그리고 그렇게만 피조물은 본래의 사건에 직면하여, 즉 그것 안에서 무의 습격이 '실제로' 되지만, 또한 그것을 방어하는 것도 '효력 있게' 되고, 그것을 극복하는 것이 시야에 들어오는 바로 그 사건에 직면하여, 수동성으로부터 벗어난다. 그렇게만 피조물의 상황이, 그것이 넘어지고 일어서는 것이, 그것이 고난 받고 행동하고 방임하는 것(Lassen)이 진지하게 되며, 약속으로 충만한 것이 된다. 하나님이 '먼저' 관여하기 때문에, 피조물도 '실제로' 관여할 수 있으며, 또한 관여하게 될 것이다. 다름 아니라 바로 '피조물의' 구원을 하나님은 자기 자신의 명예가 걸린 일로 만들며, 바로 '그것의' 권리를 위하여 하나님은 자신의 권리를 바로 세우고 방어한다. 하나님의 은혜라는 "고유한 사역"과 함께 하나님의 질투와 분노와 심판이라는 "낯선 사역"도 바로 '피조물'에게 소중한 것이다. 바로 '피조물'의 죄와 과오, 바로 '그것'의 고난과 곤궁을 하나님은 자기 자신의 문제가 되게 한다. 피조물은 바로 그것 자체에게 속한 것이 아니라, 하나님의 피조물이며 소유물, 즉 하나님이 근심하는 대상인 것이 그토록 확실하듯이, 그토록 확실하게 바로, 무와 대결하는 것이 '하나님'의 일이기 때문에, 그 대결은 또한 피조물의 '가장 고유한' 문제로 된다. 무와 대결하는 것에서 피조물이 정말로 또한 독자적인 행동을 기꺼이 준비하도록 하기 위해서는, 하나님이 그의 피조물을 위하여 바로 이렇게 완전히 개입하는 것이 필요하며, 하나님의 자비에서 우러나는 바로 이러한 행동이 유일한 불가항력적인 힘이다. 하나님이 그의 피조물을 위하여 행동을 시작하기 때문에, 피조물 자신이 실제로 부름 받게 되며 두 발로 서게 된다. 이 대결에서는, 자신의 권위와 권능에 대한 망상과 자만 안에서 실존하고 있는 주체가 아니라, 하나님을 신뢰하고 그와 맺은 계약을 고수하고 '그의' 원조를 선택하는 것이 '유일하게' 좋은 것이라는 진리 안에서 실존하고 있는 주체가 그의 입장에서 활동하게 될 수 있으며, 또한 활동하게 될 것이다. 하나님의 자비의 날개들 아래에서가 아니라, 정반대로 피조물의 자기만족이라는 빈 공간 안에서 게으름이 무성하게 되며, 그 게으름 안에서 인간은 무에게 활동의 여지를 주고 굴복하는 것을 감수한다. 피조물의 자기만족이라는 빈 공간 안에서가 아니라, 하나님의 자비의 날개들 아래에서 용기가 무성하게 되며, 그 용기 안에서 인간은—그는 이제 그것을 위해 부름 받고 능력을 부여받은 자로서 하나님 편에 설 수 있다.—자신의 몫과 장소에서 무에 대하여 저항하며, 바로 그렇게 함으로써 하나님의 투쟁과 사역에 참여한다.

여기에서도 마지막으로 다루어져야 하는 경계설정이 저절로 밝혀진다: '무'의 반대와 저항에 의하여 '타격받는' 것은 일차적으로 하나님 자신이라는 것—즉 무에 대항하여 자신의 편에서 '반대'와 '저항'을 제시하는 것은 일차적으로 하나님 자신이라는 것이 불명확하거나 부정되는, 무에 대한 모든 견해들은 비그리스도교적인 것으로서 거부되어야 한다. 다소간에 마음의 동요가 없으며 무관심하게 무를 마주 보고 서 있는 '하나님'에 대한 가르침, 그리고 그것과 상응하는, 이 대결이 다소간에 그의 독자적인 과제로 되는 그 주체로서 '인간'에 관한 가르침처럼 그렇게 위험천만한 그릇된 가르침들은 없다. 은혜에 낯설고 은혜를 거스르며 은혜 없이 살아가는 모든 존재는 어떤 의미를 지니고 있는 것인지를 우리는 잘 알고 있다. 만일 하나님이 자비롭지 않다면, 그것은 어쨌든 정식으로 '악한' 신, '공허한'(nichtig) 신이라 불리어야 할 것이다! 그리고 만일 피조물인 주체가 스스로를 충족시키고 자기 힘으로 살아간다면, 그것은 어쨌든 정식으로 '악한' 피조물, '공허한' 피조물이라 불리어야 할 것이다. 따라서 만일 무에 대한 가르침이 이 대목에서 엄격하지 않다면, 그런 가르침에서는 무 자체가 승리할 것이다. 그러나 그밖에도 우리는 여기에서 우리의 주목할 만한 주제에 대한 토론 전체에서, 말하자면, 핵심에 서 있다. 만일 하나님 자신이 무의 최초의 희생자가 아니라면 그리고 그것에 대해 저항하는 최초의 투사가 아니라면, (1) 무가 아무것도 아닌 것이 아니라, 그것의 방식으로 더군다나 확실히 '존재하는' 것이라는 인식이 어떻게 불가피하며 또한 엄격한 것이겠는가? 그리고 만일 그렇다면, (2) 무가 결코 하나님이나 피조물의 본질적 특성으로서가 아니라, 다만 양쪽의 '경계'로서만 이해될 수 있다는 인식이 어떻게 불가피하며 또한 엄격한 것이겠는가? 그리고 만일 그렇다면, (3) 우리는 그것을 다만, 하나님 자신에 의해서 계시된 '하나님'에 관한 지식과 함께할때만 실제로 의식할 수 있다는 인식이 어떻게 불가피하며 또한 엄격한 것이겠는가? 그리고 만일 그렇다면, (4) 하나님의 '왼편'에 있는 그것의 현실성에 대한, 그리고 하나님의 '불쾌감'에 근거를 두고 있는 그것의 토대에 대한 인식이 어떻게 불가피하며 또한 엄격한 것이겠는가? 그리고 만일 그렇다면 무엇보다도, (5) '나쁜 것'으로서 그것의 성격에 대한 인식이, 즉 그 어떤 의미에서든 그것을 하나님이나 하나님의 피조물과 함께 바라보고 함께 분류하는 것을 우리에게 금지하는 바로 그 인식이 어떻게 불가피하며 또한 엄격한 것이겠는가? 이 모든 것 그리고 그와 함께 무에 대한 신학적 개념 전체는 다음의 사실에 좌우된다:

근원적인 대립은, 그리고 무가 그것의 존재를 지니게 된 근원적인 만남은 무가 하나님 자신에 대하여 맞서 있는 것(Gegenüberstellung), 즉 하나님이 완전한 자유 안에서 감수하고 있는 바로 그 맞서 있는 것이다. 왜냐하면 하나님의 자유는 그의 은혜의 자유이고, 그의 사랑과 성실의 자유이기 때문이며, 그의 온전한 영광은 그가 그의 피조물과 동등하게 낮아지는 영광이기 때문이다. 모든 것은 결국 바로 이 하나의 요점에 달려 있다. 그리고 우리는 다음의 사실을 기억한다: 이 요점은 어떤 개념이나 이념이 아니라, 모든 그리스도교적 현실성과 진리의 중심인 구체적인 사건—즉 하나님의 아들이 희생하는 것, 그가 낮아지는 것, 그가 인간으로 되는 것, 죽음에 이르기까지, 즉 십자가의 죽음에 이르기까지 그가 순종한 것이다. 거기에서 무와의 '결정적인' 대결이 발생하였다. 그리고 바로 거기에서, 그 대결은 하나님 자신의 일(Sache)이라는 사실이 오해의 여지가 없이 명백하다. 그 일에서 적극적으로 그리고 경계를 정하면서 언급되었던 것은, 거기에서부터 출발하여 언급되었으며, 그것은 그 일의 실제토대이기도 한 바로 이러한 그 일의 인식토대로부터 출발하여, 다른 방식으로가 아니라, 바로 그렇게 언급되어야만 했다.

7. 그러나 이제 최종적이며 결정적인 것, 즉 무는 '영속하지 않는다.'는 인식도 역시 바로 이 하나의 요점에 달려 있다. 하나님은 영속하고 있을 뿐만 아니라, 그 자신이 존속하는 모든 것의 토대이며 본질이며 총괄개념이다. 그리고 그의 피조물도 그것의 전적인 유한성 안에서, 그것의 전적인 변천 안에서 영속하고 있다: 피조물이 영속하는 것은, 하나님이 그와 유대관계를 맺고 있는 피조물에게 제공하기를 원하는 것이며, 그와 유대관계를 맺고 있는 피조물에게 또한 결여될 수도 없고, 영원히 인정된 것이다. 그러나 무는, 그것이 참으로 하나님에 의해 창조되지 않았던 것이 그토록 확실하듯이, 그토록 확실하게 하나님이 무와 맺은 계약은 존재하지 않으며, 무는 영속하지 않는다. 그것은 원래부터 지나가 버린 것이다: 즉 하나님이 창조에서 즉시 그것을 앞질러 갔으며, 그것에게는 하물며 비실재라는 실재 외에 다른 본질은 말할 것도 없고, 시간조차 허락하지 않았다. 무라는 기이한 존재는 전적으로 강력하지만, 우리가 이미 서술한 바와 같이, 그것은 오직 퇴각하고 있는 경계에 지나지 않으며, 오직 도망치고 있는 그늘에 불과하다. 그것은 어떤 실체를 지니고 있지 않다: 하나님이 그것에게 어떤 실체를 제공하기를 결코 원하지 않았으며, 무를 창조하기를 원하지 않았다면, 어디로부터 그것이 실체를 소유하기를 원할 수 있겠는가? 그것은 다만 그것의 공허(Leere)를 소유할 뿐이다: 그것이 존재하는 것이 오직 하나님의 불쾌감 아래에서라면, 어떻게 그것이 공허하지 않겠는가? 이와 같이 무는 실체 없이 공허하게 "존재한다." 이와 같이 그것은 하나님의 왼쪽에 그의 "낯선 사역"의 대상으로서 존재, 형태, 공간을 지니고 있다.

그러나 이러한 "하나님의 낯선 사역"은 질투와 분노와 심판이다: 무에는 실체와 충만함이 존재하지 않으며, 그것이 그러한 것들을 받아들이는 것이 특히 '금지'되고 '제지'된다. 그 사역은 무에게 오직 거짓말이라는 진실만을, 오직 무기력이라는 권세만을, 오직 무의미라는 의미만을 허락한다. 그것은 다만 자체 안에 토대가 없는 것으로서만 무의 토대를 세운다. 그것은 물론 무를 허락하기는 하지만, 다만 영속성을 지닐 수 없는 것으로서만 허락한다. 그리고 이제 이 "하나님의 낯선 사역"은 끝이 없는 과정이 아니라, 그것의 특정한 목표와 결말을 향하여 움직인다. 그것은 또한 결코 그것 자체를 위하여 발생하지 않는다. 그것은 하나님의 "고유한 사역"처럼, 즉 하나님의 은혜에서 비롯된 사역처럼, 내적이고 고유하고 독자적인 불가피성 안에서 발생하지 않는다. 그것은 오히려 다만, 하나님의 이 "고유한 사역"에 대하여 보조하고 보충하면서 발생할 뿐이다. 그것은 바로, 하나님이 불가피하게 거부하고 배척하는 것으로서 그것에게 어울릴 수 있는 그 의미와 그 중요성과 그 영향력을 지닐 수밖에 없다. 만일 그것이 ─ 즉 하나님이 선택하고 긍정하는 것의 뒷면으로서 ─ 불가피하다면, 그래도 그것은, 다만 하나님이 선택하고 긍정하는 것의 뒷면에 불과하므로, 원칙적으로 다만 부수적이며 일시적인 사역일 뿐이다. 하나님은 그가 행하는 본래의 사역인 적극적인 사역을 완성할 때, 그의 소극적인 사역은 '대상이 없는' 것으로 되며, 따라서 '쓸데없는' 것으로 되며, 그것은 '중지'되고 '폐지'될 수 있다. 여기에서 모든 것은 다음의 사실에 달려 있다: 우리는 그 어떤 논리적인 변증법에, 즉 그것에 따라 하나님이, 그가 영원히 사랑하므로, 즉 선택하고 긍정하므로, 또한 영원히 증오하여야만 하는, 즉 배척하고 거부해야만 하는 그러한 변증법에 휩쓸려 들어가지 말아야 한다. 왼쪽을 향한 하나님의 사역이 오른쪽을 향한 사역과 대략 동등하게 필요한 것으로, 따라서 지속되게 만드는 그러한 강제는 존재하지 않는다. 왼쪽을 향한 사역은 다만, 그것의 의미와 본성에 따라서 발생'할 수 있는' 바로 '그' 불가피성 안에서만 발생한다: 더 높고 본래적인 최초의 필요성, 즉 하나님이 그의 피조물에게 자비로운 바로 그 필요성 안에서가 아니라, 다만 종속된 일시적인 필요성 안에서만, 즉 하나님이, 그가 피조물에게 자비로우므로, 그의 은혜가 실제로 피조물을 지배하도록 하기 위하여, 피조물을 악으로부터 보호하고, 악의 폭력으로부터 구원하기를 원하며, 그 점에서 악을 고려하여야 하며, 그 점에서 악을 진지하게 받아들여야만 하는 바로 그 필요성 안에서만 발생한다. 하나님의 이러한 '소극적인' 행동은 그 자체가, 그것의 의미와 성격에 따르면, 그것의 '한계'를 지니고 있으며, 그 한계는, 그 행동이 그것의 '목표'에 도달한 바로 그곳에, 즉 그 행동이 성취해야 마땅한 것을 '성취한' 바로 그곳에 놓여 있다. 그 목표에 도달하면, 하나님의 "낯선 사역"도 그것의 결말에 이르게 된다. 물론 하나님은 영원히 역시 '거룩'하며, 무인 악과 전혀 관계가 없고 그것과 다르고 그것으로부터 분리되어 있기는 하다. 그러나 그 사실이 이것을 의미하지는 않는다: 즉, 하나님이 영원히 이 적대자의 적대자가 되지 않으면 안 되며, 그 적대자의 반대와 저항을 참고 견디어야 하며, 그의 입장에서 그것에 대하여 질투하고 분노하고 심판해야만 할 것이라는 것을 의미하지는 않는다. 심판이 '완성된' 후에, 따라서 그의 사랑이 논쟁의 여지가 없이 무제한의 승리를 거두었을 때, 따라서 적대자와 관계를 맺는 것이 '아니라' '오직' 여전히 그의 피조물과 관계를 맺는 하나님으로서, 어떻게 하나님이 역시 그리고 더 한층 거룩하지 않겠는가? 하나님이 무와 관계하는 이유는 다만, 그 후에 무와는 '결코' 더 이상 관계하지 않고, 영원히 승리하는 사랑 안에서, '오직' 여전히 그의 '피조물'과 관계를 맺기 위한 것이다. 그러기 위해서 하나님은 어떤 영원한 적대자가 필요한 것은 아니다. 그리고 바로, 무는 '그의' 적대자이기 때문에, '그가' 그것을 적대자로 상대하는 것을 감수하기 때문에, 그리고 그야말로, '그가' 무와 대결하는 것을 '그의' 일로 삼았기 때문에, 그리고 그렇게 함으로써, 무는 영원한 적대자일 수 '없'으며, 영속할 수 '없'다.

따라서 하나님이 그것을 떠맡는다는 것은 확실히 진실이다. 그렇지 않으면, 어떻게 그가 그의 피조물을, 즉 무의 위협을 받으며 무에 예속되어 있는 그 피조물을 떠맡을 수 있겠는가? 그가 그의 아들 안에서 스스로를 희생시킴으로써, 자신이 피조물이 되고 피조물로서 피조물의 죄를, 그리고 또한 형벌과 곤궁을 그 자신의 것으로 삼음으로써, 그는 그 일을 행한다. 진실로 하나님은 예수라는 인간의 인격 안에서 피조물의 과오와 수치를 떠맡은 자로 되었으며, 그는 그런 존재로서 무에 대한 그 자신의 불타는 질투, 그 자신의 터져 나오는 분노, 그 자신의 정의로운 심판을 자기 자신과 관련시키고 자기 자신에게 닥치게 한다. 진실로 그는, 그 인간이 당하는 것 안에서 끝까지 그의 거부(Nein)를 선언한다. 그러나 또한 진실로, 하나님의 이 "낯선 사역", 즉 왼쪽을 향한 하나님의 행동 전체는, 그것이 가장 끔찍한 절정에서 발생하는 바로 그곳에서, 즉 바로 예수 그리스도의 죽음 안에서, 역시 단호하게 '실행'되었고 '성취'되었으며, 그와 동시에 '대상이 없게' 되었다. 무는 '피조물'에 대한 권세를 갖고 있었다. 무는 피조물에게 반대하고 저항할 수 있었으며, 피조물의 방어를 제압할 수 있었다. 더군다나, 무는 피조물을 그것의 노예와 도구로, 그렇게 함으로써 그것의 희생물로 만들 수 있었다. 그러나 무는, 스스로를 낮추어 자신이 피조물로 되었으며, 따라서 그것의 권세에 스스로를 내맡겼고 그 권세에 대항하였던 '하나님'의 상대가 될 수는 '없'었다. 그것은 이 희생물을 처리할 수 '없'었다. 그것은 육체 안에 있는 하나님의 현존을 참고 견디어낼 수 '없'었다. 무는 여기에서 한 노획물과 마주쳤는데, 그것을 당할 수 없었고, 그것을 삼키려 했을 때에, 스스로가 파멸해야만 했다. 하나님 자신이 위협받는, 심지어 포로가 되고 버림받은 피조물로 됨으로써, 그가 그의 피조물에게 증명했던 바로 그 충만한 은혜에서 무는 무효로 될 수밖에 없었다. 그것은 하나님 자신과 만남으로써, 원래부터 그것의 유일한 운명이었으며 또한 유일한 운명일 수 있었던 그 운명을, 즉 영속할 수 없으며, 퇴각하는 경계로서도, 또한 도망치고 있는 그늘로서도 언젠가 결코 더 이상 존재하지 않을 바로 그 운명을 충족시켜야만 했다. 예수 그리스도 안에서—그의 죽음에서 이루어진, 죄를 범한 인간을 의롭다고 인정하고 구원하는 사건에서 — 무에게 닥쳤던 것이 바로 그것이다. 만일 하나님이, 자기 자신을 낮춤으로써, 인간 예수 안에서 그의 피조물과 관계할 뿐만 아니라, 바로 그런 까닭에 '또한' 무와도 관계한다는 것이 진실이라면, 다음의 사실이, 그것은 확정적이고 최종적으로 진실이기 때문에, 역시 진실이며, 더욱더 진실된 것이다: 하나님은 바로 그 인간 예수를 높이는 것에서는 '오직' 여전히 그의 피조물과 관계할 뿐이며, 따라서 결코 더 이상 무와 관계하지는 '않'는다. 그의 "고유한 사역"의 '목표'는 그의 "낯선 사역"을 '끝'내는 것이며, 바로 그와 동시에 또한 그 사역의 '대상'을 끝내는 것이기도 하다. 하나님이 질투하고 분노하고 심판하였던 곳에서, 그는 앞으로는 더 이상 그렇게 행동하지 않는다. 그러나 하나님이 더 이상 질투하고 분노하고 심판하지 않는 곳에는, 그 모든 행위의 대상인 바로 그 적대자도 더 이상 존재하지 않는다. 하나님이 '아니다'(Nein)라고 말했던 곳에서, 그는 그것을 이미 '말했'으며, 거기에서 그는 앞으로는 더 이상 그렇게 말할 필요가 '없'다. 그러나 하나님이 더 이상 '아니다'라고 말하지 않는 곳에는, 역시 거부되는 것도 더 이상 존재하지 않는다. 거기에서는 무는, 그것이 지녔던 일시적이고 잠정적이고 지나가 버리는 영속성도 빼앗기고 만다. 하나님의 오른손이 승리한 거기에서 그것은, 하나님의 왼편에서 그것에게 주어졌던 거짓말이라는 진실, 무기력이라는 권세, 무의미라는 의미, 불가능한 것이라는 가능성도 빼앗기고 만다. 또한 그것이 하나님 왼쪽에서 실존하게 했던 그 허락도 거기에서는 철회되고 만다. 예수 그리스도 안에서, 즉 이 피조물을 하나님의 오른쪽으로 들어 올릴 때, 이미 이루어졌던 것이 바로 그것이다. 아무리 이 말이 너무 대담하게 들릴지라도 — 우리는 이 견해로부터 한 치도 벗어나서는 안 될 것이다. 예수 그리스도를 고려할 때, 우리는 무에 대하여 결코 다음과 같이 말할 수 없을 것이다: 그것은 아직도 객관적인 실존을 지니고 있다거나, 그것은 지금 아직도 닫혀 있는 우리의 눈에 보이는 것과는 달리 아직도 영속하고 있다거나, 그것은 아직도 실제로 두려워해야 하는 것이라거나, 그것은 여전히 무게가 있는 요소로서 문제가 되며, 여전히 미래를 지니고 있으며, 여전히 위험을 의미하며 화를 불러일으킬 수 있다고 말할 수 없을 것이다.

무란 무엇인가? 그리스도교 신앙의 인식과 신앙고백에서는, 즉 예수 그리스도의 부활을 '회고'하고 그의 재림을 '전망'하면서, 여기에서는 다만 다음과 같은 '하나의' 대답이 제시될 수밖에 없다: 무는 '옛 것', 즉 옛 위협과 위험과 타락이며, 하나님의 창조 세계를 어둡게 하고 황폐하게 만드는 옛 비실재이다. 그 비실재는 예수 그리스도 안에서 '과거로 지나간' 것이며, 그의 죽음에서, 그것에게만 마땅히 돌아가야 할 일이 그것에게 일어났다: 즉, 하나님의 적극적 의지가 추구하는 목표 자체가 또한 그의 불쾌감을 끝내는 것이기도 하므로, 무는 그 의지의 목표에서 무효로 되었다. 무는 이것이다: 그것은, 예수가 승리자가 됨으로써 격퇴되고 처치되었던 바로 그것이다. 그것은, 참된 하나님이며 참된 인간이었던 이 한 사람 안에서 하나님만이 아니라, 그와 일치되어 인간도, 따라서 피조물이 완전히 극복하였던 바로 그것이다. 그것은 제3자인데, 이 한 사람 안에서 창조주와 피조물 사이의 관계가 그것의 영향력과 효력과 권세로부터 완전히 '자유'롭게 되었으며, 그것은 그 관계에서 제3자로서 더 이상 유효할 수 없다. 무는 예수 그리스도 안에서 단호히 바로 그런 것으로 바뀌어버렸다. 하나님이 그것과의 대결하는 것을 그의 아들 안에서 그 자신의 일로 삼고 실행하고 난 후에, 그것의 처지가 바로 그러하며, 그것은 그런 것처럼 보인다. 그것은 더 이상 두려워할 것이 아니다. 그것은 더 이상 "부정"할 수 없다. 우리가 다만 하나의 유일한 전제로부터만 이처럼 틀림없이 대담한 확언들에 이를 수 있다는 것은 명백하다. 피조물의 일반적인 사건과 특수한 사건이라는 관점, 우리의 세계의식, 그리고 우리의 자아의식은 결코 이러한 확언들을 변호하지 않는다. 우리의 세계의식과 자아의식이 우리의 선생들일 경우에는, 우리는 도대체 무에 대하여 무엇을 알고 있는가? 그리고 그것들이 과연 우리에게 더구나, 무가 과거의 것으로 되었으며 처리되었다는 사실에 대하여 할 말이 무엇이겠는가? 여기에서 다만 다음과 같은 하나의 전제만이 문제가 된다: 즉 예수 그리스도의 부활을 '뒤'돌아보며, 영광 가운데 그가 모습을 드러낼 것을 '내다'보는 것, 즉 하나님의 말씀에 의해 토대가 마련되었고 몇 번이고 되풀이하여 그 말씀에 의하여 양분을 공급받는 그리스도교 '신앙'의 눈으로 바라보는 것이다. 그러나 바로 그리스도교 신앙의 인식과 신앙고백에는 다음의 확언이 불가피하게 필요하다: 무는 하나님의 개입으로 인하여 영속성을, 즉 하나님 자신의 개입이 없었다면 그것이 지니고 있을 수 있었고 지녔을 것이 틀림없으며 또한 실제로 지니고 있었던 그 영속성을 '상실'했다. 무에 대하여 다음과 같이 생각하는 것은 더 이상 허용되지 않는다: 마치 그것이 하나님의 피조물에 대하여 여전히 요구와 권리와 권력을 지니고 있는 것처럼, 마치 그것이 여전히 우리 앞에 그리고 우리 위에 있는 것처럼, 마치 하나님이 창조한 세계가 여전히 그것에 예속되어 있으며 그것에 의해서 지배받는 세계인 것처럼, 마치 우리 그리스도인들도 여전히 그것을 존중해야만 하는 것처럼 생각하는 것, 즉 마치 여기에서 가능한 한 커다란 존경심을 느끼는 바로 그 일이, 그리고 바로 그런 관점에서 가능한 한 커다란 존경심을 지니도록 세계에게 촉구하는 바로 그 일이 아마도 특히 그리스도교적인 것처럼 생각하는 것은 더 이상 허용되지 않는다! 무에 관하여, 마치 무로부터 실제로 해방되거나 혹은 벗어나는 것이 그 어떤 미래에 비로소 발생할 일, 즉 우리 앞에서 비로소 발생할 사건들인 것처럼 생각하는 것은 더 이상 허용되지 않는다. 우리가 사실상 몇 번이고 되풀이하여 그렇게 생각한다는 것은 명백하다: 우리가 그리스도교 신앙으로부터 출발하여 생각할 능력이 없거나 그렇게 생각할 준비를 갖추지 못한 곳에서는, 불안에 사로잡힌 생각들, 법칙에 사로잡힌 생각들, 비극적인 생각들이 몇 번이고 되풀이하여, 불확실하고 근심에 사로잡힌 생각들이 몇 번이고 되풀이하여, 엄밀히 말하자면 우울한 생각들이 몇 번이고 되풀이하여 불가피하다. 그러나 바로, 그 경우에 우리는 적어도 다음의 사실에 대하여 분명히 알고 있어야만 한다: 그렇게 생각할 때에 우리는 그리스도교 신앙으로부터가 아니라 그 신앙을 간과하고, 그리스도교 신앙 안에서 우리에게 제공된 계명을 위반하면서 생각하는 것이다. 만일 우리가 그리스도교 신앙의 순종 안에서 생각한다면, 우리는 오직 한 가지 자유만을 지니고 있다: 즉 무를 이미 '처리된' 것으로 간주하고, 그것을 처리해버린 존재를 생각하면서 새롭게 시작할 자유만을 지니고 있다. 그리고 오직, 이런 의미에서 그리스도교 신앙의 순종 안에서 생각함으로써만, 또한 세계에도 복음이 씌어 있는 그대로 다음과 같이 선포될 수 있다: 즉 해방자로서 이미 왔고 행동하였던 그를 위한 자유의 메시지로서, 따라서, 하여튼 세계를 가득 채우고 있는 불안, 법칙성, 비극을 거리낌 없이 배제시키는 바로 그 자유의 메시지로서 선포될 수 있다. 신앙공동체가 다음과 같이 함으로써 모든 시대에 얼마나 많은 과오를 범했는지를 서술할 필요는 없다: 그리스도교 신앙공동체는 바로 이 주제에서 그리스도교 신앙의 순종 안에서 생각하지 '않'았으며, 또한 세계를 향하여 이 순종 안에서 말하지 '않'았으며, 따라서 스스로가 이 자유 안에서 살지도 않았고 또한 세계를 향하여 그 자유에 참여하도록 촉구하지도 않았다. 소위 "그리스도교"는 이러한 이유에서 몇 번이고 되풀이하여 그것의 본질에 어긋나게, 내부를 향해서나 외부를 향해서나 매우 기이하게 참담한 관심사(Angelegenheit)로 되어버렸다. 그리고 우리가, 여기에서 비그리스도교적인 것으로서 거부되어야만 했던, 무에 대한 견해들 가운데 하나 이상이 바로 다음과 같은 점에서 그것의 장점과 권리를 지니고 있다는 사실을 확인해야만 한다는 것은 정말 부끄러운 일이다: 그것은, 명백히 '기쁨을 주는' 견해이기를 원하였으며, 무를 명백히 영속성이 '없는' 것으로서 취급하고 그렇게 묘사하기를 원하였다는 점에서, 그것이 지니고 있는 그 밖의 약점과 왜곡에도 불구하고 어쨌든 그리스도교적 통찰을 보여주고 있다. 이 주제에 대한 그리스도교의 견해는 다음과 같은 점에서 다른 모든 견해들보다 뛰어나야만 했다: 그 견해는 바로 그 사실을, 확고한 토대가 있으므로 '더 강력하게', 바로 그 일을 위해서 우리에게 제공된 자유를 이용하고 또한 그 자유를 선포하므로 더 용기 있게, 그 어떤 모험에서가 아니라 단순한 순종 안에서 행하는 것이므로 '더 논리적으로 일관성 있게', 명시할 수 있다. 만일 우리가 여기에서 양보한다면, 즉 만일 우리가 여기에서, 바로 외견상 너무 대담한 주장이 정상적인 것, 즉 유일하게 가능한 것이라는 사실을 통찰하고 인정하기를 거절한다면, 우리가 그리스도교의 인식과 삶과 선포가 지닌 진지함을 위해서 헌신하고 있다고 생각하지는 말아야 한다. 이 주제가 지닌 바로 진정한 진지함이란—우리는 한 번 더 우리의 토론 전체를 되돌아보면서 이 점을 보여줄 수 있을 것이다.—오히려, 우리가 여기에서 최종적으로 걱정하면서가 아니라 기뻐하며 생각하고 말하고 있다는 사실에 달려 있다. "진지하게 취급한다."는 것은 그리스도교적으로는 언제나, 예수가 '승리자'라는 사실을 진지하게 취급한다는 것을 의미할 수밖에 없다. 만일 예수가 승리자라면, 그렇다면 마지막 말은 은밀하게 언제나 또한 이미 다음과 같은 첫 번째 말일 수밖에 없다: 무는 영속성을 지니고 있지 '않'다.

이제 아직도 우리가 하여야 할 일은, 지금 다른 말로 표현된 무의 현실성이 하나님의 '섭리'와 '세계통치'에 관한 교의의 맥락 안에서 어떻게 생각되어야 하는지를 간단히 암시하는 것뿐이다. 처음에 우리는 그것을 하나님 아버지의 지배 영역 안에 있는 어두운 '이물질'이라고 불렀다. 우리가 그것에 관하여 들었던 내용은 우리에게 다음의 사실을 입증하였다: 여기에서 실제로 하나의 이물질이 '고려'되어야만 하며, 무는 '이물질'이 아닌 다른 것으로서는 결코 논해질 수 없으나, 무는 그 이물질로서도 하나님 아버지의 지배가 지닌 심판 관할권 외부에서가 아니라 다만 그 심판 관할권 아래에서 인식되고 이해될 수밖에 없다. 우리의 성과를 마지막으로 공식화하기 위해서는 아직도 몇 가지가 더 언급되어야만 한다.

무의 문제는 우선 창조주와 피조물 사이의 '일반적인' 관계를, 즉 하나님의 통치 아래에 있는 '일반적인' 세상사를 숙고할 때에 제기된다. 여기에서 창조주의 존재와 호의(Güte)를 혹은 피조물의 존재와 호의를 혹은 양쪽 모두를 문제 삼으면서, 방해하며 파괴하는 요소가 한가운데로 파고들며 부각된다. 여기에서 신정론 문제가 가령 다음과 같이 제기되곤 한다: 하나님은 과연 '선'하기는 하지만, 이 요소에 직면해서는 하나님으로 존재하지 않는 것이, 즉 '전능하지 않은' 것이 명백하지 않은가?—혹은 그는 과연 하나님으로 존재하기는 하지만, 과연 '전능'하기는 하지만, 이 요소에 직면해서는 '선하다'고 언급될 수 '없'는 것이 명백하지 않은가? 여기에서 피조물, 즉 하나님을 제외한 존재하는 것의 완벽함에 대한 문제가 제기되곤 한다: 그것은 과연 '선'하기는 하지만, 이 요소에 직면해서는 명백히 다만 '불완전하게' 존재하는 것인가?—혹은 그것은 과연 '완벽하게' 존재하기는 하지만, 이 요소에 직면해서는 명백히 다만 '제한된' 의미에서만 '선하다'고 언급될 수밖에 없는가? 그리고 여기에서 창조주와 피조물 사이의 공존에 대한 문제가 다음과 같이 제기될지도 모른다: 그 공존은 과연 하나의 '질서' 안에서 발생하기는 하지만, 이 요소에 직면해서는 '좋은' 공존이 '아니'라는 것이 명백하지 않은가?—혹은 그 공존은 과연 '좋은' 것이기는 하지만, 이 요소에 직면해서는 '무질서한' 공존인 것이 틀림없는가? 그러나 만일 우리가 그러한 질문을 우리 스스로에게 제기하여야 한다면, 그리고 제기하도록 허용해야만 한다면, 우리는 어디에 머물러 있는 것인가? 우리가 창조주와 피조물 사이의 관계를, 즉 하나님의 통치 아래에 있는 일반적인 세상사를 추상적으로, 말하자면 외부로부터 관찰하려 할 경우에만, 그 질문들이 그렇게 명백하게 제기된다: 그 사건이 계약과 은혜와 구원의 역사 안에 그것의 중심을 지니고 있으며, 그것의 의미에 대한, 하나님의 호의와 권리에 대한, 그의 피조물의 호의와 권리에 대한, 그리고 그 양자의 공존이 지니는 호의와 권리에 대한 결정들이 어쨌든 이 중심에서 내려진다는 사실을, 즉 이 주제에서 진리는 오직 이 중심으로부터 출발하여 바라볼 때에만, 그리고 이 중심을 향하여 바라볼 때에만 인식될 수 있다는 사실을 도외시하려

할 경우에만 그 질문들이 제기된다. 누가 우리에게 그 사실을 도외시하라고 명령하는가? 누가 우리에게 저 추상화로부터 출발하라고 명령하는가?

이미 옛 정통주의 교의학은 예외 없이 다음의 사실로 어려움을 겪었다: 그 교의학은 실제로 이 추상화로부터 출발하였으며, 따라서 이미 그것이 제기하는 질문들이 전적으로 곤혹스러운 상황에서, 즉 저 중심으로부터 출발하며 또한 저 중심을 향하여 생각하지 않을 경우에 불가피한 그 곤혹스러운 상황에서 제기되도록 허용하였다. 그 교의학은 단순하고도 쉽게 떠오르는 가능성을, 즉 이 주제에서도 '그리스도교적으로' 생각할 가능성을 사용하지 '않'았으며, 마치 교의학이 철학적 개념들과 관계하고 있는 것처럼, 그리고 마치 교의학의 과제가 그 개념들 사이에 균형을 잡고 그 개념들을 그 어떤 받아들일 수 있는 관계 안으로 세우는 것인 것처럼 그렇게, 창조주와 피조물을, 그리고 양쪽의 공존을 다루었으며, 그 다음에 또한 무라는 부인할 수 없는 현실에 의하여 양쪽의 권리가 침해받는 것도 다루었다. 그 때문에 그 자체로서는 여기에서도 매우 면밀한 교의학 연구는—창조주에 관해서도, 피조물에 관해서도, 양측의 공존에 관해서도, 또한 무 자체에 관해서도: 즉 그것의 본질, 그것에 대한 인식, 그것의 토대와 성격, 그것이 차지하는 본래의 장소에 관해서도, 그리고 마침내 그것을 극복하는 것에 관해서도—어떤 관점 아래에서 명료한 진술들과 믿을만한 결과들을 이끌어 낼 수는 없었으며, 일종의 인위적인 중재들 안에서 교착상태에 빠져 있어야만 했다. 그 중재들의 신학적, 교회적 가치는 처음부터 회의적이었으며, 그 중재들로는 결국 역시 하나님과 세계의 관계에 대한 일반적인 토론에 입각해서도, 그리스도교 신앙공동체에 위탁된 계시에 대한 신뢰할 만한 해석의 탁월한 권리주장을 제기할 수 있기는커녕, 그 후의 철학적 발전들에 대하여 다만 독창성에 대해서만이라도 권리를 주장할 수 있을 그 어떤 것도 성취되지 못했다.

여기에서 우리는 저 추상화를 중단하려 시도하였다. 우리는 창조주와 피조물 사이의 관계를 철학적으로가 아니라, 즉 외부로부터가 아니라, 신학적으로, 즉 내부로부터 이해하려고 하였다. 따라서 우리는 저 추상화와 외부의 견해에서 기인하는 모든 질문들이 우리에게 결코 먼저 제기되도록 허용하지 않았으며, 또한 창조주와 피조물 사이의 일반적인 관계 안에도 있는, 또한 하나님의 통치 아래에 있는 일반적인 세상사 안에도 있는 무의 문제를 그곳에서, 즉 그것이 그것의 '본래의' 형태로 있는 그곳에서, 그것이 '진정으로' 제기되고 신뢰할만하게 대답되어 있는 바로 그곳에서 찾았다. 그곳이란 성서가 증언하는, '예수 그리스도' 안에서 발생한 구원사건이다: 그 사건 안에서 그 이물질(異物質)의 현실성과 성격과 기능에 대한 질문이 '진지하게' 제기될 뿐만 아니라, 또한 그 질문에 대한 대답도 '진지하게' 제시되어 있다. 모든 사건의 중심인 바로 그곳에서 진실로 증명된 그것, 바로 그것만이 일반적인 세상사 안에서도 이 이물질의 문제들에서 진실이다.

그러나 바로 이 관점으로부터 출발하여 우리는 무에 대하여 무엇보다도—우리는 이제 방금 마지막 말로서 진술된 말이 실제로 첫 번째 말이 되게 해야만 할 것이다.—다음의 사실을 언급해야만 할 것이다: 원칙적으로, 그것은 예수 그리스도 안에서 나타난 강력한, 하나님의 자비 안에서 심판받고 반박되고 처리되었다는 그 사실을 '회고'함으로써만, 우리는 그것에 대하여 생각하고 말해도 된다. 만일 다음과 같이 말한다면, 우리는 동일한 것을 말하고 있는 것이다: 예수 그리스도의 재림에서 바로 이렇게 그것을 반박하고 처리하는 것이 일반적으로 명백히 드러나게 될 것이라는 사실을 '전망'함으로써만, 우리는 그것에 대하여 생각하고 말해도 된다. 바로 그렇게 무는 현실성을 지니고 있으며, 바로 그 현실성으로부터 또한 그것의 성격이 밝혀지며, 바로 그 현실성으로부터, 그것이 행하였고 행하고 있고 아직도 행해도 되는 역할이 밝혀진다: 그것은, 하나님이 자신의 고유한 적대자로 간주하였고 공격하였고 격퇴하였던 바로 그 적대자이다. 무가 위협하고 타락하게 만드는 모든 것, 그것이 창조주와 피조물 사이의 관계에서 방해와 파괴를 의미할 수 있는 모든 것, 그것의 특색이며 그것에서 시작되는 모든 무시무시한 것, 하나님을 거스르는 모든 것, 자연을 거스르는 모든 것이 그 사실 안에 포함되어 있다; 그것은, 하나님이 원하지 않았던 것이며, 그런 까닭에 또한 허용하지 않았던 것이며, 그런 까닭에 하나님 자신이 제거해버린 것이다. 우리는 확실히 이렇게 말할 수 있다: 만일 우리가 무를, 그것을 극복하고 처리한 하나님이 실행한 행위를 '회고'하지 않고 바라본다면, 그것을 극복하고 처리한 것이 일반적으로 계시될 것을 '전망'하지 않고 무를 바라본다면, 그 경우에 그것은 결코 보이지 않을 것이다. 그 경우에, 우리는 그것을 하나님의 선한 창조세계가 지닌 부정적 측면과 혼동할 것이며, 그것의 약탈하는 성격은 보지 못하고 그것의 부정적 성격만을 볼 것이다. 그 경우에, 우리는 두려운 것 자체가 아니라, 두려운 것에 대한 관념을 두려워한다. 그 두려운 것은, 하나님이 그것의 영속성을 부인하였고 박탈했으므로, 사실은 더 이상 두려워할 필요가 '없는' 것이라는 사실을 인식할 경우에만, 이상하게도 바로 그 경우에만 우리는 그것 자체를 '두려워한다.' 우리는, 예수 그리스도에 대한 바로 이러한 회고와 전망에서만, 즉 하나님의 행위에 근거하는 바로 그 두려워하지 않는 대담함에서만 그것을 '실제로' 두려워할 수 있다.

그러나 이 사실로부터 다음과 같이 두 번째로 언급되어야 하는 것이 밝혀진다: 우리는 참으로 여전히 인지할 수 있는 그것의 현존에, 위협하고 타락하게 하는 것에, 방해하고 파괴하는 것에 어떤 실제의, 어떤 궁극적인 권세와 의미가 있다고 여겨서는 안 될 것이며, 겨우 위험한 '허구'(Schein)의 권세와 의미가 있다고 여기기만 하면 된다. 그것이 아직도 무엇을 하며 존재할지라도 그리고 무엇을 수행할지라도, 그것은 어쨌든 겨우, 이미 기가 꺾인 현존의 능력으로 존재하고 행하는 것뿐이며, 과거에는 존재했으나 더 이상 존재하지 않으며, 과거에는 가능했으나 더 이상 가능하지 않은 그것의 여운으로 그리고 그것의 그림자로서 존재하고 행하는 것뿐이다. 왜냐하면, 그것이 저 중심에서, 즉 예수 그리스도 안에서 완성된 저 구원사건 안에서 기가 꺾이고 심판받고 반박되고 파멸되었다는 그 사실은, 그곳에서만이 아니라, 그곳으로부터 출발하여 우주 전체에 그리고 우주적 사건 전체에 유효하기 때문이다. 그 사실이 여기에서 과연 아직은 눈에 보이지 않으며 인식될 수 없기는 하지만, 여기에서도 그 사실에 다시 문제가 제기될 수는 없다. 여기에서도 그 사실이 반복되고, 능가하게 되고, 개선되고, 확대될 필요가 없다. 그 사실은 그 당시에 단 한번 발생하였으나 언제나 그리고 어디에나 유효하게 발생하였다. 무가 파멸된 것을 보여주는 일반적인 '계시'가 아직 발생하지 않았다는 점에서, 피조물 전체가 그 계시를 물론 아직은 기다려야만 하며, 그 계시를 우선 기다려야만 한다는 점에서, 무는 겨우 유효할 수 있으며 효력을 발휘할 수 있다. 그러나 무의 왕국은 '파괴'되었다. 비록 그것이 언제나 가상의 나라(Scheinreich)에 지나지 않았을지라도, 그것 자체도 예수 그리스도 안에서 객관적으로 제거되었다. 그것이 아직도 세계 안에 남아 있는 것은 우리의 눈들이 멀었기 때문이며, 지금도 아직 우리 위에 있는 덮개, 즉 유일한 나라로서 이미 도래하여 세워졌으며 어떤 악의 나라도 곁에 두지 않는 바로 그 하나님의 나라를 내다보지 못하게 방해하는 그 덮개 덕분이다.

위의 사실로부터 다음과 같이 세 번째로 언급되어야 하는 것이 뒤따른다: 무는 역시 이러한 그것의 마지막 유효성, 즉 가상의 유효성도 오직 하나님의 처분 아래에서만 지닐 수 있다. 그것이 '하나님의' 손안에 있기 때문에, 그것은 지금 아직도 존재할 수 있는 것으로 존재하며, 그것은 지금 아직도 수행할 수 있는 것을 수행한다. 그것이 그의 손에서 한 번도 벗어나지 않았으니, 어떻게 그것이 다른 방식으로 존재하겠는가? 옛 교의학이 특히 즐겨 사용했던 "허락"(Zulassung)이라는 개념이 여기에서 그것의 정당한 장소를 차지할지도 모른다. 하나님은 지금 아직은, 우리가 그의 나라를 아직은 바라보지 않도록, 그리고 그 한도 내에서는 무에 의하여 여전히 시달리고 있음을 느끼도록 허락한다. 즉 그는, 무가 여전히 —즉 예수 그리스도의 승리에서 그것이 파멸된 것을 보여주는 일반적인 계시의 순간이 아직 다가오지 않은 한— 저 가상의 유효성을 주장하도록, 이미 기가 꺾인 그 실존 안에서 계속하여 자신의 존재를 알리도록 허락한다. 그것은, 이미 위험하지 않은 것으로 되어버린, 여운과 그림자로서의 형태로 하나님의 의지와 행동의 도구이다. 그는, "마치"—여기에서는 "마치 … 인 것처럼"이라고 말하는 것이 정말로 적합할지도 모른다.—그가 우리에게 도움이 되도록 하기 위해서 이미 무를 제거한 것조차 아닌 "것처럼", 그렇게 우리가 여전히 실존해야만 한다는 것을 허가한다.

그리고 무가—이것이 네 번째로 언급되어야 하는 것이며 마지막으로 언급되어야 하는 것이다.—아직도 그것에게 남아 있는 이러한 형태로 하나님의 처분 아래에서 존재하며 작용하고 있으므로, 그런 까닭에 우리는 역시 그것에 대해서도 이렇게 말해야만 한다: 그것도—하나님을 위해 헌신하기를 '원하지' 않는 바로 그것도—그럼에도 불구하고 그를 위해 '헌신해야만 한다.' 즉, 그것도 그의 말씀과 사역을 위해, 그의 아들의 영광을 위해, 복음의 선포를 위해, 신앙공동체의 신앙을 위해, 그리고 그와 동시에, 하나님 자신이 피조물의 시간이 끝날 때까지 그의 피조물 한복판에서 그리고 그의 피조물과 함께 걸어가기를 원하는 그 길을 위해 헌신해야만 한다. 적대자로서 싸움터에서 격퇴되고 포로로 되고 길들여진, 하나님의 적대자 자체가 하나님의 종으로 되었다. 그것이 몇 번이고 되풀이하여 스스로를 기묘한 종으로 증명하도록 배려되었을 것이며, 또한 다음과 같이 배려되었을 것이다: 우리가, 그것의 현존을 통하여 몇 번이고 되풀이하여 다음의 사실을, 즉 그것이 과거에 어떤 존재였으며 무엇을 하는 존재였는지를 잘 기억해내도록, 그리고 또한, 우리가 그것을 바라볼 때 틀림없이 하나님에게로, 즉 홀로 그것을 극복했으며 그것의 감옥을 여는 열쇠를 홀로 손에 쥐고 있는 그 하나님에게로 몸을 피하지 않을 수 없다는 사실을 잘 기억해내도록 배려되었을 것이다. 그럼에도 불구하고, 바로 하나님에 의하여 다음과 같이 배려되었다는 사실을 숙고하는 것이 더 중요하다: 역시 무도, 하나님을 사랑하는 이들을 위해 최선을 다해 봉사해야만 하는 것들이라고 불리는 것들에 속한다.

§51
하늘나라, 하나님의 사자들과 그들의 적대자들

예수 그리스도 안에 있는 하나님의 행동, 즉 그의 피조물에 대한 하나님의 통치는, 그것이 맨 먼저 그리고 무엇보다도 위에 있는 세계 자체를 요구하기 때문에, "하늘나라"라고 불린다. 그 세계로부터 하나님은 그의 사자(使者)들인 천사들을 선택하고 파견한다. 천사들은 객관적이고 신빙할 만한 증인들로서 지상에서 하나님의 뜻이 계시되고 이루어지는 것보다 앞서가며, 하나님과 인간을 섬기는 성실하고 강력한 종들로서 그 사건을 동반하며, 하나님에게 저항하는 혼돈의 형태들과 권세들에 대하여 훨씬 뛰어난 감시자의 역할을 수행한다.

1. 천사론의 경계들

우리가 이 절에서 들어가 횡단해야만 하는 교의학 영역은 다른 영역들보다도 진기하고 다루기 힘들다. 대체 우리가 성서적, 교회적 전승의 이 부분에 관여해야 하는 필요성은 무엇인가? 그리고 만일 우리가 이 주제에 관여한다면, 여기에서 대체 어떻게, 바른 대답들을 제시하기는커녕, 질문들만이라도 바르게 제기할 수 있을 것인가? 그리고 만일 여기에서 바르게 질문하고 대답하게 된다면, 그것으로부터 어떤 수확, 어떤 교훈, 그리스도교의 인식과 선포에 어떤 풍부함, 그리스도교적 삶을 위한 어떤 이익을 기대할 수 있을 것인가? 옛날부터 이 주제영역에서는 수많은 신학적 전횡이, 즉 무익하고 기괴하고 불합리한 수많은 억측이, 게다가 역시 마찬가지로 걱정스러운 수많은 회의가 폭넓게 행해졌다. "다른 사람들이 남긴 발자취들이 경고하는 작용을 한다": 즉 여기에서 너무나 많은 것을 알고 주장한 사람들의 유머감각이 없는 언행, 그리고 여기에서 너무나 많은 것을 부인하거나 무시하려 했던 사람들이 보여준 마찬가지로 유머감각이 없는 고약한 언행이 우리에게 경고한다. 여기에서 우리는 어떻게 암초(Skylla)와 소용돌이(Charybdis) 사이를, 즉 너무나 흥미 있는 고대인들의 신화와 대부분의 현대인들이 취하는 역시 너무나 흥미 없는 "비신화화" 사이를 뚫고 지나갈 수 있는가? 대체 어떻게 우리는 여기에서 손으로 더듬거리게 되지 않으면서도, 손을 뻗어서 붙잡는다는 말인가? 대체 어떻게 삼가면서도, 역시 보아야 할 것을 간과하지 않는다는 말인가? 대체 어떻게 너무 많이 말하지 않으면서도, 말해야 하는 것에 대하여 침묵하지 않는다는 말인가? 대체 어떻게 우리는 여기에서 개방적이면서도 동시에 주의하며, 비판적이면서도 동시에 순진하며, 명확하면서도 동시에 겸손할 수 있다는 말인가? 우리가 이런 질문들을 동반하는 편이 낫지 않을 교의학의 영역이란 존재하지 않는다. 그러나 만일 그 질문들이 우리가 지금 다루기 시작한 천사론에서 특별히 가까이에서 그리고 압박하면서 제기된다면, 그것은 그만한 이유들이 있다.

어떠한 경우에도 우리는 여기에서, 필수적이고 확실하며 유익한 그리스도교 메시지의 주제, 즉 교회교의학의 주제일 수 있는 것의 경계에 서 있다. 이 경계는 다음의 사실에서 눈에 보이게 된다: 천사라는 이름과 개념은 여하튼 하나님만이 아니라 인간과도 '다른', 따라서 하나님의 말씀이 지닌 본래의, 중심적인 내용과는 '다른', 즉 설령 매우 친밀하게 그 내용과 관계되어 있다고 하더라도, 그 내용과는 '다른' '현실성'을 의미한다. 천사론의 문제, 하늘나라인 하나님의 나라가 지니는 성격, 하늘에 있는, 하나님의 사자들의 존재와 행위는 하나님의 말씀에 맞추어진 교의학의 의미와 과제에 낯설 수밖에 없고 앞으로도 그럴 수밖에 없는 문제들에 인접해 있다. 이 경계를 넘어서 한 걸음을 내딛는다면, 우리는 의심할 여지없이 불필요하고 불확실한 것의 영역 안에 있게 되며, 그 경우에 그 영역 자체가 또한 위험한 것, 즉 왜곡된 것일 수 있다. 만일 우리가 과오를 범할 것을 두려워한 나머지 이 경계 앞의 어딘가에 머물러 있기를 원한다면, 하늘나라라는 진기한 영역을 교의학적 숙고로부터 배제시키기를 원한다면, 그 영역을 무시하거나 심지어 부인하기를 원한다면, 그것 '또한' 허락될 수 없을 것이며, 그것 '또한' 위험한 것, 즉 왜곡된 것일 수도 있을 것이다. 그러므로 우리는, 그 질문들이 바로 여기에서 아무리 긴급하게 제기되고 있다고 할지라도, 바로 여기에서 그 질문들을 견디어내는 수밖에 없다.

이 경계에 대한 숙고의 흔적들은 고대교회에서 어쨌든, 이 주제에서 획기적인, 디오니시우스의 이름으로 발표된(Ps. Dionysius) 『하늘의 위계질서』(*Hierarchia coelestis*)가 발표되기 이전의 수세기 동안에 여전히 명확하게 인식될 수 있다. 오리게네스(Origenes, *De princ.* I praef. 10)는 아직 천사들에 대해 다음과 같이 말했다: 천사들은 과연 교회의 선포(ecclesiastica praedicatio)에 속하기는 했으나, "그들이 언제 창조되었는지, 그들이 어떤 천성을 지니고 있는지, 혹은 어떤 방식으로 존재하는지"에 대한 확실한 지식은 존재하지 않는다. 그리고 나지안주스의 그레고리(Gregor v. Nazianz, 약 329-390년, 카파도키아 지방의 나지안주스의 주교이자 콘스탄티노폴리스 대주교로서 그리스 교부의 대표적 인물이며 삼위일체설을 세운 인물—역자 주)도 다음과 같이 말했다(*Or.* 28, 31): 어쨌든 천사의 본질에 대하여 올바른 말을 찾아내기는 어렵다. 그리고 아우구스틴(Augustin, *ad Oros.* 11, 24) 역시, (그것들에 대해서 바로 디오니시우스를 사칭한 사람/ Ps. Dionysius이 그처럼 많이 알고 있다고 생각했던) 천사세계의 질서들이 어떤 상태에 있는지 알지 못한다고 말했다.—"그대가 위대한 스승으로 간주하고 있는 나를 경멸할지도 모르겠으나, 그것들이 무엇인지, 무엇에 의하여 그것들이 서로 구분되는지, 나는 알지 못하네. 그것에 관하여 말할 수 있는 사람들은, 그들이 무엇을 말하는 지를 증명할 수 있는 한, 그것에 관하여 말해도 좋을 것이다. 그러나 나는 그것을 알지 못한다고 고백한다."(*Enchir.* 15, 58) 그리고 토마스 아퀴나스(Thomas v. Aquino)도 아직 다음과 같이 말했다: "천사들과 그들이 수행하는 일들에 대한 우리의 지식은 불완전하다."(*S. theol.* I qu. 108 art. 3c) 그러나 바로, 그 이유 때문에 이 문제를 다루지 않고 포기하는 것은 말도 안 되는 것이었다. 후에 칼빈(*Instit.* I 14,4)은 더욱 원칙적으로 그리고 더욱 예리하게 다음과 같이 말했다: "그가 누구였든 간에", "저 디오니시우스가" 천사들의 본질, 질서, 숫자에 대하여 말했던 것 대부분은 "하나님의 말씀 없이 말해진" "공허한 상투어들"이며, 곰곰이 생각해보면, 목격자로서 하늘에서 땅으로 내려온 자로서 자처하는 사람의 "참으로 쓸데없는 수다"이다. 이것은 바울의 태도와 상반되는 것이다. 고린도후서 12:2 이하에 따르면 그는 실제로 세 번째 하늘까지 이끌려 올려갔으나 그런 것에 대해서는 설명하지 않고, 오히려 그것은 인간이 말해서는 안 되는 비밀들이라고 명백히 선언하였다. 그렇다고 해서 칼빈이, 성서의 안내와 표준에 따라서 천사에 대해서도 말해야 하는 과제를 회피하려 했던 것은 아니다(*ib.*14, 3): "왜냐하면, 만일 우리가 하나님을 그의 창조물들로부터 인식하고 싶다면, 그처럼 탁월하고 고귀한 구성원이 간과될 수는 없을 것이기 때문이다." 어느 정도로 신학 일반의 경계들이 또한 천사론의 경계를 특별히 형성해야만 하는지에 대하여, 칼빈은 부정적으로 그리고 또한 긍정적으로 훌륭하게 그리고 거의 격언처럼 다음과 같은 한 문장으로 요약하였다(14, 4): "그러나 신학자의 과제는 수다들을 통해서 귀들을 즐겁게 하는 것이 아니라, 참된 것, 확실한 것, 쓸모 있는 것을 가르침으로써 양심을 강화하는 것이다." 이 주제를 다루면서, 우리는, 그가 언급하였던 그 신중함에, 그러나 또한 그 동기에 아무리 주의를 기울여도 충분할 수 없을 것이다.

그러나 그 질문들을 바로 여기에서 초미의 관심사로 만드는 다른 특수한 이유가 있다. 우리가 앞으로 인식하게 되겠지만, 천사론은 엄격히 말하자면―예를 들면 예정론, 창조론, 인간론 등과는 전혀 다르게―그것의 '고유한' 의미 및 내용을 지니고 있지 '않다'는 것은 이 주제의 성격상 당연하다. 천사들은 우리가 하나님에 대하여, 혹은 인간에 대하여, 혹은 예수 그리스도에 대하여 말할 수 있는 것과 같은 그러한 고유하고 독자적인 주체들이 아니다. 그러므로 그들은 다른 주체들처럼 그들을 향한 독자적인 숙고의 중심으로 될 수 없다. 그들이 하나님과 인간을 '향하여' 있음으로써만, 그리고 예수 그리스도의 인격과 사역에 특별히 소속되어 하나님과 인간을 섬기는 '종들'이 됨으로써만, 그들은 존재한다. 그들이 이 직무(Dienst)에서 '오고 가는' 행위에서만, 그들은 존재한다. 그들은 본질적으로 부차적인 인물들이다. 바로 이 사실에서 그들은 명예를 지니며, 바로 그들이 다만 하나님과 인간 사이의 거대한 사건에 부속됨으로써 그들은 피조물의 세계의 저 "탁월하고 고귀한 구성원"이다. 그러므로 그들은, 여기에서 우리가 서 있는 맥락 안에서, 즉 피조물에 대한 하나님의 (예수 그리스도 안에서 행해지는 통치의 행동에서 그것의 의미와 중심을 지니고 있는) 통치에 대한 숙고 안에서 '함께' 숙고되어야만 한다. 그리고 우리가 여기에서 떠맡아야만 하는 과제가 바로 그것이다. 그러나 그들은 바로 다만 이 맥락 안에서만 '함께' 숙고될 수 있다. 그러므로 모든 "천사론"에 관련된 명제들은 엄격히 말하자면 다만 추가명제, 병렬명제 혹은 부록일 뿐이다.

즉 그것들은 본래 그리고 본질적으로 천사들에 대해서가 아니라,—바로 천사들의 섬기는 본질과 사역에 철저히 상응하게—오직 예수 그리스도 안에서 이루어진 하나님의 행동에 대해서, 그러므로 피조물의 세계 안에서 이루어지는 하나님의 통치에 대해서 언급되어야 하는 것에 대한 설명과 해설일 뿐이다. 그러나 이 설명과 해설이—천사들은 바로 이러한 부수적 특성과 봉사 안에서 하나님의 행동과 통치에 속하기 때문에!—역시 중지되어서는 안 되며, 가능한 한 확실하고 정확하게 실행되어야 한다.

나는 에리히 쉭(Erich Schick, *Die Botschaft der Engel im NT²* 1946, 9)을 바르게 이해하고 있기를 희망하며, 다음의 사실을 지적한다: 그도 여기에서 문제되고 있는 진리들을 "다만 덧붙여서, 말하자면 잠정적으로", 다만 "나직한 소리로" "여기에서 화제로 되는 이 존재들이 어떻게 또한 일시적이며 스쳐 지나가는 어떤 것이라는 특징을 지니고 있는지" 논의하기를 원한다. 그가 인용하고 있는 키에르케고르의 말, 즉 종교적인 담화에서는 말하는 사람은 다만 나직이 속삭이는 사람일 뿐이라는 말에 보편적인 유효성을 부여할 수 있다고 생각하지는 않는다. 천사들 자체에 대한 언급도 결코 언제나 다만 "속삭임"의 형태로만 실행될 것 같지는 않다. 그러나 여기에서 언급된 것은 바로 이 영역에서 틀림없이 특별한 정당성을 지니고 있다. 천사들에 대하여 숙고하고 말하기를 원하는 사람은 처음부터, 그들은 중심인물들이 아니라는 사실, 그리고 우리는 그들에 대하여 실제로 다만 "덧붙여서"만 그리고 이 점에서 다만 "나직한 소리로"만 바르게 말할 수 있다는 사실을 고려해야만 한다. 우리의 관심사는 "덧붙여진" 가장 깊은 진지성이며 "나직한" 최고의 중요성이다. 그러나 우리가 한 대상을 그것 자체에 대하여 숙고하고 서술해야 하는지 혹은 다른 대상에 대한 관계 안에서 숙고하고 서술해야 하는지의 문제는 서로 다른 것이다. 하늘나라인 하나님의 나라의 성격에 대해서는, 따라서 하늘에 있는, 하나님의 사자들인 천사들에 대해서는 후자의 경우가 적용된다.

이 관점에서도 다음의 사실이 명료하게 될 것 같다: 여기에서 양쪽을 향해서 타당한 조처에 관하여 묻는 모든 질문들은—즉 무엇이 행해질 수 있으나 중단되어야 하는지, 무엇이 중단될 수 있으나 행해져야만 하는지에 대한 질문들은—우리가 지금 관심을 기울이고 있는 바로 이 교의학의 영역 안에서 특별한 긴급성을 지니고 있으므로, 우리에게는 이제 그 질문들이 제기되도록 하는 것 외에는 달리 선택의 여지가 없다.

그러므로 이 절에서 우리는 그 질문들을 고려하여 우선 몇 가지 '원칙적인' 그리고 '방법적인' 해명들을 시도하려 한다.

1. 해명들 가운데 첫 번째 해명의 핵심은 틀림없이 다음의 사실을 확인하는 것이어야만 한다: 이 주제에서도 우리가 의지해야만 하는 스승이며 대가(Meister)는 구약과 신약의 '성서'일 수밖에 없으며, 그것과 견줄 만한 다른 것이 있을 수 없으므로, 우리는 그것을 남김없이 경청해야만 하며, 그것이 무엇을 언급하고 무엇을 언급하지 않는지

를 존중해야만 한다. 바로 성서에 더욱더 순종할 수 있기 위하여, 이 주제를 다룰 때 우리는 무엇보다도 정통주의적 교회 전통과 자유주의적 교회 전통에 대해서도 아주 특수한 자유를 요구해야만 한다는 사실이 분명해질 것이다. 이 말이 의미하는 것은, 성서는 인간 역사의 증언이지만, 예수 그리스도 안에서 행해진 하나님의 행동에서 드러난, 그러므로 또한 피조물의 세계에서 행해진 하나님의 통치에서도 드러난 하나님의 계시와 사역에 대한 유일한, 따라서 표준이 되는 증언이라는 것이다. 구약성서와 신약성서의 증언에 따르면 하늘나라인 하나님의 나라의 성격도 하나님의 이러한 계시와 사역에 속하며, 하늘에 있는, 하나님의 사자들인 천사들도 그것에 속한다. 그들은 '특수한' 방식으로 그것에 속한다: 중심인물들로서가 아니라 주변인물들로서, 심지어 그 자체가 자주적인 주체들로서가 아니라 말하자면, 그것들의 기능에서, 즉 전적으로 그리고 표본적으로 봉사하는 기능인 그 기능에서 출현하고 사라진다. 다른 방식으로가 아니라 바로 그렇게 그들은 그것에 속한다. 그러나 그들은 그것에 속한다. 만일 우리가 이 주제 자체를 다룬다면, 그들이 이렇게 소속되는 것의 근거, 영향력, 의미 그리고 중요성에 대하여 언급되어야 할 것이다. 여기에서는 다음의 사실을 확인하는 것으로 족해야 한다: 하나님의 계시와 사역에 대한 성서의 증언이 특정한 맥락들에서는 천사들에 대한 증언도 포함하며, 성서 저자들의 입장에서 말한다면, 만일 그것이 천사들에 대한 증언을 포함하지 않는다면, 그것에는 특정한 차원이 결여될 것이라고 말하는 것은 옳지 않을 것이다. 그것이 바로 우리가 출발점으로 삼으려는 사실(Faktum)이다. 그리스도교 교회의 교의학은, 그 자체가 논쟁의 대상이 될 수 없을 뿐만 아니라, 눈에 띄며 어떤 입장표명을 강요하는 바로 이 사실 외에는 이 영역에 관여할 다른 근거와 동기를 지니고 있지 않다. 그러므로 여기에서 우리의 관심을 끄는 것은 그 어떤 천사들이나 천사들과 유사한 (가능한 혹은 실제의, 가정된 혹은 여러 가지로 알려진) "더 높은 존재"가 아니라, 철두철미 다만, 성서의 증언 안에서 하나님의 계시와 사역에 대한 관계에서 '천사'라고 불리어진 그리고 그러한 존재로서 소개된 존재들이다. 교의학에서 우리의 관심을 끄는 것은 그 어떤 실제의 혹은 명목상의 신적인 존재, 그 어떤 인격적 혹은 비인격적 세계원리 및 구원원리가 아니라 오직, 성서 안에서 아버지와 아들과 성령의 이름 아래 하나님이며 구원자로서 증언된 그 존재뿐이듯이 바로 그렇게—그리고 그렇게 또한 우리의 관심을 끄는 것은 그 어떤 인간상이 아니라 오직, 성서에 따라 예수 그리스도를 투영하는 형상(Spiegelbild)인 진정한(wahrhaft) 인간뿐이다. 우리가 출발점으로 삼았던 그 사실은, 성서의 증언에 따르면 하나님의 계시와 사역은 또한 이러한 차원을 지니고 있다는 것, 이 증언은 또한 천사들의 진기한 실존 혹은 오히려 천사들의 기능을 포함시키고 있으며—그들이 어떻게 이해되고 설명되든—간과할 수 없게 토론에 부치고 있다는 것에서 그친다. 우리는—어쨌든 교의학의 과제가 문제되고 있는 한—이 영역에 대하여 결코 "어떤 것을 알고 있다."고 주장할 수 없다. 즉 우리로부터 출발하여, 그 어떤 철학적-세계관의 자유나 강요를 토대로 그렇게 주장할 수 없다. 우리는 다음의 사실에 의지할 수밖에 없다: 성서의 증인들은 그 영역에 대하여 어떤 것을 안다고, 즉 본래 그들의 주제—하나님과 인간 그리고 인간과 함께 이루는 하나님의 역사—와 그들에게 불가피한 관계가 있는 어떤 것, 그리고 이와 관련하여 역시 매우 특정한 어떤 것 그리고 모든 철학적-세계관의 유사한 것들에 비하여 특수한 어떤 것을 안다고 명백히 밝히고 있다. 우리는 여기에서 이 사실과, 다만 이 사실과 씨름해야만 한다.

나는 한 번 더 칼빈(*Inst.* I 14, 4)의 말을 인용한다: "그리스도교의 전체 교의에서처럼 여기에서 자제와 특수성이라는 하나의 규칙이 지켜져야만 한다는 것, 즉 아직 분명치 않은 것에 대하여 우리는 하나님의 말씀 안에서 우리에게 알려진 것과 다른 어떤 것을 말하거나 생각하거나 또한 알고 싶어 할 수 없다는 것을 염두에 두기로 하자." 그리고 크벤슈테트(Quenstedt, *Theol. did. pol.* 1685 I cap. II sect. 1 th. 3)는 방어하면서 더욱 명백하게 다음과 같이 말했다: "천사들의 실존[에 대한 지식]은 철학에서 끌어내어진—그것이 존재의 단계들 및 우주의 [존재론적인] 완벽함이라는 논리를 사용하든, 상이한 경험들이라는 논리를 사용하든—개연성의 논증들에 근거한다기보다는, 오히려 자명한 논증에, 즉 성서의 명확하며 자주 언급되는 진술에 근거한다."

2. 우리는 이 관점에서도 성서의 증언과 씨름해야만 한다. 즉, 우리는, 이 관점에서 숙고할 것을 요구하는 그 증언에 대해서도 실제로 '숙고'해야만 하며, 그것을 그 주제에 의하여 그리고 우리의 능력에 의하여 설정된 한계들 안에서 '이해'하고 '설명'해야만 한다. 그러므로 여기에서도 우리의 관심사는 성서 안에서 인지할 수 있는 내용을 어느 정도 맹목적으로 승인하는 것, 즉 단지 재고조사를 하는 것이 아니다. 설령 혹시 그러한 승인과 재고조사에 머물기만 하려는 형편없는 '성서'학이 존재하더라도, 그러한 방식은 '교의학'에서는 그것의 특수한 과제를 고려할 때 정말 불가능할 것이다. 만일 성서의 증언에 따르면 하늘에 있는 사자들의 기능이—항상 "부수적으로"—하나님의 계시와 사역에, 따라서—항상 "부수적으로"—또한 교회의 신앙에도 그리고—항상 "부수적으로" 그리고 "낮은 목소리로"—또한 교회의 선포에도 속한다면, 여기에서도, 그 자체가 또한 "인식"(Gnosis)을 요구하지 않을 "믿음"(Pistis)은 존재하지 않으며, 그 자체가 "인식을 추구하는 신앙"(Fides quaerens intellectum)이 아닐 "신앙"(Fides)은 존재하지 않는다. 따라서 우리는 그 사실을 확인하고 그것 자체를 서술할 수밖에 없을 뿐만 아니라, 우리는 실제로 그 사실로부터 "출발"해야만 한다: 성서의 증언을 통하여 묘사된 그 주제에 다가가야만 하며, 그것을 남김없이 인식할 수 있을 때까지, 따라서, 만일 우리가 이 주제에 관하여 침묵하지 않는다면, 만일 우리가 이 주제를 부정하거나 무시하지 않고 어쨌든 이 주제에 대하여 말하기를 원한다면, 우리가 무엇을 말해야 하는지

를 알 수 있는 우리의 가능성이 바닥날 때까지 그렇게 해야만 한다. 스스로가 여기에서 진정으로 '무엇을' 참된 것으로 간주하는지 그리고 어느 정도 그렇게 간주하는지에 대하여 스스로 이해하려는 노력은 기울이지 않으면서, 성서의 권위에 의지하여 천사들에 대한 성서의 가르침을 참된 것으로 간주하기를 원하는 사람은, 성서의 권위를 그것에 걸맞은 순종을 통해서 존중하는 것이 아닐 것이며, 그는 아마도 성서의 특수한 권위와 전혀 관련을 맺고 있지 않을 것이다. 만일 교회가, 그것이 행하고 있는 것에 대하여 해명하지 않는다면, 따라서 만일 교의학이 해명하는 노력하기를 피한다면, 혹은 여기에서는 어떤 노력도 쓸데없는 것이라는 결론에 도달할 수밖에 없다면, 교회는 성서의 권위를 내세워 찬송가들, 기도들, 그림들에서 계속하여 천사들에 관하여 말할 권리가 없을 것이다. 교회는 오늘날 아직도 여러 가지 방식으로, 교회가 어쨌든 천사들을 깨끗이 부인하도록 허용하지는 않는다는 사실을 인식하게 한다. 만일 우리가 그 때문에 일단, 이 주제를 해명하려는 노력은 쓸데없는 것이 아니라고 가정한다면, 그 노력이 명백하게 '행하여'져야만 한다: 그리스도인의 개인적인 정직과 양심 때문만이 아니라, 오히려 교회가 선포하는 내용의 신뢰성 때문에 더욱 그렇게 되어야만 한다. 만일 교회가 선포에 덧붙여서만이라도—어쨌든 성서에 그렇게 쓰여 있으므로—스스로가 무엇을 말하고 있는지 알지도 못한 채—아마도 알기를 원하지 않은 채—어떤 것을 말하기를 계속한다면, 대체 어떻게 교회가 세상과 스스로에게 신뢰를 줄 수 있겠는가? 역사비평적 주석에서만이 아니라 교의학에서 "천사론"(Angelologie)은 확실히 어렵고 위험한 시도이다. 그러나 천사론이라는 과제를 회피하려는 교의학은 게으른, 그리고 교회 전체를 위하여 위험한 태만의 죄를 저지르게 될 것이다. 따라서 "인식을 포기하는 것"은 최후의 것, 즉 이 주제에서도 성서의 증언을 참고함으로써 논증되고 요구될 수 있을 최후의 것이다. 우리는 오히려, 이 주제에서도 성서의 증언을 통하여 숙고하도록 우리에게 부과된 그것을 숙고하도록 요구받고 있다.

우리는 동시에 다음의 사실을 의식적으로 명확하게 고려한다: 성서가 천사들을 ('그리고' 그들의 상대역인 악령들을) 언급하고 등장시키는 곳에서는 어디에서나, 우리는 역사적으로 증명할 수 있는 역사(Geschichte)가, 즉 우리에게 알려진 일반적인 세상사의 유추들에 따라서 이성적으로 이해할 수 있는 역사가 역사적으로 증명할 수 없는 '설화'(Sage) 혹은 '전설'(Legende)로 넘어가는 영역에 있다. 즉, 천사들이 다루어지고 있는 성서에서는 우리는 역사의 특수한 형태를 다루는 영역에 있다. 그 역사의 특수한 형태는 그것의 내용과 그 내용의 성격에 따르면 저 일반적인 유추들에 따라서 진행되지 않으며, 따라서 다만 예언적인 상상력에 의해서만 파악될 수 있으며, 이 점에서 다만 자유로운 문학작품의 직관과 언어로만 재현되고 표현될 수 있다.

그런데 바로 이 형태를 지닌, 혹은 이 형태로 넘어가는 형태를 지니고 있는 실제의 역사, 즉 시간과 공간 안에서 발생한 역사가 존재한다. 그 역사가 이런 형태를 지니고 있다는 것은, 그것이 실제의 역사라는 사실에 대한 확신할 만한 반론은 아니다. 그리고 그것은, 역사에 상응하는 설화적 혹은 전설적 보도는 열등한 것 혹은 가치가 없는 것, 진지하게 받아들일 필요가 없는 것이라는 것에 대한 확신할만한 논거는 아니다. 왜 이 상상력도 실제의 역사를 파악해서는 안 되며, 상상력으로 작업하는 문학작품은 실제의 역사에 대한 적절한 묘사가 아니라는 말인가?―왜 그 문학작품이 바로 다음과 같은 역사, 즉 물론 일반적인 유추들에 따라서 이성적으로 파악되지 않는 역사, 따라서 물론 역사적으로 증명될 수는 없는 역사, 그렇다고 해서 실제의 역사보다 덜하지는 않은 그 역사에 대한 적절한 묘사가 아니라는 말인가? 그것 자체가 역사적으로 증명될 수 있는 모든 보도들에 대해서도 그렇게 언급될 수 없는 것과 마찬가지로, 설화와 전설이 모두 실제의 역사와 관련되는 것은 아니다. 그러나 저급한 설화와 전설 외에 올바른(recht) 설화와 전설도 존재한다. 성서에 적용한다면 다음과 같다: 만일 우리가, 성서가 보도하는 어느 역사에서 하나님이 행하는 은혜의 사역과 은혜의 계시가 이루어지는 순간을, 따라서 실제의―우리는 확실히 이렇게 말하고 싶다: 가장 실제의―역사를 시간과 공간 안에서 인식할 계기를 얻는다면, 그렇다면 우리가 이 보도를 설화적인 혹은 전설적인 것으로 간주해야만 한다는 바로 그 사실이, 그 역사의 이러한 성격을 부인하는 계기가 될 수는 없다. 그 역사가 역사적으로 증명할 수 있다는 사실도, 그것이 설화적인 혹은 전설적인 것이라는 사실도, 그것이 지닌 이 성격을 '믿을' 만하게 만들 수는 없다. 우리가 그것을 '믿는다'는 것은, 그것이 하나님이 행하는 은혜의 사역과 은혜의 계시로서 발생하였다는 것을 우리가 인식하는 것에 좌우된다. 따라서 우리가 그것을 '믿는다'는 것은, 만일 우리가 그 인식에 관여한다면, 성령이 우리를 계몽하는 선물이다. 그러나 만일 우리가 이 인식과 선물을 단 한순간만이라도 전제로 한다면, 성서의 역사(Geschichte)는 역사적으로 증명할 수 있는 것이 아니라 설화적 혹은 전설적인 것이라는 그 사실이 그 역사로부터 저 성격을 제거할 수조차 없으며, 그것을 실제의 역사로서 믿을 수 '없게' 만들 수조차 없다. 그 경우에 우리는 바로, 해당되는 보도를 과연 설화 혹은 전설로 간주하기는 하지만 이제는 정말 저급한 것이 아니라 위에서 진술한 의미에서 '올바른' 설화 혹은 전설로 간주하며, 따라서 특수한 형태를 지닌 이 역사를 믿을 만한 것으로 간주하는 계기를 지닌다. '그 대신에' 그 경우에는 물론 다음의 사실도 부정적으로 중요시될 수 '없을' 것이다: 성서 저자들이 그러한 보도들을 형성하는 데에 작용한 상상력은, 다른 것이 기대될 수 없듯이, 그들이 살던 시대의 세계관과 신화에 의하여 결정된 표상들과 이미지들 안에서 활동하였으며, 그 표상들과 이미지들 자체는 거리낌 없이 우리의 것이 될 수는 없으며, 그것들을 우리에게 전달하거나 심지어 강요하는 것은 해당되는 텍스트들이 지닌 의도조차 아니다. 만일 그 텍스트들로부터 '이해하면서' '지식'을 얻는 것이 중요하다면, 우리는 어쨌든 그것들을, 가능한 한, 우리 자신이 살고 있는 시대의 세계관과 신화가 지니고 있는, 우리에게 더 친숙한 표상들과 이미지들을 담은 언어로 번역하려 시도해도 좋을 것이다. 그러나 만일 실제로 '이' 보도들을 아는 것이 중요하다면, 실제로 '그것들'을 이해하는 것이 중요하다면, 그 경우에 우리는―잘 알아두시라: 우리는 그것들을 어떤 현재나 미래의 시대가 지닌 어떤 세계관과 신화의 어떤 언어로는 번역하지 못할지도 모른다!―역사적인 것의 경계를 예언적 상상력으로 뛰어넘지 '않고는', 상상력과 문학작품 '없이는' 우리 편에서 그럭저럭 헤쳐 나가는 것'조차' 원해서는 안 될 것이다. 우리에게 중요한 것은, 설화나 전설을 증명할 수 있는 역사(Historie)로 번역하는 것이어서는 '안' 될 것이며, (어떤 언어에서든) 다만 바로 그 설화나 전설 '자체'를 되풀이하는 것, 즉 그 보도들 안에서 주시되고 있는 '그' 역사(Geschichte)에 어쨌든 적절한 '그' 형태를 회복하는 것이어야 할 것이다. 고대 언어를 현대 언어로 번역할 필요가 있다는 것을 구실로 삼아서 '이' 역사 대신에 '다른' 역사가 끼어들게 되어서는 안 된다. 만일 그렇지 않다면, 번역은 위조로 변질될 것이다. 다음과 같은 것이 훌륭한 규칙일 것이다: 소위 혹은 실제로 오늘날 더 이해하기 쉬운 언어로 '다른' 역사를 말하는 것보다는, 의심스러운 경우에는 차라리 오늘날 이해하기 쉽지 않은 언어로 '이' 역사를 한 번 더 말하는 것이 더 낫다. 성서가 보도하는 하나님의 사역과 계시로 이루어지는 역사는 어쨌든, 그것이 시간과 공간 안에서 발생하는 실제의 역사이기를 원하며 또한 실제의 역사이기 때문에, '또한' 우리가—어떤 언어로든—다만 설화나 전설의 형태로만 직관적으로 그리고 이해할 수 있게 생각하고 말할 수 있는 바로 그 영역과도 관련된다. 어떤 경우에도 이 역사는 성서의 보도에 충실한 모든 번역 안에서도 바로 이 형태를 지닐 것이며, 이 역사가 보도하고 있는 것에 충실한 모든 번역도 이 역사가 관련되어 있는 바로 그 역사적 영역이 가시화되게 해야만 할 것이다.

'천사'들이 출현하는 모든 성서적 맥락들이 의심할 여지없이 이 영역에 속한다. 우리는 심지어—앞으로 더 말하게 될 이유들 때문에—다음과 같이 말해야만 할 것이다: 바로 천사들의 출현들은 엄밀히 말하자면 성서의 역사가 지속적으로 이 영역에 가까이 있다는 것을, 그리고 그 역사가 이 방향에서 넘어가는 일(Übergang)이 은밀히 아마도 지속적으로 발생하고 있다는 것을 분명히 특징적으로 묘사하고 있다. 우리는, 성서에서 천사들에 대한 논의가 훨씬 '더' 많지 않은 것에 대하여 정말 놀라게 될 것이다. 성서의 역사 전체는—한 번 더 말하자면, 그것이 시간과 공간 안에서 발생하는 실제의 역사이기를 원하며 또한 실제의 역사이기 때문에—끊임없이 그 영역으로, 즉 그것 자체가 잘 알려진 세상사의 일반적인 유추들에 따라서는 증명할 수 없으며, 다만 상상력이라는 이해방식에서만 직관하고 이해할 수 있으며, 다만 문학작품의 형태로만 표현될 수 있는 그 영역으로 밀치고 나간다. 그것이 하나님의 사역과 계시로 이루어지는 역사인데, 어찌 그것이 그렇지 않을 수 있겠는가? 그 역사 자체가 하늘과 땅의 주님이 행동하고 통치하는 역사로서, 물론 역사적으로 증명될 수 있는 사건이 발생하는 비교적 좁은 공간 안에서'도' 진행될 수 있기는 하지만, 그러나 그곳에서'만' 진행될 수는 '없으며', 물론 현세의 일반적인 유추들의 범위 안에서'도' 진행될 수 있기는 하지만, 그러나 그 범위 안에서'만' 진행될 수는 '없'다. '천사들'은 말하자면 이 '넘어가는 것'을, 즉 탐구할 수 없는 것이 탐구할 수 있는 것 안으로, 비밀이 잘 알려진 가능성들의 공간 안으로 개입하는 것을 돋보이게 한다. 그러므로 바로 그들이 성서의 '설화'와 '전설'의 두드러진 등장인물들이다. 이 사실을 확인하는 것은 그들에 불리하게 말하는 것이 아니라, 그들의 특수한 실체(Wesen)와 행동을 사실적으로 해명하는 것이다. 이것은 어떤 현대적 사고에 양보하는 것이 아니다. 역사와 설화를 구별하는 것은 물론 현대적 사고가 지닌 가능성이다. 우리는 그 가능성을 사용하지만, 방금 우회적으로 표현한 매우 자유로운 의미에서 그렇게 하는 것이다. 그리고 그렇게 하는 이유는 다만, 그 가능성이 탁월한 방식으로, 바로 여기에서 우리가 다루고 있는 대상의 성격을 해명하는 데에 쓸모가 있기 때문이다. 그런 구별을 알지 못하던 고대 신학에서는 그 성격이 해명될 수 없었다. 천사들은—여기에서는 일반적으로 그리고 형식적으로 언급된다.—성서의 역사가 지닌 '비밀'을 보여주는 두드러진 대표자들이다. 성서의 역사를 하나님이 행하는 은혜의 사역과 은혜의 계시로 이해하는 사람은, 천사들을 다만 이런 일반적이며 형식적인 이유에서만으로도 중요하지 않은 것으로 간주할 수는 없을 것이다. 그와 동시에 바로 다음의 사실이 지적되어야만 한다: 우리는 그들을 성서적 설화와 전설의 등장인물들이라고 부른다.

그런데 이 사실을 확인하는 것은, '인식을 추구하는 신앙'이 천사들 앞에서는 정지해야만 한다는 것, 즉 이 주제에서는 진리에 대한 신학적 질문이 제기될 수 없다는 것을 의미할 수는 없다. 만일 여기에서 그런 일이 발생한다면, 진리에 대한 신학적 질문이란 결코 존재하지 않을 것이며, 신학도, '인식을 추구하는 신앙'도 결코 존재하지 않을 것이다. 왜냐하면—반복해서 말하자면—어떤 방식으로든지 거의 성서의 역사 전체가 적어도 설화 혹은 전설로 넘어가고 있으며, 특히 천사들이 바로 다만 그 사실을 눈에 띄게 할 수 있을 뿐이기 때문이다. 그러나 교의학에서는 바로 다음과 같은 사실을 '이해'하려는 노력이 주요관심사이다: 즉, 성서적 역사의 전체 영역에서—즉 역사적 영역만이 아니라 설화적 영역에서—우리는 하나님이 행하는 은혜의 사역 및 은혜의 계시와 관계가 있으며, 이 점에서 실제의 역사와, 즉 가장 실제적인 역사와 관계가 있다는 사실(daß)을 '이해'하려는, 그리고 어느 정도까지(inwiefern) 그런 관계가 있는지를 '이해'하려는 노력이 주요관심사이다. 바로 그것을 '이해'하는 것, 그리고 그런 의미에서 '진리'에 대한 질문을 제기하는 것이 천사들이라는 문제영역에서도 우리에게 부과된 과제이다. 따라서 우리는, 천사들을 성서적 설화 및 전설의 등장인물들로 간주하는 것으로는 이 과제로부터 벗어날 수 없다. 이로써 우리는 다음과 같은 것을 말하려 했던 것은 아니다: 즉, 우리는 여기에서 빨간 모자 소녀와 할머니와 늑대가 나오는 영역, 아기를 가져온다는 황새, 부활절 토끼, 산타클로스가 나오는 동화의 영역 안에, 즉 성서 작가들이 하고 싶은 대로 상상하고 창작하였을 영역 안에, 그것 안에서는 우리도 아무런 책임을 지지 않고 동일한 즐거움에 빠질 수 있는 그런 영역 안에 있는 것이라고 말하려 했던 것은 아니다. 그것은 정말 우리의 뜻이 아니다. 무의미한 상상력 외에 '의미 있게' 살아 있는 상상력이 존재하며, 터무니없는 문학작품 외에 '규율 잡힌' 문학작품이 존재하며, 이것이 저급한 설화와 올바른 설화의 차이를 식별하게 한다. 그 상상력과 문학작품은 '주제'와 그것의 내적인 질서를 향한 지향성에 의하여 '정돈'된다. 그것들은 그 주제가 지닌 진리로부터 보면 '참된 것'이며, 그렇다면 그 주제에 의하여 그것들도 그것들의 방식으로 그 주제의 진리를 '인식'하고 있는 것이다. 성서 작가들이 지닌 상상력과 그들이 저술한 문학작품의 주제는 어떤 애매모호한 가능성들의 거대한 바다 혹은 안개 자욱한 바다가 아니라, 시간과 공간에서 발생한 하나님에 의한 은혜의 사역과 은혜의 계시를 담고 있는 실제의 역사이다. 이 주제가 그들에게 역사적으로 생각하고 말하게 할 뿐만 아니라, 또한 설화적, 전설적으로 생각하고 말하게 한다. 이 주제가 또한 그들이 예언하는 것, 즉 그들이 상상하고 창작하는 것의 의미와 규율에 근거를 제공한다. 이 주제가 진리이며, 그들은 무슨 일이 있어도 그리고 어떤 형태로도 이 진리를 증언하기를 원하며, 어쨌든 그 주제에 복종한다. 만일 우리가 진정으로 그들의 말에 귀를 기울이면, 우리는 그들이 이 주제에 대하여 말하는 것을 듣게 된다. 그리고 만일 우리가 그들의 증언을 받아들인다면, 우리에게도 다만 이 주제가 지닌 진리에 대한 증언이 주요관심사일 수밖에 없다. 바로, 그들이 설명하는 역사를 하나님이 행하는 사역과 계시의 역사로 우리가 되풀이하여 말하는 것이 주요관심사이어야 하므로, 그리고 그렇게 하는 것이 주요관심사가 됨으로써, 우리는 그들이 역시 그렇게 하였던 것처럼 '생각'하고 '말'하도록 요구받는다. 이 역사는 지속적으로 또한 다른 영역으로도 넘어가고 있으므로, 그들도 그것 없이는 행할 수 없었듯이, 우리는 '예언능력' 없이, '상상력'과 '문학작품' 없이 생각하고 말할 수 없다. 그러나 그 어떤 것에서가 아니라,—또다시 바로 그들을 본보기로 삼아서—이 특수한 역사를 통하여 '정돈되고, 의미로 채워지고, 규율 잡힌' 예언능력, 상상력과 문학작품 안에서 생각하고 말해야 한다. 우리는 천사들에 대해서도 아무런 생각도 하지 않도록 방치되어 있지 않으며, 어떤 몽상이나 백일몽에 사로잡힌 생각을 하도록 자유롭지도 않다. 오히려 우리는 순수한 신학적 인식 안에서 사고하도록 요구받고 있다. 그 인식을 실행하면서 확실히 다음의 사실이 증명될 것이다: 이 영역에서도 게으름은 가능하지 않으며, 예언적인 사고와 말이 없어서는 안 되지만, 그 반면에 모든 것이 허용되지는 않는다; 천사들과 부활절 토끼는 정말로 서로 다른 것이다; 천사들에 관해서도 우리는 그 어떤 것이 아니라, 특정한 것, 즉 한 번 더 칼빈의 말을 인용하자면, "참된 것, 확실한 것, 쓸모 있는 것"(vera, certa, utilia)을 생각하고 말하도록 요구받고 있다.

특별히 잘못된 사례를 통하여, 여기에서 우리가 어떻게 다루어서는 '안'되는지를 분명히 하는 것이 유익할 것이다. 그것을 위하여 나는 칼 하제(Carl Hase)의 천사론을 선택한다. 특히 서술방식의 재기발랄함 때문에 탁월한 교회사가(史家) 칼 하제는 『영지주의』(*Gnosis*, 1827, 제2판은 1869)라는 제목으로 펴낸 그의 신앙론에서 천사론을 제시하였다. 천사들에 대한 그의 성서적 연구보고들은 더 깊은 공감이 완전히 결여되어 있으며, 그의 역사적(historisch) 연구보고들은 여기에서도 실제로 흥을 돋우며, 서술 방식이 재미있다. 그는 이 역사적 연구보고들(제1권, 485쪽 이하)의 마지막을 다음과 같은 "최종평가"로 장식하였다: 그것이 천사들이든 악마들이든, 자연과 은혜에 의하여 인간의 영성보다 더 높은 영성을 지닌 존재들이 비록 문제가 있기는 하지만 과연 생각될 수는 있다. 물론―"과거의 순진한 세계관"은 효력을 상실하였으므로―찬양하며 노래하는 천사들에 둘러싸여 있는 하나님의 왕좌가 있는 하늘과 같은 어떤 것은 불가능하다.("덧붙여 말하자면, 그렇게 끊임없이 찬양을 받는 것은 하나님에게 매우 지루하게 될 것이다.") 아무리 그들이 존재한다고 해도, 물론 그 존재들은 본래 종교에 속하지 않는다. "그러므로 마치 다른 천체들에 대하여 혹은 달에 살고 있는 인간에 대하여 그렇게 할 수 없는 것처럼, 그들에 대하여 신앙적 결정을 내리는 것은 결코 기대될 수 없다." "만일 우리가 확고한 마음으로 하나님의 섭리에 맡긴다면, 그 섭리가 또한 언젠가는 그 섭리의 통치를 천사를 통해서 실행되게 하는지 혹은 그렇지 않은지가 왜 중요하다는 말인가!" 괴테가 라바터(Lavater)에게 다음과 같은 글을 써 보낸 것은 옳았다: "당신이 천사들이라 부르는 것을 나는 정신적 평온이라고 부릅니다." 그렇다면 이 불확실한 존재들에는 무엇이 남아 있는가? 그들은 "그들의 가능한 현존에 따라서, 그들의 시적인 내용, 종교적 연상(聯想)들에 따라서, 그들에 대한 전승 방식에 따라서 거룩한 설화군(群)"을 형성한다. "그들이 실제로 현존하는가?"라는 질문에 대한 어떤 종교적 관심도 존재하지 않더라도, 그들은 상상력에 어떤 종교적인 그리고 종교에 유사한 '관념들'을 '감각적으로 구체화'할지도 모르며, "품위 있는 황홀에" 시와 역사 사이의 중간에서 떠돌지도 모른다. "아름다운 것에 대한 열정을 지니고 있으며 이상적인 것들을 믿는 사람은, 기꺼이 천사들에 대하여 생각할 것이다. 우리보다 더 나은, 그래도 친절하게 인간의 기쁨과 슬픔을 함께 나누는 살아 있는 존재를 갈망하던 자들이 아마도 그 고요한 밤에 맨 먼저 천사들이 부른 찬양노래를 들었을 것이다: 높은 곳에 계신 하나님을 찬양하라…!" 특히 개인의 수호천사에 대한 믿음은 하제의 견해에 따르면 완전히 배척해야 할 것은 아닐 것 같다: "어린 시절에 그런 존재와 교제하면서, 자신의 정신이 보호받고 있다는 상상을 하게 된다. 유능한 각 사람 위의 높은 곳에는 그의 이념이 서 있다. 남자는 그 이념을 자의식을 갖고 바라보곤 하며, 그 이념 안에서 스스로를 존중하곤 한다. 자신이 지닌 정신의 아름다움에 대하여 의식하지 못하는 순진한 소녀는 그 남자 안에 있는 그 이념을 사랑하는 경향이 있다." 철학자 야코비(Fr. H. Jacobi)의 말이 인용된다: "엘로이즈(Heloise, 프랑스 여자 이름. 12세기 프랑스에서 노트르담 주교학교 교수인 아벨라르와 21세 연하의 제자인 엘로이즈 사이에서 발생한 유명한 연애스캔들은 결국 비극으로 끝나고 말았다.―역자 주)가 그처럼 숭고하게 사랑하였던 그 대상은 확실히 이 위대한 사랑을 온전히 받을 만한 가치를 지니고 있었다: 그 대상은 그녀의 연약한 영혼을 형성해 주었으며, 그 영혼을 더욱 아름답게 하였으며, 그 영혼에 날개들을 달아주었다.―그것은 아벨라르(Abaelard)가 아니었다!" 그러나 하제는 더 잘 알고 있다: "그래도 그것은 아벨라르였다! 그는, 포부가 대단했던 정신이 그의 시대와 투쟁하면서 갈기갈기 찢겨진 그런 존재가 아니라, 그의 신학에서나 그의 사랑에서 다만 그가 무엇이었는지 그리고 그가 무엇으로 되어야 마땅한지에 대한 예감만을 진술하였던 고귀하고 영원한 정신이었다." 그리고 그는 다음과 같이 계속하여 말한다: "우리 자신의 미래 그리고 미화된 친구들에 대한 표상은 천사들의 이미지로 표현된다. 시험받을 때에, 어머니에 대한 기억 혹은 그밖에 사랑하는 사람에 대한 기억이 수호천사가 된다." 그는, 스콜라 철학의 천사론은 천사들을 "형이상학적 박쥐들"로 만들어버렸다고 비난하고, 그 천사론과 성서적, 교회적 전승 전체에 대하여 다음과 같이 요약하여 가르친다: "천사들은 시인이며 화가에 소속되어 있는데, 그것은 아동기와 청소년기의 아름다움을 이상적으로 표현하기 위한 것이다. 토마스 아퀴나스를 그린 성화에 등장하는 천사들은, 라파엘이 그린 두 꼬마천사들에 비하면 심지어 무례한 존재들이다. 그 두 꼬마천사들은 그들의 작은 팔에 기대어 생각에 잠겨 라파엘이 그린 성모마리아를 우러러보고 있다. 이 세계가 지금까지 보았던 가장 아름다운 것이 그들의 천진한 커다란 눈에 비치고 있는 것이다. 예술작품은, 꽃들이 없는 봄을 묘사할 수 없듯이 그렇게, 천사들 없이는 하늘을 묘사할 수 없다." 비슷한 웅변술로 하제는 끝으로, 후하게 사방팔방으로, 또한 시와 예술과 수사학의 그리고 무엇보다도 통속적으로 많이 쓰이고 있는 언어의 "영웅적이며 동시에 유머가 있는" 인물인 악마에 대해서도 그것의 "당연한 권리"를 인정하였다.

　우리는 이 모든 것에 대하여 대체 뭐라고 말해야 한다는 말인가? 물론—예컨대 오페라 "제킹엔의 트럼펫 연주자"(Trompeter von Säckingen, 농민반란을 진압한 귀족청년이 영웅으로 되는 내용을 담고 있음—역자 주)가 유행하던—19세기는 그 시대의 죄악이 한창 무르익었던 때이다. 물론 우리는 다음의 사실을 이상하게 생각할 수 있다: 하제는, 그가 실제의 천사들이 지닌 생명의 등불을 꺼버리고 그 대가로 겉만 번드르한 이 모든 저속한 내용을 기록한 후에, 분명히 자기 자신을 기이하게 여기지 않았으며, 그의 조롱하는 말투들 가운데 하나라도 어쨌든 자기 자신과 그의 작품으로 향하게 하는 기회를 찾지 못했다. 그러나 이 문제는 심각한 측면을 지니고 있다. 하제는 어떻게 이 기이한 "최종 판결"에 이르게 되었을까? 엄밀히 말하자면 이미 그렇게 함으로써, 그의 경우에는 다음의 사실이 명백해졌다: 그는 구약성서와 신약성서("히브리 종교"와 "원시 그리스도교")의 관련 본문들을 과연 알기는 했지만, 아마 성서 메시지와 그 본문들의 내용의 관련성에 대한 관심은 전혀 없이, 즉 진리에 대한 신학적 질문을 제기하지 않고, 그 본문들의 내용을 기록했을 뿐이다. 이미 그 성서본문들을 거만하게 웃으며 기록하였을 것이며, 그가 그 본문들로부터 출발하여 고대교회, 중세시대, 종교개혁기, 정통주의 시대, 계몽주의 시대, 낭만주의 시대에 제시된 주장들에 이르렀을 때에, 그 웃음소리는 더욱더 커질 수밖에 없었을 것이다. 그는 마침내 아마 처음부터 확정된 결론에 도달하기 위하여, 즉 그가 성서와 교회의 과거 역사에서 발견하였던 것처럼 그렇게, 역사 전체는 세계관적으로는 종교적이지만 실제로는 아무것도 아닐지도 모른다는 결론에 도달하기 위하여, 어디에서나, 순수한 역사가의 호기심 많고 빈정대는 냉정한 태도로 진기한 것들을 찾아내고 강조하였다. 그러나 이처럼 지적인 욕구부재나 불쾌감을 보여주는 특별히 나쁜 사례에서, 하제는 아마도, 우리가 후에 다룰 신학자들처럼 사변적으로 재구성하면서, 혹은 그의 동시대인인 슈트라우스(D. Fr. Strauß)처럼 혹은 우리 시대의 새로운 가공할만한 진지성을 지닌 불트만(R. Bultmann)처럼, 이 영역 전체를 단호하게 삭제하면서 밖으로 뛰쳐나가기를 감행할 수 있는 데에까지는 미치지도 못했다. 오히려 그가 주장하는 것은, 대담하지 조차 못하며 미학적 관점에서 형상화한 아주 평범한 공상을 담은 천사론, "거룩한 설화군(群)", 그리고 "품위 있는 황혼"이다. 그 "품위 있는 황혼"에 그 신학자는, 비난받는 성서와 교회사보다 더 잘 말해야 하는 순간에, 유능한 각 사람 위에 높이 떠 있는 이념을, 아벨라르와 엘로이즈를, 미화된 친구들을, 어머니에 대한 기억을, 라파엘이 그린 꼬마천사들의 천진한 커다란 눈들을, 그리고 그 누구도 모를 무엇인가를 생각해 낸 것이다. 그가 수수께끼에 대한 옛 해답 대신에 새로운 해답으로 제시하였던 것은 다름 아니라 바로 이러한 새로운 진기한 것들이었다! 참으로, 여기에서 혹은 여기와 비슷한 곳에서 끝내기를 원하지 않는 사람은, 처음부터 하제가 취하였던 것과는 다른 태도를 취해야만 할 것이다. 바로 그가 그의 교의학을 『영지주의』라는 제목으로 집필하려 했다는 것은 기묘한 일이다! 성서의 증언을 통해서 다름 아니라 숙고하고 이해하도록 부름 받은 것이 '아니라', 다만 기록하도록, 따라서 영지에 이르도록 부름 받은 것으로 여기는 사람에게는, 성서 안에서 그리고 그 밖에 다른 곳에서 바로 이 주제에 대하여 언급된 것이 자의적이며 무의미한 것으로 간주될 수밖에 없을 것이다. 그 경우에 그 자신도 더욱더 큰 자의적인 것과 더욱더 강력한 무의미한 것을 만들어 낼 수밖에 없다는 것이 확실히 증명될 것이다. 단지 잘 아는 체하면서, "나는 '이해하기 위하여' 믿는다."라는 명제를 실행하지 '않기로' 아마 처음부터 결심했다면, 그는 아마 이 주제 영역으로부터 손을 떼는 일을, 그렇지만 그렇게 한 후에는 아마도 동시에 교의학의 영역 전반으로부터 손을 떼는 일을 더 잘 처리할 수 있었을 것이다. 그렇게 되지는 않을 것이다.

3. 만일 천사론이 '신학적' 특성을 지녀야 한다면, 따라서 교회의 신앙과 선포를 위하여 의미심장한 것이어야 한다면 ─ 우리는 또한 다음과 같이 간단하게 말할 수도 있을 것이다: 만일 그것이 실질적으로 견고한 토대 위에서 움직여야 한다면, "나는 '이해하기' 위하여 믿는다.'"라는 명제 안에서 드러난 순서와 관계와 결과는 엄격하게 존중되는 것이 필요하다. 그 어떤 "이해하기"가 아니라, 천사들이 그리스도교 신앙의 대상과 관계가 있다는 점에서 그들을 이해하는 것이 주요관심사이므로, "이해하기"는 그 어떤 지식에 대한 욕구로부터가 아니라, 그리스도교 신앙으로부터 요구된다. 그리고 그것은 그 어떤 본보기에 근거를 두고 있는 것이 아니라, 이 관점에서도 그리스도교 신앙에 주어져 있는 것에 근거를 두고 있다. 그러나 다시 말하자면, 여기에서 불가피한 것은, 예수 그리스도 안에서 이루어진 하나님의 사역과 계시의 증언인 성서에서 우리에게 미리 제시된 것과 같은 그 천사들에 대한 '그' 관념 및 '그' 개념과 씨름하는 것이다. 따라서 다음과 같은 일이 진행되지는 않을 것이다: 우리가, 천사는 어떤 존재일 것 같다고 여겨지는 그 무엇에 대한 그 어떤 관념과 그 어떤 개념을 그 어떤 근거들로부터 정립하고 난 후에, "이것이 성서에서도 논의되고 있는 그 천사들이며, 그들의 본성과 실존과 행위가 하나님의 사역 및 계시와, 따라서 그리스도교 신앙의 대상과 관련되어 있다는 사실이 받아들여져야 한다."고 생각하고, 그 사실로부터, "믿는다"는 것은 어떤 의미에서는 이 존재에 대한 신앙을 의미한다고 추론하고, "이해한다"는 것을 일관성 있게 이 존재에 관련시키고, 신학적 과제를 이 존재를 이해하고 해명하는 데에서 찾는 식으로 진행되지는 않을 것이다. 여기에서도, 천사들이 아마도 어떤 존재일 것이며 그럴 것

이 틀림없을 것이라고 추측되는 것과 관련하여 어떤 다른 곳에서부터 — 그것이 설령 어디에서 유래할지라도 — 이미 형성된 전이해를 갖고 이 주제에 접근하는 "으뜸가는 거짓말"(근본적인 오류 — 역자 주)을 하는 잘못을 저질러서는 안 된다. 오히려 우리는, "처음부터" 이 주제에 대하여 성서의 증언으로부터 경청할 각오가 되어 있어야만 한다: 만일 신학이 그 어떤 높은 곳에서 혹은, 우리가 방금 보았던 것처럼, 어쩌면 또한 깊은 곳에서 방황하는 영적 인식(Gnosis)으로, 즉 이 좋은 개념이 지닌 나쁜 의미에서 영적 인식으로 변질되지 않으려면, 그것도 역시 더욱 근본적으로 성서의 증언으로부터 가르침을 받아야만 한다. 만일 우리가 저 "으뜸가는 거짓말"을 하는 잘못을 저지른다면, 수많은 질문들과 어려움들에 휩쓸려 들어가게 되는 것을 이상하게 여겨서는 안 된다. 그 많은 질문들과 어려움들은 이미 옛 정통주의 교의학의 천사론을 은밀히 괴롭혔으며, 그 밖에도 아주 많은 것들을 밝히 드러낸 계몽주의의 태양 아래에서는 파괴적인 것으로 되었고, 결국 이 주제 전체를 특별히 비방하였으며, 이 주제는 오늘날도 여전히 그 비방을 받고 있다. 그것들은 성서에서 천사들의 실존과 사역도 포함하는, 하나님의 사역과 계시에 대한 증언으로서 밝혀져 있는 것으로부터 유래하는 것이 아니라, 바로 다음과 같은 전이해로부터 유래한다: 그 전이해를 수단으로 하여 이미 옛 시대에 신학자들은, "이해하기" 위하여 필요한 노력을 직접 이 증언 자체로 향하도록 하는 대신에, 그 증언에 대한 이해를 쉽게 할뿐만 아니라, 바로 그 이해를 마련해 주기를 원했다. 그것들은 잘못된 번역으로부터 유래하는데, 그 번역으로 신학자들은 이미 옛 시대에 — 물론 가장 좋은 의도로 — 천사들에 대한 성서의 관념과 개념에 더 쉽게 접근하기를 원했다. 성서의 원칙을 바로 이 주제에 적용할 때 특별히 엄격해야 하는 이유가 있다. 왜냐하면 그 전통은 바로 이 주제에서 불행한 전통이었으며, 그 전통을 내세움으로써, 후에 발생하였고 오늘에 이르기까지 작용하고 있는 그 재앙이 준비되었을 뿐만 아니라, 더욱 나쁜 것은, 여기에서 얻을 수 있는 긍정적인 교훈이 방해받았으며 파묻혀 버렸기 때문이다. 우리는 이 두 가지 잘못들을 예방해야 한다. 성서에 증언된 하나님의 말씀에 대한 믿음 안에서 이해하도록 부과된 다른 모든 것들과 마찬가지로, 천사론은 이해하기 어렵다. 심지어 우리는 이렇게 말할 수 있다: 천사론은 이 영역에서 그 밖의 다른 것들보다 이해하기가 더 어렵지는 않으나, 그래도 이해하기가 아주 특별한 방식으로 어렵다. 우리가 엄격하게 성서를 고수하고, 엄격하게 '그것의' 증언을 우리가 해명하기 위해 노력하는 주제로 삼음으로써, 우리는 그 작업을 중단할 것이며, 남아 있는 질문들도 역시 거리낌 없이 충분한 것으로 여길 것이다. 그러나 사람들이 천사들에 대하여 숙고하고 말하기를 원했지만, 동시에 성서가 우리에게 가리켜 보이는 방향과는 전혀 다른 방향으로 바라보았기 때문에 이 주제에 짐 지워진 그 어려움은 그 주제가 지닌 정당하고 필요하고 제거될 수 없는 어려움과 구별되어야 한다. 우리는 그런 이유에서 점점 불어난 불필요한 짐을 내버릴 수 있으며, 또한 그렇게 해야만 한다. 그렇게 하면, 우리는 다음의 사실을 알게 될 것이다: 우리는 근대에 어느 정도 일반화된, 이 주제 자체를 회피하는 경향성에 동조할 어떤 이유를 갖고 있지 않다. 그러나 바로 다음의 사실이 중요하다: 우리의 관심사는 우리가 불필요한 어려움들로부터 벗어나는 것만이 아니라, 무엇보다도 이 주제에서 진리를 다시 밝히는 것이다: 즉 저 재앙에서, 그 영역 전체를 부정하는 어느 정도 일반화된 저 풍조에서 비로소 파묻히게 된 것이 아니라, 그 이전에 그 영역이 긍정되던 그 방식에 의하여, 긍정적으로 언급되던 그 방식에 의하여 이미 파묻혔던 그 진리를 다시 밝히는 것이다.

그러나 한쪽의 관점에서도 다른 쪽의 관점에서도, 우리가 이해하고 해명하려는 시도에서 대상이 지니고 있는 '본래의' 형태를 고수하는 것 외에는, 아무것도 도움이 되지 않는다. 천사들은 성서의 증언 안에서 본래의 형태를 지니고 있다. 그 형태에서 그들은 그리스도교 신앙의 주제에 속한다. 그 형태에서 그들은 불합리한 존재들이 아니며, 우리가 원하는 대로 새로운 해석을 붙이고, 부정하거나 우리 자신이 만들어낸 진기한 것들로 대체할 수 있을 단순히 진기한 존재들도 아니다. 그 형태에서 인식될 때, 그들은, 본래 그리스도교 신앙에 없어서는 안 될 신앙의 한 차원을 바라보는 통찰을 열어 놓는다. 교회와 그것의 선포는 교회의 신앙이 지닌 이 차원들 없이 임시방편으로—그러나 틀림없이 교회가 손해를 보고, 그리고 틀림없이 또한 교회에 중요한 어떤 것이 부족하다는 것을 어렴풋이 의식하면서—하나님의 인내 아래에서 (하나님의 인내는 교회의 다른 결점들도 허용한다!) 그럭저럭 살아남을지도 모른다. 그러나 만일 우리가 이 차원을 아는 지식을 회피하는 대신에 마음을 열고 그것을 받아들인다면, 우리는 그 지식에서 해방과 풍부하게 하는 것을 발견하게 될 것이며, 만일 우리가 일단 그것들을 발견했다면, 틀림없이 더 이상 그것들 없이 지내기를 원치 않을 것이다. 그리고 만일 그리스도교가, 스스로가 이제 최상의 경우에 경건을 위하여 포기하지 않고 어떻게 해서든지 억지로 짊어지고 가는 이 주제가 지닌 독특한 실재성을 실제로 신앙 안에서 다시 알아볼 수 있다면, 그것이 그리스도교에 대하여 그리고 세계에 선포하는 그리스도교의 말씀에 대하여 무엇을 의미할 수 있을 것인지는 결코 예측할 수 없다. 그러나 그리스도교가 이 주제가 지니고 있는 '본래의' 형태를 다시 알아보게 되는지의 여부에 모든 것이 달려 있다. 우리는 바로 이 형태에, 즉 천사들에 대한 성서의 증언에 우리의 주의와 노력을 기울여야만 한다.

그러나 이 서문에서는, 우리가 이 점에서 '거리를 두어야'만 하는 가능성들을 지닌 몇 가지 고전적인 사례들을 통하여 우리의 입장을 분명히 해두는 것이 현명할 것이다.

벌써 2세기의 '변증가들'(그리스도교에 대한 비난에 대응하여 그리스도교를 변호하는 저술들을 남긴 저자들—역자 주)의 경우에 모호한 입장을 벗어난 것처럼 보인다. 가령 이방인들이 제기한 비난, 즉 교회가 무신론의 입장에 서 있다는 비난에 대하여 유스틴(Justin, *Apol. I*, 6)은, 그리스도인들이 사실상 얼마나 많은 신적인 존재들을 존경하고 숭배하는(σεβόμεδα καὶ προσχυνοῦμεν)지를 확언하면서 다음과 같이 열거하고 있다: 모든 악의로부터 자유로운, 정의와 사려 깊음과 다른 모든 미덕들의 아버지인 진정한 하나님, 우리에게 그런 것을 가르치는 아들, 그리고 그를 따르며 그와 유사한 다른(!) 천사들의 큰 무리, 끝으로 예언하는 영. 그리고 더 심상치 않은 것은 아테나고라스(Athenagoras, *Leg. pro Christ*. 10)의 다음과 같은 주장이다: 그리스도인들의 신학은 삼위일체 하나님에 대한 신앙고백에서 머물러서는 안 된다; 오히려 우리는 또한, 세계의 창조자인 하나님이 그의 말씀을 통하여 자연의 기본요소들 위에, 하늘과 우주와 그 우주 안에 있는 모든 것 위에, 그리고 이 모든 것의 질서 위에 배치하였으며, 그 모든 것보다 상위에 두었던 "천사들과 종들의 풍부함"에 대해서도 신앙을 고백한다. 그리고 다른 곳에서(위의 책, 24) 다음과 같이 언급한다: 우리가 하나님과 아들을, 즉 그의 말씀을, 그리고 성령을 신앙고백하듯이…, 그렇게 우리는 또한, "물질" 위에서 그리고 그것을 통하여 지배하고 있는 다른 "세력들"도 고려한다. ― 구약성서와 신약성서의 천사론에 비하여 벌써 여기에서 몇 가지가 새롭고 기이하다: 유스틴이 (*Dial. c. Tryph*. 128에 따라서 암시된) 그리스도를 그와 동일한 무리들의 우두머리인 "천사"로 이해하는 것, 유스틴과 아테나고라스가 천사들이 삼위일체 하나님과 함께 그리스도인들의 신앙고백의 대상, 즉 존경과 숭배의 대상이라고 가정하는 것, 특히 아테나고라스가 (『헤르마스의 목자』[*Pastor Hermae*] *Vis.* III 4, 1에서도 눈에 띄는) 천사들의 기능을 중재하는 세계원리들로서 상상하는 것을 자명하게 여기는 것은 기이한 것이다.

그 후 교부들은 성서의 노선으로부터 명백히 벗어난, 아마 전혀 다른 출처로부터 영향을 받은 숱한 유사한 주장들을 제시하였다. 이어서 제시된 모든 주장들에서 결정적인 사실은, 천사들의 실존과 존재를 하늘에 있는 하나님의 사자들로서 그들이 지닌 기능 외에 다른 곳에서도 찾는 것이 가능하며, 허락되며, 불가피하다는 가설이 발생하였고 곧 바로 자명하게 우세하게 되었다는 것이다. 그 일은 확실히 형식논리에 대한 자연스러운 욕구에서 발생하였다. 그러나 그 일은 결코 성서적 증언의 의미에서 그리고 그 증언의 모범에 따라서 발생한 것이 아니었다. 사람들이 이제 점점 더 천사들의 '본성'에 대하여, 즉 그들이 "천사들", 곧 하나님의 사자들이라는 사실 이전에 그리고 그 사실을 제외하고, 이 존재들 자체가 무엇일 것인가에 대하여 알기를 원했고 그리고 알 수 있다고 여겼을 때, 그 일은 이런 낯선 관심사의 지배 아래에서 발생하였다. 여기에서 주요관심사였던 근본적인 혁신이 아우구스틴(Augustin, *Enarr. in Ps*. 103, 1, 15)에 의해 도입된 것은 아니기는 했지만, 그에 의하여 바로 다음과 같이 고전적으로 공식화되었다: "그러나 천사들은 '영들'이다'; 그리고 영들이 존재할 경우에, 그들이 [심부름꾼들이라는 의미에서] '천사들'은 '아니'다; 만일 그들이 파견된다면, 그렇게 그들은 '천사들'로 '된다.'" 즉, "천사"는 하나의 그 '직무'이며, 독특한 이름의 본성이 아니다. 만일 당신이 이 '본성'을 지닌 이름에 대하여 질문한다면, 그는 '영'이다: 만일 당신이 그 '직무'에 대하여 질문한다면, 그는 천사이다: 그가 '존재'하는 것에 의하여, 그는 '영'이다: 그가 '행'하는 것에 의하여, 그는 '천사'이다."

이제 사람들은 피조물의 형태로 존재하는 특별한 종(種, Spezies. 생물 분류의 기본단위 ― 역자 주)의 존재인 천사들에 대하여 관심을 기울였다. 벌써 일찍이 천사들은 인간의 영적인 구성요소에 의거하여 인간이라는 종(種)과 한 속(屬, Genus. 생물 분류단위로서 種보다 상위개념 ― 역자 주) 안에서 함께 파악될 수 있다고 여겨졌다: 이레네우스(Irenäus, *Adv. haer.* IV 37, 1)는 우선 다만, 천사들과 인간들은 선과 악 사이에서 "선택의 자유"(potestas electionis)를 부여받았다는 관점 아래에서만 그렇게 생각하였는데, 이 관점은 그를 따르는 모든 사람들도 고수하였다; 유세비우스(Euseb, *Demonstr. evang.* IV, 1)의 견해도 마찬가지로 후대에 전형적인 것이 되었는데, 그는 더욱 멀리까지 거슬러 올라가는 관점, 즉 하나님에 의하여 그 자신이 지니고 있는 이성적인 영적 존재와 공동체를 이루도록 창조된 "이성을 부여받은 피조물"(λογικὴ κτίσις, 곧 rationalis creatura)이라는 관점 아래에서 그렇게 생각하였다. 영적이며 이성적인 자연으로서 서로 긴밀한 관련을 맺으면서 피조물은 (Gregor v. Nyssa, *De or. domin.* 4에 따르면) "육체가 없는 자연"과 "육체를 지닌 자연"으로, 즉 천사들과 우리 인간들로 나뉘어졌다. 천사들과 인간들이 (Gregor d. Gr., *Moralia* IV 3, 8에 따르면) 지니고 있는 본래의 그리고 최고의 운명은 하나님을 인식한다는 사실에 있다. 그러므로 인간들의 본성에 비하여 천사들의 본성이 지니는 특수성의 핵심은 다음의 사실에 있다는 것이다: 천사들은 육체를 지니고 있지 않으며 비(非) 물질적이다. ─ 하나님만이 절대적으로 육체를 지니고 있지 않으며 비물질적이므로(Joh. Damasc., *De fide orth.* III, 2), 하나님에 대한 관계에서는 설령 그렇지 않다고 할지라도, 어쨌든 우리에 대한 관계에서는, 천사들은 어쨌든 거의(Gregor v. Naz., *Or.* 28, 31) 육체를 지니고 있지 않으며 비(非)물질적이다. 그들은 ─ 이러한 사실을 조건부로 ─ 순수하게 영적인 존재들이라는 것, 따라서 당연히 눈에 보이지 않으며 죽을 수 없는 존재들이라는 것이 이제 지배적인 견해로 되었으며, 그들은 흔히 불의 순수함과 비교되었다. 나지안주스의 그레고리(Gregor v. Nazianz)는 신화적으로 그리고 동시에 철학적으로 다음과 같이 훌륭하게 서술하였다: 어떻게 영원한 자비(Güte)는 고독하게 자기 자신을 "관찰"하면서 움직이는 것으로 만족하지 않았는지, 어떻게 그 자비의 선함이, 자비로서 그것의 본질에 상응하게, 유포되고 흘러나와야만 했는지, 어떻게 그것이 참으로, 로고스 안에서 활동하고 정신 안에서 완성하면서, 천사들의 권세들과 하늘의 권세들을 생각해냈는지, 그리고 어떻게 신(Gottheit)이 이렇게 생각하는 활동에서, 그에게 종속된, "태초의 탁월한 종들"로서 "지적인 영들"이, 즉 우리가 불로서 혹은 육체가 없고 비물질적인 자연으로서 혹은 이러한 묘사들과 유사한 자연으로서 이해해야만 하는 그 영들이 창조되었는지를 서술하였다. 그리고 아우구스틴(*De Gen. ad lit.* IV 32, 49)은 천사들의 이성이 지닌 특징을, 순수한 사랑 안에서 하나님의 말씀에 좌우되는 이성으로 묘사하였다. 왜냐하면 그들의 이성은 모든 것들을 무엇보다도 먼저 이 말씀 안에서 인식하도록, 즉 "선험적으로" ("아침의 인식"으로서) 인식하도록 만들어졌으며, 모든 것을 이 말씀에 의하여 창조된 것들로서 비로소 (따라서 "후험적으로", 즉 "저녁의 인식"으로서) 인식하도록 만들어진 것이 아니었기 때문이라는 것이다. 그것들의 이성은 오히려 이 두 가지 인식형태들을 포함한다. 물론 창조된 이성인 그것도 하나님 자신의 모습 자체를 인식할 수는 없으며, 다만 그것의 능력에 따라서만 인식할 수 있을 뿐이다.(Cyrill v. Jerusalem, *Kat.* 6, 6) 그러므로 개신교 정통주의(예를 들면, J. Wolleb, *Theol. chr. comp.* 1626 I cap. 5, 3) 시대에 이르기까지도 천사들은 다음과 같이 정의될 수 있었다: 천사들은 "인식하는, 육체가 없는 영들"이다. 하나님이 그 후의 교회언어에서 자주 "영적인 피조물과 육체를 가진 피조물"의 창조주로 표현된다면, 그것은 그 사실로부터 이해되어야 한다. 그 경우에 영적인 피조물이라는 개념에서 사람들은

1215년에 개최되었던 제4차 라테란 종교회의(Denz. 428)의 명시적인 해석에 따라서 "천사인 피조물"을 생각해야만 했다. 이런 기본적인 규정으로부터 출발하여 당연히 질문들과 그것들에 대한 대답들이 계속될 수밖에 없었으며, 언제나 성서로부터 멀리 벗어날 수밖에 없었다. 어떻게 이 존재들이 '거룩'하며, 본질상 하나님에 대한 특별한 관계 안에 있게 되는 것인가? 이 질문에 대하여 바실리우스(Basilius, De spir. s. 16, 38 등)와 다른 사람들이 다음과 같이 대답한 내용에서 우리는 성서의 내용과 유사한 흔적을 확인할 수 있다: 천사들이 그렇게 된 것은 결코 그들의 본성 탓이 아니라, 그들이 성령을 통하여 특별한 성화(聖化)를 받았고 그것을 보존했기 때문이다. 질문은 계속된다: '공간'에 대한 그들의 관계는 어떤가? 테르툴리안(Tertullian, Apol. 22)은 조금 더 경솔하게 다음과 같이 확언할 수 있다고 여겼다: "그들은 즉시 도처에 존재하며, 지구 전체가 그들에게는 유일한 장소이다." 그 후에 아타나시우스(Athanasius, Ad. Serap. I, 26)의 다음과 같은 견해가 우세하게 되었다: 그들은 결코 하나님처럼 편재하지는 않으며, 활동의 자유에도 불구하고 다만 여기에 혹은 저기에 있을 뿐이다. 다메섹의 성 요한(John Damascene, De fide orth. II, 3)에 따르면, 그들은 육체를 지니고 있지 않으며 비(非) 물질적이어서 제한되지는 않지만, 어디에도 그리고 무엇에 의해서도 저지되지는 않지만, 특정한 장소에, 따라서 제한된 장소에 있으므로, 만일 그들이 하늘에 있으면, 땅에는 있지 않으며, 반대로 땅에 있으면, 하늘에는 있지 않다. 알렉산드리아의 디두모(Didymus Alex., De trin. II 6, 2. 디두모는 서기 4세기 알렉산드리아 지방의 맹인이었으나, 당시에 가장 학식 있는 사람들 가운데 한 사람이었다. 그는 아타나시우스의 삼위일체론을 지지하였다. ─ 역자 주)에 따르면, 그들은 하나의 "한계를, 확고하게 한정된 권세"를 지니고 있다. 질문이 계속된다: 이 존재들 사이에 품격과 권력의 상이성들과 등급들이, 즉 그들에게 본질적인 '질서'가 존재하는가? 성서에 나오는 천사들의 다양한 명칭들에 비추어 그리고 아마도 또한 마찬가지로 하나님의 "군대들"에 대한 성서의 언급에 비추어(그러나 분명히 이런 이유에서만은 아니다), 이 질문은 이미 오래전에 아레오파고스 법정의 재판관 디오니시우스(Dionysius Areopagita, 사도행전 17:34에 바울에 의해 그리스도인이 된 디오누시오. 그의 이름을 따서 500년 무렵에 집필된 『디오니시우스의 위서(僞書)』[Ps. Dionysius]는 그리스도교에 신플라톤주의를 도입하는 큰 원천이 되어 서구 사상에 커다란 영향을 주었다. ─ 역자 주)에 의해 긍정적으로 대답되었다. 그리고 아우구스틴은 이런 질서는 알고 있지 않다고 선언한 반면에, 히에로니무스(Hieronymus, Apol. adv. Ruf. I, 23)는 그것에 대하여 약간 알고 있다고 암시하였다. 내가 보기에, 일종의 신중함이 여기에서 역시 아레오파고스 법정의 재판관에 의하여 비로소 깨뜨려졌다. 천사들이 그들이 지닌 전혀 다른 본성에도 불구하고 인간과 함께, 하나님을 제외한 존재자를 구성하는 잘 알려진 요소로, 즉 피조물 세계의 잘 알려진 구성요소로 간주되게 되었으므로, 역시 다음과 같은 질문도 제기되어야만 했다: 왜 모세오경에 나오는 '창조이야기'에는 그들이 언급되지 않았는가?; 이 본문의 어느 곳에 그들에 대한 창조가 암묵적으로 포함된 것일까? 만일 여기에서, 개괄적으로 하늘과 땅 그리고 "그것의 무리들 전체"(ihrem ganzen Heer, 한글 새번역 성서에는 "그 가운데 있는 모든 것"으로 번역됨 ─ 역자 주)에 대하여 언급하고 있는 창세기 2:1을 근거로 제시하기를 원하지 않는다면, 혹은 만일 그들에 대한 창조가 창세기 1:3의 빛 창조 안에 포함된 것으로 여기기를 원하지 않는다면, 암브로시우스(Ambrosius,

Hex. I 5, 19)처럼 다음과 같이 설명할 수밖에 없었다: 피조물들로서 그들도 과연 시작이 없을 수 없긴 하지만, 그들은 반드시 (욥기 38:7에 "그 날 새벽에 별들이 함께 노래하였고, 하나님의 아들들은 모두 기쁨으로 소리를 질렀다."고 기록되어 있으므로) 그 밖의 우주를 창조할 때에는 이미 거기에 있었다. 혹은 같은 구절을 내세워 에피파니우스(Epiphanius, *Adv. haer.* 65, 5)처럼 이렇게 언급되었다: 그들은 과연 천체들보다 뒤에 창조될 수는 없었겠지만, (왜냐하면 하나님이 태초에 하늘과 땅을 창조하였으며, 그것들 이전에는 하나님 자신 외에는 아무것도 없었기 때문에) 또한 하늘과 땅보다 먼저 창조될 수도 없었을 것이다. 혹은 겐나디우스(Gennadius, *Libr. eccl. dogm.* 10)와 함께 신학자들은, 천사들을 창조한 시기는 창세기 1:2에 묘사된, 물 위에서 암흑이 지배하던 기간으로 옮겨야 한다고 여겼다: "하나님의 자비가 불필요하지 않도록 하기 위하여, 그가 오랜 기간 동안 미리 그의 자비를 증명할 대상들을 지니기 위하여." "마지막으로 '악령들'의 실존도 이해시키고 납득시키는 일이 남아 있었다. 이 일은 일반적으로, 인간들처럼 선하게 창조되었으나 인간들처럼 "자유의지"를 지닌 몇몇 천사들이 타락하였다는 타락론 안에서, 그리고 그들이 그렇게 됨으로써 변질되고 말았다는 변종이론 안에서 이루어졌다. 이 배신은 "배신한" 대(大)"천사"인 "악마"(Diabolus, Irenäus, *Adv. haer.* V 24, 3)의 지휘 아래에서 발생하였다. 악마가 범한 죄의 본질은 무엇이었는가? 과연 다른 악한 천사들이 지닌 악의(惡意)의 본질도 단순히 다음의 사실에, 즉 최고의 존재를 향할 수밖에 없는 그들이 그를 향하는 대신에 "자기 자신을 향했다."(Augustin, *De civ. Dei* XII, 6)는 사실에 있는 것처럼, 아타나시우스(Athanasius, *De. virg.* 5)는 악마가 저지른 죄의 본질은 결코 음행, 절도 그리고 그와 같은 것이 아니라 그의 오만에 있다고 대답하였다. 왜냐하면 악마를 따라서 (더 많은? 혹은 더 적은?) 다수의 다른 천사들이 그들에게 영속적인 것으로 분배된 축복을 자발적으로 포기하고 변절자들로, 즉 악한 천사들로 되었기 때문이다.— 훨씬 더 연약한 인간의 죄와는 달리 천사들이 지닌 본성의 높이를 고려할 때 그 결정은 절대 용서할 수 없으므로, 이것은 최종적, 다시 돌이킬 수 없는 결정이다. 반면에 그렇게 하지 않았던 천사들은 그들의 "자유의지"에 따라 진리 안에 확고하게, 즉 이 유일회적인 유혹을 승리로 극복한 후에 최종적으로 확고하게 머물렀다.(Augustin, *De corr. et. grat.* 10, 27, *In Joann.* 110, 7; Fulgentius, *De fide ad Petr.* 3, 30; Gregor d. Gr., *Mor.* IV 3, 8) 테르툴리안에 따르면 (Tertullian, *De carne* Chr. 14), 타락한 천사의 구원을 위해서는 아버지의 약속도 명령도 존재할 수 없었으므로, 바로 그렇게 때문에 그리스도는 천사가 아니고 인간이다. 그 후 오랜 세월이 흐른 후에 캔터베리의 안셀름(Anselm v. Canterbury, *Cur Deus homo* I, 16-18)도 천사들의 타락에 대한 이론을 계시된 진리로 간주하고, 그 이론을 그의 화해론의 논거들 가운데 하나로 사용하였다: "하늘에 있는 도성"의 시민들인 천사들이 지닌 본래의 완전수가 다시 복구되어야만 했다. 창조계획에서 천사들의 숫자가 확정되었으므로, 이미 발생한 공백이 새롭게 창조되는 천사들을 통해서는 채워질 수 없었다. 그러므로 우주의 조화를 깨뜨리는 장애를 제거하기 위하여, 하나님은 상응하는 수효의 이성을 지닌 다른 존재들을, 즉 상응하는 수효의 인간들을 선택했음에 틀림없다. 인간들이 그 천사들을 대신하도록 선택되고 지정되었으므로, 그들 자신이 천사처럼 되어야만, 즉 그들의 죄로부터 해방되어야만 한다. 그러나 그렇게 되기 위해서는 배상이 필요하다. 이 배상은 오직 하나님 자신으로부터만 공급될 수 있었기 때문에, 하나님이 인간으로

되어야만 했다.

여기에서 눈에 띄는 것은—이것은, 우리가 여기에서 심각한 근본적인 이탈의 진행과정 안에 있다는 사실을 확증하고 있다.—다음의 사실이다: 구약성서와 신약성서가 유일하게 관심하는 것, 즉 아우구스틴이 "천사들의 '직무'"라고 부른 것, 곧 그들의 직무와 사역은 교부들의 경우에는 지나치게 소홀히 취급되었다. 그에 비하여 성서에서는 전혀 관심을 기울이지 않는 것으로 보이는 "천사들의 '본성'"에 대한 문제는 매우 풍부하게 논의되었다. 그리고 교부들이 천사들의 직무에 대하여 언급해야만 했던 비교적 적은 진술들에 대해서도, 우리는 그것들 안에 혹시 성서가 증언하는 노선이 받아들여졌을 것이라고 말할 수 없다. 만일 우리가, 천사들이 행하는 "봉사"의 본질은 우리를 구원하기 위하여 하나님을 섬기는 것에 있다는 크리소스토무스(Chrysostomus, *in Ep. ad Hebr. hom.* 3, 2)의 글을 읽으면, 성서의 증언에 가장 가까운 것으로 여기게 된다. 그의 견해에 다르면, "천사들의 사역"은 형제들을 구원하기 위하여 모든 것을 행하는 것이다; 바로 그것은 본래 예수 그리스도 자신의 사역이다; 그 자신이 주님으로서 바로 구원자이다; 천사들은 다만 그의 '종들'일 뿐이다. 그들의 이러한 "섬김"의 본질은 무엇에 있는가? 힐라리우스(Hilarius, *Tract. sup. Ps.* 129, 7)에 따르면, 그것은 "영적 돌봄의 직무"이다. 그 직무를 하나님이 필요한 것은 아니지만, 인간은 그의 기도를 그리고 업적이 되는 활동을 유효화하기 위하여 천사의 직무가 필요하다. 가장 확실하고 아마 가장 일반적인 표상은 각 개인의 인생행로에 함께 제공된 '수호천사', 즉 "그를 보호하도록 할당된 천사"(Hieronymus, *In Matth.* 3, 18, 10)라는 표상이다. 그 표상은 이미 오리게네스(Origenes, *In Luc. hom.* 12)의 글에서 나타난다; 물론 이미 그는, 각 사람에게는 또한 그의 악한 천사도 동행한다는 걱정스러운 조건을 덧붙였다. 힐라리우스(Hilarius, 앞의 책)에 따르면 그것과 나란히—아마 요한계시록 2-3장을 토대로 주장된—"교회들을 비호하는 영적인 능력들"이 존재하며, 다메섹의 성 요한(Joh. Damasc., *De fide orth.* II 3)과 다른 사람들에 따르면 민족의 천사들도 존재한다: "그들은 서로 다른 대륙들을 지키고 있다; 그들은 민족들을 그리고 국가의 지역들을 대표하고 있다; 그들은 우리의 역사를 지배하며 우리에게 도움을 준다." 우리는 스스로에게 이렇게 질문해야 한다: 비록 이런 혹은 저런 성서구절들이 겉보기에 혹은 실제로 비슷한 것을 말했다'고 하더라도'—성서의 어느 곳에서 수호천사들과 민족의 천사들이라는 표상들과 같은 표상들이, 천사들의 기능을 그 표상에 따라서 이해하도록 강요할 정도로, 혹은 역시 그렇게 이해하는 것을 허용만이라도 할 정도로, 그렇게 큰 비중과 중요성을 지니고 있는가?

만일 에릭 피터슨(Erik Peterson, *Das Buch von den Engeln* 1935, 39-81)이 개발한 이론이 고대 교회들이 지니고 있던 일반적인 견해를 실제로 재현한다면, 천사들의 직무에 대한 전혀 다른 관점이 모든 것을 넘어서서 보이기 시작할 것이다. 피터슨에 따르면 천사들의 결정적인 기능의 본질은 그들이 하늘에서 바치는 '예배'에 있다는 것이다. 지상에서 행해지는 교회의 예배는 다만 모방하며 그것에 참여하는 것일 뿐이며, 그 반대로 지상에서 행해지는 교회의 예배에 역시 천사들이 참여한다는 것이다. 왜냐하면, 그리스도의 승천과 함께, 그리고 그리스도인들이 지상의 예루살렘을 떠났고, 히브리서 12:22 이하에 따르면 "하늘의 예루살렘과 수많은 천사들에게, 장자들의 집회와 공동체에" 가까이 다가갔으므로, 이사야 6장의 성전은 하늘로 변화되었고, 하나님의 영광도 그리고 스랍들(사 6:2에 등장하는, 날개를 여섯 갖고 있는 천사들—역자 주)의 "거룩하다"(Sanctus, 상투스)는 외침도 그곳으로 옮겨갔기 때문이다. 그 스랍들의 배후에서 이제 천사들 '전체'가 모습을 드러내며, 개별적인 찬양의 외침은 이제 멈추지 않는 찬송으로 변한다. 그것은 우주 전체에 퍼지는 예배이다. 그것의 중심적인, 가장 영적인 부분은 바로 천사들이 있는 하늘이다. 그러나 그것은 또한 태양, 달 그리고 모든 별들도 참여하는 예배이다. 인간들의 찬양은 바로 천사들과 창조세계 전체가 부르는 그 찬양에 덧붙여질 수밖에 없다. '지상의' 예배의식은 '하늘의' 예배의식이라는 거대한 질서 안으로 편입될 수밖에 없으며, 그 질서에 합류할 수밖에 없다. 바로 그렇기 때문에 교회의 예배는 천사들의 예배와 '비슷한' 직무(Dienst)로 변화되는 경향을 지니고 있다. 그리고 다름 아니라 바로 (단순한 환호로 이해되는, 회중의 상투스[Sanctus, 성만찬 때 하나님의 '거룩함'을 찬양하는 노래—역자 주]와는 전혀 다른) '수도사들'의 찬송이 밤낮으로 '지속'되는 직무에서, '한목소리'로, 인간의 목소리와는 다른 모든 '악기들'을 포기하고, 명백하게 천사들의 찬양에 맞게 조정되며, 따라서 저 변화를 대략 현실화한다. 그러나 그에 상응하게 또한 교회의 예배에 천사들이 참여한다. 성례전의 집례에 천사들이 관여하며, 특히 수도사들의 합창에 그리고 교회의 종교회의들(!) 등에 천사들이 참석한다.—언제나, 교회의 행동들에 강조된 의미에서, 말하자면 정치적인 의미에서 유효한 '공공성'의 특성을, 즉 우주의 예배에 참여한다는 특성을 부여한다는 의미를 지니고 그들이 참석한다. 피터슨은 수많은 본문들로부터, 무엇보다도 이집트의 마가 예배의식으로부터 그리고 시리아의 야고보 예배의식으로부터, 또한 교부들의 글들과 기타 교회 저술가들의 글들로부터 그 모든 것을 입증하는 법을 알고 있었다. 그의 증명이 재검토를 견디어 낼 것인가? 질문할 것이 남아 있다: 이와 같이 파급효과가 큰 주제가, 만일 그것이 실제로 지배적인 관념이었다면, 교부신학의 전체적인 모습에 정말 어쨌든 전혀 다르게, 분명하게 그리고 전반적으로 영향을 끼쳤어야만 했던 것이 아닐까? 다음의 사실들은 놀랄 만하지 않은가?: 역시 하늘과 교회 양쪽의 위계질서에 대하여 글을 썼던 『디오니시우스의 위서』 저자처럼 그 정도로 하늘과 교회의 위계질서 분야의 대단한 수집가이며 전문가가 두 위계질서 사이의 관계를, 즉 한쪽을 다른 쪽이 "모방"하는 것을 과연 알고 있지만, 그의 서술들을 사실상 어쨌든 그것들 상호간의 관계에 근거하여 논증하지는 않았다; 더 나아가, 바로 특수하게 예배하거나 찬양하는 천사들의 세계가 지니고 있는 기능이 그의 경우에 과연 마찬가지로 언급되기는 하지만, 그 기능은 결코 그들이 지닌 직무의 본질을 형성하지는 않은 것처럼 보인다. 게다가 『디오니시우스의 위서』 저자도 다른 교부들도, 피터슨이 그의 책 19-38쪽에서 근본적으로 관련시켰던 성서본문인 요한계시록 4-5장을 천사들의 직무를 해명하기 위하여 그가 발견했던 그 의미에서 인용할 생각을 하지 않았던 것처럼 보이는 것은 어찌된 일인가? 왜 그들은 역시 히브리서 1:14도, 즉 천사들이 명확히 "봉사하는 영들"로 불리고 있는 그 구절도 원칙적으로 이 의미에서 유익하게 활용하지 않았을까? 그러나 나는 감히 피터슨과 같은 학자에게 항변하는 일은 감행하지 않겠다. 고대교회에는 그 밖의 잡다한 은밀한 전통들과 함께 그러한 관념들과 관념체계들도 존재했을 수 있으며, 그것들을 명백히 반영한 문학적 표현에 대하여 질문하는 것은 쓸데없는 일이 될 것이다. 만일 피터슨이 옳다면, 따라서 실제로 고대교회의 천사론이 그가 서술한 관점에 의하여 지배되었다면, 그렇다면 우리는 유감스럽게도 다만 다음의 사실을 확인할 수밖에 없을 것이다: 그 천사론은, 아무튼 천사들의 "본성"과 "직무"에 대한 성서의 명백한 진술들에 따라서 말하도록 허용되는 경우보다도 '더' 멀리 그것의 성서적 전제로부터 벗어났다. 그것에 대하여 우리는 우선 이제 다음의 사실을 확인한다: 그 체계에서는 하필이면 천사, 즉 사자(使者, Bote)라는 기본개념이 참으로 정말 무의미하게 되기까지 색을 바래게 될 것이다. 심지어 『디오니시우스의 위서』에서도 이 개념은 상황에 따라 아무튼 명백히 인정받고 있다. 그러나 어떻게 사자가 지닌 과제의 본질이 결정적으로, 찬송가를 부르는 것에 있을 수 있겠는가? 그리고 찬송가를 부르는 직무를 응시하고 경청하면서, 누가 그것이 사자들의 직무와 어떤 관계가 있을 수 있을 것이라는 생각을 하게 되겠는가? 우리는 물론 앞으로 요한계시록 4-5장에 대한 연구에도 몰두해야만 할 것이다. 그래도 다음의 사실은 벌써 미리 언급될 수 있다: 그 장들이 어떻게든 이 방향을 가리키고 있다고 할지라도, 우리는, 추상적으로 이 방향을 바라보고 있는 천사론에서는 성서 전체가 증언하는 천사들을 결코 재인식할 수 '없'을 것이다.

그러나 이제, 우리는 바로 우리가 다루는 대상에 대한 가장 저명한 고대교회의 '학술서'인 소위 아레오파고스 법정의 재판관 디오니시우스가 집필했다는 『하늘의 위계질서』(De hierarchia coelesti)가 우리에게 말하게 해야만 할 때가 되었다. 이것은 서기 500년경 아마도 시리아에서 생활하며 활동하던 익명의 저자가 집필한 작품이다. 그는 사도행전 17:34에 언급된 사도 바울의 제자인 디오니시우스로 자처했으나, 실제는 클레멘스(Clemens)에서 알렉산드리아의 키릴(Cyrill)에 이르기까지 그리스 교부들에 매우 정통한, 특히 철학자 프로클루스(Proclus)로부터 영향을 받은 그리스도교 신플라톤주의자였다. 그는 동일한 필명으로 다른 저술 시리즈도 집필하였다. 전해져 내려오는 것 가운데서 가장 중요한 것이 『교회위계론』(De hierarchia ecclesiastica)과 『신명론』(神名論, De divinis nominibus)이다. 우리는 (유감스럽게도 위조자들이 전혀 없지는 않은) 교회사에서 가장 배포가 큰 위조자들 가운데 한 사람이 쓴 작품 앞에 서 있다. 그러나 그는 다음 세대 내내 사실상, 그가 오래 전부터 가톨릭 교회가 승인한 성자들 가운데 포함되어 있다는 인상을 주었다. 휴머니즘 시대에 비로소 그의 문학적 신빙성에 대한 최초의 의혹들이 제기되었으며, 그 의혹들은 오늘날 가톨릭 측의 연구에서도 최종적으로 유효성이 확인되었다. 그러나 우리는—위조되었든 아니든—그의 저술이 지닌 역사적 의미, 즉 어쨌든 그것이 획득했던, 그리고 위조가 폭로된 이후에도 역시 오랫동안 그것이 간직해 온 역사적 의미를 부정할 수는 없을 것이다. 우리가 여기에서 관계하고 있는 것은 다름 아니라 고대교회의 천사론이 지닌 최초의, 획기적인 '정점'이다.

『천상의 위계질서』는 제목이 말해주듯이 천사들의 세계가 지닌 '질서'에 대한 문제에 관심을 기울이고 있다. 이 문제는 초기 교부들이 종종 언급하였으나 결코 구속력 있게 발전시키지는 않았던 것이다. 그러나 여기에서 우리는 부수적으로 또한, 천사들 전체에 관한 완전히 완결된 이론과도 관계하게 된다.

"위계질서"(Hierarchie)라는 어휘는 이 "디오니시우스"가 만든 신조어인 것 같다. 그가 사용하는 의미에서 이 어휘는 일반적으로, 최초의 그리고 본래의 성직자(Hierarch)인, 즉 "거룩한 통치자"인 하나님에 의하여 관철된 구원의 질서를 가리킨다: 그 질서는 하나님이 지닌 본래의 빛(Urlicht)이 흘러넘치고 발산하는 것이며, 따라서 본질적으로 계시로서, 즉 하나님을 인식하고 만물을 그의 안에서, 그로부터, 그를 향하여 인식하도록 하기 위한 지적인 계몽 및 해명으로서 이해된다. 그리고 그 질서의 의미와 목적은 이것이다: 그 질서에 의해 도달하게 되고, 그것을 받아들이고, 동시에 또한 그것의 활동적인 담당자들이면서 매개자들로 된 존재들을—모두 그들에게 지정된 단계들에서 그리고 그들에게 걸맞은 정도로—하나님과 동화되고 일치되도록, 하나님의 활동에 참여하도록 안내하는 것, 즉 그들이 하나님이 지닌 본래의 빛을 반사하는 거울이 되도록, 진정으로 인식하는 자들이 되도록 하는 것이다. 그 과정에서 언제나—모두가 그들의 단계에 상응하게 위에 있는 존재들과 아래에 있는 존재들에 대한 관계에서—"한쪽의 존재들은 깨끗하게 되고, 다른 쪽의 존재들은 깨끗하게 하며, 한쪽의 존재들은 계몽되고, 다른 쪽의 존재들은 계몽하며, 한쪽의 존재들은 완성되고, 다른 쪽의 존재들은 완성하고", 동시에 모두가 명상할 수 있는 능력을 부여받고 인식에 관여하게 되며, 바로 그와 동시에 또한 모두가 하나님의 일에 참여하도록 그리고 하나님과 함께 활동하도록 들어 올리어진다. 이 모든 것이 (각각 다양한 형태로) 모든 위계질서에, 교회의 위계질서들에도, 다른 세속적 위계질서들에도 적용된다. 따라서 "디오니시우스"가 의미하는 "위계질서"는 정적(靜的)인 개념이 아니라, 다양하게 하나님이 창조된 세계에, 그리고 역으로 창조된 세계가 하나님에게 참여하는 방식을 표현하기 위한 매우 역동적인 일반적인 개념이다. 그러나 "디오니시우스"가 성서를 토대로 정보를 줄 수 있다고 여기는 그 특별한 '하늘의' 위계질서는 바로 '천사들'의 위계질서이다.

그는 그의 저술 제2장에서 주목할 만한 인식론적 논의를 덧붙였다: 성서는 하나님 자신에 대해서와 같이 천사들의 세계에 대해서는 '이미지들'(Bilder)이라는 도구를 사용하여 말하는데, 그렇게 함으로써 성서는 우리 인간의 인식능력을 고려하며, 동시에 그 세계의 비밀들을 세속적인 시선들에게 숨긴다. 올바르고 정당하게 드러내려는 의도에서 시도된 은폐는 일부는 같은 종류의 이미지들(예를 들면 로고스, 영, 본질) 안에, 일부는 적어도 비슷한 이미지들(예를 들면, 빛, 생명) 안에, 일부는 매우 비슷하지 않으며 부적절한 이미지들(그들의 이미지들이 육체적인 것으로 그리고 물질적인 것으로 변하는 곳에서는 어디에서나) 안에 있다. 언제나 성서는 '신비적으로'(anagogisch), 즉 직접적으로 그 이미지들 자체가 언급하는 것에 따르지 않고 영적인 의미에 따라서 이해되고 해석되기를 원한다. 하나님, 영적 존재들, 천사들이 지닌 "분노"가 언급된다면, 그것은 그들이 지니고 있는 남성적인 단호한 분별력이 있음과 확고함을 의미하며, 그들의 "욕망"은 사고와 이해력을 초월하는, 영적인 것에 대한 그들의 신성한 사랑을 의미하며, 그들의 "제어불가능성"은 신성한 아름다움에 대한 그들의 완전하고 변하지 않는 사랑을 의미하며, 그들의 "비합리성"은 (성서의 이미지들 가운데에는 또한 무생물계와 동물들의 세계로부터 유래하는 그러한 이미지도 존재한다!) 초자연적인 영들에게 어울리는, 물질에 얽매어 있는 우리의 논증적인 사고능력과 지각능력을 초월하는 탁월함을 의미한다는 것이다. 신성한 것과 하늘의 존재들에 대한 그러한 묘사들이 지닌 바로 그 부조화, 부적절함, 불쾌함은 거룩한 것을 문외한들에게 숨길 뿐만 아니라, 전문가들이 이미지들의 진실에 고착하는 것을 허용하지 않으며,

말하자면 그들이 놀라서 일어서게 하며, 본래의 인식, 즉 그들의 순수성 안에서 항상 아포파시스적 (apophatisch, 헬라어 '아포파시스'[apophasis]에서 파생된 형용사형. '아포파시스'는 부정과 역설을 통해 신비스러운 진리를 표현하는 수사법을 의미한다. ―역자 주), 즉 부정적 인식의 길을 걷도록 지시한다.

그러므로 이러한 전제 아래에서 "디오니시우스"는 성서로부터 다음과 같은 인식을 이끌어 냈다고 생각하였고 또 그렇게 주장하였다: 피조물들이 각각 그것들의 본성에 일치하게 하나님의 고유한 존재에 참여하도록 부르는 것이 하나님의 자비에 일치하는 것이다. 즉, 생명이 없는 사물들은 단지 '존재' 자체에 참여하도록, 살아 있으나 이성이 없는 피조물들은 그것을 넘어서서 그의 살아 있는 '능력'에 참여하도록, 이성적인 영들은 그것을 넘어서서 그의 영원한 '지혜'에 참여하도록 부르는 것이 하나님의 자비에 일치하는 것이다. 중복되는 방식으로 그에게 관여하는 존재들이 하나님의 가장 가까운 곳에 서 있어야만 한다는 것은 분명하다. 다른 한편으로는, 이성적인 존재들 가운데에서는 순수하게 영적인 방식으로 그의 형상을 따라서 스스로를 형성하려고 하는 존재가, 즉 바로 천사들이 그의 가장 가까운 곳에 서 있다. 하나님의 빛이 맨 먼저 직접 곧바로 그들에게 도달하며, 그 후에 비로소 그들을 통하여 또한 모든 다른 존재들에게도 전달되므로, 그들은 '천사들'이라 불린다. 이런 의미에서 "디오니시우스"는, "율법은 천사들을 통하여 제공되었다."(갈 3:19)는 성구를 인용할 수 있다고 여긴다. 그의 해석에 따르면, 이 성구는 다음의 사실을 의미하고 있다: 우리 인간들에게는 하나님이 직접 나타나거나 보일 수 없었고, 지금도 그럴 수 없으며, 그 일은 언제나 하늘에 있는 세력들의 개입을 통해서 실행되었고, 지금도 그러하다. 언제나 그렇기 때문에, 우리 인간들은 하위 등급의 구성원들로서 상위 등급의 구성원들인 천사들을 통하여 하나님께로 들어 올리어지며, 이 과정은 인간들의 질서들 안에서도, 예를 들면 교회의 질서 안에서도, 일관성 있게 반복되어야만 한다. 이런 이유로, 위계질서에 따라서 구분되는 것은 교회에 본질적인 것으로 될 것이다. 따라서 맨 먼저 천사들이 그리스도의 성육신 소식을 듣고 알게 되었으며, 그 다음에 그 소식을 사가랴, 마리아, 요셉, 목자들에게 전하였다. 그렇게 인간 예수 자신이 천사들을 통하여 전달된, 그의 아버지인 하나님의 지시들에 복종하였다. 덧붙여 말하자면, "천사들"은 하늘에 있는 '모든' 영들을 표시하는, 또한 특수성 때문에 다른 이름으로 알려진, 상위의 등급에 속하는 영들도 표시하는 기본개념이다. 본래의 의미에서 "천사들"은 물론 다만, 하늘세계의 계급질서에서 하위에 속한 영들, 따라서 우리 인간들과 직접 소통할 책임을 지고 있는 영들일 뿐이다. 그들은 더 높은 등급의 영들이 지니고 있는 특권들에 관여하지 않으므로, 그들의 이름을 지닐 수도 없다. 그렇지만 역으로 다음과 같은 이유에서 천사들이라는 일반명칭을 사용하는 것이 유효할 것이다: 더 높은 등급의 영들은 또한 가장 낮은 영들을 포함하여 모든 낮은 영들이 지니고 있는 빛들과 능력들을 소유하고 있으므로, 더군다나 과도하게 소유하고 있으므로, 모두 다 또한 천사들이라고도 불릴 수 있다.

그 저술의 제6장에서 천사들의 위계질서 자체에 대한 유명한 엄밀한 서술이 시작된다. 성서에서 천사들에게 주어진 바로 그 '이름들'이, 만일 그것들이 바르게 이해된다면, 천사들의 상이한 계급들의 특징을, 그리고 동시에 그들의 상위계급과 하위계급을, 그리고 그것들 상호관계를 알려준다. 어느 거룩한 스승이—그가 사도바울과 동일한 인물인지 아닌지는 여기에서 분명하지 않다.—"디오니시우스"에게 그렇게 논증된 학문을 가르쳤다는 것이며, 이 학문을 토대로 그는 이제 다음과 같이 진술할 수 있다고 주장한다: 성서에는 천사들의 이름이 아홉 개 있으며, 따라서 '아홉' 개의 상이한 '천사의 무리들'이 있다; 그들은 각기 자체 안에서 다시 등급이 나뉘는 '세 개의' 3개조(Triade) 안에서 위로부터 아래로 그리고 아래로부터 위로 서로 관련되어 있다. '첫 번째'의 '최고의' 3개조를 형성하는 것은 '스랍들'(Seraphim, 치품천사들), '그룹들'(Cherubim, 지품천사들), '좌품천사들'(Throne)이라는 세 무리들이다. 그들은 하나님의 계시들, 감정토로들, 비밀전달들을 직접적으로 수신하는 존재들이다: 스랍들은 불타오르는 움직이는 존재들이며, 그룹들은 최초로 주시하는 자들이고 인식하는 자들이며, 좌품천사들은 이 첫 번째 세 천사 무리들이 지닌 상대적인 주권의 원리들인 듯하다. 왜냐하면 이 첫 번째 등급의 특수성이 다음과 같기 때문이다: 이 등급은—물론 하나님에 대하여 상대적으로—'주권을 소유'하고 있으며, 모든 약화되고 감소되는 것을 근본적으로 멀리하며, 그 어떤 방향으로도 쇠퇴할 수 없다; 이 등급은 빛으로 가득 채워져 있으며, 그 어떤 정신적 인식도 능가한다; 이 등급은 가장 숭고한 의미에서 하나님을 모방하고 있으며, 본래의 신성(Urgottheit)에 도달하기 위하여 직접적인 도약에 종사하고 있으므로, 이 모방은 완벽하다. 이 등급은 직접 하나님을 빙 둘러싸고 서 있으며, 끊임없이 원형으로 에워싸고 노래하고 춤추면서 이 최고의 영들이 지닌 단순한 사고(Denken)는 하나님에 대한 영원한 인식 안에서 움직이고 있다. 창조된 첫 번째 최고의 3개조(Trias)인 이 등급은, 그들이 최초로 부르기 시작한 삼성송(三聖誦, Trishagion. 이사야 6:3에서 스랍들이 부른 찬양. "거룩하다"라는 노랫말이 세 번 반복된다.—역자 주)의 노래를 통해서처럼, 하나님의 삼위(Trias)와 일체(Monas)에 대한 직접적인 증인이다. 두 번째 등급인 중간 등급은 '주품(主品) 천사들', '역품(力品) 천사들', '능품(能品) 천사들'로 구성되어 있다. 디오니시우스의 달변이 담긴 그 많은 내용에서 그가 이 3개조의 천사들에 대하여 알고 있다고 주장했던 것이 무엇인지를 상세히 추론하기는 어렵다. 분명한 것은 다만 이것이다: 그는 이 중간 등급의 세 무리들이 일종의 통치하는 하늘의 기관들로, 즉 바로 하늘에 있으며, 독재가 없고 오히려 고귀한 자유 안에 있지만, 논란의 여지가 없고, 정복되기 어렵고, 완벽한 조화 안에서 통치하는 하늘의 기관들로 이해되기를 원한다. 여기에서는 이미, 간접적으로 완벽함으로 이르게 되는, 즉 첫 번째 3개조에 비하여 덜 빛나는 영들이 문제되고 있다. 그러나 저들의 중재를 통하여 그들도 그들의 특수한 기능과 특수한 한도 안에서 하나님의 빛을 비추는 데에 수동적으로 그리고 적극적으로 관계하고 있다. '세 번째' 등급인 '최하위'의 3개조는 '권품(權品)천사들', 대(大)천사(천사장으로 불리기도 함—역자 주)들, 그리고 이제 특히 그렇게 불리어야 하는, 최하위에 속하는 '천사들'로 구성된다. 두 번째 등급에서 세 번째 등급으로 옮겨가는 것과 세 번째 등급의 특징도 쉽게 설명하기 어렵다. 그러나 거듭 다음의 사실쯤은 분명할 것 같다: 여기에서는 하늘에 있는 이 등급이 벌써 지상의 사건에 그리고 그 사건을 지배하는 위계질서들에 접근하고 있다; 거듭 통치기관들이 관심사가 되고 있지만 (두 번째 등급에서처럼 여기에서 우리는, "디오니시우스"가 말한 의미에서 통치의 본질은 언제나 계몽에, 즉 인식을 전달하는 것에 있다는 사실을 고려해야만 한다.), 그러나 벌써 구체적인 종류의 통치기관들이 관심사가 되고 있다. 대천사들의 무리가 일종의 중간위치를 차지하는 동안에, 즉 한편으로는 치품천사들의 태도를 모방하고, 다른 한편으로는 본래의 천사들이 행하는 행동을 미리 교육하고 관리하고 하나로 결집시키는 동안에, 권품천사들은 말하자면 방향설정을 찾고 발견하며 그런 후에 또한 제공하면서 모든 통치의 근원을 향하며, 그 경우에 이미 천사들은 더 가시적인 것의 영역에서 그리고 지상에 있는 세계의 영역에서 하늘의 통역사들이 된다. "디오니시우스"의 특수한 구상에서 독특한 것이라고 말할 수 있을 것은 이것이다: 그는 지상의 사건 안으로 직접 개입하는 천사들의 활동을 개별적인 인간들에 대한 그들의 작용으로 이해한 것이 아니라, 온전히 지상의 (교회의, 그리고 그밖에 문제되고 있는) 위계질서들 자체에 대한 그들의 작용으로 이해하였으며, 따라서 "수호천사들"이라는 이름 아래 오직 "민족들의 천사들"만을 서술하였다.

따라서 하늘의 위계질서는, 그것의 위쪽 꼭대기에서는 하나님과 그리고 아래쪽에서는 인간세계와 접촉하면서도, 강도 높은 접촉에도 불구하고 양측과는 다르게 머물기 때문에, 그것의 본질과 구조와 과제와 기능에 따르면 하나의 조화로운 전체 자체이다. 말하자면 그것은 하나님과 땅 사이에서 떠돌아다니는 하늘이다. 모든 천사들의 무리들은 계시하는 자들이며, 통지하는 자들이며, 사자들이다. 제각기 그들은 다른 존재들로부터 출발하고 다른 존재들을 위하여 존재하며, 즉 모두 직접적으로 혹은 간접적으로 하나님으로부터 출발하고, 모두 간접적으로 혹은 직접적으로 인간세계를 위하여 존재하며, 모두 동시에 아래로 내려오는 일에 '그리고' 위로 올라가는 일에 종사한다. 빛을 밝게 비추는 조명(Erhellung)이 하나님의 '계시'로서 '그들의 매개를 통하여', 아래로 향하여 감소하면서, 마침내 인간에게 도달하였다면, 인간의 '인식'인 조명도 역시 거듭 '그들의 매개를 통하여', 위를 향해 증가하면서, 그 인식의 원천인 하나님에게로 다시 돌아간다. 각기 그들의 계급에서 그리고 그들에게 주어진 등급 안에서 그들이 역동적으로 움직이는 체제 '전체'의 특징과 의미에 관여하는 한, 모든 계급의 모든 천사들은 참으로 "천사들"이라는 칭호 외에도 또한 하늘의 "권세들"이라 불릴 수도 있을 것이다. 더 언급되어야 하는 것은, 위계질서의 순서에 대한 법칙은 어떤 예외도 허용하지 않는다는 것이다: 예언자와 스랍들의 직접적인 만남에 대하여 말하고 있는 것처럼 보이는 이사야 6장을 "디오니시우스"는, 예언자에게는 하나의 환상(Vision)이, 즉 최고의 천사들과 하나님 자신이 그에게 보인 그 환상이 하급의 천사를 통하여 전달되었던 것이라는 식으로 이해하였다. 그의 저작물은, 성서에서 천사들에 대하여 은폐하면서도 동시에 드러내면서 언급하기 위하여 사용되는, 신체적–물질적 이미지를 활용한 이야기들 전체를 그의 인식론적인 이론에 따라서 "신비주의적" 분석을 실행함으로써 끝을 맺는다.

"디오니시우스"는 무엇을 원했으며, 무엇을 수행하였는가? 그의 저작물의 특징은 우선 명백히 고대 교부들의 천사론을 '축소'하고 있다는 것이다. 공간과 천사들의 관계에 관해서, 천사들을 창조한 것에 관해서, 천사들의 타락에 관해서 혹은 개별적인 수호천사들에 관해서 그의 선배들이 지녔던 질문들과 대답들이 그의 저작물에서는 논의되지 '않고' 있다는 점이 주목되어야 한다. 이것은 아마도, 그가 본래 결코 천사들 자체의 실존과 역사에 관심을 가지고 있었던 것이 아니라, 다만 하늘의 위계질서 안에 있는 그들의 실존과 기능에 대해서만 관심을 가지고 있었기 때문일 것이다. 그리고 바로 그가 지닌 관심의 방향 때문에, 그는 이전의 천사론에서 그가 받아들인 요소들에 주목할 만하게 '집중'할 수 있었으며, 또한 그래야만 했다. 그의 선배들이 "순수한 인식하는 영들"인 천사들의 본성에 대하여, 그들이 특수하게 인식하는 것에 대하여, 그들의 은혜로운 성화(聖化)에 대하여, 그리고 그들의 직무에 대하여 언급할 줄 알았던 그것이 그에게서는, 하나님으로부터 출발하여 하나님에게로 되돌아가는 구원질서, 즉 계시질서와 인식질서인 하늘의 위계질서라는 하나의 관점과 서술 안에서 요약되었으며, 더 정확하게 말하면 눈에 띄게 되거나 사라졌다. "디오니시우스"는 여기에서 확실히 전적으로 독창적으로 연구했던 것이 아니라, 그가 아마 나지안주스의 그레고리(Gregor v. Nazianz)의 글에서 발견했을지도 모르는 자극들을 토대로 연구하였으며, 그는 특히 그의 체계에서 유명한 3개조(Triade) 이론에 관해서는 그의 스승인 신플라톤주의자 프로클루스(Proclus)의 작품을 현저하게 직접적으로 표절하였다. 그가 저질렀던 문학적 위조가 폭로된 이래 오래전부터 과장된 그의 언어와 문체에 대하여, 표현방식들에서 실제로 자주 나타나는 수다스러운 불명료함 혹은 불명료한 수다에 대하여, 수많은 정당한 불평들이 제기되었다. 그러나 이 모든 것이 결코, 그의 저작물은 그의 한계 안에서 독창적이며 탁월한 대단한 성공작이라 불릴 수 있다는 사실을 변경하지는 않는다. 그런 대단한 성공작은 신학의 역사에서 자주 일어날 수 없는 것이기 때문이다. 그의 저작물이 당대에 그리고 중세기 전체에 그처럼 감명을 주었으며, 중세기의 위대한 사상가들도 결국 그것의 탁월함을 인정했다는 사실은, 역시 우연히 발생한 것이 아니었으며, 저자의 이름을 위조한 탓으로만 설명할 수는 없다. 이 성공작의 집필을 과감히 시도했던 사람은 으뜸가는 우수한 자였다. 그는 주목을 받기 위해 바울의 제자로 가장할 필요가 없었을 것이다. 바로 천사론인 그의 『하늘의 위계질서』는 주목할 만한 그리고 교훈적인 시도이다. 이것을 인정하는 것은 어떻든 그것의 형식적 측면에만 해당될 수 있는 것은 아니다.

 그의 가르침에 대하여 제기되어야만 하는 중대한 '실질적인 이의들'은 명백하다. 그리고 그 이의들은 결코, 세 가지 3개조와 각 조의 천사무리들과 각 천사계급의 이름과 본질에 관련하여 그의 곤혹스러운—상세히 보면 그리 명백하지도 풍부하지도 않은—수다에, 그리고 성서의 개념들에 대한 그의 자의적인 "영적" 설명과 (우리의 논의 맥락에서 다만 가볍게 언급된) 성서의 그림언어 전반에 대한 그의 자의적인 "영적" 해석에 비로소 해당될 수 있는 것 따위가 아니다. 그 이의들은 벌써 하늘의 위계질서라는 그의 관점 자체에 반대해서 제기되어야만 한다: 계시로서 계단식 폭포처럼 위에서 아래로 쏟아지고 그 후에는 인식으로서 한 단계에서 다음 단계로 아래로부터 위로 되돌아가는, 아마 결국 순환하는 빛의 파동에 반대해서, 즉 그것의 내부에서 통로역할을 하는 요인들인 천사들이 각각 그들의 종류에 따라서 보이게 되는 바로 그 빛의 파동에 반대해서 이의들이 제기되어야만 한다. 물론 우리는 "디오니시우스"로부터, 하나님과 인류 사이의 한가운데서 발생하는 지적인 순환이 신구약성서에서 하나님의 계시로서 그리고 그것에 대한 인식으로서 서술된 것과 동일하다는 주장을 받아들일 수 없을 것이다. 그러므로 우리는 역시 실제의 천사들을, 즉 성서에서 증언된 천사들을 그의 저작물에서 그 천사들의 이름으로 출현하는 인물들에서는—즉 올라가고 내려가는 빛의 파동이 지나가는 통과지점들을 인격화한 것에서는—결코 재인식할 수 없을 것이다. "디오니시우스"가 여기에서 형이상학적 구성을 통하여 토대를 세우기를 원했던 이론, 바로 성서의 계시와 그것에 대한 전승의 어떤 단편들이 그리고 또한 성서의 천사들이라는 인물들이 그것을 예증하기에 적합하다고 여겼던 그 이론은, 성서의 증언에 확실히 낯선 특정한 우주론이며 인간론이며 무엇보다도 아마 정신론(Noologie, 독일 철학자 오이켄[Rudolf Christoph Eucken, 1846-1926]의 철학 방법론. 오이켄은 19세기 후반에 유럽을 지배하던 실증주의와 유물론의 경향을 비판하고 물질문명의 중압감에 시달리는 인간의 정신적 삶을 회복하기 위해 관념론적 '생의 철학'을 제시하였다.—역자 주)이었는가? 혹은 그 반대로 그의 주요관심사는, 특정한—또다시 성서의 증언에 낯선—개념을 위하여, 즉 위계적인 교회 개념을 위하여 형이상학적 전이해를 획득하고 가시화하는 것이었는가?: 그 경우에 그 전이해를 논증하고 발전시키는 과정에서 그가 성서의 계시로부터, 특히 성서의 천사들로부터 그런 내용들을 이끌어낼 수밖에 없었던 것인가? 그가 결국 이쪽을 혹은 저쪽을 생각했고 원했는지, 혹은 이쪽이나 저쪽에 어떤 더 큰 의미를 두면서 양쪽을 함께 생각했고 원했는지를 대체 누가 알아낼 것이며, 누가 결정할 것인가? 확실한 것은, 성서의 주제에 대한, 그러므로 또한 천사들에 대한 성서의 관심은 "디오니시우스"에게서 효력을 발휘하지 '않'았으며, '다른 관심'으로 대체되었다는 사실이다. 그리고 그의 천사론에서 우리는, 아주 흔쾌히 그리고 고맙게 느끼며 받아들여진, 고대교회 천사론 전반의 축소 및 집중과 관계하고 있으므로, "디오니시우스"가 지니고 있는 문제는 또한 고대 천사론이 지니고 있는 문제로도 된다: 만일 천사론이 그의 가르침에서 그것의 정점을 발견할 수 있었다면, 만일 다음 시대가 종교개혁기에 이르기까지—그리고 가톨릭 신학에서는 종교개혁기를 넘어서서 더 오래, 그리고 그 저술이 지닌 문헌적 문제점을 인정함에도 불구하고 아직 현재에 이르기까지—바로 "디오니시우스"를 고대교회의 천사론을 대표하는 대변인으로 간주할 수 있었다면, 그렇다면 그 천사론 자체의 사정은 어떠한가? 사실상 이미 그것은 이 주제에서 처음부터 비성서적인, 즉 그리스도교적으로는 부적절한 관점들과 질문들과 대답들로 작업하지 않았던가? 그것이 지닌 흥미와 관심사들이 "디오니시우스"가 지닌 흥미와 관심사들과 일치된다고 여겨지는데, 이미 그것이 다음과 같이 질문을 제기할 수밖에 없도록 하지 않는가?: 그 천사론의 주요관심사는 형이상학적 사색—이렇게 말할 수도 있을 것이다: 세속적 신화—이 아니었던가? 혹은 형이상학적 사색이나 세속적 신화의 도움으로 교회, 계시, 믿음이라는 개념을 정당화하려는 것이었는가? 후자의 경우에 이미 그 정당화로부터, 즉 그 전이해로부터 볼 때에, 그 개념의 진정성은 문제가 있는 것으로 입증될 수밖에 없었다.

그러나 이 모든 것이 "디오니시우스"에 반대하여 언급되었더라도, 우리는 역시, 그가 천사론을 위하여 실제로 세웠던 특정한 '공로'를 부정해서는 안 될 것이다. 신학의 역사를 개관하면 일반적으로 유효한 것으로 주장될 수 있는 진리는 이것이다: 수많은 철학 체계들, 즉 우리가 그때마다 신학을 논증하기 위하여 그것들을 인용하기를 원했던 그리고 그 경우에 그것들이 실제로 그때마다 그것을 지배하고 규정하게 했던 그 철학 체계들 가운데 어떤 것도 그것에 손해와 부패를 가져오지 않았던 것이 없으며, 하나님의 말씀을 향한 방향설정에서 그것을 헷갈리게 하지 않았던 것이 없으며, 그것의 사고과정들과 진술들을 위조하지 않았던 것이 없다.—그러나 또한 다른 한편으로는, 그것들 가운데 어떤 것도 그것에 '다만' 손해와 부패만을 가져오지는 않았으며, 그것에게 오히려 그때마다 또한 온전히 특정한 기회도 제공하지 않았던 것은 없었다. 이 두 가지 사실이 "디오니시우스"의 신플라톤주의에도 적용된다. 다음의 사실은 이상하게 들리겠지만, 사실이다: 고대 교부들이 그리고 후에 '토마스 아퀴나스'가 이 주제에 대하여 가르쳤던 것으로부터 출발하는 것보다는, 그의 『하늘의 위계질서』로부터 출발할 경우에 우리는 역시 천사들에 대한 성서의 증언을 분명히 더 쉽게 이해한다. 그가 2-5세기 전통을 축소하고 집중적으로 연구한 것은 다음과 같은 점에서는 좋은 일이었다: 옛 전통에서는 천사들이 고립상태에서 파악되고 이해되었는데, 천사들의 모습들이 동시에 그 고립상태에서 벗어나게 되었다. "디오니시우스"에 따르면 이제 그야말로 더 이상, 하나님 아래에 (혹은 호교론자들이 주장하는 것처럼, 하나님 곁에 의심스럽게 가까이!) 그리고 인간 위에 어디엔가—그들에게 고유한 본성과 역사를 지니고, 역시 그들에 대하여 언급된 과장에 제대로 상응하지는 않는 기능 안에서—또한 천사들도 존재한다고 말할 수 없다. 오히려 그의 견해에 따르면, 천사들은 처음부터 거대한 필연적인 '관련성' 안에서 출현한다. 이 관련성이 그의 경우에는 신플라톤주의의 관점에서 구상되긴 했으나, 그것은 어쨌든 인간에 대한 그리고 인간을 위한 하나님의 '구원사역'의 관련성, 즉 은혜의 경륜(經綸, Ökonomie)인 것처럼 보이며, 혹은 적어도 바로 그 경륜의 입장에서 인식되는 것처럼 보인다. 전체적으로 보면 디오니우스가 주장하는 위계질서는 오인할 여지가 없이, 성서가 좁은 범위에서 하나님과 인간 사이의 '계약'의 역사로서, 그리고 넓은 범위에서 하나님의 섭리가 통치하는 것으로서 서술하는 것을 의미하거나 혹은 풍자적으로 묘사하거나 혹은 대체한다. 이 관련성 안에서 바라보면, 천사들은 스스로를 위해서 존재하는 특수한 종류의 존재로서 그들이 지닌 매력을 상실하고, 그 대신에 하나님과 인간 사이에서 발생하는 사건 안에서 역동적인 요인들로서 실제로 필요한 기능을 얻으며, 그 기능 안에서 그들은 더욱더 관심을 끌게 된다. 성서에서도 바로, 하나님과 인간 사이에서, 창조된 '하늘'이 고려되고 있으며, 성서에서 천사들의 문제는 창조세계의 이 영역이 인간과 관계가 있는 계약의 역사 및 구원의 역사에, 그리고 그 역사와 관련하여 하나님의 세계통치 전반에 '관여'하는 문제이다. 고대의 교부들은 아마도 부분적으로 그 사실을 어렴풋이 알고는 있었을지도 모르지만, 어쨌든 인식하지 않았으며, 유효하게 하지 않았던 반면에, "디오니시우스"는 그 사실을 인식하지는 않았으나, 그것에 상응하는 어떤 것을 '인식'하였다. 그리고 그가 그것을 인식하였으므로, 그의 견해로는 천사들은, 하나님이 어쨌든, 다른 존재들도, 즉 지상의 존재들도 창조했듯이, 그렇게 창조하기를 원했고 또한 창조하였던 그 어떤 하늘의 존재들이 아니었다. 즉 그들의 본성, 의미, 역사에 대한 정보를 찾는 것이 신학에게 부과될 혹은 또한 위임될 그런 존재들이 아니었다. 그는 그가 "하늘의 위계질서"라고 부른 것 안에서 그리고 그것과 함께, 성서가 증언하는, 땅 위에서 발생하고 있는 하나님의 행동과 사역에 하늘이 관여하는 것에 형식상 상응하는 어떤 것을 인식하였다. 그러므로 그는—그보다 앞서 왔던 자들과 그보다 후에 태어난 자들은 그렇게 할 수 없었다.—천사를 종으로서, 즉 계시자, 선포자, 증언자, 사자로서 이해하는 성서적 개념을 갖고, 즉 성서에서 표준적인 기본입장을 갖고 그 어떤 것을 시작할 수 있었을 뿐만 아니라, 그는 그 기본입장에—언제나, 지적 존재의 순환 운동이라는 그가 지닌 신플라톤주의적 관점의 틀 안에서, 그리고 그가 관점을 발전시켰던 방식이 유별나게 자의적임에도 불구하고—약간의 중요성과 존엄성, 즉 성서 안에서 그것이 정말로 우세하게 누렸던 그 중요성과 존엄성을 부여할 줄 알았다. 그의 가르침이 지닌 형식과 내용에 대하여 신중해야 함에도 불구하고 우리가 "디오니시우스"의 공로로 진지하게 참작해야만 하는 것이 바로 이것이다.

그가 사용했던 신플라톤주의의 열쇠는 불충분한 것이었다. 그러나 그것은 전혀 사용 불가능한 것은 아니었다. 우리가 "디오니시우스"의 이론에서 그리스도교 신학을 확실히 매우 절박하게 위협하고 있는 것으로 인식하는 그 신플라톤주의의 유혹도 동시에 신학에 역시 특정한 기회도 제공하였다. 바로 "디오니시우스"의 관점으로부터 출발하여 성서의 관점으로, 그리고 그와 동시에 주제 자체로, 하나님이 행하는 은혜의 행동 맥락에서 천사를 인식하는 것으로 돌아가는 것이 불가능하지는 않았을 것이다. 그리고 그가 의심할 여지없이 특수한 것에서 그리고 (고대 천사론의 대표자로서) 보편적인 것에서 저질렀던 큰 이탈은, 다음 시대가 '이' 방향에서 그에 의해 자극을 받지 않았다는 사실보다는 확실히 덜 유감스러운 것이다. 왜냐하면 이미 직접적인 다음 시대에 — 가령 그레고리 교황(Gregor der Große)과 다메섹의 성 요한의 경우에 — 또한 그가 많이 인용되는 매우 고귀한 권위자였던 중세기에도, 그에게 닥쳐왔던 것은 과연 다음과 같았기 때문이다: 그는, 그가 매우 풍부하게 서술한 천사 세계의 상이성들, 상위질서들과 하위질서들과 관련하여 값진 지적 보물들을 캐내는 일종의 광산으로 이용되었으므로, 특히 그의 3개조 이론은 장차 교회의 천사론을 구성하는 불변의 요소로 되었다. 그러나 또한 다음과 같은 일도 그에게 닥쳐왔다: 그가 문제 전체를 축소하고 집중적으로 연구한 것은 암암리에 다시 포기되었고, 그가 주장한 위계질서의 역동적 의미는 다시 사라졌으며, 그 대신에 그가 제거하였던 전승의 모든 요소들이 다시 채택되었고, 그의 이론은, 마치 그가 정말로 바로 하늘의 우주 및 거주자들을 서술하기 위하여 — "위계질서"도 이제 정적(靜的)인 현실을 표현하는 개념으로 되었다. — 특히 흥미 있는 기여를, 즉 이전의 사람들이 지녔던 인식을 중요한 방식으로 능가하는 기여를 제공한 것에 지나지 않는 것처럼 그렇게 이해되었다. 다시 — 다만, 그들의 이름들, 등급들, 계급들에 대한 지식을 통해서 주목할 만하게 확장됨으로써 — 이제 천사들은 창조된 세계의 재고목록에서 특수한 구성요소로, 즉 좀 진기한 구성요소로 되었으며, 사람들은 그 어떤 표준의 도움으로 그 구성요소의 의미와 필요성에 대하여, 가능한 한, 숙고해야만 했다. "디오니시우스"가 택했던 길도 실질적으로는 성서의 증언에는 낯선 길이었다. 그러나 그 길은, 완전히 낯선 것이었으나 어쨌든, 우리가 여기에서 생각해야만 하는 그 '방향'을 드러내는 장점을 지니고 있었다. 그의 신플라톤주의 사상은 중세기에는 아리스토텔레스의 영향을 받은 반대운동에 의하여, 제거되지는 않았으나, 그래도 매우 제한되었다. 그러나 바로 이 과정에서 유감스럽게도, 우리가 "디오니시우스" 사상에서 얻을 수 있었을 중요한 자극이 말하자면 완전히 사라지는 일이 발생하고 말았다. 종교개혁도 그 점에서는 결정적인 변화를 초래하지 않았다. 개신교 정통주의 교의학은 어쨌든, 중세 스콜라 철학과는 달리, 천사론에서 너무나 불쾌감을 유발하는 혹은 너무나 궤변을 늘어놓는 다른 요소들을 간직한 "디오니시우스"의 과도한 표현들을 무시하는 것으로 만족했으며, 그리고 난 후에 천사들에 대해서는 대체로, "디오니시우스" 이전에 교부들이 그랬던 것처럼 그리고 중세 신학이 그 후에 다시 그렇게 하기를 원했던 것처럼 그렇게 언급하였다. "디오니시우스"에게서 그래도 무엇인가 배울 것이 있지 않을까라는 질문을 추적하지 못하도록 또한 개신교 신학도 방해했던 것은, 확실히 유감스럽게도 문학적 위조 사실을 발견한 충격만은 아니었다: 그의 후예들과 스콜라 철학이 그를 따르기를 '않'았던 것 — 바로 그것은, 천사들의 실존을 그들이 지닌 직무의 근거이며 질서인 '구원사'의 맥락 안에서 이해하는 것이었다.

바로, "디오니시우스" '이후에' 일들이 '그렇게' 전개되었으므로, 우리는 이제 다만 염려하면서 천사론의 역사에서 드러난 '다른' 정점을 향해, 즉 토마스 아퀴나스(Thomas von Aquino, *S. theol.* I qu. 50-64, 106-114; *S. c. gent.* II cap. 91-101)가 이 주제에 대하여 발전시킨 교의를 향해 관심을 기울일 수 있다. 그의 교의가 지닌 탁월함은 학문적 철저성과 완벽함과 일목요연함에 있다. 여기에서는, 천사들과 관련하여 '질문'할 수 있으며 그 질문에 대하여—일부는 그것의 '개념'을 논리정연하게 전개하여, 그리고 일부는 그 개념을 활용하여—'대답'할 수 있는 모든 것에 대하여, 천사들의 본성과 역사와 기능에 관하여 '성서'와 '전통'으로부터 이끌어낼 수 있는 모든 것에 대하여, 철저하고 완벽하며 일목요연하게 연구가 행해지고 있으며 정보가 제공되고 있다. "디오니시우스"의 『위계질서』가 본래 오히려 디오니소스 송가(Dithyrambus, 고대 그리스에서 '디오니소스'신에게 축제를 올리는 의식 가운데 부른 열광적인 합창—역자 주)처럼 읽힌다면, 토마스가 집필한 두 권의 『신학대전』(*Summa*) 에서는 우리는 가장 침착하고 냉정한 탐구와 교의, 가장 엄격한 방법과 그것에 상응하는 절제된 언어가 있는 영역 안에 있다.—즉 불필요한 어휘가 없으며, 다만 필요한 어휘만이 특정하게 사용된 영역 안에, 또한 각 어휘가 다른 어휘를 통해서 그리고 그 어휘의 더 가까운 문맥과 더 먼 문맥에 의해서 통제될 수 있는 영역 안에, 아무것도 다만 주장되기만 하는 것이 아니라, 감행된 각 명제는 생기를 돋우는 성실함으로 실제로도 증명되는 영역 안에 있다. 그러나 이 점에서 토마스 아퀴나스는 너무나 위대하기 때문에, 그가 우리로부터 특별한 칭찬을 받을 필요가 없다.

천사들에 대한 그의 교의에서는 유감스럽게도 첫눈에 두 가지가 분명하게 드러난다. 첫째, 여기에서는 의식적으로 그리고 의도적으로 '추상적'인 천사론에 열중하고 있다. 하나님이 창조한 세계를 개관하면서—『신학대전』(*S. theol.*)에 따르면 맨 먼저 그리고 무엇보다도 우선하여, 『대(對) 이교도 반박대전』(*S. c. gent.*)에 따르면 맨 마지막으로, 전체의 정점으로서—이 "존재들", 즉 천사들이 언급되며, 그들의 특수한 존재와 그 존재의 속성과 활동이 탐구되고 묘사된다. 하나님이 그의 방식대로 존재하듯이, 그가 창조한, 몸을 지닌 사물들과 몸과 정신을 지닌 인간들이 그들의 방식대로 존재하듯이, 그렇게 천사들도 존재한다. 천사론은 바로 그들 자체와 관련된다.—그렇지 않다면 대체 무엇과 관련된다는 말인가? 매우 세분화된 많은 질문들이 이 주제에서 제기되었고 극히 정확하게 다루어졌다. 그러나 다음과 같은 '결정적인' 질문은 아마 전혀 존재하지 않는 것 같다: 이 주제에 대한 그리스도교적 이해가 그처럼 추상적인 문제제기로 시작되는 것이 정당한가?; 그리스도교적 이해로서 그것이 이 실마리로부터 출발하여 의미 있는 목표에 이를 수 있을 것인가? 둘째, 처음에 즉시 마찬가지로 무조건적으로 단호하게, 천사들의 본질에 관하여 특정한 '개념'이, 특정한 정의가 미리 주어진 것으로 주장되고, 도입되고, 전체 소재(Materie)에 대한 규범으로서 제시되고 있으며, 그 후에 연구와 서술의 각 전환점에서 자명한 것으로 전제되고, 끊임없이 반복되고, 의기양양하게 확증되고 있다. 여기에서도 (모든 질문들의 질문일 수 있을) '결정적인' 질문이 숙고되기는커녕, 전혀 시야에 들어오지 않고 있다: 바로 이 개념이 과연 그리스도교적인 개념일까? 즉, 이 개념이 과연 『신학대전』(*Summa theologica*)

에, 그리고 "가톨릭 신앙의 진리에 관하여"라는 부제목을 지닌 『대이교도 반박대전』(*Summa contra gentiles*)에 실제로 적절할까? 위의 두 가지 결정들이 즉시 이 주제에 관한 두 논문의 서두에서 취소할 수 없는 그리고 토론할 필요가 없는 결정들로서 눈에 띈다. 『신학대전』(*S. theol.* I qu. 50 art. 1)은 다음의 질문에 대하여 대답한다: "어떤 완전히 영적인 그리고 전혀 비육체적인 피조물이 '존재'하는가?" 즉, 하나님 곁에 그리고 기타의 피조물들 가운데 이런 종류의 피조물이 실제로 존재하는가? 그리고 어느 정도로 존재하는가? 그리고 『대이교도 반박대전』(*S. c. gent.* II cap. 91)은 다음과 같은 명제형식으로 된 제목 아래에 있다: "감각을 초월하여 인지되는, 육체와 결합되지 않은 어떤 실체들이 '존재'한다." 여기에서 두 가지가 명백하다: 다른 존재들 곁에, 즉 하나님 아래에 그리고 인간들과 단지 육체를 지닌 것들 위에 있는 이 특수한 실체들의 실존은 증명될 수 있으며 증명될 것이다. 다른 존재들이 현존하듯이, 그들이 현존한다. 어쨌든 그러한 존재들도, 즉 창조된, 그러나 이러한 특징을 지닌 창조된 존재들도 존재한다. 그러므로 다른 존재들처럼 그들을 그들이 지닌 독자성(Fürsichsein) 안에서 관찰하고 설명하는 것이 과제로 될 것이다. 그들은 어떤 특성을 지닌 어떤 종류의 존재들인가? 다음의 사실도 명백하다: 여기에서 문제가 되고 있는 것은, 순수하게 영적이며 순수하게 지적이며, 따라서 전혀 육체를 지니고 있지 않은 피조물들, 즉 참으로 바로 이 특징을 지니고 있는 실체들("독자적인 존재들")이다. 『신학대전』에서 그들은 물론 처음부터 "천사들"이라는 익숙한 이름을 지니고 있다. 그러나 그 이름은 실제로는 멀리 떨어진 qu. 112에서, 즉 "인간들에게 천사들을 파견"한 것에 대하여 논의될 그곳에서 비로소 부수적으로 중요성을 인정받게 된다. 반면에 그밖에 다른 곳에서는 그 이름은, 역시 그 이름에 정말 일치하지 않는 정의를 통해서 묘사된 그것을 완전히 충족시켜야 한다는 것이다. 그리고 『대이교도 반박대전』에서는 또한 "천사들"이라는 이름이 ─ 아마도 "이교도들"을 고려하여 ─ 단지 몇 인용구에서만 나타난다. 반면에 논의되고 있는 주체의 단축 명칭은, 토마스 아퀴나스가 주시한 주제에 훨씬 더 일치하게, 여기에서는 일반적으로 다음과 같이 쓰어 있다: [물질로부터] "분리된 실체들." 바로 이 실상(實狀)이 우리가 토마스의 저명한 천사론에 대하여 처음부터 그리고 최종적으로 매우 신중하게 다루지 않을 수 없게 만든다. 그것의 특성은 매우 명백하므로, 똑같은 정도로 명백한 입장을 취하도록 요구한다. 그것은, 여기에서 신학적으로 유일하게 의미 있는 것으로서 논의될 수 있는 처리방식에 대하여 바로 전형적인 반대사례로서 흥미를 끈다. 전체 교회사에서 아마도 가장 위대한 천사론을 전개한 신학자의 이 저작은 유감스럽게도 실제로 "가톨릭 신앙의 진리"를 인식하는 것과, 성서의 계시증언에 대한 주의집중 및 충실함과 아무런 관련이 없다. 이 저작은, 적어도 "디오니시우스"에게서 획득되었어야 할 자극을 받아들이지 않았을 뿐만 아니라, 디오니시우스 이전의 천사론들이 지닌 모든 미심쩍은 단서들을 원칙으로 끌어 올렸으며, 그것을 집필한 바로 그 극도의 엄밀성에 의하여, 그것들을 "불합리함"을 논증하였다. 그것이 길을 잘못 인도하였으므로, 우리는 그것을 실제로 다만 어리석은 설명들과, 즉 근대의 많은 신학자들이 이 문제 전체에 대하여 그들의 완전한 회의와 무관심을 진술하였던 바로 그 설명들과 비교할 수밖에 없다. 여기서 우리는 다음과 같이 덧붙여 말해야만 한다: 바로 토마스의 경우에 전형적으로 성문화되고 체계화된 것과 같은, 옛 신학자들의 주장들을 배경으로 볼 때, 근대 신학자들이 부정한 것들은 용서할 수 있는 것은 아니더라도 납득할 수 있는 것으로 보인다. 개신교 정통주의의 천사론과 관련된 진술들도 결국 약화된 그리고 약간 수정된 토마스의 주장들을 제공하였다. 그러나 토마스로부터 출발해서는 실제로 아무도 이 문제의 핵심에 도달할 수 없었으며, 또한 도달할 수 없을 것이다.

나는 이런 판단의 증거자료로 말하자면 시험 삼아서, 토마스가 『대이교도 반박대전』(II cap. 91)에서 "분리된 실체들"의 실존을 기본적으로 어떻게 증명하였는지 언급한다. 그는 그곳에서 그것을 주장하기 위하여 적어도 8가지 이유들을 알고 있으며 그것들을 발전시켰다:

1. 육체가 소멸해도 인간의 영혼은 살아남는다는 사실로부터 다음과 같은 결론이 나온다: 지적인 실체들의 '육체 없는 존속'이 존재한다. 그러한 존속은 인간의 영혼에 "우발적으로" 부합한다. 그러나 이 경우에 지적인 실체에 "우발적으로" 부합할 수 있는 것, 바로 그것은 그 실체에게 우선—인간의 영혼의 형태보다 더 높은 형태 안에서—"본질에 맞게" 걸맞아야만 한다. 그러므로 인간의 영혼이라는 실체보다 더 높은 종류의 지적인 실체들이 존재한다: 즉, 그들 자체로서 혼자서 존속하는, 따라서 육체 없이 실존하는 것이 특징인 지적인 실체들이 존재한다.

2. 다른 실체와 결합하지 '않고' 혼자서 실존하는 것은 인간의 영혼이라는 종(種)에게 걸맞은 것이 아니라, 인간의 영혼을 포함하는 아마도 지적인 실체 '일반'에게 걸맞은 것이다. 육체와 결합하여 존재하는 인간의 영혼은 종(種)으로서 저 '속'(屬)에 속한다는 바로 그 사실로부터 다음과 같은 결론이 나온다: 동일한 속 안에는 이렇게 결합하지 않고 실존하는 존재들로 구성된 다른 종, 즉 육체가 없는 지적인 실체들도 존재한다.

3. '더 높은' 자연, 즉 지적(知的)인 자연은 자연의 '가장 낮은' 단계 위에 있다: 즉, 그것은, 동시에 인간 영혼의 가장 순수한 형태이기도 한, "인식능력이 있는 영혼"으로서, '하위의' 자연, 즉 육체를 지닌 자연의 '가장 높은' 단계와 접촉하고 있다. 만일 이제 육체와 관계를 맺고 있는 "인식능력이 있는 영혼"이 지적인 실체들 일반의 '최하위의' 형태라면, 그것 '위'에는 더 높은 실체들이, 즉 그런 관계가 없는, 따라서 육체가 없는 실체들이 존재해야만 한다.

4. 물질 안에 있는 존재는 '불완전한' 존재이다. 그런데 육체 안에 있는 존재는 물질 안에 있는 존재이다. 따라서 육체 안에 있는 존재는 불완전한 존재이며, 그런 까닭에 육체 안에 있는 "지적인 실체"의 존재도 불완전한 존재이다. 그러나 하나의 속 안에 불완전한 것이라는 종이 존재하는 곳에는, '완전한 것'이라는 종도 존재해야만 하며, 따라서 "지적인 실체"라는 속 안에는 "육체로부터 분리된 실체"라는 종도 존재해야만 한다.

5. 육체를 지닌 실체는 '양'을 지니고 있다. 그러나 양을 지니고 있다는 것이 각 실체의 본질에 속하지는 '않'는다. 그러므로 또한 양이 없는, 즉 육체를 지니지 않은 실체들도 존재할 수 있다. 하나님 자신이 그러한 실체이다. 그러나 만일 그가 창조한 우주에 그 어떤 '가능한' 실체가 결여되어야만 한다면, 그것은 불완전할 것이다. 그러므로 그것에는—왜냐하면 그것은 완전하게 창조되었기 때문에—양이 없는, 즉 육체를 지니지 않은 실체들도 사실상 결여될 수 '없'다. 그러므로 그런 실체들도 존재한다.

6. 합성된 것이 존재하는 곳에는, 또한 그것 안에 합성된 각 '구성요소들'의 '독자성'도 존재한다.

인간은, 지적인 실체와 육체적 실체로 합성되어 있는 존재이다. 육체적 실체는 또한 혼자서도 실존할 수 있으며 사실상 실존한다는 사실은 잘 알려진 것이다. 만일 이것이 '더 낮은' 실체인 육체적 실체에 적용된다면, '더 높은' 실체인 지적인 실체에는 얼마나 더 많이 적용되어야만 하는가! 그러므로 육체를 지니지 않은 지적인 실체들이 존재한다.

7. 지적인 실체의 특징적인 활동(operatio)의 핵심은 바로 인식하는 것(intelligere)이다. 육체와 결합한다면 지적인 실체는 그 활동을 다만, 그 실체가 대상들(die intelligibilia)을 감각적인 형태로 지각하는 방식으로만 실행할 수 있게 될 것이다. 그러나 이것은 '불완전한' 인식방식이다. '완전한' 인식 방식의 본질은, 대상들을 그것들이 지닌 '고유한' 본성 안에서 인식하는 것에 있다. 만일 정말 그러한 불완전한 인식 능력을 지닌 지적인 존재들이 있다면, 또한 완전한 인식 능력이 있는, 그러나 그 경우에 육체와 결합되지 '않은' 존재로서 있어야만 하는 그런 존재들도 있음에 틀림없다.

8. 규칙적이며 지속적이며 결코 멈추지 않는 '운동'(motus)이 있는 곳에는, 아리스토텔레스에 따르면, 스스로는 움직이지 않는 '움직이게 하는 존재'(motor)가 있기 마련이고, 그러한 운동들이 '많이' 있는 곳에는, 그러한 움직이게 하는 존재들이 '많이' 있기 마련이다. "점성술"은, 사실상 그러한 운동들이 많이 있다는 사실을 증명한다. 따라서 또한 그런 움직이게 하는 존재들도 많이 있음에 틀림없다. 그러나 '육체를 지닌' 혹은 육체와 결합된 움직이게 하는 존재는 그처럼 스스로는 움직이지 않으면서 움직이게 하는 존재일 수 '없'다. 그러므로 육체가 아니면서 육체와 결합되지도 않은 움직이게 하는 존재들이 많이 있음에 틀림없다.

바로 이것이 여덟 가지 증거들이다. 이것들로 토마스는 그가 말하는 "육체와 분리된 실체"의 실존을 증명할 뿐만 아니라, 또한 사도행전 23:8에 따르면 영과 천사의 실존을 부정하였던 사두개파 사람들의 주장을 반박했다고 믿었다. 그는 그뿐만 아니라, 오직 몸을 지닌 존재들만 실체로 간주하려 했던 고대의 자연과학자들도, 삼위일체 하나님에 대해서만 비육체성을 인정하려 했던 오리게네스의 교리도, 천사들이 비록 조금이라도 육체성을 지니고 있다고 주장하려 했던 모든 교부들도 반박했다고 믿었다.

여기에서는 증명하는 사람에게 관심이 있는 특정한 대상의 실존이 특정한 영역에서 그리고 특정한 전제 아래에서 실제로 증명되고 있다는 사실을 아무도 논박할 수 없을 것이다. 우리는 다음과 같이 질문할 수 있을 것이다: 이 영역이 대체 실제로 존재하는가?; 만일 그렇다면, 그 영역에 접근할 수도 있는가?; 만일 그렇다면, 그 영역이 여기에서 행해지는 것처럼 그렇게 경계가 설정될 수 있으며, 그 경우에 이런 전제를 갖고 접근할 수 있는가? 우리는 다음과 같이 질문할 수 있을 것이다: 이 영역에서 이런 전제 아래에서 시작된 증명이 개별적으로 그리고 전체적으로 신빙성 있으며 설득력 있는가? 그러나 만일 우리가, 여기에서는 이 관점에서 모든 것이 신뢰할 수 있는 것이라고, 즉 토마스가, 실제로 증명할 수 있었던 것을 정당하게 증명하였다고 가정하더라도, 분명한 것은 이것이다: 이 가정으로도 (혹은 다른 경우에, 이 증명 절차를 비판함으로써, 혹은 부분적이나 전체적으로 거부함으로써) 우리는 그 어떤 철학적인 결정들을 내릴 수는 있으나, 신학적인 결정들을 내릴 수는 없다. 육체를 지니지 않은 그러한 지적인 실체들이 존재하는지의 여부, 그리고 그들의 실존이 여기에서 행해진 것과 같은 방식으로, 혹은 아마도 다른 방식으로 증명될 수 있는지, 혹은 전혀 증명될 수 없는지의 여부는 모두 철학의 영역에서는 아마도 흥미로운, 아마도 중요한, 아마도 토론할 가치가 있는, 아마도 더군다나 결정할 수 있는, 그리고 또한 결정적인 질문들이겠지만, 그러나 그것들은 그야말로 확실히 순수한 철학적 질문들이다. 성서에서 증언된 하나님의 말씀으로부터 출발할 경우에 우리는, 그러한 실체들이 존재하는지 혹은 존재하지 않는지에 대하여 전혀 질문을 받지 않으며, 그들의 실존을 그렇게 혹은 다르게 증명하도록 전혀 요구받지 않는다. 만일 그들이 존재한다면, 그래서 그들의 실존이 그렇게 혹은 다르게 증명될 수 있다면, 그 경우에 그것으로는 그리스도교에서 의미하는 천사들의 실존에 '찬성하여' 아무것도 언급되지 않았다. 만일 그들이 존재하지 않는다면, 그래서 그들의 실존이 그렇게 혹은 전혀 증명될 수 없다면, 그 경우에 그것으로는 이번에도 그리스도교에서 의미하는 천사들의 실존에 '반대하여' 역시 아무것도 언급되지 않았다. 성서에서 천사들이라고 불리는 존재들은 토마스가 "분리된 실체들"의 실존을 증명한 것에서는 전혀 인식되지 않았다. 하물며 저 8가지 이유들로는 그들의 실존에 '찬성하여' 혹은 '반대하여' 혹은 '관하여' 그 어떤 것이 발견되었다거나 그들에 대하여 그 어떤 의미 있는 것이 진술되었다고 말할 수 없을 것이다. 그리고 토마스가 이렇게 혹은 다르게 증명된 "분리된 실체들"의 실존을 토대로 구성하였던 것은 그리스도교적 의미에서, 즉 성서적 의미에서 천사들에 대한 가르침과는 다른 것이다. 토마스는 이 증명에서 철학에, 즉 (그가 실마리로 제시한 글에서 "디오니시우스"보다 훨씬 더 명백한 방식으로) '다만' 철학에만 종사하였으며, '결코' 신학에 종사하지 않았다. 그가 그의 글에서 적어도 때때로 역시 성서도 인용하였으므로, 기껏해야 다음과 같이 질문할 수 있다: '우연히'가 아니라 말하자면 그의 본래 의도에 '반하여', 그도 신학적 인식에 어떤 '기여들'을 하게 된 것은 아닐까? 그러나 전체적으로 그리고 근본적으로, 우리는 다만, 이 주제를 다룰 때 어떤 경우에도 어떻게 해서는 '안'되는지를 보여주는 전형적인 본보기로서만 그에게서 배울 수 있을 것이다.

그렇지만 토마스의 천사론은 고전적인 문서이므로, 우리는 이제 어쨌든, 여기에서 『신학대전』에 의지하면서, 그 이론의 광범위한 내용으로부터 가장 주목할 만한 것에 대하여 가장 간략한 개관을 얻는 것을 단념해서는 안 될 것이다.

『신학대전』의 제1편(I qu. 50-64)은 창조된 존재에 관한 그의 가르침과 관련되어 있으며, 즉 (『대이교도 반박대전』과는 달리 『신학대전』에서는) 그 가르침의 서두이며, 다음과 같은 견해를 발전시키고 있다: 천사들은 '육체가 없고' 비(非) 물질적'이므로, 또한 '불멸의' 존재이다.(50, 5) 그러나 그들은 우리들 가운데에서 그들의 기능들을 이행할 때에, 그들이 하나님의 능력을 통하여 압축하는 공기로부터 '육체를 받아들일' 수 있다. 이 육체들 안에서 그들은 인간들에게 다만 보이는 것으로 여겨지는 것만이 아니라 실제로 보이게 된다.(51, 2) 그러나 이 육체들 안에서 그들은 역시 생활에 필요한 활동들(예를 들면 먹는 것, 가는 것, 말하는 것)과 유사한 것을 실행할 뿐이며, 그런 활동 자체를 실행하는 것은 아니다.(51, 3) 천사들의 '수효'는 어쨌든 육체를 지닌 모든 개별적인 존재들을 합한 것보다 더 크다.(50, 3) 그리고 그들 중에 아무도 표본에 불과한 것이 아닐 것이며, 그의 고유한 '특성 자체'를 지니지 않은 것이 아닐 것이다.(50, 4) 그들은 어떤 장소에 제한되지는 않지만, 각각 이 장소에나 저 장소에 관계하며, 동시에 어떤 다른 장소에 관계하지는 않는다.(52, 1f.) 그러나 같은 시간에 같은 장소에는 다만 한 천사만이 있을 수 있다.(52, 3) 그에 상응하게 그들은 또한 실제로 거기로부터 중간의 공간을 통하여 저곳으로 시간이 소요되게 '움직인다.'(53, 1f.) 하나님과는 달리, 그들이 '인식하는 것'은 그들의 본질과 일치되지 않으며, 그들이 인식하는 것은 하나의 활동이다.(54, 1f.) 또한 인식하기 위해서는 천사들도 어떤 인식 이미지들이 필요하다는 점에서, 그들이 인식하는 것은 하나님이 인식하는 것과 구별된다.(55, 1f.) 그러나 그들은 인식 이미지들을 우리들처럼 사물들로부터 얻는 것이 아니라, 그들의 본성과 함께 그 이미지들을 하나님의 말씀 안에 있는 만물의 본질적인 이미지들로서 받아들였다(55, 2)는 점에서, 즉 그들이 속한 천사들의 세계에서 각 계급에 따라서 더 높은 혹은 더 낮은 정도로 받아들였다(55, 3)는 점에서, 그들이 인식하는 것은 우리가 인식하는 것과 구별된다. 하나님이 그들을 창조한 것은 그들에게도 이해할 수 없는 일로 남아 있는데, 그렇게 그들은 그들을 창조한 것과 관련하여 각기 자기 자신을 물론 완벽하게 인식하지는 못한다.(56, 1) 그들 상호 간에 본성이 유사하므로, 그렇게 그들은 또한 서로를 인식한다.(56, 2) 어떤 창조된 이미지도 하나님을 표현하는 데에는 충분하지 않기 때문에, 그렇게 그들은, 물론 하나님의 본질을 인식하지는 못하지만, 그렇지만—"하나님의 형상은 원래부터 천사의 본성에 새겨져 있으므로"—이러한 (우리와는 달리 그들에게 주어진) 그의 이미지 안에서 마침내 하나님을 인식한다.(56, 3) 그렇게 그들은 그 경우에 물론 또한 물질을 지닌 사물들도 인식하며, 각각 그들을 개별적으로 인식하기는 하지만(57, 1f.), 하나님처럼 미래의 일을, 하나님처럼 인간의 마음속을 인식하지는 못한다.(57, 3f.) 반면에 그들은 하나님의 은혜가 지닌 비밀들에 대하여, 특히 성육신의 비밀에 대하여, 모두 다 최초로 하나님의 특별한 계시에 의하여 알게 되었을 것이 틀림없으며, 실제로—설령 일부분이라고 하더라도 태초로부터—알고 있었다.(57, 5) 토마스는, 천사들의 인식은 동시에 "선험적" 인식이며 '그리고' "후천적" 인식이라는 아우구스틴의 가르침을 받아들였다. 그들이 만물을 하나님의 말씀 안에서 인식하는 한, 즉 "선험적으로, 아침의 인식"을 인식하는 한(58, 6f.), 천사들의 인식은 현실적인(aktuelles) 인식이며, 게다가 만물을 동시에 완전히 파악하는 인식이며, 단순한 인식이다.(58, 1-4) 그들이 만물을 또한 그것들의 특유한 창조된 존속 안에서 인식하는 한, 즉 "후천적으로, 저녁의 인식"을 인식하는 한(58, 6f.), 그들이 인식하는 것은 또한 우리가 인식하는 것처럼 가능한 인식이며, 논증적이며 삼단논법적인 인식이다.(58, 1-4) 그러나 그들이 인식하는 것은 결코 오류가 있거나 잘못되지 않을 것이다.(58, 5) 그들은 본래 가장 완벽하게 선을 지향하고 있으므로, 천사들에게는 자유로운 선택능력(liberum arbitrium)과 함께 또한 그들이 인식하는 것과는 상이한 '의지'(Wollen)도 할당될 수 있다.(59, 1-3) 그러나 여기에서는 그들 안에서 발생하는, 상이한 열정들에서 비롯된 다툼은 생각될 수 없다.(59, 4) 그리고 이제 그들의 본성으로부터와 마찬가지로 또한 그들의 자유로운 선택과 결정을 토대로, 그들의 의지는 특정한 성향(inclinatio)인데, 그것은 사랑하는 것이다.(60, 1f.) 여기에서 그들은—토마스가 생각하는 인간들처럼—우선 첫째로 자신들을 사랑하며, 그 다음에 자신들처럼 또한 다른 천사들을 사랑하지만(60, 3f.), 그러나 그(하나님—역자 주) 자신을 위하여 사랑해야 하는 "보편적 선"인 하나님(60, 5)을 자신들보다 더 사랑한다. 천사들의 본성에 관한 질문에 대하여 이렇게 대답(qu. 50-60)한 후에, 우선 그들을 '창조'한 것에 대한 질문이 제기된다. 창세기가 그들이 창조된 것을 명확히 기억하지 않고 있는 것에 대하여, 토마스는 이렇게 해명한다: 모세는 아직 "육체가 없는 자연"을 이해할 능력이 없었던 미개한 백성에게 말했던 것이다.(61, 1) 그러나 이 사실이, 그들이 영원 전부터 존재하였다는 것을 의미하지는 않는다. 오히려 그들도 무로부터 창조되었다. 즉 (우주를 불가피하게 함께 정리 정돈해야 했기 때문에) 육체를 지닌 피조물들과 함께 창조되었다.(61, 2f.) 어디에서? 모든 천체들의 가장 높은 곳에서, 즉 빛이 있는 하늘에서, "빛나는 가장 높은 하늘"에서, 혹은 그밖에 우리가 그것을 무엇이라고 부르기를 원하든 그곳에서, 그러나 "거룩한 삼위일체의 하늘"과는 확실히 구별되어야 하는 그곳에서 창조되었다.(61, 4) '은혜' 안에 있는 천사들의 위치에 대해서는, 즉 그들이 최고의 행복(Seligkeit)과 하나님의 영광에 참여하는 것에 대해서는 다음과 같이 언급된다: 첫 번째 최고의 행복, 즉 타고난 최고의 행복은 창조된 이래 천사들에게 고유한 것이었으나, 마지막 최고의 행복, 즉 그들도 오히려 그들의 활동을 통해서야 비로소 도달하게 되는 초자연적인 최고의 행복은 아직 그들에게 고유한 것은 아니었다.(62, 1) 그러나 그것에 도달하기 위해서는 그들도 거룩하게 만드는 은혜(gratia gratum faciens)가 필요하다는 것이다.(62, 2) 그러나 그들은 바로 이러한 은혜의 상태 안에서 실제로 이미 창조되어 있다.(63, 3) 이 사실은 다른 한편으로, 그들도—바로 그것을 위하여 그들은 그 은혜를 통해서 자격을 부여받았다.—초자연적인 최고의 행복을 획득해야만 한다는 것을 배제하지 않는다.(62, 4) 그러나 육체가 없는 존재로서 그들은 그들의 의지에서 비롯된 행위들의 첫 행위와 함께 즉시 그리고 결정적으로 그 행복에 도달한다는 것이다.(62, 5) 비록 모두가, 천사들의 위계질서에서 그들의 계급에 상응하게 그리고 그들에게 분배된 은혜의 정도에 상응하게, 상이한 풍부함을 얻을지라도(62, 6) 그 행복에 도달한다는 것이다. 그들이 그 행복을 이미 얻었다는 것은, 그들의 본성에 상응하는 활동이 (그들이 인식하는 것과 그들이 사랑하는 의지가) 끝난다는 것을 의미하지 않는다: "그 어떤 자연이 계속 존속하는 한, 그들의 활동은 계속 존속한다. 그러나 최고의 행복은 자연을 완전하게 하는 것이므로, 그것이 자연을 폐기하지는 않는다. 그러므로 그것은 자연스러운 인식과 사랑을 폐기하지 않는다."(62, 7) 거룩한 천사들은, 즉 그들의 본성에 맞는 하나님에 대한 사랑의 행위인 첫 번째 자발적 행위를 행한 '그' 천사들은 이제부터 더 이상 죄를 범하지 않을 수 있다. 그들은 선택능력을 간직하고 있으나, 그 이후로 그들의 선택능력에는 모든 자유가 지닌 불완전함, 즉 이탈을 선택하는 것을 포함하는 불완전함이 남아 있지 않게 된다. 그들은 완벽한 자유 안에서, 즉 그것 안에서는 자유롭게 선택하고 원하는 것 자체가 선한 것을 선택하고 원하는 것인 바로 그 자유 안에서 살아간다.(62, 8) 그리고 그들이 누리는 최고의 행복이 최종적으로 유효하다는 것은 또한 이것을 의미한다: 그 행복은 더 이상 증가할 수 없으며, 더 큰 공로로 증가되어야만 하는 것이 아니라, 그것의 본질은 이미 받아들인 보상에 대한 순수한 기쁨에 있도록 허락된다.(62, 9) 이 규범에서 벗어난 몇몇 천사들의 '타락'에 관하여 우리는 다음과 같은 말을 듣는다: 천사들은 그들에게 본래 고유한 선택능력 덕분에 죄를 범할 수 있었다.(63, 1) 물론 그들의 죄는 그들의 본성에 상응하게 영적인 죄일 수밖에 없었으나, 바로 그렇기 때문에 더욱 심각한 죄였음에 틀림없다: 그 죄의 본질은 하나님에 대한 교만과 질투에 있을 수밖에 없었다.(63, 2) 그러나 바로 그것이 끔찍한 죄이며, 악마가 그리고 그와 함께 몇몇 다른 천사들이 그 죄를 저질렀다. 악마는 그의 죄를 범함으로써 무엇을

1. 천사론의 경계들

원했는가? 그는 말이 되기를 원했던 당나귀를 닮았다. 즉 그는 그의 존재의 등급에 만족하지 않았으며, 하나님과 동등하게 되기를 원했다. 그런데 하나님과 동등하게 되기를 원한다는 것은 무엇을 의미하는가? 피조물로서 그의 존재등급에서 하나님의 은혜로부터 유래하는 초자연적인 최고의 행복을 얻고자 노력하는 대신에, 그는 그가 누리는 최고의 행복이 지향하는 최고의 목표로서, 그 자신이 그의 본성의 힘으로 도달할 수 있는 것을—하나님에게만 부합할 수 있는 것을—얻고자 애썼다.(63, 3) 악한 인간들처럼 악마와 다른 악한 천사들은 결코 본성이 악한 것은 아니었으며 여전히 그렇다. 그들의 죄가 과연 그들을 창조한 순간에 발생했더라도, 그것은 그들에게 주어진 본성에 반하여, 또한 그들에게도 부여된 은혜에 반하여, 저 자유로운 선택능력에서 비롯된 행위에서 발생했던 것이다. 그러나 천사들은 이미 창조된 후에 즉시 단호히 선한 천사들과 악한 천사들로 구별되는 일이 발생하였다.(63, 4-6) 토마스는 다음의 사실을 알고 있다고 여겼다: 타락한 천사들의 우두머리는 본래 스랍이었고, 그 외의 타락한 천사들은 가장 낮은 천사계급에 속했으며(63, 7), 그들은 그 우두머리에 의해 유혹을 받았다.(63, 8) 선한 천사들과 악한 천사들 사이의 수효의 비율에 대해서는 어쨌든 열왕기하 6:16에 따라서, 선한 천사들이 악한 천사들보다 더 많다고 언급될 수 있다.(63, 9) 그들의 타락에 상응하는, 악한 천사들의 '위치'는 결국 다음과 같은 상태에 있다: 천사들인 그들에게 당연한 인식은 타락 이후에도 그들에게 변함없이 완전하게 보존되어 있다. 그 대신에 하나님의 일들(Dinge)에 대한 그들의 인식은 감소되었으며, 그들에게서 인식이, 즉 그것이 지혜에 본질적인 것처럼, 거기에서 하나님에 대한 사랑이 출현하는 바로 그 인식이 완전히 박탈되었다.(64, 1) 그리고 그들의 첫 번째 행위 이후에 선한 천사들 자신이 완전한 자유 안에 머물렀으며, 영원히 그 자유 안에 머물게 될 것이듯이, 그렇게 악한 천사들은, 또한 그들이 단호하게 선택한 후에는, 완강히 사악함 안에 갇혀 있으며, 계속 그렇게 머물 것이다. 이미 토마스는 여기에서 다음과 같이 생각하였다: 대립되는 견해는 거룩한 천사들과 인간들이 누리는 최고의 행복에 대한 위협을 의미할 수밖에 없을 것이며, 바로 그렇기 때문에 견딜 수 없는 것이다. 한 천사의 의지는, 그가 어쨌든 일단 결정한 후에는, 변함없이 그가 선택한 것에만 집착한다. 그러므로 악한 천사들 자신은 최종적으로는 참회할 뜻이 없으며, 따라서 또한 하나님의 자비도 그들에게 도달할 수 없으며 그들을 해방시킬 수 없다.(64, 2) 그들은 여전히 영원한 형벌을 견딜 수밖에 없다. 즉 그들은, 그들을 위하여 '존재'하며 동시에 그들을 위하여 존재하지 '않는' 모든 것에 대하여 반항할 수밖에 없다.(64, 3) 그들의 위치에 대하여 마침내 다음과 같은 정보가 제공된다: 그들은, 혹은 그들의 죄과를 참회하기 위하여 지옥에 있으며, 혹은 인간들을 시험하기 위하여 "안개 낀 공중"에 있다.(64, 4)! 바로 이것이, 우리가 토마스(qu. 61-64)로부터 말하자면 천사들이 있는 우주 내부의 드라마에 대하여 배울 수 있는 것이다.

그 후에 (I qu. 106-114) 토마스는, 세계통치에 대한 그의 가르침의 맥락 안에서 두 번째로 그들에 대하여 언급하게 되었는데, 이제는 그들의 본성에 상응하는 그들의 '활동'에 대하여, 즉 우리가 그들의 '역사적 실존'이라고 말할 수 있는 것에 대하여 언급하게 되었다. 우선 선한 천사들은 무엇을 행하는가? 더 높은 천사들이 더 낮은 천사들을 '계몽'한다. 그러나 이것은—그들 모두를 계몽하는 빛은 본래의 의미에서는 하나님 자신이므로—다음과 같은 것을 의미할 수밖에 없다: 더 높은 천사들은,

더 낮은 천사들에게보다는 그들에게 더 잘 알려진 지혜를 전달함으로써, 즉 그 지혜를 구별하고 구체화함으로써 더 낮은 천사들을 (인간 "교사들"이 그들의 학생들에 대하여 행하는 것과 다르지 않게) 강하게 한다.(106, 1) 그렇게 한 천사는 다른 천사의 뜻을 물론 자극할 ("그 어떤 사랑할 만한 대상 쪽으로 마음을 기울게 할") 수 있기는 하지만, 그를 움직일—그것은 하나님에게만 부합할 수 있다.—수는 없다.(106, 1) 더 낮은 등급의 천사들을 통해서 더 높은 등급의 천사들을 계몽하는 것은 논의되지 않는다. 왜냐하면 "영적인 실체들에게 부합하는 질서는 하나님에 의해서 결코 위반되지 않기" 때문이다. 더 높은 천사들은 어쨌든 존재에 알맞게 하나님에게 더 가까이 있으며, 따라서 그들이 직접 혹은 그래도 가까운 간접성 안에서 하나님으로부터 받아들인 그들의 지식을 물론 아래로 전달할 수 있기는 하지만, 그러나—교회의 위계질서에서 그러하듯이—하위 등급의 구성원으로부터 지식을 받아들일 수는 없다.(106, 3) 그 대신에, 낮은 천사들은 높은 천사들로부터 그들 자신이 받아들였던 것과 동일하고 온전한 빛을 완전히 전달받는다: 즉 높은 천사들이 알고 있는 모든 것을 받아들인다. 그러나 그들은 그것을, 그것이 그들에게 전달되는 것과 똑같은 정도로 완벽하게 파악할 능력이 없으므로, 양측의 등급차이를 몇 번이고 되풀이하여 만족하게 된다.(106, 4) 두 번째 조사연구는 천사들의 '말'에 관한 것이다. 천사들은 서로 단순한 형식으로 특정한 자발적 행위들에 관하여 말한다. 그 행위들에 의하여 그들은, 그들이 "내적인 말"로서 내면에 지니고 있는 것을 다른 천사들에게도 당장 명백하게 드러낼 수 있다.(107, 1) 그런데 그 과정에서 한 천사의 말은 또한 나머지 천사들을 제외하고 한 천사를 혹은 몇몇 다른 천사들을 향할 수 있다.(107, 5) 이런 의미에서 낮은 천사들도 높은 천사들에게 말할 수 있다.(107, 2) 그리고 이런 의미에서 천사들은 또한 하나님과 말할 수 있다: 마치 그들이 하나님에게, 그가 미리 알고 있지 않은 어떤 것을 말해야만 하는 것처럼 말하는 것이 아니라, 그로부터 받아들이기 위하여, 혹은 그의 뜻으로부터 조언을 듣기 위하여, 혹은 그들도 결코 파악할 수 없는 하나님의 탁월함에 대한 감탄을 표현하기 위하여 말할 수 있다.(107, 3) 그리고 천사들이 말하는 것은 순수한 지적인 사건이므로, 그것에는 공간의 거리나 시간의 간격이 장애가 될 수 없다.(107, 4) qu. 108의 여덟 항목들에서 토마스는 천사세계의 '질서'에 대하여 질문하고 있다. 그리고 여기에서, 토마스가 어떤 의미에서 "디오니시우스"를 받아들이고 이해하고 보충하기를 원했는지 밝혀진다. 일반적으로 분명한 것은 다음과 같다: 그의 관심을 끈 것은 전체로서 "하늘의 위계질서"가 아니라, "위계질서들"(그는 디오니시우스의 3개조들을 그렇게 불렀다.) 그리고 그것들 내부에 있는 '개별적인' "계급들"(그는 디오니시우스의 천사무리들을 그렇게 불렀다.)이다. 게다가, 그의 관심을 끈 위계질서들과 '계급들'은 하늘에서 발생하는 운동과 역사의 동인들이 아니라, 안정된 하늘의 '체제'를 구성하는 요인들이다. 그리고 결국, 그것들은 결정적으로 지상에 있는 구원질서에 대한 하늘의 선례(Prius)로서가 아니라, '세계질서'에 대한, 즉 창조된 존재 일반의 "이성" 자체에 대한 그것들의 관계 안에서 그의 관심을 끌었다. 그러므로 세 가지 3개조들 혹은 위계질서들을 구별하는 것이 긍정될 수 있는 이유는, 그 구별이 다음과 같은 삼중의 관점에 상응하기 때문이다: 이 관점 아래에서 계몽 일반이 발생하며, 따라서 천사도 사물들에 대하여 세 가지에 관해서, 즉 사물들이 하나님으로부터 유래하는 것에 관해서, 그것들과 "창조된 일반적인 원인들"의 관계에 관해서, 그것들의 우발적인 개별성에 관해서 계몽되고 스스로를 계몽한다. 저 위계질서들의 "첫 번째" 단계, "두 번째" 단계, "가장 낮은" 단계가 그 삼중의 관점에 상응한다는 것이다.(108, 1) 3개조 내부에 있는 천사들의 세 가지 무리들 혹은 "계급들"을 구별하는 것은, 지상의 국가제도 안에도 "귀족, 평민", 그리고 그들 사이에 "존경받는 시민"이 있다는 사실을 고려하여 긍정된다.(108, 2) 다음의 사실을 확인하는 것은 흥미로운 것이다: 천사들의 "계급들"을 이렇게 집단으로 구별하는 것이 마지막 말일 수 없으며, 우리에게 주어진 것보다 더 완벽할 이 존재들을 인식할 때에 우리는 오히려, 천사들이 존재하는 것과 아주 똑같이 천사들의 많은 "직책들", 즉 "계급들"이 존재한다는 것을 인식해야만 할 것이다.(108, 3) 확실한 것은 이것이다: 이 구별들 안에서 실존하는 것(108, 4), 즉 최후의 심판을 넘어서서 실존하는 것(108, 7)이 천사들에게는 과연 은혜를 통해서도 결정되기는 하지만, 이미 본성상 본질적인 것이다. 토마스는, 개별적인 천사무리들과 그들 상호간의 관계를 그들의 이름들로부터 설명하는 것을 다음과 같이 수정하여 채택하였다: 원칙적으로 모든 천사들은 천사들의 완벽함을 공유하고 있으나, 더 높은 무리들의 천사들은 이 완벽함에서 더 큰 몫을 지니고 있으며, 더 낮은 무리들의 천사들은 더 적은 몫을 지니고 있으므로, 이런 혹은 저런 천사들의 계급들을 이런 혹은 저런 이름들로 명명하는 것은 그때마다 다만 "부분적으로 우월한 것이라는 점에서" 이해되어야 한다.(108, 5-6) 마지막으로 토마스는 다음의 사실을 보여줄 수 있다고 생각한다: 하나님의 은혜에 의하여 최고의 행복에 다다른 사람들은, 그렇게 함으로써 천사들의 본성과는 다른 그들의 본성을 상실하지는 않고, "하나님의 천사들처럼" 되며(마 22:30), 따라서 각기 그들의 공로에 따라서 천사들의 "계급들"에 편입되며, 그 때문에 고인이 된 성인들은 실로 지금도 이미 우리 가운데서 천사들의 기능을 하며 작용할 수 있다.(108, 8) 게다가 또 악령들의 나라에도 상응하는 질서가 고려되어야 한다. 그들은 역시 그들의 완전한 타락에서도 천사의 본성을 상실하지 않았으며, 바로 그와 동시에 상위와 하위로 분류된 존재로서 그들의 특성도 상실하지 않았다. 그러므로 그 영역에서도 통치하는 것과 복종하는 것이 존재한다.(109, 1-3) 그러나 선한 천사들의 질서가 이 대립하는 나라에 비하여 더 뛰어난 승리하는 질서라는 것은 변함이 없다.(109, 4) 밖을 향한, 즉 그 밖의 창조세계를 향한, 그리고 그 세계 안에서 이루어지는 천사들의 '작용'에 관해서는 이제 더 특별하게 언급되어야만 한다. 천사들은, 비록 단지 간접적으로 이긴 하지만, 모든 '육체를 지닌' 것들을 통치한다: "그리고 이것은 거룩한 교사들에 의해 주장된 것만이 아니라, 육체가 없는 실체들의 실존을 고려했던 모든 철학자들에 의해서도 주장된다."(110, 1f.) 그들은 '육체를 지닌' 것들을 통치한다: 즉, 그들은 '육체를 지닌' 것들이 이곳에서 저곳으로 '움직이게' 한다.(110, 3) 그러나 기적도 행하는 것은 물론 그들에게 허락되지 않는다.(110, 4) 그들은 게다가 인간들의 인식능력에 걸맞게 '인간들'을 계몽한다: 즉 지각할 수 있는 비유들의 형태로 진리를 전달함으로써, 그리고 그들의 주관적인 수용능력을 강화함으로써 계몽한다. (111, 1) 확실히 천사들이 인간들의 '의지'를 물론 '자극'할 수 있기는 하지만, 움직이게 할 수는 없다. 그것은 기적을 행하는 것처럼 하나님이 행하는 일일 수밖에 없다.(111, 2) 그러나 그들은—그리고 이것은 선한 천사들에 대해서와 마찬가지로 악한 천사들에게도 적용된다.—인간들의 상상력을 움직일 수 있으며, 또한 그들의 외적인 경험들이 지닌 특성도 이렇게 혹은 저렇게 결정할 수 있다.(111, 3-4)

그리고 이제 마침내, "천사들의 '파견'에 관하여"라는 제목이 붙은 qu. 112에서 토마스는 그 주제에 관하여 언급하게 된다. 성서의 관점에서 본다면, 이것은 유일한 것은 아니지만, 그래도 확실히 모든 것을 지배하고 있는 주제임에 틀림없을 것으로 생각될 것이다. 그러나 우리는, 토마스가 그것을 희미하게라도 의식하였다는 인상을 전혀 지니고 있지 않다. 천사들을 실제로 '파견'한 것에 대한 질문은, 그가 선행하는 두 가지 문제들에서 다루었던, 육체를 지닌 것들과 인간들에 대한 천사들의 행동가능성들에 대한 질문보다 더 그의 관심을 끌지는 않았다. 그가 나중에 다루게 될, 수호천사들의 실존과 행동에 대한 질문이 그에게는 더욱이 눈에 띄게 '더' 관심을 끌게 될 것이다. 이 "파견" 자체에 관하여 그가 몰두했던 것은 오직 형식적인 문제들, 즉 소위 권한문제들이었다. 따라서 몇몇 천사들은 하나님에 의하여 실제로 특정한 직무를 위해 "특별한 행동들을 수행하는 자들"로서 "내보내진다": 즉 그들의 고유한 공간으로부터 인간들의 공간으로 파견된다. 하나님 자신은 그때에 그들이 행하는 행위의 "원인"이며 "목표"이고, 앞으로도 변함없이 그러하다. 그들은 하나님의 도구들, 즉 "인식능력을 지닌 도구들"이다. 그리고 그들의 행동은 우리의 행동과는 달리 순수하게 지적인 행동으로 머물기 때문에, 그들이 하나님의 지혜를 명상하는 것은 그들의 본성에 상응하는 본래의 그리고 최고의 활동으로서, 밖을 향한 저 행동에 의하여 방해받을 수 없다. 오히려 그 행동이 그 명상에 의하여 이끌어질 것이다.(112, 1) 그러나 결코 '모든' 천사들 자신이 그렇게 파견된 자들인 것은 '아니다': 높은 천사들은 이 사역에 참여하지 않으며(112, 2), 다만 더 낮은 "계급들"의 천사들만이 참여한다. 그리고 토마스는 다음과 같이 더 상세한 것을 알 수 있으며 증명할 수 있다고 생각한다: 그 계급들의 상위 네 계급의 천사들이 아니라 하위 다섯 계급의 천사들이 그 사역에 참여한다는 것이다. 그러므로 이 구별은 이상하게도 세 가지 위계질서들을 구별하는 것과 일치하지 않는 것처럼 보인다.(112, 4) 그 반면에 그 반대로 모든 천사들이 하나님의 직접적인 측근에 속하는 것은 아니다. 왜냐하면 모든 천사들이 거기에 필요한 능력, 즉 그 자리에 있는 하나님의 본질이 직접 명료하게 되는 가운데서 하나님의 비밀이 지닌 깊이를 파악할 능력이 있는 것은 아니기 때문이다. 지상에 있는 왕의 측근에서도 지속적인 "보좌관들"과 떠나가고 다가오는 "관료들"이 존재하는 것처럼, 그것은 오히려 다만 높은 천사들에게만 걸맞은 것이다. 토마스는 명확하게, 이런 방식으로 '우대받는' 높은 천사들이 '최고의' 위계질서에 속한 천사들을 의미하기를 원한다.(112, 3) 선행하는 계급을 따라서 역시 "파견"에 참여하지 않는, 위계질서 중간의 첫 번째 "계급"은 어떻게 되는가? 그러나 어떻든 간에, 이것이 실제로 토마스가 이 주제에서 언급해야 했던 모든 것이다.

왜냐하면 qu. 113에서는 벌써 '수호천사들'이 다루어지고 있기 때문이다. 토마스는 밖을 향한 천사들의 고유한 활동을 주로, 혹은 어쩌면 오로지 이 노선 위에서 인식하려 했던 것일까? 확실한 것은, 그가 여기에서 비로소 밖을 향한 천사들의 구체적인 '행동'에 대하여 언급하게 되었다는 것이다. 인간은 수호천사가 필요한가? 인간은 스스로를 보호할 수 없으며, 또한 보호할 수 없어야 하는가? 혹은 그에게 하나님의 보호가 충분하지 않은가? 많은 인간들이 매일 죄를 범하고 있다는 사실은 다음의 주장에 반론을 제기하고 있지 않는가?: 그들에게는 수호천사들이, 즉 그 사실에 관하여 태만의 죄가 있다고 비난받아야만 할 수호천사들이 있다. 그럼에도 불구하고! 토마스는 다음과 같이 확언한다:

하나님의 섭리가 육체를 지닌 모든 것들을 영적인 실체들을 통해서 움직이고, 그 영적 실체들 가운데서 모든 낮은 천사들을 또한 높은 천사들을 통해서 움직이는 것처럼, 우리가 생각할 때에 변하지 않는 원칙들에 의해서 인도되어야만 하는 것처럼, 결함이 있을 수 있는 인식들과 정열들을 지니고 있는 인간들에게는 그들을 선한 길로 안내하고 움직이게 하는 천사들을 붙여주어야만 한다. 선한 길로 가도록 하기 위해서는, 인간이 지닌 선택의 자유 그리고 윤리적인 자연법에 대한 인간의 지식은 충분하지 않다. 그리고 하나님의 직접적인 보호는 물론, 인간들에게 쏟아 부어진 은혜와 덕을 통하여 그들이 선을 향하게 하는 일반적인 '방향설정'의 형태로 실행되기는 하지만, 그 방향설정이 그들이 걸어가야만 하는 구체적인 '길들'에 관해서 특별한 지시를 하는 형태로 실행되지는 않는다. 바로 그 길을 지시하기 위하여, 하나님은 그들에게 천사들을 보낸다. 만일 그 경우에 그들이 그럼에도 불구하고 죄를 범한다면, 그것의 책임은 천사들의 태만에 돌려져서는 안 되며, 그들 자신의 악의에 돌려져야 한다.(113, 1) 다양한 종류의 덧없는 사물들을 위하여 다양한 천사들이 존재하듯이, 마찬가지로 또한 다양한 상위의 그리고 하위의 '인간 집단들'을 위하여, 그러나 그것을 넘어서—왜냐하면 각 개별적인 인간은 "파괴할 수 없는 피조물"이므로—또한 '개별적 인간들'을 위해서도 천사들이, 즉 각 개인에게 주어진 더 높은 혹은 더 낮은 직분에 따라서, 더 높은 천사들 혹은 더 낮은 천사들이 존재한다.(113, 2) 이 경우에 "더 높은" 천사들이란—특정한 인간들을 위하여 그런 천사들이 논의될 경우에는—물론 결코, 이 직무와 전혀 관계가 없는 상위의 위계질서에 속한 천사들을 의미하는 것이 아니라, '가장 낮은' 위계질서 내부에 있는 '높은' 천사들을 의미한다. 물론 그들의 중개를 통해서 그래도 또한 높은 천사들의 능력들이 인간들에게 도움이 된다.(113, 3) 정말로 '각' 인간에게 그러한 '특별한' 천사가 배정되어 있는가? 토마스는 그렇다고 대답한다: 즉 (지상에서—역자 주) "여행하는 상태"에서 그리고 "그가 나그네인 한." 그 후에 영원한 나라에서는 인간에게 "수호천사"가 아니라, "함께 다스리는 천사"가 있게 될 것이다. 저주받도록 결정된 자들에게도, 믿음이 없는 인간들에게도—그들을 적어도, 그들 자신과 다른 사람들을 해칠 수 있는 약간의 악들로부터 보호하기 위하여—지금 여기에서는 그들의 수호천사들이 있다. 심지어 적그리스도에게도 그의 수호천사가 있을 것이다! 마치 그들 모두에게 또한 자연적인 이성의 도움이 결여되어서는 안 되는 것처럼! 무죄 상태의 아담에게도 그의 수호천사가 있었다. 그 결과가 보여주듯이, 그는 내면으로부터는 아니더라도 외부로부터 매우 위태로웠다. 여기에서 오직 인간 예수만이 예외가 되는데, 그것은 그가 하나님의 말씀에 대하여 직접적인 관계를 맺고 있는 덕분이다: 특별히 그에게도 파견된 천사들은 "수호천사들"이 아니라, 다만 "섬기는 천사들"일 수밖에 없었다.(113, 4) 수호천사는 인간에게 이미 그가 '탄생'할 때 배정되는가? 혹은 그가 세례 받을 때 비로소 배정되는가? 대답은, 이미 그가 탄생할 때이다. 왜냐하면 수호천사는, "이성을 지닌 자연"인 인간을 향한 섭리의 선물들 중의 하나이기 때문이다. 수호천사가 세례 이전에는 아직은 영원한 구원을 위하여 인간에게 도움이 될 수 없더라도, 아직은 하나님의 진리에 대하여 미성숙한 아동을 가르칠 수 없더라도, 그는 인간으로부터 악령들을 격리시킬 수 있으며, 아동을 다른 영적인 그리고 육체적인 상해들로부터 보호할 수 있다. 자궁 안에 있는 아동의 사정은 어떤가? 대답은 이렇다: 이 단계의 아동은 말하자면 아직은 어머니의 몸에 속해 있으므로, 탄생 이전에는 어머니를 지키는 개별적인 천사의 보호 아래에 있다고 추정된다.(113, 5) 수호천사가 그에게 맡겨진 인간을 '떠날' 수도 있는가? 대답은 이렇다: 어떤 것도 하나님의 섭리로부터 완전히 벗어날 수 없듯이 그렇게 확실하게, 본래는 그럴 수 없으며, 전혀 그럴 수 없다. 고려되는 것은 다만 일시적으로 장소를 떠나는 것이며, 이 경우에도 천사는 하늘로부터도 인간을 주시하고 있으므로 그를 보호하는 효력은 폐지될 수 없다.(113, 6) 천사들은 그들이 보호하도록 위탁된 인간들이 행하고 자초한 악에 대해서 '슬퍼'하는가? 대답은 (놀랍게도, 그러나 당연한 귀결로서) 이렇다: 아니다! 그들은 아마도 (예를 들면, 참회하는 죄인에 대하여) 기뻐할 수 있다. 그러나 슬픔과 고통은 완전하게 축복받은 천사들에게는 걸맞을 수 없다. 슬픔과 고통은, 한 존재가 그의 의지에 모순되는 것에 대해서만 느낄 수 있는 것이다. 그러나 천사들의 의지는 언제나 하나님의 정의로운 의지와 일치한다. 하나님의 정의가 작용하거나 허락하지 않고는 이 세계에서 아무것도 발생할 수 없으며, 따라서 인간들의 죄와 징계도 발생할 수 없다. 그러므로 징계는 천사들의 의지에도 어긋나지 않는다. 그러므로 그것은 천사들에게 슬픔과 고통의 대상일 수도 없다. 그러므로 천사들은 그들이 보호하도록 위탁된 인간들이 행하고 자초한 악에 대해서 슬퍼하지 않는다.(113, 7) 마지막 질문: 천사들 사이에 또한 '의견 불일치'와 '말다툼'도 존재할 수 있는가? 대답 (다시 놀랍게도): 그렇다! 왜냐하면 토마스는, 다니엘 10:13에 따르면, 다니엘에게 파견된 천사를 21일 동안 가로막았다는 페르시아 왕국의 "천사장"을 히에로니무스(Hieronymus)처럼 악령으로 간주해서는 안 되며, '그레고리 교황'(Gregor der Große)의 견해를 받아들여서 선한 천사로 (수호천사 집단에 속한 한 천사로) 간주해야만 한다고 생각하고 이제 다음과 같이 숙고하기 때문이다: 모든 천사들은 물론, 하나님의 뜻이 이루어져야만 한다는 것에는 의지가 일치한다. 그러나 창조된 것들과 관계들 자체 사이에, 또한 개별적인 인간들과 인간들의 나라들이 이룬 "공로들"과 "잘못된 공로들" 사이에 상대적인 모순들이 존재한다. 이 모순들을 해결하는 것에 대하여 천사들도 하나님의 계시를 통하여 교육받아야만 한다. 그러므로 이 계시에 관하여 그들은 수호천사로서 기능하면서 그들 사이에서 일시적으로 의견이 일치하지 않을 수 있으며, 심지어 서로 말다툼을 벌일 수도 있다. 즉, 이 계시에 관하여 그들은 하나님의 한 가지 뜻을 일시적으로 서로 다르게 해석하고 서로 다르게 추구할 수 있다. 현대의 토마스 추종자인 디캄프(Franz Diekamp, *Kath. Dogm.*⁶ 2. Bd. 1930, 70)의 부드러운 말로 표현하면, "수호천사들은 그들의 과제를 독자적으로 성취해야만 한다. 이 독자성 때문에 다니엘 10장이 암시하듯이 그들 사이에는 '의견의 불일치들'과 대립적인 노력들이 발생할 수 있다. 또한 이 본문은, 그들의 조치들이 언제나 가장 거룩한 의도에서 유래함에도 불구하고 '때때로 객관적으로 부적절'할 수 있음을 보여준다."

그러나 "나쁜 측면에서는" 인간에 대한 "악마의 습격", 즉 '악마의 유혹'이 수호천사들의 사역에 상응한다. 토마스의 천사론은 이 어두운 주제를 숙고함으로써 끝을 맺는다. 이 유혹은 어디에서 오는가? 그것은 완전히 악령들의 악의로부터 유래한다. 그러나 유혹은 이런 유래를 지님과 동시에, 그것은 하나님에 의하여 우리에게 지시된 것이며, 그의 질서에 따라서 진행된다: 그것이 죄를 짓도록 하는 유혹일 경우에, 그것은 물론 다만 그가 허락하는 형태로 발생하며, 그것이 우리를 처벌하는 것으로 이용될 경우에, 그것은 역시 또한 그가 명확히 파견하는 형태로만 발생하며, 어쨌든 그것은 그의 정의의 토대 위에서 그리고 그 정의를 추구하는 목표들을 지니고 진행된다. 하나님은, 악령들의 세력을 고려할 때 매우 불공평한 싸움에 약한 인간을 내맡기는 부당한 일을 행하는가? 하나님은 그의 은혜로 도움으로써 인간에게 충분한 평형 이상의 조건을 만들어 주기 때문에, 그는 부당한 일을 행하는 것이 아니다. 육체와 세상을 통한 유혹이 인간을 시험하는 데에 충분하지 않을까? 악의를 지니고 있는 악령들에게는 그것이 어쨌든 충분하지 않으며, 능가하는 "하나님의 지시" 아래에서는 이 추가의 유혹도 선택받은 자들에게는 영광이 될 수밖에 없다.(114, 1) 본래 순수한 의미에서 악령들의 유혹은 죄에 이르도록 안내하는 시험에 그 본질이 있다. '하나님'도 인간을 시험하지만, 그것은 인간을 타락하게 하기 위한 것이 아니라, 오히려 하나님이 그에 대하여 알고 있는 것을 그 인간 자신과 다른 사람들에게 '공공연하게' 드러내기 위한 것이다. 그러나 악마는, 육체와 세상, 세상의 행복과 불행을 이용함으로써, '죄'에 이르도록 하기 위하여 시험한다. 그 자신이 감히 주제넘게, 다만 하나님의 일일 수밖에 없는 것을 행함으로써, 즉 인간의 내면세계를 탐구하고 공개함으로써, 악마는 인간이 '타락'하기를 원한다. 그리고 악마는, 인간의 의지를 지배할 정도로 강하지는 못하지만, 인간의 본성이 지닌 저급한 욕구들을 통해서 간접적으로 인간의 의지에 영향을 끼치려 감행함으로써 그리고 악한 방향으로 유도하려 감행함으로써, 그것을 시도한다.(114, 2)

'모든 범죄행위'가 '악마'에 의한 시험에 기인한 것인가? 간접적으로 그렇다: 우리가 나무토막들을 불태운 것의 원인을, 그 목적으로 그것들을 톱으로 잘랐던 사람에게서 찾는 것과 같은 의미에서! 이 점에서, 첫 번째 사람이 죄를 짓도록 유혹한 자가 모든 죄인들을 유혹하는 자이다. 그러나 모든 범죄행위가 직접 악마에 기인하는 것은 아니며, 오직 인간의 자유의지에 그리고 그의 본성의 타락에, 즉 육신의 타락에 직접적인 원인을 지니고 있는 범죄행위도 있다. 물론 다만 하나님의 도움 아래에서만, 따라서 천사들의 직무를 통해서, 인간은 업적이 되는 선한 행동을 할 능력이 있다. 그러나 이 사실로부터, 인간의 악한 행동 모두가 직접 악령들의 작용으로 해명될 수 있다는 결론이 나오지는 않는다.(114, 3) '악령들'은 그들의 악한 목적들로 '기적'을 행할 수 있는가? 대답: 그 개념의 엄격하고 진정한 의미에서, 기적을 행할 수는 없다! 그들은, "자연 전체의 질서를 간과하고 발생하는" 아무것도 행할 수 없다. 이런 의미의 기적은 어떤 피조물도, 어떤 천사도, 그러므로 또한 어떤 악령도 행할 수 없으며, 하나님만이 행할 수 있다. 그러나 그 개념의 상대적이며 비본래적인 의미의 기적도, 즉 인간의 능력과 이해력을 능가하는 사건들도 존재한다. 또한 한 사람이, 다른 사람이 행할 수 없고 이해할 수 없는 것을 행함으로써, 그를 놀라게 할 수 있는 것처럼, 천사들과 마찬가지로 악령들도 아마 그러한 상대적이며 비본래적인 기적들을 행할 수 있을 것이다. 비록 악령들의 작용에서는 또한 인간의 공상을, 즉 인간의 감각들을 결정하는 것도 중요하므로, 그들의 영향 아래에 있는 인간에게는 사물들이 실제의 모습과 다르게 보이기는 하지만, 그 경우에 이런 종류의 기적들 자체가 물론 그것들의 독특한 현실성과 작용을 지니고 있으므로, 그것들은 결코 단순한 "공상의 산물들"로 설명될 수는 없다. 그러나 그것이 모든 것은 아니다: 왜냐하면, 토마스의 관념에 따르면, 악령들은 천사들처럼 "세계의 요소들 안에 있는 생명력들"에 접근하며, 그 생명력들로부터 그 악령들이 자연적인 힘들을 과연 폐지하거나 변경할 수 없기는 하지만, 그렇지만 특정한 방향으로 움직이게 할 수는 있기 때문이다. 그리고 그들 자신이, 이 점에서도 천사들과 마찬가지로, 공중으로부터 특정한 형태와 형상을 갖출 수 있듯이, 그들은 또한 다른 사물들을 (객관적으로!) 육체를 가진 형상으로 에워싸는 능력이 있으며, 그 경우에 그들은 그 형상으로 인간에게 보이게 된다. 그러므로 악령들이 수행하는 것은—가령 파라오의 마술사들이 보이던 기적들을 기억하라—물론 "'거짓'의 표시들"이기는 하지만 "'참된' 기이한 표시들"이며, 그것들을 통해서 그들은 인간들을 실제로 유혹할 수 있다. "빗나간 목적과 법적근거에도 불구하고" 그들의 작용은 성자들의 작용과, 선한 천사들의 작용과 기술적으로 동일하다. 후자들이 하나님의 영광을 위하여 행하는 것, 즉 "공적인 직무 안에서 그리고 하나님의 명령에 따라서" 행하는 바로 그것을 그들은 그들 자신의 영광을 위하여 그리고 그들의 악한 사적 이익들을 추구하면서 행한다.(114, 4) 이제 마지막 질문은 이것이다: 한 인간에 대한 공격이 격퇴된 후에, 악령은 그를 다시 공격할 수 있는가? 그 대답은 누가복음 4:13에 따르면 다음과 같이 제시되어 있다: "악마는 모든 시험을 끝마치고 물러가서, 어느 때가 되기까지 예수에게서 떠나 있었다." 그러므로 악령에 대한 승리는 인간에게 물론 악령에 대한 확실한 안전을 보장하기는 하지만, 그것은 무한한 안전을 보장하는 것은 아니다. 어떤 사람에게서 나온 더러운 귀신(마 12:43f.)도, 쉴 곳을 찾느라고 물 없는 곳을 헤맸으나 찾지 못한 후에, 이렇게 말하지 않았던가: "내가 나온 집으로 되돌아가겠다!"(114, 3) 이처럼 완전히 위로가 되지는 않는 전망으로 마지막 복합적인 문제는 끝나며, 동시에 토마스의 천사론 전체가 끝을 맺는다.

 이로써 우리가 지금까지 다룬 것은 이 주제에 대한 118가지 질문들과 대답들이다. 중세에 다른 위대한 스콜라 철학자들 가운데에서 토마스에게 특별한 명예로운 칭호로 주어진 "천사 박사"라는 명칭은 아마도 이 연구시리즈와, 즉 그의 『신학대전』에서 이미 양적으로 두드러졌지만, 그것이 지닌 자료들의 중요성에 의해서 더욱더 두드러진 연구시리즈와 관련 있을 것이다. 우리도 그를 기꺼이 그렇게 부르기를 원한다. 다만 우리는, 그의 천사론이 그것의 신학적 중요성과 유용성을 지니는지를 판가름할 그 질문에 대하여 그 118가지 탐구들에서는 참으로 정말 대답을 찾을 수 없다는 사실만 제외한다면 말이다. 그러므로 우리는 다음의 사실을 확인해야만 한다: 만일 우리가, 성서의 증언에 관심을 기울이며 그 증언에 의무를 지고 있는 개신교 신학자로서, 그가—그가 처음으로 그렇게 한 것은 아니지만, 뛰어넘을 수 없는 철저성 안에서—선택한 '토대' 위로 걸어가기를 원한다면, 그것은 잘못된 충고를 받은 것이 될 것이다. 그리고 우리는 그렇게 할 수 없으므로, 우리는 그의 문제제기들을 그리고 더구나 대답들을 '개별적'으로도 따를 수 없을 것이다.

 다시 한 번 뒤돌아보자: 게르하르트 슈핀너(Gerhard Spinner, "Die Engel und wir", *Kirchenbl. f. d. ref. Schweiz*, 1937, Nr. 18-19. 이것은, 내 생각으로는, 최근에 이 주제에 대하여 서술된 것 가운데 가장 유익한 것이다.)는 이 주제에서 아퀴나스의 연구들이 지니는 "성과"(278f.)를 다음과 같이 훌륭하게 그리고—그의 평가에 관하여 최종적인 조건을 붙여 말한다면—올바르게 요약하였다: "토마스의 천사세계는 말하자면 우주에서 인간의 장소를 규정하는 좌표체계로서 작동한다. 스콜라 철학의 체계는 하늘에 이르는 거대한 사다리와 비슷한데, 그 사다리 위에서는 물론 하늘의 사자들이 오르고 내리는 것이 아니라, 극도의 객관성이라는 확고함 안에서 자신에게 지정된 자리를 고수한다. 가톨릭에 속한 사람은, 미지의 것에 매달리거나 혹은 깊이를 알 수 없는 곳으로 추락하지 않기 위해서, 우주의 최고지점까지 이처럼 권세들의 객관성이 필요하다. 신앙론과 제의에서 가톨릭교회의 매우 경탄할 객관성은 결국, 스콜라 철학의 천사론이 묘사하는 것처럼 초자연적인 권세들로 이루어진 객관적 우주를 근거로 하고 있다. 그러므로 천사론은 토마스의 체계 전체 안에서도 그처럼 탁월한 위치를 차지한다.…영적이며 초자연적인 존재들은 물질과 결합된 존재들보다 수효에서 크게 능가한다는 토마스의 확인은 이 경우에, 전체적인 중점을 하늘에 있는 우주로 옮기는 데에 이용된다. 눈에 보이는 세계와 그 세계 안에 있는 인간은 다만 거의 의미가 없는, 그 우주의 부속물에 불과하다. 이 좌표체계 안에서 스스로를 알고 있는 인간은, 자기 자신을 그리고 자기와 같은 존재를 우주의 중심으로 간주하는 위험에, 인간중심적이며 자기중심적인 세계관과 삶의 실천을 신봉하는 위험에 좀처럼 빠지지 않게 될 것이다.…스콜라 철학이 이해하는 천사들은, 인간을 다시 하늘에 있는 우주 아래에 세우는 직무를 수행한다: 즉 낮은 곳에서 굴욕을 느끼고, 버림받은 상태로부터 구원받아, 하나님 앞에서 올바른 자리에 서도록 하기 위하여 애쓴다." 물론 이 마지막 문장에 대해서는 다음과 같이 언급되어야 할 것이다: 우리를 위하여 이 직무를 수행할 수 있는 것은 그래도 분명히 "스콜라 철학이 이해하는" 천사들이 아닐 것이다. 오늘날 우리에게 필요한 것은, 결코 우리에게 "종교개혁이라는 높은 산맥 뒤에서 또한 스콜라 철학이라는 얼음처럼 차가운 산봉우리들이 우리 교회의 산봉우리들로서 다시 빛을 내는" 것이 아니다. "스콜라 철학이 이해하는 천사들"은 어쨌든 저 "영적 본질들", 저 "분리된 실체들"이며, 스콜라 철학이 의미하는 하늘에 있는 우주의 객관성은 어쨌든 역시 다만 충분히 인위적이며 자의적으로 "분리된", 즉 물질적 존재나 물질과 결합된 우리의 정신적 존재와는 대조되는 개념화되고 실체화된 순수한 지적인 존재의 객관성일 뿐이다. 플라톤과 아리스토텔레스의 관점으로부터 출발하여, 토마스는 물질과 결합된 존재를 순수한 지적 존재에 비하여 더 불완전한 존재, 즉 본질적으로 지상에 있는 우주적 존재로 간주하기를 원했다. 이 판단기준으로 무장한 토마스는 객관성이라는 물론 "얼음처럼 차가운 산봉우리들"을 가시화할 줄 알았다. 그러나 '이' 객관성, 즉 영적인 것 혹은 지적인 것의 객관성은 역시 너무나 애매해서, 우리는 하필이면 그것이 우리들의 교회 안에서도 다시 "빛을 내"기를 소망할 수는 없을 것 같다. 만일 다른 판단기준으로 무장한 다른 시대가 다른—즉 결코 '정신'을 지향하는 것이 아니라 점점 더, 그곳에서 그처럼 기피된 물질을 지향하는—체제를 세우기를 감행했다면, '이' 객관성은 또한 '다른', 결국 마찬가지로 "얼음처럼 차가운" 객관성과 '교환'될 수 있었다. 도대체 스콜라 철학의 세계관은, 이런 교환에 반대하여 효과적으로 저항할 수 있을 정도로 그렇게 바로 인간중심주의 및 자기중심주의로부터 자유로웠는가? 그런 새로운 시대가 왔을 때, 스콜라 철학은 어쨌든 그렇게 하지 않았다. 그 세계관을 지닌 인간은 아주 완전하게 하늘의 우주에 정통한 존재로 되었다는 것은 그렇게 확실한가? 우리는 그것을 또한 그 반대로도 인식할 수 있지 않을까?—토마스가 제시한 천사론의 바로 그 두 번째 부분을 또한, 인간을 혹은 자아를 객관성 안으로 투영하는 거대한 자기투사의 시도로서, 즉 천사의 모습에서 인간이 소망했던 월등한 제2의 자아를, 혹은 악령의 모습에서 그가 두려워했던 월등한 제2의 자아를, 즉 최고의 능력을 지닌 자기 자신을 발견했다고 여기는 그 자기투사의 시도로서 인식할 수 있지 않을까? 토마스는, 가장 낮은 천사들 가운데 하나가 직접 인간과 관계한다고 말한다. 그의 말은 결코 성서적인 것은 아니지만, 그는 인정할만한 겸손한 태도로 말하고 있으며, 그 천사들 '위에' 더 높은 천사들과 최고의 천사들을 확정해 두는데, 그들은 이 경우에 더군다나 너무나 초월하여 있으므로, 직접적으로 인간을 위하여 수고할 수 없다. 그러나 이 하늘의 우주 전체는 그래도, 직접적으로든 혹은 간접적으로든, 인간을 목표로 하는 것은 아니지 않는가? 어쨌든 '그'가 우주를 구상하고 고안하였는데, 역시 더군다나 바로 그 자신이 지니고 있는 이미지들에 따라서 그 자신의 사회적, 개인적 현실적 존재(Dasein)와 본질적 존재(Sosein)가 투영된 거대한 영상을 만들어냈던 것이다! 그는 이 상위의 우주를 인식하고 승인함으로써 그 자신의 존재가 지닌 지적인 측면을 예찬하는 것과는 다른 어떤 것을 실행하였는가? 그리고 그가 객관적인 정신세계와 영들의 세계를 넘어서서 하나님 자신을 결국 다만, 모든 피조물들과 다르게 자기 자신 안에 근거를 두고 있고 스스로 안정되어 있고 스스로 움직여지는 존재로만, 즉 거듭 순수하게 지적인 존재로만 간주하기를 원함으로써, 이 하나님보다 훨씬 낮고, 하나님의 모든 천사들보다 훨씬 낮은 자기 자신을 역시 이 하나님의 창조물로서 그리고 본성이 이 지적인 측면에서 신적인 특성을 지니는 것으로 간주하기를 원함으로써, 그는 자신의 지적인 측면에 영예를 주지 않았던가? 안 된다, '이' 세계관이라는 바위 위에 집을 짓는 것은, 상반되는 물질주의적인 세계관 혹은 그 어떤 다른 세계관이 문제되어야 할 경우와 마찬가지로, 권장할 만한 것이 아니다. 모든 세계관들은, 그리고 역시 이 세계관도, 뒤집혀지고 그것의 반대로 되는 경향성을 지니고 있다. "스콜라 철학이 이해하는" 하나님의, 그러므로 또한 "스콜라 철학이 이해하는" 천사들의 그 나름대로 주목할 만한 "객관성"이 부인될 수 없다는 것은 확실하다. 그러나 가톨릭의 교회, 교의, 제의가 지니는 "객관성"이 스콜라 철학의 천사론이 지니는 객관성에 근거하고 있는 한, 우리가 그 "객관성"을 지나치게 경탄할 이유가 없다! 그리스도교 신앙이 하나님에 관하여 그리고 또한 천사들에 관하여 언급할 경우에, 그 신앙의 관심사인 '그' 객관성은 여기에서는 틀림없이 문제되지 '않고' 있다. 실제의 굴욕과 낮춤, 그리고 버림받음에서 벗어나는 실제의 구원은 바로 이 "얼음처럼 차가운 산봉우리들"로부터는 기대될 수 없다. 그리스도교 신학은 '다른' 하나님에 관하여 질문하듯이, 또한 덜 모호한 '다른' 천사들에 관하여 질문한다.

그러나 게르하르트 슈퓌너는—계속되는 그의 글이 보여주듯이—토마스에 대한 찬양과 함께 이미 올바른 것을 주장하였다. 토마스의 글을 읽는 감수성 있는 독자는 다음과 같은 인상을 피할 수 없다: 여기에서는—그것이 설령 어떻게 이루어질지라도—피할 수 없는 절박함으로, 그리스도교 신학이 실제로 바라볼 이유가 있는 한 '방향'을, 즉 우리의 지상에 있는 우주 위에 있는 "하늘의 우주"를 향한 방향을, 그리고 하늘의 우주가 역사에, 즉 하나님과 지상의 우주에 있는 피조물인 인간 사이에서 발생하는 역사에 참여하는 방향을 가리키고 있다. 토마스가 이 하늘의 우주를 특별히 영적인 것으로서 규정해야 한다고 주장했던 것이 성급한 행동이었더라도, 그 결과 그의 천사론은 가짜의 하늘과 가짜의 천사들을 서술한 것으로 될 수밖에 없었더라도, 그는 그가 이해하는 대로 그 주제를, 이미 양적으로 그렇게 눈에 띄며 더구나 매우 집중하는 세심한 방식으로 파고들었기 때문에, 그는 사실상 하나의 징표를 세웠으며 사실상 하나의 증언을 제시하였다. 그 증언에 대하여 우리는 그에게 감사해야만 한다. 물론 이 말은 이미 교부들의 천사론에 적용된다. 이 말은 이미 "디오니시우스"에게 적용된다. 그러나 토마스가 그 주제에 부여하였던 기념비적인 형태 때문에, 이 말이 그에게는 아주 특별한 방식으로 적용된다. 그 문제는 그가 행하였던 것과는 다르게 제기되고 대답되어야만 한다. 그러나 그래도 그는 그 문제를 그렇게 다루었던 사람이었고 여전히 그러하므로, 만일 우리가, 그처럼 진기하게 그의 마음을 움직였던 그 주제에는 아무것도 존재하지 않으며, 따라서 이 주제 전체를 무시하는 것이 우리에게 허락될지도 모른다고 생각한다면, 우리는 그를 알고 있지 않거나 혹은 문외한임에 틀림없을 것이다. 이런 의미에서 "스콜라 철학이 이해한 천사들"이 실제로 우리를 도울지도 모르며, 우리도 그들에 대한 위대한 해석자에게 "천사 박사"라는 칭호를 부여하기를 거절해서는 안 될 것이다.

4. 우리는 또 한 번 "나는 이해하기 위하여 믿는다."라는 명제에서 시작한다. 우리는 지금까지 이 명제를 이중의 의미에서 우리의 주제에 적용하였다:

1) "나는 믿는다."라는 신앙고백에 의하여, 즉 믿음이 관련을 맺고 있는 성서의 증언에 의하여, 천사들에 대한 문제에서도 '인식'의 과제가 우리에게 제기된다.

2) 이 인식의 과제는 다른 어떤 곳으로부터가 아니라, 전적으로 "나는 믿는다."라는 고백으로부터, 즉 거룩한 '문서'의 증언으로부터 제기되고 착수되지 않으면 안 된다. 바로 그 다음에 제시하는 우리의 명제는 앞의 명제를 강조하고 강화하는 것이다: 인식의 과제는 '배타적으로' 거기로부터 제기된 것으로서 여겨져야만 하며, 여기에서 요구되는 "이해하기"에서 곁눈질해서는 안 된다. — "나는 믿는다."는 고백에 혹은 성서의 증언에 낯선 다른 토대들, 동기들, 관심사들로 되돌아가서는 안 되며, 그것들을 곁에 두어서도 안 된다. 그리고 그 어떤 자유롭게 선택된 구조들(Konstuktionen)로, 즉 아마도 '또한', 천사들에 대한 질문처럼 그렇게 기묘한 질문을 스스로 하도록 우리를 자극할 수도 있으며 아마도 '또한' 그것에 대하여 이런 혹은 저런 대답을 우리에게 권고할 수도 있을 그 구조들로 되돌아가거나, 그것들을 곁에 두어서도 안 된다. 우리는, '천사'라는 표제어에 관하여 "나는 믿는다."라는 전제를 신속히 망각하거나 혹은 어쨌든 보류하는, 그리고 그 '천사들'을 인식하는 과제에서 즉시 다른 방향으로, 즉 그 어떤 관념, 그 어떤 개념을 향한 방향으로 움직이게 하는 강한 가능성을 제시하였고 명백히 하였다: 그 경우에 사람들은 성서로부터가 아니라 전혀 다른 곳으로부터 출발하여 그 개념에 대하여, 그 개념은 참되고 유효한 것을 의미하며, 그 개념은 '천사'가 무엇인지를 대략 혹은 아마도 또한 매우 정확하게 다른 말로 표현하고 있을지도 모른다고 확신한다. 전체적으로 보아 고대 및 중세 교회의 천사론은 우리에게 이 가능성을 보여주는 돋보이는 표본이라는 것이 드러났다. 그러나 또한 '다른' 가능성도 존재한다: 우리는 이제 정말 진지하게 성서의 천사들에 대하여 질문하고, 실제로 성서로부터 천사들에 대하여 경청하기를 원한다. 종교개혁 전통을 지향하는 신학에서는 이 주제에서도 성서의 원칙이 적어도 원칙적으로 그리고 이론적으로 승인될 수밖에 없었다. 그러나 우리는 이 원칙을 승인하고 출애굽을 시작할 수는 있으나, 역시 아직은 이집트의 고깃국 가마솥에 대한 향수에서 결코 벗어날 수 없다. 우리는 그야말로 곁눈질을 할 수 있다: 즉 한쪽

눈으로는 성서의 천사들을 바라보면서, 다른 쪽 눈으로는 역시 '또한' 다른 방향에서도, 그것이 저 천사들과 동일할 것이라고 가정하면서, 그 어떤 실제의 혹은 꾸며낸 관념복합체를 바라볼 수 있다.

우리는 아마도 순진하게 그리고 장황한 논증 없이 그 일을 할 수 있다: 왜 천사들이 또한, 바로 성서적 증언의 맥락들 및 의미와는 다른 방식으로도 존재할 수 없다는 말인가?―왜 그들은 그 경우에 또한, 성서에서와는 다른 방식으로도 인지되고 인식될 수 없다는 말인가? 한 번 바느질 한 것보다는 두 번 바느질 한 것이 더 오래가지 않는가? 우리는 하나님과 또한 다음과 같은 방식으로도 교제해서는 안 된다는 말인가?: 즉 우리가 "나는 믿는다."라는 고백 곁에, 그 고백이 얼마나 중요한지 잘 알면서도, 역시 또한 "나는 이해한다."(intelligo)라는 작은 말도 덧붙이고 나서, 의도된 결정적인 것인 "이해하기 위하여"(ut intelligam)에 관해서는 더욱더 확실히 앞서 나가서는 안 된다는 말인가? 그러나 바로 이 점이 중요하다: 그렇게 하는 사람은 흔히 일반적으로 여하튼 아주 특정한 이유들을 지니고 있다. 아마도 "나는 믿는다."라는 고백 곁에 "나는 이해한다."라는 작은 말을 덧붙일 것을 주장하는 사람들의 중요한 관심사는 오직, "나는 믿는다."라는 고백은 "나는 이해한다."라는 작은 말의 도움으로 비로소 '이해'될 수 있다고 생각하려는 것일 것이다. 우리는 사실 성서를 들여다보기는 하지만, 그야말로 헛되이 성서를 들여다보지 않기 위하여, '해석학적' 지침을 찾는다. 천사들에 대한 성서의 암호들은 매우 이해하기 어렵다. 그래도 그것들을 읽을 수 있기 위해서는 그 암호들을 풀어야만 한다. 그것을 위하여 열쇠가 필요하다. 이 열쇠를 손에 넣기 위하여, 그리고 그것을 사용할 수 있기 위하여, 나는 성서를 바라보면서 동시에 다른 곳을 바라보아야만 한다: 즉 성서가 "천사들"이라 부르는 것에 대하여 사실 본래의 정보를 제공하지는 않지만, 그러나 어쨌든 더 명백하고, 우리에게 더 쉽게 이해되고, 우리에게 어떻게 해서든지 직접적으로 분명해지고, 그 점에서 성서의 천사들에 대한 바로 그 질문에 대하여 도움이 되는 안내를 제공할지도 모르는 그곳을 바라보아야만 한다. 그러나 여기에서 곁눈질 하는 이유는 더 다른 내용을 담고 있을 수 있다: 즉 아마도 해석학이 아니라, '변호'가 주요관심사일 수 있다. 아마도 "나는 믿는다."라는 고백 곁에 "나는 이해한다."라는 작은 말을 덧붙이는 경우에 문제되고 있는 이것일 것이다: 우리는 사실 성서를 바라보기는 하지만 역시, 우리가 이 주제에서 오직 성서 자체만 완전히 신뢰할 수 있을 것인지의 여부에 대하여, 그렇게 완전히 확신을 갖고 있지는 않다는 것이다. 만일 그 밖의 다른 곳의 관찰들과 검토들과 숙고들이 다만 확실한 높은 개연성(蓋然性)을 지니고만 있다면, 그리고 그것들에서 얻은 증언을 통해서도 그것이 입증된다는 것을 보여줄 수 있다면, 성서의 증언은 적어도 더 힘을 얻게 되지 않을까? 혹은 아마도 더 예리한 형식으로 질문한다면: 성서의 증언을 확신하기 위하여, 그러한 다른 곳의 증언들을 통하여 성서의 증언을 입증하는 것이 정말로 필요한 것이 아닐까? 혹은 아마 더 예리하게 질문한

다면: 만일 어떻게 해서든지 그러한 다른 곳의 증언들을 통해서 입증될 수 있지 않는다면, 성서의 증언을 받아들이는 것이 도대체 가능한가?

그런데 이 모든 것들은, 우리가 교의학에서 여기에서만이 아니라 다른 곳에서도 금지해야만 하는 사고과정들이다. 여기에서만이 아니라 다른 곳에서도 "나는 믿는다."라는 고백을 농락해서는 안 된다. 그것을 온전히 그리고 배타적으로 경청하고 신뢰할 경우에만, 이 신앙고백은 여기에서도 그것의 이름에 걸맞은 "이해하기"로 인도한다. "신뢰한다"라는 말은 '믿는다'는 것을 의미한다. 그러나 우리는 믿으면서도 동시에 약간은 믿지 않고, 또한 여전히 다른 곳으로부터 출발하여 알게 되기를 열망할 수는 없다: 그렇게 하지 않으면, 우리는 결코 믿지 않는 것이다. 믿음이 주는 위로는 삶에서와 마찬가지로 교의학에서는, 그리고 교의학의 다른 부분에서와 마찬가지로 이 부분에서는 다음과 같은 사실과 결합되어 있다: 그 위로가 '유일한' 위로이며, 그러한 위로로서 그것은 그것에 마땅히 주어져야 하는 기쁨과 함께 받아들여진다. 그리고 믿음은 거룩한 '문서'의 증언과 관련되어 있다. 믿음은 성서로부터 가르침을 받으려는, 즉 "이해하기" 위한 모든 노력을 거기에서 — 왜냐하면 우리는 거기에서 믿음의 원천 및 대상과 관계를 맺고 있으므로 — 우리에게 말해지는 것으로 향하게 하려는 흔쾌한 태도이며 준비이다. 믿음은, 거기에서 우리에게 말해지는 것이 그것 자체에 의하여, 즉 그것이 거기에서 말해진 그 맥락에 의하여 이해될 수 있을 것이라는 확신이다. 혹은 부정적으로 표현한다면: 믿음은, 거기에서 우리에게 말해진 것을, 마찬가지로 거기에서 획득될 수는 '없는' 그 어떤 빛들과 표준들로부터 소위 이해하려는 모든 시도들에 대하여 가장 철저히 신뢰하지 않는 것이다. 그리고 믿음은, 거기에서 우리에게 말해진 것은 그것 자체 안에서, 즉 거기에서 증언된 내용으로부터 출발하여 논증된다는 확신이다. 혹은 부정적으로 표현한다면: 믿음은, 거기에서 말해진 것을 성서의 내용과 동일하지 '않은' 근거들로부터 출발하여 소위 논증하려는 모든 시도들에 대하여 가장 철저히 신뢰하지 않는 것이다. 따라서 믿음은, 성서의 증언이 그것 자체로는 이해될 수 없을 것이라는 불안으로부터 자유롭게 된다. 믿음은 더구나, 다른 곳으로부터의 확증이 없이는 토대와 확신이 결여될 것이라는 불안으로부터 자유롭게 된다. 믿음은 오직 한 가지 불안만을, 즉 그것은 이 자유로운 믿음이기를 중지할지도 모른다는 불안만을 알고 있다. 따라서 믿음은, 그것이 그것의 고유한 원천에서 그것의 대상으로부터 출발하여 그리고 그 대상에 대한 성서적 증언을 통하여 아주 풍부하게 받은 바로 그것과는 다른 위로와 다른 명확성과 다른 확실성을 얻기 위하여 도망치지 않는다. 믿음은, 그것의 원천에서 해석학적으로도, 변증적으로도 버림받지 않을 것이라는 것을 신뢰한다. 그러나 믿음은 또한 다음의 사실도 안다: 소위 다른 해석학 혹은 변호를 통해서 풍부하게 한다는 모든 시도는 믿음에 빈곤화만을, 이런 종류의 모든 안전장치는 다만 불확실성만을, 그 방향으로 확장하려는 모든 시도는 유일하게 필수적인 것을 위협하고 상실하는 것을 의미할 수밖에 없으며 그런 결과를 초래할 수밖에 없다. 믿음은 '성령'과 함께 감행한다. 우리는 천사들에 대한 문제에서도 성령과 함께 감행하여야 하며, 그렇다면 좋든 싫든 오직 성령과 함께 감행해야만 할 것이다. 그러므로 우리는 여기에서도 위에 언급된 사고과정들을 금지해야만 한다.

이 금지를 위반하는 경우에, 그 결과들은 항상 치명적인 것이 되곤 한다. 곁눈질하는 사람은 사실은 한쪽 눈으로도 다른 쪽 눈으로도 바로 바라보지 못한다. 바로 천사들에 대한 문제에서는, 성서와 동시에 다른 인식토대들을 바라보기를 원하는 것보다는 과감하게 그리고 전적으로 성서와는 다른 곳을 바라보는 것이 확실히 더 나을 것이다. 그렇게 한다면, 사람들은 적어도 그곳에서 ─토마스 아퀴나스가 그 증인이다.─ 그 자체로는 정돈된 무엇인가를 발견할 것이다. 천사들을 성서에서 그리고 동시에 다른 곳에서 찾아내기를 원하는 사람은, 이곳에서든 저곳에서든 모호한 이미지들을 발견할 것이다. 그의 철학은 그의 신학을, 그의 신학은 그의 철학을 망치게 될 것이다. 여기에서 우리가 관심하는 것은 첫 번째 경우이다: 인식하는 것이 완전히 그리고 오로지 신학적으로 인식하는 것으로서 감행되지 않는 경우에, 즉 믿음 안에서 그리고 성서의 증언을 근거로 삼고 감행되지 않는 경우에, 그 인식하는 것 자체가 불명료하게 인식하는 것으로, 즉 불확실하게 인식하는 것으로 되게 될 것이며, 결정적인 쟁점에서 틀림없이 오류를 범하게 될 것이다. 신학적으로 인식하는 것으로서 그것은 자유롭게 될 수 있을 것이다. 다른 개념들과 결합되면 ─다만 해석학적인 관심에서만, 다만 변호하려는 관심에서만, 설령 아무리 부수적으로 그렇게 될지라도─ 인식하는 것은 자유롭지 않게 되며, 그것 자체와 그것의 대상으로부터 소외되며, 성과 없는 반쪽인식으로 되어 버릴 것이다. 그렇게 된다면 성서의 이해하기 어려운 암호들이 물론 그 어떤 열쇠로 풀어지게 되기는 하지만, 그때에 튀어나오는 것은 인위적인 것들 혹은 평범한 것들일 것이다. 그렇게 된다면 성서의 진술들이 물론 논증된 것처럼 보일지도 모르지만, 그 진술들이 말하는 것은 그것들에 대한 다른 종류의 낯선 논증의 견지에서는 흥미 없고 하찮은 것으로 보이게 된다. 그러나 이런 위협은 여기에서는 이차적인 중요성을 지닐 수밖에 없다. 성령의 약속을 듣지 않는 사람은, 그 약속에 근거하여 과감히 두 눈으로 성서를 들여다보기를 원하지 않는, 즉 두 눈 가운데 어떤 한쪽 눈으로도 성서를 무시하지 않기를 원하지 않는 사람은, 그가 다르게 행할 경우에, 그에게 닥치는 이 위협이 얼마나 치명적인지를 결코 인식하지 못할 것이다. 이 위협에 완전히 예속된 그리고 그것이 그들의 신학에 무엇을 의미하는 것인지를 결코 알아차리지 못했던 신학자들이 많이 있다. 그러나 만일 우리가 성령의 약속에 근거하여 과감히 성서에만 만족하기를 원했다면, 그 약속 자체가 틀림없이 성서를 통해서 우리에게 말을 걸었을 것이다. 따라서 그 경우에 이 과감한 행위는 결코 특별히 과감한 행위가 아닐 것이며, 우리에게 분명히 요구된 바로 그 순종을 행하는 것이기만 하면 될 것이다. 그러므로 이 경계가 ─덧붙여 말하자면 그리스도교 천사론의 모든 경계들처럼—말하자면 더 높은 곳에 있는 손에 의하여 그어졌음에 틀림없을 것이므로, 우리는 자유를 지니고 있으면서도 그 경계를 주의하도록 압력을 받고 있을 것이다. 우리는 바로 이 대목에서 다음의 사실을 분명히 하는 것이 좋을 것이다: 천사론에서도 신학적 질문은 '영적인'(geistliche) 질문이다. 바로 이 대목에서 그러한 것은 아마도 다음과 같은 이유 때문일 것이다: 성령의 약속은 하늘과 땅 사이에 있는 유일한 권세이며, 그 권세는 우리를 완전히 그리고 오로지 특정한 방향으로만 향하도록 유도하는 권능(Gewalt)을 지니고 있기 때문이다.—그 유일한 권능은 우리가 양쪽으로 절뚝거리며 걷는 것을 강력하게 금지하는데, 바로 그것을 금지하는 것이 이 네 번째 쟁점에서 주요관심사이다.

나는 이제 여기에서도, 내가 생각하는 몇 가지 역사적 반대사례들을 일목요연하게 설명하겠다.

우리는, 어떻게 이미 교부들의 천사론과 중세시대의 천사론이—어떻게 그렇지 않을 수 있겠는가?—과연 충분히 자주 성서를 인용하기는 하였는지 살펴보았다: 그 본문들을 그 이론을 진술하는 증거로 제시하든, 그것을 통해서 어떤 문제들을 제기하든 혹은 또한 어떤 한계들을 받아들이든 말이다. 그러나 토마스의 경우에 아주 명백하게 드러나듯이, 그곳에서 성서에 대한 이런 관계들은 주제와 관련이 없으며, 다만 학문적인 보조수단에 속한다. 그곳에서 성서는 어쨌든 지침이 될 만한 고대유산 가운데 두드러진 요소이다: 그러나 그것은 공식적으로, 그것과 나란히 교부들, "디오니시우스", 그리고 무엇보다도 '최고의' "철학자"인 아리스토텔레스의 글과 동일한 의미에서, 그리고 동일하게 부지런히 인용되고 있다. 이 영역에서 신학자들은, 그들이 그렇게 함으로써 무엇을 하고 있는 것인지를 아직 전혀 모르고 있다. 무장을 해제하는 일종의 순진함으로 그들은, 천사들 자신에 대하여 거침없이 말하기로 결정하였으나, 정평 있는 권위를 지닌 많은 다른 책을 통해서 그리고 마찬가지로 성서를 통해서도 때때로 자극받고 통제받으며, 앞으로 나가게 되거나 또한 자제하게 되기도 하는 것을 결코 반대하지 않고 오히려 기꺼이 찬성하였다.

'한편으로는 그리고 다른 편으로는'이라는 '나쁜' 논리, 즉 양자택일을 망설이는 논리는 고대의 신학과 중세의 신학에서는 문제가 되지 않았으며, 종교개혁 이후의 신학에서 문제로 인식되었다. 이전의 신학과는 달리 종교개혁 이후의 신학은 다음의 사실을 의식하게 되었으며, 뿐만 아니라 그것을 양심에 새겼다: 성서는 다른 것들과 나란히 있는 존경할 만한 교과서가 아니라, 교회의 기본을 이루는 구체적인 하나님의 계시에 대한 증언으로서 '유일한' 본문, 즉 교회의 교의가 그것에 의지해야 하며, 그것의 내용으로부터 출발하여 생각하여야 하며, 그것 앞에서 몇 번이고 되풀이하여 책임져야만 하는 바로 그 '유일한' 본문이다. '프로테스탄티즘'에서, 즉 이 개신교에서 비로소, 믿는 것인가 혹은 믿지 않는 것인가에 대한 질문이 저 계시의 그리고 그것에 대한 증언의 "충분함"(Suffizienz)과 관련하여 제기되었으며, 신학이 성서와 결합되어 자유롭기를 원하는 순종의 행위 혹은 저 과감한 행위, 즉 잘 알려진 계명을 따르는 것과 그것을 위반하는 것, 즉 성서를 간과하고 곁눈질하는 것, 즉 다른 인식원천들을 활용하는 것 사이에서 명확한 결정에 이르러야만 했다.

우리는 이미, 칼빈이 얼마나 단호하게 이 방향에서 천사론의 한계를 인식하고 상세히 묘사하였는지를, 그리고 역시 크벤슈테트(Quenstedt)가 어떻게, 다른 곳에서 획득된 모든 관점들과 대립되는 "성서의 자명한 논증"에 대하여 언급했는지를 경청하였다. 그러나 칼빈의 천사론(*Instit.* I 13, 3-19)이 실질적으로 실제로, 그가 언급한 의미에서 매우 진지하게 받아들여져야만 하는 시도를 제시하기는 하지만, 게르하르트(J. Gerhard, *Loci* 1610f. V cap. 4)의 경우에도, 그가 낯선 관점들이 침투하는 것에 대하여 막 저항하려 했으며, 그것이 확실한 성과가 없는 것은 아니었다는 인상을 주기는 하지만, 그 밖의 개신교 정통주의자들과 함께 크벤슈테트도 사실상 전혀 주저하지 않고 스콜라 철학으로부터 넘겨받은 비성서적 천사론의 내용을 이용하여 연구하였다. 크벤슈테트의 위대한 저작이 출판된 이듬해에 출판된 바이어(J. W. Baier)의 저서(*Comp. Theol. pos.* I 3, 3)에서 우리는 이미, 신학적 의식이 어떻게 이론적으로도 분열되기 시작하는지를 명확히 보게 된다: 성서는 우리에게 "가장 분명하게" 다음의 사실을 알려주고 있다: "완전한 영들"로서, "단순하고 영적이며 육체가 없는 실체들"로서, 그들의 본성 때문에 인간들 및 다른 피조물들과는 상이한 유형의 피조물들(species creaturarum)인 천사들도 존재한다. 사실이 그렇다는 것은 과연 "자연의 빛(자연적 이성 ― 역자 주)으로는" 명료하게 증명될 수 없기는 하다: "비록 그 사실이 개연성이라는 근거들에 의하여 '권고된 것으로 생각될' 수 있기는 하지만." 그 경우에 신학자들은 그러한 "개연성이라는 근거들"을 찾으려고 더욱더 주의 깊게 주위를 둘러보기 시작했다.

초자연주의(18-19세기 개신교 신학에서 합리주의에 상반되는 신학노선 ― 역자 주) 신학자인 라인하르트(Fr. Volkmar Reinhard, *Vorl. üb. d. Dogm.* 1892 §50)의 글에서 벌써 다음과 같은 내용을 읽게 된다: 관찰과 물리학은, 피조물들의 종류들이 벌써 우리의 대지 위에 "엄청나게 다양하며 수가 많다."는 사실을 가르쳐 준다. "이러한 상황에서, 수와 크기를 거의 헤아릴 수 없는 그 밖의 천체들을 하나님이 비워둔다는 것은 아마 불가능했을 것이며, 이론의 여지가 없이 그것들의 속성에 적합한 피조물들로 가득 채웠을 것이므로, 우리는 물론, 인간의 모든 상상들을 무한히 능가하는 다양하고 수많은 피조물들을 가정할 권한이 있다." 그리고 만일 우리가 거듭 자연과학을 통하여, 지상에 있는 피조물의 등급들에는 순위가 있으며, 그 순위에서 인류는 "모두가 시인하듯이" 가장 훌륭한 최고의 구성원이라는 것을 배우게 된다면, "우리는 일반적으로 가장 완전한 피조물일 수는 없으며, 등급의 서열은 더 높고 더 탁월한 자연들에 의하여 무한한 것에 이르기까지 높이 올라갈 수 있다는 사실이 쉽게 통찰될 수 있다." 하나님의 지혜, 권세, 호의, 그리고 창조세계의 헤아릴 수 없는 범위가 이성에게 이 사실을 있을 법한 것으로 여기게 하므로, 이성은 그 사실을 거의 확실한 것으로 그리고 완전히 명백한 것으로 가정한다. 그러나 이 사실은 '성서'를 통해서도 분명하게 '확인'된다. 성서가 역시 바로 천사들에 대하여 언급하고 있기 때문이다! "그러므로 우리는, 성서가 천사들에 관하여 가르치는 것을 모아서, 이성이 다만 추측하기만 하는 것을 그것으로 '보충'하는 것이 필요하다; 그 일이 이제 다음의 명제들 안에서 이루어질 것이다…."

합리주의자 브레트슈나이더(K. Gottl. Bretschneider, *Handb. d. Dogm. d. ev. luth. Kirche* 1. Bd.

1838 §104)의 글에서 우리는 이러한 이성을 통한 증명이 벌써, 성서이해를 위한 표준으로 이용되어야 하는, 형식을 갖춘 "천사들에 대한 관념"으로 훌륭하게 확장되고 있는 것을 발견한다. 그것은 일련의 요구들로 구성되어 있다. 브레트슈나이더는 이미 라인하르트가 제시하였던 것들에 대하여 다음의 내용을 덧붙인다: 하나님의 완벽함이, 인간의 영혼 외에도 많은 종류의 이성적인 존재들이 더 있다는 것을 가능하게 하며, 정신과 이성과 덕이 하나님에 의하여 각기 가능한 방식으로 정신적-도덕적인 개인들 안에서 생명을 얻게 되는 것을 가능하게 한다. 게다가, 불멸성에 대한 교의는 "불가피하게" 다음과 같이 생각하게 한다: 수천 년 전에 살았던 사람들은 이제, 지금 우리의 모습보다 훨씬 더 숭고한 계급의 이성적 존재들을 형성했음에 틀림없다. 게다가, 우리의 지구와 태양계가 우주 전체와 "가장 밀접하게 물리적으로 연결되어 있는" 것처럼, 비가시적인 이성의 나라도 우주 전체를 관통하여 도덕적으로 결합되어 있을 것이라는 것을 기대할 수 있으며, 이 도덕적 결합에 대해서는 우리가 죽음 이후에야 비로소 더 완전한 관념을 얻게 될 것이다. 그리고 이성은 또한 다음과 같은 주장을 있음직 하지 않은 것으로 간주할 수 없다: 하나님은 저 더 높은 이성적 존재들을 "그들의 능력들을 훈련하고 그들을 완전하게 하기 위하여" 어떤 작용들을 위한 매개자들로 이용한다. 브레트슈나이더도 "확실성과 동일시되는" "도덕적 개연성"을 주장함으로써 이 모든 것을 확신시킬 수 있다고 생각한다. 그렇게 얻어진 "천사들에 대한 관념"은 "2000년 전에 있었던 천사론의 형태"와, 즉 성서의 천사론과 비교되며, 성서의 천사론은, 그 자체가 유효하고 중요한 저 관념이 결함 있는 세계관에 속하는 시대적 제약을 받은 형태로서 이해된다. 그가 이 성서적 형태로부터 얼마나 많이, 혹은 얼마나 적게 받아들이기를 원했고 또 받아들일 수 있었는가에 대한 대답은 오늘날 각 개인들의 판단에 맡겨져야 한다.

19세기에 후기 관념론 철학의 틀에서 로테(Richard Rothe, *Dogm.* 1. Tl. 1870, 205f.)는 약간 더 심오하게 선언했다: "사변적 (그의 경우에는, 학문적인) 신학"은 천사들의 세계에 대한 표상을 못마땅해 하지 않을 뿐만 아니라, 오히려 필연적으로 그 표상으로 인도되고 있음을 느낀다.(244) 특색들을 지니고 있는 고대교회의 교의를 성서에 따라 논증하는 것도, 그 논증의 성서중심성이 의심의 여지가 없게 된 후에, 인정되어야 한다는 것이다.(216) 그러나 로테는 역시 그 사실을 도외시하고 "더 높은 영들의 세계"를 예상하고 있다. 선한 천사들은 무엇을 하는 존재들인가? 그들은 (244f.) 완벽한 피조물들, 즉 완전히 영으로 된 인격적인 피조물들이다. 이미 완벽한 세계들이 있는 것이 확실하므로, 그런 존재들이 있어야만 한다. 왜냐하면, 로테에 따르면, 우리가 지상에서 경험하는 아직 완벽하지 않은 창조세계는 첫 번째 것일 수 없으며, 최고의 것일 수도 없으므로, 선행하는, 이미 완벽한 "창조의 영역들" 혹은 세계들이 존재하며, 그것들에는 필연적으로 또한 이미 완벽한 인격적인 피조물들이 속해있기 때문이다. 바로 그것이 우리의 천사들이며, 로테는 그들에 관하여 알고 있다고 주장한다: "천사들도 업무를 철저히 익혀야 하며, 바닥부터 경력을 쌓아 올려야 한다. 그들은 물질적인 피조물로부터 혹은 감각적이며 인격적인 피조물로부터 벗어나 '도덕적' 발달의 도상에서 완벽한, 순수하게 영적인 인물들로, 즉 천사들로 '되었다.'"(232) 그 경우에 우리의 창조영역에 있는 완벽한 인간 개인들이 점진적으로 더 일찍 창조된 영역들에 있는 이미 완벽한 그 존재들에 합류한다. 그러나 이 모든 존재들이 완벽한 영들로 되었다는 것은, 그들은 전적으로 육체를 지니고 있지 않을 것이라는 것을 의미하지는 않는다. 로테는 여기에서 관습적인 교의 뒤쪽으로, 또한 토마스의 뒤쪽으로 되돌아갔으며, 오리게네스와 다른 그리스 교부들에게 동조하였으므로, 다음과 같이 가르쳤다: 저 완벽한 인격적 존재들 각자는 인격적인 자아와 그 자아에 독특하게 소속된 자연적인 유기체의 절대적 통일체, 즉 혼이 있는, 그러나 전적으로 영적인 몸의 통일체이다. 그들은 공간과 시간에 의하여 제한받지 않으므로, 그들에게는 우주가 무한히 열려져 있다. 그러므로 우리는 다음과 같이 가정하지 않을 수 없다: 그들은 아직 완벽하지 않은 우리의 세계영역에, 특히 그 영역에 살고 있는 아직 완벽하지 않은 인격적 피조물들에게 특정한 방식으로 영향력을 행사한다. 그러므로 이런 의미에서 선한 천사들은 하나님의 세계통치에 참여하고 있다. 참으로 그들은 세계통치를 매개하는 특별한 기관들(Organe)이다. 참으로 일반적으로 각 세계영역은 선행하는 세계영역들을 매개로 하나님에 의하여 만들어지고 규정되듯이, "서로에 의하여 매개되는 것인 이 개별적인 세계들은 유기적으로 서로 분리되어 생성된다."(245) 유기적이므로, 더 높은 존재들 상호간의 관계는 완벽한 조직의 관계임에 틀림없다! 그리고 그들의 조직은 "피조물의 특성을 지녔으며 동시에 영적인 절대적인, 우주의 중심개체에 의하여 결속된다. 이 중심개체는 집단적 개체로서 생각되어야만 한다: 즉 모든 개별적인 창조영역들의 근간이며 중심인 영적인 개체들의 절대적인 인격적 통일체로서, 즉 그것 자체가 끝없이 성장하는, 영적인 세계 전체의 축으로서 생각되어야만 한다. 그러므로 우리는 전혀 자기도 모르게 또한, 그리스도는 (그의 완벽함에서) 선한 천사세계 전체의 머리라는 성서의 가르침과 만나게 된다." 실제로, "전혀 자기도 모르게!" 그 후에 상응하는 방법으로 그리고 똑같이 "자기도 모르는" 방식으로, 로테는 또한 성서의 악마와 그리고 악령들과 "만났다." 블룸하르트(J. Chr. Blumhardt, *Schriftauslegung*, herausgeg. 1947, 160)는 로테의 이름을 거명하지는 않았으나, 오인할 여지가 없이 그가 서술한 것을 알고 있었으며, 이 천사론에 관하여 공감을 표현하였다는 것은 언급할 가치가 있다.

우리는 여기에서 도르너(J. A. Dorner, *Syst. d. chr. Gl.lehre*² 1. Bd. 534f.)도, 로테처럼 그렇게 확실한 발걸음으로는 아니지만, 같은 방향으로 앞서 가고 있는 것을 본다. 우리는 그의 천사론에서 발견되는 몇 가지 교훈적인 암시들을 다시 화제로 삼을 것이다. 그의 설명은 대체로 다음과 같다: 천사들의 세계라는 개념은 그 자체 안에 아무런 모순을 포함하고 있지 않을 뿐만 아니라, 실제로 천사들은 필요한 존재등급으로서 제시될 수 있다. 그들의 실존은, 혹은 천사론의 형태로 그들을 승인하는 것은 그릇된 현세지향적 자세를 막는 '보호장치'(Schutzwehr)를 형성한다: 즉 한편으로는 땅과 지상의 정신을 과대평가하는 것을 막으며, 다른 한편으로는 물질적인 수량의 외견상 우세함에 비하여 정신의 무한한 중요성을 과소평가하는 것을 막는 '보호장치'를 형성한다. 천사론은 우리의 정신을 거대한 조망 안으로 세우며, 그것을 우리의 행성에 제한하는 것으로부터 벗어나게 하며, 더 높고 무한히 풍부한 영들의 세계를 대망하게 함으로써 우리의 세계의식을 확장하며, 하나님에 대한 의식에 우주에 대한 종교적 숙고를 위한 강력한 접촉점을 제공한다. 천사론이 이 측면에서는 인간의 마음에 있는 자만과 반항심에 저항한다면, 다른 측면에서는 정신에 대하여 낙담하는 회의에 저항한다: 그것은 우리에게, 다양한 발전단계에 있는 세계의 다른 지역들도 이성적인 존재들에 의하여 채워진 것으로 생각하도록 요구하며, 더 높은 영들이 우리의 역사에 참여하는 것에 관한 가르침으로서 그것은, 영들의 나라에는 아무것도 고립되어 있지 않으며, 오히려 양동이에 담겨 있는 물 한 방울과 같은 우리의 지상의 육체에서 발생하는 것이 영들의 우주 전체를 위하여 중요성을 지니고 있다는 사실에 대한 암시를 포함하고 있다. 그것을 넘어서, 도르너는, 거듭 우리가 이미 알고 있는 그 발자취를 따라서, 천사론에 다음과 같은 '긍정적' 중요성을 부여할 수 있다고 생각한다: 만일 우리의 땅과 인류가 영원하지 않다면, 하나님의 활동이 시작된 시간에 대한 생각조차 실행할 수 없다면, 천사론은 우리에게, 우리의 창조영역보다 선행하는—각 영역이 상대적으로 독자적이지만, 유기적으로 서로에 대하여 개입하는—창조영역들을 고려할 가능성을 제공하며, 그것은 동시에 우리가 그것들을 고려하게 하는 "불가피한 요구"로 된다. 인류의 시작들조차 "천사론이 필요한 것처럼 보인다." 인간 안에 있는 정신적인 것은 그것이 발달하기 위해서는 정말 확실히, 그의 외부에 있는 창조된 정신에 의하여 정신적인 자극이 필요했다. 그 자극이 아직 인간에 의해서는 전달될 수 없었으므로, "인간 발달의 시작은 다음과 같은 사실을 가리키고 있다: 인류는, 그 자체가 완성되고 충족된 총체성이 아니며, 인류라는 집단이 다른 종류의 집단의 개입을 기대하는 장소가 남아 있다." 바로 이 다른 종류의 존재들 안에서 우리는, 아주 다양하게 하나님의 뜻을 세계로 전달하는 직무를 수행하고 있는 성서의 천사들을 재인식하게 된다. 도르너도 천사들을, 비록 육체를 지니지 않은 것은 아니지만 그래도 물질에 의하여 괴로움을 겪지는 않는, 공간에 제한되지 않는 존재들로 상상하려 노력하였다. 그리고 그는 다음과 같이 주장하였다: 천사론을 통하여 우리가 바라보게 되는 것은 바로, "매우 다양한 형태들을 지닌 정신의 풍부함"이며, 더 나아가 죄를 짓지 않고 발달할 수 있는 가능성과 하나님의 뜻을 기쁘게 성취할 수 있는 가능성, 그리고 마침내, 승리하는 교회가 이미 현존하는 현실성이다.

이 주제는 도르너의 덴마크인 친구 마르텐센(Hans Larsen Martensen, *Chr. Dogm.* 1856, 118ff.)에게서 더욱 독창적이고 더욱 대담한 방향전환을 하게 된다. 그의 견해에 따르면, 천사들은 인간현존의 전제조건들에 속한다. 그의 견해로도, 그들은 육체에 속박되어 있지 않으며, 공간의 조건들에 속박되어 있지 않으며, 시간의 조건들에조차 지배받지 않는 순수한 영들이다. "천사는 늙어갈 수 없"으며, 발달, 진보, 성숙이라는 의미에서 역사를 지닐 수 없다. 천사들의 고향은 오성을 통해서만 인식되는 하늘이며, 그곳으로부터 그들은 인간세계로 내려오며, 땅 위에서 하나님의 나라를 후원하기 위한 빛의 영들로서 작용한다. 그리고 이제 마르텐센은 더 놀라운 것을 감행한다.—그것은 진정한 '콜럼버스의 달걀'(발상의 전환. 신대륙 발견이 지니는 의미를 폄하하는 사람들에게 콜럼버스는 그의 모험을 달걀을 세우는 일에 비교하였다고 전해진다. 아무도 달걀을 세울 수 없었으나, 그는 달걀 한쪽을 깨어 그 부분을 바닥에 놓음으로써 달걀을 "세웠다"고 한다. 달걀 세우기를 통해서, 그는 신대륙 발견의 의미가 발상의 전환과 새로운 신념을 실천한 데에 있음을 시위한 셈이다.—역자 주)이다. 그것은 다른 사람들이 감행하였던 모든 것보다 더 매혹적인 것이다: 우리는, "천사들의 세계에 대하여 생각할 때에는 '관념들'의 세계를 생각"할 수밖에 없다. 성서와 교회의 교의에서 천사들에 대한 서술은 제법 정확히, 하나님과 실제 세계 사이에 있는 이 중간존재들이며 매개자들에게, 즉 하나님의 메시지를 인간에게 전해주는 빛의 전달자들에게 적합하지 않은가? 이념들이—그것들이 추상적인 사고에 직면해 있는 것과 같은 것이 아니라, "그것들이 살아 있는 권세들로서, 즉 작용하는 영들로서 눈에 보이게 된다는 점에서, 그 이념들이"—바로 천사들이다! 그러므로 그들은 바울에 의해서 "권세자들"로, 다시 말해, "하나님이 살림살이하는 특정한 영역들 안에서 지배하는 자들로, 즉 창조된 상이한 지역들이 복종하는 지배자들로" 불리고 있다. 그리고 더 나아가, "이 측면으로부터 우리는, 천사들에 대하여 생각할 때에, 신화가 '신들'이라고 부르는 것을 생각해야만 한다. 철학이 관념들이라고 부르는 것, 신화가 신들이라고 부르는 것, 계시는 그것을 천사들이라고 부른다": 즉 그들이 하나님의 나라를 위하여 활동하고 있을 경우에. 마르텐센은 신명기 32:8-9의 칠십인역(LXX) 본문(취리히 번역본!)에 만족해서 기뻐한다: "가장 높으신 분께서 여러 나라에 땅을 나누어 주시고, 인류를 갈라놓으실 때에 천사들의 수효대로 민족들의 경계를 갈라놓으셨다. 그러나 주님의 몫은 그의 백성이니, 야곱은 그가 차지하신 유산이다." 이와 같이 '이방'의 민족들 위에—하나님 자신이 거처로 삼았던 이스라엘과는 달리—하나님은 '천사들'을, 즉 유한한 중개자들을, 즉 하위의 신들을 앉혀놓았다. 비록 이교도들이 관념의 나라를 소유하고 있는 그를 인식하지 않았다고 할지라도, 이교도도 "관념을 떠난" 상태에 머물지 않도록 하는 것이 또한 이교도에 대한 그의 호의이며, 그의 계시였다. 이교도들의 신화에 나오는 신들은 사실은 하나님의 섭리를 섬기는 영들, 곧 하나님의 천사들이다. 그들이 인간을 진정한 하나님으로부터 떼어냄으로써, 그들이 하나님과 혼동된다면, 그들은 물론 우상들 혹은 악령들로 된다. 그러나 어떠한 경우에도 그들은 권세들이며 권력들이다: 그들이 천사들인가 혹은 악령들인가의 여부는 하나님의 나라에 대한 그들의 자세에 달려 있다. 그러나 언제나, 이교도들에게도, 양쪽이 문제가 된다. 그렇게 이해되어야 하는 천사들은 인격을 지니고 있는가? 이 질문에 명백한 대답을 제시할 수는 없다: 이런 부류의 비인격적인 영들, 반쪽만 인격적인 영들, 인격적인 영들이 존재하며, 마르텐센에 따르면, 이것이 천사들의 다양한 등급들과 계급들에 관한 고대 교의의 주장에 담겨진 의미이다! 시편 104:4에 따르면 주님의 뜻을 수행하는 폭풍들과 번갯불들에서, 그리고 요한복음 5:4에 따르면 베데스다 연못의 물을 휘저어 놓는 천사에서 우리는 명백히 "인격화된 자연의 힘들"을 인식해야 한다. 민족정신들과 신화의 신들에서는 우리는 "인격화와 인격 사이에 있는 중간존재"를 생각해야 한다. 그러나 그밖에도 "자유롭고 인격적인, 영들의 나라(Geisterreich)를 이루는, 우주적 권세들의 제3계급"이 더 존재한다. 인간들에 대한 관계에서 천사들은 일부는 우대받고, 일부는 불이익을 받으나, 우대받는 것은 본래 다만, 그들이 인간들보다 더 강력한 영들이라는 점에서만 그러하다. 그러나 인간들은 더 풍부하다: "모든 권력을 지니고 있는 천사는 다만, 인간이 그의 영혼의 내면성 안에서, 그의 개성이 지닌 풍부함 안에서, 소우주의 전체성 안에서 통합해야 하는 것의 개별적인 한 측면만 표현한다." 천사들은 다만 영들(Geister)일 뿐, 영혼들(Seelen)이 아니며, 정신과 자연 사이에 있는 교차점들이 아니다. 그들은 또한 다만 하나님의 위엄에 관여하게 될 수 있으나, 인간처럼—성육신 안에 있는 예수처럼, 성례전 안에 있는 우리 그리스도인들처럼—실제로 하나님과 하나로 될 수는 없다. "천사들보다 더 유리한 인간들의 장점을 성서는, 하나님의 아들이 천사로 된 것이 아니라, 인간으로 되었다는 말로 표현한다." 오늘날도 아직 천사들의 활동이 예상될 수 있는가? 물론이다. 역사 전체를 관통하여 천사들은 계속 활동하고 있다. 그리고 사실 우리의 시대에는 천사들에 대한 믿음이 억제되고 있다고는 하더라도, 그래도 "우주의 운행을 가능하게 하는 권세들"에 대한 유통되는 표상들 안에 이 믿음에 대한 접촉점이 제공되어 있다. 여기에서 다만 중요한 것은, 그 표상을 "거룩한 의미"에서 파악하는 것이다: 만일 그 표상이 그리스도교 섭리론에 비추어 진술된다면, "그렇다면 우리는 천사들에 대한 믿음의 토대 위에 있는 것이다." "그리스도교를 받아들일 때에 민족들의 천사들이 그들 곁에서 활동하고 있지" 않았을까? 자연스럽게 그 민족들을 지배하였던 그 관념들은 거룩한 것으로 넘어가기 위한 자연스러운 통과지점들이 아닌가? 그렇게 함으로써 그것들은 그 민족들이 그리스도교를 독특하게 습득하는 것을 야기하고 결정하지 않았던가?

그리고 이제 주목할 만한 것으로서 다음의 사실이 더 언급될 수 있을 것이다: 천사론에 대한 성서 외의 논증을 찾아가는 도중에 우리는 서로 매우 다른, 잘 알려진 현대 신학자 두 사람도 만난다. 사람들은 여기에서 이 두 사람과 마주칠 것을 기대하지 않겠지만, 바로 그럼에도 불구하고 이제 만나게 된다. 물론 우리는 그들에게서 원칙적으로 새롭고 더 분명한 것을 더 이상 듣게 되지는 않는다.

한 사람은 다름 아니라 바로 슐라터(Adolf Schlatter, *Das chr. Dogma*², 1923, 85f.)이다. 그의 견해를 알트하우스(Paul Althaus, *Die christliche Wahrheit*², 1949 2. Bd. 69)도 역시 배워 익혔다. 만일 다음과 같은 슐라터의 글을 읽는다면, 우리는 거듭 라인하르트와 브레트슈나이더로 되돌아간 것으로 여길 것이다: 성서 안에서 우리에게 말하고 있는 사람들에게는 인간은 피조물의 선두에 서 있지 않았으며, "그의 위에서 그들은 수많은 지체로 나누어진 영들의 나라를 보았다. 그것에 대한 증명은, 냉정한 자기평가는 우리 자신을 (하나님의) 창조 활동의 최고의, 최후의 형성물로 파악하는 것에 저항한다는 사실에 있다." 우리들 '아래에' 많은 것들이 존재한다. "그 경우에 '우리'는 우리의 지성이 편협하게 제한되어 있으므로 계속하여 이렇게 말한다. — 그러므로 우리 '위'에는 아무것도 없다!" 우리는 다음과 같이 말해서는 안 된다: 자연의 재료들과 힘들로 가득 채워진 무한한 공간을 지니고 있는 우리의 세계상 안에는 그러한 피안의 세계를 위한 자리는 없다! "사실은 자연에 대한 우리의 이미지가 우리에게 천사들에 대한 생각을 더욱 불가결하게 만든다. 이 공간들과 힘들의 무한성 안에서 동물들과 인간들 외에 다른 생명은 생성되지 않았다는 말인가? 세계의 토대가 되는 인격형성 능력이 우리가 지니고 있는 지성을 형성하는 것에서 고갈된다는 말인가?" 하나님이 공간을 창조하고 모든 것을 그 공간 안에 국한시키는데, 따라서 그가 공간에 대하여 긍정적인 관계를 지니고 있는데, 왜 천사들을 위해서도 공간에 대한 긍정적인 관계가 존재하지 않는다는 말인가? "우리 인간들이 공간에 대하여 지니고 있는 관계와는 다른 관계를 생각할 수 없는 우리의 무능력은 주관적으로 논증된다. 그것은 우리의 존재에 의하여 우리의 생각이 제한되기 때문에 발생한다."

명명백백하게 동일한 방향을 지시하면서, 더욱더 불가사의하게 그리고 더욱더 19세기 초의 천사론이 요구하던 문체로, 트뢸치(Ernst Troeltsch, *Glaubenslehre*, 1925, 255f.)는 다음과 같이 의견을 표명했다: 구원 혹은 하나님의 윤리적 공동체라는 목적, 즉 믿음에 확실한 우주적 목적이 '유일한' 우주적 목적으로서 간주될 수 있는가? 이것이 "하위의 정신적인" 피조물들에게는 "전적으로 가능하지 않"다는 사실은, 우주의 크기에 대한 우리의 지식이 확장됨으로써 더욱더 확실하게 되었다는 것이다. 그리고 동일한 이유로, 인간과 그의 구원이 세계통치에 대한 믿음의 중심이라고 주장하는 것은 더욱더 불가능하게 되었다는 것이다. 이제 무엇을 해야 한다는 말인가? 그것에 대하여 언급되어야 하는

하나는 이것이다: 하나님의 능력을 계시하는 것에서 그리고 그 피조물의 생활본능을 발휘하는 것에서 '하위의 정신적인' 피조물이 지닌 목적이 존재할 '수밖에 없'으며, 그 목적은 정신의 최고 목적과, 그것의 하위단계와 전제로서 관련될 수밖에 없다. 그리고 언급되어야 하는 다른 것은 이것이다: "인간 이외에 '다수의, 영들의 나라들'이 존재할 '수밖에 없'다!" "… 수밖에 없다"(Es muß): 이것이 참으로 거의 모든 천사론들에서 마주치게 되는 고찰방법이다. 그러나 우리가 가령 로테에게서 듣게 되었던 것은, 어쨌든 더 근거가 있으므로 조금 더 인정할만한 "… 수밖에 없다"였다. 로테는, 그가 영들의 나라들에 대하여 말하였을 때, 실로 적어도 그가 무엇을 말하는지 알았으며, 그가 주장한 것을 설명할 수 있었던 반면에, 트뢸치는 그 개념을 내던졌으며, 그것이 무엇을 의미하는 것인지를 틀림없이 단 한마디 말도 언급할 수 없었을 것이다. 로테는 실로, 그가 참으로 영지주의적인 사색을 하려고 하기 전에, 어쨌든 양심적으로 성서와 옛 교의도 참조하였던 반면에, 트뢸치는 성서와 교의에는 단 한 번도 눈길을 주지 않았다. 이 대목에서도 트뢸치의 신앙론은 이미 순수하게 형식적으로, 18세기 초에 시작된 신프로테스탄트 신학의 전개에서 명백한 최하점임을 증명하고 있다!

그러나 바로, "… 수밖에 없다"고 그들은 처음부터 호언장담하였다. 그 후에도 그렇게 몇 번이고 되풀이되었으며, 트뢸치의 경우와 마찬가지로 마침내 또한 슐라터처럼 그렇게 진지한 신학자마저도 그렇게 했다! 무엇이 존재할 "수밖에 없다"는 말인가? 그밖의 천체들에 거주하는 주민들인 천사들!(라인하르트) 우주에 있는 보이지 않는 이성의 나라를 이루는 정신적이며 도덕적인 개체들인 천사들!(브레트슈나이더) 선행하는 창조영역들에 있는, 일종의 천사학교에 합격 후에 완벽해진 영들인 천사들!(로테) 인류가 시작될 때 정신적인 삶을 자극하는 자들인 천사들!(도르너) 관념들의 권세들 및 신화의 신들과 동일시되는 천사들!(마르텐센) 하나님의 창조활동에서 생성된 최고의, 최후의 형성물들인 천사들!(슐라터) 그리고 그 후에는—만일 일반적으로 천사들이 생각된다면 그리고 모든 그 이상의 언급들 없이 무심코 말한다면, "다수의, 영들의 나라들"에 소속된 구성원들인 천사들!(트뢸치) 그리고 이 모든 표현들이, 그러한 존재들이 존재할 "수밖에 없다!"라는 허풍떠는 주장과 연관되어 전개되고 있다. 바이어(Baier)는 1685년에 주장하기를, "비록 그것이 개연성이라는 근거들에 의하여 권고된 것으로 생각될 수 있기는 하지만"이라고 했다. 이제 18세기, 19세기, 심지어 20세기의 대낮에도, 성서로부터 멀리 떨어져서도 획득할 수 있는, 천사들의 실존에 대한 "개연성이라는 근거들"이 바로 그런 것들이었다! 내가 다음의 사실을 증명해야 할 필요가 있을까?: 이 노선 전체에서 사람들은, 천사들은 어떤 상태에 있는지에 대하여 과연 성서로부터도 배우기는 했지만, 그와 병행하여 그래도 또한 다른 곳으로부터도 배우기를 원했으므로, 거기에서 그들은 막대기로 안개를 더듬었으며, 그들이 발견했던 것들은 실제로 "희미한 이미지들", 즉 뿔뿔이 흩어진 불확실한 인식의 이미지들, 인위적인 것들, 평범한 것들이었다. 모든 것들은 다함께 정처 없는 여행들이다.—그것들과 비교한다면, 토마스의 천사론은 한 번 더 정말로 존경스럽게 된다! 어떻게 여기에서 도대체 철학이 신학에 의하여 망쳐지고 말았는지 자명하지 않은가? 철학을 통해서 신학에 무슨 일이 일어날 것인지는 말할 필요도 없다! 그러나 이로써 우리는 벌써 우리의 서론에서 마지막 논점인 다섯 번째 논점에 이르렀다.

5. 이제 우리가 더 확인해야 할 것은 이것이다: 우리가 위의 3, 4번 항목에서 진술하고 강조한 규칙을 '준수'하기만 하면, 우리는 위의 2번 항목에서 요구된 인식에 관해서 걱정할 필요가 '없을' 것이다: 즉, 천사들의 현실성에 대한 신학적 인식의 가능성에 관해서도, 그 인식의 올바름과 중요성에 관해서도 걱정할 필요가 '없을' 것이다. 신학은 여기에서도 다만 '신학'이기만 하면, 따라서 다만 부지중에 철학으로 되는 것에 대하여 조심하기만 하면 된다. 신학은 다만 '완전히' 그리고 '오로지' 신학의 정체성을 지키도록 스스로를 훈육하기만 하면 된다. 따라서 또한 곁들여서, 해석학적 이유들 혹은 변호를 위한 이유들에서, "그럴듯한 근거들"에 대하여 질문하지 않도록, 따라서 그렇게 덧붙여서 그래도 약간 철학이기를 원하지 않도록 스스로를 훈육하기만 하면 된다. — 그렇게 된다면 신학에는 그것의 주제가 지닌 구체적인 대상성이 결여되지 않을 것이다. 그렇게 된다면 신학은 또한 어느 정도 정말 근본적으로 걸맞은 방식으로, 그 주제를 제대로 처리하는 것을 성공하게 될 것이다. 그리고 그렇게 되면 또한 그 주제는 신학에 또한 충분히 의미심장하게 될 것이며, 그것을 진지하고 성과 있게 요구할 것이다. 성서는 우리에게 천사들에 관하여 아주 충분히 생각하게, 즉 긍정적으로 생각하게 한다: 우리는 우선, 성서가 그들에 대하여 말하는 내용이 지닌 독특함을 주목해야만 하며, 그리고 난 후에 다만 선입견들 없이 바로 그것에 대하여 해명하려 시도해야만 한다. 성서는 또한, 우리가 이 문제에서 — 그것은 아마 부수적인 것일지도 모른다는 것을 핑계로 삼아 — 아주 쉽게 빠져나갈 수 있을 그런 방식으로 해명하지 않는다: 만일 우리가 천사들을 성서 안에서 그들에게 지정된 그 위치와 역할에서 우선 선입견 없이 인지했다면, 그들은 스스로가 — 물론 그들의 특별한 위치에서 그리고 그들의 특별한 방식으로 — 이미 매우 중요시 되었으므로, 우리는 성서 메시지의 핵심과 본질에 대하여 숙고할 바로 그때에 결코 더 이상 그들로부터 벗어날 수 없다. 다른 한편으로 성서는 천사들에 관하여, 어쨌든 여기에서도 책임 있는 방식으로 개념들과 표상들의 몇 가지 (그리스도교적 이해를 위하여 충분한) 노선들을 아주 충분히 찾아낼 수 없을 정도로 그렇게 모호한 것도 아니다. 그 노선들을 찾기 위하여 우리는 다만 다음과 같이 하기로 결심해야만 한다: 즉 성서가 이 주제에서도 그것 자체가, 즉 그것의 메시지가 지닌 특성 안에서, 그것이 하나님의 계시와 사역으로 이해하고 있는 것에 대한 증언으로서 말하게 하고, 그리고 그 후에는 확실히 또한 매우 인상적으로 (그리고 그 증언의 방식으로 또한 의미심장하게!) 침묵하게 하기로 결심해야만 한다.

예를 들면, 이미 언급했듯이, 성서에서 천사들이 나타나는 맥락들은 의심할 바 없이 항상 설화적인 그리고 전설적인 혹은 또한 뚜렷이 문학적인 맥락들이라는 사실에 대하여 우리가 불쾌감을 느끼고 거기에서 머물러서는 안 되는 것만이 아니다. 오히려 우리는, 그 사실이 바로 주제에, 즉 그 개념의 성서적 의미에서 천사들의 본질에 속한다는 사실을 파악하고 이해하여야만 한다.

게다가 우리는 다음의 사실에 대하여 이상하게 생각해서는 안 된다: 위에서 열거한 논점들 전체에서, 즉 우리가 그것들에 대하여 특히 열렬히 관심을 가져야 마땅하다고 생각하는 그 논점들에서, 그리고 그것들 안에서 성서의 가르침이 실로 나중에 충분히 신속하고 완전하게 보충되었던 그 논점들에서, 천사들에 대한 성서의 가르침은 우리에게 어떤 정보도 남기지 않는다. 즉 많이 논란이 된, 천사들의 "본성"에 대하여, 예를 들면, 그들이 인격적인 존재들인가 아닌가에 대한 질문에 대하여, 물질세계에 대한, 게다가 또 공간에 대한 그들의 관계에 대하여, 그들의 수효와 서열에 대하여, 그들을 창조한 것에 대하여, 그들의 본래적인 통일성에 대하여 그리고 그 다음에 천사들과 악마들로 분리된 것에 대하여, 그리고 우리가 그들에 대하여 후에 알고 싶어 할, 그리고 알 수 있다고 생각할 아주 많은 것들에 대하여 어떤 정보도 남기지 않는다. 매우 의미심장한 '주어진 사실'로부터라기보다는 또한 다음의 사실로부터, 즉 성서에서는 그 모든 것에 대하여 참으로 정말 '아무것도' 인식될 수 없다는 사실로부터 출발하는 것이 왜 지극히 교훈적인 것이 아니란 말인가? 그 사실로부터 다음의 사실을 추론하는 것이 왜 또한 '긍정적으로' 계몽하는 것이 아니라는 말인가?: 천사들의 실존과 역사에 관하여 특정한 질문들은—그것들이 우리에게 아무리 피할 수 없는 것으로 보일지라도—참으로 정말, 만일 우리가 그들을 바르게 이해한다면, 제기될 수 '없'다.

게다가 우리는 다음의 사실들 때문에 당황해서는 안 된다: 성서에는—그 밖에 또한 하나님에 대한 그리고 인간에 대한 독자적인 가르침이 존재하지 않듯이—그렇게 또한 천사들에 대한 어떤 독자적인 정의들, 묘사들, 정보들도 존재하지 않으며, 그 사실은 천사들에 대하여 더 강화된 의미에서 적용된다. 왜냐하면 그들이 성서 안에서 소개되고 있는 그 의미에 따르면 천사들에게는 다음의 사실이 명백히 본질적이기 때문이다: 그들은 다만 하나님으로부터 인간들을 향하여, 즉 다만 이 두 존재들 (마찬가지로 교훈적으로 고정되지 않는 요소들) 사이의 역사 안에서만 존재하며, 말하자면 다만 '부수적으로' 그들과 함께, 혹은 오히려 그들이 공동으로 이루어가는 역사 안에서, 즉 하나님이 체결한 은혜의 계약에서 비롯된 역사 안에서 실존한다. 그러므로 그들은 결코 별도로, 즉 독자적인 객체로서 인지될 수 없으며, 따라서 또한 독자적인 이론의 독자적인 주제가 될 수도 없다! 사실이 그렇다면, 그 사실로부터, 우리는 그들에 대하여 올바른 것을 알 수는 없다는 결론이 발생하지 '않으며', 오히려 우리는 이제 그들에 대하여 바로 다음과 같은 '이' 사실을 알게 된다는 결론이 나온다: 그들은 더욱 결정적인 의미에서 그렇게—이 '관계' 안에서!—실존하며, 바로 그렇게 인식 및 가르침의 대상으로서 파악되기를 원한다. 천사들은 어쨌든, 우리가 정돈된 "천사론"을 쓸 목적으로 그들에게 바라고 싶은 것을 표준으로 삼을 수 없으며, 오히려 정돈되기 위해서는, 천사론은,—이론적으로 편하든 불편하든—성서에서 어쨌든 우리와 만나고 있는 바로 그 천사들에 의지해야만 할 것이다.

게다가: 만일 우리가 바로, 천사들이 성서에서는 다만 부수적으로 하나님 및 인간과 함께 성서가 증언하는 하나님과 인간 사이의 역사 안에서 실존한다는 사실을 일단 이해하였다면, 우리는 아마도 더 큰 질문에 마주치게 될 것이다: 우리는 도대체 이제 천사들과 무엇을 '시작'해야 하며, 그들은 도대체 이제 우리에게 무엇을 '의미'해야 하는가? 우리의 세계상을 지니고 있는 우리의 세계에서, 우리와 관계있는 하나님의 말씀을 우리가 이해하도록 하기 위하여, 즉 우리의 신앙을 위하여, 그들은 영향력을 지니고 있는가? 어떤 의미에서 그러한가? 즉, 그들은 우리의 실존과 관련하여 그리고 우리의 시간과 환경에서 발생하는 크고 작은 사건들과 관련하여 우리에게 중요한, 즉 실제로 주목할 만하며 결정적인 요소일까? 어떤 의미에서 그러한가? 그 경우에 언급되어야 할 것은 바로 이것'이다': 성서 안에 증언된, 하나님과 인간 사이에서 발생한 바로 그 역사는 확실히, 오늘 여기에서, 즉 우리의 세계와 시간과 환경 한복판에서 우리와 관계가 있는 그 하나님의 말씀'이다'; 어쨌든 '그리스도교 신앙'에서 '주요관심사'는 바로, 우리가 그 역사에 참여하고 있다는 것을, 말하자면 그 역사 안으로 이끌려 들어가고 있는 것을 아는 것이다; 그리고 세계에 대한 '그리스도교의 선포'에서 주요관심사는, 바로 그 역사가 지상에서 발생하는 모든 사건의 중심이며, 비밀이며 의미라는 것이다. 만일 참으로 천사들은 부수적으로, 그러나 실제로 그 '역사'의 일부라면, 만일 그들은 사실상 세계에 속한 일반적인 기본요소들이 아니라면, 만일 그들은 성서에서 증언된 구체적인 그리스도 사건으로부터 사실상 분리될 수 없다면, 만일 그들이 참으로 완전히 부수적임에도 불구하고 그 사건에서 간과될 수 없는 기본요소들이라면, 그렇다면 우리는 천사론에서 바로 다음의 '사실'을 결정적인 것으로 알아야만 한다: 우리를 그 사건에 참여하게 하는 하나님의 말씀은 바로 동시에 우리를 또한 천사들의 실존과 사역에 참여하게 한다. 따라서 질문은 다음과 같이 제기되지 않는다: 우리가 천사들과 함께 어떤 것을 시작할 수 있는가? 오히려 질문은 다음과 같이 제기되어야 한다: 만일 우리가, 천사들이 우리에게 불필요하게 여겨지기 때문에, 그들을 무시하고 아주 유유히 빠져나간다면, 만일 우리가 '내가, 우리가 그들과 무엇을 시작할 수 있는가?'라는 질문을 아주 무사태평하게 그리고 독선적으로 제기할 수 있다고 여긴다면(!), 우리의 소위 그리스도교 신앙에서 그리고 우리의 소위 그리스도교적 선포에서 우리가 관계하고 있는 것은 참으로 실제로, 성서 안에서 증언된 그 하나님의 말씀인가? 다른 말로 표현하면, 이 주제는 결과적으로 우리의 그리스도교 신앙과 교회주의에 대하여 "빈곤을 입증하는 증거"로 될 수 있을 것이다. 이 기회에 우리는 다음의 사실을 깨달아야만 하는지도 모르겠다: 우리는 '하나님의 말씀'이 실제로 우리에게 말하고 있는 것을 아직도 전혀 올바르게 깨닫지 못했다. 따라서 우리는 다음의 사실을 확인해야만 하는지도 모르겠다: 우리는 천사들 대신에 우리들 자신을—하나님의 말씀에 대하여 명백히 불확실한 이해를 지니고 있는 우리를—불필요한 것으로 그리고 어쨌든 교정이 필요한 것으로 간

주할 만한 이유가 있다. 만일 천사들의 실존이 실제로, 성서 안에서 증언된 '유일회적인' 사건과 유일회적으로 관계가 있다면, 이 사실은 분명히 ─ 만일 우리가, 이 유일회적인 사건이 바로 우리와 어떤 관계가 있다고 생각한다면 ─ 우리를 자극하여, 역시 천사들을 참으로 그들에게도 독특한 바로 그 유일회성 안에서 더욱 진지하게 주목할 수밖에 없도록 할 것이다. 그렇다면 천사론은 바로, 예수 그리스도 안에 나타난 하나님의 그 유일회성과 마찬가지로, 역시 그 유일회성과 관련되어 있는 천사들의 유일회성을 '표준으로 맞추어야'만 할 것이며, 바로 그렇게 함으로써 또한 현실적인 것(aktuell)임을 입증해야만 할 것이다.

그러나 이 모든 것은 참으로 정말, 위의 3번 항목에서 제시되고 4번 항목에서 강화된 조건을 충족하는 것, 그리고 그것을 포기하지 않는 것에 달려 있다. 그 경우에 성서적 원칙이 배타적으로 유효해야만 한다. 그렇다면 우리는 천사론을 천사들에 대한 철학으로 이해해서는 안 될 것이며, 그렇다면 우리가 성서로부터 끌어내기를 원하는 천사에 대한 내용도 천사들에 대한 철학으로부터 출발하여 해석하려 해서는 안 될 것이다. 그렇지 않다면 2번 항목에서 요구된 "이해하기"에 미치지 못할 것이다. 그렇지 않다면 여기에서 모든 것은 불확실하고 불명확하고 미심쩍고 참으로 정말 쓸데없는 것으로 된다. 그 경우에 우리는 우리의 상상력을 사용하며, 동시에 양심의 가책을 느낄 수밖에 없다. 왜냐하면 그것은 제멋대로, 방황하며, 그 어디에선가는 완전히 불필요하게 상상하는 것이기 때문이다. 그 경우에 우리는 제멋대로 질문들을 하며, 한 시대의 정신이 지닌 시야와 취향에 납득이 될지도 모를 진술들로 대답할 것이다. 반면에 벌써 다음 시대가 궤변들과 "형이상학적 박쥐들"에 대하여 비웃게 될 것이다. 그 경우에 우리는 실행할 수 없는 관념들에 몰두한다: 우리가 더 꿈꾸는 듯이 그리고 더 엄숙하게 행동하면 할수록, 그 관념들의 개념적 구조는 우리 자신이 지닌 회의와 다른 사람들이 지닌 회의를 더욱더 확실하게 자극할 뿐이다. 그리고 바로, 우리 자신이 결코 실제로 필요한 "… 수밖에 없다"(Es muß)로 시작하지 않고, 즉 하나님의 말씀이라는 우리에게 미리 제시된 제안, 곧 삶에 중요한 제안으로 시작하지 않고, 임의로 제시된 요구인 "… 수밖에 없다"로 시작하였고 비로소 나중에 그 요구를 ─ 현실이 그 요구에 상응한다고 가정하면 ─ 어쩌면 또한 삶에 중요한 것으로 증명할 수도 있을 이유들에 생각이 미쳤을 때, 그 경우에 우리는 더욱 확실하게 다음과 같은 질문을 불러일으킨다: 무엇 때문에 그 모든 것이 필요하며, 그 모든 것은 우리에게 대체 무엇을 의미하는가?; 우리는 그것을 어떻게 하면 좋을까? "손으로 지은 것은, 손으로 무너뜨릴 수 있다.…" 저 "… 수밖에 없다"는 말 배후에는 먼 곳이든 혹은 가까운 곳이든 그 어느 곳에 이미 "…리가 '없'다"(Es muß 'nicht')는 말이 숨어서 기다린다. 그 말은 언젠가는 한 번 그리고 어떻게 해서든지 확실히 또 표현될 것이다. 만일 천사론이 3번과 4번 항목에서 언급된 조건들을 멀리한다면, 그것은 틀림없이, 그것이 언젠가는 '피곤한 모습으로 당혹스러워 어깨를 으쓱거려 보이는 천사론'(Angelologie des müden Achselzuckens)으로 되어버릴 그곳으로 달려간다. 이 주제에서 다른 것을, 혹은 신학에서 오직 원해야만 하는 것과는 훨씬 다른 어떤 것을 원하는 사람은 이 주제에서 조만간에, 결코 더 이상 아무것도 원하지 않기를, 더 이상 어떤 질문도 제기하지 않기를, 더 이상 어떤 대답을 제시하지 않기를, 따라서 여기에서도 우리에게 부여된 "이해하기"의 과제를 맥없는 소리를 내며 포기하기를 더 좋아할 것이다. 그는 그렇게 할지도 모른다. 그는 확실히 그렇게 할 수밖에 없다. 그러나 그는, 그렇게 하는 것이 그 주제에 상응한다고, 그 주제 때문에 그렇게 하도록 요구받는 것이라고 생각해서는 안 될 것이다. 그 경우에 그렇게 하는 것은 오히려 오직 다음의 사실에만, 즉 그는 경고 받는 것을 허용하지 않았으며, 그는 이 주제를 고수하기를 원하지 않았다는 사실에만 근거를 두고 있다.

그러므로 우리는 '당혹스러워 어깨를 으쓱거려 보이는 천사론'을 적당한 방법으로 (또한 이 측면을 향해서도 경고하기 위하여) 약간 묘사함으로써 이 서론을 마치려 한다.

"저 하늘을 우리는 천사들과 참새들에게 맡기네."라고 하이네(Heinrich Heine)는 언젠가 노래했다. 신학자들은, 설령 비슷한 어떤 것을 마음에 담고 있을지라도, 일반적으로 흔히 그렇게 아주 노골적으로 표현하지는 않는다. 적어도 슈트라우스(D. Fr. Strauß, *Die chr. Glaubenslehre* 1. Bd. 1840, 670f.)는 마찬가지로 솔직하게 실토하였다: 인류는 "중세에서 벗어났으므로, 그리고 다양한 관계들 안에서 근대세계의 원칙을 장악했으므로, 전혀 다른 종류의 토양 위에서 생성되었던 천사표상은 이 낯선 토양에서는 점차로 '소멸'할 수밖에 없었다." '우리'는 어쨌든 모든 사건의 개별적인 부분들만이 아니라 그것 전체의 원인을 하나님에 의한 인과성에서 찾으며, 따라서 세계 안에서 이루어지는 천사의 특별한 활동은 필요가 없다. 그리고 고대 유대교와 그리스도교가 천사들에 둘러싸여 있는 하나님의 보좌를 상상했던 그 장소는 "코페르니쿠스적인 세계상에 의하여" '우리'에게서 사라졌다! '우리'에게는 초감각적인 세계는 감각적인 세계의 피안이나 위에가 아니라 그것 안에 있다. 일시적으로 아직 설명할 수 없는 것을 '우리'는, 그것도 자연의 원인들로부터 설명될 수 있어야만 한다는 전제 아래에서 다룬다. 그러므로 '우리'는 천사들과 같은 그런 존재들의 가능성을 긍정할 수 없을 뿐만 아니라, 또한 그대로 놓아둘 수 없으며, "만일 근대의 하나님 관념과 세계에 대한 이미지가 옳다면, 그런 존재들은 결코 존재할 수 '없'다." 그리고 "근대시대의 기본입장들은, 그것들이 진보하는 자연인식의 도움으로 형성되었기에, 의심의 여지없이 교회의 천사신앙보다 더 나은 기초들을 토대로 하고 있다." 천사신앙의 첫 번째 원천은 단지 민속적 표상들과 민간설화들일 뿐이며, 그 표상들은 예수와 신약시대의 사람들이 의심할 여지가 없이 아주 진지하게 공유했던 것들이다. "그들 자신이 결코, 우리에게서 우리의 표상들을 빼앗으려는 것은 생각하지 않았듯이", '우리'는 그들이 그런 표상들을 지녔던 것을 인정해 주어야 하지만, '우리'는 스스로가 그 표상들에 속박되어 있는 것으로 간주하지 않는다. ─ 이 사실이 물론 명료하게, 즉 한 사람의 완전한 확신 안에서 언급되었다. 그는, 자신이 유일하게 가능한 근대의 세계상으로 간주하였던 것으로부터 출발하여 자명한 확신을 갖고 생각하였으며, 저 "우리"를 위하여, 즉 저 세계상을 신봉하는 자들을 위하여 진정으로 사도적인 전권을 갖고 말할 수 있었다. 그러나 신약성서 메시지의 의미와 중요성에 대하여 그리고 그것과 관련하여 또한 이 특별한 주제의 성서적 의미에 대하여 그가 편견에 사로잡히지 않고 숙고하는 일은 결코 없었다. 그가 참으로 바로 또한 그렇게 명확하게 부정적으로 어깨를 으쓱이게 할 수 있었던 공동의 근원을 인식하기 위하여, 우리는 슈트라우스를 토마스와 함께 혹은 로테와 함께 바라보아야만 한다.

다른 신학자들은 더욱 신중하게 입장을 표명했다. 무엇보다도 슐라이에르마허가 그랬다. 천사들에 대한 그의 유명한 두 가지 기본원칙들(Schleiermacher, *D. chr. Glaube*, §42와 43)은 여기에서 그에게만 특유한 것으로 들리지는 않는다: "구약성서에서 익숙한 이 표상은 또한 신약성서 안으로도 넘어왔으므로, 그리고 한편으로는 불가능한 어떤 것을 포함하고 있는 것이 아니며, 모든 경건한 의식의 토대와 모순되는 것도 아니지만, 그러나 다른 한편으로는 본래의 그리스도교 교의의 영역 어디에도 편입되어 있지 않으므로, 그것은 그렇게 앞으로도 계속 그리스도교의 언어에서 존재할 수는 있으나, 우리가 그것의 실재성에 대하여 어떤 것을 확인할 의무는 없을 것이다." 그리고, "천사들에 대한 교의로서 제시될 수 있는 유일한 것은 이것이다: 천사들이 존재하는지의 여부는 우리의 행동방식에 아무런 영향도 끼칠 수 없으며, 그들의 현존을 보여주는 계시들은 이제 더 이상 기대되지 않는다." 슈핀너(G. Spinner, 앞의 책, 276)는 그것을 다음과 같은 공식으로 요약하였다: "천사들의 실재성은 불확실하며—영향력은 없으며—우리를 향한 계시들은 없다." 그리고 그는 다음과 같이 덧붙였다: "저기에서 열리고 있는, 속이 빈 공간들이 우리에게는 섬뜩하다." 슐라이에르마허 자신의 경우에는 이 "속이 빈 공간들"은, 여느 때와 같이 그 표상 전체에게 인정될 수 있는 '사적인' 그리고 '제의적인' 사용에 대한 암시로 채워져 있었다! 그는 그것에 대하여 그의 저작 제1판에서 (1. Bd. 218) 다음과 같이 입장을 표명하였다: "사적인 사용은 우선, 의무에 따른 활동 및 신중함을 위한 공간이 없는 거기에서 하나님의 보호를 지각할 수 있게 하는 것으로 제한된다. 제의적—물론 정말 실제로 각 사람이 그의 종교적 흥분들이 자유롭게 발휘될 때에 특별히 획득할 수 있는—사용의 본질은 주로, 순수하며 무죄한 유한한 영들에 의하여 둘러싸여 있는 것으로 하나님이 소개되어야 마땅하다는 사실에 있다."

그 후에 많은 신학자들이 슐라이에르마허를 따라서 "불명확함" 및 불간섭이라는 동일한 노선 위에서 논하였다. 우리는, 베테(W. M. L. de Wette, *Lehrb. d. chr. Dogm.* 2. Tl. 1821, 89)가 다음과 같이 말하는 것을 듣는다: "순수하게 악한 영이라는 개념이 전적으로 폐기되기 때문에, 악한 천사들에 대한 교의는 '완전히' 배척되어야 하는" 반면에, "경건한 예감들과 상징적인 문학작품들로부터 발생하였으며 외국의 신화적 형이상학을 통해서 풍부해졌으며, 그리스도교 교의학의 영역 안으로 잘못 끌어들여진 이 교의는 확신의 대상으로서 다만 '문제가 있는 가치'를 지니고 있다."

립시우스(R. A. Lipsius, *Lehrb. d. ev. prot. Dogm.*[2] 1879, 418f.)의 말을 들어보자: "학문적 사고에서는 전적으로 실행할 수 없는, 천사들 및 악마들에 관한 표상들은 종교적 그림언어로 되돌려질 수 있지만, 동시에 언제나 다만 다음과 같은 조건 아래에서만 사용되어야 한다: 그 표상들은 종교적인 관계 자체를 위해서는 실제적인 중요성을 지니지 않으며, 따라서 또한 결코 교의학적으로 중요시되어서도 안 된다." 립시우스는, 그 언어의 상징적인 성격을 고려할 때 그 표상들을 종교적 언어에서도 추방하는 것은 부적절한 순수주의라고 간주할 것이다. "다만 그것들은 여기에서, 순화된 교의학적 통찰에 적합하게 그렇게, 즉 형이상학적 진리들로서가 아니라 바로 명확한 상징들로서 사용될 수 있다."

카프탄(Julius Kaftan, *Dogm.*3-4 1901, 268)의 말을 들어보자: "천사들은 믿음의 대상이 아니므로―그 대상은 다만 자신을 계시하는 하나님뿐이다.―따라서 신앙고백의 대상도 아니며, 신앙론의 대상도 아니다." 천사들에 의한 매개라는 가정이 과연, 세계 안에서 지배하는 하나님의 섭리를 더욱 더 이해할 수 있게 만드는 데에 사용될 수 있을까? 그것도 맞지 않는 이야기이다: "하나님의 지배라는 비밀은 그러한 교의를 통해서 줄어들지 않을 것이다. 그러므로 교의학에서는 천사들에 대하여 가르칠 것이 아무것도 없다." 이것이 천사들의 현존에 대한 부인을 의미하지는 않는다고 그는 말한다. "성서의 토대 위에서는 그래도, 천사들이 존재한다는 경건한 견해가 지속될 것이다. 그리고 그것에 반대할 수 있는 것은 아무것도 없다." 카프탄은, 인간의 위쪽에 있는 등급에 영적인 존재들이 있다는 가정에 대하여 이의를 제기할 것이 아무것도 없다고 생각하지만, 그러나 천사들에 대한 교의가 이 가정 위에 세워질 수는 없다는 것이다. "이런 이유에서 교의학에서는 다음과 같이 보충설명을 하면서 대상을 언급하는 것으로 충분하다: 하나님에 대한 우리의 관계는 어쨌든 천사들에 의하여 매개되지 않으며, 천사들에 대한 교의는, 만일 그것으로부터 그런(하나님에 대한 우리의 관계가 천사들에 의해 매개된다는―역자 주) 결론들이 이끌어내어진다면, 위험한 오류로 된다."

키른(Otto Kirn, *Grundr. d. ev. Dogm.* 1905, 8. Aufl. 1930, 72)의 말을 들어보자: 그는, 그리스도교의 중심적인 구원경험에 대한 관련성만이 보장할 수 있을 확실성과 명확성을 천사에 대한 표상에 부여할 어떤 가능성도 알고 있지 않다. "하나님의 초인간적 종들이라는 표상"에 그러한 관련성이 있다고 인정될 수 없다. 그 표상은 구원계시 자체의 본질적인 내용에 속하지 않는다. 그러므로 천사들에 대한 특별한 교의학적 교의도 존재할 수 없다. 그럼에도 불구하고 키른도 그것을 종교적 직관의 언어로부터 추방하기를 원하지는 않는다: 그 표상을 사용하는 것은 정말 "종교적인 취향에 맡겨져야" 하며, 그 경우에 특히, "그것이 결코 하나님과 인간 사이의 직접적인 관계를 침해하지 않도록" 주의하여야 한다.

하에링(Theod. Haering, *Der chr. Glaube* 1906, 261f.)의 말을 들어보자: 천사들은 죄 및 은혜와 같은 경건한 경험의 대상이 아니다. 천사들의 출현들은 그리스도인에게 꼭 필요한 것이 아니다. 천사에 대한 예수의 믿음은 그가 지닌 자의식의 가장 깊은 곳에 있는 중심, 즉 그가 하나님의 아들이라는 믿음과 역시 아무런 관련이 없다. 도대체 우리는 예수의 권위를, 그가 선포한 복음의 핵심과 뗄 수 없게 결합되어 있는 것이 아닌 그런 부분들에서도 인정해야만 한다는 말인가? 따라서 우리는 천사에 대한 믿음을 그리스도교 구원신앙의 필수적인 요인으로 사용하거나, 혹은 그것을 심지어 특별히 강한 믿음의 척도로 간주해서는 안 될 것이다. 정말 그 믿음과는 무관하지만 양도할 수 없는 진리들을 생동감 있게 현재화하는 것으로서, 그리고 우리에게 지금은 알려지지 않은 수단들을 통한 하나님의 도움을 특히 일목요연하게 설명하기 위하여, 우리는 천사에 대한 믿음을 아무튼 선한 양심에 걸맞게 소유해도 상관없을 것이다.

니취(F. A. B. Nitzsch, *Lehrb. d. ev. Dogm.* 1889, 3. Aufl. herausg. von Horst Stephan 1912, 443f.)

의 말을 들어보자: 성서가 천사들에 대하여 제공하는 것은, 그들에 대한 관련된 교의를 위한 충분한 토대를 형성하지 않는다. 우리는 과연 천사들의 실재성을 불가능한 것으로 선언할 수 없기는 하지만, 또한 증명할 수도 없다. 우리에게 천사들의 실존에 대한 확신을 정말 강요할 수 있을, 역사적으로 증명된 사실들은 존재하지 않는다. 천사에 대한 표상은 유대교와 그리스도교가 지녔던 단순히 일시적 표상이었는지도 모른다. 그리고 다음의 생각을 물리칠 수 없다: 오류가 없는 진리를 선포하는 것이 예수의 사명에 속했는데, 그는 민족의 표상들에, 즉 그것들 자체는 객관적인 진리에 속하지 않는 그 표상들에 의존하여 진리를 선포하였다. 아무튼 우리는 천사들에 관한 교의의 "가치를 인정"할 수 있다: 가령 하나님의 영광에 관한 관념과 그것을 관련시켜서, 혹은 하나님의 세계통치에 대한 믿음을 활성화하기 위한 수단으로서. "천사들에게 실제의 실존이 승인되지 않을 경우에도, 이 중요성은 정말 천사에 대한 표상에 그대로 남아 있다. 왜냐하면 단 한편의 시조차 객관적인 진리들을 구체화하고 현재화하는 데에 사용될 수 있기 때문이다."

제베르크(Reinhold Seeberg, *Christl. Dogm.* 2. Bd. 1925, 91. 40년 전에 "현대적-'실증적'" 학파의 지도자였다!)의 말을 들어보자: 천사들은 이스라엘 세계관의 한 표상이며, 신약성서 저자들도 그것을 넘겨받았다. 하나님의 지배 이외에는 어떤 종교적 중요성이 이 표상에 걸맞지 않으므로, 그것은 그리스도교 교의학에 포함되지 조차 않는다. 다른 한편으로 이 관념은, 만일 그것이 성서적 의미에서 파악된다면, 그리스도교의 경건에 결코 위험하지 않다. 그런 이유에서, 그 관념을 몰아내기 위해서 싸우도록 부추겨질 필요가 없다.··· "그러나 천사론이 교의학적 과제로서 승인될 수는 없다."

그리고 마지막으로 슈테판(Horst Stephan, *Glaubenslehre* 1928, 125f.)의 말을 들어보자: 천사에 대한 표상은 그리스도교 이전에 있던 종교의 유산이다. 만일 옛 교의학이 천사들에 대한 교의를 발전시켰다면, "그때에 그것은 신앙의 인식을 따랐던 것이 아니라, 피상적인 성서지상주의를 따랐던 것이다. 그러므로 그 교의와 대결할 필요가 없다." 이로써 천사들의 실존에 대한 판단이 표명된 것은 아니라고 그는 말한다. 그러나 그리스도교적 경건은 틀림없이 천사에 대한 표상이 필요하지 않다. "하나님이 가까이 있다는 것은 우리에게 예수와 신앙공동체를 통해서 매우 선명하며, 모든 지구중심주의와 인간중심주의를 능가하는 것은 정말 무한성과 엄격함을 지니고 있는 근대 세계상을 통해서 매우 선명하므로, 그 사실을 표현하는 그리스도교 이전의 수단들은 그것들이 지닌 불가피성을 상실한다."

이 모든 근대 교의학자들의 (그들 사이의, 그리고 그들의 스승인 슐라이에르마허와의) 합의는 압도적인 것이다. 그러나 신학에서 우리는 허풍떠는 만장일치 안에서조차 걱정스러운 길을 걸어갈 수 있다. 여기에서 일어나고 있는 것이 바로 그 경우이다. 여기에서 우리와 마주치는 일반적인 합의의 본질은 무엇에 있는가?

우선, 합의의 본질은 단호한 거부에 있다는 것이 명백하다: 이 모든 근대 교의학자들은 천사들과 진지하게 관계를 맺기를 원하지 않는다. 그들 가운데 아무도, 천사들을 생각하는 것에 약간의 기쁨조차 지니고 있지 않은 것 같다. 만일 천사들에 대하여 논하게 될 경우에는, 그들은 오히려 거의 모두 아마 약간 불쾌하고 성급하게 되는 것 같다. 그리고 히브리서 13:2에 이르기를, "나그네를 대접하기를 소홀히 하지 마십시오. 어떤 이들은 나그네를 대접하다가, 자기들도 모르는 사이에 천사들을 대접하였습니다."라고 했다면, 우리는, 이 신학자들이 어떤 불안감을 갖고, 바로 천사들이 들어오지 못하도록 자신들의 "신앙론들"이라는 숙소를 오직 닫아두려고만 전력을 기울이며, 다른 사람들에게도 천사들을 환대하지 않도록 요컨대 경고할 수밖에 없다고 여기고 있는 것을 바라보고 있다. 그들은 노골적으로, 천사들과는 결코 어떤 관계도 없었다고 주장한다. 그들은 어쨌든, 모든 그리스도인들의 관심을 가능한 한 그들로부터 벗어나게 하려고 결심했음을 보여주고 있다.

이러한 거부하는 태도를 취하는 이유는 무엇인가? 우리는 그들 모두가 다음의 견해에서도 의견이 일치되어 있는 것을 보고 있다: 천사들은 "종교적 관계"를 위하여, 신앙을 위하여 (즉 본래의 구원신앙을 위하여) 없어도 되며, 말하자면 불필요하다. 그리스도인은 하나님과, 오직 하나님과, 즉 그의 현존 및 그의 뜻과 관계한다. 무엇 때문에 거기에 또 천사들이 있어야 한다는 말인가? 우리는 여하튼, 하나님을 믿듯이 그들을 믿을 수는 없다. 그들은 여하튼 우리의 경건한 경험의 대상일 수 없으며, 그들이 그 경험과 불가피한 관계가 있다고 주장될 수도 없다. 그렇지만, 만일 그들의 실존이 고려된다면, 그들은 어떤 식으로든 존경을 받게 되고 심지어 숭배될지도 모르며, 그들이 하나님에 대한 직접적인 관계를 역시 다른 관점에서도 침해할 수 있을 것이라는 점이 우려된다. 바로 그렇기 때문에 그들에게는 "교의학적 중요성이 부여"되어서는 안 된다. "신앙론"과 같이 그렇게 진지한 기획에서는, 그들은 긍정적으로 고찰되고 숙고되고 서술될 가치가 없다. 그렇게 그들 앞에서 문이 잠기고, 그들은 문밖에 남아 있다.

그러나 아니다! 문이 아주 잠긴 것은 아니다! 이제 마찬가지로 "전폭적인 만장일치 안에서" 전혀 다른 것이 더 언급된다. 이 모든 교의학자들은 어떤 식으로든지, 그들은 그 모든 거부적 태도에도 불구하고 역시 천사들의 실존을 부정하기를 원했던 것은 아니라고 항변한다. 실제로, 그들은 천사들에 대하여 슈트라우스처럼 그렇게 전적으로 거부하면서 혹은 하이네처럼 그렇게 비웃으면서 논하지 않았다. 전혀 그렇지 않다. 제베르크는 "그 관념을 몰아내기 위해서 싸우도록 부추겨질 필요가 없다."고 했다. 이미 베테가 공식화한 것은 몇 사람들에 의하여 너무나 날카로운 것이라고 비난받았다. 다만 그들은 천사들을 교의학 안에서 다루는 것을 원하지 않았던 것이다. 그러나 그들은 천사들에게 그 문 곁에, 역시 그들이 머무는 것이 묵인될 수 있을 수용소와 같은 어떤 것(혹은 육아실과 같은 어떤 것?)을 열어두었다. 그들에게는 "경건한 견해"의 대상들로서 그리고 종교적 그림언어의 요소로서, 상징적인 현재화들과 구체화들로서 어쨌든 당분간은 (그것에 관여하기를 원하는 사람들의 입장에서는 필요한 "종교적 취향"이라는 전제 아래에서!) 비록 거주허가는 아니지만, 하여간 그래도 일종의 체류허가가 주어진다. 그리고 더군다나 그들에게는, 그들이 이미 슐라이어마허에 의하여 모든 형태의 사적인 사용과 제의적 사용을 위하여 자유롭게 되었듯이, (머리를 가로저으면서도!) 어떤 "가치"가 할당되며, 어떤 "가치평가"가 부여된다.

그 점에서도 그들이 완전히 그렇게 일치된다는 사실이 역시 눈에 띄며, 그 사실은 다시 질문할 계기를 제공한다. 만일 이 교의학자들은 그들의 방식으로 그래도 아무튼 '진리'문제를 제기하였다면, 만일 그들이 동시에 그들의 방법으로―즉 종교적 의식(意識)이나 믿음을 분석하는 방법으로―바로 그곳에서는 천사들이 인지될 수 '없'으며, 바로 그곳에서는 천사들이 진지하게 사용될 수 '없'다는 결론에 도달하였다면, 그리고 만일 그들이 동시에 그들이 하고 있는 일에 확신을 지니고 있다면, 왜 그들은 교회의 책임 있는 스승들로서 도대체 다음과 같은 확인을 계속하지 않는가?: "경건한 견해들"과 종교적 그림언어도 이 확인을 고수해야만 하며, 이 불필요한 요소는 교회의 제의들과 찬송가들에서도, 사적으로 종교생활을 하는 고요한 골방에서도 더 이상 질질 끌려 다녀서는 안 되며, 사라져야만 한다. 종교개혁은, 마리아와 성자들과 연옥이 하나님의 말씀에 비추어 참된 것이 아니며, 따라서 하나님의 말씀을 지향하는 신앙에는 낯선 것임에 틀림없는 요소들이라는 것을 일단 통찰한 후에는, 그것들을 그렇게 처리하였다. 만일 일단 어떤 것이 오류로서 인식되기에 이르렀다면, 그 경우에 교회사에서 중대한 시기에는 언제라도 그것은 소중하고 가치 있는 것이라고 불리지 않았으며, "종교적 취향"에 맡겨지지 않았고, 오히려 그 경우에 바로 '오류'로 불렸으며, 그것에 대하여 '거부'가 선언되었고, "명확한 상징들"로서 계속 보호되지 않았다. 천사들과 관련하여, 슈트라우스도 그의 비판적 표준의 도움으로, 즉 근대의 세계상으로부터 출발하여, 그러한 결론을 이끌어 내었다. 근대의 자유주의 신학자들과 리츨학파는 도대체 왜 이런 결론을 이끌어내지 않았는가? 왜 그들은 천사들의 실존을 지체 없이 부정하지 않았으며, 천사들과 관련된 계속되는 모든 관계들을 금지된 미신이라고 천명하지 않았는가? 립시우스의 말을 빌리자면, 왜 그들은 순수주의자들이기를 원하지 않았는가?

만일 우리가 다음의 사실을 확인할 수 있다면, 그것은 참으로 멋질 것이다: 그들이 그렇게 하지 못하도록 방해했던 것은 다름 아니라 이번에도 바로 진지한 신학적 이유였으며, 모든 신학적 인식의 원천과 규범에 대하여 그들이 맺고 있는 관계였다. 여기에서 그들에게 방해가 되었던 것은 다름 아니라 바로 성서의 증언이었다. 그들은 아직도 성서의 증언과 관계를 끝내지 않았다. 그들은 사실 천사들에 관하여 그 증언을, 그들이 그것을 이해해야만 한다고 여겼던 것처럼 그렇게 따를 수는 없었다. 그들은 그 증언에서, 천사들이 어떤 상태에 있는지를 확신을 갖고 추론할 수는 없었다. 그들은 바로 성서로 시선을 돌리면서도, 천사들이 하나님의 계시와 그리고 그 계시에 대한 믿음과 무슨 관계가 있을지를 이해할 수 없었다. 그러므로 그들은—그들이 책임질 수 있었던 것보다 더 많은 다른 것을 말하지 않기 위하여—천사들에 대하여 침묵하기를, "천사들에 관한 문제"에 대하여 논의하지 않고 그대로 두기를 선호하였다. 그러나 다른 한편으로 그들은 이 관점에서 또한 그들의 인식을 양심껏 다음과 같이, 즉 이 경우는 성서의 입장에서 볼 때 부정적으로 최종 판단이 내려져 있으며, 그 주제 전체가 하찮은 것이라고 말할 수 있을 만큼 그렇게 확신하지도 않았다: 즉 그 주제를 직접 부정하고 보편적인 성전정화를 촉구할 수 있는 권한을 부여받았다고 느낄 만큼 그렇게 확신하지도 않았다. 그런데 그들은 아무튼 성서에서 부정적인 내용을 담은 최종적인 말씀을 듣지도 않았으므로, '그런 까닭에' 그들은 천사들의 실존을, 슈트라우스가 그랬던 것처럼 부정하지는 못했을 것이다. 그리고 그들은, 여기에서 성서로부터 여전히 언급될 수 있을 최종적인 긍정적인 말씀을 역시 미리 말하기를 원하지 않았으므로, '그런 까닭에' 천사에 대한 표상을 제의적으로 그리고 사적으로 사용하는 것과 관련하여 그처럼 유보적이었으며, 그처럼 관대했을 것이다. 만일 우리가 그 신학자들이 그들의 원칙적인 입장에 상응하지 않게 갑자기 신중하고 관대한 태도를 취하고 있는 것을 그렇게 해석할 수 있다면, 그것은 멋질 것이다.

유감스럽게도 우리는 그들을 그렇게 해석할 수는 없다. 왜냐하면 성서의 증언에 대한 그들의 이해에서 발생한 부정적인 결론과 관련하여 말하자면, 그 결론은 그들 모두에게는 전적으로 종결된 것이기 때문이다. 그들은 모두 다음의 사실에 관하여 의견이 일치한다: 성서의 천사론은 구약성서의 관심사, 혹은 더 일반적으로 말하자면, 그리스도교 이전의 관심사, 즉 성서의 계시에 대한 증언에 부차적인, 혹은 오히려 이미 그 증언의 테두리를 벗어나는 부속물로 간주되는 일시적 표상이다. 바로 그들의 성서 이해에서 바라본다면, 그들은 성서의 천사론을, 천사들의 실존 및 사역과는 완전히 무관한, (하나님의 섭리 등과 관련한) 진리들에 대한 알기 쉬운 구체적인 설명으로서, 즉 역사적으로 바닥에 이르기까지 우리에게 명확한 알기 쉬운 구체적인 설명으로서 이해할 수밖에 없다. 그들이 성서에서 발견했던 바로 그것은 단호히 다음과 같은 계시와 신앙이다: 즉, 그것은 엄밀히 말하자면 천사들이 전혀 관련되어 있지 않은 계시이며, 그리고 엄격히 말하자면 천사들이 불필요한 신앙이다. 이런 관점에서 하에링은 심지어, 천사에 대한 믿음은 예수가 지닌 자의식의 가장 깊은 곳에 있는 중심에 속하지 않았다는 사실을 알고 있다. 이런 관점으로부터 이 교의학자들 가운데 아무에게도, 슈트라우스가 그의 표준으로부터 행했던 것과 마찬가지로, 천사들을 단호하게 삭제하는 데에 망설임이 있을 수 없었을 것이며, 그 경우에 또한 실제적인 결과들을 관철하고자 하는 데에 망설임이 있을 수 없었을 것이다. 이런 관점으로부터, 그들의 성서이해 때문에, 그들은 본래 그렇게 할 '수밖에 없었을 것'이다.

그러나 바로: 이런 관점으로부터 그들이 겪은 충격은 역시 또한 거듭 그렇게 깊지는 않으며, 그 관점으로부터 그들에게 제기된 바로 그 진리문제는 역시 또한 거듭 그렇게 괴롭히는 것도 아니므로, 그들은 그렇게 할 수밖에 없었을 것이다. 거기에서 유래하는 거부의 힘은, 종교개혁에서 그 힘이 마리아와 성자들과 연옥에까지 미쳤던 것처럼 그렇게 멀리까지는 미치지 않는다. 그 힘은 바로 다만, 천사에 대한 표상에 "교의학적 중요성을 부여하는 것"을 그들이 매우 단호하게 거절해야만 할 정도로만 미친다. 그러나 그 반대로, 그 힘이 그렇게밖에는 더 미치지 '않'는다는 바로 그 사실은, 그들의 성서이해와, '그 관점으로부터' 제기된 진리문제와, 아마도 '그 관점으로부터' 그들에게 부과된 "박학한 무지"(無知의 知, 즉 자신의 무지를 아는 것 ― 역자 주)와, '그 관점으로부터' 아마도 아직 청취되지 않은 최종적인 말씀을 위한 개방성과 역시 '아무런' 관계도 '없'다. 오히려 이 근대 교의학자들의 입장에 대하여 곤혹스러운 것은, 우리는 거의 그들 각자의 경우에 다음과 같은 지점을 정확히 지적할 수 있다는 사실이다: 즉 그가 전혀 다른 쪽으로부터 제지받고 있다고 느끼는 그 지점, 더 자세히 말하자면, 영들의 세계에 대한 믿음을 성서 밖에서, 곧 사변적 철학으로 논증할 수 있는 가능성들이, 즉 브레트슈나이더와 같은 사람, 로테나 도르너 같은 사람, 또 슐라터나 트뢸치 같은 사람이 어느 정도 인상 깊게 사용하였던 그 가능성들이 그의 마음에 떠올랐던 그 지점을 정확히 지적할 수 있다는 사실이다. 우리가 여기에서 논의하고 있는 그 신학자들은 그런 종류의 진술들과 사상적 구조들을 자신들의 것으로 삼을 수 없었으며, 그렇게 하기를 원하지도 않았다. 그들은 그것들이 납득이 되지 않았다. 그들은, 그것들을 본보기로 하여 천사들에 대한 긍정적인 판단에 이를 수가 없었다. 그러나 아무튼, 그러

한 진술들의 가능성은 그들에게 납득이 되었으며, 우리가 언급한 신학자들 가운데에는 한 사람 이상이 그 진술들에게 확실한 추파를 보내기까지 하였다. 그 영들의 세계가 과연 증명될 수는 없었더라도, 그것이 종교적 관계에 혹은 신앙에 긍정적인 중요성을 지니고 있다는 것을 통찰될 수 없었더라도, 따라서 신학자들은 그러한 가설들을—성서의 천사론과 마찬가지로 그것들도!—아주 신뢰할 수는 없었으며 또한 신뢰하기를 원하지도 않았더라도, 그래도 그것의 가능성이 쉽게 부정될 수도 없었다. "이런 까닭에 눈물이 흐른다": 이런 이유에서 그런 신중함과 관대함이 필요했다! 그들은 과연 자신들의 성서이해를 확신하였다. 따라서 이런 이유에서 그 주제는 부정적으로 최종판단이 내려졌다. 물론 하나님의 말씀이 지닌 권위로는 아니지만, 즉 엄격한 무조건적인 거부에 도달할 정도로 그렇게 무조건적으로 최종판단이 내려졌던 것은 아니지만, 그러나 아무튼 그렇게 최종판단이 내려졌다. 따라서 그들은 그 관점으로부터는 제지되지 않았다. 그러나 영들의 세계가 실존할 일반적인 가능성의 측면에서는, 그 주제는 최종판단이 내려지지 않았다. 만일 그 관점으로부터 그래도 그 주제에 중요한 어떤 것이 있다면, 어떻게 될까? 누가 알겠는가? 누가 그것을 무조건 논박할 수 있는가? '이' 질문이 그들을 제지하였다. 그들은 '이' 방향으로 일부러 마음을 닫아 놓으려 하지는 않았다. '이' 가능성, 즉 그들이 과연 신뢰하지는 않았으며, 그들 스스로가 그것을 사용하기를 원하지는 않았으나, 그들이 그래도 가능성으로서 전혀 배척할 수는 없었던 바로 그 가능성이 그들에게 저 이중의 노선을 강요했던 것이다. '그 가능성' 때문에 그들은, 논증과 말투에서는 아니라고 해도 내용에서는 그들과 일치하였음에 틀림없었을 하이네 및 슈트라우스와 구별되었다. 그들의 성서이해가 그들이 그 가능성을 받아들이는 것을 방해하지는 않았을 것이다. 그렇지만 다음과 같은 고려가 그들이 그렇게 하는 것을 방해하였을 것이다: 천사론에 대한 '철학적' 논증이 아마도 완전히 불가능하지는 않을지도 모른다.

이 상황 전체의 곤혹스러움이 눈에 뜨인다: 만일 그들이 단순히 그들의 성서이해 때문에 "천사에 대한 표상"을 엄격히 그리고 완전히 거부하기에까지 이르렀다면, 그렇지 않다면, 거듭 그 성서이해 때문에, 이 주제를 어떻게 하면 좋을지 모르는 그들의 무능함을 과연 고백하기는 했겠지만, 그러나 동시에 또한, 그 주제를 이론적으로 그리고 실천적으로 쉽게 거부할 수 없는 그들의 무능함도 고백했더라면, 우리는 이 교의학자들의 신학적 진지성을 신뢰할 수 있을 것이다. 그러한 "불명확함"도 형식적으로 정돈된 신학적 결정일 수 있었다. 그리고 나는, 이것은 어쨌든 언급된 신학자들 가운데 몇 사람이 지녔던 본래의 견해였을 것이라는 점을 부정할 정도로 그렇게 불공정하기를 원치 않는다. 그러나 그들이 사실상 모두 함께 '행'했던 것은 '있을 수 없는' 일이다. 만일 그들이 그들의 성서이해와 관련하여, 그들이 모두 둘러대는 것처럼 그렇게 그들이 하는 일을 확신하였다면, 그들은, 그런 이유에서 아마 그들 모두의 마음에 떠올랐던 그 거부를 또한 정식으로 그리고 아주 일관성 있게 집행하는 것을 중단해서는 '안' 되었다. 혹은 그들은, 거듭 그들의 성서이해로부터 출발하여, 왜 그 집행에 이르러서는 안 되었는지, 왜 그들이 도대체 저 신중함과 관대함을 바람직하다고 여겼는지를 알려주는 것을 중지해서는 '안' 되었다. 그러나 그들은, 그들이 성서를 내세워 자신들을 정당화했음에도 불구하고 그리고 그렇게 정당화함으로써, 그 일을 '중단'하였다: 그러나 성서 때문이 '아니라', 바로 다음의 사실에 대한 고려 때문에, 즉 사실 그들은 아니지만 다른 사람들이 성서를 제외하고도 그것들에 대하여 무엇인가를 알고 있다고 여겼던 바로 그 영들의 세계들에는 어떤 중요한 것이 있을지도 모른다는 고려 때문에 그렇게 하였다. 이 가능성이 그들에게 '깊은 감명을 주었'다! 그러므로 실상은 이렇다: 가련한―교의학으로부터는 배제되지만, 역시 정말로 반박되고 부정되고 제거되지는 않은―천사들은 그들이 지니고 있는 이러한 (구약성서가 말하는 하데스, 곧 저승에 있는 죽은 자들의 실존에 견줄 만한) 비현실적 실존도 다음과 같은 사정 덕분이다: 이 교의학자들은 천사에 관한 철학으로 들어가는 문들을 사실 결코 열어놓지는 않았으나 또한 닫지도 않았고, 오히려 (성서가 아니라 그 가능성을) 마지막으로 존중하여 "작은 틈"을 허용하려 했다. 만일 신학자들이 그들의 서재에서 천사들을 그렇게 취급하고 있다면, 천사들은 실제로 무엇을 생각할까? 아니다, '이' "불명확함"은 결코 인정할 수 없는 일이었으며, 지금도 그렇다.

이와 같이 이것이 "당혹스러워 어깨를 으쓱거려 보이는 천사론"이었다. 이것은 맥없는 소음이다. 이런 소음은, 우리가 이 주제에서 신학 안에서 유일하게 원할 수 있는 것과는 다른 어떤 것을 원하는 바로 그곳에서, 필연적인 결과로서 발생할 수밖에 없다. 우리는 이 잔도 마신 후에, 즉 이 "천사론의 한계"도 알게 된 후에, 우리는 주제자체로 방향을 바꿀 수 있다.

2. 하늘나라

'하나님'과 '인간'이라는 개념들의 변증법(혹은 오히려 이 개념들에 의해 표현되는 두 가지 요소들의 실제 변증법)은 성서에 나타난 계시에 대한 증인들의 사고와 언어에서는 '하늘'과 '땅'이라는 개념들의 변증법과 (혹은 오히려 또 다시 그 두 가지 존재영역들의 실제 변증법과) 정확하게 상응한다. 우리가 이러한 이중의 변증법에 대하여 열려 있을 경우에만, 그리고 몇 번이고 되풀이하여 열린 상태를 유지할 경우에만, 우리는 천사들에 대한 성서의 증언이 말하는 것을, 그리고 하나님의 사역과 계시의 관련성 안에서 천사들이 어떤 존재였으며 무엇을 의미하였는지를 이해할 수 있다. 만일 우리가, 신학에서는 전적으로 단지 그리고 추상적으로 다만 하나님과 인간만이 (혹은 다른 신학적 구상들에 따르면: 오직 하나님만이, 혹은 또한 오직 인간만이) 중요하다고 고집한다면, 그 경우에는 그와 동시에, 우리는 천사를 다룰 공간을 갖고 있지 않으며, 따라서 천사에 대한 어떤 이해도 지닐 수 없다는 것이 이미 결정된 것이다. 그러나 그 경우에는 또한 이미 역시 다른 것도, 즉 다음의 사실도 결정된 것이다: 우리는 그 경우에는 성서적 증언의 의미에서 하나님의 사역 및 계시와 관계하는 것조차 아니며, 예수 그리스도와, 즉 그리스도교 교회와 그 교회의 신앙 및 선포에 표준이 되는 형태로 하나님 및 인간과 관계하는 것조차 아니다. 왜냐하면 그리스도교적으로 표준이 되는 형태로, 즉 성서적 개념들의 의미에서 두 요소들인 하나님과 인간이 문제되는 곳에서는, 언제나 또한 하늘과 땅도 문제되기 때문이다. 물론 그 반대도 유효하다: 하늘과 땅이 문제되는 곳에서는 언제나 또한 그리고 심지어 결정적으로 하나님과 인간이 문제된다. 그러나 이 사실은 앞서 말한 다른 진리의 결과로서 발생하므로 이차적으로 유효하며, 지금 강조될 필요가 없다. 그렇지만 다른 진리, 즉 우선적인 것이 강조될 필요가 있다: 성서적 의미에서, 즉 그리스도교적으로 책임 있는 이해 안에서 '하나님'을 말하는 사람은, 또한 '하늘'을 말해야 하며, 이런 의미와 이해 안에서 '인간'을 말하는 사람은, 또한 '땅'도 말해야 하며, 이런 의미와 이해에서 하나님과 인간에 관하여 말하는 사람은, 즉 하나님과 인간의 신학적 중요성을 말하기를 원하는 사람은, 그가 암시적으로 혹은 명시적으로 또한 하늘에 대하여 그리고 땅에 대하여 말해야만 한다는 사실을 염두에 두어야만 한다. 만일 우리가 이런 이중의 변증법 안에서 생각한다면, 그 경우에 우리는 정말 또한 이미 '천사' 개념을, 즉 올바른, 곧 성서적 증언의 맥락에 알맞은, 따라서 그리스도교적으로 참된 개념을 함께 생각한 것이다. 왜냐하면 먼저 하나님과 하늘 사이의 관계 안에, 그 후에 하늘과 땅 사이의 관계 안에, 그 후에 결정적으로 하나님과 인간 사이의 관계 안에 천사들이 그들의 특정한 장소를 지니고 있기 때문이다. 만일 우리가 그 사실을 근본적으로 명백히 하였다면, 그리고 그 사실로부터 출발하여 계속 생각하였다면, 우리는 천사론의 역사 안에서 많은 우회로들과 미로들을 피할 수 있었을 것이며, 내용에 낯선 전제들을 갖고 혼란시키는 수많은 말장난, 막다른 골목에 갇히는 많은 경험들, 마침내 그리고 무엇보다도 또한 "당혹스러워 어깨를 으쓱거려 보이는 천사론"도 피할 수 있었을 것이다.

이 이중의 변증법에서는—그것은 진정한 변증법, 즉 해체될 수 없는 변증법이다.—두 가지 균등화가 문제되고 있는 것이 아니라는 것은 자명하며, 우리는 그 사실을 확인함으로써 시작하여야만 한다. 우리의 관심은 다음의 방향으로 확인하는 것이다: '하나님'과 '하늘'은 물론 '동일'하거나 '같은 본질'을 지니고 있는 것이 '아니'다. 인간과 땅에 대해서도 같은 말을 할 수는 없다. 예수 그리스도는 그의 인격 안에서 하나님과 동일하며 같은 본질을 지니고 있으나, 그밖에는 아무도 그리고 어떤 것도 그렇지 않으며, 하늘도 그렇지 않다. 하늘은 땅과 '함께'—이 점에서 땅과 결코 다르지 않다.—하나님의 '피조물'이다. 즉 그것은 하나님에 의해 만들어졌으며, 그의 말씀에 의해 무로부터 나와 존재로 부름 받았으며, 하나님에 의한 보존이 절대적으로 필요하며, 하나님의 통치에 전적으로 복종한다. 하늘에 대하여 이렇게 언급됨으로써, 암시적으로 또한 '천사들'에 대해서도 언급된 것이다. 천사들의 실존과 그들의 본질에 대한 부정적이고 긍정적인 결정적 규정은 이것이다: 천사들은 하나님이나 신적인 존재가 아니라, 피조물이다. 따라서 하늘은, 땅이 하늘 아래 있듯이 그렇게 하나님 아래에 있을 뿐만 아니라, 땅이 하나님 아래에 있듯이 그렇게 하늘도 하나님 아래에 있다. 우리는 하나님께 대한 그것들의 관계에서 하늘과 땅 사이의 상이함에 대하여, 즉 땅보다 하늘의 우월함에 대하여 말해야만 할 것이다. 그러나 이러한 상이함과 우월함은, 그것들이 모두 하나님의 피조물이라는 근본적인 동일함 안에서 발생한다. 그리고 천사에 대해서도 앞으로의 모든 논의를 포괄하는 괄호로서 바로 이 사실이 언급되어야만 한다. 하늘과 땅 사이의 관계와 창조주와 그의 피조물 사이의 관계 사이에는 '상응'이, 즉 유사성이 존재한다. 우리는 이 상응에 대하여 언급해야만 할 것이다. 그 상응이 땅에 비하여 그리고 땅으로부터 왔으며 땅 위에서 존재하는 인간들에 비하여 하늘에게, 그리고 그 경우에 동시에 천사들에게도 '숭고함'을 부여한다. 그러나 그 숭고함은 피조물에 비하여 창조주가 지니는 숭고함과 혼동되어서는 안 된다. 창조주의 숭고함과 비교한다면, 그것도 저급한 것이다. 그리고 창조주가 지닌 최고의 영예는, 즉 본래의 영광은, 그가 예수 그리스도 안에서 숭고한 하늘과 천사들을 보살폈던 것이 아니라, 인간을, 따라서 땅을 보살폈다는 사실에서 분명해진다. 그가 지닌 이러한 영광의 비밀이 매우 커서, 예수 그리스도의 인격 안에서 하나님과 인간 사이의 일치에서, 그리고 그 한 존재가 모든 인간을 위한 약속이 되는 것에서, 저 상이성이 폐지된 것만이 아니라, 그 반대로, 땅에서 유래하며 땅 위에서 존재하는 인간이 하늘로 그리고 천사들의 공동체 안으로 들어 올려질 뿐만 아니라, 하늘과 그 공동체를 넘어서 창조주와 함께하는 공동체 안으로 들어 올려진다. 하나님은 자유로운, 선택하는 사랑 안에서 그렇게 처리하며, 그 사랑이 숭고함, 즉 명예이다. 그 숭고함에서 하나님은 하늘도 초월한다. 우리는 처음부터 그리스도교적 인식의 결정적인 이 열쇠를 사용하여야만 한다: 즉 만일 우리가 하늘과 천사들을 능가하는 하나님의 높음을 혹은 하나님 아래에 있는 하늘과 천사들의 깊음을 예수 그리스도 안에 있는 하나님의 자비 외에 다른 것에서 측량하기를 원한다면, 우리는 당장 근거와 의미 없이 사색하게 될 것이다.

하나님과 다르며, 하나님에 의해 만들어진 현실의 총괄 개념을 표현하기 위한 '세계' 개념은 구약성서의 언어에는 알려져 있지 않다. 구약성서의 언어는 "하늘과 땅"에 대해 말하고 있으며, 그렇게 함으로써 세계를 저 이중의 변증법과 관련하여 그것이 지닌 상이성 안에서, 즉 하나님과 인간의 상이성이 반영되어 있는 그 상이성 안에서 서술하고 있다. "하늘과 땅"은 하나님과 인간 사이의 비유, 즉 상응을 표현한다. 구약성서의 언어가 하늘과 땅에 관하여 말함으로써, 그리고 신약성서의 언어가, 그것의 영역에서는 "우주"라는 개념이 오래전부터 잘 알려져 있음에도 불구하고, 일반적으로 구약성서의 언어를 따름으로써, 성서는 '세계'를 그것의 '의미'와 '목적'으로부터 출발하여 이해한다. 세계의 의미와 목적은 하나님과 인간 사이의 관계이다. 하나님과 인간이 하나가 된 바로 '예수 그리스도'가 세계의 목표이며, 이미 그것의 기본질서이다. 이러한 그것의 기본질서는, 그것이 "하늘과 땅"이라는 사실 안에 반영되어 있다. 그러나 바로: 그것은 다만 그 사실 안에만 '반영'되어 있다. 하늘은 하나님이 아니다. 하늘은 땅을 창조하지 않았으며, "태초에 '하나님'이 하늘과 땅을 '창조하였다.'"(창 1:1, 2:1)

구약성서는, 하늘'도' 창조된 것이라는 사실을 중요시한다! 야웨는 그것을 창조하였다.(시 96:5) "주님의 말씀을 통하여 하늘들이 만들어졌으며, 그의 입김으로 그것의 모든 별(독일어 번역은 '군대'/ Heer로 번역함―역자 주)이 만들어졌다."(시 33:6) 그것들은 그의 손들의(시 102:26, 한글번역은 102:25), 그의 손가락들의(시 8:4, 한글번역은 8:3) 작품이다. 그러므로 전능한 분의 완전함이 스올보다 깊고, 하늘보다 높으며, 앞으로도 그러할 것이다.(욥 11:8) 그러므로 하나님은 하늘'보다 더 높이' 우뚝 서 있다.(시 57:6, 한글번역은 57:5) 그러므로 또한 예수 그리스도도 모든 하늘들 '위'로 올라갔다.(엡 4:10) 그러므로 하늘은, 모든 하늘들의 하늘들은 하나님을 모실 수 없다.(왕상 8:27) 그러므로 그의 눈앞에서는 하늘들도 깨끗하지 않다.(욥 15:15) 그러므로 하나님이 행동할 때에는 하늘도 떨기 시작한다.(욥 2:10) "그분의 꾸짖음 때문에, 하늘을 떠받치는 기둥들이 흔들리기 시작하며, 깜짝 놀란다."(욥 26:11) 하늘도 언젠가는 "마치 두루마리처럼 말릴 것이며, 포도나무의 잎이 말라 떨어지듯이, 무화과나무의 잎이 말라 떨어지듯이, 하늘에 있는 별들(독일어 번역은 '군대들'―역자 주)이 떨어질 것이다."(사 34:4) 그렇다, 그것은 "연기처럼 산산조각 나게 될" 것이다.(사 51:6) 땅과 함께 그것은 하나님의 얼굴 앞에서 도망칠 것이며, "그것들의 자리마저 찾아볼 수 없었다."(계 20:11) 땅과 함께 그것이 생성되었듯이, 땅과 함께 그것은 사라질 것이며(막 13:31, 계 21:1), 하나님은 새 땅을 창조하듯이, 그렇게 또한 새 하늘을 창조할 것이다.(사 65:17, 계 21:1) 그러므로 그것을 숭배하는 것은 절대로 있을 수 없는 일이다.(신 4:19) 그러므로 하늘에서도, 경건한 자가 신뢰할 수 있을 존재는 하나님 자신 외에는 아무도 없다.(시 73:25).

이 모든 것이 '천사들'에 대해서도 암시적으로 그리고 명시적으로 언급된다. 그들은 확실히 피조물(κτίσις, 롬 8:39)이다. 그것들은 "왕권"(θρόνοι), "주권"(κυριότητες), "권력"(ἀρχαί), "권세"(ἐξουσίαι)이며, 그 모든 것들은 예수 그리스도 안에서, 그로 말미암아, 그를 위하여 창조되었으므로, 예수 그리스도는 그 모든 것 이전에 존재하며, 그 모든 것들은 그를 통하여 결속되어 있다.(골 1:15 이하) 그것들이 저 구약성서에 나오는 하늘의 "군대"(Heer, 한글번역으로는 "천체", 혹은 "별들"―역자 주)이며, 그것을 숭배하는 것은 신앙을 버리는 것이며 혐오스러운 것을 의미할 수밖에 없을 것이다.(신 17:3, 왕하 17:16 등) 그러므로 요한계시록 22:8 이하에는 미래를 예견하는 자와 그의 역사를 해석해주는 하늘의 존재 사이에 다음과 같은 장면이 기록되어 있다: "내가 이 모든 것을 듣고 볼 때에, 이것들을 내게 보여준 그 천사의 발 앞에 엎드려 경배하려고 하였더니, 그는 '이렇게 하지 말아라. 나도, 너나, 너의 동료 예언자들이나 이 책의 말씀을 지키는 사람들과 같은 종이다. 경배는 "하나님"께 드려라!' 하고 말하였습니다. 요한계시록 4:9 이하에는 24명의 "장로"들이 보좌에 앉아 있는 분 앞에 엎드려, 영원히 살아 계신 분에게 경배하며, 그들의 면류관을 벗어 그 보좌 앞에 내려놓고 다음과 같이 말하는 장면이 나온다: "우리의 주님이신 하나님, 주님은 영광과 존귀와 권능을 받으시기에 마땅하신 분이십니다. 주님께서 만물을 창조하셨으니, 만물은 주님의 뜻을 따라 생겨났고, 또 창조되었습니다." 그러므로 골로새서 2:18에는 초기 영지주의의 잘못된 가르침들로부터 유행한 "천사숭배"에 대한 경고가 있다. 천사들이란 하나님 앞에서 누구인가? "보라, 하나님은 하늘에 있는 당신의 종들까지도 믿지 않으시고, 천사들에게마저도 허물이 있다고 하신다."(욥 4:18, 참고 15:15) 그 자체가 (우리가 하늘 자체에 관하여 들었던 것에 상응하여) 언젠가 폐지되지 않을, 말하자면 퇴역하게 되지 않을, 하늘의 "통치" 혹은 "권위" 혹은 "권력"이란 없다.(고전 15:24) 천사들의 실존은, 그리고 그 실존을 고려하는 것은 인간에 대한 하나님의 직접적인 관계와 하나님에 대한 인간의 직접적인 관계에 대한 침해를 초래할지 모르며, 하나님의 유일성을 인식하고 존경하는 것에 대한 위협을 초래할지 모른다는 걱정은 실제로 적절하지 않다. 오히려, 성서에서 천사들에 관하여 밝혀진 모든 것의 뿌리에서부터 이미 불가능하게 되었던 것이 바로 그것이다. 우리는 하늘과, 그리고 동시에 또한 천사들과 관계하게 될 때, 우리는 완전히 그리고 명백히 '피조물'의 영역에 있는 것이다.

그러나 이제, 하늘과 천사들에 관하여 인식할 수 있고 배울 수 있는 것이 실제로—아무리 이런 제한이 필요할지라도—양심의 가책 없이 이러한 제한으로 축소될 수는 없다. 만일 '하늘'과 '땅' 사이의 차이가 '창조주'와 '피조물' 사이의 차이와, 그리고 '하나님'과 '인간' 사이의 결정적인 차이와 동일하지 않고, 동일한 성질을 지닌 것이 아니며, 따라서 혼동될 수 없는 것이라면, 후자의 차이는 역시 전자의 차이로부터 '유추하여' 인식되거나 이해될 수도 '없'다. 성서적 사고는 하늘과 땅이라는 이 차원도 알고 있다. 우리가 그 사고를 따라서 또한 이 차원 안으로 들어감으로써만, 우리는 그 사고가 관계하고 있는 현실과 마주치게 된다. 그리고 여기에서 먼저 다음의 사실이 인식된다: 창조된 세계 전체가 (그리고 따라서 하늘과 땅이), 그것이 창조된 목적(wozu)에, 즉 하나님과 인간 사이의 만남과 역사와 공동체에 '상응'하는 것이다. 세계는 이러한 이중의 형태로 아버지의 집이며, 또한 아버지의 집으로서 인식될 수 있다: 우리가 그의 자녀들이라 불리어야 마땅하므로, 하나님은 그 목적에 맞게 그 집을 선택했고 원했고 세워 놓았다. 이 상응의 본질은 무엇에 있는가? 이 상응의 본질은 다음의 사실에 있다: 여기에도, 즉 이미 여기에, '위'와 '아래'가 있으며, '이전'(以前)과 '이후'가 있고, '더 많은 것'과 '더 적은 것'이 있다. 우리는 한 번 더 다음의 사실을 명심해야 한다: 그것은, 여기에서 논의될 수 없는 절대적인 대립 안에서가 아니라, 세계내부의 관계에 적합한 상대성 안에서 그러한 것이다. 그러나 거기에는 차이, 즉 근본적인 차이, 본질적 차이가 '있'으며, 그 차이의 본질은 바로 다음의 사실에 있다: 하나의 우주 안에는 위와 아래가 있으며, 그 점에서 '상위의' 우주와 '하위의' 우주가 있다. 하늘과 땅이 바로 그것들이다. 그것들은 다만 창조주와 피조물, 하나님과 인간 사이의 본래적이고 참되고 엄격한 위와 아래를 반영할 뿐이지만, 어쨌든 '반영'하고 있다. 그것들은 일종의 마주 보고 있는 것과 서로 긴밀하게 결합되어 있는 것을 증언한다: 하나님과 인간 사이의 만남과 역사와 공동체에서 주요관심사는, 즉 예수 그리스도 안에서 주요관심사는 바로 이 관계이며, 바로 이 관계를 고려하여 그리고 이 관계를 위하여 우주 전체가 창조되었다. 그것들은 다만 반영할 뿐이며, 다만 증언한 뿐이지만, 그것들은 바로 그 일을 '행한다.' 하늘인 위 자체는 땅인 아래와 마찬가지로 폐기될 수 없다. 그 둘이 피조물임에도 불구하고 그리고 피조물이므로, 그것들이 서로 바뀌거나 혼합되는 것은 고려되지 않는다. 하늘과 땅 사이의 이러한 위와 아래, 이전과 이후, 더 많은 것과 더 적은 것이라는 관계가 없는 세계는 세계가 아닐 것이다. 이 변증법은 지속적으로 창조주와 피조물, 하나님과 인간 사이의 변증법을 동반한다. 이 다른 변증법, 즉 결정적인 변증법을—그것은 계약사와 구원사의 변증법이다.—체험하고 인식하기 위해서는, 우리가 동시에 저 다른 변증법, 즉 창조된 세계의 구성과 본성에 토대를 둔 변증법을 체험하고 인식하지 않으면 안 된다. 더구나, 바로 이 후자의 변증법 형태로 우리는 (존재론적으로 그리고 인식론적으로!) 결정적인 저 첫 번째의 변증법에 참여한다. 인간은 하늘 아래에 있는 땅 위에서 존재한다. 이 사실로부터 우리는 어떤 방법이나 어떤 구실로도, 우리가 우리 자신이 그것의 일부인 그 땅을 우리 '아래'에, 그 자체가 우리의 장소가 아닌 하늘을 우리 '위'에 지니고 있다는 사실을 도외시할 수 없다. '하나님'과 '인간' 사이에서 일어났고 일어나고 있으며 앞으로 일어날 것은, 하나님이 원하고 실행한 것으로서 그리고 우리와 관계된 것으로서 또한 '하늘의' 사건이며 동시에 '지상의' 사건이다. 그렇게, 오직 그렇게만 그것은 계시사건이고 구원사건이며, 하나님이 그 사건의 토대이며, 우리는 그 사건에 관여하고 있다. 오직 이러한 상응 안에서만 그 사건이 말하게 된다. 오직 이 거울 안에서만 그것이 인지될 수 있다. 오직 이 증언 안에서만 그것이 명백히 된다. 오직 이 비유 안에서만 그것이 하나님으로부터 나와서 우리와 관계된다. 우리는 이 비유의 배후로 가서 본래의 것으로, 즉 어떻게 해서든지 비유로부터 분리될 바로 그 본래의 것으로 되돌아가기를 원할 수 없다. 우리는 이 비유를 암호로서, 즉 우리가 그것을 푼 후에는 그것 없이 지낼 수 있을 그런 암호로서 다룰 수 없다. 만일 우리가 이 비유의 현실성(Realität)으로부터 벗어난다면, 우리는 또한 저 사건의 현실성으로부터도, 즉 그 사건이 하나님으로부터 기원하며 인간을 목표로 한다는 현실성으로부터도 벗어나게 될 것이다. 그것은 하늘과 땅 사이에서 일어나는 사건이며, 그렇지 않으면 그것은 하나님과 인간 사이에서 일어나는 사건이 아니며, 그리스도 사건이 아니다. 만일 우리가 하늘과 땅 사이에서 일어나는 사건에 관심을 기울이지 않는다면, 우리는 또한 그리스도 사건에 대해서도 관심을 기울이지 않은 것이다. 그 경우에 남아 있는 것은 약간의 도덕이나 신비주의, 약간의 심리학이나 실존철학이다. 오직, 우리가 성서를 통해서 우리에게 암시된 '현실주의'(Realismus)에 전념함으로써만, 그것이 방지될 수 있다. 그 현실주의의 기본계명은 바로 이러하다: 우리는 '하나님'과 '인간'의 대립관계와 관련되어 있는 '하늘'과 '땅'의 대립관계에서 비롯된 하위의 변증법을, 그러나 불가피한 변증법을, 어쨌든 그 대립관계에 걸맞게 그렇게 진지하게 받아들여야만 한다.

무엇이 우리에게—우리는 먼저 이해의 문제를 다룬다.—하늘을 '위', 이전, 더 많은 것으로서, 그리고 땅을 '아래', 이후, 더 적은 것으로서 이해하지 않을 수 없게 하는가? 이 질문에 대한 성서의 대답은 단순히 이러하다: '하나님'이 하나의 우주 안에서 그의 영역들 가운데 하나인 땅보다는 다른 영역인 하늘에 '더 가까이' 있다. 비록 그 반대로 말하는 것이 가능하고 또 필요한 것처럼 보이지만, 우리는 다음과 같이 말하는 것보다 더 잘 말할 수 없다: 하늘이 땅보다 하나님에게 더 가까이 있다. 그러나 하나님에게 하늘이 더 가까이 있고, 땅은 덜 가까이 있다고 말할 때 문제가 되고 있는 것은, 하늘과 땅 자체에 고유한 특질들이 아니라, 어쨌든 땅보다 하늘에 더 가까이 다가가며, 그것에 더 가까이 있는 '하나님의 태도와 행동'이다. 따라서 문제가 되고 있는 것은 하나님으로부터 출발하여 발생하는, 두 영역에 대한 '자격부여'이다. 이 자격부여에 의하여 두 영역은 하나님에 대한 각기 상이한 관계 안으로 그리고 서로에 대하여 상응하는 관계 안으로 '지정'된다. '그런 이유에서' 하늘이 땅에 비하여 우월하다. '그런 이유에서' 그것은 "상위의" 우주이고, 땅은 "하위의" 우주이며, 그것은 땅보다 "먼저" 있으며, 땅보다 "더 많은" 것이다. 그 자체로는 그리고 하나님의 피조물로서는 하늘은 그 모든 것이 아니다. 그러나 하나님의 행동이 하늘을 그것으로 만든다.

만일 우리가 창조주 하나님과 그의 행동에 대하여 다음의 사실을 제외하고 말한다면, 그것은 여전히 추상적인 개념이다: 그는, 그로부터 그리고 그를 통하여 그의 피조물이 존재하는 바로 그 창조주로서, 또한 피조물의 주님이고 보존자이고 통치자이며 무엇보다도 (그가 통치하고 보존하고 지배한다는 의미로서) 피조물의 구원자, 즉 은혜와 계약의 하나님이다. 이 사실로부터 출발하여 우리는 세계에 대한, 따라서 또한 하늘과 땅에 대한 그의 태도와 행동을 이해해야만 한다. 그러나 만일 우리가, 여기에서 개념적인 명확성을 확보하기 위하여, 그 추상적인 개념을 잠시 허용하기를 원한다면, 즉 창조주와 피조물 사이의 역사를 잠시 도외시하기를 원한다면, 다음과 같이 언급될 수 있을 것이다: 하나님은 하늘과 땅을 저 상위에 있는 것과 하위에 있는 것으로 창조하지 '않'았으며, 즉 하늘을 "상위의" 우주로, 땅을 "하위의" 우주로 창조하지 '않'았으며, 이 두 가지 피조물의 영역을 참으로 그 자격을 부여하면서 그리고 그 상호관계 안에서 창조하지 '않'았다. 따라서 자격부여는 원래 그것들의 특징이 아니다. 그것은 피조물로서 그것들의 속성에 속하는 것이 아니다.

그러나 그것들이 창조됨으로써 그것들과 하나님의 역사, 즉 하나님의 은혜와 계약에서 비롯된 역사, 그리고 동시에 그의 세계통치 역사가 시작되기 때문에, 그리고 그 역사가 시작됨으로써, 그것들은 그 자격을 부여받아 지니고 있다. 이 역사가 발생함으로써, 그것들은 그 자격을 부여받아 지니고 있으며 보존한다. 그러므로 '하늘'은 성서의 세계상에서는 하나님의 계시 및 사역에 대한 성서적 증언의 전제로서 실제로 일관하여 "상위의" 우주이며, 땅보다 "위계적으로" '앞서' 있고 '상위'에 있다. 이 증언에 맞추어진 신학은 세계내부의 "위계질서" 개념을 회피할 수 없을 것이다. 그러나 우리는 다음의 사실을 분명히 알아야만 할 것이다: 그 개념을 승인함으로써, 우리는 이미 하나님의 은혜와 계시와 사역으로부터 출발하여 사고하는 것이다. 그러므로 만일 그곳에서 유래하지 않은 사고가 그 개념 앞에서 놀라서 멈칫한다면, 그것은 놀랄 만한 일이 아닐 것이다. 우리 자신이 여기에서 몇 번이고 되풀이하여 놀라서 멈칫하는 경향이 있다는 사실에서, 우리는, 우리 자신의 사고가 실제로 그곳에서 유래한다는 것이 얼마나 자명하지 않은지를 분명하게 이해할 수 있다. 그의 피조물에 대한 하나님의 '태도'와 '행동'이 저 위계질서의 토대이다. 그러므로 어쨌든 하늘 자체에 대하여 언급될 수 있는 것으로부터는 땅에 대한 그것의 우월성, 즉 하늘이 인간에 대한 하나님의 우월성의 비유가 되는 바로 그 우월성이 추론될 수 없다. 하늘이 이 비유'인'(ist) 것은, 그것이 창조될 때 그것에게 주어진 본성의 토대 위에서 그리고 그 본성의 능력 안에서 그러한 것이 아니다. 우리는 이렇게 말할 수밖에 없다: 하늘은 그것의 그 본성 안에서 비유로 '되도록' '결정'되었다. 하늘이 비유로 '된다.' 따라서 그것은 창조세계에 대하여, 그 세계 안에서, 그리고 그 세계와 함께 이루어지는 하나님의 태도와 행동의 토대 위에서 그리고 그 능력 안에서 비로소 저 우월성을 '받아들인다.'

우리는 하늘 자체에 대하여, 그것의 본성에 대하여 첫 번째로 아주 신중하게 이렇게 말할 수 있다: 땅이 인간의 영역으로서 '존재'함으로써, 하늘'도' 언제나 '존재'하며, 따라서 땅의 양도할 수 없는 '마주선 대상'(Gegenüber)으로 된다. 우리의 영역 안에서 존재하고 발생하는 것은, 이 다른 영역의, 즉 이 마주선 대상인 하늘의 현존 안에서, 그 하늘의 눈앞에서, 그 하늘의 참여 아래에서 존재하고 발생한다. 하늘을 향해 열려 있는 것은 우리의 영역인 땅의 일부를 이룬다. 다음의 사실은 우리의 영역에서 일어나는 사건의 일부를 이룬다: 그 사건은 다른 영역으로부터 출발하여 인식되며, 그것은 언제나 또한 그곳을 향한 관계 안에서 그리고 그곳으로부터 유래하는 관계 안에서 발생한다.

이 마주선 대상인 하늘의 현존 안에서, 그것의 눈앞에서, 그것의 참여 아래에서 지상의 존재로서 실존한다는 의식은, 말하자면 구약성서 및 신약성서 시대의 인간이 지녔던 생활감정의 일부를 이룬다. 이 인간은, 하나님에 대한 그의 관계는 별도로 하고도, 혼자가 아니다.—또한 그의 고유한 우주, 즉 그가 바라볼 수 있고 그에게 고향과 같은 지상의 우주와 함께, 그는 (하나님은 별도로 하고도 여전히!) 세계에서 혼자가 아니다. 우주의 다른 영역이 하나님에 의해 '또한' 창조되었고, 그 자신의 영역 외에 '또한' 그 다른 영역도 현존한다. 비록 하늘에 속한 "몸들"의 영광과 땅에 속한 "몸들"의 영광이 저마다 다를지라도, 하늘에 속한 "몸들"이 있고, 땅에 속한 "몸들"도 있다.(고전 15:40) 하늘과 땅 위에는 굽힐 수 있는 무릎들이 있다.(빌 2:10) 지상에서 일어나는 것에 상응하여, 하늘에서 매는 일과 푸는 일이 있다.(마 16:19, 18:18) 왜냐하면 여기에는 관계, 관련성, 그리고 공통성이 존재하기 때문이다: 역대하 28:9에도 "하늘을 향하여 소리치는" 범죄에 대하여 언급하고 있듯이, 타락한 아들은 그의 아버지 앞에서뿐만 아니라, 또한 하늘에 대하여, 즉 먼저 하늘에 대하여 그리고 비로소 아버지 앞에서 죄를 범한 것이다.(눅 15:18) 땅이 슬퍼할 수 있는 것처럼, 하늘도 어두워질 수 있다.(렘 4:28) 그리고 땅처럼, 하늘도 기뻐하고 환호할 수 있다.(시 96:11, 사 49:13, 계 12:12 등) 하늘과 땅이 함께 옛 것이 되며, 그것들이 함께 또한 새롭게 될 것이다. 그리고 만일 에베소서 1:10에 하나님의 길이 향하는 목표가 다음과 같은 과정(Vorgang)으로서, 즉 하늘의 현실과 지상의 현실이 그리스도 안에서 그를 머리로 하여 "통일되는" 바로 그 과정으로서 묘사되어 있다면, 그것은 어쨌든 역시, 그 둘이 짝을 이루며 서로 마주 서 있다는 것을 확인하는 것으로 이해되어야 한다. 골로새서 1:16에 따르면 이 둘이 마주 서 있는 것은 이미 그것들이 창조될 때에 확립된 것이다.

거듭 아주 신중하게, 하늘의 본성 자체에 대하여 언급되어야 하는 두 번째 것은 이것이다: 하늘은 땅과 마주선 대상으로서, 땅에 있는 피조물인 인간에게 '이해되기 힘든 것'의, 즉 창조세계 안에 있는 멀리 있는 것, 낯선 것, 두려운 것의 총괄개념이다. 땅은 인간의 영역, 즉 그가 보고 이해하고 접근하고 처리할 수 있는 영역이다. 그러나 하늘은 그렇지 않다! 하늘은 인간에게 명료하고 명백하게 그어진 경계선이다. 그것도 '존재한다.' 그러나 땅과는 달리, 그것은 '보이지 않는' 창조현실이다: 즉 그것은 보이지 않으므로, 이해할 수 없고 접근할 수 없고 마음대로 처리할 수 없다. 만일 인간이 그의 고유한 영역에서도 이 경계선에 부딪친다면, 만일 땅에서도 현실적으로 '보이지 않는 것' 혹은 보이지 않는 '현실적인 것'이 그와 마주친다면, 그렇다면 그것은 다음의 사실과 관계가 있다: 땅은 하늘 아래에 있으며, 하늘을 마주선 대상으로 지니고 있으며, 하늘과 관계를 맺고 있다. 하늘이 땅 위에서도 인간과 만난다는 것을 전제로 할 경우에, 하늘은 물론, 아마 아직도 탐구되지 않았으나 원칙적으로 끊임없이 탐구할 수 있는, 지상의 영역이 지니고 있는 높이와 깊이와 기타의 비밀들과 혼동되어서는 안 될 것이다. 그러므로 땅의 이해하기 어려운 부분들, 즉 아직 탐구되지 않은 부분들은 아직 하늘이 아니다. 인식되지 않은 것 자체는 아직, 인식될 수 없는 것이 아니다. 그러나 인식될 수 있는 것의 경계선에서는 어디에나 '인식될 수 없는 것'이 기다리고 있으며, 일시적인 것의 경계선에서는 모든 피조물의 현존이 지닌 결정적인 '비밀', 즉 본질적인 '비밀'이 기다리고 있다. 한 번 더 여기에서 혼동이 방지되어야 한다. 그것은 아직 하나님의 비밀이 아니다. 그러나 그것은 현실적으로 보이지 않는 것 혹은 보이지 않는 현실적인 것의 총괄개념인 하늘이 지니고 있는 비밀이다. 그러나 하나님의 밖에 존재하며 하나님을 통해서 실제로 존재하는 그것을 가로질러 관통하여 또한 이 경계선이, 즉 보이는 것과 보이지 않는 것 사이의 경계선이 그어진다. 우리는 피조물의 한계에 직면해서만이 아니라 또한 이 경계선에 직면하여 실존한다. 하나님만이 아니라, 피조물의 세계 내부에 있는 하늘도 우리에게 이해될 수 없다.

이로써 나는 우선 '니케아 신조'(325)의 정의를 따랐다. 거기에서는 골로새서 1:16을 따라서, 땅과 하늘은 "보이는 것들과 보이지 않는 것들"과 같은 뜻을 지니는 것으로, 그리고 전능한 하나님은 그 두

가지들의 "제작자"로 묘사된다. 우리는, 결과적으로 이것이 그것들의 관계에 대한 성서의 규정에 일치한다고 말해도 좋을 것이다. 성서시대의 사람들에게도 하늘은 의심할 여지없이 최고의 관념일 뿐만 아니라 '그가 보지 못하고 이해하지 못하는' 것을 표현하는 고유한 관념이었다: 즉, 그것은 인간이 원칙적으로 '접근할 수 없으며 마음대로 처리할 수 없는' 창조영역, 그리고 '역시' 그것 자체가, 인간이 볼 수 있고 이해할 수 있으며, 접근할 수 있고 마음대로 처리할 수 있는 땅과 짝을 이루는 영역, 따라서 전혀 이해할 수 없지만 하나님과 결코 동일하지 않고 오히려 하나님에 의해 창조되었으며, 따라서 그와는 다른 영역, 그리고 '역시' 인간에 대하여, 땅에 있는 피조물에 대하여 창조세계의 비밀을 표현하고 눈에 보이게 하는 영역이다. 그러나 성서적 관념은 다음과 같은 점에서 더 순진했고, 동시에 더 철저했다: 그 관념은, 그것이 하늘에 대하여 말할 경우에는, 우선 언제나 보이는 (대기권의, 그리고 천문학과 관련된) 하늘을 생각하였으며, 그러고 난 후에 높고 먼 그곳에서 보일 수 있는 바로 그것에서 눈에 보이지 않는 것의 현실성을 분명하게 이해하였으며, 그 관념은 동일한 보이지 않는 것, 즉 이해할 수 없는 것을 역시 하늘에서만이 아니라 땅 위에서도 발견하였다. 저 위에 있는 하늘은 측량할 길이 없으나, 그 아래에 있는 땅의 기초들도 깊이를 헤아릴 길이 없다.(렘 31:37) "누가 바닷물을 손바닥으로 떠서 헤아려 보았으며, 뼘으로 하늘을 재어 보았느냐?" 이 질문은 이렇게 계속된다: "누가 온 땅의 티끌을 되로 되어 보고, 산들을 어깨 저울로 달아 보고, 언덕들을 손저울로 달아 보았느냐?"(사 40:12) 욥기 38:31-33에서는 다음과 같이 질문이 제기된다: "네가 북두칠성의 별 떼를 한데 묶을 수 있으며, 오리온성좌를 묶은 띠를 풀 수 있느냐? 네가 철을 따라서 성좌들을 이끌어 낼 수 있으며, 큰곰자리와 그 별 떼를 인도하여 낼 수 있느냐? 하늘을 다스리는 질서가 무엇인지 아느냐? 또 그런 법칙을 땅에 적용할 수 있느냐?" 이 질문들은, 땅, 바다, 지하세계와 관련한, 그리고 나중에는 사자, 야생염소에서 시작하여 신화적인 윤곽들과 색채들로 묘사된, 베헤못(Behemoth, 욥 40:15에 나오는 하마나 코끼리 같은 짐승 — 역자 주)과 리워야단(Leviathan, 욥 3:8에 나오는 거대한 바다괴물 — 역자 주)의 형상들에 이르기까지 일련의 수수께끼 같은 동물들과 관련한 일련의 유사한 질문들 안에 포함되어 있다. 하늘로 올라가거나 이동하는 것은 모험적으로 불가능한 방황의 '한 가지' 가능성이며, 바다 위로 달리거나 지하세계로 뚫고 들어가 어쩌면 그곳에서 자리를 펴는 것은 불가능한 방황의 '다른' 가능성이다.(신 30:13, 암 9:2, 시 139:8) 그러므로 성서적 사고에서는 보이지 않는 것과 보이는 것의 경계선은 다음과 같은 점에서 하늘과 땅의 경계선과 단순하게 일치하지는 않는다: 하늘과 관련해서는, 성서적 사고는 또한 보이는 것으로부터 — 태양, 달, 별들, 구름들, 공기, 바람으로부터 — 출발하여, 바로 이 보이는 것을 바라보며 스스로가 보이지 않는 것 앞에 세워져 있다고 느낀다; 그 반대로, 그 사고는 '땅' 위에서도 인간의 직접적인 영역 안에서 보이지 않는 것, 측량할 수 없는 것, 셀 수 없는 것, 저울로 측정할 수 없는 것, 예측할 수 없는 것, 인간의 접근을 벗어난 것이 충분히 많다는 것을 발견하며, 하나님의 비밀 외에도 실제로 끊임없이 또한 그의 창조세계가 지닌 비밀에 몰두한다. 그럼에도 불구하고 다음의 사실은 오인될 수 없을 것이다: 성서적 사고에서 하늘은 이 관점에서 — "제유법"(pars pro toto, 부분으로 전체를 나타내는 표현법 — 역자 주)으로서라도 — 그것의 특수한 본성에 의하여 특수한 요소이며, 그리고 그것이 지닌 비밀 때문에 말하자면 모든 비밀들의 선두에 서 있다. 창세기 1:1에 따라서 언제나 되풀이되는—여기에서도 여전히, 하늘에 대한 하나님의 특수한 관계는 별도로 하고—하늘과 땅을 나란히 세워놓고 동시에 구별하는 구절들이 있다. 이 구절들이 의미하는 것은 다름 아니라 바로 다음과 같다: 인간의 영역 곁에는, 무슨 일이 있어도 그의 영역이 '아닌' 다른 영역이 있으며, 그것이 언제나 인간의 영역보다 앞선다. 인간들이 뿔뿔이 흩어지게 하며, 그들의 언어들이 엉클어지게 하는 결과를 초래하였던 그들의 어리석음이 창세기 11:4에 본보기로 나타나 있다: 그들은 "탑 꼭대기가 하늘에 닿게" 탑을 쌓기를 원했다. 하나님 없이 살아가는 자의 교만이 하늘 높은 줄 모르고, 머리가 구름에 닿는다는 것(욥 20:6), 바빌론이 하늘까지 올라가서, 그 높은 곳에 견고한 요새를 쌓아 놓을 수 있으리라는 것(렘 51:53), 느부갓네살(Nebukadnezar) 왕이 꿈에서 자신을, 땅의 한가운데 아주 높고 크게 서 있으며, 점점 자라서 튼튼하게 되고, 그것의 높이가 하늘에 닿는 한 나무로 보았다는 것(단 4:7f.), "작은 뿔"(단 8:10)이 하늘의 군대에 미칠 만큼 강하게 된다는 것, 인간들의 죄가 쌓여서 하늘에까지 닿았다는 것(계 18:5)—이런 것들은 어디에서나, 몰락에 이르기 전에 가장 높이 상승하는 오만의 극단적 가능성들이다. 그러므로 하나님 없이 살아가는 자들의 자만도, 즉 왜곡된 것을 "위쪽에서부터 내려다보며 말하는 것"도 다만, 하나님이 그들을 사실은 "미끄러운 곳에" 세웠다는 사실을 보여주는 표시들 가운데 하나일 뿐이다.(시 73:8, 18) 하늘은 인간에게 설정된 '한계들'의 총괄개념이다. 그 반면에, 땅 위에 있는 하늘의 높이는 분명히, 인간들의 길들과 생각들보다 더 높은 하나님의 길들과 생각들의 높이(사 55:9)를, 혹은 하나님의 이해할 수 없는 자비와 성실을(시 36:6. 새번역으로는 시 36:5의 "사랑"과 "미쁘심"—역자 주), 혹은 그를 두려워하는 사람들에 대한 하나님의 이해할 수 없는 은혜(시 103:11)를 비교적 눈에 보이게 하는 것으로서 적합하다. 그러므로 하늘은 인간이 파악할 수 없는 것의 '표준'처럼 보인다.

바로 이것이, 우리가 하늘 자체의 본질과 본성에 대하여, 즉 그것을 저 비유로 규정하는 것에 대하여 어쨌든 말로 표현할 수 있는 것이다. 그렇지만 우리는 그것을 다만 매우 신중하게 말로 표현할 수 있을 뿐이다. 땅이 마주하고 있는 대상으로서 하늘의 특성에 관해서만이 아니라, 우리에게 마주치는 비밀의 세계로서 하늘의 특성에 관해서도 성서의 증언이 사실 완전히 불분명한 것은 아니지만, 그래도 어쨌든 드물다는 것은 우연이 아니다. 분명한 것은 이것이다: 성서의 인간들은 우리에게 하늘 자체의 본성에 대하여 가르치기를 원하지 않았으며, 그들 자신이 땅 자체에 대해서와 마찬가지로 하늘 자체에 대해서 거의 몰두하지 않았다. 땅과 마주하고 있는 대상으로서 하늘만이 아니라 비밀의 세계로서 하늘은 하나님의 행동과 태도에 대한 증언의 맥락에서 비로소 결정적으로 분명하게 된다. 그러므로 우리는 참으로, 지금 그것에 대하여 언급되었던 모든 것에서 이미 미리 다음의 사실을 토대로 언급하였다: 궁극적으로 틀림없이 하늘의 '본성'은, 우리가 그것을 지금 암시적으로 묘사하려 시도했던 것처럼 그렇게, 다만 '하나님의 행동과 태도'로부터만 명백해질 수 있다. 그것이 하늘을 있는 그대로, 즉 우리에게 지정된, 비밀을 간직하고 있는 마주선 대상으로서 드러낸다. 그의 창조세계가 이와 같이—이러한 이중성 안에서 그리고 이 경계선에 의하여 단절되면서—실제로 존재한다는 그 사실이 인간에게 그의 창조주 자신에 의하여, 그의 사역과 계시를 통하여 언급되어야만 하며, 그 사실이 인간에 의하여 다만, 그가 그렇게 그것을 들어서 알게 되었다는 사실에 입각해서만, 하나님의 창조세계 안에서 재인식될 수 있다.

그리고 이 사실은 우리가 질문했던 것에 더 한층 적용된다: 즉 하늘과 땅 사이의 관계에서 '위계질서'에, 땅에 대한 하늘의 '우월성'에, 하늘을 "하위의" 우주인 땅에 대하여 "상위의" 우주로 특성화하는 것에 적용된다. 만일 우리가, 땅의 본성에 비하여 하늘의 본성에 대하여 일종의 명시를 안전하게 해냈다고 가정하더라도(그러나 우리는 그것을 결코 해낼 수 없다!), 그래도 그렇게 하는 것으로는 전적으로 아직은, 하늘이 땅 '위'에, 땅이 하늘 '아래'에 존재한다는 사실이 결정되지는 않을 것이다. 이 사실은 하늘의 본성을 확인하는 것을 넘어서서 하나의 '판단'을 포함하고 있다: 즉 땅에 비하여 하늘에 어울리는 '존엄성', '기능', '중요성'을 승인하는 것을 포함한다. 이 사실이 의미한 것은 바로 이것이다: '하나님'이 땅보다는 하늘에 '더 가까이' 있다. 이 사실이 땅과 관계하고 있는 하늘을 인간과 관계하고 있는 하나님에 대한 '비유'로 만든다. 이 사실이, 하나님이 그가 창조된 세계에 대하여 그리고 그 세계 안에서 그리고 그 세계와 함께 행동한 역사에서 하늘에 특정한 '우선권'을 제공한다. 이 사실이 우리에게, 하나님에 대한 생각에 즉시 또한 하늘에 대한 생각을 포함시키지 않을 수 없게 하며, 그 반대로, 하늘에 대한 생각을 즉시 또한 하나님에 대한 생각과 연결시키지 않을 수 없게 한다. 그러나 하늘의 본성에 대한 어떤 표상도, 서로 마주하고 있는 것에 대한 그리고 저 비밀에 대한 어떤 표상도 우리에게 그렇게 하도록 강요할 수는 없다. 하늘의 본성에 대한 이 인식은 그것의 우월성에 대한 생각을 포함하지 않는다. 하늘은, 우리가 시도하였듯이, 그것의 본성에 대한 서술에 따르면 다만 땅의 동반자, 즉 일종의 쌍둥이일 수밖에 없을 것이다. 대체 왜 우리의 영역과 나란히, 즉 우리의 영역이 불가피하게 하위에 있으며, 저 다른 영역 혹은 저 다른 영역들이 불가피하게 상위에 있게 되는 그 위계질서에 대해 말할 필요도 없이, 또 다른 영역이, 아마도 더 많은 다른 영역들이, 즉 우리의 영역에 상응하며 어떻게 해서든지 함께 연관되어 있는 다른 종류의 영역들이 존재해서는 안 된다는 말인가? 그리고 왜 우리에게 또한 저 경계선도, 즉 탐구할 수 있는 것과 탐구할 수 없는 것, 처리할 수 있는 것과 처리할 수 없는 것을 원칙적으로 갈라놓는 저 경계선도 그어져서는 안 된다는 말인가? 왜 저 경계선이 실제로 존재해서는 안 된다는 말인가?: 즉, 우리는 저 경계선에 직면하여 '하나님'의 더 큰 가까움과 관계하며, 우리에게 현존하는 창조세계의 비밀에서 '그'의 비밀에 대한 비유와 관계할 것이기 때문에, 우리가 "탐구할 수 없는 것을 조용히 존경"해야만 한다는 것보다 더 많은 것을 의미해야만 하는 것은 아닐, 그 조용한 존경이 실제의 충격 및 굴복, 자기비하 및 숭배와 결합해야만 하는 것은 아닐, 저 경계선이 실제로 존재해서는 안 된다는 말인가? 그리고 만일 여기에 이미 상위에 놓는 것과 하위에 놓는 것이 존재해야 한다면, 왜 그 관계가 또한 그 반대로 생각될 수는 없다는 것인가?: 왜 땅이 첫 번째 우주로서, 즉 "상위에 있는" 본래의 우주로서, 하늘은 아마도 다만 땅의 거대한 그림자 혹은 반사로서, 저 마주함과 경계선은 아마도 바로 하나의 필연적인 결정으로서 그리고 인간정신에서 나온 최고의 작품으로서, 즉 불가피한 이념이나 쓸데없는 허구로도 생각될 수 없다는 것인가? 하늘의 '본성'에 대한 어떤 개념도 그것조차 배제할 수 없다. 어떤 개념도 결코 우리를 다음과 같은 불가항력적인 판단 아래로 세우지 않는다: 우리가 저곳에서, 즉 하늘에서 (그러한 어휘들이 지닌 첫 번째의 확정적 의미에서) "상위의" 우주와—그러나 여기에서는, 즉 우리의 영역에서는 "하위의" 우주와 관련을 맺고 있다. 따라서 만일 우리가, 지금까지 우리가 행한 숙고들을 통해서 저 질문에 대한 대답을 이미 제공했다고 여긴다면, 즉 하늘이 땅보다 더 상위에 있는 위계질서를 이미 제시하였다고 여긴다면, 그것은 분명히 초라한 자의적 행위일 것이다.

우리가 여기에서 "아주 신중하게" 감행하였던 하늘의 '본성'에 대한 두 가지 명제들은 한편으로는 현대 물리학의 세계상이 지닌 어떤 관점들로부터, 다른 한편으로는 고대, 중세, 르네상스 초기의 소위 "마술적인" 세계상에 대한 선입견 없는 역사적 평가로부터 출발하여 확실한 조명을 받을 수 있으며, 구체화되고 풍부하게 될 수 있을 것이라는 것은 불가능한 것이 아니다. 그러나 또한 그 경우에도 그것은 다음의 상태에 머물러있게 될 것이다: 이미 이 명제들의 결정적인 '논증'은 다만 신학적인 것일 수밖에 없을 것이며, 이 명제들 자체는 아직 '하늘'을 '신학적으로 중요한' 것으로 만드는 그것에까지는 도달하지 않을 것이다.

만일 우리가 땅에 대한 하늘의 우월성에 대한 문제에서 불명료함에서 벗어나 분명하게 되기를 원한다면, 만일 우리가 게다가 또한, 우리가 그것의 본성에 대하여 잠정적으로 확인하였던 그것도 견고한 토대 위에 세우기를 원한다면, 우리는, 하늘을 추상적으로 그것 자체로 관찰하고 정의하고 묘사하려는 모든 시도를 중단해야만 하며 단호하게, '은혜'와 '계약'의 하나님인 그 '하나님의 행동'과 관련하여 그것에게 지정된 독특한 위치와 기능에서 그것을 인식하는 방향으로 전환해야만 한다. 특히 다만, 하늘의 본성에 대한 '문제'를, 즉 우리 자신이 속한 피조물의 영역에 마주 서 있는 것에 대한 '문제'를—즉 피조물의 다른 영역이 존재함으로써 우리에게 설정된 저 경계선의 '문제'를 그것 자체로서 응시하기 위해서만, 우리는 저 시도를 감행했다. 그리고 이러한 응시는 바로 다음의 사실을 해명하기 위해서 필요하였다: 하늘을 신학적으로 흥미 있게 만드는 것, 즉 우리의 현존영역인 땅에 비하여 하늘에 저 특수한 우월성을 제공하는 것은, 우리가 그런 본성에 대하여 잠정적으로 말할 수 있을 경우에는, 하늘의 '본성'이 '아니'다. 하늘의 우월성을 인식하기 위해서는, 우리는 이제, 우리가 이미 하나님으로부터 그것에게 주어진 '자격'이라고 불렀던 것에 대하여 논하게 되어야만 한다. 그 자격이 비로소 하늘에 그 특성을 제공하며, 그 특성에 의하여 하늘은 땅 '위'에, 땅 '앞'에 있으며, 땅보다 '더 많은' 것이다. 그리고 그 자격이 비로소 또한 하늘의 본질도 만들며, 그 자격이 비로소 하늘을 지상의 영역에 마주하고 있는 것으로서 그리고 지상의 영역에 대한 경계선으로서 애매하지 않게 분명하게 만든다.

우리는 창조론 전체의 끝과 목표에 도달하여 있으며, 동시에 실제로 절정에 있다. 그리고 만일 그 어딘가에서 그래야 한다면, 바로 여기에서 한 번 더 다음의 사실이 명백해진다: 우리는 신앙고백의 첫 항목을 다만 두 번째 항목에 비추어서만 이해하고 설명할 수 있다. 두 번째 항목은, 하나님에 의하여 창조된 세계를 향하여 자유로운 자비 안에서 실행된 그의 '사랑'(Zuwendung)에 대하여 언급하고 있다.—즉 그의 사랑이 지닌 '성실함'에 대하여, 즉 하나님이 이 세계를 창조한 후에 그것을 홀로 그것 자체에 넘겨주지 않고, 그것이 그의 세계라는 사실에 상응하게, 그것의 하나님, 즉 그것의 구원자 그리고 구원자로서 그것의 주님이기를 원하는 그 사랑의 '성실함'에 대하여 언급하고 있다; 그리고 하나님의 '나라'에 대하여, 즉 그의 전능한 말씀과 그의 살아 있는 영이 지배하는 나라에 대하여 언급하고 있다: 그가 그 나라를 그의 창조세계로 들어오게 하며, 즉 그 세계 안으로 침투하게 하며, 그가 그 나라를 그 세계 안에 건설하며, 그 나라의 왕으로서 그가 스스로를 세계에 드러내며, 자신의 인격 안에서 그 세계의 통치자이며 돕는 자이며 구원자가 된다. '이 고백에서부터' 출발하여 우리는 창조세계와 창조주와 피조물을 이해해야만 하며, 그렇지 않다면 교의학의 영역 전체를 결코 이해하지 못한다. 여기에서부터, 오직 여기에서부터 출발해서만, 이 영역의 상이한 관념들과 개념들이 윤곽과 색깔을 얻으며 입체적으로 돋보이게 된다. 그래도 여기에서 주요관심사는 의미, 즉 신앙고백의 첫 번째 항목에서 하나님이 전능한 분이며 아버지로 불리어진 그 의미이다. 그것은 이제 또한, 게다가 아주 특별히, 하늘과 천사들에 대한 우리의 질문에 적용된다. 우리는 어떤 성서적 암시들의 도움으로 혹은 그것 없이도—왜냐하면 하나님은 어쨌든 "하늘과 땅의 창조주"라고 불리기 때문이다.—대체 하늘이 무엇일 것인지에 대하여 약간 올바르게 생각할 수 있다. 우리는, 우리가 시도했던 것처럼 그것에 대하여 대답할 수 있다. 그러나 바로 다음의 사실이 중요하다: 우리는 그렇게 하는 것으로는 틀림없이 아직 다음의 사실에 대하여, '왜' 이 신앙고백의 형식과 그것의 모든 성서적 본보기들에서 "땅과 하늘"이라 하지 않고 "하늘과 땅"이라고 하는지에 대하여 '아무것도' 알지 '못'하며, 아마도 또한, '왜' 도대체 땅과 나란히 있는 다른 것에 대하여 더 논의해야 하는지, 이 다른 것은 어떤 뜻이 있는 것인지에 대해서 확실한 것을 아무것도 알지 못한다. 하나님의 저 위대한 '운동'이 진행되는 과정에서, 자유로운 자비 안에서 실행되는 하나님의 '사랑'이 진행되는 과정에서, 하나님의 성실한 사역이 진행되는 과정에서, 하나님의 '나라'가 도래하는 진행과정에서—우리는 또한 이렇게 말할 수 있으며 또 이렇게 말해야만 한다: 은밀히 처음부터 그리고 그것의 완성에서는 공공연하게 '예수 그리스도'라는 이름을 지니고 있는, 하나님의 은혜에서 비롯된 계약의 역사가 진행되는 과정에서, 어떻게 하늘과 땅이—그리고 그 경우에 확실히 이 위계질서의 순서에서 그리고 각각 그것들의 특색과 상이성 안에서—실제로 존재하는지를 우리가 갑자기 인식하는 것이 아니라면 말이다. 만일 우리가 이 사건을—일단 신앙고백의 두 번째 항목에 있는 그 사건 요약의 도움을 받아서라도—인식할 수 있다면, 우리는 이 사건에서 분명하게, 창조와 창조주와 마찬가지로 피조물을, 마찬가지로 인간을 인식하게 될 것이며, 하나님이 그를 어떻게 창조했는지를 (인간에 대해서는 신앙고백의 첫 번째 항목에서 이상하게도 전혀 언급되지 않고 있다!) 인식하게 될 것이며, 마찬가지로 역시 (첫 번째 항목에서 신앙고백의 내용 전체를 구성하고 있는)—서로 다르지만, 둘 다 실제로 존재하며, 둘 다 바로 이처럼 분명히 뒤바뀔 수 없는 순서 안에 있는—'하늘'과 '땅'도, 그 다음에 하늘에서 하늘과 함께, 하늘의 '천사들'도 인식하게 될 것이다! 이 모든 것을 인식하기 위해서는, 우리는 물론 한순간도 다른 관찰방법으로, 말하자면 자연주의적 관찰방법으로 되돌아가서는 안 된다. 왜냐하면, 그렇지 않으면 첫 번째 항목에서 인식된 모든 것이 즉시 다시금 불분명해지며 믿을 수 없게 되기 때문이다. 우리는 오히려, 이 모든 것을—창조주 하나님과 그의 사역을, 일반적으로 그의 피조물을 그리고 특별히 인간을, 그리고 그렇게 하늘과 땅도, 그리고 그렇게 하늘에서 하늘과 함께 천사들을—이 운동과 역사 안에서 인식하는 것을 굳게 고수해야만 한다. 그 경우에 이 모든 영역에 대한 신학적 인식이 존재한다. 그 경우에 우리는, 지금 특별히 관심을 끄는 이 문제영역에 관해서도 철학을 향해서도 신화를 향해서도 손을 내뻗을 필요가 없다. 그 경우에 여기에서도 확실히 불가피하게, 그리고 모든 것이 정상적으로 되어가고 있으므로, 교의학적으로 몇 가지를 확인해도 좋을 것이다.

우리는 하나님과 피조물 사이에서 창조의 행위를 능가하는 사건의 가장 일반적인 형태를 주목한다: 문제되고 있는 것은, 하나님으로부터 '출발하여' 피조물을 '목표로 삼으며' 피조물에 '도달하는' '운동'이다. 우리는 동시에 신앙고백의 두 번째 항목의 내용을, 혹은 또한 세 번째 항목의 내용을, 혹은 더 분명하게 말하자면, 성서 안에서 일부는 보도되고 일부는 미래에 예고된 역사 전체를 기억할 수 있다. 우리는, 모든 예배에서, 설교와 세례와 성만찬에서 객관적인 내용으로서 여겨지는 것, 즉 인간들이 행한 것에 대한 하나님의 확인과 대답으로서 여겨지는 것을 기억할 수 있다. 우리는 동일한 의미에서, 즉 하나님으로부터 출발하여 사건으로 되는 것을 고려하면서, 각 개별적인 그리스도인들이 하나님과 맺는 인격적인 교제와 소통을, 그러나 또한 하나님이 교회를 개별적으로 그리고 전체적으로 관리하는 것을, 혹은 마지막으로 한 번 더 가장 일반적인 의미에서 하나님의 세계통치를 기억할 수 있다. 언제나 여기에서 주요관심사는 하나의 운동, 즉 하나님 자신이 "출발점"이며 피조물이 "도달점"인 그 운동이다. 하나님이 말씀하고 경청되며, 계시하고 인식되며, 오고 있고 또한 지금 현장에 있으며, 가고 있고 또한 다시 오고 있으며, 행동하고 행동을 야기하며, 주고 있고 또한 받고 있으며, 서두르고 또한 기다린다. 그리스도교의 증언은 다음의 사실을 의식해야만 하며, 앞으로도 의식할 것이다: 그 현실은, 즉 그 증언이 그러한 명제들에서, 그리고 그 명제들에게 비로소 풍부함과 내용을 제공하는 다른 많은 명제들에서—왜냐하면 하나님 자신이 이 모든 명제들의 주어이므로—언급하고 있는 그 현실은, 여기에서 사용된 어휘들과 연결된 모든 표상들과 개념들을 훨씬 능가한다. 그러나 만일 그 증언이 그런 명제들을 통하여 말하지 '않'는다면, 그런 명제들을 감행하지 '않'는다면, 혹은 하나님에 의하여 '실제로' 실행된 '운동'을 고려하는 것과는 다른 방식으로 감행한다면, 그 증언은 침묵하거나 혹은 부인하는 것으로 변할 수밖에 없을 것이다. 이 운동을 실제로 실행하지 않는 하나님은 그리스도교가 증언하는 살아 있는 하나님이 아닐 것이다. 그리고 이 운동의 현실에 대하여 침묵하기를 원하거나 부인하기를 원하는 사람은 이 살아 있는 하나님 자신에 대해 침묵하거나 부인할 수밖에 없을 것이다. 이 운동에 하나님의 '의지'가 있으며, 거기에 하나님의 '길'이 있다. 거기에서 하나님이 시작하고 하나님이 실행한다. 거기에서 어떤 것이 시작되며 그것의 상응하는 목표에 도달한다. 거기에는 출발점과 목표점이 있다. 그리고 이 운동은 다만 '하나의' 방향으로만 진행되는 것조차 아니라, 하나님이 그의 피조물 쪽으로 향함으로써, 또한 하나님을 향하여 피조물의 방향전환이 일어나기도 한다: 피조물 자신의 능력으로부터는 아니지만, 그렇지만 하나님이 피조물에게 피조물 안에서 피조물과 함께 수행하는 것에 의하여 그 방향전환이 일어나기도 한다. 따라서 거기에서 하나님의 운동은, 그것의 목표에 도달하면, 또한 그것의 원천으로 되돌아가며, 거기에서는 "잉태하고 태어나고, 죽고 땅에 묻힌" 후에는 "부활"이 이어지며, 온전히 "깊은 곳으로 내려간" 후에는 "높은 곳으로 올라감"이, 성령이 강림한 후에는 교회와 그리스도인들의 믿음과 순종과 기도가 뒤따른다.—그러나 이 순환은 결코 종결되지만 않으며, 마지막 말은 또 한편으로는 첫 번째 말로 된다: "거기로부터 그가 다시 오시리라." 죄를 용서함, 육체의 부활, 영원한 삶이 발생한다: 간단히 말하자면, 언제나 다만, 하나님 자신이—말하고 행동하면서, 구원하고 소생시키면서, 그가 홀로 전능하고, 홀로 영광 받으며—피조물에게 다가옴으로써만, 피조물에게 말해질 수 있고 제공될 수 있으며, 피조물에게 일어날 수 있고 귀속될 수 있는 이 모든 것이 발생한다. 그리스도교의 증언의 내용은 이 운동이다. 그렇지 않다면, 그것은 그리스도교의 증언이 아니다.

그러나 피조물이, 특히 인간이 이 운동의 목표이며 대상이기 때문에, 이 운동은 '피조물의 세계'의 '내부'에서 실행되는 운동으로서 특징을 지닌다. 하나님 자신이 이 운동의 주체이며 창시자이다. 그러나 우리는 또한, 하나님의 삼위일체론에서 언급되었던, 하나님의 내부에서 일어나는 삶의 운동에 대해도 말할 수도 있을 것이다. 하나님 아버지가 아들을 낳으며 성령을 보낸다는 것, 아들은 아버지에 의하여 태어나며 아버지와 함께 그는 성령을 보낸다는 것, 성령은 아버지와 아들로부터 유래한다는 것, 이것이 하나님의 내적인 삶에 대한 묘사, 즉 우리가 여기에서 언급하고 있는 운동의 토대이며 원형인 "내부를 향한 하나님의 사역들"에 대한 묘사이다. 그러나 이것 자체가 "외부를 향한 하나님의 사역"이다: 즉, 이 사역 안에서 하나님은 바로 자기 자신에 머물지 않으며, 바로, 자기 자신 안에서 살아 있고 움직일 뿐만 아니라—바로, 지금 존재하며 앞으로도 영원히 존재할 하나님으로서—공간과 시간 안으로, 구조 안으로, 현존의 조건들 안으로, 또한 그와는 '상이'하며 그에 의하여 '창조된' 우주라는 구체성과 개념성 안으로도 '들어간다.' 우리를 창조했던 그가, 그의 자유로운 자비 안에서, 우리의 하나님, 우리를 위한 하나님, 우리와 함께 하는 하나님이 되기 위하여 스스로를 선택하였다. 그러나 이 결의를 실행하면서 하나님은 우리의 세계 안으로 들어오며, 세계의 형태는 또한 하나님 자신의 것으로 변화된다. 그렇지 않다면, 어떻게 그가 우리의 하나님, 우리를 위한 하나님, 우리와 함께하는 하나님일 수 있겠는가? 그렇지 않다면, 저 하나님의 운동이 우리와 무슨 관계가 있겠는가? 그렇지 않다면, 어떻게 그 운동이 우리에게 도달할 수 있으며, 도움이 될 수 있겠는가? 그렇지 않다면, 어떻게 우리가 그 운동에 참여할 수 있겠는가? 그렇지 않다면, 어떻게 우리가 그 운동에 의하여 부름 받으며 책임을 지게 되고, 낮춰지게 되며 높여지고, 심판받으며 사면받을 수 있겠는가? 그렇지 않다면, 어떻게 그 운동이 그리스도교적 증언의 대상으로, 즉 인간이, 즉 피조물이 증언하는 대상으로 될 수 있겠는가? 만일 그 운동이 우리에게 현실이라면, 그것이 의미하는 것은 이것이다: '우리'가 실제로 존재하는 곳에서, 따라서 우리의 세계 안에서, 즉 하나님이 창조한 세계 안에서 그 운동이—하나님 자신이 그 운동의 주체이며 창시자임에도 불구하고—실제로 발생하고 있다. 여기에서 그 운동이 시작되며, 여기에서 그 운동은 그것의 목표를 지니고 있다. 여기에서 저 "깊은 곳으로 내려감"과 "높은 곳으로 올라감"이 발생하며, 여기에서 하나님이 시작하고 실행한다. 여기에서 성령이 부어지며, 그것은 교회와 그리스도인들의 신앙과 순종과 기도 형태에서 다시 그것의 원천으로 되돌아간다. 하나님의 자유로운 은혜가 지닌 높이와 깊이는 이것이다: '하나님'이 완전히 '그 세계' 안에서 살아 있고 활동하고 열심히 일하기 위하여, 완전히 '그것' 안에서 통치하고, 그가 원하는 것을 수행하기 위하여, 즉 시작하고 완성하기 위하여, 그가 '그것' 안에서 말하고 들으며, 약속하고 성취하며, 계획하고 실행하기 위하여, 그는 스스로를 선택하였으며, 그가 창조한 세계를 선택하였다. 하나님이 그의 영광을 그가 창조한 바로 그 '세계' 안에 머물게 하기 때문에, 바로 '그것'이 그의 영광을 드러내는 무대로 된다. 우리는 이 사실에 대하여 침묵할 수 없으며, 이 사실을 부인할 수 없고 제한할 수도 없다. 그렇게 할 경우에, 우리는 저 운동의 현실성을, 하나님의 자유로운 은혜 안에 있는 그것의 토대를, 그리고 그렇게 자비로우며 그의 은혜 안에서 그렇게 실제로 그의 피조물을 대하는 살아 있는 하나님을 모독하게 될 것이다.

그러나 만일 우리가 이 모든 것을 인식한다면, 따라서 우리가 하나님의 계약사와 구원사를, 그리스도 사건을, 그리고 이 사건을 우리에 대한, 우리를 위한, 우리와 함께 하는 하나님의 행동으로서, 즉 우리의 세계, 피조물의 세계 안에서 이루어지는 그의 행동으로서 인식한다면, 그때에 우리는 많은 다른 것과 함께 어쨌든 다음의 사실도 인식하게 될 것이다: 즉, 우주의 거대한 두 영역들인 '하늘'과 '땅'이 어떻게 독특하게 드러나며, 서로 물러서며, 서로 마주서며—그런데 실제로 위계질서 안에서—또한 함께 모이는지 인식하게 될 것이다. 그리고 그 경우에 우리는, 아마 이 영역들의 본성에 대한 최고의 그리고 가장 심오한 인식을 통해서도 우리에게 전달될 수 없을 명료함 안에서 그 사실을 인식하게 될 것이다. 우리가 하늘과 땅에 대하여 명료함을 받아들이는 근거는 다름 아니라, 세계 안에서 이루어지는 하나님의 자비로운 행동이며, 이 세계 안에서 발생하는 운동, 즉 그의 사랑과 성실로 추진되는 하나님의 나라 운동이다.

우리는 '땅'과 함께 시작한다. 이 '역사적' 맥락에서 땅은 무엇으로 인식되는가? 우리는, 땅이 하나님의 행동이 관계하고 있는 인간의 장소로서 명백히 그 행동의 '목표'이며 '목적'(Ende)이라는 사실로부터—그것의 원천으로 되돌아가지 않는 것이 아니라, (모든 되돌아감을 통해서 지양되지 않고 오히려 입증되는) 최초에 그리고 최후에 그 행동의 "도달점"이라는 사실로부터 출발해도 된다. 그 '인간'에게 하나님의 약속이 관계하고 있으며, 그 인간에게서 약속이 또한 성취되어야만 한다. 그 '인간'에게 하나님의 계명이 관계하고 있으며, 그 계명은 인간에 의해 주목받기를 원한다. 그러나 인간은 땅의 피조물이다. 따라서 하나님은 땅을 위하여 그가 창조한 세계를 향한 사랑을 실행하며, 땅 위에서 그의 성실성이 입증되기를 원하며, 그의 나라가 건설되어야 하며, 또한 건설될 것이다.—이 모든 것은, 하나님이 우리를 위하여 그리고 우리와 함께 존재하기를 원하기 때문이며, 그의 피조물을 향한 그의 운동 전체는 우리를 생각하고 있는데, 우리는 바로 땅으로부터 유래하며 땅 위에서 존재하기 때문이다. 그러므로 하나님에 의해 땅에 주어진 자격, 즉 영예의 본질은, 그것은 '깊은 곳'이라는 사실, 즉 그것은 '아래에' 있다는 사실에 있다. 그것은 '우리'의 영역이다: 하나님은 그의 자유로운 은혜 안에서 이쪽으로 몸을 '낮추'며, 세계 안에서 통치하는 하나님이 이곳을 향해 '아래로' 몸을 구부리며, 심지어 그 자신이 이곳으로 '내려'온다. 이 모든 것은, 그의 숨겨진 뜻이 드러나고 효력을 발휘하도록 하기 위한 것, 즉 최초에 간직했던 그 뜻이, 그가 여기에서 행하는 것을 통해서 성과를 얻도록 하기 위한 것이다. 이 맥락에서 바라본다면, 땅이 '아래에' 있다는 사실이 어떤 평가절하, 어떤 무자격 판정을 의미할 수 없으며, 하물며 치욕을 의미할 수 없다. 하나님의 특별한 창조영역으로서 그것의 영광은 그 사실에 의해 반박되지 않는다. 아래에 있다는 그 이유 때문에, 그것이 다른 실제의 혹은 가능한 창조영역들 가운데 그 어떤 것이 그것의 방식대로 누리는 영광보다 덜 영광스러운 것은 아니다. 하나님의 자유로운 자비가 관심을 기울이고 있는 '인간'이 저 아래에, 즉 세계 안에서 바로 인간을 위해 그리고 인간에 대하여 행동하는 하나님의 높음에 비추어 볼 때 아래에 있기 때문에, 땅은 아래에 있다. 세계 전체에서―혹은 더 정확히 말하면, 세계 전체에서 이루어지는 하나님의 행동에서―주요관심사가 인간을 위한 것인데, 어떻게 땅이 '하위'의 우주가 아닌 다른 것일 수 있겠는가? '그곳을 향하여' 가장 높은 존재의 말씀이 울린다. 그곳에서, 즉 지상에서 태어나고 순종하고 고난 받고 죽기 위하여, 그곳에서 피조물과, 즉 이 영역의 피조물과 연대하기 위하여, 심지어 하나로 되기 위하여, 그의 인격 안에서 피조물을 그곳으로부터 들어올리기 위하여, 그곳으로부터 그것들 모두를 자신을 향해 끌어당기기 위하여, '그곳을 향하여' 하나님의 아들이 몸을 낮춘다. 교회와 그리스도인들의 신앙과 순종과 기도의 형태 안에서 그곳으로부터 다시 그것의 원천으로 되돌아가기 위하여, '그곳을 향하여' 성령이 부어진다. 이 맥락과 의미에서 땅이 이 "그곳", 즉 "하위의" 우주일 수 있도록 허용된다는 그 사실은 정말, 땅에도 주어지는 영예가 아닌가? 바로 땅 외에는 다른 어떤 영역도 하나님의 자유로운 은혜가 지향하는 목표가 아니며, 바로 그렇기 때문에 "아래"에 있지 않다는 점에서, 땅은 어쨌든 창조의 다른 모든 영역보다 뛰어나다.

그러나 우리는 여기에서 '하늘'에 대하여 묻고 있다. 만일 우리가 그것도 저 '역사적' 맥락 안에서 인식한다면, 우선 간단하게 이렇게 언급될 수 있다: 그것은 세계 안에 있는 장소이며, '그곳으로부터' 하나님이 인간에 대하여, 인간을 위하여 그리고 인간과 함께 행동한다. 만일 여기에서 주요관심사가 되고 있는, 살아 있는 하나님의 저 거대한 운동이 창조된 세계 내부에서 일어나고 있는 운동이라면, 그 경우에 그 운동의 "출발점", 즉 그것의 '원천'에는, 그것의 목표와 목적에 대해서와 마찬가지로, '세계내부의' 장소가 할당되어야만 한다. 바로 세계 안에서 활동하는 존재로서 하나님은―그만이 홀로 저 운동의 주체이며 창시자로서―단순히 세계 위에서가 아니라, 또한 다음과 같은 의미에서 세계 안에서 활동한다: 하나님은 땅에 대하여 그의 행동을 전개하는 과정에서 '다른' 장소로 들어가며, 그곳으로부터 실제로 인간을 마주 대하며, 그곳으로부터 실제로 인간과 '교제'를 시작한다. 하나님의 이 특별한 장소가 없다면, 그와 동시에 설정된, 하나님과 자신의 장소에 있는 그 인간 사이에 '거리'가 없다면, 분명히 하나님과 인간 사이에 어떤 교제나 사귐이 있을 수 없을 것이다: 대화가 아니라 다만 하나님의 독백만이 (혹은 아마도 또한 다만 인간의 독백만이!) 있을 것이며, 그러므로 하나님과 인간 사이의 드라마도 없을 것이며, 하나님이나 인간이, 혹은 둘 다 각자 자신을 위한 자신의 삶을, 서로에 대한 관계가 없이, 서로를 위한 의미도 지니지 않은 채 살 수밖에 없을 것이며, 그렇게 살게 될 것이다. 만일 이것이 사실은 전혀 다른 것이라면―만일 그리스도교적 증언의 주제가 스스로를 위하여 존재하는 하나님의 삶도 아니고, 스스로를 위하여 존재하는 인간의 삶도 아니라, 하나님과 인간 사이에서 발생하는, 그들의 만남과 불화와 화해와 유대관계(Gemeinschaft)의 역사라면—그리고 만일 이 역사가 실제로 우리의 실제 '세계' 안에서 발생하고 있다면, 그렇다면 다음의 사실이 결정적인 것이다: 인간만이 아니라, '하나님'도 우리의 실제 세계 안에서 그에게 특유한 그의 '영역'을 갖고 있다. 하나님이 지니고 있는 바로 이 특유한 영역이 '하늘'이다. 이 사실은 물론 다음의 사실을 배제하지 않으며, 오히려 포함한다: 하나님은 하늘과 땅의 창조주이며 주님으로서 땅 위에서도 때때로 개별적인 영역들로 들어가 자리를 차지할 수 있으며, 그 경우에 그 영역들로부터 저 운동이 구체적인—이제 좁은 의미에서: 그것의 역사적인—형태들을 획득한다. 그러나 하늘은 무엇보다도 먼저, 본래 그리고 특유하게 이것이다: 하나님이 '그것'으로부터 땅으로 와서 땅 위에서 말하고 행동하기 때문에, 땅 위에 있는 모든 특수한 하나님의 영역들이 하늘로 된다. 하늘은 땅 위에서 이루어지는 하나님의 행동 전체에 대한 모든 증명들과 계시들, 모든 말씀들과 행위들의 출처(Woher), 출발점, 말하자면 출격하는 비상구이다. 그리고 바로 이 사실이 하늘을 땅보다 '두드러지게' 하며, 그것을 땅에 비하여 실제로, 유효하게 그리고 결정적으로 '상위'의 우주로 만들며, 땅에 비하여 그것에게 그것의 고유한 본성, 즉 독특한 '더 높은' 본성을 부여한다. 왜냐하면 '하나님'이 그의 은혜가 지닌 전능함 안에서 무엇보다도 먼저 그곳에 있으며, '그곳으로부터' 인간에게로 그리고 땅으로 오기 때문에, 하나님이 '그곳으로부터' 말하고 행동하기 때문에, 그의 존엄함이 '그곳으로부터' 우리와 만나기 때문에, 그의 비밀이 '그곳으로부터' 우리를 제한하기 때문에, 그렇기 때문에 이 그곳, 즉 하늘이 땅 '앞에' 있으며, 땅보다 '더 높고' '더 많은' 것이다. 그것이 하늘이라는 그 사실이 그것을 그렇게 만드는 것이 아니며, 그 사실이 그것을 땅보다 그렇게 우세하게 마주 세우지 않으며, 땅 위에서 존재하는 우리를 위하여 그것을 저 우세한 비밀로 들어 올리지 않는다.—그렇지만 다음의 사실이 하늘을 그렇게 만든다: 하늘로부터 '하나님의 나라'가 우리에게로 오며, 따라서 오고 있는 하나님의 나라 자체가 또한 '하늘나라'(Himmelreich)이기도 하다.

이로써 우리는 '마태'복음에서 지배적인 그리고 그의 신학에 독특한 개념을 받아들인다. 이 첫 번째 복음서 외에는 다만 한 번 더(딤후 4:18) 주님의 "하늘나라"(βασιλεία ἐπουράνιος)가 언급된다. "나라"라는 어휘는 신약성서에서 왕이 지배하는 제도나 상태 혹은 영역이 아니라, 왕 자신의 존재와 행동을 통한 통치의 행위와 실행을 가리킨다. 그런데 설령 "하나님의 나라"라는 합성어가 마태복음에서는 일반적으로 "하늘나라"로 대체된다고 하더라도, 이로써 왕으로서 하나님의 실존, 행동과 존엄성이 뒷전으로 밀려나지 않는 것은 확실하며, 하물며 부인되는 것은 더욱 아니다. 마태복음 12:28, 21:31, 43의 말씀들에서도 명확히 "하나님의 나라"가 언급되고 있으며, 그것을 마태복음 13:43, 26:29은 "아버지의 나라"라고 부르기도 한다. 마태복음 6:10에는 "당신의 나라가 임하게 하소서!"라는 기도가 기록되어 있기도 하다. 그러므로 마태복음에서도 하늘이 하나님을 대신하지 않는다. 그렇지만 첫 번째 복음서의 특징적인 언어사용법에서 바로 '하나님의' 지배는 '하늘의' 지배로 묘사되고 있으므로, 그 본문들에 의하여 우리는, '하나님'이 지배하는 곳에는, 또한 '하늘'도 활동하며 관여한다는 것을 함께 숙고하도록 지속적으로 초대받는다. 우리는, 그 본문들에서는 일반적으로 히브리어 복수 형태인 "하늘들"이 사용되고 있다는 점을 주목해야 한다.

칠십인역(LXX)과 신약성서에서 "하늘"이라는 어휘는 (나는 로마이어, E. Lohmeyer, *Das Vaterunser*, 1947, 78의 확인에 의존한다.) 다음과 같은 곳에서는, 즉 그것이 분명히 혹은 암시적으로 "땅"이라는 어휘를 보충어로서 지니고 있는 곳, 즉 "하늘과 땅"이 함께 창조의 전체성을 가리키는 곳에서는 모두 단수로 쓰이고 있다. ─ 반면에, "나라"와 결합된 바로 그 경우처럼, "모든 지상의 것으로부터 분리되어 하나님을 향하는 그것의 방식과 의미에서 하늘에 관하여 언급되는" 곳에서, "하늘"이 '하나님의' 영역 및 세계를 가리키는 곳에서는 모두 복수로 쓰이고 있다. 따라서 만일 하나님이 마태복음 6:9(눅 11:2과는 달리)에서 "하늘들(한글번역판들에서는 "하늘"로 번역하고 있으나, 희랍어 원문에는 복수인 "하늘들"로 되어 있으며, 바르트는 이 점을 부각시키고 있음 ─ 역자 주)에 계신 우리 아버지"로 불리고 있다면, 마태복음에서 그밖에도 간과할 수 없게 자주(마 5:16 등 곳곳에) 바로 그 이름을 지니거나 혹은 형용사 변화를 통해 "하늘의 아버지"라는 이름(마 6:14 등 곳곳에)을 지니고 있다면, 이로써 다음의 사실이 강조된다: 하나님과 아버지로서 그 자신에게 고유한 본질은 별도로 하고, 하나님은 바로, "아버지"(나의, 우리의, 너희의 아버지)라는 어휘를 통해서 묘사되는, 우리 인간들에 대한 그의 관계 안에서, 또한 '하늘'이라는 특수한 본질, 고유한 본성, 특수한 특성도 지니고 있다. 혹은 오히려, 하나님과 아버지로서 그에게 고유한 그의 본질이 우리 인간과 ─ 그 옷을 입고 우리에게 가깝고 동시에 멀며, 인식될 수 있으며 동시에 탐구하기 어렵게 되기 위하여, 마치 그가 그에게 낯설지만 역시 부적절한 것이 아니라 오히려 그에게 부합하는 옷을 걸친 것처럼 ─ '하늘'의 본질 안에서 만난다.

바로 이런 의미에서 그의 '나라'가 (그러므로 그가 창조한 세계 안에서 그리고 그가 수립한 계약 안에서 그가 지배자로서 활동하는 것이) 또한 "하늘들의 나라"로도 불릴 수 있으며, 또한 그래야만 한다. 그의 나라(마 3:2, 4:17, 10:7)가 "가까이 왔다"는 것, 즉 바로 '땅' 위로, 인간들의 영역 안으로, 우리에게로 왔다는 것은, (그것이 "하늘들의 나라"로 불리므로) 다음의 사실을 포함한다: 신약성서가 지니고 있는 케리그마의 내용은 땅 위에 있는 '하나님의' 존재와 말과 행동의 현실성인데, 그의 존재와 말과 행동 안에서 그리고 그것과 함께, 역시 땅 위에 있는 '하늘'이 지닌, 창조되었으나 결정적으로 이 세상을 초월한 가능성들과 계몽들과 능력들도 마찬가지로 현실적으로 나타났으며, 활동적인 것으로 되었다. 하늘들의 나라가 지닌 "비밀들"(마 13:11)은 물론 '하나님의' 비밀들, 즉 땅 위에서 사건으로 되었으며, 일부의 사람들에게는 드러났지만 다른 사람들에게는 숨겨져 있는 하나님의 질서들이다. 그러나 그것들이 대체 어떻게 인간의 시야 안으로 들어오는가? 그것들은, 바로 하나님의 비밀들이므로, 또한 분명히 세상을 초월하는 질서들, 즉 '하늘의' 질서들이기는 하지만, 하나님의 나라가 하늘나라로서 가까이 왔으므로, 그 질서들이 이제 또한 자연히 지상의 관계들과 사건들 안에서도 반사됨으로써, 그것이 가능하게 된다. 그러므로 바로 하늘나라인 하나님의 나라에 관하여 다음과 같이 말할 수 있다: 그것은 "좋은 씨"(마 13:24) 혹은 "겨자씨"(마 13:31) 혹은 "누룩"(마 13:33) 등으로, 혹은 자기 종들과 셈을 가리려고 하는 어떤 왕(마 18:23) 혹은 심지어 너무나 회의적인 "집주인"(마 20:1, 포도원 주인 — 역자 주) 등과 "비슷하게 되었"거나 "비슷하다." 그러므로 그 나라는 이 "유사본질" 안에서 그것이 허락된 사람들에 의해 '인식'될 수 있으며, 그것이 허락되지 않은 사람들에 의해서는 물론 또한 '오인'될 수도 있으나, 어쨌든 정말 실제로 인간의 '시야' 안에 있다. 그 나라에 대한 이 "비유들" 안에서 '하나님'이 인식되거나 오인되기 때문에, 역시 '하늘'도 인식되거나 오인된다. 그러나 반대의 경우도 틀림없이 유효하다: '하늘'이 인식되거나 오인되기 때문에, 필연적으로, "자명하게" 역시 '하나님'도 인식되거나 오인된다. 하늘들의 나라라는 주제들을 교육받은 율법학자가 되는 것(마 13:52), 하늘들의 나라 안으로 들어가는 것(마 5:20 등 곳곳에), 하늘들의 나라에 참여하는 것("하늘나라가 그들의 것이다…", 마 5:3, 10, 19:14), 하늘들의 나라에서 아브라함과 이삭과 야곱과 함께 식탁에 앉는 것(마 8:11), 하늘들의 나라에서 가장 작은 자(마 5:19) 혹은 가장 큰 사람(마 18:1)이 되는 것, 하늘들의 나라에 폭력을 가하는 것(마 11:12), 혹은 "불의를 통해서" 사람들 앞에서 그 나라의 문을 닫는 것(마 23:13) — 이 모든 것들은, 마태복음에서 물론 은유들과 그림언어들로 이해되어야 하기는 하지만, 그러나 그것들 자체가 매우 현실적인 내용을 담고 있는 것으로 이해되어야만 하는 표현법들이다. 왜냐하면 여기에서는 "하나님의 나라" 자체가 또한 "'하늘들'의 나라"로도 불리고 있으며, 따라서 전적으로 다만 초세계적인 나라라고 불리는 것만이 아니라, 물론 지상의 세계를 초월하는 나라라고 불리기는 하지만, 참으로 그럼에도 불구하고 전적으로 또한 '우주적인' 나라라고 불리기도 하기 때문이다. 땅 위에서 말하고 행동하고 돕기 위하여, 땅 위에서 살고 있는 인간들을 위하여 그리고 그 인간들과 함께 하나님으로 존재하기 위하여, 하나님 자신이 스스로를 개방한다. 그러나 그가 그렇게 하는 것은, 그가 자신이 창조한 하늘을 말하자면 위로부터 아래로 뚫고 나감으로써, 즉 그가 그 하늘을 뚫고 나가기 때문에 그리고 그렇게 함으로써, 하늘이 하늘'들'이라는 복수로 발전함으로써, 그리고 그가 참으로 이 하늘들로부터 출발하여 땅을 향하여 움직임으로써 가능하다. 그의 나라가 정말 그렇게 우리에게, 그렇게 땅으로 옴으로써, 사실 하늘 전체는 아니지만, 하늘의 본질이, 하늘로부터 일부분이, 하늘의 특수한 우주적 가능성들, 계몽들, 능력들의 일부분이 그의 측근으로서 그리고 그를 위해 헌신하면서, 즉 우리에게 가까이 다가오는 그가 멀리 떨어져 있음을 (혹은 원래부터 땅위에 있는 인간에게서 아주 멀리 떨어져 있는 바로 그 하나님이 가까이 있음을!) 우주적으로 증언하고 선포하는 것으로서 함께 땅으로 오며, 따라서 땅 위에 있는 그의 나라는 하늘나라의 특성을 획득한다. 한마디로 말하자면, 마태복음에서 바로 "하늘나라"로 표현됨으로써 하나님의 나라는, 신적인 의미(Sinn)에서만이 아니라, 오히려, 신적인 의미에서 그러하기 때문에, 또한 '우주적'인 의미에서도 '현실적인' 나라로서, 그리고 현실적으로 인간들의 '시야' 안으로 들어온 나라로서 서술된다.

우리가 이 첫 번째 복음서의 어법에서 원칙적으로 그리고 "요약하여" 이미, '천사들'에 관한 성서의 관념 및 가르침과 관련을 맺고 있다고 주장하는 것은 해명될 수 있다. 우리의 진술에서 이 기본적인 부분의 제목과 주제는 이런 의미에서 "하늘나라"라고 할 만하며, 또한 그래야만 한다. 그러나 계속하여 확실한 발걸음을 내딛기 위하여, 우리는 아직 하늘이라는 개념 자체에 좀 더 머물러 있어야만 한다. 우리는 그 개념을 이 세계 안에서 이루어지는 하나님의 행동이라는 개념의 측면에서 이해하였다. 그리고 그 반대로, 우리는 하나님의 행동을, 즉 하나님의 나라를 하늘의 나라로 이해하였다. 이 해석을 성서적인 것으로 논증하기 위해서는, 마태복음의 어법 자체만으로는 그래도 아마 충분하지 않은 것으로 여겨질 수 있을 것이다. 그러나 다음의 사실을 확인함으로써, 이 해석은 참으로 객관적으로 진실임이 입증된다: 지상에서 전개되는 역사의 주님인 하나님이 왕으로서 내린 조치들은 구약성서와 신약성서에서 눈에 띄게 자주, '하늘로부터' 출발하여 그리고 '하늘이 관여'하면서 땅을 향해 방향을 취한 사건들로서 묘사되어 있다.

    이것은 우선 하나님으로부터 인간에게 뜻밖에 주어지는 외적이며 영적인 유형의 '은혜로운 행위들'(Wohltaten)에 대해 적용된다. 야고보서 1:17은 일반적인 성서적 관념과 인식을 간결하게 표현하고 있다: "온갖 좋은 선물과 모든 완전한 은사는 위에서, 곧 빛들을 지으신 아버지께로부터 내려옵니다." 요한복음 3:27에 기록된 세례요한의 말도 그렇게 경계를 정하고 있다: "하늘이 주시지 않으면, 사람은 아무것도 받을 수 없다." 어쨌든 후기 구약성서 시대의 경건한 사람은 다음의 사실을 알고 있다: 하나님은 "그의 거룩한 하늘에서 왕에게 응답하여 주신다."(시 20:7, 한글 번역으로는 20:6 — 역자 주) 그러므로 그는 간청한다: 하나님께서 "하늘에서 주님의 사랑과 진실을 보내시어, 나를 구원하여 주십시오. 나를 괴롭히는 자들을 꾸짖어 주십시오."(시 57:4, 한글 번역으로는 57:3 — 역자 주) 광야에서 굶주리던 무리들의 불평에 대하여 그리고 이집트의 고기 가마에 대한 그들의 어처구니없는 향수에 대하여, 하나님이 "만나"라고 불리는 빵을 하늘로부터 풍부하게 내려줌으로써 대답하는 출애굽기 16:2 이하의 이야기는, 말하자면 위로부터 수직으로 지상의 곤경과 곤혹스러운 상황 안으로 쏟아져 들어오는 하나님의 도움을 입체적으로 묘사하고 있다. 요한복음 6:30 이하에서 바로 이 본문이 매우 엄숙한 방식으로 받아들여지고 새롭게 해석되었다는 것은 결코 우연이 아닐 것이다. 그리고 신명기 28:12에 따르면 하늘은 그렇게 풍성한 보물창고이다. 주님은 그 보물창고를 열고, "철을 따라서 당신들 밭에 비를 내려 주시고, 당신들이 하는 모든 일에 복을 주실 것입니다." 하나님의 은혜로운 행위는 하늘에서 이미 말하자면 완전히 준비되어 있으며, 다만 수신인에게 배분되기 위하여 아래로 내려오기만 하면 된다는 바로 이 사실이 더욱 눈에 띄는 신약성서의 관념이다. 이 관념이 의미하는 것은 이것이다: 비록 인간들이 우선 저 은혜로운 행위를 받아들여야 하며 또한 받아들이게 될 것임에도 불구하고, 그래도 그들은 지금 여기에서 이미, 하늘의 선물 자체를 이미 "맛본", 그것의 합법적인 소유자들이다.(히 6:4) 하나님이 — 즉 "하늘에 속한" — 온갖 영적인 축복으로 이미 우리를 축복했으며(엡 1:3), 그가 우리 자신을 이미 하늘에 앉게 '하였다'(엡 2:6)는 것은 사도적 선포의 '끝'이 아니라, '시작'이며 '처음'이다. 현세에서 모욕을 당하고 박해를 받고 비난받은 제자들은 하늘들 안에서 커다란 보상을 받을 것이며, 그 보상에 대하여 그들은 지금 벌써 완전한 현실성 안에서 기뻐해도 좋으며 또한 마땅히 그렇게 해야 한다.(마 5:11 이하) 그들은 하늘에 있는 보물들을—즉 지상에 있는 덧없는(원문에는 '불멸하는'[unvergänglich]으로 되어 있으나 성서문맥을 고려하여 '덧없는'[vergänglich]으로 수정하여 번역함—역자 주) 보물들과는 달리—지금 여기에서 벌써 쌓아두어도 좋으며 또한 마땅히 그렇게 해야 한다.(마 6:20) 그들의 이름들은 지금 이미 하늘들 안에 기록되었다.(눅 10:20, 히 12:23) 하늘들에는 그들의 유산이 그들을 위하여 안전하게 보관되어 있다.(벧전 1:4) 땅에 있는 우리의 장막이 무너질 때, 하늘들에서 우리는 하나님이 마련한 집, 손으로 만들지 않은 영원한 집(고후 5:1), "더 나은 아버지 나라", 곧 하나님의 사람들이 믿음을 지니고 있었으므로 옛날부터 그것을 향한 도상에 있었던 바로 그 나라(히 11:16)를 갖고 있다. 하늘에, 곧 저 위에 있는 우리의 예루살렘은 우리의 어머니인 자유로운 여자이다.(갈 4:26, 히 12:22)—그것은 "신랑을 위하여 단장한 신부처럼 차리고" 하늘에서 내려오는 "도시"(계 3:12, 21:2, 10), 곧 우리의 고향에 있는 나라이다. 그 나라와 비교하면 지금 우리의 상태는, 과연 이곳에서 살고 있기는 하지만 합법적인 시민권을 그곳에 지니고 있는, 식민지 이주민들의 상태이다.(빌 3:20)

그런데 하나님이 왕으로서 내리는 조치들에는 물론 재판관으로서 실행하는 '위협들'과 '처벌들'도 포함된다는 사실도 하늘의 차원과 파급효과를 지니고 있다. 하늘은 또한 닫혀 있을 수도 있으며, 기다리는 비를 거절할 수도 있다.(왕상 8:35, 신 11:17) 그 경우에 하늘은 쇠처럼(레 26:19), 놋쇠처럼(신 28:23) 인간들 위에 있을 수 있다. 인간들의 온갖 불경건함과 불의함에 대하여, 하나님의 진노도 하늘로부터 그야말로 명백해질 수 있다.(롬 1:18) 우리는 이사야 34:5에서 하늘에서 "흡족하게 마신", 주님의 칼이라는 놀라운 표현을 발견한다: "보아라, 이것이 에돔 위에, 그가 심판하도록 명령하였던 그 백성 위에 떨어진다." 그리고 창세기 7:11에 따르면 "하늘의 창문들"이—이제 하늘은 귀중한 보물창고가 아니며, 이제 명백히 창공 위에 있는 위협적인 물(창 1:7)이 생각되고 있다.—열린다. 그리고 동시에 깊은 곳으로부터 솟아오르듯이, 하늘로부터 아래로 쏟아져 내려서 땅 위에 있는 모든 생명을 멸절시키는 것이 바로 대홍수이다. 그리고 창세기 19:24에 따르면 (왕하 1:10 이하도 참고하라.) 하늘로부터 유황과 화염이 소돔과 고모라에 쏟아져 내리며, 여호수아 10:11에 따르면 하늘로부터 큰 우박이 도망치는 아모리인들에게 떨어진다.

그러나 이 모든 것은—하나님의 은혜로운 행위와 처벌은—그래도 확실히 다만, 본래 우선적으로 그리고 중심적으로 하늘로부터 땅으로 내려오는 것, 즉 '말씀'과 '아들'의 부수적인 현상일 뿐이다: 그의 거룩함 안에서 은혜로운 그리고 그의 은혜 안에서 거룩한 하나님이 계약의 주님으로서 인간을 향하여 '말씀'을 걸어오며, 그 자신이 '아들'의 인격 안에서 우리의 구원을 위하여 인간으로, 즉 지상의 존재로 된다. 만일 더 오래된 전승에 따르면 시나이 반도의 구름 속에 거주하면서 모세를 만나는 하나님이 무리들에게 넘겨준 법규들이 출애굽기 20:22, 신명기 4:36, 느헤미야 9:13에서는 후대의 전승에 따라서 하늘로부터 말해진 것으로 이해되고 있다면, 이스라엘의 후기 전승과 초기 전승은 아마 이 문제에서 그래도 우리가 종종 묘사했던 것처럼 그렇게 의견이 불일치하지는 않는 것 같다. 후기의 관념에 상응하게 포로기 예언자(겔 1:1)는, 그가 풍부한 환상을 보게 된 이유는 하늘이 그에게 열렸기 때문이라고 말한다. 신약성서의 요한계시록(계 4:1)에 기록된 일련의 환상들도 그렇게, 하늘에 있는 문이 열림으로써 시작된다. 그 문을 통해서 예언자는 다음에 계속되는 모든 것을 지각한다. 종교사적 발달'만이 아니라' 여기에서는 동시에—그리고 그래도 확실히 그 발달의 실질적인 토대로서—계시사적 발전이 발생하였다. 하나님의 음성과 말씀이 지닌 강렬함과 명료함과 구체성은, 점점 더 하늘이 그것들의 원천이라고 불림으로써, 따라서 그것들이 점점 더 모든 것과 구별됨으로써, 즉 인간의 고유한 영역으로부터 그 인간을 만나고 지상의 권위와 능력으로 그에게 요구할 수 있을 모든 것과 구별됨으로써, 결코 더 감소되지 않는다. 그리고 하나님의 음성이 하늘의 음성으로 이해됨으로써, 그것은 결코 관념화되지 않으며, 오히려 더 한층 그것의 현실성이 구체화된다. 복음의 전승(막 1:10 이하, 그리고 평행구)이 요단강에서 받은 세례에서 그가 걸어가는 메시아의 길이 시작되는 것을 다음과 같이 묘사하였을 때, 그것은 명백히, 예수의 직접적인 성스러운 사명과 출현이 지니는 숭고함에 대해서만 아니라 그것의 임박한 긴급함에 대한 마지막 말씀으로서 생각된 것이다: 그때 하늘이 열리고, 성령이 비둘기처럼 그의 위에 내려왔으며, 그때에 — 마찬가지로 하늘에서 — 한 음성이 들렸는데, 다음과 같이 선포되었다: "너는 내 사랑하는 아들이다. 내가 너를 좋아한다." 다음과 같은 예수의 말(요 1:51)은 이 말씀에 상응한다: "내가 진정으로 진정으로 너희에게 말한다. 너희는, 하늘이 열리고 하늘의 천사들이 인자 위에 오르락내리락하는 것을 보게 될 것이다." 하나님의 존엄성만이 아니라, 그가 마침내 드디어 스스로 인간이 되어 지상에 있게 된 바로 그 현실성 때문에, 이제 지상의 사건에 하늘이 관여하는 것에 대하여 그처럼 강조하여 언급하는 것이 필요한 듯하다. 왜냐하면 저 말씀들이 의미하는 것은, '지상의 존재'가 하늘로부터 승인되고 박수갈채를 받게 되는 것을 의미하는 것이 아니라, 여기에 하나님으로부터, 즉 '하늘'로부터 한 사람이 왔다는 것, 즉 인간이 되어 지상에 있게 되었다는 것을 의미하기 때문이다. 스데반도 하늘이 열리는 것을 보았을 때, 그가 인지하였던 바로 그 예수는 하나님의 오른쪽에 서 있는 인간의 아들(한글번역판은 '인자'로 번역함—역자 주)이다.(행 7:56) 다니엘 7:13 이하에 기록된 환상에 따르면, 구약성서 중 가장 늦게 기록된 이 책은 이미 그 사람, 즉 그의 '위'에서 하늘이 열리는 그 사람만이 아니라 더 많은 것을 알고 있다. 그곳에서 보이는 존재는 오히려 — 앞서 등장했던 짐승들의 나라들을 정복한 후에 '스스로가' 하늘의 구름들을 타고 오는, 즉 하늘로부터 오는 — "사람의 아들과 같은" 한 사람이다. 바로 그 사람 자신에게 권세와 영광과 멸망하지 않을 나라가 부여된다. 요한계시록 12:1 이하에는 "하늘에 있는" — 땅 위에가 아니라! — "큰 표징"으로서 또한, 동시에 나타난 용에 의하여 매우 위협을 받는, "쇠지팡이로 만국을 다스릴" 사내아이의 탄생과 갓난아기도 묘사되어 있다. 사도행전 26:19에 따르면 바울도 다메섹으로 가는 도상에서 그가 겪은 그리스도 현현 사건을 하늘로부터 받은 "환상"이라고 부른다. 그리고 고린도전서 15:47에서도 그는 이렇게 말한다: 그리스도는 "하늘에서 온 다른 사람"이다. 요한복음도 이렇게 말한다: 예수는 "위로부터"(von oben her, 8:23) 존재하며, 그는 "위에서"(von oben, 3:31) 오며, 그는 "위에서" 와 있다.(3:13) 예수는 "하늘에서 온 참된 빵이다. 하나님의 빵은 하늘로부터 내려오는 것인데, 그것은 세상에 생명을 준다.…내가 생명의 빵이다."(6:32f.) 그가 위로부터 왔던 것처럼, 그리고 사실이 그러하다는 것을 확증하면서, 그는 그의 제자들을 떠나서 "하늘로 들어올려"지며(행 1:11), 하늘이 그를 "받아들였"(행 3:21)으며, 우리를 위하여 하나님 앞에 나타나기 위하여, 그는 하늘로 "들어갔"(히 9:24)으며, 그는 "하늘을 가로질러 갔다."(히 4:14, 취리히의 독일어 번역본에 따름 — 역자 주) 바로 하늘로부터 그는 신앙공동체에 그의 영을 쏟아 부었다.(행 2:2, 벧전 1:12) 그는 이제 바로 그곳으로부터 신앙공동체에게 말한다.(히 12:25) 신앙공동체는 이제 더 한층 바로 그곳으로부터 그를 기다린다.(살전 1:10) 그리고 바로 그곳으로부터 그는 또한 새롭게 내려올 것이다. 즉 스스로를 주님으로서 확정적으로 계시할 것(살후 1:7)이며, 그는 "큰 권능과 영광으로 하늘 구름을 타고" 나타날 것이다.(마 24:30, 26:64, 막 14:62) '그리스도 안에서' 우리는 하늘에서 이미 온갖 영적인 축복을 받았으며(엡 1:3), '그리스도 안에서' 지금 벌써 하늘로 옮겨졌다.(엡 2:6) 그리고 만일 때때로 그리스도교의 훈계가 우주론적인 특성을 획득할 수 있다면, 만일 가령 야고보서 3:15 이하에서 육적이며 악마적인 것으로 불린 세속적 지혜에 대하여, 무엇보다도 싸우기를 좋아하지 않으며 오히려 온유한 "위에서 내려오는 지혜"가 대립되고 있다면, 그리고 골로새서 3:2, "여러분은 땅에 있는 것들을 생각하지 말고, 위에 있는 것들을 생각하십시오."라는 말씀에 외관상 그리스도교 윤리 전체가 대조법 안에 요약되어 있는 것처럼 보인다면, 바로 이 마지막 구절의 맥락에서 다음의 사실이 명백하다: 여기에서 주요관심사는 그 어떤 '우주론적으로' 더 높은 것 자체를 지향하는 것이 아니라, 그리스도 안에서 인간들에게로 온 것은 바로 하나님이므로 그리고 하나님이기 때문에, 인간들에 대하여 참으로 당연히 또한 우주론적으로 더 높은 존재로서 마주보고 서 있는 바로 '그' 더 높은 존재를 지향하는 것이므로, 인간이 그를 지향하는 것은 "자명하게" 또한 우주론적으로 "마음을 드높이!"(Sursum corda! 가톨릭 미사때 주례신부가 신자들을 초대하는 말로 사용함—역자 주)를 포함해야만 한다.

 성서의 증언에 따르면, 하나님으로부터 인간들에게로 오기 때문에, 하늘로부터 땅으로 오는 것(다만 그것의 결과로서 은혜로운 행위와 처벌)의 실체는 바로 이것이다.(바로 이 사람이다!) 그는, 하나님이 자신의 우주로 향하는 그 운동을 담당하는 자이다. 그 사람 안에서 하나님의 그 사랑이 실행된다. 그는 하나님의 성실함 바로 그 자체이다. 그는 하나님의 나라이며, 그러므로 그는 또한 하늘나라이기도 하다: 왜냐하면 존재하는 모든 것은 다만 그에 대한 관계 안에서만 존재하기 때문이다. 그러므로 이와 같이 하늘은 결정적으로 '그 장소', 즉 '그곳에 그가 존재하며, 그곳으로부터 그가 오며, 그곳으로 그가 돌아가는 바로 그 장소'이다. 바로 이 사실에 대하여 우리는 이제 성서로부터 최종적인 확답을 더 들어야만 한다.

 지금까지 우리는, 구약성서와 신약성서가 하늘을 다음의 사실에 의하여 구성되며 견고하게 되는 우주론적인 실재로 인식한다는 것을 분명하게 드러내는 성서의 진술들을 아직 모두 고려하지는 않았다: 하늘로부터 하나님의 활동이 시작되는 것처럼, 그렇게 '하늘'에는 또한 '하나님의 존재'도 있다. 만일 성서가 증언하는 살아 있는 하나님이 화제가 된다면, 이 구별이 잠정적인 것일 수밖에 없다는 것은 명백하다. 이 하나님은 바로 '활동'함으로써 존재하며, 또한 그는 활동함으로써 '존재'한다. 그러나 우리는 두 번째 부분, 즉 "그는 활동함으로써 '존재'한다."는 것을 우리의 논의맥락에서도 폐지하거나 은폐해서는 안 된다. 바로 그것을 피하기 위하여, 우리는 잠정적으로 구별한다. 하나님은 우리가 머물고 있는 그 관계 안으로 해체되기를 원하지 않는다. 그렇지 않다면, 그는 더 이상 하나님이 아니다. 그렇지 않다면, 이 관계도 그런 관계에 관한 단순한 관념으로 해체된다. 하나님의 행동이 실제로 유래한 '곳'(Wo), 즉 그 행동의 주체이며 장본인인 하나님이 실제로 있는 '장소'는 필연적으로 그 행동이 시작된 실제의 '출처'(Woher)와 일치한다. 세계 안에서 행동하는 주님인 하나님이 실제로 있는 장소는 하늘이다. 만일 하늘이 다만 하나님의 행동이 시작된 출처에 불과하며 그 출처 자체가 또한 그 행동의 주체이며 장본인인 하나님이 있는 곳, 즉 그 장소가 아니라면, 그것은 성서적 의미의 우주론적 실재가 아닐 것이다. 그 경우에 그것은 으뜸가는 것도 실제로는 아닐 것이다. 하늘은 한 '장소', 곧 '하나님의 장소'이다: 그곳을 고려하여 우리는, 하나님은 그가 창조한 세계를 초월할 뿐만 아니라 또한 내재하며, 그 자신이 세계 안에 현존한다고 말할 수 있다; 그 하나님의 장소로부터 그가 우리와 소통하고 교제하는 것이, 즉 계약의 역사가 가장 구체적인 의미에서 사건으로 될 수 있으며, 그곳으로부터 또한 그의 존엄성도, 즉 우리에 비하여 그가 높음과 낯섦도 구체적인 형태를 획득할 수 있는 반면에, 그곳이 없다면 그의 존엄성은 인간의 공상일 수밖에 없을 것이다. 바로 하나님의 장소로서 하늘은 물론 우리에게는 '이해할 수 없는' 장소이다: 그것은 어떤 다른 실제의 장소 혹은 상상할 수 있는 장소와 혼동되어서는 안 되며, 우리가 접근하기 어렵고 한 눈에 알아볼 수 없으며, 우리에 의하여 서술될 수 없으며, 또한 심지어 특징이 묘사될 수도 없다. 하늘에 대하여 긍정적으로 말할 수 있는 것은 바로, 그것이 하나의 '장소'라는 것, 즉 땅과 그것에 속하는 현실 전체처럼, 우리가 접근할 수 있고 개관할 수 있으며, 우리에 의하여 서술될 수 있거나 적어도 특징이 묘사될 수 있는 그 현실처럼, 그것도 '창조된' 장소라는 것, 그리고 그것이 바로 '하나님의' 장소라는 것이다. 마지막 명제가 결정적인 것이다. 그리고 참으로 구약성서와 신약성서는 충분한 근거를 갖고 바로 다음의 사실에 대하여 침묵하지 않고 언급한다: 하나님은 하늘에 있으며, 따라서 하늘은 하나님의 장소이다.

우리는 지체 없이 "하늘들에 계신" 우리 아버지(마 6:9)라고 말하지 않고는 주기도를 드릴 수 없다. 그리고 그 경우에 몇 번이고 되풀이하여 다음과 같은 소리가 들린다: "너에게 이것을 알려 주신 분은, 사람이 아니라, 하늘들에 계신 나의 아버지시다!"(마 16:17) "땅에서 너희 가운데 두 사람이 합심하여 무슨 일이든지 구하면, 하늘들에 계신 내 아버지께서 그들에게 이루어 주실 것이다."(마 18:19) "너희 원수를 사랑하라.…그래야만 너희가 하늘들에 계신 너희 아버지의 자녀가 될 것이다!"(마 5:44-45) 등. 만일 우리가 이 모든 문장들 안에 있는 "아버지", "나의" 혹은 "우리의" 혹은 "너희의"라는 어휘들을 진지하게 받아들이기를 원한다면, "하늘들에 계신"이라는 표현도 확실히 진지하게 받아들여야만 할 것이다. 그런데 이 경우에 우리는, 하나님이 그의 '장소'인 '하늘들에' 있다는 사실과 마주치게 된다. 구약성서도 어쨌든 후기의 작품들에서 항상 그렇게 말했다. 하나님은 어디에 있는가? 우리는 거기에서도 그리고 바로 거기에서 헛되이 다음과 같은 평범한 대답을 찾는다: 그는 물론 어디에나 있다. 성서적 (가령 시 139:8 이하의) 의미에서 하나님의 편재(遍在)는 실제로, 이 "어디에나"보다는 오히려 더 영적이고 더 역동적인 어떤 것을 의미한다. 그렇지만 우리는 다음과 같은 말씀을 듣는다: "우리 하나님은 하늘에 계셔서", 바로 그렇기 때문에, "하고자 하시면 어떤 일이든 이루신다."(시 115:3) 그는 "위에" 있으며, 그는 "높은 곳에" 있고(욥 31:2), "하늘 높은 곳에" 있다.(욥 22:12) 이런 의미에서 누가복음 2:14도 "가장 높은 곳들에서는"이라고 했다. 전도서 5:1에는 다음과 같이 의도적으로 구분하는 대립관계 안에서 씌어 있다: "하나님은 하늘에 계시고, 너는 땅 위에 있다." 그러므로 그는 "하늘에 계신 주님"(시 136:26, 욘 1:9, 단 2:19)으로 불린다. 하늘은 그의 "거룩하고 영화로운 주거지"(사 63:15)이다. 또한 요한복음 14:2에 기록된, 많은 거처들을 지니고 있는 "내 아버지의 집"이라는 말씀에서도 아마 우리는 적어도 역시 하늘도 생각해야만 할 것이다. 하늘은 또한 하나님의 다락방(암 9:6, 한글번역에서는 공동번역만 '다락'으로, 기타는 '궁전'으로 번역하고 있음—역자 주), 즉 그곳으로부터 하나님이 땅 위에 있는 모든 것을, 그리고 땅 위에서 발생하는 모든 것을 보고 있는(시 14:2, 욥 28:24 등) 다락방이라 불릴 수도 있으므로, 땅 위에서 시험받는 인간은 그를 자랑할 만하다: "보아라, 벌써 지금 나를 위하여 하늘에 증인이 있다! 나를 위하여 내 속사정을 아는 분이 저 높은 데 있다!"(욥 16:19)

그럼에도 불구하고 결정적인 관념은 아마도, 하늘 '안'에는 하나님의 '보좌'가 있다거나 혹은 하늘 '자체'가 하나님의 '보좌'라는 관념(시 2:4, 겔 10:1, 사 66:1 등)일 것이다. 그러므로 하늘을 두고 맹세하는 사람은 그 보좌와 거기에 앉은 분을 두고 맹세하는 것이다.(마 5:34, 23:22) 그러나 이 보좌는 하나님이 쉬는 곳이 아니다. 그것은 오히려 바로 그가 직무를 수행하는 곳이다. 이 관념의 의미는 시편 103:19에 명백히 드러나 있다: "주님은 그의 '보좌'를 하늘에 세우시고, 그의 '왕'권은 우주를 '통치'하신다." 하나님이 하늘에서 "보좌에 앉아 있다"(시 33:14, 123:1)는 것은 바로 이것을 의미한다: 그는 그곳에 결코 다만 있는 것만이 아니라, 그곳으로부터 바라보고만 있는 것이 아니라, 오히려 지배하고 있으며, 권력을 행사하고 있으며, 통치하고 있다. 어떤 주권을 지니고 그가 그것을 행하고 있는지에 대해서는, 시편 2:4에 대담하게 묘사되어 있다: "하늘 보좌에 앉으신 이가 웃으신다. 내 주님께서 그들을 비웃으신다."—즉, 민족들이 미쳐서 날뛰는 것을, 헛되이 일을 꾸미는 것을, 세상의 왕들이 거역하는 것을, 제후들이 음모를 꾸미는 것을 비웃으신다! 우리는 하나님의 이 웃음에서 틀림없이, 관여하지 않고 즐거워하는 구경꾼의 웃음과 같은 어떤 것을 보아서는 안 된다: 즉 그것은 바젤(중립국가인 스위스의 북쪽에 있는 도시—역자 주) 시민들의 큰 웃음이 아니다! 만일 하나님이 그의 보좌로부터 내려다보고 웃는다면, 그 경우에 땅 위에서는 상응하는 것이 발생하고 있는 것이다. 하늘에 있는 보좌에 하나님이 앉아 있다는 바로 이 관념에서는 하늘에 있는 하나님의 '존재'와 거기에서 그리고 거기에서부터 일어나고 있는 그의 '활동'이 서로 맞물려 있으며, 따라서 하나가 된다. 이것은 결코, 그가 '거기'에서 일종의 돌처럼 굳어진 부동의 상태에 있는 것을 의미하는 것이 아니다. 하늘에 보좌를 갖고 있는 분은 또한 "하늘을, 끝없는 하늘을 병거 타고 다니시는 분"(시 68:34. 한글번역으로는 33절—역자 주)이라고 불릴 수도 있다. 그리고 그를 따르는 사람들에게 매우 가까이 있기 위하여, 그가 거기에서부터 자신을 어떻게 '개방'하는지에 대하여—우리는 이것에 대하여 더 많은 것을 듣게 될 것이다.—시편 18:7-19는 매우 생생하게 묘사하고 있다: 가령 14절(한글번역으로는 13절—역자 주)은 "주님께서 하늘로부터 천둥소리를 내시며, 가장 높으신 분께서 그 목소리를 높이시며", 혹은 10절(한글번역 9절)은 "주님께서 하늘을 가르고 내려오실 때에, 그 발아래에는 짙은 구름이 깔려 있었다." 혹은 17절(한글번역 16절) 이하는 이렇게 묘사하고 있다: "주님께서 높은 곳에서 손을 내밀어 나를 움켜잡아 주시고, 깊은 물에서 나를 건져 주셨다. 주님께서 나보다 더 강한 원수들과 나를 미워하는 자들에게서 나를 건져주셨다."

신약성서는 '예수 그리스도'를 하늘로부터 왔고, 하늘로 올라갔으며, 하늘로부터 내려오는 하나님의 최종적인 계시로서 다시 기다려지고 있는 존재로 묘사할 뿐만 아니라, 또한 거기에 '있는' 존재로도 묘사함으로써, 그것은 또한 이 관념에 풍부함과 확실성을 제공한다. 요한복음 3:13에는 이 점이 주목할 만하게 요약되어 있다: "하늘에서 내려온 이, 곧 하늘에 '있는'(한글 번역에는 이 부분이 누락되어 있음—역자 주) 인자밖에는 하늘로 올라간 이가 없다." 이런 까닭에 우리는 골로새서 3:1의 말씀을 바로, '하늘에 대한' 표준적인 성서적 '정의'로 간주해도 좋을 것이다: "그러므로 여러분이 그리스도와 함께 살려 주심을 받았으면, 위에 있는 것들을 추구하십시오. 거기에는, 그리스도께서 하나님의 오른쪽에 앉아 계십니다." 여기에서 주목할 만한 온전한 "위"는 어디에 있는가?: 즉, 거기로부터, 우리가 (동반하는 위협과 함께) 경청했던 것처럼, 모든 선한 선물이 오며, 거기에 우리의 이름이 벌써 기록되어 있으며, 우리의 집, 우리의 도시, 우리의 아버지 나라가 벌써 우리를 기다리는 곳, 우리가 받을 보상, 보물 혹은 유산이 벌써 준비되어 있는 그곳은 어디에 있는가?—심지어, 우리 자신이 은밀하게 지금 벌써 머물고 있는 그곳은 어디인가? 이 '하늘'은 어디에 있는가? 대답은 이것이다: '그리스도가 있는 바로 그 곳'이 하늘이다. 그런데 그리스도는 '하나님의 오른쪽'에 '앉아' 있다. 우리는 즉시 이 "앉아 있는"이라는 분사, 즉 그것을 통해서 우리는 여기에서도 즉시 "일, 즉 업적과 통치의 중심으로" 인도되는 그 분사에 주목하지 않고는 저 "계십니다"라는 어휘를 설명할 수 없다. 왜냐하면, 우리가 하늘에 '있는' 그리스도에 관한 바로 이 관념에서 한 번 더 그리고 더 한층 하나님의 행동과 '활동'의 저 역사적 맥락 안에 머물러 있다는 이 사실이 "앉아 있다"는 말의 의미만이 아니라 "하나님의 오른쪽"이 지닌 의미를 즉시 분명하게 하기 때문이다. "앉아 있다"는 것은 "보좌에 앉아 있다."는 것을 의미하며, 따라서 권세를 지니고 있고 그것을 행사하며, 통치하며, 지배한다는 것을 의미한다. 그리고 또한 "하나님의 오른쪽"에 관한 표상도 같은 방향을 가리키고 있다. 하나님의 오른쪽에 앉아 있으면서, 그리스도는 결코 다만 관객으로서 내빈석만 차지하고 있는 것이 아니며, 또한 결코 한가하게 빈둥거리고 있는 것이 아니다. 세부적으로 들어가면, 물론 해석이 그리 쉽지는 않다.

구약성서의 어법에 따르면, "하나님의 오른쪽"은 하나님의 오른쪽 '손' 혹은 오른쪽 '팔'을 의미할 수 있다. 이 경우 그것들은, 그의 전능한 정의와 자비 안에서 심판자로서, 승리하는 돕는 자, 해방자, 보호자로서—간단히 말하자면, 그의 왕권을 행사하면서—활동하고 있는 하나님 자신을 의미한다. 그런데 사도행전 2:33, 5:31에서 예수에 대하여, 그는 하나님의 오른손에 의하여 (죽은 자들로부터 부활하여) "들어올려"졌다고 증언할 때에, 그는 우선 완전히 이 하나님의 활동의 '대상'인 듯하다: 즉 하나님이 '그에게' 그렇게 대하였으며, 하나님이 '그를' "들어올렸다." 그런데 사도행전 5:31은 바로 다음과 같이 증언하고 있다: 그는 하나님의 오른손에 의하여 "통치자와 구원자"로 "들어 올려졌다." 즉, 하나님이 행하는 저 행동의 바로 그 '대상'인 그가 그 행동의 '주체'로 되었다. 그러므로 그가 들어 올리어진 것의 본질은 하나님의 왕권을, 즉 그것 '덕분에' 그가 들어 올리어진 바로 그 왕권을 '행사'하기 위해 투입된 것이다.

그러나 "하나님의 오른쪽"은 또한 하나님의 오른쪽 '옆'을 의미할 수도 있다. 이제 명백하게 하나님의 '보좌'와 그것의 오른쪽에 있는 한 '장소'에 대한 표상이 떠오른다. 그리스도는 하나님의 보좌 오른쪽에 앉아 있다고 명시하고 있는 히브리서 8:1, 12:2가 그것을 의미하고 있는 것 같다. 마태복음

26:64에는 "권능"의 오른쪽으로, 히브리서 1:3, 8:1에는 "위대한 분"의 오른쪽에 그가 앉아 있다고 기록되어 있다. 이 경우에, 그가 하나님의 오른쪽에 있다는 것은, 그가 직접적으로 하나님 가까이에 있으며 직접적으로 하나님의 행동에 참여하고 있다는 것을 의미한다. 우리는 벌써, 이 관념의 두 가지 의미들이 실질적으로 일치하고 있다는 사실을 인식하고 있다. 그러나 여기에는, 하늘에 대한 우리의 질문에 대하여 대답하는 바로 이때에 미해결 상태로 남아서는 안 되는 문제들이 분명히 존재한다. 우리는 해명되어야만 하는 것을 해명하기 위하여 노력해야만 한다.

우리는, 하나님의 오른쪽에 그리스도가 차지하고 있는 장소가 결코 하나님의 활동을 구경하는 특권을 지닌 관객의 자리는 아니라는 것을 확실하게 미리 말할 수 있다. 고대 오리엔트 지방의 관념에 따르면, 한 통치자의 오른쪽에 앉아 있거나(행 7:56처럼) 서 있거나 혹은 어쨌든(롬 8:34, 벧전 3:22처럼) 그 자리에 있는(ist) 사람은 그 자신이 통치자의 인격을 대표하고 표현하며, 통치자의 이름과 명령으로 통치자의 활동을 실행한다. 그리스도가 하나님의 오른쪽에 있다는 것은, 우선 비유적으로, 그가 하나님에 대한 관계에서 그처럼 극히 활동적인 사람이라는 것, 말하자면 하나님의 재상이라는 것을 의미한다. 사도행전 2:33에 따르면, 그의 첫 번째 직무행위는 그가 아버지로부터 받은 바로 그 성령을 그를 따르는 신앙공동체에게 부어주는 것이었다.

그러나 계속하여 말하자면, 하나님의 오른쪽에 차지한 자리에서 그리스도는 결코 하나님의 왕권의 일부만을 넘겨받은 것이 아니라, 그것 '전체'를 넘겨받았다. "나는 하늘과 땅의 '모든' 권세를 받았다."(마 28:18) 하나님은 그를 자신의 오른쪽에 앉힘으로써, "'모든' 정권과 권세와 능력과 주권 위에, 그리고 이 세상만이 아니라 오는 세상에서 일컬을 '모든' 이름 위에 뛰어나게 하셨고, 하나님께서는 '만물'을 그리스도의 발아래 굴복시키셨다."(엡 1:20f.) 그러므로 하나님의 보좌 '옆'에 있는 그리스도의 자리에 대한 표상, 즉 하나님의 재상에 대한 이미지가 강요되어서는 안 된다. 그것은 이미 다음의 말씀들을 통해서 제한된다: (라오디게아 교회에 보내는 예수 자신의 말씀인) 요한계시록 3:21에는 "내가 이긴 뒤에 내 아버지와 함께 아버지의 보좌에 앉은 것과 같이"라고 기록될 수 있었으며, 7:17에는 "보좌 한가운데 계신 어린 양"이, 그리고 22:3에는 "하나님의 그리고 어린 양의 보좌"가 언급되어 있다. 그러므로 정말, 마치 그리스도가 실행하는 왕권통치의 곁이나 위에, 그리고 그것에 대한 제한으로서 또 다른 왕권통치가 고려되어야 하는 것처럼 생각해서는 안 된다. 오히려 명백한 사실은 이것이다: 예수 그리스도의 권력이 하나님의 더 높은 권력과 경쟁한다는 표상은 그가 "하나님의 오른쪽에 앉아 있다."는 관념을 통하여 특히 배제되어야 마땅하다. 그리스도가 실행하는 권세와 위엄은 그를 오른쪽에 앉아 있게 한 하나님이 지닌 '전체적인' 능력과 위엄이다. 그것들 자체가 하나님이 지닌 최고의 권력을 지니고 있다.

그런데 다른 한편으로는 이 모든 것이, 말하자면 하나님 자신이 퇴임했으며 그의 입장에서는 할 일이 없어 빈둥거리게 되었다는 것을 의미하는 것은 아니다. 그런 관념은 신약성서에서 이와 관련하여 되풀이해서(마 22:41f., 행 2:34f., 히 1:13f. 등) 인용된 시편 110편의 시작부분에서 이미 거부되고 있다: "'내'가 너의 원수들을 너의 발판이 '되게 하기'까지, 너는 내 오른쪽에 앉아 있어라! '주'께서 너의 권능의 지팡이를 시온에서 내려주실 것이다."—그리고 바로 이러한 전제로부터 출발하여 이렇게

이어진다: "너의 원수들의 가운데서 거룩한 옷을 입고 통치하라! …"(110:2, 바르트는 취리히의 독일어 번역본을 따름—역자 주) 그리스도가 전권을 지니고 하나님의 오른쪽에 앉아 있음으로써, 하나님은 하나님이기를, 즉 전능한 살아 계신 하나님이기를 중단한 것이 아니며, 오히려 바로, 하나님이 그리스도에게 통치권을 주고, 저 완전한 왕권을 행사하도록 임명한다는 사실에서 그는 하나님이며, 지극히 활동적이다. 그리고 그리스도가 지닌 이 왕권은 다름 아니라 바로 하나님 자신의 왕권으로 되며, 그리스도를 통하여 왕권이 실행되는 것도 다름 아니라 하나님 자신의 행동이다. 하나님이 그리스도에게 모든 것을 양도함으로써, 그는 자기 자신에게 어떤 손해를 입히는 것이 아니고, 자기 자신에게서 아무것도 빼앗기게 되는 것이 아니며, 오히려 바로 그렇게 함으로써, 그는 완벽한 방식으로 그 자신의 것에, 즉 '그의' 명예에, '그의' 권리에, '그의' 의지의 목표에 이르게 된다. 하나님이 완전히 그리스도 안에 있음(고후 5:19)으로써, 시편 110편에 따르면 모든 것을 그의 발아래 둠으로써, 하나님은 마찬가지로 최고의 존재이며, 바로 그리스도 안에서 하나님은 전체적인 권력과 위엄을 지니고 있다. "예수 그리스도가 왕으로서 통치"함으로써, 바로 하나님이 통치한다. 요한복음이, 또한 시편 110편에 대한 주석(고전 15:24f.)에서 바울도 명확히 서술하였듯이, 하나님과 그리스도 사이의 관계는 '아버지'와 '아들'의 관계이다. 그러나 이 아버지가 그의 입장에서 이 아들을 제한하고 경쟁의 대상으로 삼거나 내쫓을 수 없듯이, 아버지는 아들에 의하여 제한되거나 경쟁의 대상이 되거나 더구나 내쫓길 수 없다. 오히려 이 아들이 활동함으로써, 이 아버지가 본격적으로 활동한다.

그들은 우리가 사용하는 개념의 의미에서 두 "인격들"이 아니다: 즉 그들은 각각 독자적으로 무엇인가를 원하고 활동하는 서로 다른 두 주체들, 곧 그들의 활동들이 서로 중복될 수 있고 제한될 수 있을, 그리고 그들 사이에서 우선순위와 더 높은 영향력을 놓고 갈등이 발생할 수밖에 없을 두 주체들이 아니다. 오히려 이 아버지와 이 아들은, 이미 고대교회의 삼위일체론이 이해되기를 바랐던 것처럼, 한 주체인 하나님이 지닌 두 가지 "존재방식들", 즉 두 번의 '한' 하나님, 두 번의 '동일한' 전능한 의지, 두 번의 '동일한' 영원한 정의와 호의와 자비이다. 그들의 차이는 무엇인가? 그가 이런 존재일 경우에, 오직 이런 존재일 경우에, 그런 존재로서 하늘에 있을 경우에, 바로 그 진정한 한(ein) 하나님이 그 '아버지'이다. 그 자신이 또한, 땅 위에서 태어나고 고난 받고 죽기 위하여 몸소 땅으로 내려온 진정한 인간으로 되었으며 진정한 인간이었으며 앞으로도 영원히 그러할 경우에, 바로 그 동일한 진정한 한 하나님이 그 '아들'이다. 그리고 아들이 아버지의 오른쪽으로 "높여진 것"의 의미는 이것이다: 땅 위에서와 마찬가지로 하늘에서도 바로 진정한 한 하나님은, 또한 땅 위에서 태어나고 고난 받고 죽은 진정한 인간 외에 어떤 다른 존재이기를 원하지 않으며, 다른 존재가 될 수 없다. 하늘에서도, 우주 전체에서도 그는 바로 이런 존재이기를 원한다. 진정한 한 하나님의 의지를 드러내는 사건이며 계시가 죽은 자들로부터 예수 그리스도의 부활이며, 이 부활사건이 그리스도가 하나님의 오른쪽으로 들어 올려진 것을 언급하는 모든 신약성서 본문들의 명시적 혹은 암시적 전제가 된다. 왜냐하면 그의 승천에서 완성된 부활사건에서, 그가 진정한 하나님이면서 진정한 인간으로서 땅을 떠나서 하늘로 옮겨지는 사건이 발생하였기 때문이다. 만일 부활사건이 한번은 '아버지'의 능력을 통한 예수의 부활로, 다른 때는 그 '자신'에 의해 실행된 부활로 서술된다면, 만일 사도행전 2:33, 5:31, 에베소서

1:20에서는 예수가 하나님에 의하여 혹은 하나님의 오른손에 의하여 "들어올려"졌다고 기록되어 있는 반면에, 히브리서 1:3, 10:12, 12:2에는 그리스도가 스스로 하나님의 오른쪽에 앉았다고 기록되어 있다면, 그것은 다른 것을 주장하고 있는 것이 아니라, 동일한 사건이 다만 서로 다른 관점들 아래에서—한편으로는 '아버지'인 진정한 한 하나님의 행위로서, 다른 한편으로는 또한 '아들'인 진정한 한 하나님의 행위로서—서술되고 있는 것이다. 그리고 다음의 차이도 마찬가지로 다만 관점들의 상이성에서 기인한다: 히브리서 10:12에는 (아마 단 7:14를 고려하여), 그리스도는 "영원히" 하나님의 오른쪽에 앉아 있다(한글번역에서는 "영원히"가 "제사"를 수식하는 것으로 번역하고 있음—역자 주)고 기록되어 있으며, 에베소서 1:20 이하에는 그의 나라가 이 세상에서만이 아니라 오는 세상에서도 미치는데, 반면에(고전 15:24 이하에서) 바울은 시편 110편의 시작부분을 이렇게 해석한다: 만일 거기에, 모든 것을 아들의 발아래에 굴복시켰다고 쓰여 있다면, 그것은, 그가 완성되고 계시된 그의 나라를 아버지에게 바칠 것이라고 해석되어야 한다는 것이다. 여기에서 바울은, 모든 것을 아들에게 굴복시킨 하나님은 굴복하는 일에서 제외되어 있다는 것이 분명하므로, 만물이 아들 앞에 굴복하는 것이 그 뜻을 이루었을 때, 즉 그 목표에 도달하였을 때, 아들 자신이, 모든 것을 그에게 굴복시킨 하나님에게 굴복할 수밖에 없을 것이라고 말한다. 28절에 있는 유명한 결론은 이렇다: "참으로 하나님이 모든 것 안에 있는 모든 것이 되도록 하기 위하여." 만일 우리가 지금까지 숙고한 것들이 옳다면, 그 말씀을 단지 바울이 진술한 내용들의 마지막 구절에만, 즉 아들이 아버지에게 굴복하는 것에만 관련시키는 것은 권장할 만한 것일 수 없다. 그 결론은 오히려 진술 전체를 요약하고 있다. 아버지가 모든 것을 아들에게 굴복시킨다는 점에서, 하나님은 벌써 모든 것이다. 그 경우에 물론 또한, 아들 자신이 아버지에게 굴복한다는 점에서도, 하나님은 모든 것이다. 이 경우에 그리고 저 경우에, 아버지의 행동에서 그리고 아들의 행동에서 중요한 관심사는 '모든 것'(Alles)이다: 하늘에 그리고 땅 위에, 창조된 우주의 높은 곳들 그리고 낮은 곳들에, 모든 창조된 영역들과 개인들의 역사 전체에 있는 '모든 것'이다. 또한 이 경우에 그리고 저 경우에, 아버지의 행동에서 그리고 아들의 행동에서 하나님은 진정한 한 하나님 자신, 즉 '모든 것'이다: 그는 시작이며 중간이며 끝이고, 기원이며 목표이고, 완전함이며 한계이고, 능력이며 작용이다. 따라서 그것이, 즉 진정한 한 하나님의 영광이, 아버지와 아들 사이의 관계, 즉 보좌에 앉은 하나님과 그의 오른쪽에 앉은 그리스도 사이의 관계의 기초를 이룬다.

  우리는 이제 한 번 더 질문한다: 저 "위"는 어디에 있는가? 하늘은 어디에 있는가? 골로새서 3:1에 있는 대답은 참으로 가득 채워진 것 같다. "그리스도께서 하나님의 오른쪽에 앉아 계신 곳", 거기에 진정한 한 하나님의 영광이 있다: 그 하나님은 역시 이것일 뿐만 아니라, 즉 '아버지'일 뿐만 아니라, 아들로서 또한 진정한 '인간'으로 되었으며, 역시 바로 이 '아들'로서, 따라서 진정한 하나님'과' 진정한 인간으로서 언젠가 '땅' 위에 있었을 뿐만 아니라, 아버지와 함께 또한 '하늘'에, 즉 "높은 곳에"(히 1:3) 있다.

  '이' 진정한 한 하나님은 위에 있는 우주에서 거주하며, 보좌에 앉아 있으며, 통치하며, 그 다락방으로부터 아래쪽으로 모든 인간들의 자녀들을 바라보며, 거기에서부터 그의 원수들을 비웃으며, 거기에서부터 그의 자녀들의 증인일 뿐만 아니라, 심판자이며 돕는 자이며 구원자이다. 만일 우리가 신약성서로부터 다음의 말을 듣게 된다면, 구약성서가 이 주제에서 말하는 모든 것이 얼마나 구체적인 것으로 되겠는가!: 바로 '이 하나님'이 진정한 한 하나님이며, 그에 대하여 이 모든 것이 언급되어야만 한다. 바로 '이 하나님'이 하늘에 '있으며', '이 하나님'이 그곳에서, 그리고 거기에서부터 출발하여 땅에서도 '활동한다.'—바로 '이 하나님'이 "높은 곳에 계신 하나님"(눅 2:14!)이다.

이제 『하이델베르크 교리문답서』의 지나치게 엄숙한 49번째 질문을 인용하는 것이 적합할 것 같다: "그리스도의 승천은 우리에게 무슨 도움이 되는가? 답: 첫째, 그는 하늘에서 그의 아버지 앞에서 우리의 대변자가 된다. 둘째, 우리는 하늘에서 우리의 육체를 확실한 담보로 지니고 있으며(엡 2:6에 따르면, 우리는 그리스도 안에서 그와 함께 하늘에 앉아 있다.—역자 주), 그가 머리로서 그의 지체들인 우리를 또한 그에게로 이끌어 올릴 것이다. 셋째, 그가 우리에게 교환담보로 그의 영을 내려보내며, 그 영의 능력으로 우리는 이 땅에 있는 것을 추구하지 않고, 하나님 오른쪽에 그리스도가 앉아 있는 곳인 위에 있는 것을 추구한다." 여기에서 그리스도의 승천에 관하여 언급된 것은 또한 하늘 자체에 대해서도 결정적인 말이다. 왜냐하면 '그'가, '그 아들'이, 우리의 가련한 육체와 하나가 된 그 진정한 한 하나님이, 그가 이 진정한 한 하나님의 전능한 자비로서 '우리를 위하여 저 위쪽에, 즉 하늘에' 있다는 것, 바로 '이 사실'이 저 위쪽을 견고하게 하며, '이 사실'이 하늘을 땅보다 더 높게 만들며, '이 사실'이 땅에 비하여 하늘을 더 높은 우주로서 구분하지만, 그러나 '이 사실'이 하늘을 또한 땅에 대하여 해체할 수 없는 관련을 맺게 하기 때문이다. 그는 '오직' 하늘에만 있는가? 결코 그렇지 않다: (사도신조에서 고백하는—역자 주) "앞으로 거기로부터"가 유효한 것이 아주 확실하며, 또한 이 세상에서 전개되고 있는 역사의 목적과 목표가 그의 영광을 그리고 동시에 그의 아버지의 영광을 최종적으로 계시할 것, 즉 진정한 한 하나님이 지닌 하나의 영광일 것이 아주 확실하며—그리고 바로 그의 성령을 통해서 그는 벌써 지금 전개되고 있는 이 세상의 역사에서 땅 위에 있는 그의 신앙공동체로부터 멀리 떨어져 있지 않으며, 오히려 그의 말씀(선포, 세례, 성만찬)을 통해서 참으로 현존하며, 즉 진정한 하나님이며 진정한 사람으로서 참으로 현존한다는 것이 아주 확실하다. 그리고 그는 다음과 같은 점에서도 하늘에만 있는 것이 아니다: 그는 들어 올려질 때 "하늘들을 '가로질러' 올라갔으며"(히 4:14), "모든 하늘들 '위'로 올라갔으며"(엡 4:10), "하늘들보다 더 높게"(히 7:26) 되었다. 하나님 자신이 그리고 하나님의 오른손도 하늘에만 있는 것이 아니다. 모든 하늘들의 하늘이 그를 수용하지 못한다. 하나님의 보좌에 불과한 하늘도 능가하는 하나님의 우월함에 예수 그리스도 역시 완전히 관여하고 있다. 그러나 이 사실은—그가 땅 위에서 현존하는 것이 역시 그러하듯이—다음의 사실에서 아무것도 변경하지 않는다: 바로 또한 그의 영을 부어주는 자로서도 그리고 따라서 바로, 땅 위에서도 발생하는 그의 현존에서도, 그는 우리를 위하여 '하늘'에, 즉 이 창조된 '저 위쪽'에 있다.—그리고 그렇게 참으로 우리의 세계 '안'에 있으며, 그리고 이 우리의 세계 안에서 참으로 우리의 '위'에 있다. 그리고 '그'가 거기에 있으며, '그의' 사역이 거기에서부터 우리를 위하여 효력을 발휘한다는 바로 이 사실이, '그'가, 즉 아버지와 일치되어 있는 아들인 '이 존재가' 우리를 위하여 있는 진정한 한 하나님이라는 바로 이 사실이 하늘을 땅이 마주보는 대상으로서 그리고 땅에 있는 피조물인 우리를 제한하지만 똑같은 정도로 우리에게 가까이 있는 비밀로서, 즉 위에 있는 우주로서 구성하고 견고하게 한다. '그가 통치하고 있다.'—그리고 바로 그가 "'하늘나라'에서 통치하고 있다."

하나님은 "하늘나라에서 통치한다." 다시 말하면, 그의 사역, 그의 말과 행동, 그의 전능한 자비에서 비롯된 모든 행함과 업무수행은 하늘에서 시작되며, 그 다음에 하늘로부터 이쪽 아래로, 우리가 있는 땅으로 내려오는데, 이것은 그가 하늘에서 시작함으로써 함께 결정된 것이다. 그것이 바로 그렇게—하늘로부터 출발하여, 그리고 그가 하늘에서 시작함으로써 함께 결정되어서—우리와 관계가 있다는 바로 이 사실에 의하여, 우리는 우선 그가 '하늘에서 시작한다'는 이 사실을 다루도록, 그리고 동시에 요구된 신중함으로 그것에 대하여 필요한, 사실상 도달할 수 있는 숙고를 행하도록 초대받았다.

'신중함'이 여기에서 우리에게 요구되는 이유는 이것이다: 하나님의 장소인 하늘은 우리에게 물론 하나의 장소로서, 즉 창조된 다른 장소로서, 우리의 영역을 마주보고 있는 더 높은 우주의 영역으로서 알려져 있기는 하지만, 그러나 이러한 경계를 이루는 규정들 외에는 알려지지 않으며 이해할 수 없으며, 따라서 비밀이기 때문이다. 하나님의 계시도 여기에서는 우리에게 어떤 추가의 해명들을 제공하지 않는다. 다시 말해 우리는, 이제 하나님의 말씀과 사역이 하늘에서 시작된다는 사실에 주의를 기울이면서, 그래도 부수적으로 하늘 자체에 대하여 그리고 하늘과 땅의 관계 자체에 대하여 정보들을 더 수집하기를 기대하거나 시도해서는 결코 안 될 것이다. 그런 시도를 할 경우에 우리는 즉시 좌초하게 될 것이다: 우리가 도달할 수 있는 것을 놓치게 될 것이며, 그리고 우리가 도달할 수 없는 것에는 역시 도달할 수 없게 될 것이다. 우리가 하나님과 서로 얼굴을 맞대고 바라보게 될 때, 그리고 그 경우에 아마 또한 땅이 된 새로운 하늘과 하늘이 된 새로운 땅도 바라보게 될 때, 우리가 하늘 자체에 대하여 그리고 하늘과 땅의 관계 자체에 대하여 얼마나 많이 혹은 얼마나 적게 알게 될 것인가의 여부는 기다려 보아야 한다. 지금 여기에서는 (그러나 분명히 또한 그때에 그곳에서도!) 놀라운 지혜로 다음과 같이 하도록 조처되어 있다: 우리는, 우리가 알 수 있는 '능력'이 없는 것에 대해서는 알 '필요'조차 없으며, 진정으로 우리를 위해서는 알기를 '원하지'도 말아야 한다. 상위의 우주는 그곳에 존재하며 그곳으로부터 출발하여 영향을 미치는 하나님의 장소이므로, 그것의 본성은 바로 다만, 우리와 관계된 하나님의 말씀과 사역이 하늘에서 시작됨으로써 그것이 우리에게도 눈에 띄게 조명을 받는다는 그 점에서만 우리에게 알려질 수 있다. 반면에 그밖에 그것은, 즉 바로 그것의 본질 자체는 그리고 그것 자체는 우리에게 '비밀'이며, 어쨌든 지금 여기에서는 역시 '비밀'로 남아 있게 될 것이다. 이제 앞으로 걸어가야 하는 모든 발걸음들에서 우리는 하늘이 지닌 이 비밀을 존중해야만 할 것이다. 왜냐하면 이 비밀을 존중하는 것은 정말 본질적으로, 여기에서 우리에게 가능하고 유익하고 바람직한 그 인식에 속하기 때문이다. 하늘의 독자적인 '존재론'을 시도하는 것은 즉시 우리에게 이 인식을 낯설게 만들 것이며, 우리를 불가능하며 위험한 그리고 금지된 지식들에 대한 욕망의 영역들로 인도할 것이다. 우리는 하늘에 관하여, 그곳으로부터 우리에게 오고 있는 그 '나라'를 통하여 그것을 조명함으로써 우리에게 보이게 되고 인식될 수 있는 것을, 오직 그것만을 인식하고 알기를 원한다는 점을 엄격히 고수해야만 할 것이다. 과연 지금까지 우리가 숙고한 것들을 통해서는 참으로 우리는 하늘의 존재론으로 들어가는 입구로 인도되지는 않았다.

그렇지만 그 숙고들은 우리를 다음의 과제로 이끌었다: 우리를 향해 땅으로 오고 있는 하나님의 나라가 하늘에서 시작된다는 것에 대하여, 따라서 가장 본래적이며 가장 좁은 의미에서 하늘나라 개념에 대하여, 즉 그것이 맨 먼저 하늘에서, 그리고 난 후에 비로소 땅 위에서 존재한다는 것을 전제로 하늘나라에 대하여 정돈된 '해명'을 하여야 하는 과제로 이끌었다. 그 나라가 하늘로부터 유래하며 거기에서 함께 결정된 후에 우리를 향하여 땅으로 오기 때문에, 우리는 다음과 같이 말해도 좋으며 또한 그렇게 말해야만 한다: 하나님의 계시가 지닌 핵심은 그의 나라가 우리에게 오고 있다는 바로 그 사실에 있으며, 우리는 그 계시를 통하여, 그 나라는 하늘에서 시작되었다는 사실에 대해서도 '배우게 되며', 따라서 그 사실에 관하여 해명할 '권한을 부여'받을 뿐만 아니라, 또한 해명하도록 '요구'받는다. 따라서 저 신중함이, 우리가 해명을 포기할 정도로, 여기에서 보아야만 하며 인식하여야만 하는 것에 관하여 여기에서 필요하며 사실상 도달할 수 있는 그 숙고를 하지 '않'아야만 할 정도까지 될 수는 없으며, 그렇게 되어서는 안 된다. 우리와 관계있는, 하나님의 말씀과 사역이 그곳에서 시작되기 때문에, 어쨌든 우리도 볼 수 있고 인식할 수 있게 상위의 우주를 '조명'하는 일이 발생한다. 그리고 이 조명 안에서 우리에게 보이게 되고 인식할 수 있게 된 것보다 더 많이 이 상위의 우주에 대하여 알기를 원하는 것이 불가능하고 위험하고 금지된다면, 이 볼 수 있는 것을 보지 '않'으려 하고 이 인식할 수 있는 것을 인식하지 '않'으려 하는 것은 다른 의미에서 또한 불가능하고 위험하고 금지될 것이다. 우리는 여기에서도 "한쪽으로도 다른 쪽으로도", 즉 부적절한 사색의 방향으로도 마찬가지로 부적절한 회의의 방향으로도 빗나가서는 안 될 것이다. 하나님의 말씀과 사역이 하늘에서 시작된다는 것, 그리고 하늘을 이 관점에서 보고 인식하여야 한다는 것은 믿음의 주제가 아니며, 따라서 교의학의 주제일 수 없다는 이의제기는 헛된 것이다. 믿음과 교의학의 주제는 그리스도교 교회의 선포이다. 그런데 그리스도교 교회의 선포 주제는 땅에 도래한 하나님의 나라이다. 그런데 만일 하나님의 나라가 사실상 또한 하늘나라, 즉 하늘에서 시작되며 그곳으로부터 출발하여 (틀림없이 그곳으로부터) 우리에게 오고 있는, 왕과 같은 하나님의 말과 행동이라면, 그 경우에 그것이 하늘에서 시작된다는 것, 그리고 이 사건에 비추어 하늘을 바라보아야만 하며 인식하여야만 한다는 것은 분명히 믿음의 주제에 속하며, 따라서 또한 교의학의 주제에 속한다. 그러므로 만일 우리가 거기에서 보아야만 하며 인식하여야만 하는 것에 대하여 결코 알기를 원하지 않는다면, 그것은 유감스럽게도 아마, 우리가, 실제로 우리에게 오고 있는 하나님의 나라에 대하여 아무것도 알기를 원하지 않는다는 것을 의미하게 될 것이다. 그러므로 우리는 실제로, 이 관점에서도 필요한, 그리고 사실상 도달할 수 있는 명료함을 얻도록 초대받으며 요청받으며 자격을 부여받는다.

우리는 우선 다음의 사실을 확인하는 것으로부터 출발해도 좋을 것이다: 하늘은, 즉 "그리스도가 하나님의 오른쪽에 앉아 있는" 저 위는, 즉 우리에게 오고 있는 나라의 출처는—비록 그것이 우리에게 이해될 수 없다고 하더라도—결코 빈 공간이 아니며, 아무것도 아닌 것이 아니라, 과연 우리가 접근하기는 어렵고 우리에게 알려지지는 않았지만, 그러나 실재하는 특정한 '존재'의 맥락('Seins'zusammenhang)이다: 즉, 그것은 그것의 전혀 다른 방식으로, 존재론적으로 그리고 인식론적으로 우리의 영역인 땅과 아주 똑같이 실재한다. 하나님이 그가 창조한 세계로 향하면서 존재하고 있는 그 장소 자체가 그의 피조물들의 세계에 속하며, 따라서 그것 자체가 피조물이 지니고 있는 존재를 지니고 있으나, 그러한 존재로서 '참된 존재'를 지니고 있다: 그것은 우리의 것과는 다른, 즉 땅이라는 우리가 접근할 수 있는 잘 알려진 존재와는 다른 전제들과 조건들 아래에 있는 존재를, 그러나 참된 존재를 지니고 있다. 그리고 그것이 지닌 이러한 참된 존재 안에서 하늘은 '하나님 아래에서', 즉 그의 처분에 맡겨져서, 따라서 그에게 순종하며 존재한다. 이것은 우선, 모든 피조물들에게 적용되는 '일반적인' 의미에서 유효하다: 하나님은 모든 피조물들과 마찬가지로 하늘을 선하게, 즉 그의 뜻에 따라서 그리고 그의 목적을 위하여 창조하였다. 그는 하늘에게도, 그를 섬기는 데에, 그리고 바로 그 직무에서 스스로가 그리고 그 자체 안에서 완벽하게 되는 데에 적합하게 만드는 특성과 상태를 제공하였다. 그러나 이제 즉시 '특수한' 의미가 뿌리를 내려야만 한다: 하늘은, 그것이 저 역사적 맥락에서, 즉 하나님이 인간을 '구원'하고 '은혜'를 베풀려는 의도를 계획하고 실행하는 것에서 특별한 위치와 기능을 지니는 그런 방식으로 하나님 아래에 있으며, 그의 처분에 맡겨져 있다. 하늘의 존재는 구체적으로, 그것 안에서 "그리스도가 하나님의 오른쪽에 앉아 있다."는 바로 그 사실에 의하여 결정되어 있다. 하늘은 아버지와 아들이 일치되는, 창조된 장소이다: 자신의 권세와 존엄 자체 안에 있는 참된 한 하나님의 장소이며, 참된 인간이기도 한 동일한 참된 한 하나님의 장소이다. 그것은 이 '일치'가 이루어지는 창조된 장소이며 땅 위에서 발생하는 '사건'의, 즉 이 일치에 근거를 두고 있으며 이 일치 안에서 완성될 그 사건의 출처라는 사실이 그것의 존재가 지닌 '특징'이다. 그 외에는 그것이 우리에게 이해될 수 없게 마주 서 있음에도 불구하고, 우리는 이 특징을 알도록 허용되며, 알 수 있으며, 알아야만 한다. 하늘 자체가, 그것이 이 장소, 즉 이 출처라는 사실에 의하여 영향 받지 않을 수 없으며,

오히려 그 사실에 의하여 극도로 자극받고 규정되고 형성되어야만 한다. 하나님의 현존에 직면하여, 즉 하나님의 말씀과 사역이 시작되는 것에 직면하여 그것은 그의 직접적인 증인으로서 그에게 중립적으로 머물 수 없으며, 하물며 그에게 적대적으로 저항하면서 맞설 수 있다는 것은 당치도 않다. 어쨌든 선하게 창조된 하늘의 특성은—그것의 특성이 어떤 것이든—하나님이 구원과 은혜를 베풀려는 의도를 실행하는 과정에서 그것 위에서 그리고 그것 안에서 존재하므로, 다음과 같이 표현되고 현실화될 수밖에 없다: 즉 거기에서 그것의 눈앞에서 시작되는 사건이 지닌 정당함과 필요성, 최고의 영광, 참된 지혜와 아름다움을 승인하는 오직 행위들과 행동방식들 안에서만 표현되고 현실화되며, 그 사건의 시작에 기꺼이 헌신하며 참여하려는 흔쾌한 태도와 준비를 증명하는 것에서 표현되고 현실화된다. 하늘의 존재(Sein)는, 그것의 특성이 무엇이든 간에, 어떠한 경우에도 '순종하는 존재'이다.

    그러므로 첫째로 우리는 이렇게 말한다: 하늘은 확실히 하나님의 장소이므로, 하늘에서 어떤 일이 '이루어지며', 후에 그곳으로부터 출발하여 땅도 하나님의 장소로 되므로, 땅에서도 확실히 어떤 일이 이루어진다. 그리고 하나님이 여기에서 행하는 것에 상응하게 땅 위에 있는 우리에게서 발생하는 사건이 또한 피조물의 사건이기도 하듯이, 하나님의 행동에 상응하게 하늘에서 발생하는 사건도 피조물의 사건이다. 그리고 우리는 다음과 같이 계속하여 말한다: 하늘에서 발생하는 이 사건은 그 어떤 중립적인 사건, 하나님의 의도와 행동에 대하여 독자적이며 고유한 법칙을 따르는 사건, 혹은 고유한 뜻을 관철시키는 사건이 아니라, 오히려 그것은 '하나님의 뜻'에서 비롯된 '사건', 즉 피조물이—그것의 특성과 본성이 무엇이든 간에, 하늘에 있는 피조물이—하나님의 뜻에 복종하고 사실상 그 뜻에 봉사하는 사건이다. '그곳'에 있는 하나님의 현존은, 즉 세계 안에서 전개되는 하나님의 행동이 발생하는 '원천'과 '시작'이 그곳이라는 사실은, 그가 그곳에서 그의 피조물의 '순종'을 얻으며, 그의 피조물은 '하늘'에서 '그'의 뜻을 행한다는 사실을 '꼭 필요한' 것으로 만든다. 이것은 다음의 사실에 정확히 상응한다: 만일 세계에서 하나님의 행동이 인간 안에서 그의 '목표'와 '목적'에 도달하려면 (그 경우에 그것은 인간에게는 동시에 새로운 원천과 시작을 의미한다!), 그곳으로부터 '여기로' 하나님이 오는 것은, 하나님이 여기에서도 그의 피조물의 '순종'을 얻으며, 따라서 '그의' 뜻이 '땅'에서도 이루어지는 것을, 즉 여기에서도 그의 피조물들의 특정한 행위들과 행동방식들 안에서 이루어지는 것을 '꼭 필요한' 것으로 만든다.

    우리는 이로써 이미 암묵적으로, 어쨌든 중심을 이루는 중요한 것은 아니라고 말할 수는 없는 본문인 주기도의 세 번째 기도를 참조하였다: "'하늘'에서와 같이 '땅'에서도 아버지의 뜻이 '이루어지게' 하소서!"(마 6:10) 이것으로써, 하나님의 뜻이 하늘에서뿐만 아니라 땅에서도 비로소 이루어지기를 '원한다'고 기도하는 것이라는 해석은, 고대 사본 D와 몇 가지 고대 라틴어 필사본들이 "…와 같이"(ὡς)를 생략함으로써 본문 안에 집어넣으려 했던 견해이다. 그 경우에 이 간청은—하늘에서도 아직 존재하는 저항을 고려하여—우주 전체에서 하나님의 뜻이 승리하기를 간청하는 것이 될 것이다. 신약성서는 참으로 과연, 하늘 자체가 하나님의 뜻에 대하여 저항하는 것과 어떤 관계가 있을 수 있으리라는 것에 대해서는 아무것도 알고 있지는 않다. 그러나 물론 신약성서는 하늘에서도 발생하는 반대에 대해서는 알고 있다. 그러므로 우리는 저 해석을 실질적으로 불가능한 것이라고 말할 수는 없다. 그러나 마태복음 6:10에 있는 "…와 같이"라는 표현은 매우 압도적으로 증언하고 있으므로, 우리는 그 간청이 다음과 같은 것이라고 가정해야만 한다: "아버지의 뜻이 하늘에서 이루어지는 것과 '아주 똑같이' 땅에서 이루어지게 하소서." 즉, 하나님의 의도와 활동의 원천이며 출발점인 '하늘'에서와 같이 그 의도와 활동의 목표점이며 종점인 땅 위에서, 그 뜻이 '하늘'에서 언제나 이루어졌듯이 오늘과 내일에 땅 위에서, '하늘'에서 하늘에 있는 피조물의 순종을 통해서 이루어진 것처럼 땅 위에서 지상의 피조물의 순종을 통해서, 그 뜻이 '하늘'에서 자명한 필연성으로 이루어지는 것처럼 땅 위에서도 그렇게 이루어지게 하소서. 로마이어(Lohmeyer, 앞의 책, 87)는, 이 표상이 땅이 하늘로 올려지기를 원하는 것인지 혹은 하늘이 땅으로 내려오게 되기를 원하는 것인지에 대해서는 미해결 상태로 두기를 원하는 것 같다. 그래도 두 번째 간청("나라가 임하게 하소서."—역자 주)으로부터 볼 때, 후자의 의미가 더 먼저 떠오르는 것 같다: 하나님께서 하늘로부터, 아버지의 뜻이 그곳에서와 마찬가지로 여기 땅 위에서도 이루어지게 해 주십시오! 로마이어가 다음과 같이 확인하고 있는 것은 확실히 옳은 것이다: 이 간청은, 하늘과 땅이 아직 서로 나뉘어 있거나 적어도 서로 다르다는 것을 전제로 하고 있다; 그러므로 이 간청은 나뉘어져 있는 이 상태가 완성의 때에는 끝나기를 기도하는 것이다. 그러나 이 간청의 실질적인 전제의 핵심은 이것이다: 하늘에서는 하나님의 뜻이 '이루어지고 있다'; 하늘은 창조된 세계의 영역이며, 그곳에서는 하나님이 언제나 옛날부터 이미 순종을 '얻었'지만, 우리의 영역에서는 그 순종을 비로소 얻어야만 하므로, 우리는 우리의 영역에서, 즉 그 일이 아직 이루어지지 않고 있는 영역에서, 저곳에서 이루어지고 있는 것에 맞추어 '올바른 방향을 찾을' 수 있으며, 우리가 (그러한 방향설정이 필요하지 않은!) 예수와 함께 "아버지의 뜻이 이루어지게 하소서!"라고 기도할 때, 우리는 그것이 무엇을 의미하는지를 알 수 있다. 그런 이유에서 우리는 하늘을 피조물의 영역으로, 즉 그것 안에서는 하나님의 뜻이, 땅 위에서 그것이 이루어지기를 아직도 우리가 기도해야만 하는 바로 그 뜻이 아무튼 이루어지고 있으며, 언제나 이미 이루어져 있는 그 영역으로 언급해도 좋으며 또한 마땅히 그래야만 한다. 크리소스토무스는 이 간청을 다음과 같이 적절하게 다른 말로 표현하였다고 한다(Lohmeyer, 88에서 인용함): "주여, 우리가 하늘에 있는 나라를 본받으려 애쓰게 하시어, 그것이 원하는 것을 우리도 원하게 하소서!"

하늘에서 '이루어지는 일'에 대한 관념은 그 외에도 성서에, 특히 구약성서에 알려지지 않았던 것은 아니다. 문제가 되는 구절들에서 주요관심사가 되는 것은 일반적으로, '하나님'에 의하여—즉 이스라엘과 맺은 계약의 '주님'인 하나님에 의하여 그의 은혜로운 행동 혹은 심판하는 행동으로—초래되었으며, 따라서 그를 섬겨야만 하는 하늘의 사건이며, 일반적으로, 그 사건과 병행하여 진행되거나 혹은 그것을 뒤따라 발생하는 지상의 역사에서 그것의 정확한 상응을 지니는 그런 하늘의 사건이다. 왜냐하면, 하나님이 땅과 함께 하늘도 뒤흔들어 진동하게 한다는 것이, 후기 예언에 기록된 다가오고 있는 끔찍한 "주의 날"에 대한 묘사에 속하기 때문이다: 예를 들면, 이사야 13:13에서는 이 사건은 바빌론에 닥치는 하나님에 의한 진노의 심판을 보여주는 많은 표징들 가운데 하나이고, 요엘 3:16에서는 여호사밧 골짜기, 곧 "판결의 골짜기"에서 세계의 심판이 이루어지고 유다와 예루살렘에게는 새로운 구원의 시대가 동트게 되는 그 위대한 순간에 예루살렘에서부터 울려 퍼지는 야웨의 음성이 유사한 다른 사건들 가운데에서 또한 이 사건도 초래하며, 학개 2:6, 21에서는 스룹바벨과 여호수아 그리고 백성 전체에게 향한 새로운 찬란한 성전에 대한 약속 안에서 이 사건이 예고되고 있다. 만일 이 구절들에서 하늘에 대하여, 심판과 구원의 날이 시작될 때 그것도 중립적으로, 훼손되지 않은 채 남아 있을 수 없으며, 인간들과 동물들, 땅과 바다, 해와 달과 별들과 함께 크게 진동해야만 한다고, 그날에 민족들의 역사만이 아니라, 그것과 함께 땅 전체가 그리고 따라서 — 그래도 확실히 마지막으로 그리고 무엇보다도 — 하늘도 진동에 휩쓸려든다고 기록되어 있다면, 그것이 무엇을 의미하는지를 평가하기 위해서는, 우리는 구약성서의 언어와 관념에서 하늘에 할당된 멀고 높은 것에 대하여 숙고해야만 한다. 그러므로 우리가, 바로 하늘이 종말의 때에 진동할 것이라는 관념이 신약성서의 여러 구절들(마 24:29, 행 2:19, 히 12:26)에서 명확히 채택되고 있는 것을 발견하는 것은 우연이 아니다. 절규처럼 들리는 이사야 64:1 이하의 기도에서 우리가 듣게 되는 것은, 땅 위에 들이닥치고 있는 완성과 관련하여 하늘이 '진동'할 것이라는 관념보다 더 강력하다: "주님께서 하늘을 '가르시고' 내려오시면, 산들이 주님 앞에서 떨 것입니다. 마치 불이 섶을 사르듯, 불이 물을 끓이듯 할 것입니다. 주님의 대적들에게 주님의 이름을 알게 하시고, 이방 나라들이 주님 앞에서 떨게 하여 주십시오. 주님께서 친히 내려오셔서, 우리들이 예측하지도 못한 놀라운 일을 하셨을 때에, (한글번역에는 "산들이 주님 앞에서 떨었습니다."가 추가됨 — 역자 주) 이런 일은 예로부터 아무도 들어 본 적이 없습니다! 아무도 귀로 듣거나 눈으로 본 적이 없습니다. 주님 말고 어느 신이 자기를 기다리는 자들에게 이렇게 할 수 있었겠습니까?"

이 구절들의 격렬한 묵시 외에도 우리는 이제 물론, 적어도 외관상 전혀 다른 특성을 지니고 있는 우주적 사건에 대하여, 즉 하늘의 진동에 대하여 언급하고 있는 시편의 다른 구절들을 간과해서는 안 된다. 시편의 구절들에서는 하늘 혹은 하늘들이 마치 찬양대나 관현악단처럼 주님을 "찬양"하기 위하여 부름 받는다.(시 69:35, 148:4) 시편에서 하늘들은 연대기 저자들이나 궁정시인들처럼 하나님의 영광을 설명하고, 사자들이나 외교사절들처럼 하나님의 솜씨를 선포하며(시 19:2), 혹은, 하나님 자신이 심판자가 되기를 원하므로, 그의 정의를(시 50:6, 97:6) 혹은 그의 기적을 찬양한다.(시 89:6) 그러나 하늘들이 하나님을 찬양하는 노래를 하거나 연주하는 것에서, 우리는 확실히 벌써, 그리스인들이 언급했던 "천체들의 화음"과 같은 방식으로 우주적 기관(Organon)이 소리를 내는 것, 즉 시간을 초월하며 아무것과도 관련이 없거나 혹은 바로 모든 것과 관련된 소리를 내는 것을 생각하기는 힘들 것이다. 하늘들이 찬양하는 것은 다름 아니라 바로 이스라엘의 하나님, 즉 그의 백성이 갈대가 무성한 바다(홍해 — 역자 주)를 건너도록 인도한 하나님, 아브라함과 모세와 다윗의 하나님이며 그의 아들의 하나님이다. 하늘들은 '그의' 명예를 설명하며, '그의' 기적과 '그의' 정의를 선포하며, 그들 자신이 '그의' 손으로 만든 작품임을 선포한다. 이 구절들에서, 창조된 자연은—참으로 역시 그 자연의 최고 형태에서도, 즉 하늘의 형태에서도—하나님의 증인으로 호출되고 있다는 것은 논란의 여지가 없다. 그러나 이 구절들이—그 밖의 자연을 바라보면서 동일한 내용을 언급하고 있는 그 밖의 시편들과 욥기의 구절들과 똑같이—추상적인 자연신학을 주장하거나 보여주고 있다는 주장은 매우 논란의 여지가 있다. 구약성서에는 순수한 "자연을 찬양하는 시편들"이 없다. 그 맥락들이 보여주듯이, 이 구절들이 말하려는 것은 바로 이것이다: 우주는, 그러므로 위에 있는 우주도, 바로 하나님을, 즉 조상들을 불러냈고 시내 산에서 그의 백성에게 스스로를 계시하였으며 그들에게 가나안 땅을 나누어준 그 하나님을 증언한다. 하늘이 그를 찬양하는 반면에, 그의 백성에 의하여 하나님에게 바쳐지거나 혹은 바쳐지지조차 않으며 오히려 그에 대하여 여전히 제대로 행해지지 않고 있는 "땅 위에서 이루어지는 빈약한 찬양"이 물론 하늘들의 찬양을 보충하여야 하며, 우리는 그 구절들을 땅 위의 찬양을 보충하여 이해해야만 한다. 그러므로 이 시편들이 언급하고 있는 하늘들의 찬사와 설명과 선포와 찬양에서, 우리는 역시 예언자들이 증언하는 것, 즉 야웨의 날이 시작될 때 하늘이 진동하고 뒤흔들리며 찢어지는 것으로부터 그리 멀리 떨어져 있지는 않다. 그 시편들도 하늘의 순종적인 존재에 대하여, 특히, 땅 위에서 행해지는 하나님의 위대한 행동들의 역사에 하늘이 참여하는 것에 대하여 언급하고 있다. 그것들을 저 예언적인 구절들과 개별적으로 조화를 이루게 하려는 시도는 물론 가망이 없을 뿐만 아니라 전혀 객관성이 없을 것이다. 이 모든 구절들은 하늘에 대하여, 즉 하나님이 하늘에 거주하므로, 우리에게는 하나님 자신처럼 그렇게 이해될 수 없는 그 하늘에 대하여 언급하고 있다. 이 구절들의 모순들은 해소될 수 없으며, 또한 해소될 필요도 없다. 그것들 모두가 그것들의 방식으로 바로, 마태복음 6:10에 다음과 같이 간단명료하게 요약되어 있는 그것을 말하고 있는 것으로 충분하다: 하늘에서는 바로 하나님의 뜻이 이루어지고 있으며, 하나님이 하늘에서 결정했고 이미 시작하였던 그것이 성취될 때, 땅 위에서도 그 뜻이 이루어져야 한다.

누가복음 19:37 이하에서 예수가 예루살렘으로 입성하는 것을 묘사한 것으로서 이야기되고 있는 것은, 하늘의 사건이 이미 도달한 땅으로부터 출발하여 그 하늘의 사건을 엄숙하게 승인하고 환영하는 것이다: "예수께서 어느덧 올리브 산의 내리막길에 이르셨을 때에, 제자의 온 무리가 기뻐하며, 자기들이 본 모든 기적을 두고 큰 소리로 하나님을 찬양하면서 말하였다. '복되시다, 주님의 이름으로 오시는 임금님! 하늘에는 평화, 지극히 높은 곳에는 영광!'" 여기에서 모든 것이 의미심장할 것 같다: 여기에서 중요한 것은 '입성', 즉 그에게 속한 것이지만 그에게 낯설게 된 '왕의 도시'로 '왕'이 입성하는 것이다; '내려옴'("내리막길")의 도중에서 이 입성이 실행되고 있다; 하나님을 찬양하는 천사들의 무리들 대신에 제자들의 무리들이 누가복음 2:13 이하에 기록된 천사들의 출현을 문자 그대로 기억하게 한다; 제자들의 노래는 '방향을 바꾸어' 그 천사들의 노래와 함께 꼭 맞는 교창(交昌)으로 된다; 땅 위에서 일어나는 사건이, 즉 바로 여기에서 사건으로 된 충만한 권력행위들이 지금 일어나고 있는 메시아의 입성에서 마무리되며 확인된다.—이 모든 것이 '전면'에 내세워지며, 하늘에 있는, 그것들의 전제조건들은 이제 '배경'으로 인식된다. 하나님이 "기뻐하는" 사람들 중에서 한 사람이 왕이 되어 하나님을 "찬양하는 가운데에서 나타났다. 그러나 (누가복음 2:14에 따르면 땅 위로 내려온) 하나님의 평화는 이제 저 위에 있는 하늘에서 통치하는 평화로서 찬양되며, 높은 곳에 있는 하나님의 영광에 대한 찬양은, 전반적인 위치변경에 상응하게, 첫 번째 말에서 마지막 말로, 말하자면 전체를 포괄하는 영역으로 옮겨졌다. 누가복음 2:13 이하와 비교해서 누가복음 19:37 이하를 주석하는 것보다 더 훌륭한, 마태복음 6:10에 대한 주석은 결코 생각할 수 없을 것이다. 특히, 우리가 이 구절들을 앞에서 인용했던 구약성서의 말씀들, 즉 땅의 진동에 상응하는 하늘의 진동에 관하여 언급하는 그 말씀들과 비교할 경우에, 이 점이 명백하다.

하나님은 피조물의 영역인 하늘에서 '통치한다.' 그 사실에 상응하게 우리는, 이 영역에서 발생하는 '사건'을 고려해야만 한다. 그러나 하늘에서 발생하는 그 사건은 다음의 사실에 의하여 '규정'된다: 그 사건이 표준으로 삼아야만 하는 하나님의 통치 목표는 우리의 영역 안에서 발생하는 한 사건, 즉 땅 위에서 발생하는 한 사건이다. 만일 우리가 참으로 이 인식들을 전제로 삼아도 좋다면, 그 다음의 단계로 나가는 것을—어쨌든 주제 전체가 이해하기 매우 어렵다는 것을 인정하면서—감행되어도 좋을 것이며, 또한 그래야만 한다: 하늘에서 발생하는 사건은 그것 자체로는 '질서가 잡히고, 여러 부분으로 나뉘고, 연결되어' 있지만, 그러나 또한 '세분화된' 사건이다. 그것의 본성이 우리에게 알려지지 않더라도, 그것의 의미, 그것의 기능, 그것의 방향이 우리에게 전혀 알려지지 않는 것은 아니다. 그것은 하나님의 통치 아래에서, 즉—왜냐하면 하나님의 통치는, 그의 오른쪽에 그리스도가 앉아 있는 바로 그 하나님의 통치이기 때문에—다음과 같은 규정 아래에서 발생한다: 그것은 땅 위에서 발생하는 사건에서 그것의 연속과 상응을 발견해야만 한다. 그것은 미리 이 연속과 상응을 위해서 봉사한다. 그것은 이 연속과 상응을 그곳에서, 즉 하늘에서, 말하자면 선취한다. 바로 그 때문에 그것은 물론 일치되기는 하지만, 그러나 그 때문에 형태가 없는 것은 아니며, 물론 집단적이기는 하지만, 그러나 그 때문에 개별화가 결여되지는 않으며, 물론 총체적이기는 하지만, 그러나 그 때문에 단조롭고 획일적이지는 않은 사건이다. 우리는 그것을 이미 하나님의 본질이 지닌 풍부함으로부터 출발하여 논증할 수 있을 것이다: 즉 그 풍부함이 그가 하늘에서 존재하고 활동하는 것에서는 땅 위에서보다 결코 더 적게 작용하고 더 적게 드러나지는 않을 것이 틀림없다. 그러나 그것은 하나의 명제(Postulat)처럼 들릴지도 모른다. 그것은 어쨌든 다음의 사실로부터 출발할 때 비로소 의미 있는 것으로 된다: 하나님의 통치는 아버지와 아들의 통치로서 인간을 목표로 하며, 인간의 역사와 실존 그리고 일반적으로 지상의 역사와 실존이 지니고 있는 다양성과 격동을 목표로 한다. 그 통치는 하나님의 전능한 '은혜'가 통치하는 것이며, 그 통치에서 주요관심사는 질서를 세우고, 여러 부분으로 나누고, 연결하며 또한 세분화하는 것, 즉 지상에서 전개되는 우리의 역사와 실존을 하나님의 자비와 지혜에서 비롯된 결의와 계획에 따라서 새롭게 체계화하는 것이다. 그것이 이미 하늘에서 시작된 사건으로서 하나님의 통치 아래에서 이 '결의'와 '계획'에 의하여 결정되었기 때문에, 그것은 이 형태와 개별화와 다양성을 지니지 않을 수 없으며, 이미 그것이 그것의 온전한 통일성과 집단성과 총체성 안에서 질서가 잡히고, 여러 부분으로 나뉘고, 연결되지만, 또한 세분화되는 사건이다. 우리가 이 사건의 '토대'라고 부를 수 있을 어떤 것을 알고 있지 않더라도, 우리가 하늘의 존재 자체도 그리고 그것의 특성들 자체도 알고 있지 않더라도, 그래도 우리는 ― 그것의 창조주이며 주님인 하나님이 우리 앞에 서 있으며, 그의 뜻이 지향하는 목표가 우리의 눈앞에 있으므로 ― 다음의 사실을 인정하지 않을 수 없으며, 그 사실에 대하여 무관심해서는 안 된다: 하나님이 이 하늘에서 시작된 사건에서 얻는 그 '순종'은 한 주체의 순종이며, 그 주체는 물론 '유일한' 주체로 이해될 수도 있기는 하지만, 바로 그 유일회성 안에서 동시에 다양한 주체이며, 바로 그 '다양성' 안에 있는 이 '유일한' 주체이다. 바로 그렇게 하늘나라인 하나님의 나라가 또한 땅으로도 온다: 유일한 타격, 빛 혹은 소리 안에서가 아니라, 그리고 유일한 형태 안에서가 아니라, 계시들과 증명들, 사건들과 관계들, 개인들과 공동체들이 축적된 다양성 안에서 그 나라가 땅으로 오는데, 그 모든 것들은 하나님 자신 안에 (즉 참된 하나님이며 참된 인간인 예수 그리스도 안에) 그것들의 본질을 규정하는 중심을 지니고 있지만, 그러나 그렇기 때문에 그래도 ― 혹은 더 잘 표현하자면, 바로 그렇기 때문에 그렇게 (왜냐하면 그렇지 않으면 은혜는 은혜가 아닐 것이므로) 피조물의 역사와 실존에 제공된, 축적된 다양성을 형성한다. 하나님의 나라가 그렇게 '하늘'로부터 땅으로 오기 때문에, 다음과 같이 말할 수 있다: 그것은 이미 '그곳'에서, 이미 그곳으로부터 시작될 때, 이 축적된 다양성, 즉 하나의 조직(Organisation)을 지니고 있으며, 그것 자체가 이 조직이다.

이 점에서 우리는 우선 한 번 더, 구약성서의 언어사용법에서는 "하늘"이 '복수개념'이었다는 사실을 들추어낸다. 이 개념에는 고린도후서 12:2에서 아직 인식될 수 있는, 서로 포개어져서 탑처럼 높이 쌓인 세 하늘들에 대한 구약성서의 관념이 상응한다. 이 관념에 따르면, 천체들의 위쪽에 있는 창공, 하늘의 큰 바다, 그리고 세 번째 하늘, 즉 그것 안에 혹은 그것 위에 하나님의 보좌가 있는 본래의 하늘이 있다. 신약성서에서 바로, '하나님의' 영역 및 '하나님의' 세계를 가리키는 곳에서는 어디에나, 복수형인 "하늘들"이라는 어휘가 다시 나타난다는 사실을 우리는 이미 경청하였다.

그러나 여기에서 우리가 성서적으로 결정적으로 앞으로 나가게 하는 것은, 바로 '만군의 주님' (Zebaoth) 야웨라는 (드물게는 엘로힘이라는) 하나님에 대한 구약성서의 칭호이며, 그 칭호와 결합된, 야웨의 혹은 하늘의 '군대'라는 관념이다. 만군의 주 야웨라는 하나님의 이름은 6경(창세기-여호수아까지 6권의 책 ― 역자 주), 사사기, 에스겔에는 나타나지 않지만, 사무엘과 역대기에는 나타난다. 이 이름은 시편들에서, 설령 비교적 자주 나타나지는 않을지라도, 발견된다. 이 이름이 자주 나타나는 곳은 아모스와 예레미야며, 이사야와 스가랴에서는 정말 지배적이다. 이 하나님의 이름이 배제하는 것은 우선, 비어 있는 혹은 형태가 없는 하늘에서 자신의 하늘 보좌에 앉아 있는 외로운 하나님에 대한 표상이다. 야웨 자신은 이 이름을 통해서 한 '무리'의 통치자로, 즉 한 '군대'로 통합되는 무리의, 즉 그렇게 구성된 '하늘에 있는' 무리들의 통치자로 불리게 된다. 확실히 그가 하늘에서 혹은 그의 보좌인 하늘 위에서, 따라서 그곳에서 그리고 거기에서부터 통치하는 왕이듯이, 그렇게 확실히 그는 그곳에서 그를 섬기는 하늘에 있는 군대의 무리에 의하여 둘러싸여 있다. 열왕기상 22:19, 역대하 18:18에 있는 미가 예언자의 말은 이 점에서 매우 명료하다: "나는, 주님께서 보좌에 앉으시고, 그 좌우 옆에는, 하늘의 모든 군대가 둘러 서 있는 것을 보았다." 즉, 그는, 하나님이 마음대로 사용할 수 있는, 그리고 투입되기 위하여 훈련받고 무장하고 준비된 전투 병력이 서 있는 것을 보았다는 것이다. 하나님의 군대 대신에, 시편 82:1에는 "하나님의 법정"에 대해서도, 시편 89:7에는 "성자들의 모임"에 대해서도 언급될 수 있다. 우리는 여기에서, 우리가 방금 하늘의, 혹은 하늘에서 발생하는 사건의 조직, 질서와 분류, 게다가 또 세분화라고 불렀던 것에 직면해 있으며, 동시에, 어쨌든 구약성서에서 결정적인 기능을 지닌 다른 이름들 외에도 또한 "천사들"이라는 이름도 지니게 될 존재들을 통합시키는 '상위개념'에 직면해 있다는 것이 명백하다. 우리는 매우 엄격하게 다음의 사실을 확인해야 한다: 우리의 관심사는, 하늘에 있는 존재와 사건의 조직과 세분화 그 '자체'이다. ─ 우리는 다른 것들에 대해서는 모른다! 그 조직과 세분화는, 하나님의 나라가 하늘로부터, 따라서 하늘나라의 특성을 띠고 우리 '인간들'에게로, 따라서 '땅'으로 오고 있다는 '그 사실에' 근거를 두고 있다. 이 사실은 흰말을 탄 기사의 출격을 묘사하는 요한계시록 19:11–16에서 멋지게 표현되고 있다. 11절에 따르면 그는 "신실하신 분", "참되신 분"이라는 이름을 지니고 있으며, 13절에 따르면 그는 피로 물든 옷을 입은 "하나님의 말씀"이며, 그의 입에서 날카로운 검이 나오고, 16절에 따르면 넓적다리에는 "왕들의 왕", "군주들의 군주"라는 다른 이름이 씌어 있다. 우리가 관련을 맺고 있는 것은 바로 그리스도의 재림에 대한 묘사이다. 하늘로부터 시작되는 그의 출격에 대하여 14절에 이렇게 기록되어 있다: "그리고 "하늘의 군대"가 희고 깨끗한 모시옷을 입고, 흰 말을 타고, '그를 따르고 있었습니다.'" 그들 자신이 하늘의 군대로서 그들의 고유한 존재들을 지니며 가시화되는 것은 분명히, 하늘로부터 땅으로 내려오는 '하나님의 말씀'을 '따르고' '동반'할 때이다. 그리고 그와 같이 참으로 요한계시록 4장의 그림은 ─ 하나님의 보좌 주변에 모여든 24명의 장로들, 일곱 영들, 네 생물들이 바치는, 하늘에서 울려 퍼지는 위대한 찬송 ─ 다음과 같은 요한계시록 5장의 그림에 의하여 말하자면 비로소 현실화되고 구체화되며, 어쨌든 비로소 해명된다: 5장의 그림에서는 죽임을 당한 양(6절), 유다 지파에서 나온 사자, 즉 다윗의 뿌리(5절)가 한가운데로 들어서서, 일곱 인으로 봉인된 두루마리를 받아들며(8절), 그러므로 그 집회는 ─ 이제 "수천수만의 천사들"이 합류하여(11절) ─ 상응하는 찬송을 바로 그 죽임당한 양에게 바친다. 다음의 사실도 이쪽으로 속한다: 성서에서는 다만 한 구절에서, 즉 예수 그리스도의 탄생에 대한 이야기(눅 2:13)에서, 땅 위에 나타난 "무리"의 출현과 기능에 대하여, 즉 많은, 하늘의 군대들 전체에 대하여 언급되고 있다.

'땅' 위에서 발생하고 있는 '구원사건'에 대하여 "하늘의 군대"의 실존이 지니는 이 '관계'로부터 참으로 물론, 특히 구약성서에서는 첫눈에 당황하게 하는, 상위개념과 집합개념의 '상반되는 양면가치'(Ambivalenz)가 발생한다. 이 "군대"가 항상 직접적으로 "하늘의" 군대를 의미하는 것은 아니며,

설령 그것이 하늘의 군대라고 불릴지라도, 항상 직접적으로 하나님의 보좌 주변에 있는 '본래의' 하늘에 있는 존재들의 군대나 모임을, 상위에 있는 우주의 조직과 세분화를 의미하는 것은 아니다. 이처럼 우리는 바로 창세기 2:1 말씀에서 ("이와 같이 하늘과 땅과 그 가운데 있는 모든 군대가 완성되었다." 한글 번역에서는 "모든 것"으로 번역하는 것을 독일어 번역에서는 모든 "군대"로 번역하고 있음—역자 주) 그것들이 기껏해야 '함께' 포함되어 있는 것을 발견할 수밖에 없으며, 느헤미야 9:6도 그렇다. 물론 시편 33:6에서, 하늘의 군대가 특별하게 창조되었다는 내용을 읽을 수 있을 것이다: "주님의 말씀으로 하늘들이 만들어졌고, 그의 입김으로 그것들의 군대 전체가 만들어졌다."(한글번역은 "군대"를 "별"로 번역함—역자 주) 그리고 이사야 45:12에도, "내 손으로 하늘을 펴고 하늘의 모든 군대에게 명령하였다."고 기록되어 있다. 그러나 하나님의 입장에서 "하늘의 군대"를 '숭배'하는 것이 '경고'되고 있는 몇 구절들(신 4:19, 17:3)에서는, 이 '군대'가 태양과 달을 포함한 '천체들'의 무리를 의미한다는 사실이 명확히 언급되었으며, 같은 내용을 지닌 다른 구절들에서는 이 사실이 그럴 듯한 것으로 가정될 수 있다. 인간이 고개를 들어 위를 바라보라고 요구하는 이사야 40:26도 틀림없이 그런 의미를 담고 있다: "누가 이것들을 창조하였느냐? 바로 그분께서 그 군대를 수효를 세어 불러내신다. 그는…하나하나, 이름을 불러 나오게 하시니, 하나도 빠지는 일이 없다." 그리고 다른 측면이 주목되어야 한다: "만군의 주"라는 하나님의 이름은 사무엘상 17:45에 또한 명확히 "'이스라엘' 군대의 하나님"과 동일시될 수 있으며, 이사야 13:4에 따르면 "만군의 주"가 사열하는 군대도 인간으로 구성된 군대인 것 같다. 게다가 다음의 사실을 주목해야 한다: 요한계시록 4-5장에 서술된, 하늘에서 모인 장로들, 영들, 생물들의 모임도, 설령 우리가 그것을 심지어 교회의 직접적인 예표로 이해하려 시도할 때 확실히 주의해야만 할지라도, 적어도 '지상의' 인간 모임들에 대한 유사성과 같은 어떤 것을 지니고 있다. 그 군대들 안에 통합되어 있는 개별적인, 하늘의 존재들에 대한 관념, 특히 땅 위에서 실존하며 활동하는 "천사들"에 대한 관념을 다루게 될 때, 우리는 이 집합개념들에서 보는 것과 같은 동일한 상반되는 양면가치와 마주치게 될 것이다.

그러나 천체들의 군대라는 명칭과 이스라엘의 군대 혹은 다른 인간들의 군대라는 명칭을 '능가'하는, 군대라는 집합개념의 의미는 바로 역시 확정되어 있다. 열왕기상 22:19에서 보좌에 앉은 주님의 좌우에 있는 하늘의 군대는 천체들을 의미할 수도, 그 어떤 인간투사들을 의미할 수도 없다. 시편 148:1 이하에는 매우 분명하게 구분되어 있다: "하늘에서 주님을 찬양하여라. 높은 곳에서 주님을 찬양하여라!"; 그 다음에 특히, "주님의 모든 천사들아, 주님을 찬양하여라. 주님의 모든 군대야, 주님을 찬양하여라!"; 그 다음에 거듭하여 특히, "해와 달아, 주님을 찬양하여라. 빛나는 별들아, 모두 다 주님을 찬양하여라!"; 그 다음에 한 번 더 특히, "모든 하늘들 위의 하늘아, 주님을 찬양하여라. 하늘 위에 있는 물아, 주님을 찬양하여라!" 그리고 다른 한편으로, 가령 창세기 32:1 이하에 언급된 "하나님의 진영"은 이스라엘 군대나 그 밖의 인간 군대와 직접적으로 아무런 관계가 있을 수 없다. 하나님의 군대라는 관념을 다양하게 사용하는 것들은 물론 그래도 서로 '간접적으로' 관련되어 있을 것 같다: 즉 그래도, 하늘에 있는 하나님의 보좌에 인접한 측근으로서 하나님의 군대 혹은 집회라는 관념이 '기본'관념을 형성하며, 이 기본관념이 그 다음에 천체들이라는 관념뿐만 아니라 지상에 있는 하나님의 백성으로 이루어진 군대들이라는 관념에도 말하자면 반영되어 있다. 여기에서 다음과 같이 사사기 5:20에 기록된 드보라의 노래에 나오는 것과 같은 매우 주목할 만한 횡적인 연결들에 이를 수도 있었다: "별들이 하늘에서 시스라와 싸웠고, 그 다니는 길에서 그와 싸웠다." 만일 우리가, 하늘의 세계에 대한 관념 전체에서처럼 그 세계의 규율, 질서, 계통적 분류에 대한 관념에서도 주요관심사는 하나님의 통치 아래에서 위로부터 아래로, 즉 '땅'으로 그리고 '인간의' 역사 안으로 진행되고 있는 운동이라는 사실을 분명히 하기만 한다면, 그 경우에 우리는 이 관념들의 사용방식이 독특하게 '서로 교차되는 것'을 참으로 의아한 것으로 간주하지 않을 수 있을 것이다: 이렇게 관념들이 서로 교차되는 덕분에, 우리는 어떤 때는 실제로 저 위에서 하나님 곁에 있으며, 어떤 때는 역시 다만, 매우 현세적인 하늘의 영역 안에만 있으며, 어떤 때는 심지어 땅 위에 있으며, 따라서 하늘의 군대들이 매우 현세적인 군대들로 되었다. 요한계시록 19:14에 의하면 하나님의 말씀을 '따름'으로써만, 즉 그 말씀의 출발을, 그리고 그 말씀이 지상의 실존과 역사 한복판에서 그것의 목표에 이르기까지 그것이 걸어가는 길을 '따름'으로써만, 이 군대들이 정말 실제로 '존재한다.' 따라서 이 사실이 참으로, 우리가 지금까지 다루었던 하늘의 존재 및 사건의 조직에, 즉 축적된 다양성에 대해 적용된다.

우리는 지금 한 걸음 더 내딛는다: 만일 하나님의 통치로서 하늘로부터 땅으로 오고 있는, 따라서 하늘에서 시작된, 따라서 먼저 하늘에서 존재하는 그 나라가 하나의 질서라면, 그 경우에 그것은 그 나라 안에서 정돈된, 그리고 그 나라의 질서에 순응하는 특정한 '요소들'을 포함한다. 만일 여기에 계통적 분류가 존재한다면, 여기에는 '구성원들'도 존재한다. 만일 여기에 축적된 다양함이 있다면, 여기에는 단순함과 '개별적 존재'도 존재한다. 만일 여기에 하나의 집단이 있다면, 여기에는 '개체들'도 있다. 만일 우리에게 하늘나라로 알려지는 하늘이 피조물의 영역이라면, 거기에는 그것에 포함된 '피조물들'도 있다: 그 피조물들은, 아무리 그들의 공동체와 일치가 강하게 강조될지라도, 그래도 결코 동일성으로 사라져버릴 수 없는 다원성 안에서 존재한다. 한 군대는 병사들로 구성되며, 집회는 참석자들로 구성된다. 이 사실은 하늘에 있는 군대들에게도, 하늘에 있는 하나님의 보좌를 둘러싸고 있는 집회에도 적용된다.

만일 우리가 성서적 관념을 고려하면서 이 논리적 결론을 이끌어내려 감행한다면, 우리는 하늘의 존재영역에 대한 이해불가능성을 기억하고 있어야만 하며, 따라서 우리는 최대한 신중해야만 한다. 바로 이 성서적 관념에서는 이 요소들, 구성원들, 개별적인 존재들, 개체들, 하늘에 있는 존재와 사건을 구성하는 서로 다른 피조물들은 다음과 같이 모습을 드러낸다:

(1) 다만, 하늘에서 시작되어 땅으로 향하는 '역사'의 진행과정과 맥락 안에서만, 따라서 말하자면 다만, 이 비행운동 안에서만, 이 역사에서 그것들이 지니고 있는 특정한 기능 안에서만 모습을 드러내며,

(2) 그 다음에, 저 '질서'에, 저 '집단'에 그것들이 소속되어 있는 것과 관련하여, 따

라서 그것들이 그들 부류의 다른 존재들과 함께 포함되어 있는 그 공동체 및 통일성과 관련하여, 분명하게 특징이 나타나며,

(3) 마지막으로, 오해의 여지가 없게 '하늘에 있는' 조직(Wesen)의 요소들, 구성원들, 개별적인 존재들, 개체들로서 특성이 묘사된다.

그런데 이것은, 마치 우리가 이 피조물들 자체를 추상적인 존재로 고찰하고 그러한 고찰을 토대로 그것들에 대하여 진술할 수 있는 것처럼 여기는 그런 전제로부터 출발하여 이 피조물들을 규정하려는 모든 시도들에 대한 삼중의 경고를 의미한다.

마치, 저 역사에서 그들의 기능은 별도로 하고도, 또한 저 집단에 그들이 소속되는 것은 별도로 하고도, 따라서 또한 그들의 공동체와 그들 상호간의 통일성 밖에서, 그리고 마지막으로 또한, 그들이 하늘의 존재들이라는 사실을, 즉 지상에서 우리가 정의하는 개념규정으로는 접근하기 어려운 존재들이라는 사실을 별도로 하고도, 우리가 인식할 수 있을 어떤 존재들의 실존 및 특성에 대하여 합의를 보는 것이 주요관심사이기나 한 듯이, 그렇게 질문을 제기하였던—그것이 그 질문을 긍정적으로 혹은 부정적으로 혹은 비판적으로 대답하든 아니든 마찬가지로—교부신학이 이 점에서 이미 실패하였고, 이 점에서 스콜라 철학이, 이 점에서 모든 천사론이 실패하였다. 그러나 우리는 이 모든 것을 도외시할 수 없다. 그렇지 않으면, 즉 우리가 옛 사람들이 했던 것처럼 그렇게 천사들의 실존을 주장하고 그들의 본질을 서술하려 감행한다면, 우리는 한 줌의 모래로 바다의 테두리를 두르려는 꼴이 된다. 그렇지 않으면, 즉 우리가 근대인들이 했던 것처럼 그렇게 천사들을 부정하거나 혹은 그들을 우스꽝스럽게 은퇴시키려 감행한다면, 우리는 (돈키호테처럼—역자 주) 풍차와 싸우는 꼴이 된다. 이 존재들은 확실히 독특한 피조물들이다: 그들은 우리에게 알려진 지상의 다른 피조물들과는 다른 피조물들이며, 그들 사이에서도 숫자만이 아니라 종류가 상이한 피조물이다. 그러나 그들을 도식적으로 다른 피조물들과 나란히 세우는 것만으로도, 옛 교의학에서 관습적으로 "인간론" 그리고 "천사론"의 순서로(혹은 뒤바꾸어) 다루는 것만으로도 오류를 범하는 것이었다. 왜냐하면 우리는 이 존재들에 관하여 바로 다음의 사실을 알 수 없기 때문이다: 즉 어떤 의미에서 그들이 피조물들로서—우리에게 알려진 땅 위의 피조물들과—상이하게 '존재'하고 실존하며 그들의 특수한 본질을 지니고 있는지를 알 수 없으며, 어떻게 그들의 상호 '관계'가 그들의 통일성과 그들이 다수라는 사실 사이의 관계로서 특성을 지니고 있는지도 알 수 없기 때문이다. 우리가 이 모든 것을 알 수 없는 이유는, 그들이 성서적 관념에서도 하늘나라의 요소들, 구성원들, 개별적인 존재들, 개체들로서 다만 하나님의 나라가 땅으로 내려오는 '운동' 안에서만, 다만 우리가 통찰할 수 없는 '질서'에 소속되는 것에서만, 다만 '하늘의' 존재들, 따라서 이해할 수 없는 존재들로서만 우리에게 알려질 수 있기 때문이다. 이 사실로부터 우리는, 천사창조에 관한 유명한 질문과 그 질문에 대한 모든 대답들은 이미 비길 데 없이 그릇된 길로 접어든 것이라고 판정할 수밖에 없을 것이다. 정당한 이유로 우리는 성서 본문들을 통해서는 그 길로 걸어 들어가도록 초대받지 않았다.

그들은 우리에게 그들의 추상적인 본질 안에서가 아니라, 하늘로부터 시작하여 땅 위에서 행동하는 하나님의 하늘에 있는 측근으로서 '구체적인' 본질 안에서, 따라서 추상적으로 존재하는 하늘의 개별적 존재들로 이루어진 추상적으로 존재하는 하늘의 집단으로서가 아니라, '구체적으로 작용하는' 하늘의 개별적 존재들로 이루어진 '구체적으로 작용하는' 하늘의 집단으로서 알려져 있다. 물론 이제 여기에서는 요구된 신중함도 그것의 한계를 지닐 수밖에 없다. 왜냐하면 그것들 자체가 우리에게 '알려져' 있기 때문이다: 땅으로 오고 있는 하나님의 나라는 하늘나라인 것이 그토록 확실하며, 그 나라 자체가 우리에게 알려지지 않은 것이 아니라, 그토록 확실하게 '계시'되어 있기 때문이다. 만일 그것이 집단이 '아니'라면, 그리고 그것이 개별적인 존재들로 구성되는 것이 '아니'라면, 그렇다면 그것은 땅으로 오고 있는, 지상의 자연계로 그리고 인간의 역사 안으로, 그 역사의 보편성 안으로 그리고 그것의 '개별성들' 안으로 침입해 들어오는 하나님의 나라가 아닐 것이다. 우리는 지금 후자를 강조한다: 만일 그것이 우리에게로 오고 있다면, 그렇다면 그것은 보편성 안으로만이 아니라, 또한 '개별성' 안으로도, 전체로서만이 아니라, 또한 '다양한 것'으로서 온다. 그리고 만일 그것이 하나님의 나라로서 이 세계 안으로, 즉 하늘로부터, 즉 하늘나라가 우리에게로 온다면, 그 경우에 보편성'과' 개별성, 전체성'과' 다양성, 집단성'과' 개체성이 이미 그것 자체의 특색이다. 그렇다면 우리는 하늘과 하늘의 존재만이 아니라, 포괄적으로 하늘의 군대와 집회만이 아니라, 바로 그들을 언급하면서, 또한 하늘에 있는 '그' 존재들을, 즉 저 통일성 안에 통합되어 있는 '천사들'을 언급해야만 한다.

특수한 특성과 본성을 지닌 그들의 존재 자체는 우리에게 알려져 있지 않다. 그들 사이의 통합 양식(Modus) 자체 그리고 그들 상호간의 구별 양식 자체는 우리에게 알려져 있지 않다. 그들이 전체가 되는 양식, 그리고 그들이 개체가 되는 양식이 우리에게 알려져 있지 않다. 그러나 그들은 그들의 존재가 지닌 바로 그 비밀을 지닌 채, 우리에게 오고 있으며 우리에게 계시된 하나님의 나라 안에서 그리고 그 나라와 함께 '존재한다'는 그 '사실'은 우리에게 알려지지 않은 것이 아니라, 알려져 있다. 그리고 동일한 의미에서, 그들이 결합되는 것처럼 또한 구별되며, '전체'인 것처럼 또한 '개체들'이라는 그 '사실'도 알려지지 않은 것이 아니라, 알려져 있다.

그들은 '하늘 안에서' 그리고 '하늘로부터' '직무'(Dienst)를 수행 중이다: 이 직무 수행에서 그들은 오고 있는 '나라'보다 앞서가며, 그 나라를 동반하고 에워싸며, 그 나라를 뒤따라간다. 여기에서 그들에 대한 우리의 지식은 고갈된다. 그러나 그것이 또한 우리가 감행할 수 있고 그래도 좋은, 그들에 대한 정의이기도 하다. 그리고 이 정의는 어쨌든 다음과 같이 설명될 수 있다: 그들은 '하나님'을 위하여 직무를 수행하며 존재한다; 그들은 실존하며, 그들의 특성과 본성은 어떠한 경우에도 하나님의 나라의 뜻에 유의하면서 그 뜻의 처분에 맡기는 것이며 또한 그렇게 하기 위한 것이다; 그들은 이 규정 안에서 그리고 다만 이 규정 안에서만 하늘에서 그들의 영광을 누린다. 더 말하자면, 그들은 '자비로운' 하나님을 위하여 직무를 수행하며 존재한다: 그 하나님에게는, 그가 있고 그들도 있는 그곳, 즉 하늘에서는 어떤 문제들도, 엄격히 말하자면, 원하고 행하여야 하는 아무것도 존재하지 않지만, 그렇지만 땅 위에서는 무에 의하여 위협을 받고 실제로 시험받고 방해받고 파괴되는, 그가 창조한 피조물의 실존이 겪는 헤아릴 수 없는 고난이 존재하므로, 하나님은 그 피조물을 보살피기로 그리고 그 피조물의 구원자가 되기로 결정하였으며, 그렇게 할 생각을 지니고 있으며, 이미 이제 막 그렇게 하려고 한다. 그들은 이러한 그의 뜻에 유의하고, 스스로를 그 뜻의 처분에 맡기며, 이러한 그의 자비가 누리는 영광 안에서 그들 자신이 영광스럽다. 더 말하자면, 그들은 바로 그렇기 때문에 그리고 그런 한에서 또한 '지상의 피조물'을 위하여 직무를 수행하며 존재하고 있다: 지상의 피조물이 스스로의 힘으로 해 나갈 수 있거나 그것과 같은 피조물의 봉사를 통해서 도움을 받을 수 있을 사건들에서 어떤 도움을 주기 위한 것은 아니지만, 구원자인 하나님의 하늘에 있는 증인들이며 사자들로서, 즉 그의 계시와 사역의 필수적인 형식과 형태인 그의 '비밀'을 전하는 특수한 선포자들로서 직무를 수행한다. 바로 이것이, 우리가 다음의 절에서 상세히 취급해야만 할 주제이다. 더 말하자면, 그들은 이 직무를 '완벽히' 수행함으로써 존재한다; 그들은 하나님의 보좌 앞에 서 있다; 그들은 그곳에서, 즉 창조된 세계 안에서 하나님의 말씀과 행동이 시작되는 그곳에서, 그의 직접적인 측근이며 그의 최초의 증인들이다; 그들은 저 백마를 탄 기사들로서 그곳으로부터 하나님의 말씀을 따른다; 그들은, 그들 자신이 하나님과 함께 그리고 그의 수행원으로서 발을 들여놓는 지상의 영역에서 발생하는 분규와 모순과 저항에는 관여하지 않는다. 그들은 하늘에 있는 존재로서, 이 직무를 실행하는 것 외에는 어떤 다른 "존재이유"를 지니고 있지 않다. 그들은 어떤 중립적 장소를, 즉 그곳으로부터 그들이 하나님의 종 이외에 또한 다른 어떤 것일 수도 있을 어떤 중립적 장소를 갖고 있지 않다. 그리고 마지막으로, 그들은 이 직무에서, 그것이 그들 상호간의 관계를 위해서 무엇을 의미하든 간에, 각각 어떤 '특수한' 존재이다: 즉 그들이 직무를 수행하는 것은 하나님의 구원의지와 구원사역의 구체성에 상응하게 (그들의 동질성에 그리고 무엇보다도 그들이 한 하나님 아래에 종속되어 있는 것에 관계없이, 그들이 한 하나님 아래에 종속되어 있다는 바로 그 사실에서) 동일한 것이 아니며, 각각 상이한 명령을 받고 행하는, 따라서 또한 각각 상이한 특성을 지니고 있는 직무수행이다. 그러므로 그들은 단순히 하나가 아니라, —하나님과는 달리, 그러나 그 대신에 지상에서 하나님이 원하고 수행하는 것에 상응하게— 다수이다: 천사들이 다수라는 바로 이 사실은 하늘에 있는 조직이 지닌 보편성 안에 그것의 불가피한 근거를 지니고 있는데, 그 이유는 그것은 구체적으로 관련되며 형성된 조직이기 때문이다.—이 조직을 정의하기 위하여 합법적으로 (여기에서는 우선 일반적으로) 언급될 수 있는 것은 바로 이것이다.

우리는 히브리서 1:14에서 아마도 천사들에 대한 성서적 관념을 보여주는 "고전적인 문구"라고 부를 수 있을, 천사들의 본질에 대한 정의와 비슷한 규정을 발견한다: "천사들은 모두 섬기는 영들로서 구원의 상속자가 될 사람들을 위하여 섬기라고 파견된 것이 아닙니까?" 이 질문은, 이 존재들에 대한 예수 그리스도의 절대적인 통치권을 발표하려는 의도로 작성된 것이다: 그들이 어떤 높은 곳에서 오든, 어떤 기능을 행하든, 어떤 품위를 누리든, 그들 모두는, 그리스도와 비교할 때 그리고 그와의 관계에서, 그래도 다만 이 문장에서 불리어지고 있는 것과 같은 존재, 곧 "섬기는 영들"에 불과하다. 그런데 사실은 그래도 확실히 이러하다: '그들'에 관해 언급될 수 있는 바로 그 '긍정적'인 것도 결코, 이렇게 대조시키는 것보다 더 훌륭하게, 즉 그들에 비하여 예수 그리스도라는 훨씬 더 빼어난 이름(히 1:4)을 유효하게 하는 것보다 더 훌륭하게 언급될 수는 없을 것이다. 이 문장은 물론 그것의 결정적인 진술에 주의하면서 읽혀져야만 한다. 왜냐하면 결정적인 진술의 핵심은, 천사들이 "영들"이라고 언급된 것에 있지 않고, "섬기는"이라는 형용사와 "파견된"이라는 분사를 통해 "영들"인 그들에게 특정한 특성과 특정한 활동이 할당되어 있다는 데에 있다. 이 특정한 활동을 통해서 그들은 예수 그리스도와 구분되지만, 또한 그에 대한 긍정적인 관계 안으로 들어가게 된다. 확실히 "천사들 = 영들"이라는 방정식에 대하여 너무 격렬한 관심을 보인 것이 이미 토마스 아퀴나스의 주석적 오류였으며, 그 후에 그가 구약성서와 신약성서에 동일하게 낯선 영(Geist)이라는 개념을 이용하여 이 "영들"에서 그가 주장하는 "영적인, 육체로부터 분리된 실체들"을 발견하기를 원하였으므로, 그 오류는 참담한 것으로 되었다.

그런데 후에 호프만(Joh. Chr. Konrad Hofmann, *Der Schriftbeweis* 1. Bd. 1852, 274f.)을 실제로 재치 있으나 실행할 수 없으며 실질적인 결과에서 전혀 견딜 수 없는 그의 천사론에 이르도록 그릇된 방향으로 인도하였던 것은 바로 동일한 오류였다. 이 천사론에 따르면, 하나님(엘로힘) 개념의 통일성 안에는 다수가, 즉 하나님은 영이므로 다수의 영들이 통합되어 있다는 것이며, 초세계적인 창조주인 '하나님의 일치된 본질'은 그가 자신의 영을 통하여 실행하며 활동하는 세계에서 현존하기 위하여 다양성으로 분해되며, 그 반대로 '영들의 세계'는, 그것 안에서 하나님의 일치된 본질이 세계 안에서 활동할 수 있는 다양한 특성들로 분해될 경우에는, 하나님의 영 안에 포함되어 있으며, 그 자체를 다양하게 만드는, 하나님의 영의 통일성 안에 "함께 포함"되어 있다는 것이다.(특히 354f.에서 그렇게 주장한다.) 그러한 해석을 통해서 히브리서 1:14에 기록된 "영들"이라는 개념은 훨씬 과도하게 부담을 지니게 되며, 반면에 그 구절의 실제로 결정적인 진술은 완전히 소홀히 취급되고 있다. "영들의 아버지"라는 하나님 칭호(히 12:9)는 아마 천사들과 관련되어 있으며, 아마 요한계시록에 나오는(3:1, 4:5, 5:6) "하나님의 일곱 영들"도 24장로들과 네 생물들과 똑같이 천사의 모습들로 이해되어야 한다는 것은 올바르다. 그런데 바로 요한계시록에서는, 이 경우처럼, 모든 천사들이 "영들"로 불리지는 않고 있다. 그것은 여기에서 오히려 "다만 한번 나오는 표현"이며, 벌써 이 사실이 주의하도록 촉구하는 것 같다. 이 맥락으로부터, 천사들이 바로 영들이라고 불려야만 한다는 어떤 특수한 필요성이나 그것에 대한 특수한 관심조차도 발생하지는 않는다는 사실이 추가된다. 그리고 이 명칭은 천사들의 특징을 본래 어쨌든 다음과 같이 부정적으로만 묘사한다: 그들은, 우리에게 이해될 수 있고 파악될 수 있고 우리에 의하여 통제될 수 있는 존재들에 속하지 않으며, 오히려 그들이 —신약성서에서 또한 아주 자주 "영들"이라 불리는 악령들도 그들의 전혀 다른 특성을 지니고 있듯이 — 움직이는 것과 움직여지는 것은 다만 우리에게는 전혀 낯선 관점으로부터 이해될 수밖에 없다. 따라서 이 명칭을 거의 입에 담지 않는 것이 현명할 것 같다. "영들"은, 그들이 "영들"이라는 사실에 의해서가 아니라, 바로 다음의 술어에 의해서 본질적으로 규정된다: 그들은 "섬기는 영들", 즉 우리에게는 이해될 수 없는, 거룩한 직무를 지니고 있는 존재들이다. 그리고 그들은 이 직무의 담당자들로서 "섬기라고 파견된 것", 즉 특정한 직무를 수행하기 위하여 파견된 것이다. 그들은 저 '직무'를 지니고 있으며, 그들은 그 직무의 담당자들로서 '파견'되었다는 서로 관련된 두 가지 사실이, 이 이해할 수 없는 존재들을 이 맥락의 의미에서 "천사들"로 만든다. 그들이 그들의 영역에서 예수 그리스도에 대하여 취하는 태도는, 인간의 영역에서 사도들이 그에 대하여 취하는 관계와 같다. 이것이 그들의 위대함이며 또한 그들의 한계이다.

여기에서 이 구절에 대한 쉬크(Erich Schick, Die Botschaft der Engel S. 30f., Vom Dienst der Engel S. 18f.)의 흥미 있는 해석이 언급되어야 한다. 그는 "섬기는 영들"을 "예배의 영들"로 번역하고 싶어 하며, "예배의식"은 "하나님의 면전에 숭배하며 서 있는 것"으로, "디아코니아"는 "세계 안에서 그리고 인간들에 대해서 행하는 봉사"로 이해하려 한다. 그러므로 그는 그 구절로부터, 시간, 내적 의미, 등급, 본질적 중요성에 따라서 천사들의 '이중의' 직무, 곧 '예배'와 '봉사'가 존재한다고 추론한다. 이 직무에서 과연 두 가지는 "분리할 수 없는 통일성 안에서 결합"되어 있기는 하지만, 그래도 이렇게 말할 수 있다는 것이다: 천사들에게는 (그리고 쉬크의 견해에 따르면 명백히, 우리에게도) 봉사 없는 예배는 존재할 수 있으나, 결코 예배 없는 봉사는 존재하지 않는다. 나는, 히브리서 1:14가 실제로 그것을 말했다고 확신하지는 않는다. 천사의 본질을 구성하는 하나의 요소를 이루는 저 거룩한 직무가, "하나님의 면전에 숭배하며 서 있는 것"이라는 의미에서 "섬기는 영들"인 천사들의 존재를 포함한다는 것은, 천사 가브리엘이 누가복음 1:19에서 명확히 언급한 것에서 추론될 만하며, 그것은 요한계시록 4-5장의 맥락에서 확실히 추론될 만하며 또한 그렇게 되어야만 한다. 그러나 거기에서 우리는 천사들의 특수한 '첫 번째' 직무를 찾아내고, 그들의 '두 번째' 직무인 그들의 "디아코니아"를 그것과 '구분'할 수 있을 것이며, 심지어 '분리'시킬 수 있을 것인가? "순수하게 예배하는", 오직 하나님만을 향하는 (천사들의 혹은 인간들의!) 존재와 행동을 상상하는 것이, 즉 그 직무 자체가 그것에 상응하게 봉사하는 존재와 행동이 아닐 수 있을, 또한 이 봉사 없이도 사건이 될 수 있을 그런 거룩한 직무를 수행하는 순수한 존재와 행동을 상상하는 것이 도대체 실행가능한가? 그 어떤 피조물이, 하나님을 위한 직무 자체가 즉시 세계 안에서 그리고 인간들에 대하여 행하는 봉사의 형태를 이룰 필요가 없을 그런 직무를 수행할 수 있는가? 그 자체가 예배로부터 유래할 필요가 없는 봉사, 즉 세계 안에서 그리고 인간들에 대하여 행하는 봉사란 존재하지 않는다는 것도 쉬크의 견해이다: 예배 없는 봉사는 존재하지 않는다는 것이다! 그러나 봉사 없는 예배는 존재하는가? 만일 하늘의 존재들 혹은 지상의 존재들이 단 한순간만이라도, 그에게 대하여 "당연히" 파견된 자들로 되지 않으며 또한 파견된 자들로서 출발해야 할 필요도 없는, 그러한 추상적인 상태에서 그를 향하게 될 수 있다면, 도대체 그것은 어떤 종류의 하나님이라는 말인가? — 그가 진정으로 은혜와 계약의 하나님, 곧 예수 그리스도 안에 있는 하나님이겠는가? 히브리서 1:14은 형용사("섬기는")로부터 분사("파견된")로 옮겨감으로써 이미 언어적으로, 여기에서는 두 가지 서로 다른 직무들에 대하여 논의되어야 한다는 주장을 배제하지 않았던가? 이로써 이 문장의 강조점은 분명히 다음의 사실에 놓여 있지 않은가?: 천사들은 실제로, 그들이 그 직무에 상응하는 봉사를 하도록 파견된다는 점에서 그들의 거룩한 직무를 지니고 있으며, 따라서 실제로 그 점에서 하나님의 면전에 서 있다. 이 문장이 이 방향으로 더 큰 의미를 지니고 있다는 것은, 이 봉사의 의미가 다음과 같이 명확히 해명됨으로써 더욱 강화되지 않는가?: 그 봉사는 "구원의 상속자가 될 사람들을 위하여" 수행된다. 반면에 우리가 이 본문에서 이 봉사와는 상이한 첫 번째의 직무, 쉬크에 따르면 심지어 우선적인 직무인 "예배하는" 직무에 대한 상응하는 해명을 찾는 것은 헛된 일이다. 나는 쉬크의 해석에 대하여 이러한 의구심을 품고 있으므로, 이 구절을 다음과 같이 이해하기를 선호한다: 그 구절은 천사들을—"모든" 천사들을—명백히 바로 "사자들"이라고, 즉 하나님을 섬기기 위하여 그리고 바로 동시에 우리의 우주에서 섬기기 위하여 투입되고 파견된 자들의 군대(Heer)라고 부르기를 원한다. 그 구절은, 천사들에게 주어진 거룩한 '직무'에 대하여 그리고 그들의 직무를 수행하도록 그들에게 주어진 '명령'에 대하여 언급함으로써, 그들을 묘사한다. 따라서 그것은 '움직임'을, 즉 그것 안에서 그들이 실존하며 또한 그들의 본질을 지니고 있는 그 '움직임'을 묘사하고 있다. 이런 그들의 움직임은 그것의 기원과 실행에서 '섬기는' 움직임이므로, 그들은, 이 일에서—"구원의 상속자가 될 사람들을 위하여" 발생하여야 하는 일에서—주님이며 왕인 하나님과 구별된다.

성서 안에서 우리가 마주치는, 천사들의 다른 일반적인 이름들, 정의들, 명칭들도 그리고 그들에 대한 일반적인 언급들도 이제 이 관념의 틀 안에 넣어질 수 있을 것 같으며, 상대적으로 이해할 수 있게 될 것 같다.

만일 그들이 스가랴 14:5, 시편 29:1에서 단순히 "하늘에 있는 자들"이라 불린다면, 빌립보서 2:10에서도 "땅 위에 있는 자들과 땅 아래에 있는 자들"과 대조되어 "하늘의 존재들"로 불린다면, 그것은 우리의 전체적인 설명의 맥락 안에서 즉시 이해된다. 이렇게 불림으로써 그들은, 그들이 섬기면서 참여하고 있는 하늘나라와 그 질서의, 즉 하늘에서 시작되고 땅으로 향하는 그 사건의 바로 개별적인 구성원들이며 개체들로서 묘사되고 있다. 하늘나라의 개념에 대한 바로 이 관계 때문에, 우리는 아마, 바로 이 명칭을 주석적으로 그리고 교의학적으로 주요개념으로 끌어올리려는 유혹을 받을 수 있을 것이다. 아주 자주 또한 하늘로부터 한 천사가 "아래로 내려오는 것"(예를 들면, 단 4:10)이, 혹은 간단하게 "하늘에서 온 천사"(예를 들면, 갈 1:8)가, 혹은 "하늘에 있는 천사들"(예를 들면, 막 12:25)이 화제가 된다. 그러나 "하늘에 있는 존재들"이라는 주요개념은 이 개념의 강조점을, 원하지 않으면서도 존재론적 측면으로 옮겨놓는 일을 초래할 수 있을 것이다. 결코 어떤 주요개념에 구속되지 말고 그 대신에 "천사"라는 통상적인 어휘를 말하자면 백지 상태로, 즉 그것 위에 그들에 대하여 언급될 수 있는 많은 것들이—그들은 "하늘에 있는 존재들"이라는 것도 포함하여—기입될 수 있는 그 백지상태로 다루는 것이 아마 현명할 것 같다. 바로 "천사"라는 어휘가 결정적인 대목에서 그래도 또한 실질적으로 가장 내용이 풍부한 것으로도 증명될 수 있기 때문에 더욱더 그렇다.

만일 그들이 시편 89:6, 8, 욥기 5:1, 15:15에서 (아마 데살로니가후서 1:10에서도) "거룩한 자들"이라고 불린다면, 그 밖의 성서적 어법에 따르면, 그것의 의미는 이렇게 이해되어야 한다: 그들은 그들의 직무를 위하여 하나님에 의하여 선택되고 결정되고 선별되었다. 바로 이것이, 우리가 하늘에서 발생하는 사건의 규율이라 불렀던 것이며, 그 사건과 관련된 개별적인 인물들에 대한 이 명칭에서 표현되고 있는 것이다. 그리고 만일 다니엘 4:10, 14, 20(한글 새번역으로는 4:13, 17, 23 — 역자 주)에서 이 "거룩한 자들"이 "감시자들"과 동일시되고 있다면, 이 점에서 우리는 다음의 사실에 대한 암시를 보고 있는지도 모른다: 그들의 "거룩함"은 다만 수동적으로, 그들이 하나님의 명령을 토대로 존재하는 것에 관련될 뿐만 아니라, 동시에 구원의 역사에서 그들이 담당하는 적극적인 기능과 관련되어 있다. 그들이 바로 다니엘 4장에서 느부갓네살 왕의 과대망상증에 직면하여 행하는 것처럼, 그들은 경계들을 넘지 않도록 감시하고 있다.

세 번째 계열의 성서구절들(시 89:7, 욥 1:6, 2:1, 38:7)에서는 그들이 "하나님의 아들들"(취리히의 독일어 번역본에 따름 — 역자 주)이라 불리며, 한번은 시편 82:1에서 직설적으로 "신들"이라 불리기도 한다. (어려운 구절인 창세기 6:1-6은 확실히 특수한 사례이다. 2절과 4절에는 마찬가지로 "하나님의 아들들"이 화제로 되고 있다. 이 사례는 아마도 우리가 다루는 계열의 성서구절들에는 속하지 않는 것 같으므로, 여기에서는 인용하지 않는다.) 이 구절들 때문에, 천사들을 이교도들의 신들과 동일시하는 마르텐센(Martensen)이 제시하는 이론의, 혹은 또한, 천사들을 일종의 하나님의 자아를 펼쳐놓은 것으로 보는 호프만(Hofmann)이 제시하는 이론의 감언이설에 빠지게 되는 것은 현명하지 않을 것이다. 천사들이 한 인물과, 즉 그 후에 신약성서에서 '유일한' 하나님의 아들이라 불리게 될 그 인물과 경쟁한다는 것은 구약성서가 천사들에 대하여 언급하는 모든 것에 따르면, 신약성서에서 그리스도인들을 "하나님의 아들들"이라고 부르는 것도 이 관점에서는 어떤 경쟁도 포함하고 있지 않듯이, 역시 고려될 수 없다. 인간들도, "가장 높으신 분의 아들들"과 같은 의미인 "신들"로 지칭된다.(시 82:6, 비교: 요 10:34) 두 개념들은 피조물들에게도 적용될 수 있는 하나의 의미를 지니고 있다. 그 개념들은 "거룩한 자들"이라는 표현과 비슷하게, 그 피조물들이 특별한 의미에서 하나님에게 속하며, 하나님에게 의무를 지니고 있고 결속되어 있음을 의미한다. 만일 그들이 "하나님의 아들들" 혹은 "신들"이라 불린다면, 바로 그것은 천사들에 관하여 언급되고 있는 것이다: 즉 하나님에 의하여 하늘의 존재(Sein) 및 사건의, 그리고 그 질서의 개체들로서 고용된 천사들에 관하여, 즉 이렇게 고용됨으로써 그러한 개체들로, 곧 하늘에 있는 그의 가족으로 된 천사들에 관하여 언급되고 있는 것이다.

유일하지만 중요한 구절인 이사야 6:1 이하에서 '스랍들'(Seraphen)이 화제로 되고 있는데, 이것은, 마치 그곳에서 이 개념으로도 하늘에 있는, 하나님의 측근 전체가 묘사되고 있는 것처럼 보인다. 더 자주 등장하는 것은 '그룹들'(Cheruben)이다: 천사들을 에덴동산 혹은 생명나무에 이르는 길을 지키는 감시자들로 묘사하는 창세기 3:24은 천사들에 대한 다니엘의 명칭을 상기시키지만, 일반적으로는 하나님에 대하여 언급되고 있는데, 하나님은 그들 위에 있는 보좌에 앉아 있으며(삼상 4:4, 그리고 자주), 혹은 그들을 타고 날아오른다.(삼하 22:11, 그리고 자주) 출애굽기 35:18 등에 따르면, 이 기능 때문에 그들은 법궤의 장식에서 중요한 역할을 하고 있다. 이미 두 이름들이 지닌 어휘의 뜻이 전문가들 사이에서 논란이 분분하므로, 그 전문가들에게 속하지 않는 사람은 침묵하는 것이 더 나으며, 그 천사들의 실질적인 역할과 의미도 사정이 비슷하다. '스랍들'에 관하여 분명한 것은 이것이다: 이사야 6장에서 그들이 드러낸 활동(세 번 "거룩하다"고 노래함으로써 성전의 기초가 흔들렸으며, 그들 가운데 하나가 예언자의 입술을 정결하게 하였다.)은 어쨌든 마찬가지로, 수동적일 뿐만 아니라 능동적인 "거룩한 자들"이라는 개념의 방향을 가리켜 보여준다. '그룹들'에 관해서는 창세기 3:24을 고려하면 우선 동일한 것이 유효한 것처럼 보이지만, 그 밖의 언급을 고려하면, 그들은 일부는 하나님 아래에 있는 하늘의 세계에서도 하위질서의 대표자들로, 일부는 하나님에 의하여 하늘로부터 실행된 포괄적인 운동을 동반하는 요소들로 생각되고 있다.

이제 '특정한' 천사들이 특정한 '이름들'을 가지고 있는 구절들이 있다: 다니엘 10:13, 12:1, 유다서 1:9, 요한계시록 12:7에는 천사가 미가엘이라는 이름을, 다니엘 8:16, 9:21, 누가복음 1:19, 26에는 천사가 가브리엘이라는 이름을, 그 외에 외경인 토빗서에는 한 천사가 라파엘이라는 이름을 갖고 있다. "미가엘"이라는 이름이 의미하는 것은 "누가 하나님과 같으냐?"이다. "가브리엘"은 "하나님의 사람"이라는 뜻을 지니고 있으며, "라파엘"은 "하나님은 거룩하다."는 뜻을 지니고 있다. 개별적인 천사들의 이 이름들은, 성서의 천사관념이 지닌 다른 일련의 현상들과 함께, 우선 다음과 같은 사실을 증명하는 것이다: 우리는 하늘에 있는 하나님의 군대 혹은 집회를, 저 하늘의 존재들 혹은 거룩한 자들 혹은 하나님의 아들들을, 그러므로 스랍들을 그리고 정말 확실히 그룹들도 단지 집단으로서만이 아니라 또한 개체화된 것으로서 생각해야만 한다. 우리는 다음의 사실을 더 듣게 될 것이다: 그들은 "함께"만이 아니라, 또한 개별적 존재로서도 나타나고 행동한다; 그들은 다함께 말할 뿐만 아니라, 개인적인 말로도 말한다. 그러나 만일 우리가, 이 관점에서—여기에서 다소간에 명료하게—천사들에 대하여 언급된 것을 존재론적으로 억지로 해석하려 한다면, 우리는 이 본문들의 역사적 특성만이 아니라 주제 자체를 훼손하게 될 것이다. 바로 이 관점에서 성서의 천사론은, 매우 생동감 있게 언급하고 있음에도 불구하고, 후에 그것을 자료로 삼아 만들어졌던 것보다 더 냉정하다. 하늘에 있는 집단은 땅 위에 있는 집단이 아니듯이, 하늘에 있는 개체들은 땅 위에 있는 개체들이 아니다. 오히려 "영들"이 일반적으로 다만 "섬기는"이라는 술어와 "섬기라고 파견된"이라는 술어에 의해서 '존재'하듯이, 하늘의 군대는, 하나님의 보좌 주변에 모이고 그곳으로부터 파견됨으로써만 존재하듯이, 마찬가지로 그 군대의 개별적인 인물들도 그렇게 '존재'한다: 다만 그들이 특수한 위임 때문에, 즉 지상의 구원사에 대한 특수한 관계 때문에 특별히 소집되고, 무리로부터 벗어나 그리고 다른 무리들의 대열로부터 벗어나 '밖에 세워짐'으로써, 그들이, 그들의 이름들이, 그들의 특수한 발언과 행동이 화제로 될 경우에, 그들이 개별적으로 '존재'하며, 나중에 다시 흔적도 없이 그 무리들 속으로 사라진다. 따라서 예를 들면, 스스로에게 다음과 같이 질문하는 것은 무의미할 것이다: 혹시 천사 가브리엘은 다니엘에서 그에게 할당된 역할과 예수탄생 이전의 이야기에서 그에 대해 이야기된 것 사이에서 무엇을 했으며 혹은 무엇을 하며 존재하기라도 했을까? 그들의 개별적인 실존과 관련해서도 우리가 들어 알게 된 모든 것은 이것이다: 천사들은 몇 번이고 되풀이하여 "주님의 말씀을 실행하는 강한 용사들"로서, "그의 뜻을 이루는 종들"(시 103:20f.)로서 현존한다. 그러므로—바로 시편 103편에서 화제로 되고 있는—하늘에 있는 그들의 개별적인 존재도, 설령 존재한다고 해도, 바로 이 '현재성'(Aktualität) 안에서만 상상하는 것이 현명할 것이다. 우리가 이 점을 엄격히 고수하면 할수록, 그들은 더욱더 동화 속의 인물들로 이루어진 호기심을 끄는 미술품의 특징을 상실할 것이며, 우리는 더욱더 분명히 그들의 실천적 중요성을 인식하게 될 것이며, 무엇보다도, 더욱더 분명히 현실에 대한, 그리고 살아 있는 하나님의 뜻에 대한 그들의 직접적인 관계 안에서 그들의 실존을 인식하게 될 것이다. 특수한 천사들의 바로 저 특수한 '이름들'이, 이 방향에서 생각하라는 분명한 요구이다. 그들은 심지어 바로 다음의 사실에서 의미심장하다: 그들이 '개별적으로' 말하는 바로 그것이 천사들 '전체'에 관한 진술, 즉 '하나님'에 대한 그들의 관계에 관한 진술, 그리고 '그렇게' 천사들의 본질에 관한 진술이기 때문에, 그들은 말하자면 우리도 모르는 사이에 사라져버린다. "누가 하나님과 같으냐?"라는 뜻을 지닌 미가엘이라는 이름이 여기에서 특히 관심을 끈다. 이 이름을 시편 89:6, 8과 비교해 보자: "저 구름 위의 하늘에서 주님과 견줄 만한 이가 누가 있으며, 하나님의 아들들 가운데서도 주님과 같은 이가 누가 있습니까?…주 만군의 하나님, 누가 주님 같은 용사이겠습니까?" 따라서 바로, "미가엘"이라는 이름이 특별히 말하고 있는 것은, 모든 천사들에 대하여 언급되어야 하는 것이다: 그들 모두가 미가엘이라 불리고 이러한 그들의 이름으로 공교롭게도 그 질문을 증언할 수 있을 것이며 또한 그래야만 할 것이며, 그 질문에 대해서는 다음과 같이 다만 하나의 대답만이 존재한다: 하늘에도 하나님과 동등한 존재는 없으며, 그와 같은 존재는 아무도 없다.

이로써 우리는 다음의 문제에 직면한다: 성서의 관념에 따르면 천사세계 내부의 '질서'가 있는가? 그런 것이 있다면 어느 정도로 그러한가? 우리는, 고대교회 및 중세교회의 신학이 천사들의 '서열'에 대하여, 이런 의미에서 "위계질서"에 대하여 알고 있다고 주장했던 것을 들어 알고 있다. 이 관념은 성서적으로 근거가 있는가? 혹은 그렇지 않은가?

어쨌든 지상의 인간사회에서 발생하는 이런 유형의 현상들에 적용되는 것을 즉시 하늘의 현실에도 응용할 수 있다는 생각을 하게 될 경우에만, 하늘의 군대 혹은 하늘의 집회라는 표상으로부터 일반적으로 그런 관념이 발생하게 될 것이다. 천사들의 '수효'를 화제로 삼는 구절들이 벌써 이 맥락에서 경고를 했음에 틀림없을 것이다: "그를 섬기는 자들은 수백만이요 그의 앞에 서 있는 자들은 수억이었다."(단 7:10, 계 5:11. 취리히 독일어판에 따라 번역함—역자 주) 이것은 통계학적인 진술들이 아니라 과장된 진술들이다. 이 진술들이 의미하는 것은, 거기에는 수효가 '없다'는 것이다. 그러면 수효가 없는 곳에, 어떻게 서열이 존재할 수 있다는 말인가?

사람들은 욥기 33:23을 인용하였는데, 여기에서 하나님이 인간과 말할 수 있는 다른 수단들과 방법들을 묘사한 것에 따르면 다음과 같다: "만일 한 천사가 천명 가운데 하나인 중재자로 그를 위하여 거기에 있다면", 즉 한편으로는 인간에게 그에게 닥친 징계를 해명하고, 다른 한편으로는 그를 측은히 여겨서 그를 대변한다면, 그 사람은 "두 번이고 세 번이고"(29절) 도움을 받게 되므로, 그는 생명의 빛을 즐기도록 허락될 것이다. 그런데 왜 이 "천명 가운데 하나인 중재자"가 999명의 다른 천사들보다 "더 높은" 존재이어야 한다는 말인가? 그가 다른 천사들 가운데서 두드러지게 되었다는 것은 확실히 분명하다. 그러나 그는 명백히 역시 다만, 바로 그 인간에 대하여 바로 그에게 지정된 특수한 명령 때문에 그리고 그 명령의 의미에서만 그러하며, 그 자신에게 고유한 더 높은 지위 때문이 아니다.

여호수아 5:13-15의 (덧붙여 말하자면, 그 구절의 맥락에서는 약간 불명확하며 아마도 그것의 완전한 원문이 보존되지 않은) 구절이 더 납득이 가는 것으로 보일 수 있을 것이다. 이 구절에 의하면, 여리고에 이르렀을 때에 어떤 사람이 손에 칼을 빼 들고 여호수아 앞에 서 있었다. 여호수아가 그에게 물었다: "너는 우리 편이냐? 우리의 원수 편이냐?" 그가 대답하였다: "아니다. 나는 주님의 군대를 지배하는 군사령관(sar)으로서 바로 지금 온 것이다." 그러나 그 후에 이 천사의 현현(顯現)은, 구약성서의 여러 구절에서 그런 것처럼, 하나님의 현현으로 드러난다: "그러자 여호수아는 얼굴을 땅에 대고 절을 한 다음에 그에게 물었다: '주께서 이 종에게 무슨 말씀을 하시렵니까?' 주님의 군대의 총사령관이 여호수아에게 말하였다: '네가 서 있는 곳은 거룩한 곳이니, 너의 발에서 신을 벗어라.' 그러자 여호수아가 그대로 하였다." 이 하늘의 존재가 여호수아에게 그 명칭으로 자신을 소개하는 일이 발생한 것은 명백히, 이 천사의 현현을 처음부터 첫 등급의 업무로 특징짓기 위한 것이며, 야웨의 군대가 지닌 권세 '전체'를, 그것 안에서 그리고 그것과 함께 그 군대의 실제 '주님'을 통고하기 위한 것이며, 따라서 이 천사현현을 처음부터 하나님의 현현으로 알리기 위한 것이다. 그러므로 야웨의 군대 안에 말하자면 타고난 혹은 특허를 받은 군사령관들(sarim)이 존재한다는 것은, 이 구절에서도 언급될 수 없을 것 같다.

그런데 자주 인용되는 다니엘에도 동일한 것이 적용된다. 다니엘 10:13에서는 천사 '미가엘'이 "가장 높은 천사장들(sarim) 가운데 하나"로 그리고 다니엘 12:1에는 그가 "위대한" 천사장(sar)으로 불리어지고 있다. 이 특수한 천사가 지닌 바로 이 특수한 이름이, 다른 천사들보다 그에게 고유한 탁월함이 그에게 할당된 것으로 해석하는 것에 저항하고 있다는 사실을, 우리는 이미 확인하였다. 그리고 여기에서 그가 한 천사장으로서 그리고 "가장 높은 천사장들 가운데 하나"로서 불리어지고 있다는 것은, 그 장의 인식할 수 있는 맥락에 따르면 그의 '기능'과 관련된 것이다: 그는—그것도 전적으로, 땅 위에서 발생하고 있는 구원사적인 사건들의 진행과정에서!—(그 밖에 10:13, 20에 따르면 또한 페르시아 제국의 천사장도 그리고 20절에 따르면 그리스의 천사장도 활동하고 있는 것과 같이) 다니엘의 백성과, 즉 선택받은 백성인 이스라엘과 한패가 된 바로 그 천사이다. 다니엘 12:1의 명확한 정의에 따르면 미가엘은 "너(다니엘)의 백성의 편을 드는 위대한 천사장"이며, 다니엘 10:21에 따르면 "너희의 천사장"이다. 천사들의 위계질서에서 그에게 귀속된 등급을 고려해서가 아니라, 하나님이 행한 은혜의 선택을 통하여 역사 안에서 돋보이게 된, 그가 지닌 명령에 경의를 표하여, 그렇게 눈에 띄는 방식으로 바로 그에 대하여 언급된다. 천사장 개념은 여호수아 5장처럼 여기에서는 "직분들의 명칭"이 아니라 "직무적 명칭"으로 이해되어야 한다. 유다서 1:9에서 한 천사가 "천사장 미가엘"이라 불림으로써, 거기에서도 미가엘이라고 불린 그 천사에게 천사들 가운데 최고의 등급이 할당되지는 않는다. "천사장"(Erzengel)은 결코 대주교(Erzbischof) 혹은 대공(Erzherzog, 大公, 옛 오스트리아 황태자의 칭호. Erz는 '최고'의 뜻을 지니고 있음—역자 주) 같은 어떤 존재가 아니다! 데살로니가전서 4:16에 따르면 예수 그리스도의 재림 때 소리치게 될 그 천사장도 그런 존재가 아니다! 왜냐하면 "천사장"이라는 어휘의 기원은 분명히 다니엘의 칠십인역(Septuaginta, 기원전 2-3세기에 이집트 알렉산드리아에서 약 70인의 학자가 구약성서를 헬라어로 번역한 것—역자 주)에 근거를 두고 있기 때문이다. 다니엘 10:13에서 히브리어 achad hasarim은 "통치자들 가운데 하나"로, 10:21에서 sarekem은 "너희의 통치자"로, 12:1에서 hasar hagadol은 "위대한 통치자"로 번역되었다. 라틴어 성서(Vulgata)는 세 곳 모두에 "군주"라는 어휘를 사용한다. 그런데 "통치자" 혹은 "군주"는 권력자이며, 따라서 "통치자"로 불리는 "천사"는, 바로 다니엘 10장과 12장에 따르면 미가엘에게 이스라엘에 대한 권세가 위임되었듯이, 역사 안에서 특정한 권세가 위임된 천사이다. 그는 물론 그 어떤 권세가 아니라, 그 자신의 권세가 아니라, 바로 '이' 백성에 대한 '하나님의' 권세를 담당하고 대표하는 자이다. 데살로니가전서 4장에 나오는 "천사장"도 바로 이 하나님의 권세를 선포하며, 마치 그의 소리와 동시에 울리는 나팔에게 다른 나팔들에 비하여 더 높은 지위가 할당되지 않듯이, 그렇게 함으로써 다른 천사들에 비하여 그에게 고유한 품격이 그에게 할당되지는 않는다. 천사가 '말'하는 것과 나팔을 '부는' 것, 그것이—즉 그들이 어떤 존재인가가 아니라—그들의 탁월함을 결정한다! 따라서 "천사장"이라는 개념으로부터는 미가엘을 더 높은 지위에 앉히는 것이 논증될 수 없으며, 하늘의 위계질서 전체도 논증될 수 없다.

그러나 언급된 모든 것에 비추어 볼 때 결국, "미가엘과 그의 천사들"이 하늘로 침입하는 용에 맞서 싸운 전쟁 수행(계 12:7)으로부터—군사조직 옹호자들이 자주 그렇게 이해하고 채색하듯이—마치 "그의 천사들"이란 말하자면 미가엘이 지휘하는 부대로, 미가엘 자신은 그 부대의 선두그룹에 있는 일종의 계급을 지닌 인물로 이해될 수 있는 것처럼 추론하는 것도 타당하지 않을 것이다. 그들이 "그의" 천사들이라 불리는 이유는 오히려, 그들이 여기에서—그가 홀로 있는 다니엘과는 달리, 아마도 이제 이스라엘에 덧붙여진 "이방인들"을 고려하여—그가 받은 명령을 그와 공유하며, 그와 협력하여 수행해야만 하기 때문이다.

'가브리엘'도 사정이 미가엘과 마찬가지이다. "하나님의 사람"이라는 그의 이름은 다른 천사의 이름일 수도 있으며, 그 이름은 어떤 지위를 포함하고 있지 않다. 다니엘 8:16, 9:21에 따르면, 그가 받은 명령과 그가 행하는 직무의 핵심은, 다니엘에게 그가 받은 환상을 해석해주는 것이다. 누가복음 1장에 따르면, 그는 사가랴에게 요한의 탄생을(11절 이하), 마리아에게 예수의 탄생을(26절 이하) 예고하는 존재이다. 19절에서 그가 자신을 "하나님 앞에 서 있는 자"로 칭하였다는 사실로부터, 천사들의 무리 내부에서 그에게는 당연히 "높은, 특별한 지위"가 주어져 있다(E. Schick, 앞의 책, 30)고 추론하는 것은 권할 만한 것이 아닐 것 같다. 왜냐하면, 참으로 요한계시록 8:2에 나팔을 가진 일곱 천사들이 "하나님 앞에 서 있는 자들"로 묘사되고 있는 것처럼, 요한계시록 4:3 이하에 따르면 "보좌의 둘레에" 혹은 "앞에"라는 표현은 모든 천사들을 위한 (요한계시록 7:15에는 완벽한 의인들을 위한) 일반적인 위치표시인 것 같기 때문이다. 그러므로 왜 그 표현이 바로 가브리엘에게 특수한 존재론적인 명예로운 지위를 할당하여야 하는지 분명하지 않다. 만일 우리가 그의 명예를 특히 누가복음 1장에서 드러난, 그가 받은 특수한 명령으로부터 출발하여 이해한다면, 그 명예는 아주 크다.

이제 우리는 이 맥락에서 마침내 또한, 특히 바울서신들에서 나타나는, 다음과 같은 개념들 혹은 현실들에 관해서도 언급해야만 하는데, 그것들은 일찍이 위(僞) 디오니시우스(Ps. Dionysius)에게 매우 흥미 있었으므로, 그의 위계질서를 구성하도록 자극하였다: 저 "통치들"과 "권세들"(고전 15:24, 골 1:16, 2:10, 엡 1:21, 3:10, 6:12, 딛 3:1), 그것들에 "권력들"(고전 15:24, 벧전 3:22), "주권들"(골 1:16, 엡 1:21), "왕권들"(골 1:16), "세계지배자들"(엡 6:12)이 덧붙여진다. 반면에 로마서 8:38에는 "천사들"과 "통치들" 외에 또한 눈에 띄게 또한 "죽음, 삶, 현재 일, 장래 일, 높음, 깊음"도 언급되고 있다. "통치들"이라는 개념은 (벧전 3:22 외에는) 이 구절들 어디에도 없는 곳이 없다. 그러므로 여기에서는 "이 세상의 통치자들"(고전 2:6f.)도 언급되어야 한다. "권세"라는 개념은 다만 로마서 8:38 이하의 열거에서만 빠져 있으며, 대신에 로마서 13:1 이하에서 의미심장하게 적용되며 나타난다. 우리가 지속적으로 '권세'를 나타내는 개념들과 관계하고 있다는 것이 분명하다. 문맥("누가 우리를 그리스도의 사랑에서 끊을 수 있겠습니까?" — 롬 8:35)에 따라서 보면, 이것이 로마서 8:38 이하의 확장된 열거에도 해당되는 것 같다. 여기에서 사용되고 있는 것과는 다른 모든 권세 개념들은 (이 어휘의 '넓은' 의미에서 그렇게 언급될 수 있는) '정치적' 느낌과 영향력을 지니고 있다: 여기에서 주요관심사는 인간의 '역사'를 지배하고 형성하는 권세들이다. 이 구절들에서는 이 개념들이 지닌 세 가지 의미들이 교차되고 있으며, 그것들이 이 구절들을 주석할 때에 다소간에 긴급한 것으로서 배려되어야 한다.

(1) 로마서 13:1, 디도서 3:1(참고: 눅 12:11, 요 19:10f.)에는 분명히, 하나님에 의해 투입되었으나 인간에 의해 실행되는 '국가'권력들이 화제로 되고 있으며, 그것들은 베드로전서 2:13에서 명백히 "인간의 제도"라고 불린다.

(2) 골로새서 1:16, 2:10, 에베소서 1:21, 3:10, 베드로전서 3:22에서 주요관심사는 (동일한 이름들 아래에서) "그리스도를 위하여 그리고 그를 섬기기 위하여("그로 말미암아 그리고 그를 위하여")" 창조되고 투입되고 그에 의해 통치되는 '하늘의' 권세들이며, 그것들의 기능과 직무는 물론 그리스도의 재림과 함께 목표에 도달하며, 따라서 그리스도 자신에 의해서 폐지될 것이다.(고전 15:24).

(3) 그 밖의 구절들에서 (마찬가지로 동일한 이름들 아래에서) 주요관심사는 비합법적이며 타락한 권세들, 즉 하늘의 권세들을 모방하며 그들과 경쟁하는 '악령들의' 권세들이다. 그 권세들에 대해서 다음과 같이 기록되어 있다: 그것들은 그리스도에 의해 이미 체포되었고, 개선 행진에 포로로 끌려 다녔으므로(골 2:15), 우리는 아직도 그것들과 싸워야 하지만(엡 6:12), 더 이상 두려워할 필요가 없다.(롬 8:38f.)

여기에서 우리는 이 개념들에 대하여 두 번째로 언급된 의미에 관심을 갖고 있다. 어쨌든 '하늘에 있는' 권세들이라는 명칭들로서도 논의되고 있는 것은 다름 아니라 바로 "통치들, 권세들, 왕권들, 주권들, 권력들"이다: 그 권세들은 그리스도에게 굴복하며, 그리스도가 그것들의 머리이다.(벧전 3:22, 골 2:10) 분명한 것은 이것이다: 우리는 원칙적으로, 우리가 이미 하늘의 'sarim'(천사장)에 관한 구약성서의 표상 안에서 마주쳤던 동일한 관념의 토대 위에 있다. 만일 우리가 동일한 이름을 지닌 악령들의 권세들이 실존한다는 것을 우선 도외시한다면, 이 하늘에 있는 권세들, 즉 직접적으로 하나님의 행동을 통해서 하늘로부터 결정된 권세들은 우선, 마찬가지로 하나님에 의해 투입되었지만 인간들에 의해 형성된 특정한 지상의 조직들, 무엇보다도 지상의 국가권력들의 조직들에 대하여 마주 서 있다. 그러므로 그것들은 지상의 조직들과 동일하지 않지만, 말하자면 하나님에 의해 밑그림이 그려진 원형들로서 지상의 조직들과 관련되어 있다. 우리가 지상의 권세들에 대해서도, 그것들은 "하나님께서 세워주신 것"(롬 13:1)이라고 말할 수 있는 근거는 확실히 바로, 지상에 있는 그것들이 저 하늘에 있는 권세들에 상응하는 것들이라는 사실에 있다. 하나님은, 하늘로부터 그의 말씀을 선포함으로써, 땅 위에 평화를 이루는 그의 권세를 계시하고 실행한다. 땅 위에 평화를 이루는 하나님의 권세를 계시하고 실행하는 것이 하늘의 "통치들"과 "권세들"이며, 그것들은 그 경우에 상대적인 평화를 유지하는 권세들인 지상의 국가권력들 안에서 그것들의 복사본(Gegenbild)을 발견한다. 양쪽의 이름들이—하늘에 있는 원형들의 이름들과 땅 위에 있는 상응하는 것들의 이름들이—동일한 것이므로, 다음의 사실이 인식될 수 있게 된다(바로 저 정치적 이름들이 그것을 의미한다.): 그것들은—즉, 그것들이 하나님의 계약행위와 은혜의 행위를 통해서 결정되었으므로, 먼저 그리고 본래 그것들은—'질서'를 세우는 권세들, 즉 이해하기 어려운 "권세들"일 뿐만 아니라 뚜렷한 "능력들", 즉 상대적인 평화에, 곧 무질서에 대한 상대적인 방어에 봉사하며, 이런 의미에서 하나님의 나라에 봉사하는 세력들이다. 그것들이 "통치들"이든 "권세들"이든, 혹은 어떻게 불리든, 그것들의 머리는 그리스도이며, 그것들은 계약 및 은혜의 질서를 세우는 권세를 "대표한다."(이 개념을 이미 블룸하르트[J. Chr. Blumhardt]가 천사들에 대하여 사용하였다.) 질서를 세우는 하나님의 권세를 그렇게 대표하는 것들이 '하늘'로부터 사건으로 되기 때문에, 또한 사건으로 됨으로써, '지상의' 역사도 결코 무질서에 완전히 예속될 수 없으며, 또한 그렇게 되도록 허용되지도 않으며, 오히려 여기에서도—확실히 다만 빈약한 모조품들로서, 그러나 어쨌든 실제의 모조품들로서—평화를 이루고 질서를 세우는 권세들과 같은 것이 존재할 수 있고, 또한 존재하도록 허용된다. 그리고 그 경우에 하나님의 권세를 대표하는 것들로부터 그리고 그것들을 모방하는 것으로서 심지어 무질서의 권세들이, 즉 악령의 권세들과 그 악령들의 권세들을 모방하여 특별히 인간들이 만들어낸 모조품들이 살아 있다. 그러나 바로, 저 모든 개념들에서 주요관심사는, '한 하나님의' 질서를 세우는 권세를 시간, 장소, 상황들에 따라서 상이한 행동과 형태로 지상의 역사 안으로 침투하면서 대표하고 계시하고 실행하는 것이므로, 명칭들이 서로 다르다는 사실로부터 이 권세의 내적인 등급을, 말하자면 하늘나라의 상이한 분과들 혹은 부문들을, 그리고 그와 관련하여 하늘의 위계질서가 존재한다는 것을 추론하려는 것은 완전히 잘못된 것이 될 것이다. 위(僞) 디오니시우스가 이 개념들에 대하여 실행하였던 주석은 매우 자의적이었으며, 따라서 비생산적일 수밖에 없었다. 아무것도, 결코 아무것도 우리에게 "통치들"을 "권세들"보다 "더 높은 것"으로, "권력들"을 "왕권들"보다 "더 낮은 것"으로 간주하는 식으로 개념들의 서열을 구분할 권리와 의무를 주지 않는다. 이 모든 개념들은 오히려 그것들의 입장에서 하늘나라가 지니고 있는 '하나의 전체적인' 권세를 가리킨다. 그 개념들이 가리키는 현실들 사이에 있는 위계질서는 논의될 수 없다. 왜냐하면 그것들이 대표하고 계시하고 실행하는 권세는 매번 '한' 하나님의 권세이기 때문이며, 그들의 머리가 지닌 권세를 도외시하고는 그것들 자체는 아무런 권세들일 수 없다는 의미에서, '그리스도'가 그들 모두의 머리이기 때문이다. 확실한 것은 이것이다: 그것들의 '상이성'도, 이 상이성 안에서 가시화되는 하늘나라의 '계통적 분류'도 실재한다(real). 하늘나라가 전체로서 하나의 '역사적' 실재이듯이, 그 나라의 계통적 분류도 실재이며, 저 명칭들을 통해서 다른 권세와 상이한 것으로 공고된, 하늘의 각 권세도 실재이다. 그것들이 하늘의 영역으로부터 지상의 영역으로 침투하는 사건으로 되듯이, 그것들의 상이성은 하나님의 말씀 및 행위의 결과와 세분화로부터 이해되어야 한다. 그것들은 "하나님의 갖가지 지혜"가 행하는 작용으로서 이해되어야 한다. 에베소서 3:10에 따르면, 그 지혜는 신앙공동체의 실존 안에서 그것의 목표에 도달하고 가시화되기 때문에, 하늘에 있는 천사들 자신이 그것을 인식하면서 새로운 것을 더 배워야 한다. 위계질서? 아니다! '기능'의 질서, '직무'의 질서? 그렇다! 바로 이 결론으로, 우리는 이 숙고를 끝낼 수 있다. 우리는, 위(僞) 디오니시우스를 이 의미에서 혹은 그래도 이 방향에서 해석하는 것이 불가능하지는 않다는 것을 보았다. 그는 교회가 쉽게, 그를 의미 있게 이해하도록 하지는 않았다. 그러나 하늘의 위계질서에 관한 그의 개념은 매우 역동적이어서, 개별적인 일체의 실책들을 넘어서 전체적으로 그를 다음과 같이 이해하는 것은 불가능하지 않다: 그는 유감스럽게도 위계질서에 관하여 말했지만, 그래도 그는 아마 어쨌든 하늘나라의 '직무'질서를 '생각했을지도' 모른다.

그리고 이제 우리는 우리의 주제에 대한 일반적인 숙고의 범위 안에서 마지막 질문과 대답을 감행한다. 하늘의 사건이 전체적으로 그리고 개별적으로 복종하는 그 질서, 그것을 통하여 그것이 동시에 결합되고 분류되는 그 질서는 무엇인가? 그곳으로부터 하나님의 나라와 함께 땅으로 오기 위하여, 저 위에서는 무엇이 시작되는가? 저 하늘의 군대들이 그들의 존재를 지니고 있는 그 의미는 무엇인가? 즉, 그들이 자신들의 '직무'에 종사하는 그 의미는 무엇인가? 천사들이 지닌 직무의 핵심은 무엇에 '있'는가? 너무나 많은 것을 알 수 있다고 여기는 자유의지에 대한 경고가 여기에서도 적합하다.—그러나 여기에서도, 우리가 알 수 있을 것마저도 알기를 원하지 않는 무감각에 대한 경고가 적합하다. 우리는 지난번에 다음의 사실을 확인하였다: 여기에서 중요한 것은 '하나님'을 위한, 즉 '자비로운' 하나님을 위한 직무이며, 바로 그렇기 때문에, 하나님이 관심을 기울이고 있는 '지상의 피조물'에 대한 직무, 즉 '완벽한' 직무이며 각각 아주 '특수한' 직무이다. 만일 우리가 이 모든 것을 총괄한다면, '이 직무의 핵심은 무엇에 있을 것인가?'라는 질문에 대한 대답은 본래 아주 명백하므로, 그 대답을 찾기 위하여 사색할 필요가 실제로 없다; 그러나 그 반대로, 그 대답을 인지하지 않기 위해서는, 거의 악의가 있는 폐쇄적인 태도가 필요할 것이다. 우리가 천사들의 직무를 그들의 머리인 그리스도에 대한 관계에서 담당하는 생명의 기능이라고 부름으로써, 혹은 더 상세히 표현하여, 지상의 피조물과 관계하는 계약 및 은혜의 주님인 하나님을 돕는 각각 아주 완벽하고 아주 특수한 조력자라고 부름으로써, 천사들의 직무가 올바르게 묘사되었다면, 그 직무의 핵심은 사실상 다만 무엇일 수밖에 없으며, 실제로 무엇인지가 역시 분명하게 드러난다.

우선, 그 직무의 핵심이 물론 무엇일 수는 없는 것인가에 대하여 한 마디 언급되어

야 한다: 그 직무의 핵심은, 천사들이 하나님만이 할 수 있는 것 가운데 어떤 것을 행한다는 것에 있을 수는 없다. 그 일에서는 하나님은 어떤 조력자도 지니고 있지 않다. 따라서 천사들은, 그들이 한 말들이 하나님의 말씀들로 될 수 있을 어떤 말을 말할 수는 없다. 그들은, 그들의 사역들이 하나님의 사역들로 될 수 있을 어떤 사역을 행할 수는 없다. 그들은 지상의 피조물을 구원할 수 없으며, 속죄할 수 없으며, 해방할 수 없다. 그들은 지극히 작은 죄조차 용서할 수 없으며, 지극히 작은 괴로움조차 제거할 수 없다. 그들은 세계가 하나님과 화해하도록 하기 위하여 지극히 작은 기여조차 수행할 수 없다. 그들은 세계에 대한 심판자일 수도 없다. 그들은 세계를 창조하지도 않았다. 그러므로 그들은 세계에 대하여 분노할 수도 없으며, 자비로울 수도 없다. 그들은 하나님이 인간과 맺은 계약의 토대를 세우지 않았으며, 따라서 그들은 그 계약을 수행하고 유지하고 갱신하고 진실을 입증할 수도 없다. 그들은 죽음을 극복하지 못한다. 그들은 구원사도, 세계사도, 그 어떤 개인의 생활사도 통치하지 않는다. 만일 그렇지 않다면, 그들은 하나님의 천사들이 아닐 것이다. 만일 그들이 그 노선 위에서 무엇인가를 행한다면—혹은 오히려 이렇게 말해야 할 것이다 (왜냐하면 어떤 피조물도 그것을 행할 수 없으므로): 행하기를 원한다면—만일 그들이, 그들 자신이 돕는 자들, 구원자들, 위로하는 자들, 예언자들, 제사장들, 왕들이라는 구실로 그리고 그런 겉모습을 지니고, 그들 자신의 말과 사역으로 지상의 피조물을 구하려고 달려든다면, 지상에 있는 피조물의 주목과 숭배와 감사를 자신들에게 향하게 한다면, 그 피조물에 대하여 고유한 권한과 독자적인 요구를 지닌 통치자들로서 출현한다면, 그들은 땅으로 오고 있는 하늘나라와 아무런 관계가 없을 것이며, 그들은 그들 자신의 존재가 거짓임을 입증하는 것임에 틀림없을 것이며, 그들은 천사들을 흉내 내는 자들, 곧 악령들일 것임에 틀림없을 것이다. 그리고 만약 그들이 그런 역할 안에서 인식된다면, 따라서 만약 어떤 숙고 혹은 소위 경험을 토대로 그리고 그 어떤 형태로 독자적인 기대들, 희망들, 간청들, 감사의 말들이 그들을 향하게 된다면, 지상의 피조물 쪽에서 볼 때, 그들은 얼마나 소름끼치게 오인되어야만 하는가! 만일 우리가 그들에 대하여 이런 의미에서 관계를 맺는다면, 우리는, 우리가 무엇을 행하고 있는지를 정말 모르는 것이다. 그 경우에 우리는 그들을 그들의 명백한 적대자들과 혼동한다. 그 경우에 우리는 확실히 실제로 그들과 관계하지 않고, 바로 그들의 명백한 적대자들과 관계하며, 하늘나라와 관계하지 않고, 거짓과 암흑의 나라와 관계한다. 하늘의 존재들, 거룩한 존재들, 하나님의 아들들, 스랍들과 그룹들, 미가엘과 가브리엘은 잘못 전제된 존재로서 존재하지 않으며, 잘못 전제된 행동을 행하지 않는다. 그들은 '하늘에 있는' 피조물들이지만, 그들은 지상의 피조물 전체도 그러하듯이 동일하고 엄격한 의미에서 '피조물들'이다. 만일 그들이 하나님의 말씀을 말하고 하나님의 사역을 행한다면, 그 경우에 그들은 결코 그들 자신의 말을 말하고 그들 자신의 사역을 행하는 것이 아니다. 만일 그들이 그렇게 할 권세를 지니고

있다면—그들은 그런 권세를 지니고 있다.—만일 그들 자신이 하늘의 권세들이라면, 그 경우에 그들은 대리인들로서, 하나님 자신의 유일한 권세를 계시하고 실행하고 있는 것이다. 그들은 결코 한가운데에 나서지 않으며, 그 한가운데를 열어놓는다. 오히려 바로 그들이, 홀로 그곳에 있을 수 있는 하나님을 위하여 그 한가운데를 비워놓는다. 그들은 올뿐이며, 그들이 하나님의 이러한 자유를 위하여 배려한 후에는, 다시 떠나간다. 그들은 결코 자기 자신들을 주의를 끄는 존재로 만들지 않는다. 그들은 자기 자신들을 외면하며, 그들은, 모든 피조물로부터와 마찬가지로 그들 자신들로부터도 시선을 돌려서 그를 바라보도록 초대하고, 그렇게 하도록 요구한다: 즉 모든 피조물의 눈들이 그를 응시할 수 있으며, 그 후에 오직 그로부터 출발해서만 그들이 또한 자기 자신들과 그들의 동료 피조물을 실제로 바라볼 수 있게 하는 데에 합당한 바로 그를 바라보도록 초대하고, 그렇게 하도록 요구한다. 만일 사정이 다르다면, 만일 그들의 직무가 그 어떤 의미에서 그들 자신이 통치하는 것이라면 혹은 다만 공동으로 통치하는 것만이라도 의미한다면, 그 직무가 어떻게 진정한 직무일 수 있겠는가? 그 경우에 그 직무가 어떻게 하나님을 섬기는 직무일 수 있겠는가? 혹은 그 경우에, 그들은 어떤 하나님을 섬기는 것이 될 것인가? 자비로운 하나님을 섬기는 것은 틀림없이 아닐 것이다! 그리고 마찬가지로, 그 자비로운 하나님이 돌봐주기를 원하는 그리고 이미 돌봐준 그 지상의 피조물을 섬기는 것도 틀림없이 아닐 것이다. 그 경우에 그들의 존재와 행동은 완벽한 직무를 수행하는 것과는 거리가 멀고, 이 상황에서는 그 직무는 오히려 완벽한 반란, 필사적인 반란일 것이며, 그 경우에 그 직무의 모든 특수성은 거친 무정부 상태로 해체되고 말 것이며, 그 무정부 상태에서는 각 개별적인 특성도 명예롭게 되기는커녕 오히려 상실될 수밖에 없을 것이다. 따라서 이처럼 하나님의 위치와 기능을 찬탈하는 것은 어떤 경우에도 천사들의 직무일 수 '없'다. 그리고 다음의 사실이 명백하다: 천사들과 교류하는 모든 소위 교제는, 그들의 현실에 대하여 소위 언급하는 모든 것은, 그것이 미세하지만 매우 명확한 경계를 지키고 있는지 혹은 벌써 그 경계를 벗어나지 않았는지 검사하는 것을 회피해서는 안 된다. 그 경계를 넘어서자마자 우리는 즉시 신화 안에 있게 되며, 그 경우에 그 신화는 그 어떤 무해한 신화일 수조차 없으며, 즉시 명백히 거친, 영혼을 살해하는 신화일 수밖에 없을 것이다. 예를 들면, 그리스도교의 진리를 표현하는 소위 그리스도교의 예술은 다른 곳에서와 마찬가지로 여기에서 거의 완전히 명백히 해로운 직무들을, 결코 천사의 직무들이 아니라 악령의 직무들을 수행하였다는 것이 명백하다.

모든 피조물이 하나님을 섬기는 것처럼 천사들의 실제 직무는 '증인들'의 직무이다. 피조물이—그것이 하늘에 있는 피조물이든 지상에 있는 피조물이든—하나님에 대한 관계에서 그리고 동료 피조물에 대한 관계에서 수행할 수 있는 것이 바로 그것이며, 그 관계 안에서 피조물은 조력자일 수 있다: 피조물은 하나님의 증인이 되도록 허락받는다. 즉, 그것은 하나님의 기능을 떠맡을 수 없기 때문에, 그것은 그를 대신할 수 없기 때문에, 피조물은 자신의 실존 안에서 그의 실존과 그의 말씀과 그의 사역에 대하여 그에게 타당한 대답을 제시할 수 있게 실존하도록 허락받는다. 그것이 실존함으로써, 그것은 그러한 응답을 실행하도록 허락받으며, 스스로가 그것의 창조주이며 주님인 하나님에게 상응하는 응답일 수 있도록 허락받는다. 그것은 그러한 '상응'으로서 하나님을 위한 '시위'일 수 있도록 허락받는다. 그 시위는 (하나님 자신에 대한 관계에서는) 감사의 말이라는 특성을 그리고 동시에 (동료 피조물에 대한 관계에서는) 선포라는 특성을 획득하고 또한 받아들인다: 그 시위는 감사의 말로서 근거가 있으면 있을수록 선포로서 더욱 강력하게 되며, 선포로서 진지하면 진지할수록 감사의 말로서 더욱 정직하게 된다. 피조물은 '하나님을 찬양'하도록 허락된다. 피조물이 하나님을 찬양하는 것은 자신의 자유의지에 의해서가 아니라, 다만 하나님의 지시에 따라서, 다만 순종 안에서 할 수 있을 뿐이다. 피조물이 하나님을 찬양하는 것은 또한 그 어떤 호의적인 성명들을 통해서가 아니라, 바로 다만 피조물 자체가 하나님의 말씀과 사역에 상응함으로써만 가능하다. 그것이 그의 지시에 순종하며 이렇게 상응함으로써, 피조물은 주님을 찬양한다. 그리고 그것이 그를 그렇게 찬양함으로써, 피조물은 하나님의 증인이다. 이것이 피조물에게 요구되는 유일한 것이다. 피조물은 그 일을 행함으로써 그것의 경계들을 넘어서지 않고, 그 경계들을 존중하며, 그것의 경계들 내부에서 그것에게 가능한 것, 그것이 자유로운 이유가 되는 것, 그것이 그 자유를 지니고 있다는 바로 그 사실 때문에 그것에게 요구된 것을 행한다. 피조물은 그렇게 함으로써 하나님을 섬기며, 그것이 하나님을 섬기기 때문에 그리고 그렇게 함으로써, 그것은 또한 동료 피조물도 섬긴다. 바로 이것이 피조물에게 요구되는 것이다. 하나님은 그의 피조물의 찬양을 기다린다. 그렇게 확실히 그는 그의 말씀과 사역에서 홀로 머물기를 원하지 않으며, 그가 말하고 행동함으로써, 그의 피조물과 함께 하기를 원하며, 바로 그렇게, 피조물과 맺은 바로 그 계약 안에서 하나님이기를 원한다. 하나님의 이 기다림이 그를 찬양하는 것을 불가피한 것으로 만든다. 그런데 피조물 전체도, 하나님을 찬양하는 것을 듣기를 기다리며, 하나님을 찬양하는 일에 끼어들도록 부름 받기를 기다린다. 피조물은 그것의 본래 모습에 도달할 필요가 있으며, 따라서 바로 그렇게 되기 위하여 스스로가 하나님의 말씀과 사역에 상응하게 될 필요가 있다. 그리고 동시에 피조물도 홀로 방치되어 있기를 원하지 않는다. 피조물은 하나님을 찬양하는 것을 단순히 시작할 수는 없으며 — 어떤 피조물도 그렇게 할 수 없다. — 다른 피조물들의 실존 안에서 이미 울리는 것을 들음으로써 그리고 그것을 통하여 함께 노래하도록 부름 받음으로써, 다만 끼어들어 함께 노래할 수 있을 뿐이다. 그러므로 동료 피조물의 기다림도 하나님을 찬양하는 것을 불가피하게 만든다. 그리고 하나님이 찬양되는 곳에서는, 예배가 개최되며, 거기에서 하나님은 그의 증인들을 얻는다.

이 모든 것이 참으로 역시 그리고 우선 '천사들'의 직무에 적용된다. 적절한 곳에서 우리는 "그는 하늘나라에서 통치한다."는 말을 인용하였는데, 이제 계속되는 말을 받아들일 수 있다: "너희 강한 천사들이여, 하나님에 대한 찬양을 주재하며, 동시에 위대한 주님의 명예를 위하여 섬기며, 그의 거룩한 말씀을 행하라." 여기에서 즉시 이어지는 결론은 다음과 같다: "나의 영혼은 모든 곳에서 하나님 찬양을 또한 증대시켜야 하네." 천사들의 직무는 첫 번째 등급의 증인직무이며, 그 직무를 "증대시키는 것"에 우리의 하나님 찬양, 우리의 직무 그리고 땅 위에서 거행되는 모든 예배는 다만 두 번째 등급의 직무로서 합류할 수 있을 뿐이며, 천사들의 직무에 동조할 수 있을 뿐이다. 하나님의 뜻은 무엇보다도 먼저 하늘에서 이루어지며, 그 후에 땅 위에서 이루어진다. 우리는 이제 그것을 다음과 같이 다른 말로 표현할 수 있다: 하나님이 피조물에 의하여 찬양받고, 그의 피조물에서 상응들과 증인들을 찾아내는 일은 무엇보다도 먼저 하늘에서 이루어지며, 그 후에 땅 위에서 이루어진다. 그가 땅 위에서 또한 단 하나의 상응을 찾아내기 이전에, 그는 그들을 하늘에서 찾아냈다. 설령 땅 위에는 겉보기에 혹은 실제로 다만 소수만이 증인들이라고 하더라도, 설령 그들 모두 함께 극도로 나약한 증인들이라고 하더라도, 하늘에 있는 증인들은 충만함과 완벽함 안에서 하나님을 위하여 실존한다. 그리고 바로, 그의 나라가 그곳으로부터 이곳으로 오기 때문에, 그는 그와 함께 그곳으로부터 이곳으로 오는 그들 안에서, 즉 강한 천사들의 실존 안에서 여기에서도 항상 많은 그리고 올바른 증인들을 갖게 되도록 배려되어 있다: 지상의 피조물이 찬양의 양과 질에서 가련하게도 기대에 미치지 못하는 그곳에서도, 수많은 강한 천사들이 아주 기꺼이 완벽하게 준비를 갖추고 현장에 있으며 활동 중이다; 그들을 주목한다면, 우리는 땅 위에 있는 사물들의 외관상 혹은 실제로 매우 암담한 상태를 결코 그리고 어느 곳에서도 단순히, 견딜 수 없고 희망이 없는 것이라고 단언해서는 안 될 것이다. 하나님의 교회통치와 세계통치에 대한 하늘에 있는 증인들, 즉 이 첫 번째 등급의 증인들은 언제나 그리고 어디에나 또한 이미 혹은 또한 아직도 현존한다. 그리고 만일 우리가 실제의 교회사 및 세계사의 기록들에 대하여 언젠가 통찰력을 지니게 된다면, 즉 가장 통찰력이 있는 역사가에게도, 세상과 인간에 정통한 사람에게도 지금 여기에서 거부된 그 통찰력을 지니게 된다면, 우리는 추측컨대 가장 예기치 않은 곳들에서 다음의 사실을 인지하게 될 것이다: 즉, 천사들이 그 어떤 반쪽 신들이나 그 밖의 상상 속의 존재로서가 아니라, 단순히 그들이 증언하고 하나님을 찬양하는 하늘의 권세 안에서 출현하였으며, 실제로 말하고 작용하였다는 사실을, 그리고 어떻게 그렇게 하였는지를 인지하게 될 것이다.

　　다음의 사실을 분명히 해두자: 천사들의 직무는 '증언'을 위한 직무이다. 하나님만이 통치한다. 하나님만이 거룩하고 은혜로우며, 주권을 소유하고 자비로우며, 관대하며, 전능하고 영광스럽다. 예수 그리스도만이 모든 것을 통치하는 주님이다. 피조물들은―그리고 천사들도―그를 찬양할 수밖에 없으며, 그의 증인들이 될 수밖에 없다. 그러나 하늘에 있는 피조물들인 천사들은 하나님이 말하고 행동하고 지배하는 진행과정에서 그의 일차적인 증인들, 그가 신뢰할만한 증인들, 그의 확고한 증인들, 그의 변하지 않으며 오류가 없는 증인들이다. 그들의 하나님 찬양은 그에 대한 순수한 찬양이다. 그들의 실존은 그의 말씀과 사역에 순수하게 상응한다. 그들이 그를 찬양함으로써, 그에게 수행하는 그 직무 그리고 바로 그렇게 함으로써 지상의 동료 피조물에게 수행하는 그 직무는 언제나 그리고 어디에서나, 어떤 식으로든지 유효한 직무일 뿐만 아니라, 그 자체가 완전히 유효한 직무이다. 그 직무가 그런 이유는 바로, 그것이 자신의 모든 권력욕과 지배욕으로부터 벗어나서 행해지기 때문이다. 천사들 안에서 드러나며 그들 안에서 출현하는 것은 언제나 하나님의 '온전한' 비밀이다. 그리고 그것은 하나님의 '진정한' 비밀이다: 즉, 그것은 비밀에 싸여 있는 척하는 모든 것과는, 모든 사이비 비밀들과는 전혀 다른 것이며, 그것의 본질은 결국 다만, 단순하지만 바로 그 단순함 때문에 아주 접근하기 어려우며 아주 이해할 수 없는 다음과 같은 현실에 있다: 그가, 즉 하나님이 우리 곁에 우리와 함께 우리를 위하여 존재하며, '그'가, 홀로 명령할 수 있고 게다가 실제로 명령하는 그 주님이며, '그'가 모든 어려움들 위에 있는 그 주님이며, 어쨌든 무슨 일이 있어도 모든 어려움들로부터 벗어나도록 인도하는 그 주님이다; '그'가 삶과 죽음을 지배하는 그 주님이며, '그'가 죄악들에 대해 책임을 묻기도 하고 묻지 않기도 하는 그 주님이며, '그'가 만물 중에서 홀로 사랑받아야 하며 두려움의 대상이 되어야 하는 그 주님이며, '그'가 자연과 역사도 지배하는 그 주님이다.―그가 홀로, 그러나 그가 완전히 그리고 전혀 오류 없이 그러하다. 바로 이것이 하나님의 위대한 비밀이며 진정한 비밀이다. 우리는 그의 이러한 비밀 가운데에서 무엇을 이미 알고 있는가? 그야말로 바로 '그'에 비하면 우리는 최상의 경우에도 얼마나 쓸모없는 존재인가? 만일 우리가, 여기에서 주요관심사는 하나님의 온전하고 진정한 비밀이어야만 한다는 사실에 대하여 분명하게 이해한다면, 우리의 모든 신학과 예배의식, 설교와 경건성은 과연 무엇이란 말인가? 만일 우리가, 우리는 이 비밀에 상응해야 할 것 같다는 사실을 척도로 평가된다면, 우리의 영혼과 실존을 찬양하는 것은 과연 무엇이며, 우리는 과연 어떤 존재란 말인가? 그러나 바로 이 비밀 안에서 '천사들'이 그를 알고 찬양하고 증언한다. 바로, 그의 이 비밀을 아는 자, 선포하는 자, 증인으로서 그들은 그가 하늘에서 땅으로 출발할 때에 함께 하며, 그가 땅 위에서 말하고 행동하고 통치할 때에 그 현장에 있다. 바로 그의 이 비밀을 그들이 보존하고 거룩하게 하며 지켜준다. 그러나 그들은 맨 처음에는 하늘에서, 그 후에는 하늘과 땅 사이에서, 그리고는 땅 위에서 그의 수행원이며 측근이 되기 때문에, 그들은 그의 온전한 영광 안에서 그 비밀을 알리기도 한다. 그들은 이 비밀에 대하여 눈먼 것이 아니고, 귀 먹은 것이 아니고, 무감각한 것이 아니다. 그들은 그것을―확실히 그들도 다만 멀리서, 그러나 공공연히 그리고 한결같이 — 응시함으로써, 그들은 실존한다. 그리고 바로 그렇기 때문에 그들은 또한 벙어리도 아니며 게으르지 않다. 그들이 그 비밀을 '알리기' 때문에, 즉 하나님에 대한 관계에서 그리고 그들의 동료 피조물들에 대한 관계에서 성실하기 때문에, 바로 그렇기 때문에 그들은 '실존한다.' 바로 그렇기 때문에 그들은 '모범적으로' 실존한다. 그들이 그 일을 행하는 것은, 그들이 하늘에 있는 피조물들이기 때문이 아니다. 그러나 하늘에 있는 피조물들로서 하나님 자신에 의하여 바로 그렇게 하도록 결정되었고 부름 받았기 때문에, 그들은 그 일을 행한다. 이 결정과 이 부름에 순종함으로써, 그들은 그 일을 행한다. 일반적으로 말하자면, 바로 이것이 천사들의 직무이다. 그들이 이런 의미에서 실제로 종들이며, 종들 외에 아무것도 아니라는 바로 이 사실이 그들의 실존을 모범적인 것으로 만든다: 즉 우리가 어떤 성자에 대해서도 그렇게 말할 수는 없으며, 하물며 지상의 피조물 영역에 있는 그 밖의 어떤 위대한 자에 대해서도 그렇게 말하는 것은 당치도 않은 그런 방식으로 그렇게 모범적인 것으로 만든다.

우리는, 말하자면 신뢰할 만하게 일반적으로 '천사들의 직무'에 관하여 묘사하고 있는 요한계시록 4-5장의 실마리에서 언급된 것의 성서적 전제들을 일목요연하게 설명하려 한다. 이 두 장은 묵시문학자의 이야기 맥락에서 지연시키는 기능(E. Peterson, 앞의 책, 19)을 수행하고 있다. 4:1에서 선견자에게 다음과 같이 예고된다: "이 뒤에 일어나야 할 일들을 너에게 보여 주겠다." 이 예고된 것은 이 장들에서는 아직 그에게 보이지 않으며, 하늘의 열린 문을 통해서 먼저 (제4장) 하나님의 보좌와 — 매우 특색 있는 움직임 안에서 — 그의 최측근이 보이며, 그 후에 (제5장) 보좌와 그 측근 한가운데에 양이 보이고, 미래의 사건들이 기록된 일곱 인으로 봉인된 책이 그 양에게 전달되며, 하나님의 보좌를 둘러싼 하늘에 있는 측근, 즉 참으로 무한히 확장된 측근 전체가 새롭게 움직이는 것이 보인다. "눈에 보이지 않는, 세계사의 배경이 드러나고 있다."(J. T. Beck, *Erkl. d. Off. Joh.* 1884, 92) 나중에 선견자에게 보이게 될 종말론적 사건도 이 배경으로부터 그것의 고유한 중요성을 획득한다. 특히, 하늘에 있는, 하나님의 그리고 그 양의 측근과 그들의 독특한 움직임도 그 배경에 속한다는 점에서, 지금 우리의 관심은 지상에서 발생하는 모든 사건들이 지니고 있는 이 배경에 쏠려 있다.

요한계시록 4:5에 따르면 번개가 치고, 음성과 천둥이 울려 나오는 그 '보좌'가, 그리고 2-3절에 따르면 그 보좌 위에 앉은 존재가 정말로 통치하는 '중심'이며, 그것을 선견자가 보게 된다. 그러나 거기에 앉아 있는 존재는 이름이 언급되지 않는다. 그는 이름이 언급될 필요가 없다. 오직 한 존재만이 거기에 앉을 수 있다. 그가 무엇을 하는 존재인지는 다만, 그로부터 나오는 특별히 맑은 다양한 다이아몬드들과 무지개처럼 빛나는 '광채'를 통해서만 묘사된다. 우리는 요한1서 1:5를 기억한다: "하나님은 빛이시요, 하나님 안에는 어둠이 전혀 없다." 그는 스스로를 계시하는 거룩한 존재이며, 그에게는 모든 것이 명백하게 드러나 있으며, 그는 그의 행동 안에서 모든 것이 명백히 드러나게 한다. 4-8절에는 하나님의 최측근에 대한 묘사가 이어지고 있다.

그 묘사는 보좌에 앉아 있으며 흰 옷을 입고 왕관을 쓴 24인의 "장로들"의 이야기로 시작된다. 그들은 아마 하나님의 보좌를 둘러싼 가장 멀리 있는 원을 이루고 있는 것 같은데, 그렇다고 해서 다른 존재들보다 위에 혹은 아래에 있다는 것은 아니다. 그들은 결코 신성하게 변화된 인간들이 아니며, 혹시 신성하게 변화된 교계인사들도―가톨릭 추기경들도, 루터파 교회의 목사들도, 개혁교회 장로들도―아니며, 그들에게 할당된 장소와 말과 행동에 따르면, 참으로 요한계시록 7:14에서 선견자가 그들 가운데 하나에게 명확히 "주님"(kuvrios)이라고 말을 걸게 되듯이, 의심할 여지없이 '천사들'이다. 아마 이미 이사야 24:23이 "장로들"이라는 명칭으로 천사들에 대해서 언급하는 것 같다. 그들이 이 명칭을 지니고 있다는 사실로부터, 우리가 그들을 노인들로, 혹은 하나님의 조언자들로 상상해야 한다는 결론이 나오지는 않는다. 하늘에 있는 존재들의 모임이 일종의 자문단 모임, 즉 하나님 주변에 모여든 추밀원(樞密院, Kronrat) 혹은 어전회의(御前會議)를 이룬다는 주장은 사실 자주 언급되긴 했지만, 그 밖의 경우와 마찬가지로 여기에서도 성서의 천사론에는 전혀 낯선 관념에 근거를 두고 있다. 바로 요한계시록 4-5장에 묘사된 그들의 행동에서 어떤 단 하나의 움직임도 그러한 기능을 담당하는 그들의 모습을 보여주지 않는다. 이사야 40:13(참고: 롬 11:34)이 여기에서 최종적으로 결정을 내리는 것 같다: "누가 주님의 영을 가르쳤으며, 누가 주님의 조언자가 되어 그를 가르칠 수 있겠느냐?" 그들이 보좌에 앉아 있으며 왕관을 쓰고 있다는 사실로부터 유추되는 것, 즉 그들이 눈에 띄는 통치하는 존재들이라는 것보다 더 많은 것이 그들의 이름으로부터 추론될 수는 없을 것 같다. 그 이름을 "대표자"(Vorsteher)로 번역하는 것이 아마도 무미건조하지만 가장 좋을 것이다. 이렇게 번역함으로써 우리는 여기에서도 하늘에 있는 존재들을 묘사하기 위하여 바울의 '권세' 개념들로 가까이 다가가는 것을 느낀다. 그 개념들 가운데서 어쨌든 여기에서는 직접적으로 "왕권들"이라는 개념이 기억에 떠오른다. 그들이 지상의 신앙공동체 혹은 하늘로 옮겨진 완벽한 신앙공동체를 대표해야 한다는 주장도 분명히 적절한 해석은 아니다. 오히려 만일 그들이 무엇을 혹은 누구를 "대표한다"면, 그것은 다름 아니라 바로, 천사들의 일반적인 기능에 상응하게, 지상의 특정한 현실영역과 관계를 맺고 있는 하나님을 대표하는 것이다. 특히 어떤 현실영역과 관계를 맺고 있는가?―그 문제에 대해서는 24라는 숫자에 대한 해석이 결정을 내린다. 이방인들이 신앙공동체에 합류함으로써 갑절이 된, 이스라엘 부족의 숫자를 생각하고 있는 것인가? 혹은 12사도가 덧붙여진 12족장들? 혹은 역대상 24:4 이하에 기록된 제사장들의 24계급들과 그들의 "거룩한 지도자들"? 이 경우에 24라는 숫자는 하나님의 옛 백성들과 새로운 백성들로 이루어진 지상의 공동체와 마주보고 있는, 하나님을 대표하는 하늘의 존재들을 의미할 것이다.―즉 천사 미가엘이 다니엘에서 특별히 묘사되었던 그 모습이 다양하게 표현되고 있는 것을 의미할 것이다. 혹은 창공의 움직임에 의하여 결정되는 하루의 24시간이 문제되고 있는 것인가? 이 경우에는 24시간은 피타고라스의 해석에 따라서 천문학적 하늘의 전체성을 표현할 수 있을 것이다. 이 마지막 해석은, 24명의 장로들과 후에 언급되는 네 생물들 사이의 관계를 명확하게 할 수 있는 확실한 이 점을 지닐 수 있다: 이 경우에 우리는 네 생물들이 하늘 아래에 있는 지상의 영역에 대하여 하나님을 대표하는 존재들로서 분명하게 장로들과 마주보고 서있는 것을 볼 것이기 때문이다. 그러나 이번에도 언급되어야 하는 것은, 24라는 숫자가 지닌 성좌(星座)의 특성과 같은 어떤 것은 우리의 본문에서는 어쨌든 직접적으로 밝혀지지는 않는다는 것이다. 아마도, 이 대안들 가운데 어느 하나를 찬성하고 다른 것들을 거부하는 결정을 내리도록 허용되며 또한 그래야만 한다는 식으로 그렇게 이 본문이 해석되어서는 결코 안 되며, 오히려 우리는 숫자 24에서 이 모든 해석들의 일부분이 공명하고 있는 것을 들어야만 할지도 모른다. 그러나 그들이 '흰옷'을 입고 있다는 것이 중요할 것 같다. 요한계시록 19:14에 하나님의 말씀을 따르는 하늘의 군대들도 "희고 깨끗한 모시옷"을 입고, 흰말들을 탄다. 요한계시록 1:14에는 인자(人子)의 머리와 머리털도—나이와 아무런 관련 없이—"양털과 눈과 같이 희다." 그리고 마가복음 9:3에는, 변화된 예수의 옷이 "세상의 어떤 빨래꾼이라도 그렇게 희게 할 수 없을 만큼" "완전히 희게 빛나게" 되었다고 기록되어 있으며, 혹은 마태복음 17:2에 따르면, "빛과 같이 희게" 되었다. 희게 빛나는 것은 요한계시록 4:3에 따르면 여러 빛깔로 빛나는 하나님의 광채에 대하여 피조물에 어울리게 상응하는 것이다. 따라서 24장로들이 흰옷을 입고 있다는 것은, 그들이 이 하나님의 "영광" 자체를 반사하고 있다는 것을 의미한다. 이 표현을 통하여 언급된 것은 이것이다: 그들이 입고 있는 흰옷은 그들의 본성에, 즉 그들이 본질적으로 하늘에 있는 피조물들이라는 사실에 근거하는 것이 아니라, 오히려 그 옷들은 지상의 모든 왕이나 성직자가 입는 옷과는 상이한 예복이며, 하나님이 그들 한가운데에 있는 그의 보좌 위에 앉았기 때문에, 그들에게 그것이 입혀진 것이다. 바로 하나님 자신이 또한 하늘과 하늘에 있는 존재들도 홀로 밝게 만든다.

    5절에 따르면 보좌 앞에서 불타고 있는, "'하나님의 일곱 영'인 일곱 횃불들"도 천사의 특성을 지닌 존재들로 이해되어야 하는가? 그들은 그 후에 더 이상 언급되지 않는다. 그리고 그 개념이 이미 요한계시록 1:4에서 나타나고 있는 그 맥락은, 일곱 영들은 묵시문학가가 독특하게 사용하는 성령 자체에 대한 명칭과 관련이 있을 수 있다는 것을 암시한다는 사실은 부인될 수 없다. 양의 일곱 눈들에 대하여 언급하는 요한계시록 5:6도 이 방향을 가리키고 있다: "그 눈들은 온 땅으로 파견된 하나님의 일곱 영들이다." 그러나 묵시문학가의 이미지들과 개념들은 매우 유동적이므로, 여기에서 일곱 영들은—그 맥락에 더 잘 맞을 것 같은—활동력과 다양성 안에 있는 하나님의 영이 아니라, 하늘에 있는 피조물들을 가리킬지도 모른다는 가능성이 어쨌든 배제될 수는 없다: 즉 하나님의 광채에 상응하게 그리고 장로들의 흰옷들과도 유사하게 "횃불들이 타고 있었다."고 서술된 것으로, 그리고 분명히 그들도 우주 전체 위에 건설 중인 하나님의 통치를 대표하는 존재들로 이해될 가능성이 배제될 수는 없다.

    마지막으로 6절 이하에는—아마 투명하고 위험하지 않게 된, 창세기 1:7의 창공 위에 있는 물이 다시 인식된 것 같은 수정바다 건너편에—'네 생물들'이 등장한다. 그들에 대한 묘사에서는 이사야 6장의 스랍들과 에스겔 1장에서 여기에서처럼 비슷하게 서술된 네 생물들을 독특하게 조합하고 있다: 첫째 생물은 사자와 같이 생기고, 둘째 생물은 송아지와 같이 생기고, 셋째 생물들은 얼굴이 사람과 같이 생기고, 넷째 생물들은 날아가는 독수리와 같이 생겼다. 이 네 생물들은 각각 날개가 여섯 개씩 달려 있었는데, 날개 둘레와 그 바깥쪽과 안쪽에는 눈이 가득 달려 있었다. 야생동물 같은 것, 가축 같은 것, 사람 같은 것, 새 같은 것—이것들이 지상의 영역, 즉 하늘 아래에 있는 지상의 영역에 대하여 특수한 관계를 지니고 있다는 것은 분명하다. 그들의 숫자인 4를 하루의 네 때 혹은 한해의 네 계절 혹은 하늘의 네 방향 혹은 이번에도 이 모든 것들과 연관시킬 경우에만, 그들은 더욱 분명해질 것이다. 그리고 바로 다음의 사실이 기묘한 것이며, 해석에서 확실히 주목되어야 한다: 바로 이러한 가장 좁은 의미에서 '지상의 특성을 지닌' 존재들이 여기에서 하나님 주위에 가장 안쪽에 있는 원을 형성하는 것처럼, 말하자면 하나님의 보좌를 지키는 호위병이 되는 것처럼 보이며, 그 뿐만 아니라 그 경우에 그들의 기능도 후에 가장 중요한 것으로 증명될 것이다. 그러나 우리는 또한, 그것들에 대한 서술이 지상의 존재들에 대한 모든 관념만이 아니라 또한 모든 가능한 표상도 '파괴한다'는 점을 깨달아야만 한다. 그들은 사실 지상의 존재들이 '아니'다. 그러므로 그들을 "세계 안에서 현존하는 피조물이 지닌 생명을 낙원에 있는 타락하지 않은 상태의 원형 안에서 대표하고 집중하는 것"(W. Hadorn, *Die Offb. d. Joh.* 1928, 72)으로—나도 이전에는 이 방향에서 생각하였다.—이해하는 것은 허용되지 않는다. 물론 여기에서 문제되고 있는 것은 지상에 있는 피조물의 본성이지만, 그러나 주요관심사는 '그들을 마주하고 있는' 하나님을 묘사하는 것이며, 그들에 '대한' '그의' 관계이며, 바로 그들의 영역에서도 '그의' 통치를 대표하는 것이다. 네 생물들도 물론 피조물들이기는 하지만, 그러나 지상의 피조물들은 아니다: 그들도 그리고 바로 그들이야말로 오히려 뚜렷이 하늘에 있는 존재들이다.

이제 바로 이 구절로부터 시작하여 전체 장면이 움직이게 된다. 혹은 오히려 이렇게 말해야 할 것이다: 그것이 선견자에게 보이게 되기 때문에, 그 장면이 은밀하게 이미 움직이고 있다. 왜냐하면, 24장로들이 아직 움직이지 않고 그들의 보좌에 앉아 있는 동안에, 일곱 횃불들이 다만 불타고 있는 동안에, 가장 안쪽 원에 있는 이 존재들에 대하여 8절은 다음과 같이 기록하고 있기 때문이다: "그들은 밤낮 쉬지 않았다." 마치 바로 그들이 "영구운동기관"과 같은 어떤 것인 것처럼 보인다: 즉, 그것을 통해서 가장 좁은 의미에서 바로 지상의 영역이, 바로 하늘 아래에 있는 세계가, 그러나 잠재적으로 거기로부터 또한 별의 세계도, 그리고 본래의 하늘세계도, 하나님의 보좌로부터 바라볼 때, 옛날부터 지속적으로 끊임없이 움직이면서 혹은 적어도 긴장상태에서, 오고 있는 사건들을 기대하면서 유지되고 있는 것처럼 보인다. 마치 전체적인 역사적인 극적 긴장감이, 즉 그것 안에서 후에 하늘에 있는 세계 모두가 움직이게 되는 바로 그 극적 긴장감이 이 구절에서 그것의 기폭제와 같은 어떤 것을 지각하는 것처럼 보인다: 즉 이 네 생물들이, 마치 하나님 자신이 영원히 살아 있음을 지속적으로 선포하는 사자들처럼, 옛날부터 행하였으며, 분명히 저 일반적인 운동의 특정한 순간까지 (그 운동이 실행되고 있는 동안은 아직) 계속하여, 즉 그 후에 그들도(5:8) 그 운동 안으로 휩쓸려들게 될 때까지 계속하여 행하게 될 바로 그것을 통해서 지각하는 것처럼 보인다. '천사들의 직무'가 무엇인지는 어쨌든 먼저 그것들에게서 밝혀진다: 그것은 하나님에게 바쳐지지만, 바로 동시에 지상과 하늘의 우주 전체에 선포되는 '하나님 찬양', 즉 그의 모든 피조물들에 비하여 전적으로 유일무이하며 숭고하며 통치권을 지니고 있는 하나님을 찬양하는 것이다. 왜냐하면 그들이 부르기 시작하는 것은 바로, 이사야 6:3에서 세 번 반복되는, 잘 알려진 "거룩하시다"라는 찬양이기 때문이다. 천사들은, 자발적으로 길을 안내하며, 하나님을, 거듭거듭 그를 거룩한 분으로 찬양함으로써, 그들이 "거룩한 자들"이라는 사실을 입증하고 행동으로 표시한다. 그들이 그것을 할 수 있으며 당연히 그렇게 행한다는 것, 이사야 6:5에서 예언자가 고백하는 것과는 달리 그들은 입술이 부정한 백성들이 아니라 입술이 깨끗한 백성들이라는 것, 그 사실이 그들을 하늘의 존재들로서 특징짓는다.

이 "거룩하시다"라는 외침을 이해하기 위해서는, 우리는 즉시 9절에 제공된 주석을 포함해서 생각해야만 한다. 상응하는 지상의 여러 가지 행동들로 계속되어야 하는 하늘의 "숭배행위"(Kultusakt)라는 개념은 도대체, 여기에서—그 네 생물들의 외침에서 시작되는—하늘의 예배의식(Liturgie)으로 묘사되고 있는 것을 서술하기에는, 너무 좁은 개념이 아닌가? 그들은 보좌에 앉아 있는 존재에게, 영원무궁하도록 살아 있는 그에게, 영광과 존귀와 감사를 "드린다." 이것이 의미하는 것은 역시 이것이다: 그들은 그에게 속하는 것을 그에게 넘겨주며, 그것이 그에게 귀속되는 것으로 인정한다; 그들은 그 모든 것이 그의 것이며, 어떤 다른 존재에게 돌아가야 하는 것이 아니며 다른 존재에게 귀속될 수 없다는 것을 인정한다; 그들은 그를 하나님으로서 인정한다; 그러므로 그들은 바로 특별한 것이 아니라, 피조물들의 본질에 자연스럽고 자명한 것을 행한다; 그들은 바로 어떤 장엄한 것, 축제 같은 성대한 것이 아니라, 가장 일상적인 것을 행한다; 그들은 그들에게 귀속되는 것, 모든 피조물 자체에게 원래부터 귀속된 것을 행한다; 그들은 결코, 그들이 세 번 "거룩하시다"라고 찬양함으로써 실행하는 피조물의 행위 외에 다른 행위를 알지 못한다. 이것은 물론 예배의식이지만, 이것은 땅 위에서는 본래 다만, 5:13에 실제로 서술되어 있는 것처럼 지상의 피조물이 동일한 자명성과 총체성 안에서 하늘에 있는 피조물에 동조할 때에만, 그것에 상응할 수 있는 그런 것이다. 바로 이런 이유에서 우리는 이것을, 자연스럽고 일상적인 사건으로부터 분리되고 격리된 '교회의' 예배의식과 다만 간접적으로만 관련시켜야 하며, 가령 피터슨(Peterson)이 그러기를 원했던 것처럼, 직접적으로 관련시켜서는 '안' 된다. 요한계시록 4:8에서 "전능하신 분"이라는 개념으로 번역된 것은, 이미 이사야 6:3에 다음과 같이 명확히 씌어 있다: "온 땅에 그의 영광이 가득하다." 그러므로 지상에 있는 교회가 아니라, 수도사들의 성가대 혹은 교회의 성가대가 아니라, 지상에 있는 우주 자체와 그것 전체가 맨 처음 네 생물들에 의해 불리기 시작한 하늘의 찬양노래에 대한 본래의 그리고 일차적인 참여자이며 응답자이다. 지상의 교회가 이 일(Sache)에서 행할 수 있는 그것이 동시에 교회에 부과된 '분수에 만족'하면서 더욱 의식적(意識的)으로 행해지면 행해질수록, 그것이 더욱더 기쁨에 넘치게 되고, 더욱더 장엄하고, 실제로 더욱더 축제 같이 성대하게 행해지게 되지 않겠는가?

네 생물들의 "삼성송"에서 주목되어야 하는 또 다른 것은, 이사야 6:3에 따르면 스랍들이 외쳤던 것이 8절에서 눈에 띄게 '확대'되고 있다는 점이다. 요한계시록 4장의 찬송들은 흔히, "한분이신 하나님을 믿습니다."라는 신앙고백의 첫 부분과 특별히 관련시켜 해석되었다.(W. Hadorn, 68, 73) 그렇게 하는 것에는 어떤 옳은 점이 있다. 요한계시록 5장에서 비로소 양이 "보좌의 한가운데서" 보이게 될 것이다. 우리는 다음의 사실을 간과해서는 안 된다: 하나님은, 즉 맨 먼저 하늘에 있는 네 생물들이 그의 거룩함, 유일무이함, 숭고함, 통치권을 고백하였던 바로 그 하나님은 "전에도 계셨으며, 지금도 계시며, 또 '장차 오실 분'(der da kommt)"이다. 존재론적 찬양은—우리는 "현존하실 분"(der da sein wird)을 기대한다!—세 번째 절에서 "장차 오실 분"이라는 표현에 의하여 분명히 차단되어 있다.(Peterson, 24) 하나님은 '창조주'이다. 그러나 그는, 그가 언제나 그렇게 존재했고 현재도 그렇게 현존하듯이, 미래에도 창조주로서 그가 지은 피조물의 주님일 것이며 변함없이 주님으로 남게 될 그 존재일 뿐만 아니라, 그 자신이 그런 존재로서 출발했으며 지금 오고 있는 그 존재이다. 그가 후에, 24장로들의 화답찬송에서(4:11) 명확히 '창조주'로서 찬양받는다는 것은 틀림없이 역시 다음과 같은 식으로 이해되어야만 할 것이다: 오고 있는 존재인 바로 '그'가, 그의 피조물을 홀로 버려두지 않고, 그 피조물의 심판자와 구원자로서 벌써 피조물을 향하여 오고 있는 도중에 있는 바로 '그'가 '우주'의 창조주이며, '그의' 뜻에 의해서 그 우주가 이미 '창조되었다.' 따라서, 모든 "영광"과 "존귀"와 "권능"이 그의 것으로 돌려지는 것은 '그'에게 어울리는 것이다. 따라서 5:9에서 시작된 노래는 다음과 같은 점에서 물론 "새로운 노래"일 것이다: 그 노래는 주님이 오고 있는 것을, 아니, 이제 명확히 이미 왔다는 사실을, 그 양이 땅 위에서 행하였던 사건 안에서 선포하게 될 것이다. 그러나 바로 그렇게 함으로써 그 노래는 다만, 이미 네 생물들이 하나님 앞에서 암시적으로 말하였고 바로 그렇게 하늘의 세계와 지상의 세계에 선포하였던 것을 확인하게 될 것이다. 9절에 따르면, 이미 그들의 하나님 찬양은 "영광"과 "존귀 외에도 명확히 또한 이사야 6:3을 능가하는 "감사"도 함께 포함하고 있지 않은가? 따라서 이미 그들의 노래가 사실은 "복되시다, 주님의 이름으로 오시는 분이여"(마 21:9—역자 주)라는 노래가 아닌가? 이 점에서 그것은 저 "새 노래"를 예고하는 것이 아니었던가?

만일 그렇지 않다면, 24장로들은, 5:8, 14에 따르면 후에 그들이 두 번 행하게 될 것을 행할 수 없었을 것이다: 즉, 그들은 양 앞에 엎드려 경배할 수 없었을 것이며, 동시에 그들이 여기에서(4:10) 네 생물들의 하나님 찬양에 대답하는 바로 그 행동을 여러 형태로 반복할 수 없었을 것이다. 그러므로 바로 '이' 행동과 함께, 이제 그들도 움직이게 된다: 그들은 그들의 보좌에서 내려와서 (이것은 명확히 언급되지는 않았으나, 분명히 전제되어 있다.), '그' 보좌에 앉은 존재 앞에 엎드리며, 영원히 살아 있는 그에게 경배하며, 그들의 왕관을 벗어 그의 보좌 앞에 내려놓는다.

우리는 무엇보다도 다음의 내용을 주목해야 한다: 9-10절이 보여주는 분명한 견해는 다름 아니라, 24장로들도 움직이게 한 것은 바로 '네 생물들'이 부른 하나님 찬양이라는 것이다. 그 생물들이 그 장로들보다 앞장서며, 그 장로들이 그 생물들의 뒤를 따라간다. 그래도 그 생물들은 그들의 전체적인 특징묘사에 따르면 특히, 지상의 깊은 곳을 다스리는 하나님의 통치를 드러내는 그런 천사들임에도 불구하고! 우리는, 왕관을 쓰고 보좌에 앉아 있는 24장로들과 비교되는 그들을 거의 무의식적으로 "더 낮은" 천사들로 간주하기를 원함에도 불구하고! 그러나 우리는, "더 높은" 천사들과 "더 낮은" 천사들에 대한 관념 전체가 근거가 박약한 것이라는 사실을 인식하였다. 그리고 만일 여기에서, 즉 바로 그 네 생물들이 이처럼 노골적으로 첫 번째 존재들로 서술되지만, 24장로들은 두 번째의 존재들로 그리고 잠정적으로 마지막의 존재들로 서술되어 있는 이곳에서, 우리가 그 관념을 사용한다면, 따라서 네 생물들을 더 낮은 천사들로 그리고 24장로들을 더 높은 천사들로 간주하려 한다면, 우리는 얼마나 웃음거리가 되겠는가! 그것으로부터 정반대의 등급구분을 이끌어내는 것은 확실히 역시 잘못된 것일 것이다. 그러나 네 생물들은 지상의 '깊은 곳'과 특별히 관련되어 있는 천사들이라는 바로 그 이유 '때문'에, 그들이 24장로들보다 앞서 간다는 사실을 확인하는 것은 꼭 필요하다. 그들은, 수많은 눈을 갖고 '그쪽으로' 바라보았으므로, 그 깊은 곳 쪽에서 "거룩하시다"라고 외치도록 그들을 자극하였던 것을 발견하였다. 우리는 아마도, 5:9의 찬송이 명확하게 언급하게 될 것을 미리 말하면서, 에베소서 3:10으로부터 다음과 같이 보충할 수 있을 것이다: 그것들은 그 아래쪽에서 "교회"를 보았으며, 바로 그렇게 함으로써 그것들에게는 "하나님의 갖가지 지혜"가 알려지게 되었다. 어쨌든, 그것들은 보좌에 앉아 있는 존재를 이 깊은 곳에 있는 영역에 대한 그의 관계에서 거룩한 존재로 인식하였으며, "전능하신 분"으로, 그리고 전에도 있었으며, 지금도 있으며, 또 장차 올 존재로 인식하였다. 우리는 다음과 같은 명제를 과감히 제시해도 좋을 것이며 또한 그래야만 한다: 이 네 생물들이 선포하였던 것은 다름 아니라 바로, 저 '아래에' 있는 영역에 대한 관계에서 명백히 드러난 하나님의 '자비'이다. 바로 이 점에서 참으로 24장로들이, 즉 아마 구원사적인 특성을, 아마 별 같은 특성을 지니고 있는 겉보기에 더 높은 천사들이, 왕관을 쓰고 자신들의 24개 보좌에 앉아 있는 존재들이 어쨌든 그 생물들의 뒤를 '따를' 수밖에 없다. 그 장로들이 '이' 선포를 들음으로써, 그들도 부름을 받고 있음을 느끼며, 그들도 움직이게 된다.

우리는 계속하여 다음의 사실을 주목해야 한다: 그들의 움직임은 맨 먼저, 그들 자신이 우선 말없이 실행하는 '행위'의 움직임이며, 그 후에 비로소 상응하는 말이나 노래로 옮겨간다. 그들은 우선 단순히 '겸손을 표시하는 행위'를 실행한다. 네 생물들에 관해서는 그러한 행위가 명확히 언급되지 않았다: 그것은 아마도, 그들의 특수한 본성과 위치가 겸손을 표시하는 형식적인 행위를 불필요하게 만들었기 때문에 언급되지 않았을 것이다. 반면에, 권세를 지닌 24인이 그들의 권세를 그처럼 단호한 방식으로 하나님의 처분에 맡김으로써, 바로 그렇게 함으로써 그들의 탁월함을 실증해야만 했다는 것은 자명한 것으로 생각될 수 없었다. 그러나 이러한 그들의 행동이 지니는 의미는 별도로 하고, 확실히 벌써 다음의 사실이 주목할 만하다: 여기에서는 (그리고 5:8, 14에서 거듭) 천사들의 말이나 노래만이 아니라, 바로 '행동'이 아주 명확하게 화제로 되고 있다. 이에 상응하게, 후에 5:7에서도 비록 매우 간략하게나마, 보좌에 앉아 있는 존재와 양 사이에서 발생한 '사건'도 화제로 될 것이다. 만일 우리가, 요한계시록 4-5장은 하나님과 하늘에 있는 세계 사이의 만남을 서술하는 것으로 그리고 천사들이 말하거나 노래한 찬양들을 재현하는 것으로 그칠 것이라고 생각한다면, 그 경우에 하늘은 얼마나 쉽게 영적인 진리들의 나라로 그리고 기껏해야 영원한 관념들의 나라로, 즉 세계사의 움직이지 '않는' 배경으로 이해될 수 있겠는가! 그러나 하늘은 바로 그런 것이 '아니'며, 오히려 벌써 그것 안에는 세계사로서 그리고 종말론적 사건으로서 지상의 형태를 띠게 될 그 '사건'의 원천이 있다: 벌써 하늘에 있는 천사들이, 후에 지상의 피조물들이 땅 위에서도 행해야만 할 것을 행하고 있다.

그러나 그들이 행하는 행동의 본질은 다음의 사실에 있다: 그들이 자신들의 보좌를 떠나 엎드려 경배하고 자신들의 왕관을 하나님의 보좌 앞에 내려놓음으로써, 그들은 하나님 자신 앞에서, 하늘에 있는 그 밖의 모든 피조물 앞에서, 심지어 선견자의 인격 안에서 대표되는 지상의 피조물 앞에서 명백하게, 그들의 존재, 그들의 높음과 위대함, 그들의 탁월함, 그들의 통치가 하나님의 존재와 행동과 통치와 경쟁한다는 것은 결코 논의될 수 없음을 인정하고 고백한다. 그들은, '그' 보좌에 앉아 있는 존재에 대한 그들의 관계에서 부왕(副王, Vizekönig)들이나 총독들의 지위조차 주장할 수 없다는 것을 인식하게 한다. 그들은, 만일 우리가 하늘의 내부에서 발생하는 사건에 대하여 이렇게 말할 수 있다면, 아래에 있는 깊은 곳을 향하여 내려간다. 그들이 실행하는 움직임은 그 밖의 모든 피조물에 대하여 그들의 연대를 보여주는 행위이다. 그들은 우선 하늘에 있는 네 생물들과 한패가 되며, 바로 그렇게 함으로써 간접적으로 또한, 그 생물들이 하늘로부터 관심을 기울이고 있는 지상의 피조물 무리와 한패가 된다. 어쩐지 우리는 누가복음 1:51 이하를 떠올리고 싶다: "그는 그 팔로 권능을 행하셨다. 그는 마음이 교만한 사람들을 흩으셨으며, 제왕들을 왕좌에서 끌어내리셨다." 여기에는 폐위되어야만 하는 폭군들이 없다. 여기에는 꺾어진 오만도 없다. 여기에서 발생하고 있는 것은 바로, 하나님의 아들들이 지닌 훌륭한 자유 안에서 높은 자들이 낮아지며, 위대한 자들이 작아지는 것이다. 여기에서는 하나님 자신이 모방의 대상으로 되는데, 그의 존엄은 네 생물들의 찬양에서 바로 그의 '자비'와 그의 '겸손'이 지닌 존엄으로서 선포되었다. 24장로들의 '경배'는 그 '겸손'에 상응한다. 그들이 자신들의 왕관을 하나님의 보좌 앞에 내려놓음으로써 바치는 찬양이 그 겸손과 관련된다.

　이제 마침내, 11절에서 재현된 24장로들의 찬송도 이런 의미에서 이해될 수 있을 것이다. 그 찬송을 피터슨(26)처럼 "환호"라고 부르는 것은 아마 권할 만하지 않을 것 같다. 왜냐하면 그것은, 마치 24장로들이 여기에서 (고대에 군중들이 공개적인 투표나 그와 같은 것에서) 말하자면 적어도 형식적으로 결의하는 활동을 하고 있는 것 같은 상상을 불러일으키기 때문이다. 그러나 이것은 그 경우가 아니다. "당신은 합당하십니다."라는 말로 찬송이 시작되는데, 이것이 의미하는 것은 다음과 같다: 그것은 본질적으로 당신에게 걸맞으며, 그것은, 당신의 본질에 상응하게, 당신에게 귀속됩니다. 따라서 그것이 의미하는 것은 이것이다: 이어서 하나님을 향해 외쳐지는 것은 그에게 귀속된다고 인정된 술어로 이해될 수 없으며, 다른 존재들에 의해 비로소 덧붙여진 칭호로서 이해될 수 없으며, 오히려 분석적으로, 그 어떤 다른 존재가 그렇게 결정하거나 감정하고 그에게 귀속되는 것을 인정할 수 있기 이전에, 그가 원래부터 그리고 그 자신 안에서 그러한 존재라는 것을—설령 어떤 다른 존재가 그에게 그것이 귀속되는 것을 인정하지 '않'을지라도, 그가 그런 존재일 것을—승인하는 것으로서 이해되어야 한다! "받으시기에"라는 어휘는 그것에 상응하게 이해되어야 한다. 그것은 9절의 "드리고 있을 때"라는 어휘에 상응한다. 보좌에 앉은 존재에게 무엇이 비로소 제공될 수 있겠는가? 그가 무엇을 비로소 받아들여야만 마땅하다는 말인가? 방금 이미 9절에서 언급되었던 것처럼, "영광"과 "존귀"와 "권능"이 그의 것, 다만 그의 것, 영원 전부터 충만하게 이미 그의 것이라고 부르는 찬송이 바로 그 사실을 말하고 있다. 여기에서 하늘에 있는 피조물이 그에게, 그는 이 모든 것을 받기에 합당하다고 소리쳐 알리고 있다면, 그것은 다음의 사실을 의미한다: 그는, 그것을 비로소 그 피조물로부터 받아들이는 것이 필요하지는 않으며, 그에게 그 모든 것을 "드리는" 것은, 즉 그를 그 모든 것을 소유하고 있는 존재로서 인정하는 것은 그를 위해서가 아니라, 그 피조물 자신을 위해서 성장과 위대함을 뜻한다. 바로 그렇게 함으로써, 그 피조물은 자신의 고유한 영광과 존귀와 권능을 실증하고 증가시킨다. 그 피조물은, 그것이 존재하고 있는 것과 소유하고 있는 것을—보좌들로부터 내려오는 것, 금 면류관을 '그의' 보좌 앞에 내려놓는 것이 이제 해명된다.—'그의 것'으로서 인정함으로써, 그것들을 소유한다. 그가 바로 모든 것을, 즉 하늘에 있는 피조물도 창조하였다: 그의 뜻에 의하여 바로 모든 것이, 따라서 그 피조물 자신도 창조되었으며 존재하고 있다. 이 사실을 인정함으로써, 그 피조물은 자신이 지닌 본래의 모습으로 실존한다. 그리고 우리는 이 승인의 동기를, 즉 24장로들이 그들의 행동을 하도록 일깨웠던 것의 동기를, 즉 그들이 새로운 생명력을 얻게 하였으며, 그들이 행하고 말하고 노래하는 것에서 그들 자신이 지닌 본래의 모습으로 실존하게 한 것의 동기를 기억하고 있다: 그들은 네 생물들의 소리를, 즉 그들이 부르는 "거룩하시다"라는 찬송을 "깊은 곳으로부터" 들었으며, 그들은 "영광"과 "존귀"만이 아니라 "감사"가 보좌에 앉아 있는 존재에게 합당하다는 말을 들었다. 그들은 그의 '자비'를 인식하였으며, 그 자비 안에서 그의 존엄과 창조주로서 그의 영광을 인식하였다. 이것이 그들을 움직이게 하였으며, 이것이 그들을 그들의 보좌들에서 내려오게 하였으며, 이것이 그들의 입을 열어 찬양하게 하였다. 바로 이것이 그들을 천사들의 '직무'에 합류하게 하였다. 우리는 확실히 이렇게 말해야만 한다: 바로 이것이 그들을 비로소 정말 천사들로 '만든다.' 이전에는, 즉 이 동기가 없이 그들 자신으로 머물러 있을 때에는, 그들이 무엇을 하는 존재였는지 혹은 무엇을 하는 존재였을지는 어쨌든 알 수 없다. 왕관을 쓰고 보좌에 앉아 있는 자들로서, 그 어떤 높은 곳에서 아직 말없이 더 높은 곳에 있는 하나님을 올려다보고 있는 자들로서 혹은 심지어 다만 그들 앞만 바라보고 있는 자들로서, 아직은 모든 피조물들과 연대하지 않는 자들로서, 그들의 특수한 방식으로 저 직무에, 즉 하나님을 찬양하는 것에 아직은 참여하지 않는 자들로서—이 모든 "아직" 그리고 "아직은 아니"일 경우에는, 그들은 어쨌든 또한 아직은, 천사들로서 그들이 지닌 고유한 모습으로 실존하지는 않을 것이다. 우리가 관심을 지니고 있는, 하늘에 있는 하나님의 측근과 관련하여, 요한계시록 4장의 결말은 이것이다: 그들은, 저 겸손을 보여주는 행위를 실행하고 그들의 찬송을 바침으로써, 그들이 지닌 고유한 모습으로 실존한다.

만일 요한계시록 4장에 대한 우리의 해석이 옳다면, 요한계시록 5장은 하늘의 다른 사건에 대한 서술이라기보다는 오히려 요한계시록 4장이 보도하였던 바로 그 사건에 대한 고찰을 심화하고 상세히 서술하는 것으로 이해하여야 할 것이다. 4장에서 '암시적인' 것으로 남아 있던 것이 이제 '명확한' 것으로 된다. 바로 그렇게 됨으로써 물론 전혀 새로운 장면이 나타나며 9절에 따르면 실로 전혀 새로운 노래가 불러져야만 하고 또한 불러지게 될 것이다.

아마 이미 이전에 선견자의 시야 안에 있었으나, 그가 아직 인지하지 않았던 그리고 어쨌든 아직 언급하지 않았던 요소가 이제(5:1) 그의 눈길을 끈다: 보좌에 앉은 존재가 오른손에 두루마리 하나를 들고 있다. 그것의 안팎으로 글이 적혀 있다는 것은, 그것 안에 기록된 것이 많다는 것을 암시한다. 그것을 "운명의 책"(K. L. Schmidt, *Aus der Joh. Apok.* 1944, 8)이라고 부르는 것은 아마 거의 적절하지 않을 것이다. 그것이 일곱 인으로 봉해져 있다는 것은, 그것의 특징을 계약으로서, 즉 어쨌든, 알도록 정해졌을 뿐만 아니라 실행하도록 정해진 기록물로서 나타낸다. 따라서 그 두루마리를 여는 것은 즉시, 그것 안에 기록된 것이 진행되기 시작한다는 것을, 즉 역사로 된다는 것을 의미한다. 그 후에 요한계시록 6-7장에서 선견자에게 보이게 될 것이 바로 그것이다. 그러나 아직은 거기까지는 아니다. 이 두루마리가 펼쳐지게 될 것이라면, 만일 이 역사가 진행되기 시작할 것이라면, 어떻게 될 것인가? 그 두루마리는 '하나님의' 손 안에 있다: 그것에 포함되어 있는 것은 아마, 그것이 열림과 동시에 실행되기 시작할 '그의' 결의와 뜻인 것 같다. 그리고 2-3절은 다음과 같이 분명하게 설명하고 있다: 그것은 '다만' 하나님의 손 안에만 있다. 두루마리를 펴기에 합당한 사람이 누구인가? 누가 그렇게 할 수 있는 상태에 있을 수 있으며, 그럴 수 있도록 허락되며, 그럴 수 있게 될 것인가? 그렇게 어느 "힘센 천사"가 묻는다: 그 질문은 하늘을 관통하여 울려 퍼지고, 하늘로부터 땅으로 그리고 더욱 깊이 지하세계까지 울려 퍼진다. 그런 질문들을, 바로 이 질문들을 제기하는 것은 정말로 한 천사에게 합당한 명령이기도 하다! 그러나 어떤 대답도 없으며, 하늘에서도 그렇다! 따라서 '아무도' 하나님이 이미 결심한 것을 실행할 능력이 없으며, 그것을 실행하도록 허락받지 못하며, 그것을 실행할 수 없을 것이다. 아무도 그것을 알 수조차 없으며, 아무도 그의 손에 들린 그 두루마리를 들여다볼 수조차 없다.―어떤 피조물도, 모든 동료 피조물들에게 이 질문을 제기하였던 그 힘센 천사 자신도 그렇게 할 수 없다. 하나님은 주권을 소유하고 있으며 여전히 그러하다. 요한계시록 4:1에 따르면 "이 후에 일어날" 일들을 다만 그 하나님만이 결정하고, 그것에 영향을 미치며, 또한 그만이 그것이 무엇인지를 알고 있다. "나는 슬피 울었다."(4)고 선견자는 보고한다: 즉 창조주와 그의 피조물 사이에 상황이 그러한 것 때문에 울었다. 하나님은 피조물이, 그가 계획했고 그의 목표로 이끌게 될 일에 참여하기를 원한다. 여기에서는 피조물에 대한 심판을 넘어서서, 피조물의 구원이냐 아니냐의 문제를 넘어서서, 피조물 자신이, 즉 피조물의 미래가 주요관심사가 될 것이다. 어떻게 피조물이 이 일에 협력하지 않을 수 있으며, 따라서 적어도 그것에 대하여 알려고 하지 않을 수 있다는 말인가? 그런데 이 두 가지가 피조물에게는 거부되었다. 아무도 그 두루마리를 펼 수 없었다.(3) 아무도 그 일에 합당한 것으로 간주되지 않았다.(4) 그 사실에 대하여 어쨌든 지상의 피조물이 경악하고 있으며, 여기에서 선견자는 그 피조물의 대표자로서 하늘을 주의 깊게 바라보고 있으며 귀 기울여 경청하고 있으며 경악하고 있다: 피조물은, 자신의 미래를 모든 점에서 그처럼 전적으로 손아귀에 넣고 있는 하나님 앞에서 경악하고 있으며, 다가오고 있는 것에 직면하여, 즉 피조물이 그것에 결코 어떤 영향도 끼칠 수 없으며 결코 들여다볼 수도 없는 그것에 직면하여 완전히 내맡겨져 있는 자기 자신에 대하여 경악하고 있으며, 자신이 처리에 관여할 수 없게 그리고 미리 알 수도 없게 자신에게 들이닥치게 될 일에 대하여 경악하고 있다. 하나님에게 죄를 범하였던 바로 인간 피조물이 이 모든 면에 대하여 경악할만한 이유는 얼마든지 있다. 그렇지만 이 본문은 어쨌든 확실히 다음의 사실을 말하려는 것 같다: 봉인된 두루마리에 관하여―설령 경악하지도 않으며 울지도 않더라도―엄청난 긴장이 또한 하늘의 세계 전체를 가득 채우고 있다. 하늘의 세계도 우주에 속하기 때문이다. 땅 위에서, 즉 인간의 영역에서 하나님에 의하여 발생하게 될 일에, 따라서 오고 있는 것들에 대한 인간의 기대에 하늘의 세계도 참여하고 있다. 그렇지만 그 세계도 그 두루마리를 펼 수 없으며, 들여다보는 것조차 할 수 없다.

따라서 5절에서 계속되는 것은 물론 우선, 하늘에 있는 존재들 가운데 하나가―즉 24장로들 가운데 하나가―경악하고 있는 인간 선견자에게 건네는 위로의 말로 이해되어야 하지만, 그러나 동시에 일종의 통고로 이해되어야 한다: 그것은 그에게만이 아니라, 그가 대표하고 있는 지상의 피조물에게만이 아니라, 하나님의 보좌 주변에 모여든 하늘의 피조물 전체에게 중요하고 새로운 통고이며, 그것이 우선 그 인간의 울음을 멈추게 함으로써, 또한 천사들의 세계도 그들을 압박하고 있는 긴장을 해소하기 위하여 준비하게 하는 통고이다. 그 천사가 통고하는 내용은 이렇다: "보시오, 유다 지파에서 난 '사자'(獅子), 곧 다윗의 뿌리가 승리하였으니, 그가 이 일곱 봉인을 떼고, 이 두루마리를 펼 수 있습니다." 유다 지파에서 나온 사자, 곧 다윗의 후손이 승리하였다는 소식은 분명히 예수 그리스도가 죽은 자들로부터 부활하였다는 '부활 메시지'이다. 이 메시지에서는 특정한 시간에, 특정한 장소에서, 지상의 영역 한복판에서 다음의 사실이 널리 알려지게 되었다: 하나님 자신이 그와 피조물 사이에 갈라져 있는 그 심연을 이 유대인의 인격(Person) 안에서 메웠으며, 바로 이 유대인을 그의 피조물 전체에 대한 그의 통치에 참여하도록 들어올렸다. 그것은 하나님의 승리이며, 바로 그렇기 때문에 그리고 그렇게 또한 인간의 승리이기도 하다: 즉 위로부터의 승리이며, 바로 그렇기 때문에 그리고 그렇게 또한 아래로부터의 승리이기도 하다. 이 유대인을 무덤에서 소생시킨 것은 다름 아니라 바로 하나님이며, 바로 그렇기 때문에, 죽음의 심연을 뚫고 지나갔으며 넘어갔던 것은 다름 아니라 이 유대인이다. 거듭 바로 하나님이 이 인간을 그의 곁에 세웠으며, 바로 그렇기 때문에 거듭 바로 이 인간이 동시에 하나님과 동등하게 되었다. 무엇 때문에 이 모든 일이 발생하였는가? 그가, 즉 '하나님의' 은혜와 권세와 영광 안에 있는 승리자인 인간이 ─ 혹은 동시에, 이 '인간'의 은혜와 권세와 영광 안에 있는 승리자인 하나님이 ─ 바로 이 '인간'이 그 두루마리를 펴게 하기 위하여, 즉 모든 피조물에게 아직 숨겨져 있는 미래의 사건이 진행되도록 하기 위하여, 바로 이 '인간'이 그 사건의 시작에서 그 사건의 주님으로 서 있기 위하여, 바로 이 '인간'이 "이 후에 일어날" 사건을 결정하고 알게 하기 위하여, 그 모든 일이 발생하였던 것이다. 그것이 사실이기 때문에, 선견자는 울지 말아야 하며, 위로받아야 마땅하며, 그렇기 때문에 하늘에 있는 피조물 전체도 앞으로 발생하게 될 일을 기뻐해야 마땅하다.

우리는, 5절에 있는 장로의 말이 다만 이 '통고' 자체만을 포함하고 있다는 사실에 주목해야만 한다. 아직도 언급된 승리자 자신은 등장하지 않는다. 아직도 그 두루마리는 닫혀 있고, 오직 하나님의 손 안에 있다. 선견자가 여전히 울만한 이유는 아직도 얼마든지 있는 것 같다. 하늘의 세계를 긴장 안에 머물게 하는 그것도 아직 객관적으로 제거되지 않았다. 아직도 그들 모두는 하나님의 계시를, 그리고 유다 지파에서 나온 사자인 승리자의 계시를 스스로 알아보지 못하고 있다. 그 장로 자신은 하나님이 아니었으며, 유다 지파에서 나온 사자가 아니었고, 다만 피조물로서 그의 '증인'이며 '통고하는 자'였을 뿐이다. 아직도 겨우 이 증언이 제시되어 있을 뿐이다. 아직도 선견자는 겨우 위로받을 수 있을 뿐이며, 위에 있는 우주 전체도 숨죽이고 있는 그 긴장을 제거하는 것은 아직도 겨우 준비되고 있을 뿐이다. 그 장로가 그의 말로 수행하였던 것은 바로 이처럼 잠정적인 것이다. 그는 그 후에 그와 동등한 다른 장로들의 대열로 물러가게 될 것이며, 그는 더 이상 기억되지 않게 될 것이다. 이것이 바로 본보기가 되는 ─ 위대하지만 한계를 지니고 있는 ─ 천사의 직무, 즉 증인의 직무이며, 우리는 여기에서 이 장로가 그 직무를 수행하고 있는 것을 보고 있다.

새롭고 결정적인 환상과 사건이 6-7절에 서술되어 있다. 6절에는, 내가, 곧 선견자가, 보았다고 기록되어 있다. 그러나 8절에 따르면, 하늘에 있는 피조물 전체도 보았으며, 이어서 9절에 따르면 그들은 새로운 노래를 부르기 시작하였다: 그 노래에서, 실제로 그들도 새롭고 결정적인 것을 보았다는 것이 추론될 수 있다. 디모데전서 3:16에 인용된, "천사들에게 보이시고"라고 노래하는 초대교회 찬송의 저자는 아마 여기에 서술된 것과 비슷한 광경을 상상했을 것이다. 선견자가, 그리고 그와 함께 모든 천사들이 이제 '보게' 된 것에 어떤 천사도 '관여'하고 있지 않다. 5절에서 통고된 것이 사건으로 된다: 유다 지파에서 나온 사자, 즉 다윗의 후손이 봉인된 두루마리를 받아들고 열게 될 존재로서 계시된다.―그가 하늘에 있는 모든 피조물들의 눈앞에서 계시되며, 여기에서 지상에 있는 그 피조물이 멀리 있는 침묵하는 참가자로서 그 피조물들과 함께 하고 있다. 그러나 그 놀라운 일은 이중으로 놀랍다. '사자'가 통고되었으나,―우리는 확실히 이렇게 번역해야만 할 것이다: "보좌와 네 생물들의 한복판에 그리고 장로들의 한복판에"―드러난 것은 '양'이다. 그 양이 그 사자이며, 그 양이 하나님과 인간 사이에 있던 심연을 넘어갔던, 즉 인간으로부터 하나님에게로 향하는 전례 없는 발걸음을 내딛었던 하나님이며 인간인 승리자이다. 앞서 예고되었던 그 사자는 바로 그 양을 의미하였다. 그러나 그 양의 자기 계시가 비로소 모든 존재가 보는 가운데 다음의 사실을 해명하고 확증한다: 바로 그 양이 그 사자'이다.' 우리는 지금 하늘에 있으며, 땅 위에 있지 않다. 그러므로 양에 대한 서술은 명료하지 않다. 그 양은 "도살당한 것과 같다." 이 표현이 의미하는 것은 확실히 이것이다: 그것은 아직도 살해당한 흔적들을 보여 주고 있는, 제물로 바쳐진 짐승이다. 그러나 여기에서 양이라고 불리는 존재에 대하여 요한계시록 1:18에는 다음과 같이 기록되어 있다: "나는 죽'었'으나, 보아라, 영원무궁하도록 살아 있다." 일곱 뿔들은 그의 힘의 표지들이고, 일곱 눈들은 그의 다양한 인식의 표지들이며 다양하게 그에게서 시작되는 인식의 표지들이다. 그것은 비록 단지 하나의 양일 뿐이며, "도살당한 것과 같"기는 하지만, 그래도 그 양은, 후에 그에게 할당될 것을 넘겨받고 수행하기 위하여, 건강하게 잘 무장하고 있다. 거듭 명백한 것은, 여기에서 주요관심사는 예수 그리스도라는 사실이다: 그런데 지금은, 그에 대한 증인의 통고 안에서만이 아니라, 그 자신이 주요관심사이며, 지금은, 부활한 그리스도가 아니라, 인간 피조물의 죄를 위하여 고난 받고 십자가에 달리고 죽어 무덤에 묻혔던 예수 그리스도가 주요관심사이다.―지금은 낮아지고 희생된 그가, 지금은 골고다 사건 안에 있는 그가 주요관심사이다. 바로 거기에서 낮아지고 희생당한 존재로서 그는, 5절에서 천사가 예고하였던, 그 승리한 사자였다. 바로 그런 존재로서 그는, 부활사건에서 명백히 드러나고 부활 메시지로서 증언되는 그것을 성취하였다. 따라서 바로 이 낮아지고 희생당한 존재로서 그는 지금 이 증언을 해명하고 확증한다. 이 양의 희생이 사자의 승리이며, 하나님과 인간의 승리이며, 하나님과 인간 사이의 심연을 메우는 것이며, 그 인간을 하나님 곁으로 들어 올리는 것이다. 선견자는 그를 그렇게 바라보고 있다. 하늘에 있는 피조물들은 그를 그렇게 바라보고 있다. 그러나 그들은 더 많은 것을 바라보고 있다. 그들은, 어떻게 그 양이 "'와서', 보좌에 앉아 계신 분의 오른손에서 '받았'"는지를 바라보고 있다. 그가 왔다는 것은 그의 즉위를 의미한다. 그가 받았다는 것은 그의 권력 장악을 의미한다. 왜냐하면 그가 받아 가졌던 것은 분명히, 봉인된 두루마리이기 때문이다. 아직은 그것을 펼쳤다는 것이 언급되지 않지만, 그 양은 지금 말하자면 그것을 펼 수 있게 되는 지위에 취임한다. 그 봉인된 두루마리는 지금 그의 수중에 있다. 바로 그 양이 두루마리의 일곱 봉인을 차례차례 떼게 될 것이다. 우주 전체에게는 숨겨져 있는, 하나님의 의지를 실행하는 것이 그 양의 일로 될 것이다. 하나님은 죽었는가? 혹은 은퇴하였는가? 전혀 그렇지 않다! 그 양은 두 번째 하나님이 아니며, 다른 하나님이 아니라, 옛날부터 존재하던 그 유일한 하나님이다. 따라서 그 양은 그 유일한 하나님의 의지를 역시 결코 변경하지 않을 것이며, 정확히 충실하게 집행할 것이다. 그의 즉위와 권력 장악에서 밝혀지게 된 것은 바로 이것이다: 하나님의 숨겨져 있는 의지는, 그것의 내용이 개별적으로 무엇이든, 영원 전부터 참으로 다음의 사실에서, 즉 이 양이 사자, 곧 그의 의지와 계획을 실행하는 전지전능한 집행자라는 바로 그 사실에서 형태와 현실성을 획득하는 바로 그런 의미를 지니고 있었다. 바로 하나님의 자비로서 나타나는 하나님의 존엄 ― 바로 이것이 하나님의 비밀이 지닌 그림자이며 윤곽이었고, 우리는 이미 요한계시록 4장에서 그 그림자와 윤곽이 암시되어 있는 것을 알아냈다. 우리는 여기에서, 요한계시록 5장의 절정에서 어떤 다른 것이 아니라 다만, 바로 이 비밀이 지닌 바로 이 형태와 현실성에 직면해 있다.

그러나 그 위대한 피조물의 입장에서는, 바로 그것은 그 장면이 근본적으로 변화되는 것을 뜻한다. 따라서 이제 8절 이하에서는 이 양을 바라보면서 우선 바로 '천사들의 세계'가 새롭게 그리고 이제 비로소 결정적이며 포괄적으로 움직이게 된다. 요한계시록 4:8에서는 바로 한쪽의 천사들이 다른 쪽의 천사들을 행동하도록 하였다면, 지금은 다름 아니라 바로 보좌 자체로부터 나온 계시가 장로들과 생물들을 그리고 마침내 모든 천사들을 다 함께 행동하게 한다. 비로소 그리고 바로, 하나님의 비밀이 지닌 형태와 현실성이 그 사자인 그 '양'으로서 등장해 있으므로, 하늘에 있는 피조물에 대해서도 하나님의 주권이 명백히 가시화된다: 그는 그 피조물의 찬양을 비로소 받아들이는 것이 아니라, 이미 야기하고 있으며, 그 찬양은 그의 말씀에 대한 대답일 수밖에 없으며, 그 피조물 자신의 말은, 그리고 천사들의 직무 전체는 그로부터 위임 받고 권한을 받은 증언일 수밖에 없을 것이다. 바로 그 양의 즉위와 권력 장악은 이처럼 하나님이 야기한 것이다.

하나님이 야기한 이 사건의 첫 번째 효과가, 8절에 따르면 네 생물들과 24장로들이 이제 '공동으로' 실행하는 '경배'이다: 그 경배는 물론 하나님의 보좌를 향하지만, 그러나 이제 그 양을 향하는데, 그 양은 하나님의 뜻을 실행하는 집행자이며 동시에, 그의 안에서 하나님의 뜻이 지닌 실체가 나타나는 바로 그 왕이 된 하나님(Gottkönig)이다. 그리고 지금 그들에 대하여 어떤 새로운 것이 더 언급된다; 그것이 네 생물에 대해서도 언급되는 것인지 혹은 다만 24장로들에 대해서만 언급되는 것인지는 분명하지 않다. ― 나는 양쪽을 모두 포함하는 것으로 간주하고 싶다: 그들 모두("각각") '하프들'과 '향료'가 가득 담긴 황금 접시들을 갖고 있다. 하프들이 강조되어야 한다. 왜냐하면 피터슨(Peterson, 62)은, 이 구절 외에도 요한계시록 15:2도 그에게 경고했을 것이 틀림없음에도 불구하고, 그가 선호하는 수도사들의 성가대들로 시선을 돌리면서, 하늘에서는 성악만 울린다는 주장을 감행하였기 때문이다. 우리는 우선 (시 141:2에 따라서) 향료가 담긴 접시들에 대하여 이렇게 언급되고 있는 것에 대하여 주목해야 한다: "그 향료들은 곧 거룩한 사람들의 기도들입니다." "거룩한 사람들"은 (계 8:3 외 여러 곳에서처럼) 땅 위에 있는 그리스도교 신앙공동체의 구성원들이며, 이 신앙공동체는 9절 이하의 "새로운 노래"에서 지체 없이, 더 정확히 말해서 가장 중요한 방식으로 계속 화제로 될 것이다. 그들의 "기도들"이 천사들의 중개를 통하여 하나님의 보좌에 다다르게 된다는 것은, 이 맥락에 그리고 기도와 천사들에 대한 성서의 가르침 전체에 낯선 생각이다. 로마서 8:27에 의하면 바로 성령이, 하나님의 뜻에 따라, 기도하는 거룩한 사람들을 위하여 대신 간구한다. 그리고 성서의 천사들은 아래로부터 위를 향해서가 아니라, 위로부터 아래를 향하여 작용한다. 그렇지만 그때에 아래로부터 그들이

'마주친' 것이 ― 그리스도교 신앙공동체의 측면에서 보면, 그것은 그 공동체의 '기도들'이다. ― 그들에게, 그것들이 그 작용의 열매와 성과를 표현할 경우에는, 말하자면 '장식품'으로, 훈장으로, 즉 지상의 영역 안으로 그들이 작용한 것에 대한 증명서로 사용될 수 있다. 그리고 이 점에서 우리는 하도른(Hadorn, 79)의 말을 빌어서 이렇게 말할 수 있다: 여기에서는 (간접적으로!) 땅 위에 있는 하나님의 신앙공동체가 하늘에 있는 존재들의 경배에 합류하는 것이 화제로 되고 있다. 땅 위에서 거룩한 사람들로 구성된 기도하는 신앙공동체가 있는 곳에는, 역시 (고전 11:10!) 천사들도 함께 있다. 그리고 천사들이 있는 곳에는, 그들이 땅을 향하므로, 역시 ― 그러므로 그들은 한 손에 황금 접시들을 들고 있다. ― 거룩한 사람들의 기도들도 함께 있다. 그러나 기도할 수도 없고 노래할 수도 없으며, 말조차 할 수 없지만 역시 소리들을 갖고 있는 '그 밖의' 아래에 있는 우주가 내는 ― 역시 천사들에 의해 야기된 ― 소리들도 있다: 그 소리들은, 거룩한 사람들의 기도에 그것의 방식대로 상응하는 방법으로, 그리움과 감사함 안에서, 고통과 기쁨 안에서 천사들을 향하고 또 하나님 앞으로 나오며, 그의 앞에서 울리며, 그에 의하여 경청된다. 피터슨이 "기계적인 악기들"에 대하여 아주 탐탁지 않게 언급하는 것은 매우 부당한 일이다. 마치 각각의 '악기'를 연주하는 바로 그것이, 다른 방식으로는 말이 없는 우주가 하나님 앞에서 소리를 내는 것을 말하자면 '명확히 표현'하려는 다소간에 의식적이며 노련하며 재기발랄한 인간적 시도가 아닌 것처럼! 마치 완벽한 음악가는, 결코 자신의 마음에서 나오는 소리가 아니라 ― 틀림없이, 천사들에 의하여 특히 그렇게 하도록 일깨워져서 ― 그 우주가 말하기를 원하는 것을 무엇보다도 스스로 들을 수 있으며, 그 후에 그것을 매우 겸손하게 그리고 객관적으로 하나님과 다른 인간들 앞에서 연주할 수 있는 능력이 가장 잘 갖추어져 있는 존재가 아닌 것처럼(피터슨은 부당하게 그렇게 언급하였다. ― 역자 주)! 그러므로 이 천사들은 다른 손에 '하프들'을 들고 있다. 보좌 한가운데에 있는 그 양 앞에 엎드린 그들을 장식하고 있는 것은 거룩한 사람들의 기도만이 아니다. 역시 그들이 그곳으로부터 아래를 향하여 작용할 때, 그것만이 아니라, 또한 ― 인간이 고안해내고 소리를 내게 만들어진 바로 그 악기들에서 명확히 표현되는 ― 피조물들의 전반적인 탄식도 그들과 마주쳤다. 이 사실로부터 성급하게 그리스도교의 예배를 형성하기 위한 결론들을 이끌어내지 않는 것(예를 들면, 이 사실로부터 오르간을 옹호하려 시도하지 않는 것!)이 바람직하다. 기도하는 신앙공동체와 소리를 내는 우주는 서로 다르며, 신앙공동체의 예배와 그 음악회도 그렇게 서로 다른 것이다. 천사들이 접시들과 하프들을 '동시에' 들고 있는 것이 옳다면, 그것은, 그렇게 하는 것이 우리에게도 합당하다는 뜻은 아니다. 그러나 다음의 사실은 변함없이 확인되어야 한다: '두 가지'를 들고 있는 것, 즉 예배를 경배로서 '그리고' 음악회로서 올리는 것, 따라서 '이중으로' 장식을 하고 하나님 앞에 무릎을 꿇는 것이 천사들에게는 실제로 옳은 것 같다.

이제 우리는 9절 이하에서 그들이 부른 "새로운 노래"를 듣는다. 그것이 '새로운' 노래인 이유는, 그 노래가, 그들이 그전에 (계 4장) 겨우 그림자와 윤곽만을 찬양하였던 그의 형태와 현실성을 향하고 있기 때문이다. 하도른(Hadorn, 79)의 다음과 같은 논평은 옳다: "새로운 노래들이 나타나지 않아서 옛 노래들로 임시변통되어야만 한다는 것은, 하찮은 것들의 시대들을 특징짓는 것이다." 우리는 이렇게 덧붙여 말할 수 있을 것이다: 그 시대에는 사람들은 이해될 수는 있으나 엄밀히 말하자면 우울한 열심으로, 될 수 있는 대로 옛 노래들과 예배의식들 따위를 고수하는 버릇이 있다. "새로운 노래"라는 개념은 아무래도 이미 구약성서(시 96:1, 149:1, 사 42:10)에서 오고 있는 메시아적 전환기와 관련되고 있는 것 같다. 그러나 여기에서는 비길 데 없는 '그' 새 노래가 문제되고 있다. 거듭 "당신은 합당하십니다."라는 노랫소리가 들린다. 협의하는, 결의하는, 혹은 환호로 찬성 투표하는 대중 집회에 대한 표상은 거듭 그리고 이제 더 한층 적절하지 않을 것이다. 여기에서 그 양에게 귀속되는 것으로 판결되는 것은, 하나님에 의해 영원 전부터 '결의'되었을 뿐만 아니라 하늘과 땅에서 이미 '이루어진' 것을 뒤늦게 확인하고 승인하는 것에 불과하다. 그 양은 그 봉인된 두루마리를 이미 수중에 넣'었'으므로, 그 양이 두루마리를 펼쳐서 하나님이 결의한 사건을 진행시킬 것이라는 것은 다만 시간문제이며 그의 자유로운 결단의 문제일 수밖에 없다. 그리고 또한 그가 그 일을 하기에 합당하도록 만들었던 것도, 즉 하나님의 주권이 그의 자비로운 사역 안에서 구체적인 형태와 현실성으로 되었던 바로 그 사건, 사자가 바로 양으로서 참으로 승리한 사자로 되었던 바로 그 사건은 이미 이루어져 '있다': "주님은 죽임을 '당했'다." 바로 이 "단 한번" 발생한 사건은 아무도 취소할 수 없으며, 어떤 박수갈채도 필요하지 않으며, 바로 다만—바로 이것이 이 "새로운 노래"에서 천사들의 직무이다.—먼저 하늘에서 그리고 그 후에 땅 위에서도 '긍정'되고, '승인'되고, '증언'될 수밖에 없다. 그들은, 그 사건을 긍정하고 승인하고 증언하면서, '하늘에 있는 보좌' 한가운데 있는 그 양을 바라본다. 그러나 이제 우리는 다음의 사실을 분명히 이해하여야만 한다: 바로 그렇게 하면서 그들은 '땅' 위에서 발생한 사건을 눈앞에 바라보고 있다. 티베리우스 황제 치하에서, 예루살렘 성문 앞에 있는 골고다 위에서, 이 양이 죽임을 당하는 일이 발생하였다. 그리고 이제, 전적으로 단 한번 그리고 유일무이하게 지상에서 발생한 이 사건은 역시 격리되어 발생한 것이 아니라는 사실이 더욱 결정적으로 중요하게 된다. 이 지점이 한 원의 중심이다. 왜냐하면, 이 양이 죽임을 당함으로써, 그 양은 땅 위에서 전적으로 특수한 어떤 것을 행하였고 달성하였으며, 바로 그곳에서 전적으로 특정한 정황을 만들어냈으며, 그와 동시에, 계속되는 상응하는 사건들로 이루어진 거대한 특정한 연쇄결합을 불러일으켰기 때문이다. 왜냐하면 그는 "그의 피로 (자신의 생명을 희생함으로써) 하나님께 몸값을 지불하였"기 때문이다. 이 문장에는 (원문에는 "~를" 구출했다는—역자 주) 목적어가 없다. 우리는 다만 다음의 사실을 듣고 알게 되며—우리는 의심할 여지없이 지상의 존재 및 사건 한복판에 있다는 바로 그 점에서, 다음의 사실을 알아채게 된다: 그는 몸값을 치러 사람들을 "모든 종족들과 언어들과 민족들과 나라들로부터" 구해냈다. 이 구절이 의미하는 것은 명백하다: 이 모든 분리된 영역들로부터 '인간들'을, 그리고, 그들이 몸값을 주고 구출되어야 하므로, 명백히 사로잡혀 있는 '노예가 된' 인간들을, 그리고, 그들의 몸값이 하나님을 위하여 지불되었다고 기록되어 있으므로, 포로상태에서, 즉 노예상태에서 바로 하나님에게 '낯설게' (entfremet) 되었던 인간들을 구출했다는 것이다. 그 양을 살해한 사건으로 이러한 그들의 상태가 끝났다. 그들은 이 사건을 통하여 '해방'되었으며, 더 정확히 말하면 하나님을 위하여, 즉 그를 '섬기기' 위하여 해방되었다. 바로 이것이, 그 양을 살해한 것에서 그리고 그 살해를 통하여 발생하였던, 즉 그 살해 자체처럼 땅 위에서 발생하였던 한 사건이다. 다른 사건은 창조행위이다. 그 행위를 실행하는 존재는 거듭 그 양이다: 그 양은 그들이 (즉 이전에 포로가 되었던 자들, 그 후에 몸값을 지불하고 구출된 자들, 그리고 하나님을 위해 일하도록 세워진 자들이) "우리 하나님을 위하여 한 나라를 이루게 하시고, 제사장들이 되게 하셨습니다. 그래서 그들은 땅 위에서 다스릴 것입니다." 바로 이것이, 골고다로부터 출발하여 그리고 땅 위에 있는 그 한 지점의 주위에서 발생하였던 그 사건의 '긍정적인' 측면이다. 우리는 본래, 그 중심에 상응하게, 예수 그리스도를 위하여 멸시 받고 박해 받고 고난 받고 있는 공동체가 화제로 될 것이라고 기대할 것이다. 신비주의자들, 도덕주의자들, 금욕주의자들의 합창은 사실 확실히 그런 종류의 노래를 불렀을 것이다. 그리고 이러한 지상의 현실에 대한 지상의 관점은 실제로 그 노래에 상응할지도 모른다. 그러나 여기에서는—여기에서는 바로 천사들이 노래를 부르고 있다.—그 현실이 천사들의 참된 관점과 평가에서, 즉 하늘의 관점과 평가에서 모습을 드러낸다: 이교도였던 과거에 지녔던 환각상태와 우둔함으로부터, 악습들과 오류들로부터 아직도 거의 제대로 빠져나오지 못한 채, 백성들 가운데로 흩어져 사실상 모든 면에서 압박과 위협을 받고 있는 세례 받은 자들의 작은 무리가—여기에서 매우 적합한 것으로 보일 수 있는 로마서 8:36에 있는 서술을 기억하라: "우리는 종일 주님을 위하여 죽임을 당합니다. 우리는 도살당할 양과 같이 여김을 받았습니다."—바로 이 슬퍼하는 무리가 하나님의 '나라'이며 바로 그 무리의 구성원들이 하나님이 선택한 '제사장들'이다! "로마원로원과 로마시민"이 아니라 그들이, 로마의 황제와 그의 총독들이 아니라 그들이 땅 위에서 통치하게 될 것이다. 왜냐하면 우리는 다음의 사실을 확실히 깨달아야 하기 때문이다: 그것이 의미하는 것은 결코, 언젠가 그들 자신이 하늘에서 통치하게 된다는 것이 아니라, 그들이—하늘에서 현실적인 것에 상응하게—땅 위에서 통치하게 된다는 것이다. 이 상응은 뚜렷하다: 그들은 '저 아래에' 있는 그곳에 '있'지만—그러므로 그들은 그 아래로부터 인식되며, 그들은 또한 실제로 바로 그런 존재들이지만—'저 위에' 있는 거기에는 그 양이, 즉 하나님 오른쪽에 앉아 있는 부활한 그리스도가 있다. 골로새서 3:1에 따르면, 그들도 그와 함께 이미 죽었을 뿐만 아니라, 또한 이미 부활하였다. 그리고 그곳에서는(골 3:3) "그리스도와 함께 하나님 안에 감추어져" 있는, 그들의 생명이라고 불리는 것이, 여기에서는 구체적인 지상의 현실로서 서술되고 있다: 즉 지상의 존재들에게는 감추어져 있으나, 하늘의 존재들에게는 명백히 드러나며 어쨌든, 아버지의 오른쪽에 있는 부활한 주님의 통치와 아주 똑같이 꽉 짜인 현실로서 서술되고 있다. 따라서 천사들의 새로운 노래에 따르면 그들이 바라보았던 것은 바로 이것이다: 그들은 그 중심을 바라보았지만, 또한 이 주변도 바라보았다. 그들은 주님을 바라보았지만, 또한 그의 백성도 바라보았다. 그들은 하늘에 있는 예수 그리스도의 영광을 바라보았지만, 땅으로부터, 즉 그가 하나님을 위하여—반복된 "하나님에게"라는 표현을 주목하라—바로 이 일을 행하였고 달성하였던 그 땅으로부터, 그가 하나님을 위하여 그의 피로 몸값을 지불하고 이 인간들을 해방시켰으며, 바로 그렇게 함으로써 더 이상 반박될 수 없는, 하나님의 소유물로서 새롭게 창조하였던 그 땅으로부터, 말하자면 반사되고 있는 그 영광을 바라보았다. 따라서 거듭 그리고 이제 더 한층, '깊은 곳'이, 즉 그 '땅'이 바로 하늘로부터 바라볼 때 '우선권'을 갖고 있다.—'저 아래에' 있는 그곳에서 결정적인 사건이 발생하였으며, '저 아래에' 있는 그곳에서 그 양이 사자로서 승리하였고, 그가 이제 하늘에서 사자로서 계시되었다는 점에서, '저 아래에' 있는 그곳에서, 하나님이 땅을 돌보았던 바로 그 자비 안에서 그의 존엄한 의지가 그것의 목표에 도달하였다는 점에서,

땅이 우선권을 갖고 있다. '그런 까닭에' 천사들은, 바로 그 양이 그 두루마리를 받아 봉인을 뗄 자격이 있다고 노래하고 말할 수 있으며, 또 그래야만 한다. '그런 까닭에' 그들은 바로 ("참으로 하나님이며 참으로 인간"인!) 예수 그리스도를, 하나님의 지혜와 권세 안에서 모든 그리고 각 우주적 사건의 시초에 서 있으며 모든 그리고 각 우주적 사건을 진행시키고 지배하게 될 존재로서 인식하고 찬양할 수 있으며, 또 그래야만 한다. '그런 까닭에' 저 새로운 노래에 따르면, 그들도 저 봉인된 두루마리를 바라볼 때 그리고 일어나고 있는 일들을 바라볼 때 느꼈던 그 긴장이 제거되었다. '그런 까닭에' 지금 그 인간도, 즉 열린 하늘을 바라보며 귀를 기울였고 하늘에 있는 존재들의 눈으로 그들이 보았던 것을 함께 보도록 허용되었던 그 선견자도 더 이상 슬피 울 수 없다. 하나님이 "그들의 눈에서 모든 눈물을 닦아 주실 것"(계 21:4)이라는 말씀이, 여기에서 천사들이 그리고 그들과 함께 그 인간이 보았던 것에서 이미 이루어졌으며, 더구나 완벽하고 변경할 수 없게 이루어졌다.

이제 11절 이하에는 그 인간에 대하여 다음과 같이 씌어 있다: 그는, 어떻게 동시에 하늘의 영역과 하늘의 합창이 끝없이 확장되었는지를 "보았고 들었다." 이루 다 헤아릴 수 없는 "많은 천사들"이 — 우리는 여기에서 틀림없이 누가복음 2:13의 "많은 하늘 군대"를 생각해도 좋다. — 하늘의 집회에서 가장 밖에 있는 원을 형성하는 집단으로서 눈에 보이게 (선견자에게 확실히 지금 비로소 눈에 보이게!) 되며, 그들은 "큰 소리로" "당신은 합당하십니다."라고 부르는 찬양에 합류한다. 그들의 찬양도 죽임을 당한 양을 향하고 있다는 사실은, 그들도 모든 것을 보았다는 것을, 즉 땅 위에서 발생하였고 그 후에 하늘에서 명백히 드러나게 되었으며, 우선 보좌에 직접 인접해 있는 두 천사합창대들에 의하여 행동과 말로 증언되었던 그 모든 것을 보았다는 것을 보여준다. 그들도, 즉 많은 천사들도 '이' 사건의 증인들이다. 자신의 본래 모습을 '이' 사건을 증언하는 직무에서 지니고 있지 않으며 본래 비로소 그 증언의 직무에서 받아들이지 않는다면, 그것은 천사가 아니다. 그러나 선행하는 찬송의 내용이 되었던 특수한 — 그 양이 두루마리를 받아들고, 그것을 펼치기를 부탁하는 — 내용은 이제 그리고 그 장의 마지막 부분 전체에서 더 이상 명시적으로 언급되지 않는다. 그것은 잊혀진 것이 아니라, 이제, 바로 그 양이 (4:9, 11에서 "보좌에 앉아 계신 분"을 바라보며 찬양했던 것과 같은 방식으로) 하나님의 모든 권세 및 통치와 관련된 술어들을 지닌 존재로서 찬양받는 그 노래 안에 포함되어 있다. 바로 이 대목으로부터, 요한계시록 4장을 우리가 여기에서 시도하였던 것처럼 매우 엄격하게 그리스도의 강림을 기다리는 것으로 해석하는 것이 어쩔 수 없이 불가피한 것으로 생각될 것 같다. 그리고 만일 4장에서는 권세 및 통치와 관련된 동일한 술어들이 유일한 하나님인 창조주에게 돌려지고 있다면, 그리고 5장에서는 '예수 그리스도'가 그것들을 지닌 존재로서 모습을 드러낸다면, 한 번 더 분명한 것은 이것이다: 우리는 예수 안에서 다른 어떤 하나님과 관계하고 있는 것이 아니라, 동일한 유일한 하나님과 관계하고 있다. 4장과 5장 사이의 차이는 다만, 5장에서 언급된 '술어들'의 '수'가 더 많다는 것뿐이며, 이것은 확실히 우연이 아니다. 그 술어들(5:12에 기록된 "권세와 부와 지혜와 힘과 존귀와 영광과 찬양" — 역자 주)의 수가 바로 일곱이라는 것도 틀림없이 우연이 아니며, 그것은 그 술어들이 할당되고 있는 존재의 완벽함을 가리킨다. 그리고 확실한 정점(Klimax)은 그것들을 열거하는 것에서 암시되고 있는 것 같다. 이번에도, 벡(J. T. Beck, 98)처럼 이 일곱 술어들에서 그 양을 돕기 위하여 배치된 일곱 가지 수단들로, 즉 일곱 봉인들을 떼기 위한 하나님의 경륜(Ökonomie)을 실행하는 수단들로, 즉 앞의 네 가지는 경배를 위하여 그리고 뒤의 세 가지는 그에게 양도된 세계통치를 종결하기 위하여 섬기는 수단들로 해석하려는 것은 너무 좀스러울 것 같다. 결정적인 것은 이 술어들의 상이성과 독자성이 아니라, '하나님'의 본질을 나타내는, 더 정확히 말해서 모든 대단한 권세들을 장악하며 모든 조성된 권세들을 능가하는 '왕'으로서 하나님의 본질을 나타내는 요인들 및 명칭들로서 그것들이 지니고 있는 특성이다. 모든 천사들은 이제 하나님이 왕으로서 지니고 있는 바로 이 본질을 십자가에서 처형되고 부활한 바로 그 '예수 그리스도'의 것으로 여기고 있으며, 그 본질을 그가 장악하고 있는 것을 알게 된다. 우리는 다만, 2세기 초에 그리스도인들에 대하여 경탄한 총독 플리니우스(Plinius)가 로마황제 트라얀(Trajan)에게 보고하였던 보고서를 기억할 필요가 있다: "그들은 그리스도가 하나님이라고 찬양의 노래를 부릅니다." 우리가 다룬 성서구절에 따르면, 그 찬양을 처음 불렀던 것은 바로 하늘에 있는 군대들이다.

13절에 따르면, 이제 원이 한 번 더 열린다: 선견자는 더 많은 것을 보게 되지는 않지만, 더 많은 것을 '듣게' 된다. 지금까지는 다만 하늘에 있는 "피조물"만이, 그것의 움직임과 그것의 증언만이 화제가 되었다. 여기에서는 지금 갑자기, 땅 위에 있는, 땅 아래에 있는, 바다에 있는, 그리고 아래에 있는 이 모든 영역의 내부에 있는 "피조물"이 하늘에 있는 피조물의 편을 드는 것이 선견자에게 보이지는 않으나 들리게 된다. "모든 피조물"이, 즉 하늘에 있는 피조물들과 지상에 있는 피조물들이 함께 지금 마지막 찬양에 합류하였다.

하도른(Hadorn, 80)의 견해에 따라서, 여기에 그 '인간'이 '제외'되었다는 점을 보충하는 것은 확실히 의미 있는 일이다. 인간이 하나님을 찬양하는 것은 여기에 포함되어 있지 않은 별도의 주제이다. 하늘에 있는 피조물의 증언은, 그리고 이제 피조물 전체의 증언은 그를 목표로 삼고 있으며, 그를 생각하고 있다. 만일 그가 그의 입장에서 다른 피조물들의 행동에 참여한다면, 그리고 참여할 경우에는, 그는 단순히 다른 모든 "피조물들"의 대열 안에 있게 되지는 않을 것이다. 그런 까닭에, 그가 여기에서 언급되지 '않는다'는 것은 의도적일 것 같다. 그는 여기에서 귀와 눈을 곤두세우고 있으나, 함께 작용하지는 않는다. 우리가 8절에서 그리고 무엇보다도 10절에서 아주 명확히 기억하게 되었던, 지상에 있는 거룩한 자들의 신앙공동체가 적어도 출현하지 않고 있다는 사실에 대하여, 우리는 이상하게 생각할 수 있다. "하늘에는 예배의식이 존재하며, 지상의 교회는 그 의식에 참여한다"(37)는 피터슨의 저서에 있는 명제에 따른다면, 지상의 신앙공동체는 본래 여기에서 출현'해야만 했을' 것이다. 5:12에 이르기까지 두 장에서 천사들의 직무로서 서술되었던 것이 하필이면, 지상에 있는 교회의 특정한 제의행위들 안에서 상응하고 계속된다는 사실이 늦어도 여기에서 가시화되어야만 했을 것이다. 그것이 13절에서 전혀 가시화되지 않은 상태로 남아 있다는 사실은, 그 명제를 역시 특별히 납득이 가는 것으로 여길 수 없게 한다. 오히려 여기에서 그 하늘의 예배의식에 관여하는 지상의 참여자들로서, 이전에 천사들의 직무로 서술되었던 것을 형식적으로 상응하게 계속하여 실행하고 있는 것은 "땅과 공중과 바다에서 당신의 그늘 안에 거주하는 자들"이며, 그것은 바로 지상에 있는 우주 자체이며 그것 전체이다. 여기에서 언급되고 있는 것은 이것이다: 천사들의 직무에 또한 형식적으로도,

즉 거대한 예배의식의 형태로도 동조하기 위하여, 지상의 우주는 그 자신의 고유한 방식으로, 즉 천사들의 방식과 다르며 인간들의 방식과도 다른 방식으로 소리와 언어를 지니고 있다. 그러나 여기에서는 인간 전체에 관해서와 마찬가지로 지상의 교회에 관해서도 침묵이 지켜지고 있다고 해서, 인간도 그리고 지상의 교회도 때때로 역시 그러한 예배의식의 형태로도 천사들의 직무에 합류할 수 있다는 것이 배제되는 것은 아니라는 점은 과연 확실하다. 그러나 인간에게 그리고 특히 지상의 교회에게 위임된, 천사들의 직무에 참여하는 것이 예배의식에 그치거나, 혹은 그 직무에 참여하는 것의 핵심이 다만 본질적으로라도 한 종류의 행동에 있다는 것, 즉 여기에서 그 직무에 지상의 우주가 참여하는 것으로 서술된 것과 같은 종류의 행동에 있다는 것은, 즉 그러한 '예배행위들'을 실행하는 것이, 하늘에서 발생한 사건이 보여주는 본보기를 통하여 인간에게 그리고 특히 지상의 교회에게 위임된 결정적인 행동이라는 것은 있을 법한 것으로 생각되지 않으며, 어쨌든 어디에서도 암시되어 있지 않다. 하늘에 있는 피조물들의 증언이, 그리고 이제 피조물 전체의 증언이 의심할 여지없이 바로 인간을 목표로 삼고 있으며, 동시에 확실히 특히 지상의 교회를 목표로 삼고 있다면, 이 사실이 의미하는 것은, 인간과 교회가 '그 피조물'과, 즉 하늘과 지상에 있는 '피조물'과 합류하도록, '그 피조물의' 화음(Harmonie)에 참여하도록, 그 피조물의 행동과 같은 형태로 행동하도록 요청받고 있다는 것이 아니며, 어쨌든 우선적으로는 그리고 본질적으로는 아니며, 하물며 독점적으로는 더욱 아니다. 오히려 이 사실이 의미하는 것은, 하늘에 있는 피조물의 직무를 통해서 인간과 교회는 '자신의' 본질에 상응하게 '하나님'을 위해서 헌신하도록 요청받고 있다는 것이다. 설령 인간과 교회가 지상에서 드리는 예배가 저 하늘의 예배를 아무리 완벽하게 복제한 것이라고 할지라도, 그들이 지상에 있는 그 밖의 피조물과 함께 하늘의 예배에 동조하는 것으로는, 즉 우주의 화음에 참여하는 것으로는 아직도, 그들이 그 헌신을 실제로 행하고 있다는 사실이 확실하게 된 것은 아닐 것이다. 어쨌든 천사들 자신의 직무는 하나님을, 즉 천사가 아니라 인간으로 되었으며 인간을 보살폈던 바로 그 하나님을 향한 것이다. 이로써 다음의 사실이 명백해진다: 천사들이 '인간'에게 그리고 특히 '교회'에게 촉구하는, 하나님을 위한 헌신은 인간과 교회에 고유한 헌신, 즉 천사들의 직무와는 상이한 직무일 것이다. 천사들을 모방하는 것은, 바로 천사들의 직무를 통해서 인간들에게 그리고 교회에게 요구되고 있는 것이 '아니'다. 따라서 바로 지상의 교회는 절대로 하늘의 '예배'를 복제하는 것을 자신의 결정적인 과제로 간주할 수 없을 것이다. 어떻게 바로 그렇게 복제하는 것이 시대와 상황에 따라서 교회에 정말로 '거절될' 수 있겠는가! 교회는 아모스 5:21 이하의 분노를 경청하는 것을 결코 중단해서는 안 될 것이며, 그 구절들의 경고를 끊임없이 숙고해야만 할 것이다: "나는, 너희가 벌이는 절기 행사들을 증오한다. 역겹다. 너희가 성회로 모여도 도무지 기쁘지 않다.… 시끄러운 너의 노래들이 내는 소음(루터는 "꽥꽥지르는 소리"[Geplärr]로 번역함—저자 주)을 나의 앞에서 집어치워라! 너의 거문고 소리도 나는 듣지 않겠다. 너희는, 다만 공의가 물처럼 흐르게 하고, 정의가 마르지 않는 시냇물처럼 흐르게 하여라!" '바로 만일' 하늘에 있는 피조물들의 증언이, 그리고 이제 피조물 전체의 증언이 인간의 귀에 다다른다면, '바로 만일' 그 증언이 지상의 교회에 의하여 진지하게 받아들여진다면, 교회는 다음의 사실에 대하여 분명히 알게 될 것이다: '하나님을 위한' 교회의 직무로서 아마도, 하늘의 피조물들에게 요구되는 것보다 더 가혹한 것이, 더 엄격한 것이, 그렇지만 또한 더 약속으로 가득 찬 것이 요구되고 있으며, 어쨌든, 하늘의 피조물들이 행하는 것을 단순히 복제한 것이 아니라, 교회의 '고유한 것'이 요구되고 있다. 바로 이것이, 13절에서 인간과 교회에 관하여 그처럼 눈에 띄게 침묵을 지키는 것을 고려할 때, 바로 피터슨의 명제에 대해서 필수적으로 언급되어야만 하는 것이다.

그러나 이제 긍정적인 것을 강조하기로 하자: 여기에서 하나님에 대한 '동일한' 찬양에 '아래의' 우주가 위의 우주와 합류하는 일이 발생하고 있다는 것은 아무리 주의해도 충분하지 않다. 찬양은 "보좌에 앉으신 분과 어린 양"에게 함께 향하고 있다. 겉보기에 분리되어 있는 4장과 5장에 기록된 찬송들의 두 흐름이 이제 눈에 띄게 서로 뒤섞여 흐른다. 그리고 지상의 성가대들이 하늘의 성가대들과 합류하는 바로 그 일에서 또한, 그들이 부르는 하나님 찬양의 '주제'가 일치하게 된다. 그러나 우리는 그것을 확실히 그 반대로 인식하고 말해야만 한다: 9절 이하와 12절에서 하늘의 성가대들이 부르기 시작한 찬송들에서 주제의 일치가 이미 이루어졌기 때문에 그리고 그렇게 일치가 이루어짐으로써, 이제 지상의 성가대들도 하늘의 성가대들에 합류할 수 있으며 또한 그렇게 합류해야만 하며, 이제 모두가, 즉 3절 이하에 따르면 그 두루마리를 펼 수 없었으며 펴도록 허락받지 못했던 그 모두가 기뻐하며 모일 수 있고, 또한 모여야만 한다. 마치 환상 가운데서 천사들에게 보냈던 그 사람과 천사들이 보았던 것을, 땅 위와 땅 아래 그리고 바다에 있는 존재들도 자발적으로 보거나 했던 것처럼, 우리는 지상의 피조물이 합류하는 것을 설마, 11절에서 언급된 "많은 천사들"이 합류하는 것처럼 자발적인 합류로 이해해서는 안 될 것이다. 그리스도가 부활했다는 것, 그 양이 승리한 사자라는 것, 하나님의 결의들을 기록한 봉인된 두루마리를 펼치도록 그에게 주어졌다는 것, 그에게 하늘과 땅의 모든 권능이 주어졌다는 것, 이것은 땅 위에서 생성된 인식이 아니며, 이것은 언젠가 땅 위에 있는 피조물인 인간에 의하여 자발적으로 성취될 수 있는 인식이 아니며, 이것은 '하늘의' 인식이며, 하늘로부터 땅으로 내려오는 인식이다. 그런데 13절이 바로 다음의 사실을 언급하고 있다: 이 인식은 실제로 하늘로부터 출발하여 '땅'으로 내려왔으며, 아래에 있는 우주가 전체적으로, 즉 그것의 모든 높은 곳과 깊은 곳에서―다만 특별한 사례를 형성하는 인간만이 여기에서 잠시 제외되어 있는 것처럼 보인다.―선행하는 천사들의 찬양을 메시지로서 '경청'하였다. 더 나아가, 아래에 있는 우주는 그 찬양에 대하여 무감각한 채 머물러 있지 않았으며, 그것을 '받아들였고' 자신의 것으로 만들었다. 더 나아가, 그 우주는 그 찬양에 대하여 잠자코 머물러 있을 수조차 없었으며, 자신의 고유한 '소리'와 '말'을 찾아냈고 그것들을 사용하였다. 따라서 그 우주는 결코, 우리가 8절에 대하여 들었던 것처럼, 인간이 이 점에서 그 우주를 위해 행할 수 있는 그것에 의존하지 않았고, 또한 그것으로 만족하지도 않았으며, 그 우주는―인간들이 들었든 혹은 듣지 않았든, 음악적으로 분명히 표현되었든 혹은 그렇지 않든―천사들이 "높은 곳에서" 부르기 시작했던 그 찬양에 "깊은 곳으로부터" 화답하여 노래하였다. 그러므로 하늘'과' 땅으로부터 "한 목소리로" 하나님을 찬양하는 노래가 울려퍼졌다: 그것은 일반적인 하나님 찬양이 아니라, 둘이 하나가 되어 참되고 진정한 하나님으로 존재하는, 하나님과 그 양을 찬양하는 것이었다. 선견자는 그것을 보지 못했다. 반전(反轉)이 아주 주목할 만하다. 그는 물론 하늘의 성가대들을 보기는 했지만, 결코 지상의 성가대들을 보지는 못했다. 그러나 그는 '그들'의 노래도 '들었다.' 그가 '그들'의 노래도 들었다는 것은 불가피하다. 왜냐하면 이 사실이 그의 환상(Vision)을 환각과 구별하기 때문이다. 이 사실이 또한 하늘에 있는 존재들 자체도 그 어떤 이념들, 유령들, 공상의 형체들과 구별한다: 즉 그들의 하나님 찬양은 여기에서 바로 '땅' 위에서 유효한 것으로 증명되며, 그 찬양은 그곳으로부터 공허하게 되돌아가지 않으며, 그 찬양은 그곳에서 그 어떤 반대의 불쾌한 메아리조차 일깨우지 않았으며, 그 찬양은 거기에서 그 어떤, 제멋대로 다르게 말하는 신앙고백으로조차 대답되지 않으며, 오히려 우주 '전체'가 여기에서, 천사들의 찬양으로부터 자극받아서, 실제로 '화음을 이루며' 소리를 내고 있다.

이전에 점점 더 확장되던 원이 14절에서 갑자기 한 번 더 축소되는 방식이 인상 깊다: 하늘에 있는 보좌의 직접적인 측근만이 보이며 그들의 말만이 들리게 된다. '네 생물들'이—그들이 한 번 더 '주도권'을 갖고 있다는 것을 주목하라.—"아멘"이라고 말하고, 24장로들이—그들은 여기에서도 네 생물들이 그들에게 준 신호에 따라서 행동한다.—마지막 경배를 실행한다. 하나님과 그 양에 대한 찬양에서 이루어진 우주의 저 화음이 역시 마지막 말이 아니라는 사실 안에는 각성시키는 어떤 것이 있으며, 그 사실은 선행하는 정점을 체계화하는 것에 대한 명백한 경고이다. 그 화음은 명백히, 베토벤의 제9번 교향곡에 나오는 거친 환호성과 혼동되기를 원하지 '않'는다! 오히려 이처럼 간결한 점강법(漸降法, Antiklimax: 크고 높고 강한 것으로부터 차차 작고 낮고 약한 것으로 끌어내려 표현함으로써 강조의 효과를 얻으려는 수사법—역자 주)의 표현이 마지막 말이며, 이 점강법을 통하여 우리는, 하늘의 가장 좁은 영역만 시야에 남아 있다는 점에서, 다시 처음으로 되돌아가게 된다: 앞으로 이어지는 두루마리를 펼치는 내용에 대한 이 긴 서문의 마지막에서 선견자가 보았던 것, 즉 '천사들의 직무'에 대하여 보고 들었던 마지막 말은 바로 "아멘"과 겸손한 행위이다.

마지막 논평: 이전에는 "신학"(θεολογία, 테올로기아)이란 우리가 여기에서 몰두하였던 것들과 같은 맥락들에 대한 지식을 의미하였다. 그렇기 때문에 바로 요한계시록 4-5장은 이미 이 주제를 위한 특색 있는 표본이라고 불려졌다. 그런 이유에서 이 묵시문학가인 요한에게 덧붙여진 옛 별명은 "하나님에 대하여 말하는 자"(ὁ θεόλογος, 테올로고스: 신학자—역자 주)였다. 그 이후에 사람들이 "신학"(Theologie)이라고 부르기를 감행하였던 대부분의 것에 대하여, 아마 그는 틀림없이 놀랐을 것이며, 하늘에 있는 네 생물들과 24장로들과 "많은 천사들"은 틀림없이 놀'랐'다.

3. 하나님의 사자들과 그들의 적대자들

땅 위에 있는 우리에게 오고 있는 하나님의 나라는 하늘나라이다. 그리고 만일 하나님의 뜻이 하늘에서와 같이 땅 위에서 이루어진다면, 그것은 '하나님의' 사건, 즉 하나님에 의하여 토대가 확립되고, 하나님에 의하여 통치되며 하나님에 의하여 그의 목표로 이끌어지는 사건일 뿐만 아니라, 그 자체가 또한 '하늘의' 사건, 즉 땅 위에서 하늘의 현존과 능력과 협력과 공동계시 안에서 전개되는 사건이기도 하다. 즉시 다음의 사

실을 확인하자: 그것은 일차적으로, 본질적으로, 중심적으로 '하나님의' 사건이며, 다만 이차적으로, 우발적으로, 부수적으로 또한 '하늘의' 사건이다. 그러므로 그것이 하나님의 사건이면서 '또한' 하늘의 사건이라는 것은, 그것이 이중의 사건이라는 것을 의미하지 않으며, 어딘가에서 하나님의 사건과 나란히 그리고 그 사건에 대하여 독자적으로 발생하는, 따라서 별개의 사건으로서 관찰되고 진가를 인정받을 수 있을 하늘의 사건이 존재한다는 것을 의미하지 않는다. 오히려, 그것이 하나님의 사건이면서 '또한' 하늘의 사건이라는 것은, 하나님에 의한 하나의 사건 자체가 또한 하늘의 사건이라는 특성, 즉 (잘 알아두라!) 하늘의 사건이라는 피조물의 형태와 옷을 입고 있다는 것을 의미한다. 그러나 바로 이런 의미에서 그것은 사실상 또한 하늘의 사건이며, 창조주인 하나님이 지상의 피조물을 방문하는 것은 언제나 또한 하늘에 있는 동료 피조물이 지상의 피조물을 방문하는 것을 의미하며, 지상의 피조물이 하나님과 만나는 것은 언제나 ─그 피조물이 그 사실을 깨닫든 혹은 깨닫지 못하든─ 또한 그의 천사들과 만나는 것을 의미한다. 하나님이 ─자신이 창조한 세계 안에서 행동하며 스스로를 계시하는 하나님이─ 있는 곳에는, 또한 하늘도 현존하며, 또한 천사들도 현존한다.

슐라터(Ad. Schlatter, *Das chr. Dogma*² 1923, 87)가 제시한 짧고 약간 걱정스러운 천사론의 마지막에 있는 가장 훌륭한 명제는 분명하고 간결하다: "그 비밀은 우리 가까이에 있다." 바르게 이해한다면 이 명제로 모든 것이, 즉 지상의 영역에서 천사들의 현실성과 의미에 대하여, 그리고 하나님의 현재, 행위, 계시에 대한 그들의 관계에 대하여 언급되어야 하는 모든 것이 언급될 수 있을 것이다. 칼빈이 천사들에 대하여 다음과 같이 말했을 때, 그는 아마 상응하는 것을 생각했던 것 같다: "왜냐하면 그들은 우리에게 하나의 거울 안에서처럼 그들의 직무 안에서 하나님의 본성을 특정한 측면에서 표현하기 때문이다."(*Instit.* I 14, 5) 만일 하나님의 사건이 또한 하늘의 사건이 아니라면, 그 비밀은 우리에게 가까이 있지 않고 멀리 있을 것이다. 만일 하나님의 본성이 "거울 안에서처럼" 천사들의 직무를 통해서 우리에게 배분되지 않는다면, 우리에게 적절하게 하나님의 본성을 표현하는 대리기관이 결여될 것이다. 그리고 그 경우에 그것은 미관상 눈에 거슬리는 결함보다 더 큰 결함이 될 것이다. 비밀이 없는 경건과 신학, 자기 자신을 표현하는 신성의 거울이 결여된, 즉 천사가 없는 경건과 신학은 엄밀히 말하자면 언제나 하나님 없는 신학임이 입증될 것이다. 한 번 더 칼빈의 말을 인용한다: "왜냐하면 주님은 그의 헤아릴 수 없는 온화함과 상냥함 때문에 이러한 우리의 결함에 대처하기를 원하므로, 우리가 이러한 그의 그처럼 위대한 선행을 경멸해도 좋을 어떤 이유도 존재하지 않는다."(ib. 14, 11)

다음과 같은 어리석은 질문을 입 밖에 내어보자: 대체 우리에게 천사들에 대한 특수한 "경험"이 존재하거나 혹은 존재할 수 있기나 하는가? 어떻게 그럴 수 있는가? 이 질문이 어리석은 이유는, 그것이 완전히 잘못 제기되었기 때문이다. 천사들 자체에 대한 특수하고 독자적이고 추상적인 경험은 결코 화제가 될 수 없다. 우리에게 그런 특별한 경험의 대상이 될 수 있을 것들은 하나님의 천사들이 아닐 것이다.—그것들은 어떤 이념들, 유령들, 공상의 산물들 혹은 바로 악령들, 따라서 천사들의 적대자들일 것이다. 확실히 우리는 '천사들'에 대한 경험에 대하여 결코 말하지 않는 것이 가장 좋을 것이다. 여기에서 우리의 주요관심사가 되는 것은 성서에 따르면 언제나 '하나님'과 '예수 그리스도'에 대한 경험이며, 어떻게 해서든지 천사들에 대한 경험 자체가 아니다. 진정한 질문은 이것이다: 대체 우리에게, 그것 자체가 '사실상'—우리가 그 사실을 깨닫든 혹은 깨닫지 못하든 전혀 상관없이, 그러나 극도의 현실성 안에서—하나님이 파송한 '천사들'의 '현존'과 '협력' 안에서 발생하지 않을, 하나님과 그리스도에 대한 경험이, 즉 그와 만나고 함께 존재하는 것이 있을 수 있는가? 어떻게 그럴 수 있는가? 만일 바로 그 모든 일에서 또한 그의 '천사들'도 때마침 그 자리에 있지 않으며 그의 종으로서 활동하지 않는다면, 대체 하나님이 실제로 현존하며, 작용하고 말하며, 돕고 구원하며, 우리의 신앙과 우리의 순종을 불러일으키고 자라나게 하고 목표로 이끌겠는가? 만일 그가 혹시 다만 신의 모습으로만 우리를 찾아와 만난다면, 그리고 그 반면에 그의 입장에서 '피조물의' 모습으로, 즉 바로 '하늘에 있는' 피조물의 모습으로—역시 그것 자체가 하나님의 비밀을, 그의 신성을 표현하는 것인 '저' 피조물의 형태와 옷을 입고, 즉 바로 '천사의' 모습으로—찾아와 만나지는 않는다면, 대체 우리는 그 앞에서 무엇이며, 대체—지상에 있는 존재이며 피조물인—우리는 어떻게 그 앞에서 그와 함께 존재할 수 있겠는가?

땅 위에서 하나님의 뜻을 이루는 사건에서 천사들의 현존과 작용은 무엇을 의미하는가? 하나님 자신의 현존과 작용에 대한 경쟁은 실제로 있을 수 없다! 그러나 그렇기 때문에 천사들의 현존과 작용은 실제로 아무것도 아닌 것이 아니라, 바로 하나님 자신의 현존과 작용이 '하늘에 있는 피조물의' 형태를 띠는 것이다: 그 형태는—'하늘의' 피조물로서—'하나님'에게 걸맞고 유용하며, 그를 표현하고 증언하기에 적합하며, '그리고' 동시에—'피조물'로서—또한 '인간'에게도, 지상에 있는 피조물 전체에게도 걸맞으며, 그 형태로 하나님이 지상의 피조물에게 접근할 수 있으며, 그를 표현하고 증언하는 내용이 이해될 수 있다. 따라서 "하나님이 있는 곳에는, 천사들도 현존한다."라는 명제가 의미하는 것은 이것이다: 하나님이 활동 중이며 그의 자비를 계시하고 있는 곳에서는, 그는—바로 지상의 피조물에게 진정으로 '하나님'이기 위하여, 그런데 또한 진정으로 '그 피조물에게' 하나님이기 위하여—하늘의 피조물에 의하여, 즉 하늘의 존재로서 원래부터 '그'에게 속하며, 피조물로서 원래부터 '지상의' 피조물에 속하는 그 하늘의 피조물에 의하여 에워싸여 있고 동반되며, 섬겨지고 증언된다. 그의 은혜 안에서 행동하며 말하는 하나님이 있는 곳에서는, 그는 이러한 '매개' 안에서 그렇게 한다. 이 매개 안에서 그가, 행동하고 말하는 두 번째 주체를 혹은 다수의 그런 주체들을 그의 곁에 지니고 있으리라는 것은 아니다. 그렇지만 바로 그 자신이 언제나 이 매개 안에서 행동하고 말한다. 이 매개 안에서, 즉 하늘에 있는 피조물의 직무를 통해서 그는 땅 위에서 위대하고 강력하고 거룩하지만, 또한 관대하고 자비로우며 인내한다. 땅 위에서 그의 뜻이 이루어지는 것은 이 매개 안에서 '그의' 사역, 살아 있는 하나님의 사역, 즉 온전히 하나님의 사역이지만, 그 자체가 또한 온전히 구체적으로 우리가 살고 있는 이 피조물의 영역으로 향한다. 우리가 간구하듯이, 그의 뜻이 하늘에서와 같이 '땅' 위에서 이루어지기를 비는 것은 불가피하게 다음의 내용을 포함한다: 그 뜻은 바로 땅 위에서 '하늘의' 방식으로, 즉 이 하늘의 매개 안에서 이루어진다. 만일 그의 뜻이 이 매개 안에서 이루어지지 않는다면, 이 간구가 성취될 때 하나님은 그 자신이 아닐 것이며, 어떤 성취도 이 간구에 상응하지 않을 것이다.

바로 이것이, '땅' 위에서, 즉 우리가 구원사와 교회사라고 부르는 것 안에서, 세계사 안에서, 지상의 일반적인 우주적 사건 안에 있는 인간의 생활사들 안에서 '천사들'의 존재와 행동에 대하여 우선 '일반적으로' 언급될 수 있는 것이다. 우리의 주장은 양쪽으로 '경계를 이루고' 있다: 우리는 천사들을 '과대' 평가하는 것을 반대하고 동시에 '과소' 평가하는 것도 반대하며, '유일한' 하나님의 통치와 영광을 옹호하고 동시에 바로 천사들의 직무를 '통한' 하나님의 통치와 영광을 옹호한다.

우리는 이제, 다시 신중하게 하나의 돌을 다른 돌 위에 올려놓으며, 또한 이 주제가 지닌 두 번째의 관점도, 의심할 여지없이 더 어렵지만 또한 실제로 더 중요한 관점도 상세히 이해하려 노력할 것이다. 그러나 우리는 어디에서 시작해야 할 것인가? 틀림없이 우리는, 천사들을 지상의 피조물에 대한 그들의 관계 안에서, 즉 그들이 (하나님이 그 피조물을 돌봐주기 때문에, 그리고 하나님이 있는 곳에는 천사들도 있기 때문에) 의심할 여지없이 접촉하게 되는 지상의 피조물에 대한 그들의 관계 안에서 '정의'하는 것으로 시작할 수는 없다. 만일 그들이 지상의 피조물들처럼 정의될 수 있다면, 그 경우에 그들은 천사들이 아닐 것이며, 하늘에 있는 피조물들이 아닐 것이다. 게다가 "천사들"이라는 이름 혹은 개념을 "사자"(使者, Bote)로 혹은 오히려 "대사"(Botschafter)로 설명하는 것도, 우리는, 그것을 위하여 필요한 전제조건에 대하여 합의를 본 후에야 비로소, 성공에 대한 약간의 희망을 갖고 감행할 수 있을 것이다. 그런데 이 전제조건은 다음의 질문에 대한 대답 안에 있다: 그 '직무', 즉 그것 안에서 천사들이 하늘에서처럼 땅 위에서도 다만 그들의 본질과 현존을 지닐 수 있으며, 그 경우에 확실히 그들의 이름도 그것 덕분일 수밖에 없는 바로 그 '직무'의 본질은 본래 무엇에 있을 것인가? 그리고 그 경우에 비로소, 언제 그리고 어디에서 땅 위에 있는 그들의 '현존'이 기대될 수 있는지에 대하여 어떤 것을 알아낼 수 있을 것이며, 그 경우에 비로소, 그들이 땅 위에서 어떤 '대립' 안에서 현존하는지에 대하여 어떤 것을 알아낼 수 있을 것이다. 만일 우리가 그들을 이 대립 안에서 이해하려 한다면, 따라서 어쩌면 그들을 악마와 악령들의 적수들로서 묘사함으로써 시작하려 한다면, 그것은 물론 여기에서 일어날 수 있는 최악의 오류일 것이다. 여기에는 다만 하나의 실마리만이 존재하며, 그것으로부터 출발하여 이 모든 복합적인 문제들에 이르는 통로가 열릴 수 있다. 그 실마리의 본질은, 이미 우리의 짧은 서문에서 저절로 주요문제로서 끈질기게 우리의 머리에 떠올랐던 바로 다음의 질문에 대하여 우리가 더 정확하게 해명하는 것에 있을 수밖에 없다: '하나님'에 대한 그들의 관계 안에서 '천사들'은 무엇이며 어떻게 존재하는가?

여기에서 하나의 단순한 주장이, 논증과 안전장치가 불충분할 위험 없이 선두에 제기될 만하다. 즉 그것은 다음과 같은 주장이다: 우리는, "천사"라는 어휘가 단독으로 쓰이지 않고, 단수이든 복수이든 소유격을 통해서 혹은 소유대명사를 통해서 하나님이나 그리스도와 함께 결합되어 있는 그 모든 성서구절들에서 하나님에 대한 천사들의 관계에 대하여 그리고 바로 동시에 또한 그들의 고유한 본질과 현존에 대하여 가장 정확하게 가르침을 얻는다.

가령, 시편 34:8(한글번역판으로는 34:7 — 역자 주), "'주님의 천사'가 주님을 경외하는 사람을 둘러 진을 치고, 그들을 건져 주신다." 혹은 창세기 28:12, "꿈을 꾸었다. 그가 보니, 사닥다리가 땅위에 서 있는데, 그 꼭대기가 하늘에 닿아 있고, '하나님의 천사들'이 그 위에서 오르락내리락 하고 있었다." 혹은 창세기 24:7, "주 하늘의 하나님이 … '그의 천사'를 너의 앞에 보낼 것이다." 혹은 마태복음 16:27, "인자가 자기 아버지의 영광에 싸여, '자기 천사들'을 거느리고 올 터인데, 그 때에 그는 각 사람에게, 그 행실대로 갚아 줄 것이다." 그리고 우리는 루터의 소교리문답서에 있는 저녁기도의 잊을 수 없는 마지막 부분을 덧붙인다: "'당신의 거룩한 천사'가 나와 함께하시어, 악한 원수의 권세가 나를 통치하지 않게 하소서! 아멘. 그리고 신속히 즐겁게 잠들게 하소서." 우리는 이 문장에 대해서도, 그것은 그것의 방식으로 천사론 전체를 "요약하여" 포함하고 있다고 말할 수 있을 것이다: 즉 결정적으로 "당신의 거룩한 천사"라는 이 호칭 때문에 그렇게 말할 수 있을 것이다.

왜냐하면 각 천사는 그렇게 하나님을 돕고 있기 때문이다. 그리고 그 점에서 그는 천사이며, 그 자신이 그의 본질을 지니며, 그 자신이 현존한다: 단지 우리 인간의 언어에서 소유대명사와 소유격이, 그것들이 여기에서 표현해야만 할 그 관계를, 즉 차이와 밀접한 연관성을 적절하게 표현할 능력을 지니지 않은 것만 아니라면, 그는 '그의', 즉 '하나님의' 거룩한 천사이다. 천사들은 피조물들이며, 따라서 천사들은 하나님의 본질이 유출된 존재들이 아니다. 그러나 그들은 하늘에 있는 피조물들로서 모범적이며 완벽한 방식으로, 모든 피조물들의 본질을 이루는 것이며, 지상의 피조물들에게는 다만 원천이며 목표로서만 독특한 것이다: 그들은 하나님의 소유이며, 그렇기 때문에 엄격하게 그의 소유이다. 바로 다만, '그'가 존재하기 때문에 그리고 그들이 '그의 것'이기 때문에, 그들이 존재한다. 그러나 그는, 즉 하나님은 그의 전능한 자비 안에서 '존재한다': 그는 하늘로부터 말하고 땅 위에서 행동하기 때문에, 그가 '존재한다.' 그들은 그의 것으로 존재하며, 따라서, 그가 하늘에서 땅으로 향하는 그의 길에 그들을 그의 선행자들이며 동행자들이며 추종자들로서 '함께' 동반하기 때문에, 그가 땅 위에서 그들에게 그 자신의 말과 행동에 참여할 '몫'을 제공하기 때문에, 그들이 '존재한다.' 그들이 그로부터 이 몫을 받아들이기 때문에, 그들이 존재한다. 이 점에서 하늘은 하늘이며, 하늘의 존재들은 하늘의 존재들이다. 다음의 사실이 땅보다 하늘이 우월한 이유, 지상의 것들보다 하늘의 것들이 더 높은 이유이다: 하나님은 이곳이 아니라 그곳에, 우리의 한 가운데가 아니라 그들 가운데에 그의 거처와 그의 보좌를 지니고 있으며, 그의 길은 이곳으로부터 그곳으로 향하지 않고, 그곳으로부터 이곳으로 향한다. 이렇게 함으로써 그는 그곳에게(dem Dort) 그리고 그곳에서 존재하는 그들에게 그 자신의 일에 참여할 몫을, 즉 땅과 땅위에 존재하는 자들이 갖고 있지 않으며 가질 수 없는 그 몫을 제공한다. 그들이 그의 일에 참여하는 특수한 몫에는 물론 다음의 사실도 상응한다: 지상의 피조물들과는 달리, 그들은 그에 대하여 어떤 독자성도 지니고 있지 '않'다. 비길 데 없으며 양도할 수 없는 이 몫을 받아들이는 바로 그 존재들로서, 그러나 바로 그렇기 때문에 또한 그에 대하여 독자성을 지니지 못하면서, 이처럼 엄격한 하늘의 방식으로 하나님에 의하여 동반되면서, 천사들은 그와 함께 땅으로 온다: 땅 위에 있는 모든 존재들보다 실제로 탁월하게, 그러나 그렇게 그리고 다만 그렇게만, 즉 다른 존재로 실존하지 않으면서, 다르게 실존하지 않으면서 땅으로 온다. 지상의 피조물에 대한 관계에서 그들이 지니는 높은 장점은, 역시 또한 동일한 관계에서 그들이 지니는 단점이기도 하다. 그들은 지상의 피조물들에 대한 관계에서 정의될 수 있는 어떤 존재를 지니고 있지 않다. 그들은 결코 독자적으로, 결코 스스로를 위하여 존재하거나 행동하지 않는다. 그들은 자신들의 역사, 자신들의 목적들, 자신들의 성과들을 갖고 있지 않다. 그들은 자신들의 특징과 성격, 자신의 신념과 의도를 갖고 있지 않다. 그들은 물론 그 모든 것을 지니고 있기는 하지만, 결코 그들의 소유물로서가 아니라 온전히 그리고 오로지 '하나님'이 그들에 대한 관계에서 그렇게 풍부하기 때문에, 그 모든 것을 지니고 있다. 그들 자신이 다만 소유물, 즉 그의 소유물이다. 가장 보잘것없는 지상의 피조물도, 그것이 하나님에게 속하면서 또한 자기 자신에게도 속하도록 허용된다는 점에서는, 최고의 천사보다 우월하다. 또한 하늘에 있는 천사들의 무리에서 가장 보잘것없는 존재도 물론, 그가 완전히 하나님에게 속하므로 결코 자기 자신에게 속하지는 않는다는 점에서는, 가장 완벽한 지상의 피조물보다 더 뛰어나다.

　한 천사가 나타나고 존재하고 말하고 행동하는 곳에서는 언제나, 하나님 자신이 나타나고 존재하고 말하고 행동한다. 천사가 진정으로 그런 존재임에도 불구하고 그리고 그런 존재이기 때문에, 그렇게 완전히 그리고 오로지 하나님의 소유이며 하나님에게 속한다는 점에서 심지어 모범적이며 완벽하게 피조물임에도 불구하고 그리고 그런 피조물이기 때문에, 실제로 천사는 피조물이라는 사실로부터, 따라서 하나님과 서로 다르다는 사실로부터 아무런 이득이 없다: 만일 그가 이러한 그의 본성과 위치에 관하여 더 많은 것을 지니기를 원한다면, 자기 자신을 위하여 어떤 것을 교묘하게 획득하고 어떤 고유한 모습을 드러내고 어떤 고유한 역할을 하고 자신의 목적들을 추구하고 자신의 성공들을 거두기를 원한다면, 그는 거짓말을 하는 영, 곧 악령임에 틀림없을 것이며, 하늘의 존재라는 그의 특성에 관해서 자기 자신과 다른 존재들을 기만하는 존재일 것임에 틀림없을 것이다. '실제의 정식 천사는 그렇게 하지 않는다.' 그는 그의 명예와 그의 품위와 그의 기쁨을 지니고 있다.—그는 지상의 피조물이 어쨌든 또한 그 피조물의 독자성 안에서도 지니는 그 모든 것을 바로 다음과 같은 점에서 지니고 있다: 천사는 '다만' 의존적으로만 그것을 지니고 있으며, 그는 '다만' 하나님 앞에만 서 있고 '다만' 그의 처분에만 맡겨져 있으며, 하나님이 그의 거처와 보좌를 지니고 있는 피조물의 존재영역에 있는 '다만' 한 요소일 '뿐'이며, '다만', 하나님을 위하여 현존함으로써, 그는 하나님 자신의 일에 참여하는 '다만' 그 일에서만 또한 자기 자신을 위하여 실존한다. 그는, 하나님에 대하여 오로지 바로 이러한 절대적으로 겸손한 존재로서만 존재하기 때문에, 승리감을 느끼며 환호한다.

그리고 언제나 한 천사의 존재와 행동이 인지되는 곳에서는, '하나님'의 말씀이 들리며, '그의' 뜻이 이루어지는 것이 보이며, '그'에 대한 감사함과 믿음과 순종이 일깨워지거나 입증되거나 환기된다. 그 경우에 천사는 단지 섬기고 증언을 하고 도움을 주었을 뿐이다. 그 경우에, 그가 어쨌든 피조물이며 게다가 모범적인 완벽한 피조물임에도 불구하고, 그는 피조물로서 다만, 즉시 다시 떠나기 위하여 왔을 뿐이며, 다만 잠시 지나갔을 뿐이다. 만일 그가 그곳에 체류했다면, 그가 주목을, 사랑과 존경을, 혹은 심지어 숭배를 자기 자신의 것으로 만들어버렸다면, 그가 인간을 다만 한순간만이라도 자기 자신에게 몰두하게 만들었다면, 그가, 자신을 통하여 하나님과 교제를 시작하고 공동체를 이루도록 하는 대신에, 자기 자신과 교제를 시작하고 공동체를 이루도록 인간을 유혹했다면, 그것은 거듭 거짓말을 하는 영, 곧 악령이었음에 틀림없을 것이다. 또한 여기에서부터 다음의 사실이 언급되어야 한다: 실제의 정식 천사는 바로 그렇게 행하지 '않'는다. 천사는 진리 안에서 인지되는데, 그 진리는 언제나 '하나님의' 진리일 것이다. 천사가 수행하는 사역의 본질은 언제나 다음의 사실에, 즉 '하나님의' 존엄과 자비가 인간에 의하여 더 잘, 더 진지하게, 더 즐겁게 인식되고 승인된다는 사실에 있을 것이다. 오로지 '하나님'만이 중요시되고 영광을 받게 된다는 바로 그 사실에서, 천사가 중요시되고 영광을 받게 된다. 천사 자신은 바로 다만, 그를 통하여 인간이 자기 자신에서 벗어나 '하나님'을 향하도록 지시받게 됨으로써만, 존경을 받을 수 있다.

우리는 지금 한 번 더 다음의 내용들을 기억한다: 즉 요한계시록 4-5장의 "당신은 …을 받기에 합당하십니다."라는 찬송들, 경배들, 하나님의 보좌 앞에서 왕관들을 내려놓는 것, 하늘에 있는 피조물들에게 그곳에서 할당된 저 주목할 만한 "내어 주는 행위", 모든 "영광"과 모든 "존귀"와 모든 "권능"과 모든 "부"와 모든 "지혜"와 모든 "힘"과 모든 "찬양"과 모든 "감사"가 보좌에 앉아 있는 존재와 그 양에게 귀속된다는 것을 긴급하게 인정하고 명의를 변경한 것을 기억한다. 바로 이러한 저절로 지침이 될 만한, 그에게 귀속된다고 인정하는 것과 그의 것으로 돌리는 것이, 하나님에 대한 바로 이 증언이, 즉 '모든 것'은 — 그들의 것이 '아니라' — '오로지' 하나님의 것이라는 증언이, 바로 이것이 하늘에서만이 아니라 땅 위에서도 천사들이 수행해야 하는 직무이다. 바로, 하나님에 대한 그러한 순수한 증언들이 하나님에 대한 관계에서 역시 자주적인 지상의 피조물들 사이에는 존재하지 않으며, 존재할 수조차 없으므로, 그리고 — 땅은 어쨌든 하늘이 아니므로 — 존재해서도 안 되므로, 바로 그런 까닭에 하나님은, 그의 뜻이 하늘에서만이 아니라 땅 위에서도 이루어질 때, 혼자서가 아니라 그의 거룩한 천사들과 함께 우리에게로 온다. 바로 그런 까닭에, 그가 있는 곳에는 역시 천사들도 있으며, 그가 인지되게 하고 또 인지되기 때문에, 그를 섬기는 천사들도 역시 인지되게 된다.

그리고 여기에서 우리는 덧붙여서 마지막으로 피터슨의 저서로, 더 정확히 말하자면 그가 쓴 저서의 끔찍한 제3부(83f.)로 되돌아가야만 한다. 거기에서 그는 하나님에 대한 관계 안에 있는 천사들의 존재와 행동을 신비주의적인 영지주의자의 존재와 행동에 (혹은 오히려 영지주의자의 존재와 행동을 천사의 존재와 행동에) 관련시켰다. 설령 우리가, 하늘의 예배의식과 교회의 예배의식 사이의 관련성에 대한 그의 교회사적 설명들에 대하여 일종의 '낯선 느낌'을 표현하는 것으로 만족할 수 있었더라도, 그리고 그가 요한계시록 4-5장으로부터 소위 성서적 증거를 제시하는 것에 대하여 부드럽게 '거절'을 표현하는 것으로 만족할 수 있었더라도, 여기에서는 우리는 분명히 '항의'해야만 한다. 천사와 동일한 혹은 천사와 비슷한 신비주의자에 대한 그의 교의는 교활한 잘못된 교의이다. 교활한 이유는, 그것이 바로, 하나님에 대한 관계 안에 있는 천사들의 존재와 행동에 대하여 적어도 부분적으로는 옳은 관념을 전제로 하여, 천사론에서 발생할 수 있는 최악의 것을 행하기 때문이며, 그들이, 즉 적어도 부분적으로는 옳게 인식되고 이해된 바로 그 천사들이, 인간의 주의와 노력을 하나님을 향하게 하는 대신에 그들 자신을 향하게 하기 때문이다. 왜냐하면 이 교의에 따르면 다음과 같을 것이기 때문이다: 하나님을 향한 관심 안에서만 그리고 하나님을 위해서만 실존하는 바로 그런 존재들인 천사들이 인간을 불러내고 초대하는 것은, 지상의 피조물인 그에게 적절하게 '하나님'을 위하여 헌신하도록 하기 위해서라기보다는, 오히려 '하늘에 있는' 피조물들인 '그들을' 모방하도록 하기 위한 것이다. 이 교의에 따르면 천사들의 존재와 행동이 지니는 의미는, 우리가, 인간의 몸이 된 하나님의 말씀 안에서가 아니라, 더 높은 피조물인 '천사'가 지닌 피조물의 특성 안에서, 즉 피조물들인 '천사의' 본질 안에서 스스로를 인식하고 체험하고 활동해야만 하도록 하는 것일 것이다.

왜냐하면 피터슨에 따르면, 본질적인 영지주의자, 즉 신비한 영지주의자는 단순한 개념적인 인식을 넘어서서, 다만 "초연함"(Apatheia)을 통해서만 도달할 수 있는 형이상학적으로 더 높은 존재형태를 얻으려, 즉 인간이 지닌 본래의 존재형태 위에 있는 천사들의 존재형태로서 존재하는 바로 그 존재질서 안에 있는 존재를 얻으려 노력하기 때문이다. 이렇게 인간을 높이는 것은, "만일 (요한계시록 5:13에 따라서, 아래에 있는 우주 전체의 성가대만큼이 아니라) 천사와 비슷한 '사제들'과 '수도사들'만큼 천사들의 성가대 숫자가 증가한다면"(84), 예배의식 안에서 발생한다. 왜냐하면 교회의 예배의식에, 즉 미사에 비교도(秘敎徒, Esoteriker, 비밀스러운 의식을 전수받은 자―역자 주)로서 참여하는 신비주의적인 영지주의자에게는, 이 참여는―신앙에 의한 것이 아니라 형이상학적으로―다음의 사실을 의미하기 때문이다: 그에게는 천사들의, 그러나―그의 마음을 "감동시키지 못하는" 천사들이 있으므로, 모든 천사들이 아니라!―최고의 천사들인 그룹들과 스랍들의 존재와 생명이 지니는 전형적인 중요성이 현실적인 것으로 된다. "천사와 비슷한 존재는 그들의 대열들 안으로 편입되기를 원하기 때문에, 그는 참으로 영지(靈知, Gnosis) 안에서 세계 위로 들어 올리어지기 시작하며, 그는 날아오르기 시작하며, 하늘과 땅에 있는 모든 보이는 것과 보이지 않는 것을 넘어서, 더 이상 감각적인 우주와 관련 없으며 오직 하나님만을 향하는 세계로 날아간다." 즉, 하나님을 찬양하는 일에 스스로를 "소모"함으로써 본래의 모습으로 '존재하는' 그 존재들의 공동체 안으로 날아 들어간다.(87f.) 그는, 곧바로 하나님을 향하는 그들의 존재에 참여하기를, 따라서 그들의 하나님 찬양에 참여하기를, 그들의 존재형태 안에 있기를 갈망하며, 바로 그 일에 과연 실제로 도달할 수 있다. 인간이 그렇게 천사와 거의 같아지는 것이 어떻게 가능한가? 천사들이 인간에게 다가올 수 있으며, 그리스도의 탄생과 시험, 부활과 승천에서 실제로 다가왔던 것과 똑같이 확실하게, 그는 그렇게 할 수 있다. 그리스도는 낮아지기 전에 모든 천사들보다 뛰어났으며, 그가 높여진 후에 모든 천사들 위로 들어 올리어졌던 것처럼, 그렇게 물론 천사와 비슷한 존재도 그룹들 및 스랍들과 함께 하는 자신의 존재로부터 땅 위의 질서들로, 사제들과 백성으로, 지상의 교회(Ekklesia) 안으로, 믿음과 사랑과 희망이라는, 그에게도 모범적인 신학적 미덕들로 내려오지만, 그래도 바로 그곳으로부터 출발하여 몇 번이고 되풀이하여 저 하늘에 있는 존재들의 공동체 안으로 올라간다.(90f.) '그들의' 존재는 "'우리의' 존재가 지닌 가능성, 즉 '우리의' 존재가 높아지고 강화되는 것"(93)을 의미한다: 즉 인간이 "도덕적인 의미에서가 아니라 형이상학적 의미에서, 천사들과 대천사들의 동료로 될 때까지, 그룹들과 스랍들도 그것 앞에 서 있는 바로 그 경계들에 도달할 때까지 오르고 또 오르는" 가능성을 의미한다. "그들이 저지되는 그곳에서…, 그곳에서 그는 천체들과 함께 소리를 조율하고 대천사들과 함께 노래하기 시작한다"(94): "그의 존재의 가장 깊은 곳으로부터 분출되는" 하나의 노래를 부르기 시작한다. 바로, 그가 천사들 및 대천사들과 함께 겨우 하나의 노래로서 현존함으로써 그리고 하나님 앞에서 쉴 사이 없이 노래함으로써, 그 노래 안에서 그 자신에게로 되돌아가는 것이 완성되며(95), 그 노래 안에서 그는 최고의 피조물과 함께만이 아니라 동시에 가장 낮은 피조물과 함께, 자신의 존재도 비천하다는 것을 표현하며, "그는 아무것도 아니라고 말하는 것 외에는 다른 것을 말할 수 없다."(96) 십자가에 달린 존재의 은혜가 그가 지니고 있는 피조성의 마지막 깊은 곳을 일깨웠으므로, "그는, 자비를 체험한 죄인으로 서 있을 뿐만 아니라, 또한, 하나님을 찬양하며 쉴 사이 없이 노래하는 것 외에는 다른 가능성을 갖고 있지 않은 보잘것없는―당나귀를 향해 있는―피조물로서 서 있다."(97)

덧붙여서 말해야 할 것이 있다: 피터슨은 두 가지 점에서 옳다. 즉, (1) 그가 천사들의 본질과 현존을 곧바로 하나님을 향하는 것으로 서술한 것, 그리고 (2) 그가 그들의 본질과 현존을 하나님 앞에서, 즉 하나님을 찬양하며 쉴 사이 없이 노래하는 것이라고 부른 것은 옳다. 그러나 그는 이미 다음의 사실에서 — 우리는 그것을 여기에서 잠시 보류할 수 있다. — 옳지 않다: 그는 이 서술이 다만 특정한, 소위 고위 계급의 천사들에게만 적용되기를 원한다. 바로 그 계급이 그가 말하는 신비주의적인 영지주의자의 관심을 끄는 반면에, 그는 다른 천사들에 대해서는 감히, 그들이 그의 마음을 "감동시키지 못한다."고 말한다. 그러나 그가 닮게 되기를 원하며 또한 닮게 될 수도 있는 바로 이러한 소위 최고의 천사들은, 그들과 그들의 하나님 찬양이 땅 위에서 하나님을 섬기는 것과는 아무런 관계가 없다는 그런 의미에서 — 여기에 피터슨의 사악한 근본적 오류가 잠복해 있다. — 곧바로 하나님에게로 방향을 맞추고 있다. 그들은, 땅과 인간에게 등을 돌리는 방식으로 하나님에게 향하고 있다. '모든' 천사들이 "파견된 자들"이라는 히브리서 1:14의 말씀이 그들에게는 적용되지 않는 것처럼 보인다. 그들은, 하나님의 뜻이 하늘에서 이루어진 것처럼 땅에서 이루어지게 하는 일에 몰두하고 있지 않은 것처럼 보인다. 그들이 하나님을 찬양하는 일에 온 힘을 다 쏟는 것이 어쩐지 더 고귀한 다른 의미를 지니고 있는 것처럼 보인다. 그렇게 함으로써 그들이 명목상 순종하고 있는 하나님의 뜻은 그의 자비를 실행하려는 의지가 아닌, 위엄을 보여주는 의지인 것처럼 보인다. 피터슨이 이 천사들을 보고 기뻐하는 것은, 그가 말하는 신비주의적인 영지주의자들이 도달하기를 희망하고 실제로 도달하는 것은, 틀림없이, 하나님이 인간을 돌봐 주었으며 스스로 인간이 되었던 그 "자비"에, 그 결의와 행위에 전혀 낯선 어떤 것이다: 왜냐하면 이 천사들은 그들이 하나님을 향하고 있는 것에서, 그들이 그의 앞에서 쉴 사이 없이 노래하는 것에서, 형이상학적으로 더 높은 존재형태를 지니고 있기 때문이다. '그 존재형태' 안에서 그들은 "모범적"이다. 비교도(祕敎徒)는, 지상의 교회에서 미사에 참여하고 신학적 덕목들을 실천하는 일에도 전력을 기울이기까지 그렇게 스스로를 낮추는 동안에, '그 존재형태'를 동경한다. 그는 '그 존재형태' 안에서 하나의 가능성을, 더 자세히 말하자면 그 자신의 존재가 최고로 높아지고 강화될 가능성을, 즉 피조물에 특유한 존재를 그것의 마지막 한계에 이르기까지 가득 채울 수 있는 가능성을 발견했다고 여긴다. 천사는 그의 방식대로 그것을 행하며, 당나귀는 그것의 전혀 다른 방식으로 그것을 행한다. 그러나 비록 인간도 당나귀를 향해 머물러 있음에도 불구하고 그리고 그렇게 머물러 있기 때문에, 그는 — 즉 신비주의적으로 부름 받고 능력을 부여받은 인간은 — 천사와 비슷하게 그의 형이상학적 존재형태에 관여하여 오르고 또 오르도록, 그렇게 자기 자신으로 돌아가도록, 그렇게 참으로 하나님 앞에 있는 피조물로 되도록 부름 받고 능력을 부여받은 것으로 느낀다. 그 인간이 자비를 체험한 죄인보다 '더욱' 더 낮아지기를 원한다면, 그것은 그가 자기 자신에게로 잘못 도달한 것이다! 그것은 잘못된 "오르고 또 오르기"이다! 자신의 영원하며 일시적인 구원이 아까우면, 그 일을 중지해야 한다! 그 경우에 우리는, 그의 아들 안에서 바로 인간인 우리에게 '내려'왔으며 다시 오게 될 하나님의 옆을 지나서 올라간다. 그 경우에 우리는 또한 하나님의 거룩한 천사들의 옆을 지나서 올라간다: 그 천사들 모두가 그처럼 곧바로 하나님을 향해 있으며, 모두가 하나님 앞에서 온 힘을 다해 찬양하는 것에서 그들의 본질과 현존을 지니는 것은, 그들이, 자신들은 아무것도 아닌 존재들이라고 말한다는 그 사실에서가 아니라, 오히려 그들이 하나님과 함께 그의 자비를 실행하는 종들로서 우리에게로 내려온다는 그 사실에서 그러하다. 그들이 오직 하나님만을 위하여, 그러나 바로 그렇게 함으로써 우리를 위하여 현존하기를 원하는 그 겸손으로부터 우리가 피조물의 영광을, 즉 인간의 탐욕이 지향하는 목표를 만들어내기 때문에, 우리가 그렇게 "올라가는 것"이 천사들을 슬프게 한다. 그 경우에 피조물에게 특유한 것의 본질이 천사와 유사한 것에서 성취되었다고 여기든, 당나귀와 유사한 것에서 성취되었다고 여기든, 우리는 동시에 어떠한 경우에도, 인간인 그 인간에게 하나님의 은혜와 천사들의 직무를 통하여 주어진 가능성은 소홀히 취급되고 있다: 바로 '우리의' "형이상학적인 존재형태" 안에서, 즉―천사의 존재형태도 아니고 당나귀의 존재형태도 아닌―"인간의" 존재형태 안에서, 천사들이 그들의 존재형태 안에서 그랬듯이 그렇게, 하나님을 섬길 수 있게 될 가능성이 소홀히 취급되고 있다. 골로새서 2:18에서 그 지역에 나타난 그릇된 가르침에 담긴 천사숭배와 천사신학에 대하여 언급하고 있는 것은 분량이 적고 표현이 불분명하므로, 우리는 이 주제에 대한 명확한 이미지를 얻을 수 없을 것이다. 그러나 심술궂게 굴지 않아도, 우리는 다음의 사실을 확인할 수 있다: 그 구절에서 인식될 수 있는 그 얼마 안 되는 내용이 지체 없이 바로, 피터슨이 말하는, 천사들과 경쟁하고 있는 신비주의자들에 대하여 언급될 수 있을 것이다. 그리고 이러한 천사론을 알고 난 후에, 『하이델베르크 교리문답서』 124번 질문에 있는 세 번째 간구에 대한 해석을 읽는 것은 틀림없이 상쾌한 일이다: "아버지의 뜻을 하늘에서와 같이 땅에서도 이루어지게 하소서라는 기도의 뜻은 이렇다: 우리가 그리고 모든 인간들이 우리 자신의 뜻을 포기하게 하시고, 어떤 항변도 없이 오직 아버지의 선한 뜻만을 따르게 하시며, 따라서 각 사람이 그의 직무와 사명을 하늘에 있는 천사들처럼 그렇게 기꺼이 그리고 성실하게 수행하게 하소서."

　우리는 이제 긍정적인 사실로 화제를 바꾼다: 천사들은 하나님의 '순수한 증인들'이다. 땅 위에는 그들과 같은 존재들이 '없'으며, 따라서 우리는 땅 위에서 그들이 '필요'하고, 그들은 하나님의 호의에 의하여 바로 그들의 현실성 안에서 우리에게 '제공'된다. 그들은 하늘에 있는 존재들이므로, 그들은 순수한 증인들이다. 그들은 하늘 자체, 즉 하나님과 함께 땅을 향하여 오고 있으며, 그가 침투할 때에 땅 위에 있는 현세의 세계 안으로 오고 있는 하늘 자체이다. 하늘은 다음의 사실에서 그것의 본질과 현존을 지니고 있다: 하늘은 창조된 세계 내부에 있는 하나님의 장소이고 보좌이며, 그것은 하나님이 우리에게로 오는 출발점이다. 하늘에 있는 존재들이 탁월한 이유는, 그들이 하늘에 있으며, 하늘로부터 유래하기 때문이다. 그들에게는 지상의 피조물이 지닌 독자성이 없다. 그 대신에 그들은, 지상의 어떤 피조물도 바라볼 수 없는 하늘에 있는(마 18:10) 아버지의―예수 그리스도의 아버지의―얼굴을 바라보고 있다. 그러므로 그들은 하나님에 대한 순수한 증언을 제공할 수 있다. "순수한"이라는 말의 적극적인 의미는 다음과 같다: 지상의 모든 증언은 그것이 증언하는 완전한 진리를 그것 자체 안에 지닐 수 없으며 다만 그것이 증언하는 내용 안에서만 지니고 있음에도 불구하고, 그들의 증언은 전적으로 '진정한, 믿을 만한' 증언이다. "순수한"이라는 말의 소극적인 의미는 다음과 같다: 그들의 증언은 모든 독자적인, 즉 낯선 요소와 '혼합되지 않'는다. 반면에, 그 낯선 요소는 지상의 가장 훌륭하고 솔직하고 적절한 증언에조차 달라붙어 있으며, 그 증언 안에 적어도 섞여 있으며, 그것을 듣는 청중에 의하여 명확히 혹은 암암리에 제거되어야만 한다. 우리는 다음의 사실을 인식한다: 천사들의 본질과 현존에 주의를 기울인다면, 지상의 피조물들에 대한 관계에서 그들을 겉보기에 '약하게', 즉 무기력하게 만드는 바로 그것이—즉 그들은 그렇게 배타적으로 오직, 그들이 하나님에게 속해 있다는 그 사실에서만, 오직 저 "쉴 사이 없이 노래하는 것"에서만 그들의 정체성을 지닌다는 바로 이 사실이, 그들을 지상의 피조물들 위로 '들어올리며', 바로 이 사실이 그들을 순수한 증인들로 만들고, 그들의 직무가 지상의 피조물들에게는 없어서는 안 되는 것이다. 만일 한 천사가 현존하고 있다면, 사실 '그'가 하나님은 '아니'지만, "당연히" '하나님'이 현존하고 있는 것이다. 만일 한 천사가 무엇인가를 말했다면, 비록 그 천사가 하나님은 아니지만, '하나님'이 말했던 것이다. 만일 한 천사가 행동했다면, 하나님과 하늘, 하나님과 천사 사이에 무한한 차이가 있음에도 불구하고, '하나님'이 행동했던 것이다. 천사가 지닌 외견상 존재론적 무기력함에는 천사가 지닌 기능적 현실성의 충만함, 권위, 논쟁의 여지가 없음, 거룩한 영광이 상응한다. 천사는 그 어떤 파견된 자일 뿐만 아니라, 어떤 인간도, 하나님의 어떤 예언자나 사도도 그렇게 될 수 없는 전적으로 '전권을 위임받은' 파견된 자이다. 예언자나 사도의 증언도 진정한 증언이며, 물론 그것도 그것의 자리에서, 즉 인간에 대한 인간의 증언으로서 전적으로 불가결한 것이다. 그러나 하나님에 대한 지상의 모든 증언처럼 그것은—직접적으로 혹은 간접적으로, 의식적으로 혹은 무의식적으로, 분명하게 혹은 암암리에—다음의 사실에 의지하여 힘을 얻는다: 그것 앞에, 위에 그리고 옆에는 또한 하나님에 대한 '순수한' 증언이 존재하며, 그것 자체는 가장 훌륭한 지상의 증언이라고 할지라도 거기에는 미칠 수 없다.

    하나님에 대한 모든 진정한 증언은 '천사들'의 증언에, 따라서 '천사들'의 직무에 의지하여 힘을 얻는다. 왜냐하면 천사들의 직무를 통하여 다음의 사실이 말하자면 기술적으로 가능하게 되며 실현되기 때문이다: 하나님은 지상의 피조물 영역에서 정말로, 하나님으로서 정말로 알아볼 수 있게 현존하고 말하고 행동하며, 그러한 하나님으로서 존경받고 사랑받고 두려움의 대상이 된다. 그들이 그처럼 온전히 사심 없이 그리고 요구하는 것 없이, 그처럼 온전히 다만 섬기면서 지나가버리는 것에서, 그들이 바로 침묵 안에서 하나님을 강력히 가리키는 것에서, 즉 언제나 자기 자신으로부터 벗어나는 것에서, 하늘이 땅으로 오는데, 그 경우에 그 사실이 의미하는 것은 이것이다: 여기에서도 실재하는 '위쪽'이 존재하고, 실재하는 '간격'이 존재하고, 하나님의 실재하는 '출발점'이 존재하며, 여기에서도 그 '차원'이, 즉 그것 안에서 하나님이 실존하며 그것 안에서 그가 또한 홀로 하나님으로서 인식되고 두려움의 대상이 되고 사랑받게 될 수 있는 바로 그 차원이 열리게 되고 인지될 수 있게 된다. 하나님의 '비밀'이 땅 위에서 공간을 지닐 수 있다는 사실의 토대는—그것 자체가 인지할 수 있게 되고 인식되든 혹은 그렇지 않든 간에—천사들의 현존과 활동에 있다. 하나님이 창조된 우주의 그 어떤 정적이거나 동적인, 정신적이거나 물질적인 주어진 여건과 혼동될 수 없도록, 인간이 그를 무엇보다도 자기 자신과 혼동하지 않도록, 그렇게 배려하는 것은 유감스럽게도 어떤 신학적, 더구나 철학적 개념의 기능이 아니며, 유감스럽게도 또한 신앙의 내적 능력이나 순수함도 아니며, 유감스럽게도 또한, 아마 인간이 그 안에 머물고 있을지도 모르는, 아무리 절망적일지라도 겉보기에는 유망한 극한상황도 아니다. 그렇지만 천사들의 직무가, 하늘에 있는 피조물의 존재가, 즉 우리에게 오고 있는 하나님을 둘러싸고 있는 그 존재가 그렇게 되도록 배려한다. 물론 '하나님 자신'이 그리고 '하나님 홀로', 즉 그의 전능한 말씀과 그의 거룩한 영이 그렇게 되도록 배려한다. 그리고 물론 인간이 그렇게 할 수 없듯이, 천사도 그가 행하는 하나님의 사역 자체에서 하나님을 대신하거나 대행조차 할 수 없으며, 다음과 같은 방식으로조차, 즉 그가 행동하고 말하는 주체로서 (마치 그가 그 말씀을 말해야만 하는 것처럼, 마치 그가 바람같이 움직이는 영인 것처럼) 하나님 곁으로 다가가거나 혹은 심지어 하나님을 대신하는 그런 방식으로조차, 하나님을 지원할 수 없으며, 그런 방식으로 하나님의 행동에 무엇인가를 기여할 수도 없다. 물론 천사도 다만 하나님의 '증인'일 수밖에 없다. 그러나 하나님의 계시와 사역이 발생하는 바로 그곳에서는, 그것은 또한 '우주적인' 사건이다. 그곳에서는 땅 위에서 또한 '하늘'이 열리며, 따라서 그곳에서는 또한 '천사들'의 증언이 출현하며, 그것은 순수한 증언으로서 다음의 직무를, 즉 어떤 인간도 스스로에게서 혹은 다른 사람에게서 수행할 수 없는 것을 그 직무를 수행한다: 즉, 지상에서 그리고 내적이거나 외적인 지상의 상황들 안에서, 실재하는 위쪽이, 실재하는 간격이, 하나님의 실재하는 출발점이, 하나님의 비밀이—혹은 가장 간단하게 말하자면, 바로 '신성(神聖)의 차원과 범주'가 열리게 되며, 인지할 수 있게 된다. 천사들 없이는 바로 하나님 자신이 우리에게 널리 알려지지 않으며 알아볼 수 있게 되지 않는다. 천사들 없이는 하나님은 몇 번이고 되풀이하여 절망적으로, 숭고한 이념이든 혹은 황금송아지든, 그 어떤 지상의 주어진 여건과 혼동되게 될 것이다. 그러나 하나님은 그의 거룩한 천사들을 통하여, 이 차원이 널리 알려지고 알아볼 수 있게 되도록, 그리고 그렇게 머물도록 배려한다. 우리는 다음의 사실을 오직 분명하게 이해해야만 한다: 우리가 그 차원을 인지하지 못한다면, 그때에 우리는 하나님으로부터만이 아니라 바로 동시에 또한 모든 선한 영들과 천사들로부터 버림받으며, 영적일 뿐만 아니라 우주적인 무질서와 파멸로 휩쓸려 들어가게 되는데, 그 경우에 그 잘못은 틀림없이 하나님에게서도 그의 천사들에게서도 찾아질 수 없을 것이다. 그러나 우리는 무엇보다도 다음의 사실을 분명하게 이해해야만 한다: 만일 우리가 그 차원을 인지할 수 있는 은혜를 얻는다면, 우리는 그것을 지극히 조금이라도 우리 자신의 업적으로 여겨서는 안 되며, 오히려 모든 신학이나 철학, 그리고 우리가 지닌 신앙의 모든 진지함과 심오함, 또한 경우에 따라서는 우리에게 깊은 감동을 주는 모든 경험들도 최상의 경우에 '나중에 덧붙여서' 다음과 같이 이용될 수 있다: 즉 신성한 것의 표지로서 하늘에 있는 존재를 그리고 하나님이 홀로 하나님인 그 비밀을 확증하고 해석하고, 확실한 지상의 근거들을 스스로에게 제공하는 데에 이용될 수 있으며, 우리가 그것을 또 다시 잊고 하나님을 우상으로 만들 위험에 처할 때, 우리는 그 근거들의 도움으로 다시 그것을 기억하게 될지도 모른다. 그래도 우리가 그 위험에 빠지지 않게 하며, 우리가 실제의 하나님과, 즉 살아 있는 하나님과 관계를 맺도록 배려하는 것은—우주적 현실 내부에서는, 따라서 하나님 자신을 제외하고—어쨌든 바로 그 '천사들'이다. 단지 그들만이 하나님의 순수한 증인들이다.

바로 그런 존재들로서 그들은, 우리들처럼 역시 피조물들임에도 불구하고, '하나님의' 편에서 우리를 마주보고 서 있다. 우리와 비교하여 그들에게 부족한 것, 바로 그것은 또한 우리에 비하여 그들의 무한한 '우월함'도 포함하고 있다. 그들은 하나님에 대하여 자신들의 어떤 용건(Sache)을, 즉 그것을 주장하기 위해서는 그들은 우선 그의 뜻에 복종해야만 할 그 어떤 용건도 지니고 있지 않다. 그들은 상호간에 어떤 관계들 안에서 실존하지 않는다: 즉 그것을 하나님의 형상에 따라서 그리고 하나님의 형상에 이르도록 형성하는 것이 그들에게 우선 과제로 부과될 그런 관계들 안에서 실존하지 않는다. 그들은, 우선 더 좋게 또는 더 나쁘게 부르기 시작해야만 할 그런 찬양의 노래를 부르지 않는다. 그들 자신이 영원한 찬양의 노래이다. 그리고 그들의 실존은, 그들이 하나님의 측근이며 수행원으로서 하나님이 원하고 행하는 것으로 인하여, 즉 우리로 인하여 몹시 바쁘기 때문에, (신학자들 가운데 지루한 사람들이 여기에서 흔히 생각하듯이) 지루하지 않다. 그들의 예배의식은, 그들이 하나님에게 보여주는 직무이며, 바로 그렇기 때문에 우리에게 보여주는 직무이다. 그러나 바로 이 직무에서 그들은 '하나님의' 편에서 우리를 마주보고 서 있으며, '그의' 영광 안에서 실존하며, '그의' 진리 안에서 말하며, '그의' 권세로 활동한다. 그러므로 우리는 하나님을 신뢰하듯이 그들을 신뢰할 수 있지만 우리는 다음의 사실을 결코 잊어서는 안 될 것이다: 우리는 다만, 우리가 하나님을 신뢰함으로써만, 바로 그들을 신뢰할 수 있다. 우리가 하나님과 논쟁할 수 없듯이, 우리는 그들과 논쟁할 수 없으며, 우리가 하나님을 부정할 수 없듯이, 우리는 그들도 부정할 수 없다. 어떤 이론이나 도덕이나 미학이 주장하는 하나님에 대한 믿음 안에서는 아무튼 천사들이 부정될지도 모른다. 왜냐하면 그런 하나님의 주변에는 천사들과 같은 어떤 존재가 존재할지도 혹은 존재하지 않을지도 모르기 때문이다. 예수 그리스도의 아버지, 즉 그의 위엄이 그의 자비 안에서 작용하며 드러나는 하늘에 있는 아버지에 대한 믿음 안에서는, 아브라함과 이삭과 야곱의 하나님에 대한 믿음 안에서는 그렇게 되지 않는다. 여기에서는 천사들이 부정되면 하나님 자신도 부정될 수밖에 없을 것이다. 왜냐하면 그의 위대함 안에는 그리고 그의 낮아짐 안에는 다음과 같은 사실도 포함되어 있기 때문이다: 그는 그의 '천사들' 안에서 우리 앞에 나타나며, 그는, 가장 큰 일에서든 가장 작은 일에서든 통치권을 장악하고 있기 때문에, '그들'이 우리에 대하여 완전한 효력을 지니고—순수한 증인들인 그들에게 어쨌든 부합한 만큼, 그렇게 완전한 효력을 지니고—그를 대리하고 대표하게 한다.

아마 여기에서, 성서의 천사론에서 가장 어려운 개념들 가운데 하나에, 즉 구약성서의 '야웨의 천사'(maleak Jahve) 개념에 관심을 기울이는 것이 적절할 것이다. 우리는, 우리의 과제를 위해 중요하고 불가피한 것의 한계들 안에서 그 일을 행한다. (다음에 이어지는 내용에 대해서는 다음의 책을 참고하라: Walter Baumgartner, "Zum Problem des Jahwe-Engels," *Schweiz. Theol. Umschau* 1944, 92f.) 간단히 말하자면, 구약성서의 관념적 세계에서 거듭 등장하는 '한' 천사의 모습이 문제되고 있다. 그 천사는 역시 '한'(ein) 천사일 뿐만 아니라, 하나님의 '그'(der) 천사로 불리며, 이미 그 점에서 천사들 전체의 본질을, 그러나 또한 그들이 지니고 있는 본질적인 기능들의 본질을 그 자신 안에 통합하며 표현하고 있는 것처럼 보이며, 따라서 말하자면 "탁월한 천사"라고 불릴 수 있는 것처럼 보인다. 더 간략하게든 더 상세하게든, 더 단순하게든 더 복잡하게든 그 존재를 화제로 삼고 있는 구절들에서는, 하나님과 천사, 천사와 하나님 사이의 관계에 대한 바로 우리의 질문이 다른 곳에서보다 더 긴급하게 제기되어 있다.

고대교회의 해석은 쉽게 생각할 수 있는 유혹에—그것은 실제의 유혹이다!—즉 그 천사를 아주 단순하게, 미리 존재한 '로고스'로, 즉 하나님의 두 번째 본질로 간주하려는 유혹에 굴복했다. 역시 델리취(Fr. Delitzsch, *Komm. üb. d. Genesis*⁴ 1872, 290f.)도 그 천사를 적어도, 미래에 발생할 하나님의 성육신을 보여주는 예표로—실제의 천사이지만, 그런 천사로서 야웨에 의하여 특별한 감각기관(感覺器官, Organ) 및 현상으로, 즉 '인간의' 모습을 지닌 천사로 만들어진 것으로—이해하려고 했다. 그리고 크레머(H. Cremer, *RE*. Art. "Engel," Bd.5, 367f.)는 이 논리를 더욱더 약화시키면서 적어도, 하나님의 계시와 현존이 '그리스도' 안에서 그리고 '성령' 안에서 대체되고 전달되는 것이 '새로운' 계약에 본질적인 것과 똑같이, 하나님의 현존을 천사들의 직무로 대체하는 것 그리고 그의 계시를 천사들을 통해서 전달하는 것은 '옛' 계약의 시대에 본질적인 것이었다는 점을 분명히 밝히려고 했다. 이 모든 논리에서는, 구약성서가 증언하는 계약의 하나님이 행한 말과 행동이 지닌 탁월함과 대체불가능함도 그리고 후에 예수 그리스도 안에서 육신이 된 말씀이 지닌 탁월함과 대체불가능함도 정당하게 취급되지 못하고 있으며, 천사들이 지닌 직무의 특수함도 정당하게 취급되지 못하고 있다. 하나님과 천사들은 매우 친밀하게 서로 관련되어 있다는 바로 그 이유 때문에, 양쪽이 결코 동일시되어서는 안 되었으며, 후자가 다만 전자의 예표로서 혹은 후에 뒤로 물러서게 되는 대체물로서 전자와 관련되는 것조차 결코 있어서는 안 되는 일이었다. 그리스도는 어쨌든, 또한 단지 "탁월한 천사"라는 관념만으로도 파악될 수 있는 어떤 것을 능가하며, 하나님의 순수한 증인 신분을 능가한다: 즉 그는 구약성서가 증언하는 계약의 하나님처럼 (그리고 구약성서에는 감추어져 있으나 순수한 약속의 형태로 이미 선포된, 하나님의 현실로서) 지상에서 말하고 행동하는 하나님 자신, 즉 하나님의 아들이며 사람의 아들이다. 하늘에 있는 (하나님도 인간도 아닌!) 존재들 가운데 누구도 그 자신과 동일시될 수 없으며, 그는 어떤 그런 존재 안에서조차 미리 모습을 나타낼 수 없으며, 그는 성취로서조차 그런 존재를 대신할 수 없다. 이러한 근본적인 숙고는 별도로 하고도, 만일 우리가 그렇게 강조된 하나님의 '한' 천사도 (바로 그를!) 단순히 한 천사로 존재하도록 그대로 둔다면, 그리고 물론 바로 그 천사의 모습을 바라보면서, 비교할 수 없고 대체할 수 없는 '하나님의 고유한' 말씀과 사역에 대한 관련성 안에서 천사들의 실존과 '직무'가 지니는 최고의 중요성을 분명하게 이해한다면, 우리는 구약성서 구절들의 의미와 원문에 더 가까이 머물러 있는 것이다.

라트(G. v. Rad, *THWBzNT* I, 75f.)의 제안은 내가 보기에 주목할 만하다: 그는, 그가 "통속적인" 구절들이라고 부르는 구절들로부터 출발할 것을 제안한다. 그 구절들에서는 "야웨의 천사"가 단순히 "이스라엘에 대한 은혜의 특별한 관계를 보여주는 기관"으로서, 즉 그의 백성을 위하여 인격화된 하나님의 도움으로서 모습을 드러낸다. 출애굽기 14:20에 따르면, 하나님의 천사는 이스라엘 군대와 그들을 뒤쫓는 이집트의 군대 사이에 끼어들어 보호한다. 민수기 22:22에 따르면, 발람이 이스라엘을 저주하기를 원하므로, 하나님의 천사가 그의 적대자가 되어서 그가 가는 길을 막는다. 사사기 6:11 이하에서는 그가 기드온을 불러낸다: "힘센 장사야, 주님께서 너와 함께 계신다." 그리고 사사기 13:2 이하에서는 그가 마노아의 아내에게 그리고 그 후에 마노아 자신에게도 삼손의 탄생을 예고한다. 열왕기상 19:5에 따르면, 그는 지친 엘리야가 다시 일어서도록 돕는다. 열왕기하 19:35에 따르면, 그는 예루살렘 앞에 있는 아시리아 군대의 진영에서 18만 5,000명을 쳐죽인다. 스가랴 1:12, 3:2에서는, 그가 하나님 앞에서 사탄에 저항하여 이스라엘을 변호하는 자로서 나타난다. 사무엘하 24:16 이하에서 그가 언젠가—역대상 21:15 이하의 병행구에 따르면 하늘과 땅 사이에 서서, 칼을 빼어 손에 들고 예루살렘을 겨누고 있는—"죽음의 천사"로서 이스라엘에게 '대항'할 수도 있다는 것은, 규칙을 확인하는 하나의 예외이다: 왜냐하면—구원사적으로 볼 때에—그 일도 이스라엘에 반대해서가 아니라 이스라엘을 위하여 발생하기 때문이다. 그럼에도 불구하고 다니엘 10:13, 21, 12:1에 기록된 천사 미가엘의 위치와 역할을 기억하는 것은 오직 자연스러울 뿐이다. '그' 하나님의 천사는 매우 분명하게, 이스라엘을 위한 하나님의 천사, 즉 하늘에 있는 형상이며, 그 형상 안에서 하나님은 그의 백성으로 향하고 있다. 바로 이스라엘은 하나님이 선택한 백성이므로, 바로 그가 '그' 하나님의 천사라고 불린다.

사도행전에서 때때로—물론 언제나 관사 없이—언급된 "하나님의 천사" 혹은 "주님의 천사"의 경우에, 역시 그곳에서도 '한' 천사만이 아니라 바로 '그' 천사가 생각되고 있는 것 같다. 신약성서의 신앙공동체에 대한 관계에서 그 천사의 위치 및 기능이 어쨌든, 구약성서의 계약백성에 대한 관계에서 "야웨의 천사"가 지녔던 위치 및 기능과 닮지 않은 것은 아니다. 그 천사는 사도행전 5:19 이하에서는 모든 사도들에게, 12:7 이하에서는 베드로에게 감옥 문을 열어준다. 그는 8:26에서는 빌립에게, 에티오피아의 궁정관리를 만나게 될 방향으로 가도록 명령하며, 10:3 이하에서는 고넬료에게 베드로와 만나도록 지시한다. 27:23에서는 그가 해상폭풍우 한가운데서 바울을 위로하며, 12:23에서는, 백성들이 헤롯왕의 연설을 듣고 "신의 소리다. 사람의 소리가 아니다"라고 찬양하던 바로 그 순간에, 신앙

3. 하나님의 사자들과 그들의 적대자들 679

공동체의 적대자인 그를 쳐서 죽게 한다. 여기에서도, 그 천사의 특이한 위치 및 명칭은 여기에서도 그에게 할당된 특이한 '과제' 덕분인 것이 틀림없는 것 같다. 유명한 구절인 말라기 3:1은, 그곳에서는 앞장서서 가는 사자가 오고 있는 것, 주님 자신이 오고 있는 것, "계약의 천사"(maleak berith)가 오고 있는 것이 성전 안에서 화제로 되고 있다는 점에서, 구약성서를 향해서만이 아니라 신약성서를 향해서 시사하는 것이 많을 것 같다. 만일 그 계약의 천사도 "야웨의 특별한 은혜관계를 보여주는 담당자"(폰 라트)라면, 그는, 사사기 2:1에 따르면 이스라엘과 맺은 야웨의 계약에 종사하는 것으로 명확히 서술된 그 천사, 평소에는 "야웨의 천사"라고 불리는 그 천사와 동일할 수밖에 없다. 이런 이유로 우리는 다음의 사실을 파악한다: 그 관념 전체가—틀림없이, 누가복음 2:9에서 성탄을 선포한 "주님의 천사"의 경우도 이 관념이 문제되고 있는 것 같다.—신약성서 저자들에 의해서도 채택될 수 있었다. '그' 천사는 바로 '그' 하나님의 증인이다: 왜냐하면 그의 출현과 말들과 행위들을 통해서 그 천사는 구원의 역사에서 그리고 그와 동시에 최초의 역사와 마지막의 역사에서 하나님이 실행하는 바로 '그' 사역 자체를, 즉 이스라엘을 선택한 것, 교회를 선택한 것, 계약 공동체를 선택한 것을 증언하기 때문이다. 그러므로 바로 이 천사의 이름이 그렇게 결코 진기한 것을 의미하는 것이 아니라, 다만 바로, 모든 천사들의 본질이 지닌 특징을 표시하는 것이라는 사실은 우연이 아니다. 어떤 천사가 바로 이 "하나님의 천사"와는 다른 어떤 존재일 수 있겠으며, 더 우세하거나 혹은 더 하찮을 수 있겠는가?

이제 하나님의 천사에 관하여 더 단순하게 다루고 있는 이 본문들만 보더라도, 우리는 다음의 사실을 주목해야만 한다: 그 천사에게 말씀과 행위와 실행으로서 할당된 것은, 과연 다른 본문들에서도 상응하는 것이 실제로 단순하게 '야웨의' 말씀과 행위로서 서술되고 있는 것과 아주 똑같이, 어디에서나 야웨 '자신'에 의하여 잘—우리는 심지어 우선 어디에서나 이렇게 생각하고 싶다: 더 잘!—진술될 수 있을 것이다. 게다가 상응하는 것이, 즉 동일한 것이—예를 들어, 이집트로부터 탈출 및 광야유랑과 관련된 모든 사건들을 기억하라—그밖에는 훨씬 자주 직접적으로 그리고 천사에 대한 언급 없이 야웨 '자신의' 말과 행위라고 불리며 찬양된다. 바로 '그' 하나님의 천사가 하나님 자신과 경쟁한다는 것은 이미 그런 이유에서 아예 논의되지 않는다. 바로 그 천사는 실제로 순수한 증인, 즉 그가 나타남으로써 결코 자기 자신이 아니라 다만 그가 증언하는 그 하나님만이 무대에 등장하게 하는, 말하자면 완전히 투명한 증인이다. 참으로 이미 언급된 본문들에서 '그 천사'의 현존을 바라보면서 거리낌 없이 '주님'이라고 부르는 것은 까닭 없이 그런 것이 아니다. 알다시피 그런 것에 대하여 충실하게 숙고된, 구약성서에 대한 종교사적 해석은 사실, 내가 아는 한, 이스라엘에서 야웨 외에 하나님의 천사에게 각각 어떤 특수한 영향권이 지정되었거나 혹은 심지어 예배의식이 바쳐졌을 것이라고 암시할 수 있을 어떤 것도 밝혀내지 못했다. 그 천사가 나타나는 그곳에서, 그는, 실질적으로 다름 아니라 바로 야웨 자신인 그의 말과 행동에 의하여 마치 흡수되어 버리는 것 같다. 사사기 13:2 이하의 이야기는 여기에서 특히 교훈적이다. 여기에서 부인은 남편에게 이렇게 말한다.(6절): "나는 그분이 어디서 오셨는지 묻지도 못하였고, 또 그분도 나에게 자기 이름을 일러주지 않았습니다." 그리고 그럼에도 불구하고 그 남편이 천사에게 "이름만이라도 알려 주면, 말한 바가 이루어질 때에 당신에게 그 영광을 돌리고 싶다."고 질문했을 때, 그가 들은 대답은 이러하다: "어찌하여 내 이름을 묻느냐? 내 이름은 불가사의하다."(18절) 새끼염소를 한 마리 잡아 대접하기 위하여, 그 남편이 천사에게 머물기를 원할 때, 천사가 거부한다: "만일 당신이 그것으로 요리를 준비하기를 원하면, 그것을 주님께 번제로 바쳐라."(15절 이하) 그리고 그 남편이 "불가사의한 일을 행하는 주님께" 제물을 바칠 때, 그때 "제단에서 불길이 하늘로 치솟자, 주님의 천사가 제단의 불길을 타고 하늘로 올라갔다. 마노아와 그의 아내는 이것을 보고, 얼굴을 땅에 대고 엎드렸다. 주님의 천사가 마노아와 그의 아내에게 다시 나타나지 않자, 그제야 마노아는 비로소 그가 주님의 천사인 줄 알았다. 마노아는 그의 아내에게 말하였다: '우리가 하나님을 보았으니, 우리는 틀림없이 죽을 것이오.' 그러자 그의 아내가 그에게 대답하였다: '만일 주님께서 우리를 죽이려 하셨다면 우리의 손에서 번제물과 곡식예물을 받지 않으셨을 것이며, 또 우리에게 이런 모든 일을 보이거나 이런 말씀을 하시지도 않으셨을 겁니다.'"(19절 이하) 이 천사가 나타나면, 일이 그렇게 된다! 그는 하나님을 위하여 인간에게 나타나는데, 그 하나님을 위하여 자기 자신의 흔적을 없애버리기 위해서만, 그는 이렇게 명백히 나타난다. 그러나 바로 그렇게, 그는 얼마나 효과적으로 그리고 인상 깊게 나타나는가! 구약성서의 관념세계에서 천사는 결코 변함없는 인물이 아니며, 규칙적으로 나타나는 인물이 아니며, 체계적으로 파악될 수 있는 인물이 아니라는 것이 당연하다: 즉 그는 나타날 수 있으나, 나타나지 않을 수도 있으며, 실제로 대체로 나타나지 않는다는 것이 당연하다. 우리는, 천사가 바로 그렇게 사실상 중요하고 없어서는 안 된다는 것을 인식하고 이해해야만 한다. 하나님의 출현과 말씀과 사역이 화제로 되는 곳에는 어디에나 천사가 현존할 것이라고 상상해보라! 그 경우에, 그가 하나님 자신의 곁에 있는 중요한 존재 혹은 원리일 것이라는 인상은 분명히 불가피할 것이다. 그러나 그 반대로, 그가 나타나는 구절들은 없을 것이라고, 따라서 기하학적으로 일목요연하게 어디에서나 다만 하나님 자신만이 화제로 될 것이며, 그의 천사는 화제로 되지 않을 것이라고 상상해보라! 그 경우에, 시민계급에 속한 독자인 신학자는 얼마나 많은 근심에서—그렇지만 또한 하나님의 비밀에서 벗어나게 되겠는가! 그래도 바로 그 하나님의 비밀은 그의 천사가 몇 번이고 되풀이하여 나타나는 구절들에서 구체적으로 그것 자체가 가시화되며 독자에게, 말하자면, 끈질기게 접근하여 괴롭힌다: 은혜와 계약의 하나님이 편재하는 것은 그 어떤 대수롭지 않은 최고 존재의 편재와는 다른 것이라는 점은 간과할 수 없는 사실이다. 매우 전면적으로 우주적인 성질을 지니고 있지만 역시 의미에서는 매우 전적으로 초우주적인 사건들을 기록하고 있는 바로 그 구절들 안에서 그 비밀이 인지되게 된다: 즉 언제나 그리고 어디에서나—하나님의 천사가 기억되지 않는 곳에서도—하나님이, 즉 그의 말씀과 그의 행위들이 화제로 되고 있는 곳에서, 그것이 무슨 뜻인지 인지되게 된다. 하나님의 천사가 나타나는 곳에서는 신성한 차원이 열리며, 신성한 범주가 파고든다. 거기에서는 하나님이 더 이상 지적이거나 감상적이거나 미학적인 총괄개념과 혼동될 수 없다. 거기에서는 하나님이 자기 자신을 정말로 지상의 영역에서도 공간과 시간을 가득 채우는 신성한 사실(Faktum)로서 제시한다. 거기에서는 지상의 존재들 자신들에게는 다음의 사실이 간과될 수 없게 된다: 하나님은 '하나님'이며, "하나님은 존재하지 않는다!"고 말하는 자들은 바보들이며, 다른 존재를 하나님으로 간주하는 자들은 더욱 멍청한 바보들이다. 마노아의 이야기에서 발생한 것처럼, 거기에서는 숭배되고 희생제물이 바쳐져야만 하며, 마노아 자신이 올바르게 예상하듯이, 거기에서 인간은 '죽을' 수밖에 없다.—아니, 그가 그의 (하여튼 훨씬 더 잘 교육받은) 아내로부터 깨우침을 얻도록 허락되듯이, 거기에서 인간은 '살도록' 허락된다(darf). 불필요한 것은 하나님의 천사가 아니라, 오히려 다음과 같은 인간, 특히 다음과 같은 신학자이다: 즉 그러한 구절들을 무시하고 (어쩌면 짜증을 내면서) 읽으므로, 어떻게 바로 거기에서 커다란 종소리가 울리고 있는지를, 즉 모든 다른 구절들, 외관상—그러나 다만 외관상으로만—덜 자극적인 구절들에서도 들어야만 하는 그 종소리가 울리고 있는지를 깨닫지 못하는 바로 그 인간이, 특히 바로 그 신학자가 불필요하다. 그 구절들에서 가시화된, 하나님의 증인인 하늘의 개입이 의미하는 것은, 바로 계약의 천사인 하나님의 천사가 선포하는 것은 바로 '이것'이다: 은혜의 계약은, 이스라엘과 교회를 선택하고 불러낸 것은, 즉 복음은 우리의 대지 위에서 발생하는 다른 사건들과 같은 역사적 사건이 아니며, 다른 사건들처럼 역사적 상황의 토대를—지극히 현명하게 눈에 보이지 않는 최고신의 호의적인 감독 아래에서 행해지는 잘 숙고된 신학들, 선의의 경건들, 잘 정돈된 제도들, 잘 고려된 평의회 및 위원회의 결의들에 의하여—확립하는 것이 아니며, 오히려 모든 것들의 시작이며 끝이고, 모든 피조물들의 실존이 지닌 토대이며 목표이다. 더 정확히 말하자면, 인간은 듣고 보는 능력이 '없기' 때문에, 그 천사가 이렇게 선포하므로, 인간이 그것을 '듣게' 되며 '보게' 된다.

우리는 이제, 하나님의 천사가 지닌 모습이 눈에 보이게 되는 더 복잡한 맥락들에 이르렀다. 우리가 다루려는 것은, 창세기 16:7 이하, 21:17 이하의 하갈 이야기에 나오는 천사, 마므레의 상수리나무 곁에 있던 아브라함에게 찾아온 세 남자들의 방문(창 18:1), 소돔에 있는 롯을 찾아온 두 천사들(창 19:1f.), 이삭을 희생제물로 바치는 이야기에 등장하는 천사(창 22:11f.), 라반과 헤어지기 전에 야곱의 꿈에 나타난 천사(창 31:11f.), 모세 앞에 있는 가시덤불 나무에서 나타난 하나님의 출현에서 등장하는 천사(출 3:2f.), 화가 난 하나님 대신에 광야에서 백성들을 인도할 천사를 등장시키는 것(출 33:1f.)이다. 이 모든 본문들은 다소간에 끈질기게 달라붙는 (자료비평들을 통해서도 제거되기보다는 오히려 더 분명하게 되는) 어려움들을 포함하고 있다: 즉 야웨의 천사와 야웨 자신이 때로는 명확히 구분되고, 때로는 다시 마찬가지로 아주 명확하게 하나로 보이게 된다. '천사'가 나타나고 말하고 행동하는데, 인간은 '하나님의' 출현을 경험하게 되며, 하나님의 말씀을 듣게 되며, 하나님의 행동을 받아들이게 된다. 그러나 또한 그 반대의 경우도 유효하며 언급된다: '하나님'이 나타나는데, 인간은 그의 '천사'와 관계하고 있다. 예를 들면 창세기 18:1-16의 경우, 1절에서는 하나님의 출현이 예고된다. 그러나 그 사건에 대한 첫 번째 보도는 2절에서, 아브라함이 눈을 들어보니 세 남자들이 그의 앞에 서 있었다고 되어 있다. 그 반면에 그가 그들을 환영하는 말들은 3절에 따르면 다음과 같다: "나의 주님(아도나이), 만일 제가 주님의 마음에 든다면, 이 종을 떠나 지나가지 마십시오." 그러나 이미, 그의 집에서 쉬면서 먹도록 초대하는 4절에서 그는 다시 "그들" 세 남자들을 향해 말하고 있다. 과연 5절에서 그에게 대답하는 것은 바로 "그들"이다: "네가 말한 그대로 해도 좋다." 우리는 다음의 추가적인 어려움들을 간과한다: 여기에서는 한 사람이 아니라 세 사람이 등장하고 있으며, 우리는 6절 이하에서 이 세 사람이 (혹은 하나님 자신이?)—마노아 이야기에 나오는 천사와는 다르게—참으로 실제로 먹고 마시는 것을, 즉 과자와 "살이 연하고 맛있어 보이는 송아지 고기"를 먹고 발효우유와 갓 짜낸 우유를 마시는 것을 보고 있다!! 어쨌든 9절에서 사라에 관하여 질문하는 것은, 처음에는 다시 "그들"이다. 그러나 벌써 10절에 또 다시 다음과 같이 기록되어 있다: "그때에 그가 말하였다: 다음 해 이맘때에, 내가 반드시 너를 다시 찾아오겠다. 그때에 너의 아내 사라에게 아들이 있을 것이다." '그'는 누구인가? 그 세 남자들 가운데 하나? 분명히 그렇지는 않다. 왜냐하면 13절에 이렇게 명확히 기록되어 있기 때문이다: "그때에 '주님'께서 아브라함에게 말씀하셨다: '어찌하여 사라가… 웃느냐? 나 주가 할 수 없는 일이 있느냐?'" 그리고 15절에는 사라가 부정하는 대답에 대하여 이렇게 기록되어 있다: "사라는 두려워서 거짓말을 하였다. '저는 웃지 않았습니다.' 그러나 주님께서 말씀하셨다. '아니다. 너는 웃었다.'" 그러나 마지막으로 16절에는 한 번 더 정반대로 된다: "그 사람들이 일어나서 그곳을 떠났다." 이것과 동일한 문제점은 인용된 다른 구절들에서도 우리를 괴롭히고 있다.

그러나 그 문제점이 실제로 그렇게 어려운 것인가에 대해서는 의문이 제기된다. 우리는 그러니까 예를 들면 창세기 18장을 해석하기 위하여 (그리고 그 경우에 다른 구절들에서도 상응하게) 다음의 주석을, 즉 여기에서는 결코 천사들이 나타난 것이 화제로 되고 있는 것이 아니라, 거룩한 삼위일체 하나님 자신이 나타난 것이 화제로 되고 있으며, 그중에서 물론 로고스가 독특하게 두드러진 대변인이라고 해석하는 고대교회의 주석을 받아들여야만 하는가? 혹은 라트(v. Rad)의 견해를 따라서 이 주제에서 다음과 같은 하나의 "체계"가 발견되어야만 하며, 그것이 관철될 수 있는가?: 만일, 인간에 대한 그의 관계는 별도로 하고, 무엇인가 하나님에 대하여 진술된다면, '그 경우'에는 '야웨'가 화제로 되며, 만일 하나님이 인간의 통각(統覺, Apperzeption. 경험이나 인식을 자기의 의식으로 종합하고 통일하는 작용—역자 주) 안으로 들어오면, '그 경우'에는 '천사'가 화제로 된다. 이 경우에, 후대의 편집자가 눈에 보이는 하나님의 출현에 대한 본래의 그리고 "자연스러운" 전승을 하나님의 엄격한 초월성에 대한 관심 때문에, 천사의 모습을 하나님의 출현 형태로서 끼워 넣음으로써 왜곡하였다고 가정될 수 있을 것이다. 그러나 라트 자신은 그래도 이러한 "문학적인 신학화"를 "구약성서의 상황에서는 눈에 띄게 사변적"인 것이라고 불렀다. 그리고 그 경우에 그 신학화가—매우 세련된 독자들을 고려하여—아무리 세련되게 시도되었다고 할지라도, 그것이 실제로 그것의 목적을 달성했을 것인지를 통찰하는 것도 역시 어렵다. 내가 보기에 그래도 다음의 질문을 물리칠 수는 없을 것 같다: 왜 그 신학화는 그 경우에 다만 이 구절들에서만 시도되었으며, 결국 역시 매우 전면적으로 인간의 감각적인 영역에서 하나님이 출현하는 것, 말하는 것, 행동하는 것을 화제로 삼고 있는 많은 다른 구절들에서는 시도되지 않았다는 말인가? 가령 하나님이 정원을 거니는 것에서는?(창 3:8) 혹은 하나님이 노아의 뒤에서 몸소 방주의 문을 닫는 경우에는?(창 7:16) 혹은 하나님이 홍수 이후에 노아가 바친 제물의 향기를 맡는 경우에는?(창 8:21) 혹은 바벨탑을 세우는 자들에게로 하나님이 "내려오는" 경우에는? (창 11:7) 그러한 "문학적 신학화" 작업이 구약성서에서 그 밖에도 얼마나 많은 재료들을 찾아내야만 했을지는, 그리고 얼마나 자주 그것이 "야웨의 천사"를 완화시키며 끼워 넣어야만 했을지는 정말 헤아릴 수 없다. 만일 그 신학화 작업이 이 본문들 안에 있었다면, 그것은 이 본문들에 대한 이해를 더 쉽게 만들기보다는 오히려 '더욱' 어렵게 만들었을 것이 분명하다. 만일 우리가 이 주제를 더 단순한 저 맥락들 안에서 바르게 이해하였다면, 그것은 본래 여기에서도 아주 불명료한 것은 아니어야 마땅하다. 단지, 우리가 저곳에서 관련을 맺고 있는 것과 '동일한' 내용이 여기에서는 특정한 이유에서 저곳에서보다 그처럼 훨씬 더 명백하게 나타나기 때문에, 이 본문들이 저 다른 본문들보다 그처럼 훨씬 "더 복잡하게" 생각되는 것은 아닐까?

여기에서도 나타나는 그 내용은 무엇인가? 이전에 언급된 본문들에서와 마찬가지로 여기에서 주요관심사는 하나님과 '인간'의 만남, 인간과 '하나님'의 만남에 대한 묘사들이며, 저곳에서와 마찬가지로 여기에서도, 하나님의 천사라는 인물을 도입함으로써 그 만남들의 절박함, 직접성과 구체성이 역설되고 강조됨으로써 돋보이게 되는 묘사들이다: 바로 이 직접성과 구체성 안에서, 인간은 결코 단지 그의 생각 안에서만이 아니라, 결코 주관적으로만이 아니라, 객관적으로, 즉 그의 모든 감각들을 통하여, 그가 잘 알고 있는 지상에 있는 생활 간 한복판에서 듣고 보는 자로서 하나님에 의하여 그리고 하나님을 위하여 요구받고 있다. 가령 수르로 가는 길 가에 있는 사막의 샘에서(창 16:7) 혹은 한창 더운 대낮에 상수리나무 곁에서(창 18:1) 혹은 저녁 때 소돔의 성문 아래에서(창 19:1) 혹은 하나님의 산 호렙에서(출 3:2), 언제나 인간은 그의 모습 그대로 일어서고 걸어가며, 바로 그 인간이 하나님의 천사와 만나며, 그렇게 하나님 자신과 만난다. 어떻게 하나님이 건성으로 들어 넘길 수 없게 말하며, 저항하기 어렵게 행동하며, 비교할 수 없는 방식으로 현존하는지, 어떻게 그가 인간을 완전히 사로잡으며 또한 완전히 자유롭게 하는지, 어떻게 그가 그의 일에 대하여 완전히 주도권을 잡으며, 바로 그렇게 함으로써 인간이 그를 섬기게 하는지—바로 이것을 또한 이 본문들의 맥락들에서 '천사'가 증언한다. 그 천사는 여기에서도 하나님의 완벽한 거울이라는 특성과 사명을 지니고 있다. 이 거울 안에서 하나님이, 즉 어떤 인간도 그의 얼굴을 볼 수 없는 바로 그가 역시 보이게 되며, 숭고하며 감추어져 있으며 영원한 존재인 그가 역시 현존한다. 만일 천사가 창세기 31:11에서처럼 명확히 꿈속의 모습으로 표현될 때에도, 그는 이 특성과 사명을 지니고 있다.

그러나 그것을 넘어서, 이 특수한 본문들에 대하여 이제 다음의 사실이 언급될 수 있다: 그 본문들 모두에서 주요관심사는 족장설화들과 모세에 관한 초기 설화이며, 따라서 이 설화들 안에서 발생하고 있는 은혜의 계약을 지상의 시간 안에서 '논증'하는 것이다. 그리고 이제 우리는 정말 확실히 다음의 사실이 분명해지는 것을 알 수 있다: 이 설화들을 전하고 있는 사람들은 스스로가 바로 이 영역에서, 그밖에도 천사가 나타날 때 관심사가 되는 바로 그 내용에 대하여, 즉 한편으로는 발생하고 있는 하나님의 출현 자체에 대하여, 그리고 다른 한편으로는 그 출현의 우주적인 형태, 즉 하늘의 형태에 대하여, 곧 그것을 하나님의 출현으로서 은폐하며 동시에 드러내는 그 형태에 대하여—한편으로는 비밀에 싸여 있는 '하나님'에 대하여, 다른 한편으로는 '비밀'에 싸여 있는 하나님에 대하여, 증가되고 강화되고 실제로 두 배로 된 주의력을 지닌 상태로 옮겨져 있다는 것을 알고 있다. 다음의 사실을 숙고하라: 여기에서 관심사는 민족들의 역사 한복판에서 이스라엘의 특별한 실존이 지금까지 들어보지 못한 방식으로 시작되었다는 것, 즉 이 민족의 생존권과 존엄성과 희망의 본질을 이루었던 그 한 가지 사실(das Eine)이었다! 이 처음에 있었던 것은 전혀 다른 어떤 것일 수도 있었다: 아마도 비밀이 '없는' 하나님, 즉 그가 지닌 하나님의 본성에 대한 실제의 증언이 없는 하나님일 수도 있었고,

아마도 또한 하나님 '없는' 비밀, 즉 지상에서 발생하는 그 어떤 인과관계에서 단지 우연이거나 혹은 연결고리에 불과한 그 어떤 강력한 인상과 요구일 수도 있었다. 그 경우에 그것은 '이' 처음이 아니었으며, 비길 데 없는 그 처음이 아니었으며, 하나님의 은혜에서 비롯된 영원한 선택 안에서 이스라엘을 불러낸 것이 아니었을 것이다. 그 경우에 이스라엘은 무엇이었겠는가? 그러나 이 처음에 있었던 것은 참으로 다른 어떤 것이 아니었다. 그것은 참으로 그 유일한 존재(der Eine), 즉 이 다른 것 안에 있는 '하나님', 비밀 안에 있는 '하나님', "거울 안에 있는 것처럼" 천사 안에 있는 '하나님'이었다. 그리고 이 유일한 존재를 통해서 참으로 '다른 것'도, 즉 '비밀' 안에 있는 하나님, "거울 안에 있는 것처럼" '천사' 안에 있는 하나님도 존재하였다. 구약성서에서는 결코, 이 본문들에서 발생하고 있는 것처럼, 그렇게 언제나 이 양쪽에 대하여, 즉 하나님과 그의 천사에 대하여 언급되어야'만 했던' 것은 아니다. 그러나 그렇게 언급될 '수도 있었다.' 그리고 아마도 바로 '여기에서' 그렇게 되어야만 했을 것이다. 아마도 바로 이와 같이 하나님이 출현하고 하나님과 만나는 사건들은, 즉 그것에 다음에 계속되는 모든 사건들이 달려 있으며, 그것을 통해서 하나님과 이스라엘이 형성하는 공동체 전체가 제한되었던 바로 그 사건들은 다음과 같이 불분명한 상태에서 묘사될 수밖에 없었을 것이다: 때로는 하나님이, 때로는 천사가, 때로는 역시 다시 하나님이 —즉 양쪽이 동일한 구절에서, 동일한 기능 안에서, 인간을 마주하고 있는 동일한 주체로서 등장하는 방식으로 묘사될 수밖에 없었을 것이다. 모든 것은, 일이 다음과 같이 '발생하였다'는 사실에 달려 있다: 이스라엘이 부름 받았을 때, 진정으로 하나님이, 그러므로 진정으로 그의 천사가 출현하였으며, 진정으로 그의 천사가, 그러므로 진정으로 하나님 자신이 출현하였다. 따라서 모든 것은, 바로 '이 사실'을 보도하는 것에 달려 있다. 만일 정말 실제로 모든 것이 이 사실에 달려 있다면, 우리는, 하나님의 천사에 대한 보도가 이 본문들에서 보여주는 바로 그 형태를 취했다는 것에 대하여 전혀 이상하게 생각할 필요가 없다. 그 경우에 이 본문들의 진술에서 드러나는 모순은, 적어도 여기에서 언급되어야만 했던 것을 암시하기 위한 적절한 형태이다. 그 경우에 이 표현들이 지닌 외관상 불명료함은 사실은 바로 명료함, 즉 그것 안에서 이 주제가 표현될 수 있었던 그 명료함이다. 그 경우에 표현들의 "복잡성"은 역시 다만, 이스라엘의 실존이 지닌 바로 그 '근원현상'(Urphänomen)을 마주 보고 서 있던 보도하는 자들의 탁월한 단순함을 반영하는 것에 불과하다. 그리고 다음의 사실을 잊지 말아야 한다: 그것은 이스라엘의 실존 '전체'의 근원현상, 즉 그 실존의 기원이 지니고 있는 근원현상만이 아니라, 그 기원의 관점에서 볼 때 또한 그 실존의 연속성이 지니고 있는 근원현상이며 그 실존의 미래가 지니고 있는 근원현상이다. 그러므로 그것은 또한 '그리스도교적' 실존의 근원현상, 즉 그 실존의 시작과 연속성과 미래가 지니고 있는 근원현상이기도 하다. 설령 그 현상이 항상 '그렇게' 표현되어야만 하는 것은 아니라고 하더라도, 여기에서 명확히 '이' 표현을 불러내었던 것은 바로 동일한 그 현상이다. 우리는 참으로 다음의 사실에 대하여, 즉 그 현상이 훨씬 더 자주 바로 '그러한' 표현을 불러내지는 않았다는 사실에 대하여 훨씬 더 이상하게 생각할 수 있을 것이다.

"야웨의 천사"에 대하여 더 덧붙일 것은 이것이다: 그는 '단수'로 나타나며, 그와 동일한 존재를 지니고 있지 않은 것처럼 보인다. 그는 또한 그 점에서도 하나님 자신에 대한 기묘한 일치 및 유사성 안에 서 있는 것처럼 보인다. 그는 "거울 안에서처럼" 또한 하나님이 유일무이함을 표현하고 있는 것처럼 보인다. 처음에는 세 천사들에 관하여 그리고 나중에는 두 천사들에 대하여 언급하고 있는 창세기 18장과 19장에서는 물론 이 규칙도 중단되었다. 그러나 야웨의 천사는 어쨌든 많은 천사들 가운데 있는 한 천사가 아닌 것처럼 보인다. 그와 "야웨의 군대들"의 관계는 해결되지 않은 채 남아 있다. 그가 그들과 함께 언급되고 있는 곳은, 내가 알기로는, 눈에 띄게 다시 예수 탄생설화에서 누가복음 2:13 단 한 구절뿐이다: "갑자기 '그' 천사와 더불어 '많은' 하늘 군대가 나타나서, 하나님을 찬양하여 말하였다…." 다른 "많은" 천사들과 그 천사 사이의 계급적 관계를 그에게 할당하는 것은 다만 자의적으로만 가능할 것이다. 그 본문들은 그것에 대하여 아무것도 언급하지 않는다. 그러나 바로, 이 인물은 이와 같이 결코 일반적으로 체계적으로 이용되지 않으므로, 우리는 또한, 홀로 있는 이 천사를 다수의 다른 천사들과 반목시켜서 어부지리를 얻으려 하지 않도록, 그들이 다수인 것을 가령 다만 그의 단일성이 전개된 것으로 해석하지 않도록 경고 받는다. 정반대의 경우도 부적당할 것이다: 그가 "탁월한 천사"라는 것은, 그가 다만 모든 천사들의 총괄개념과 모든 천사들이라는 관념을 표현하고 있다는 것을 의미하지 않는다. 우리는 또한 하늘의 숫자들을 우리의 계산 규칙들에 따라서 다시 계산할 수 없으며, 서로에 대해 셈을 맞출 수 없다. 만일 '그' 하나님의 천사에 대하여 듣는다면, 분별력 있는 독자는 결코, 다른 천사들이 더 존재한다는 것을 생각하지 않을 것이다. 그리고 만일 하나님의 '많은' 천사들에 대하여 듣는다면, 그는 결코, 그 하나님의 천사 하나가 다른 모든 천사들을 대신할 수 있으며 불필요하게 만들 수 있다는 것을 생각하지 않을 것이다. 양쪽이 그의 입장에서는 참된 것이지만, 양쪽을 서로 비교하고 하나의 관념 안에 통합하는 것은 가능하지도 필요하지도 않다. 이 기묘한 관계를 통해서 다음의 사실을 주목하거나 기억하는 것이 훨씬 더 적절할 것이다: 하나님 자신의 본질 안에서는 단일성과 다수, 단순함과 풍부함이 전혀 모순되지 않을 뿐만 아니라, 서로 구성요소가 되며, 함께 말로 표현할 수 없는 하나님의 영광을 형성한다. 바로 이것이, 이 본문들을 통해서도 야웨의 천사에 관하여 알기 쉽게 우리에게 제시된 내용이다. 어쨌든 이 본문들을 통해서 우리는, 조화를 이루게 하려는 시도에 시간을 허비하지 않으면서 아주 침착하게, 참으로 또한 게다가 '그' 천사에 관하여 언급된 것에 비추어서도, '그 많은' 천사들을 주시하는 데에 방해받게 되어서는 안 될 것이다.

"야웨의 천사"에 대한 전혀 다른 보충설명이 아직 남아 있다: 그 천사를 다루고 있는 본문들을—예를 들면, 사사기, 혹은 역대상 21:15 이하, 혹은 떨기나무 앞에 있는 모세 이야기, 그 밖에도 어느 본문이든—단 한 번만이라도 신중하게 읽었던 사람은, 천사들에 대한 관념과 천사론을—그가 그것에 대하여 도대체 긍정적 입장에 서 있든 혹은 부정적 입장에 서 있든—아주 즐기면서, 혹은 심지어 본질적으로, 일종의 장난기 있고 시시덕거리고 장식이 되어 있는, 간단히 말하자면, '유치한' 표상들에 비추어 이해하고 싶은 의욕을 완전히 상실하고 말 것이다. 만일 내가 바르게 파악하고 있다면, 그 표상들은 주로 간접적으로, 다른 경우와 마찬가지로 이 경우에서도 수많은 바보 같은 짓에 대하여 책임이 있는 소위 그리스도교 '예술'을 통해서 이 주제 안으로 침투되었다. 확실히 견딜 만하기도 하고 심지어 그것들의 방식이 감동적이며 신앙심을 일으키는, 특히 '아기 같은' 천사에 대한 묘사들도 있다: 나는 가령, 그리스도의 탄생에 관한 알트도르퍼(Altdorfer)의 그림에 있는 유명한, 천사들의 원무(圓

舞)를 기억한다. 그러나 그의 시대에 그리고 그 이후의 시대에 수많은 화가들이 바로 성탄이야기에 등장하는 아기 예수를, 손발을 허우적거리며, 어떻게든 즐거워하며, 그래도 역시 어떻게든 경건한 모습을 하고 있는 천상의 아기들로 이루어진 유아실로 에워쌌을 때, 그것은 명백한 바보 같은 짓이었다. 그러나 더 심한 바보 같은 짓은 유명한 라파엘(Raffael)이 그린 (르네상스 바로크 예술에서 때로는 날개를 지닌 모습으로 표현되는—역자 주) 나체의 유아상들에서도 발생하였다. 칼 하제(Karl Hase)와 같은 매우 무감각한 개신교도는 그 그림들을 아주 좋아했다. 마틴 셸링(Martin Schelling)은 분명히 운율에 맞추어 다음과 같이 시를 지었다는 사실이 물론 주목되어야만 할 것이다: "오 주님, 당신의 사랑스러운 '아기천사'가 마지막 날에 나의 영혼을 아브라함의 품에 안기게 하소서." 어쨌든 그가 누가복음 16:22를 통해서 이 시를 짓도록 자극받은 것은 아니었다. 물론 천사들은, 그들이 비록 확실히 바로 "섬기는 영들"이기는 하지만, 그들은 틀림없이 실제로 하나님에 대한 관계에서 그리고 결국 인간에 대한 관계에서 상상할 수 없게 작으므로, 역시 실로 작은 존재로 이해되어도 좋을 것이다. 그러나 그것은 다음의 사실에 대하여 아무것도 변경하지 않는다: 만일 "아기천사"(Engelein)라는 축소형(독일어에서는 명사의 어미에 -lein 혹은 -chen을 붙여서 본래 명사의 의미를 축소시킴. Engelein은 Engel의 축소형으로 '꼬마천사'로 번역할 수도 있음—역자 주)이, 그것이 불러일으키는 모든 잘못된 관념연합들과 함께 독일어에서 다시 '사라지게' 될 수 있다면, 그것은 다행일 것이다. 오늘날 거의 필연적으로 천사들과 결합되어 있는, 사랑스러운 존재라는 표상의 사정은 이와 비슷하다. 그래도 아직 우리는 결코, 릴케(R. M. Rilke)가 그의 관념을 다양하게 변화시킨 후에 결국 (『두이노의 애가』[Duiner Elegien]에서) "모든 천사는 끔찍하다."고 주장했던 것을 주장할 필요는 없다. 릴케의 이 주장은 그가 마지막에 이해했던 "천사"의 의미에 적용될 것이며, 그가 이전에 이해하려 했던 의미보다 더 나을지도 모른다. 그러나 성서의 천사는 전적으로 그리고 언제나 끔찍한 것은 아니다. 야웨의 천사도 끔찍한 것만은 아니다. 그도 사랑스러울 수 있다. 그리고 그는 실제로 사랑스럽기도 '하다'(ist). 그러나 그는 또한 전적으로 그리고 언제나 사랑스러운 것만은 아니다. 그는 물론 끔찍할 수도 있다. 그리고 야웨의 천사는 실제로 끔찍스럽기도 하다. 그 천사는 언제나 정확히, 하나님이 그에게 명령하는 그대로 존재한다. 그리고 하나님이 명령하는 것은, 작은 것과 큰 것을 포함하는 것과 마찬가지로, 역시 끔찍한 것과 사랑스러운 것을 포함할 수 있다. 그런 까닭에, 천사들을—주의하라: 하필이면 16세기에 근대가 시작된 이래!—에워쌌던 달콤함의 바다 이후에, 예를 들면, 그들이 베른에 있는 안토니어하우스(Antonierhaus) 안에 있는 파울리(Fritz Pauli)의 성탄절 프레스코 벽화에서 마침내 다시 한 번 숭고하고 어둡고 엄격한 모습들로 표현되고 있는 것을 발견하는 것은 정말 고마운 일이다. 그러나 다음의 사실을 숙고해야 한다: 그들은, 우리의 직관개념들에 따르면, 크지도 작지도 않으며, 끔찍하지도 사랑스럽지도 않으며, 어둡지도 밝지도 않다. 그들은 '하나님의' 천사들로서, 즉 '그의' 거룩함과 '그의' 호의, '그의' 숭고함과 '그의' 비천함, '그의' 자비와 '그의' 심판을 증언하는 천사들로서 존중되어야 한다. 다음의 사실이 숨겨져서는 안 될 것이다: 어쨌든, 여기에서 행해져야 하는 것과 중단되어야 하는 것에 대한, 그리고 여기에서 제시되어야 하는 탁월한 것에 대한 진지한 접근들이 인식될 수 있는, 특히 수태고지에 대한 묘사들이, 가령 그뤼네발트(M. Grünewald)가 묘사한 것들이 존재한다. 나는 특히 파울리(F. Pauli)의 프레스코 벽화에 있는 위대한 천사에 대하여 그것과 같은 말을 할 수 있을 것이다. 만일 우리가, 이 주제에 관심을 기울였던 모든 시인들과 화가들에게 여기에서 양쪽 방향으로 필요한 존중을 깨우쳐줄 수 있다면, 우리는 그들에게 양쪽 방향으로 또한 많은 자유를 허용할 수 있을 것이다. 그러나 천사들에 관한 그리스도교의 교의가 여기에서 발생한 존중 없는 태도들에 의해 영향받게 되어서는 안 된다. 그리고 천사들에 관한 냉철한 그리스도교 교의를 형성하기 위한 노력에서 여기에서 발생한 존중 없는 태도들 때문에 헷갈리게 되는 것은 거듭 아무런 의미가 없을 것이다. 여기에서 "야웨의 천사"에 관한 구약성서의 관념이 모든 의미에서 효과적인 경고(Momento)가 되어야 마땅하다.

천사들이 하나님에 대한 관계에서 어떤 존재인가에 대한 논의로부터 출발하면, 그들이 무엇을 '행하는지' 자명해지며, 그들의 '직무'가 지닌 특성과 의미도 자명해진다.

우리는 먼저 일반적으로 이렇게 말해야만 한다: 천사들은 하나님의 이름과 명령으로, 그의 나라가 땅으로 옴으로써 하나님이 원하는 바로 그것만을, 즉 그것보다 더 많거나 더 적거나 그것과 다른 어떤 것이 아니라 정확하게 그것만을 행한다. 그리고 그들은 그것을 그들의 특성 안에서 바로, 하나님이 그것을 행하였기를 원하는 것처럼 그렇게 행한다. 그들이 그것을 행할 때에는—이 점이 그들의 행동과 순종하는 다른 피조물들의 행동을 구별한다.—피조물의 독자성 문제가 어떤 역할도 하지 않으며, 따라서 이탈하거나 뒤처질 가능성은 문제가 되지 않으며, 그들의 순종은 비로소 실현되어야만 하는 것이 아니고 어떤 한계를 지니고 있는 것이 아니다. 그들이 피조물로서 지니는 자유는 그들의 순종과 동일하다. 그들이 하늘의 존재로서 지니는 본성의 핵심은, 하나님으로부터, 하나님과 함께 그리고 하나님을 위하여 말하고 행동하려는 그들의 완전히 흔쾌한 태도와 준비에, 또한 그들의 능력에 있으며, 그 본성은 그런 태도와 준비, 그리고 능력에서 나타난다. 따라서 우리는, 그들이 말하고 행동하는 것은 언제나 그리고 모든 관점에서 하나님 자신이 말하고 행동하는 것과 관계 있다는 사실을 무조건적으로 신뢰할 수 있다. 그러나 다른 한편으로 우리는, 그들이 말하고 행동하는 것에서 하나님 자신이 말하고 행동하는 것에 비하여 어떤 특별한 것, 새로운 것, 남다른 것, 그리고 이런 의미에서 이례적인 것, 즉 하나님이 말하고 행동하는 것과 구별되는 천사들이 말하고 행동하는 어떤 특별한 것을 만나게 될 것으로 기대조차해서는 안 된다. 하나님의 행동은 그들의 행동으로 그치지 않지만, 그들의 행동은 '그의' 행동으로 그친다. 그는 그들에게 속박되어 있지 않으나, 그들은 '그'에게 속박되어 있다. 그러므로 참으로 그들의 행동을 통해서는 하나님의 비밀과 병행하는 비밀과 같은 그런 것은 결코 발생하지 않으며, 그것에 고유한 여러 가지 주목할 만한 것들을 포함하는 고유한 역사를 지니면서 고유한 법칙들 아래에 있는 마법의 '중간세계'와 같은 바로 그런 것은 결코 발생하지 '않는다.' 천사들은 언제나 다만, 그들이 지상의 모든 피조물들과는 구별되게 최초로 그리고 완벽하게, 모든 피조물들의 사명을 형성하는 그 직무를 수행한다는 점에서만 주목을 받는다. 그들은 아버지의 얼굴을 바라본다. 그들은 곧바로 그의 보좌로부터 온다. 그들은 또한 땅 위에서 이루어지는 그의 행동과 직접 결합되어 있다. 그들은, 이러한 그의 행동에 앞장서고 동반하고 뒤따르는 것에서 살고 움직이고 존재한다. '이와 같이' 그들은 땅으로 온다. '이와 같이' 그들은 인간의 영역 안으로 들어온다. '이와 같이' 그들은 또한 인간과 관계가 있으며, '이와 같이' 인간도 그들을 알아보며, '이와 같이' 인간도 그들의 실존을 경험한다. 따라서 바로 이 모든 것에서 그들은 인간과 다르고 지상의 피조물 전체와 다르며, 그 피조물들을 마주 보고 서 있다. 인간 자신도 그리고 지상의 그 어떤 다른 피조물도 이와 같이 존재하지 않고 작용하지 않는다. 그들은 물론 하나님이 행하는 것처럼 그렇게 인간을 마주 보고 서 있지는 않는다. 그들도 피조물들이다. 그러나 하나님이 인간을 마주 보며 서 있으므로, 하나님의 측근을 형성하는 하늘의 피조물도 동일한 것을 행한다. 그리고 하나님 자신과 함께 하늘의 피조물들도 인간을 마주 보고 서 있으므로, 인간에 대한 하나님의 관계는 우주적인 윤곽과 구체성을 획득하며, 그 관계는 하나님의 신성 안에서, 즉 그의 비밀 안에서 인간에게 현실로 된다. 바로 이것이 천사들의 직무에 관하여 언급되어야만 하는 일반적인 내용이다.

따라서 이 직무 안에서 행하는 그들의 행동은 하나님에 대한 관계에서 그리고 인간에 대한 관계에서, 지상의 피조물 전체에 대한 관계에서 언제나 다만 '간접적인' 행동일 수밖에 없으며, 다만 '간접적인' 행동으로 될 것이다. 이것이 의미하는 것은 우선 다음과 같이 자명한 것이다: 은혜에서 비롯된 계약의 토대를 확립하고 그 계약을 보존하고 지배하는 것은 그들이 아니다. 그들은 역시 세상만사나 그것의 영역에 있는 개인들을 지배하지도 않는다. 자비와 심판을 행사하는 것은 그들의 일이 아니며, 지상에 있는 피조물의 삶과 죽음, 즉 그 피조물의 실존을 제한하는 것, 게다가 시작과 종말 사이에서 그 피조물을 형성하는 것은 그들에게 맡겨져 있지 않다. 그리고 이것은 엄격하게 다음과 같은 방향으로 이해되어야만 한다: 그들은 이 모든 것에서 하나님의 협력자들조차 아니다. 즉 어쨌든, 그들이 지극히 작은 부분에서만이라도 하나님과 '나란히' 원하고 말하고 행동하는 주체들이라는 의미에서는 협력자들이 아니다. ─ 말하자면 하나님이 파견한 대표들인 그들에게 이런 그리고 저런 일을 수행하는 것이 맡겨졌으며, 그 경우에 하나님은 그 일을 행하지 않으며, 그 일이 실행되는 동안에 그는 휴식하거나 다른 곳에서 바쁘게 지낼 것이며, 그 경우에 그 일은 그들 자신의 사역이며 그 일에 대해서는 그들에게 감사하여야 할 것이라는 그런 의미에서는 천사들은 하나님의 협력자들이 아니다. 바로 하나님이 지배한다는 사실이, 하늘의 피조물들에 대한 그의 관계에서도 지극히 사소한 부분에서조차 어겨져서는 안 되는 규칙이다. 그들이 그를 섬기면서 활동하는 것, 그것은 어디에서도 그의 권한에만 속하는 대권(大權)에, 즉 그것에 그들도 예속되어 있으며, 그가 틀림없이 그들에게조차 양도하지 않는 그 대권에는 손을 대지 않는다. 그들이 행하는 것은, 모든 경우에 바로 그의 대권을 확증하는 것일 수밖에 없다. 그들은 그들의 행위를 통해서 하나님의 운동을 실행하는 것이 아니라, 하나님의 운동에 종속되고 그것에 상응하는, 우주내부에서 전개되는 운동을 피조물들로서 실행한다. 그리고 바로, 그들이 행하는 이 운동의 본질은 다만 인간과 지상의 피조물 전체에 대한 하나님의 대권을 확증하는 것에만 있기 때문에, 그들은 그들의 일을, 즉 천사들의 특수한 일을 행하며, 그들은 하나님과 인간의 관계에 윤곽과 구체성을 제공하며, 그 윤곽과 구체성 안에서 그 관계가 하나님의 새로운 창조물인 인간에게 인식될 수 있고 현실적인 것으로 될 수 있다. 바로 이 일 때문에, 그들이 하늘에 있는 존재들로서, 거룩한 존재들로서, 하나님의 자녀들로서 완벽하게 기꺼이 준비를 갖추고 있으며, 역시 완전히 능력을 부여받은 것이다. 그러나 바로 그렇게 함으로써 그들은 하나님의 행위에 아무것도, 즉 어떤 새로운 것도, 어떤 특별한 것도, 어떤 자신들의 것도 덧붙이지 않는다. 바로 그렇게 함으로써 그들도 그의 손이 창조한 피조물들이며, 만물에 대하여 주권을 지니고 있는 그가 통치하는 대상들이라는 것이 입증된다. 바로 그렇기 때문에 그들은 결코 주님들 혹은 함께 통치하는 주님들(Mitherren)이 아니라, 하나님을 섬기는 종들(Diener)이다: 그들은, 땅 위에서 그것의 특성 안에서 하나님의 뜻에 따라서 움직이는 가장 겸손한 작은 풀잎처럼, 그렇게 완전히 그들의 특성 안에서 움직이는 종들이다. 그러나 그들은 바로 어떤 작은 풀잎들이 아니라, 하늘에 있는 피조물들이다: 그러므로 그들의 움직임은 하나님의 뜻에 따라서 그 움직임, 즉 그가 그들 자신들에게 할당하려고 생각했던 그 움직임이며, 그들 자신이 그렇게 움직이도록 결정되어 있다.

따라서 자주 듣게 되는 표현방식, 즉 천사들이 지닌 직무의 핵심은 하나님과 지상의 피조물 사이를 '매개'하는 것에 있다는 식의 표현방식도 다만 가장 큰 '조건'을 붙여서 사용되기만 하면 된다. 하나님은 자기 자신을 매개하므로, 그것을 위하여 어떤 제3자가 필요하지 않다. 그는 자기 자신을 그 자신의 말씀을 통하여 그리고 그 자신의 성령을 통하여 매개하므로, 그것을 위하여 지상에 있는 피조물이나 하늘에 있는 피조물이 제공하는 어떤 지원도 필요하지 않다. 그는 심연 위에 다리들을 놓으며, 그것을 이쪽과 저쪽에 고정시킨다. 그는 말하며, 그의 말이 경청되도록 배려한다. 그는 지시하며, 그 일이 이루어지도록 배려한다. 이 두 가지 일에서 그는 그의 일을 '스스로'가 처리할 줄 알며, 인간은 이 두 가지 일에서 다만 '그'에게만 의존하고 있다. 바로, 땅 위에서 그가 행하는 사역의 중심에서 이 점이 아주 명백하게 된다: 즉 그의 말씀이 성육신한 사건에서 그리고 그 성육신에서 성취된 하나님과 세계의 화해에서, 골고다에서 발생하였고 부활의 날에 명백하게 드러난 사건에서 아주 명백하게 된다. 여기에서는 천사들도 주목하고 엿보며, 깜짝 놀라며, 숭배하고 찬양할 수밖에 없으며, 그러나 자신들이 계획하고 의도하고 작용할 능력과 자격을 지닐 수는 없다는 것이 명백하다. 그들은 그 일을 생각해내지도 않았고, 실행하지도 않았다. 그들은 하늘에서도 땅에서도 그 일에 참가하지 않았다. 그들은 그 일에 아무것도 기여하지 않았다. 그들은 다만 바로 하늘에 있는 피조물들로서 '그 자리에' 있었을 뿐이다. 그러나 그 중심에서 유효한 것은 주변 전체에서도 유효하다. 어떤 부수적인 영역, 즉 그것 안에서 그들이 역시 이것과 저것을 다음과 같은 의미에서 매개해야만 할 그런 영역도 존재하지 않는다: 즉, 그것이 단지 한순간만이라도 그들에게 양도되며, 따라서 그들에게서 기대될 수 있을 것이라는 의미에서—즉, 그들은 중개인들 혹은 중간 대리인들과 같은 어떤 존재들이며, 그 경우에 적어도 그들 자신들에게 어쨌든 독자적인 주목과 감사와 의무도 부여되어야만 할 것이라는 의미에서 매개해야만 할 그런 영역도 존재하지 않는다. 그들이 하나님과 지상의 피조물 사이를 매개한다는 것은, 다만 다음과 같은 점에서만 언급될 수 있다: 하나님이, 자기 자신을 매개함으로써, 그가 행하는 사역의 중심에서나 주변에서나 홀로 행하는 그 일에서, 그들은 하늘에 있는 피조물들로서 그의 뜻과 명령에 따라서 사실상 '그 자리에' 참석하고 있으며, 하나님은 어떤 것도 헛되이 뜻하고 명령하지 않으므로, '헛되이' 참석하고 있는 것이 '아니'라, 그를 '찬양'하기 위하여 참석하고 있다. 그것은, 우리가 지상의 피조물들에 대해서도, 무엇보다도 특정한 인간들에 대해서 다음과 같이 말할 수 있으며 또 말해야만 하는 것과 같다: 그들은, 하나님이 행하는 일에서 그의 뜻과 명령에 따라서 그들의 행위를 통하여 '그 자리에' 있도록, 즉 '헛되이' 참석하는 것이 '아니며', 그를 '찬양'하기 위하여 참석하도록 허락받는다. 그러나 천사들의 직무를 통해서 하나님을 찬양하는 것의 핵심은 바로 다음의 사실에 있다: 하나님이 홀로 행하는 일에서 그들이 현존하는 것은—그것은 하늘에 있는 피조물들이 그 자리에 참석하는 것이므로—하나님과 지상의 피조물 사이의 관계에 그것의 우주적 특성을, 즉 땅 위에서 인지될 수 있는 하나님의 '비밀'이 지닌 구체적인 형태를 제공하는 것이다.

그렇게 이해한다면, 우리는 이제 천사들의 행동을 결코 충분히 높게 평가할 수 없을 것이다. 하나님 스스로가 행하는 일에서 그들이 이와 같이 결코 통치하면서 참석하는 것이 아니라—부분적으로도 아니라—완전히 피조물로서 섬기면서 참석하는 것은 참으로 '강력하게' 참석하는 것이다. 하나님 자신이 말하고 행동할 때에, 그들이 하나님의 뜻과 명령에 따라서 그 자리에, 즉 하늘에 있는 피조물로서 그 자리에 참석한다는 사실은, 정말 헛된 것이 아니며, 땅 위에서 효력을 발휘한다. 그들의 직무를 통하여 하나님을 찬양하는 일이 발생한다. 하나님과 지상에 있는 피조물 사이의 관계는 이런 특성을 획득하고 소유한다.

하나님은 땅 위에서 천사들 없이도 '현재에' 존재한다. 어떻게 그렇지 않을 수 있겠는가? 그러나 그의 현존이 지상의 피조물에게 '사건', '경험', '결단'으로 되는 곳에는, 천사들의 행동이 현존하며, 그 행동 안에서 하나님으로부터 유래된 행동이 실현된다. 그 자신이 거기에 있기 때문에, 바로 그 천사들을 통하여 그가 자신을 나타낸다. 그들은 결코, 하나님이 인간들을 위하여 현존하게 만들 수 없다. 그들의 고유한 현존 자체는 그에게 중요하지 않은 것이 틀림없을 것이다. 그러나 만일 하나님이 인간을 위하여 현존한다면, 그리고 그렇게 현존하기 때문에, 그는 그들의 현존을 통하여, 인간이 그의 현존을 인지하도록 허락하며 또한 인지해야만 하도록 만든다. 천사들이 하나님과 함께 등장함으로써, 그는 자기 자신을 간과할 수 없게 만든다.

그러므로 인간과 '말'하는 것은 하나님 자신이며, 어떤 하늘의 소리가 아니다: 그것이 아무리 강력하게 그리고 아무리 신비스럽게 울릴지라도, 아무리 존경할 만하고 경청할 만하거나 혹은 또한 다만 주목할 만할지라도, 하나님의 말씀과 나란히 어떤 자신의 말을 외치거나 속삭이기를 원할 그 소리가 말하는 것이 아니다. 그러나 만일 하나님이 말하면, 만일 그의 말씀이 인간들에게 계몽으로, 위로로, 지시로 된다면, 그 경우에는 바로 그의 천사들이 존재한다: 그들을 통해서 그는 그의 소리를 다른 소리들과 구별할 수 있게 하며, 그들을 통해서 그는 그의 말씀에 하나님의 지시가 지닌 음향과 형태를 부여하며, 그들을 통해서 그는 인간을 오해의 여지가 없게 유일무이한 책임 안에 세우며, 인간은 하나님에게 그 책임을 다할 의무가 있다.

이와 같이 하나님 자신이 그리고 하나님 홀로, 은혜의 계약 안에서, 그리고 그 계약을 체결된 것으로 인식하고 선포하는 신앙공동체 안에서 '주님'이며, 이와 같이 또한 세상만사의 주님이기도 하다: 그 세상만사의 가장 깊은 의미는 바로 이 계약의 역사이며 이 신앙공동체의 역사이다. 그러나 만일 그가 그의 통치를 행사한다면, 만일 그가 그의 계약을 실행하는 것에서, 그의 신앙공동체를 불러 모으고 보존하고 갱신하는 것에서, 그리고 그 신앙공동체의 직무에서, 그러나 또한 세계의 사건들 및 자연현상들의 진행과정에서 계속하여 권세 있고 능력 있고 권력을 갖고 있는 것으로 증명된다면, 그 경우에 그의 통치를 증명하는 것은 그의 천사들이 참석한 자리에서 발생한다. 그는 단 한순간이라도 혹은 그 어떤 관점에서도 그들에게 통치를 양도하지는 않을 것이다. 그 어떤 권세, 능력 혹은 권력도 직접적으로 그리고 곧바로 그의 것이기를 중단하지는 않을 것이다. 그러나 바로 그의 것들로서 그것들은 또한 하늘에 있는 것들이기도 하며, 그 형태로 우주적인 것들이고, 현실적으로 이 세계에서 작용하는 권세들, 능력들 그리고 권력들이며, 지금 여기에서 유효한 명령들과 지시들, 결정들과 안내들이다. 그것들은 그의 천사들의 직무를 통해서 그렇게 작용한다.

그러므로 전체적으로나 개별적으로나, 그것들을 실행하는 것을 하나님이 천사들과, 말하자면 분담하는, 즉 그것들을 실행할 때 천사들이 그를 대신하여 다스리는 총독과 같은 어떤 존재들이 되는, 어떤 최종적으로 순수하고 유효하고 효과적인 하나님의 '행위들', 유지들과 보존들, 원조들과 구조(救助)들이란 그 이상 존재하지 않는다. 그러나 하나님이 그 모든 것을 행할 때에 '그 자리에' 참석하는 것은 바로 천사들이며, 전체적으로나 개별적으로나 그들의 직무는 이것이다: 그들은 지상에서 발생하는 사건들 한복판에서 그 사건들에게 하나님의 행위라는 '특성'을 제공하며, 그들이 그 사건들보다 앞서고 그것들을 동반하고 뒤따름으로써, 지상의 피조물에게 그것들이 다른 사건들보다 눈에 띄게 하며, 지상의 피조물이 그것들을 말하자면 영원히 기억할 만하게 만든다. 천사들이 그 자리에 있음으로써, 이 사건들은 운명이나 우연에 의해 정해진 법칙과 구별되며, 또한 인간의 자력 구제나 우정의 도움이 이룬 가장 훌륭한 성과들과도 구별된다. 천사들이 그 자리에 있음으로써, 인간이 부름 받는다: 그의 눈이 다만 피조물의 사건 맥락 안에 있는 정해진 법칙만을, 혹은 바로 다만 자신의 혹은 다른 피조물의 행위만을 인지할 수밖에 없는 그곳에서도, 하나님 자신의 개입을 인식하도록, 즉 하나님이 계획하는 한순간과 그 계획을 실행하는 한순간을, 하나님이 지배하는 구원사와 세계사의 한순간을, 그리고 그 역사의 맥락에서 또한 하나님이 지배하는 자신의 고유한 생활사의 한순간을 인식하도록 부름 받는다. 하나님의 그 행위들에, 말하자면 이러한 도장을 찍는 것은 바로 천사들이다. 이런 의미에서 천사들은 하나님을 섬긴다. 이런 의미에서 그들은 그와 함께 일한다. 이런 의미에서 우리는 하나님과 지상의 피조물 사이에서 행해지는 천사들의 중개자 직무에 대하여 말할 수 있고 또 말해야만 한다.

우리는 이제 우리의 주요 명제로 되돌아간다: 천사들은 '하나님의 증인들'이다. 그러므로 그들은 비상한 의미에서 바로 다음과 같은 존재들이다: 즉, 하나님이, 그가 말하고 행동함으로써, 또한 어떤 인간들을 그리고 결국에는 모든 인간들을 그런 존재들로, 즉 그가 지상의 피조물을 돌봐줌으로써, 또한 그 피조물 전체도 그런 존재들로 만들기를 원하며 실제로 그런 존재들로 만들고 있는 바로 그런 존재들이다. 가장 좁은 범위로 제한한다면, 천사들은 예언자들과 사도들의 원형(原型, Urtyp)들이다. 천사들의 모습은 사실 성서 본문들에서 아주 자주 예언자들과 사도들의 모습에 가까이 접근하며, 심지어 겹쳐지는 것처럼 보인다.

그들이 증인들이라는 것은, 한편으로는 다만 바로 다음과 같이 겸손한 의미를 지니고 있다: 그들은 하나님의 뜻이 '실행'될 때 경청하고 목격하는 자들로서, 따라서 목격되고 경청된 것을 확증할 수 있는 존재들로서 '그곳에' 있다. 그의 뜻이 실행될 때! 증인이라는 개념을 사용하는 것은 이 측면에서 그것의 '한계'를 지니고 있다: 왜냐하면 그들도 하나님의 영원한 결의로 그곳에 있는 것이 '아니'었으며, 그의 조언자로서 그곳에 있는 것이 아니었지만, 또한 그의 구경꾼이나 방청객으로서 그곳에 있는 것조차 아니었기 때문이다. 그들은 피조물들이며, 따라서 영원하지 않다. 그들도 그 아버지를, 그 아들이 그를 알듯이 알지는 못하며, 그 아들을, 그 아버지가 그를 알듯이 알지는 못한다. 그러므로 그들은 하나님의 뜻이 지닌 이유를 알지 못하며, 마찬가지로 그 뜻이 지닌 목표조차 알지 못한다. 그러므로 그들은 처음과 마지막 사이에서 중요한 일에서든 사소한 일에서든, 하나님이 무엇을 원하는지 그리고 그가 그것을 어떻게 완성할 것인지를 언젠가 미리 알 수 없다. 하나님은 그의 영원한 결의를 토대로 각각 그의 때에 이렇게 그리고 저렇게 말하며, 이렇게 그리고 저렇게 행동한다는 사실에 직면하여, 그들은 그때마다 마찬가지로 초보자들이며, 그의 영원한 결의를 인식하는 것에 관해서는 그들은 그 밖의 모든 피조물들과 아주 똑같이 하나님이 실제로 말하고 행동하는 것에서 그 결의를 계속 계시하는 것에 의존하고 있다. 다만 두 가지 점에서 그들은 지상의 피조물들보다 더 우월하다: 우선, 그들은 하늘에 있는, 하나님의 측근들로서 언제나 '맨 먼저' 그리고 '최초에' 이 사실을 알고 있다는 것이다. 하나님의 나라가 하늘에서 땅으로 오기 때문에, 그들은 하나님의 뜻에서 비롯된 사건을, 그가 자신의 뜻을 드러내는 그의 말씀과 사역을 알아보는 첫 번째 피조물들이다. 하나님의 말씀과 사역은 그들을 향한 것이 아니다: 그것은 땅을 목표로 삼고 땅으로 오며, 그것은 인간을 생각하고 있다. 그러나 하나님은 인간들을 돌보기 위하여 하늘에서부터 출발하기 때문에, 천사들은 보고 들으면서 그 자리에 있다. 그들은, 그 어떤 인간이 그렇게 할 수 있기 이전에, 하나님의 자비에서 비롯된 말씀과 사역을 알고 존중하고 찬양한다. 그리고 그들은 하늘에 있는 피조물들이므로, 이 우선권에 다음과 같은 두 번째 우월한 특징이 덧붙여진다: 하나님의 말씀과 사역이 시작되는 것을 그들이 보고 듣는 것은 '완벽한' 것이므로, 그들은 진정한 그리고 믿을 만한 증인들, 즉 실제의 주요증인들이다. 그들에게 그 일을 위해서 그 어떤 놀라운 특질들을 덧붙이는 것은 정말로 필요하지 않다. 그들의 존재와 실존은 이처럼 보고 듣기 위한 것이다. 하늘 전체는 다름 아니라 바로, 거기로부터 출발하여 하나님이 인간에게로 오는 그곳이다. 바로 그렇기 때문에 그들이 이 사건의 완벽한 증인들이라는 사실도 천사들의 업적이나 공로가 아니다. 그들의 존재와 현존이 실제로 이처럼 보고 듣는 것에만 있으므로, 그들은 하늘에 있는 피조물들로서 이탈하거나, 불완전성을 의미할 탈락에 이를 여지가 전혀 없으므로, 그들은 하나님의 완벽한 증인들이 될 수밖에 없다. 나는 다음의 명제를 반복한다: 그들이 지닌 자유의 본질은 그들의 순종에 있다. 이것이, 그들을 찬양하는 것이 아니라 오히려 하나님을, 즉 그들을 그렇게, 즉 이런 본성을 지니도록 창조한 하나님을 찬양해야 하는 더 큰 이유이다. 그러나 바로 이 본성 안에서 그들은 이미 그 개념이 지닌 이러한 첫 번째 의미에서 사실상 첫 번째 증인일 뿐만 아니라 가장 훌륭한 증인들, 즉 주요증인들, 즉 하나님의 말씀과 사역에 대한 순수한 증인들, 즉 첫 번째의 그리고 능가할 수 없는 등급의 보고 듣는 존재들이다.

    그러나 증인이라는 개념은 다른 한편으로는 다음과 같이 높은 의미를 지니고 있다: 천사들은 최초로 그리고 완벽하게 보고 듣는 존재들이므로, 그들은 하나님의 말씀과 사역을 지상의 피조물에게 '증언'하도록, 즉 하늘에서 시작된 하나님의 뜻이 이제 실제로 땅 위에서도 이루어지려 한다는 사실을 입증하도록, 그리고 그렇게 되도록 그들의 실존을 통해서 옹호하고 보증하도록 투입되어 있다. 하나님의 나라가 하늘에서 땅으로 오기 때문에, 그것이 그의 나라로서 또한 땅 위에서도 하늘나라이기 때문에, 그들은 땅 위에서도 하나님의 측근이며 수행원들이기 때문에, 그들은 그렇게 하도록 투입되어 있다. 증인이라는 개념을 사용하는 것은 물론 이 방향에서도 그것의 '한계'를 지니고 있다: 즉 이번에는 이 개념은 아래를 향하여, 즉 지상의 피조물을 향하여 한계를 지니고 있다. 왜냐하면 천사들이 행하는 증언의 직무는 예언자들과 사도들이 행하는 증언의 직무를, 신앙공동체가 지닌 증언자 신분을 결코 대체할 수 없기 때문이다. 하나님의 말씀과 사역을 통해서 하위의 우주 전체는 증언하도록 부름 받았고, 결코 헛되이 부름 받은 것이 아니다. 천사들이 행하는 증언의 직무는 하위의 우주 전체가 담당해야 하는 이 증언도 대체할 수 없다. 만일 땅 위에서, 그의 말씀과 사역이 아주 명백히 드러나서, 인간들도 그것에 대하여 보고 듣게 되고 또한 스스로가 그의 선포자로 되며, 그의 말씀이 진리이고 그의 사역은 세계의 구원이라는 것을 스스로가 옹호하고 보증하며, 그리고 그 경우에 지상의 모든 피조물도 이처럼 하나님을 찬양하고 선포하는 일에 합류하는 데에 이르게 된다면, 하나님 자신의 뜻에서 비롯된 사건이 이미 시작되고 있는 것이다. '이 일'이 발생하는 곳에서 그리고 발생하는 경우에는, 땅 위에서 이미 마지막 때가, 이미 완성이 시작되고 있는 것이다. 그런 일이 발생한다는 것, 즉 지상의 피조물들이 그러한 소명의식과 그러한 행동에 이른다는 것은 하나님의 '고유한' 사역이며, 그의 성육신의 열매이며, 골고다 위에서 그의 아들이 희생된 것의 열매이며, 그 아들의 부활 이후 모든 육체들에게 쏟아 부어진 성령의 열매이다. 따라서 그 일이 발생하고 있다는 것은 천사들의 사역이 아니며, 그것은 천사들의 사역에 의하여 대체될 수도 없고 선취될 수도 없다. 그들의 사역은, 결국 하나님으로부터 시작하고 '인간들'을 통해서, '지상의 피조물' 전체를 통해서 이루어져야만 하는 그 일에서 그것의 한계를 지니고 있다. 그들은 하나님의 영원한 결의를 그들의 증언을 통해서 나중에, 그것이 실행되는 것을 바라보면서 확증할 수밖에 없듯이, 그들은 이 사건을 그들의 증언을 통해서 '준비'할 수밖에 없다. 이 점에서 그들은, 하나님이 그의 증인들로 만들기를 원하는 그 지상의 피조물들 가운데 꼴찌보다 아래에 있다. 그러나 바로, 하나님이 그의 말씀과 사역에서 목표를 향하는 도상에 있는 동안에, 그들은 힘차게 그보다 앞서며, 힘차게 그를 동반하며, 힘차게 그를 뒤따라간다: 그들은, 지상의 피조물이, 즉 인간 스스로가 그의 증인이 되도록 부르는 하나님의 부름을 힘차게 전하는 존재들이다. 바로 이 점에서 그들은 하나님과 인간을 그리고 지상의 피조물 전체를 섬긴다. 바로 여기에서, 우리가 올바른 의미에서 그들의 협력하는 행동, 즉 그들의 매개하는 행동이라고 부를 수 있는 것이 개입한다. '그들의' 증언은, 땅 위에서 결국 사건으로 되어야만 하는 그런 것은 아니다. 하나님은 그의 의도에서 그리고 그의 행동의 목표와 목적에서 그들과 관계하지 않고, 인간과 그리고 땅과 관계한다. 그에게는 예언자들과 사도들의 증언이, 그리고 그들을 통하여 그리고 그들과 함께 부름 받은 모든 사람들의 증언이 가장 중요한 것이며,

'천사들의' 증언 자체는 '전혀' 중요한 것이 '아니'다. 그러나 인간의 증언이 공공연하게 됨으로써 땅 위에서 하나님의 뜻이 완성되기 시작하는데, 천사들의 증언이 인간의 증언을 위하여 필요한 '전제조건'을 형성한다는 점에서, '그들의' 증언은 하늘의 증언으로서, 최초의 그리고 완벽한 증언으로서, 순수한 증언으로서 중요하게 되며, 심지어 없어서는 안 되는 것으로 된다. 인간은 바로 다음의 것을 달성할 수 없으며, 스스로가 마련할 수 없다: 하나님이 그의 '신성' 안에서 인간을 만나고 인간에게 인지될 수 있게 되며, 인간이 '그'를 보고 '그'의 말씀을 들으며, '우주적' 존재인 그에게 하나님이 또한 '우주적으로' 현실로 되며, 그렇게 함으로써 인간인 그가 '우주적' 존재로서, '우주' 한복판에서 하나님의 증인이 될 능력을 지니게 된다. 바로 그것은 인간에게 '제공'되어야만 한다: 즉, 그가 아래에 있으므로, '위로부터' 제공되어야만 한다. 그에게 그것을 위로부터 제공하기 위한 바로 그 목적으로 '하나님'이 인간을 찾는 위대한 방문은 우주적 형태를 띠지 않고는, 저 주요증인들인 천사들로 이루어지는 하늘에 있는 하나님의 측근과 수행원 없이는 발생하지 않는다. 그들이 지닌 본래의 직무는 바로 이것이다: 인간의 증언이, 지상에 있는 피조물의 증언이, 하나님을 보고 그의 말씀을 듣는 것이, 그리고 또한 하나님을 선포하는 것이 일반적으로 가능하게 되는, 말하자면 그런 '분위기'를 조성하는 것이 그들의 직무이다. 그러므로 성서는, 즉 성서의 인간들은 천사들과 그처럼 많이 관계하고 있으며, 그들에게는 다음의 사실을 확증하는 것이 매우 중요하다: 그들은 하나님의 눈앞에 있는 것만이 아니라—'왜냐하면' 하나님의 눈앞에 있기 때문에, 즉 '실제로' '그의' 눈앞에 있기 때문에—또한 그의 '천사들'의 눈앞에 있다. 그러므로 성서 저자들은 몇 번이고 되풀이하여 다음의 사실을 암시하고, 언급하고, 때때로 역시 또한 솔직히 설명하여야만 했다: 인간들은 천사들로 에워싸여 있으며, 그들의 권세를 경험하며, 그들의 소리들을 들으며, 그들의 보호와 안내를 받고 있다. 이 모든 것이 의미하는 것은 다름 아니라, 지상의 존재들인 그들이 하나님을 증언하는 일에 참여하고 있음을 알고 있다는 것이다: 그 증언은 그들이 자신들에게 제공할 수 있을 것이 아니며, 또한 지상에 있는 다른 존재들이 그들에게 제공할 수 있을 것이 아니지만, 그 증언이 그들에게, 지상의 존재들로서 그들 자신이 하나님의 증인들, 즉 보고 듣는 자들이 되도록, 그리고 그를 섬기면서 그를 선포하도록 허락하고 명령한다. 성서의 인간들은 바로 이 증언으로부터 '유래하며', 따라서 성서 저자들은 이 증언을 고려해야만 했는데, 이 증언은 천사들의 증언, 즉 하나님의 자기증언이다: 이 자기증언은 천사들의 증언에 의해 '동반'되며 천사들의 증언을 통하여 하나님의 증언으로 '확증'되고 '증명'된다.

우리는 요한계시록 4-5장 주석에서 이미, 하늘에 있는 하나님의 측근인 천사들이 어떻게 저 위에서 시작되고 저 아래에서 완성되는 하나님의 뜻을 전하는 증인들로 '되는지'에 관한 강력하고 포괄적인 관념을 고찰하였다. 우리는 이 관념을 욥기 38:7의 아름다운 말에서도 다시 발견할 수 있다. 이 구절에 따르면, 땅을 창조하는 동안에 새벽 별들이 모두 함께 기뻐 노래하였을 뿐만 아니라, 하나님의 아들들도 모두 기뻐 소리를 질렀다. 신약성서에서는 여기에서 한 번 더 디모데전서 3:16이 기억되어야만 한다. 이 구절에는 여섯 마디로 되어 있는 그리스도 찬가의 세 번째 마디에 다음과 같이 쓰여 있다: 그는 "천사들에게 보였다." 그가 "육신으로 나타났"고, "성령 안에서 의로운 것으로 입증되었다."는 것이, 즉 하나님의 결정적인 사역이, 그가 천사들에게 나타난 것보다 먼저 일어났다. 천사들도 여기에서 새로운 사건을 마주보고 서 있었다. 그들도 여기에서 특수한 계시가 필요했으며, 그것에 관여하였다. 그러나 무엇보다도 먼저 그들에게 그 계시가 주어졌다. 그 다음에 비로소, 그가 "이방인들 가운데에서 전파되었"으며, "세상이 그를 믿었다." 그 결과, 그는 "영광에 싸여 들려 올라갔다." 그러나 천사들의 이러한 우선 소극적인(passiv) 증언은 명백히 확대될 필요가 있으며, 그 증언은 역시 확대된다. 그들에게 하나님이 육신 안에서 그리고 성령 안에서 "보이게 된" 이후에도, 그들은 더 많은 것을 배워야만 한다. 에베소서 3:10에 따르면, 하늘에 있는 통치자들과 권세자들은 땅 위에 있는 "교회"의 실존을 통하여 하나님의 갖가지 지혜에 대하여 교육을 받게 되었으며, 따라서 그들에게 새로운 것인 이 현상을 통해서 명백히 역시 다시 놀라게 되었다. 베드로전서 1:12도, 땅 위에서 신앙공동체의 사도들이 선포한 복음은 천사들에게는, 그들도 "들여다보고" 싶어하는 것이며, 따라서 그것에 대한 인식에서 그들은 아무래도 그 사건들의 뒤를 따라갈 수밖에 없다. 같은 방향을 가리키고 있는 구절들은 다음과 같다: 누가복음 12:8(참고 계 3:5)에서는, 인자도, 사람들 앞에서 그를 시인하는 사람들에 대하여 하나님의 천사들 앞에서 그 사람들을 시인할 것이라고 기록되어 있으며, 누가복음 15:7, 10에는, 하늘에서는, 즉 하나님의 천사들은 회개하는 죄인 한 사람에 대하여 기뻐할 것이라고 되어 있다; 바울은 고린도전서 4:9에서 사도들에 대하여 말하기를, 그들은 우주와 천사들과 사람들에게 "구경거리"가 되었다고 했다. 이 모든 구절들에 의하면, 땅 위에서 실제로 발생하는 것이 천사들에게는 계속되어야만 하는 '경험'과 같은 어떤 것이며, 따라서 그 경험이 이루어지는 동안에 그들도 언제나 비로소 증인들로 '되어야'만 한다. 여자들이 — 분명히 하나님이 요구하는 존경의 대리인들인 — 천사들을 기억하면서 질서를 지키도록 경고 받는 고린도전서 11:10으로부터, 그들은 신앙공동체 안에서 발생하고 있는 일에 어쨌든 보고 들으면서 참석하고 있다는 것이 분명해진다. 그리고 디모데전서 5:21에서도, 디모데는 "하나님과 그리스도 예수와 선택된 천사들 앞에서", 신앙공동체를 훈육하는 일들에서 신중하게 행동하도록 지시를 받고 있다.

 그러나 이 모든 것에서 관심사는 우선, 하나님이 지배하는 구원사건과 세상사를 위하여 헌신하는 천사들의 '적극적인'(aktiv) 증언에 관한 본래의 관념을 위한 '전제조건'이다. 만일 우리가 여기에서, 신약성서에서 직접적으로 '예수 그리스도'의 행동과 천사들의 행동 사이의 관계에 대하여 진술되고 있는 내용에 의지한다면, 우리는 가장 안전하게 걸어가고 있는 것이다. 엄밀히 말하자면 그리고 궁극적으로, 구약성서와 신약성서에서 증언되고 있는 천사들의 모든 행동은 다만 이 맥락 안에서만, 즉 하나님이 행하는 행동의 이 중심에 대한 관계 안에서만 의미 있는 것으로 이해될 수 있다는 것은 자명하다. 골로새서 2:10, 에베소서 1:22, 베드로전서 3:22, 히브리서 1:6에 기록된, 하늘의 권세자들과 권력자들에 대한 그리스도의 통치를 언급한 강력한 말들에서 그 사실이 잊을 수 없는 방식으로 진술되어 있다. 예수 그리스도에 대한 관계 안에서, 즉 그것들이 그에게 '종속'되어 있으나 그에 대한 바로 그 종속 안에서 그것들이 '실제로' 존재하는 바로 그 관계 안에서, 그 모든 것은 그것의 참된 모습을 지니고 있다: 하나님의 작용 아래에, 그 작용 앞에, 그 작용과 함께, 그리고 그 작용 이후에 있는 그것들의 현존, 그것들의 말, 그것들의 권세, 그것들의 작용에 대하여, 하나님이 행한 움직임의 결과로서 하늘에 있는 세계가 행하는 순수하게 섬기는, 그러나 바로 그렇게 함으로써 완벽하게 증언하는 그 움직임 전체에 대하여, 위를 향한 그리고 아래를 향한 그것들의 위대함과 그것들의 한계에 대하여 우리가 언급하였던 것이 바로 그것이었다. 인간론과는 달리, 천사론은 사실 그리스도론의 결과와 유비(Analogie)가 아니기는 하다. 왜냐하면 하나님은 그리스도 안에서 천사로 되지 않았기 때문이다. 히브리서 1:5-14가 바로 그러한 관념을 거부하고 있는지도 모른다. 그렇지만 천사론은 그리스도론에 대한 '첨가물'로 이해되어야 만한다. 왜냐하면 다음의 사실이 참되기 때문이다: 하나님이 그리스도 안에서 — 말하자면 천사들의 옆을 지나서 — 인간으로 됨으로써, 그 자신과 함께 '천사들'도 인간들의 영역 안으로 들어왔다. 다음의 사실이 참되다: 그가 인간들 가운데 있는 인간으로 되었으므로, 그리고 그가 성령을 통하여 — 지금은 감추어져 있지만, 언젠가 명백히 — 인간들 가운데 있는 인간으로 존재하고 있으므로, 그 인간 안에 있는 하나님의 현존은 언제나 '천사들'의 현존도 포함하고 있다. 우리는 여기에서도, 성서 안에서는 예수 그리스도와 관련하여 그리고 그를 고려하여 훨씬 더 많이 또한 직접적으로 천사들에 관하여 언급되지는 않는다는 사실에 대하여 이상하게 생각할 수 있을 것이다. 그런데 바로 그것은 사실상 제한된 범위 안에서만 그리고 특정한 맥락들 안에서 만 맞는 말이다.

왜냐하면 우리는 여기에서 부정적인 특성을 지니고 있는, 눈에 띄는 사실을 선취해야 만하기 때문이다. 예수에 관한 복음서 이야기의 '중심부' 전체에서는, 천사들이 출현하고 말하고 행동하는 것에 관하여 네 복음서 모두에서 명확하게 언급되지는 '않고' 있다. 그들은 처음에, 마가복음(1:12f.)에서 기묘하게 압축된 보고에 따르면 다음과 같이 발생하였다는 그 이야기에서 마지막으로 나타나고 있다: "곧 성령이 예수를 광야로 내보내셨다. 예수께서 사십 일 동안 광야에 계셨는데, 거기서 사탄에게 시험을 받으셨다. 예수께서 들짐승들과 함께 지내셨는데, 천사들이 '그의 시중을 들었다.'" 마태복음 4:11에도 그렇게 쓰여 있다. 반면에 누가복음에서는 그 진행과정이 빠져 있으며, 그 대신에 유일하게 그 반대로 마지막 무렵에, 즉 겟세마네 이야기에서 다음과 같이 보도하고 있다: "그 때에 천사가 그에게 나타나서, 그의 힘을 북돋우어 주었다." 이 "섬긴다"는 말과 "힘을 북돋우어 준다"는 말이 무엇을 의미해야 하는지는, 그곳에서나 여기에서나 전혀 암시되지 않는다. 이 두 맥락들에서는 시험받는 예수의 인간적 존재가 주요관심사라는 것이 강조되고 있으므로, 우리는 하나님의 현존에 대한 특수한 증언을 생각해야만 할 것이다. 이 두 지점들 사이에 있는 중간의 구간 전체에는 천사들이 어쨌든 이야기들 안에 나타나지 않는다. 요한복음 5:4에 언급되고 있는, 베데스다 연못의 천사도 단지 부차적 인물에 불과하며, 덧붙여 말하자면 이 천사는 이 본문의 가장 오래된 전승에는 나타나지도 못할 가능성이 매우 높다. 그리고 요한복음 12:29에 천사가 예수에게 말하였다고 기록된 것은, 다만 군중들의 추측으로서 보고되고 있을 뿐이다. 우리는, 예수가 체포될 때 베드로에게 말했던 마태복음 26:53 이하의 말씀을 포함하여 생각해야 한다: "너희는, 내가 나의 아버지께, 당장에 열두 군단 이상의 천사들을 내 곁에 세워 주시기를 청할 수 있다고 생각하지 않느냐? 그러나 그렇게 되면, 이런 일이 반드시 일어나야 한다고 한 성경 말씀이 어떻게 이루어지겠느냐?" 이 구절을, 인자가 재림할 때 천사들이 함께 나타날 것을 언급하고 있는 다른 구절들(막 8:38, 마 16:27, 25:31, 눅 9:26)과 함께 비교한다면, 복음서의 보도 중심부에 있는 저 위대한 침묵은 결코 우연일 수 없다는 것이 분명하게 될 것이다. 이 보도에서는 복음서 기자들은 어떤 천사 이야기들도 전하기를 '원하지' 않는다. 이 사실로부터 출발하여 우리는 심지어 다음의 사실을 확인해도 좋을 것이다: 마가복음 1:12 이하와 누가복음 22:43의 부차적인 구절들도 본래의 천사 이야기들이라기보다는 오히려 암시들이라는 특성을 지니고 있다. 우리는 사실 요한복음 1:51에서 창세기 28:12에 있는 야곱 이야기를 기억하게 하는 말씀, 즉 제자들이, 하늘이 열리고 천사들이 인자 위에 오르락내리락하는 것을 보게 될 것이라는 말씀을 읽기는 한다. 그러나 어떤 복음서 저자도 그것에 상응하는 어떤 것을 전하기를 원하지 않았다. 왜 원하지 않았을까? 천사들은 결코 이 지상의 사건에 참석하거나 참여하지 않았을 것이라고 상상하는 것은, 그들이 여기에서 해명을 위하여 이용될 수 있을 것이라고 상상하는 것보다도, 천사들에 관한 성서의 일반적인 관념으로부터, 예수 그리스도에 대한 그들의 특수한 관계에 대하여 일반적으로 언급된 것으로부터 너무 벗어나게 될 것이다. 만일 어디에선가 그래야 한다면, 그들은 물론 바로 여기에서 '참석'하고 '참여'하였을 것이다. 그러나 그들은 바로 여기의 이야기에서는 충분한 이유로 '이름이 밝혀'지지 '않'았다: 즉, 구약성서에서 그리고 그 후에 다시 사도행전에서, 그리고 복음서 보도들의 처음과 마지막에서, 독자적인 인물들로서 돋보이게 했던 것처럼 그렇게 취급되지는 않았다. 왜냐하면 여기에서는 가장 엄격한 의미에서, 땅 위에서 하나님의 뜻을 이루려는 종말론적 사건 자체가 주요관심사였기 때문이다. "그 말씀은 육신이 되어 우리 가운데 사셨고 우리는 그의 영광을 보았"(요 1:14)으므로, 그것은 "잠시 동안 천사들보다 낮아지게 되었다."(히 2:9)는 것이 한편으로는 실현되었다: 낮아지게 된 이유는, 참으로 그들과는 달리 스스로가 지상의 피조물이 되었으며, 따라서 하늘에 있는 존재들인 그들과 비교하여 더 낮은 존재, 즉 더 보잘것없는 존재에 참여하게 되었기 때문이다. 그러나 그의 아들 안에서 하나님이 바로 이렇게 스스로 낮아지는 것이 그가 지닌 자비로운 뜻의 의미이며 목표가 아니었던가? 세계를 자기 자신과 화해시키기 위하여(고후 5:18) 그리스도 안에 있었던 하나님의 그 존엄성이, 그것이 여기에서 "잠시 동안 천사들보다 낮아지게" 나타났으며 실증되었다는 바로 그 사실에서보다도, 더 숭고하고 더 영광될 수가 있었으며, 지금도 그럴 수가 있을까? 그가 그들보다 더 낮아졌던 바로 그때보다도 언젠가 더, 그가 실제로 그들 모두의 머리이며 주님이었던 적이 있었던가? 그 때문에 여기에서, 즉 하나님의 행동과 함께 그들의 직무도 완성에 이르렀던 곳에서, 그들이 나타나고 행동한 것들을 결코 기억하지 '않'는다는 사실은 충분한 이유를 지니고 있지 않은가? 그럼에도 불구하고 그 사실이 부인되었던 것은 아니다! 어떻게 그들이 바로 여기에서 부인될 수 있었겠는가? 그러나 우리는, 천사들의 존재가 바로 여기에서, 즉 그들이 "잠시 동안" 예수 그리스도 위에 있는 바로 여기에서, 완전히 소극적인 증인신분으로, 즉 특권을 부여받은 구경꾼이며 방청객의 기능으로 물러나 있다고 생각해야만 한다. 만일 어딘가에서 그래야 한다면, 역시 여기에서 그렇게 그들은 그야말로 다만 주목해야만 했으며, 엿봐야만 했으며, 배워야만 했다. 명백히 바로 여기에서, 고린도전서 15:24에서 바울이 그들에 대하여 말했던 것의 선취와 같은 어떤 것이 문제로 되고 있다: 그들은 예수 그리스도의 보편적이며 최종적인 계시와 함께 시작되는 완벽한 하나님의 나라 안에서는—그 나라에서는 하나님 자신의 사역도 더욱더 성취되어, 더 이상 미래를 갖게 되지 않을 것이다.—폐기되지는 않으나, 그들의 적극적인 기능이 그것의 목표에 도달했으므로, 그 기능 자체가 불필요하게 되며 사라지게 된다는 의미에서 "권력을 빼앗기게" 된다. 주의하라: 그들이 (막 8:38의 평행구에 따르면) 바로 예수 그리스도 자신의 재림에서 그리고 재림과 함께 한 번 더 그리고 더 한층, 지상의 완결된 사건 자체를 위한 그들의 완전한 영향권 안에서 눈에 보이게 된 후에 그렇게 될 것이다! 다만 예수 그리스도의 첫 번째 임재에서는 바로, 천사들이 뒤로 물러나 있는 것이 중요하다. 복음서들을 시작하는 이야기들과 마치는 이야기들에서도 천사들은 결코 예수 그리스도 자신과 동시에 내세워지지 않고, 다만 말하자면 멀리서 그를 예고하는 사자들과 증인들로서만 내세워지고 있다는 점을 주목해야 한다. 따라서 천사들의 위대함과 한계를 이루는 것은 바로 천사들의 실존이 지니는 바로 그 거룩한 비독립성(Unselbständigkeit)이며, 그것이 바로 다음의 사실에서, 즉 복음서들의 광범위한 중심부에서는 그처럼 인상 깊게 그들에 관해서 '침묵이 지켜지고 있다.'는 그 사실에서 표현되고 있다. 성서의 본문들에서 그들이 차지하는 공간은, 하나님 자신이 완성하는 행동이 인간들에게 '아직' 혹은 '더 이상 직접적으로' 눈에 보이지 '않는' 바로 그곳이다. 하나님의 행동이 눈에 보이게 되는 그곳에서는 그들은 과연 없어지는 것이 아니며 그 때문에 또한 부인되는 것이 아니기는 하지만—그들의 실존 전체가 바로, 하나님의 완성하는 행동 자체를 지향하는데, 어떻게 그들이 부인될 수 있겠는가?—그러나 그곳에서는 그들의 특수한 빛이 말하자면 정오의 태양 아래에 있는 초 한 자루처럼 너무 큰 빛에 노출되며, 그곳에서는 성서의 보도가, 그들을 더 이상 혹은 아직 다시 기억하지 않음으로써, 그들을 존중한다. 그들이 증언하는 주님 자신이 중심부로 걸어 들어오는 바로 그곳에서는, 그들의 '실존'이 지닌 시간과 기회가 아니라, 그들을 특별히 '기억하는' 시간과 기회가 그것의 한계를 지니고 있다. 우리는 복음서들의 중심부로부터 찾아내게 되는 이것을 아마 직설적으로 성서적 천사론 전체의 법칙(Gesetz)이라고 불러도 좋을 것이다. "그분은 더욱 커지셔야 하고 나는 작아져야 한다."(요 3:30)라는 세례자 요한의 말은 천사들에게도 적용된다. 그리고 그들의 증언과는 달리 바로 '인간의' 증언은, 하나님이 그 중심부로 들어갈 때, 그것도 그 결과 겸손하게 발생할 수밖에 없음에도 불구하고, 역시 그 증언 자체가 또한 땅 위에서 이루어지는 하나님의 행동이 지향하는 '최종목적'이기 때문에, 요한의 말은 더 철저한 의미에서 각 인간 증언자보다는 천사들에게 적용된다. 성서의 증언에 따르면, 지상의 피조물 사이에서 세례자 요한의 "작아지는" 증언과 같은 그런 찬양을 일깨우기 위하여, 하나님이 인간들의 한가운데로 들어오며, 그의 말씀이 육신으로 되었다. 이것이 천사들의 증언에 대해서는 언급될 수 없다. 그들의 증언은 하나님의 뜻과 행동이 지향하는 최종목표가 아니다. 다만 다시 가기 위해서만, 그들은 실제로 오고 있다. 그러므로 성서 전체에서 사실은 이러하다: 천사들은 (이사야 6장의 강력한 스랍들조차), 그들이 하나님의 명령으로 인간이 보고 듣는 자로 되도록 도운 후에는, 다시 완전히 뒤로 물러나야만 하는 (따라서 예를 들면, 이사야의 활동과 예언 전체에 어쨌든 본문들에서 다시 나타나지 않는다.) 반면에, 하나님이 스스로를 드러내고 말을 할 때, 인간은 (가령 이사야 6장의 예언자는) 과연 그의 앞에서 죽을 수밖에 없다고 생각하기는 하지만, 그래도 바로 그 경험으로부터 출발하여 본격적으로 하나님의 증인으로서 부름 받는다. 그것이 그래야만 한다는 것이 이 주제의 본질이다. 복음서들 안에 있는 그러한 공백으로부터 바라볼 때, 다음의 사실도 이해될 수 있을 것이다: 천사들은 신약성서의 서신들 안에서도 과연 충분히 눈에 띄기는 하지만, 역시 어떤 본질적인 역할을 하지는 않는다. '성령' 안에서 바로 그야말로 주님 자신이 그의 신앙공동체 한가운데에서 존재하는데, 그 '성령'의 현실성과 현존과 작용이 사도의 신앙공동체 안에서 고려되는 정도에 따라서, 천사들은 사도들의 '선포'와 '가르침'과 윤리적 '지시'에서는, 어쨌든 신약성서적 사고 자체에서도 천사들에게 의심할 여지없이 할당되며 사도행전의 증언에 따르면 그들이 사실상 지녔던, 바로 그 상대적인 독자적 의미와 역할도 지닐 수 '없'다. 낮이 밝아오는 정도에 따라서 별들의 빛이 희미해지듯이, 그들의 빛도 희미해진다. 그러나 무엇보다도 바울이 어떻게 이 현상을 다음과 같은 식으로 설명하는 것과는 다른 방식으로 설명할 수 있었는지를 통찰하기는 어렵다: 우리는 바로 그들의 '주님'을 기억함으로써 천사들을 존중하는데, 그 까닭은 바로 그렇게 함으로써 우리는, 그들이 그들의 직무를 헛되이 행하지는 않았다는 것을 인정하기 때문이다. 반면에, 주님이 그의 영이 충만한 가운데 현존하는 곳에서, 우리가 주님의 기능들과 나란히 그들에게 아직도 특수한 기능들을 할당한다면, 우리는 실제로 그들을 모욕하게 될 것이다. 다음과 같은 질문이 제기될 수 있다: 왜 구약성서와 신약성서에서는 그들이 훨씬 더 많이 언급되지 않는가? 복음서들 안에 있는 저 공백들에 대한 올바른 이해로부터 판단한다면, 이 질문에 대한 원칙적인 대답은 다음과 같아야만 한다: 왜냐하면 구약성서와 신약성서에서는 확실히 어쨌든 하나님 자신의 행동을 앞서서 그리고 뒤따라서 '통고'하는 것도 중요하지만, 어쨌든 참으로, 이미 '현재'에 발생하고 있는 하나님의 사건을 증언하는 것도 중요하며, 하나님과 인간의 관계에서 종말론적 '현실'을 증언하는 것이 중요하기 때문이다. 성서의 맥락에서 후자가 더욱더 뚜렷이 중요하면 중요할수록, 우리가 천사들에 대하여 듣게 되기를 의미 있는 방식으로 기대하기는 더욱더 어렵게 된다. 천사들의 직무는 선행하는 혹은 후속되는 '통고'를 행하는 직무이다. 따라서 우리는 성서의 본문들에서는 주로, 하나님 자신의 행동이 '아직' 혹은 이미 '다시' 어떤 '거리'를 두고 화제로 되는 바로 그곳에서 천사들을 만나게 될 것이다.

바로 이런 의미에서 그들은 예수 그리스도에 대한 그들의 관계에서 복음서들의 시작과 마지막에서 눈에 보이게 된다. 예수의 삶과 고난과 죽음에 관한 본래의 복음 이야기가 '시작'될 때에 혹은 시작되기 이전에, 한 번 더 하나님의 천사가 우선 가브리엘이라는 이름으로 강조되면서, 먼저 (눅 1:5f.) '사가랴'에게, 그리고 (눅 1:26f.) '마리아'에게 전할 소식을 갖고 서 있다. 천사의 직무가 지닌 특성이 바로 여기에서 나타난 천사의 모습에서 모든 면에서 명백하게 된다. 그러나 그는 그래도 매우 특수한 기능 안에서, 즉 이제 최종적으로 하나님에 의하여 발생하게 될 것을 전하는 전령으로서 나타난다. 우리는 누가복음 1장의 마지막 부분으로부터 그리고 다음에 계속되는 부분으로부터, 하나님에 의하여 무슨 일이 발생할 것인지를 알게 된다: 위대한 마지막 '예언자'가 탄생할 것이다. 구약성서가, 즉 거룩한 하나님에 대한 그것의 말이, 하나님에게로 방향을 전환하라는 그것의 외침이, 그것의 희망과 그것의 위협이 한 번 더 한 인물 안에서 현재화된다. 그러나 바로 이 예언자는 전혀 다른 한 존재보다 앞서 오는 선구자이며 개척자로서 태어난다: 그 자신이 그의 뒤에 올 존재를 "더 위대한 존재"라고 부르게 될 것이다. 그리고 '하나님의 아들' 자신이 인간으로서 태어나게 될 것이다: 그는 이스라엘을 위로하는 자이며 왕이며 심판자이며 구원자이다. 따라서 '약속'이 그리고 또한 '율법'도 한 번 더 활기 있게 출현할 것이지만, 이제 더 이상 "추상적으로"가 아니라, 이제 더 이상 고유한 역사적 형태로가 아니라, 이제 벌써 직접적으로, 하늘에 있는 하나님으로부터 출발하여 침입하는 '성취'에 관련되어, 즉 더 이상 어떤 것을 약속하고 요구하는 대신에 이제 막 몸소 인간의 일을 그 자신의 일로서 떠맡으려 하는 바로 그 하나님의 현존에 관련되어 출현할 것이다. 이 오고 있는 '사건'을─첫 번째 사건 자체가 다만 두 번째 사건의 준비일 것이므로, 이중의 사건이지만 그래도 다만 하나의 사건을─'예고하는 것'이 누가복음 1장의 "주님의 천사"가 수행하는 직무이다. 그는 다만, 이 사건보다 앞서서 달리는 그 그림자 혹은 음향일 뿐이다: 그것은, 이 사건 안에서 오고 있는 바로 그 하나님 자신의 전령일 뿐이다. 다시 (계약의 역사 초기에 대한 보도들에서처럼) 하늘이, 하나님 자신과 함께 땅으로 내려오는 그 하늘이, 한 하나님의 '한' 천사의 모습으로 통합되어 나타난다. 그가 실제로 '하늘에 있는' 피조물이라는 것은, 여기에서나 거기에서나 그의 출현이 그의 방문을 받은 사람들에게 끼친 첫 번째 영향에서 분명해진다: 12절에는 사가랴에 대하여, 29절은 마리아에 대하여, 그들은 "깜짝 놀랐다"고 쓰여 있다. 게다가 그 공포는 두 번, 즉 13절과 30절에서, 물리쳐진다: "두려워하지 말라!" 그 천사를 천사로 만드는 것은, 그가 하늘에 있는 피조물이며 그 존재 자체가 지상의 존재에게 낯설다는 사실이 아니라, 오히려 그가─물론 하늘에 있는 피조물이 지닌 완전히 낯선 모습으로─전해야만 하는 하나님의 말씀인 바로 그 '소식'이다. 그런데 이 소식은 관련된 두 사람들에 대하여, 즉 오고 있는 선구자와 관련하여 그리고 오고 있는 그리스도 자신과 관련하여 명백히, 한 번 더 약속되는, 이제 게다가 성취되는 '은혜의 계약'을 통고하는 특성을, 즉 '기쁜' 소식의 특성을 지니고 있다. 28절에서 천사는 마리아에게─일찍이 사사기 6:12에서 천사가 기드온에게 "강한 용사여, 주님께서 너와 함께 하신다"고 말했던 것처럼─"기뻐하라, '은혜를 받은 자'야, 주님께서 너와 함께 하신다."고 말할 뿐만 아니라, 30절에 한 번 더 "너는 하나님의 '은혜'를 입었다."고 말한다. 14절에는 역시 이미 천사가 사가랴에게 "너는 '기쁨'과 '환호성'으로 충만하게 될 것이며, 많은 사람들이 그의 탄생을 기뻐하게 될 것이다."라고 말했다. 그리고 그 후에, 진실임을 입증하는 요구된 표징이─사가랴의 불신앙에 대한 징벌의 표징으로서!─그에게 통보될 때, 다음과 같이 덧붙여진다: "나는 네게 이 '기쁜 소식'을 전해 주도록…파견되었다." 그 다음에─통고된 사건이 이미 발생하기 시작하고 부분적으로는 이미 발생하였을 때─46절 이하에 있는 마리아의 '찬가'가 '그리고' 68절 이하에 있는 사가랴의 찬가가 지니고 있는 단호하게 긍정적이며 감사하며 기뻐하는 주요음조는 마찬가지로 명백하게, 천사가 전한 소식에 상응한다. 이 두 찬가들은 누가복음 1장의 절정을 이루므로, 만일 우리가 여기에 등장한 강림절 천사를 바르게 이해하기를 원한다면, 우리가 먼저 이 찬가들에 관심을 기울이는 것이 확실히 가장 좋을 것이다. 이 이

야기에 따르면 천사의 직무가 '수행한' 것은, 따라서 명백히 또한 참으로 그를 파견한 의미와 의도는 바로 이것이다: 그 나라가, 그 나라의 왕이, 그 나라의 마지막이며 동시에 첫 번째인 증인이 온다는 것을 예고함으로써, 그가 피조물인 인간을 부추겨서 '찬양'을, 즉 그런 것을 원했으며 이미 완성하기 시작한 그 하나님에 대한 '찬양'을 터뜨리게, 즉 이 행동에서 드러나며 작용하고 있는 하나님의 '자비'(바로 이 어휘가 두 찬가들에서 각각 두 번씩 나타난다는 사실은 주목할 만하다.)에 대한 찬양을 터뜨리게 한다! 그러나 하나님의 자비를 찬양한다는 것은 무엇을 의미하는가? 이 찬가들 자체가 역시, 지상의 피조물이 하늘의 피조물에 의하여 자극받아 부르는, 말로 된 정신적인 찬양만이 아니라, '실존적'이며 '현실적'(aktuell)인 찬양을 표현하고 있다. 찬양의 핵심은, 인간들이 흔쾌히 그리고 준비를 갖추고, 오고 있는 존재를 바라보며 그를 향해 다가간다는 것이다: 그들은 그들에게 예고된 것이 실제로 발생하고 이루어질 수 있다는 것을 생각하고 있지 않음에도 불구하고 그리고 그렇기 때문에, 그것이 그들에게는 오히려 두 경우들에서 기적으로, 즉 사가랴의 경우에는 극도로 있음직하지 않게, 마리아의 경우에는 심지어 불가능하게 보임에도 불구하고 그리고 그렇기 때문에, 그들에게 예고된 것을 '자신들의 일로' 만들었던 지상의 피조물들로서 그 인간들이 그렇게 행한다. 그런데 돕고 구출하는 하나님의 현존, 즉 하나님의 은혜가 지닌 비밀이 중요한 문제로 되고 있다는 그 사실 때문에, 그들은 그것을 자신들의 일로 만들었다. 강림절 천사가 '통고'하였던 것, 그리고 관련된 두 사람들 모두가, 즉 성전 안에 있는 제사장 사가랴와 나사렛의 처녀 마리아가 실제로, 비록 각기 그들의 방식대로이기는 하지만, '자신들의 일로' 만들었던 것은 바로 다음의 사실이었다: 전혀 있음직하지 않으며 불가능함에도 불구하고 하나님의 은혜가 지닌 비밀이 사건으로 될 것이다. 왜냐하면 그들은, 그들이 사실상 순종하게 된다는 점에서 일치하기 때문이다. 그러나 마리아는, 34절에 따르면 물론 역시 재질문한 후에, 천사의 말에 '만족'한—"보십시오, 나는 주님의 여종입니다. 당신의 말씀대로 나에게 이루어지기를 바랍니다."(38절)—반면에, 사가랴는 더 나아가 '표징'에 대하여 물었고, (징벌의 표징이라는 특성을 지닌) 그 표징을 얻고 난 후에야 순종하게 되었다. 따라서 이 남자는 (사사기 13:2 이하의 마노아 이야기에서처럼) 여기에서도 재능이 더 부족한, 천사의 상대자라는 것이 증명된다. 그러나 이 차이는 결정적인 것이 아니다. 만일 천사가 통고한 것의 '현실화'가 사가랴의 더 힘든 순종 때문에 저지되지는 않는다면, 그 현실화가 분명히 마리아의 더 자발적인 순종 때문에 시작되는 것조차 아니며, 따라서 그가 "당신의 뜻이 이루어지소서!"라고 말했다고 해서 마리아를 "공동구원자"로 이해하는 것은 허용되지 않을 것이다. 그 천사는 사실상 '두 사람에게' 그들이 오고 있는 존재를 위하여 헌신하도록 부름 받았음을 통고하였다. 하나님 자신이 그의 말씀을 사실상 그 '두' 사람에게서 실행하였다. 하나님 자신이 사실상 그 '두' 사람을 불러내었다. 그들은 천사의 권고에 적합하게 사실상 '둘' 다 하나님의 부름에 순종하게 되었다. 그리고 그 '두' 사람의 찬가는 다음의 사실을 확증한다: 지상의 피조물을 방문한 것은 하나님을 통해서만이 아니라, 하나님이 그들을 방문하였기 때문에, 또한 하늘에 있는 피조물을 통해서도 발생하였으며, 그것은 까닭 없이 발생한 것이 아니었다. 그들에 대한 관계에서 '천사'는 하나님의 종, 즉 하나님 앞에 서 있으며 하나님에 의하여 그들에게 파견된 자였다: 그러한 천사의 모습은, 그 이야기가 끝날 때 그들 '자신'도 지니게 될 모습의 원형이며, 더 나아가, 그들을 따라서—그들은 다만 군대 전체의 첫 번째 선두그룹일 뿐이다. ─ 모든 사람들이, 즉 오고 있는 존재 자신이 그의 신앙공동체로 부르고 모을 모든 사람들이 지니게 될 모습의 원형이다. 천사의 직무는 그들 인간들의 직무에서, 하늘에 있는 그를 파견한 것은 지상에 있는 그들을 파견하는 것에서 그것의 상응을 발견하게 될 것이다. 그들에게 그는, 그들이 부름 받은 것을 통고하는 자라는 것보다 더 높은 지위를 차지할 수 없다. 하나님 자신이 사가랴를 부르고, 마리아를 부르며, 그들을 따라서 부름 받은 자들이 될 모든 사람들을 부른다. 그런데 누가복음 1장의 천사는 그들과 모든 사람들을 부르는 하나님의 부름을 전하는 강력한 '통고하는 자'이다. 마태복음 1:20-25에 따르면, '요셉'도 천사의 출현을 통해서 그의 방식대로, 하나님으로부터 출발하여 오고 있는 존재를 위하여 헌신하도록 부름 받는데, 여기에서 요셉이 체험한 천사출현도 확실히 누가복음 1장과 관련하여 그리고 그것과 유비 안에서 이해되어야만 할 것이다.

누가복음 2:9-15에는 '성탄' 이야기 자체에서 천사들의 출현이 계속된다. 천사들의 출현은 정확히, 이제 이미 '이루어진' 그 사건 '이후에', 즉 누가복음 1장에서 우선 미래에 일어날 일로 예고되었던 그 사건 '이후에' 발생한다. 겉보기에 이중적인 ─ 그리스도와 그의 선구자 ─ 모습을 띠고 있는 이 사건은 '하나의' 사건이며, 그 질서는 그 이중성 안에 있는 질서라는 것이 이제 확증된다: 천사들이 통고한 그 나라의 도래는 '예수 그리스도'의 탄생이며, 요한의 탄생은 다만 그것보다 선행할 뿐이다. '지금', 다윗의 동네에 주님인 그리스도가 탄생함으로써, 때가 찼고 종말의 때가 시작되었으며, 하나님의 뜻이 하늘에서처럼 땅 위에서 이루어지기 시작하였으며, 사가랴와 마리아가 부름 받은 것은 의미와 내용을 획득하였으며, 그들은 이 마지막 때에 하나님의 백성이 이루는 첫 번째 선두그룹으로서 공식적으로 인정되었다. 지금! 성탄 이야기에서 천사들이 출현하여 전하는 소식은 이 '지금'을 뒤돌아보며 통고하는 것을 겨냥하고 있다. 주의하라: 이미 부름 받은 사람들, 이미 하나님의 나라를 위하여 일하도록 세워진 사람들은 천사들의 출현이 필요하지 않으며, 그들의 출현을 경험하게 되지도 않는다. 그런 까닭에, 화가들이 그림에서 아주 기꺼이 천사들의 출현을 그려 넣었던 그 베들레헴의 구유 주변에는 천사들이 출현하지 않는다. 그곳에서는 일어나고 있는 일 자체가 스스로 말하고 있다. 하나님의 아들 자신이 있는 곳, 거기에서는 하늘의 현존도, 그것이 특히 눈에 보이게 되고 귀에 들리게 될 필요 없이, 그의 현존 안에서 증언되고 있다. 천사들이 출현하여 전하는 소식은 오히려, '밖에' 있는 사람들에게, 즉 들에 있는 목자들에게 경험된다. 목자들은 그 후에 저 부름 받은 사람들과 합류하는 첫 사람들이 되며, 그들과 함께, 일어난 일을 전하는 첫 인간 증언자들로 된다. 사가랴, 마리아, 요셉에게 다가갔듯이 그렇게 예기치 않게, 그 "주님의 천사"는 이제 또한 이 목자들에게도 다가간다. "주님의 영광"이, 즉 하나님의 광채가, 그의 영광과 존엄과 권세를 나타내는 계시가 그들을 두루 비추었다면, 그것은 다만, 그들에게 닥친 통고의 우주적 현실성과 인지가능성을 묘사하는 것만이 아니며, 그들이 하늘의 경험과, 즉 지상의 존재인 그들에게 새롭고 낯선 경험과 관계를 맺게 되었다는 것을 묘사하는 것만이 아니다. 그것은 다음의 사실도 묘사하고 있다: 그 사실은, 그들도 두려워하였으며, 그들에게도 무엇보다도 저 "두려워하지 말라!"라는 말이 크게 외쳐져야만 했다는 것에서 분명해진다. 만일 주님의 천사가 오는 것으로써 '하늘'이 땅 위에서 열린다면, 따라서 만일 여기에서 낯선 것이 지상에서 발생한다면, 바로 그 경우에 그것은 역시, 이 낯선 것 자체에 대하여 이상하게 여기거나 놀랄 이유가 되어서는 안 된다. 만일, 바로 이 형태와 모습으로 이 땅의 암흑 속으로 침입하여 인간들을 비추는 것이, 즉 인간들을 눈멀게 하기 위해서가 아니라 그들을 밝게 비추기 위해서, 그들을 억압하고 멸절시키기 위해서가 아니라 그들을 해방시키기 위해서 비추는 것이 그래도 사실은 '하나님의' 빛이라면, 그들에게 하나님의 영광과 존엄과 권세가 명백히 드러나게 된다. 그런 까닭에 계속되는 내용은, 즉 천사가 전하는 소식은 여기에서도 다음과 같다: "보아라, 나는 너희에게 큰 기쁨을, 곧 온 백성에게―"모든 무리에게", 즉 이 사건을 알아보게 될 모든 무리에게, 이 사건을 통해서 미리 부름 받고 거룩하게 된, 마지막 때의 모든 백성에게―주려고 준비되고 결정된 기쁨을 선포한다."(10) 따라서 그 천사는 다시 명백하고 분명하게 '복음을 전하는' 천사이다. 그의 말은 그 밖의 다른 것에 관한 말이 아니라, 은혜의 계약에 관한 말이지만, 그것은 이제 바로, 은혜의 계약이 성취된 것에 관한 말이며, 이제, 하나님이 그의 자비 안에서 이미 행하였고 완성하였던 것에 관한 말이다: "오늘 다윗의 동네에서 너희에게 **구세주**가 나셨으니, 그는 곧 그리스도 주님이시다."(11) 즉 이스라엘 역사의 종말로서 그 역사의 '의미'와 '목표'가, 구약성서에 기록된 약속 전체의 종말로서 약속된 '현실'이 드러난 것이다. 이 아기가 태어났다는 사실로부터, 하나님의 광채가 어두운 땅 위에서 비추기 시작한다. 땅 위에 있는 하늘의 현존 전체가 지니는 단 하나의 의미는, 이 아기의 탄생과 실존, 이 아기 안에서 발생한 구원, 이 아기 안에 세워진 하나님의 통치를 증언하는 것이다. 이 하늘의 증언이 지니고 있는 명백한 의도는 이것이다: 인간들은, 즉 여기에서는 우선 목자들은, 후에 만들어진 전설이 묘사하였듯이, 그들에게 배분된, 하늘의 계시에 직면하여 경탄과 두려움에 사로잡혀서 꼼짝도 못해서는 결코 안 되며, 오히려 그들은 아기를 스스로 찾아내고 발견하기 위하여 출발해야 마땅하다. 천사는 목자들에게 자기 자신을 떠나서 구유에 있는 아기에게로 가도록 지시하였는데, 이 지시야말로 그가 천사로서 수행해도 좋으며 또한 수행하여야만 하는 결정적인 직무이다. 다만 그들이―그들이 그 후에 사실상 행한 것처럼―달려가서, 무슨 일이 일어났는지를 스스로 보고, '스스로가' 그 일의 증인들로 되도록 하기 위해서, 하나님의 온전한 광채가 인간들의 주위를 비추며, 그 사건이 그들에게 아주 큰 소리로 통고된다. 천사의 직무는 또한 그들에게 '신앙공동체'에 대하여, 그들 자신의 '직무'에 대하여 주의를 환기시키는 것이며, 그들도 '증인들'이 되도록 허락되었다는 사실에 대하여 주의를 환기시키는 것이다.

그리고 이제 이 본문은 매우 이례적인 방식으로 다음의 사실을 가시화한다: 이 의도로 이 인간들에게 닥쳐왔던 하늘 '전체'의 직무는 바로, 그들을 저 사건 자체로, 즉 구유에 있는 아기에게로 보내는 것이다. 이제 심지어 바로―성서에서 오직 여기에서만―한 천사 곁에 그리고 그 천사와 함께 "많은 하늘 군대"가, 즉 야웨의 군대 전체가 등장했다고 쓰여 있다. 하늘 전체가 "가장 높은 곳에 있는 하나님"을, 그의 '높음'과 높은 곳에 있는 그에게 고유한 영광을 증언하고 있으며, 그런데 바로, 그가 지금 그렇게 이해할 수 없게 자기 자신을 '낮추고' '천하게' 하였다는 그 사실을 고려하며 그의 높음과 영광을 증언하고 있다. 그리고 바로, 하나님의 참된 높음을 바라보면서, 그의 위엄 있는 존재가 지닌 은혜의 비밀을 바라보면서, 그를 통하여 이미 '땅' 위에 창조된 '평화'를 증언한다: 하나님의 마음에 드는 사람들 가운데에, 즉 그들이 아직도 감수하고 있는 땅의 갈등으로부터 그들 자신이 이끌어내어졌으며, 그들을 위하여 마지막 때와 평화의 나라가 이미 시작되었던, 하나님에 의하여 선택되고 부름 받은 바로 그 사람들로 이루어진 저 백성들 한가운데에 창조된 '평화'를 증언한다. 하늘 전체가, 여기에서 현재로 되고 출현하게 되고 말씀으로 된 그 하늘 자체가 '하나님'을—그의 가장 높은 보좌에 있는 바로 그 하나님을, 높은 곳에 있는 하나님을—땅을 보살펴주었던 존재로 선포한다. 하늘 전체가, 즉 하늘 자체가, 하나님의 마음에 드는 백성들과, 즉 그의 은혜를 인식하고 찬양하고 고백하는 그 신앙 공동체와 한 패가 되도록 '인간'을 불러들인다. 땅 위에서 하나님의 뜻이 이루어지게 된 시작을, 즉 예수 그리스도의 탄생 안에서 사건으로 된 그 시작을 뒤돌아볼 때, 바로 이것이 천사들의 행동, 곧 직무이다.

특별히 세 번째 복음서 저자는 이렇게 이 사건에 대한 그의 보도를, 말하자면 천사들에 대한 이 보도로 앞으로부터 그리고 뒤로부터 에워쌌다. 한 번 더 주목하라: 또한 그의 보도에 따르면, 천사들은 그 사건 자체에는 어떤 관여도 하지 '않'는다. 그들은 그 사건을 선취할 수 없다: 그들은 다만, 그 사건이 하나님으로부터 출발하여 이루어질 것이라고 '통고'할 수 있을 뿐이다. 그 사건이 발생하는 동안에, 그들은 눈에 보이지 않게 되며 그들의 말은 들리지 않게 된다. 그리고 그 사건이 발생한 후에도, 그들은 자연히 하나님 자신과 그가 성취한 행위를 바라보도록 안내할 수밖에 없다: 그들은 그 일을 마친 후에는 다시 하늘로 올라가며, 그 후에는 그들은 오랫동안 더 이상 기억되지 않는다. 그들은 그 사건 이전이나 이후에나 바로 다만 '통고하는 자들'로서 봉사했을 뿐이다. 그러한 존재들로서도 그들이 사람들을 증인으로 불러내는 일들을 실행했던 것은 아니다. 마리아와 사가랴가 순종하도록 일깨웠던 것은 그들이 아니었다. 목자들이 베들레헴으로 향해 길 떠났던 것도 그들이 성취한 일이 아니었으며, 오히려 주목할 만하게 명확히, 목자들이 그 일을 행하기로 서로 합의하였다고 쓰여 있다. 그 사건 이전이나 이후에나 천사들은 바로 다만 다음의 사실에 대하여 주의를 환기시켰을 뿐이다: 처음에는, 그리스도가 '올' 것이라는 것에 대하여, 그리고 그가 이미 '왔'다는 것에 대하여, 그리고 그 다음에는, 지금 중요한 것은 '오고 있는' 그를 위하여 준비하는 것이라는 사실에 대하여, 그리고 낮은 모습으로 이미 '온' 그를 찾아 나서야 하며 발견하는 것이라는 사실에 대하여 주의를 환기시켰을 뿐이다. 그들의 활동은 다음의 사실 안에 그것의 실체를 지니고 있으며, 또한 그 실체를 획득한다: 그리스도가 사실상 오게 '될' 것이며 그리고 이미 와 '있으며', 그의 백성을 증인으로 불러내는 것이—그들의 권세를 통해서가 아니라, 하나님의 권세가 빛을 비춤으로써—사실상 '사건'으로 되고 있다. 그들이 수행하는 직무의 본질은, 이 사건 전체를, 즉 하나님 자신이 그것의 주체이며 주모자인 바로 그 사건 전체를 땅 위에서 눈에 보이게 그리고 귀에 들리게 하는 것에 있다. 그들은 하늘에 있는 피조물로서, 그 일이 가능하게 하는 '매개물'이다. 세 번째 복음서의 저자는, "우리 가운데서 사건으로 성취된 것들"(눅 1:1)의 시작을 묘사하면서, 제1장과 제2장에서 발생하였던 것처럼, 그렇게 이 매개체를 특별히 강조하는 것을 올바르고 필요한 것으로 간주하였다. 우리는, 그렇게 함으로써 독자에게 불러 일으켜진 '인상'에 관해서 납득해야 한다: 그것은 어쨌든 확실히 한편으로는 놀라움과 낯선 느낌을 강화하는 인상이며, 그런 인상이 없다면 천사들에 의하여 통고되는 사건은 불가능한 것으로 평가될 수 있고 그렇게 이해될 수 있을 것이다. 그 사건은 적절한 거리를 두고 보이기를 원하며, 그렇지 않을 경우에는 이 사건이, 즉 구세주와 그의 예언자들이 보이지 않는다. 이 사건을 통고했던 것이 천사들이었다는 내용을 읽게 된다면, 우리는 우리에게 이 거리가 주어져 있다는 것을 인식한다. 그러나 이것은 단지 이 주제의 한 측면에 불과하다. 천사들을 통해서 그 사건을 통고하는 바로 그것이 그래도 그 장면을 어느 정도 완화시키기도 한다: 천사들이 전하는 소식이라는 거울에 비추어 본다면, 그 사건은 완전히 낯선 느낌이 들지만 우리의 영역에서 실제로 발생하는 우주적인 사건으로서 인식될 수 있게 되며, 그 사건에 대하여 과연 거리를 두기는 하지만, 바로 그렇게 함으로써 역시 또한 그 사건에 대하여 입장을 명백히 표명하고 그것과 관계를 맺는 것이 가능하고 의미 있는 것으로 보인다. 누가는 여기에서 하늘을 그렇게 눈에 보이게 그리고 귀에 들리게 등장시킴으로써, 독자가 두 가지를 이룰 수 있게 한다: 독자는 통고된 사건에 대하여 거리를, 그렇지만 하나의 관계를 포함하고 있는 가능하고 의미 있는 거리를 두고 있다는 것을 안다. ─혹은 그 반대로, 그는 그 사건에 대하여 가능한 관계 안으로 들어가고 있지만, 그 관계 안에서도 또한 그것에 걸맞은 거리를 두고 있다는 것을 안다. 객관적으로 이 이중적인 '인상'에 상응하는 바로 그것이 지상에 있는 '천사들의 직무'이다. 마태복음에 있는 몇 가지 흔적들을 도외시한다면, 네 복음서 저자들 가운데 바로 여기에서 독자에게 바로 이러한 인상을 지니게 하는 유일한 사람이 바로 누가이다. 이것이 그의 특수한 신학과 어떤 관련이 있는지 연구될 수 있을 것이다. 어쨌든 우리는, 마태가, 하나님의 나라를 그처럼 일관성 있게 "하늘의 나라"로 부름으로써, 효과에서는 동일하다는 점을 언급해도 좋을 것이다. 누가가 예수의 이야기에서 바로 그 '시작'을 천사들의 직무에 대한 암시를 통해서 돋보이게 하려 했다는 것은 역시 의미 있는 것이었으며, 역시 교훈적인 것이다. 신약성서 가운데 적어도 이 한 곳에서 우리는 그것을 통하여 또한, "말씀이 육신이 되었다."는 사실이 실현되었고 인식될 수 있게 되었던 그 독특한 '분위기'에 주목하였다. 그러나 이 암시가 복음전승 전체에서 결코 발생하지 않으며, 따라서 어떤 원칙에 상응하는 것처럼 보이지는 않는다는 점에서 누가는 홀로 서 있다는 사실은 또한 특수한 사실성(Sachlichkeit)에 근거를 두고 있을 것이다. 천사들은 주목을 받기를 원하지만, 결코 체계적으로 관심의 전면에 내세워지기를 원하지는 않는다.

우리는 시험설화와 고난설화에서 언급된 짤막한 보도들을 건너뛰고, 곧 바로 복음서 보도들의 반대쪽 끝에 있는 '40일의 이야기'로 방향을 바꾼다. 우리는 무엇보다도, 어떻게 천사들이 예수 그리스도의 탄생 전후에 그들이 나타나고 말한 것과 정확히 일치하게 ─ 게다가 복음서 보도 전체의 맥락 안에서 그들이 차지하고 있는 위치와 기능에 일치하게 ─ 이 특수한 전승복합체 안에서도 '처음'과 '마지막'에 서 있는지 주목해야 한다. 부활한 자 '자신'이 등장하는 ─ 그 자신의 출현들이 여기에서 서술의 중심을 이룬다. ─ 곳에는 그리고 그때에는, 천사들에 관해서 언급되지 '않'는다. 그 자신이 그의 제자들 사이에서 볼 수 있고 들을 수 있고 손으로 만질 수 있게 존재했던 '그 이전'과 '그 이후'에, 천사들이 증인들로서 볼 수 있고 들을 수 있게 존재한다. 주로 그리고 결정적으로 그들은 물론 '그 이전'에 그러하다. 다만 사도행전이 시작되는 한 곳에서 그들은 그 40일을 회고하면서 또한 '최종적으로' 출현한다.

우선 부활한 주님의 출현이 '시작'될 때 혹은 시작되기 '이전'에 그들이 출현한 것에 관하여 말하자면, 예수의 죽음과 장례 이후의 첫 주간이 시작되는 새벽에 발생한 한 사건이 화제로 되고 있다는 데에는 네 복음서 저자들 모두가 일치한다. 그 상황의 외적인 사실들과 사정들에 관하여 말하자면, 그 보도들은 처음부터 차이들이 없지 않은데, 그 차이들은 군데군데에서 제거된 것으로 보이지만, 그 후에 한 번 더 정말 귀찮게 괴롭히는 것으로 된다. 관여된 인물들에 관하여 말하자면, 요한복음 20:1에 따르면 막달라 마리아, 마태복음 28:1에 따르면 그와 "다른 마리아", 마가복음 16:1에 따르면 그 두 여인과 살로메, 누가복음 24:10에 따르면 그 두 여인과 요안나(Johanna)가 등장하고 있다. 이 여인들을 만난 것은—마태복음 28:4, 누가복음 24:4에 따르면 무덤가에서, 마가복음 16:5, 요한복음 20:11 이하에 따르면 무덤 안에서—마태복음 28:2에 따르면 "주님의 천사", 마가복음 16:5에 따르면 "젊은 남자", 누가복음 24:4에 따르면 "두 남자"(앞의 두 구절이 뜻하는 것은 의심할 여지없이 천사들이다), 요한복음 20:12에 따르면 "두 천사들"이라고 한다. 네 가지 보도들 모두 천사들의 흰 옷들에 관하여 혹은 어쨌든 그들의 출현이 밝게 빛나는 것에 관하여 말하고 있다. 마태복음 28:2 이하에는, 주님의 천사가 하늘로부터 내려와 무덤의 돌을 굴려내고 그 돌 위에 앉았다고 기록되어 있다. 이 복음서 저자도, 이 사건이 여인들 눈앞에서 발생하였다는 견해를 지니고 있지는 않았을 것이다. 다른 세 복음서들은 모두 의심할 여지없이, 그 여인들은 무덤이 이미 열려 있고 비어 있는 것을 발견했으며, 그 후에 천사 혹은 천사들이 말을 걸어왔다고 말한다. 현저하게 여기서부터, 즉 천사가 전하는 '소식'과 관련하여, 어쨌든 이 주제에서 전승의 한 단락이 거의 완전히 '일치하게' 된다. 요한복음 20:13에 따르면, 천사의 말은 사실 다음의 질문뿐이다: "여인이여, 왜 울고 있는가?" 그런데 우리는 바로 이 질문을, 공관복음서들에 따르면 천사가 혹은 천사들이 여인들에게 말한 내용에서도 다시 인식하게 된다. 그 질문이 포함하고 있는 뜻은 이것이다: 울어야 할 이유가 없다. 왜냐하면 다음과 같이 탄식할 이유가 없기 때문이다: "그들이 우리 주님을 빼앗아갔습니다. 어디에 두었는지 모르겠습니다." 왜 탄식할 이유가 없다는 것인가? 누가복음 24:5에 있는 천사의 결정적인 말도 우선 질문의 형태를 띠고 있으나, 여기에서 그 질문은 또한 명확히 충분한 대답을 담고 있다: "어찌하여 너희들은 살아 계신 분을 죽은 사람들 가운데서 찾고 있느냐?" 명확한 대답 자체는 다음과 같다 (요한복음의 질문에 담긴 견해도 그러하다.): "그는 여기에 계시지 않다. 그는 살아나셨다. 보라, 여기가 그가 누워 계시던 장소(겨우 그 장소!)이다."(마 28:6, 막 16:6) 누가복음 24:6 이하에는 이 대답의 본문에는 후반부가 빠져 있고, 그 대신에 여기에서는 "살아나셨다"라는 말을 다음과 같이 설명하고 있다: "갈릴리에 계실 때에, 너희들에게 하신 말씀을 기억해 보아라. '인자는 반드시 죄인들의 손에 넘어가서, 십자가에 처형되고, 사흘째 되는 날에 살아나야 한다'고 하셨다."

'하나'의 요점은 이것이다: 첫 번째 인간들인 그 여인들이 주님이 부활했다는 '사실'(Faktum)을 통고받은 것은 바로 그 '천사들'을 통해서이며, 하늘에 있는 피조물들로서 그들의 특성인 빛나는 출현이 여기에서도 일반적으로 강조되고 있다. 주의하라: 네 복음서들 가운데 어떤 것에서도, 인간들에게 이 소식을 전한 것은 결코 열려 있는 빈 '무덤' 자체가 '아니다.' 베드로와 "다른" 제자가 그 무덤으로 달려갔다고 보도하는 요한복음 20:2-9는 명확히 이해하기 어렵지만, 분명히 그렇게 이해되어서는 안 된다. 열려 있는 빈 무덤 자체는 (마태복음 1:18 이하에 따르면 예기치 않은 마리아의 임신처럼!) 설명이 필요한 표징이며, 천사들이 설명을 제공한다. 게다가 복음서들 가운데 어떤 것에도, 천사들이 출현하여 그들의 말을 전하기 '이전에', 부활한 그가 '직접' 그의 제자들에게 스스로에 대하여 증언했다고 기록되어 있지 '않'다. 천사들이 여인들 앞에 출현하여 그들에게 전한 말은, 즉 (설령 다음과 같은 요한복음의 질문 형태로도: "왜 울고 있는가?") "살아나셨다"는 통지는 이 사건을 인식하기 위해 우선 불가피한 '매개체'로 보인다. 천사들의 출현과 말은 물론 이 매개체 이상의 것일 수 없다. 그들은 결코 부활사건 자체에 관여하지 않는다. 마태복음에 따르면 천사가 무덤입구를 막았던 돌을 굴려냈다는 것도 물론, 마치 그가 주님의 부활에 협력하기라도 한 것처럼 그런 식으로 이해되어서는 안 된다.

게다가 이 사건을 인식하게 하는 매개체인 천사들은 그 후에 즉시 뒤로 물러나야만 한다. 이것이 그들의 출현이 지니는 '다른' 의미이며 그들이 전하는 소식의 다른 내용이다: 천사들은 여인들에게, 제자들에게 가서 그들이 부활한 예수 자신을 만나게 될 것이라고 주의를 환기시키도록 지시한다. 마태복음 28:7, 마가복음 16:7은 이 점을 아주 명확히 하고 있으나, 누가복음 24:7은 또한 예수의 고난예고와 부활예고를 상기시키면서 암시적으로 다루고 있다. 그런데 어디에서나 명확히, 제자들이 부활한 주님과 직접 만나게 될 장소로 갈릴리를 지적하고 있다. 여기에서부터 상이한 보도들의 노선들이 또 다시 엉클어진다. 왜냐하면 마가복음 16:8에 따르면, 여인들은 이 명령을 수행하지 '않'았을 것이기 때문이다!: "그들은 뛰쳐나와서, 무덤에서 달아났다. 그들은 "벌벌 떨며 넋을 잃었던 것"이다. 그들은 무서워서, 아무에게도 아무 말도 못하였다." 그 반면에 누가복음 24:9 이하에 따르면 그들은 과연 그 명령을 여러 가지 형태로 수행하기는 했지만, 제자들은 믿지 않았으며, 오히려 그 여인들이 전하는 말이 그들에게는, 부활한 주님이 세 번, 즉 누가복음 24:13-32에 따르면 엠마오로 가던 두 제자들에게, 누가복음 24:34에 따르면 시몬에게만, 누가복음 24:36-49에는 그들 모두에게 (예루살렘에서) 직접 출현하여 그들에게도 진실을 입증할 때까지는, "헛된 소리처럼" 생각되었다고 한다. 그 반면에 마태복음 28:9 이하에 따르면, 예수 자신이 무덤을 떠나 되돌아가는 '여인들'에게 이미 나타났으며, 그들에게 제자들에게 주는 명령을 '반복하여', 더 정확히 말하자면, '갈릴리'에서 그와 직접 만날 것을 한 번 더 명확하게 지시하면서 반복하여 말했다고 한다. 마태복음 28:16에 따르면 그 여인들이 이 명령을 수행하였던 것이 틀림없으며, 제자들의 불신앙과 마주치지 않았던 것도 틀림없을 것이다. 그 반면에 요한복음 20:13 이하는, 천사가 막달라 마리아에게 그 질문을 던진 후에, 그리고 마리아가 그에게 그 탄식의 말을 한 후에, 직접 그 여인이 돌아서서 예수 자신을 마주 보고 서 있었다고 전한다. 여기에서는 예수 자신이 마리아에게 명령한다: "이제 내 형제들에게로 가서 이르기를, 내가 나의 아버지 곧 너희의 아버지, 나의 하나님 곧 너희의 하나님께로 올라간다고 말하여라." 마리아는 그 명령을 수행하였고, 그러고 나서 역시 그날 저녁에 또한 이 보고에 따르면 (요 20:19-29) 예루살렘에서 (처음에는 도마가 없을 때, 그 후에는 그가 참석했을 때) 부활한 주님이 모든 제자들 앞에 나타났다. 지금 우리의 관심을 끄는 것은 다만 이 모든 일에 대한 '천사들'의 참여이다. 그리고 주목할 만한 것은, 상반되는 내용들에도 불구하고 바로 다음의 사실이 '명백'하다는 점이다: 바로 '그들'이 부활의 사실에 대한 소식을 어디에서나 '맨 처음' 말할 뿐만 아니라, 역시 어디에서나, 그 소식을 전달하는 일을 '맨 처음' 가동시켰던 존재들로서 출현한다. 그것이 성공적이었는가? 요한복음에서는 천사들이 여인에게 전달했을 지시에 대한 언급이 없는데, 그래서 이 보고에서는 천사들이 대체로 예수 자신 때문에 즉시 뒤로 밀려난 것처럼 보인다. 마가복음에 따르면 천사들의 명령은 여인들에 의하여 전혀 수행되지 않았고, 누가복음에 따르면 수행되기는 했으나 우선 헛수고였다. 그리고 아마 마태복음 저자도, 예수 자신에 의하여 그 명령이 반복될 때 비로소 여인들이 그것을 따르게 되었고, 그 후에 제자들이 그것에 귀를 기울이게 되었다고 생각하는 것 같다. 어디에서나 어쨌든 천사들을 통해서 제시된 명령만으로는 충분하지 않다. 어디에서나 그 명령과 그것을 수행하는 것을 강하게 촉구하며, 제자들이 마침내 부활한 존재인 그의 현존을 인식하게 강요하는 원동력은 바로 예수 자신이며, 그의 출현과 그의 말씀이다. 예수 자신이 없이는, 그가 더 이상 그 무덤에 있지 않으며 부활했다는 것이 진실일 수조차 '없'듯이, 그 자신이 없이는, 그의 빈 무덤으로부터 출발하는 운동은 발생하지 '않'았을 것이다. 그래도 여기에서나 저기에서나 '처음'에는 '천사들'이 서 있다: 그들이 그 사실에 대한 첫 번째 증인들이며 또한 그 증인의 대열에서 첫 번째로 움직이는 존재들이다. 그들은 아무것도 창조하지 않는다. 그들은 아무것도 달성하지 않는다. 그들은 다만 거기에 현존한다. 그러나 그들은 거기에 없을 수 없다: 거기에서 '일어나고 있는' 것의 '조건'으로서가 아니라, 그것을 '인식'하기 위한 '조건'으로서조차 아니라, 그렇지만 거기에서 일어나고 있는 그 사건을 '그리고' 인간들에 의하여 그 사건이 인식되는 것을 '특성화'하기 위하여, 조명하기 위하여, 강조하고 돋보이게 하기 위하여, 거기에 없을 수 없다. 여기에서도 그들은, '하나님'이 지상에서 현존하며 작용하는 곳에는, '하늘'도 현장에 있으며 활동하고 있다는 사실을 보여주고 있으며, 바로 그렇게 함으로써 그들은 땅 위에 있는 하나님의 현존과 작용의 절대적인 특색을, 즉 '비밀'을 특징짓는다. 우리는 아마도, 예수의 생애 초기에 대한 누가복음의 이야기에서 그들이 등장하는 것에 대하여 언급되었던 것을 반복할 수 있을 것이다: 이 마지막 이야기에 그들을 등장시키는 것은 독자에게 이중의 '인상'을 불러일으키며, 또한 그런 인상을 지니도록 의도하고 있다: 하나님 자신과 함께 하늘이 거기에 등장하기 때문에, 찬사의 출현과 천사의 말을 통해서 독자는 통고된 사건에 대하여 적절한 '거리'를 두게 되며 '그리고' 동시에 그것에 대한 의미 있는 '관계' 안으로 옮겨지게 된다. 만일 이 인상을 뒤따라간다면, 우리는 여기에서도, 위대함과 한계 안에 있는 '천사들의 직무'가 지닌 뜻에 대한 특색 있는 관념에 직면한다. 여기에서 다음의 질문은 더 숙고할 가치가 있을 것이다: 왜 네 복음서들은 여기에서—초기 이야기와는 달리—천사들의 이 직무를 명확히 지적하는 데에 역시 그처럼 일치하는가?

    그러나 이제 우리는 바로 여기에서 아직 특수한 마지막 이야기와, 즉 '40일의 마지막'에 관한 이야기와 관계하고 있다. 예수가 탄생한 사건 자체에서처럼 그리고 복음서 보도들 전체의 대부분을 차지하는 중심부에서처럼, 이 기간의 중심부에는 천사들이 비슷한 방식으로 눈에 띄지 않는다. 만일 예수가 나타나면, 그 경우에는 그의 곁에 어떤 천사도 나타나지 않는다. 그러나 부활한 주님으로서 그가 출현하는 일이 종결된 '후에', 천사들이 다시, 한 번 더 나타난다. 사도행전 1:10-11은 그가 승천한 후의 이야기에서 그 사실을 다음과 같이 전한다: "예수께서 떠나가실 때에, 그들이 하늘을 쳐다보고 있는데, 보라, 거기에 흰 옷을 입은 두 사람이 그들 곁에 서 있었다." 40일 동안의 사건이 '하늘의' 사건이라는, 그러므로 '하나님의' 사건이라는 특성을 지니고 있다는 것을 확인하는 일이 이제 명확히 또한 그 사건의 '마지막'으로부터 발생하고 있다. 우리가 여기에서 읽고 있는 내용을 기록한 사람이 누가복음 1-2장을 기록한 저자와 동일인물이라는 것은 결코 우연이 아닐 것이다. 이 마지막 전승복합체를, 그와 동시에 복음서 보도들 전체를 둘러싸고 있는 비밀의 테두리가 닫힌다. 두 천사들은 이 종결을 표시한다. 그러나 그들의 말은 역시 결코 완성된 '종결' 자체를 봉인하는 것이 아니라, 이제 완성된 바로 그 종결을 새로운 '시작'으로 만든다는 것은 얼마나 기묘한 일인가!: "갈릴리 사람들아, 어찌하여 하늘을 쳐다보면서 서 있느냐? 너희를 떠나서 하늘로 올라가신 이 예수는, 하늘로 '올라가시는' 것을 너희가 본 그대로 '오실' 것이다."

이것은 아마, 제자들이 이 말에 대하여 반응했던 결과로부터 출발하여 바라볼 때에 가장 잘 이해될 것이다. 그 결과는 눈에 띄게 냉정한데, 12절 이하에 따르면 그 결과는 간단히 말하면 이러하다: 11명의 제자들은 예루살렘으로 되돌아와서, 분명히 그들 모두에게 잘 알려진 한 "다락방"에서 여인들과 예수의 어머니 마리아와 예수의 동생들과 함께 모였다. 무엇 때문에? "그들은 모두 마음을 모아 기도에만 힘썼다." 그것이 전부이다. 이것은 아직 성령강림공동체가 아니지만, 그러나 그것은 물론 "미래의" 성령강림공동체이며, 누가복음 12:32에 따르면 그 나라가, 즉 주님의 현존과 은혜와 능력이, 즉 바로 성령이 제공되게 될 바로 그 작은 무리이다. 따라서 두 천사들은 그들에게 성령을 주지 않았으며, 어떤 천사도 그들에게 성령을 주게 될 존재로 되지는 않을 것이다. 천사들이 부활보도의 종결을 그리고 복음서 보도 전체의 종결을 다만 겨우 '표시'하기만 했던 것처럼, 그들의 출현과 그들이 전한 소식도 그렇게 다만, 이제 비로소 시작되고 있는 것을, 즉 사도들의 역사를, 그리고 성령의 현존 안에 있으며 그의 지도를 받고 있는 교회의 역사를 '표시하는 것'에 불과하다. 이제 그들이 성취되고 계시된 것으로 경험한 것을 성취하고 계시하였던 것은 바로 하나님 '자신'이다. 하나님 '자신'이, 그 사건으로부터 출발하여 되어져야 마땅한 것의 토대를 확립할 것이며, 그 사건으로부터 출발하여 발생하여야 마땅한 것을 지배할 것이다. 그러나 하나님으로부터 시작되는 이 새로운 것은 아직 시작되지 않았다. 우리가 제자들과 여인들에 대하여 듣고 있는 것, 즉 그들은 모두 마음을 모아 기도에만 힘썼다는 것은, 그들이 처해 있는 진퇴양난의 상황에, 즉 하나님이 이미 행했던 것과 하나님이 앞으로 행하게 될 것이지만 아직은 행하지 않은 것 사이에 있는 그 상황에 아주 일치한다. 그러나 우리가 제자들과 여인들에 관하여 듣고 있는 것은, '천사들'이 그들에게 했던 말의 징표 안에서, 그 말에 상응하게 발생하고 있다. 이 천사들의 말도 회고하면서, 게다가 전망하면서, 지금까지 일어난 일에 대하여, 게다가 앞으로 일어날 일에 대하여 언급하고 있다. 그것은 두 시대의 사이에 있는(zwischen den Zeiten) 말이며, 이 말에서 우리는 확실히 천사가 사가랴와 마리아에게 했던 말들을 회고해도 좋다. 그것의 본문으로부터뿐만 아니라 제자들이 그것으로부터 이끌어 내었던 결과로부터도 매우 분명하게 밝혀지는 것은 바로 이것이다: 천사들의 말도, 그 말을 듣고 있는 그 인간들을 격려하여 하나님을 기다리게, 즉 하나님의 미래를 위해 흔쾌히 준비하게 하려는 것이다. 그러나 여기에서 주요관심사는 누가복음 1장에 있는 기다림과는 다른 기다림이며, 그러므로 역시 그것과는 다르게 흔쾌히 준비하는 것이다.

그 두 기다림들 사이에는 성탄소식이 '성취'된 것에 관한 '역사'로부터 시작하여 부활이야기 안에 있는 성취의 '계시'에 이르기까지의 내용이 자리 잡고 있다. 이 성취된 역사와 계시된 역사는, 바로, 그것이 이제 '종결되었'기 때문에, 그들에게, 즉 여기에서 하나님을 기다리도록, 즉 그의 미래를 위해 흔쾌히 준비하도록 격려 받고 있으며, 그런 까닭에 모두 마음을 모아 기도에만 힘쓰고 있는 그들에게, 온전히 충만하게 '현재의' 것으로 기억된다. "'이 예수'가 너희를 떠나서 하늘로 올라갔다." 그들은, 누구를 기다리도록 허락되는지 그리고 마땅히 그래야만 하는지, 누구의 미래를 위해 기꺼이 준비하도록 허락되는지 그리고 마땅히 그래야만 하는지를 알고 있다. 그들은, 그들이 누구 안에서 마음을 모으고 있는지를 알고 있다. 그들은, 그들이 기도하고 있는 그 대상을, 즉 그를 위하여 그들이 그를 향해 기도에 힘쓰고 있는 바로 그 대상을 알고 있다. 여기에서 관심사가 되고 있는 것은 바로 '이' 역사의 주님이다. 바로 '그'가 그 역사를 지금 종결지었다. 바로 '그'가 그들을, 즉 제자들과 여인들을 지금 어제와 내일 사이에 있는 진퇴양난의 상황 안으로 들어가게 하였다. 그러나 그것이 다만 진퇴양난의 상황에 불과한가? 그들은 오히려 이미 헤아릴 수 없는 자유 안에서 실존하고 있는 것이 아닌가? 왜냐하면 당연히 종결된 어제가 역시 이 예수, 즉 이 역사의 주님이었기 때문이다! 이제 종결된 역사가 '이' 역사였다면, 이제 새롭게 시작되고 있는 역사에서는 무슨 일이 발생할 수 있겠는가? 그것의 시작이 '이' 역사의 종결이라면, 무엇이 그것의 마지막과 목표로 될 것인가? "'이 예수'가 너희를 떠나서 하늘로 올라갔"던 것과 동시에, '여기에서' 그 역사가 시작되고 있다면, 그것은 어디로 이어지겠는가? 그렇다면 미래에 그곳으로부터, 즉 위로부터 누구를 그리고 무엇을 기다릴 수 있는가? 천사의 말, 즉 그것의 징표로 제자들과 여인들이 모두 마음을 모아 기도에만 힘쓰고 있는 바로 그 말은, 기록되어 있듯이 그렇게 분명하게 선포되어야만 한다: "이 예수는…하늘로 올라가시는 것을 너희가 본 그대로 오실 것이다." 만일 그 사건으로부터 출발하여 접근하고 있는 그 마지막과 목표가 그에게 일치하지 않는다면, 만일 이미 왔다가 이제 가버린 바로 그가 '다시' 오지 않는다면, 그것은 '이' 예수가 아닐 것이며, 지금 종결된 역사는 '이' 역사가 아닐 것이며, 그러므로 이 종결과 함께 시작되는 그 시작도, 즉 사도들의 역사, 곧 교회의 역사의 시작도 '이' 시작이 아닐 것이다. '그렇지 않으면' 이미 왔던 그 외에 도대체 누가 올 것인가? 그가 '있었다': 그 외에 과연 누가, '존재하게 될' 그 존재일 것인가? 그가 처음(알파)이었다: 그 외에 과연 누가 마지막(오메가)일 것인가? 그를 향해 접근하지 않는다면, 그로부터 유래하는 것들이 과연 어디로 갈 수 있을 것인가? 더 나아가, 어떻게 이미 왔던 그가 과연 실제로 '다시 오지' 않을 것인가? 어쨌든 까닭 없이 오지 않았던 그가, 어쨌든 바로 그가 옴으로써 지상에서 하나님의 뜻이 이루어지는 것을 가동시켰던 그가, 심지어 더욱더, 그 뜻을 최종적으로 성취하였으며 또한 그의 인격 안에서 완벽하게 계시하였던 그가, 스스로가 인간으로 되었고, 완전히 지상에 있는 인류와 결합되었던 그가, 어떻게 과연 다시 오지 않을 것인가! 어떻게 그가 자기 자신에게 불성실할 수 있겠는가? 어떻게 그가, 그의 사역에 대하여, 그의 백성에 대하여, 땅에 대하여, 즉 그것 위에서 그가 하나님의 자비를, 그러므로 하나님의 영광을 위대하게 만들었던 그 땅에 대하여 책임지겠다고 단언하는 것을 중단할 수 있겠는가? 더 나아가, 어떻게 이미 왔던 그가 과연, 그가 올라갔던 것과는 '다르게' 다시 올 것인가? 그가 이제 40일간의 사건을, 그리고 동시에 그가 출현하고 현존한 사건 전체를 영광 안에서 완료하였는데, 어떻게 지상의 모든 사건이 과연 바로 그 영광 안에서가 아니고 다르게 완료될 것인가? 바로 그가 죽음에 대한 '승리자'로서, 그리고 동시에 '주님'으로서 그의 제자들에게 모습을 드러냈다. 이 승리자이며 주님으로서 그는 그들을 떠나 하늘로 올라갔다. 바로 이 승리자이며 주님으로서 그는 충만함 가운데에서 다시 올 것이다: 그 충만함의 "첫 열매" 혹은 "보증"이 그의 부활이며, 그의 역사를 종결하는 것이며, 그의 신앙공동체가 이루는 역사의 시작이었다.

바로 그것이 사도행전 1:11에 있는 천사의 말이 의미하는 것이다. 복음서의 이야기가 지닌 바로 그 한계가 지상에서 발생하는 모든 사건의 마지막 지평(Horizont)에 대한 통고를 형성한다는 것을 지적함으로써, 그 말은 아마 어쨌든 성서에 있는 천사들의 모든 말들 가운데 가장 강력하고 가장 포괄적인 말이다. 천사들의 말들 가운데 어떤 것이 성육신된 말씀의 비밀을, 따라서 하나님의 비밀을 그렇게 완전하게 포괄하였던가? 그것은 어쨌든 천사들의 말들 가운데 사실상 가장 의미심장한 말이다. 이 '특수한' 역사의 한계가 '모든' 역사의 지평이라고 통고함으로써, 그것은 모든 시대의 그리스도교 신앙공동체에 적용되는 자리(Platz)를 안내하고 있다. 그것이 신앙공동체에게 말하고 있는 것은 이것이다: 신앙공동체는, 이미 왔던 그가 오고 있는 존재로서 기다려지는 그곳에 속한다. 이 자리로 들어가 그 자리를 유지하며, 저 한계를 회고하고 저 지평을 전망하면서 세계 안에 실존하게 될 바로 그 신앙공동체를 일깨우고, 불러 모으고, 심판과 은혜로 다스리기 위해서는, 그것이 몇 번이고 되풀이하여 인식에 이르고 직무를 수행하도록 지도하기 위해서는, 그것을 몇 번이고 되풀이하여 활기 있게 만들고 유지하기 위해서는, 물론 천사들이 출현하고 말하는 것들보다 더 많은 것이 필요하다. 많은 증인들의 목소리로, 항상 새로운 증인들의 목소리로 그 공동체에게, 신앙공동체는 그 자리에 속한다고 말하기 위해서는, 그 공동체가 다른 곳으로 가지 않도록 경고하기 위해서는, 그 공동체가 다른 곳으로 갔다면, 그것을 다시 불러들이기 위해서는, 인간들도—사도들, 예언자들, 복음서 저자들, 성령의 다양한 은사들을 지닌 사람들이—필요하다. 그러나 다음의 사실을 '맨 처음' 말하기 위해서는, 천사가 필요하다: 그 공동체는 바로 그 다른 곳에 속하지 않으며, 이 한계가 그 공동체의 지평이 되도록 허락되며 또한 그래야만 한다. "그리스도 이후"에 사람들이 인내하며 기뻐하며 용기 있게 살아갈 수 있도록 징표를 세우기 위하여 천사가 필요하다. 그런 까닭에 우리는 확실히 이렇게 말할 수 있다: 누가는 이 두 천사들에 대해서도 적절한 곳에서, 즉 비길 데 없는 예수의 역사가 끝나는 곳에서, 사도들의 역사가 시작되며, 동시에 교회들의 역사가 시작되는 곳에서 언급하였다.

'예수 그리스도'에 대한 관계 안에 있는 천사들의 직무에 대해서, 즉 본질에 대해서는 이 정도로 끝내기로 하자. 우리는 이 영역에서도 남김없이 다 다루지는 못했다. 예를 들면, 많은 구절들에서 (가령 마 13:41, 24:31, 25:31 병행구, 살전 4:16, 살후 1:7) 예수 그리스도가 재림할 때는—그의 첫 번째 현존 때와는 명백히 다르게!—그의 천사들과 함께, 심지어 부분적으로는 그들의 매우 적극적인 '협력' 아래 나타날 것이라고 씌어 있다는 사실을 확인하는 것, 그리고 왜 그렇게 씌어 있는지를 확인하는 것은 중요할 것이며 교훈적일 것이다. 만일 우리가 고린도전서 15:24를 바르게 이해하였다면, 천사들의 협력이 끝난 후에는, 물론 그들의 기능이 완전히 중지되게 되어야만 할 것이다. 위의 구절들이 의미하는 것도 틀림없이 이것이다: 천사들의 직무는, 즉 하늘이 지상의 사건에 관여하는 것 전체는 과연 지금 여기에서 우리에게는 특이한 방식으로 눈에 띄지 않게 감추어져 있으며, 또한 감추어진 상태로 있어야 하긴 하지만, 지금 여기에서 마찬가지로 우리에게 감추어져 있는 예수 그리스도의 통치 자체와 함께 언젠가 명백히 드러나게 될 것이며 공개될 것이다.

그러나 우리는 이제 또한 좁은 의미의 그리스도론 영역을 넘어서, 이스라엘의 역사에서 그리고 신약성서의 신앙공동체 역사에서 중심부로부터 확실한 거리를 두지만, 확실히 또한 그 중심부의 주변에서 천사들의 직무에 관하여 암시되고 있는 많은 문제들을 더 파고들 수도 있을 것이다. 우리가 여기에서 다루지 않았거나 혹은 다만 피상적으로 다루었던, 흥미 있으며 어려운 구절들과 맥락들이 없는 것은 아니다. 그렇지만 나는, 이 주제에서 우리를 아직도 실제로 앞으로 나가게 할 수 있을 그 어떤 것을 알지 못한다. 여기에서 완벽한 성서적 천사론을 제시하는 것이 우리의 의도일 수는 없었다. 우리는 무엇보다도 여기에서 문제가 될 수 있는 가장 중요한 예를 들어서, 여기에서, 즉 교의학에서, 우리의 주요관심사가 되어야만 했던 가장 결정적인 것을 알기 쉽게 설명하였다.

이제 우리는, 우리가 여기에서 몰두하고 있는 독특한 현실에 가장 잘 상응할 수 있을 올바른 '이름'과 '개념'에 대한 질문에 대답을 제시할 수 있는 지점에 도달하였다. 그 질문은 다름 아니라 바로 이것이다: 만일 우리가 계속하여 이 주제를 모든 현대적인 언어들에서 관습적인 어휘인 "천사들"이라는 어휘로 묘사한다면, 그것은 이 주제에 상응하는가?; 만일 그 어휘를 사용하는 것으로 만족해야 한다면, 우리는 그 어휘를 어떻게 이해해야만 하는가? 이 질문에 대하여 우선 언급될 수 있는 것은, 이 어휘를 계속 사용하는 것이 사실상 허락될 뿐만 아니라 추천할 만한 일이라는 것이다.

나는 이미 인용한 바움가르트너(W. Baumgartner)의 글에서 다음과 같은 언급들을 인용한다: 히브리어는 우리가 다루고 있는 개념을 위해 특별한 어휘를 갖고 있지 않다. Maleak은 일반적으로 심부름꾼(Bote, 使者)을 가리킨다. 따라서 만일 그 어휘가 천사를 가리켜야 한다면, 히브리어에서 그것은 그 어휘가 지니고 있는 일반적 용법의 특수한 경우를 의미한다. 그 경우에 그 어휘는 보통 어떤 부가어를 통하여, 무엇보다도 바로 하나님의 이름을 소유격으로 결합시킴으로써, 혹은 상응하는 소유대명사들을 통하여 돋보이게 된다. 그리고 바움가르트너의 통찰에 따르면, 야웨의 천사(maleak Jahwe)는 다른 천사들과 구별되는 어떤 특수한 천사를 가리키는 것이 아니라, 단순히 '보통의' 심부름꾼과 구별되는 '하나님 심부름꾼', 즉 바로 '천사'를 가리킨다는 것이다. 그러나 이 주제를 위하여 이 어휘를 채택하는 것은 사정이 다음과 같다: 헬라어 ἄγγελος(천사)도 그 자체는 이 주제를 위한 특별한 명칭이 아니다. 그러나 신약성서 안에서 ἄγγελος의 세속적 용법이 이미 매우 감소하였으므로, 바로 이 어휘의 탁월성이 벌써 여기에서 사실상 성취되었다. 그리고 아마 그 사실에 의해 자극받아서, 라틴어역 성서(Vulgata)는 상당히 철저하게, 일반적인 심부름꾼을 위해서는 nunitus를 사용하였으나, 하늘의 심부름꾼을 위해서는 바로 angelus(천사)를 사용하였다. 그리고 그 다음에 독일어, 네덜란드어, 스웨덴어, 영어, 프랑스어, 이탈리아어, 스페인어 등이 이 라틴어 성서의 어법을 따랐다.

이렇게 하는 것은 내용상 의미 있는 일이다. 이 특별한 주제를 위해서는 참으로 특별한 어휘가 필요하다. 만일 우리가 여기에서 특별한 어휘를 포기하기를 원한다면, 우리는 그 문제를 회피하거나 그 어휘가 의미하던 그 현실을 부정해야만 할 것이다. 그러나 "천사"라는 어휘는 세 가지 이유에서 훌륭하다:

이 어휘는 여기에서 서술되어야 하는 현실적인 것을, 그것의 존재(Sein)에 대한 질문은 배려하지 않고, 그것의 '기능'과 '활동'을 고려하면서 서술한다.

이 어휘는 그것의 이러한 활동을 '소식'을 전달하는 것, '통고'를 실행하는 것, '증언'을 집행하는 것이라고 묘사한다.

그리고 이 어휘는 이런 활동을 (그것이 그것의 역사 안에서 획득하였던 의미에 따라서) 다음과 같은 것이라고, 즉 두드러진 방식으로, 그 활동의 특성이 유일무이한 방식으로, 그 활동의 직접성 때문에 다른 존재들의 상응하는 활동들과는 상이한 방식으로 '하나님을 위한 헌신' 안에서 행해지는 활동이라고 설명한다.

그런데 바로 이것이, 우리의 모든 숙고들에 따르면, 여기에서 묘사되고 이름 지어져야만 하는 그 현실의 윤곽이다. 바로 "천사"라는 어휘 외에는 어떤 다른 어휘도 이 윤곽에 그렇게 정확히 상응하지는 못할 것이다. 만일 우리가 그렇게 결정한다면, 우리는 물론 (우리의 출발점인 그 확인들이 지닌 의미에서) 이 어휘에 대한 '이해'를 다음과 같이 더 상세히 규정하면서 그렇게 행한다.

"천사들"은 무엇을 하는 존재인가? 이것은 완전히 그리고 오로지 그들의 '기능'과 '활동'으로부터 출발해서만 이해되어야 한다. 그들은 '철두철미' 천사들, 즉 사자들이다. 그들은, 그 명칭이 가리키는 그 '행동'에 종사함으로써, '존재하는' 실체(Wesen)들이다. 만일 우리가, 그 행동에 전제되어 있으며 그 행동과 구별될 수 있는 천사들의 존재(Sein) 자체에 대하여 언급하기를 원한다면, 우리는 허공을 잡게 될 것이다. 그들은 "하늘에 있는 존재들"이다. 그런데 하늘은 우리가 이해할 수 없는 상위의 우주이다. 우리는 그것에 대하여 다만 바로 다음의 사실만을 알고 있다: 하늘은 우리가 이해할 수 있는 이 우주 안에서 하나님이 말하고 행동하는 것의 세계내적 '출발점'이며, 그 점에서 이해할 수 있는 이 우주에 대한 관계에서 '상위의' 우주이다. 그런데 우리는 그 상위의 우주의 존재 자체에 대해서는, 그러므로 하늘에 있는 존재들의 존재에 대해서는 역시 아무것도 알지 못한다. 우리는 다만 그들의 행동 안에서만, 하나님의 사자로서 그들의 직무 안에서만 그들을 안다. 그래서 그들의 인격, 모습, 특성들, 본질에 대한 모든 질문들은, 그것들이 하나님의 사자로서 그들의 행동과는 다른 어떤 것을 의미할 경우에는, 불필요하다. 그래서 그들의 수효에 대한 모든 질문들도, 우리가 살펴보았듯이, 불필요하다: 우리가 단 하나의 천사에 대해 말할 때나 무수한 천사들에 대해 말할 때나, 우리는 동일한 것을 말하고 있다. 왜냐하면 한 천사는 모든 천사들처럼 그리고 모든 천사들을 위하여 말하고 행동하며, 모든 천사들은 언제나 다만, 한 천사가 말하고 행하는 것을 확증할 수밖에 없으며 또한 확증할 것이기 때문이다. 그리고 그래서, 우리가 살펴보았듯이, 그들 서로간의 관계에 대한 질문도, 하늘의 내부 질서와 위계질서에 대한 질문도 불필요하다. 물론, 천사들이 '존재한다'는 사실이 부정되거나 숨겨질 수는 없다. 그렇지만 그들이 바로 그들의 '직무수행' 안에서 존재하는 것과는 '다르게' 존재한다는 주장은 부정되어야 한다. "천사"라는 어휘를 사용할 때 배제되어야만 하는 것은 바로, 그처럼 많은 고대의 천사론과 현대의 천사론, 긍정적인 천사론과 부정적인 천사론이 범한 이 오류이다. 따라서 이 어휘를 사용할 때 아주 진지하게 받아들여져야만 하는 것은 바로, 이 어휘가 지닌 기본적인 의미이다.

더 나아가서, "천사"라는 어휘 안에 포함되어 있는, '사자들'로서, 즉 소식을 전달하는 자, 통고를 실행하는 자, 증언을 집행하는 자로서 그들의 행위에 대한 서술은 약한 의미로 이해되어서는 안 되며, 오히려 '강한' 의미로 이해되어야만 한다. 그들은—"하늘에 있는 존재"로서, 하나님 자신과 함께 "위로부터" 오면서—하나님을 위한 직무에서 말하고 행동하기 때문에, 그들이 말하고 행동하는 것은 매우 특별한 사자들이, 즉 최고로 권능이 있으며, 최고로 전권을 위임받았으며, 최고로 강력한 사자들이—그런 까닭에 다른 모든 사자들과 비교될 수 '없는' 사자들이 말하고 행동하는 것이다. 그러므로 나는 이미 "하나님의 사자들"(Gottes Botschafter)이라는 제목에서 그들의 이름을 불렀으며, 동시에 외교적 언어에서 이 개념에 독특한 함축된 의미들에 대하여 생각하였다.

"사자"(Botschafter, "대사"로 번역할 수도 있음—역자 주)는 그가 대표하는 정부에 소속되어 있지 않다. 그는 바로 다만 그 정부를 대표할 뿐이다. 따라서 그는 그 자신의 이념에 따라서 그 자신이 주도권을 잡고 정치를 하는 것이 아니라, 철두철미 다만 그가 대표하는 정부의 정치만을 수행한다. 그가 행하는 활동의 본질은 정부의 의도들을—그는 자신의 의도들을 지속적으로 정부의 의도들과 직감적으로 동일화해야만 한다.—현장에서 오직 가능한 한 아주 정확하게 그리고 아주 완전하게 유효하게 하는 것에 있다. 그러나 바로, 그가 행하는 활동의 본질이 다만 그렇게 행하는 것에 있기 때문에, 그는 그의 정부를 전권을 갖고 대표하며, 그는 단순한 외교사절이나 대리인보다 혹은 게다가 중개인보다 더 중요한 존재이다. 바로, 사자로서 그가 지닌 사명의 한계들 안에서 그는 현장에서 그가 대표하는 정부의 이름으로 말하고 행동하도록 허용되고 또 그렇게 해야만 하며, 정부의 명예와 품위는 현장에서 그의 명예와 품위이며, 우리는 현장에서 그의 인격을 안에서 그의 정부와 관계하며 그의 정부는 지체 없이 그의 결단들과 조치들을 인정한다. 우리는 그를 존중함으로써 그의 정부를 존중해야만 한다. 그를 해치는 자는 바로 그렇게 함으로써 그의 정부를 해치는 것이 될 것이다. 이렇게 비상한 방식으로 천사들은 하나님의 "사자들"이다.

그들이 이것과 저것을 전하고 수행해야만 하는 것만은 아니다. 그들은 물론 하나님이 아니며 하나님 곁에 있는 신들이 아니다. 그들은 피조물들이며 그런 존재들로서 철두철미 하나님 '아래에' 있다. 그들은 하늘에 있는 피조물들로서 심지어 지상의 피조물들보다 '더 엄격한' 의미에서 그러하다. 우리가 살펴보았듯이, 그들은 지상의 피조물들과는 달리 (외국에서 자신의 사적인 이익들을 추구하는 사적인 개인은 말하고 행동하는 일에서 그의 모국이 파송한 전권을 위임받은 대사와는 전혀 다르게 자주성을 향유하게 되듯이—그러나 그는 바로 그 대사의 특권에 어떤 지분조차 지닐 수 없다!) 어떤 독자성을 지니고 있지 않기 때문이다. 그러나 바로, 천사들은 하늘의 피조물들로서 다만 하나님 아래에 있으며, 다만 그를 위한 직무 안에서만 존재하는 그런 존재이기 때문에, 그들은 이 직무를 행하고 그들의 소식을 전하면서, 그들의 배후에 그리고 그들을 위하여 하나님의 완전한 권위와 영광과 능력을 지니고 있다. 천사가 있는 곳에는, 하나님 자신이 있다. 그러므로 한 천사는 반쪽 진리들을 말하는 것이 아니며, 또한 직무의 반쪽만을 행하는 것도 아니다. 우리는 한 천사의 말을 신뢰할 수 있다. 그러나 우리는 그 천사가 말하는 것에 대하여 토론조차 할 수 없으며, 그의 결단들에 반대하여 상급기관에 호소하는 일은 존재하지 않으며, 그의 행동에 반대하는 저항은 존재하지 않는다. 그 자신이 스스로 그렇게 숭고하고 오류가 없고 강력하기 때문이 아니라, 그는 말하고 행동하면서 하나님 앞에서 그리고 하나님을 위하여 서 있기 때문이며, 그는 하나님의 전권을 부여받은 사자이고, 그 사실을 하나님이 인정하고, 그 천사의 말과 결단에서 인간이 즉시 하나님 자신의 의도와 관계하기 때문이다. 따라서 이와 같이 그 개념의 강력한 의미에서, 천사는 하나님의 사자이다. 어떤 예언자도 그리고 어떤 사도도 그렇게 존재할 수 없으며 또한 앞으로도 그러할 것이다. 만일 인간이 특정한 상황들에서 어쨌든 이러한 전권을 지닌 하나님의 사자라면, 그 경우에 우리는 확실히 이렇게 말해야만 할 것이다: 그 인간을 통해서 말하고 행동하는 것은, 다름 아니라 바로 한 천사이다.

이런 가능성을 고려하는 것처럼 보이는 성서 본문들이 있다. 가령 사도행전 6:15에는 스데반에 대하여, 의회에 앉아 있는 사람들이 그를 바라보니, 그의 얼굴이 천사의 얼굴처럼 보였다고 기록되어 있다. 혹은 갈라디아서 4:14에는 바울이 그의 독자들에게 다음의 사실을 상기시키고 있다: "여러분은 나를 하나님의 천사와 같이, 그리스도 예수와 같이 영접해 주었습니다." 혹은 히브리서 13:2에는, 어떤 이들은 (그리스도교에서 요구하고 있는 손님대접을 실행하다가) 자기들도 모르는 사이에 천사들을 대접하였다고 기록되어 있다. 혹은 구약성서 사무엘하 14:17에는 슬기로운 드고아의 여인이 다윗에게 이렇게 말한다: "임금님은 바로 하나님의 천사와 같은 분이시니까,… 선악을 가려내실 것이라고도 생각하였습니다." 혹은 스가랴 12:8에서 우리는, "그날에" 다윗 집안은 "하늘의 존재처럼, 주의 천사처럼, 그렇게 백성을 인도할 것이다"라는 말씀을 듣는다. 혹은 학개 1:13에서 예언자는 명백히 "주님의 사자"(새번역: "주님의 특사" — 역자 주)로 명명된다. 혹은 말라기 2:7에는 제사장이 그렇게 명명된다. 그러므로 "제사장의 입술은 지식을 지켜야 하겠고, 사람들이 그의 입에서 지혜(새번역: 율법 — 역자 주)를 구하게 되어야 할 것이다." 그리고 마태복음 11:10에서 세례 요한은 모든 형태에서 출애굽기 23:20(일반적으로는 말라기 3:1과 관련시킴 — 역자 주)에서 알려진 심부름꾼, 즉 하나님보다 앞서 가서 그의 백성에게 길을 닦아 줄 심부름꾼과 동일시된다. 이 방향에서 아마, 소아시아 지역 신앙공동체들의 대표자들인 인간들이 공공연히 "천사들"이라고 불리고 있는 요한계시록 2-3장의 수수께끼에 대한 해답도 찾아질 수 있을 것이다.

그러나 바로, 특수하게 천사가 말하고 행동하는 것이 완전히 탁월하다는 사실이 그 점에서 다만 더욱더 눈에 띄게 될 뿐이다. 천사가 말하고 행동하는 것이 탁월성을 지닌다는 것은, 우리가 "천사"라는 어휘를 "사자"라는 의미에서 사용할 때에 유의하고 유효하게 해야만 하는 또 다른 요점이다.

그러나 — 이것이 세 번째 요점이다. — 만일 "천사"라는 어휘가 사용되어야 한다면, 우리는 그 어휘와 매우 긴밀한 관계에 있는 "하나님"이라는 어휘의 특수한 의미를 예리하게 유의해야만 한다. 그들이 하나님의 사자들이라는 사실이, 특별한 사자들로서 천사들의 활동에 대하여 그리고 바로 그와 동시에 그들의 존재에 대하여 언급될 수 있는 결정적인 것이다. 그들은 그 어떤 관념이 출현한 것들이 아니며, 어느 세력의 작용들도 아니며, 그 어떤 숭고한 존재의 혹은 최고 존재의 밀사들도 아니며, 그 어떤 소식이나 통고를, 그 어떤 증언을 전달하는 자들도 아니다. 그들은, 그들이 전하는 소식에 대하여 중립적인 우편배달부들이 아니다. 지금 진술한 의미에서 그들은 '성서' 안에서 증언된 하나님의, 즉 '예수 그리스도' 안에서 스스로가 인간의 주님으로, 동맹자로, 구세주로 되었던 바로 그 하나님의 사자들이다. — 그리고 그렇지 않으면, 그들은 아무것도 아니다. 그들은 그 사실로써 특징지어진 '역사'의 맥락 안에서 실존한다. — 그리고 그렇지 않으면, 그들은 실존하지 않는다. 그들은, 바로 '이' 하나님이 바로 '이' 역사 안에서 원하고 완성하는 그것의 뜻에 따라 작용한다. — 그리고 다른 방식으로 작용하지 않는다. 하늘이 다만 그 뜻에 의하여 결정되었듯이, 하늘에 있는 존재들도 다만 그 뜻에 의하여 결정되었다. 하나님 자신이 그 어떤 최고의 완벽함과 권세와 존엄성을 지닌 그 어떤 조작된 혹은 소위 체험된 혹은 실제로 체험된 존재가 아니라, 예수 그리스도 안에서 행동하였고 스스로를 계시하였던 바로 그 하나님이듯이, 마찬가지로 천사들도 그러한 최고의 존재와 나란히 혹은 덧붙여져서 존재하지만, 인간들보다 상위에 있는 그 어떤 실체들과 중개자들이 아니라, 명확히 규정된 의미에서, 유일한 진정한 하나님의 사자들, 즉 아버지와 아들과 성령으로서 살아 있고 활동 중이며 계시되어 있는 그 하나님의 사자들이다. 만일 우리가 이 점을 분명히 고수한다면, 그들의 존재에 대한 — 마치 그들의 활동 배후 어느 곳에서 그 존재를 찾을 수 있는 것처럼 여기는 — 저 오류로부터 벗어나는 것은 쉽고 당연한 것이다: 즉 "천사"(사자)라는 어휘의 기본적인 의미를 고수하고 그것에 만족하는 것은 쉽고 당연한 것이다. 만일 우리가 그 점을 고수한다면, 비상한 강함 안에서 그들이 하나님의 사자들이라는 사실을 통찰하고 승인하는 것은 마찬가지로 당연한 일이다. 그러나 그렇게 이해된 '하나님의'—'이' 하나님의, 이 '유일한' 하나님의!—사자라는 개념의 오른쪽에 혹은 왼쪽에 놓여 있는 것은, 그 경우에 (그것이 이것이든 저것이든, 그리고 그것이 실제로 그렇든 혹은 아니든) "천사"라는 어휘를 사용하는 명칭을 위해서는 고려될 수 '없'다.

우리는 여기에서 "천사"라는 어휘의 '그리스도교적' 용법에 대하여 논의하고 있다. 따라서 우리는, 옛 시대와 현대에 사람들이 그 어떤 다른 신에게 속한 그 어떤 실체들과 중개자들의 존재, 실존, 활동에 관해서 상상하고 생각하고 창작하고 주장하고 가르쳤던 그것을 그러한 모습들이 생각될 수 있을지도 모르는 관련된 세계관들과 구원의 복음들과 문학작품들을 창작하고 믿는 그 사람들의 책임에 맡긴다. 우리는 물론 아무에게도, 그가 이 관점에서 알고 있다고 여기거나 인지했다고 여기거나 믿어야 마땅하다고 여기는 것을 "천사"라는 어휘로 묘사하는 것을 방해할 수 없다. 그러나 우리는 다음의 주장에 대해서는 이의를 제기한다: 즉, 현실이라는 개념은 결정적으로, 성서에 따르면 살아 있고 활동하고 계시되는 그 하나님에 대한 그것의 관계로부터 발생하는데, 바로 그 현실의 오른쪽 혹은 왼쪽에 놓여 있는 그 어떤 것이 '그리스도교의' 천사 개념에 상응하며, 그 어휘의 '그리스도교적' 용법에서 "천사"라고 불릴 만하다는 주장에 대하여 이의를 제기한다. '토마스 아퀴나스'의 천사들은, 그가 그들에게 귀속된다고 단호하게 인정하였던 그 본질과 중요성에서 볼 때, 그리스도교의 의미에서는 천사들이 아니다. '릴케'의 문학작품의 상이한 발전단계들에서 나타나는 그의 천사들도—마지막 단계에서도—마찬가지로 그리스도교의 천사들이 아니다. 수많은 신화적, 심령주의적, 신비학적, 신지학적(theosophisch, 神智學的), 인지학적(anthroposophisch, 人智學的) 체계들의 천사들, 게다가 또 하여간 많은 개별적인 몽상가들의, 혹은 그 몽상가 집단들 전체의 인기 있는 열광적인 상상력이 만들어낸 천사들도 물론 그리스도교의 천사들이 아니다. 그리고 그것에 상응하게, 그 이름으로 수많은 비웃음과 회의와 부정과 마주치게 되는 그 존재들조차 그리스도교의 천사들이 아니다. '이' 존재들이 실재하는지 혹은 실재하지 않는지에 대한 결정은 여기에서 내려질 일이 아니다. 그렇지만 여기에서 결정되어야 하는 것은 이것이다: 이 존재들은—실재하든 혹은 실재하지 않든, 주장되든 혹은 부인되든, 두려움의 대상이든 혹은 사랑을 받든 혹은 또한 비웃음을 받든—성서가 천사들에 대하여 논의할 때 고려한 영역과는 '다른' 그 어떤 영역에 소속되어 있다. 따라서 여기에서는 다음의 사실이 확실히 결정되어야 한다: 그리스도인들이며 신학자들로서 우리는, 천사들에 대해서 논의하면서 저 존재들에 대해서 논의하는 것을 중단해야만 하며, 하물며 우리가, 저 존재들과 어떻게든 알게 된 것으로부터 출발하여, 그리스도교의 의미에서 천사들이라는 개념이 의미해야만 하는 그것에 대하여 배우려 할 정도로 그렇게 어리석어서는 안 될 것이다.

천사들이라는 이름과 개념에 대한 이 마지막 설명과 관련하여 이제 역시, 아마 지금까지 소리 없이 우리를 따라왔던 마지막 질문이 명확히 제기되고 대답될지도 모른다. 나는 그 질문을 의도적으로 그 '그릇된' 형태로, 즉 그것이 어쨌든 습관적으로 그렇게 제기되곤 하는 그 형태로 공식화한다: 천사들의 현실과 직무는 다만, 성서의 증언에 따르면 '당시에' 그리고 '그곳에서' 발생한 역사에만 속하는가?—이스라엘의 족장들과 맺은 하나님의 계약 수립으로부터 예수 그리스도의 출현을 거쳐 그리스도의 신앙공동체 설립에 이르기까지의 역사에만 속하는가? 혹은 천사들은 우주적 사건 '전체'에, 따라서 '모든' 시대의 역사에, 따라서 각 개별적인 인간의 생활사를 포함한 '우리의' 역사에도 속하는가?

이 양자택일은 결코 존재하지 않으므로, 이 질문은 잘못 제기된 것이다. 족장사로 시작되고, 예수의 역사에서 그것의 중심을 지니며, 결국 사도들의 역사로 흘러들어간 그 역사는 은혜에서 비롯된 계약의 역사로서—바로 그 역사의 중심부에서 무슨 일이 발생하였는지 생각해보라!—어떤 "그곳에 그리고 그 당시에" 갇혀 있는 것이 아니다. 만일 거기에 갇혀 있다면 역사는, 이전과 이후에 어떤 다른 곳에서 그리고 다른 때에 발생하였던 것, 발생하고 있는 것, 그리고 아직 발생할 것에 대해서는 낯설게 멀리 떨어져서 마주보고 서 있게 될 것이다. 만일 천사들이 저 은혜에서 비롯된 계약의 역사에 속한다면, 그들은 또한 그 밖의 사건, 즉 이전의 혹은 이후의 혹은 미래의 사건으로부터 멀리 떨어져 낯설게 존재할 수 없다. 그리고 다른 한편으로, 우리 자신이 참여하고 있으며 또한 아직 참여하게 될 사건을 포함하는 일반적인 세상사는, 은혜에서 비롯된 저 계약의 역사에 대하여, 예수 그리스도 안에서 하나님이 말하고 행동한 것에 대하여 독자적인 사건이 아니며, 오히려 모든 역사가, 그러므로 또한 우리의 역사도 그것의 의미와 중심을 바로 저 역사 안에 지니고 있다. 바로 그곳으로부터, 과거와 현재와 미래에 지상에 있는 피조물 전체의 현존이, 인류전체의 현존이, 그리고 각 개별적 인간의 현존이 조명되고 결정되고 지배받는다. 모든 현존이 사실은 그곳에 그것의 뿌리를 갖고 있으며, 서둘러 그곳을 향해 가며, 또 그곳으로부터 유래한다. 저 중심을 에워싸고 있는 내부집단의 운동으로서 특히 그리스도교 '신앙공동체'의 역사는 그곳으로부터 유래하며, 그 신앙공동체는 모든 사건의 목표를 당시에 그곳에서 발생하였던 사건의 유효성을 드러낸 바로 그 계시 안에서 인식한다는 점에서, 그 역사는 역시 다시 그곳을 향해 서둘러 진행된다. 그 신앙공동체는 이 희망과 기대 안에서 살고 있기 때문에, 그것은—그곳으로부터 쏟아 부어진 성령의 능력으로—그곳에서 발생한 사건 안에서 그리고 그 사건으로부터 영향을 받으며 살아간다. 그런데 그리스도교 신앙공동체를 에워싼 더 넓은 주변에서는—이 신앙공동체가 알도록 허락된 것을 알지 못한 채—사실상 피조물 '전체'가 그렇게 살아간다. 그런데 만일 '그곳'에서 발생했던 사건이 '천사들' 없이 발생했던 것이 아니라면, 그것은 다음의 사실을 의미할 수밖에 없다: 이것은 역시 모든 시대의 신앙공동체의 삶에도 적용되며, 역시 일반적인 세상사에도 적용되며, 역시 모든 개별적인 그리고 개인적인 사건에도 적용된다. 예수 그리스도가 그의 영을 통하여—인식되든지 혹은 인식되지 않든지—현존하며, 살아 있으며, 강력하게 영향을 끼치는 곳에는, 거기에서는—인식되든지 혹은 인식되지 않든지—역시 천사들의 직무도 행해지고 있다.

이 사실이 일반적으로 잘 알려지거나 인식될 수 있는 진리로서 파악되고 진술될 수는 없다는 것은 명백하다. 그러나 그것은 역시 하나님의 실존과 하나님의 나라에도, 예수 그리스도 안에 있는 그의 현존과 살아 있음과 권세에도 적용된다. 역시 그 진리는 특수한 진리이다; 어디에서 이 진리가 실제로 파악되고 진술되든지, 역시 그것은 선포(Kerygma)이고 신앙고백이고 영이고 계시이다. 그러므로 저 계약의 역사와는 상이한 사건의 좁은 영역과 넓은 영역에서 천사들이 행하는 직무도 선포이고 신앙고백이고 영이고 계시이며, 따라서 일반적인 세계관의, 역사철학의, 생의 철학의 한 요소가 아니다. 그러나 그리스도교의 메시지는, 그러므로 역시 교회교의학도, 바로 이 '특수한' 진리와, 그리고 그 진리의 '보편적' 의미 및 파급효과와 관계한다. 그러므로 다음의 사실은 자명하다: 천사들의 직무라는 현실도 성서에 증언된 역사에 제한될 수 없으며, 오히려 이 특수한 사건이 지닌 중심적이고 보편적인 중요성 때문에, 이 직무는 또한 다른 사건의 더 좁은 주변영역과 더 넓은 주변영역에서도 발생하며, 실제로 그리고 효과적으로 존재한다는 사실이 고려되어야만 한다.(혹은 오히려, 그 사실이 고려되도록 허락된다고 말하는 편이 더 나을 것이다.)

우리가 지금 천사론의 문제로서 인식하였던 바로 다음의 문제가 대체 어디에서 그리고 언제 제기되지 않을 수 있겠는가?: 우리의 영역에서, 즉 하위의 우주에서 하나님이 현존하고 말하고 행동한다는 '비밀'에 대한 문제—땅 위에 있는 하늘에 대한 문제, 즉 의미심장한 가까움과 '동시에' 거리를 둠, 거리를 둠과 '동시에' 가까움이 없다면 하나님은 지상의 피조물을 위엄 있게도 친밀하게도, 거룩하게도 자비롭게도 만날 수 없으며, 따라서 하나님으로서 만날 수 없을 것인데, 바로 그 의미심장한 가까움과 '동시에' 거리를 둠, 거리를 둠과 '동시에' 가까움에 대한 문제. 하나님이 그 일을 '행하는' 곳에서는, 그는 언제나 그리고 어디에서나 '천사들'의 직무를 통해서 그 일을 행한다: 하나님이 확실히 그의 '성령'을 통해서 그 일을 행하듯이, 그의 성령이 행하는 사역의 본질은 확실히, 그가 우리를 저 계약의 역사에 참여하는 자로, 족장들과 예언자들과 사도들과 복음서 저자들의 동료 시민으로, 한 가족으로, 동시대인으로 만든다는 사실에 있듯이, 성령 안에 있으며 그의 지도를 받고 있는 삶의 본질은 확실히 매우 단순하게 저 역사에 우리가 참여하는 데에 있듯이, 그렇게 확실히 그러하다. 그런데 만일 우리가 '그 역사'에 참여한다면, 그 경우에 우리는, 그 역사 안에서 발생하였던 '천사들'의 직무에도 참여하는 것이다. 하나님의 나라가 어디에 있든지, 거기에는 또한 하나님의 엄격한 그리고 구원하는 비밀도 있으며, 따라서 거기에는 또한 하늘나라도 있으며, 따라서 거기에는 또한 천사들도—그들에게 고유한, 눈에 띄지 않음과 겸손 안에서, 지상의 모든 피조물들보다 그들을 돋보이게 하는 무조건적인 사심(私心) 없음과 무조건적인 객관성 안에서—활동하고 있다.

글을 마치면서, 우리는 이제 물론 약간 엄격하게 다음의 사실을 강조해야만 한다: '그 나라'가 주요관심사인 곳에는, '실제의' 천사들이, 즉 성서에 증언된 천사들이 '그들의' 방식으로 '그들의' 활동을 하고 있다. 따라서 우리는 이제 몽상으로 되돌아가서는 안 된다: 즉, 그 어떤 다른 것이 주요관심사인 곳에는, 그곳에는 아마 또한 그 어떤 더 숭고한 존재들이 그들에게 고유하거나 할당된 방식으로 그 어떤 놀라운 업적에 종사하고 있을지도 모른다는 몽상으로 되돌아가서는 안 된다. 그것은 사실상 그럴'지도 모르며'—혹은 또한 그렇지 않을'지도 모른다'(könnte): 그러나 우리는 여기에서 실제로 '존재하는'(ist) 어떤 것에 대하여 논의하고 있다. 실제의 천사들에게는 지상에서 '하나님의' 명예가 주요관심사이며, 다만 그것만이 주요관심사이다. 다른 방식으로가 아니라, 바로 다음과 같이 함으로써 그들은 지상의 피조물을 섬긴다: 그들은 지상의 피조물에게, 하나님이 가까이 있으며 동시에 거리를 두고 있다는 것을, 거리를 두고 있으며 동시에 가까이 있다는 것을, 간단히 말하자면, 하나님의 '비밀'을, 그러므로 하나님 자신을 통고한다. 아마 결코, 지상의 피조물이 자신의 고유한 지혜에 따라서 그 비밀을 바람직하고 흥미 있고 놀라운 것으로 간주해서가 아니라, 그 비밀이 하나님의 지혜에 따라서 그 피조물을 필요로 하기에, 천사들은 지상의 피조물에게 하나님을 증언한다. 그렇다: 그들이 그렇게 행함으로써, 그들은 깨우치고 안내하며, 돕고 보존하며, 보호하며 구조한다. 그러나 이 사실이 의미하는 것은 다름 아니라 이것이다: 하나님 자신이 그 모든 것을 행하며, 그들은 그의 증인들, 즉 큰 사건과 작은 사건에서, 보편적인 사건과 개별적인 사건에서 바로 '그'에 대한 찬양을 선포하며, '그'를 찬양하도록 촉구하며, 바로 그렇게 함으로써 하나님만이 아니라 또한 지상의 피조물도 섬기는 증인들이다. 그들이 하나님이 행하는 일에 그의 종들로서 참여한다는 것이 의미하는 것은, 그들이 지상의 피조물에게, '그'가 그 일을 행하고 있으며, '그'가 그렇게 성실하고, 그렇게 자비로우며 인내한다는 사실을 통고한다는 것이다. 그리고 바로 그렇게 함으로써 그들은 지상의 피조물에게, 즉 우리에게, 우리가 그들에게서 기대해야만 하는 그들의 직무를, 즉 그 유일하게 선한 것을 행한다.

우리는 가령 시편 34:7 이하(한글번역판은 6절 이하—역자 주)에서 천사들이 지닌 그러한 직무에 대하여 언급하고 있는 맥락에 주의해야 한다. 우선, "이 비천한 몸도 부르짖었더니, '주님'께서 들으시고, 온갖 재난에서 구원해 주셨다." 그 다음에는, "주님의 '천사'가 주님을 경외하는 사람을 둘러 진을 치고, 그들을 건져 주신다." 그런데 그 다음에는 더욱더, "너희는 '주님'의 신실하심을 깨달아라. '주님'을 피난처로 삼는 사람은 큰 복을 받는다!" 혹은 시편 91:9 이하는 이렇게 시작된다: "네가 '주님'을 네 피난처로 삼았으니, '가장 높으신 분'을 너의 거처로 삼았으니." 그 다음에 이어지는 구절은 '그렇게' 행동하는 바로 그 사람, 즉 '그' 행동에서 바로 자신을 확증하고 확고하게 하는 그 사람을 향한 것이다: "네게는 어떤 불행도 찾아오지 않을 것이다. 네 장막에는, 어떤 재앙도 가까이하지 못할 것이다. 그가 '천사들'에게 명하셔서 네가 가는 길마다 너를 지키게 하실 것이니, 너의 발이 돌부리에 부딪히지 않게 천사들이 그들의 손으로 너를 붙들어 줄 것이다." 우리는 여기에서 벌써, 마태복음 4:6에 따르면 악마가 바로 이 말씀을 악용하였다는 것을 기억해야만 한다. 혹시 우리가, 천사들은 인간에게, 그가 원하는 것과 원하지 않는 것 중에서, 어떤 쾌적한 것들을 줌으로써 그리고 어떤 불쾌한 일들을 방지함으로써 이목을 끄는 원조를 제공하기 위하여 현존한다고 생각한다면, 그 경우에 이처럼 이 말씀이 악용될 것이다. 천사들은 물론 인간을 돕기는 하지만, 그 경우에 그들은 그에게 '하나님'의 도움을 널리 알림으로써 돕는 것이다. 그들은 물론 인간을 섬기기는 하지만, 그 경우에 그들은 인간의 역사를 '은혜에서 비롯된 계약'의 역사에, 즉 인간과도 관계있으며 인간도 포함하는 그 역사에 관련시킴으로써 섬기는 것이다. 그들은 물론 완전히 직접적으로 그리고 개인적으로 인간을 위하여 현존하기는 하지만, 그 경우에 바로, 그들은 바로 그를 가장 중요한 일에서나 가장 사소한 일에서나 하나님의 '비밀' 앞에 세움으로써 그렇게 한다. "그들은, '그의 권세가 직접적으로 가까이 있음을 우리에게 증언하기 위하여' 투입되었다; … 우리가 온전히 '그에게' 의존하고, '그를' 근거로 삼고, '그를 향하여' 움직이고, '그에게서' 안정을 찾도록 하기 위하여, 그들은 '중재자인 그리스도' 곁에 있도록 우리를 붙든다." (Calvin, *Instit.* I 14, 12) 그들의 직무가 지니는 높은 객관성을 인지하기를 원하지 않는 사람은, 아마도 심지어 그 객관성을 거부하기를 원하는 사람은, 그들에 대하여 아무것도 알지 못한다고 고백하는 것이 아마도 더 나을 것이며, 그들을 내세워 자신을 정당화시키지 않는 것이 더 나을 것이며, 또한 그가 언젠가 그들로부터 무엇인가를 얻으리라고, 그들과 어떤 관련이 있게 될 것이라고 생각하지 않는 것이 더 나을 것이다.

여기에서 소위 "민족들의 천사들"에 대하여 한마디 하는 것이 적합할지 모르겠다. 그들은 20년 전에—제3제국(히틀러 치하의 나치 독일—역자 주)이 점점 더 세력을 얻고 있을 무렵(1930년대 초—역자 주)에—어떤 독일 신학자들의 역사철학에서 일종의 인기를 누렸다. 그러나 그 개념이 다니엘 10:13으로 설명될 수 있는 것은 틀림없이 아니다. 왜냐하면 그 구절에 언급된 "페르시아 왕국의 천사장"은 천사장 미가엘과, 그리고 다른 한 천사와 다투고 있었으며, 바로 그렇게 함으로써 하나님의 천사로서가 아니라 명백히 악마적인 인물로서 특성이 묘사되고 있기 때문이다. 그러나 왜 하나님의 세계통치 맥락 자체 안에는 도대체 역사적 집단들의 실존과 길과 역할에 대한 천사들의 특별한 관심들과 관계들이 존재해서는 안 되는가? 그런데 여기에서 우리가 생각해야만 하는 것은 어쨌든 확실히 민족들 자체가 아니라, '질서'를 위하여 인간들에 의하여 설립된 권세들인 '국가들'이다. 신약성서의 서신들 안에서 아주 특히 천사들의 관계에 즐겨 사용된 질서개념 및 권세개념은 의심할 여지없이 이 방향을 가리키고 있다. 그렇지만, 만일 우리가 이 방향으로 생각한다면, 우리는 여기에서도 천사들의 높은 객관성에 유의해야만 하며, 따라서 결코 갑자기 일리아드(Ilias=Iliade, 트로이 전쟁에 대하여 노래한 Homer의 영웅 서사시—역자 주)의 신학에 빠져서는 안 될 것이며, 따라서 천사들에게 결코 민족적이며 정치적인 수호신들의 특성과 민족적이며 정치적 관심사(Interesse)를 대변하는 하늘에 있는 대리인들의 특성을 할당해서는 안 될 것이다! 만일 천사들이 세계사에서도 관심사들을 대변한다면, 그 경우에 그것은 '하나님의' 질서와 권세에 대한 관심사들이다. 그 경우에 우리는, 상이한 역사적 집단형성들과 그것들의 전개들에 대한 천사들의 직무를 다음과 같은 방식으로 이해해야만 할 것이다: 그들은—언제나 전체적으로 보아 핵심인 신앙공동체의 역사와 관련하여—정치적인 세계사의 진행과정 안에서도 그리고 그 세계사의 상이한 형성물들 안에서도 하나님의 비밀을 전하는 증인들이다. 다음의 사실이 통찰되어만 한다: 우리는 바로 이 점에서 실제로 그들의 직무를 확실히 고려해야만 한다.

그리고 여기에서 마지막으로 또한, 개별적인 인간 개인들에게 할당되었다고 이해되는 소위 "수호천사들"의 문제에 대해서도 한마디 하는 것이 적합할 것이다. 그 방향으로 가리킬 수 있는 성서구절들이 몇 군데 있다. 가장 강력하게 그것을 주장하는 것은 확실히 욥기 33:22 이하이다: 여기에서는 분명히, 하나님 앞에 있는 한 인간을 위하여 한 천사가 효과적으로 대변하는 것이 화제로 되고 있다. 그러나 그곳에서도, 이 천사가—"천 명 가운데 한 명"이—이제야말로 정말 개별적으로 그리고 영속적으로 "그의", 즉 그 인간의 천사라는 것을 의미하지는 않는다. 그리고 마리아의 집에 모인 그리스도인들에 대하여 설명하고 있는 사도행전 12:15에 따르면, 체포되었던 베드로가 뜻밖에 그 집의 문을 두드릴 때, 그들은 "그것은 그의 천사이다."라고 생각했다고 한다. 만일 그렇다면, 이미 칼빈(Instit. I, 14, 7)이 정당하게 알아차렸듯이, 어떻든 참으로 다음의 질문이 해결되지 않은 채 남아 있다: 그와 동시에 단지 통속적인 견해가 암시된 것은 아닌가? 다른 한편으로 그 표현에서, "그의" 천사가 이제야말로 정말 그의 수호천사로 이해될 수 있는지의 여부가 유추될 수는 없다. 그 반대로, 이 본문의 맥락에 따르면 사실상 베드로의 해방자로서 활동하였으며, 따라서 어쩌면 그의 "수호천사"일 수도 있을 바로 그 천사는 이제야말로 정말 "그의" 천사가 아니라, 관례대로, "주의 천사"라고 불린다. 그러나 무엇보다도, 여기에서 몇 번이고 되풀이하여 인용되었던 마태복음 18:10의 말씀은 이러하다: "너희는 이 작은 사람들 가운데서 한 사람이라도 업신여기지 않도록 조심하여라. 내가 너희에게 말한다. (하늘에서: 몇 사본들에는 이 구절이 없음) 그들의 천사들이 하늘에 계신 내 아버지의 얼굴을 늘 보고 있다." 하늘에 있는 예수의 아버지가 이 "작은 사람들"에 대하여 천사들을 통해 매개되는 특수한 관계를 맺고 있다는 사실이 이 말씀에서 확실하게 언급되었다. 그러나 (여기에서도 칼빈이 확인하였듯이) 각 사람이 그 천사들 가운데서 바로 수호천사의 기능을 하는, 그의 특수한 천사를 갖고 있다고 언급되지는 않았다. 수호천사라는 개념은 이미 고대교회에서 그리고 그 후에 몇 번이고 되풀이하여 인기를 누렸으나, 그 인기는 의심스러운 것이다. 이 개념형성에는 저 성서구절들보다는 "수호신"이라는 이교도의 개념이, 즉 그 경우에 사람들이 그것의 왼쪽에는 더욱 제멋대로 하나의 악령(Dämon)을 세우곤 했던 그 개념이 더 큰 역할을 했던 것은 아닐까? 그런 까닭에 대부분의 초기개혁파 교의학자들은 감정이 풍부한 루터파 신학자들과는 반대로 이 주제에 관여하기를 거부하였다. 물론 정서적 이유들에 대해서는 전혀 배려하지 않고, 다시 이렇게 질문이 제기될 수 있을 것이다: 왜 천사의 현실과 각 개별적인 인간 사이에 어떤 특수한 관계와 같은 그 어떤 것이 존재해서는 안 된다는 말인가? 그런 관계는 존재해서는 안 되는가? 어쨌든 '하나님'과 인간 사이의 관계도 (하나님의 말씀과 성령을 통하여!) 언제나 각기 개별적인 특성을 지니고 있지 않은가? 그러나 그렇다고 해서 우리가, 영속적으로 각 개별적인 인간만을 위해 존재하는 개인의 천사에 관하여 논의해야만 하는가? 거듭 칼빈이 다음의 확언을 통해서 그것에 대한 가장 강력한, 즉 적극적인 항변을 제기하였다: 각 개인을 위한 하나님의 돌봄은 어쨌든 결코 다만 '한' 천사에게만 맡겨진 것이 아니라, "오히려 그들 모두가 단결하여 우리의 구원을 지키고 있다." 만일 우리에게, 하늘의 군대 '전체'가 우리를 위하여 감시하고 있다는 사실이 충분하지 않다면, 그 경우에, '한' 천사가 특히 우리를 지키는 파수꾼이라는 것을 믿는 것이 어떻게 우리를 돕겠는가? 이것이 건전한 천사론이다. 천사들의 보호 기능이 가장 명확하게 강조된 바로 시편 91:11 이하는 의심의 여지없이 한 천사에 대해서가 아니라 '많은' 천사들에 대하여 언급하고 있다. 그리고 여기에서도 우리는 다음의 사실을 기억해야만 할 것이다: 천사들이 보호하는 것의 본질은, 그들이 그들에게 맡겨진 존재들을 하나님에 대한 그들의 증언을 통하여 '하나님'과 공동으로 보호하며, 바로 그렇게 함으로써 '진정으로' 보호하며, '진정으로' 안전하게 지키는 것에 있다. 그들은 각 인간의 삶에서 하나님의 나라를 옹호하는 대리인이며, 바로 그와 동시에 그 인간의 고유한 일(Sache)을 위한 가장 훌륭한 보증인들이다.

그리고 이제 우리는 하늘나라와 하나님의 사자들에 대한 우리의 고찰을 마무리하면서 아직 전혀 다른 영역으로 힐끗 눈길을 돌려야만 한다.

우리는 그렇게 '해야만' 하는가? 그 이유는 우선 간단히 말하자면, 아주 오래된 운명적 관념연합이 바로 이 두 영역들을, 즉 천사들의 영역과 '악령들'의 영역을 교부 시대부터 근대 개신교 교의학자들의 시대에 이르기까지 몇 번이고 되풀이하여 긴밀하게 관련시켜 왔기 때문이다. 우리는 이 두 영역들을, 몇 번이고 되풀이하여 발생하였던 것처럼 그렇게 서로 관련시키지는 않을 것이다. 그럼에도 불구하고, 직접 천사들로부터 출발하여 이제 악령들에게도 적어도 한 번 눈길을 돌릴 만한 가치를 인정할 만한 충분한 이유가 있다. 왜냐하면 우리는, 여기에서 주요관심사가 되고 있는 악령문제를 어쨌든 바로, 지금까지 몰두하였던 천사문제와 대립관계 안에서 가장 잘 주목하게 되기 때문이다.

왜 이 주제에 단지 힐끗 '눈길'을 돌려야 하는가? 그 이유는, 여기에서 주요관심사가 되고 있는 것은 '험악한'(wüst) 주제이기 때문이다: 우리는 과연 그리스도인이며 신학자로서 그것에 대하여 알아야만 하기는 하지만, 결코 그것에 몰두해서는 안 되며, 따라서 그것에 대하여 마치 우리의 고유한 주제처럼 서술하면서 장광설을 늘어놓아서도 안 된다. 그 주제는 그것의 방식이 매우 현실적이다. "그 광경은 교육적이지도 않았고 즐겁게 하지도 않았다." 괴테는, 베수비오 화산(Vesuv, 이탈리아 나폴리 동쪽에 있는 화산. 서기 79년에 폭발하여 인근의 도시 폼페이를 삼켜버렸다.—역자 주)의 정상에서 잠시 그 산의 개방된 분화구를 내려다본 후에, 그렇게 느꼈고 그렇게 판단했다. 그 곁에 우리가 서 있는 바로 그 분화구의 가장자리에서 이 느낌과 이 판단을 함께 나누지 않는 사람은, 거기에서 볼 수 있는 것을 보지 않고 있는 것이리라. 그것이 아무리 현실적일지라도, 우리는 험악한 것들을 너무 오래 바라보아서는 안 되며, 너무 자세히 연구해서는 안 되며, 너무 강렬하게 받아들여서는 안 된다. 악령들을 (그것들은 루터의 경우에는 보통 악마[Teufel]라는 유일한 모습으로 압축되었다.) 너무 자주, 너무 오래, 너무 엄숙하게, 너무 원칙적이며 체계적으로 똑바로 쳐다보는 것은 역시 아무도—위대한 마르틴 루터도 (바로 그도!) 예외가 아니었다.—이롭게 하지 않았다. 왜냐하면 우리는 그렇게 함으로써 결코 악령들에게 깊은 감명을 주지는 못하지만, 게다가 우리 자신이 약간—그리고 아마도 단지 약간이 아니라 더욱—악마적으로 될 수 있는 긴급한 위험이 존재하기 때문이다. 악령들은 특히 신학에서 가장 열렬하게 다음과 같이 되기를 기다린다: 즉, 우리가 그것들에 대하여 매우 흥미 있게 여기고, 그야말로 그것들을—가능하면 체계적으로—진지하게 대하기를 기다린다. 바로 그렇게 함으로써 그것들이 신학자들을—형편없는 신학자들이 아니라, 바로 훌륭한 신학자들을—결국 끝내 역시 사로잡곤 한다. 그러므로—우리가 천사들의 문제에서 의식적으로 그리고 의도적으로 철저하게 오랫동안 다룬 후에—이 주제에는 단지 힐끗 '눈길'을 돌린다. 여기에서 우리의 의도는, 이 주제를 가볍게 여기려는 것이 아니라, 그것을 그것의 본질에 따라서 그것에 걸맞은 방식으로 다루려는 것이다. 그 주제에 바로 '짧고 날카로운' 눈길을 던지는 것은 이 주제에 충분할 뿐만 아니라, 또한 유일하게 옳은 것이다.

 나는 이 영역을 천사들의 영역에 비교하여 '전혀 다른' 영역이라고 불렀다. 이제 여기에서 주요관심사는 마찬가지로, 실질적으로 결정적인 어떤 것, 즉 올바르게 이해한다면 정말 결정적인 '그것', 즉 그 문제 전체와 그것에 대한 근거 있는 대답이다. 천사들의 영역과 악령들의 영역은 바로 그들의 유래와 특성에 따르면 결코 서로 긴밀하게 결합되어 있지 '않'다. 악령들은 결코 천사들의 가련하거나 악하고, 평판이 나쁘고, 부담이 되는 사촌들과 같은 어떤 존재가 아니다. 하늘과 지옥 사이에는, 즉 위로부터 오는 것과 그것에 맞서 있는 것, 곧 아래로부터 그것에 대립하여 부딪치고 작용하며 스스로가 기꺼이 위가 되기를 원할 불쾌한 것 사이에는, 아무런 공통된 것이 없다. 따라서 하나님과 악마에 대하여, 천사들과 악령들에 대하여 단숨에 언급하는 것은 그릇된 행동이다. 양쪽의 공통분모는 존재하지 않는다. 왜냐하면 양쪽이 함께 자라난 공통의 뿌리가 존재하지 않기 때문이다. 양쪽에 공통분모가 있다고 주장하고 그렇게 묘사하는 사람은, 그가 천사들에 대하여 말할 때, 그가 무엇에 대하여 말하고 있는지 알지 못하며—그가 악령들에 대하여 말할 때, 그가 무엇에 대하여 말하고 있는지 알지 못한다.

이미 옛 신학은 여기에서, 마치 양측이 "천사들"이라는 상위개념 아래에 속하기나 한 듯이, 마치 그들이 '같은' 상자에서 꺼내고 후에 다시 '동일한' 상자에 보관할 수 있는 서양장기의 흰 말들과 검은 말들과 같은 어떤 것들인 듯이, 즉 "선한 그리고 악한 천사들에 대하여" 혹은 또한 단순하게 "천사들에 대하여"라는 표제 아래에서 천사들과 악령들에 대하여 언급함으로써, 큰 혼란을 일으켰다. 틀림없이 가령 마태복음 25:41에는 "악마와 그의 천사들"(새번역 성서에는 "악마와 그 졸개들"로 번역됨—역자 주)에 대하여, 혹은 요한계시록 12:7에는 "용과 그의 천사들"(새번역 성서에는 "용과 용의 부하들"—역자 주)에 대하여, 혹은 고린도후서 12:7에는 "사탄의 천사"(새번역 성서에는 "사탄의 하수인"—역자 주)에 대하여 언급되고 있다. 그리고 또한 로마서 8:38에서 열거되는 "천사들"은 분명히 그 어떤 적대적인 세력들을 의미한다. 그러나 바로, 이러한 실재들이 "악마" 혹은 "용" 혹은 "사탄"과 결합되어 있으므로, 즉 보통 우리에게는 "천사"를 "주님" 혹은 "하나님"과 결합시키는 것으로서 알려져 있는 것과 동일한 방식으로 결합되어 있으므로, 어쨌든 다음의 사실이 명확히 되어야 마땅하다: 여기에서 문제되고 있는 것은 일종의 표현방식이므로, 그 표현방식으로부터는 결코, "천사"라는 속(屬)이 존재하며 그 속의 내부에 두 가지 종(種)인 하나님의 천사들과 악마의 천사들이 존재한다는 주장이 추론될 수 '없'다. 오히려 유래와 특성을 표현하는 이 소유격은 분명히 "천사"를 이곳과 저곳으로 갈라놓기 때문에, 절대적이며 배타적인 '대립'과는 다른 양측의 공생은 화제로 될 수 없다. 우리는 "무의미"(Unsinn)라는 어휘로 의미(Sinn)의 어떤 특정한 종류를 표현하는 것이 아니고, 혹은 "재앙"(Unheil)이라는 어휘로 구원(Heil)의 어떤 특정한 종류를 표현하는 것이 아니고, 혹은 "망상"(Ungeist)이라는 어휘로써 정신(Geist)의 어떤 특정한 종류를 표현하는 것이 아니며, 의미, 구원, 정신이라는 어휘들을 통해서, 그것들에 대하여 대립하고 있으므로 거부되고 배제되는 것을 표현하듯이 바로 그렇게, "악한 천사들"은 천사들의 어떤 특정한 종류가 아니라, 그것들 편에서 천사들에 대하여 대립하여 있으므로, 그 자체가 "선한 천사들"인 천사들의 현실을 통하여 유죄 판결되며 거부되며 배제되는 현실을 표현한다. 천사들과 악령들은, 그들이 일반적으로 함께 등장하는 얼마 안 되는 성서구절에서도 (예를 들면 요한계시록 12:7 이하에 묘사된 "하늘에서 일어난 전쟁" 혹은 마가복음 1:12 이하의 시험설화에서 짧게 언급된 대립에서) 다름 아니라 바로 이러한 철저한 '대립' 안에서 이해되고 있다. 그런데 이 대립은 철저하게 결정된 것으로서, 즉 양측에 본질적으로 결정된 것으로서 이해되어야만 했다. 따라서 악마와 악령들은 다름 아니라 바로 이러한 본질적인 '대립' 안에서 인식되고 이해되어야만 했다.

하나님의 사자들이 확실히 하늘나라의, 즉 지상에 있는 하나님의 나라의 대표자들이듯이, 그렇게 확실히 악령들은 하늘에 있는 하나님의 사자들에 대한 '적대자들'이다. 천사들과 악령들은 서로에 대한 관계가 하나님의 창조와 무질서, 하나님의 자유로운 은혜와 무, 선과 악, 삶과 죽음, 계시의 빛과 그 계시를 외면하려 하는 암흑, 구원과 파멸―그리고 케리그마와 신화 사이의 관계와 같다. 우리가 이 주제의 특징을 가장 예리하게 묘사할 수 있는 것은 아마 바로 마지막에 지적한 대비(對比)일 것이다. 이 주제는 어쨌든 예리하게 '대비'로서 묘사되지 않으면 안 된다. 이원론에 그리고 그것에 상응하는 편협함에 빠질 것이라는 어떤 걱정도, 종합하려는 어떤 욕구도 여기에서 우리가 두 영역의 무조건적인 '대립'을 고수하는 것을 방해해서는 안 된다. 마치 하나님이 전혀 다른 방식으로 천사들의 영역에 대해서 주님이듯이, 마치 전혀 다른 방식으로 또한 그 영역이 그로부터 유래하여 존재하듯이 그렇게, '하나님'은 악마적인 영역에 대해서도 주님이며, 그 영역도 '하나님'으로부터 유래하여 존재한다. 그러나 우리는, 그것이 '전혀 다른' 방식으로 그러하다는 사실을 아주 명백하게 인식하고 말하지 않으면 안 된다. 따라서 하나님 자신이, 그러므로 천사들의 영역도 악마적인 영역에 대하여 철두철미 '대립'하기를 중단하였다는 것이 아니며, 하나님의 주권이, 그러므로 천사들의 영역이 이 다른 영역에 대하여 지니는 탁월함도 그 영역을 양해하는 것, 즉 그 영역과 평화조약을 체결하는 것과 같은 어떤 것을 포함하는 것이 아니며, 어떤 의미에서든 그 영역에 대한 승인을 포함하는 것이 아니다. 물론 그 영역을 굴복시키고 복종하게 하기는 하지만, 결코 그것을 승인하는 것은 아니다! 그것에 대한 배척은 여기에서 변함없다. 배척은 그것이 마지막으로 모습을 드러낼 때 심지어 그것의 멸절을 의미하게 될 것이다. 마태복음 25:41에 따르면, 예수의 아버지가 악마와 악의 천사들을 위해 준비한 영원한 불이 존재한다! 악마의 영역이 그것의 방식대로 또한 '하나님'의 주권 아래 있으면서도, 즉 그것의 방식대로 또한 '하나님'으로부터 유래하여 존재하면서도, 그것이 하나님에게 '굴복'하면서, 즉 하나님을 위하여 '직무'에 투입되면서도, 도대체 어떻게 그것 역시 그것의 편에서는 악마의 영역이기를, 즉 그 자체가 배척될 수밖에 없으며 멸절을 향해 달려갈 수밖에 없는 모순과 저항의 영역이기를 멈추지 않는 것일까? 따라서 우리가 이 영역에 던져야만 하는 눈길은 실제로 다만 '더 예리한' 눈길일 수밖에 없다: 즉, 그것은 두려움과 아무런 관계가 있어서는 안 되며, 그 어떤 은밀한 경건한 마음이나 경탄과 아무런 관계가 있어서는 안 되는 '혐오'의 눈길일 수밖에 없다. 마치 우리가 하나님을 믿으면서 역시 천사들도 믿도록 허용되듯이, 우리는 그렇게 결코 악마와 악령들을 '믿'을 수 '없'으며 '믿'어서도 '안' 된다. 우리는, 우리가 믿는 것에 대해서 긍정적인 관계를 지니고 있다. 그러나 악마에 대해서 그리고 악령들에 대해서 어떤 긍정적인 관계란 존재하지 않는다. 우리는 그것들을 무시할 수 없으며, 무시해서는 안 된다. 우리는 그것들을 알고 있어야 하지만, 그러나 바로 다만, 그것에 대하여 긍정적 관계가 가능하고 허용되고 요구되는 그 모든 존재의 한계로서만 그것들을 알고 있어야 한다. 우리는 다만, 그것들에 반대하여 ― 왜냐하면 우리는 하나님과 그의 천사들을 믿으므로, 그리고 믿음으로써 ― 가장 철저한 '불신앙'을 제시하는 방식으로만 그것들을 알 수 있다. 그것들은 '그' 신화(Mythus), 즉 모든 신화들의 신화이다. 하나님과 그의 천사들을 믿는 것은 악마와 악령들에 대해서는 '비신화화'를 의미한다. 그러나 그것은 오늘날 유행하는, 약간 평범한 현상학적 의미에서, 즉 그것들이 오늘날 극복된 세계상에 속하는 인물들로서 천사들만이 아니라 동시에 또한 역시 하나님 자신의 말씀과 사역까지도 함께 포함하여 역시 다시 한 부류로 취급되어도 좋다는 그런 의미에서가 아니다! 왜냐하면 그런 입장에서는, 바로 다음과 같이 하는 것이 그것들에게 적합할 것이라고 주장하기 때문이다: 그것들은 천사들과, 그리스도의 화해 행위 및 부활의 기적들과, 그리고 마침내 하나님 자신과 '함께' 인식되고, 그 다음에 이 훌륭한 동반관계 안에서 "비신화화"되며, 즉 그것들의 구체적인 현실성이 부인되고 천사들과 '함께' 해석되며, 즉 재해석을 통해 제거된다. 근대의 세계관이 고대의 세계관에 반대하는 논쟁의 범위 안에서, 그리고 바로 이 훌륭한 동반 관계 안에서 부정된다면, 악령들은 단지 더욱더 화려하게 번창할 것이다. 우리는 비신화화를 통하여 '실제로' 그것들에게 해를 끼치고 알맞게 고통을 주는데, '그' 비신화화의 본질은 결코, 우리가 그것들의 실존을 부정하는 것에 있지 않다. 신학적 악령추방은 '믿음' 안에 근거를 둔 '불신앙'의 행위이어야만 한다. 그 악령추방의 본질은, 그것들이 저 훌륭한 동반관계 안에 있다는 주장이 과감하게 거부된다는 사실에 있을 수밖에 없다. 그 악령추방의 본질은 다음의 사실에 있을 수밖에 없다: 그것들은 그 어떤 세계상으로부터가 아니라, 그리스도교의 지혜로부터 신화로서, 즉 모든 신화들 안에서 나타나는 '대표적인' 신화로서, 즉 모든 거짓말들 가운데 근본적인 거짓말로서 간파되며, 따라서 그렇게 통찰되며, 그것들에 대한 '긍정적' 관계는, 즉 그것들에 대한 두려움과 존경과 순종은 사실상 '불가능'하다.

그리스도교의 영역에서는, 그리고 또한 신학의 영역에서도 몇 번이고 되풀이하여 소위 현실주의적인 "악령론"이 존재하곤 하였는데, 그것은 가장 깊은 곳에 이런 안전장치가 없어서 어려움을 겪었다. 그 악령론은 혐오 대신에 두려움으로, 분노와 경멸 대신에 존경으로 시작되었다. 그것은 독사를 즉시 공격하는 대신에, 응시하기만 했다. 그것은 바로 처음부터 이 대상에 대하여, 반감을 지니는 것이 유일하게 가능한 태도일 것임에도 불구하고, 은밀한 경건한 마음과 경탄 안에서, 혹은 어쨌든 적어도 염탐하는 관심이 지배하는 분위기 안에서 움직였다. 그것은, 그런 어떤 것이 존재할 수 있다는 사실에 대한 일종의 소름끼치는 경외감으로부터 유래하였다. 그것은 처음부터 믿음과 같은 '그런 어떤 것'을—혹은 또한 완전히 진지하고 명백하게, 이 주제에 대한 '실제의' 믿음을 증언했고 요구하였다: 즉 그것이 또한 '천사들'에 대한, '그리스도'에 대한, '하나님'에 대한 믿음도 증언하고 요구했던 것과 같은 방식으로 동시에 그리고 동일한 의미에서 '그것에 대한' 믿음을 증언했고 요구하였다. 그러므로 그것은, 이 주제에 대하여 '긍정적인' 관계가 존재해도 좋으며 또한 존재해야만 한다는 주장으로부터 출발하였다. 그것은 이 영역에 대한 성서의 관련 구절들을 벌써, 그 구절들의 철두철미 비판적인, 심지어 부정적인 특징을 간과하였다는 점에서, 그리고 다음의 사실을 깨닫지 못했다는 점에서 오해하였다: 성서는, 어떻게 하나님과 그의 천사들이 그 영역에 반대하여 '싸움'을 하고 있는지 보여줌으로써, 그 영역을 대체로 단지 가볍게 언급할 뿐이며, 성서는 악마와 악령들을 멸절하는 것을 목표로 삼고 그것들을 '배척'하는 데에 몰두하고 있으며, 성서는 우리에게 결코 그 영역 자체를 숙고하고 진지하게 받아들이도록 요구하지 않으며, 바로 성서적 '현실주의'의 본질은 이 관점에서 다만 명확함과 활력에 있는데, 그 명확함과 활력 안에서 우리는 그 영역에 직면하여 위로받고 경고 받고 보호받으며, 그러나 우리는 그 영역을 '향해서' 가도록 부름 받지 않고, 오히려 그 영역으로부터 '벗어나도록' 부름 받으며, 우리는 단지 그 영역과 절교하기 위해서만 그것을 주시하도록 요구받는다. 그렇게 민첩하게 그리고 소위 그렇게 성서에 충실하게 천사론 곁에 "악령론"을 세웠을 때, 신학자들은 이 사실을 깨닫지 못했다! 천사론 곁에─심지어 그 경우에 동시에 또한 그리스도론 곁에, 창조론과 화해론과 종말론 곁에! 악마론과 악령론은 이제─사람들이 이 영역에 표명해야만 한다고 여겼던 경의가 그처럼 큰 것이었다!─그리스도교 메시지의 불가결한 구성요소로 되었으며, 그리고 상당히 자주, 그리스도교의 설교자들과 신학자들이 아주 특별한 방식으로 그 이론들의 진지함을─그리고 바로 그 이론들의 현실주의를─인증해야 마땅하다고 여기는 그런 구성요소로 되었다. 그 결과, 그리스도교 '전체'가─설령 특별히 마녀재판 및 그와 같은 것에서 생활력을 소진하지는 않았다고 할지라도─어느 정도 악령숭배라는 코를 찌르는 악취를 획득하게 되었으며, 이 특별한 암실(暗室)로부터 주로 위협, 불안, 우울, 압박, 혹은 슬픈 소동을 주위에 퍼뜨리는 것처럼 보였으며 실제로 퍼뜨렸던 어떤 것으로 되었다. 그 결과, 17세기에 (마녀재판과 관련하여) 이미 예수회 수사인 프리드리히 폰 슈페(Friedrich von Spee)와 네덜란드 개혁교회 신학자인 발타자 벡커(Balthasar Bekker)가 제기하였던 것과 같은(*Die bezauberte Welt*, 1680) 저 특별한 암실에 대한 저항은 불가피하게 "계몽주의"로, 그리고 동시에 그리스도교 메시지 '전체'에 대한 저항으로 이어질 수밖에 없었다. 그리고 바로 그 결과, 우리는 오늘날의 토론들에 이르기까지 다음과 같은 강박관념을 고려해야만 한다: 즉 천사론이, 그러나 그 경우에 또한 그리스도론과 그리스도교 신학 전체가 특별한 악령론과 함께 하나의 '전체'를 형성해야 하며, 그 전체 자체가 받아들여지거나 혹은 부정되어야 한다는 강박관념, 오늘날에는 그 전체 자체가 현대적 세계상의 이름으로 실행되는 일반적인 비신화화의 과정에서 특정한 인간학으로 축소되어야 한다는 강박관념을 고려해야만 한다. '계몽주의'시대에─악령론에 대한 비판으로부터 시작하여 신학 전체에 대한 반박에 이르는─이 길을 걷게 된 것은 치명적인 것이었다. 그러나 더 치명적이었던 것은, 그런 반박을 위한 모든 빌미가 '정통주의' 신학에 의하여 제공되었다는 사실이다. 그리고 더 치명적인 것은, 오늘날에 이르기까지, 이 길을 걷도록 거듭거듭 빌미를 제공하는 악령론을 옹호하려는 시도들이 이루어지고 있다는 사실이다. 성서가 악령의 영역에 대하여 언급하는 것과 언급하지 않는 것이 모든 면에서 무시됨으로써, 다음의 사실이 간과될 수 있었다는 것은 얼마나 기이한 일인가!: 하나님에 대한 두려움과 악마에 대한 두려움은 서로 긴밀하게 결합되어 있는 것이 결코 '아니며', 오히려 서로에 대하여 배타적이며, 이 주제에서 '신학'이 지닌 유일한 과제의 핵심은, 악마에 대한 두려움을 극복하고 제거하는 것은 바로 '하나님에 대한 두려움'이라는 사실을 보여주고 말하는 것에 있을 수밖에 없다! 오늘날에 이르기까지 이 사실이 자명한 것이 아니라는 사실은 얼마나 기이한 일인가!

악마와 악령들의 유래와 특성은 무엇인가? 여기에는 다만 하나의 대답만이 존재한다: 그것들의 유래와 특성은 '무'이다. 앞 절에서 우리는, 무가 하나님의 왼편에 있으며, 그러므로 하나님의 뜻과 세계통치에 굴복하는 요소이지만 하나님에 대하여 반대하고 저항하는 요소라는 것, 즉 하나님의 창조에 대한 위협이라는 것을 알게 되었다. 우리는 무를 성서의 언어로 역시 무질서 혹은 암흑 혹은 악 혹은 (그것이 하나의 장소가 아니라 권세를 의미할 경우에는) 하데스(Hades)라고 부를 수도 있다. 우리는 그것을 우리가 사용하는 언어의 다른 표현을 사용하여 역시 비존재(das Unwesen)라고 부를 수도 있다: 이 경우에 비존재는, 실제로 실재하는 모든 존재를 거부하고 그 존재로부터 그것 자체가 거부됨으로써만 존재하는 그것을 의미한다. 이 요소에 대하여 언급될 수 있었던 모든 것은 하늘에 있는 하나님의 사자들과 맞서는 적대자들인 악령들에 대해서도 언급될 수 있다. 그것들은 '존재한다.' 우리가 무의 독특한 실존을 부정할 수 없는 것과 마찬가지로, 역시 악령들의 실존을 부정할 수도 없다. 그것들이 공허하게(nichtig) 존재하기는 하지만, 그럼에도 불구하고 아무것도 아닌 것(nichts)은 아니다. 그러나 그것들은 다만, 그것들에게 부합할 수 있는 방식으로만 존재한다: 그것들은 다만 '비본래적으로'(uneigentlich)만 존재한다. 하나님의 존재도 피조물의 존재도 그것들에게 부합하지 않는다. 즉, 지상에 있는 피조물의 존재도 하늘에 있는 피조물의 존재도 그것들에게 부합하지 않는다. 왜냐하면 그것들은 지상에 있는 피조물도 하늘에 있는 피조물도 아니기 때문이다. 그것들은 하나님과 같은(göttlich) 것이 아니라, 오히려 하나님과 같지 않으며, 하나님에게 저항하는 것이다. 게다가 또 하나님은 그것들을 창조하지 않았으며, 그러므로 그것들은 피조물의 특성조차 지니고 있지 않다. 하나님이 자기 자신과 피조물을 긍정하기 때문에, 그가 또한 불가피한 '거부'를 표명하는 것에 의해서만 그것들이 존재한다. 그것들은 다음의 사실에 의하여 그리고 이 사실에서 출발하여 실존한다: 하나님이 관심을 기울이는 것은 또한 '외면하는 것'도, 그가 선택하는 것은 또한 '배척하는 것'도, 그의 은혜는 또한 '심판'도 포함하고 있다. 그것들은 하나님에 의하여 심판받고 거부되고 배제되기 때문에, 그리고 그것들은 언제나 어디에서나 그리고 모든 방식에서, 그것들의 존재가 나타내는 모든 표현들을 통하여 다만, 그것들은 우연히 임의로 심판받는 것이 아니라 정당하게 심판받는다는 것을 증명할 수밖에 없기 때문에, 그것들이 존재한다. 그것들은 하나님을 그리고 그의 피조물을 증오할 수밖에 없다. 그것들은, 하나님에게 대항하여 날뛰려는 그리고 그의 피조물을 타락하게 하려는 시도 안에서 실존할 수밖에 없다. 그것들은 하나님과 그의 피조물, 피조물과 함께하는 그의 역사 그리고 피조물에 대한 그의 사역을 방해할 수밖에 없다. 바로 그렇기 때문에 그것들은 다만 비본래적으로 존재한다. 바로 이러한 방해하는 존재야말로 하나님이 결코 원하지 않았던 것이며, 지금도 결코 원하지 않는 것이며, 앞으로도 결코 원하지 않을 바로 그것이다. 그것의 존재는 바로 비존재이므로, 그것은 영원으로부터 영원에 이르기까지 하나님의 분노(Unwillen) 아래에, 즉 그의 왼편에 있을 수밖에 없으며, 그에 의하여 심판받을 수밖에 없으며, 멸절을 향해 달려갈 수밖에 없는 바로 그것이다.

이 모든 것이 '무' 자체에 관해서처럼 '악령들'에 관해서 언급되어야 한다. 악령들은 결코 무와 다르지 않으며, 그것과 나란히 있는 그 어떤 것이 아니라, 다만 그것으로부터만 유래한다. 그것들 자체가 언제나 무이다. 무가 형태와 권세와 경향성을 지니고 있으며, 움직이고 활동한다는 것을 전제로 한다면, 그것들은 활력을 지니고 있는 무이다. 성서는 이 낯선 요소를 그렇게 이해한다. 따라서 성서는 그것을, 그 어딘가에 그리고 그 어떤 방식으로든지 그것의 비본래적 특성을 지닌 채 휴식을 취하고 있는 어떤 존재로 이해하지 않는다: 즉 그것 자체를 우리가 멀리서든 가까이서든 상응하는 평온함 가운데서 관찰하고 생각하고 평가하고, 하나님과 세계와 인간실존으로 이루어진 전체적 이미지 안으로 편입시킬 수 있으며, 따라서 우리가 이론적으로 그것에 능통할 수 있고, 그것을 멀리 할 수 있을 어떤 존재로 이해하지 않는다. 성서는 무를 권력요구와 권력 장악에 근거를 두고 있는 하나의 '나라'로 이해한다: 그 나라 자체는 그 어딘가에 존재하고 존속하는 것이 아니라, 오히려 막 출발하고 진격하려는, 심지어 습격하고 침입하려는 중이다. 성서는 결정적으로, 하나님 자신을 무에 대한 뛰어난 무적의 적수로 이해함으로써, 무를 그렇게 이해한다: 성서가 이해하는 하나님은 이 문제를 떠맡았고, 그 문제를 그 자신의 문제로 만들었으며, 그의 나라는 무에 대립하며, 무를 그것의 한계들 안으로 추방하며 그것을 극복한다. 따라서 성서는 무를, 인간이 그것을 인식하기를 원하는 방식인 그것의 위험을 경시하며 이론화하는 방식으로 인식하지 않으며, 물론 게다가 다음과 같이 패배주의적이며 절대화하는 방식으로조차 인식하지 않는다: 만일 위험을 무시하는 것이 그리고 이론화하는 것이 이런 저런 이유에서 가끔 불가능하게 된 것처럼 보일 경우에, 인간은 패배주의적이며 절대화하는 방식으로 그것을 인식해야만 한다고 여긴다. '하나님'이 그것을 인식하는 것처럼, 무엇보다도, 하나님이 그것을 '다루는' 것처럼, 하나님이 그것을 대하는 것처럼, 성서는 그것을 인식한다. 바로 그렇기 때문에 성서는 그것을 하나의 나라로서 인식한다. 그리고 성서는, 하나님이 모든 것을, 그러므로 또한 무를 올바르게, 즉 그것이 지닌 실제의 본질에 상응하게 인식하고 다룬다는 관점으로부터 출발하기 때문에, 성서에서는 다음과 같은 관점이 일종의 상투어, 시로 표현하는 표상, 인간의 불안한 생각이 아니라, 분명한 진리이다: 무는 활력을 지니고 있으며, 그것은 막 출발하고 진격하려는, 습격하고 침입하려는 상태에 있는 나라이다; 그것은 두려워해야 하는 나라가 아니며, 비본래적인 것의 나라, 즉 하나님이 그것에 대립하여 있기 때문에, 처음부터 공허한 것으로서 그리고 위험하지 않은 것으로서 특징이 드러난 나라, 합법적인 나라가 아니라 찬탈된 나라, 영원한 나라가 아니라 파멸하도록 내맡겨진 나라이다; 그러나 그 '나라'는, 형태와 권세와 경향성의 결합체이며, 현재의 운동과 활동의 결합체이며, 그것에 설정된 한계들 안에 있는 사실적인 실제의 위협과 위험의 결합체이다. 성서는 무를 그렇게 인식하고 있다. 그리고 성서는 악령들도 그렇게 인식하고 있으며, 이런 의미에서 그것들의 현실을 고려하고 있다.

우리는 즉시 이 영역과 '천사들'의 영역, 하나님의 나라, 즉 하늘나라의 '유사성'을 보고 있다. 우리는, 사람들이 하늘나라를 악령들의 나라에 대립시킬 뿐만 아니라 동일한 위치에 놓게 되고, 악령들을 천사들의 적대자들로만이 아니라 일종의 친족들로 그리고 동료들로 이해해야 한다고 여기게 될 수 있는 그 오해의 이유를 보고 있다. 우리는 여기에서나 거기에서나 전권을 위임받은 사자들과, 즉 권세들 및 권력들과 관계하고 있는 것이 아닌가? 지상의 영역은 거기에서부터와 마찬가지로 여기에서부터 그것에 낯선, 엄청난 지배에 의하여 침범되는 것이 아닌가? 인간은 거기에서부터와 마찬가지로 여기에서부터 실제의 비밀에 직면하고 있는 것이 아닌가? 따라서 여기에서 어쨌든 마지막 존재관련성이, 마지막 동질성이 존재하는 것이 아닌가? 그런데 바로 이런 관념이야말로 이 두 나라들에―하늘나라 및 악령들의 나라에―관하여 결코 언급될 수 없으며, 오히려 단호하게 '반박'되어야만 하는 것이다. "이 두 나라들에 관하여"라는 표현은, 이 두 나라들에 대한 '하나님'의 태도에 관하여, 그러므로 또한 이 두 나라들에 대한 그의 '피조물'의 관계에 관하여 그렇다는 것을 의미한다. 하나님이 긍정(Ja)을 말하는 곳과 부정(Nein)을 말하는 곳, 그 자신이 긍정되는 곳과 거부되는 곳, 찬양받는 곳과 모독되는 곳, 그가 섬겨지는 곳과 그가 방해받는 곳, 그의 뜻이 행해지는 곳과 그의 뜻이 훼손되는 곳, 그곳에는 유사성에도 불구하고 어떤 관련성도 '없'으며, 어떤 동질성도 '없'다. 하나님의 피조물에 관해서도 동일한 내용이 유효하다. 피조물의 창조주가 그리고 바로 동시에 또한 피조물 자신의 존재가 선포되는 곳과 창조주와 함께 피조물 자신이 부인되고 암흑으로 밀어 떨어뜨려지는 곳, 피조물의 구원이 주요관심사가 되는 곳과 그것의 파멸이 주요관심사가 되는 곳, 피조물이 긍정되는 곳과 거부되는 곳, 피조물이 도움을 받는 곳과 그것도 방해받는 곳, 즉 파괴되는 곳, 그곳에는 유사성에도 불구하고 어떤 관련성도 '없'으며, 어떤 동질성도 '없'다. 하나님 자신이, 그러나 그와 함께 또한, 그와 동맹을 맺었고 그에 의하여 복을 받았고 계몽된 피조물도 여기에서 이 두 나라들 사이의 한가운데로 들어와서, 두 나라들을 구별하고 분리시키며, 천사들과 악령들을 서로 떼어 놓으므로, 양측을 함께 바라보고 혼동하는 일은 사실상 결코 생각할 수 없는 것이다. 그런 일은 본래, 우리가 하나님을 잊는 (혹은 하나님이 누구이며 무엇을 하는 존재인지를 잊는) 곳에서만, 우리가 추상적인 선의 나라와 마찬가지로 추상적인 악의 나라를, 마찬가지로 추상적으로 이 두 나라들의 대표자들로서 천사들과 악령들을 인식하고 있다고 여기며, 서로를 비교할 수 있다고 여기는 곳에서만 발생할 수 있었고, 지금도 발생할 수 있다. 그리스도교 신학에서는 이런 불행한 일이 불가능해야 마땅하다. 여기에서 두 나라들의 유사성은 결코, 그것들을 같은 부류에 넣는 것이 철저히 '금지'되는 것을 방해하지 말아야 했다.

대체 이 '유사성'은 무엇에 '근거'를 두고 있는가? 그것은, 무 자체가 '거짓'이라는 사실에 근거를 두고 있다. 거짓으로서 그것이, 하나님의 나라와 유사성을 마련하며 스스로를 그 유사성에 내맡긴다. 그것은 하나의 존재가 그것 자체에게 귀속된다고 판결하고, 존재를 부당하게 자신의 것인 체하지만, 그것은 하나님도 아니고 지상에 있는 피조물도 아니고 하늘에 있는 피조물도 아니기 때문에, 하나의 존재는 그것에게 부합할 수 없다. 그렇게 함으로써 그것의 존재가 이미 거짓이다. 그것이 하나님 곁에 있기를, 그리고 하나님처럼 위대하고 중요하게 존재하고 통치하고 계시되기를 원함으로써, 그것은 하나님을 향하여 거짓말을 한다. 그것이 피조물에 대하여 하나님 곁에 있는 통치자이며 공동 통치자인 체하기를 원함으로써, 그것은 피조물을 향하여 거짓말을 한다. 그것이 무가치성 안에 있는 그것 자체를 중요하고 주목할 만하고 품위 있는, 따라서 진지하게 받아들여져야 하는 요소로서 하나님과 피조물들에게 알림으로써, 그것은 거짓말을 한다. 그것이 하나님의 은혜와 피조물의 구원 사이에 끼어들 수 있으며, 하나님의 은혜를 점차 약화시킬 수 있고 무효로 만들 수 있으며, 피조물의 구원을 저지하고 방해할 수 있다고 사칭함으로써, 그것은 거짓말을 한다. 그것이 하나님에게 환심을 사려고 그리고 피조물에게 깊은 감명을 주려고 감행함으로써, 그것은 거짓말을 한다. 그것이 훌륭하고 유혹하는 것으로 행세함으로써, 다른 한편으로는 무시무시하고 끔찍한 것으로 행세함으로써, 그것은 거짓말을 한다. 따라서 이미 그리고 바로, 그것이 형태와 권세를 띠고 그 형태와 권세 안에서 경향성을 지니게 됨으로써, 그것은 거짓말을 한다. 그것은 그것의 운동과 활동 전체를 통해서, 그것의 출발과 행진 전체를 통해서, 그것의 습격과 침입 전체를 통해서 거짓말을 한다. 그것이 우두머리와 부하들을 지니고 있는 나라처럼, 입법적, 행정적, 사법적 기구들을 지닌 통치체제처럼 가장함으로써, 그것은 거짓말을 한다. 그것 자체가 하나님의 나라에 대항함으로써, 그것은 거짓말을 한다. 이제 특히 우리의 관심을 끄는 것은, 그것이 또한 그리고 바로 다음과 같이 함으로써 거짓말을 한다는 사실이다: 그것은 하나님의 천사들에게—어쩌면 동일한 이름으로, 어쩌면 천사로 위장하고, 어쩌면 천사들이 작용하는 것과 아주 비슷한 방법으로—그것의 사자들인 악령들을 대치시킨다. 마치 그것도 하늘로부터, 더 높은 권력으로서—더 높은 권력들을 지닌 군대 전체로서—땅으로 내려오는 것처럼, 마치 그것도 여기에서 무엇인가를 약속하고 수행해야만 하는 것처럼, 마치 하나님의 뜻에 반대하여 그것의 뜻이 지상에서 이루어져야만 하는 것처럼 그렇게 행함으로써, 그것은 거짓말을 한다.

그래도 우리는, 그것이 사실은 이 모든 것을 행하지 '않'으며, 이 모든 것에서 '현실적인' 것이 아닐 것이라는 환상에 잠기거나 그렇게 말해서는 안 된다! 그것이 마치 다만 하나의 허구에 불과하며, 결코 현존하지 않으며, 결코 현실적인 것이 아닌 것처럼 가장하는 것은 언제나, 무가 손에 넣는 법을 알고 있는 그 승리의 한 형태이다. 그런 주장에 따르면, 우리는 무에 대하여 다만 오만하고 계몽되고 걱정 없고 경솔하게 대하기만 하면 되며, 제멋대로 다음과 같이 생각하기만 하면 된다는 것이다: 확실히 그 모든 것에는 아무것도 없으며; 악마는 결코 존재하지 않으며, 그것의 전권을 위임받은 사자로서, 그리고 민족들과 사회의 삶 안에서, 인간들의 심리적인 그리고 신체적인 삶 안에서, 또한 그것들 서로에 대한 관계들 안에서 작용하는 권세들과 권력들로서 악과 악령들의 나라는 결코 존재하지 않으며; 이 낯선 통치를 고려하지 않고도, 그리고, 그 통치가 꺾이지 않은 곳에서는, 지상의 모든 존재, 기획, 성공이 근원적으로 썩었고 재앙을 초래하는 것이라는 사실을 고려하지 않고도, 우리는 현존을 극복할 수 있다! 무는 바로 또한 그리고 무엇보다도 다음과 같은 형태로 거짓말을 한다: 그것은 그것 자체를 하찮게 여기게 하고 자취를 감추며, 그것은 그것 주변에 다음과 같이 쾌활한 낙관론을 퍼뜨린다: 그것은, 실제로 출현하는 것에, 실제로 강력하고 교활하게 통치되고 관리되는 나라라는 것에, 그것의 권세를 실제로 알리고 관철하고 주장하는 것에 만족한다. 만일, 그것은 인지되지 '않'으며, 그것은 가능하면 과감하게 비신화화되며, 인류가 그것이 지닌 크고 작은 고충들에 약간의 도덕과 의학과 심리학과 미학으로, 약간 진보적인 정치로, 그리고 때때로 전례가 없는 새로운 철학으로, 혹은 아마도 또한 새로운 종류의 믿음과 신학으로 단호히 대처할 수 있다고 여긴다는 사실을 무가 인식한다면—즉, 만일 무로서 그것의 현실이 폭로되지 않고 침해되지 않은 채 아름답게 남아 있기만 하다면, 무는 정말 환호할 것이다!

    그러나 이제 동일한 주제의 다른 측면이 있다: 우리는 어쨌든 다만, 무는 그것이 행하는 모든 것에서 그리고 그것이 실제로 존재하는 모든 것에서 바로 '거짓'과는 '다른' 어떤 것일 수 있다는 환상에 잠기거나 그렇게 말해서는 안 된다. 만일 그것이 다음과 같이 가장할 수 있을 경우에는, 즉 마치 그것이 거짓이 아닌 것처럼, 마치 그것이 '진실'로 무엇인가 알릴 것을 갖고 있는 것처럼, 마치 그것이 '진실'로 한 나라를 세우고 조직할 수 있는 것처럼, 마치 '진실'로 그것도 하늘로부터 땅으로 내려올 수 있는 것처럼, 마치 그것의 권세들과 권력들이 '진실'로 하나님의 은혜와 피조물의 구원에 항변하고 저항할 수 있는 대리인들인 것처럼, 마치 그것이 하나님과 피조물에 대하여 바로 역시, 그것이 존경받아야만 하고 두려움의 대상이 되어야만 하는 어떤 '권리'를 지니고 있고 그 권리를 주장하는 것처럼 그렇게 가장할 수 있을 경우에는, 그것은 무의 승리를 보여주는 또 다른 형태이다! 마치 그것이 그 어떤 진실을 그것 자체 안에 혼자서 지니고 있는 것처럼, 그것을 놀라서 눈을 크게 뜨고 바라보기만 하라는 것이다! 악마를 그리고 악의 나라와 악령들을 다만 동일한 체제 안으로, 즉 그것 안에는 그 경우에 다른 곳에는 그들의 특성에 따라서 또한 하나님과 그리스도와 참된 인간도, 그러므로 또한 천사들도 존재할지도 모르는 그 동일한 체제 안으로 통합시키라는 것이다! 이 영역에는 다만, 이런 의미에서 그것을 진지하게 받아들이는 경의만을 표하라는 것이다! 만일 무가 스스로를 그렇게, 즉 '진리'로서, 시선을 끄는 것에 성공한다면, 무는 환호할 것이다.— 이제는 다른 측면에서. 세계상과 역사에 대한 관념에서 그리고 인간의 정신세계와 감성의 세계에서 견고한 자리를 확보하는 것, 즉 하나님과 인간의 중대한 협력자이며 적대자로서 인정받는 것이 바로, 무에 적합한 것이다! 그리고 만일 그 경우에, 그것 자체가 역시 다시 의심스럽게 되는 일이 발생한다면, 만일 그 경우에 그것이 지닌 진리가 역시 다시 의심스럽게 된다면, 만일 그 경우에 인간이 역시 다시, 그것에 대하여 너무나 정중하고 너무나 겁먹는 것이 싫증이 나게 된다면? 이제, 그 경우에 계몽과 비신화화가 새롭게 효력을 발휘할지도 모르며, 도덕, 의학, 심리학과 미학, 정치학과 철학을 혹은 또한 약간의 경건성과 신학을 새롭게 진정한 해방자들로서 부각시킬지도 모른다.—따라서 부정된 무의 다른 지배, 즉 폭로되지 않고 침해되지 않는 지배가 새롭게 효력을 발휘할지도 모른다! 여기에 상호작용과 순환이 존속한다: 우리가 악령들을 '무시'한다면, 그 경우에 그것들은, 우리가 얼마 후에 역시 다시 그것들을 권세들로서 존중하고 두려워하는 것으로 전환해야만 할 때까지, 우리에게 그것들의 '권세'를 숨김으로써 우리를 속인다! 만일 우리가 그것을 '진정한' 권세들로서 '절대화'하고 존중하고 두려워한다면, 그 경우에 그것들은 바로, '거짓'인 그것의 특성을 우리에게 숨길 수 있었기 때문에 우리를 속였던 것이며, 그 경우에 우리는 얼마 후에 틀림없이 되풀이하여, 그것들을 역시 다시 무시하기를 원하게 될 것이며, 바로 그렇게 함으로써 새롭게 그것들에 의하여 기만당하게 될 것이다!

무는 거짓이다! 거짓으로서 그것이 실존하며, 그것은 실체와 인격(Person), 생명력과 자발성, 형태, 권세와 경향성과 같은 어떤 것을 지니고 있다. 거짓으로서 그것은 그것의 나라를 세우고 조직한다. 그리고 악령들은 그것의 대표자들이며, 그것들은 그것에서 기인한 천 배의 그리고 천 가지 형태의 거짓의 세력들(Lügenkräfte)이다. 그것의 나라는 실제로 천사들이 있는 하늘나라와 아주 비슷하게 존재한다. 그리고 그것이 하늘나라와 그 나라의 천사들을 모방하는 것, 전혀 다른 이 영역과 매우 유사하게 그것이 자신의 모습을 드러내려 감행하는 것, 바로 이것이 그것의 나라가 지닌 거짓된 실존의 극치이다: 그것의 나라도 보이지 않고 이해할 수 없는 영역이며, 그 나라도 인간과 지상의 모든 피조물에 대하여 확실히 탁월하며, 그 나라의 중심에도 권좌와 같은 어떤 것 그리고 지배자와 같은 어떤 존재가 있으며, 그 나라로부터 출발해서도 땅과 인간을 목표로 하는 기획과 운동이 있으며, 그 나라로부터 출발해서도 강력한 사자들이 있으며, 그들은 비밀과 같은 어떤 것을 증언하고 선포하며, 또한 일종의 겸손과 객관성 안에서 그것을 행하며, 명백히 또한 일종의 직무를 수행하고 있다. 이 "…도"(auch)가 거짓의 영역인 이 영역의 실존이 지닌 진정한 표지이다. 무는 '또한'(auch) 모든 것을 원한다. —즉 결코 다만, 이런 그리고 저런 '피조물들'이 존재하며 할 수 있으며 작용하며 달성하는 그것만이 아니라, 그것을 넘어서서 그리고 무엇보다도, '하나님'이 존재하며 원하며 행하는 그것'도' 원한다. 그리고 그것은 원하는 것만이 아니다: 그것은 실제로 또한 행하며, 그것은 어쨌든 또한, 하나님이 행하는 것을 행하려 시도한다. 그것은 창조와 속죄, 섭리와 세계통치를 행하는 체한다. 그것은 율법과 복음을 갖고 있는 체한다. 그것은 은혜와 심판을 행하는 체한다. 모든 것이 거짓이다! 그러므로 그것은 거짓 신이 있는 거짓 하늘도, 즉 거짓 보좌도 고안하는데, 거짓된 겸손과 객관성 안에서 거짓 비밀을 선포하기 위하여, 그 보좌로부터 거짓 사자들이 나온다. 그것은 달리 서술될 수 없다: 거기에서 공연되고 있는 것은 다름 아니라, 틀림없이 참으로 매우 서툰 우스꽝스러운 연극(Affentheater. 이 어휘 자체는 '원숭이들의 연극'을 뜻하며, 여기에서는 하나님을 모방하려는 무의 어리석은 행태를 묘사하고 있음—역자 주)이다!

우리는 다음의 사실을 간과하거나 부정해서는 안 될 것이다: 이 연극은 실제로 '공연'되고 있으며, 그것은 몇 번이고 되풀이하여 성공적으로 '공연'되고 있다. 우리는 천 배로 그리고 천 가지 형태로 거짓의 '세력'과 '세력들'이 실존한다는 사실을 부정해서는 안 될 것이다. 우리는 다음의 사실을 부정해서는 안 될 것이다: 그 세력들은 그것들의 비열한 방식으로 실재하고 원기왕성하고 살아 있으며, 종종 또한 심각하고 엄숙하며, 그러나 언제나 교활하고 강하며, 이 모든 특성들에서 때로는 이렇게 때로는 다른 방식으로, 언제나 새로운 변신들을 하며 언제나 그리고 어디에나 등장하며, 현존의 소름끼치는 다섯 번째 혹은 여섯 번째 차원을 형성한다. 어디에서?—우리는 오히려 이렇게 질문해야만 할 것이다: 어디에서는 아닌가! 그것들이 등장하는 곳은 다음과 같다: 영혼의 밑바닥에 (우리가 그것을 가장 깊은 곳으로 그리고 우리의 가장 고유한 곳으로 간주하는 바로 그곳에), 인간과 인간 사이의 관계들 안에, 특히 남자와 여자 사이의 관계들 안에, 개인들의 발달과 개인들 서로에 대한 관계들의 발달들 안에, 일용할 양식을 (그리고 특히, '그것에' 속하는 것이라고 각자가 생각하는 그것을) 얻기 위한 수고와 투쟁 안에, 인간이 그의 즐거움을 찾는 그곳에, 그리고 그가 불쾌한 것으로 여겨 회피하기를 원하는 그곳에, 그의 근심 안에 그리고 그의 태평함 안에, 그의 열정이 불타오르는 곳에 그리고 그것이 꺼지는 곳에, 그의 게으름 안에 그리고 그의 열심 안에, 형언할 수 없는 그의 어리석음 안에 그리고 실제로 몇 번이고 되풀이하여 경탄할 만한 그의 영리함 안에, 그의 체계화 안에 그리고 그의 무정부주의 안에, 우리가 진보, 정체, 퇴보라고 부르는 것 안에, 소위 문화, 학문, 예술, 기술, 정치의 거대한 공동 기획들 안에, 계급들, 민족들, 국가들의 전쟁 안에 그러나 또한 그것들의 평화 안에도, 교회생활에서 꼴사나운 분쟁들 안에 그리고 아름다운 일치들과 관용들 안에, 그리고 특히 신학자들의 "광기"(rabies) 안에, 그러나 아마 어쨌든 "신학자들의 태만함"(inertia theologorum) 안에 더욱더. 우리는 정말 다음의 사실을 부정해서는 안 될 것이며, 오히려 인식하고 인정하고 알아야만 할 것이다: 모든 것 안에, 모든 것과 함께, 모든 것 가운데에는 또한 끊임없이 무의 우스꽝스러운 연극이, 즉 전적으로 쓸모없고 무가치한 연극이 공연되고 있다. 그러나 그 연극은 결코 그런 것으로서가 아니라 오히려 삶에 꼭 필요한 것으로서 그리고 존엄한 것으로서 자신의 정체를 드러낸다. 우리는, 이 모든 것 안에는 악령들도 오징어의 촉수들처럼 끊임없이 등장하여 활동하고 있다는 사실을 부정해서는 안 될 것이며, 오히려 냉정하게 인식하여야 마땅하다. 다행히 천사들도 등장하여 활동하고 있다.―그러나 의심할 여지없이 또한 악령들도 그러하며, 그것들은 바로 그것들의 운명적인 "…도" 안에서 그것들의 본질을 드러내는 그 존재들이다!

그러나 그것들은 어쨌든 '다만' '거짓'의 세력들일 뿐이라는 사실을 인식하지 않고 이 사실을 숙고하는 것은 잘하는 일이 아닐 것이다. 거짓으로서 그것들은 사실상 '강력'하다: 즉, 그것들은―그것들은 목표를 달성하기 위하여 단호하게 행동하기 때문에, 그것들은 다름 아니라 하나님을 그리고 그의 나라와 그의 천사들을 모방하기 때문에, 무는 언제나 가장 높고 가장 깊은 것으로, 첫째이며 마지막으로 자처하며 그런 것인 체하기 때문에―우리가 예견하는 것보다 그리고 우리가 인정하기를 원하는 것보다 몇 번이고 되풀이하여 훨씬 더 강력하며, 그것들은 몇 번이고 되풀이하여, 우리의 전체적인 방어운동들과 도피시도들을 피할 수 있으며, 우리가 그것들에게 저항하는 출발점인 바로 그곳으로부터, 우리가 그것들로부터 안전한 곳으로 피신하기를 원하는 목표점인 바로 그곳으로부터 우리를 공격할 수 있다. 그것들은 정말로 세력들'이며', 그러나 그것들은 어쨌든 '다만' '거짓'의 세력들일 뿐이다. 따라서 우리는 그것들을 다른 세력들로, 즉 본래의 세력들로 간주해서는 안 되며, 그것들이 우리를 바보 취급하기 위해 공연하는 그것들의 연극을 현실로 간주해서는 안 된다! 그것들이 거짓들로서 작용할 수 있을 때, 즉 그런 존재들로서 전모가 파악되지 않고, 아직은 혹은 더 이상 '진리'와 비교되지 않으며, 따라서 거짓들로서 끝장나지 않았을 때, 그것들은 바로 그렇게 오래, 그렇게 넓게, 그렇게 깊이 작용한다. 진리에 미치지 못하는 것, 진리와 다른 것은, 즉 어떤 정신적인 정화도, 선한 의지에서 나오는 어떤 노력도, 어떤 학문과 기술도 물론 그것들의 상대가 될 수 없을 것이다. 그것들은 거짓의 세력들이기 때문에, 즉 큰 거짓의 세력들, 목표를 달성하기 위하여 단호하게 행동하는 거짓의 세력들, 하나님 자신과 그의 천사들을 모방하는 거짓의 세력들이기 때문에, 이런 수단들로 무장하고 그것들을 만나기를 원하는 인간을 되풀이해서 포위하고, 이 모든 장치들을 포함하여 그를 그것들의 포로로 만드는 것은, 그것들에게는 쉬운 일이다. 그것들에게는 바로 다만 '진리'만이 충분히 강하다: 그 경우에 진리는 물론 즉시, 근본적으로 그리고 최종적으로 그러하다. 그러나 그것은 온전한 진리, 진정한 진리이어야만 한다: 즉, 그것은 '하나님'의 진리, 그의 나라와 그의 천사들의 진리, 따라서 그것들이 그것을 모방하기를 노렸으며 그것을 모방함으로써 그것들이 그처럼 강력한 바로 그 진리이어야만 한다. 그 밖의 다른 진리들은, 아무리 심오하고 아름다울지라도, 그것들을 극복할 수 없다: 왜냐하면 그런 진리들은 그것들의 세력, 즉 그것들을 그처럼 크고 위험하게 만든 그 모방의 세력, 그 거짓의 세력을 없애버리기는커녕, 그 세력에 손을 댈 수조차 없기 때문이다.

그것들이 '하나님의 진리'와 대조됨으로써 거짓 세력들로서 드러나게 되고 폭로되고 노출되기 때문에, 그리고 그렇게 됨으로써, '하나님의 진리'가 그것들을 끝장낸다. 바로 이 인식이 악령들의 문제에서 다음의 사실에 대한 인식보다 '더욱'더 중요하다: 그것들이 실존하며, 더 정확히 말하면 세력들로서 실존하며 그런 존재들로서 언제나 어디에서나 실존한다. 어쨌든 언제나 어디에서나 다만, 하나님의 진리가 존재하지 '않'으며, 선포되지 '않'으며, 믿어지지 '않'으며, 이해되지 '않'으며, 그런 까닭에 그 진리가 말하지 '않'으며, 빛나지 '않'으며, 통치하지 '않'는 그곳에서만, 그것들이 실존한다! 그 진리가 그 악령들의 한계이며, 그 진리가 그것들을 파멸시킨다. 그 진리가, 거짓들이며 바로 그와 동시에 세력들인 그것들을 없애버린다. 그 진리는 바로 무를, 그리고 그와 동시에 또한 그것의 모든 대표자들을 부정하고 심판하고 배척한다. 그 진리는 그 반대에 대하여 반대하며, 그 저항에 대하여 저항하는데, 게다가 철저히 그리고 최종적으로 그렇게 한다. 그 진리는 단순히 다음과 같이 함으로써 그 일을 행한다: 진리로서 그것 자체가 말하고, 바로 그와 동시에 거짓 자체를 진리 자체와 구별하고, 그와 동시에 거짓 자체를 거짓으로 알린다. 그 진리는, 그 악마가 그리고 모든 악마들이 무엇을 하는 존재들인지 눈에 보이게 한다. 그 진리는 그것들이 '유혹하는 자들'임을 보여준다: 하나님의 말씀과 사역을 통하여 우리는 순종에 참여하도록 촉구 받고 또 그렇게 할 수 있도록 능력을 부여받았으나, 그 '유혹하는 자들'은 그 순종보다 더 나은 어떤 것이 존재한다고 '속이며' 속삭인다. 그 진리는 그것들이 '고발하는 자들'임을 보여준다: 무엇이 우리에게 불리하게 말하든, 그 모든 것에도 불구하고, 하나님의 말씀과 사역을 통하여 우리는 위로받은 양심을 지니고 바른 길에 세워져 있음을 인식하고 있는데도, 그 '고발하는 자들'은 '속이며' 우리에게 죄를 뒤집어씌우고 고발한다. 그 진리는 그것들이 '폭군들'임을 보여준다: 하나님의 말씀과 사역을 통하여 우리는 그의 자녀가 누리는 자유 안으로 옮겨져 있음에도 불구하고, 그 '폭군들'은 우리를 그것들의 포로들로 그리고 노예들로, 즉 그것들의 철사에 매달려 춤을 추어야 하는 인형들로 만들 권리와 권세를 지니고 있다고 '속이며' 거짓말을 한다. 그 진리는 그것들이 '불평하는 영들'임을 보여준다: 하나님의 말씀과 사역을 통하여 우리는 우리의 한계들 안에서 지탱되고 유지되고 잘 대접받고 있음에도 불구하고, 그 '불평하는 영들'은, 우리의 신체적인 그리고 심리적인 실존이 지니고 있는 자연적인 한계들이 곤경이며 저주이며 불행이라고 우리를 설득함으로써, 우리가 슬픔에 잠기게 '속이며', 우리를 속여서 유머를 빼앗기를 원한다. 그 진리는 그것들이 '소란을 떠는 영들'임을 보여준다: 하나님의 말씀과 사역을 토대로 우리는 완전히 그리고 근본적으로 평온을 누리도록 허락되었음에도 불구하고, 그 '소란을 떠는 영들'은 우리를 '속이며' 비상사태로 몰아넣는다. 하나님의 진리는, 무와 그것의 대표자들인 악령들이 무엇을 하는 존재들인지 보여줌으로써, 즉 그것들의 요구들과 기획들이 지닌 기만성을 보여줌으로써, 그것들을 무기력하게 하며, 그것들을 위협하지 않은 존재로 만든다. 따라서 거짓이 거짓으로서 폭로되는 것, 그것이야말로 거짓에게 적합한 것이며, 그것의 세력에 의하여 위협받는 사람들, 압박받는 사람들, 괴롭힘을 받는 사람들에게 유익한 것이다. 바로 이것이야말로 역시, 하나님의 진리를 통하여 거짓에게 닥쳐오는 것이다. 그리고 바로, 이 일이 그것에게 닥쳐옴으로써, 그것을 강력한 것으로, 위협적인 것으로, 압박하는 것으로, 괴롭히는 것으로 만드는 숨통이 그것으로부터 제거되며, 그것은 정복되고 격퇴된다.

그리고 바로 이것이야말로 성서가 악령들에 관하여 우리에게 말해야만 하는 것이다. 성서는 우리에게 결코, 그것들이 존재하지 않는다거나, 그것들이 어떤 세력들을 갖고 있지 않다거나, 그것들 자체는 어떤 위협이 되지 않는다고 말하지 않는다. 오히려 분명한 것은 이것이다: 그것들이 존재하며 그것들이 위협적인 세력을 지닌 존재들이라는 것이 — 이 사실이 신약성서에서는 구약성서에서보다 눈에 띄게 심지어 훨씬 더 뚜렷하게 — 매우 결정적으로 '고려'되고 있다. 확실히 다음과 같을 수밖에 없을 것이다: 성취되고 완성된 하나님의 은혜의 계약에, 즉 하늘에서 땅으로 내려온 하나님의 나라에 비추어 볼 때, 그 나라에 반대하고 저항하는 바로 그것은, 그 나라가 겨우 성취를 향해 접근하는 그곳에서보다는, 그 나라가 겨우 출현을 예고하는 그곳에서보다는, 그것이 이제 격퇴되는 바로 그 동안에, 그것은 전혀 다르게, 즉 훨씬 더 구체적으로 '눈에 보이게' 된다. 그러나 이 반대와 저항이 바로 '무'로서 이제 눈에 보이게 되며, 그것의 모든 대표자들이 거짓의 세력들로서, 즉 거짓으로서 정체가 폭로된 그리고 그와 동시에 세력들을 박탈당한, 비존재의 실재들로서 눈에 보이게 된다. 우리가 성서의 '악령론'이라고 부를 수 있는 것은, 사실상 다만 성서의 그리스도론과 구원론의 부정적 반사(Reflex)일 뿐이다. 여기에서 눈에 보이게 되는 것은, 이미 공격받았으며, 그것의 입장에서 이미 치명적으로 위협받고 있으며, 심지어 뿌리가 이미 파괴된, 사탄과 그의 천사들의 나라이다: 즉, 여기에서 눈에 보이게 되는 것은 은폐된 그리고 그 은폐 안에서 강력한 악령들의 존재가 아니라, '가면이 벗겨진' 그리고 그렇게 됨으로써 '무기력'하게 된 악령들의 존재이며, 그것의 진격과 습격 혹은 심지어 승리가 아니라, 그것의 '패배', 그것의 '퇴각', 그것의 '도주'이며, 악령들에 의하여 지배받고 괴롭힘을 받고 들볶이는 땅과 인류가 아니라, 그것들로부터 '해방된' 땅과 인류이며, 마법에 걸린 세계가 아니라, '탈마법화된' 세계이며, 따라서 그리고 그런 까닭에, 악령들을 믿는 신앙공동체와 그리스도교가 아니라, 믿음 안에서 그것들에게 반대하여 저 단호한 '불신앙'을 내세우는 신앙공동체와 그리스도교이며, 간단히 말하자면, 거짓에 대한 진리의 '승리'이다. 그러나 거기에서 승리하는 것은 바로 하나님의 진리, 즉 실제로 '그'의 말씀과 사역이다. 주님이며 승리자로서 무와 그것이 지닌 거짓의 세력들을 진압하는 존재는 바로 예수 그리스도, 즉 그의 인격 안에 있는 하나님이다. 다름 아니라 바로 예수의 투쟁의 역사, 그의 안에서 갑자기 시작된 하나님의 나라의 역사, 즉 그가 십자가에서 죽기까지 낮아지고 부활하여 아버지의 오른쪽으로 올리어진 그 역사 안에서, 다음의 사실이 단순히 "참된 것일" 뿐만 아니라, 하나님의 아들을 희생하는 최고의 대가를 치렀으므로 영광 안에서 "참된 것으로 된다": 무는, 그리고 악령들은 해야만 할 말이 '아무것도 없다.' 따라서 만일 우리가 신약성서 안에서 악령들의 존재에 대한 저 승리를 공감하도록 촉구된다면, 그것이 의미하는 것은 바로, 그에 대한 믿음을 지니는 것, 주님이며 구원자인 그에게 순종하는 것, 그의 신앙공동체 안에서 살아가는 것, 그의 안에서 나타난 구원에 대한 메시지를 선포하고 경청하는 것이다. 바로 저 투쟁의 역사에서 그 승리는 예수 그리스도 자신 안에서 성취된다. 따라서 우리가 그 승리를 함께 축하하는 것은, 우리가 그 악령들로부터 벗어나는 것은, 언제나 다만, 우리가 이 '역사'에 참여하는 것에서만 이루어질 수 있다. 그리고 천사들이 그 역사의 증인들이었으며, 그 승리의 증인들로서 악령들에게 맞섰던 것처럼, 그렇게 그들은—우리가 서술하였던 것과 같은 방식으로—어디에나 거기에, 즉 인간들에게 그 역사에, 저 투쟁과 승리에 '참여'하도록 촉구하며, 기꺼이 그렇게 하도록 하며, 그렇게 하도록 능력을 부여하는 것이 주요관심사가 되는 그곳에, 개입하고 있다. 그 경우에 그 천사들은 진리를 위하여, 즉 그곳에서 투쟁하고 승리하였으며, 되풀이해서 그 투쟁과 승리에 비추어 널리 알려지고 인식되기를 원하는 그 진리를 위하여 증언한다. 그리고 그 경우에 이 진리의 진정한 능력 안에 있는 천사들은 우리에게 또한 몇 번이고 되풀이하여, 거짓의 나라에 속한 거짓 사자들에 대항하는 반대증인들이다.

　　이제 천사들과 악령들 사이의 관계에 대한 고대교회의 교의에 대하여 짧게 논평하는 것으로 결론을 대신하려 한다. 우리의 관심을 끄는 것은 고대와 근대에 몇 번이고 되풀이하여 제시되었던, 악령들을 "타락한 천사들"이라고 여기던 교의이다. 이 교의는 원래 이사야 14:12와 관련되어 있었다: 여기에서는 바빌론의 왕이 하늘에서 떨어진 빛나는 새벽별(lucifer, '루시퍼'는 샛별과 동시에 악마를 의미함—역자 주)로 묘사되어 있다. 이 부분은 주목할 만한 구절인 창세기 6:1-4와 연관시켜 해석되었다. 유다서 6절이 이 방향에서 가장 강력하게 중요한 의미를 지니고 있는 것처럼 보였고, 또한 여전히 그런 것처럼 보인다: 여기에서는 "처음"의 자리를 지키지 않고 "자기가 사는 곳"을 버렸던 천사들에 대하여 언급하고 있다. 그리고 "죄를 지은 천사들"이 언급되고 있는 베드로서 2:4도 아마도 이 방향에서 말하고 있는 것 같다. 참으로 그럼에도 불구하고 이 관련 구절들은, 그것들을 통해서 그 방향으로 밀고 나아가도록 권하기에는 모두가 너무나 불확실하고 불분명하다. 그 구절들이 아무리 해명될 수 있다고 할지라도, 벌써 다음과 같이 참으로 견딜 수 없는 인위성이 그 구절들을 이런 의미로 해석하는 것을 반대하고 있다: 신학자들은 인위적으로 그 구절들로부터 "천사들의 타락"에 관한 교의를, 그러므로 '그것'(천사들의 타락—역자 주)으로부터 출발하여 설명될 수 있는 악마와 악령들의 실존을 논증하고 발전시키려 시도하였다. 만일 이 교의가 정확하다면, 우리가 천사들의 존재와 직무에 대하여 획득하였던, 그리고 악령들의 특성과 연극에 대하여 적어도 가볍게 언급하였던 그 모든 통찰들은, 정말이지 실제로 그 모든 통찰들은 참으로 거짓일 수밖에 없을 것이다. 이 교의는 옛 교의학이 만들어낸 나쁜 공상들 가운데 하나이다. 그것은, '인간'의 타락에 대한 인식을 '형이상학적 서막'이라는 관념을 통해서 뒷받침하려는 전혀 불필요한 욕구로부터 유래한다: 그 경우에 그 형이상학적 서막은 완전히 부적절한 방식으로, 하늘로 옮겨져야만 한다고 여겨졌던 것이다. 그 교의는, '무'를 — 그것이 무로 존재하도록 그대로 두는 대신에 — 하나님과 그리고 그의 피조물과 참으로 그럼에도 불구하고 체계적으로 연결시키려는, 그것의 가능성을 (불가능한 것의 가능성을!), 그것의 존재를 (비존재의 존재를!) 참으로 그럼에도 불구하고 '이해'하고 '설명'하고 '추론'하려는 매우 정당하지 않은 노력으로부터 유래한다. 그리고 그것은 무엇보다도 하늘나라와 천사들에 대한 끔찍한 오해로부터 유래한다: 즉 마치 또한 이 피조물도 지니고 그 자유가, 만일 그것이 이 피조물에게도 소위 "자유의지"의 자유, 즉 바보가 될 자유를 의미하지 않는다면, 혹은 적어도 태고의 그 언젠가 그것을 의미하지 않았다면, 실제의 자유가 아닌 것처럼 여기는 그 오해로부터 유래한다. 지상에 있는 피조물의 자유조차, 인간의 자유조차 그렇게 이해하는 것은 옳지 않은데, 하물며 하늘에 있는 피조물이 지닌 자유를 그렇게 이해하는 것은 당치도 않은 일이다. 천사들과 악령들을 이러한 치명적인 자유개념 아래에서 조화를 이루게 하려는 사람은 그야말로 모든 것을, 즉 양측에 대하여 언급되어야 하는 모든 것을 엉클어지게 하며 모호하게 한다. 실제의 진정한 천사는, 이 교의에서 천사들의 일부에게 (이 사건의 과정과 관련하여 모호한 공상 안에서) 할당되었던 것을 '행하지 않는다.' 그리고 다른 한편으로는, 악령이 실제로 하늘에 있었던 적은 아직 결코 없었다고 말할 수 있다. 그것들은 모두 다만, 마치 그것들이 직접 그곳으로부터 온 것처럼 그렇게 행세할 뿐이다! 그런데 악마는 결코 천사가 아니었다. 그것은 "처음부터" 살인자였다: 그것은 결코 진리 안에 서 있지 '않'았으며, 그것 안에는 어떤 진리도 아직 없었다. 그것은 거짓을 말하고, 더구나 "본성으로부터" 그렇게 한다: 왜냐하면 그것은 '거짓말쟁이'이며, 거짓의 '아비'이기 때문이다. 그것은 요한복음 8:44에 그렇게 묘사되어 있으며, 그 내용은 우리가 신약성서에서 무와 악령들에 대하여 듣게 되는 모든 것에 일치한다. 그러나 천사들에 대해서는 야고보서 1:17과 함께 이렇게 언급되어야만 한다: "온갖 '좋은' 선물과 모든 '완전한' 은사는 '위에서', 곧 빛들을 지으신 아버지께로부터 '내려옵니다.' 아버지께는 이러저러한 변함이나 회전하는 그림자가 '없'으십니다." 그리고 바로 앞의 16절도 함께 인용되어야 할 것이다: "나의 사랑하는 형제자매 여러분, 속지 마십시오!"

찾아보기

1. 성서 구절

창세기

1장 ……………………………… 18
1:1-2:4 …………………… 75f.
1:1 ………………… 581, 588f.
　:2 ………… 110, 484, 525
　:3 …………………………… 525
　:3-5 ……………………… 115
　:3-9 ………………… 111, 484
　:7 ………………… 602, 645
2장 ……………………………… 18
2:1 ……………… 525, 581, 622
　:1-3 ……………………… 18f.
　:2 …………………………… 106
3장 …………… 485, 489f., 492
3:8 …………………………… 682
　:24 ………………………… 630
6-8장 ………………………… 111
6:1-4 ……………… 630, 740
7:11 ………………………… 602
　:16 ………………………… 682
8:21 ………………………… 682
9:5f. ………………………… 311
11:4 ………………………… 589
　:7 …………………………… 682
16:7ff. ……………… 681, 683
18:1-16 ………………… 681ff.

19:1ff. ……………… 681, 683
　:24 ………………………… 602
21:17f. …………………… 681
22:1-19 …………………… 60
　:8 ………………………… 13f.
　:11ff. …………………… 681
　:14 ……………………… 13f.
24:7 ………………………… 667
28:12 ……………… 667, 698
31:11f. ……………… 681, 683
32:1f. ……………………… 622
45:8 ………………………… 137

출애굽기

3:2ff. ……………… 681f., 683
7-11장 …………………… 111
14:20 ……………………… 678
15:18 ……………………… 218
16:2ff. …………………… 601
20:2 ………………………… 250
　:22 ………………………… 602
23:20 ……………………… 717
33:1f. ……………………… 681
35:18 ……………………… 630

레위기

26:19 ……………………… 602

민수기

22:22 ……………………… 678
23:21 ……………………… 218

신명기

4:19 ……………… 582, 622
　:36 ………………………… 602
11:17 ……………………… 602
17:3 ……………… 582, 622
25:4 ………………………… 244
28:12 ……………………… 601
　:23 ………………………… 602
30:13 ……………………… 588
32:8 ………………………… 564
33:4f. ……………………… 218

여호수아

5:13-15 ………………… 633
10:11 ……………………… 602

사사기

2:1 ············ 679
5:20 ············ 623
6:11ff. ············ 678
:12 ············ 701
13:2-23 ············ 679f., 702

사무엘상

4:4 ············ 630
8:7 ············ 218
10:19 ············ 218
:26 ············ 138
12:19 ············ 218
17:45 ············ 622

사무엘하

14:17 ············ 716
16:10 ············ 203
22:11 ············ 630
24:16f. ············ 678

열왕기상

8:27 ············ 582
:35 ············ 602
19:5 ············ 678
22:19 ············ 621f.

열왕기하

1:10ff. ············ 602
6:16 ············ 545
17:16 ············ 582

19:35 ············ 678

역대상

21:15f. ············ 678, 685
24:4ff ············ 644
29:11f. ············ 91

역대하

18:18 ············ 621
28:9 ············ 586

느헤미야

9:6 ············ 622
:6f. ············ 91
:13 ············ 602

욥기

1:6 ············ 630
2:1 ············ 630
4:18 ············ 582
5:1 ············ 630
10:12 ············ 22
11:8 ············ 582
14:5 ············ 311
15:15 ············ 582, 630
16:19 ············ 606
20:6 ············ 589
22:12 ············ 605
26:11 ············ 582
28:20f. ············ 191
:24 ············ 606
31:2 ············ 605

33:23ff. ············ 632, 723
37:6 ············ 203
38-41장 ············ 138, 140
38:7 ············ 526, 630, 696
:31f. ············ 588

시편

2:4 ············ 606
8:4 ············ 582
14:2 ············ 606
18:7-19 ············ 606
:36 ············ 59
19:2 ············ 617
:2f. ············ 79
20:7 ············ 601
29:1 ············ 629
31:16 ············ 311
33:6 ············ 582, 622
:9 ············ 82
:14 ············ 606
34:7f. ············ 721
:8 ············ 667
:21 ············ 244
36:6 ············ 589
:7 ············ 244
:7f. ············ 91
44:4 ············ 59
47:3 ············ 218
:8 ············ 218
:9 ············ 218
48:11 ············ 59
50:1-6 ············ 203
:6 ············ 617
57:4 ············ 601
:6 ············ 582

62:2f. 227
68:34 606
69:35 617
73:8 589
　:18 589
　:23 ...... 59, 91
　:25 582
82:1 ...... 621, 630
　:6 630
89:6 ...... 617, 630
　:7 621
　:8 ...... 630, 632
　:9 632
90:3 203
91:9-12 722
　:11f. 724
95:3 218
96:1 657
　:5 582
　:11 587
97:6 617
99:2 218
102:26 582
103편 631
103:11 589
　:19 606
　:20f. 631
104:4 564
　:24 128
　:27ff. 91
　:33 126
105:31 203
110:1f. ...... 608f.
115:3 605
118:15f. 59
119:105 42

121편 55
121:2f 23
123:1 606
127:1 137
136편 132
136:26 605
139:1f. 191
　:2 244
　:8 588
　:8ff. 605
　:10 59
　:16 311
141:2 655
146:2 126
147:9 244
　:18 203
148:1-4 622
　:4 617
149:1 657

잠언

8:30f. 127
16:1 138
　:9 138
　:33 137
19:21 138

전도서

3:11 191
5:1 605

이사야

6장 528, 533, 699

6:2 ...... 630, 645
　:3 ...... 647f.
　:5 ...... 218, 646
8:11 43
11:6 430
13:4 622
　:13 617
14:12 740
24:23 ...... 218, 644
26:12 188
　:16 137
34:4 582
　:5 602
38:1ff. 312
40:7 203
　:12 588
　:13 644
　:26 ...... 91, 203, 622
41:4 203
42:10 657
43:15 218
44:26f. 203
　:28 203
45:12 622
46:11 203
48:15 203
49:13 587
51:6 582
55:9 589
63:15 606
64:1f. 617
65:17 582
66:1 606

예레미야

1:15 ········· 203
4:28 ········· 586
10:7 ········· 218
:23 ········· 137
12:3 ········· 229
15:16 ········· 43
18:7 ········· 203
20:9 ········· 43
25:29 ········· 203
31:37 ········· 588
46:18 ········· 218
48:15 ········· 218
51:53 ········· 589
:57 ········· 218

에스겔

1:1 ········· 602
:5ff. ········· 645
10:1 ········· 606
12:25 ········· 203
17:24 ········· 203
36:29 ········· 203
37:14 ········· 203

다니엘

2:19 ········· 605
4:7f. ········· 589
:10 ········· 630
:14 ········· 630
:20 ········· 630
:34 ········· 218
7:10 ········· 632

:13 ········· 603
:14 ········· 610
8:10 ········· 589
:16 ········· 631, 634
9:21 ········· 631, 634
10:13 ········· 550, 631, 634, 678, 722
:21 ········· 634, 678
12:1 ········· 631, 634, 678

호세아

11:1 ········· 203

요엘

2:10 ········· 582
3:16 ········· 617

아모스

3:7 ········· 43, 202
5:21-24 ········· 661
9:2 ········· 588
:6 ········· 606

요나

1:9 ········· 605
2:11 ········· 203

하박국

1:1 ········· 43

학개

1:13 ········· 716
2:6 ········· 617
:21 ········· 617

스가랴

1:12 ········· 678
2:8 ········· 299
3:2 ········· 678
12:8 ········· 716
14:5 ········· 629
:16 ········· 218

말라기

2:7 ········· 717
3:1 ········· 679

마태복음

1:18ff. ········· 708
:20-25 ········· 703
3:2 ········· 599
4:4 ········· 100
:6 ········· 722
:11 ········· 697
:17 ········· 599
5:3 ········· 600
:10 ········· 600
:11f. ········· 601
:16 ········· 599
:19 ········· 600
:20 ········· 600
:34 ········· 606

:35 218	:43 598	:26-38 .... 700ff.
:45 .... 100, 605	22:30 547	:46-55 .... 701ff.
6:9 .... 599, 605	:41ff. 608	:51f. 650
:10 .... 598, 616ff.	23:13 600	:68-79 .... 701ff.
:14 599	:22 606	2:9 679
:20 602	24:29 617	:9-15 .... 703ff.
:26-30 65	:30 604	:13 .... 621, 659, 685
:30 244	:31 712	:13f. 619
:33 66	25:31 .... 698, 712	:14 .... 605, 611
8:11 600	:41 .... 726, 727	4:13 552
10:7 599	26:29 598	9:26 698
:29 .... 137, 244	:53 698	10:20 602
:30 244	:64 .... 604, 608	11:2 599
11:10 717	27:38 259	12:8 696
:12 600	28:1-7 .... 707f.	:11 635
12:28 598	:9f. 708	:32 710
:43f. 552	:16 708	15:7 696
13:11 599	:18 .... 53, 608	:10 696
:24 600		:18 586
:31 600	마가복음	16:22 686
:33 600		19:37f. 619
:41 712	1:10f. 603	22:43 698
:43 598	:12f. 698, 726	24:1-12 .... 707f.
:52 600	8:38 .... 698f.	:13-49 708
16:17 605	9:3 645	
19 586	12:25 629	요한복음
:27 .... 667, 698	13:31 582	
17:2 645	14:62 604	1:14 698
18:1 600	16:1-8 .... 707f.	:16 83
:10 .... 245, 673, 723		:46 251
:18 586	누가복음	:49 252
:19 605		:51 .... 603, 698
:23 600	1:5-20 700	3:13 .... 603, 607
19:14 600	:11 634	:27 601
20:1 600	:19 .... 628, 631, 634	:30 699
21:31 598	:26 .... 631, 634	:31 603

| 5:4 ·············· 564, 697
| :17 ···· 23, 54, 58, 100f., 171
| :26 ·············· 111, 195
| 6:30ff. ················ 601
| :32f. ·················· 603
| 7:41 ·················· 251
| :52 ···················· 252
| 8:23 ···················· 607
| :44 ···················· 741
| 10:34 ··················· 630
| 12:29 ··················· 697
| 14:2 ···················· 606
| :6 ······················ 251
| :9 ······················· 51
| 17:11 ··················· 122
| :12 ····················· 122
| :15 ····················· 122
| 19:10f. ················· 635
| :19 ····················· 252
| 20:1–18 ············· 707f.
| :19ff. ·················· 708

사도행전

1:10–14 ············· 709ff.
:11 ····················· 603
2:2 ······················ 603
:19 ····················· 617
:33 ··················· 607ff.
:34f. ···················· 608
3:21 ····················· 603
5:19f. ··················· 678
:31 ··················· 607, 609
6:15 ····················· 716
7:56 ················ 603, 608
8:26 ····················· 678

10:3ff. ·················· 678
12:7ff. ·················· 678
:15 ····················· 723
:23 ····················· 678
17:24f. ·············· 23, 54
:27 ····················· 137
:28 ················ 90, 100, 111
:34 ····················· 529
23:8 ···················· 541
26:19 ··················· 603
27:23 ··················· 678

로마서

1:18 ····················· 602
:19f. ····················· 79
:25 ····················· 160
8:3 ······················ 414
:19 ····················· 257
:27 ····················· 655
:28 ·················· 65, 67
:32 ····················· 364
:34 ····················· 608
:36 ····················· 658
:38 ····················· 726
38f. ················ 582, 635f.
9:20f. ··················· 166
11:17f. ·················· 257
:32 ····················· 448
:34 ····················· 644
:36 ········· 90, 137, 151,
                    177, 221, 392
13:1f. ················· 635f.

고린도전서

1:8 ······················ 122
2:6–8 ··················· 635
4:9 ······················ 696
8:6 ······················· 90
9:9 ···················· 244f.
11:10 ··············· 656, 696
12:6 ·················· 58, 137
:14–26 ·················· 268
13:12 ···················· 78
14:32f. ·················· 226
15:24 ······ 583, 635, 699, 712
:24–28 ·················· 609
:28 ····················· 127
:40 ····················· 586
:47 ····················· 603

고린도후서

1:3 ······················ 152
:21 ····················· 122
5:1 ······················ 602
:17 ······················ 17
:18 ····················· 698
:19 ····················· 609
12:2 ···················· 620
:2f. ····················· 509
:7 ·················· 123, 726

갈라디아서

1장ff. ··················· 425
1:8 ······················ 629
3:19 ···················· 531
4:14 ···················· 716

:26 602
6:15 17

에베소서

1:3 .... 601, 604
:10 587
:11 65
:20 .... 609f.
:20-22 .... 53, 608, 696
:21 635
2:6 .... 601, 604
3:10 .... 635ff., 649, 696
4:10 .... 582, 611
6:12 635

빌립보서

2:10 .... 586, 629
:13 137
3:20 602
4:7 122

골로새서

1:13 69
:14-17 .... 58f.
:15 582
:16 635
:16f. 23, 587
:18 53
2:7 122
:10 .... 635f., 696
:15 635
:18 .... 582, 673
3:1 .... 607, 610, 658

:2 604
:3 658

데살로니가전서

1:10 604
3:13 122
4:16 .... 633, 712
5:23 122

데살로니가후서

1:7 .... 604, 712
:10 630
2:17 123
3:3 122

디모데전서

1:17 218
3:16 .... 653, 696
5:21 696
6:15 218

디모데후서

1:12 122
4:18 598

디도서

3:1 635

히브리서

1:3 ..... 23, 59, 91, 608, 610f.

:4 627
:5-14 697
:6 696
:13 608
:14 .... 528, 627f., 672
2:9 698
4:4 106
:14 .... 603, 611
6:4 601
7:26 611
8:1 607
9:24 603
10:12 610
11:16 602
12:2 .... 607, 610
:9 627
:22 602
:22f. .... 527f.
:23 602
:25 604
:26 617
13:2 .... 574, 716

야고보서

1:17 .... 601, 741
3:15f. 604

베드로전서

1:4 602
:5 122
:12 .... 603, 696
2:13 635
3:22 .... 608, 635, 696
4:12f. 66

베드로후서

5:6f. ············· 64f.

2:4 ················ 740
:5 ················· 123

요한1서

1:5 ················ 643
5:18 ··············· 122

유다서

1 ··················· 122
6 ··················· 740
9 ············· 631, 633

요한계시록

1:4 ················· 645
:14 ················ 645
:18 ················ 654
2-3장 ········· 527, 717
3:1 ················· 627
:5 ················· 696
:10 ················ 122
:12 ················ 602
:21 ················ 608
4-5장 ······· 528, 622, 628,
          643ff., 670, 695
4:1 ················· 602
:3f. ················ 634
:5 ················· 627
:9f. ················ 582
5:6 ················· 627

:11 ················ 632
6-7장 ··············· 651
7:14 ················ 644
:15 ················ 634
:17 ················ 608
8:2 ················· 634
:3 ················· 655
12:1 ················ 603
:7 ··········· 631, 634, 726
:12 ················ 587
15:3 ················ 218
18:5 ················ 589
19:11-16 ············ 621
:14 ············ 623, 645
20:11 ··············· 582
21:1 ················ 582
:2 ················· 602
:4 ················· 659
:10 ················ 602
22:3 ················ 608
:8f. ················ 582

2. 인명과 고유명사

알트도르퍼 Altdorfer, Albrecht 685
알트하우스 Althaus, Paul 565
암브로시우스 Ambrosius 525
안셀름 Anselm v. Canterbury 107, 113, 526
아리스토텔레스 Aristoteles 24, 54, 142ff., 244, 456, 537, 553, 559
아르미니우스 Arminius, Jakobus 167
아놀트 Arnold, Gottfried 41
아타나시우스 Athanasius 525
아테나고라스 Athenagoras 523
아우크스부르크 신앙고백서 Augustana, Conf. 95
아우구스틴 Augustin 25. 100, 107, 111, 166, 227ff., 244, 291, 430, 440, 508, 523ff.

바아더 Baader, Franz 194
바이어 Baier, Joh. Wilhelm 139, 560, 566
바르트만 Bartmann, Bernhard 16
바실리우스 Basilius v. Caesarea 525
바움가르트너 Baumgartner, Walter 677, 713
벡 Beck, Joh. Tobias 193, 643, 659
베토벤 Beethoven, Ludwig van 663
벡커 Bekker, Balthasar 729
벤더 Bender, Wilhelm 439
벵엘 Bengel, Joh. Albrecht 41, 45, 193
블룸하르트 Blumhardt, Joh. Christoph 422, 426, 562, 636

보나벤투라 Bonaventura 16
브라운 Braun, Joh. 19
브레트슈나이더 Bretschneider, Karl Gottlieb 560f., 565f., 577
브루너 Brunner, Emil 439
부카누스 Bucanus, Wilhelm 14
불트만 Bultmann, Rudolf 519
부르크하르트 Burckhardt, Jacob 41
부르만 Burmann, Franz 19, 108, 109, 112, 202, 227, 281, 312, 394

칼로프 Calov, Abr. 53f., 139, 172, 223, 228f., 244
칼빈 Calvin, Joh. 19, 21, 22, 28, 29, 52ff., 59, 75, 139, 142, 146, 165, 185, 509, 512, 517, 560, 664, 723f.
크리소스토무스 Chrysostomus 527, 616
키케로 Cicero 54
코케이유스 Coccejus, Joh. 53, 106, 133, 190, 197, 202, 223
크레머 Cremer, Hermann 677
키릴 Cyrill v. Jerusalem 524

델리취 Delitzsch, Franz 677
데모크리투스 Demokrit 244
디두모 Didymus v. Alexandrien 525
디캄프 Diekamp, Franz 16, 550

디오니시우스의 위서(僞書) Pseudo-Dionysius Areopagita   508, 525, 528f., 529ff., 542, 546, 554, 559, 635, 637
도르너 Dorner, Isaak August   562f., 566, 577

엠머리히 Emmerich, Kurt   289
에피쿠로스 Epikur   23, 47, 244
에피파니우스 Epiphanius   526
유세비우스 Euseb v. Cäsarea   45, 524

피히테 Fichte, Joh. Gottlieb   160
풀겐티우스 Fulgentius   526

겐나디우스 Gennadius   526
게르하르트 Gerhard, Joh.   23, 100, 139, 560
게르하르트 Gerhardt, Paul   29, 33, 55, 392
괴테 Goethe, Joh. Wolfg. v.   102ff., 108, 160, 178, 425, 518, 725
그레고리 교황 Gregor d. Gr.   524f., 537, 550
나지안주스의 그레고리 Gregor v. Nazianz   508, 524, 534
니사의 그레고리 Gregor v. Nyssa   524
그뢰투이젠 Groethuysen, Bernhard   105
그뤼네발트 Grünewald, Matthias   686

하도른 Hadorn, Wilhelm   646f., 656, 660
헤켈 Haeckel, Ernst   99
해에링 Haering, Theodor   573, 577
할러 Haller, Albrecht v.   104
하제 Hase, Carl   517f., 686
헤겔 Hegel, Georg Wilh. Friedr.   40, 160, 421, 429, 456, 458, 478
하이단 Heidanus, Abraham   14, 19, 24, 92, 112, 138, 394
하이데거 Heidegger, Joh. Heinrich   112, 142, 158f., 171, 177, 206, 228

하이데거 Heidegger, Martin   455ff.
하이델베르크 교리문답서 Heidelberger Katechismus   14, 29, 34, 53, 95, 165, 281, 392, 424, 611, 673
하이네 Heine, Heinrich   571
헬렌 Hellen, Ed. v. d.   103
헤페 Heppe, Heinrich   19
헤르더 Herder, Joh. Gottfried   194
헤르마스의 목자 Hermas, Hirte des   523
히에로니무스 Hieronymus   244, 525f., 550
힐라리우스 Hilarius v. Poitiers   527
히틀러 Hitler, Adolf   56
호프만 Hofmann, Joh. Chr. Konrad   627, 630
홀란츠 Hollaz, David   54, 139, 311f.

이레네우스 Irenäus   524, 526

야코비 Jacobi, Friedr. Heinrich   518
다메섹의 성 요한 Johannes Damascenus   15, 525, 527, 537
유스틴 Justin d. Märtyrer   522

카프탄 Kaftan, Julius   573
칸트 Kant, Immanuel   423f., 467
키에르케고르 Kierkegaard, Sören   510
키른 Kirn, Otto   573
콜브뤼게 Kohlbrügge, Herm. Friedr.   422

라이프니츠 Leibniz, Gottfr. Wilh.   427ff., 439, 445f., 453, 456, 473f.
라이덴 Leyden, Syn. pur. Theol.   15, 92, 139, 205f., 241, 244
레싱 Lessing, Gotth. Ephraim   40
립시우스 Lipsius, Richard Adalbert   99f., 139, 572, 576
로마이어 Lohmeyer, Ernst   599, 616

롬바르두스 Lombardus, Petrus 16
루터 Luther, Martin 29, 36, 44, 59, 142ff., 166, 667, 725

마르시온 Marcion 219, 404
마르텐센 Martensen, Hans Lassen 563ff., 630
마르크스 Marx, Karl 40
마스트리히트 Mastricht, Petrus van 95, 99, 137, 151, 221, 231, 397
멜랑히톤 Melanchthon, Philipp 166
멩켄 Menken, Gottfr. 193
모루스 Morus, Sam. Friedr. Nath. 14
모차르트 Mozart, Wolfg. Amadeus 401f.
뮐러 Müller, Julius 421ff., 429, 439, 442, 448, 451
뮐러 Müller, Max 456

니케아 신조 Nicaenum Symb. 587
니젤 Niesel, Wilhelm 52
니취 Nitzsch, Friedr. 139, 573

외팅어 Oetinger, Friedr. Christoph 193
오리게네스 Origenes 219, 508, 527, 541, 562
오버벡 Overbeck, Franz 282

파울리 Pauli, Fritz 686f.
펠라기우스 Pelagius 166
피터슨 Peterson, Erik 527f., 643, 647, 650, 655f., 660f., 670ff.
플라톤 Plato 553
플리니우스 Plinius 660
폴레 Pohle, Joseph 16
폴라누스 Polanus, Amandus 426
프로클루스 Proclus 529, 534

크벤슈테트 Quenstedt Andreas 15, 59, 95, 139, 189f., 205, 223, 244, 512, 560

라트 Rad, Gerh. v. 678f., 682
라파엘 Raffael 519, 686
라인하르트 Reinhard, Fr. Volkmar 560f., 565f.
릴케 Rilke, Rainer Maria 686, 718
리츨 Ritschl, Albrecht 34, 146
로젠크란츠 Rosenkranz, Karl 439f.
로테 Rothe, Richard 561f., 566, 572, 577

사르트르 Sartre, J. P. 455, 462ff.
쉐벤 Scheeben, Matth. Jos. 16
셸링 Schelling, Martin 686
셸링 Schelling, Fr. Wilh. Jos. 160, 194
쉭 Schick, Erich 510, 628f., 634
쉴러 Schiller, Friedrich 160
슐라터 Schlatter, Adolf 565f., 577, 664
슐라이에르마허 Schleiermacher, Friedr. Ernst Daniel 167, 241, 421, 433ff., 473f., 572f., 575
슈미트 Schmidt, Karl Ludwig 219, 651
쇼펜하우어 Schopenhauer, Arthur 404
슈츠 Schütz, Joh. Jak. 27
슈바이처 Schweizer, Alexander 140
제베르크 Seeberg, Reinhold 574f.
세네카 Seneca 54
슈페 Spee, Friedr v. 729
슈펭글러 Spengler, Oswald 40
슈피너 Spinner, Gerhard 552f., 554
슈테판 Stephan, Horst 574
슈트라우스 Strauß, David Friedr. 25, 519, 571, 575ff.

테르툴리안 Tertullian 525f.
토마스 Thomas v. Aquino 16, 25, 95, 99, 107f., 111, 139, 141ff., 188f., 205, 243f., 249f., 508f., 519, 535f., 538ff., 558f., 562, 566, 572, 627, 718

토마지우스 Thomasius, Gottfried   105
톨레트 Tolet, Franz   205
트라이취케 Treitschke, Heinr.   40
트뢸치 Troeltsch, Ernst   145, 565, 577
투레티니 Turrettini, Franz   54, 141, 394

빌마 Vilmar, Aug. Friedr. Christian   422
피셔 Vischer, Fr. Theodor   404

벤델린 Wendelin, Markus Friedr.   231
베테 Wette, Wilh. Leberecht de   572, 575
볼렙 Wolleb, Joh.   139f., 205, 524

츠빙글리 Zwingli, Huldrych   14, 28f., 139, 142, 146

3. 개념

유비 Analogie　80, 148ff., 154, 697, 703
천사론 Angelologie　513ff., 571ff.
　그리스도론 Christologie　696ff.
　악령학 Dämonologie 관련항목을 보시오!
　천사들에 대한 철학 Engelphilosophie?　570, 722
　인식 Erkenntnis　555ff., 593
　경계 Grenze　508
　인식을 포기하는 것 sacrificium intellectus? 513
　성서 Schrift, hl. 관련항목을 보시오!
　전통 Tradition　521
반셈족주의 Antisemitismus　301ff.
변호 Apologetik　556
사도 Apostel　253, 674, 692, 716

악 Böse, das, 무 Nichtige 관련항목을 보시오!
"철저한" 악 das "radikale Böse"　424
계약 Bund　17f., 60ff., 72f., 97, 108f., 119, 204, 251, 298, 490, 683, 688, 691
계약의 역사 Bundesgeschichte　17, 51, 61ff., 70f., 135, 169, 265f., 270, 273, 536, 584, 719f.
계약동맹자 Bundespartner　63f., 73f., 490

무질서 Chaos　115, 183, 208, 222, 487f., 730. 무 Nichtige 참조!
그리스도인 Christ, der　325ff.

명령 Auftrag　375
신앙고백 Bekenntnis　327f., 331
직무 Dienst　352, 380, 388
인식 Erkenntnis　332f.
자유 Freiheit　343, 359, 370, 382
그리스도의 몸의 구성원 Glied des Leibes Christi 347, 368, 376, 382, 388
하나님의 자녀 Kind Gottes 관련항목을 보시오!
행동 Tat　358
진실성 Wahrhaftigkeit　327ff.
지식 Wissen　331ff.
하나님의 말씀 Wort Gottes 관련항목을 보시오!
"그리스도교" "Christnetum"　501, 728
그리스도론 Christologie　445, 451, 739
동행 Concursus　137ff. 섭리/동행 Vorsehung/Begleitung을 보시오!
　앞서서 감 praecursus　171f.
　예정 praedeterminatio　173f.
　예견 praevisio　173
　동시적인 simultaneus　189ff.
　뒤따라감 succursus　212f.
보존 Conservatio　92ff. 섭리/보존 Vorsehung/Erhaltung을 보시오!
　간접적인 mediata　99
　보호 servatio　113, 117f.

악령들 Dämonen 513, 526, 547, 564, 635, 638, 724ff.
   실존 Existenz 730
   한계들 Grenze 738
   탈신화화 Entmythologisierung 관련항목을 보시오!
악령학 Dämonologie 723ff.
   성서의 biblische 739
봉사 Diakonie 628
이신론 Deismus 25f.
교의학 Dogmatik 508ff., 557, 613

마지막 때 Endzeit 282f.
천사 Engel 321ff., 507ff., 624ff.
   직무 Amt 628
   명령 Auftrag 631f.
   개념 Begriff 718
   하나님의 사자들 Boten Gottes 714ff.
   계약의 역사 Bundesgeschichte 관련항목을 보시오!
   악한 böse 526, 726
   그룹들과 스랍들 Cheruben und Seraphen 532, 630, 638, 645, 671ff.
   악령들 Dämonen 관련항목을 보시오!
   직무 Dienst 509ff., 625ff., 637ff., 666ff., 687f.
   신성(神聖)의 차원 Dimension, göttl. 675
   경험 Erfahrung? 664f.
   가브리엘 Gabriel 631, 638
   하나님의 비밀 Geheimnis Gottes 515f., 625, 642f., 664, 674, 683, 690, 721
   영들 Geister 627
   신앙공동체 Gemeinde 관련항목을 보시오!
   피조물들 Geschöpfe 526, 582, 638, 667, 716
   신들 Götter? 564
   선한 gute 545, 726
   위계질서 Hierachie 529ff., 632ff.
   "야웨의 군대" "Heer Jahwes" 620ff., 704
   하늘에 있는 존재들 Himmlische 629f., 714
   야웨의 천사 Jahwe-Engel 677ff., 713
   예수 그리스도 Jesus Christus 관련항목을 보시오!
   예배 Kult 527f.
   하나님을 찬양하는 것 Lob Gottes 640, 646, 671, 676f., 721
   미가엘 Michael 631, 633, 638
   신화 Mythologie 639, 718
   이름 Name 539, 666, 713f.
   본성 Natur 593
   질서 Ordnung 525f., 529f., 546, 623f., 630ff.
   하나님의 대표자들 Repräsentanten Gottes 677ff.
   수호천사 Schutzengel 518, 527, 548f., 723
   파견 Sendung 548, 627f.
   죄 Sünde 544 관련항목을 보시오!
   민족들의 천사들 Völkerengel 565, 722
   수효 Zahl 526, 542f., 622f., 714
   증언 Zeugnis 324, 641ff., 653, 669, 673f., 693ff.
천사들의 타락 Engelfall? 526, 533, 740f.
비신화화 Entmythoglogisierung 405f., 507, 514f., 519, 728, 734
땅 Erde 596f. 하늘/땅 Heimmel/Erde 항목을 보시오!
하나님의 영원성 Ewigkeit Gottes 171, 213

자유 Freiheit 134f., 185, 205, 209f., 370, 382, 385, 하나님/자유 Gott/Freiheit 항목 참조!

기도 Gebet 333, 343, 358ff., 655f.
   숭배 Anbetung 360f.
   간청 Bitte 362ff.
   참회 Buße 361

들어줌 Erhörung 365, 376, 386
중보기도 Fürbitte 380
신앙 Glaube 381f. 관련항목을 보시오!
주기도 Herrengebet 363, 378
성령 Geist, hl. 136, 201, 211, 226, 346, 349f., 354, 357, 558, 608, 689, 720
신앙공동체 Gemeinde 교회 Kirche 항목을 보시오! 그리스도인 Christ 항목 참조!
심판 Gericht 118, 129, 397, 361, 483, 496f., 730
역사 Geschichte 계약의 역사 Bundesgeschichte 참조! 세계사 Weltgeschichte 참조!
  역사 Historie 513f.
  전설 Legende, Sage 476, 513ff.
피조물 Geschöpf 16, 18ff., 76, 106, 121, 128, 169, 238, 264
  필요 Bedürftigkeit 110ff.
  위협 Bedrohung 487
  결정 Bestimmung 119f.
  보호 Bewahrung 110f., 391
  봉사, 섬김 Dienst 67f., 73f., 236
  자유 Freiheit 관련항목을 보시오!
  한계 Grenze 창조/한계 Schöpfung/Grenze 항목을 보시오!
  영광 Herrlichkeit 239, 264
  하나님의 자녀 Kind Gottes 관련항목을 보시오!
  동료 피조물 Mitgeschöpf 105f., 237f.
  "협력" "Mitwirkung" 72, 80f., 172ff.
  현실성 Wirklichkeit 126f.
율법 Gesetz 417, 424
천체들 Gestirne 622
신앙, 믿음 Glaube 30ff., 45f., 56f., 62, 87f., 162f., 169, 201, 228, 249, 259, 278ff., 386, 500, 557
  인식 Erkenntnis 28, 41ff., 84, 255, 274, 512, 521f., 555f.

대상 Gegenstand 35f., 75, 77
순종 Gehorsam 관련항목을 보시오!
하나님의 사역 Gotteswerk 340
신뢰 Vertrauen 356
하나님의 말씀 Wort Gottes 관련항목을 보시오!
은혜 Gnade 81, 101, 109, 119f., 157, 169, 210, 254f., 305, 347, 382, 386f., 416f., 485, 489f., 497, 619, 730
은혜의 선택 Gnadenwahl 15, 20, 60, 65, 81, 102ff., 107, 109, 152, 169, 297, 307, 483, 730
영원한 결의 Dekret, ewiges 15, 22, 158, 692
하나님 Gott
  전능 Allmacht 106, 172, 211, 261, 285
  자비 Barmherzigkeit 171, 260f., 438, 626
  운동 Bewegung 592ff.
  삼위일체 Dreieinigkeit 334, 594, 609
  명예 Ehre 721
  단순성 Einfachheit 195
  유일무이함 Einzigkeit 316f.
  자유 Freiheit 22, 117f., 134f., 158
  은혜 Gnade 관련항목을 보시오!
  심판 Gericht 관련항목을 보시오!
  비밀 Geheimnis 203, 655 천사/하나님의 비밀 Engel/Geheimnis Gottes 항목을 보시오!
  정의 Gerechtigkeit 437, 442
  거룩함 Heiligkeit 437, 485, 497
  영광 Herrlichkeit 595
  통치, 지배 Herrschaft 26, 32, 36, 47, 53f., 90, 135, 185, 217f., 220f., 318, 332f., 347f., 384f., 393, 509, 619, 690, 730
  정돈하는 ordnende 232ff.
  낮아짐 Kondeszendenz 493, 596
  사랑 Liebe 18f., 130, 136, 168f., 169, 195, 261
  이름 Name 366, 371f., 620f.
  휴식 Ruhe 18f., 75, 106

존재방식 Seinsweisen 334, 609
보좌 Thron 하늘/보좌 Himmel/Thron 항목을 보시오!
성실, 신실 Treue 26f., 67, 83, 87, 297, 490, 592,
아버지 Vater 49f., 201, 217, 599, 608f.
은폐 Verborgenheit 273, 348
세계지배 Weltregierung 통치 Herrschaft 항목을 보시오!
사역 Werk 68f., 171
외부를 향한 사역 opus ad extra 17f., 76f.
낯선 사역-고유한 사역 opus alienum-opus proprium 485ff.
뜻, 의지 Wille 263, 322, 386, 416, 594, 615f., 663
분노 Zorn 114, 117f.
예배 Gottesdienst 365, 593, 641
신론 Gotteslehre 13, 15, 203, 249
통치 gubernatio 섭리/통치 Vorsehung/Regierung 항목을 보시오!
좋은 것 Gute, das 494

이교(異敎) Heidentum 176
성화(聖化) Heiligung 348
해석학 Hermeneutik 514f., 556
하늘 Himmel 322ff., 536, 584ff., 597, 614
　인식 Erkenntnis 612f.
　땅 Erde 487ff. 창조/위계질서 Schöpfung/Hierarchie 항목 참조!
　비밀 Geheimnis 611
　사건 Geschehen 615ff., 663
　비유 Gleichnis 590
　하늘나라 Himmelreich 323, 507, 599f., 613
　상위의 우주 Kosmos, oberer 322f., 583, 598, 612, 714 창조/위계질서 Schöpfung/Hierarchie 항목 참조!

본성 Natur 586ff.
계시 Offenbarung 590, 598 관련항목을 보시오!
하나님의 보좌 Thron Gottes 322, 606, 610, 643
실재성 Realität 614, 636
성서 Schrift hl. 589 관련항목을 보시오!
우월성 Überlegenheit 590f., 598, 668f.
이해할 수 없음 Unbegreiflichkeit 605
보이지 않음 Unsichtbarkeit 587f.
은혜로운 행위들 Wohltaten 601f.
증인 Zeuge 615
지옥 Hölle 412, 725

이슬람교 Islam 49, 52, 141, 166
이스라엘 Israel 79, 90, 124, 247ff., 264, 289, 296f., 684
"새로운" "neues" 253

예수 그리스도 Jesus Christus 46ff., 59, 89f., 120, 124, 130, 151f., 170, 185, 190, 200f., 209, 220, 251ff., 257, 271, 308, 324, 328, 336, 347ff., 363, 366f., 371, 387, 406f., 419, 446, 489, 498, 503f., 580, 593, 603ff., 658f., 665, 685, 739f. 은혜 Gnade 참조! 하나님의 말씀 Wort Gottes 참조!
부활 Auferstehung 609, 653, 707f.
낮아지는 것 Erniedrigung 698
탄생 Geburt 703
그의 몸의 머리 Haupt s. Leibes 367
승천 Himmelfahrt 611
성육신 Inkarnation 689
십자가 Kreuz 411, 420, 496, 654
"하나님의 오른쪽에 앉아 있는" "sitzend zur Rechten Gottes" 607f., 614
재림 Wiederkunft 504

유대교 Judentum 49, 52, 288ff., 299
　실존 Existenz 292ff.
　역사 Geschichte 293f.
　문화 Kultur 293
　인종 Rasse 292
　수수께끼 Rätsel 299
　종교 Religion 293
　언어 Sprache 292f.
　이스라엘 국가 Staat Israel 291
　회당 Synagoge 293
　민족 Volk 294

로마 가톨릭의 교의 Katholizismus 99, 166, 188, 193, 204, 552f.
하나님의 자녀들 Kinder Gottes 331, 340, 352, 394
교회 Kirche 253, 264, 281ff., 328, 347ff., 367, 376
　임무 Auftrag 352
　갱신 Erneuerung 286f.
　교회사 Kirchengeschichte 281f.
　예배의식 Kult 660
　하나님에 대한 찬양 Lob Gottes 720
　선포 Verkündigung 관련항목을 보시오!
　세계 Welt 348ff., 373ff.
　저항 Widerstand 284f.
　증언 Zeugnis 관련항목을 보시오! 그리스도의 몸 Leib Christi 참조! 신앙공동체 Gemeinde 참조!
찬송가 Kichenlied 392
우주 Kosmos 111f., 594f., 656. 하늘 Himmel 항목 참조! 땅 Erde 항목 참조!
　법칙들 Gesetze 179ff.
　힘 Kraft 175ff.
　하나님에 대한 찬양 Lob Gottes 창조 Schöpfung 항목을 보시오!

그리스도교 예술 Kunst, christliche
　천사 Engel 685f.

그리스도인의 삶 Leben, christl. 355ff.
영원한 삶 Leben, ewiges 128f.
인간의 삶 Leben, menschl. 313
　제한 Begrenzung 309ff.
　일회성 Einmaligkeit 315
자유주의 Liberalismus 55, 99
예배의식 Liturgie 528, 628, 642, 647, 676
거짓말 Lüge 733ff.

마르크스주의 Marxismus 40, 161
인간 Mensch 308ff., 315, 475, 485, 511, 564, 596, 660f., 672
　불안 Angst 458f., 477
　탄생과 죽음 Geburt und Tod 315f.
　양심 Gewissen 443
　한계 Grenze 589
　삶의 역사 Lebensgeschichte 316f.
선교 Mission 97, 256
음악 Musik 401f., 655f.
신비주의 Mystik 102, 670

자연법 Naturgesetze 178ff., 225
자연과학 Naturwissenschaft 146
무 Nichtige, das 110f., 117f., 390ff., 474f., 498f., 730
　봉사 Dienst 506
　영속 Bestand? 496f.
　비신화화 "Entmythologisierung" 405f.
　인식토대 Erkenntnisgrund 409f., 419ff., 482f., 500f., 예수 그리스도 Jesus Christus 항목을 보시오!
　한계/경계 Grenze 488, 495
　거짓말 Lüge 관련항목을 보시오!

권세 Macht   452f., 498, 504
존재하지 않는 것 Nicht-Seiendes?   482f.
무 Nichts, das   456f., 460, 474ff.
나라 Reich   731f.
죄 Sünde 관련항목을 보시오!
죽음 Tod 관련항목을 보시오!
악 Übel   418, 427, 435f.
극복 Überwindung   492ff., 500f.
오해 Verkennung   398ff., 411f. 창조/어두운 측면 Schöpfung/Schattenseite 항목 참조!
배척 Verwerfung 관련항목을 보시오!
현실성 Wirklichkeit   446, 500ff. 악령들 Dämonen 항목 참조!

계시 Offenbarung   57ff., 271, 274, 340, 363, 371, 511, 579, 590, 663, 693
  신구약성서의 통일성 Einheit im AT und NT   252f., 295
  마지막 계시 Endoffenbarung   122, 127f., 253, 272f., 399f., 505f.
초기 개혁교회의 정통주의 Orthodoxie, altprot.   33, 52f., 55ff., 95, 189, 197f., 219, 226f., 241, 243f., 246, 424, 503f., 521, 537, 544f.
동방교회 Ostkirche   420

철학 Philosophie
  아리스토텔레스의 aristotelische   142f., 150
  에피쿠로스의 향락주의 Epikuräismus   227
  실존주의 철학 Existenzphilosophie   455ff.
  형이상학 Metaphysik   175, 462
  자연주의 Naturalismus   194
  신플라톤주의 Neuplatonismus   536
  범신론 Pantheismus   47f., 52, 127
  합리주의 Rationalismus   33, 561f.
경건주의 Pietismus   33
예정 Prädestination 은혜의 선택 Gnadenwahl 항목을 보시오!
예언자들 Propheten   43f., 226, 674, 692, 716
개신교 Protestantismus   559
섭리 Providentia 섭리 Vorsehung 항목을 보시오!
  비정규적이며 특수한 extraordinaria und specialis   258ff., 281f.
  정규적이며 일반적인 ordinaria und generalis   258f.

종교개혁 Reformation 신학/개혁파 Theologie/reformatorische 항목을 보시오!
하나님의 나라 Reich Gottes   67ff., 219ff., 505, 592f., 598f., 623, 663, 720. 하늘 Himmel 항목 참조!

창조 Schöpfung   17f., 22, 35, 41, 69, 70, 75ff., 93, 175f., 178f.
계약 Bund 관련항목을 보시오!
비밀 Geheimnis   587, 589
비유 Gleichnis   584f., 589. 유비 Analogie 항목 참조!
한계/경계 Grenze   18f., 93f., 114, 125, 481
위계질서 Hierarchie   585, 590, 596
"하나님의 가면" "Larve Gottes"   36, 38
하나님에 대한 찬양 Lob Gottes   401, 641, 647, 660f.
질서 Ordnung   96, 182f.
어두운 측면 Schattenseite   398f., 429, 481
창조일(日)들 Schöpfungstage   18f.
완벽함 Vollkommenheit   69, 401ff., 427
하나님의 말씀 Wort Gottes 관련항목을 보시오!
피조물 Geschöpf, 하늘 Himmel, 땅 Erde 항목 참조!
창조론 Schöpfungslehre   13, 16f., 592
성서 Schrift, hl.   259, 273, 276ff., 515f., 557f., 728

해석 Ausleung   277f.
기원 Entstehung   276
정경 Kanon   277
신화 Mythologie?   514ff.
전설 Legende, Sage 역사 Geschichte 항목을 보시오! 증언/성서의 Zeugnis/bibl. 항목을 보시오!
죄 Sünde   208f., 222, 394, 405, 412ff., 421ff., 433ff., 453, 489f.
  원죄 Erbsünde   434, 441
  결여/약탈 Privation   428f., 486
  관능적 욕망 Sinnlichkeit   440
인류의 타락 Sündenfall   489, 492 천사들의 타락 Engelfall 항목 참조!
신인협력설 Synergismus   196, 204, 208

악마 Teufel   110, 222, 405, 412, 544, 550, 726, 734, 738, 741
  "사탄의 천사" "Engel des Satan"   726
신정론 Theodizee   172, 222, 393ff., 422f., 427, 502
신학 Theologie   396f., 566, 642, 663, 675f.
  자연의 natürliche   54
  종교개혁의 reformatorische   29, 55, 166, 287, 537, 555
  철학 Philosophie   535, 558, 566. 관련항목을 보시오!
  진리에 대한 질문 Wahrheitsfrage   516f.
죽음 Tod   311ff., 405, 418, 420, 429

우주 Universum   240f., 647

선포 Verkündigung   508, 512, 601, 613, 640, 720. 증언 Zeugnis 항목 참조!
배척 Verwerfung   483f., 727f.
섭리 Vorsehung

동행 Begleitung   132ff.
보존 Erhaltung   89ff., 121
인식 Erkenntnis   28, 41f., 71, 84, 255, 274, 330f.
신앙 Glaube 관련 항목을 보시오!
통치 Regierung   217ff.
불신앙 Unglaube   207f.
표시 Zeichen   308ff.
섭리론 Vorsehungslehre
  개념설명 Begriffserklärung   13ff.
  역사철학 Geschichtsphilosophie?   39ff.
  인과관계 개념 Kausalbegriff?   144f., 189, 192
  루터파의 lutherische   139f., 166, 185, 204, 227f., 312
  개혁파의 reformierte   166, 185, 204, 227f., 312
  주제 Thema   63ff.

진리 Wahrheit   737ff.
세계 Welt   270, 377ff., 586, 594f.
세계관 Weltanschauung   23f., 39f., 85, 159, 197f., 720
  그리스도교의 christliche   34, 86f.
세계상(-像) Weltbild   267, 339
  "마술적인" "magisches"   591
세계사 Weltgeschichte   41, 78, 84ff., 223f., 259, 265f., 319, 643, 723
  "불변하는" "Konstanten"섭리/표시 Vorsehung/Zeichen 항목을 보시오!
질서 Ordnung   230f., 271
의미 Sinn   238
주제 Thema   299
목표 Ziel   223f., 260, 270
관련성 Zusammenhang   270
하나님의 말씀 Wort Gottes   30f., 42f., 51, 157, 170, 201ff., 211, 320, 338f., 349, 354, 357,

363, 409f., 414, 569, 602, 621 예수 그리스도 Jesus Christus 항목 참조!
기적 Wunder 184, 225, 258, 263, 420, 551

시간 Zeit 128
증언 Zeugnis
   성서적 biblisches 250, 556, 699
   피조물의 geschöpfliches 101, 169, 674, 693, 699
   하늘의 himmlisches 701f., 670, 673, 699, 713
   교회의 kirchliche s 367f., 377f., 594
   하나님의 자기증언 Selbstzeugnis Gottes 695f.
허락 Zulassung 505

▎옮긴이

윤응진

한신대 신학과 및 대학원(기독교교육학 전공) 졸업
Freie Universitaet Berlin에서 신학, 교육학, 역사학 전공(철학박사 학위 취득)

한신대학교 기독교교육학과 교수 (현재)
한국기독교교육학회 회장 역임
한신대학교 총장 역임

저서

Christliche Bildungsarbeit und Gesellschaftskritik(Peter Lang, 1989)
『비판적 기독교교육론』(다산글방, 2000)
『기독교 평화교육론』(한신대 출판부, 2001)
『기독교교육학개론』(공저/ 도서출판 기독한교, 2004)
『기독교교육신학 II』(도서출판 기독한교, 2010)
『하나님의 나라를 위한 기독교교육론』(너의 오월, 2015)

역서

『자본주의 혁명』(헬무트 골비처/ 한국신학연구소, 1992)